LA
CHANSON DE ROLAND

NOTES ET VARIANTES

GLOSSAIRE

Gravé par Erhard, pour le Roland de L. Gautier.   Echelle : 1/1,800,000   Imp par Monrocq.

Carte du théâtre de *la Chanson de Roland* avec l'itinéraire de Charlemagne de Saragosse à Blaye.

LA CHANSON
DE ROLAND

PAR

LÉON GAUTIER

PROFESSEUR A L'ÉCOLE DES CHARTES

SECONDE PARTIE

CONTENANT

LES NOTES ET VARIANTES

LE GLOSSAIRE ET LA TABLE

AVEC UNE CARTE GÉOGRAPHIQUE ET QUINZE GRAVURES SUR BOIS

Intercalées dans le Texte

TOURS

ALFRED MAME ET FILS, ÉDITEURS

M DCCC LXXII

PRÉFACE

Voici le volume complémentaire de notre *Roland*. Quelques-uns le trouveront peut-être d'une lecture austère et difficile. Et c'est pourquoi nous croyons utile d'expliquer ici notre dessein.

Dans ce livre, qui est le résultat d'un si long labeur, nous espérons bien n'avoir pas cessé un seul instant d'aimer la science pour elle-même ; mais nous devons dire bien haut que nous avons aussi prétendu au rôle de vulgarisateur.

Oui, c'est pour vulgariser la connaissance de notre vieille poésie que nous avons écrit, dans le cours de ces Notes, tant de monographies sur les héros de notre Épopée nationale, sur la plupart de nos Chansons de geste, et aussi sur la Géographie, l'Archéologie et le

Droit dans leurs rapports avec notre littérature poétique. Nous voudrions que la lecture de nos vieux Romans fût par là rendue plus facile ; nous voudrions que notre livre servît un peu de Dictionnaire ou de Manuel à tous ceux que la lecture du *Roland* aura passionnés pour une poésie si française et si chrétienne.

C'est pour vulgariser notre langue du moyen âge que nous avons voulu composer un *Glossaire* aussi complet. Nous pensons qu'avec ce Lexique un débutant pourrait comprendre aisément les documents français du xiie siècle, et c'est un résultat qui ne serait véritablement pas sans quelque utilité. Cette même pensée de vulgarisation nous a porté à ajouter à chacun des mots du *Glossaire* son origine IMMÉDIATE, son étymologie latine, celtique ou germaine.

C'est ce désir enfin de répandre et de populariser la science qui nous a fait donner à notre *Table* des proportions plus étendues et qui rendront peut-être la lecture de ce volume accessible à plus d'esprits.

Nous penserions manquer à un devoir si nous n'adressions pas ici de publics remercîments à M. Mame, qui n'a pas craint, au prix de sacrifices immenses, de consacrer tout un volume à des matières si arides, qu'un public assez restreint est seul en état de comprendre et de goûter. Nous désirons très-vivement que l'opinion publique s'en montre plus reconnaissante à notre éditeur qu'à nous.

Et maintenant nous laissons aller notre livre à son

destin. Ce n'est pas toutefois sans quelque douleur que nous lui disons adieu…; ce n'est pas aussi sans quelque joie. Sans quelque douleur : car il est bien loin de répondre à l'idéal que nous nous en étions fait; sans quelque joie : car enfin nous aurons contribué, dans notre humble sphère, à rendre sa vraie place à ce chef-d'œuvre de notre poésie épique. Le voilà qui prend enfin son rang à côté de nos grands classiques; voilà notre *Roland* près de la Bruyère et de Bossuet. S'il est vrai que nous ne soyons pas tout à fait étranger à ce progrès, nous croirons n'avoir pas trop mal dépensé plusieurs années de notre vie, et en éprouverons volontiers quelque fierté.

Léon GAUTIER.

8 Décembre 1871.

NOTES ET VARIANTES

Dans ces *Notes et Variantes*, l'auteur a voulu :

1º Donner au lecteur les variantes *utiles* des manuscrits d'Oxford, de Venise, de Paris, de Versailles, de Lyon, etc., et des éditions de MM. Michel, Génin et Müller.

2º Expliquer et justifier, UN PAR UN, tous les changements philologiques QUI ONT ÉTÉ APPORTÉS AU TEXTE PRIMITIF POUR EN FAIRE UN TEXTE CRITIQUE. Combler, d'après les *Refazimenti*, les différentes lacunes du texte d'Oxford.

3º Corriger un certain nombre d'erreurs.

4º Éclaircir les passages obscurs du texte ou de la traduction et résoudre, s'il est possible, les principales difficultés qui, dans la *Chanson de Roland*, ont pour objet soit l'Archéologie et la Géographie, soit la Philologie et l'Histoire littéraire.

Pour plus de rapidité, on a employé quelques abréviations : O. désigne le manuscrit d'Oxford (Bibl. Bodléienne, Digby, 23); — V¹. le manuscrit de Venise qui, parmi les mss. français de la Bibl. de Saint-Marc, est coté IV; — V². le ms. VII de Venise; — P. le ms. de Paris (Bibl. imp. Fr. 860); — Vs. celui de Versailles; — L. celui de Lyon (nº 384); — Lo. le fragment Lorrain. = Mi. désigne l'édition de M. Fr. Michel; G. celle de Génin; Mu. celle de Th. Müller.

NOTES ET VARIANTES

Vers 1. — *Emperere.* Dans le manuscrit de la Bodléienne, on lit tantôt *emperere*, tantôt *empereres*. Nous avons PARTOUT adopté la première de ces formes, nous basant sur les principes suivants : 1° « D'après le texte d'Oxford, les Substantifs masculins et féminins de la troisième Déclinaison, qui n'avaient pas en latin une *s* finale à leur nominatif singulier (*imperator, homo, vigor*), ont donné naissance à des noms français qui, EN GÉNÉRAL, ne prennent point cette *s* au cas sujet du singulier (*emperere, hom, vigur*). — 2° Ces Substantifs français devaient un jour, il est vrai, prendre cette *s* PAR ANALOGIE, et quelques-uns avaient déjà commencé de la recevoir; mais cette évolution, à coup sûr, n'est pas achevée dans le texte le plus ancien de la *Chanson de Roland*. — 3° C'est ainsi que nous trouvons, au cas sujet du singulier : *Traïsun* (v. 1458); *dulur* (2030); *muiller* (2576); *cunfusiun* (2699 et 3276); *honor, onur* (2890, 922); *car*, de *caro* (2942); *meillor* (3532); *vigur* (3614); *lion* (2436); *garçun* (2437); *ocisiun* (3946); *empereor* (1942); *major* (1984); *hom* (3974, etc. etc.); *prozdom* (1474); *chançun* (1466) et *cançun* (1614); *avisiun* (836), etc. — 4° A cette règle générale on peut seulement opposer quelques exceptions qui s'expliquent trop bien par l'ignorance mille fois constatée du scribe de notre manuscrit : *Dulors* (v. 1437); *puinneres* (3033); *amurs* (3107); *leons* (2549) et *campiuns* (2244), sans parler ici de *bers*, qui peut se justifier, et de *fels*. Malgré ces exceptions, nous avons dû PARTOUT observer la règle. — 5° D'ailleurs, la forme *emperere* apparaît beaucoup plus fréquemment dans le texte original que la forme *empereres*; la proportion est la suivante : 25 fois *empereres*; 41 fois *emperere*.

= *Emperere* est le cas sujet; *empereür* le cas régime. Ces Substantifs sont de ceux que l'on appelle en Allemagne : *Noms qui déplacent l'accent*, et en France, mal à propos : *Noms à déclinaison imparisyllabique*. On en peut ainsi formuler la théorie : 1° Un certain nombre de noms français revêtent au singulier deux formes distinctes, l'une pour le sujet (*emperere, sire*, etc.), et l'autre pour le régime (*empereür, seignur*, etc.). — 2° Ces deux formes s'expliquent aisément par le déplacement de l'accent tonique, qui, dans *imperator, senior*, etc., n'est pas à la même place que dans *imperatorem, seniorem*, etc. — 3° M. Bartsch (dans la *Grammaire* qui suit sa *Chrestomathie de l'ancien français*, p. 480) divise en trois familles tous les Noms à double déclinaison : *a*. Ceux qui dérivent des noms latins en *or, oris*... *b*. Ceux qui viennent des vocables en *o, onis*. Et enfin, *c* : les « mots isolés », tels que *niés, nevuld; enfes, enfant*, etc. — 4° Quelques substantifs de la deuxième déclinaison (tels, par exemple, que *Carles, Marsilies*, etc.), ont été, PAR ANALOGIE OU PAR EXTENSION, soumis aux règles de la « Déclinaison qui déplace l'accent ». (*Carles, Carlun; Marsilies, Marsiliun*), etc.

= *Magne*. O. Nous avons restitué *magnes*, à raison des règles de la Déclinaison romane. Voici ces règles : PREMIÈRE DÉCLINAISON ROMANE (*correspondant à la première déclinaison latine*). Les Substantifs de cette famille ne prennent pas l's au singulier, et la reçoivent toujours au pluriel. Pas de distinction entre le cas sujet et le cas régime. = SECONDE DÉCLINAISON ROMANE (*correspondant à la seconde et à la quatrième déclinaisons latines*). Les Noms et Adjectifs masculins de cette déclinaison reçoivent une *s* au cas sujet du singulier et au cas régime du pluriel (*paiens, magnes*, etc.); ils n'en prennent pas au cas sujet du pluriel ni au cas régime du singulier (*paien, magne*). = TROISIÈME DÉCLINAISON ROMANE (*correspondant à la troisième déclinaison latine*). 1° Les Substantifs masculins ou féminins, qui ont une *s* au nominatif singulier de la déclinaison latine, ont donné naissance à des Noms français qui suivent en général la règle de la deuxième déclinaison. — 2° Les Substantifs masculins ou féminins qui n'ont pas d's au nominatif singulier de la déclinaison latine, ont donné naissance à des Noms français qui ne prennent pas en général l's finale au cas sujet du singulier et qui, pour tout le reste, suivent ordinairement la règle de la deuxième déclinaison. Mais IL Y A DÉJA TENDANCE, dans le texte d'Oxford, à ce que ces noms eux-mêmes prennent, PAR EXTENSION ET ANALOGIE, une *s* finale au sujet singulier. (V. notre première note.) — 3° Pour le cas sujet du pluriel, il y a quelque hésitation chez notre scribe. Le plus souvent, pour les noms masculins, il n'emploie pas l's finale au sujet pluriel. (V. notre note du v. 20.)

= La « Règle de l's » (comme on l'a assez inexactement appelée) est commune à la langue d'oïl et à la langue d'oc. « Elle n'a pas toujours été suivie avec une rigueur absolue, et commence à disparaître au xiv° siècle » : tel est aujourd'hui le sentiment général de tous ceux qui s'occupent de philologie romane ; telle est la proposition qui résume le plus exactement la doctrine commune sur cette règle dont l'importance a été exagérée. Quoi qu'il en soit, nous l'avons, dans notre texte critique, OBSERVÉE PARTOUT, et alors même que notre scribe ne s'y conformait point : 1° Parce qu'elle est étymologique. — 2° Parce qu'elle est observée dans tous les monuments de notre langue qui sont contemporains de la *Chanson de Roland*. — 3° Parce que, dans notre manuscrit même, elle est LE PLUS SOUVENT observée. (Dans les 500 premiers vers de notre poëme, elle est, pour le sujet singulier, violée 39 fois, observée 182 fois.)

= *Carles li reis,* etc. Pour la légende de Charlemagne, v. la note du v. 96.

= Nous donnons ici le Tableau (pour les voyelles) de la Phonétique de notre Chanson.

A

$\bar{\text{A}}$	E (rarement AI ou EI; plus rarement A).
$\underset{\smile}{\text{A}}$	E (rarement AI, A).
A en position.	Le plus souvent E (assez souvent A; plus rarement EI et AI).
A avant la tonique.	A (E bien plus rarement).
A après la tonique.	E muet.
AN.	AN, EN, EIN, AIN (E très-rarement, par la chute de la nasale).
AÚ et AU avant la tonique. . .	O.

E

$\bar{\text{E}}$	EI, E.
$\underset{\smile}{\text{E}}$	E.

e en position	ei, e (rarement i).
e avant la tonique.	e, ei.
én.	en, an, am (rarement ei, par la chute de la nasale).
en après la tonique	en (pour l'écriture, et non pour la prononciation).
eu.	eu.

I

í.	i (e).
ì.	ei.
i en position.	i, e.
i avant la tonique.	e, i.
in.	en, an, ein (rarement in).
im.	em.

O

ó.	o, u.
o en position	Presque toujours o (parfois u; plus rarement oi, ui, oei).
ò.	u, o (oe, oei, oi, a).
o avant la tonique.	o, u (oi, oe).
on. — om.	un, on, oin. — um, em.
or.	ur (or).

U

ú.	u.
u en position	u, o (oe, oi).
ù.	u, o.
u avant la tonique.	u, oi, ui.
un, um	un, um.
un après la tonique	en muet (comme, par exemple, dans baptizarunt, baptiserent).

Vers 2. — *Set ans.* Suivant l'auteur de *Gui de Bourgogne*, c'est *vingt-sept ans* que Charles aurait passés en Espagne. Mais la leçon de *Gui de Bourgogne* ne fut jamais populaire, et Génin a raison de citer ici la farce de Pathelin, « où maître Pierre se vante à sa femme d'être aussi « savant que s'il avait été à l'école *autant que Charles en Espaigne.* » (V. aussi Martial de Paris, cité par Littré au mot Charlemagne de son grand *Dictionnaire de la langue française.*)

= *Ested.* O. Le *d* se prend pour le *t* à la fin de quelques verbes, participes, noms et adjectifs du texte d'Oxford. Dans les mille premiers vers de la Chanson, le *d* final, à la place du *t*, ne se retrouve pas plus de 26 fois sur un millier de cas. Nous l'avons partout remplacé par le *t*, qui, d'ailleurs, est plus étymologique. = Toutefois, il est un mot très-usuel, où le *d* a définitivement pénétré, sauf de très-rares exceptions : c'est *ad* venant d'*habet* (*abt*). Nous l'avons partout laissé tel que notre manuscrit nous l'offrait; car nous nous proposons, dans ce texte critique, de reconstituer notre vieux poëme TEL QU'IL AURAIT ÉTÉ ÉCRIT PAR UN SCRIBE INSTRUIT ET SOIGNEUX, AVEC LES RÈGLES GÉNÉRALES DE LA LANGUE DE SON TEMPS ET LES RÈGLES PARTICULIÈRES DE SON DIALECTE SPÉCIAL.

= *Ad ested en Espaigne.* — La *Keiser Karl Magnus's Kronike* dit : « L'Empereur ayant soumis l'Espagne *et la Galice....* »

Vers 3. — *Tresqu'en la mer cunquist la tere altaigne.* O. — Le manuscrit de Versailles et celui de Venise VII nous offrent : *Conquist* ou *conquest la terre jusqu'à la mer altaigne*, et nous avons adopté cette version comme plus logique et plus précise. — *Altaigne* est, de toute la famille dérivant d'*altus*, le seul vocable qui n'ait pas pris l'*h* (Cf. *halt, halte, haltur*). Dans l'appendice de son *Dictionnaire étymologique* (p. 560), M. Brachet dit, après M. Max Müller, au sujet de cette *h* initiale : « Cette aspiration est due à l'influence des formes germaniques correspondantes (*hoch*, etc.). » Sans rejeter absolument cette opinion, il convient d'observer que certains mots de notre texte, — les uns venus du germain, comme *helme*; les autres du latin, comme *honor*, — PRENNENT OU REJETTENT TOUR A TOUR l'*h* initiale, qui, d'ailleurs, n'impliquait pas l'aspiration et s'élidait très-légitimement.

Vers 4. — *N'i ad castel. Ad*, employé dans ce sens, gouverne toujours après lui l'accusatif. En d'autres termes, *castel* et les mots analogues sont nécessairement régimes. « Il y a un roi », se traduirait, dans un thème étymologique, par : *Illud ibi habet unum regem.* Cette observation, trop élémentaire peut-être, est néanmoins utile pour expliquer certaines parties de notre texte critique. = Au lieu de *remaigne* O, lire *remaignet*. Toutes les troisièmes personnes du singulier, sauf des cas excessivement rares, se terminent, dans le texte d'Oxford, par un *t* qui est étymologique, mais qui, d'ailleurs, ne se prononçait pas. Le scribe a oublié cette règle huit ou dix fois peut-être dans tout son texte : nous l'avons rétablie partout.

Vers 5. — *Citet*. O. A cause du cas sujet, *citez*.

Vers 6. — *Mun[tai]gne*. Mü. On lit fort bien le mot entier dans le manuscrit d'Oxford; les crochets sont inutiles. — « Il restait un château que l'Empereur n'avait pu réduire; on l'appelait Saragus, et il était situé sur une montagne élevée. » (*Keiser Karl Magnus's Kronike.*)

Vers 7. — *Marsilie*. O. A cause du cas sujet, *Marsilies*.

= Nous allons résumer ici, D'APRÈS LE TEXTE DE TOUTES NOS CHANSONS, « l'Histoire poétique, la Légende de Marsile, » et nous ferons successivement le même travail sur tous les héros du *Roland*. Nous espérons, par cette suite de monographies, résoudre d'avance quelques difficultés de notre vieux poëme, et mettre en lumière la physionomie réelle de tous les acteurs de ce grand drame. = C'est durant l'enfance et la première jeunesse de Charlemagne que Marsile fait sa première apparition dans notre Épopée. Le jeune roi de France, persécuté dans son propre royaume par Heudri et Lanfroi, fils de Pépin et de la fausse Berthe, est forcé de s'enfuir en Espagne, à la cour du roi Galafre, père de Marsile : c'est là qu'il se cache, durant plusieurs années, sous le nom de Mainet. Or, Galafre a une fille, Galienne, pour laquelle Charles se prend du plus vif et du plus charmant amour. C'est cet amour qui lui inspire ses premiers exploits; c'est en pensant à Galienne qu'il triomphe de Braimant, ennemi de Galafre. Un jour enfin il se fait reconnaître comme « l'hoir de France », et épouse Galienne. Mais le frère de la jeune fille, Marsile, n'a point vu ce mariage d'un bon œil. Il est jaloux de Charles, il le veut perdre, il l'attire dans une embuscade. Charles déjoue la ruse, terrasse Marsile, et finit par lui pardonner. (*Charlemagne* de Girart d'Amiens, B. N. 778, f° 38 r° — 50 v°. Ce poëme, ou plutôt cette compilation, appartient au premier quart du xiv° siècle.) = Tout autre est le récit du *Karl*, de ce poëme allemand dont l'auteur est connu sous le nom de « Stricker » (**1230**). D'après cette légende, c'est Marsile qui, tout au contraire, aide fort gracieusement le jeune fils de Pépin à conquérir son royaume contre deux traîtres appelés Winemann et Rappoldt (Guinemant et Rabel). = Mais, le plus souvent, Marsile est représenté comme un adversaire de Charles même enfant. Nous le retrouvons, dans une des deux versions d'*Otinel*, sous les traits d'un roi d'Espagne qui s'est emparé de Rome et députe Otinel comme ambassadeur à Charlemagne. (*Otinel*, xiii° siècle, édition Guessard, v. 23 — 137 et ss.) Or, le messager païen se convertit et devient le plus terrible ennemi de son ancien maître. (*Ibid.*, v. 211-659.) La guerre s'engage, et les chrétiens mettent le siége devant Attilie. Le poëte n'hésite point à faire mourir *son* Marsile à la fin de la Chanson, et de la main d'Otinel. (2660-2132.) = Le *Karl Meinet* (compilation du xiv⁰ siècle, conçue à peu près dans le même goût que le *Charlemagne* de Girart d'Amiens) ne donne pas aussi rapidement le coup de mort à Marsile. L'auteur nous y représente « Ospinel » comme un roi de Babylone qui, après avoir défié les douze Pairs, lutte avec Olivier. Mais le Sarrazin se convertit et meurt après s'être fait baptiser. Or, il était fiancé à la fille du roi Marsile, à Magdalie. Celle-ci veut le venger, mais tombe au pouvoir de Roland et s'éprend trop rapidement du héros chrétien. Roland ne répond que trop facilement à cette trop ardente affection, et il faut qu'Olivier sépare violemment la fille de Marsile et le fiancé de la belle Aude. (G. Paris, d'après Ad. Keller, *Histoire poétique de Charlemagne*, pp. 489-496.) = Quoi qu'il en soit, tous les poëtes et tous les légendaires s'obstinent, malgré l'auteur d'*Otinel*, à faire vivre Marsile plus longtemps, et il convient, d'ailleurs, de considérer ce poëme comme une œuvre de la décadence. = En réalité, c'est dans l'*Entrée en Espagne* que le véritable Marsile se fait pour la première fois connaître. C'est contre Marsile que la grande expédition d'Espagne est dirigée. Il apprend par ses espions l'arrivée des Français, et, comme il est bon *nigromans*, écrit sur les bords d'un grand vase rempli d'eau les noms de *tous les règnes de la terre;* puis, il place un batelet sur cette eau : « Le royaume vers lequel se dirigera ce petit vaisseau, sera celui que Charlemagne a l'intention de conquérir. » Le batelet s'arrête du côté de l'Espagne : Marsile pâlit d'effroi. (L'*Entrée en Espagne*, compilation poétique du commencement du xiv⁰ siècle, mais renfermant quelques éléments du xiii⁰; mss. fr. de Venise, n⁰ xxi, f⁰ 7.) Le roi païen envoie alors un *bref* à Charles, et ce « bref » commence tout comme un diplôme ou une lettre patente de la Chancellerie du roi de France (*Nos, Marsile, par la Dex grace,* etc.). La guerre éclate à la suite d'une très-fière réponse de l'Empereur, et c'est à son neveu Ferragus que Marsile confie le soin de chasser les Français. (*Entrée en Espagne*, f⁰ 8-11.) Ferragus est un géant : il défie les douze Pairs, surtout Olivier et Roland. Les terribles duels commencent sur-le-champ, et onze Pairs sont vaincus et faits prisonniers. Roland, seul, reste invaincu. (*Ibid.*, f⁰ 11-31.) Mais Roland suffit, et, après un combat très-long, il renverse et tue le Géant. (*Ibid.*, f⁰ 31-79.) Marsile est attristé, mais non pas découragé de cette mort de son neveu : Malceris, en effet, résiste aux Français sous les murs de Pampelune, et son fils Isoré s'y couvre de gloire. (*Ibid.*, f⁰ 90-102.) Mais, malgré tant de courage, le jeune païen est fait prisonnier, et eût été mis à mort sans la généreuse intervention de Roland. (*Ibid.*, f⁰ 102-125.) Cependant Marsile et Malceris vont unir leurs efforts contre les Français, et

« l'Augalie d'Orient », oncle de Marsile et de Baligant, propose d'incendier la Navarre. Une grande bataille s'engage, et c'est pendant le plus fort de cette journée que le neveu de Charles s'échappe, pour aller faire la conquête de Nobles. (*Ibid.*, f° 125-213.) C'est ici que l'auteur de l'*Entrée en Espagne* abandonne Marsile, et fait voyager Roland en Orient. (*Ibid.*, f° 217 et ss.) = Mais l'auteur de la *Prise de Pampelune* nous ramène vers Marsile, et la scène de notre légende est encore une fois transportée en Espagne... Marsile, de nouveau, met Malceris à la tête d'une armée immense. Une bataille terrible est livrée : l'Empereur des Français est sur le point de périr, quand il est sauvé par Didier le Lombard. (*Prise de Pampelune*, poëme du premier quart du xive siècle, éd. Mussafia, vers 1353-1830.) Deux ambassadeurs sont envoyés par Charles au roi païen : c'est Basan de Langres et Basile. Marsile les fait pendre, et ce souvenir est rappelé dans notre *Chanson de Roland*. (*Ibid.*, v. 2597-2704.) Ganelon, qui était l'instigateur de cette première ambassade, ne se décourage point et en fait envoyer une seconde à Marsile : c'est Guron qui est chargé de cette très-périlleuse mission. (*Ibid.*, 2740-2876.) Il est traîtreusement attaqué par Malceris, voit mourir ses deux compagnons et parvient à grand'peine à aller mourir lui-même, criblé de blessures, aux pieds de Charlemagne indigné. (*Ibid.*, 3140-3650 f°.) Alors les Français battent Malceris (*Ibid.*, 3851-5128), entrent dans Tolède (4838-4880) et dans Cordoue (5129-5704), prennent quatre autres villes, Charion, Saint-Fagon, Masele et Lion (*Ibid.*, 5704-5773), et mettent le siége devant Astorga. (*Ibid.*, 5773-6113.) = Dans le roman de *Gui de Bourgogne* (ce poëme est de la seconde moitié du xiie siècle), Marsile ne tient pas une moindre place. C'est à Marsile qu'en réalité le héros de la Chanson enlève successivement Cariaude, Montescler, Montorgueil, Augorie et Maudrane ; c'est Marsile encore qui est frappé quand Gui fait baptiser de force le Sarrazin Huidelon et trente mille païens. (*Gui de Bourgogne*, v. 392-3717.) Les jeunes chevaliers qui arrivaient de France, sous le commandement de Gui, ce jeune vainqueur, sont un jour réunis à l'ost de Charlemagne et y retrouvent leurs pères ; mais les uns et les autres n'en sont que plus animés contre Marsile. On veut en finir avec lui, et Charles, après avoir vu Luiserne miraculeusement engloutie (*Ibid.*, 4137-4199), prend avec toute son armée le chemin de Roncevaux. (*Ibid.*, 4300-4301.) = Dans notre *Chanson de Roland*, le rôle de Marsile est connu. C'est lui qui tient conseil contre les Français ; c'est lui que Blancandrin décide à agir par la ruse ; c'est lui qui se fait, avec ce perfide conseiller, le complice de la trahison de Ganelon et qui comble le traître de présents ; c'est lui qui attaque Roland à Roncevaux et qui, vaincu, lance, en s'enfuyant, de nouvelles troupes contre lui. Mais le roi païen a perdu le poing droit dans cette formidable bataille ; il prolonge très-péniblement son existence jusqu'à l'arrivée de Baligant, son vengeur, et meurt de douleur en apprenant la défaite de l'Émir. L'auteur de notre vieux poëme nous le représente, d'ailleurs, comme un homme faible et une sorte de Louis le Débonnaire. = Mais sa légende a reçu ici de très-nombreuses et très-importantes modifications. D'après la *Chronique de Turpin* (entre 1109 et 1119, à l'exception des cinq premiers chapitres), *Marsire* est frère de Baligant, et tous deux sont chargés par l'Émir de Babylone de résister aux chrétiens. Charles envoie Ganelon en ambassade près de Marsire, et le beau-père de Roland le trahit par cupidité et non par haine. (Cap. xxi, *De proditione Ganelonis.*) D'ailleurs, les Français méritent le châtiment qui va tomber sur eux : ils commettent d'infâmes débauches avec les Sarrazines que leur a données Marsire. Les païens les surprennent, et tous meurent, à l'exception de Roland, Turpin, Ganelon, Baudouin et Thierry. (*Ibid.*) En ce moment suprême, Roland se fait montrer le roi Marsire dans la mêlée et le va tuer. (Cap. xxii, *De passione Rolandi et morte Marsirii.*) Puis, il meurt. Cap. xxiii, *De sancta tuba et de confessione et transitu Rolandi.*) = Les auteurs espagnols, mal inspirés par leur haine contre la France, ne craignent pas de faire contracter, par leur Bernard del Carpio, une alliance honteuse avec le Sarrazin Marsile, pour perdre la France et faire mourir Roland. (Rodrigue de Tolède, mort en 1247, *Chronica Hispaniæ*, cap. x et xi. — *Cronica general* d'Alfonse X, 1252-1285 ; édition de 1604, f° 31-32.) = Les Romances espagnoles nous montrent, au contraire, le roi *Marcim* s'enfuyant sur un âne : « Je te renie, Mahomet, » s'écrie-t-il ; et il perd tout son sang. (*Les Vieux Auteurs castillans*, de Puymaigre, II, 325.) = Le *Ruolandes Liet* (vers 1150) suit, pour la légende de Marsile, la version de notre manuscrit d'Oxford, et il en est de même des Remaniements du Roland (xiiie s.), de la huitième branche de la *Karlamagnus Saga* (xiiie s.) et des deux fragments néerlandais de Loos, publiés par M. Bormans (xiiie-xive s.) ; tandis que Philippe Mouskes (vers le milieu du xiiie s.), les Chroniques de Saint-Denis, le *Roland* anglais du xiiie siècle, Girart d'Amiens (commencement du xive s.), les *Reali* (vers 1350) et les *Conquestes de Charlemagne* de David Aubert (xve s.), suivent de préférence la Chronique de Turpin, tout en faisant parfois certains emprunts à nos vieux poëmes. Car ce sont, là comme partout, les deux grands courants : notre *Roland* d'une part et le faux Turpin de l'autre. Et nous arrivons ainsi jusqu'en 1478, jusqu'à la *Conqueste du grand Charlemaigne des Espaignes*, où il ne faut voir, d'ailleurs, qu'une édition de notre *Fierabras*, et qui, dans ses deux derniers chapitres, renferme tout un abrégé de la Chronique de Turpin. C'est ce résumé que la

Bibliothèque bleue répand encore aujourd'hui dans nos campagnes les plus reculées. = Tous ces documents, sans exception, font mourir Marsile soit à Roncevaux, soit peu de temps après cet immense désastre. Mais un trouvère du xiiie siècle a voulu prolonger cette existence. C'est l'auteur d'*Anséis de Carthage,* qui fut suivi par le rajeunisseur en prose du *Charlemagne et Anséis.* (Bibl. de l'Arsenal, B. L. F. 214.) « Anséis est, comme on le sait, nommé roi d'Espagne par Charles, qui peut enfin quitter l'Espagne et retourner en France. (B. N. ms 793, f° 1-2.) Le jeune roi fait aussitôt demander en mariage la fille de Marsile, Gaudisse. (*Ibid.*, f° 2-4.) Mais tandis que la jeune païenne accourt à ces noces, Anséis déshonore, *malgré lui,* la fille du comte Isoré, son tuteur, et Gaudisse est renvoyée à son père. *Inde iræ.* (*Ibid.*, f° 4-14.) Marsile alors entreprend une guerre d'extermination contre les chrétiens d'Espagne, et son principal allié est le comte Isoré lui-même, jaloux de venger le déshonneur de sa fille et dont la colère a fait un renégat. Rien n'est plus long que le récit de cette guerre. (*Ibid.*, f° 14-56.) Anséis y eût succombé sans le secours de Charlemagne, qui traverse miraculeusement les eaux de la Gironde, entre en Espagne, y défait Marsile (*Ibid.*, f° 59-71) et l'emmène prisonnier en France, où, pour venger Roncevaux, il finit par lui faire couper la tête. » (F° 71-72.) Cette *dernière* mort de Marsile est racontée assez pittoresquement par notre poëte... « Marsile s'étonne de voir à la table de Charlemagne des pauvres si déguenillés et des moines si maigres auxquels on fait si peu d'honneur, tout à côté de chanoines si gras et entourés de tant d'hommages. Et ce spectacle le scandalise, au point qu'il refuse absolument de se convertir à la foi chrétienne. C'est alors que Charles se décide à le faire mourir. » Cette « histoire des pauvres » se retrouve, d'ailleurs, dans le Traité de saint Pierre Damien : *De Eleemosyna,* et dans la Chronique de Turpin. Mais le faux Turpin a fait honneur de ce trait à Agolant, et saint Pierre Damien à Witikind. C'est, en réalité, une de ces légendes universelles et qu'on retrouve un peu partout sous des formes quelque peu différentes. = Quoi qu'il en soit, Marsile est cette fois bien mort, et aucun poëte n'a plus eu désormais l'audace de le ressusciter.

Vers 8. — *Mahummet.* O. La forme la plus fréquemment employée dans notre texte est : *Mahumet.*

Vers 9. — *Mals.* Ce mot vient de *malum,* qui est un neutre, et cependant il est écrit suivant la règle de l'*s*. C'est l'occasion pour nous d'établir la « Théorie des neutres ». = 1° Les neutres latins, dans la latinité populaire et surtout à la décadence romaine, étaient *en partie* devenus masculins. C'est un fait que M. Brachet a mis de nouveau en lumière dans sa *Grammaire historique,* p. 56. Il cite « dans Plaute :

dorsus, œvus, collus, gutturem, cubitus; dans les Inscriptions antérieures au quatrième siècle : *brachius, monumentus, collegius, fatus, metallus,* etc. ; dans la *Lex Salica : animalem, retem, membrus, vestigius, precius, folius, palacius, templus, tectus, stabulus, judicius, placitus,* etc. » Et M. Paul Meyer (*Études sur l*'Histoire de la langue française, *de M. Littré,* pp. 31, 32) a cité ce passage de Curius Fortunatianus : *Romani vernacula plurima et* NEUTRA *multa masculino genere potius enuntiant.* Ce texte est capital dans la question. = 2º Cependant UN CERTAIN NOMBRE DE NEUTRES PERSÉVÉRÈRENT. Ceux-ci ne subirent pas la règle de l'*s*, tandis que les autres y étaient très-naturellement assujettis. = 3º La *Chanson de Roland* appartient à cette époque de transition durant laquelle un certain nombre de neutres latins sont devenus, en français, des masculins soumis à la règle de l'*s*, tandis que d'autres sont demeurés vraiment neutres et répugnent à prendre l'*s* au cas sujet du singulier. = 4º Ainsi d'un côté, nous trouvons, dans le texte d'Oxford, au sujet singulier : *Cunseill* (v. 179 et 604); *pecchet* (15 et 3646); *corn* (1789); *coer* (2019 et 2231); *definement* (1434); *hardement* (1711); *blet* (980); *reprover* (1706). Et, d'un autre côté, nous trouvons au même cas : *Mals* (v. 9); *dreiz* (2349, etc.); *plaiz* (3841, etc.); *fers* (1362); *ors* (2296); *corners* (1742). Il est même plus d'un mot, comme *temple,* qui est, au cas sujet, écrit tantôt avec et tantôt sans l'*s* finale. = 5º En résumé, un certain nombre de neutres sont devenus tout à fait masculins; d'autres sont *in via* pour y arriver, mais n'y sont point encore. = 6º Nous avons respecté toutes ces formes dans notre texte critique, pour bien montrer à quel point en était parvenu chacun de ces vocables DANS LE DIALECTE ET AU MOMENT OÙ FUT ÉCRITE CETTE VERSION DE LA CHANSON DE ROLAND. = 7º Il faut ajouter qu'aux cas obliques du pluriel, tous les anciens neutres latins prennent l'*s* en français. Il n'y a pas d'exception à cette règle : *Pecchez* (v. 2365); *mals* (60); *saveirs* (74); *milliers* (109); *guarnemenz* (343); *duns* (845); *vestemenz* (1613); *chefs* (2094); *coers* (3628); *corns* (2132). = 8º Autre remarque : « Les adjectifs et participes, qui s'accordent avec des substantifs ou pronoms neutres, ne prennent pas l'*s* au cas sujet du singulier. Ex : *Jamais n'ert jur que il n'en seit* PARLET (3905); — *Por ço que plus* BEL *seit* (1004); — *Un faldestoed...* ENVOLUPET *d'un palie alexandrin* (408); — *Il est* JUGET *que nus les ocirum* (884), etc. » = C'est d'après ces règles que nous nous sommes dirigé dans tout notre Texte critique.

VERS 10. — *Marsilie.* O. — V. notre note sur la règle de l'*s* (vers 1), à laquelle désormais nous ne renverrons plus notre lecteur.

VERS 12. — *Bloi.* Nous avons traduit par *bleu.* Le sens de ce mot a été très-discuté, et l'on a surtout hésité entre les deux sens de *bleu* et de *blond*. C'est M. Génin qui a le plus vivement soutenu la première opinion (*Roland*, p. 340 et suiv.); c'est M. E. Gachet qui a le plus longuement motivé la seconde. (*Glossaire du* Chevalier au Cygne, pp. 626, 627.) Les arguments de M. Génin nous paraissent difficilement réfutables.

= *Perrun* nous paraît signifier un large bloc de marbre plutôt qu'un « perron » dans le sens actuel de ce mot.

Vers 13. — *Lui.* Dans tout le texte d'Oxford, il y a entre *li* et *lui* une distinction précise. *Li* n'est jamais employé que dans le sens strict du datif latin *illi*. *Lui*, au contraire, est employé : 1º comme régime direct : *Mais lui meïsme ne volt metre en ubli* (v. 2382); *Lui e altrui travaillent e cunfundent* (v. 380); *Se lui lessez* (v. 279); *Pur lui afiancer* (v. 41), etc. 2º Comme régime indirect : *Aiez merci de lui* (v. 239), etc. 3º Avec toutes les propositions : *L'anme de lui* (v. 1510); *pur lui* (v. 842); *vers lui* (v. 958); *en lui meïsme* (v. 1036); *devant lui* (v. 4); *entur lui* (v. 2090); *envirun lui* (v. 13); *encuntre lui* (v. 376).

= *Milie.* — *Milie* vient de *millia*; *mil* vient de *mille*. = On dit *mil* pour un seul millier; *milie* pour plusieurs. = *Mil* a, de plus, un sens indéterminé : *En la grant presse mil colps i fiert e plus* (v. 2090). D'une part, nous trouvons : *Mil chevalers* (v. 2442); *mil Sarrazins* (v. 2071); *mil hosturs* (v. 31), etc.; et de l'autre : *IIII. C. milie en ajustet* (v. 851); *XX milie Francs* (v. 789), etc. = *Milie* s'emploie en outre substantivement : *XV. milies de Francs* (v. 3019), etc.

Vers 15. — *Seignurs.* La « Théorie du vocatif » est assez difficile à établir d'après le texte d'Oxford. Il y avait évidemment confusion dans l'esprit de notre scribe et dans les idées de son temps. Tantôt le vocatif est admis à suivre la règle du cas sujet, tantôt celle du cas régime, et cela tour a tour pour les mêmes mots. Ainsi l'on trouve à côté des formes-régimes : *Ami, rei, Marsilie, Tierri, Pinabel*, etc., les formes-sujets : *Amis, reis, Deus, gentilz, amiralz, dreiz, chers, cumpainz*, etc. Même anomalie au pluriel. A côté des formes-régimes : *Seignurs, baruns*, etc., on trouve les formes-sujets : *Paien, chevaler, Franc*, etc. Le même désordre, d'ailleurs, règne dans tous les textes du moyen âge, à tel point que M. Barstch a pu dire, dans la Grammaire qui suit sa *Chrestomathie de l'ancien français :* « Le vocatif singulier de la 2ᵉ déclinaison romane tantôt a, tantôt n'a pas d'*s*. » (P. 479.) Il importait toutefois, pour dresser notre texte, d'en arriver à une loi plus précise. Or, d'après la grande majorité des exemples fournis par notre manuscrit d'Oxford, il est certain qu'ici comme ailleurs, le scribe et son temps se réglaient vaguement sur l'orthographe latine. Quand le vocatif latin n'a pas d'*s*, en général (je dis, en général, et non pas toujours), le vocatif roman n'en prend pas. C'est cette règle que nous avons partout observée dans notre édition, tant au singulier qu'au pluriel des Substantifs et Adjectifs. Le seul critérium possible était ici l'étymologie : nous nous y sommes conformé.

= *Quel pecchet.* V. notre théorie des neutres (v. 9). — *Quel* se rapportant à *pecchet*, neutre, vient de *quale*, et ne peut prendre d's. C'est la loi générale de tous les adjectifs et de tous les participes neutres.

Vers 17. — *Nus.* Le manuscrit porte *nos*. Partout, dans notre texte critique, nous avons imprimé *vus* et *nus*, alors même que le manuscrit donnait *vos* et *nos*. Nous nous sommes appuyé sur les principes suivants : 1º C'est tout a fait au hasard, et parfois a quelques mots d'intervalle, que le scribe emploie *vos* ou *vus*, *nos* ou *nus*. — 2º Une statistique exacte du nombre de cas où l'on trouve chacune de ces deux formes ne serait donc pas décisive en faveur de l'une ou de l'autre. (Dans le même nombre de vers, *vus* a été employé 33 fois, et *vos* 189 ; *nus* 55 fois, et *nos* 32.) Mais il faut remonter à des règles plus générales. — 3º Or, d'après la phonétique de notre texte, l'*o* latin, 7 ou 8 fois sur 10, se change en *u* (lequel *u* devait ici se prononcer *ou*). — 4º En conséquence, nous avons partout appliqué cette règle de la phonétique à *nus* et à *vus* comme à *pur*. Notre sentiment d'ailleurs est celui de Th. Müller, qui, au vers 1721, supplée *vus* et non pas *vos*. Enfin il convient de remarquer que, dans des couplets en *u*, on trouve également à la fin des vers *nus* et *vos* (2425, 2560, 2561). Cette raison n'est pas décisive; mais elle a son poids.

= *Cunfundre.* Les deux premières lettres sont effacées dans le manuscrit.

= *Qui.* La forme employée 19 fois sur 20 dans notre texte est *ki*, que nous avons partout conservé.

Vers 18. — *Dunne.* O. Nous avons préféré *dunet* : 1º parce que, 14 fois sur 16, le verbe *duner* est, dans notre texte, écrit avec un seul *n* ; 2º parce que toutes les troisièmes personnes, au singulier comme au pluriel, sont dans notre texte terminées par le *t* étymologique. Les exceptions sont très-peu nombreuses. = Le scribe, d'ailleurs, aurait dû employer ici le subjonctif, et écrire *dunget*. (Cf. le v. 2016.)

Vers 19. — *Tel gent. Tel* et non pas *telle*, d'après cette règle fort connue : « Les Adjectifs latins qui n'avaient qu'une terminaison pour le masculin et le féminin, *grandis, talis, fortis*, etc., ont donné naissance à des adjectifs français qui n'ont également qu'une terminaison pour le masculin et le féminin : *grant, tel, fort.* Remarquons cependant que, dès le temps où fut écrite notre Chanson, cette belle règle commençait déjà à s'altérer, comme la règle de l's. Ainsi l'on trouve *grandes* (vers 281 et 3656), au lieu de *granz ; quele* (vers 395, 927), au lieu de *quel*, etc.

= *Derumpet.* Le manuscrit porte *derupet.*

Vers 20. — *Cume.* Dans le texte de la Bodléienne, *cume* et *cum* sont distincts. *Cume* (sauf une seule exception, où l'erreur est évidente v. 765), ne s'emploie jamais avec un verbe, mais avec un substantif, un pronom ou un adjectif : *Karles chevalchet cume fols* (v. 3234); *Cume celui ki ben faire le set* (v. 427); *Neirs cume peiz* (v. 1625); *Cume vassal i fiert* (v. 1870), etc. etc. — *Cum* a quelquefois le même sens : *Altresi cum un urs* (v. 1827), et, dans ce cas, vient également de *quomodo*. Mais il s'emploie presque toujours avec un verbe : *Issi seit cum vos plaist* (v. 606); *Faites la guere cum vos l'avez enprise* (v. 210), etc. Il est d'autres cas où *cum* ne me semble pas dériver de *quomodo* : *Cum jo serai à Loün en ma chambre* (v. 2910); *Cum jo serai à Eis en ma chapele* (v. 2917), etc. C'est évidemment le sens de *quum* latin. Toutes ces distinctions nous paraissent très-nettes.

= *Hume.* C'est ici un sujet pluriel, venant d'*homines.* Or, il y a *hume* et non pas *humes.* Il en est de même pour presque tous les sujets pluriels des Noms et Adjectifs *masculins* de la 3e déclinaison. Bien qu'ayant une *s* en latin, ils n'en prennent pas en français. Il importait sans doute de bien distinguer le cas sujet du cas régime : de là cette suppression de l's étymologique. = Donc, en notre manuscrit, nous trouvons *home* et *hume* (v. 377, etc.); *duc* (v. 378); *cunte* (v. 378, 577, etc.); *grant* (v. 1830, etc.); *parent* (v. 1063, 1075, 3933); *meillor* (v. 449, 451); *plusur, plusor* (v. 995, 1434, etc.); *barun* (v. 2415); *dragun* (v. 2543); *felun* (v. 3814); *traïtur* (v. 942); *dolent* (v. 1608), sans parler des innombrables adjectifs verbaux et participes en *ant.* = Il y a cependant, dans notre texte, un nombre assez considérable d'exceptions à cette règle : *Honurs* (v. 3181); *reis* (v. 2649); *martirs* (v. 1134); *serpenz* (v. 2543); *leuns* (v. 1888); *serjanz* (v. 3967); *cuntes* (v. 2820); *gentilz* (377); *granz* (v. 2630); *parenz* (v. 3448); *dolenz* (v. 1813), sans parler ici du mot *grailles*, qui est douteux. = Mais enfin la règle s'est généralisée, et M. de Wailly la constate à toutes les pages de son *Glossaire* de Joinville. C'est sans doute par erreur que, dans sa *Grammaire historique de la langue française* (p. 148), M. Brachet a indiqué que *pastores*, au cas sujet comme au cas régime, donnait en français du moyen âge : *pasteurs*. C'est évidemment un lapsus.

= La déclinaison de *hom* dans notre texte est la suivante, qui est contredite en très-peu de cas : Cas sujet : *hom* ou *hum*; cas régime : *home* ou *hume*. Et, au pluriel : Cas sujet : *home, hume*; cas régime : *homes,*

humes. Au singulier, on trouve déjà *om* dans le sens de notre prétendu
« pronom indéfini » *on* (v. 2230).

Vers 23. — *De castel.* O. Mi. Mu. = La *Keiser Karl Magnus's Kronike* traite Blancandrin de roi : « Un roi qui se nommait Blankandin. »

Vers 25. — *Chevaler.* O. Cf. le v. 3818, qui nous offre la leçon correcte.

Vers 27. — *Al Rei.* Lire : *à l'Rei.* Cette correction s'applique également aux vers 28, 48, 71, 123, 162, 196, 207, 216, 232, 245, 253, 265, 269, 306, 339, 351, 369, 416, 427, 484, 487, 496, 510, 569, 635, 676, 732, 733, 776, 832, 880, 920, 962.....

= *Ore.* — *Or.* Mu. C'est à tort que MM. Génin et Müller ont cru lire *on* dans le manuscrit, qui porte *ore* très-visiblement. Nous laissons *ore*, persuadé d'ailleurs que l'*e* muet ne se prononçait pas, mais voulant laisser intacte une forme très-française et très-étymologique. Nous aurons à constater mille fois que la prononciation, dans notre manuscrit, est en désaccord avec l'écriture.

Vers 28. — *Carlun,* cas oblique de *Carles,* par analogie, d'après *Otes* et *Oton, Gui* et *Guion,* etc.

= *Al orguillus, al fier.* Mu. Nous laissons : E *à l'fier,* qui se trouve dans le manuscrit et prouve l'élision possible de l'*e.* Le manuscrit de Venise, n° IV, porte : *Manda à Karll li orgoilos el fier.* Le manuscrit n° VII : *Mandez Karlon, à l'orgoillos e fier,* — *Foi e salut por vostre mesagier.*

Vers 29. — C'est M. Müller qui a restitué [*Fe*]*deilz.* On ne peut, en effet, lire les deux premières lettres dans le manuscrit. = MM. F. Michel et Génin avaient imprimé *Deuz.*

Vers 30. — *Vos.* O. — V. la note sur *vus* et *nus* (v. 17). — *Leons.* O. La très-grande majorité, la presque totalité des Noms qui sont aujourd'hui terminés en *on,* sont, dans le manuscrit d'Oxford, terminés en *un.* Nous les avons tous écrits avec un *u.* C'est toujours, en effet, la grande règle de phonétique d'après laquelle l'*o* latin devient *u.* Mais tantôt ce changement soulève dans nos textes une question de prononciation (*vus, nus, pur*); tantôt il indique une simple variante d'écriture, comme dans *barun, traïsun,* etc.

Vers 31. — *Camelz,* O. — Pour *cameilz,* cf. v. 129, 645, 847. Trois fois sur quatre, ce mot se présente sous cette dernière forme. — *Hosturs* muez, c'est-à-dire « après la mue ». Génin (p. 343) cite un passage de Frédéric II, en son *Art de la chasse* : « Plumagium autem saurum seu *non mutatum* differt a *mutato,* in eo quod generaliter *plumæ* et *pennæ* post mutam sint meliores et alterius coloris. » (Cf. Ducange, au mot *Saurus.*)

Vers 33. — *Carre.* O. = *Carier,* c'est « charroyer ». Le ms. de Venise n° VII porte : *Cinqante chars li ferez* CHAROIER ; — *Comblé seront de fins besanz d'or mer.*

VERS 34. — *Bien.* O. J'ai relevé 47 fois la forme *ben* dans le texte d'Oxford, et 27 fois la forme *bien.* De plus, l'*i* est ici très-évidemment parasite. Pour ces deux raisons nous avons PARTOUT imprimé *ben.* Il est clair d'ailleurs que le scribe se servait AU HASARD de l'une ou de l'autre de ces formes, puisqu'il les emploie l'une ET l'autre à quelques mots de distance (v. 34, 36, 1,653, 1,654). Il n'avait évidemment de préférence pour aucune, et nous avons le droit de choisir, pourvu que notre choix soit scientifique.

VERS 37. —*Vos.* O. — V. la note du v. 17, à laquelle désormais nous ne renverrons plus notre lecteur.

= *Siurez.* Mu. *Suirez.* Mi. G.

= *A la feste seint Michel.* (Cf. v. 152 : *A la grant feste seint Michel del Peril.*) 1° Il importe tout d'abord de remarquer la place considérable qu'occupe saint Michel dans tout notre poëme. C'est à la Saint-Michel que Charlemagne doit donner une grande fête à l'occasion de la soumission de Marsile et de la fin de la guerre (v. 37 et 53). Au moment où Roland va mourir, un tremblement de terre se fait sentir *de Seint-Michel de Paris josqu'as Seinz* (v. 1,428); et nous proposerons plus tard d'écrire : *De Seint Michel del Peril josqu'à Reins.* Enfin le dernier ange qui s'abat près de Roland mourant, c'est « seint Michel del Peril » (v. 2,994). L'auteur de la Chanson écrivait visiblement dans un pays où le culte de saint Michel était particulièrement en honneur, et les mots de « seint Michel del Peril » nous mettent aisément sur la voie. Comme il s'agit ici du fameux « Mont-Saint-Michel » près d'Avranches, il se pourrait que notre poëte fût de ce pays, et non pas anglo-normand, comme on l'a prétendu SANS PREUVES. (V. notre *Introduction,* t. I, p. LXIV et suiv.) = 2° La « feste seint Michel » n'est donc pas le 29 septembre, jour où l'Église universelle célèbre la mémoire du saint Archange. Mais, si nous nous reportons à « Saint Michel du Péril » (v. 152) et à *la grant feste seint Michel del Peril,* ce serait le 16 octobre, jour où l'on célèbre la consécration par saint Aubert, évêque d'Avranches, de l'église du Mont-Saint-Michel. Un certain nombre de Martyrologes de France contiennent, en effet, cette mention : « Le 17 des calendes de novembre, au diocèse d'Avranches, l'Apparition du glorieux saint Michel à saint Aubert, évêque de cette ville, laquelle lui donna sujet de bâtir l'abbaye du Mont-Saint-Michel, dont le pèlerinage est devenu si célèbre… » Cette fête, dit Mabillon (*Ann. Bened.* lib. XIX), était célébrée dans toute la deuxième Lyonnaise, dans un nombre considérable d'autres églises et jusqu'en Angleterre. A l'appui de son opinion, Mabillon cite le synode d'Oxford, en 1222, qui ordonne *ut dedicatio Sancti Michaelis in monte Tumba a rectoribus ecclesiarum devotissime celebretur.* Rien n'était plus populaire que cette fête. Quant au nom de « seint Michel del Peril », il ne l'était pas moins. Dans la « Chronique de saint Pierre le Vif » (*Spicileg.* II, 740), il est question d'un illustre pèlerin qui se rend *ad sancti Michaelis Periculum;* et, dans son Supplément à la « Chronique de Sigebert », Robert du Mont, abbé de Saint-Michel, dit que les rois d'Angleterre et de France, Henri II et Louis VII, se rencontrèrent, en 1158, à Avranches, *ad montem Sancti Michaelis de Periculo maris.* — 3° L'Apparition qui rendit ce lieu célèbre eut lieu en 708. (Mabillon, l. I.) Saint Michel apparut à saint Aubert, onzième évêque d'Avranches, et lui déclara que la volonté de Dieu était de voir une église en l'honneur de l'Archange sur le sommet du rocher de la Tombe (*in monte Tumba,* et plus tard *ad duas Tumbas*). L'évêque, incrédule comme saint Thomas, se refusa de croire à cette vision qui se renouvela une deuxième, une troisième fois. Saint Michel, pour punir Aubert, le frappa enfin à la tête; et, à l'endroit frappé par l'ange, l'évêque aurait gardé toute sa vie « un trou que l'on voit encore à son crâne », dit un hagiographe du xviie siècle, le P. Giry. (*Vies des Saints,* 8 mai.) Mais Mabillon observe avec raison qu'avant le milieu du xe siècle, il n'est nullement question de ce dernier miracle. Il en cite pour preuve le « Récit d'un anonyme » (publié par lui-même et par les Bollandistes), lequel est antérieur au duc Richard Ier, et qui ne fait aucune allusion à l'évêque miraculeusement frappé. Quoi qu'il en soit, saint Aubert bâtit l'église, où de nombreux miracles ne tardèrent pas à éclater. Les Bollandistes, que nous résumons, parlent longuement de ces miracles et du pèlerinage auquel ils donnèrent lieu. Dès le viiie siècle, ce pèlerinage était un des plus fréquentés de l'Europe, comme l'atteste le moine Bernard dans son *Itinéraire.* On y mit des moines en 966, au lieu de clercs séculiers, et ce fait a été établi par les auteurs des *Acta Sanctorum* contre Mabillon, qui avait conservé quelques doutes sur l'exactitude de la date. L'église brûla une première fois sous le règne de Robert. (Glaber, lib. III, c. iii.) Une église nouvelle fut consacrée vers 1023, et de nouveau incendiée en 1112. Ce sont ces incendies, dus à la foudre, qui ont peut-être donné lieu à la légende de nouvelles apparitions du saint Archange sous la forme d'une colonne de feu. Nous n'avons pas à suivre plus loin l'histoire de ce célèbre pèlerinage. = Quelle que fût sa célébrité, il joue un trop grand rôle dans notre poëme pour que le poëte ne l'ait pas PARTICULIÈREMENT connu.

Vers 38. — *Recevrez.* Mu. Nous écrivons *receverez.* Le manuscrit d'Oxford, en effet, porte au-dessus du *v* une abréviation très-connue des paléographes (ů), et qui supplée ordinairement *er.* Nous pensons toutefois qu'elle désigne ici *e*, tout simplement, l'*r* n'ayant pas lieu d'être redoublé dans nos futurs. Nous n'avons pas hésité à tenir compte d'une abréviation très-réelle et ineffaçable, qui, très-évidemment, avait un sens dans l'esprit de notre scribe, qui indique d'ailleurs l'étymologie d'une façon très-frappante et a son importance dans l'étude de la phonétique. Nous emploierons partout le même système.

= *Chrestiens.* PARTOUT ce mot est écrit dans le texte d'Oxford avec le Xp (Χφ).

VERS 39. — *Ses.* O. Les formes *sis* et *ses*, *mis* et *mes* peuvent être considérées comme également bonnes et correctes. A quelques mots d'intervalle, le scribe emploie l'une ET l'autre (v. 504 et 505, 544 et 546, etc.), et n'en préfère ouvertement aucune. Nous avons choisi les formes *sis* et *mis*, qui sont PLUS employées et ont l'avantage de se distinguer plus nettement des formes plurielles *mes* et *ses*.

VERS 40. — *Volt.* O. Si nous avons PARTOUT adopté la forme *voelt*, ce n'est point parce qu'elle est la plus fréquemment employée dans notre manuscrit (21 fois, en y comprenant les formes *voet* et *voel*, qui se rencontrent, la première une, la seconde deux fois. Mais *volt* est employé vingt fois, et la différence n'est pas appréciable). Non ; si *voelt* nous a paru préférable à *volt,* si nous l'avons partout imprimé dans notre texte, c'est que la notation *oe* se retrouve à peu près uniquement dans la phonétique du même verbe. (La forme *voel*, *voell* ou *voeill*, pour *volo,* se rencontre quatorze fois dans notre ms., sans qu'aucune autre forme lui fasse concurrence ; *voelent,* quatre fois ; *voellet* ou *voeillet,* six fois.) Il semble qu'après cette constatation, nous n'avions plus à hésiter entre *voelt* et *volt.*

VERS 42. — *Vos.* O.

= *Enveius i.* O. *E nevus u.* Mi. *Enveiuns i.* G. et Mu. Nous avons ici à établir la « Théorie des 1res personnes du pluriel » d'après le manuscrit de la Bodléienne. Le scribe est loin d'avoir partout employé le même système (en ce cas comme en tant d'autres), et nous pouvons, au contraire, constater dans le poëme d'Oxford les trois systèmes qui se sont partagé les textes du moyen âge. Le premier de ces trois systèmes, le plus ancien et le plus étymologique, est représenté par les formes suivantes : *Recevru*MS (v. 1922); *fuiu*MS (v. 1910); *durriu*MS (v. 1805); *pou*MS (v. 1695), etc. Mais on ne tarda pas à s'écarter de ce premier système, en adoptant deux flexions moins étymologiques. Tantôt on supprima l'*s* finale qui rappelait si bien la terminaison latine, et l'on eut des formes telles que *asaldru*M (v. 947); *metru*M (v. 952); *averu*M (v. 972); *puîru*M (v. 1007), etc. etc. D'autres fois, au contraire (et cela dans le même texte), on modifia autrement le premier système : l'*s* fut conservée et l'*m* moins fortement prononcée fut changée en *n;* de là, dans notre Chanson, *lançu*ns (v. 2154); *devu*ns (v. 1009); *feru*ns (v. 1256). Même on ira, dans le *Roland*, jusqu'à trouver, par le changement de l'*u* en *o*, la forme qui l'a décidément emporté sur toutes les autres : *avo*ns (v. 1923). Or, de ces trois systèmes, qui se trouvent également dans notre manuscrit, lequel devions-nous adopter? Celui qui EST, DE BEAUCOUP, LE PLUS FRÉQUEMMENT ADOPTÉ, c'est-à-dire le second : *asaldrum, avum*, etc. = Si nous avons ici imprimé *enveiums*, l's doit être uniquement considérée comme euphonique, et c'est la seule fois qu'on la trouvera dans notre texte.

VERS 44. — *Le chefs*. O. Erreur évidente.

VERS 45. — *Perduns*. O. Mi. G. Mu. V. la note du v. 42.

= *L'onur*. O. Mi. G. Mu. Nous avons partout préféré la forme *honur*, parce qu'étant plus étymologique, et ayant été en outre conservée dans notre langue, elle est celle aussi qui est le plus souvent employée dans le manuscrit. L'*h*, d'ailleurs, n'est pas ici plus aspirée que dans *helme : D'osbercs e* dE Helmes *e d'espées à or* (v. 1798) et dans *hom : Bataille funt nostr*E Hum (v. 1,758), etc. Il est donc très-légitime d'écrire l'Honur. — Nous l'avons traduit par *terre*. Honor signifie en général un bien, un domaine; au nord de la France, il est, par extension, devenu synonyme de fief. On a renoncé à l'opinion qui représentait l'*honor* du midi de la France comme un bien d'une nature particulière, qui aurait joui des droits féodaux sans en supporter les charges.

= *La deintet*. Ce mot, sur lequel on a discuté, vient de *dominitatem*, et signifie la seigneurie, le domaine, et par extension les biens.

VERS 46. — *Seiuns*. O. V. la note du vers 42. Nous n'y renverrons plus le lecteur.

= *Cunduis*. O. Pour la règle de l's, il faut *cunduit*.

VERS 47. — *Pa ceste*. O.

VERS 49. *Sempres*. Un certain nombre d'adverbes ont pris une *s* finale par extension ou analogie : *Unk*ES et *unch*ES (v. 2639, 3531, 629, 1638, 1647, etc.); *prim*ES (v. 1924, 2845); *alqu*ES (v. 95); *sempr*ES (v. 3721, 3729), etc. etc. Cette *s* n'a rien d'étymologique.

VERS 50. — *Francs*. O. Il faut *Franc*. Les substantifs masculins, dérivés des noms de la 2e déclinaison latine, ne prennent pas d's en français, au cas sujet du pluriel. (V. la note du v. 1.)

VERS 51. — *Meillor*. O. Quoique la forme *meillor* se rencontre plus souvent dans notre texte que *meillur*, nous n'avons pas hésité à adopter cette dernière : 1° parce qu'une loi de phonétique tourne en *u* l'*o* latin dans la plupart des cas offerts par notre manuscrit; 2° parce que cette loi s'applique particulièrement, dans notre texte, à presque tous les mots dérivés des vocables latins en *or, oris, ores*. Nous ne pouvions manquer ici à une loi GÉNÉRALE dont on trouve d'ailleurs plusieurs applications au mot qui nous occupe. (V. *meillur* et *meillurs*, v. 620, 1,850.) Notre but est, encore un coup, de restituer le texte d'Oxford TEL QU'IL AURAIT ÉTÉ ÉCRIT, AU MÊME TEMPS ET DANS LE MÊME DIALECTE, PAR NOTRE SCRIBE LUI-MÊME, s'il eût été plus attentif, plus intelligent et plus instruit.

VERS 52. — *Ad Ais, à sa capele*. Le Palais d'Aix-la-Chapelle, d'après nos vieux poëmes, se composait de douze Palais splendides groupés autour d'un Château plus magnifique encore. Au sommet du Palais *principal* était un aigle d'or colossal. (*Karlamagnus Saga*, Ire branche, 12-20, et *Richeri Historia*, lib. III, § 71, cités par G. Paris en son *Histoire poétique de Charlemagne*, p. 369.) Quant à la Chapelle, elle avait été construite sur les ordres de l'Empereur avec une incomparable magnificence. Par malheur, quand elle fut achevée, elle se trouva trop petite. Mais Dieu fit un miracle et l'élargit surnaturellement. (*Karlamagnus Saga*, I, 12, citée par G. Paris, l. l, et Girart d'Amiens, *Charlemagne*, B. N. ms. fr. 778, fº 105, rº.) Devant le Palais était ce *perron*, cette masse d'acier sur laquelle les chevaliers essayaient leurs épées. La légende assurait que c'était là l'antique résidence de « Granus », père de Néron, et l'auteur de notre *Chanson de Roland*, évoquant une tradition meilleure, affirmera tout à l'heure (v. 154) que Dieu, par un nouveau miracle, y fit jaillir une source d'eaux chaudes pour en faire présent à Charlemagne. (Cf. Philippe Mouskes, *Chronique rimée*, v. 2,410 et ss., et surtout le faux Diplôme présenté par les chanoines d'Aix à Frédéric Barberousse. = V. G. Paris, l. l, p. 109, et nos *Épopées françaises* dont nous venons de résumer deux pages, t. II, pp. 113-115.)

VERS 55. — *Nos*. O. Dans la traduction de ce vers, lire *nous* au lieu de *vous*.

VERS 56. — *Curages*. Ce mot peut fort bien ne pas être considéré comme dérivant d'un neutre latin : *coraticum*. On peut très-légitimement supposer la forme masculine : *coraticus*, qui explique très-naturellement le vocable français.

VERS 58. — *Mielz*. O. Nous avons PARTOUT préféré *melz*. *Melz* est la forme la plus ancienne, la plus étymologique. On la trouve moins fréquemment dans notre manuscrit que *mielz*, mais assez cependant pour justifier ici notre application d'une loi GÉNÉRALE sur la suppression de l'*i* parasite. (V. *melz*, vers 44, 516, 1091, 1872; *meilz*, v. 536.) Cf. notre note du v. 34 sur *bien* et *ben*.

VERS 59. — *Perduns*. O. V. notre note du vers 42.

VERS 60. — *Aiuns*. O.

VERS 61. — *Issi*. Dans tout le texte d'Oxford il y a entre *Issi* et *Ici* bien plus qu'une différence orthographique. *Issi*, PARTOUT ET TOUJOURS, a le sens d'*ainsi* et dérive d'*in-sic*. Exemple : *Issi est neirs cume peiz* (v. 1635). *Tut issi cum il sunt* (v. 2435). *Issi seit cum vus plaist* (v. 606), etc. *Ici* est toujours adverbe de lieu : *E! rcis amis, que vus ici nen estes* (v. 1697). *D'ici qu'en Oriente* (v. 401 et 3594). *Plus près d'ici* (v. 2735). *D'ici qu'al nasel* (v. 1996). — (Cf. les v. 1956, 3835, etc.)

Vers 62. — *Marsilie*. O. Pour le cas sujet il faut *Marsilies*.

Vers 63. — *Clarin*. Mu. imprime *Clarun*; O. porte très-nettement *Clarin*. — C'est aussi la leçon de V². , qui reproduit ainsi qu'il suit tout ce passage : *Il en apelle Clarin de Balaguer — E Priamus, Galan e Babuer, — Estormarin e Orebe son per — E Loenes e Marprimant de mer — E Blanzardin por sa raison monstrer.* Ici, comme ailleurs, V². se rapproche beaucoup de Vs. et n'en diffère guère que par des variantes orthographiques.

= *Balaguet*. — C'est Balaguer en Catalogne, « le point le plus lointain qu'aient atteint les armes de Roland. » (G. Paris, *Revue critique*, 1869, n° 37, p. 173.) Roland se vante, en effet, de l'avoir conquis à Charlemagne (v. 200). — Balaguer (Ballegarium, Valaguaria, Bergusia?) est une place forte à trois lieues de Lerida.

Vers 67. — *Joüner*. Mu. On lit aussi bien, dans le ms., *Joïmer*.

Vers 68. — *Blancandrins*. O. Pour le cas régime il faut *Blancandrin*.

Vers 70. — *Carlemagnes*. O.

Vers 71. — *Cordres*. Génin (p. 8), d'Avril (p. 147) et A. de Saint-Albin (p. 20) traduisent par « Cordoue ». Or, Marsile, qui est à Saragosse, envoie des messagers à Charlemagne qui est à *Cordres*. Les messagers font la route en un jour. S'il s'agissait de Cordoue, il leur aurait fallu traverser toute l'Espagne, et c'était un voyage de plusieurs semaines. Donc, en nous plaçant au point de vue strictement topographique, il n'est pas ici question de la véritable Cordoue. « Il est clair, en effet, que la ville désignée par le nom de Cordres est près des Pyrénées. » (G. Paris, *Revue critique*, 1869, p. 174.) = Cette ville joue un très-grand rôle dans toute notre légende épique. L'auteur de ces Notes a découvert, dans le cycle de Guillaume, un poëme inconnu jusqu'à ce jour et auquel il a dû donner pour titre : « La Prise de Cordres. » (B. I. 1448, f° 164, xiii° siècle.) On y raconte la lutte d'Aïmer, frère de Guillaume, contre le roi Butor. Toutefois, ce n'est pas Aïmer, mais Guibert, un autre fils d'Aimeri de Narbonne, qui parvient à vaincre et à tuer le Roi païen. Tous les frères de Guillaume s'emparent ensuite de Cordres, de Séville et de presque toute l'Espagne... Il semble bien ici qu'il s'agisse vraiment de Cordoue. = En somme, nos épiques avaient dans la mémoire un certain nombre de noms célèbres, et les décernaient un peu au hasard. L'auteur de la *Chanson de Roland* est, à beaucoup près, le plus sérieux ; et néanmoins je le crois très-capable d'avoir complétement ignoré la situation de Cordoue, dont il ne savait que le nom et qu'il pouvait fort bien s'imaginer être au nord de l'Espagne.

= Suivant la *Keiser Karl Magnus's Kronike*, « l'Empereur assiégeait un château nommé *Flacordes.* »

Vers 72. — *Olives.* O. Cf. le vers 80.

Vers 76. — *Fiez.* O. Aucun mot ne se présente peut-être dans notre Chanson sous des formes plus variables. Nous trouvons *feu*, *feus* (v. 2680, 885, 3399); *fiet* et *fiez* (v. 472, 76); *fieus* (v. 315); *fiu* et *fius* (v. 432, 820). De l'étude de ces différentes formes il résulte que l'*i* parasite triomphe dans la plupart d'entre elles, ainsi que la diphtongaison *eu* et *ou* (*fiu* et *fius* devaient se prononcer *fiou*). = Lire *feus*, pour nous conformer à nos observations précédentes.

Vers 76. — *Vos.* O. = *Vulderez.* O. —V. la note du v. 38.

Vers 77. — *De ço avum nus assez.* Le sens est obscur, ou, pour mieux dire, il se présente deux sens. Les païens, en effet, peuvent s'écrier : « C'est assez ; nous avons bien compris ; » ou : « Des terres ! nous en avons assez. » C'est ce dernier sens qui a été jusqu'ici adopté par tous les traducteurs. V². et Vs. se contentent de dire : *Ben s'en deit hom pener.* Une banalité qui n'explique rien.

Vers 78. — *Marsilie.* O. = On remarquera que cette laisse masculine est assonancée en *ei* et qu'elle est fort distincte de la précédente, assonancée en *e*. Nous avons scrupuleusement respecté dans tout notre texte les formes orthographiques des mots qui terminent les vers et contiennent l'assonance. = Nous avions dans le couplet précédent : *ir*ez et *porter*ez ; nous avons dans celui-ci : *ir*eiz et *porter*eiz.

Vers 79. — *Vos.* O.

Vers 85. — *Recevrai.* Mu. — V. la note du v. 38.

Vers 87. — *Avrat.* Mu.

Vers 88. — *Avreiz.* Mu. = *Bon mesagier aurez.* V².

Vers 90. — Au lieu du *Roi de Suatilie* (?) V². et Vs. nous offrent : *Uns amirals cortois.*

Vers 92. — *Muntez.* O. Mu. Lire *Muntet*, à raison de la règle principale de la déclinaison romane.

Vers 94. — *Charle.* O. Mu. — Parmi les formes multiples que reçoit ce nom (*Charles, Carles, Karles,* etc.), nous avons choisi celle qui, sans être éloignée de l'étymologie germanique, est, à beaucoup près, LA PLUS FRÉQUEMMENT employée dans notre texte.

Vers 96. — *Emperere*s. O. V. la note du v. 1. — *Se fait e balz e liez.* O. Pour le cas régime, il faut : *balt e liet.*

= D'après toutes nos Chansons de geste, comme aussi d'après toutes

les autres sources françaises et étrangères, nous allons exposer la
« Légende de Charlemagne ». Nous nous arrêterons ici à la grande
expédition d'Espagne ; mais, plus tard, dans une dernière note, nous
poursuivrons cette « Histoire poétique » jusqu'à la mort du grand Empereur. D'une part, ce sera : *Charlemagne avant*, et, de l'autre, *Charlemagne après Roncevaux.*= Nous avons dû, pour ce travail, nous servir
du tome II de nos *Épopées françaises* ; mais nous avons pris soin d'adopter ici, AVEC UN TOUT AUTRE ORDRE, une forme TOUTE DIFFÉRENTE et
de rectifier un certain nombre d'erreurs. = Notre « Légende de Charlemagne » se divisera ainsi qu'il suit : I. *Naissance, jeunesse et premiers
exploits de Charlemagne*. II. *Expédition en Italie : Rome délivrée.*
III. *Luttes de l'Empereur contre ses vassaux.* IV. *Avant la grande
expédition d'Espagne.* V. *L'Espagne.* = I. NAISSANCE, JEUNESSE ET
PREMIERS EXPLOITS DE CHARLEMAGNE. Parmi les légendes relatives à la
naissance de Charlemagne, parmi celles du moins qui sont parvenues jusqu'à nous, aucune ne paraît antérieure à la rédaction de
la *Chanson de Roland*. La légende ou plutôt la fable de « Berte aux
grands piés » ne s'est point fait jour avant le XIIIe siècle, et c'est le
poëme d'Adenès qui la mit le plus en lumière... « Berte, fille de Flore,
roi de Hongrie et de Blanchefleur, est demandée en mariage par Pépin.
(*Berte*, poëme composé vers 1275, édit. P. Paris, pp. 7-9.) Elle arrive,
joyeuse, à Paris ; mais y est tout aussitôt circonvenue par des traîtres.
Craignant que son mari ne la tue durant la nuit des noces, elle permet,
elle demande à la perfide Aliste de prendre sa place dans le lit nuptial
(*Ibid.*, pp. 16-19) ; mais, victime de sa crédulité, la pauvre reine est
chassée comme une inconnue, et c'est Aliste qui va longtemps passer
pour Berte. (*Ibid.*, pp. 19-26.) On connaît le reste. La véritable reine
va, comme Geneviève de Brabant, se réfugier au fond des bois
(*Ibid.*, p. 32) ; elle pense y mourir de peur, de froid et de faim (*Ibid.*,
pp. 41-52, etc.), et, recueillie par un pauvre voyer, nommé Simon
(*Ibid.*, pp. 64-68), elle est, au bout de quelques années, reconnue
enfin par son mari (*Ibid.*, pp. 148-153), qui a depuis longtemps découvert la trahison d'Aliste. (*Ibid.*, pp. 88-132.) Quelques mois après, naît
Charlemagne. (*Ibid.*, p. 180.) » Telle est la légende, sous sa forme
définitive. = La « Chronique Saintongeaise » du commencement du
XIIIe siècle, est la première à en parler. = Le *Charlemagne* de Venise,
du XIIIe siècle (Mss. fr. de Venise, n° XIII), la reproduit aussi, mais
en rattachant la serve Aliste à toute la famille, à toute la « geste des
traîtres ». = Philippe Mouskes (vers 1240) donne une raison obscène
au refus que fait Berte elle-même d'entrer au lit nuptial. = La *Gran
Conquista de Ultramar* (fin du XIIIe siècle) ne modifie pas la version
d'Adenès. = Les *Reali* (vers 1350) et le roman de *Berte* en prose (Ber-

lin, Mss. fr., n° 130, prem. moitié du xve siècle) ajoutent quelques traits, plus anciens sans doute, à la *Berte* d'Adenès, qui cependant avait été composée vers l'an 1275. = La « Chronique de Weihenstephan » (xive siècle), précédée ici par le *Karl* de Stricker (vers 1230), nous montre Berte se faisant plus rapidement reconnaître par Pépin et le petit Charles élevé comme le fils d'un meunier. = Enfin la *Chronica Bremensis* de Wolter, du xve siècle, peu soucieuse de la dignité de Berte, la fait passer une nuit, dans la cabane d'un paysan, avec Pépin, *qui ne l'a pas encore reconnue.* (V. G. Paris, *Hist. poét. de Charlemagne*, p. 228.) = En résumé, l'on n'a pensé que fort tard à la mère de Charles, et la légende de son fils était presque achevée, lorsqu'on songea à composer la sienne avec de vieilles histoires, celles-là même qu'on mit plus tard sur le compte de Geneviève de Brabant. Ce travail n'était pas encore COMMENCÉ quand fut écrite la *Chanson de Roland.* = Pour l'enfance du grand Empereur, la légende est également de formation très-récente. On n'en trouve aucune trace avant la « Chronique de Turpin ». (La rédaction est de 1109-1119, sauf les cinq premiers chapitres.) *Les Enfances-Charlemagne* de Venise (2e branche du *Charlemagne*, Mss. français, n° xiii, comm. du xiiie siècle) sont le premier document poétique où l'on fasse enfin de l'enfance du fils de Pépin le sujet d'un « récit à part ». Mais c'est Girart d'Amiens qui a donné à ces fables le plus de corps dans son *Charlemagne,* poëme très-médiocre du commencement du xive siècle. (B. N. 778, f° 22, v^o. — 169, r^o.) Les enfances de notre héros, d'après le *Charlemagne* de Venise et le poëme de Girart d'Amiens, sont faciles à résumer... « Donc, Berte est reconnue comme reine et devient mère de Charlemagne. Mais Pépin avait eu deux enfants de la fausse Berte, d'Aliste : Heudri et Lanfroi ne rêvent que de supplanter le jeune Charles. (Ms. 778, f° 23, r^o — 24, r^o.) Ils essaient de l'empoisonner, et le mari de Gilain, de cette sœur de Charles, est forcé d'emmener l'enfant en Anjou. Les deux traîtres, peu satisfaits de cette fuite, calomnient le jeune Charles et lui enlèvent toute sa popularité; puis ils l'attirent à Reims, sous prétexte de l'y faire couronner. (*Ibid.*, f° 24, v^o.) Une lutte s'engage dans la salle même du banquet; le fils légitime de Pépin insulte les bâtards et se refuse à les servir; on l'arrache à grand'peine à leur fureur. (*Ibid.*, f° 27, v^o—28, r^o.) Un serviteur fidèle, David, se charge alors de sauver « l'hoir de France ». Ils s'enfuient tous deux du côté de l'Espagne, traversent la Navarre, franchissent les Pyrénées, et, pleins d'effroi, ne s'arrêtent point jusqu'à Tolède. C'est là, c'est parmi les païens que va s'écouler l'enfance de Charles. (*Ibid.*, f° 28, r^o—30, r^o.) Pour se mieux cacher, l'enfant prend le nom de « Mainet », si fameux dans toute notre légende. Il se met au service du roi païen Galafre (*Ibid.*, f° 30, 31) et, malgré David, se lance dans la bataille contre l'émir Bruyant, ennemi de Galafre. Il le tue, et on le fait chevalier. (*Ibid.*, f° 32, r° — 35, v°.) Il délivre ainsi Galafre de tous ses ennemis et se prend d'amour pour la belle Galienne, fille du Roi. (*Ibid.*, f° 35, v° — 38, r°.) Le récit de ces amours est charmant. (*Ibid.*, f° 38 — 41, r°.) Cependant Charles ne s'amollit point, attaque et tue Braimant : nouveau triomphe. (*Ibid.*, f° 46, v°.) Enfin il épouse Galienne, qui déjà s'est convertie à la foi chrétienne. (*Ibid.*, f° 50, r°, v°.) C'est en vain que Marsile, frère de Galienne, conçoit pour lui une haine mortelle et essaie de le faire périr : Charles, une fois de plus vainqueur, ne songe désormais qu'à quitter l'Espagne et à reconquérir son royaume. Il commence par délivrer une première fois Rome et la Papauté, menacées par Corsuble. (*Ibid.*, f° 55, r° et v°.) Il fait ensuite son entrée en France, et sa marche n'est qu'une suite de victoires. Heudri et Lanfroi, les deux traîtres, les deux fils de la serve, sont vaincus et châtiés. (*Ibid.*, f° 64, r° — 66, v°.) Charles reste seul roi, mais il a la douleur de perdre sa chère Galienne... » (*Ibid.*, f° 67, v°.) — Tel est ce récit, telle est cette « légende » des Enfances de Charles. Rien n'en transpire avant le xii⁰ siècle. La Chronique de Turpin (cap. xiii et xxi) n'y fait que quelques allusions. = Le *Charlemagne* de Venise (comm. du xiii⁰ siècle) est, par avance, d'accord avec Girart d'Amiens : seulement, les traîtres y sont appelés Landri et Leufroi et se font secourir, à la fin du poëme, par le trop célèbre Girart d'Aufraite. Charles, d'ailleurs, a eu affaire à un pape de la race de Ganelon, et n'a pu sortir d'embarras que grâce à l'appui du roi de Hongrie et au dévouement d'un cardinal dont il fit plus tard un pape. (V. l'analyse de M. Guessard, dans la *Bibl. de l'École des Chartes*, xviii, 397-402.) = Le *Renaus de Montauban* (xiii⁰ siècle) nous offre à peu près la même légende. (Éd. Michelant, p. 266.) = Dans la *Karlamagnus Saga* du xiii⁰ siècle (V. l'analyse de Gaston Paris dans la *Bibl. de l'École des Chartes*, xxv, 83-93), Charles s'allie, contre Lanfroi et Heudri, avec un voleur du nom de Basin. Caché derrière les rideaux du comte Reinfroi, il entend tout le complot tramé contre lui et le démasque. = *Renaus de Montauban* reproduit aussi cette légende, bien qu'elle s'accorde mal avec la précédente. (Éd. Michelant, pp. 266, 267.) = Le *Karl Meinet* (compilation du comm. du xiv⁰ siècle) raconte une histoire qui se rapproche assez de celle du *Charlemagne* de Girart d'Amiens, et qu'il emprunte à un *Meinet* néerlandais des xii⁰ et xiii⁰ siècles : « Haenfrait et Hoderich gagnent la confiance de Pépin, et même passent pour ses fils. Ces bâtards veulent se débarrasser de l'enfant légitime, qui leur échappe en se retirant chez Galafre... » = La *Cronica general de Espana* (xiii⁰ siècle) se hâte, DÈS L'ARRIVÉE de Charles en Espagne, de le mettre en rapport avec Galienne, qu'il rencontre, qu'il délivre de

Braimant, et à laquelle il fait connaître son véritable nom. = La *Gran Conquista de Ultramar* (fin du xiiie siècle) et notre *Garin de Montglane* (prem. tiers du xiiie s.) sont d'accord avec Girart d'Amiens. = Les *Reali* (vers 1350) veulent que les deux Bâtards aient empoisonné Berte, assassiné Pépin et forcé Charles à se faire moine à Saint-Omer. C'est seulement après le récit de ces faits que l'auteur italien se décide à reproduire la légende première. (G. Paris, *Hist. poét. de Charlemagne*, pp. 239-244.) = Dans l'*Entrée en Espagne* (xiiie et xive siècles), il est fait allusion aux amours de Charles et de Galienne, qui étaient devenus une légende très-populaire. (Mss. fr. de Venise, n° xxi, f° 230, r°.) = En résumé, on ne trouve aucune trace des « Enfances de Charlemagne » avant le xiie siècle, et il n'y est fait aucune allusion dans la *Chanson de Roland*.

II. EXPÉDITION DE CHARLES EN ITALIE : ROME DÉLIVRÉE. « Un jour, les ambassadeurs du roi de France sont insultés par le roi de Danemark, Geoffroi. Charles, plein de rage, s'apprête à faire mourir le fils et l'otage de Geoffroi, le jeune Ogier, lorsque tout à coup on lui vient annoncer que les Sarrazins se sont emparés de Rome. (*Chevalerie Ogier de Danemarche*, poëme du xiie siècle, v. 174-186.) Charles, tout aussitôt, part en Italie, traverse les défilés de Montjeu (*Ibid.*, 191-222), où il est miraculeusement conduit par un cerf blanc (*Ibid.*, 222-283), et s'avance jusque sous les murs de Rome. Le pape Milon, son ami, marche à sa rencontre et lui fait bon accueil. (*Ibid.*, 315-329.) Corsuble cependant, le Sarrazin Corsuble est maître de Rome, et n'aspire qu'à lutter contre les Français. (*Ibid.*, 284-299 et 330-383.) Une première bataille s'engage. (*Ibid.*, 384-423 et 448-467.) L'Oriflamme va tomber au pouvoir des païens, quand Ogier intervient et relève, par son courage et sa victoire, la force abattue des Français. (*Ibid.*, 468-681.) On l'acclame, on lui fait fête, on l'arme chevalier. (*Ibid.*, 682-749.) C'est alors que les Sarrazins s'apprêtent à opposer, dans un duel décisif, leur Caraheu à notre Ogier. (*Ibid.*, 851-961.) Le succès est un moment compromis par les imprudences de Charlot, fils de l'Empereur. (*Ibid.*, 1075-1224.) Néanmoins le grand duel entre les deux héros se prépare, et l'heure en va sonner (*Ibid.*, 1225-1537) : Gloriande, fille de Corsuble, en sera le prix. Une trahison de Danemont, fils du roi païen, retarde la victoire d'Ogier, qui est fait prisonnier. (*Ibid.*, 1538-2011.) Mais les Français n'en sont que plus furieux. Un grand duel, qui doit tout terminer, est décidé entre Ogier et Brunamont, le roi de « Maiolgre ».(*Ibid.*, 2525 et suiv.) Ogier est vainqueur (*Ibid.*, 2635-3041); Corsuble s'éloigne de Rome (*Ibid.*, 3042-3052) et Charles fait dans la grande ville une entrée triomphale. Il a la générosité d'épargner Caraheu et Gloriande (*Ibid.*, 3053-3073) et, chargé de gloire, reprend le chemin de la

France. » (*Ibid.*, 3074-3102.) = Telle est la version attribuée au vieux Raimbert de Paris (xiie siècle) et reproduite, avec amplification, par Adenès en ses *Enfances Ogier* (seconde moitié du xiiie siècle).= Le *Charlemagne* de Venise (comm. du xiiie siècle) nous offre une troisième forme de la même légende, qui ne diffère pas notablement des deux premières... C'est Dieu lui-même qui, par un ange, ordonne à Charles l'expédition d'Italie. Ogier n'est ici qu'un écuyer inconnu ; Caraheu reçoit le nom de Caroer, et il meurt à la fin du Roman, etc.= La *Karlamagnus Saga*, du xiiie siècle (en sa 3e branche); les remaniements en vers (Bibl. de l'Ars., B. L. F., 190, 191, xive siècle) et en prose (Éditions incunables qui reproduisent la version du manuscrit précédent); les *Conquestes de Charlemagne*, de David Aubert (1458), n'apportent à la légende aucune variante considérable. = Cette même légende n'a laissé aucune trace dans la *Chanson de Roland*, où cependant Ogier joue un rôle très-important (sans être toutefois compté au nombre des douze Pairs). Ogier est néanmoins un personnage historique, et sa légende s'est formée bien avant le xiiie siècle. Dans l'histoire poétique de Charlemagne, c'est l'élément le plus antique que nous ayons rencontré jusqu'ici. = Les *Enfances Ogier* nous ont parlé fort longuement d'une première expédition en Italie : *Aspremont*, plus longuement encore, nous fait assister à une seconde campagne de l'Empereur par delà les Alpes. C'est donc ici qu'il convient de résumer *Aspremont*... « Charles tient sa cour un jour de Pentecôte. (Édit. Guessard, pp. 2 et 3, v. 1-5.) Soudain, un Sarrazin arrive et défie solennellement le Roi au nom de son maître Agolant. L'ambassadeur païen s'appelle Balant. (*Ibid.*, p. 4, v. 9 et suiv.) Charles pousse son cri de guerre, et la grande armée de France se met en route vers l'Italie. La voilà qui passe à Laon. (*Ibid.*, p. 11, v. 77 et suiv.) Or, à Laon était enfermé le neveu de Charles, qu'on ne voulait pas encore mener à la guerre : il n'avait que 12 ou 15 ans. Roland s'échappe et rejoint l'armée. (*Ibid.*, pp. 13-16.) Charles envoie Turpin demander aide au fameux Girart de Fraite, qui d'abord répond par un refus insolent, et veut assassiner l'Archevêque (*Ibid.*, pp. 17-18); mais qui, sur les conseils pressants de sa femme, se décide à marcher au secours de l'Empereur. (B. N. Ms. 2495, f° 85, r° — 87, r°.) Alors toute l'armée franchit les Alpes et traverse l'Italie; car c'est la Calabre qui doit être le théâtre de la grande lutte. Agolant, le roi païen, a un fils nommé Yaumont, qui est le héros du poëme. Yaumont lutte avec Charles et est sur le point de le vaincre, quand arrive Roland, qui tue le jeune Sarrazin et s'empare de l'épée Durendal. (B. N. Ms. Lavall., 123, f° 41, v° — 43, r°.) La guerre cependant n'est pas finie : il faut que saint Georges, saint Maurice et saint Domnin descendent dans les rangs des chrétiens et combattent avec eux (*Ibid.*, f° 64, v°

— 65, r°); il faut que Turpin porte au front de l'armée le bois sacré de la vraie croix; il faut que Dieu, par un miracle sans pareil, donne à ce bois l'éclat du soleil; il faut, à côté de ces efforts célestes, tout l'effort humain de Charlemagne, de Roland et de Girart, pour qu'enfin les Sarrazins soient vaincus. (*Ibid.*, f° 65, 2° et suiv.) Agolant meurt alors sous les coups de Claires, neveu de Girard (*Ibid.*, f° 81, v°); Girard lui-même s'empare de Rise (*Ibid.*), et l'on donne le royaume d'Agolant à Florent, neveu du roi de Hongrie. » (*Ibid.*, f° 81, v° — 87.) = Les débuts de Roland sont autrement racontés, comme nous le verrons ailleurs, par l'auteur de *Girars de Viane*, par le *Charlemagne* de Venise, par *Renaus de Montauban*. = Les *Reali* sont conformes au récit précédent, mais lui donnent une Suite où Girart de Fraite est représenté sous les traits d'un renégat furieux, que ses fils sont forcés d'enfermer dans une tour. = Quant à l'Agolant de la Chronique de Turpin (de 1109 à 1119), il n'a rien de commun avec celui de la *Chanson d'Aspremont*. Tout d'abord il règne en Espagne, et non pas en Italie. En second lieu, c'est QUELQUE TEMPS avant Roncevaux que le faux Turpin place l'action de sa lutte avec Charles. Le roi païen tue 40,000 chrétiens; une première fois vaincu, il se réfugie dans Agen; mais il est encore battu à Taillebourg, puis à Saintes. C'est alors qu'il repasse les Pyrénées, et qu'il est définitivement vaincu et tué sous les murs de Pampelune. (V. les *Épopées françaises*, t. II, pp. 68-69.) Quoi qu'il en soit et pour en revenir à *Aspremont*, le dénoûment de ce poëme est le même que celui des *Enfances Ogier* : c'est l'Italie et Rome délivrées des païens.

III. LUTTES DE CHARLEMAGNE CONTRE SES VASSAUX : 1° GIRART DE VIANE. « Garin de Montglane, avec ses quatre fils, Renier, Mille, Hernault et Girart, est tombé dans une misère profonde. (*Girars de Viane*, poëme du commencement du XIIIe siècle, éd. P. Tarbé, pp. 4-7.) Les Sarrazins entourent son château que baigne le Rhône; mais ses fils le délivrent (*Ibid.*, pp. 6-9) et se lancent dans les aventures. (*Ibid.*, pp. 9-10.) Girart arrive à Reims pour se mettre au service de Charles avec son frère Renier. (*Ibid.*, pp. 11-20.) *Adoubés* par l'Empereur (*Ibid.*, pp. 20-21), ils lui rendent en effet mille services dont ils se font trop bien payer (*Ibid.*, pp. 24-30), et Girart devient l'ennemi mortel de Charlemagne, qui lui avait d'abord promis la duchesse de Bourgogne en mariage, et avait fini par l'épouser lui-même. La nouvelle Impératrice, irritée contre Girart, lui fait baiser son pied, quand le jeune vassal pense baiser celui de l'Empereur. De là, toute la lutte qui va suivre. (*Ibid.*, pp. 31-41.) Une guerre terrible s'engage entre les fils de Garin et Charlemagne. (*Ibid.*, pp. 51-66.) Les deux héros de cette guerre seront, d'une part, Olivier, fils de Renier et neveu de Girart; de l'autre, Roland, neveu de Charles. Aude, la belle

Aude, sœur d'Olivier, devient l'amante de Roland : nouvelle complication, qui donne un intérêt plus vif à cette légende héroïque dont le principal épisode est le siége de Vienne. (*Ibid.,* pp. 66-105.) La guerre devenant interminable, on se résout à l'achever par un combat singulier entre Olivier et Roland. (*Ibid.,* pp. 106 et ss.) Le combat est admirable, mais demeure indécis. (*Ibid.,* pp. 133-154.) Bref, la paix est faite; Girart se réconcilie avec Charles; Aude est promise à Roland, et l'on part pour Roncevaux. (*Ibid.,* pp. 155-184.) » = 2º Les quatre fils Aymon... « Charles tient cour plénière. Il se plaint de la rébellion de Doon de Nanteuil et de Beuves d'Aigremont : même il s'apprête à rassembler contre ce dernier toutes les forces de son empire. (*Renaus de Montauban,* poëme du xiiie siècle, mais dont il a existé des rédactions antérieures; édit. Michelant, pp. 1-3.) Aymon de Dordone, qui est un autre frère de Beuves, proteste courageusement contre la colère de l'Empereur. Charles le menace, et Aymon se retire fièrement de la Cour avec tous ses chevaliers. C'est ici que commence la lutte entre l'Empereur et le duc Aymon, qui est soutenu par ses quatre fils, Renaud, Alard, Guichard et Richard. (*Ibid.,* p. 3, v. 8-30.) Le roi de France, pour mettre fin à cette guerre, envoie à Beuves d'Aigremont un ambassadeur que le rebelle met à mort. (*Ibid.,* pp. 3-8.) Un second messager, qui est le propre fils de Charles, Lohier lui-même, est envoyé au terrible Beuves. Son insolence le perd, et Lohier meurt dans une bataille qui a pour théâtre le château de Beuves. (*Ibid.,* pp. 8-16.) Désormais la guerre est inévitable; elle commence. (*Ibid.,* pp. 19-27.) Le duc Beuves échoue devant Troyes, et une défaite de l'armée féodale suffit pour anéantir toutes les espérances des coalisés. (*Ibid.,* pp. 30-37.) Charles pardonne à ses ennemis, mais fait assassiner le duc Beuves, qui s'acheminait vers Paris. (*Ibid.,* pp. 37-44.) Aymon, lui, fait la paix assez bassement avec l'assassin de son frère; Doon de Nanteuil et Girart de Roussillon font de même. La guerre semble finie. (*Ibid.,* pp. 44-45.) Là-dessus, les quatre fils Aymon viennent à la cour de Charles et y sont faits chevaliers, *adoubés.* (*Ibid.,* pp. 45-47.) Leur fortune semble assurée, quand certaine partie d'échecs vient tout changer. Le neveu de l'Empereur, Bertolais, joue avec Renaud : survient une dispute et, d'un coup d'échiquier, Renaud tue son adversaire. (*Ibid.,* pp. 51, 52.) Le meurtrier et ses trois frères s'enfuient au plus vite de la Cour où ils sont menacés. Leur père est le premier à les abandonner. Leur mère, leur mère seule leur demeure fidèle. Ils se retirent dans la vieille forêt des Ardennes. (*Ibid.,* pp. 52, 53.) C'est là qu'ils vont se cacher durant sept ans; c'est là que va commencer leur « grande misère ». Ils sont poursuivis par Charlemagne, qui fait le siège de leur château de Montrésor. Un traître est sur le point de le livrer à l'Empereur, et les fils du duc

Aymon, affamés, sont forcés de s'éloigner de ces murs où pendant cinq années ils ont arrêté l'effort de tout l'Empire. (*Ibid.*, pp. 53-74.) Ils errent dans la grande forêt, et le cheval de Renaud, Bayard, leur vient en aide par sa force et son agilité merveilleuses. (*Ibid.*, pp. 74-85.) Mais la faim les éprouve de plus en plus; tous leurs chevaliers meurent; ils vont mourir aussi. (*Ibid.*, pp. 85, 86.) Leur mère, qui a quelque peine à les reconnaître dans ce misérable état, leur offre en vain l'hospitalité. (*Ibid.*, pp. 87-89.) Ils sont forcés de se remettre en route, chassés par leur propre père, et s'acheminent vers le Midi, où les mêmes aventures les attendent. (*Ibid.*, pp. 89-96.) Le roi Yon, qui régnait à Bordeaux, les voit un jour arriver dans cette ville avec leur cousin, le fameux enchanteur Maugis. (*Ibid.*, pp. 96, 97.) Les nouveaux venus aident le roi de Gascogne dans sa lutte contre les Sarrazins, et délivrent une fois de plus la Chrétienté envahie. (*Ibid.*, pp. 97-107.) Cependant Charlemagne les menace toujours, et ils se construisent un château (Mont des Aubains ou Montauban). C'est là qu'ils espèrent pouvoir résister à Charles. (*Ibid.*, pp. 107-111.) Renaud, en attendant la guerre probable, épouse la sœur du roi Yon. (*Ibid.*, pp. 111-114.) A peu de temps de là, Charles, revenant d'Espagne, aperçoit le château de Montauban. Fou de jalousie et de rage, il en prépare le siége. Roland y prend part et rivalise avec Renaud. La lutte éclate, elle se prolonge, elle est terrible. (*Ibid.*, pp. 114-144.) Mais le roi Yon lui-même trahit les quatre frères, et ils sont sur le point de tomber entre les mains des chevaliers de l'Empereur. Un combat se livre: Renaud y fait des prodiges. (*Ibid.*, pp. 142-192.) C'est Ogier qui est chargé d'exécuter les ordres de Charles contre les quatre frères, mais il rougit de seconder une trahison: Maugis, alors, délivre les quatre frères. (*Ibid.*, pp. 192-219.) Renaud, en vassal fidèle, désire d'ailleurs se réconcilier avec Charlemagne. (*Ibid.*, pp. 230-246.) Mais, hélas! les ruses et les enchantements de Maugis ont irrité l'Empereur; et il exige qu'on lui livre le magicien. (*Ibid.*, pp. 249-254.) Sur ces entrefaites, Richard, frère de Renaud, tombe au pouvoir de l'Empereur, qui le veut faire pendre. Mais les douze Pairs se refusent nettement à exécuter cette sentence (*Ibid.*, pp. 254-267), et Renaud, averti par son bon cheval Bayard, délivre son frère. La lutte recommence avec une rage nouvelle. (*Ibid.*, pp. 267-285.) Nouvelles ruses de Maugis, nouvelles batailles: Charles devient le prisonnier de Renaud, qui se refuse à tuer son seigneur. (*Ibid.*, pp. 285-337.) L'Empereur ne sait pas reconnaître une telle générosité et assiége de nouveau Montauban, où la famine devient insupportable. Par bonheur, un mystérieux souterrain sauve les quatre frères. (*Ibid.*, pp. 337-362.) Cependant la guerre est loin d'être finie: il faut que Richard de Normandie soit fait prisonnier par les rebelles; il faut que les Pairs forcent l'Empereur à conclure la paix; il faut qu'ils aillent jusqu'à abandonner Charles. (*Ibid.*, pp. 362-398.) Enfin la paix est faite, et elle est définitive. Renaud s'engage à faire un pèlerinage à Jérusalem, et arrive dans la Ville sainte au moment même où elle est attaquée par les Sarrazins. Il la délivre (*Ibid.*, pp. 403-417), et refuse d'en être le roi. (*Ibid.*, pp. 407, 408.) Il revient en France; mais sa femme est morte, mais ses fils sont menacés par toute la famille de Ganelon et d'Hardré! Il a la joie d'assister à leur triomphe. (*Ibid.*, pp. 418-442.) C'est alors que, dégoûté des grandeurs humaines, il s'échappe un jour de son château et va, comme maçon, comme manœuvre, offrir humblement ses services à l'architecte de Cologne. (*Ibid.*, pp. 442-445.) Sa force et son désintéressement excitent la jalousie des autres ouvriers, qui le tuent. (*Ibid.*, pp. 445-450.) Mais Dieu fait ici un grand prodige : le corps de Renaud, jeté dans le Rhin, surnage miraculeusement au milieu de la lumière et des chants angéliques; puis, comme un autre saint Denis, il guide lui-même jusqu'à Trémoigne les nombreux témoins de ce miracle. (*Ibid.*, pp. 450-454.) C'est plus tard seulement qu'on reconnut le fils du duc Aymon, dont l'intercession faisait des miracles, et *saint* Renaud, canonisé populairement, reçut les honneurs dus aux serviteurs de Dieu. » (*Ibid.*, pp. 454-457.) = 3° OGIER DE DANEMARK. « Ogier était le fils de ce roi de Danemark qui avait jadis outragé les messagers de Charles. Otage de son père, il avait été retenu prisonnier par l'Empereur, qui même voulait le faire mourir. Nous avons vu plus haut comment il avait mérité le pardon de Charlemagne en combattant contre les Sarrazins envahisseurs de Rome, en luttant contre Caraheu et Danemont. (*Chevalerie Ogier de Danemarche*, poëme de Raimbert, xiie siècle, 174-3102.) Le Danois, vainqueur, se repose depuis longtemps à la cour de Charlemagne. Mais une partie d'échecs va changer sa fortune, et il en est de lui comme de Renaud de Montauban. Son fils, Baudouinet, est tué par le fils de l'Empereur, Charlot, qu'il a fait échec et mat. (*Ibid.*, vers 3152-3180.) Ogier l'apprend; Ogier veut tuer le meurtrier; mais, assailli par mille Français, il est forcé de s'enfuir et va jusqu'à Pavie demander asile au roi Didier, qui le fait gonfalonier de son royaume. (*Ibid.*, 3181-3541.) Charlemagne le poursuit jusque-là et réclame du roi lombard l'expulsion du Danois : Ogier jette un couteau à la tête de l'ambassadeur impérial. (*Ibid.*, 4074-4288.) Charles veut se venger à tout prix. Les Lombards défendent Ogier : guerre aux Lombards. Une formidable bataille se livre entre les deux armées, entre les deux peuples. Didier s'enfuit; Ogier reste avec cinq cents hommes devant tout l'effort de l'armée française. Sa résistance est héroïque, mais inutile. Il est forcé de se retirer devant cent mille ennemis. (*Ibid.*, 4534-5883.) C'est pendant cette fuite, ou plutôt durant cette retraite, que, devenu tout à fait fou de colère, Ogier égorge lâchement Amis et Amiles. (*Ibid.*, 5884-5891.) Mais la poursuite continue, continue toujours. Par bonheur, Ogier a un admirable cheval, Broiefort, qui prend enfin son galop à travers ces cent mille hommes et sauve son maître cerné dans un château. Le Danois parvient à s'enfermer dans Castelfort : le siége de Castelfort va commencer. (*Ibid*, 5892-6688.) Dans ce château Ogier est seul, tout seul, et il a devant lui toute l'armée de Charlemagne. Son ami Guielin a succombé, tous ses chevaliers sont morts, et c'est l'Occident tout entier qui semble conjuré contre le seul Danois. (*Ibid.*, 6689-8374.) Ne pouvant rien par la force, il essaie de la ruse, et il fabrique en bois de nombreux chevaliers qui étonnent l'ennemi et l'arrêtent. Malgré tout, il va mourir de faim et sort de ce château. Il en sort pour égorger l'Empereur, et essaie en réalité d'assassiner Charles, qui cependant s'est montré pour lui plein de générosité et de douceur. Mais, de nouveau poursuivi, Ogier est enfin fait prisonnier, et le voilà captif à Reims. (*Ibid.*, 8375-9424.) Charles veut l'y laisser mourir de faim; mais Turpin sauve le Danois, dont la captivité ne dure pas moins de sept années. L'Empereur le croit mort... (*Ibid.*, 9425-9793.) La France cependant est menacée d'un épouvantable danger : elle est envahie par le Sarrazin Brehus : Ogier seul serait en état de la sauver, et c'est alors que Charles apprend que le Danois vit encore. (*Ibid.*, 9794-10082.) L'Empereur tombe aux genoux de son prisonnier, de son ennemi mortel, et le supplie de sauver la France. Mais Ogier est implacable, et n'y consent qu'à la condition de tuer de sa propre main Charlot, auteur de la mort de son fils. (*Ibid.*, 10081-10776.) Et déjà, en effet, il lève son épée sur le malheureux fils de Charlemagne, quand un ange descend du ciel pour empêcher ce meurtre. On s'embrasse, on s'élance au-devant de Brehus. (*Ibid.*, 10870-11038.) Les Sarrazins sont battus; Brehus est tué par Ogier, qui a vainement cherché à le convertir. (*Ibid.*, 11039-12969.) Le Danois, décidément réconcilié avec Charlemagne, épouse la fille du roi d'Angleterre, qu'il a délivrée des infidèles. Il reçoit de l'Empereur le comté de Hainaut, et c'est là qu'il finit ses jours en odeur de sainteté. Son corps est à Meaux. » (*Ibid.*, 12970-13042.) = Toute cette légende d'Ogier s'est formée EN MÊME TEMPS que celle de Roland, et elle était presque achevée quand fut écrite notre Chanson. Mais ce sont là, notons-le bien, deux Cycles différents, et qui n'ont eu entre eux aucune communication notable. Les deux légendes se sont formées chacune de leur côté, très-indépendantes l'une de l'autre. On en peut dire autant, dans une certaine mesure, de *Renaus de Montauban* et de *Girars de Viane*. C'est ainsi, d'ailleurs, qu'il faut comprendre le mot « cycle ». = 4° JEAN DE LANSON. « Jean de Lanson est un neveu de Ganelon, un petit-fils de Grifon d'Hautefeuille : il est de la race des traîtres. Il possède la Pouille, la Calabre, le Maroc, qu'il a reçus de Charlemagne. Tant de bonté n'a pas désarmé la haine qu'il porte à l'Empereur, et il ne cesse de conspirer contre lui. Il offre à sa cour un asile au traître Alori, qui a assassiné Humbaut de Liége. Cette dernière insulte met à bout la patience de Charles, et il envoie à Jean de Lanson les douze Pairs pour le défier. (*Jehan de Lanson*, poëme du commencement du XIIIe siècle, qui n'a d'ailleurs aucune racine dans la tradition, Ms. de l'Arsenal, B. L. F. 186, f° 108 et ss.) Les douze Pairs traversent toute l'Italie, et se voient menacés par les traîtres à la tête desquels est Alori. (*Ibid.*, f° 121.) Par bonheur les messagers de Charles ont avec eux l'enchanteur Bazin de Gênes, qui, autre Maugis, emploie mille ruses pour déjouer les projets d'Alori. (Ms. de la B. N. 2,495, f° 1-13, v°.) C'est en vain que Jehan de Lanson oppose Malaquin à Bazin, magicien à magicien : Bazin parvient à restituer aux douze Pairs leurs épées qui leur avaient été habilement volées (*Ibid.*, f° 14, v°), et trouve, à travers mille aventures, le secret de pénétrer en France, à Paris, où il avertit l'Empereur de la détresse de ses messagers. (*Ibid.*, f° 15-29.) Charles réunit son armée : il marche sur la Calabre et, vainqueur dans une première bataille, met le siége devant Lanson. (*Ibid.*, f° 29-55.) Encore ici, Bazin lui vient en aide. Il endort tous les habitants du palais de Lanson et le duc Jean lui-même. Charles pénètre dans ce château enchanté et délivre les douze Pairs depuis trop longtemps prisonniers... » (*Ibid.*, f° 55-64 v°.) Ainsi se termine ce poëme curieux, œuvre purement littéraire et où la légende ne tient aucune place.

IV. Avant la grande expédition d'Espagne : 1° Charlemagne en Orient. « L'Empereur est à Saint-Denis. Il se met la couronne en tête et ceint son épée : « Connaissez-vous, dit-il à l'Impératrice, un chevalier, « un roi auquel la couronne aille mieux ? — Oui, répond-elle imprudem- « ment, j'en connais un : c'est l'empereur Hugon de Constantinople. » (Vers 1-52; 58 et suiv. du *Voyage à Jérusalem et à Constantinople*, première partie du XIIe siècle.) Charles, brûlé de jalousie, veut aller voir ce roi si bien coiffé. Il part avec les douze Pairs, et va d'abord à Jérusalem pour adorer le Saint-Sépulcre. Suivi de quatre-vingt mille hommes, il arrive dans la Ville sainte. (*Ibid.*, v. 67-108.) Reconnu par le Patriarche, Charles reçoit de lui la sainte couronne, un des clous, le calice eucharistique et du lait de la Vierge. L'attouchement de ces reliques guérit un paralytique : leur authenticité est, par là, mise en lumière. (*Ibid.*, 113-198.) L'Empereur quitte enfin Jérusalem et se dirige vers Constantinople, après avoir fait vœu de chasser les païens de l'Espagne. (*Ibid.*, 221-332.) Charles traverse l'Asie et arrive enfin à Constantinople, où il est gracieusement accueilli par l'empereur Hugon. (*Ibid.*, 262-403.) Par malheur, les barons français ne se montrent pas assez reconnaissants de cette hospitalité, et se livrent, pendant toute une nuit, à des plaisanteries, à des *gabs,* où l'empereur et l'empire d'Orient sont fort insolemment traités. Ces forfanteries sont rapportées à Hugon, qui s'irrite contre les Français et les met en demeure de réaliser leurs *gabs*. (*Ibid.,* 446-685.) C'est alors que Dieu envoie un ange au secours de Charles fort embarrassé; c'est alors aussi que les plaisanteries des douze Pairs reçoivent, malgré leur immoralité, un commencement d'exécution. Hugon se déclare satisfait et tombe aux bras de Charles. (*Ibid.,* 686-802.) Bref, la paix est faite, et Charles peut enfin partir en Occident. Il rapporte en France les reliques de la Passion. » (*Ibid.,* 803-859.) = Cependant Olivier, pendant la fameuse nuit des *gabs,* avait déshonoré la fille de l'empereur Hugon, et en avait eu un fils. C'est ce fils, du nom de Galien, qui se met plus tard à la recherche de son père et qui le retrouve enfin sur le champ de bataille de Roncevaux, au moment où l'ami de Roland rend le dernier soupir. (V. le roman en prose de *Galien,* Bibl. de l'Arsenal, 226, analysé dans le t. II des *Épopées françaises,* pp. 282-287. Cf. les éditions de *Galien le rhétoré,* 1500, Verard, etc.) = La légende du voyage de Charlemagne à Jérusalem et à Constantinople n'apparaît pas avant le *Benedicti Chronicon,* œuvre d'un moine du mont Soracte, Benoît (mort vers 968), qui s'est contenté de falsifier un passage d'Eginhard, en substituant le mot *Rex* aux mots : *Legati regis.* Nous avons été le premier à le démontrer. (*Épopées,* II, 265, 266.) = D'après une légende latine anonyme, composée vers 1060-1080 (*Descriptio qualiter Carolus Magnus clavum et coronam Domini a Constantinopoli Aquisgrani attulerit qualiterque Carolus Calvus hæc ad Sanctum Dionysium retulerit*), le Patriarche de Jérusalem est chassé de sa ville par les Sarrazins, et vient réclamer l'aide de l'empereur d'Orient. Mais c'est à Charles qu'est réservée la gloire de venger la cause de Dieu. Un songe en avertit l'empereur de Constantinople, et celui-ci en prévient tout aussitôt le roi des Franks. Sans hésiter, il part, il arrive en Terre-Sainte, y est miraculeusement protégé, bat les païens et délivre Jérusalem. Pour prix d'un tel service, il demande les saintes reliques. On les lui délivre, et vingt miracles attestent l'authenticité du saint suaire, des langes et surtout de la sainte couronne : les aveugles voient, les sourds entendent, les malades sont guéris. Chargé de ce trésor, Charles revient en France. = La « Chronique de Turpin » ne fait à ce fameux voyage qu'une allusion en passant. (Cap. xx.) = La légende, dès lors, se répand partout avec une autorité de plus en plus considérable. Pierre Comestor fait honneur à Charlemagne de la translation à Charroux d'une relique célèbre. Gui de Bazoches (fin du xiie siècle) dit que Charlemagne est réellement l'auteur de la première croisade, et cette idée est répétée par Hélinand,

Vincent de Beauvais et Marino Sanuto. = La *Karlamagnus Saga* du xiiie siècle, résumée au xve dans le livre danois : *Keiser Karl Magnus's Kronike*, raconte très-gravement un voyage de Charlemagne en Orient où il n'est pas question des *gabs*... Charles fait vœu de visiter le Saint Tombeau : il revient, en effet, par Constantinople, mais c'est pour la délivrer des Sarrazins. Il en rapporte le saint suaire et surtout la pointe de la lance dont fut percé le côté de Jésus-Christ. Il est certain que la Saga reproduit ici un vieux poëme. = Mais dans une autre branche (la septième), elle reproduit EN OUTRE le poëme que nous avons précédemment analysé. = Philippe Mouskes ajoute (vers 10022 et suiv.) quelques nouvelles reliques à celles qu'ont énumérées les précédents auteurs.=Girart d'Amiens, dans un passage malheureusement mutilé de son *Charlemagne*, raconte une véritable Croisade du grand empereur. = Le Ms. 226 de l'Arsenal reproduit, à peu de chose près, notre *Voyage* du xiie siècle. Seulement, — alors que Charles quitte Jérusalem pour aller à Constantinople avec de nombreuses reliques, — les pèlerins sont attaqués par deux mille Sarrazins que commande Braimant. Naimes est d'avis de ne pas tenter une résistance impossible ; mais les jeunes Pairs se précipitent sur les païens. Charles, lui, se contente de s'agenouiller : sa prière est tout aussitôt exaucée, et tous les Sarrazins sont changés en statues de pierre. = David Aubert, dans ses *Conquestes de Charlemagne*, reproduit à peu près, et en la délayant, la version de la Légende anonyme de 1080... = « Charlemagne, qui était allé en personne visiter l'Orient, y envoya une autre fois ses grands barons (douze comtes). Le chef de cette ambassade est Simon de Pouille. (*Simon de Pouille*, poëme de la fin du xiiie s. Ms. 368 de la B. N., f° 144, v[o], col. 3.) Les Douze arrivent à Jérusalem, adorent le Saint Sépulcre ; mais, au sortir de la Ville sainte, ils sont faits prisonniers par l'émir Jonas et les Sarrazins. Par bonheur, le sénéchal de Jonas, Sinados, se convertit fort à propos pour les douze Compagnons, qui peuvent s'enfermer et se défendre dans le château d'Abilent. (*Ibid.*, f° 144-149.) Les Français, grâce à une ruse de Simon de Pouille, parviennent à rejoindre leur allié Sinados. (*Ibid.*, f° 149-154.) Cependant, et malgré toutes leurs victoires, les chrétiens vont mourir de faim (*Ibid.*, f° 155) et demandent en vain du secours au roi de Jérusalem. (*Ibid.*, f° 156-159.) Mais ils peuvent enfin faire parvenir un message à Charles. (*Ibid.*, f° 159.) Une dernière bataille rend les Français maîtres de la situation. Ils sont aidés par deux mille chevaliers que Charles leur envoie de France : Sinados est baptisé et devient, après la mort de Simon, le suzerain de la Calabre et de la Pouille. » (*Ibid*, f° 159-160, et Ms. de Londres, analysé par Fr. Michel, en son *Charlemagne*, pp. civ-cviii.)= 2[o] CHARLEMAGNE EN BRETAGNE. « Acquin, « empereur des Sarrazins, » s'est rendu maître de la Petite-Bretagne.

Il habite le palais de Guidalet; mais Charlemagne, lassé de la paix, s'apprête à marcher contre les envahisseurs *norois. (Acquin,* poëme de la fin du xiie siècle, conservé dans un Ms. détestable du xve, B. I. 2233, f° 1, r[o].) Charles arrive à Avranches et s'installe à Dol. « Com-« mençons la guerre, » dit l'Archevêque. (*Ibid.*, f° 1, v[o] — 3, r[o].) La situation des chrétiens est difficile. Une ambassade est, par le conseil de l'archevêque de Dol, envoyée à Acquin par Charlemagne. Les messagers de l'Empereur, insolents comme toujours, sont sur le point d'être tués par les Sarrazins; mais la femme du roi païen intercède en leur faveur. (*Ibid.*, f° 37[o]—7, v[o].) Naimes est d'avis de commencer immédiatement la guerre et de mettre le siége devant Guidalet. Dans une première bataille, les chrétiens sont vainqueurs. (*Ibid.*, f° 7, v[o] —16, r[o].) Leurs pertes sont d'ailleurs considérables, et le père de Roland, Tiori, meurt sur le lieu du combat. Malgré tout, les Français s'emparent de Dinart et investissent Guidalet. Le siége est long et rude. Même un jour, l'armée de Charles est surprise et vaincue. (*Ibid.*, f° 16, 7[o] — 30, r[o].) Naimes n'échappe à la mort que grâce à un miracle. (*Ibid.*, f° 31-33.) Mais Guidalet tombe enfin au pouvoir des Bretons et des Français, et Gardainne est miraculeusement anéantie par un orage envoyé de Dieu. (*Ibid.*, f° 33— 50, v[o].) Un duel de Naimes et d'Acquin paraît terminer la Chanson : Acquin meurt, et sa femme est baptisée. » (*Ibid.*, f° 50-55.) Dans ce poëme, dont nous ne possédons pas de version complète, l'élément littéraire est plus considérable que l'élément traditionnel. On y rencontre cependant des légendes visiblement antiques; mais tout a été écrit EN DEHORS de la *Chanson de Roland*. = 3[o] FIERABRAS ET OTINEL. « Charles est, une fois de plus, en guerre avec les païens : même il vient de leur livrer une bataille longuement disputée. (*Fierabras*, poëme du xiiie siècle, éd. Krœber et Servois, v. 24-45.) Un géant sarrazin, haut de quinze pieds, défie tous les chevaliers de Charlemagne : c'est lui qui a massacré les habitants de Rome et qui, maître du Saint Sépulcre et de Jérusalem, possède toutes les reliques de la Passion : le baume avec lequel Notre-Seigneur fut enseveli, l'enseigne de la croix, la couronne et les clous. (*Ibid.*, v. 50 — 66.) Au défi du païen, c'est Olivier qui répond. Le duel terrible va commencer : il s'engage. (*Ibid.*, 93-368.) Le géant a trois épées, et le baume divin, dont il emporte avec lui plusieurs barils, guérit en un instant toutes les blessures qu'il peut recevoir. Cependant Olivier ne recule point devant un tel adversaire, cherche à le convertir, s'empare des barils miraculeux qu'il jette dans la mer, et porte au Sarrazin un coup vainqueur. Fierabras s'avoue vaincu et demande à grands cris le baptême. (*Ibid.*, 369-449 et ss.) Mais, pendant qu'Olivier emporte le géant blessé, il est cerné par les païens et tombe en leur pouvoir. (*Ibid.*, 1631-1862.) Fierabras, baptisé, devient soudain un tout autre homme : il se fait l'allié des Français et s'apprête à combattre son propre père, l'émir Balant. (*Ibid.*, 1803-1994.) Quant à Floripas, sa sœur, elle ne rêve que de se marier avec Gui de Bourgogne. (*Ibid.*, 2255.) Mais les événements ne tournent pas à l'avantage des chrétiens, et Balant se rend maître de Gui, de Roland, de Naimes et des premiers barons français. (*Ibid.*, 2256-2712.) Floripas entreprend de les délivrer, et y réussit. (*Ibid.*, 2713-5861.) Balant lui-même est fait prisonnier, et, plutôt que de recevoir le baptême, va au-devant de la mort. C'est Floripas elle-même qui, fille dénaturée, se montre la plus impitoyable pour son père : Balant meurt. (*Ibid.*, 5862-5991.) Floripas épouse enfin Gui de Bourgogne et apporte à Charlemagne les reliques de la Passion, qui sont la cause de toute cette lutte. Dieu atteste leur authenticité par de beaux miracles. C'est trois ans après que Ganelon trahit la France et vend Roland. » (*Ibid.*, 5992-6219.) = Le *Fierabras* que nous venons de résumer n'est pas la version la plus ancienne. Suivant l'opinion de M. G. Paris, à laquelle nous rattachons la nôtre, il a existé un roman antérieur, qui pouvait bien avoir pour titre : *Balant*. Ce poëme, disparu, commençait par le récit d'une prise de Rome que les Sarrazins enlevaient aux chrétiens. Charles arrivait au secours des vaincus, et là se plaçait le combat d'Olivier et de Fierabras. C'était tout. = Il est à peine utile d'ajouter que les versions en prose de notre *Fierabras* n'ont fait que délayer la version en vers. Nous avons ailleurs discuté la question de la priorité du poëme français sur le *Fierabras* provençal. = « Au commencement d'*Otinel* (xiiie siècle), l'Empereur tient cour plénière à Paris. (Vers 23 et ss.) Survient un messager païen du roi Garsile : « Abandonne ta foi, dit-il à Charles, et mon maître « daignera te laisser l'Angleterre et la Normandie. » (*Ibid.*, 137 et ss.) Or ce Garsile avait pris Rome, et son messager lui-même, Otinel, l'y avait singulièrement aidé. (*Ibid.*, 91 et ss.) Roland s'irrite d'un message aussi insolent, et défie Otinel. (*Ibid.*, 211-216.) Entre de tels champions, c'est un duel terrible. Le Ciel y intervient, et, au milieu du combat, Otinel s'écrie : « Je crois en Dieu. » On le baptise, et Charles va jusqu'à lui donner sa fille Bélissende en mariage (*Ibid.*, 262-659); Otinel devient alors l'appui de la Chrétienté et l'ennemi de Garsile. (*Ibid.*, 660-1915.) Au milieu de cette guerre, Ogier est fait prisonnier, mais parvient à s'échapper. (*Ibid.*, 1916-1945.) La grande et décisive bataille est à la fin livrée : Otinel tue Garsile, et l'on célèbre joyeusement ses noces avec Bélissende. » (*Ibid.*, 1948-2132.) On voit assez, par cette rapide analyse, qu'*Otinel* ne contient rien de légendaire, et que c'est une œuvre d'imagination pure. = Dans le *Karl Meinet*, compilation allemande du commencement du xive siècle, « Ospinel », roi de Babylone, défie les douze Pairs et lutte, non pas avec Roland, mais avec Olivier. Il se convertit au milieu du combat, et meurt après s'être fait baptiser. Sa fiancée, Magdalie, fille du trop célèbre Marsile, veut le venger, mais devient la captive de Roland, pour lequel elle se prend trop vite d'un amour ardent. Olivier est forcé d'intervenir et d'arracher Roland à cette affection indigne de celui qui devait épouser la belle Aude. (V. l'édit. Keller et G. Paris, *Hist. poét. de Charlemagne*, 489-491.) = Jacques d'Acqui (fin du xiiie siècle) raconte qu'un géant païen nommé Ottonnel, de la ville d'Attilie, fut, en effet, battu par les chrétiens et converti par Roland. Le Chroniqueur ajoute que Roland lui donna sa sœur Bélissent en mariage, et que cet Ottonnel devint l'un des douze Pairs. Par malheur, Roland frappa d'un coup mortel, au milieu de je ne sais quelle bataille, son beau-frère qu'il ne reconnaissait pas. La sœur de Roland, femme d'Ottonnel, en mourut de douleur. (*Hist. poét. de Charlemagne*, 505, 506.) On peut, sans témérité, considérer toutes ces fables comme postérieures à la rédaction de notre *Roland*.

V. L'Espagne. « Charles se repose de tant de guerres et, au milieu de sa gloire, oublie le vœu qu'il a fait jadis d'aller délivrer l'Espagne et le « chemin des Pèlerins ». Saint Jacques lui apparaît et lui annonce que le temps est venu d'accomplir son vœu. (*L'Entrée en Espagne*, poëme du comm. du xive siècle, renfermant des morceaux du xiiie. Mss. fr. de Venise, xxi, f° 1, 2.) L'Empereur n'hésite pas à obéir à cette voix du ciel; mais il n'en est pas de même de ses barons, qui prennent trop de plaisir à la paix et s'y endorment : Roland les réveille. (*Ibid.*, f° 2-7.) Marsile est saisi d'épouvante en apprenant l'arrivée des Français. Par bonheur, il a pour neveu le géant Ferragus, qui va défier les douze Pairs, lutte avec onze d'entre eux et, onze fois vainqueur, les fait tous prisonniers. (*Ibid.*, 7-31.) Mais il reste Roland, et celui-ci, après un combat de plusieurs jours, finit par trancher la tête du géant qu'il eût voulu épargner et convertir. (*Ibid.*, 31-79.) L'action se transporte alors sous les murs de Pampelune, et elle y demeurera longtemps. Une première bataille se livre sur ce théâtre de tant de combats. Isoré, fils de Malceris, roi de Pampelune, s'illustre par d'admirables mais inutiles exploits. Il est fait prisonnier, et, sans l'intervention de Roland, Charles eût ordonné sa mort. (*Ibid.*, 79-121.) La guerre continue, terrible. Une des plus grandes batailles d'Espagne va commencer : Roland est relégué à l'arrière-garde, et s'en indigne. (*Ibid.*, 122-162.) Voici la mêlée : on y admire à la fois le courage de l'Empereur et celui de Ganelon. (*Ibid.*, 162.) Quant à Roland, il commet la faute très-grave de déserter le champ de bataille avec tout son corps d'armée. Il est vrai qu'il s'empare de la ville de Nobles; mais il n'en a pas moins compromis la victoire des Français. L'Empereur le lui reproche cruellement et va jusqu'à le frapper. Roland s'éloigne, et quand Charlemagne, apaisé, envoie à sa poursuite, il n'est plus possible de le trouver. (*Ibid.*, 162-220.) Roland est en Orient, où il se met au service du « roi de Persie », délivre la belle Diones, organise l'Orient à la française et fait le pèlerinage des Saints Lieux. (*Ibid.*, 220-275.) Mais il se hâte de revenir en Espagne et tombe, tout en larmes, aux pieds de l'Empereur. (*Ibid.*, 275-303.) La réconciliation est faite, mais la grande guerre est loin d'être finie : Pampelune, en effet, est toujours défendue par Malceris et Isoré, son fils. Leur courage ne parvient pas à sauver la ville, et Charlemagne y entre. (*Prise de Pampelune*, prem. quart du xive siècle, éd. Mussafia, vers 1-170.) Par malheur, les Français ne restent pas unis dans leur victoire, et une épouvantable lutte éclate entre les Allemands et les Lombards. C'est Roland qui a la gloire de les séparer et de faire la paix. (*Ibid.*, 170-425.) Il reste à régler le sort du roi Malceris, et Charles, si cruel tout à l'heure contre les Sarrazins, devient tout à coup d'une générosité ridicule. Il veut faire de Malceris un des douze Pairs; mais aucun d'entre eux ne veut céder sa place au nouveau venu : tous préfèrent la mort. (465-561.) Malceris, furieux de ce refus, parvient à s'échapper de Pampelune. (*Ibid.*, 561-759.) Mais le fils du fugitif, Isoré, est demeuré fidèle à Charles et aux chrétiens. Il en vient, pour ses nouveaux amis, à méconnaître jusqu'à la voix du sang et à lutter contre son père, qui, par aventure, échappe une seconde fois aux mains des Français. *Ibid.*, 760-1199.) Charles cependant ne perd pas l'espoir de conquérir l'Espagne, et c'est ici que commence une nouvelle série de batailles sanglantes, où il joue véritablement le premier rôle. A la tête de ses ennemis est encore Malceris, type du païen farouche et intraitable; près de Malceris est Altumajor. Ce ne sont pas de petits adversaires. Dans la mêlée, le roi de France se voit tout à coup cerné par les troupes païennes, et serait mort sans l'aide providentielle de Didier et de ses Lombards. (1199-1953.) Enfin, les païens sont vaincus. Altumajor, forcé de devenir chrétien, remet à l'Empereur Logroño et Estella. (*Ibid.*, 1830-2474.) Devant les Français victorieux, il ne reste plus guère que Marsile, et ce sera désormais le grand adversaire de Charles et de Roland. On agit d'abord avec lui par la diplomatie, et, sur la proposition de Ganelon, on lui envoie deux ambassadeurs, Basin de Langres et son compagnon Basile. Ils sont pendus sur l'ordre de Marsile, et cette violation du droit des gens sera plus tard rappelée avec horreur dans la *Chanson de Roland*. (*Ibid.*, 2597-2704.) Un tel crime ne déconcerte d'ailleurs ni Ganelon ni Charlemagne, et l'on décide d'envoyer une seconde ambassade à Marsile. Guron est choisi : il est surpris par les païens, et n'a que le temps, après une résistance sublime, de venir expirer aux pieds de Charles, qui le vengera. (*Ibid.*, 3140-5850.) La rage s'allume au cœur de l'Empereur, et la guerre recommence. Les Français, après une éclatante victoire sur Malceris, entrent tour à tour dans Tolède, Cordoue, Charion, Saint-Fagon, Masele et Lion. (*Ibid.*, 3851-5773.) Le poëme se termine en nous montrant l'armée chrétienne maîtresse d'Astorga. Charles possède l'Espagne, toute l'Espagne..., à l'exception de Saragosse. » = « Suivant une légende, ou plutôt suivant une imagination différente de tous nos autres récits, Charles ne serait pas resté sept années, mais VINGT-SEPT ANS en Espagne. Cette version n'est consacrée que par le poëme de *Gui de Bourgogne* (seconde moitié du XIIe siècle). L'auteur suppose que l'Empereur et ses barons ont vieilli de l'autre côté des Pyrénées, et tellement vieilli, que leurs fils, laissés par eux au berceau, sont devenus, en France, de beaux jeunes hommes pleins d'ardeur. Or ce sont ces jeunes gens qui s'avisent un jour d'aller rejoindre leurs pères en Espagne, comme la jeune Garde venant à l'aide de la vieille. Ils avaient voulu tout d'abord se donner un roi, et Gui, fils de Samson de Bourgogne, avait été élu d'une voix unanime. C'est Gui qui a eu l'idée de l'expédition d'Espagne, et qui exécute de main de maître un projet si hardi. (*Gui de Bourgogne*, vers 1-391.) Gui s'empare successivement de Carsaude (*Ibid.*, 392-709), de Montorgueil et de Montesclair (*Ibid.*, 1621-3091), de la tour d'Augorie (*Ibid.*, 3184-3413) et de Maudrane. (*Ibid.*, 3414-3717.) Le seul adversaire redoutable que rencontre le vainqueur, c'est Huidelon; encore il se convertit fort rapidement et devient le meilleur allié des Français. Il ne reste plus maintenant à la jeune armée qu'à rejoindre celle des vieillards, celle de Charles. C'est ce que Gui parvient à faire, après avoir donné les preuves d'une sagesse au-dessus de son âge. Un jour enfin, les jeunes chevaliers peuvent tomber aux bras de leurs pères (*Ibid.*, 3925-4024), et c'est une joie inexprimable. Puis les deux armées combinées s'emparent de Luiserne, que Dieu engloutit miraculeusement. (*Ibid.*, 4137-4299.) Le signal du départ est alors donné à tous les Français. Et où vont-ils ainsi? A Roncevaux. » (*Ibid.*, 1300-4301.) = Ici commence la *Chanson de Roland*, dont la scène, à vrai dire, devrait se placer immédiatement après la *Prise de Pampelune*. Mais nous n'avons pas besoin de résumer ici le poëme dont nous venons de publier le texte et la traduction. Le rôle de Charlemagne n'y est pas, comme on le sait, effacé par celui de Roland, et l'Empereur garde réellement le premier rang. C'est lui qui, dans la première partie de la Chanson, réunit son conseil pour délibérer avec lui de la paix proposée par Marsile; c'est lui qui fait choix de Ganelon comme ambassadeur; c'est lui qui, sur l'avis de ce traître, confie l'arrière-garde à Roland. Puis, dans la seconde partie de la Chanson, il cède ou paraît céder toute la place à son neveu, afin de nous faire assister uniquement aux derniers exploits, à l'agonie et à la mort de Roland. Mais encore voyons-nous Charles prendre de loin sa part à ce martyre et accourir, terrible, pour le venger. Il est d'ailleurs, et il est tout seul, le héros de la troisième partie. Il s'y fait le vengeur de Roland sur les Sarrazins d'abord, et ensuite sur Ganelon. A la défaite de Marsile et de Baligant succède le châtiment du Traître, et le grand empereur, promenant autour de lui ses regards apaisés par tant de représailles, s'apprête enfin à se reposer, quand tout à coup la voix d'un Ange se fait entendre et lui ordonne de recommencer une nouvelle guerre contre les païens... » = Telle est la légende de l'expédition d'Espagne D'APRÈS NOS CHANSONS DE GESTE. Mais cette très-populaire légende, qui est vraiment le centre de l'histoire poétique de Charlemagne, a été l'objet de variantes et de modifications très-considérables. Nous allons les faire connaître dans l'ordre de leur antiquité: 1º La « Chronique de Turpin » doit tout d'abord fixer notre attention. M. G. Paris a établi que les chapitres i-v sont l'œuvre d'un moine de Compostelle, écrivant vers le milieu du xiᵉ siècle, et que les chapitres vi et suivants, dus sans doute à un moine de Saint-André de Vienne, n'ont été écrits qu'entre les années 1109-1119... D'après le Faux Turpin, Charlemagne aperçoit un jour dans le ciel une « voie d'étoiles » qui s'étend de la mer de Frise jusqu'au tombeau de saint Jacques, en Galice. L'apôtre lui-même se fait voir à l'Empereur, et le somme de délivrer son Pèlerinage, dont la route est profanée par les infidèles. Charles obéit; il part. (Cap. ii.) Devant les Français victorieux tombent miraculeusement les murs de Pampelune; puis l'Empereur fait sa visite au tombeau de l'apôtre, et va jusqu'à Padron. (Cap. iii.) Plein de foi, il détruit toutes les idoles de l'Espagne, et particulièrement, à Cadix, cette image de Mahomet que l'on appelle « Islam ». (Cap. iv.) L'Empereur, triomphant, élève une église magnifique en l'honneur de saint Jacques, et construit d'autres basiliques à Toulouse, Aix et Paris. » (Cap. v.) Ici s'arrête le récit primitif, qui forme un *tout* bien complet et caractéristique. Le commentateur du xiiᵉ siècle prend alors la parole, et, soudant tant bien que mal sa narration à la précédente, raconte tout au long (cap. vi-xiv) la grande guerre de Charles contre Agolant que nous avons déjà résumée plus haut. Le récit d'une nouvelle guerre commence au chap. xiv: *Bellum Pampilonense*.... « Il arrive qu'Altumajor surprend un jour une troupe de chrétiens trop avides de butin. (Cap. xv.) Une croix rouge apparaît sur l'épaule des soldats de Charles qui doivent mourir dans la guerre contre le roi Fouré: c'est l'Empereur qui a fort indiscrètement demandé ce prodige à Dieu. Ces prédestinés meurent, mais Fouré est vaincu. (Cap. xvi.) Nouvelle guerre d'Espagne. Cette fois, c'est la plus célèbre, c'est celle de nos Chansons: Roland lutte à Nadres contre le géant Ferragus et en triomphe. (Cap. xvii.

Altumajor et Hébraïm, roi de Séville, continuent la lutte. Cachés sous des masques hideux, les païens attaquent les Français avec des cris épouvantables. Les Français reculent une première fois, mais le lendemain sont vainqueurs : Charles, maître de l'Espagne, la partage entre ses peuples. (Cap. xviii.) Il érige alors Compostelle en métropole, et fait massacrer en Galice tous les païens qui refusent le baptême. (Cap. xix.) C'est alors, mais alors seulement, qu'on voit entrer en scène Marsile et Baligant, tous deux rois de Saragosse, et envoyés tous deux par l'émir de Babylone. Ils feignent de se soumettre et envoient à Charles trente sommiers chargés d'or et quarante de vin, avec mille captives sarrazines. Ganelon, PAR PURE AVARICE ET SANS NUL ESPRIT DE VENGEANCE, trahit son pays et s'engage à livrer aux païens les meilleurs chevaliers de l'armée chrétienne. Les Français, d'ailleurs, semblent attirer sur eux la colère du Ciel, en se livrant à de honteuses débauches avec les captives païennes. Ganelon les trompe, les endort, et l'arrière-garde de Charles est soudain attaquée par les Sarrazins que Marsile et Baligant conduisent à ce carnage. Sauf Roland, Turpin, Baudouin et Thierry, tous les Français meurent. (Cap. xxi.) Avant de mourir, Roland a la joie de tuer le roi Marsile; mais il expire lui-même, après avoir en vain essayé de briser sa Durendal (cap. xxii) et s'être rompu les veines du cou en sonnant de son cor d'ivoire. Charles l'entend du Val-Charlon, pendant que Thierry assiste à l'agonie et à la mort de Roland. (Cap. xxiii et xxiv.) Or c'était le 17 mai. Turpin chantait la messe, lorsqu'il vit soudain passer dans les airs les Démons qui menaient en enfer l'âme de Marsile, et les Anges qui conduisaient au Paradis l'âme de Roland. Presque en même temps, Baudouin apporte à l'Empereur la nouvelle de la mort de son neveu. Désespoir de Charles, pleurs de tous les Français. (Cap. xxv.) C'est alors que les chrétiens vont relever leurs morts sur le champ de bataille de Roncevaux, dans le Val-Sizer. Comme dans notre Chanson, Dieu arrête le soleil pour permettre à Charles de se venger des Sarrazins, et le traître Ganelon, après un combat entre Pinabel et Thierry, est jugé, condamné, exécuté. (Cap. xxvi. — Voir au t. II des *Épopées françaises*, pp. 340-342 et 408-411, un résumé complet de la Chronique de Turpin. Ajoutons ici que le texte du Faux Turpin est reproduit dans le IIIe livre de la Chronique anonyme, dédiée en 1165 à Frédéric Barberousse, sous ce titre : *De la Sainteté et des miracles du bienheureux Charlemagne*.) = 2º Le *Ruolandes Liet*, œuvre allemande du curé Conrad (vers 1150), est calqué sur le texte d'Oxford. L'esprit en est clérical et non plus militaire : c'est l'unique différence, les faits sont les mêmes. = 3º Le *Stricker*, dans son *Karl*, n'a guère fait que versifier plus élégamment le *Ruolandes Liet* (vers 1230). = 4º La *Kaisercronik* (xiie siècle) nous fournit un récit de la guerre d'Espagne qui ne ressemble en rien à tous les autres.... « Tous les chrétiens ayant été massacrés par les Sarrazins, Charles rassemble 53,066 jeunes filles dans le Val-Charlon, près des défilés de Sizer. Les païens tremblent et se soumettent. »(G. Paris, l. I, 271.) = 5° La « Chronique du manuscrit de Tournai » (commencement du xiiie siècle) suit, en général, le récit du Faux Turpin. Elle est la première à nous donner la légende de Ganelon, qui, au moment de lutter en combat singulier avec le fils de Gondrebuef de Frise, pique des éperons, s'enfuit et est à grand'peine atteint et ramené devant le Roi. (V. le texte de la Chronique de Tournai, dans le *Philippe Mouskes* de Reiffenberg, I, pp. 469-473.) Ce même récit se retrouve dans les *refazimenti* de la Chanson de Roland. (V. le texte de Paris, vers 12527 et ss. de l'éd. Fr. Michel; Venise vii, etc.) = 6° « La Chronique Saintongeoise » (commencement du xiiie siècle) interpole le Faux Turpin. Elle y ajoute le récit de Bordeaux délivré par les Français, et d'une lutte de Roland contre le roi de Libye. (*Histoire poétique de Charlemagne*, p. 271.) = 7° Les Remaniements de la Chanson de Roland (seconde partie du mss. iv de Venise ; — ms. vii de Venise ; — textes mss. de Paris, de Versailles, de Lyon, fragment lorrain, etc.) suivent en général l'affabulation du texte d'Oxford POUR TOUTE LA PREMIÈRE PARTIE DE NOTRE VIEUX POEME. Ils se contentent de le délayer extraordinairement. = « C'est à son retour de la grande expédition d'Espagne que Charles, dans le ms. iv de Venise (f° 88, r°, 2e colonne), aperçoit Narbonne, et éprouve soudain le très-vif désir de l'avoir en sa possession. Et c'est alors que le fils d'Hernaut de Beaulande, Aimeri, s'en empare. » (V. *Épopées françaises*, III, 218-220.) = Quant aux mss. de Paris, Versailles, Venise vii et Lyon, ils racontent un peu différemment toute la fin de notre roman : nous allons les résumer.... « Lorsque Charles est de retour en France, après le désastre de Roncevaux, il envoie cinq chevaliers en message à sa sœur Gille, mère de Roland, qui est à Mâcon, et à Girart, qui est à Vienne : « Qu'il m'amène la belle Aude. » (Ms. de Paris, éd. Fr. Michel, 10022-11107.) Ganelon s'enfuit alors une première fois, et pense échapper à la colère de l'Empereur. Mais Othes le poursuit et, après vingt aventures, lui livre un combat acharné, parvient à s'en emparer et le rend à Charles. (*Ibid.*, 11108-11560.) Cependant les messagers de Charles sont arrivés à Vienne et ont fait à Girart le message du roi de France. Ils ne lui apprennent pas la mort de Roland; mais Aude a des pressentiments, des songes terribles. Malgré tout, elle part avec son oncle Girart. Ils arrivent ainsi au camp français, et l'Empereur veut faire croire à la fiancée de Roland que son fiancé a épousé une autre femme. Mais Aude ne peut ajouter foi à de tels récits et soupçonne l'affreuse vérité. Sur ces entrefaites arrive la sœur de Charles, la mère de Roland, Gille. C'est elle, c'est cette mère qui, malgré sa profonde douleur, apprend à Aude la terrible nouvelle. Aude meurt; mais elle meurt, hélas! bien longuement, après l'apparition d'un ange, après des réflexions, après des prières sans fin. » (*Ibid.*, 11561-12384.) Le reste de nos *refazimenti* est semblable à la *Chanson de Roland*. = 8° La *Karlamagnus Saga* (xiiie siècle), et le résumé danois de cette Saga, *Keiser Karl Magnus's Kronike* (xve siècle), nous fournissent de très-précieuses variantes.... « C'est saint Gabriel, et non saint Jacques, qui pousse Charles en Espagne. Un cerf blanc le conduit à travers un gué de la Gironde. (*Karlamagnus Saga*, 1re branche, 50.) Roland et Olivier prennent Nobles sans le consentement de l'Empereur, et vont jusqu'à tuer le roi Fouré, que Charles leur avait ordonné d'épargner. Les deux coupables cherchent en vain à cacher les traces de ce sang criminellement répandu, et le Roi, plein de colère, frappe son neveu au visage. » (*Ibid.*, I, 51-52.) Dans une autre branche de la Saga, ce célèbre coup de gant est donné par l'Empereur en des circonstances toutes différentes : Charles veut abandonner, de désespoir, le siége de Nobles; Roland s'y refuse (5me branche). Quoi qu'il en soit, après la prise de Nobles, le roi de France s'empare tour à tour de Monjardin et de Cordres. Alors a lieu le « miracle des lances » que les soldats de Charlemagne fichent en terre, et qui se couvrent d'une verdure surnaturelle (1re branche, 53). Dans sa « huitième branche », la Saga suit de près notre vieux poëme, mais en omettant le récit de la lutte contre Baligant et de la bataille de Saragosse. (*Bibl. de l'École des Chartes*, XXV, 102-103; *Histoire poétique de Charlemagne*, 152-277.) = 9° Philippe Mouskes (milieu du xiiie s.) s'accommode du Faux Turpin, en y mêlant la légende de notre Chanson et de ses Remaniements. Il remonte aussi à d'autres sources, et raconte notamment le miracle des aubépines qui sortent du corps de tous les Français morts à Roncevaux. (Éd. Reiffenberg, vers 8618-8621.) = 10° La *Cronica general* d'Alfonse X (seconde moitié du xiiie s.), précédée par la *Chronica Hispaniæ* de Rodrigue de Tolède (✝1247), présentent sous un aspect tout différent la guerre de Roncevaux... « Alfonse le Chaste régnait depuis trente ans. Menacé par les Sarrazins, il appelle Charlemagne à son aide. Mais les Espagnols, ses sujets, se révoltent à la seule pensée qu'ils vont être secourus par des Français, et Alfonse est forcé de faire savoir à Charles... qu'il se passera de lui. Le roi de France, indigné, déclare tout aussitôt la guerre aux Espagnols. Plutôt que de céder aux Français abhorrés, ceux-ci sollicitent l'alliance de Marsile et des païens, et c'est Bernard del Carpio qui conclut cette alliance. Accablés par deux armées, ou plutôt par deux races, les Français sont vaincus, et Roland meurt. Il est vrai que Charles se vengea plus tard sur Marsile. Mais Bernard del Carpio fut le plus heureux. Réconcilié avec le grand Empereur, il fut fait par lui roi d'Italie. » (*Chronica Hispaniæ*, IV, cap. x et xi; *Cronica general*, édition de 1604, f° 30-32. — Cf. *Histoire poétique de Charlemagne*, 282-285.) = 11° *Gaydon* est une Chanson de la première partie du xiii° siècle, une œuvre littéraire, et dont l'auteur n'a pas puisé dans la légende. Le principal personnage n'est autre que Thierry, ce même Thierry qui a été le champion de Roland contre Pinabel. Il est baptisé dans ce poëme du nom de Gaydon, à cause d'un geai qui vient se poser sur son heaume, au moment même de son combat avec le défenseur de Ganelon. C'est d'ailleurs l'unique variante que nous offre cette œuvre de second ordre et qui n'a rien de traditionnel. = 12° Les « Chroniques de Saint-Denis » soudent entre elles (singulier mélange) les Annales d'Eginhard et la Chronique de Turpin. On n'y trouve qu'un épisode réellement original.... « Roland assiége Grenoble, lorsque tout à coup il apprend que Charles est attaqué en Dalmatie par les Saisnes, les Vendres et les Frisons. Comment lui porter secours? Abandonner le siége de Grenoble? Roland ne saurait s'y résoudre. Il s'agenouille, demande un miracle à Dieu, et voici soudain que les murs de Grenoble s'écroulent. Roland peut alors partir à la délivrance de son oncle. » = 13° Le *Roland* anglais du xiii° siècle (v. la première édition de la *Chanson de Roland*, par F. Michel, pp. 279-284) suit tour à tour le Faux Turpin et nos Chansons de geste. = 14° Parmi les quatre fragments néerlandais publiés par M. Bormans (xiii° et xiv° siècles), deux suivent la Chronique de Turpin, deux autres la version d'Oxford. (V. les *Épopées françaises*, II, p. 415.) = 15° Girart d'Amiens (commencement du xiv° s.) ne fait guère, dans son *Charlemagne*, que traduire dévotement le prétendu Turpin. = 16° L'auteur allemand du *Karl Meinet*, contemporain de Girart d'Amiens et compilateur de la même famille, n'a également consulté que les sources latines pour les commencements de l'expédition d'Espagne. Mais, pour le *Roncevaux*, il a simplement rajeuni le *Ruolandes Liet*, qui lui-même est un rajeunissement du *Roland* d'Oxford. = 17° « L'Office de Charlemagne à Girone » (vers 1345) est plus original. Au moment de franchir les Pyrénées, Charles a une belle vision : Notre-Dame, saint Jacques et saint André lui promettent la victoire, mais à la condition qu'il bâtira dans Girone une belle église à la Vierge. Le grand Empereur se met en devoir d'obéir. Il bat les païens à *Sent-Madir*, et met le siége devant Girone. Une croix rouge reste durant quatre heures au-dessus de la mosquée; il pleut du sang; les miracles abondent... » (V. l'*Histoire poétique de Charlemagne*.) Ce même Office place la prise de Narbonne par *saint* Charlemagne AVANT, et non après l'expédition d'Espagne. =

19° Les *Reali* (vers 1350), en leur huitième livre, intitulé la *Spagna*, suivent d'abord pas à pas notre *Entrée en Espagne* et la *Prise de Pampelune*; il arrive même que les *Reali* comblent ici certaines lacunes de ces poëmes. (Défaite de Malqidant; Olivier, revêtu des armes de Roland, met les païens en fuite ...) Pour la fin de l'expédition d'Espagne, le compilateur des *Reali* aurait suivi, d'après M. G. Paris, un *Roncevaux* en vers français, qui n'est point parvenu jusqu'à nous, et qui était sans doute du même auteur que l'*Entrée en Espagne*. (Nicolas de Padoue.) Mais la *Spagna* des *Reali* n'est pas encore publiée, et tout donne à penser qu'elle doit se rapprocher notablement de la Chronique de Turpin et de l'œuvre de Philippe Mouskes. = 20° La *Spagna istoriata* de Sostegno di Zanobi (xive s.) n'est qu'une imitation poétique, un « délayage » des *Reali*. = 21° Les *Romances* espagnoles sont les unes françaises, les autres espagnoles d'inspiration. Dans la Romance : *C'était le Dimanche des Rameaux*, on voit fuir le roi Marcim devant Roland, avec des pleurs et des imprécations lamentables. Dans la romance de *Dona Alda*, on assiste à un songe de la belle Aude, et cet épisode est à peu près semblable à la donnée de nos *refazimenti*. (Cf. de Puymaigre, les *Vieux Auteurs castillans*, II, 325.) Dans une autre romance, Roland meurt de douleur sur le champ de bataille, à la vue de la tristesse et de l'isolement de Charlemagne. (*Études religieuses des Pères jésuites*, VIII, 41.) D'autres enfin célèbrent à l'envi leur Bernard del Carpio, au préjudice de notre *Roland*. (*Primavera*, I, 26-47.) = 22° Le *Charlemagne et Anséis* en prose (ms. 214 de la Bibliothèque de l'Arsenal, xve s.) reproduit servilement la Chronique de Turpin, qu'il agrémente d'une façon insupportable. Le compilateur ne manque pas, d'ailleurs, de donner un rôle très-important à Anséis de Carthage, dès la première partie de son Roman. C'est la seule originalité de cette œuvre extraordinairement plate. = 13° Le *Galien* (ms. 226 de la Bibl. de l'Arsenal, xve s.), et tous les incunables qui depuis le xve siècle sont calqués sur ce texte trop peu connu, nous montrent le fils d'Olivier et de Jacqueline, Galien, arrivant sur le champ de bataille de Roncevaux au moment même où Olivier va rendre le dernier soupir. Or Galien est, depuis de longues années, à la recherche de son père, et il a la joie suprême de pouvoir s'en faire reconnaître. = 24° La *Conqueste du grant Charlemaine des Espaignes*, qui n'est qu'une version en prose de notre *Fierabras* (la 1re édition est de 1478), se borne à traduire la Chronique du Faux Turpin. = 25° Les *Guerin de Montglaive* incunables contiennent également un résumé de la bataille de Roncevaux, d'après les seuls textes latins. = 26° La « Chronique du ms. 5003 », signalée par M. G. Paris (le ms. est du xvie siècle; l'original peut-être du xive), est un autre calque de la Chronique de

Turpin. Elle mêle à ce récit la mort de Renaud à Cologne et la prise de Narbonne. = 27° « La Chronique de Weihenstephan » (le ms. est du xve siècle, et l'original du xive) n'apporte aucun fait nouveau et ne renferme aucune tradition qui ne se rencontre dans le *Ruolandes Liet* et le *Stricker.* = 28° Il en est autrement des *Conquestes de Charlemaine* de David Aubert (1458). La première partie est empruntée, moitié à des poëmes que nous avons perdus, moitié au Faux Turpin. C'est avant de traverser les *ports* des Pyrénées que Charlemagne s'empare de Bordeaux. La prise de Nobles par Olivier et Roland et la mort du roi Fouré suivent de près la prise de Bordeaux. Puis viennent le siége et l'assaut de Pampelune et de Montjardin. Ici nous retombons en pleine Chronique de Turpin, avec le trop fameux combat de Roland et de Ferragus. Le reste des *Conquestes* est servilement copié sur les Remaniements de la *Chanson de Roland,* sur quelque texte analogue à ceux de Versailles, Paris, Venise VII et Lyon. C'est une vérité que nous n'avons pas vue dans nos *Épopées françaises* (II, 419). Nous nous empressons de rectifier cette erreur, et terminons ici notre résumé de la « Légende de Charlemagne », que nous avons essayé de rendre complet, mais que nous aurions voulu moins long.

D'après les textes qui précèdent, on peut dresser le Tableau par ancienneté des sources de l'histoire poétique de Charlemagne. I. Le plus ancien groupe est représenté par la *Chanson de Roland,* qui repose non-seulement sur des légendes remontant au ixe et même au viiie siècle, mais encore sur des Textes historiques d'une importance considérable. (Éginhard, *Annales,* ann. 778, reproduit par le Poëte saxon. — *Vita Karoli,* IX. — L'Astronome Limousin, *Vita Hludovici,* Pertz, II, 608.) = II. En même temps que la légende de Roncevaux, mais d'une façon tout à fait indépendante et dans un autre cycle, se formait la légende d'Ogier, qui est également appuyée sur des textes historiques. (Lettre du pape saint Paul à Pépin en 760, *Hist. de France,* V, 122; *Chronique de Moissac,* de 752 à 814, *Hist. de France,* V, 69, 70; un Extrait du Moine de Saint-Gall, II, 26; plusieurs passages d'Anastase le Bibliothécaire, ann. 753, 772, 774; *Annales Lobienses,* Pertz, II, 195; *Chronicon sancti Martini Coloniensis,* ann. 778, Pertz, II, 214; Chronique de Sigebert de Gembloux au xie siècle, *Hist. de France,* V, 376; la *Conversio Othgerii militis,* œuvre du xe ou du xie siècle, B. N. S. G. L. 1607; le tombeau d'Ogier à Saint-Faron, *Acta SS. ord. S. Benedicti,* sæc. iv, pars I, pp. 664, 665.) A ce groupe se rapportent la *Chevalerie Ogier de Danemarche,* de Raimbert; les *Enfances Ogier,* d'Adenès; la 3e branche de la *Karlamagnus Saga* et la 4e du *Charlemagne* de Venise. = III. Vers la fin du xe siècle, une falsification du texte d'Éginhard donne lieu à la

4

légende du Voyage à Jérusalem. (*Benedicti Chronicon*, Pertz, III, 710, 711.) De là la première partie de notre *Voyage à Jérusalem et à Constantinople;* de là deux récits de la *Karlamagnus Saga*. = IV. Au milieu du xie siècle, un moine de Compostelle écrit les cinq premiers chapitres de la prétendue « Chronique de Turpin », renfermant l'histoire de toute une croisade de Charles en Espagne. Ce récit n'a aucune influence sur le développement de notre poésie romane. = V. ANTÉRIEUREMENT à la rédaction de la *Chanson de Roland* que nous venons de publier et de traduire, circulaient déjà des légendes nombreuses, et *très-probablement* des poëmes qui avaient pour objet plusieurs autres épisodes de la vie de Charles ou de Roland. Le texte d'Oxford fait des allusions TRÈS-CLAIRES à la prise de Nobles, telle qu'elle nous est racontée dans la première branche de la *Karlamagnus Saga*; à l'ambassade de Basin et Basile, qui, bien plus tard, sera racontée à nouveau par l'auteur de la *Prise de Pampelune;* à la famille d'Olivier telle qu'elle nous est présentée dans *Girars de Viane*. Ce n'étaient certes pas ces poëmes EUX-MÊMES, TELS QUE NOUS LES POSSÉDONS, qui existaient avant notre *Chanson de Roland;* mais c'étaient des Chansons analogues, assonancées et en décasyllabes, etc. = VI. Pour les traditions et légendes qui précèdent, nous avons une certitude. Nous n'avons qu'UNE PROBABILITÉ pour les suivantes, auxquelles IL N'EST FAIT AUCUNE ALLUSION dans la *Chanson de Roland*. Les faits qui sont délayés dans les versions du *Renaus de Montauban* parvenues jusqu'à nous; ceux qui nous sont offerts, relativement à la guerre d'Espagne, dans la *Kaisercronik* du xiie siècle, dans les branches I et V de la *Karlamagnus Saga*, dans le second tiers de l'*Entrée en Espagne*, dans la *Prise de Pampelune* et dans la dernière partie de notre *Girars de Viane*, DEVAIENT circuler parmi nous, depuis un temps plus ou moins long, avant le commencement du xiie siècle. = VII. Notre *Chanson de Roland* a été remaniée, rajeunie plusieurs fois. On y ajouta certains épisodes. Les uns (comme la prise de Narbonne) ont un fondement dans la tradition; les autres (comme les deux fuites de Ganelon, son combat avec Othe, l'entrevue d'Aude et de Gillain, etc.) sont une œuvre de pure imagination. = VIII. Entre les années 1109 et 1119 sont rédigés les chapitres vi et ss. de la Chronique de Turpin, d'après des sources romanes que l'on corrompt, que l'on dénature, que l'on *cléricalise*. Cette œuvre apocryphe a exercé une influence considérable, et c'est d'après elle que sont écrits les documents dont nous allons donner la liste : La Chronique du manuscrit de Tournai (xiiie siècle); la Chronique saintongeaise (commencement du xiiie siècle); la première partie de l'*Entrée en Espagne* (xiiie-xive siècles); Philippe Mouskes (vers 1240) en grande partie; les « Chroniques de Saint-Denis, » et, en partie également, le *Roland* anglais du XIIIe siècle; le *Charlemagne* de Girart d'Amiens, en tout ce qui touche la guerre d'Espagne (commencement du XIVe siècle); pour tout ce qui se rapporte aux commencements de cette expédition, le *Karl Meinet*, qui appartient à la même époque; les *Reali* (vers 1350) et la *Spagna istoriata*; la *Conqueste du grant Charlemaine des Espaignes* (édition imprimée du *Fierabras*, depuis 1478, etc.); les *Guerin de Montglane* incunables; la Chronique du ms. 5003 de la B. N. (original du XIVe siècle); le *Charlemagne et Anseïs*, du XVe siècle, etc. etc. = IX. Sur des traditions vagues ont été écrits, au XIIe siècle et postérieurement, toute une série de poëmes qui sont moitié légendaires, moitié fictifs. Sur la donnée de la prise de Rome par les Sarrazins reposent : l'ancien poëme de *Balant*, que M. G. Paris a reconstitué; notre *Fierabras* et même notre *Aspremont*, auquel se mêlent quelques autres traditions. = X. Avec quelques Contes universels, et qui se retrouvent, en effet, dans tous les pays (le Traître, l'Épouse innocente et réhabilitée, etc.), on a composé la légende de l'Enfance de Charles, et cela depuis la fin du XIIe siècle ou le commencement du XIIIe. Cette légende se retrouve dans les *Enfances Charlemagne* de Venise (fin du XIIe siècle); dans la Chronique saintongeaise (commencement du XIIIe siècle); dans *Berte aux grans piés* (vers 1275); dans le *Stricker* de 1230; dans la Chronique de Weihenstephan (original du XIVe siècle, ms. du XVe); dans la *Chronica Bremensis* de Wolter (XVe siècle); dans le *Charlemagne* de Girart d'Amiens (commencement du XIVe siècle); dans la *Karlamagnus Saga* (second tiers du XIIIe siècle); dans le *Karl Meinet* (commencement du XIVe siècle); dans les *Reali* (vers 1350), etc. = XI. Cependant, pour combattre les prétentions des légendaires français, on inventait en Espagne certaines légendes destinées à ruiner la gloire de Roland. Telle est la signification de la *Chronica Hispaniæ*, de Rodrigue de Tolède († 1247), de la *Cronica general* d'Alfonse X (seconde moitié du XIIIe siècle) et de quelques Romances que nous avons citées plus haut. = XII. Enfin, il faut considérer les poëmes suivants comme des œuvres UNIQUEMENT LITTÉRAIRES et de pure imagination : *Jean de Lanson*. — *Simon de Pouille*. — *Otinel*. — La dernière partie de l'*Entrée en Espagne* (Roland en Orient). — *Gui de Bourgogne*. — *Gaydon*. — *Anseïs de Carthage*. — *Galien*. — La fin du *Voyage à Jérusalem* et quelques parties de *Girars de Viane*. = C'est ainsi que s'étagent toutes nos Chansons de geste, DEPUIS CELLES QUI SONT LE PLUS HISTORIQUES JUSQU'A CELLES QUI NE SONT MÊME PLUS LÉGENDAIRES et qui sont des « romans » dans l'acception la plus moderne de ce mot.

= La laisse VIII, comme la troisième, est en *ier*; la neuvième est en *er*. Dans tout notre texte, LES COUPLETS EN *er* SONT NETTEMENT DISTINCTS des laisses en *ier*. Nous avons à tort exposé une autre doctrine dans notre *Introduction* (p. lii). Nous reconnaissons volontiers une erreur sur laquelle M. Gaston Paris a appelé notre attention, et nous prions notre lecteur de rectifier dans ce sens le passage de notre *Introduction*, qu'on supprimera en le remplaçant par les lignes précédentes. = La thèse de M. G. Paris nous paraît juste. De même cependant qu'il y a dans notre vieux poëme des couplets uniquement en *un*, et des laisses mixtes en *un*, *ur* et *u*; de même on pourrait dire qu'il y a dans notre poëme des couplets en *er*, et des laisses mixtes en *er* et en *ier*. Cette doctrine nous paraît soutenable ; mais nous n'hésitons pas à lui préférer celle que nous venons de préciser. = Lire, dans le couplet III, à la fin des vers : *chevaliers, aidier, amistiez, chiens, cargiez, repairier, Michiel, bien, afiancier, mien, chiefs, deintiet.* = Lire, dans le couplet VIII, en assonances, les mots : *chevalier, chiers, vergier, Oliviers, gunfanuniers, bien, chevalier, viell, legier, eglentier, mier, chief, enseignier, bien.*

Vers 98. — *Abatied.* O. Cf. *respundiet* (v. 2411); *survesquiet* (2615). Ces formes de la 3ᵉ personne du parfait simple n'ont pas été (comme nous l'avions cru nous-même, *Épopées françaises*, t. I, p. 214) imaginées pour le besoin de l'assonance. On les trouve dans le corps des vers (2615) et en prose.

Vers 99. — *Eschech.* O. Cf. la forme *eschec* aux v. 1167, 2478.

Vers 102. — Pour le cas sujet il faut l'*s* finale.

Vers 103. — *Empereres.* O. V. la note du v. 1.

Vers 104. — *Olivert.* O. Erreur évidente. Cf. la note du v. 176. — V. la monographie de Roland à la note du v. 194, et celle d'Olivier à la note du v. 255. Pour placer ces notes historiques, nous choisissons toujours le lieu du poëme où chacun de nos héros commence véritablement à jouer un rôle.

Vers 105. — *Sansun.* Pour le cas sujet il faudrait *Sanses*, qui ne se trouve pas une fois dans le texte d'Oxford. Il est encore question du duc Samson aux vers 1275, 1531, 1537, 2187 et 2408. = Ce personnage est compté au nombre des douze Pairs : 1° par la *Chanson de Roland*; 2° par la *Karlamagnus Saga*; 3° et 4° par les Remaniements de Paris et de Venise VII; 5° par *Gui de Bourgogne*; 6° par la Chronique de Weihenstephan, et enfin, 7° par l'*Entrée en Espagne.* = Samson est représenté partout comme duc de Bourgogne; il est le père de « Gui de Bourgogne ». = Dans le Roman de ce nom, il tient une certaine place. Son fils, à la fin du poëme, trouve en Espagne ce père qu'il n'a jamais vu et tombe enfin dans ses bras : « L'enfes Guis de Borgoigne est alés à Samson, — Plus de c. fois li baise la bouche et le menton. » (V. 3983, 3984.) = L'*Entrée en Espagne* n'avait pas craint de faire déjà mourir le vieux duc Samson; ce qui avait donné à l'auteur de ce poëme, Nicolas de Padoue, l'occasion de placer au nombre des douze Pairs le jeune Samson, fils du roi de Persie... Roland, apprenant la mort du duc de Bourgogne, propose son ami Samsonnet pour le remplacer dans la pairie, et s'écrie en plaisantant: « Se Samson est perdu, Samson est reverti. » (Ms. XXI de Venise, f° 303.) = Et l'auteur anonyme de la *Prise de Pampelune* s'empresse d'adopter cette invention. (Vers 4521-4524 et 4974-4977.) = Cette prétendue substitution n'avait d'ailleurs aucun fondement dans la légende, et l'auteur de notre *Roland* nous fait assister à la véritable mort de Samson, que le païen Valbabrun abat sur le champ de bataille de Roncevaux. (V. 1537.)

= Anseïs est encore nommé aux v. 105, 796, 1281, 1556, 2188, 2408. Il est connu sous le nom « d'Anseïs le Vieux » (796). La *Chanson de Roland*, les Remaniements de Paris et de Venise VII, la Chronique de Weihenstephan, l'*Entrée en Espagne*, *Otinel*, le mettent au nombre des douze Pairs. Mais son nom ne se trouve point sur la liste de la *Karlamagnus Saga*, de *Gui de Bourgogne*, du *Voyage à Jérusalem* et de *Fierabras*. Il meurt à Roncevaux de la main de Malquiant (1556). Il ne le faut pas confondre avec Anseïs le Jeune ou Anseïs de Carthage, héros purement imaginaire et qui n'a rien de traditionnel. Ce dernier est nommé roi d'Espagne par Charlemagne lui-même au moment où l'Empereur retourne en France, etc.

= *Gefreid d'Anjou*. O. Lire *Gefreiz li reis gunfanuniers* à cause du cas sujet. = Geoffroi l'Angevin joue un grand rôle dans tous nos vieux poëmes. Il fait partie de l'expédition d'Aspremont. (*Aspremont*, éd. Guessard, p. 19, v. 64.) Dans la guerre des Saisnes, il tue le roi Caloré. (C. 107 et ss.) Il est compté au nombre des Pairs par *Renaus de Montauban*, la Chronique de Weihenstephan et *Fierabras*. = Dans *Aye d'Avignon*, c'est Garnier de Nanteuil qui est fait gonfalonier du roi. Or l'enseigne de l'Empereur n'était autre que la bannière de Saint-Pierre ou des Papes : de là son beau nom de Romaine : « Seint Piere fut, si aveit nom Romaine. » Mais depuis le grand combat de Saragosse, elle s'appela « Montjoie. » (V. 3094.) = Thierry, qui doit vaincre Pinabel à la fin de notre Chanson, est ici représenté comme LE FRÈRE du duc Geoffroi (3819). Dans *Gaydon*, au contraire, Thierry est SON FILS et, sous le nom de Gaydon, devient lui-même duc d'Angers. = Avons-nous besoin d'ajouter que Geoffroi d'Anjou, dans la *Chanson de Saisnes* (couplets XIX-XLIV), est un des chefs des barons Hurepois soulevés contre l'Empereur. (V. notre note sur Richard de Normandie au v. 3050.) = Quant au rôle qu'il joue dans les Remaniements de la *Chanson de Roland*, v. la note du v. 3080.

Vers 107. *Gerin*. O. Pour le cas sujet il faut *Gerins*. = Gerin et

Gerer sont comptés au nombre des douze Pairs par la *Chanson de Roland*, les remaniements de Paris et la *Karlamagnus Saga*. Gerin seul est conservé par *Otinel* et le *Voyage à Jérusalem*. Son *gab* n'y est pas l'un des moins divertissants : « Placez deux deniers sur cette tour de marbre. D'une lieue, je les atteindrai avec mon épieu, et je ferai tomber le premier sans toucher au second. » (V. 604 et ss.) Les deux noms de Gerer et de Gerin ne paraissent pas dans *Gui de Bourgogne*, l'*Entrée en Espagne*, la Chronique de Weihenstephan et *Fierabras*. (V. plus loin, au v. 262, notre note sur les douze Pairs.)

Vers 108. — Lire *Bien*. O. V. la note du v. 31 et celle du v. 96, p. 51.

Vers 109. — *Milliers*. O. V. la note du v. 1685.

Vers 110. — *Cevalers*. O. V. la note du v. 1379. Pour le cas sujet il faut *chevaler*.

= *Palies*. V. la note du v. 1651. = Le *ciclatun* est une forte étoffe de soie qui « paraît avoir eu au xii⁰ et au xiii⁰ siècle autant de faveur que le *samit* et le *cendal* ». V. sur cette étoffe, F. Michel, *Recherches sur le commerce, la fabrication et l'usage des étoffes de soie*, I, pp. 220-225.

Vers 116. — *Qui*. O. V. la note du v. 18.

= « *La siet li Reis que dulce France tient*. Plusieurs érudits ont prétendu que, dans nos premières Chansons de geste, et notamment dans le *Roland*, le mot France n'a pas le sens actuel et représente seulement une province du grand pays français, l'Ile-de-France. Il est certain que le mot *Francia*, antérieurement à nos premiers poëmes, a signifié tour à tour tous les pays successivement occupés par les Francs. Dans la Table de Peutinger, il est appliqué aux différents peuples de la Confédération Franke, établis alors sur la rive droite du Rhin. Sous la première race, on appelle *Francia* tantôt les terres occupées par les Saliens, tantôt le pays habité par les Ripuaires : il y a néanmoins tendance à donner plutôt le nom de France à la Neustrie. = Sous la seconde race, il est arrivé que ce même nom fut surtout attribué au duché de France. = Nous avons longuement étudié la même question dans la *Chanson de Roland*, et nous croyons pouvoir scientifiquement établir les propositions suivantes : 1º Les mots *France* et *Franceis*, dans la plus ancienne de nos épopées, sont employés cent soixante-dix fois pour désigner tout l'empire de Charlemagne, lequel, en dehors de la France proprement dite, renferme la Bavière, l'Allemagne, la Normandie, la Bretagne, le Poitou, l'Auvergne, la Flandre, la Frise, la Lorraine et la Bourgogne; 2º dans le même poëme, le mot *France* est également employé en un sens beaucoup plus restreint pour désigner les pays qui correspondent à l'ancienne Neustrie (moins la Normandie) et à presque toute l'Austrasie. = Dans l'énumération des différents corps de l'armée chrétienne, les Français proprement dits forment les 1re, 2e et 10e échelles; la 3e est composée de Bavarois, la 4e d'Allemands, la 5e de Normands, la 6e de Bretons, la 7e de Poitevins et d'Auvergnats, la 8e de Flamands et de Frisons, la 9e de Lorrains et de Bourguignons. La même division se retrouve dans la liste des barons qui sont appelés à juger Ganelon. D'où je conclurais volontiers que la Bavière, la Normandie, l'Allemagne, la Bretagne, le Poitou, l'Auvergne, la Flandre, la Frise, la Lorraine et la Bourgogne peuvent être ici considérés comme des pays feudataires ou conquis. Roland se vante, en effet, d'en avoir soumis un grand nombre : il y joint l'Aquitaine. — En résumé, le pays tant aimé par le neveu de Charlemagne, c'est NOTRE FRANCE DU NORD AVEC SES FRONTIÈRES NATURELLES DU CÔTÉ DE L'EST, ET AYANT POUR TRIBUTAIRE TOUTE LA FRANCE DU MIDI. C'est donc à peu près pour le même pays qu'a battu le cœur de Roland et que battent les nôtres. » (*L'Idée politique dans les Chansons de geste*, par L. G., p. 84.)

VERS 118. — *La cuntenance fier.* O. Erreur évidente.

VERS 121. — *Bien.* O. V. la note du v. 34.

VERS 122. — *Parled.* O. Dans notre manuscrit, le *d* prend parfois la place du *t*; mais il faut observer tout d'abord que ce changement n'a pas lieu *une fois sur cinquante*, et, en second lieu, que le *d* n'est pas strictement étymologique. C'est pourquoi nous avons imprimé *parlet*.

VERS 123. — *Salvet.* O. A cause de la règle de l'*s*, nous avons écrit *salvez*.

VERS 124. — *Ds aürez.* O. *Devez aürer.* Mu. La correction introduite dans notre texte est empruntée au texte de Venise, où le passage est ainsi conçu : « Droit emperer, salva sia da der, — Dal Criator che dovi adorer. » Mu., note de la p. 8. = Cf. le vers 429 : *Li glorius qui devum aürer*.

VERS 126. — *Salvetez.* Au cas régime il faut *salvetet*. = Le ms. de Venise VII, et le texte de Versailles portent les mots suivants qui expliquent le sens du texte d'Oxford : *Enquis avons la loi por nos salver*.

VERS 127. — *Vos.* O.

VERS 131. — *Care.* O. Cf. le v. 33, où l'on trouve *carres*, qui est à la fois plus régulier et plus étymologique. = *Carier.* O. *Carier* n'est pas dans la mesure du vers. Quant à *carger*, voyez les v. 32, 185, 652.

VERS 132. — *Avrat.* Mu. V. la note du v. 38.

VERS 133. — *Bien.* O. Nous avons supprimé l'*i* parasite. V. la note du v. 34. = *Vuz.* Mu. Faute évidente, pour *voz*, qui se lit très-visiblement dans le ms.

VERS 135. — *Bien.* O. V. la note du v. 34.

Vers 136. — *Vos.* O. *Suirat.* Mi. G. On pourrait ajouter ici les vers suivants (justifiés par les vers 36-39, 151-155 et 187-190).

> Vostre hom serat par amur et par ben :
> Trestute Espaigne tendrat de vus en feu.

Vers 137. — *Empereres.* O. V. la note du v. 1, à laquelle désormais nous ne renverrons plus notre lecteur. = Pour la mesure du vers nous avons rétabli *en*, visiblement oublié par le scribe. Cf. le vers 139 : *Li Empereres* EN *tint sun chef enclin.*

Vers 142. — [Q]*uant.* Mu. On lit très-bien tout le mot dans le ms. = LU *vis.* O. On ne trouve *lu* que TROIS fois dans tout notre texte. (V. 142, 283, 320.)

Vers 145. — *Vos.* O.

Vers 147. — *Voet.* O. V. la note du v. 40. = O. porte : *hostages.* Or, dans le ms., on trouve à peu près le même nombre de fois les deux formes *hostages* (147, 572, 646, 3852), et *ostages* (40, 57, 87, 3950). Nous avons choisi la forme la plus étymologique. C'est en même temps celle qui, après avoir été la plus commune dans notre ancien langage, a persisté dans le nouveau.

Vers 148. — *Avrez.* Mu. V. la note du vers 38.

Vers 149. — *Par num d'ocire.* Mu. Nous restituons *de ocire* qui se trouve dans le ms., et qui s'élidait dans la prononciation, mais non pas toujours dans l'écriture. = *Mien.* O. On trouve *mien* dans le ms. d'Oxford (149, 339, 743, 1936, 2183, 2718); mais bien plus souvent *men* (43, 249, 524, 539, 756, 767, 1709, 1798, 2073, 2286, 3591). Voir la note sur *bien*, au v. 34, et la combiner avec celle sur les couplets en *ier*, v. 96, page 51. = *Filz.* O., etc. Lisez dans notre texte *fil* à cause du cas régime.

Vers 150. — *Avrez.* O. V. la note du v. 38. = *E si 'n averez, ço quid, de plus gentilz.* Il nous semble que tous les traducteurs, sauf M. Fr. Michel (éd. de 1869) ont fait un contre-sens sur ce vers. Tous ont traduit à peu près comme Génin : « Vous n'en aurez pas, je crois, de plus noble. » Il est évident qu'il faut, avec MM. Michel et Müller, écrire : *Si 'n averez* pour *en averez*, et non pas *si n'averez.*

Vers 152. — *A la grant feste seint Michel de l'Peril.* V. la note du v. 37.

Vers 153. — *Vos.* O. = *Suirat.* Mi. G.

Vers 154. — *Vos.* O.

Vers 156. — *Charles.* O. V. la note du vers 94.

Vers 157. — *Cler.* O. Il faut *clers* à cause du cas sujet.

Vers 158. — *Charles.* O. V. la note du v. 94. Le ms. porte *Chares.*

Vers 159. — Lire *el'.* = Nous n'osons pas ajouter ici au texte primitif les vers suivants que nous offre le remaniement de Versailles (v. 190-195) et qui, selon nous, ont dû se trouver dans *la* ou dans *une* version originale. Mais il n'y a que probabilité. Il faudrait les ramener au dialecte de notre texte d'Oxford, et c'est ce que nous avons essayé de faire : *El' grant verger fait li Reis tendre un tref — E l'aigle d'or sus el pumel fermer. — Vers Saraguce en fait turner le chef. — Ço senefiet ne s'en vuldrat aler, — E tresqu'à l'jurn s' i vuldrat hosteler.* Voici le texte même du remaniement : *El' grant vergier a fait son tref lever — Et l'aigle d'or sus el' pomel fermer, — Vers Saragoze en fet le chief torner. — Ce senefie ne s'en vuldra aller : — Iloc au jor se voudra osteler.*

Vers 161. — *Serjanz.* A cause du cas sujet pluriel, il faut *serjant.* V. la note du vers 20.

Vers 163. — *Empereres.* O. = *Levet.* O. Il faut *levez* à cause du cas sujet.

Vers 168. — *Empereres.* O.

Vers 171. — *Li.* O. A cause du régime il faut *le.* = *Velz.* O. Pour la même raison, il faut *veill.* (Pour la forme *veill*, cf. les vers 112, 218, 3470.) = Au cas sujet on trouve dans notre texte *velz*, qui est évidemment la meilleure forme (905, 929, 970, 3050; *veilz*, 1771, 2409, 2807, et *vielz*, 523, 538). Au cas régime, à côté de *veill* on trouve *viell* une seule fois, 2048; et une autre fois, mais par erreur, *viel*, 2615.

Vers 172. — *Gascuigne.* O. V. la forme Guascuigne aux v. 819 et 1494, et *Guascuinz*, v. 1289. = *Li quens.* O. A cause du cas régime il faut *le cunte.*

Vers 174. — *Gerin.* O. A cause du cas sujet, il faut *Gerins :* le latin serait *Warinus* ou *Guarinus.*

Vers 175. — *Rollant.* Mu. *Rollanz*, au cas sujet.

Vers 176. — *Oliver.* O. A cause du cas sujet, il faut *Olivers.* Il est vrai que, PAS UNE SEULE FOIS, notre manuscrit ne nous offre cette dernière forme. (V. 104, 176, 546, 576, 936, 2207, 2403, 3186, etc.) Mais nous avons étudié tous les mots de même famille dans le texte d'Oxford, tous ceux qui dérivent de vocables latins en *arius, arium, erius.* Or tous ces mots prennent un *s* au cas sujet du singulier : *Ogers*, 3546. — *Engelers*, 1261, 1289. — *Gerers*, 174, 794, 1269, 1380. — *Berengers*, 395, 2405. — *Gaifiers*, 798. — *Gualters*, 800. — *Acers*, 1362. — *Destrers*, 1651. — *Premers*, 1211, 1842. — *Chevalers*, 1311. — *Legers*, 1312, etc. Donc NOUS AVONS DU mettre une *s* au cas sujet d'*Oliver.*

Vers 177. — L'énumération qui précède est différente dans le texte de Venise VII et de Versailles : « Ogers i vint le proz et le hardiz. — Et l'Arcisvesche qui mout fu i noriz, — Sanses li dus et ses freres Teriz, — Gieifrei d'Anjou et li quens Anmeriz, — Achars li mors et ses freres Almiz, — Gui de Gascogne et Miles li joïz.... » (Ms. de Venise.)

Vers 179. — *Or.* Mu. Le ms. porte visiblement *ore*, que nous avons scrupuleusement conservé, pour ne rien donner de douteux sur la théorie de l'élision. = Lire dans notre texte *le*, au lieu de *li conseill.* = *Le*, que donne le ms., est un sujet singulier neutre, venant d'*illud*. (*Falt li le coer*, 2019. *Des or cumencet le plait*, 3747.) *Que*, dans le même vers, donne lieu à la même remarque. *Illud* et *quod* servent à la fois pour le sujet et le régime latins; *le* et *que* pour le sujet et le régime du neutre français. Voy., pour la théorie des neutres, la note du v. 9.

Vers 180. — *Barons*. O. Pour se conformer à une règle générale de notre texte (v. la note des v. 17 et 30), il faut ici *baruns*, qui, d'ailleurs, est la forme la plus fréquemment usitée.

Vers 181. — *Marsilie*. O. A cause du cas sujet, il faut *Marsilies*.

Vers 185. — « *Or d'Arabe* ou *or arabiant*. Or de provenance orientale, recommandé par le moine Théophile et souvent cité par les poëtes. L'or espagnol, que le même orfévre mentionne également avec un accompagnement étrange des plus sottes recettes, paraît bien n'avoir pas existé, et être le même que l'or arabe. Le texte de Théophile sur l'or arabe mérite d'être cité : *Cap.* xlvi. De auro arabico. *Est et aurum arabicum pretiosissimum et eximii coloris*, etc. » (*Glossaire des émaux*, par M. L. de Laborde.)

Vers 186. — *Care*. O. V. la note du v. 131.

Vers 189. — *Recevrat*. Mu. V. la note du v. 38.

Vers 191. — *Sis curages*. V. la note du v. 56.

Vers 193. — *Empereres*. O.

Vers 194. — *Li quens Rollanz ki ne l'otriet mie*. Nous diviserons la « Légende de Roland » en trois parties : I. Sa naissance et ses enfances. II. Sa vie et ses exploits jusqu'a la trahison de Ganelon. III. Sa mort a Roncevaux.

I. Naissance et enfances de Roland. Roland, dans notre légende épique (et rien ne la justifie dans l'histoire), est partout représenté comme le neveu de Charlemagne. Sa mère reçoit, dans la plupart de nos poëmes, le nom de Gille ou Gillain. Si c'est un souvenir historique de Gisèle, sœur de Charles, ce souvenir est faux : car Gisèle fut toute sa vie religieuse à Chelles. La mère de Roland s'appelle Berte dans le *Charlemagne* de Venise et Bacquehert dans *Acquin*. Ce dernier poëme est le seul où son père soit nommé « Tiori » : partout ailleurs on le nomme Mile ou Milon d'Angers, ou d'Anglant, ou d'Aiglante. = Une légende fort répandue, et tout à fait antichrétienne, prétend que Roland naquit de l'inceste de Charlemagne avec sa sœur Gille. C'est ce que racontent : 1° La *Karlamagnus Saga* (xiiie s., 1re branche, 36); 2° le roman de *Tristan de Nanteuil* (xive s.); 3° la version en prose de *Berte aus grans piés* (xve s.); 4° la « Chronique de Weihenstephan » (l'original est du xive s., le ms. du xve). = D'autres documents ne parlent plus vaguement que d'un « péché très-grave commis par l'Empereur, et qu'il aurait omis à dessein dans sa confession à saint Gilles ». Un parchemin miraculeux descendit du ciel, et Gilles y vit écrit le péché de Charles. Celui-ci fut forcé d'avouer sa faute, et... maria sa sœur avec Milon d'Angers. Roland naquit sept ans après. Ainsi s'expriment : 1° la « Légende latine de saint Gilles ». (*Acta sanctorum Septembris*, I, 302-303; mais elle ne peut, en réalité, s'appliquer qu'à Charles Martel.) 2° Adam de Saint-Victor (xiie s., Prose : *Promat pia vox cantoris*); et les deux proses : *Quantum decet* et *Sicut passer*. (Mone, *Hymni latini medii œvi*, III, 265-167.) 3° L'Office de Charlemagne composé en 1165. 4° La *Kaisercronik* (xiie s.). 5° Le *Ruolandes Liet* du curé Conrad (milieu du xiie s.). 6° Le roman de *Huon de Bordeaux* (fin du xiie s., aux vers 10,217 et ss.). 7° Le *Carolinus* de Gilles de Paris, poëme composé pour l'éducation du jeune Louis, fils de Philippe-Auguste. 8° La Chronique de Philippe Mouskes. 9° La Légende dorée. = Par bonheur, d'autres textes font naître Roland d'une mère moins illégitime. Ce sont : 1° La *Chanson de Roland* (qui ne contient du moins aucune allusion à la naissance adultérine de notre héros). 2° Le *Charlemagne* de Venise (xiie s.; analysé par M. Guessard, *Bibl. de l'École des Chartes*, XVIII, 402), qui en fait seulement un bâtard.... La sœur de Charles (Berte) s'éprend ici d'un sénéchal nommé Milon, et, persécutée par son frère, accouche de Roland au milieu d'un bois, près d'Imola. (V. aussi l'*Innamoramento di Milone d'Anglante e di Berta*. Milan, 1529.) 3° Le roman des *quatre fils Aymon* (xiiie s.) et 4° le *Charlemagne* de Girart d'Amiens (commencement du xive s.) croient à la naissance très-légitime et très-pure de Roland. = Telles sont les trois grandes traditions, les trois grands courants de l'opinion ou plutôt de la légende que nous avons pu constater dans les documents du moyen âge. (V. nos *Épopées françaises*, II, 57-60.) = Sur les PREMIÈRES années de Roland, nous n'avons d'autre témoignage légendaire que le *Charlemagne* de Venise.... Le bâtard de Berte et du sénéchal Milon grandit dans la misère et l'abandon. Un jour, l'enfant rencontre la grande armée de Charlemagne qui revient de délivrer Rome. Roland se précipite dans le palais de Sutri qu'habite l'Empereur; il y est accueilli, et réjouit bientôt toute la cour par son appétit et son esprit. Naimes, le sage conseiller, soupçonne que le petit bachelier doit être de bonne race; on suit l'enfant et l'on découvre la pauvre Berte avec Milon. Charles veut les frapper; mais Roland ne craint pas de les défendre, et fait jaillir le sang des ongles de l'Empereur. « Ce sera le faucon de la chrétienté, » s'écrie Charles, qui est déjà très-fier de son neveu. C'est alors que Berte et Milon se marient ; c'est alors aussi que commencent les véritables « Enfances » de notre héros. = Ces Enfances ont donné lieu à plusieurs récits, non-seulement différents, mais contradictoires. Il nous faut encore ici montrer les divers courants de la Légende. 1° Enfances de Roland, d'après le roman d'*Aspremont* (premières années du xiiie siècle)... Charles, défié par Balant, ambassadeur d'Agolant, réunit toutes les forces de son empire et se dirige vers les Alpes. La grande armée passe à Laon. Or c'est là qu'on a enfermé le petit Roland (« Rollandin ») avec d'autres enfants de noble race, Gui, Hatton, Berenger et Estoult. Mais ces enfants ont déjà le courage des hommes, et ne peuvent supporter l'idée de se voir ainsi éloignés du théâtre de la guerre. Sur la proposition de Roland, ils essaient de corrompre leur « portier ». Celui-ci demeurant incorruptible, ils l'assomment et s'éloignent. Trop fiers pour aller à pied, ils volent des chevaux aux bons Bretons du roi Salomon, et n'ont point trop de peine à se faire pardonner tant d'escapades. Bref, ils sont admis dans les rangs de l'armée : ils iront, eux aussi, à Aspremont. (V. ce poëme, édition Guessard, pp. 13-16.) Le récit de cette guerre est interminable : nous l'abrégerons. Il nous importe uniquement de savoir que Roland en devient bientôt le héros, avec le jeune Yaumont, fils d'Agolant. Celui-ci, auquel le trouvère prête d'ailleurs les qualités les plus françaises et les plus chrétiennes, est sur le point de triompher de Charlemagne et de le tuer en un combat singulier qui va décider de toute la guerre, lorsque Roland accourt comme un lion et frappe Yaumont d'un coup mortel. Or Yaumont avait une épée admirable nommée Durendal : elle appartiendra désormais à Roland, ainsi que le bon cheval Veillantif. (B. N. ms. Lavall., p. 123, f° 41 v°-55 v°.) Et nous les retrouverons l'un et l'autre dans le vieux poëme dont nous donnons ici une nouvelle édition. = 2° La *Chanson de Roland* ne donne aucun détail sur les *enfances* du héros. Mais elle nous fournit sur Durendal une légende qui ne ressemble en rien à celle d'*Aspremont*. Suivant la plus ancienne de nos Chansons, c'est aux vallons de Maurienne qu'un ange apparut à l'empereur Charles et lui commanda de donner cette épée surnaturelle à un vaillant capitaine... (Vers 2318-2321.) = 3° Et la *Karlamagnus Saga* (xiiie s.) ajoute que Durendal était l'œuvre du fameux Galant et qu'elle avait été donnée à Charles, par Malakin d'Ivin, comme rançon de son frère Abraham. Elle fixe d'ailleurs une date à ce passage des vallées de la Maurienne par Charles et par l'armée française. « Ce fut, dit-elle, quand l'Empereur alla en Italie rétablir la paix entre les Romains et les Lombards. » (V. la *Bibl. de l'Éc. des Chartes*, XXV, 101.)

= 4º Les débuts de Roland, dans *Girars de Viane*, sont tout charmants. Il accompagne son oncle au fameux siége de Vienne. Or c'est sous les murs de cette ville qu'un jour il aperçoit pour la première fois la sœur d'Olivier, la belle Aude, et se prend pour elle d'un violent amour. C'est là qu'il s'illustre par ses premiers exploits; c'est là qu'il veut brutalement enlever Aude, et en est empêché par Olivier (*Girars de Viane*, éd. P. Tarbé, pp. 90-92); c'est là enfin que les deux partis désarment, pour confier leur querelle à Olivier d'une part, et à Roland de l'autre. (*Ibid.*, pp. 92-186.) On connaît les vicissitudes de ce combat, dont Aude est la spectatrice et dont elle doit être le prix. Roland et Olivier, ne pouvant se vaincre, tombent aux bras l'un de l'autre et se jurent une éternelle amitié. (*Ibid.*, pp. 133-156.) = 5º Tout autre est le récit de *Renaus de Montauban...* (XIIIe s.) Les quatre fils Aymon se sont enfermés dans le château de Montauban; Charles les y assiége en vain, et, comme toujours, le vieux duc Naimes conseille au Roi de faire la paix, lorsque arrive un valet suivi de trente damoiseaux. Il éclate de jeunesse et de beauté : « Je m'appelle Roland, dit-il, et suis fils de « votre sœur. — Tue-moi Renaud, » lui répond l'Empereur. Roland, sans plus attendre, se jette sur les Saisnes, qui viennent de se révolter, et en triomphe aisément. C'est alors qu'il revient près de son oncle, et que, dans cette grande lutte contre les fils d'Aymon, il apporte au Roi le précieux secours de sa jeunesse et de son courage. Son duel avec Renaud est des plus touchants. Renaud, qui n'a jamais eu le cœur d'un rebelle, le supplie de le réconcilier avec Charles, et va jusqu'à se mettre aux genoux de Roland qui pleure. (Édition Michelant, p. 230, v. 2 et ss.) Aussi notre héros se refuse-t-il plus tard à tuer de sa main le frère de Renaud, Richard, qui est devenu le prisonnier de Charles : « Suis-je donc l'Antechrist, pour manquer ainsi à « ma parole? Malheur à qui pendra Richard! » (*Ibid.*, pp. 261-267.) Et il dit encore : « Je ne veux plus m'appeler Roland, mais Richard, « et je serai l'ami des fils d'Aymon. » Comme on le voit, rien n'est ici plus beau que le rôle du neveu de Charles : il efface celui de l'Empereur. = 6º C'est à Vannes que Girart d'Amiens, dans son *Charlemagne* (commencement du XIVe siècle), place les débuts de Roland. L'enfant se jette en furie sur les veneurs de son oncle, qui ne le connaît pas encore. On l'amène devant l'Empereur : nouvelles brutalités. Charles le reconnaît à ce signe, et tout finit bien... (B. N. 778, fº 110-112.) = 7º Les *Reali di Francia* (vers 1350) ne font, dans leur *Aspromonte*, que reproduire notre poëme en le défigurant et en lui donnant une suite où Girart de Fraite tient la première place. = 8º La *Karlamagnus Saga*, déjà citée, soude entre elles la Chronique de Turpin et Aspremont. = 9º Une Chronique manuscrite (B. N. anc. 10307[5]), citée par F. Michel, et qui est sans doute la « Chronique saintongeaise », dont M. G. Paris a souvent tiré parti, donne une version qu'on ne retrouve nulle part ailleurs. C'est à « Rolant de Loubara », comte ou duc de Bretagne, que Pépin, avant de mourir, confie son fils Magniez ; c'est à lui qu'il recommande de le faire couronner, etc. = On ne rencontre ailleurs rien de particulier sur l'enfance de Roland, et nous avons épuisé tout ce que nous avions à en dire.

II. Vie et exploits de Roland jusqu'a la trahison de Ganelon. Le père de Roland était mort durant l'expédition de Charles dans la Petite-Bretagne. (*Acquin*, poëme de la fin du xiie s., B. N. 2233, f° 18, r[o] et v[o].) Roland fut tout naturellement un de ceux qui accompagnèrent le grand Empereur dans son ridicule voyage à Constantinople. Tout au moins s'y conduisit-il plus noblement que son ami Olivier. Lorsque les douze Pairs se livrent à leurs vantardises, son *gab* est le moins odieux : « Je soufflerai sur la ville et produirai une tempête. » (*Voyage de Charlemagne*, poëme du xiie s., vers 472-485.) = Dans *Jean de Lanson*, Roland prend part à cette singulière ambassade en Calabre, qui est égayée par les enchantements et les plaisanteries de Basin de Gênes. Son épée, sa Durendal, est, comme celles de tous les Pairs, volée par le traître Alori. (*Bibl. de l'Arsenal*, 186, f° 121.) Pour se venger, Roland consent à une assez misérable comédie : il contrefait le mort, on l'enferme dans une bière, et il pénètre ainsi dans le château de Lanson, dont les Français parviennent à s'emparer. (B. N. 2495, f° 4-5.) Les aventures de Roland, dans le reste de ce pauvre poëme, se confondent avec celles des douze Pairs. = Dans *Otinel*, son rôle est plus beau. Il lutte avec le géant païen. (*Otinel*, poëme du xiiie s., v. 214-659.) Une colombe sépare les deux combattants, et, désarmé par ce miracle, Otinel se convertit. = Dans le *Karl Meinet* (xive s.), « Ospinel » meurt, terrassé et converti par Olivier ; mais sa fiancée Magdalie, qui est la propre fille du roi Marsile, se prend ensuite à aimer Roland, qui lui rend trop aisément son amour. Olivier sépare les deux amoureux, et rappelle Roland au souvenir de sa sœur Aude. (Ad. Keller, et G. Paris, *Histoire poétique de Charlemagne*, 489-491.) = Dans la Chronique de Jacques d'Acqui, Roland a pour sœur Bélissende, et il la donne en mariage à « Ottonnel », qu'il a vaincu et converti. Mais, dans je ne sais quel combat, le neveu de Charlemagne, ne reconnaissant pas Ottonnel, le frappe d'un coup mortel. (G. Paris, l. L, 505-506.) = C'est dans l'*Entrée en Espagne* (xiiie-xive siècle) que la place de Roland devient tout à fait la première : Roland suit son oncle dans cette expédition, qui doit pour lui se terminer à Roncevaux. C'est lui qui, après les onze autres Pairs, lutte contre le géant Ferragus. (Ms. français de Venise, xxi, f° 17-32.) Ce combat est plus long que tous les autres, et les ad-

versaires y luttent autant de la langue que de l'épée, théologiens autant
que soldats. Ferragus s'entêtant dans son paganisme, Roland le tue.
(*Ibid.*, f° 32-79.) Une grande bataille s'engage sous les murs de Pampelune, et Roland y prend part. Dans la mêlée brille le courage du
jeune Isoré, fils du roi Malceris : Isoré est fait prisonnier, mais ne
consent à se rendre qu'à Roland. (*Ibid.*, f° 10-105.) Charles, cependant,
veut faire mourir son prisonnier, contrairement à la parole donnée :
Roland le défend énergiquement, et, de colère, se retire sous sa tente.
Isoré est sauvé. (*Ibid.*, f° 106-125.) Une nouvelle bataille commence,
plus terrible que toutes les autres; Roland est placé à l'arrière-garde.
(*Ibid.*, f° 125-162.) C'est durant cette bataille que le neveu de Charles,
au lieu de secourir l'Empereur en détresse, abandonne le champ de
bataille et va s'emparer de la ville de Nobles, que les païens ont laissée
sans défense. (*Ibid.*, f° 162-213.) Lorsque Roland revient au camp, il
est fort mal accueilli par son oncle, qui même le condamne à mort;
mais aucun des Pairs ne veut exécuter la sentence. L'Empereur alors
frappe son neveu au visage, et Roland, indigné de cet affront, quitte
le camp français pour n'y plus revenir de longtemps. C'est en vain
que les Pairs adressent à l'Empereur les plus rudes remontrances et
les pires injures. Lorsque Charles se repent de sa violence et envoie
chercher son neveu, on ne peut plus le retrouver. Il est déjà trop loin.
(*Ibid.*, f° 213-221.) Où est Roland ? Il se dirige du côté de la mer, et
s'embarque sans savoir où il va. Bref, il arrive... à la Mecque, près
du roi de Perse. (*Ibid.*, f° 221-232.) Or ce roi est en ce moment menacé par un voisin redoutable, le vieux Malquidant, qui lui a demandé
sa fille en mariage. Mais la jeune Diones se refuse obstinément à épouser
ce vieillard. Roland, qui d'ailleurs ne se fait pas connaître, s'écrie que
rien ne révolte plus la loi de Dieu qu'un mariage forcé, et qu'il saura
bien empêcher celui-là. Il lutte avec le messager de Malquidant, Pelias,
et ne tarde pas à être vainqueur. C'est seulement au moment de le
tuer qu'il lui crie : « Je suis Roland. » Mais il demeure encore inconnu
à tous les autres. (*Ibid.*, f° 232-254.) Cette victoire le met en lumière.
Il devient l'ami du jeune Samson, fils du roi, et, s'il n'eût pas tant
aimé la belle Aude, eût volontiers répondu à l'amour de Diones. Mais,
d'ailleurs, il a de quoi s'occuper. Il s'est mis en tête de réformer tout ce
pays et de lui donner une « administration à la française ». C'est à quoi
il s'occupe longuement. Il fait mieux : il convertit toute la maison du
soudan, et le roi lui-même. (*Ibid.*, f° 254-271.) Mais il ne pense qu'à
revoir Charles, Olivier et les barons français. On lui offre en vain le
commandement d'une armée destinée à conquérir tout l'Orient. Il
s'empresse de faire son pèlerinage au Saint Sépulcre, et s'embarque
pour l'Espagne avec Samson et deux autres compagnons. (*Ibid.*,

f° 271-275.) Ils débarquent. Après vingt aventures, — et notamment après qu'un ermite lui a prédit sa mort au bout de sept années, — le neveu de Charlemagne arrive enfin au camp français et tombe dans les bras de Charles et d'Olivier. (*Ibid.*, f° 275-302.) = Le siége de Pampelune continue. Celui qui défend la ville contre les Français, c'est encore cet ancien adversaire de Roland, c'est Isoré avec son père Malceris. Dans le poëme consacré à cette résistance, dans la *Prise de Pampelune* (premier quart du xive siècle), Roland ne joue réellement qu'un rôle secondaire. Cependant, lorsqu'une lutte sanglante éclate dans le camp français entre les Allemands et les Lombards, c'est Roland qui sépare les combattants, c'est Roland qui les réconcilie. (Vers 1-425.) Il est encore un de ceux qui refusent d'admettre Malceris dans le corps des douze Pairs. (405-561.) Puis il s'efface, et Isoré prend le premier rang, que son père Malceris lui dispute. (561-1199.) Charles, sur le point de périr, est sauvé par les Lombards. (1199-1963.) Altumajor est vaincu; Logroño et Estella tombent au pouvoir des Français. (1830-2474.) A Marsile, dernier adversaire de Charlemagne, on envoie tour à tour deux ambassades, et Marsile fait tour à tour massacrer les ambassadeurs : d'abord Basan et Basile; puis le bon chevalier Guron. (2597-3850.) Cette fois la paix devient tout à fait impossible et la guerre implacable. Les Français triomphent décidément de Malceris, et emportent Tolède, Cordoue, Charion, Saint-Fagon, Masele et Lion. (3851-5773.) Roland prend part à ces triomphes, comme au siége d'Astorga, et il ne reste plus devant ce vainqueur que Saragosse à prendre. (5773-6113.) C'est ce que constatent les premiers vers de la *Chanson de Roland.* = Il est à peine utile de signaler la place qu'occupe notre héros dans le roman de *Gui de Bourgogne*, œuvre toute littéraire et qui ne renferme aucun élément traditionnel. (xiiie siècle.) Nos lecteurs savent déjà comment les jeunes chevaliers de France vinrent rejoindre en Espagne leurs pères absents depuis vingt-sept années. (Vers 1-391.) Gui de Bourgogne était à leur tête, et nous avons ailleurs raconté ses victoires à Carsaude (392-709), à Montorgueil et à Montesclair (1621-3091), à la Tour-d'Augorie (3184-3413) et à Maudrane. (3414-3717.) Le jeune vainqueur brise la résistance des païens, triomphe surtout d'Huidelon et, tout couvert de gloire, rejoint enfin l'armée de Charlemagne. (3925-4024.) Ce Gui, ce nouveau venu, est, comme on le voit, un véritable rival pour Roland, dont il fait pâlir la vieille gloire. Aussi tous deux se disputent-ils l'honneur d'avoir conquis Luiserne : Dieu met fin à cette lutte en engloutissant la ville. On part pour Roncevaux. (4137-4301.) = Nous n'avons pas à revenir sur le rôle que joue le neveu de Charles dans notre *Chanson de Roland*. Il en est le centre, l'âme, la vie. La Trilogie dont se compose le vieux poëme lui est presque uniquement consacrée : dans la première partie, il est trahi ; dans la seconde, il meurt ; dans la troisième, il est vengé. Son importance survit à sa mort, et jusqu'au dernier vers de la Chanson il en est le héros. Nous avons énuméré ailleurs les variantes et les modifications principales de la légende en ce qui touche l'expédition d'Espagne et la mort de Roland... D'après la « Chronique de Turpin » (1109-1119), Roland, avant de mourir, tue de sa main le roi Marsile. D'après ce même document, Roland était âgé de quarante-deux ans au moment de sa mort. Une vision miraculeuse apprend à Turpin cette mort du neveu de Charlemagne, dont Baudouin et Thierry ont d'ailleurs été les heureux témoins. (Cap. xxi-xxv.) = La « Chronique saintongeaise » (commencement du xiiie siècle), est le seul texte où il soit parlé d'un combat entre Roland et le roi de Libye, qui aurait précédé l'entrée en Espagne. (G. Paris, *Histoire poétique de Charlemagne*, p. 262.) = La *Karlamagnus Saga* (xiiie siècle), dans une de ses branches (la première, 51, 52), raconte la prise de Nobles et la mort du roi Fouré, que Roland tue malgré la défense de Charles. Le héros cherche en vain à effacer toute trace de ce sang injustement versé : Charles découvre le crime, et frappe son neveu au visage. = Un autre récit plus simple de la prise de Nobles se trouve dans la cinquième branche de la Saga... Roland se refuse à désespérer de la victoire, et ne veut pas abandonner le siége de Nobles. Son oncle combat cette résolution et va jusqu'à le frapper... = La *Chronica Hispaniæ* de Rodrigue de Tolède († 1247), et la *Cronica general* d'Alfonse X (seconde moitié du xiiie siècle), nous montrent Roland succombant à Roncevaux sous le double effort des Sarrazins commandés par Marsile et des Espagnols conduits par Bernard del Carpio. = D'après les Chroniques de Saint-Denis, Roland assiége Grenoble (!), lorsqu'il apprend que son oncle est cerné en Dalmatie par les Vandres, les Saisnes et les Frisons. Pour lui permettre de voler au secours de l'Empereur, Dieu fait miraculeusement tomber les murs de la ville assiégée. = Une romance espagnole (*Études religieuses des PP. jésuites*, viii, p. 401) nous fait assister aux derniers moments de Roland, qui meurt de douleur à la seule vue de Charlemagne abandonné et triste. = D'autres Romances essaient d'étouffer la gloire chrétienne de Roland sous la gloire souillée de Bernard del Carpio. (*Primavera*, i, 26-47.) = Il ne nous reste plus qu'à renvoyer le lecteur à notre Notice sur Charlemagne : nous y sommes entré dans les plus minutieux détails sur les dernières pages de la légende de Roland. Ajoutons seulement que les monuments figurés ont célébré, tout autant que nos vieux poëmes, la gloire du neveu de Charlemagne. Nous plaçons ici, sous les yeux de nos lecteurs, les deux statues d'Olivier et de Roland qui décorent le portail de la cathédrale de Vérone (ces deux dessins sont dus à M. Jules Quicherat), et un médaillon du « Vitrail de Charlemagne » à la cathédrale de Chartres (derniers moments de Roland qui fend le rocher avec sa Durendal)...

Vers 197. — *Set anz pleins*. O. La correction *set anz* AD *pleins* est de G. et Mu. d'après le texte de Versailles : *Bien* A *set ans*.

Vers 198. — *Vos*. O. V. la note du vers 17. = *Nobles*. O. V. la note du v. 1775. = On lit dans Venise VII : « Pris avons Nobles et Morinde saisie, — Tote Valterne et Prince la garnie. » Et, dans Versailles : « Pris avons Nobles et Merinde saisie; — Tote Vauterne est prise, la garnie. »

Vers 199. — *Valterne*, c'est *Valtierra*. = « La terre de Pine, dit Gaston Paris, doit se laisser trouver dans les environs de *Tudela* et de *Valtierra*. » Je le pense comme lui; mais telle n'est pas l'hypothèse de M. P. Raimond : « Je proposerais, dit-il, le Château-Pignon ou Pinon, dans la commune de Saint-Michel, canton de Saint-Jean-Pied-de-Port, tout près de Roncevaux. On disait en 1521 (Établissements du Béarn, c. 680, f° 154) : *Lo castet do Pinhoo*. » (Mémoire manuscrit de M. P. Raimond.)

Vers 200. — *Balagued*. O. C'est *Balaguer* en Catalogne. V. la note du v. 63. = *Tuele*. C'est Tudela, en Navarre, sur les confins de l'Aragon, de la Navarre et de la Castille. Ce fut longtemps un véritable repaire de brigands. = *Sezilie*. Nous avons traduit Sebilie, d'après la *Karlamagnus Saga*, qui donne *Sibilia*. M. G. Paris (l. 1, p. 174) fait remarquer avec raison qu'il ne peut guère être ici question de Séville.

Vers 201. — *Marsilie; traître*. O. A cause du cas sujet, nous avons imprimé *Marsilies, traîtres*. Ces vers prouvent l'existence de Chansons antérieures à la nôtre. (Cf. la *Prise de Pampelune*.)

Vers 202. — *De ses paienveiat quinze*. O. *De ses paien veiat quinze (milies)*. Mi. *De ses paien(s) (en)veiat quinze (milies)*. G. Nous avons adopté la correction de Müller.

Vers 203. — *Chascuns*. O. On trouve dans le ms. d'Oxford les deux formes *cascuns, cascun* (51, 2502, 2559, 3631) et *chascuns, chascun* (390, 203, 1,013). Nous avons adopté la plus étymologique. = *Portout*. O. La diphthongaison *ou* se trouve dans certains textes romans à l'imparfait de l'indicatif, mais non dans le dialecte que parlait l'auteur ou le scribe de notre Chanson. Nous avons rétabli la diphthongaison *ei*, qui est particulière à notre scribe et à son dialecte.

Vers 204. — *Vos*. O. V. la note du v. 17. = *Meïsme*. O. A cause du cas régime pluriel, il faut *meïsmes*.

Vers 207. — *Dous de voz cuntes à l' païen tramesistes*... Le récit de l'ambassade de Basan et Basile se trouve dans la *Prise de Pampelune*, poëme du commencement du xive siècle, vers 2597-2704. (V. l'édition de Mussafia, *Altfranzösische Gedichte aus veneziani-*

schen Handschriften, Wien, 1864, pp. 72-75. — Cf. l'analyse détaillée de ce poëme et les modifications de la légende dans nos *Épopées françaises*, II, 366-376.)

Vers 208. — *Basan.* O. A cause du cas sujet, nous pensons (?) qu'il faut *Basanz.* = *Altres.* O. Pour les noms latins tels qu'*imperator* et *alter,* v. la note du v. 1.

Vers 209. — *Chef.* O. Erreur évidente. = *Haltilie.* O. Cf. le v. 491.

Vers 210. — *Guer.* O. = *Vos.* O.

Vers 212. — *Sege.* O. On ne trouve qu'une seule fois ce mot sans l'*i* parasite, et c'est ici. Partout ailleurs il reçoit cet *i* (71, 435, 1135, *siége;* 478, *siet;* 3706, *sied*).

Vers 222. — *Vos.* O.

Vers 223. — Lisez *juintes,* qui est plus conforme à l'étymologie comme au dialecte, et se trouve aux vers 2015, 2240... = *Tis hom.* O. Nous avons suppléé *vostre.* Dans notre vieux texte, en effet, on ne voit pas les héros, comme dans la plupart de nos Romans, s'adresser à leurs interlocuteurs tantôt au singulier et tantôt au pluriel. Or Ganelon dit partout *vous* à l'Empereur. On ne saurait d'ailleurs alléguer que l'*h*, dans *hom*, soit aspirée; car on lit au vers 1758 : *Ço dit li Reis :* « *Bataille funt nostr*E HUME; » au vers 3714 : *Soer chere amie,* DE HUME *mort me demandes;* et, au vers 2949 : *En un carnel cumandez* QUE HOM *les port,* etc. = Nous avons écrit *hum* au lieu de *hom,* pour la plus stricte régularité de l'assonance. (V. le vers 2559 et la note du v. 20.)

Vers 225. — *Receverat.* O. L'abréviation est ici plus claire que partout ailleurs. V. la note du vers 48.

Vers 226. — *Degetuns.* O. Pour les premières personnes du pluriel, v. la note du vers 42.

Vers 227. — Lire *calt,* plus étymologique, et qui se trouve aux vers 1405, 1806. = *Muriuns.* O. V. la note du vers 420. De plus, le futur est ici fort nettement indiqué par le sens de la phrase.

Vers 229. — *Tenuns.* O. V. la note du v. 42.

Vers 230. — *Venud.* O. Pour le cas sujet il faut *venuz*. On peut ajouter ici le vers suivant du remaniement de Versailles, ramené à notre dialecte :

Blanche out la barbe et tut le peil canut.

= *Naimes...* C'est Girart d'Amiens qui nous a conservé, sur la généalogie et la naissance de Naimes, les plus précieux détails, qui nous paraissent d'ailleurs n'avoir rien de traditionnel. D'après ce compilateur (Ms. 778 de la B. N., f° 112, v° B), Naimes est le fils de la reine Seneheult de Bavière. Son père est Gasselin, ce fameux Gasselin qui joue un si beau rôle dans la Chanson d'*Aubri le Bourgoing* : Aubri lui-même est son oncle. Naimes connaît le malheur dès le berceau. Un traître, un usurpateur, Cassile, s'empare de la terre de Gasselin. Naimes échappe par miracle à ce furieux, et se réfugie en « Romanie » ; Seneheult meurt de douleur. C'est Charlemagne qui sera un jour le vengeur du bon droit, et rétablira Naimes en Bavière. De là l'affection du Bavarois pour l'Empereur. = Les deux Chansons où Naimes joue le rôle le plus considérable, c'est *Aspremont* et *Acquin*. Dans *Aspremont*, il est chargé, par le roi de France, d'une ambassade auprès d'Agolant. La reine sarrazine s'éprend de lui. *Franceis, dist-elle, dites-moi verité. — Avez moillier en ce vostre regné? — E sunt si bel tuit li chrestienné?* Naimes répond très-dignement : *Dame, dist Naymes, ne l'ai espermenté, — Mais de millor en i a grant plenté. — Se j'ai moillier, vos m'avez demandé. — Naie, ma dame, onques n'en fu pensé. — A mon signor ai tot mon cuer torné.* (Ms. 2295, f⁰ 100.) = Dans *Acquin*, Naimes est sur le point de périr dans l'île de Cesembre, et n'est sauvé que grâce au dévouement du comte Fagon. (B. N., 2223, f⁰ 26-33.) Et cette guerre se termine par un combat singulier entre Naimes et Acquin. (*Ibid.*, f⁰ 51-53.) Le Bavarois est vainqueur. = Dans toutes nos Chansons, Naimes est représenté sous les traits d'un vieillard prudent et sage : c'est Nestor. *Gui de Bourgogne* dit de lui : *Sa barbe se baloie jusc'au neu del' baudré. — Par deseur les oreilles ot les guernons tornez. — Mult resamble bien prince qui terre ait à garder.* (Vers 2888-2890.) Dans *Aspremont*, il ne cesse de donner à l'Empereur les plus généreux, les meilleurs conseils : *Bien devez Deu amer et tenir chier. — Amez les povres...* etc. (Éd. Guessard, p. 1, vers 51 et suiv.) Et le Prologue de ce poëme fait de lui un éloge magnifique : *Tel conseiller n'orent onques li Franc,* etc. (Vers 4 et ss.) = La mort de Naimes est racontée à la fin d'*Anséis de Carthage*. (B. N., 793, f⁰ 72.) = Notre ms. nous offre les deux orthographes *Naimes* et *Neimes* : adopter partout la première.

= Le couplet précédent était en *un*, et la présente laisse est en *u*. Ces deux systèmes de consonnances sont distincts et donnent lieu à deux familles de couplets. Or c'est la première fois que nous les rencontrons dans notre texte : c'est donc ici l'occasion de rectifier et de compléter ce que nous avons dit en notre *Introduction* au sujet de ces laisses en *u, un,* etc. Nous prions le lecteur de remplacer, dans notre tome I, les lignes 12 et suivantes de notre page LI par les propositions suivantes, qui sont le résultat d'une étude plus approfondie. = Il y a ici à distinguer TROIS familles de couplets MASCULINS : 1⁰ Laisses en *u* (quand cette voyelle ne se diphthongue pas en *ou* dans la prononciation). Telles sont les laisses 64, 84, 121, 149, 155, 158, 178, 204, 268, 294, 296, où nous notons les assonances suivantes : *u, ud, ui, uist, uit, ul, uls, um (Hum* et *Loūm), un* et *uns (aūn* et *brun), ur, us, ust, ut, ux, uz.* (Une seule fois l'on trouve un mot tel que *herbus.*) 2º Laisses en *un*. Tels sont les couplets 15, 17, 50, 63, 72, 115, 145, 169, 226, 242 et 284, où NOUS NE TROUVONS QUE LES ASSONANCES SUIVANTES : *um, (om, oem), umpt, ums; un, (on), uign, oign, uins, uinst, uinz; unc; und; uns, (ons), unt, unz.* On y trouve aussi, mais UNE FOIS chacune et en quatre couplets différents, *uld, ur, (or), urt.* 3º Couplets MIXTES en *un, ur* et *u*, ce dernier se diphthonguant en *ou* dans la prononciation. (C'est sur ce dernier fait que nous n'avions pas assez fixé notre attention, et nous avions confondu entre elles les deux notations *u*.) A ce troisième groupe appartiennent les couplets 34, 70, 82, 96, 100, 108, 114, 140, 165, 181, 189, 197, 211, 235, 274, 280, où nous notons les assonances suivantes : *ub, (od), uls, uilz, (olz), old, um, (om), umpt, un, (on), uign, (oign), uinz, (oinz), uns, (ons), unt, (ont), (unz), ur, (or), urs, (ors), urt, (ort), urz, us, (os), (ous), uz, (oz), oiz* (?). Remarquons, pour être complet, que les laisses 16 et 68 sont plus particulièrement en *ur, u* (sans *un*). = Il en est à peu près de même pour les couplets FÉMININS, et il faut les partager en deux ou trois groupes : 1º Laisses en *u* (quand cette voyelle ne se diphthongue pas dans la prononciation). Il n'y en a que trois dans le *Roland*, et non pas cinq : ce sont les 106, 174 et 272, où nous notons les assonances *uble, ude, ue, uet, ues, uie, uiet, uigne, uisent, une (cumune), ure (cheveleūre*, etc.), *uret (duret, asoūret); urent, ustes.* = 2º Laisses beaucoup plus nombreuses, où les sons *un* et *u* sont suivis d'autres consonnes et d'un *e* muet; mais il s'agit ici de l'*u* qui se diphthongue. Tels sont les couplets 2, 52, 76, 101, 117, 136, 153, 190, 194, 241, 266, 271, où se trouvent les assonances : *ubles, uce, uche, uchet, ucle, ucles, ode* (?), *ue, uissent, uisent, uisset, oisset, oiset, uindre, oigne (onie, onies), ulce, ulces, ulcet, ulchet, ultre, umbe, umbre, umbrent, umbret, ume, (ome), umes, umpet, umpre, umtes, une, (one), (ones), unces, unches, unchet, uncle, uncles, unde, (onde), undet, undre, unent, unes, unge, unget, ungres, unkes, unne, unte, untes, untre, ure (amure, desure); urne, urnet, urnent, usche, usches, use, (ose), uset, ustet, ustret, ute, utes, utent, utet.* 3º Enfin, l'on peut signaler deux couplets féminins en *un* pur (31 et 263); mais il ne serait pas impossible de les faire rentrer dans la famille précédente. (Cf. au vers 96, p. 51, ce que nous avons dit des couplets en *er* et en *ier*.) On peut également ne distinguer que DEUX groupes de couplets féminins en *e*, SUIVANT QUE L'*e* EST OUVERT OU FERMÉ. (V. p. L de notre *Introduction*.)

VERS 231. — *Meillor*. O. A cause de la phonétique du manuscrit, il faut *meillur*, comme nous l'avons montré dans la note des vers 17, 45 et surtout 51.

Vers 232. — *Entendud.* O. V. la note des vers 2 et 122.

Vers 233. — *Respondud.* O. Pour l'*o* changé en *u*, voy. la note des vers 17, 45, 51. = Pour le *d* final changé en *t*, voy. la note des vers 2 et 122.

Vers 234. — *Entendud.* O. V. la note des vers 2 et 122.

Vers 235. — *Marsilie.* O. Pour le cas sujet, il faut *Marsilies*. = C'est pour la même cause que nous avons substitué *vencuz* à *vencud*. O.

Vers 236. — *Vos.* O.

Vers 239. — *Vos.* O.

Vers 241. — *Vos.* O. = *Soürs.* O. Naimes ne parlant qu'à Charlemagne, il faut au régime singulier : *soür*.

Vers 242. — *Grant.* O. A cause du cas sujet, il faut *granz*. Sur les adjectifs à une seule terminaison pour le m. et le f., voy. la note du v. 19.

Vers 244. — *Qui.* O. V. la note du v. 18. = *Enveieruns.* O. V. la note du v. 42, sur les premières personnes du pluriel.

Vers 245. — *Marsiliuns.* O. Erreur évidente.

Vers 247. — *Livrez.* Mu. V. la note du v. 38, à laquelle désormais nous ne renverrons plus notre lecteur.

Vers 248. — *Vos.* O.

Vers 250. — *Vos.* O.

Vers 251. — *Vos.* O.

Vers 252. — D'après la théorie exposée dans la note du vers 96, lire, à la fin des vers de cette laisse : *Bien, Oliviers, meslisiez, bien, taisiez, jugiet, aquisiez.* = *Qui.* O. V. la note du v. 18. = *Purruns.* O. V. la note du v. 42, à laquelle désormais nous ne ferons plus de renvoi.

Vers 255. — *Nu.* O. Nous avons suppléé *nel*, qui se trouve aux vers 716, 768, 893, 2029 (*ne illud*), et aux vers 1638, 1596 (*ne illum*). = *Nu*, d'après F. Michel, est pour *nun* (?).

= *Dist li quens Olivers.* Olivier est le fils de Renier de Gennes, qui lui-même est frère de Girart de Vienne et fils de Garin de Monglane. La *Chanson de Roland*, d'ailleurs, ne fait allusion qu'à son père « Renier », et Roland, s'adressant à son ami qui vient de mourir, lui dit : *Vus fustes filz à l'bon cunte Renier ki tint la marche de [Gennes desur mer].* (Vers 2208-2209.) Nous avons résumé ailleurs la légende de Renier; étudions ici celle d'Olivier... = Le premier poëme où il figure avec un rôle important, c'est *Girars de Viane*. Lorsque Charles a mis le siége devant Vienne, c'est après de nombreux assauts et de sanglantes batailles que notre Olivier lui-même est un jour chargé de soutenir la cause des enfants de Garin contre l'Empereur. Il aura pour adversaire Roland, et du résultat de ce duel gigantesque dépendra la conclusion de la paix. Olivier s'était déjà rencontré avec Roland sous les murs de la ville assiégée. Sa sœur, la belle Aude, avait été un jour enlevée par le neveu de Charles, et Olivier l'avait délivrée. (Pp. 90-92 de l'édition P. Tarbé.) Mais ce nouveau combat est bien autrement important, et le récit en est très-long dans le vieux poëme. (P. 106-155.) Les deux adversaires ne sauraient se mépriser, et même, au milieu de leur lutte terrible, ils en viennent rapidement à s'aimer. Aude assiste à ce combat entre son frère et son amant. Enfin les deux héros cessent de vouloir se vaincre et de se consumer en efforts inutiles. Ils jettent leurs épées, et tombent dans les bras l'un de l'autre. C'est alors qu'Olivier fut réconcilié avec Charles, et Roland fiancé avec la belle Aude. (P. 155-156.) Et c'est ainsi que commença l'amitié de Roland et d'Olivier. = Nous ne retrouvons plus Olivier que dans le *Voyage à Jérusalem* (XIIe s.), où il joue, hélas! un très-misérable rôle. Il accompagne l'Empereur à Constantinople (v. 486-494), et y séduit la fille du roi Hugon. (V. 705-734.) De cette union naît un fils, Galien, qui cherchera son père sur toute la surface de la terre, et le retrouvera, expirant, sur le champ de bataille de Roncevaux. (*Galien*, XVe s., chap. LXIII et dernier.) = Mais le poëme où la gloire d'Olivier brille du plus vif éclat, c'est *Fierabras*. Il en est le héros. C'est lui qui, dans un duel interminable, lutte contre le géant sarrazin, et le convertit. (*Fierabras*, poëme du XIIIe s., v. 369-1691.) Cette victoire ne l'empêche pas de tomber aux mains du roi sarrazin Balant. (*Ibid.*, v. 1692-1862.) Mais avec les autres barons chrétiens, il est délivré par Floripas, fille de Balant (*Ibid.*, v. 2713-5861), et accompagne à Rome son inséparable ami Roland. = Dans *Otinel*, Olivier est un de ceux qui s'enfuient devant les païens, au siége d'Attilie. (Vers 1060-1062 de ce poëme du XIIIe s.) = Il joue un plus beau rôle dans le *Karl Meinet:* Ospinel, roi de Babylone, se mesure avec lui, et a le poing coupé. Ce Sarrazin se convertit et meurt baptisé. Sa fiancée, Magdalie, fille de Marsile, veut venger Ospinel, mais tombe au pouvoir de Roland, qui se prend pour elle d'un amour trop vite partagé. Cependant Olivier n'est pas en vain le frère de la belle Aude, et parvient à arracher Roland à ces indignes amours. (A. Keller, résumé par G. Paris, *Histoire poétique de Charlemagne*, 489-491.) = Au commencement de l'*Entrée en Espagne*, Olivier nous apparaît luttant avec le géant Ferragus, mais cette fois vaincu. (Ms. fr. de Venise, XXI, f° 27.) La victoire de Roland le délivrera. (*Ibid.*, f° 80-81.) Sous les murs de Pampelune, il est l'un des plus vaillants; mais, trop fidèle à Roland, il le suit trop facilement dans son escapade de Nobles, et s'empare de cette ville avec lui. (*Ibid.*, 177-202.) C'est à lui que Roland la donne; mais Olivier la cède à Filidès le « Convers », et, dans une nouvelle bataille, tue le Sarrazin Folqenor. (*Ibid.*, f° 202-211). Lorsque Roland est insulté par l'Empereur à cause de sa désobéissance, Olivier est un de ceux qui plaident le plus tendrement sa cause. (F° 219.) C'est à lui surtout que pense Roland en Orient (F° 229, etc.), et c'est lui qui s'élance le premier à la rencontre de son ami, lorsqu'il revient en Espagne. (F° 298.) = On sait la place qu'occupe Olivier dans la *Chanson de Roland*; on connaît son amitié, que rien ne peut décourager, pour le neveu de Charlemagne; sa modération quand il conseille à son ami de sonner du cor pour appeler l'Empereur à leur secours (v. 1049-1096); son admirable courage; sa mort. (Vers 1932-2065.) = C'est là le cas de rappeler en deux mots le dénoûment du *Galien*. Pantelant, moribond, sur le point de rendre le dernier soupir, Olivier retrouve son fils Galien sur le champ de bataille de Roncevaux, et il expire en le montrant à Roland...

Vers 257. — *Vos vos.* O.

Vers 260. — *Vos.* O.

Vers 261. — *Blarcher.* O. M. *Blancheer.* G. *Blancheier.* Mu.

Vers 262. — *Jugez.* O. Pour le cas sujet du pluriel, il faut *juget*.

= *Li duze Per*... Quelle est l'origine des douze Pairs? Il y a à distinguer. L'idée de Compagnonnage (et les douze Pairs ne sont que les membres d'un compagnonnage militaire; on les appelle même les douze Compagnons) est essentiellement une idée germanique qui s'est modifiée dans le droit féodal. Quant au chiffre *douze*, bien qu'il soit consacré chez les tribus germaines, il nous semble ici d'origine chrétienne. On a donné à Charles douze Pairs, parce que le Christ avait eu douze apôtres. C'est ce que l'on trouve exprimé dans la *Karlamagnus Saga*. (I, 59.) D'après Girart d'Amiens, c'est Naimes qui donna à Charles l'idée de cette institution. (Ms. 778, f° 113, v°.) Mais la Saga est mieux inspirée en en faisant honneur à l'Empereur lui-même. (I, 59.) M. G. Paris a dit quelque part (*Hist. poét. de Charlemagne*, 417) que la conception des douze Pairs « n'apparaît pas dans la poésie primitive ». Cette opinion nous semble hasardée, puisque nous trouvons les « Douze » dans la *Chanson de Roland*, dans le *Voyage*, dans la *Karlamagnus Saga*, et même dans *Ogier*, quoique avec moins de précision. Il est également inexact de dire qu'ils « doivent uniquement figurer dans la guerre d'Espagne », quand nous les trouvons dans *Renaus*, dans le *Voyage*, dans *Fierabras*, *Simon de Pouille*, etc. etc. Nous donnons ici une quinzaine de listes des « douze Pairs », d'après les sources les plus variées : I. *Chanson de Roland* : 1. Roland. 2. Olivier. 3. Gerin. 4. Gerer. 5. Berenger. 6. Otton. 7. Samson. 8. Engelier. 9. Yvon. 10. Yvoire. 11. Anseïs. 12. Girart. = II. *Roncevaux*. (Textes de Paris, de Venise VII, etc.) 1. Roland. 2. Olivier. 3. Turpin. 4. Estoult. 5. Haton. 6. Gerin. 7. Gelier. 8. Samson. 9. Girart. 10. Anseïs. 11. Berenger. 12. Hue. = III. *L'Entrée en Espagne*. 1. Roland. 2. Olivier. 3. Hestous. 4. Hostes. 5. Ogier. 6. Berenger. 7. Anseïs. 8. Turpin. 9. Girart. 10. Samson de Bourgogne (remplacé à la fin de la Chanson par le jeune Samsonnet, fils du roi de Persie). 11. Naimes. 12. Salomon de Bretagne (ou Richard de Normandie?). = IV. *Renaus de Montauban.* 1. Roland. 2. Olivier. 3. Richard de Normandie. 4. Naimes. 5. Ullage l'Anglois. 6. Berenger le Gallois. 7. Ydelon de Bavière. 8. Ogier. 9. Turpin. 10. Salomon de Bretagne. 11. Geoffroi d'Angers. 12. Estoult. = V. *Gui de Bourgogne.* 1. Roland. 2. Olivier. 3. Naimes. 4. Ogier. 5. Richard de Normandie. 6. Renier. 7. Yvon. 8. Yvoire. 9. Haton. 10. Tierri. 11. Oede. 12. Samson. = VI. *Voyage à Jérusalem et à Constantinople.* 1. Roland. 2. Olivier. 3. Guillaume d'Orange. 4. Naimes. 5. Ogier. 6. Gerin. 7. Beranger. 8. Hernaut. 9. Aïmer. 10. Turpin. 11. Bernard de Brebant. 12. Bertrand..(V. nos *Épopées françaises*, II, 272.) On voit que cette énumération et le poëme lui-même sont dus à un cyclique de la geste de Guillaume; car il met au nombre des douze Pairs cinq membres de cette Geste : Guillaume, Hernaut, Aïmer, Bernard de Brebant et Bertrand. = VII. *Karlamagnus Saga.* (Les mêmes que dans la *Chanson de Roland*, « sauf que Turpin et Gautier remplacent Anseïs et Girard. » G. Paris, l. 1, 507.) = VIII. *Otinel.* 1. Roland. 2. Olivier. 3. Turpin. 4. Gerin. 5. Naime. 6. Otton. 7. Ogier. 8. Engelier. 9. Estoult. 10. Bertoloi. 11. Anseïs. 12. Girart. — IX. *Fierabras.* 1. Roland. 2. Olivier. 3. Thierry. 4. Geoffroi. 5. Naimes. 6. Ogier. 7. Richard. 8. Berard. 9. Gillimer. 10. Aubri. 11. Basin. 12. Gui de Bourgogne. = X. « La Chronique de Weihenstephan (*Hist. poét. de Charlemagne*, p. 501) supprime de la liste de la *Chanson de Roland* Gerin et Gerer, Otton, Ivoire et Girart, qu'elle remplace par Turpin, Thierri, Guillaume, Geoffroi et Hatton. » = XI. Dans *Simon de Pouille*, les douze « Compagnons » (mais sont-ce bien les douze Pairs?) sont : 1. Bernard de Brebant, fils d'Aimeri de Narbonne. 2. Thierry d'Ardenne. 3. Geoffroi de Danemark. 4. Bernard de Clermont. 5. Hue de Maante. 6. Geoffroi Marteau, d'Angers. 7. Drues de Poitiers. 8. Raimbaut le Frison. 9. Simon de Pouille. 10. Richard de Normandie. 11. Gautier de Lombardie. 12. Hugues de Dijon. = XII. *Ogier* nous offre : 1. Naimes. 2. Gilimer. 3. Salomon. 4. Le roi Othon. 5. Thierry d'Ardane. 6. Geoffroi. 7. Doon de Nanteuil. 8. Aimes de Dordone. 9. Girart de Roussillon... (?) = XIII-XVI. Dans *Galien* (Ms. 226 de l'Arsenal), Garin de Montglane figure au nombre des douze Pairs. Dans *Huon de Bordeaux*, le héros du poëme entre dans ce corps sacré. Jacques d'Acqui y place le géant païen Ottonnel, après sa conversion. Malceris n'y est pas admis. (*Prise de Pampelune*, v. 465-561.) = Nous donnons ici, à titre de curiosité, la liste des douze Pairs, telle qu'elle se trouve dans les *Conquestes du grant Charlemagne*, de la Bibliothèque bleue. C'est cette liste qui circule aujourd'hui dans nos campagnes : « Chacun des principaux de l'empereur

Charles, appelés communément les douze ou treize Pairs de France, qui étaient capitaines de l'Exercice, étaient forts et vaillants. Il y en avait plus de treize, selon ce que je trouve. Premièrement étoient Roland, comte de Cenonta, fils de Milan (*sic*) et de dame Berthe, sœur du roi Charlemagne; Olivier, fils de Regnier, comte de Gênes, qui étoit au lit à l'exercice de Charlemagne (*sic*); Richard, duc de Normandie; Guérin, duc de Lorraine; Geoffroy, seigneur bourdelois; Hoël, comte de Nantes; Oger le Danois, d'Asie; Lambert, prince de Bruxelles; Thierry d'Ardenne; Basin le Gènevois; Gui de Bourgogne; Geoffroi de Frise; le traître Ganelon, qui fit la trahison de Roncevaux; Solomon, duc de Bourgogne; Riol du Mans; Alory et Guillaume d'Estoc (*sic*); Naimes de Bavière, et plusieurs autres qui étaient sujets à Charlemagne. » (V., sur les douze Pairs, les *Épopées françaises*, II, 123-176.)

Vers 264. — *Turpins de Reins en est levet del renc.* O. Pour le cas sujet, il faut *levez*. = Quant à Turpin, nous n'avons pas ici à parler du véritable archevêque de ce nom, qui vécut sur le siége de Reims depuis l'an 756 ou 753 (suivant le *Gallia*), jusqu'en l'année 811, ou 788, ou (suivant le *Gallia*) 794. Si, dans notre légende, Turpin joue un si grand rôle, c'est à cause de l'importance historique de son siége. Le vrai Turpin a d'ailleurs vécu longtemps sous Charlemagne, et survécu de plusieurs années au désastre de Roncevaux. (V. Flodoard, *Hist. de l'Égl. de Reims*, II, cap. xvii.) = Nous n'avons pas davantage à traiter ici la question tant de fois controversée de la Chronique du Faux Turpin. Dans sa thèse *De Pseudo Turpino* (1865), M. G. Paris est arrivé, comme nous l'avons dit, à cette conclusion scientifique que « les cinq premiers chapitres ont été écrits, vers le milieu du xie siècle, par un moine de Compostelle », et que « les chapitres vi et ss. l'ont été, entre les années 1109-1119, par un moine de Saint-André de Vienne ». La même année, l'auteur des *Épopées françaises* (I, 70 et ss.) plaçait, avec moins de précision, cette célèbre Chronique à la fin du xie siècle ou au commencement du xiie. (Ceux qui voudraient lire la Chronique de Turpin en trouveront le texte au tome II du *Philippe Mouskes* de M. de Reiffenberg. M. A. de Saint-Albin vient de la traduire en français, à la suite de la *Chanson de Roland*; Lacroix, 1865.) = Pour nous borner à étudier Turpin dans nos Chansons de geste, nous trouvons deux légendes fort différentes sur son origine et sa naissance. Suivant la *Karlamagnus Saga* (I, 26), il est de Rome, et c'est le Pape qui le laissa à Charles; suivant *Aspremont* (Lavall., 123, f° 64), il est Français, et sorti de l'abbaye de Jumiéges pour monter sur le siége de Reims. *Dist l'Apostoles : « Amis, dont estes né? — D'outre les mons de France, lou regné. — Moines prisiés ai-jo lonc tancs esté, — En Normendie, soz Rouen la cité* — Dedens Umièges... etc. » Il joue d'ailleurs un rôle important dans tout ce poëme d'*Aspremont*, où se révèle sa nature plus militaire que sacerdotale. Il est jeune encore : *Gentix hons fu et jones chevaler* (éd. Guessard, p. 2, v. 47), et n'aime que les belles armes et les beaux chevaux. C'est lui que l'Empereur envoie à ce terrible « Girart do Fraite » pour lui demander son aide contre Agolant, et l'on sait avec quelle fierté sublime notre archevêque remplit ce message. Girart le veut assassiner : il le maudit fort courageusement, et l'abandonne à sa destinée. (P. 13, v. 76 et ss.) = Et lorsque la grande guerre contre les Sarrazins est dans toute sa force, au milieu de la plus terrible bataille, il n'y a encore que Turpin qui ait le courage de porter, au front de l'armée, le bois de la vraie croix qui devient entre ses mains étincelant comme un soleil. (Lavall., 123, f° 64.) = C'est Turpin qui, dans *Ogier,* surprend le Danois endormi et le livre à Charlemagne ; mais c'est lui surtout qui, au lieu de le laisser mourir de faim, comme l'Empereur l'a ordonné, sauve le héros, le nourrit, le traite de son mieux et le réserve ainsi à la chrétienté, qui en aura bientôt le plus grand besoin. (*Ogier,* 9607-9660.) = Dans *Renaus de Montauban,* il refuse également de tuer Richard, et déclare très-fièrement qu'il n'a jamais versé une seule goutte de sang chrétien. (Éd. Michelant, p. 263.) = Il prend part à la grande expédition qui doit se terminer à Roncevaux. L'*Entrée en Espagne* le met, comme les autres Pairs, aux prises avec le géant Ferragus : il est vaincu. (Mss. fr. de Venise, xxi, f° 23-26.) Dans la bataille sous Pampelune, son courage éclate, ses exploits sont magnifiques. (*Ibid.,* f° 149, v°.) = Mêmes coups de lance et d'épée dans *Gui de Bourgogne,* où le terrible archevêque coupe en deux la tête du païen Emaudras, aux grands applaudissements d'Huidelon et de Dragolan. (Vers 3666 et ss.) = Turpin est compté au nombre des douze Pairs par *Roncevaux* (Textes de Paris, de Venise VII, etc.), l'*Entrée en Espagne,* le *Voyage* (son *gab* consiste à jongler à cheval avec quatre pommes, v. 395-507), la *Karlamagnus Saga, Otinel,* la Chronique de Weihenstephan, etc. = On sait comment meurt à Roncevaux l'Archevêque soldat, le « Guerrier de Charles ». = Mais la Chronique de Turpin, » comme on doit s'y attendre, a le soin de faire survivre Turpin au désastre qu'il raconte... Lors de la mort de Roland, l'Archevêque était près de Charles. Or, le 17 mai, il célébrait la Messe des morts, quand il vit passer dans le ciel les Diables qui emportaient l'âme de Marsile, les Anges qui conduisaient l'âme de Roland. Il raconte cette vision à Charlemagne, et, sur ces entrefaites, Baudouin arrive, qui a assisté à la mort des Pairs et confirme de tout point les affirmations de Turpin. = Tous les auteurs qui se sont guidés sur le faux Turpin ont reproduit à peu près la même fable, et se sont également gardés de faire mourir Turpin à Roncevaux. Nous avons énuméré ces auteurs dans notre Notice sur Charlemagne. (V. la note du v. 94. — Cf. les *Acta Sanctorum septembris*, 1ᵉʳ sept., p. 338.)

Vers 265. — Lisez *laissez*. Les deux *s* sont conformes à la prononciation étymologique et se rencontrent beaucoup plus souvent dans notre manuscrit. (Vers 229, 279, 824, 839, 859, 1000, 1127, 1252, 1659, 1931, 2069, 2154, 2162, 2435, 2583, 2717, 2741, 3030, 3902. Ces exemples appartiennent à toute la conjugaison de *laisser*.)

Vers 267. — *Oüd*. O. Voy., sur le changement du *d* en *t*, la note des vers 2 et 122.

Vers 269. — *Al Sarazin en Espaigne*. O. La correction est due à Génin ; Müller l'a justifiée d'après le manuscrit IV de Venise.

Vers 270. — *Si en*. Mu. Le manuscrit porte *si·n*.

Vers 272. — *Palie*. V. la note du v. 2652.

Vers 273. — *Vos*. O.

Vers 274. — *Francs chevalers*. O. Voy., sur notre théorie des vocatifs, la note du v. 15.

= L'ordre des couplets suivants n'est pas le même dans le manuscrit d'Oxford que dans ceux de Venise (IV et VII) et de Versailles. Nous ne voyons pas bien pourquoi M. Müller (note du v. 280, page 17) a préféré ces dernières versions. Quant à nous, après avoir étudié avec soin les deux textes, nous sommes et demeurons convaincu que celui d'Oxford se suit avec tout autant de logique que les deux autres. Même il nous semble que la laisse : *Li Empereres li tint sun guant le destre*, est beaucoup mieux placée après celle-ci : *Ço dist li Reis : Guenes, venez avant, — Si recevez le bastun et le guant.* = Pour se conformer aux manuscrits de Venise et de Versailles, M. Müller (dont le procédé est d'ailleurs justifié par les remaniements) a dû couper en deux couplets la laisse : *Francs chevalers, dist li empere Carles...* = Voici, d'ailleurs, le tableau comparatif des couplets d'après l'ordre du manuscrit d'Oxford, et d'après celui de M. Muller :

Ms d'Oxford	Édit. Muller
1. *Francs chevalers, dist li empere Carles...* *E li quens Guenes en fut mult anguisables.*	1. *Francs chevalers, dist li empere Carles.*
2. *Guenes respunt : Pur mei n'iras tu mie.*	2. *Ço dist li Reis : Guenes, venez avant.*
3. *Quant ço veit Guenes que ore s'en rit Rollanz.*	3. *En Sarraguce sai ben qu' aler m'estoet.*
4. *En Sarraguce sai ben qu' aler m'estoet.*	4. *E li quens Guenes en fut mult anguisables.*
5. *Ço dist li reis : Guenes, venez avant.*	5. *Guenes respunt : Pur mei n'iras tu mie.*
6. *Li Empereres li tent sun guant le destre.* *Sire, dist Guenes, dunez mei le cungied.*	6. *Quant ço veit Guenes que ore s'en rit Rollanz.*
	7. *Li Empereres li tent sun guant le destre.*
	8. *Sire, dist Guenes, dunez mei le cungied.*

Vers 275. — Lisez *Kar*. Cette forme se rencontre bien plus souvent dans notre manuscrit que la forme *Car*. (Vers 390, 682, 742, 1051, 1131, 1175, 1366, 1676, 1724, 3589, etc.) *Kar* ou *quar* (470) offre ici, comme dans presque tous les autres passages de notre texte, un

sens spécial d'AFFIRMATION EXPLÉTIVE, que nous n'avons pas conservé dans notre langue. V. le *Glossaire*.

Vers 277. — *Ço ert Guenes mis parastres*. Notre Notice sur Ganelon se divisera en deux parties : I. Famille de Ganelon ; II. Vie et mort de Ganelon.

I. Famille de Ganelon. — Dans la *Chanson de Roland*, Ganelon (la plus ancienne forme de son nom est *Guenle : Revue critique*, 1870, p. 102) n'a qu'une importance *individuelle*, et il n'est question de sa famille qu'à la fin du poëme. Encore n'y apparaît-elle que comme caution juridique, et Pinabel est-il le seul à y jouer un rôle actif. (Pinabel, « du château de Sorence, » qui est considéré seulement comme un des trente parents du traître.) Mais les trouvères postérieurs furent, comme on le sait, travaillés par la « monomanie cyclique ». Ils voulurent faire rentrer tous les personnages de notre Épopée dans un cycle, dans une geste déterminée. De là cette division bien connue de nos Chansons en trois gestes : celle du Roi, celle de Garin de Montglan, celle de Doon de Mayence. (*Girars de Viane*, éd. Tarbé, pp. 1, 2 ; *Doon de Mayence*, vers 3 et suivants ; *Garin de Montglane*, B. N. Lav. 78, f° 1 et 2 ; Chronique saintongeaise, citée par G. Paris, l. 1, 76.) Or c'est à la geste de Doon qu'appartient Ganelon, ou, pour mieux parler, c'est dans cette geste qu'on l'a casé. Il est le fils de Grife ou Grifon d'Hautefeuille et petit-fils de ce Doon de Mayence qui eut douze enfants, dont l'auteur de *Gaufrey* nous donne ainsi les noms (vers 80-120) : 1° Gaufrey, père d'Ogier ; 2° Doon de Nanteuil, père de Garnier de Nanteuil ; 3° Grifon, père de Ganelon ; 4° Aymon de Dordone, père de Renaut, Alart, Richart et Guichart ; 5° Beuves d'Aigremont, père de Vivien l'Esclavon, grand-père de Maugis le larron ; 6° Othon, père d'Yvon et d'Yvoire ; 7° Ripeus, père d'Anseïs ; 8° Sevin de Bordeaux, père de Huon, qui fut l'ami d'Oberon ; 9° Peron, père d'Oriant, grand-père du chevalier au Cygne ; 10° Morant de Rivier, père de Raimond de Saint-Gilles ; 11° Hernaud de Giron ; 12° Girart de Roussillon. Telle est cette généalogie factice et qui n'a rien de traditionnel. = Néanmoins on est encore allé plus loin dans cette voie, et *Jourdains de Blaives* va jusqu'à créer décidément une quatrième geste, celle des traîtres. Mais il faut encore spécifier davantage. On donne à Ganelon un fils, Bérenger (*Aye d'Avignon*, vers 22), et un autre encore que *Gui de Bourgogne* appelle « Maucion ». Dans le même poëme on fait de Pinabel son frère. (Vers 152.) Il a des neveux : dans *Gui de Nanteuil*, c'est Herviu : *Fix fu de la seror au cuvert Guenelon*; dans *Aye d'Avignon*, c'est Aubouin et Milon (vers 151, 152) ; dans *Jehan de Lanson*, c'est le personnage de ce nom et son frère Nivard. Sa famille est nombreuse. De Grifon, dit l'auteur de *Gaufrey* (vers 3999 et suiv.), sont sortis Ganelon, Hardré, Milon, Aubouin, Herpin, Gondré, Pinabel de Sorenche, Thibaut, Fourré, Hervieu de Lyon, Thibaut d'Aspremont. = Suivant *Parise la Duchesse* (vers 15-20), il y a douze traîtres de la race de Ganelon : Hardré, Alori, Thibaut d'Aspremont, Pineau, Roger, Hervieu de Lyon, Pinabel, Roger, Samses d'Orion, Berenger, Miles (et probablement Aubouin). = Dans *Aye d'Avignon*, ce dernier s'écrie au moment de mourir : *Si je vois en enfer selon m'entencion, — Je trouverai laiens mon oncle Ganelon, — Pinabel de Sorente et mon parent Guion. — Nous serons moult grant geste en cele region.* (B. N. 7989, f° 104.) = Et Philippe Mouskes (vers 8454 et suiv.) place dans la famille des Traîtres « Guenes et ses parents, Fromont, Alori, Hardré, Samson et Amaugri ». = Avec les textes précédents, on pourrait croire que l'énumération des traîtres est complète : il y manque cependant ce fameux Macaire de Lausanne, de la famille de Mayence, qui, dans le poëme publié sous ce nom, attaque si injustement l'innocence de la reine Blanchefleur. C'est sans doute ce même Macaire que les *Reali* (*Spagna*, chap. 131-132) nous ont montré sous des traits si odieux... « Charles, pendant la guerre d'Espagne, le laisse en France comme son lieutenant. Il abuse de ce pouvoir, veut enlever à Charles son royaume et sa femme, le fait passer pour mort, etc. » (G. Paris, l. 1, 397, 398.) = Dans *Aiol*, un traître du même nom essaie plusieurs fois de tuer le héros de ce beau poëme ; il est enfin pendu. = A la même famille appartient, dans *Renaus de Montauban*, cet Hervis de Lausanne qui propose à l'Empereur, moyennant bonne récompense, de lui livrer les fils Aymon. Et, en effet, il pense ouvrir à Charles les portes du château de Montessor, où Renaut est enfermé avec ses frères ; mais son projet est déjoué, et le misérable écartelé. (*Renaus de Montauban*, éd. Michelant, p. 68, vers 24 — p. 73, vers 17.) = La famille de Ganelon joue partout le même rôle, qui est odieux. PAS DE ROMAN SANS TRAÎTRE ; PAS DE TRAÎTRE EN DEHORS DE CETTE RACE MAUDITE. Dans *Amis et Amiles*, c'est Hardré ; dans *Gui de Nanteuil*, c'est Hervieu, etc. etc. C'est une malédiction qui pèse sur cette race, et l'auteur de *Girars de Viane* ne nous laisse pas ignorer que la cause de cette malédiction fut l'orgueil : « Les Mayençais eurent l'ambition, mais ils eurent aussi le châtiment de Satan et des anges déchus. »

II. VIE ET MORT DE GANELON. — Lorsque Charles, très-épris de Galienne, quitta l'Espagne, où ses enfances s'étaient écoulées près du roi Galafre, il voulut tout d'abord délivrer l'Italie des Sarrazins. Sur le siége de Rome il trouva par malheur un pape de la famille de Ganelon qui lui fit obstacle, et il ne put en triompher que grâce à l'appui du roi de Hongrie et d'un cardinal qu'il éleva plus tard sur le siége apostolique. (*Enfances Charlemagne*, 2ᵉ branche du *Charlemagne* de Venise, manusc. fr., xiii.) Mais ce n'est pas encore à Ganelon lui-même que nous avons affaire. Albéric de Trois-Fontaines (?) le fait naître à Ramerupt (?). Il apparaît pour la première fois, au début d'*Aspremont*, avec son père « Grifon d'Autefeuille », et fait partie de la grande armée d'Italie : *Ensemble o lui fu ses fils Guenelon — Qui de Rollant fist pus la traïson.* (Éd. Guessard, p. 19, vers 79, 80.) Rien d'ailleurs ne fait encore pressentir son crime futur. Nous voyons bien dans *Renaus de Montauban* les fils du héros de ce poëme avoir maille à partir avec Ganelon, Hardré et Grifon d'Hautefeuille (éd. Michelant, p. 421, vers 26 — p. 442, vers 8); mais c'est là un anachronisme commis par l'auteur d'un roman qui appartient d'ailleurs à un tout autre cycle que celui du Roi. Quand Ganelon épousa-t-il Gille, la sœur de Charles, c'est ce qu'il est difficile d'établir. Son rôle ne commence à s'accentuer que dans l'*Entrée en Espagne*. Fidèle à la tradition primitive, l'auteur, ou plutôt le compilateur de ce poëme trop peu connu, représente à deux reprises Ganelon comme un brave chevalier et un loyal baron : *Iloc fu Gaynes corageus e loial.* (Manusc. fr. de Venise, n° xxi, f° 170, r°.) Dès la *Prise de Pampelune*, il devient odieux. C'est lui qui propose à Charles d'envoyer à Marsile les deux ambassadeurs Basan et Basile, et, quand ceux-ci ont été mis à mort par le païen (2597-2704), c'est lui, c'est encore lui qui propose d'envoyer un autre messager au Sarrazin; c'est lui qui, pour se venger de Guron, contre lequel il a une rancune, une haine particulière (vers 2841), le fait choisir pour cette mission plus que dangereuse. C'est Ganelon enfin qui fait infâmement prévenir Malceris de l'arrivée du malheureux Guron, et qui est ainsi le véritable auteur de cette mort. (Vers 2740-3850.) Comme on le voit, l'auteur de la *Prise de Pampelune* dépasse ici toute mesure; mais il sera un jour dépassé par l'auteur de *Mabrian*, qui nous montrera Ganelon étouffant, dans une caverne, Mangis et les quatre fils Aymon. (Édit. de J. Niverd, en 1530.) Au commencement de *Fierabras* (vers 245-365), Ganelon approuve hypocritement le duel d'Olivier avec le géant païen, et désire très-vivement assister à la mort de cet ami de Roland. Dans *Renier de Gennes*, c'est Grifon d'Hautefeuille et son fils qui sont les irréconciliables ennemis des fils de Garin de Monglane. (Ars. B. 4. F. 226, 34, r°.) Ganelon, partout et toujours, est nécessairement traître. Bien plus délicat et plus connaisseur du cœur humain est le poëte de la *Chanson de Roland*. Il nous fait assister, minute par minute, à la décadence de Ganelon. Au commencement de notre poëme, c'est encore un bon chevalier, un cœur loyal : la jalousie et la haine le font insensiblement descendre jusqu'au crime. Mais jusque dans sa trahison, jusque dans son châtiment, il conserve je ne sais quel air de grandeur. La « Chronique de

Turpin » n'y met pas tant de délicatesses. (Cap. XXI : *De Proditione Ganelonis.*) Ganelon ne cède pas ici à un mouvement de colère, à une passion violente, mais seulement à la cupidité, à la soif de l'or. Nous avons déjà vu comment les Remaniements de la *Chanson de Roland* (textes de Paris et Venise, VII et IV) ont consacré plus de place à Ganelon que la Chanson primitive. Il s'enfuit deux fois avant son procès, et n'est remis entre les mains de Charles que grâce à la vigueur et au courage d'Othes. (Texte de Paris, édit. F. Michel, vers 10622-11560.) = Enfin, nous croirons avoir tout dit sur la personne de Ganelon, quand nous aurons indiqué une variante assez importante qui nous est fournie au sujet de son châtiment par un poëme du XIIIe siècle, *Gaydon*. Suivant l'auteur de cette Chanson peu traditionnelle, Ganelon aurait été brûlé, et non pas écartelé. Mais l'écartèlement est beaucoup plus fondé dans la légende : il nous apparaît partout comme le châtiment spécial réservé aux traîtres. = Nous n'avons pas à discuter ici l'assimilation que M. Génin a prétendu établir entre notre Ganelon et un personnage historique, Wenilo, archevêque de Sens, lequel, en 859, trahit pour Louis le Germanique la cause de Charles le Chauve, qui l'avait comblé de bienfaits. Cette assimilation ne nous paraît pas un instant soutenable, non plus que l'idée défendue par Hertz et d'Avril, d'après laquelle Ganelon serait le Hagen des *Nibelungen*. Nous pensons que Ganelon est, dans notre poëme, un personnage idéal, le « type du Traître ». En général, il ne faut pas chercher à expliquer historiquement CHAQUE DÉTAIL de nos Chansons de geste. Elles ont été souvent inspirées soit par des légendes qu'on retrouve partout, comme celle de *Berte aux grans piés;* soit par des types généraux, comme celui du Traître. Nous ne nions pas l'influence des faits historiques : nous la restreignons.

VERS 278. — Lisez *kar*, et, au v. 279, *laissez.* = *Franceis.* Au v. 274. *franc chevaler* doit plutôt se traduire par : « Francs chevaliers. »

VERS 282. — *Palie.* V. la note du vers 2652.

VERS 283. — *Vairs out e mult fier lu visage.* O. Mi. et G. avaient suppléé : *Vairs out* LES IEX. Mais M. Müller, trouvant partout dans notre texte la forme *oilz*, a eu raison d'écrire : *Vairs out les oilz.* = LU *visage.* O. V. la note du v. 142.

VERS 285. — Lire *esguardent*, O.

VERS 287. — *Parastres.* O. Quelques vers plus haut (277), on lisait, au sujet singulier, *parastre*, qui est la forme correcte.

VERS 290. — *Muvera.* O. *Muvra*[*i*]. Mu. V. la note du v. 38.

VERS 292. — *Orgoill.* O. Nous avions à choisir entre les deux formes *orgoill* et *orguill.* Elles se trouvent l'une et l'autre dans le texte de la Bodléienne : (*Orgoill*, 389, 934, 1773, 1941, 2279. *Orguill*, 228, 578,

1549. = *Orgoillus*, 3175, 3199, 3965. *Orgoillusement*, 3199. = *Orguillus*, 28, 474, 2135, 2550, 2978, 3132.) La notation *oi* étant rare dans notre Ms. et antipathique à son dialecte, nous avons choisi *orguill*.

Vers 295. — *Por*. O.

Vers 297. — Il vaut p.-e. mieux lire *ies*. O. V. la note du v. 648. = *Mes*. O. V. la note du v. 39.

Vers 300. — *Frai un poi degerie*. O. *F(e)rai un poi de (le)gerie*. Mi. Mu. — *Ferai un poi delegerie*. G.

Vers 301. — *Que jo n'esclair*. Mi. Mu.

Vers 303. — *Qu'ore*. Mu. Le Ms. porte nettement *que*.

Vers 308. — *Dreiz*. O. — Voir, pour la Théorie des vocatifs, la note du v. 15.

Vers 309. — *Comandement*. O. Nous avions à choisir entre les deux formes *com...* et *cum...* La première se rencontre dix fois, la seconde quinze fois dans notre texte. Mais SURTOUT, la première est conforme à toutes les lois de notre dialecte, et notre scribe écrit toujours : *cum...* les mots dérivant de la préposition latine. Il est vrai qu'en ce cas spécial il pouvait hésiter, les Latins eux-mêmes ayant écrit *commendo*.

Vers 310. — Avant ce couplet, les remaniements de Versailles et Venise VII nous en offrent un autre : *Li emperere à la barbe florie*, etc. qui est une addition évidente du rajeunisseur.

Vers 314. — *Baldewin*. O. Pour le cas sujet, il faut *Baldewins* (le type latin étant *Baldewinus*). = Lire p.-e. *iert* et aussi : *prozdoem* (O.), à cause de ce couplet qui est assonancé en *oe*.

Vers 316. — L'*r* de *guardez* n'apparaît pas dans le manuscrit.

Vers 318. — *Comant*. O. V. la note du v. 309.

Vers 319. — *Guenes*. O. Quel que soit le type latin dont on fasse dériver le mot *Guenes* (*Wenilo*, *Wenilus*, etc. etc.), le vocatif ne peut avoir un *s*. Voy., à la note du v. 15, notre Théorie sur les vocatifs. = M. Müller fait observer qu'il manque ici, comme dans le texte de Venise (IV), une strophe dans laquelle Charles spécifierait le message qu'il confie à Ganelon. (Éd. T. Müller, p. 20.) Or le texte de Versailles et celui de Venise (VII) comblent cette lacune, et nous trouvons dans notre Chanson elle-même (428 et ss., 469 et ss.) les éléments d'une reconstitution facile. Nous n'avons pas osé insérer, dans notre texte lui-même, aucune addition notable; mais nous nous sommes réservé de proposer au public, dans le cours de ces notes, les interpolations véritablement nécessaires. Voici donc comment nous proposerions de restituer le couplet absent, et, dans cette restitution, nous avons soin de suivre toutes les lois de notre dialecte :

Bel sire Guene, dist Carles, entendez :
De meie part Marsiliun direz

Que il receivet seinte chrestientet.
Demi Espaigne li voeill en fieu duner.
L'altre meitiet averat Rollanz li ber.
Se ceste acorde il ne voelt otrier,
Suz Saraguce le siége irai fermer :
Pris e liez serat par poestet,
Ad Ais le siet serat tut dreit menez :
Par jugement serat illoec finez;
Là murrat-il à doel e à viltet.
Tenez cest brief ki est enseellez,
Enz el' puign destre à l' paien le metez.

Les Remaniements (Versailles et Venise VII) nous offrent deux autres Couplets, à la suite de celui que nous venons de restituer. Dans le premier, Guenes reçoit l'arc des mains du Roi (xxviii de Versailles) et le brise en voulant le tendre; dans le second (xxix), il reçoit le bâton. Cette dernière circonstance étant très-clairement marquée dans notre texte d'Oxford (v. 341), nous ne pensons pas que le second de ces couplets appartienne à la Version originale. Quant à l'autre épisode, il se trouve ailleurs dans notre texte. (Vers 766 et ss.) Chez notre rajeunisseur, il est plein de répétitions inutiles et de certains traits relativement modernes. Voici, d'ailleurs, ces deux laisses : *Li Emperere ot sa gent assemblé — Et uns et autres à Cordes la cité. — Or, est Guenes mot mal atalenté, — Rollant esgarde, si l'a araisoné : — « Cuvert, dit-il, tu as le sen desvé ; — A grant martire as mon cors delivré, — Quant sor moi as le message torné. — Or irai là, ja n'en ert trestorné. » — Nostre empereres l'a un poi regardé : — « Guene, dit-il, trop en avez parlé. » — Un arc li tent, et Guenes l'a cobré, — D'un chief en autre l'a froissié et cassé : — « Hé! Dex, dist Challes, par ta sainte bonté, — Por cest felon somes toz tormenté. — Par cel Seignor qui primes me fist né, — Je ne lairoie chier ne soit comparé : — Car Guenelons est mot de mal pensé ; — De felonie le voi mot escaufé ; — Vers traïson a tot son cors torné. — Li rois Marsilles, se il le sert à gré, — Toz nos vendra por sa grant cruauté. — Terre de France hui chiet en grant vilté. »* = *Guenes s'acline devant les piés Challon, — Tendi ses mains, si reçut le baston. — Il prist les briés o tot le qairelon, — En une boiste le mist por garison ; — Puis, pria Deu qu'il doinst maleïçon — A toz icels qui l'jugièrent par non : — « Par cel Seignor qui forma Lazaron, — Se Dex ce done qui sofri passion — Que j'en repaire à ma sauvation, — Jà ne ferai onques de mesprison — Que de Rollant n'en prenge vengeson. »* (Versailles, vers 426-438.)

Vers 320. — *Lu guant.* O. V. la note du vers 142. = Le gant et le bâton, comme le fait observer un éditeur de Roland, indiquent l'investiture d'une charge ou d'une mission : *Karles tient son gant destre*, *Olivier l'a baillié*. — *Et li quens l'en rechut, si l'en a merchié.* (*Fierabras*, p. 11 de l'édition Krœber et Servois. Cf. *Gaufrey*, édition F. Guessard et P. Chabaille, p. 47.) Le bâton est également indiqué dans ce vers de *Huon de Bordeaux* : Charles, y est-il dit, *en sa main tient d'olivier un baston.* (Vers 9499.)

Vers 321. — *Vos.* O. V. la note du v. 17.

Vers 324. — Lire *pur.* = *Si cumpainz.* O. *Si* pour *sis.* Forme incorrecte, reproduisant sans doute une prononciation où l's était éteinte.

Vers 325. — *Por.* O. V. la note du v. 17.

Vers 328. — *Vos.* O.

Vers 329. — *Avrai.* Mu. V. la note du vers 38.

Vers 330. — Lisez *frere.* (V. la note du v. 1.) = *Basant.* O. A cause du cas sujet, il faut *Bazanz* (?). = La *Prise de Pampelune* appelle ces deux messagers, l'un *Basin* ou *Baxin de Langles* (v. 2547, 2600, 2657); et l'autre, tantôt *Basel* (v. 2548), et tantôt *Basent* (2657).

Vers 333. — Dans le *Keiser Karl Magnus's Kronike*, ce n'est pas le gant, c'est le bref qui tombe des mains de Ganelon : « Des lettres furent écrites, et le Secrétaire les remit à Gevelon pour qu'il les portât à Marsile. Mais Gevelon détourna les mains, et les lettres tombèrent par terre. Les douze Pairs sourient et Roland dit : « Si l'Empereur m'avait confié les lettres, la peur ne me les aurait pas fait lâcher, et elles ne seraient pas tombées à terre... »

Vers 335. — *Grant.* O. Pour le cas sujet, il faut *granz.* Sur les adjectifs à une seule terminaison pour le m. et le f., voyez la note du v. 19. = Au v. 336, lire *nuveles.*

Vers 339. — Lire *Mien.* O. V. la note du v. 149 et celle du v. 545.

Vers 340. — *Asols.* Pour le cas régime (*absolutum*), il faut *asolt.*

Vers 341. — *Livrat.* Mu.

Vers 342. — Ce couplet est en *er*, le précédent était en *ier*. Le remaniement de Venise VII présente ici deux laisses (l'une en *iez*, l'autre en *er*) coupées de la même manière, etc. = Lire, en assonances, *targier, mien*, O. *seigniet, brief.*

Vers 344. — *Meillors.* O. V. la note du v. 51. = *Recuvrer.* Mu. Le Ms. porte *recuverer*, avec cette abréviation que nous avons discutée dans la note du v. 38.

Vers 346. — *Ceint.* O. Erreur évidente.

Vers 347. — *Munted.* O. A cause du cas sujet, il faut *muntez.*

Vers 348. — *Sun.* O. Le cas sujet de *sun* est *sis*, que nous avons restitué. = *Uncle.* O. A cause du sujet singulier, il faut *uncles.* = De même pour *Guinemer.* O. La leçon correcte est *Guinemers.*

Vers 349. — Lire *veïssez.* = *Tant chevaler.* O. La leçon du Ms. et cette autre : *Tanz chevalers*, sont aussi régulières et aussi admissibles l'une que l'autre d'après le texte de la Bodléienne. = Lire p.-e., ICI COMME PARTOUT, *chevalier* au lieu de *chevaler*, sauf toutefois pour les assonances des couplets en *er*. Car ce mot sert à la fois d'assonance dans ces laisses et dans celles en *ier*...

VERS 351. — *Cort*. O. Aux vers 231, 446, 775, on trouve *curt*, qui est conforme à l'étymologie et à la phonétique. *Cort* ne se trouve qu'une seule fois dans tout le manuscrit. = Lire *en curt à l' rei*. Cf. le vers 448. = *Ested*. O. V. la note des vers 2 et 122.

VERS 352. — *Vos*. O. V. la note du v. 17. = *Solt*. O. Lire *soelt*, qui est justifié par plus d'exemples dans notre texte, mais qui surtout s'accorde mieux avec sa phonétique spéciale.

VERS 353. — *Doūsez*. O. L'étymologie *debuissetis* exige deux *s*. *Doūssez*, d'ailleurs, se trouve au v. 455.

VERS 354. — *Charlemagne*. O. V. la note du v. 94. = *Ercs*. O. Erreur évidente. — Lire plutôt *iert*.

VERS 356. — *Estrait*. O. Le cas s. s. m. veut *estraiz*. = *Parented*. O.

VERS 357. — *Car nos*. O. Lire, dans notre texte : *Kar nus*. Pour *Kar*, voyez la note du v. 275; et, pour *nus*, la note du v. 17.

VERS 359. — Lire *mielz*. O. = Lire *mielz est suls moerge*.

VERS 360. — *Vos*. O.

VERS 363. — *Filz*. O. Pour le cas régime, il faut *fil*.

VERS 365. — *Achiminez*. O. *AchEminET* : l'*e* s'explique par *chEmin*, 405, 1250, 2426, et le *t* final, par le verbe réfléchi. *Se* est un véritable régime s. m., avec lequel doit ici s'accorder le participe.

VERS 368. — *Lu*. O.

VERS 373. — *Ad oes seint Pere en conquist le chevage*. C'est une allusion évidente au Denier de saint Pierre : « Beaucoup d'écrivains ont considéré, comme le premier auteur du Denier de saint Pierre, Ina, roi de Wessex, qui fonda à Rome la *Scola Saxonum* pour de pauvres pèlerins anglais et de jeunes Anglo-Saxons, et qui mourut dans cette ville en 728. Mais le silence de Bède et de tous les écrivains des siècles suivants rend cette opinion plus que douteuse. Il y a beaucoup de raisons d'attribuer cette institution aux rois Offa et Ethelwulf. Offa, roi de Mercie († 796), qui attribuait ses victoires à saint Pierre, lui promit, en son nom et en celui de ses successeurs, un tribut annuel de 300 marcs... Ethelwulf, père de l'illustre roi Alfred, renouvela, durant son séjour à Rome en 855, la promesse d'Offa... Alfred, dès qu'il eut soumis les Danois, envoya le tribut annuel rétabli par son père, et, sous le règne d'Édouard (901-924), on parlait du Denier de saint Pierre comme d'une institution permanente. » (Schrödl, dans le *Dict. encycl. de la théol. catholique* de Welte et Wetzer, VI, pp. 183-184.) Notre

Chanson attribue faussement à Charles l'institution du Denier de saint Pierre. Mais, touchant sa date originale, elle ne se trompe pas : Offa fut, en effet, contemporain de Charlemagne.

Vers 376. — Lire plutôt *iert*. = *Hume*. O. V. la note du v. 20, sur la déclinaison d'*hom*. = Lire *vaillet*, avec le *t* étymologique que le scribe n'oublie presque jamais. (Cf. 1666.)

Vers 377. — *Francs*. O. A cause du cas s. p., il faut *Franc*. = *Gentilz*. O. Même observation. (V. la note du v. 20, sur le pluriel des substantifs dérivés des noms latins en *es*.) = *Home*. O. Pour l'assonance, il faut régulièrement *hume*, qui se trouve quatre vers plus bas. (V. la note du v. 20.)

Vers 378. — *E duc e cil cunte*. O. *Cil* a été restitué par G. et Mu.

Vers 381. — Lisez *veirs*. O. *Veirs* vaut autant et mieux que *veir*. L'*s* peut s'expliquer comme l'*s* final de *sempres*, *unkes* et *primes*. Il est difficile de supposer ici *veirs* au s. s. m., comme *volentiers*, etc.

Vers 382. *Mès*. O. *Mais* est la forme qui, à beaucoup près, est la plus généralement employée dans le texte d'Oxford. C'est pourquoi nous l'avons partout adoptée. = *Avrat*. Mu. V. la note du v. 38.

Vers 383. — *Er matin*, 383. Pour rétablir la mesure, nous avons adopté *main*. = Lire *her*. (2745.)

Vers 384. — *Ses*. O. Lisez *sis*. V. la note du v. 39.

Vers 385. — *E out preiet dejuste Carcasunie*. Génin ayant lu *ens el preet*, traduit par : « En un pré devant Carcassonne ; » M. de Saint-Albin fait de même, et écrit : « Dans une prairie devant Carcassonne ; » M. d'Avril : « En la prairie auprès de Carcassonne. » Enfin M. Fr. Michel lit : *Et out preet*, et traduit : « Et eut prié près de Carcassonne. » Aucune de ces traductions ne nous semble exacte. M. Müller a restitué *pre[i]et*. Il s'agit, en effet, du verbe *preier, proier, preer*, qui vient de *prædari*, et signifie « piller, butiner ». Les exemples de ce verbe sont nombreux. On lit dans la *Chronique de Rains* (c. xxv) : *Après feroit tout le pays* praer ; dans les *Chroniques de Saint-Denis* (Ms. de Sainte-Geneviève, f° 17, r°, col. 1) : *Danois* praerent *et gasterent la terre le roi Theodoric* ; et enfin dans *Ogier le Danois*, v. 10752 : *Dusqu'à Estampes out tot ars et* préé... Et ce même verbe est employé au neutre dans *Otinel* : *Kar Sarazin repairent de* preer (v. 889) ; et dans la *Desputoison de Challot et du Barbier*, par Ruteboeuf : *Chascuns devient oisel de proie ; — Nus ne vit mès se il ne* proie. Nous pourrions ici fournir beaucoup d'autres textes, que nous devons, comme les précédents, à l'obligeance de M. Frédéric Godefroy. Nous avons donc traduit : *Il out preiet*, par : « il eut butiné ». = *Carcasonie*. O. A cause de l'assonance et de la phonétique, *Carcasunie*.

Vers 389. — *Orgoilz.* O. V. la note du v. 292. = *Devreit.* Mu. V. la note du v. 38.

Vers 390. — *Chascun.* O. V. la note du v. 203. = *De mort s'abandunet.* O. Pour la mesure du vers et la logique grammaticale, nous avons dû mettre : *A mort il s'abandunet.* On ne rencontre point le verbe *s'abandonner* avec la proposition *de.*

Vers 391. — *Avriumes.* O. Forme féminine des premières personnes du pluriel. V. la note du v. 42.

Vers 392. — *Rollant.* Mu. Pour le cas sujet, il faut *Rollanz.*

Vers 397. — *Ament.* O. Partout le prés. de l'ind. du verbe *amer* prend l'*ai* : *aimet,* etc. Nous en avons donné la raison dans le *Glossaire.*

Vers 399. — Lire *destriers,* ici comme partout. Ce mot ne se trouve en assonance que dans les laisses en *ier.*

Vers 400. — *Li Emperere meïsmes.* O. Pour la mesure du vers, il était facile de restituer : *Li Reis meïsmes.*

Vers 401. — Ce vers est de douze syllabes, et l'on en trouve un certain nombre dans le texte d'Oxford.

Vers 402. — Les remaniements de Venise VII et Versailles offrent ici une laisse de plus; mais ce couplet ne nous semble pas avoir été dans l'original. On y voit Ganelon séduit en secret par les richesses des païens. Ce trait n'a rien de primitif : *Li Sarazins esgarde Guenelon : — Cors ot bien fait et clere la façon; — Le neis ot bel et chière de baron, — Proece ot grant et regart de felon. — Li cors li tremble aval jusqu'à l'talon. — Isnelement li a trait un sermon : — « Sire, dist-il, entendez ma raison. — Quidez vos prendre de Rollant vengeson? — Par Mahomet, s'en faites traïson, — Mot est cortois li rois Marsilion, — Tote sa terre vos mettra à bandon; — De son avoir aurez grant partison, — Or et argent, pailes et siglaton, — Muls et chevaux, chamels, ors et lion. » — Guenes l'entent, si baissa le menton. — D'une grant pièce ne dist ne o ne non.* (Versailles, vers 568-574.)

Vers 403. — *L'un.* O. Pour le cas sujet, il faut *l'uns.*

Vers 407. — *Faldestoet.* O. Sur six fois, le *d* se trouve cinq fois à la fin de ce mot (*faldestoed,* 115, 452, 609, 2553, et *faldestod,* 2804).

Vers 408. — *Envolupet.* O. *Faldestoed* vient du neutre *faldistorium.* Je laisse donc *envolupet* au neutre. = *Palie alexandrin.* V. la note du vers 2652.

Vers 410. — *Sarrazins.* O. — Pour le cas sujet du pluriel, il faut *Sarrazin.* Notre scribe se trompe souvent sur cette règle essentielle, surtout quand le verbe est sous-entendu, ou lorsque le sujet est après le verbe. Nous n'en trouverons que trop d'exemples.

Vers 411. — *Celoi.* O. Quelques vers plus bas (407) on trouve *celui,* et c'est la forme que nous avons adoptée : 1° par une raison de phonétique générale, la notation *oi* étant fort rare dans notre texte ; 2° comme étant plus en rapport avec la forme analogue *lui* et avec *altrui*. Il est vrai que l'on rencontre plus souvent *celoi* que *celui*. Mais ici, comme partout, nous faisons passer les règles générales avant les particularités.

Vers 413. — *As Guenes et Blancandrins.* Après *as* ou *ais* (voici), on trouve tantôt le cas sujet (vers 889, 2009, 3818), tantôt le cas régime (vers 263, 1187, 3495). C'est ainsi qu'*ecce* gouvernait soit le nominatif, soit l'accusatif. Nous n'avons ici rien changé à notre texte, laissant au scribe la liberté de choisir entre deux systèmes également corrects.

Vers 415. — *Puig.* O. La forme étymologique est *puign,* qui se retrouve dans *puignant, puignent,* etc.

Vers 417. — *Qui.* O. Le sens exige *dunt.*

Vers 418. — *Fesime.* O. Les premières personnes du pluriel prennent partout une *s.*

Vers 421. — *Un sun noble barun.* O. *Soen* est, dans la plupart des cas, employé ici au lieu de *sun*. Nous l'avons restitué. (V. le *Glossaire.*)

Vers 422. — *Hom.* O. Pour l'assonance, nous imprimons *hum,* qui se trouve ailleurs dans notre texte (vers 2559.)

Vers 423. — *Avrez.* Mu.

Vers 424. — *Marsilie.* O. Pour le cas sujet, il faut *Marsilies.*

Vers 426. — *Saver.* O. Partout le substantif *saveir* prend la notation *ei* : *Vostre saveir est grant.* (Vers 3509.) V. aussi les vers 3279, 3774. Il en est de même de l'infinitif *saveir.* (V. 1538.)

Vers 429. — *Le glorius qui.* O. Nous avons restitué *que* (*aürer* voulant après lui un régime direct).

Vers 430. — *Li ber.* O. On trouve au sujet sing. les deux formes *ber* et *bers.* La première est la plus fréquente. C'est aussi la meilleure, si l'étymologie du mot est *baro, baronis.* Pour expliquer *bers,* il faut *barus,* qui se rencontre, en effet, dans quelques documents (même on trouve au pluriel, *les bers*). Lire partout, dans notre texte : *ber.*

Vers 432. — *Vos.* O. « On remarque, dit M. Müller, qu'il manque ici deux points essentiels au message de Charles exposé par Ganelon. Or ces deux points sont indiqués dans la strophe xxxvi, où le message est encore une fois répété. » Après le vers 432, nous insèrerons les vers suivants :

> L'altre meitiet averat Rollanz li ber :
> Mult orguillus parçunier i averez.

Et, après le vers 433, le vers qui suit :

> Suz Saragucc vait le siège fermer.

Vers 434. — *Poested.* O. V. la note des vers 2 et 122. Cf. *poestet* au vers 471, qui est exactement le même.

Vers 435. — *Amenet.* O. Pour le cas sujet il faut *amenez*.

Vers 436. — *Finet.* O. Id.

Vers 438. — *Esfréed.* O. Id.

Vers 439. — *Algier.* O. V. le vers 442. = *Enpenet.* O. Pour le cas sujet il faut *enpenez*.

Vers 440. — *Volt.* O. V. la note du vers 40. = *Desturnet.* Pour le cas sujet il faut *desturnez*.

Vers 444. — *Deie.* O. Erreur évidente.

Vers 446. — *Avrai.* Mu. Voir la note du vers 38.

Vers 449. — *Avrunt.* Mu. Id. = *Meillor.* O. V. la note du v. 51. = *Cunperée.* Mu. On trouve, dans le texte d'Oxford, autant d'exemples de *cunparer* que de *cunperer*.

Vers 450. — Quand le roi eut lu la lettre, il vit que l'Empereur prenait le titre de roi d'Espagne : c'est pourquoi il entra en colère et frappa Gevelon avec un bâton. Gevelon tira son épée et dit : « L'Empereur demandera que ma mort soit vengée. » Le Conseil du roi intervint et dit que le roi avait tort... (*Keiser Karl Magnus's Kronike.*)

Vers 451. — *Tuit.* O. Erreur évidente, corrigée par les manuscrits de Versailles et de Venise VII : Tant *fut blasmé de ses meillors amis.* = *Prièrent.* Mu. Le manuscrit porte visiblement *preierent*, qui est très-conforme à la phonétique de notre Chanson. = *Meillor.* O. V. la note du vers 51.

Vers 453. — *Nos.* O. V. la note du vers 17. = Le Ms. porte : *Mal nos avez* baillit, et l'on peut conserver cette forme. La règle des participes, dans notre texte, n'a rien de rigoureux : « Que le régime direct précède le participe ou le suive, le participe prend tantôt l'accord et tantôt ne le prend pas. » On trouve, par exemple : *La flur de France as* perdut (vers 2455); et ailleurs : *Sa culur ad* perdue (v. 2299). On lit, dans certains passages de notre texte : *Li Emperere ad* prise *sa herberge* (v. 2488); et plus loin : *Tuz lur amis qu'il i unt morz* truvet (v. 2934). *De ma maisnie ad* faite *traïsun* (v. 1820); et plus haut : *De sun osberc li a les pans* rumput (v. 1558), etc. etc. Bref, les deux systèmes paraissent, à notre scribe et à notre poëte, tout aussi réguliers l'un que l'autre. (Il est inutile d'ajouter que le non-accord, comme : *Mal nos avez baillit,* s'explique par l'emploi du neutre : *Tu nous as* aimé, *habes* amatum *nos.* Habes amatum ne fait plus alors qu'un seul mot, comme *amasti*.) Nous avons respecté les différentes formes qu'offre notre manuscrit. Lire *baillit*.

Vers 455. — *Vos.* O.

Vers 456. — *Mei l'avent.* O. La correction est de M. Müller.

Vers 458. — *Por.* O. Lire *pur.* (V. la note du v. 17.) = Le Ms. donne *ne por tut l'aveir.* Nous avons supprimé, pour la mesure, le *ne*, qui est inutile.

Vers 460. — *Charlemagnes.* O. V. la note du v. 94.

Vers 463. — Nous laissons *cuvert* à cause de *mantel*, qui peut venir de *mantellum* et que nous pouvons présumer neutre. Mais, d'un autre côté, l'on trouve souvent la forme *mantellus.* (V. Primat, *Bibliothèque de l'École des Chartes*, XXXI, 310.) Dans ces vers latins de la première moitié du xiie siècle, on lit *mantellus, mantelle,* etc. Si l'on admet cette dernière étymologie, il faut lire *cuverz* au lieu de *cuvert.* = *Palie alexandrin.* V. la note du v. 2652.

Vers 464. — *Blancandrin.* O. Pour le cas sujet il faut *Blancandrins.*

Vers 465. — *Volt.* O. V. la note du v. 40.

Vers 466. — *Orie.* O. La vraie forme de cet adjectif, dérivé d'*auratus,* est *orez, orée,* que nous donnent les vers 1811, 1283, 1605.

Vers 467. — *Baron.* O. V. la note des vers 17 et surtout 30.

Vers 468. — Lisez *aproismiet.* O. Et, en assonances, à la fin des autres vers de cette laisse : *Meitiet, mult i averez orguillus parçunier, asegier, destrier, chevalcier, sumier, chief, brief,* et *el' destre puign l' ad liveret à l' païen.*

Vers 470. — *Quar.* O. V. la note du v. 275.

Vers 472. — *Durat.* O. Cf. *durrez,* v. 30.

Vers 473. — *Durat.* O. Id. = Le Ms. porte : *L' altre meitet durat Rollant sis niés.* Or, *sis niés* est un cas sujet. Nous avons donc été obligé de restituer un vers où la forme régulière *sun nevuld* pût trouver place. Nous ne nous sommes donné cette liberté qu'une ou deux fois, en cas de nécessité absolue. Lire *meitiet.*

Vers 474. — *Orguillos.* O. Lire *orguillus.* (Note du v. 30.)

Vers 475. — *Si.* O. La conj. latine *si* a donné *se,* et non *si.* V. la note du v. 605. = *Volez.* O. La forme *vulez* se trouve au v. 433, qui est exactement le même. C'est la plus correcte au point de vue de notre phonétique.

Vers 478. — *Menet.* O. Pour le cas sujet il faut *menez.* = Lire *Ad Ais.*

Vers 479. — *Avrez.* Mu. V. la note du v. 38.

Vers 481. — *Getet.* O. Pour le cas sujet il faut *getez.*

Vers 484. — *Poing.* O. Lire *puign.* (V. la note du v. 45.)

Vers 488. — *Carle.* O. Pour le cas sujet il faut *Carles.*

Vers 489. — *Dolur.* O. On ne trouve Dolur ou Dolor que trois fois dans notre manuscrit. (Vers 489, 2946, 2695.) Mais la première syllabe DU s'y rencontre tout au moins dix-huit fois, tantôt avec *dulor* (v. 1437,

1622, 1679, 1787, 1977, 2101, 2335, 2428, 3711), tantôt avec *dulur*. (Vers 716, 2030, 2234, 2547, 2901, 2907, 2914, 3741, 3772.) Nous n'avions donc pas à hésiter sur la forme que nous devions adopter, d'autant plus que l'*u* est conforme à la phonétique de notre manuscrit. = Il en est de même pour le second *u* de *dulur*. (V. la note des vers 27 et 30.)

Vers. 492. — *Voeil*. O. La forme presque uniquement employée dans notre manuscrit est *voeill* (avec ce redoublement de la lettre *l* que l'on trouve si fréquemment dans le texte de la Bodléienne : *cunseill, seignurill*, etc. *Voel* ne se rencontre qu'une fois (v. 3836), ainsi que *voeil* (v. 492). Mais on ne trouve pas *voeill* moins de onze fois (Vers 309, 522, 651, 1027, 1091, 1701, 3283, 3593, 2180, 3907, 3909.) Tout nous portait à adopter cette forme.

Vers 493. — *Envei*. O. Erreur évidente. Le présent du subjonctif prend toujours l'*e* à sa première personne du singulier.

Vers 494. — Nous avons ajouté *kar* pour la mesure.

Vers 495. — *Ses*. O. V. la note du v. 39.

Vers 497. — Lire *dreiz*. O. V. notre théorie sur les neutres, à la note du v. 9.

Vers 498. — *Livrez*. Mu. V. la note du v. 38.

Vers 501. — Il est évident qu'il y a ici une lacune dans le texte d'Oxford. Nous allons la combler avec le texte de Versailles modifié, abrégé et ramené à notre dialecte :

> A Sarraguce meinent mult grant irur.
> Iloec i out un nobile puinneür,
> Ki riches fust, filz à un almaçur ;
> Mult saivement parlat pur sun seignur :
> « Bel sire rei, jà n'en seis en poür.
> « Vei de l' felun cume il muet culur. »

Vers 502. — *Meillors*. O. V. la note du v. 51.

Vers 503. — *Canud*. O. V. la note du v. 2.

Vers 504. — *Jurfalet*. O. On trouve au cas régime : *Jurfaleu* (v. 1904, 2702). Nous avons adopté *Jurfalez* pour le cas sujet. = *Ses filz e ses*. O. V. la note du v. 39.

Vers 505. — *Sun uncle*. O. Pour le cas sujet il faut *sis uncles*.

Vers 509. — *Guenes l'ad*. O. Erreur évidente. Il faudrait peut-être, comme dans le manuscrit de Versailles : *Guenelun prist*.

Vers 510. — *Josqu'al*. O. Plus conforme à la phonétique et à l'étymologie, *jusque* se rencontre aux vers 972, 3927...

Vers 512. — *Guenes*. O. V. la note du v. 319 et notre théorie des vocatifs à la note du v. 15. = *Marsilie*. O. pour le sujet, *Marsilies*.

Vers 513. — *Vos.* O.

Vers 514. — *Por.* O.

Vers 515. — *Guaz* au lieu de *faz*. O. Erreur évidente, corrigée par M. Müller. = *Vos.* O. Lire *vus*. = Au vers 516, lire plutôt *mielz*.

Vers 517. — Lire plutôt *Iert*. O. La forme *ert* est vingt fois employée dans notre texte. (Vers 51, 190, 314, 354, 376, 543, 742, 761, 906, 915, 922, 938, 968, 969, 1710, 2088, 2530, 2801, etc.) Mais *iert* se trouve employé, comme assonance, dans les couplets en *ier*, et jamais dans ceux en *er*. Donc, il est préférable, même dans le corps du vers, d'écrire *ier*.

Vers 519. — Lire *Bien*. O. V. la note du v. 34. = *Vos.* O. = Lire *merciet*.

Vers 520. — *Guene.* V. la note du v. 319.

Vers 521. — *Talant.* O. Nous avons adopté la forme la plus fréquemment employée dans notre manuscrit. = *Vos.* O.

Vers 522. — *Vos.* O.

Vers 523. — Lire *Vielz*. O.

Vers 524. — Lire *Ad passet*. O. V. la note sur « l'accord des participes ». (V. 153.) *Ad passez* est d'ailleurs fort régulier.

Vers 526. — *Cols.* O. Erreur évidente.

Vers 527. — *Mendisted.* O. V. le v. 542 et notre note du v. 2.

Vers 531. — *Ber.* O. V. notre note du v. 430. Lire *est ber*.

Vers 532. — *Vos.* O.

Vers 533. — *Onur.* O. V. la note du v. 45.

Vers 534. — *Valor.* O. V. la note du vers 30.

Vers 536. — Lire *Mielz*. O. V. la note du v. 545. = *Voelt.* O. Erreur évidente.

Vers 537. — Le couplet précédent était en *er*; celui-ci est en *ier*. (V. la note du vers 96, p. 51.) Lire, en assonances, à la fin des vers suivants : *Merveillier, vielz*, O. *mielz*, O. *traveilliet, mendistiet*, O. *ciel*, O. *Oliviers, chiers, chevaliers*.

Vers 538. — *Vielz.* O.

Vers 539. — *Mielz.* O.

Vers 541. — *Cols.* O. Erreur évidente.

Vers 542. — *Mendistiet.* O. V. *mendisted*, v. 527.

Vers 544. — Lire *iert*. O., de même qu'au vers précédent. = *Ses.* O.

Vers 545. — *At.* O. V. la note du v. 2. = *Tes.* O. Au cas régime il faut *tel*. = *Ciel.* O. A *ciel* (v. 545, 2532) nous avions d'abord préféré *cel* (v. 646, 1432, 1553, 1674, 2397, 3031); mais *ciel* est employé, comme assonance, dans les couplets en *ier*, et jamais dans les laisses en *er*. Donc il est préférable, même dans le corps du vers, de lire *ciel*, comme aussi *mien, bien, iert, mielz, Michiel, Ogier, Olivier, Gualtier, Berengier, Gerier,* etc. = Relire et modifier dans ce sens les notes des vers 34, 58, 136, etc.

Vers 546. — *Oliver.* O. Lire *Oliviers.*

Vers 547. —*Les XII pers.* O. A cause du cas sujet, il faut : *Li XII per,* comme le scribe l'a écrit au vers 560.

Vers 549. — *Home.* O. Lisez plutôt *hume.* (V. la note du vers 20.)

Vers 552. — Lire *Mien.* O. V. la note du vers 149 et celle du vers 545.

Vers 553. — *Alet.* O. Pour le cas sujet, il faut *alez.* = *Cunquerant.* O. Au cas sujet, il faut *cunqueranz.*

Vers 555. — *Champ.* O. Lisez *camp.* On trouve, en effet, dans notre poëme les deux formes *champ* et *camp,* et l'une se rencontre presque aussi fréquemment que l'autre. (V. le *Glossaire.*) Mais *camp* nous a paru préférable parce qu'il est plus étymologique, et aussi parce qu'on le retrouve dans les composés *campel* et *campiun.* (Vers 2244.)

Vers 556. — Lire plutôt *Iert.* O. V. la note du vers 517. = *Recreant.* O. V. les vers 528 et 543, où se trouve la vraie forme, *recreanz,* exigée par le cas sujet.

Vers 557. — Lire plutôt *Iert.* O. V. la note du vers 517. = *Rollant.* Mu. Pour le cas sujet, *Rollanz.*

Vers 559. — *Oliver.* O. Lire *Oliviers.*

Vers 562. — *Carlles.* O. V. la note du vers 94.

Vers 563. — *Guenes.* O. V. la note du vers 319.

Vers 566. — *Carlle.* O. V. la note du vers 94.

Vers 568. — *Avrez.* Mu. V. la note du vers 38.

Vers 569. —*Lessez.* O. Lire *laissez,* qui est la forme la plus employée (26 fois contre 10). = *Vos.* O. V. la note du vers 17.

Vers 571. — *Tot.* O. C'est un adverbe. Partout ailleurs, il s'écrit *tut,* qui est très-conforme à la phonétique de notre texte.

Vers 572. — *Hostages.* O. V. la note du vers 147. = « Envoie à Charles *deux* hommes en otage. » (*Keiser Karl Magnus's Kronike.*)

Vers 573. — *Repairrat.* Mu. Le Ms. porte distinctement *repairerat.*

Vers 575. — Lire plutôt *Iert.* O. V. la note du vers 517.

Vers 576. — *Oliver.* O. Lire *Oliviers.*

Vers 578. — *Carlles.* O. V. la note du vers 94.

Vers 579. —*Avrat.* Mu. V. la note du vers 38.

Vers 580. — *Guenes.* O. V. la note du vers 319. = Le Ms. d'Oxford ne donne que le premier hémistiche. Müller a suppléé le second d'après le Ms. IV de Venise.

Vers 582. — *Vos.* O.

Vers 583. —*Meillors.* O. V. la note du vers 51. = *Sizer.* Il faut prononcer *Sizre* ou *Size.* C'est (comme M. P. Raimond l'a clairement démontré), la région qui touche à Roncevaux et qui s'appelle AUJOURD'HUI ENCORE du nom de *Cize.* Or ces défilés font partie de la Navarre française, et c'est la Navarre, en effet, qui a été le théâtre de la mort de

Roland. M. P. Raimond a appuyé sa démonstration de textes nombreux, où il montre les différentes formes qu'a reçues ce vocable géographique depuis le xe siècle. (*Vallis Cirsia*, en 980; *Cycereo, Sizara, Cizia, Cisera, Cisara*, au xiie siècle; *Ciza, Cizie*, au xiiie; *Cisia*, au xive; *Sizie*, au xve.) = Dans la Chronique de Turpin, on appelle ces ports : *Ciserei portus*, et *Portæ Cesaris* dans la *Kaisercronik*. L'historien arabe Edrisi se sert, en 1154, du mot *Cezer*, et le manuscrit de Venise nous donne la vraie forme, *Cisre*, qui devait se trouver dans nos plus anciens textes. (V. notre note sur « la Géographie de la *Chanson de Roland* », au vers 706.)

Vers 584. — *Avrat*. Mu.

Vers 585. — *Iert*. O. V. la note du vers 517.

Vers 586. — *Oliver*. O. Lire *Oliviers*. = *Qui*. O. La forme *ki* est employée 19 fois sur 20. Nous l'avons partout adoptée.

Vers 588. — « Marche sur Roland avec toutes tes troupes, et divise ton monde en quatre corps. » (*Keiser Karl Magnus's Kronike*.)

Vers 589. — *Primes*. Cet adverbe reçoit l'*s* par analogie, comme les adverbes *sempres, alques, unkes*, etc.

Vers 590. — Lire *genz*. V. la note du vers 611. = Lire plutôt *Iert*. O. V. la note du vers 517.

Vers 591. — *Por*. O. V. la note du vers 17. = Lire plutôt *Iert*. O. V. la note du vers 517.

Vers 592. — *Livrez*. Mu.

Vers 593. — *N'estoerat*. O. Excellente correction de M. Müller.

Vers 594. — *Avrat*. Mu.

Vers 595. — *Avrez*. Mu.

Vers 596. — *Chi*. O. V. la note du vers 586.

Vers 596. — *Mort*. O. Pour le cas sujet, il faut *morz*.

Vers 597. — *Charles*. O. V. la note du vers 94.

Vers 600. — *Major*. O. V. la note du vers 30.

Vers 601. — *Marsilie*. O. Pour le cas sujet, il faut *Marsilies*.

Vers 602. — *Venir*. O. *Uvrir* est une excellente correction de M. Müller d'après le Ms. de Venise (IV): *E poi començe ad avrir son tresor*, et aussi, d'après Venise (VII): *Reiz comanda à ovrir son tressors*.

Vers 603, 604. — Ces deux vers ne sont pas assonancés comme le reste du couplet. On pourrait PEUT-ÊTRE les changer ainsi qu'il suit, d'après les indications de M. Müller :

> Ço dist Marsilies, — qu'en direient-ils mais?
> « Cunseill n'est proz dunt hume n'est certains.
> « La traïsun de Rollant me jurreiz... »

Le Ms. de Venise (VII) nous offre ici la version suivante : *Çe dist*

Marsile : De cest or me tairai ; — Ne pris conseil se je à chief n'en trai...

Vers 605. — *Si il i est.* O. La conjonction latine *si* a donné en français *se. Si* vient de *sic.* (Voyez des exemples de *se* aux vers 74, 221, 273, 63, 987, etc. etc.) Cf. 475.

Vers 606. — *Vos.* O.

Vers 608. — *La traïsun jurat e si s'en est forsfait.* O. C'est un vers de 12 syllabes : nous l'avons ramené à un décasyllabe. Ainsi avons-nous dû procéder toutes les fois que le changement est légitime.

Vers 611. — *La lei.* O. Les noms latins de la 3e déclinaison qui ont un *s* à leur nominatif singulier, ont donné naissance à des noms français qui ont un *s* (ou un *x*, ou un *z*) à leur cas sujet singulier. Nous avons dû PARTOUT appliquer cette règle, même lorsque notre scribe a oublié de l'observer, comme ici. Vingt exemples viennent d'ailleurs à l'appui du principe que nous venons de poser : *Sancs*, 1762, 3165, 3925; *olifans*, 2295; *reis*, 319, 327, etc. etc.; *sorz*, 3665; *dux*, 3937, etc. Le mot *leis* lui-même est écrit correctement au vers 3338. En revanche, notre scribe n'a jamais su écrire régulièrement les mots *gent* (590, 3247), *mort* (2197), *noit* (737, 3658, 3675, 3991), et il nous a fallu les ramener à leur vraie forme. Il en est de même des participes présents qui, en latin, avaient tous un *s* à leur nominatif singulier. Trois ou quatre fois seulement, le scribe du *Roland* a observé la règle essentielle du Roman dans son application spéciale à nos participes présents ou adjectifs verbaux : *recreanz* (528, 543, 906), *vaillanz* (3186), *luisanz* (3345). Partout ailleurs, il a violé ce principe que nous avons dû rétablir. Entre cette erreur d'une part, et, de l'autre, une règle générale, un principe vital de la formation de notre langue, nous ne pouvions pas hésiter un instant. Nous avons fait fléchir le particulier sous le général. Les exemples qui précèdent sont d'ailleurs assez nombreux pour nous persuader que le scribe de notre Chanson connaissait la règle, et qu'elle était admise en son dialecte. Il n'a péché que par négligence, et peu de scribes, en effet, ont été aussi négligents. Nous aurons lieu de le montrer plus d'une fois.

Vers 613. — Lire *troevet.* O. Cf. 2856, 3025.

Vers 616. — *Comant.* O. Au cas sujet, il faut *comanz.* Pour le changement de l'*o* en *u*, voyez la note du vers 309.

Vers 618. — *Icil en vait à l'Rei.* O. La correction est de Génin, et a été adoptée par Müller.

Vers 620. — *At.* O. *Ad* est la forme employée dans le manuscrit 19 fois sur 20.

Vers 621. — Pour LES *helz*, qui sont sans doute la garde et la poignée (le *helz* étant la garde, et le *punz* la *poignée*), voyez notre note sur les armures (au v. 994). = Le texte de Versailles est précieux : *Entre le heut et le pont qui est en son.* — *De l'or d'Espaigne vaut dis mille mangons.* = Il est connu que les *mangons* sont une sorte de monnaie. (V. Ducange, au mot *Mancusa*.) Mais le sens est d'ailleurs assez difficile à établir. S'agit-il d'une épée dans le pommeau de laquelle on a mis des pièces d'or? C'est ce que semblerait dire le vers 1528 : *Il li dunat s'espée e mil manguns;* et ce vers, en effet, se rapporte AU MÊME FAIT que le vers 621. Ne s'agirait-il pas de pièces d'or, de marcs d'or que l'on aurait soudés ou fondus entre le pommeau et la garde de l'épée ? ou seulement à la garde ? N'est-il question que de la valeur métallique de cette partie de l'épée ? La difficulté subsiste.

VERS 622. — *Amistiez*. O. A cause du cas régime, et parce que ce mot se trouve, comme assonance, dans les couplets en *ier*, lire plutôt *amistiet*. = *Vos*. O.

VERS 623. — *Nos*. O.

VERS 624. — *Trover*. O. D'après la phonétique de notre Ms., la vraie forme est *truver*, qui se trouve aux vers 2735 et 2859. = *Poüsum*. O. La forme correcte nous est donnée sept vers plus loin : c'est *poüssum*.

VERS 627. — *Après (i)*. Mi. G. Mu. On peut lire *i* dans le manuscrit = *Un paien*. O. Pour le cas sujet, il faut : *uns paiens*.

VERS 629. — *Unches*. On trouve ce mot sous quatre formes dans notre texte : *Unkes, unches, unques, unc*. Nous avons déjà expliqué l'*s* finale qui se retrouve dans *sempres, alques, primes* : il nous reste à étudier ces différentes formes dérivées d'*unquam*. *Unkes* est celle qui se rencontre le plus souvent. (Vers 1108, 1208, 1857, 1865, 2046, 2134, 2223, 2384, 2495, 2639, 3261, 3322, 3531, 3587, 3638.) *Unches* vient ensuite. (Vers 629, 640, 920, 1044, 1461, 1563, 1638, 1647, 2501, 3212, 3231.) On ne trouve *unc* que trois fois (vers 1040, 1769, 3516) et, *unques* qu'en un seul endroit. (Vers 2888.) Nous avons donné ces indications avec soin, parce que de ces différentes formes d'un même vocable, on a prétendu conclure à la composition de notre poëme par deux auteurs ou à sa rédaction par deux scribes. C'est une question que nous avons traitée ailleurs. (*Introduction*, p. LXIX.) Qu'il nous suffise de dire ici qu'entre ces quatre formes nous avons choisi LA PLUS USITÉE, ET, EN MÊME TEMPS, LA PLUS ÉTYMOLOGIQUE.

VERS 630. — *Nos*. O.

VERS 632. — (*Li*.) G. Mu.

VERS 634. — Dans le manuscrit on a corrigé le mot *Brami*MUNDE, et la seconde partie de ce mot a été ajoutée après coup. Le fait est assez important à constater, puisque *Bramimunde* est ailleurs appelée *Bramidonie*, et que c'est encore un de ces signes auxquels on croyait reconnaître la composition du *Roland* par deux auteurs. *Braminunde* se rencontre aux vers 631, 2576, 2714, 2734, et *Bramidonie* aux vers 2822, 3636, 3680, 3990.

Vers 636. — Lire *kar*.= *Mi sire*. O. *Mi* est une abréviation de *mis*, due sans doute à la prononciation. = Pour *mis*, voyez la note du vers 39.

Vers 639. — *Eles valent*. O. Pour la mesure, nous avons écrit: *E valent*. = Lire *Mielz*. O., et, au vers précédent : *bien*. O.

Vers 640. — *Unches*. O. V. la note du vers 629.

Vers 641. — *En sa hoese les butet*. V. la note sur le vêtement militaire et l'armure. (Vers 994.) Dans *Aspremont*, Naimes, après avoir coupé la patte du *gripon* : *Met l'en sa hoese, montrera la Karlon*.

Vers 642. — *Malduiz*. O. Pour le cas régime, il faut *Malduit*. = Lire, en assonances, à la fin des vers de cette laisse : *Tresorier, apareilliet, bien, cargiet, ciel*.

Vers 643. — *Appareilliez*. O. Une autre forme est donnée par le vers 1144. = *Aveir* est supposé neutre ; c'est pourquoi nous avons mis: *apareillet* au s. s. neutre.

Vers 644. — Lire *Bien*. O. V. la note du vers 545.

Vers 645. — *Cameilz*. O. Pour le cas sujet du pluriel, il faut *cameil*. = *Cargiez*. O. Pour le cas sujet du pluriel, il faut *cargiet*.

Vers 646. — *Hostages*. O. Pour l'*h* initiale, v. la note du v. 147. = Pour le cas sujet du pluriel, il faut *ostage*. = *Suz*. Mu.

Vers 648. — On peut ici lire *ies* comme aux autres vers ci-dessous énumérés. O. Les mêmes raisons qui nous avaient fait préférer *ert* à *iert* (note du v. 517), nous avaient décidé à écrire *es* au lieu de *ies*. Il convient cependant d'ajouter qu'on ne trouve dans notre texte que la forme *ies*. (Vers 297, 648, 2045, 2286, 2598, 3899, 3900, 3955.) C'est donc encore ici une règle générale que nous avions placée au-dessus d'un accident particulier. Mais le cas peut être controversé, d'autant que *ert* ou *iert* (forme équivalente) est uniquement admis, comme assonance, dans les laisses en *ier*.

Vers 649. — *Vos*. O.

Vers 650. — *Nos*. O.

Vers 651. — *Vos*. O.

Vers 653. — Lire *Iert*. O. V. la note du v. 517. = *An*. O. Pour le cas sujet du singulier, il faut *anz*.

Vers 654. — *Al rei Carles*. O. Après G. et Mu., nous avons, pour la mesure, écrit : *à Carle*. = *Carle*, étant au cas oblique, ne doit pas prendre d'*s*.

Vers 656. — *Pois*. O. La vraie forme, d'après la phonétique de notre texte, est : *puis*, que nous rencontrons aux v. 225, 371, 391, 626, 896 et huit vers plus bas (664).

Vers 657. — *Trover*. O. V. la note du v. 624. = *A port ne à pas-*

sage. Il ne faut pas oublier (nous écrit avec raison M. P. Raymond), que le mot *ports* ne signifie pas seulement « les passages des montagnes », mais les « montagnes » elles-mêmes. Dans la vallée d'Ossau, peu éloignée des lieux qui nous occupent, ce mot a toujours eu ce sens au moyen âge : *Les portz generaus de la terre d'Ossau*, c'est-à-dire les montagnes appartenant en commun à la ville d'Ossau. (*Cartulaire d'Ossau*, dit *Livre rouge*, f° 38, acte de l'année 1355.)

Vers 660. — *Pois*. O. V. la note du v. 656. = *Munted*. O. Pour le *d* final, voyez la note du v. 2. Le cas sujet exige *muntez*.

Vers 661. — *Empereres*. O. V. la note du v. 1.

Vers 662. — *Galne*. On n'a pu retrouver le nom de cette localité que nous supposons, d'après l'itinéraire de Charles, située à une quinzaine de lieues S.-E. des Pyrénées. (V. notre note géographique, au vers 706.) Comme l'observe M. G. Paris (*Revue critique*, 1869, n° 37), il faudrait pour l'assonance *Gelne* ou plutôt *Gailne*. Je ne pense pas d'ailleurs qu'on puisse ici suppléer Valterne (*Valtierra*). Il ne s'agit évidemment ni de Gan, près de Pau, ni d'Eaulne (pour Elne).

Vers 664. — *Puis icel jur en fut cent anz deserte*. De cette destruction de Galne, il ne reste aucune trace dans aucune Chanson de geste. Cela prouve, une fois de plus, que nous avons perdu un certain nombre de nos vieux poëmes.

Vers 666. — *Treüd*. O. Pour le *t* substitué au *d*, voyez la note du v. 2.

Vers 669. — *Empereres*. O. = *Levet*. O. Pour le cas sujet, il faut *levez*.

Vers 672. — *Oliver*. O. Lire *Oliviers*, comme aux vers 176, 546, et PARTOUT AILLEURS. V. la note du v. 545. = *Bers*. V. la note du v. 430.

Vers 674. — Si *fel* vient d'un type tel que *felo, felonis*, il faut lire partout, au s. s., *fel* sans *s*.

Vers 677 et 678. — *Vos*. O.

Vers 679. — *Hostages*. O. V. la note du v. 147. = Lire *bien*.

Vers 680. — *Ber*. O. V. la note du v. 430.

Vers 681. — *Algalifes*. O. Erreur évidente.

Vers 683. — *Halbers*. O. On trouve *halbercs*, au v. 711. La vraie forme est *osbercs*, qui se trouve cent fois dans tout le poëme. (994, 1022, 1032, 1277, 1284, 1199, etc. etc.) = *Healmes*. O. La forme la plus correcte, la plus usitée, est *helmes*. V. le *Glossaire*.

Vers 685. — *Tresqu' en*. O. La correction est de G. et Mu.

Vers 686. — *Por*. O.

Vers 689. — *Ored*. O. Pour le cas sujet, il faut *orez*. Ce mot vient sans doute d'*auratus, auratùs* (4° décl.).

Vers 690. — Lire *neiet* à cause du cas sujet du pluriel.

Vers 691. — *Vif*. O. Pour le cas sujet il faut *vifs*.

Vers 694. — *Vos*. O.

Vers 695. — *Recevrat.* Mu. V. la note du v. 38.

Vers 696. — Lire *juintes*, comme aux vers 2015. Cf. 923 et 2240. = Lire *iert*. O. V. la note du v. 517. = *Comandet.* O. Pour le changement de l'*o* en *u*, voyez la note du v. 309. — A cause du cas sujet, *cumandez*.

Vers 697. — *Vos.* O.

Vers 698. — *Graciet.* O. Pour le cas sujet, il faut *graciez*.

Vers 699. — Lire *bien*. = *Avrez*. Mu. V. la note du v. 38.

Vers 700. — Lire *cele*. = Et *graisles*. Cf. les vers 1453, 1832, 2150, 2116, 3136, 3158, 3194. = Au vers suivant, lire plutôt *sumiers*. Ce mot se trouve uniquement, comme assonance, dans les couplets en *ier*.

Vers 702. — *Achiminez.* O. Pour le cas sujet du pluriel, il faut *achiminet*. V. aussi la note du v. 365.

Vers 703. — *Guastede.* O. Il y a dans notre poëme trois familles, nous allions dire trois couches de Participes passés. Les premiers sont les plus anciens, où le *t* de la terminaison latine en *atus, ata* s'est conservé, où du moins il est représenté par un *d*. Tels sont *guastede*, *cruisiedes* (2250). Ces vieux participes sont très-rares. Les plus nombreux sont ceux en *et* au masculin, en *ée* au féminin. Et déjà il y a des participes en *é*, comme les nôtres : tel est *encrismé*. (V. 1216.) Nous avons dû réduire à une seule forme tous ces participes, et nous avons adopté celle qui est de beaucoup la plus commune. Or, mille fois au moins contre une, on trouve la terminaison *et, ée*.

Vers 706. — *Vers dulce France chevalchet l'Emperere.* Nous plaçons ici notre « note générale sur la géographie de la *Chanson de Roland* ». C'est ici, en effet, que commence réellement l'Itinéraire de Charles et celui de Roland.

I. Positions occupées par les deux armées au début de la Chanson de Roland : Saragosse et Cordres. Lorsque commence l'action de notre poëme, Marsile et l'armée païenne occupent Saragosse. (V. 10 et suivants.) D'un autre côté, Charlemagne et l'armée française sont devant Cordres (v. 71), qui est emportée d'assaut. (V. 96 et suivants.) = Où est Cordres? Faut-il, comme tous les traducteurs du *Roland*, traduire ce mot par « Cordoue »? On a déjà montré, avec raison, qu'une telle assimilation est rigoureusement impossible. En effet, quand les messagers de Marsile vont en ambassade de Saragosse à Cordres (v. 96), et quand Ganelon se rend avec eux de Cordres à Saragosse (v. 366), ils ne paraissent pas mettre un long temps à faire le chemin. = M. G. Paris (*Revue critique*, 1869, n° 37, p. 173) prétend que ce voyage ne dure qu'un jour. Le texte ne confirme pas très-nettement cette allégation (St. viii); mais il est évident que la chose se fait assez rapidement, sans fatigue, et que les ambassadeurs de Marsile et Ganelon n'ont pas, comme s'il s'agissait vraiment de Cordoue, à traverser toute l'Espagne.

═ Je suis donc fort disposé à admettre que Cordres, dans l'idée de notre poëte, EST PRÈS DES PYRÉNÉES. Mais j'ajouterai que, dans son esprit, il s'agissait d'une très-grande ville ; — qu'il avait vaguement entendu parler de Cordoue, boulevard important de la puissance musulmane ; — et que, par une ignorance dont on trouve bien des preuves dans nos vieux poëmes, il place bravement cette grande ville non loin de Saragosse. ═ Tout au contraire, dans le roman du Cycle de Guillaume que nous avons découvert et intitulé la *Prise de Cordres*, c'est bien de Cordoue qu'il s'agit. ═ Quoi qu'il en soit, nous avons, dans cette traduction, traduit ce mot par « Cordres » pour mieux respecter notre texte. ═ Formulons en deux mots notre conclusion : « Au début de la
« *Chanson de Roland*, deux points topographiques sont mis en lu-
« mière : Saragosse, dernier refuge du roi Marsile; Cordres, dernière
« conquête de Charlemagne, que je placerais à quinze ou vingt lieues
« de Saragosse au N.-O., ville imaginaire sans doute et née du sou-
« venir de la véritable Cordoue. »

II. ITINÉRAIRE DE CHARLES DEPUIS CORDRES JUSQU'AUX PYRÉNÉES : GALNE. Charlemagne n'attend pas à Cordres le retour de Ganelon, son messager près de Marsile. Il se met en route vers la France, *il aproismet son repaire*. (V. 661.) Il arrive sur les ruines de Galne, que Roland a jadis détruite et qui, depuis cet exploit, fut cent ans déserte. (V. 662-664.) C'est là que Charles attend Ganelon et le tribut promis par Marsile (V. 665-666.) Il nous paraît impossible de déterminer la situation de Galne, et nous y avons épuisé nos efforts. ═ Charles cependant ne tarde pas, après avoir vu Ganelon, à quitter Galne. (V. 701 : *Franc desherbergent.*) Il reprend la route de France (v. 702 : *Vers dulce France tuit sunt achiminez*), et fait UNE JOURNÉE DE MARCHE. Puis, les Français se reposent, ils campent dans un lieu innommé (v. 709 : *Franc se herbergent par tute la cuntrée*), et c'est là que l'Empereur a ses rêves lugubres (v. 718-736) qui lui donnent le pressentiment de Roncevaux. Le lendemain matin, en s'éveillant, Charles montre à ses barons les défilés qu'ils ont à traverser. (*Veez la porz et les destreiz passages*, 741.) Donc, ils sont au pied des Pyrénées ; donc, il ne leur a fallu qu'un jour de marche pour aller de Galne aux Pyrénées ; donc, Galne serait, tout au plus, à une quinzaine de lieues S.-E. du pied des Pyrénées. ═ Or, nous avons déjà placé Cordres à quinze ou vingt lieues N.-O. de Saragosse. Il ne reste plus à préciser que la distance entre Galne et Cordres. Elle doit être peu considérable : car de Saragosse à Roncevaux il n'y a guère, en totalité, que trente ou trente-cinq lieues.

III. LE DÉSASTRE DE RONCEVAUX A EU LIEU DANS LA NAVARRE, ET NON PAS DANS LA CERDAGNE. La question a été soulevée par M. d'Avril dans une note de sa *Chanson de Roland*. (P. 277 de l'éd. in-12.) Frappé de ce double fait que les Français passent par Narbonne à leur retour en France (v. 3683), et que les Sarrazins, au moment de fondre sur l'arrière-garde chrétienne, chevauchent par *tere Certeine e les vals e les munz* (v. 856), M. d'Avril n'a pas craint de formuler ses conclusions en ces termes : « Le détail de ce voyage de Charles et la mention « de la Cerdagne indiquent que *le lieu du désastre, d'après notre* « *poëme, serait la Cerdagne.* C'est sur cette route que l'on trouve « une localité appelée la Tour de Karl. ON SE SERAIT DONC TROMPÉ EN « CHERCHANT LE RONCEVAUX DE ROLAND DANS LE RONCIVALS QUI EXISTE « SUR LA FRONTIÈRE DE LA NAVARRE. » = Un tel système devait trouver de nombreux contradicteurs : MM. P. Raymond, G. Paris et François Saint-Maur répondirent à M. d'Avril. M. P. Raymond le réfuta dans un article de la *Revue de Gascogne* (septembre 1869, t. X, p. 365) ; M. G. Paris, dans la *Revue critique* (11 septembre 1869, n° 37) ; M. François Saint-Maur, dans une brochure intitulée : *Roncevaux et la Chanson de Roland, simple réponse à une question de géographie historique*. La question nous paraît aujourd'hui suffisamment éclairée, et il est très-nettement démontré que le Roncevaux de notre épopée est celui de la Navarre. = PREMIER ARGUMENT. — Charlemagne, d'après notre Chanson, traverse plusieurs fois les ports ou défilés de *Sizer* (vers 583, 719, 2939), et il est aisé de voir que *Sizer*, d'après les assonances, doit se prononcer « Sizre ». Ces mêmes défilés sont appelés *Cisre* dans le manuscrit de Venise ; *Portus Ciserei* dans la « Chronique de Turpin » ; *Portœ Cœsaris* dans la *Kaiserkronik*. Or il ne peut être douteux pour personne, après le travail de M. P. Raymond, que ces ports de Cizer ou de Cizre, ces *portus Ciserei*, ces *portœ Cœsaris* ne soient identiques avec cette partie de la Navarre française qui touche à Roncevaux et qui s'appelle ENCORE AUJOURD'HUI du nom de Cize. C'est ce même pays qui, dans une charte de 980, s'appelle *Vallis Cirsia*, qui, au XIIe siècle, reçoit les noms de *Cycereo, Sizara, Cizia, Cisera, Cisara*, et que l'historien arabe Edrisi appelle en 1154 « la porte de Cizer », qui, au commencement du XIIIe siècle, se nomme *Ciza* ; *Cizie*, en 1253 ; *Cisia*, en 1302 ; *Sisie*, en 1472. Et M. P. Raymond ajoute : « La voie romaine d'Astorga à Bordeaux traversait la vallée de Cize, qui correspond au val de Roncevaux en Espagne. » Le doute n'est plus possible, et, notre vieux poëme NE SÉPARANT PAS RONCEVAUX DES DÉFILÉS DE SIZER, il faut conclure que, ces derniers étant en Navarre, l'action de notre Chanson s'est passée en Navarre. = DEUXIÈME ARGUMENT. — La partie de la Navarre espagnole qui longe le pays de Cize s'appelle encore aujourd'hui le VAL CARLOS. Cette appellation est ancienne, et M. Raymond cite des textes de 1273 et 1333

(Archives des Basses-Pyrénées, G., 204, pp. 4 et 11), où il est question de l'église et de l'hôpital *sancti Salvatoris* [*de*] *Summiportus in Valle Caroli*. C'était l'ancienne localité nommée *Summum Pyrenœum* : on y voit aujourd'hui la petite chapelle nommée *Ibagneta* (le lieu de Jean?), dont nous donnons ici le dessin, et près de laquelle M. J. Quicherat placerait volontiers le théâtre de la grande bataille. Quoi qu'il en soit,

dans la Chronique du Faux Turpin, il est question de la *Vallis Caroli*, près de Roncevaux, et c'est dans le Val Charlon, près des défilés de Sizer, que Charles, d'après la *Kaisercronik*, réunit une armée de 53,000 jeunes filles. « Le *Val Carlos*, dit M. G. Paris, est indiqué sur la carte de l'Espagne arabe qui fait partie de l'atlas historique de Sprunner, et qui est dressée surtout d'après les documents arabes. » Concluons que Roncevaux étant inséparable du Val Carlos, et le Val Carlos, d'après tous les documents, faisant partie de la Navarre, Roncevaux est en Navarre. = Troisième argument. — M. d'Avril cite en Cerdagne « la tour de Karl ou de Carol »; mais on lui fait observer avec raison que Charlemagne a laissé des souvenirs dans toute la région des Pyrénées. Or ces souvenirs sont autrement profonds et vivants dans la Navarre. Outre le Val Carlos, dit M. P. Raymond, il existe d'autres vestiges de la tradition : sur l'ancien chemin d'Orthez à Sauveterre, qui s'appelait *lo cami Romiu* ou « de Saint-Jacques », et qui conduisait à Roncevaux, il y a un carrefour nommé « la Croix-de-Roland ». (Ce carrefour est sur la commune d'Orion ; il était ainsi désigné, au moins dès le xviie siècle.) D'ailleurs, on retrouve le nom de Roland sur tous les chemins de ce pays. Dans la commune d'Itzassou, il y a le *Pas-de-Roland,* etc. etc. Toutes ces localités, qui sont voisines de Roncevaux en Navarre, ayant gardé de tels souvenirs de Roland, on a tout au moins une présomption en faveur de la situation de Roncevaux en Navarre. = A ces arguments, l'école de M. d'Avril fait deux objections. Au v. 856 de la *Chanson de Roland* il est dit que les païens, pour surprendre l'arrière-garde française, traversèrent *Tere Certeine e les vals e les munz*. « Vous voyez bien, dit M. d'Avril, qu'il s'agit de la Cerdagne. » On a répondu que « la Cerdagne était alors beaucoup plus étendue, ou qu'il s'agit ici d'une autre Cerdagne. » Mais d'ailleurs, et encore une fois, il ne faudrait pas demander trop d'exactitude géographique aux auteurs de nos Chansons. Notre poëte savait vaguement qu'il y avait, non loin des Pyrénées, un pays nommé Cerdagne. Et il y fait bravement passer une armée païenne avant d'arriver aux défilés de Sizer. = Il en est de même de Narbonne. Quand Charlemagne rentre en France par la Gascogne et Bordeaux, il est dit que les Français *passent Nerbone par force et par vigur.* (V. 3683.) Or Narbonne n'est pas sur le chemin des Pyrénées à Bordeaux. Qu'en conclure? Tout simplement que notre trouvère ignorait la géographie. Il savait, par une tradition poétique très-ancienne, que Charlemagne, en revenant de Roncevaux, s'était rendu maître de Narbonne. Et même ce récit est intercalé dans le *Roland* de Venise. Sans penser à mal, le poëte a donc écrit le nom de Narbonne, et peut-être les mots *par force e par vigur* indiquent-ils que l'auteur de notre *Roland* pensait vaguement à la légende d'un siége et d'une conquête par Charlemagne. Malgré tout, l'on peut admettre hypothétiquement avec M. G. Paris, qu'au lieu du mot *Nerbone* il y avait dans le texte original un nom de fleuve, et le mot *passent* s'expliquerait mieux d'après cette supposition. Enfin M. P. Raymond nous soumet une autre hypothèse : « Dans une bulle de Célestin III (vers 1187, 1171), l'église de *Narbone,* aujourd'hui *Arbone,* est citée près de l'église de Saint-Jean-de-Luz. » (Archives des Basses-Pyrénées, Cart. de Bayonne, dit le Livre d'Or, f° 52.) Et l'on trouve encore en 1303 le nom de Narbonne attaché à la même localité. (Testament de Dominique de Mants, évêque de Bayonne. *Études historiques sur Bayonne,* par Balasque, II, 573 et suiv.) En résumé, nous osons préférer notre propre système pour expliquer ce vers, et nous mettons volontiers cette *erreur* sur le compte de l'ignorance de notre poëte.

IV. Le retour de Charlemagne en France. M. Gaston Paris a très-clairement exposé la marche et énuméré les étapes de Charlemagne, depuis la mort de Roland jusqu'au procès de Ganelon : « Appelé par le cor de Roland mourant, l'Empereur revient à Roncevaux le soir de cette journée si remplie. (Vers 2398.) A deux lieues en avant, du côté de l'Espagne, on voit encore la poussière des Sarrazins qui se retirent (vers 2425, 2426) ; les Français se mettent à leur poursuite; mais ils n'auraient pas le temps de les atteindre, car la nuit tombe, si Dieu ne renouvelait pour Charles le miracle de Josué. La journée dure encore assez longtemps pour que les chrétiens, qui ont barré aux païens le chemin de Saragosse (vers 2464), les bloquent contre l'Èbre et les forcent de s'y jeter et de s'y noyer tous. Les païens morts, Charlemagne trouve qu'il est bien tard pour retourner à Roncevaux (vers 2483), et les Français, accablés de fatigue, campent sur la terre déserte. (Vers 2489.) C'est pendant cette même nuit que la flotte immense amenée à Marsile par Baligant, l'émir de Babylone, remonte l'Èbre à la lueur de mille fanaux (vers 2643), et aborde non loin de Saragosse. Au matin, dès l'aube, Charles se lève, et les Français retournent, par *cez veies lunges e cez chemins mult larges,* voir à Roncevaux le « merveilleux dommage ». (Vers 2852, 2853.) C'est là que les messagers de Baligant viennent défier Charles, et, le soir de la même journée, l'Empereur victorieux arrive à Saragosse et s'en empare. Quand il y entre, *clere est la lune, les estoiles flambient.* (Vers 3659.) Il retourne en France le lendemain, sans doute par le même chemin, puisqu'il traverse de nouveau la Gascogne et arrive à Bordeaux (vers 3684) et à Blaye (vers 3689), d'où il va directement à sa chapelle d'Aix. » (*Revue critique*, 1869, n° 37, pp. 174, 178.) Nous avons essayé de résoudre à leur lieu les autres difficultés de la Chanson. (V. la Carte qui sert de frontispice à ce second volume.)

Vers 711. — *Halbercs.* O. V. la note du vers 683. L'étymologie de ce mot est l'allemand *halsberc.* (V. le *Glossaire.*) Nous avons préféré la forme *osbercs,* qui est plus usitée, et où se trouve l'*s* étymologique. = Le manuscrit porte, par une erreur évidente : *Halbercs vestuz e très-bien fermées.* Ce dernier mot a même été ajouté postérieurement. Nous avons pris le mot *endossées* dans le texte de Versailles. Mu. a imprimé : *E lur brunies dublées,* qu'il a emprunté au manuscrit de Venise IV.

Vers 712. — *Healmes.* O. V. la note du vers 683.

Vers 717. — *Le jur.* O. Pour le cas sujet il faut *li jurz.* = *Noit.* O. V. la note du vers 611.

Vers 718. — *Empereres.* O. V. la note du vers 1.

Vers 719. — *Eret.* O. C'est peut-être la forme la plus ancienne dérivée de *erat.* Partout ailleurs nous trouvons *ert.* (Vers 726, 880, 1214, 1650, 2550, etc.) Lire plutôt *iert.* = *Sizer.* V. la note du vers 583.

Vers 720. — *Poinz.* O. V. la note du vers 415.

Vers 721. — *L'ad sur.* O. Correction de M. Müller. = La *Keiser Karl Magnus's Kronike* nous fournit ici une variante assez importante : « J'ai rêvé, cette nuit, que l'Ange de Dieu venait vers moi et qu'il brisait mon épée entre ses mains... »

Vers 722. — *At.* O. V. la note du vers 2. = *Trussée.* Mu.

Vers 723. — Lire *ciel.* V. la note du vers 545. = Au vers 726, lire *iert.*

Vers 727. — *Vers.* O. La correction est de M. Müller, d'après les textes de Venise et d'Oxford.

Vers 728. — *Uns leupars.* O. Pour le cas régime il faut *un leupart.*

Vers 729. — *Demeine,* ou *Demenie.* Mi. G. Mu.

Vers 730. — *De sale.* O. Erreur évidente.

Vers 731. — Lire *les galops.* O. Les plus anciens exemples de ce mot nous l'offrent toujours au pluriel : *Les grans galos,* etc. (V. les articles de MM. Gachet et Littré.)

Vers 732. — *Ver.* O. V. la note du vers 727.

Vers 733. — *Lepart.* O. Au vers 728, on a *leupart,* qui est plus étymologique.

Vers 735. — *E* n'est pas dans O. Müller a supposé *mais.*

Vers 737. — *Noit.* O. V. la note du vers 611.

Vers 738. — *Empereres.* O.

Vers 739. — *Host.* O. Quatre fois nous trouvons, dans notre texte, *host* écrit sous cette forme. (Vers 739, 785, 883, 2760.) Mais le mot, dans l'usage, avait déjà perdu son *h* initiale, comme le prouvent cent autres exemples. = Lire *cele* (*ost* étant du féminin).

Vers 740. — *Barons.* O. V. la note du vers 30.

Vers 742. — Lire *K'iert.* O. (?) V. les notes des vers 545 et 517.

Vers 743. — Lire *Miens.* O. V. la note du vers 545.

Vers 744. — *Baron.* O. V. la note du vers 30.

Vers 746. — *Vos.* O.

Vers 748. — *Ansguarde.* O. Ce mot est composé avec *ante.* Or *ante,* dans notre texte, a donné *einz,* que nous avons restitué. (Vers 83, 449, 688, 759, 1037, 1065, 1690, 1804, 2939, 3043, 3394, etc.)

Vers 749. — *Oger.* O. On trouve, pour le cas sujet, *Ogers,* au vers 3546. Lire *Ogiers,* ici comme partout. = Pour la légende d'Ogier (lequel d'ailleurs n'est dans la *Chanson de Roland* qu'un personnage secondaire et presque épisodique), nous renvoyons le lecteur à notre note du vers 94, où nous avons esquissé toute son histoire poétique et signalé les sources de sa véritable histoire. Deux remarques seulement. 1º Ogier n'est pas mis au nombre des douze Pairs par notre vieux poëme; mais il reçoit cet honneur dans l'*Entrée en Espagne, Renaus de Montauban, Gui de Bourgogne,* le *Voyage, Otinel, Fierabras,* etc. 2º M. Barrois a essayé fort longuement de prouver qu'Ogier était un *Ardennois* et non un Danois. Devant ce vers : *De par Ogier* LE DANOIS D'OUTRE MER, il a voulu alléguer que « outre mer » signifiait « outre Meuse » (??). Mais il nous semble que le passage suivant est absolument concluant en faveur du VRAI Danemark : « *Mult es quvers et plains de grant outrage. — Ben le dois estre;* TU ES DE DANEMARCHE, — *De mals quvers qui se vestent de sarge; — En lor poins portent cascun danoise hache...* — AINC N'APARTINS DE FRANCE A NUL BERNAGE. » (Vers 4300 et suivants.) Ces vers peuvent-ils s'appliquer au pays et aux gens des Ardennes?

VERS 750. — Lire *Mielz*. O. V. la note du vers 545.

VERS 751. — *Parled*. O. V. la note du vers 2.

VERS 753. — Lire *vus* au lieu de *vos*. O.

VERS 754. — Lire, en assonances, à la fin des vers de ce couplet : *Jugier, chevalier, chier, jugiet*, O. *tient*, O. *destrier, chevalcier, sumier, eslegiet*, O. *bien* O. = Au vers 756, lire *mien*, et au vers 761, *iert*.

VERS 764. — *Le guant*. O. A cause du cas sujet il faut *li guanz*.

VERS 765. — *Cum*. Mu. Nous avons laissé *cume* pour ne pas toucher à la question des rapports entre la prononciation et l'écriture. — *Le*. O. Même remarque que pour *le guant*, au vers 764.

VERS 766. — *Dreiz*. O. Le vocatif latin serait *directe*. V. notre Théorie des vocatifs au vers 15. = *Le*. O. A cause du cas sujet il faut *li*.

VERS 767. — *Vos*. O. = *Poign*. O. V. la note du vers 415. = Au vers suivant, lire *mien*.

VERS 769. — *Cheded*. O. Pour le changement du *d* final en *t*, v. la note du vers 2.

VERS 770. — *Le bastun*. Ces mots ont été ajoutés postérieurement.

VERS 771. — *Empereres*. O. V. la note du vers 1. = Lire *Enbrunc*. O.

VERS 773. — *Deolz ne plurt*. O. Erreur évidente.

VERS 774. — M. Müller fait remarquer avec raison que ce couplet est distinct du précédent, et que M. Michel a eu tort de fondre ces deux strophes ensemble, sous prétexte qu'il n'y avait pas de lettre majuscule au commencement de la laisse LXII. Le couplet LXI est assonancé en *un, ur*; celui-ci, en *u*. = *Venud*. O. Pour le *d* final, voir la note du vers 2. A cause du cas sujet, il faut *venuz*.

VERS 775. — *Meillor*. O. = Au vers suivant, lire *bien*.

VERS 777. — *Irascut*. O. Pour le cas sujet il faut *irascuz*.

VERS 779. — *Baron*. O. V. la note du vers 30. = Les différents traducteurs ne me paraissent pas avoir compris le sens du mot *remut*. Génin, d'Avril et Al. de Saint-Albin, écrivent *la remut* (au lieu de *là*), et traduisent par : *Vous n'avez pas de baron pour la diriger mieux*. M. Michel traduit *remut* par *bouge*, et s'approche davantage de la vérité. = *Remut* nous paraît le parfait simple de *remuveir*, qui a le sens de *changer de place*, *aller quelque part*. Nous avons traduit d'après ce sens.

Vers 781. — Lire *Bien*. O. V. la note du vers 545. Au vers suivant, lire *ad!*

Vers 783. — *Li Empereres apelet sis niés Rolant*. O. Vers faux, et qui contient un solécisme, *sis niés* pour *sun nevuld*. Nous l'avons aisément réduit à un décasyllabe. Pour *empereres*, voir la note du vers 1.

Vers 785. — *Host*. O. V. la note du vers 739. = *Vos*. O.

Vers 789. — Lire plutôt *bien*.

Vers 792. — Lire, en assonances, à la fin des vers de cette laisse : *Destrier*, *Olivier*, *Geriers*, *Berengiers*, *vielz*, *fiers*, O. *Engeliers*, *chief*, *Gualtiers*, *chevaliers*. « Le texte original, dit M. Müller, a été fort abrégé dans ce passage. Dans le manuscrit de Venise et dans celui de Versailles, une laisse précède le couplet LXV. Dans cette laisse on raconte comment Roland se revêt de son armure, et comment il engage les Français à le suivre. » (Page 48.) Nous allons essayer de combler cette lacune, comme deux fois déjà nous avons essayé de le faire. La chose est difficile ; car il s'agit de traduire les manuscrits de Venise et de Versailles en un dialecte tout différent. Nous proposerions donc d'insérer, entre les Couplets LXIV et LXV, la laisse suivante :

> Li quens Rollanz est muntez sur un munt.
> Vest sa brunie, jà meillur ne vist hum,
> Lacet sun helme ki fut faiz pur barun,
> Ceint Durendal dunt ad or est li punz,
> A l' col se mist un escut peint à flurs.
> Ne voelt munter se sur Veillantif nun.
> Tient sun espiet ; blancs est li gunfanun ;
> Les renges d'or li batent jusqu' à l' punt.
> Or verrat hum ki l'amerat u nun.
> Dient Franceis : « E nus vus i siurum ».

Vers 793. — *Est muntet*. O. Il faut *muntez* pour le cas sujet. V. la note du vers 176.

Vers 794. — *Gerins e Geriers*. V. la note du vers 107.

Vers 795. — *Otes*. Otes est compté au nombre des douze Pairs par la *Chanson de Roland*, l'*Entrée en Espagne*, *Gui de Bourgogne* (Oede), la *Karlamagnus Saga*, *Otinel*. Un autre Otes figure dans les remaniements de la *Chanson de Roland*. (V. notre note du vers 3680.) = *Berengers*. — La *Chanson de Roland*, les Remaniements de Paris, Venise VII, etc., la Chronique de Weihenstephan, le *Voyage*, mettent Berenger au nombre des douze Pairs. *Renaus de Montauban* place dans ce corps sacré un *Berenger le Gallois*.

Vers 796. — *Jastors*. O. Au lieu de *Sansun*, que donne le manuscrit IV de Venise. = Dans Venise VII, qui ordinairement est calqué sur Versailles, il y a quelques traits particuliers : *Vint i Geris et si vint Guiliers* (sic), — *Otes li quens et li dux Berengiers*, — *Ive et Ivore che li rois ot mult chiers*; — *Si est venuz le Gascon Engeliers*, — *Estolz de Lengres est jà venuz premiers…* = Pour Samson comme pour Anseïs, voir la note du vers 105.

Vers 797. — *Gerart.* O. Pour le cas sujet il faut *Gerarz.* = *Girars de Rossillon.* C'est un des personnages les plus célèbres de notre Épopée nationale; mais il n'est guère ici qu'épisodique. Il est compté au nombre des douze Pairs par la *Chanson de Roland* et ses Remaniements, *Otinel*, etc. = Le *Giratz de Rossilho* provençal nous fait assister à la lutte de son héros contre Charles-Martel : Girart tombe un jour dans la plus profonde misère, est réduit à se faire charbonnier tandis que sa femme Berthe devient couturière, et enfin se réconcilie avec le Roi. La *Chanson de Roland* le représente fort vieux (vers 2409); ce qui concorde assez bien avec la donnée de la Chanson provençale. = La légende de « Girart du Fraite » s'est probablement fondue avec la précédente : ce Girart du Fraite est un vieux rebelle qui, au commencement d'*Aspremont*, refuse de venir au secours de Charlemagne et qui, dans un passage des *Reali* calqué sur quelque vieux poëme français, va jusqu'à se faire renégat et à briser le crucifix. Mais Girart n'a aucun de ces traits dans la *Chanson de Roland*. Il y vit, il y meurt en vrai chrétien. (V. l'*Histoire poétique de Charlemagne*, 297, 299.)

Vers 798. — « Le scribe a lu par erreur Gaifier au lieu d'Engelier, et a gratuitement ajouté : *Li riches dux*, qui est une épithète ordinaire de Gaifier. » (Note de M. Müller.) Les manuscrits de Versailles et de Venise fournissent : *Li Gascons Engelers.* Vs. et Vn. VII, *Li vescont Enciler.* (Vn. IV.)

Vers 799. — *L'arcevesque.* O. Pour le cas sujet il faut *l'arcevesques.*

Vers 800. — *Vos.* O. = Au vers suivant, *faillir* n'est pas conforme à l'assonance.

Vers 802. — *S'eslisen.* O.

Vers 803. — *Gualter del Hum.* (Lire *Gualtier.*) Ce personnage est appelé *Galter Leon* et *Galter da Mon Leon* par le Ms. IV de Venise; *Gautier de Luz*, dans le texte de Versailles; *Gautier de Hui*, dans celui de Paris.

Vers 805. — *Destreiz.* Mu. Le manuscrit porte *deserz*, qui ne nous semble pas méprisable. M. Müller a voulu se modeler sur le vers 805. = Au vers 806, lire *bien.*

Vers 807. — *Gualter.* O. Pour le cas sujet il faut *Gualtiers.* On trouve *Gualters* sept vers plus haut (vers 800). = *Vos.* O.

Vers 809. — *Gualter.* O. Au cas sujet *Gualtiers.* V. la note précédente, et, pour l'*i*, la note du vers 545.

Vers 813. — *Livrat.* Mu. Voir la note du vers 38. = Le manuscrit VII de Venise ajoute quelques traits à celui de Versailles que M. Müller a cité *in extenso*. Il est question du comte Gautier : *Ne descendra, por home qi soit viz, — Si aura trez troiz. c. branz coloriz : — Uns rois païens qui ot nom Aumabriz, — (De Bisterne est sires apoëstiz; — En sa cumpaigne ot .xx. mille Arabiz,) — Le jor les a malement desconfiz, — Fors seul Gauter qi s'en est departiz — Qui à garent fut Rollant le marqiz.*

Vers 814. — Un couplet manque ici à la version d'Oxford. Nous proposons de le restituer ainsi qu'il suit, d'après les couplets correspondants de Versailles et des deux manuscrits de Venise. C'est Venise IV que nous suivrons de préférence.

> En Rencesvals si est Carles entrez.
> L'einz-garde fist li dux Ogiers, li ber :
> De celle part il n'unt mie à duter.
> Rollanz remeint pur les altres guarder.
> E Oliviers e tuit li duze Per,
> Des Francs de France xx. milie chevaler ;
> Bataille averunt, or pitiet en ait Deus.
> Guenes le sout, li fel, li parjurez,
> N'ad tant de coer que ja s'en puist celer.

= *Halt sunt li pui, li val tenebrus.* O. *E* a été ajouté dans les éditions de G. et Mu.

Vers 815. — *Les.* O. Il faut *li* pour le cas sujet du pluriel. = *Destreiz.* O. Pour la même raison il faut *destreit.*

Vers 816. — *Le jur passerent Franceis à grant dulur.* — « A l'endroit où est passée l'armée de Charlemagne, était une voie romaine, celle d'Astorga à Bordeaux. Sur l'Itinéraire d'Antonin sont indiquées deux localités qui ont de l'importance pour l'étude de la *Chanson de Roland*. La première est *Summum Pyrenœum,* qu'il faut identifier avec l'église et l'hôpital *Sancti Salvatoris* de *Summiportus in Valle Caroli,* mentionnés en 1273 et 1333. Ce Saint-Sauveur doit correspondre à peu près aux ruines d'une chapelle qu'on appelle *Ibagneta,* et qui domine l'abbaye actuelle de Roncevaux. La seconde localité que signale l'Itinéraire d'Antonin est *Imum Pyrenœum,* qui correspond à Saint-Jean-Pied-de-Port ou à Saint-Jean-le-Vieux. Voici les textes justificatifs pour le Val-Carlos et Irasqueta : … 1º Archives des Basses-Pyrénées (G., 204, p. 4), acte du 20 mars 1273. Vente de l'hôpital de « Summiportus », de celui d'Irasqueta et de celui de Goroscaray, par l'abbé de Leyre (diocèse de Pampelune), à celui de Roncevaux, pour 3000 pièces d'or : *Ecclesiam seu hospitale situm et positum in loco qui dicitur « Summiportus » cum omnibus juribus et pertinentiis suis;*

it est quamdam aliam domum nostram seu hospitale, sitam et positam in loco qui dicitur « Irasqueta » cum omnibus juribus et pertinentiis suis, it est quamdam aliam domum nostram seu hospitale, sitam et positam in loco qui dicitur « Goroscaray ». On retrouve sur la carte de Cassini la *benta* (auberge) de Goroscaray, dans les gorges qui précèdent Roncevaux. Tous ces hôpitaux nous indiquent une des routes du Pèlerinage de Saint-Jacques. 2° Il existe au même dépôt (G., 204, p. 10) une enquête du 17 août 1333 (Déposition d'Ochoas de Villanova, de Aezcoa, trésorier-cellerier de l'abbaye de Roncevaux, 70 ans, mémoire de 50 ans): *Ecclesia sancti Johannis de Iraotzqueta, sita in valle Caroli, est parochialis... Et dicta villa* (pour *vallis*) *Caroli, ab ecclesia Sancti Salvatoris* (de *Summi portus*, près Roncevaux), *usque ad domum de Bon-Conseil* (près Saint-Jean-Pied-de-Port), *est parochia sancti Joannis (d'Irasqueta)... Vallis Caroli, quæ basconcialiter* (dans le langage basque), *dicitur Luzaïde.* Les deux noms existent encore aujourd'hui. » (Mémoire manuscrit de M. P. Raymond.)

Vers 817. — *Rumur.* Mu. Le Ms. porte *rimur.* Au v. suiv., p.-e. *vienent.*

Vers 820. — *Le remembret.* O. Erreur évidente. = *Fius.* O. V. la note du vers 76.

Vers 821. — *Pulcele.* O. Erreur évidente.

Vers 824. — *Nevold.* O. Pour l'assonance, *nevuld.*

Vers 825. — *Pitet.* O. Pour le cas sujet il faut *piliez.*

Vers 827. — *La* n'est pas dans O. Il a été ajouté par Mu.

Vers 837. — *Puinz.* O. V. la note du vers 415.

Vers 838. — *Chi ad juget* mis niès *à rere garde.* O. Ce vers est détestable, au point de vue de la langue; nous l'avons changé en celui-ci: *Ki* mun nevuld *jugat à rere guarde.* = Pour *chi* changé en *ki*, v. la note du vers 586.

Vers 842. — *Francs.* O. Pour le cas sujet du pluriel, il faut *Franc.*

Vers 844. — *Guens.* O. Lire p.-e. *fel.*

Vers 845. — *Oüd.* O. V. la note du vers 2.

Vers 850. — *Mahumet levent en la plus halte tur...* « Il fit placer ses dieux sur le rempart, et leur fit des sacrifices. » (*Keiser Karl Magnus's Kronike.*)

Vers 854. — *Aort.* O. Pour l'assonance, *aürt.* Le verbe est *aürer.*

Vers 858. — *Tere Certeine.* C'est sur ces deux mots que M. d'Avril a appuyé toute sa théorie sur le théâtre des derniers exploits et de la mort de Roland. Il le place en Cerdagne, et non en Navarre. Dans notre « Note sur la Géographie de la *Chanson de Roland* », nous réfutons longuement cette opinion, après MM. P. Raymond, Gaston Paris et François Saint-Maur. (V. cette note au vers 703.)

Vers 859. — Lire *duinst,* qui se trouve au vers 1898. Le subjonctif présent a beaucoup embarrassé nos pères, qui tenaient à le bien distinguer du présent de l'indicatif. Ainsi, pour la seule 3ᵉ p. du subjonctif de *duner*, nous avons, dans notre Chanson, cinq ou six formes différentes : *dunne* (18); *dunget* (2016); *duinset* (2938); *dunt* (859); *duinst* (1898); *doinst*, etc. = Lire plutôt *laisserat*.

Vers 860. — *Tuchant*. O. V. la note du vers 611.

Vers 865. — *Champ*. O. Lisez *camp*. V. la note du vers 555.

Vers 866. — *Feu*. O. V. la note du vers 76. = *Le colp*. O. Pour le cas sujet, il faut *li colps*.

Vers 868. — *Guarant*. O. V. la note du vers 611.

Vers 872. — *Avrez*. Mu. Nous avons supprimé *mais*, qui rompt très-inutilement la mesure du vers.

Vers 873. — *Marsilie*. O. Pour le cas sujet, il faut *Marsilies*.

Vers 874. — *Marsilies*. O. Pour le cas régime, il faut *Marsilie*. = *Poign*. O. V. la note du vers 415.

Vers 877. — *Eslisez mei XI de voz baruns*... « Puis, il choisit douze de ses hommes, les meilleurs qu'il eut, pour les opposer aux douze Pairs. Le premier était *Adelrot*, le fils de sa sœur; le second, *Falsaron*, son frère; le troisième, *Corsablin*; le quatrième, le comte *Turgis*; le cinquième, *Eskravit*; le sixième, *Estorgant*; le septième, *Estormatus*; le huitième, le comte *Margaris*; le neuvième, *Germiblas*; le dixième, *Blankandin*; le onzième, *Timodes*; le douzième, *Langelif*, qui était l'oncle du roi Marsile. » (*Keiser Karl Magnus's Kronike*. Ces noms sont un peu différents dans la *Karlamagnus Saga*).

Vers 879. — *Premerein*. O. *Premereins*, à cause du cas sujet. = *Falsaron*. O. V. la note du vers 30. = Au v. 880, lire plutôt *iert*.

Vers 881. — *Vos*.

Vers 883. — *Host*. O. V. la note du vers 739.

Vers 885. — *Corsalis*. O. Ce roi est nommé *Corsablix* au v. 1235. — M. Müller rapproche de *Corsablis*, le *Corsabrins* de Venise (IV et VII), le *Corsablis* et le *Corsabrins* de Paris, le *Cursabile* du *Ruolandes Liet*, le *Kursabiles* et le *Kursabels* du Stricker. — Cette laisse LXXI de notre poëme est omise dans Versailles; mais Venise (VII) comble cette lacune : « Rois Corsabrins juint de l'autre part; — Ba[r]barins est e de mout male part. — Por nulle rien n'en pout amer cohart. — E dit au Roi : « Porquoi avez regart? — Je sui le tierz; or esli[s]ez le quart. » — Après parla Malpin de Mont-Brigart : — Plus cort à pié que lion ne lipart. — Cil a parlé à loi de fel musart : — « En Rencesvals metrai mon estendart. — Se truis Rollant qi a la cors jalant (*sic* pour *gaillart*), — Je l'ocirai à mon trenchant fausart. — Des XII pers ferai grant essart. »

Vers 889. — *Poignant*. O. Lire *puignant*. V. la note du vers 415. =

Brigant. O. La forme *Brigal* se trouve au vers 1261. M. Müller énumère les variantes de ce nom dans toutes les versions.

Vers 890. — *Un cheval.* O. Pour le cas sujet, il faut *uns chevals.* = Lire *pied*.

Vers 892. — *Rencesvals.* « Je suis allé à Roncevaux il y a environ huit ans. J'ai parcouru tranquillement et attentivement le chemin qui sépare cette abbaye de Saint-Jean-Pied-de-Port. J'ai suivi le chemin du Val-Carlos. Partout la gorge est extrêmement resserrée. Il est impossible que toute l'armée ait passé par ce col; elle a dû se diviser, et, selon moi, a pu passer par Irun, par le Val-Carlos, par la route qui domine le château Pignon, et aussi par la voie antique de la vallée d'Aspe à Somport (commune d'Urdos). Les passages difficiles du Val-Carlos ont une longueur de dix kilomètres. Dans beaucoup d'endroits, deux hommes ne peuvent passer de front. Sur l'autre route, que je n'ai pas suivie, il y avait au moyen âge deux hôpitaux : Orisson et Reculus. Ces deux chemins partent également de Saint-Jean-Pied-de-Port, et viennent se rejoindre avant Roncevaux, près de l'ancienne chapelle d'Ibagneta. L'Abbaye est bien déchue. Si mes souvenirs sont exacts, elle n'offre pas de vestiges d'architecture remontant au delà du xive siècle. En 1862, elle était encore occupée par douze chanoines. La bibliothèque m'en a paru fort délaissée. On y montre une paire de souliers de velours violet, comme ayant appartenu à Turpin : ces souliers ont la forme de ceux de François Ier. On y conserve aussi une prétendue masse d'armes de Roland : c'est un boulet de bronze rattaché par une chaîne à un solide manche de bois. Et voilà où est aujourd'hui tombé le souvenir de Roland ! » (Mémoire manuscrit de M. P. Raymond.)

Vers 894. — *Balaguet.* O. V. la note du vers 63. = Au v. 898, lire *bien*.

Vers 896. — *Muntet.* O. Pour le cas sujet, il faut *muntez*.

Vers 900. — *Il en est.* O.

Vers 901. — *Juer.* O. Erreur évidente. Correction de M. Müller.

Vers 902. — *Finet.* O. Pour le cas sujet, il faut *finez*.

Vers 903. — *Oliver e tuz les XII pers.* O. Le cas sujet exige *Olivers e tuit li XII per*. = Comme partout, lire *Oliviers*.

Vers 904. — *Viltiet.* O. La forme correcte paraît être *viltet* (437). = Au v. 905, lire *vielz*, et au v. 906, *iert*.

Vers 908. — *Marsilie.* O. Pour le cas sujet, *Marsilies*.

Vers 913. — *Humes* n'est pas dans le manuscrit.

Vers 914. — *Trois.* O. Pour se conformer à la phonétique de notre manuscrit, il faut *truis*, que l'on trouve aux vers 893 et 902.

Vers 915. — *Jor.* O. Pour le cas sujet, il faut *jurz*. Quant au changement d'*o* en *u*, v. la note 17, sur *vus, pur*, etc., et la note 30. = Lire *iert*.

Vers 916. — *Turteluse.* C'est Tortose, qui joue un rôle si considérable dans tout le cycle de Guillaume. Historiquement parlant, cette importance est justifiée. Louis, fils de Charlemagne, fit en 809-810 le siége de Tortose, et s'en empara en 811. (Eginhard, *Annales*, ann. 809. — L'Astronome Limousin, §§ 14-16. Pertz, *Scriptores*, II, 613-615.)

Vers 917. — *Citet*. O. Pour le cas sujet, il faut *citez*.

Vers 918. — *Male vode*. Mot difficile : on a voulu le rapporter à *vuide*, venant de *viduus*. Mais c'est une hypothèse très-contestable. = Venise IV donne : *male hore*; Venise VII et Versailles : *tel devore*.

Vers 919. — *S'ajust...* O.

Vers 920. — Lire *vus*. = *Unches*. O. V. la note du vers 629.

Vers 921. — Lire *seinz Peres*, à cause du sujet. = Lire *iert*, au v. 922.

Vers 924. — *Avrat*. Mu.

Vers 926. — *Durendal*. = Nous essaierons de résumer ici, en quelques propositions claires, toute l'histoire de Durendal (*Durindart*, Venise VII; *Durandart*, Versailles.; *Dirindarde* dans le *Charlemagne* de Venise; *Durlindana* dans les *Reali*, etc.)... A. Suivant *Fierabras* (vers 651), cette fameuse épée aurait été (comme Musaguine et Courtain) l'œuvre du forgeron Munificans : *Et Munificans fist Durendal au puign cler*. Mais beaucoup d'autres autorités l'attribuent à Galant ou Veland, ce forgeron sur lequel les Sagas islandaises racontent tant de merveilles et dont l'histoire a été calquée sur celle de Dédale, qui, surpris et fait prisonnier par le roi Niduth, assassina les deux fils et déshonora la fille de ce roi, puis se fabriqua des ailes et s'envola... (V. *Vœlemdarquida* et *Vilkina Saga*, analysées dans l'opuscule de MM. Depping et F. Michel : *Veland le Forgeron, Dissertation sur une tradition du moyen âge*.) — B. *Huon de Bordeaux* (XIIe s. Sorb. 450, f° 230, r[o]), le *Doolin de Mayence* en prose (XVe s., éd. de 1501, f° 28), *Garin de Montglane* (XIIIe s. Lav., 178, f° 36), s'accordent à faire sortir Durendal de la forge de Galant. — C. D'après l'auteur de *Doolin de Mayence*, qui reproduit un Roman antérieur : « Quant elle fut faicte, elle fut essayée et couppa quatre pièces d'acier moult grosses à ung coup. » — D. La *Karlamagnus Saga* (XIIIe s.) ne manque pas d'attribuer notre épée au même ouvrier : « Durendal fut forgée, dit-elle, par le célèbre Galant d'Angleterre, et donnée à l'Empereur par Malakin d'Ivin, comme rançon de son frère Abraham. » (*Bibl. de l'Éc. des Chartes*, XXV, 101.) — E. D'après la *Chanson de Roland*, c'est dans la vallée de Maurienne que Dieu manda à Charlemagne par un Ange de donner cette épée au meilleur de ses capitaines. La *Karlamagnus Saga* complète ce récit : « Charles était alors sur le point de mettre la paix entre les Romains et les Lombards, » et l'Ange qui lui apparut ainsi est saint Gabriel. — F. Mais cette légende est loin d'être uniformément adoptée. D'après les *Enfances Charlemagne* de Venise (comm. du XIIIe s.), Charles aurait enlevé à l'émir Braibant, vaincu par lui, sa célèbre épée Durendart (*Direndarde*). Même version dans la *Cronica general de España* (xiiie s.) : mais l'adversaire du jeune Charles, qui veut lui ravir Galienne, s'appelle ici Braimant. C'est aussi le nom qu'il porte dans les *Reali di Francia*. (V. 1350.) Seulement Durendal (*Durlindana*) est l'épée d'un autre chef sarrazin, de Polinaro, qui est tué par Mainet. (27-32.) Et *Doolin de Mayence* répète encore au xve siècle: « Durandal fut conquise par Charlemaigne sur Braymont l'amiral, » et *Garin de Montglane* avait dit, au xiiie s. : *Durendal qu'il* [*Karles*] *conquist à Brubant*. — G. A côté de ce groupe imposant, *Aspremont* nous offre une autre version. La conquête de *Durendart* est l'objet même de ce poëme : *Or vous dirai... si cum li rois i adouba Rolant — Et il li ceint à son côté le brant; — Ce dist la geste, Durendart la trenchant. — C'est la premiere dunt il onques fist sanc, — Dont il ocist le fil roi Agoulant...* (Éd. Guessard, p. 1, vers 12-18.) Roland, qui n'est pas encore chevalier, lutte avec le jeune Eaumont, fils d'Agolant, s'empare de Durendal et tue le prince sarrazin d'un coup de cette épée qui deviendra si célèbre entre ses mains. Aussi, lorsqu'il s'agit d'adouber le neveu de Charles, choisit-on Durendal entre trois cents épées pour la ceindre au jeune héros. — H. Nous n'avons pas à raconter ici tous les exploits que Roland accomplit avec cette arme glorieuse. Mais nous devons dire comment, d'après la légende, il manqua TROIS FOIS de la perdre : 1° Maugis la lui vola (*Renaus de Montauban*, éd. Michelant, p. 306); 2° Alori s'en empara une autre fois par ruse : *Il saisist Durendart au costiaus d'acer bis. — Le branc geta del fuer, moult fu maltalentis* (*Jean de Lanson*, B. N., 2495, f° 2, v°); 3° dans le *Karl Meinet*, du comm. du xive s., il existe un épisode que l'on peut intituler *Ospinel*. On y voit Roland disputer à Olivier l'honneur de combattre Ospinel; Olivier lutte contre le roi païen avec l'épée Durendal, que son ami lui prête. Ospinel est vaincu, se convertit et meurt, et Roland se prend d'amour pour sa fiancée Magdalie. Mais en l'enlevant, il perd, ou plutôt il oublie sa bonne épée. Il s'agit de la retrouver. On livre bataille au roi sarrazin Sibelin, qui avait enlevé Magdalie. La jeune fille est reconquise, et Durendal retrouvée. (*Hist. poét. de Charlemagne*, p. 490.) — I. Les qualités de Durendal sont merveilleuses... Charles l'avait fait essayer sur le fameux perron qui se trouvait au seuil de son palais : elle avait résisté, ainsi qu'Almace, l'épée de Turpin. Courtain, l'épée d'Ogier, moins heureuse, fut *écourtée* d'un demi-pied. (V. *Renaus de Montauban*, éd. Michelant, p. 210, et la *Karlamagnus Saga*, I, 20, citée par G. Paris, l. l., 370.) D'après *Ospinel* (l. l.), Durendal assurait à son possesseur le royaume d'Espagne... Son acier, d'ailleurs, est célébré par tous nos poëtes... — J.

Au portail de la cathédrale de Venise, Roland est représenté tenant une forte épée, sur laquelle il est écrit : *Durindarda*. (V. la reproduction de cette statue, p. 67.)

Vers 927. — Lire *la quel.* = Vers 928. *Si.* O. V. la note du vers 605.

Vers 929. — Lire plutôt *vielz.* = *Avrat.* Mu. V. la note du vers 38. = *Deol.* O. Erreur évidente; transposition de voyelles.

Vers 930. — *Curone.* O. Cf. les vers 388 et 2585, où le mot *curune* est conforme à la phonétique de notre texte. L'assonance demande également *curune.* = Au vers 932, lire *Sarrazins.*

Vers 934. — *Orgoill.* O.

Vers 935. — *Trois.* O. V. la note du vers 914.

Vers 936. — *Oliver.* O. Lire *Oliviers.*

Vers 937. — *Jugez.* O. Pour le cas sujet du pluriel, il faut *juget.*

Vers 938. — Lire plutôt *iert.* = Vers 939. *Avrat.* Mu.

Vers 941. — *Un.* O. Il faut, au sujet, *uns.*

Vers 943. — *Marsilie.* O. Pour le sujet, *Marsilies.*

Vers 946. — *Comant.* O. V. la note du vers 309. = Vers 947. Lire *Olivier.*

Vers 948. — *Avrunt.* Mu.

Vers 949. — Lire *Kar*, qui a été ajouté par MM. Génin et Muller, d'après Venise IV. (V. la note du vers 275.)

Vers 950. — *Feruns.* O. V. la note du vers 42, sur les premières personnes du pluriel.

Vers 951. — Lire plutôt *iert.* = *Dolent.* O. Pour le cas sujet, *dolenz.*

Vers 952. — *Vos.* O.

Vers 954. — *L'Empereor vos.* O.

Vers 955. — *Curant.* O. V. la note du vers 611.

Vers 956. — *Entre quascaz marine.* O. *Entre qu'Ascaz marine.* Mi. *Entresqu'a Scazmarine.* G. *Entresqu'à Scaz marine.* Mu. Le Ms. de Versailles donne : *D'ici en Samarie.* Celui de Venise (VII) : *La terre d'Afrique et d'Aumarie*, etc. D'après M. Müller, nous traduisons par Cadix. Mais ce n'est absolument qu'une hypothèse.

Vers 962. — *Vos.* O.

Vers 964. — *Oliver.* O. Pour le sujet, il faut *Olivers.* Lire *Oliviers.*

Vers 965. — *Le XII pers.* O. Il faut, au sujet, *li XII per.*

Vers 971. — *Jurn.* O. Le cas sujet exige *jurz.*

Vers 972. — *Avrum.* Mu.

Vers 975. — Lire *Muneigre.* = *Josqu'à.* O. *Jusque* est à la fois plus conforme à la phonétique et à l'étymologie.

Vers 976. — *Chevoel.* O. Faute évidente. On trouve partout ailleurs *chevel.* (Vers 2347, 2596, 2931, 3605, 3821.) = Lire *baleient.*

Vers 977. — *Greignor.* O. V. les notes des vers 51, 17, 30.

Vers 978. — *Muls.* O. Pour le cas sujet, il faut *mul*.

Vers 979. — *Dun.* O. Partout ailleurs, on lit *dunt*, qui, venant de *deunde*, est plus étymologique. = Ce vers n'est pas assonancé comme il convient. Nous proposons, d'après M. Müller, de le remplacer par le suivant : *Icele tere ù vit, Deus l'ad maleite.*

Vers 980. — *Soleill.* O. Pour le sujet, il faut *soleilz*. Je laisse *blet*, qui peut venir d'un neutre, *bladum.* = Au v. suivant, lire plutôt *chiet*.

Vers 983. — *Alquanz.* O. Il faut, au cas sujet, *alquant.* = Lisez *diable*, également à cause du sujet pluriel.

Vers 986. — *Trois.* O. V. la note du vers 914. = *Li.* O. Il faut *le* pour le cas régime.

Vers 989. — Lire plutôt *iert.* = *Deserte* n'est pas justifié par l'assonance. Nous proposons : *chaeite.*

Vers 990. — *Per* n'est pas dans le manuscrit. = *Saleient.* Lire *s'aleient*, qui est justifié par l'accent tonique, et traduire par *s'assemblent.* Le manuscrit porte *salient*, que Mi. reproduit servilement.

Vers 993. — *Sapide.* Dans le manuscrit, les quatre dernières lettres ont été ajoutées postérieurement. — *Sapeie* est une excellente correction de Mu.

Vers 994. — *Des osbercs.* O. Faute évidente, et qui rompt la mesure. = Une étude spéciale sur les armures décrites dans la *Chanson de Roland* peut offrir un double intérêt. Elle mettra le lecteur à même de saisir plus aisément mille passages de notre poëme, où il est question de *helmes*, d'*osbercs*, d'*espiez*, de *gunfanuns*, etc. Sans doute, nous avons essayé de rendre notre traduction claire et limpide pour tout le monde, pour les femmes mêmes et pour les enfants. Mais ils comprendront encore mieux la vieille Chanson, quand nous en aurons expliqué tous les termes difficiles. Une seconde utilité de ce travail frappera davantage les savants : la description de ces armures se rapporte évidemment AU TEMPS OU FUT ÉCRIT LE POEME, et par conséquent peut servir à fixer cette époque d'une manière plus ou moins précise. — Commençons par décrire l'armure offensive.

1° La pièce principale est l'ÉPÉE. L'épée est l'arme noble, l'arme chevaleresque par excellence. On est fait chevalier *per spatam* (comme aussi *per balteum*, par le baudrier, et *per alapam*, par le soufflet ou le coup de paume donné au moment de l'adoubement). Mais c'est l'épée qui demeure le signe distinctif du chevalier. = L'épée est, en quelque manière, une personne, un individu. On lui donne un nom : *Joyeuse* est celle de Charlemagne (vers 2989); *Almace*, celle de Turpin (2089); *Durendal*, de Roland (988); *Halteclere*, d'Olivier (1363); *Précieuse*, de l'Émir (3146), etc. = Chaque héros garde, en général, la même épée toute sa vie, et l'on peut se rappeler ici la très-longue énumération de toutes les victoires que Roland a gagnées avec la seule Durendal : *Si l'en cunquis e Peitou e le Maine. — Jo l'en cunquis Normandie la franche*, etc. (2315 et ss.) = L'épée est tellement importante aux yeux du chevalier, que Dieu l'envoie parfois à nos héros par un messager céleste. C'est ainsi qu'un Ange remit à Charlemagne la fameuse Durendal pour le meilleur capitaine de son armée. (2319 et suiv.) = Aussi ne faut-il pas s'étonner si nos héros aiment leur épée et parlent avec elle comme avec une compagne intelligente, avec un être vivant et raisonnable... Mais il faut ici passer aux détails matériels. = Il semble que l'épée des chevaliers de notre poëme ait été longue. Le Sarrazin Turgis dit quelque part : *Veez m'espée ki est e bone e lunge.* (925.) C'est d'ailleurs le seul texte qu'on puisse citer sur ce point. = L'épée se ceignait au côté gauche : *Puis ceint s'espée à l'senestre costet.* (3143.) Elle était enfoncée dans un fourreau (V. la fig. 5) qui est nommé une seule fois dans toute la Chanson. Au moment où Ganelon est insulté par Marsile : *Mist la main à s'espée ; — Cuntre dous deiz l'ad del'* FURRER *getée.* (444-445.) Et Olivier se plaint, dans le feu de la mêlée, de n'avoir pas le temps de tirer son épée : *Ne la poi traire.* (1365.) = Nulle part il n'est ici question du baudrier. = L'épée est en acier. Pour louer une épée, on dit qu'elle est bien fourbie. (1925.) *Joyeuse*, l'épée de Charlemagne, a une clarté splendide : *Ki cascun jur muet XXX. clartez* (2502) ; *Ki pur soleill sa clartet ne muet.* (2990.) Une des qualités de Durendal, c'est d'être « claire et blanche ». (1316.) L'acier de Vienne paraît avoir été particulièrement célèbre (997), à moins que ce mot (ce qui est fort possible) n'ait été placé là pour les besoins de l'assonance. Il est dit ailleurs que les bonnes épées sont de France et d'Espagne. (3889.) = La pointe de l'épée ou du *brant* a le même nom que la pointe de la lance : c'est l'*amure* : *De l'brant d'acer l'amure li presentet.* (3918.) = L'épée se termine par un *helz* et un *punt*. Précisons la valeur de ces mots : *D'or est li helz e de cristal li punz.* (1364.) Le *helz*, c'est la garde ; le *punz*, c'est le pommeau. Ce pommeau est de cristal, c'est-à-dire, orné de pierres précieuses (1364, 3435), ou plus souvent doré : *En l'oret punt l'ad faite manuverer.* (2506 et aussi 2344.) Ce pommeau est assez considérable. Il est creux, et c'est la coutume des chevaliers d'y placer des reliques : *En l'oret punt asez i ad reliques.* (2344, et aussi 2503 et ss.) Charlemagne a fait mettre dans le pommeau de son épée l'*amure* de la lance avec laquelle Notre-Seigneur a été percé sur la croix. (2503 et ss.) L'auteur, comme on le voit, ne connaissait pas la légende de la Table Ronde : *Asez savum de la lance parler — Dunt nostre Sire fut en la cruiz naffret. — Carles en ad l'amure, mercit Deu. — En l'oret punt l'ad faite manuverer. — Pur ceste honur e pur ceste bontet. — Li nums Joiuse l'espée fut dunet.* Quant au pommeau de Durendal, il contient quatre reliques précieuses : du vêtement de la Vierge, une dent de saint Pierre, du sang de saint Basile et des cheveux de saint Denis. (2343 et ss.) Bref, le pommeau est ou peut devenir un Reliquaire. = Le *helz*, avons-nous dit, est la garde de l'épée. Elle est généralement dorée ; d'où l'expression : *d'espées* ENHELDÉES *d'or mier*. (3866.) Il paraît plus difficile, au premier abord, de comprendre les mots suivants : ENTRE LES HELZ *ad plus de mil manguns*. (621.) Mais le texte de Versailles nous en donne une explication acceptable : ENTRE LE HEUT ET LE PONT *qui est en son ; — De l'or d'Espaigne vaut dis mile mangon*. (V. 891.) = Entre les *helz*, entre le *helz* et le *punt*, se trouve la « poignée ». Elle est généralement très-étroite, très-grêle, comme on pourra s'en convaincre d'après les figures ci-contre, qui donneront d'ailleurs une idée très-suffisante de l'épée de notre Chanson...

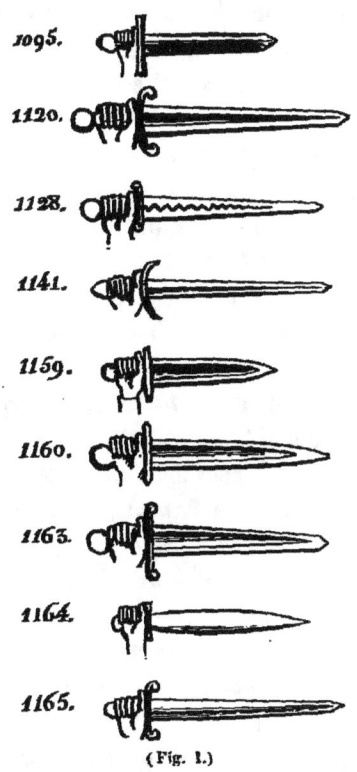
(Fig. I.)

2° LA LANCE ET L'ESPIET. — D'une étude fort attentive de notre texte, il résulte que les deux mots *lance* et *espiet* y désignent tantôt le même objet (vers 1033, 3818, etc.), et tantôt deux objets distincts. (Vers 541, 3080.) Mais, NEUF FOIS SUR DIX, la synonymie est complète, et le mot *lance*, qui est d'ailleurs bien plus rare dans notre poëme que le mot *espiet*, a presque partout exactement le même sens. = La lance se compose de deux parties : le bois, qui s'appelle la *hanste* et le fer, dont l'extrémité s'appelle *amure*. = La hanste est en bois de frêne : *Entre ses poinz tencit sa hanste fraisnine* (vers 720), ou en pommier : *Ardent cez hanstes de fraisne e de pumer*. (Vers 2537. Cf. la *Chronique de Turpin*, cap. IX.) Est-ce pour l'assonance ? — La hanste se tenait droite quand on ne se battait pas ; d'où l'expression si fréquente : *Dreites cez hanstes*. (Vers 1143 et *passim*.) Mais, dans le combat, on la *boutait* pour renverser ses adversaires : d'où le mot plus fréquent encore : PLEINE SA HANSTE *de l' cheval l'abat mort*. (Vers 1204, 1229, etc.) On la tenait au poing droit : *En lur puinz destres unt lur trenchanz espiez*. (Vers 3868.) On la faisait rouler dans la paume de sa main : *Sun espiet vait li ber palmeaint*. (Vers 1155.) = Nous n'avons aucun renseignement dans notre poëme sur la hauteur de la lance : cette hauteur, d'après tous les documents figurés, était considérable. L'auteur de la Chanson indique, comme par exception, que les Lorrains et les Bourguignons *espiez unt forz e les hanstes sunt curtes.* (Vers 3080.) Telle serait la dimension et la forme de l'*épieu*, qui est l'arme de chasse. C'est également par exception que le poëte signale la *hanste* de l'épieu de Baligant. *La hanste fut grosse comme un tinel ; — De sul le fer fust uns mulez trusset.* (Vers 3153, 3154.) La hanste, d'ordinaire, n'était pas si pesante ni si énorme. Elle se brisait même trop aisément : *Fiert de l'espiet tant cum hanste li duret* (vers 1322); et l'on se rappelle Olivier n'ayant plus au poing qu'un tronçon de bois ensanglanté, ou plutôt, comme le lui dit Roland, un vrai bâton. (Vers 1351 et suivants.) L'*amure* est en acier, en acier bruni : *luisent cil espiet brun,* etc. (vers 1043); en acier bien fourbi (vers 3482) et bien tranchant. (Vers 1301, 3351.) Mais, par malheur, rien dans notre texte ne nous fait connaître la forme et la dimension de l'*amure*. Les monuments figurés sont plus complets. (V. les figures 2, 3, 4.) = Les meilleures épées se seraient faites à Valence, suivant notre poëme ; mais *Valentineis* ne joue-t-il pas au vers 998 le même rôle que l'acier *vianeis* au vers 997? Affaire d'assonance. Il convient néanmoins d'observer ici que Rabelais dit, dans son *Gargantua* (I, 8) : *Son espée ne fut* VALENTIANNE *ny son poignart sarragossoys.* = 2° Bien moins précieuse que l'épée, la lance cependant peut recevoir un nom spécial : du moins l'*espiet* de l'émir s'appelle *Maltet.* (Vers 3152.) = Au haut de la lance est attaché, est « fermé » le *gonfanon* ou l'enseigne. (V. les fig. 2, 3, 4.) Le mode d'attache n'est pas spécifié, si ce n'est peut-être

1138.
(Fig. 2.)

1140.
(Fig. 3.)

dans un passage des manuscrits de Venise IV et Paris (V. les fig. 2, 3, 4), qui comble une lacune évidente du texte d'Oxford. Il y est question « de clous d'or qui retiennent l'enseigne ». (Müller, p. 95, 96.)

Ce gonfanon est de différentes couleurs. Ceux des Français, comme ceux des Sarrazins, sont *blancs e vermeilz e blois.* (Vers 999 et 1800.) Le gonfanon de Roland est tout blanc (*laciet en sum un gunfanun* TUT BLANC); celui de Naimes est jaune (vers 3427), etc. = Les enseignes sont quelquefois dorées : *Cil oret gonfanun* (vers 1811), c'est-à-dire sans doute brodées ou frangées d'or. Quelques-unes (celles des Pairs et des hauts barons) ont, en effet, des franges d'or qui descendent jusqu'aux mains du cavalier : *Les renges d'or li batent jusqu'as mains.* (Vers 1057.) Telle est l'enseigne blanche de Roland. Du reste, les gonfanons tombent jusqu'aux heaumes : *Cil gonfanun sur les helmes lur pendent.* (Vers 3006.) = Le gonfanon est presque toujours à pans, c'est-à-dire à langues. (V. les fig. 2, 3, 4. Cf. le vers 1228, etc. etc.) Quand on enfonce la lance dans le corps d'un ennemi, on y enfonce en même temps les pans du gonfanon (vers 1228) : *El cors li met tute l'enseigne* (vers 3427); *Tute l'enseigne li ad enz el cors mise.* (Vers 3363.)

1165.
(Fig. 4.)

= Ces petits gonfanons ne doivent pas être confondus avec la grande Enseigne, avec le Drapeau de l'armée. Geoffroi d'Anjou est le gonfalonier du Roi. (Vers 106.) C'est lui qui porte l'*oric flambe* : *Gefreid d'Anjou portet l'orie flambe. — Seint Pere fut, si aveit num Romaine; — Mais de Munjoie iloec out pris eschange.* (Vers 3093, 3095.) Ce texte est confirmé par plusieurs de nos autres romans, qui représentent Roland comme l'Avoué de l'Église romaine. (V. l'*Entrée en Espagne.*) Quant aux Sarrazins, ils font porter en tête de leur armée le Dragon de leur émir, l'étendard de Tervagant et de Mahomet, avec une image d'Apollin. (Vers 3268, 3550, etc.) En outre, Amboires d'Oluferne porte « l'enseigne de l'armée païenne » : *Preciuse l'apelent.* (Vers 3297, 3298.) = *Enseigne* et *gunfanun* paraissent, d'ailleurs, absolument synonymes.

3° La lance et l'épée sont en réalité les seules armes offensives dont il soit question dans notre poëme. Quand l'Empereur confie à Roland la conduite de l'arrière-garde, il lui donne, comme symbole d'investiture, un arc qu'il a tendu : *Dunez mei l'arc que vus tenez el' poign.* (Vers 767.) *Dunez li l'arc que vus avez tendut... Li Reis li dunet.* (Vers 780, 781.) = Lorsque Marsile s'irrite contre les violences de Ganelon, il lui jette *un algeir ki d'or fut enpenet.* (Vers 439, 442.) Il s'agit évidemment d'une sorte de javelot. = Enfin, pour achever

Roland sur le champ de bataille, les hordes sauvages qui l'attaquent lui jettent des *darz*, des *wigres*, des *muzeraz*, des *agiez*, des *giesers*... (Vers 2074, 2075, 2155.) Il s'agit ici de flèches de différentes espèces. Ce ne sont pas là, entendons-le bien, les armes régulières, même des païens, et, encore un coup, il n'y en a point d'autres que la lance et l'épée. — Mais arrivons aux ARMES DÉFENSIVES. = Les trois pièces principales de l'armure défensive sont le heaume, le haubert et l'écu. (V. la fig. 5.) 1º Le HEAUME est l'armure qui, concurremment avec le capuchon du haubert, est destiné à protéger la tête du chevalier. D'après les monuments figurés, le heaume (V. la fig. 6) se compose essentiellement de trois parties : la calotte de fer, le cercle, le *nasal* ou *nasel*. Cette dernière partie est la seule qui, dans notre poëme, soit nommée par son nom ; mais il est implici-

(Fig. 5)

1177. (Fig. 6.)

tement question des autres. = La calotte est pointue : *Sur l'elme à or agut.* (Vers 1954.) Comme tout le heaume, elle est en acier : *Helmes d'acer.* (Vers 3888.) Cet acier est bruni (vers 3603), et l'épithète que l'on donne le plus souvent au heaume est celle de *cler* (vers 3274, 3586, 3805) ou *flambius.* (1022.) Il faut croire que cet acier était souvent doré : c'est du moins la manière d'expliquer les mots de *helmes à or* (vers 3911 et 1954), à moins qu'il ne s'agisse uniquement ici que des richesses du cercle. = Le cercle ? On ne trouve pas ce mot dans notre poëme ; mais c'est du cercle sans doute qu'il est question dans ces vers où l'on montre le heaume semé de pierres fines, de pierres gemmées d'or, de perles gemmées d'or (de perles, c'est-à-dire de verroteries) : *L'elme li freint o li gemmes reflambent* (vers 3616) ; *L'elme li freint u li carbuncle luisent* (vers 1326) ; *Luisent cil elme as pierres d'or gemmées* (vers 1452 et 3306), etc. = Enfin le *nasel* est clairement et nominalivement indiqué par ces vers : *Tut li detrenchet d'ici que à l' nasel* (vers 1996) ; *Tresque à l' nasel li ad freint e fendut* (vers 3927), etc. Le « nasel » était une pièce de fer quadrangulaire, ou d'autres formes (V. la fig. 5), destinée à protéger le nez. L'effet en était disgracieux autant que l'emploi en était utile. = Une particularité qui est indiquée très-nettement, qui est vingt et cent fois attestée dans notre Chanson, c'est la manière dont le heaume était *fermé*, attaché sur la tête, ou plutôt sur le *capeler*, sur le capuchon de mailles. Ces deux mots vont souvent ensemble : *Heaumes lacés* (vers 712, 1042, 3086), etc. Et quand Roland va porter secours à l'archevêque Turpin : *Sun elme à or li deslaçat de l' chef.* (Vers 2170.) Tout au contraire, quand les héros s'arment pour la bataille, *lacent lur helmes* (vers 2989), etc. = Où étaient ces *lacs*, qui sans doute étaient des liens de cuir passant d'une part dans une maille du haubert, et de l'autre dans quelques trous pratiqués au cercle ? La question est assez difficile à résoudre, même d'après les monuments figurés. Ce qu'il y a de certain, c'est qu'il y en avait un certain nombre. Naimes reçoit de Canabeu un coup terrible qui lui tranche CINQ LACS de son heaume. Tout le passage est digne d'attention : *Si fiert Naimun en l'elme principal, — A l' brant d'acer l'en trenchet cinq des laz. — Li capelers un dener ne li valt; — Trenchet la coife entresque à la char.* (Vers 3432 et suivants.) Le *capelers* et la *coife*, c'est le capuchon du haubert, c'est le capuchon de mailles que l'on portait sous le heaume. On comprend aisément que pour ajuster un casque de fer sur un bonnet de mailles, il était absolument nécessaire de l'attacher. = Les heaumes de Saragosse sont renommés. (Vers 996.) Est-ce pour la qualité de leur acier ? Au XVIe siècle, Rabelais, comme nous l'avons dit, parle encore d'un *poignart sarragossoys*. (*Gargantua*, I, 8.) = 2° Le HAUBERT, c'est le vêtement de mailles, la tunique de mailles, la chemise de mailles. Sous le haubert on porte le *blialt*. Quand Roland porte secours à l'archevêque Turpin : *Si li tolit le blanc osberc leger. — Puis, sun blialt li ad tut detrenchet, — En ses granz plaies les pans li ad butet* (vers 2172), etc. Et c'est ce qui est encore mieux expliqué par ces vers de *Huon de Bordeaux* : *Li autre l'ont maintenant desarmé — De l' dos li ostent le bon osberc saffré; — Ens el bliaut est Hues demorés.* (Barstch, *Chrestomathie française*, 56, 31.) = Pour le haubert, il s'appelle dans notre poëme *brunie* ou *osberc*. Quelquefois, il est vrai, *brunie* paraît avoir un sens distinct : *Osbercs vestuz et lur brunies dubleines.* (Vers 3088.) Mais la synonymie est presque partout évidente. = A l'origine, la *brunie* paraît avoir été une sorte de « cuirasse de cuir » sur laquelle on avait cousu un certain nombre de plaques métalliques. Mais au lieu de plaques, ce furent quelquefois des anneaux cousus sur l'étoffe (voy. p.-e. la fig. 7), et de plus en plus rapprochés les uns des autres. De là au vêtement de mailles il n'y a pas loin. = Suivant un autre système, les Sarrazins auraient possédé

1195.
(Fig. 7.)

avant nous de ces vêtements, et les auraient fabriqués avec une certaine perfection que les chrétiens purent imiter. De là peut-être, dans notre poëme, la célébrité des *osbercs sarazineis*. Quoi qu'il en soit, et QUEL QUE SOIT AILLEURS LE SENS DE CE MOT, la *brunie* de la *Chanson de Roland* est absolument et uniquement un haubert, un vêtement de mailles parfait. Il se termine en haut par le *capeler,* ou capuchon de mailles qui se lace au haubert. (Vers 3432 et suivants.) Il s'attache sur le menton, qu'il préserve, et cette partie de la *brunie* s'appelle la « ventaille » : *De sun osberc li rumpit la ventaille.* (Vers 1298, 3449.) Quant à la chemise en elle-même, il ne nous reste malheureusement aucune indication dans notre poëme qui nous apprenne jusqu'à quelle partie du corps elle descendait. C'est un précieux élément de critique qui nous fait ici défaut. = Les épithètes que notre poëte donne le plus volontiers au haubert sont celles-ci : *blancs* (vers 1022, 1329, 1946, 3484), *forz* (3864), *legers.* (2171, 3864.) Les mailles sont très-distinctement indiquées. Elles sont de différentes qualités. Quelquefois fines : *Le blanc osberc dunt la maile est menue.* (Vers 1329.) D'autres fois (ce qui peut d'ailleurs se concilier avec la finesse), elles sont doubles : *De sun osberc li derumpit les dubles.* (Vers 1284.) *Paien s'adubent d'osbercs sarazineis. — Tuit li plusur en sunt dublez en treis.* (Vers 994, 995.) *Brunies dublées* (vers 711, d'après le texte de Venise), ou *dubleines.* (Vers 3088.) Enfin, il importe de signaler l'épithète de *jazezanc,* donnée à ce même haubert. Or *jazezanc* signifie : « qui est fait de mailles. » (Voir notre *Glossaire.*) Du reste, quand notre poëte veut exprimer que le haubert est mis en pièces, il se sert du mot *desmailer.* (Vers 3387.) = Dans la *Chanson de Roland*, le haubert est fendu. Deux fentes le partagent en deux pans, dont il est souvent question dans le poëme. Ces fentes étaient pratiquées non pas sur les côtés, mais sur le devant et le derrière du vêtement. Et c'est ainsi qu'il faut comprendre ce vers : *De son osberc li derumpit les pans.* (Vers 1300, 1553, 3571, 3465, etc.) = Les pans du haubert étaient parfois ornés, à leur partie inférieure, d'une broderie grossière en or, ils étaient *saffrés* : *Vest une bronie dunt li pans sunt saffret.*(Vers 3141.) *De sun osberc les dous pans li desaffret.* (V. 3426. V. aussi 3307, 1453, 1032, 2949, etc.) Cet ornement (consistant peut-être en fils d'or entrelacés dans les mailles, sur une surface peu étendue et formant une bande) ne se trouvait, semble-t-il, que sur les hauberts des grands personnages, des pairs et des comtes...

3º L'écu (voir les fig. 8 et 9) était alors *voutis*, c'est-à-dire « cambré ». Il était énorme, de façon à couvrir presque tout le cavalier, quand il était monté. Sa forme nous est clairement indiquée par les monuments figurés. = L'écu était fait avec du bois qu'on avait cambré et dont on mettait parfois double épaisseur. Sur ce bois on clouait du cuir : *Tranchent les quirs* E CES FUZ QUI SUNT DUBLES. — *Cheent li clou...* (Vers 3583, 3584.) Le cuir de l'écu *semble* avoir porté le nom de *pene* : *De sun escut li freint la pene halte.* (V. 3425 et aussi 1298.) Le champ de l'écu était « peint à fleurs » (vers 1810, etc.), c'est-à-dire qu'on y peignait des dessins d'enroulement romans. D'autres fois, il était revêtu seulement de couleurs vives : *L'escut vermeil li freint.* (Vers 1576.) *Tut li trenchat le vermeill e l'azur* (vers 1557); *le vermeil e le blanc.* (Vers 1299.) On va jusqu'à le dorer, du moins en partie : *L'escut li freint ki est ad or e à flurs.* (Vers 1354.) Enfin, l'écu merveilleux du païen Abisme est chargé de pierres, d'améthystes, de topazes, etc. (Vers 1660 et suivants.) = Au centre de l'écu est la *boucle* (V. les fig. 5 et 9), et c'est à cause de la *boucle* que l'on dit : *escut bucler* (vers 1283), et que plus tard on dira un « bouclier » tout court. La

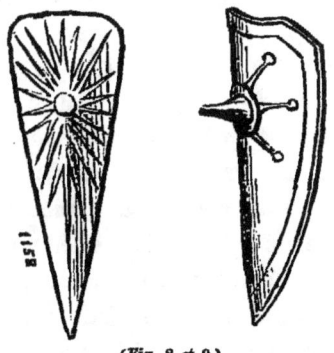

(Fig. 8 et 9.)

boucle (*umbo*) est une proéminence au centre de l'écu. Cette proéminence est assez large : *Cez bucles lées.* (Vers 3570.) La boucle est dorée (vers 1283) ou d'or : *D'or est la bucle e de cristal listet.* (Vers 3149.) *La bucle d'or mer.* (Vers 1314.) D'autres fois elle est en pierres précieuses : *Tute li freint la bucle de cristal.* (Vers 1263.) = La *Chanson de Roland* ne parle pas d'armoiries sur l'écu; mais il est un vers très-précieux qui prouve que déjà l'on se servait de certains signes de ralliement peints sur le bouclier : *Escuz unt genz de multes cunoisances.* (Vers 3090.) Il ne faudrait pas, d'ailleurs, tirer d'autres conclusions de ce vers. S'il est question quelque part *d'escuz de quarters* (vers 3867), il ne s'agit que des divisions naturelles de l'écu, de ces divisions que produisaient les bandes de fer destinées à soutenir le cuir sur le *fût*. = Le chevalier passait son bras dans les anses de l'écu, et, pendant le combat, il le tenait serré contre son cœur. Mais, durant la marche, les chevaliers, embarrassés de cet énorme écu, de ce *grant escut let* (vers 3148), le pendaient à leur cou : *Pent à sun col un escut de Biterne.* (Vers 2991. V. aussi 713, 1292, etc.) *En lur cols pendent lur escuz de quarters.* (Vers 3867.) La bande d'étoffe ou de cuir qui servait à suspendre le bouclier (V. la fig. 5) s'appelait la *guige* : *Pent à sun col un soen grant escut let.* — LA GUIGE *est d'un bon palie roet.* (Vers 3148, 3150.) = *Targes,* employé une fois dans notre chanson (*Targes roées,* vers 3569), nous paraît ICI le synonyme d'*escuz*. = Quelques mots sur les éperons. Ils se placent sur la chaussure ordinaire : *Esperuns d'or ad en ses piez fermez.* (Vers 345 et 3863.) Ils sont toujours « d'or pur », c'est-à-dire, en bon français, « dorés » : *Sun cheval brochet des esperuns d'or mer* (vers 1606); *d'or fin.* (Vers 3353.) — Les éperons sont pointus (V. les fig. 2, 3, 4, 7) et non pas à molettes : *Brochent le bien des aguz esperuns.* (Vers 1530.)

= Après le chevalier, il est très-juste de parler ici du cheval. — Le cheval est l'ami du chevalier; mais cette affection ne se fait pas jour dans la *Chanson de Roland*. En revanche, dans *Ogier le Danois*, poëme un peu postérieur et dont la légende est à peu près aussi ancienne, cette amitié trouve son expression. Quand le héros, après de longues années de captivité, demande à revoir son bon cheval Broiefort, on parvient à le lui retrouver, mais épuisé, pelé, la queue coupée : « Ogier le voit, de joie a soupiré. Il le caresse sur les deux flancs : « Ah! Broiefort, dit Ogier, quand j'étais sur vous, j'étais, Dieu me « pardonne, aussi tranquille que si j'eusse été enfermé dans une tour. » Le bon cheval l'entend; il avise tout de suite son bon seigneur qu'il n'a pas vu depuis sept ans passés, hennit, gratte le sol du pied, puis se couche et s'étend par terre devant Ogier, par grande humilité. Le duc le voit, il en a grand'pitié. S'il n'eût pleuré, le cœur lui eût crevé. » (Vers 10688 et suivants). Et dans *Aliscans*, Guillaume ne parle pas moins tendrement à son cheval Baucent : « Cheval, vous êtes bien las. Je vous remercie, mon cheval, et vous rends grâces de vos services. Si je pouvais arriver dans Orange, je voudrais qu'on ne vous démontât point ; vous ne mangeriez que de l'orge vanné, vous ne boiriez qu'en des vases dorés. On vous parerait quatre fois par jour, et quatre fois on vous envelopperait de riches couvertes. » (B. N., 753, f° 212.) Et Renaus de Montauban s'écrie dans les *Quatre fils Aymon* : « Si je te tue, Bayard, puissé-je n'avoir jamais santé! Non, non : au nom de Dieu qui a formé le monde, je mangerais plutôt le plus jeune de mes frères. » (B. N. 7183, f° 76.) Le héros qui a donné son nom à *Aubri le Bourgoing* regrette son cheval avec les mêmes larmes : *Ah! Blanchart, tant vous aveie chier. — Por ceste dame ai perdu mon destrier.* (B. N., 7227, f° 173.) D'ailleurs, le cheval rend bien cette affection au chevalier. Bayard, dans *Renaus de Montauban* : *S'a veü son seigneur Renaut, le fil Aimon. — Il le conust plus tost que feme son baron,* etc. etc. (Lav., 39, f° 22.) Étant donnée cette affection réciproque, il est à peine utile d'ajouter, d'après les textes précédents, que le cheval a un nom. C'est *Veillantif* (*Chanson de Roland*, vers 2160), *Tencendur* (vers 2993), *Tachebrun.* (Vers 347.) C'est *Saut-perdu, Marmorie, Passe-Cerf, Sorel,* etc. Du reste, si l'on veut avoir le « portrait en pied » d'un cheval, si l'on veut connaître l'idéal que s'en faisaient nos pères, il faut lire les vers 1651 et suivants : « Pieds *copiez,* jambes plates, courte cuisse, large croupe, flancs allongés, haute échine, queue blanche, crinière jaune, petite oreille, tête fauve. » Dans *Gui de Bourgogne* existe un portrait analogue : *Il ot le costé blanc comme cisne de mer, — Les jambes fors et roides, les piés plas et coupés, — La teste corte et megre et les eus alumés — Et petite oreillette, et mult large le nés.* (Vers 2326, 2329.) = Les chevaux célébrés dans nos poëmes étaient des chevaux entiers. = Le chevalier se rappelait volontiers où et comment il avait conquis son bon cheval : *Il le conquist es guez de suz Marsune,* etc. (Vers 2994.) = Malgré son amour pour la bête, le chevalier ne lui ménage pas les coups d'éperon : *Mult suvent l'esperonet.* (Vers 2996.) *Le cheval brochet.* (Vers 3165, etc.) Ces mots reviennent mille fois dans notre poëme : ce sont peut-être les plus souvent employés. Et il l'éperonne jusqu'au sang : *Li sancs en ist tuz clers.* (Vers 3165.) Avant la bataille, il lui *laschet les resnes* et fait *son eslais* (vers 2997, 3166), c'est-à-dire qu'il se livre à un « temps de galop ». Quelquefois, dans cet exercice, il fait sauter à son cheval un large fossé. C'est un petit carrousel. (Vers 3166.) = Le cheval de guerre s'appelle « destrier ». Le cheval de somme s'appelle *sumier, palefreid* (paraveredus), et l'on emploie aussi les mulets à cet usage : *Laissent les muls et tuz les palefreiz. — Es destrers muntent.* (Vers 1000, 1001. V. aussi les vers 755, 756.) = Notre vieux poëme nous parle plus d'une fois des étriers, mais sans nous en préciser la forme, et c'est ici que les monuments figurés viennent à notre aide. (V. les fig. 2, 3, 4, 7.) = Pour faire honneur à quelqu'un, et particulièrement au roi, on lui tient l'étrier : *L'estreu li tindrent Naimes et Jocerans.* (Vers 3113.) = Les selles étaient richement ornées *gemmées à or* (vers 1373), *orées* (vers 1605). La Chanson nous parle souvent des arçons, qui sont primitivement les deux arcs formant la charpente principale de la selle. (Vers 1229, etc.) Quant aux aubes de la selle, elles sont d'argent, quand elle est d'or. (Vers 1605.) = Les détails nous manquent sur les freins, qui sont également dorés (vers 2491), et sur les sangles. (Vers 3573.) Les sceaux du xiie siècle nous sont ici d'un précieux secours.

= Et maintenant, de tous ces passages de notre Chanson que nous avons soigneusement recueillis, pouvons-nous véritablement tirer quelques éléments de critique sur la date de cette œuvre célèbre? Le défaut de tous les vers que nous avons cités plus haut, c'est leur vague, c'est leur manque de précision, et rien n'est d'ailleurs plus facile à comprendre dans un poëme. Ainsi, nous n'avons rien d'exact dans toute notre Chanson sur la longueur du haubert, et cette longueur est peut-être le principal *criterium* pour déterminer une date précise. Il est seulement certain que notre *Roland* est antérieur à l'époque du « grand haubert », AU RÈGNE DE PHILIPPE-AUGUSTE. Voilà qui n'avance guère le problème.

J'ajouterai que, dans notre épopée, il n'est jamais question de chausses de mailles, et que l'usage de ces chausses a, suivant M. Quicherat, commencé sous le règne de Philippe Ier. (1060-1108.) Cet élément de critique est plus précis, et reporterait notre poëme à la dernière partie du xie siècle, qui est la date généralement admise. Mais, pour tout le reste, rien de scientifique. = D'autre part, nous avons vu les sceaux des xie et xiie siècles, conservés aux Archives de France. Or on peut dire, d'après ces documents figurés, que depuis la fin du xie siècle jusqu'à la seconde moitié du xiie, il n'y a pas eu dans nos armures un seul changement véritablement radical, et qui soit signalé dans le *Roland*. Les modes ne changeaient pas alors comme aujourd'hui, et les artistes qui gravaient les sceaux se contentaient trop souvent de copier des types antérieurs. = Quoi qu'il en soit, si nous avions, d'après de si vagues documents, une conclusion à tirer, NOUS PLACERIONS NOTRE POEME ENTRE LES ANNÉES 1060 ET 1090. Mais nous avouons que cette attribution n'a rien de rigoureux. Notre poëme lui-même ne nous permet pas d'aller plus loin. (V. la Collection des empreintes de sceaux aux Archives de France, et notamment les sceaux du xiie siècle, n°s 3928, 2929, 16187, etc. etc.) C'est d'après ces sceaux que M. Demay a dessiné, M. Fichot reporté sur bois, et M. Hurel gravé les neuf figures qui précèdent, et qui faciliteront à notre lecteur l'intelligence de cette partie de notre travail.

VERS 995. — *Dublez.* O. Le cas sujet exige au pluriel *dublet.*

VERS 996. — *Lor.* O. Lisez *lur.* = *Elmes.* O. Entre *elmes* et *helmes*, qui se rencontrent l'un et l'autre dans notre Ms., nous avons choisi la forme la plus étymologique. = Au vers 1001, lire plutôt *destriers.*

VERS 1004. — Lisez *graisles pur.* V. la note du v. 700 et celle du v. 17.

VERS 1006. — *Oliver.* O. V. la note du v. 176, et lire *Oliviers.*

VERS 1007. — *Purum.* O. C'est le seul cas où notre scribe écrive ce mot avec une seule r. Partout ailleurs il en met deux : *purrai*, 146. 581 ; *purrat*, 34, 156, 334, 1744 ; *purrum*, 1698, et *purruns*, 252 : *purrez*, 133, 2735 ; *purreit*, 534, 596.

VERS 1009. — Lire *bien.* = *Devuns.* O. V. notre note sur les premières personnes du pluriel au v. 42.

VERS 1010. — *Seignor.* O. V. la note des v. 17 et 51.

VERS 1013. — *Chascuns.* O. V. la note du v. 203. = Le Ms. porte *l'empleit;* erreur évidente. La correction est de Mu.

VERS 1014. — Le Ms. porte : *Que malvaise cançun,* ce qui forme un vers de douze syllabes et ne s'accorde pas avec *chantet.* = Lire : *Que malvais chanz de nus chantez ne seit.*

VERS 1015. — *Chrestiens.* O. Pour le cas sujet pluriel, il faut : *chrestien.*

VERS 1017. — *Oliver.* O. V. la note du v. 176. = Lisez : *Oliviers muntet de sur un pui haltur.* Nous avions d'abord supprimé le mot *haltur*, pour la mesure. Mais *pui* n'est pas admissible comme assonance dans un couplet en *ur*. = M. et G. ont lu un *pin*, ce qui constitue une erreur des plus grossières.

Vers 1022. — *Elmes.* O. V. la note du vers 996.

Vers 1024. — Lire *fel.*

Vers 1028. — Lire *Oliviers.* = *Muntet.* O. Pour le cas sujet, *muntez.*

Vers 1029. — Lire *bien.* = Vers 1030. *Asemblez.* O. Pour le cas sujet du pluriel, il faut *asemblet.*

Vers 1031. — *Elme.* O. V. la note du v. 996. = *Gemmez.* O. Pour le sujet pluriel, il faut *gemmet.*

Vers 1032. — *Escuz.* O. Au s. p. il faut *escut.* = *Osbercs.* O. Le cas sujet exige au p. *osberc.* = *Safrez.* O. Pour la même raison, il faut *safret.*

Vers 1033. — *Espiez.* O. Au s. p. *espiet.* = *Fermez.* O. Il faut au s. p. *fermet.*

Vers 1034. — *Sul.* O. Pour le cas sujet du singulier, il faut *suls.*

Vers 1036. — *Esguaret.* O. Pour la même raison, il faut *esguarez.*

Vers 1037. — *Avalet.* O. Même remarque.

Vers 1039. — « Le Ms. de Versailles nous offre deux rédactions des couplets LXXXIII-XCII. La première se rapporte au texte d'Oxford, à l'ancien texte que Versailles a fidèlement suivi jusqu'ici ; la seconde se rapporte au texte de Paris. — C'EST ÉGALEMENT ICI QUE COMMENCE CE DERNIER MANUSCRIT, dont les premiers feuillets sont perdus. Nous devrons désormais tenir compte de cette version pour le rétablissement de notre propre texte, parce que plusieurs choses Y SONT PUISÉES DIRECTEMENT DANS L'ANCIENNE SOURCE. » (Note de M. T. Müller.) = Le texte de Paris nous paraît ici offrir des longueurs qui ne se trouvaient point dans l'ancien texte. C'est Roland, et non pas Olivier, qui aperçoit l'armée païenne du haut d'une colline ; il exhorte ses soldats au combat, et l'auteur du Remaniement se met alors à décrire très-longuement l'armement des douze Pairs. Onze couplets lui sont nécessaires pour ce récit inutile. Après ces développements qui n'ont rien de primitif, Olivier conseille à Roland de sonner son cor, et nous retombons enfin dans notre couplet LXXXIV. Nous sommes très-convaincu qu'il y a là un délayage dont il faut rendre uniquement responsable l'auteur de ce *refazimento*. Le Ms. IV de Venise, qui suit le texte d'Oxford, n'offre rien de pareil : C'EST QUE RIEN DE PAREIL NE SE TROUVAIT DANS LA VERSION ORIGINALE. = Le texte de Paris n'en sera pas moins précieux pour toute la suite du récit, et nous n'en approuvons pas moins l'observation de M. Müller que nous avons citée plus haut. = Lire *Olivers.*

Vers 1042. — *Laciez.* O. On trouve *healmes lacez*, au v. 712. (V. ce mot dans notre *Glossaire.*)

Vers 1044. — *Avrez.* Mu. = *Unches.* O. V. la note du v. 629. = Lisez *tels* à cause du s. s.

Vers 1046. — *Vencuz.* O. A cause du s. p., il faut *vencut*.

Vers 1048. — On pourrait lire (au lieu de *uns*) *nus*, pour *nuls*, de *nullus*.

Vers 1049. — *Oliver.* O. V. la note du v. 176 et celle du v. 1500.

Vers 1051. — *Cumpaign.* O. Ce mot exige quelques réflexions. Au cas sujet du singulier nous n'avons JAMAIS dans notre texte que *cumpainz* (324, 546, 793, 941, 1368, 2404), lequel dérive, non pas de *cumpanio*, mais de *cumpanis*. Et même, au régime pluriel, nous avons une fois *cumpaignz* (3194) qui vient de *cumpanes*, de même que *bers*, au pluriel, ne vient pas de *barones*, mais de *baros*. = En revanche, nous avons pour le vocatif deux formes différentes : *cumpaign*, 1051, 1672, 1973, 2000, 2027, et *cumpainz*, 1059, 1503, 1983. La première dérive, pensons-nous, de *cumpanio*, mais la seconde de *cumpanis*. Toutes deux sont régulières, et nous avons choisi *cumpainz*. = Lire *Rollant* et non pas *Rollanz*. Partout ailleurs, au vocatif, nous avons imprimé *Rollant*.

Vers 1052. — *Ost.* O. Pour le s. s., il faut *oz*.

Vers 1056. — *Sanglant.* O. Pour la même raison, *sanglanz*. En nous conformant à notre note du v. 1079, lire *sanglenz en iert*.

Vers 1058. — *Vos.* O. = *Tuz sunt jugez.* O. Pour le s. s., il faut *tuit sunt juget*.

Vers 1059. — Lire *olifant*, qui est la forme régulière, venant d'*elephantem*. = *Car.* O. V. la note du v. 275.

Vers 1061. — *Nos.* O. V. la note du v. 17. — Le Ms. porte : *od tut sun barnet*.

Vers 1062. — *Respont.* O. *Respunt* (v. 156, 216) est plus conforme à notre phonétique. D'ailleurs l'*u* se trouve dans *respundet*, 22 ; *respundent*, 1946 ; *respundit*, 632 ; *respuns*, 420...

Vers 1068. — *Asemblez.* O. Pour le cas sujet, il faut *asemblet*.

Vers 1069. — *Vos.* O. V. la note du v. 17. = *Tuz sunt à mort liverez.* O. Il faut au cas sujet *tuit* et *liveret*. Pour ce dernier mot, voyez la note du v. 38.

Vers 1070. — Lire *olifant*. V. la note du v. 1059.

Vers 1071. — *Passant.* O. V. la note du v. 611.

Vers 1072. — Lire *jo*. = *Vos.* O.

Vers 1075. — *Cornant.* O. V. la note du v. 611.

Vers 1076. — *Avrunt.* Mu.

Vers 1079. — Lire *sanglent*. O. On trouve les deux formes *sanglanz* (1056 et 1711), et *sanglent* (1079, 1507, 1623). Mais l'étymologie est *sanguilentus*, et l'on ne trouve au féminin que *sanglente* (1399, 1586, 1785, 3921). Cf. *ensanglentet*, 1067.

Vers 1081. — *Avrunt.* Mu.

Vers 1082. — *Olivers.* O. V. la note du v. 176 et celle du v. 1500.

Vers 1084. — *Cuverz.* O. Pour le cas sujet du pluriel, *cuvert.*

Vers 1086. — Lire *grant* au lieu de *granz.* O., à cause du sujet pluriel. V. la note du v. 20.

Vers 1088. — *Graigne.* O. Mu. propose avec raison la correction *graindre,* qui est le véritable comparatif de *granz.*

Vers 1089. — Écrire *angeles. Ne placet Damne Deu ne ses angles.* O. Mu. a emprunté ce vers au Ms. IV de Venise : *Ne plaça Deo ne ses santisme angle.*

Vers 1092. — *Nos.*

Vers 1093 et 1099. — *Olivers.* O. V. la note du v. 176 et celle du v. 1500.

Vers 1100. — Lire *olifant.* V. la note du v. 1059. = *Vos.* O.

Vers 1104. — *Dolente est la.* O. La correction est de Mu.

Vers 1109. — *Nos.* O.

Vers 1110. — On peut effacer *la.*

Vers 1111. — *Fiers.* O. C'est ici le cas régime, et il faut *fier.* = *Leon.* O. V. la note du v. 30. = On pourrait écrire également *leuparz.*

Vers 1113. — *Amis.* O. V. notre note sur les vocatifs (au v. 15).

Vers 1114. — *Nos.* O. = Lire *laissat.* (Note du v. 265.)

Vers 1117. — *Susfrir.* O. Erreur du scribe.

Vers 1119. — *Char.* Lire *carn.* V. la note du v. 3436.

Vers 1120. — *Ta* n'est pas dans O. Mu. a suppléé *la,* et je pense qu'il a raison; car Roland ne tutoie pas Olivier.

Vers 1122. — *Avrat.* Mu.

Vers 1123. — *E purrunt dire que ele fut à noble vassal.* O. La correction est de Mu.

Vers 1124. — *Turpin.* O. Pour le cas sujet, *Turpins.*

Vers 1130. — *Avrez.* Mu. = *Tuz.* O. Pour le cas sujet, il faut *tuit.* = Pour la même raison, lire *fid* ou *fit,* au lieu de *fiz.*

Vers 1134. — *Seinz martirs.* O. Il faut ici le cas sujet : *seint martir.* Pour ce dernier mot, se reporter à la note du v. 20.

Vers 1135. — *Avrez.* Mu.

Vers 1136. — *Decendent.* O.

Vers 1137. — *Arcevesque.* O. Pour le cas sujet, il faut *arcevesques.* = Tout ce passage a été imité dans *Aspremont.* (B. N. 2495, f°s 123, 124.) Le Pape, dans ce dernier roman, tient la place de Turpin.

Vers 1138. — *Les cumandet.* O. La correction est de Müller, d'après Venise IV.

Vers 1139. — Lire en assonances, à la fin des vers de ce couplet les mots : *pecchiez, seigniez, destriers, chevaliers, apareilliet, Olivier, saviez, deniers, vengier, marchiet, eslegier.*

Vers 1140. — *Asols et quites.* O. Le cas sujet exige *asolt* (*absoluti*) et *quite* (*quiti*).

Vers 1141. — *Arcevesque.* O. Pour le cas sujet, il faut un *s*.

Vers 1142. — *Muntez.* O. Pour le s. p., il faut *muntet*.

Vers 1143. — *Adobez.* O. Id. La vraie forme est *adubet*. (V. les v. 713, 993, 994, 1793, 1797, 2470, 2777, 2987, 3134, 3139.)

Vers 1144. — *Apareillez.* O. Pour le s. p., il faut *apareilliet*.

Vers 1146. — *Vus* n'est pas dans O.

Vers 1147. — *Nos.* O.

Vers 1149. — *Nos.* Id.

Vers 1150. — *Marsilie.* O. Pour le s. s., il faut *Marsilies*.

Vers 1151. — *Estuvrat.* Mu. V. la note du v. 38.

Vers 1152. — Il y a ici, dans le texte de Paris, trois couplets de plus que dans celui d'Oxford : ce sont les *laisses* cv, cvi, cvii de ce Remaniement. Je ne pense pas qu'elles aient été dans le texte original. On y voit Estoult de Langres, Engelier le Gascon et Turpin de Reims prononcer des discours et faire des prières. Ce sont là, suivant nous, des additions évidentes.

Vers 1154. — *Avenanz.* O. Il faut *avenant* pour le sujet pluriel.

Vers 1155. — Au lieu de *e*, le Ms. porte *mais*. = Lire *ber*. = *Palmeiant*. O. Le cas sujet exige *palmeianz*. (V. la note du v. 611.)

Vers 1156. — *Turnant.* O. Il faut *turnanz*. (V. la note du v. 611.)

Vers 1157. — *Laciet.* O. V. la note du v. 1042.

Vers 1158. — *D'or* n'est pas dans le Ms. Mais Venise IV donne *li bande à or*; Paris : *les laingnes d'or*, et Versailles : *les langues d'or*. La correction est de Mu. = *Josqu'as.* O. V. la note du vers 510.

Vers 1161. — *Sun cumpaignun.* O. Le cas sujet exige *sis cumpainz*. = *Sivant*. O. Pour le s. s., il faut *sivanz*.

Vers 1163. — Le manuscrit porte *humeles*. Nous ne savons pas pour quelle raison Mu. a supprimé l'*s*.

Vers 1165. — *Barons.* O.

Vers 1166. — *Vont.* O. = *Matirie.* O. Erreur due peut-être à une prononciation rapide.

Vers 1167. — *Avrum.* Mu.

Vers 1170. — *Oliver.* O. V. la note du vers 176 et celle du v. 1500.

Vers 1171. — Lire *olifant.* V. la note du vers 1059.

Vers 1172. — *Vos.* O. Remarquer l'expression *nen aveit mie*, qui se retrouve souvent dans notre texte. (Cf. le *Glossaire*.)

Vers 1173. — Lire *ber*.

Vers 1175. — *Vos.* O.

Vers 1176. — *Seignors.* V. la note du vers 51.

Vers 1177. — *Purpensez.* O. Pour le cas sujet, il faut *purpenset*.

Vers 1178. — *Receivre.* Mu. V. la note du vers 38.

Vers 1186. — *Sarrazins.* O. Pour le s. p., il faut *Sarrazin* (*Sarraceni*).

Vers 1187. — Il y a ici, dans les textes de Paris, Venise VII, etc., un couplet de plus que dans celui d'Oxford. Il nous paraît répéter le couplet précédent sous une forme un peu différente, et Roland y jette son cri de guerre contre les païens. Voici cette laisse: *Si cum les os se durent aprochier, — Li cuens Rollans, o le coraige fier, — Onques le jor ne volt croire Olivier : — Ains qu'en issist, le compera moult chier. — Roidist la jambe, si s'affiche en l'estrier; — Venu i sont à force et sans dangier. — Près sont paien le trait à I. archier; — Rollans escrie: « Or à euls, chevalier ! » — La veïst on tante lance empoingnier, — Tant espié fort branler et paumoier. — Grans fu la noise as lances abaissier; — Les maistres rans font de II. pars ploier. — Li niés Marsille laist corre le destrier ; — Devant les autres le trait à I. archier, — Vait querre jouste por son pris essaucier.* (Texte de Paris, vers 1859 et ss.)

Vers 1192. — *Vos.* O.

Vers 1193. — *Vos.* O.

Vers 1194. — *Enquoi.* O. *Encoi* se trouve aux vers 1167, 2981.

Vers 1195. — *Charles.* O.

Vers 1201. — *Desevret.* Mu. V. la note du vers 38.

Vers 1205. — *Meitez.* O. Cette forme se trouve aux vers 473, 1264, 1484. Mais ce mot ne se rencontre, comme assonance, que dans les couplets en *ier*.

Vers 1206. — *Leserat.* O. V. la note du vers 265.

Vers 1207. — *Fol.* O. Pour le cas sujet, il faut *fols.*

Vers 1208. — Notre principe étant de ne jamais toucher aux assonances qu'en cas de nécessité évidente, nous laissons *volt*. Mais partout ailleurs, nous avons mis *voelt*.

Vers 1209. — *Laisad.* O. Pour les deux *ss*, voyez la note du vers 265. = Pour le *d* changé en *t*, se reporter à la note des vers 2 et 122.

Vers 1210. — *Oi.* O. *Oi* ne se rencontre que trois fois dans notre texte. (1210, 2598, 2940.) *Hoi*, qui d'ailleurs est plus étymologique, se rencontre beaucoup plus souvent. (1191, 1936, 1985, 2107, 2147, 2703, 3100, 3629, 3898...)

Vers 1211. — *Francs.* O. V. notre Théorie sur les vocatifs. (Note du vers 15.)

Vers 1212. — *Nos.* O.

Vers 1213. — *Un duc.* O. Pour le cas sujet, il faut *uns dux*. = *Falsaron.* O. V. la note du vers 30.

Vers 1215. — *Datliun e balbiun.* O. La correction est de G. et Mu., d'après Versailles. A l'appui de cette leçon, Venise VII donne également : *Cil tint la tere Dathan et d'Abiron.*

Vers 1216. — *At.* O. V. la note du vers 2. = *Encrismé.* V. O. notre note sur les participes (au vers 703).

Vers 1217. — Nous avons supprimé *dous*, qui rompt la mesure. = *Front.* O. V. la note du vers 30.

Vers 1218. — *Hum*, pour l'assonance. Le Ms. porte *hom*.

Vers 1219. — *Nevuld*, pour la même cause, au lieu de *nevold*. O.

Vers 1220. — *Prese.* O. L'étymologie veut *presse*, qui se trouve au vers 933, etc.

Vers 1221. — *E se s'escriet.* O. Erreur évidente. = *Paienor.* O. Voir la note du vers 30. = Le Ms. de Lyon, QUI COMMENCE ICI, nous fournit ces deux vers : *Il escriat fortement à cler son :*— « *Hui perdra Karles de ses loz grant porçon.* »

Vers 1223. — *Enquoi.* O. V. la note du vers 1194. = *Onur.* O. V. la note du vers 45.

Vers 1224. — *Oliver.* O. V. la note du v. 1500.

Vers 1225. — *Oriez.* V. la note du vers 466.

Vers 1226. — *Baron.* O. V. la note du vers 30.

Vers 1229. — *Arçuns.* Les arçons, les parties relevées en avant et en arrière de la selle, dont les Orientaux ont conservé la forme et le vaste développement : *Arciones vocamus ab arcu quod in modum arcus sint incurvi.* (Saumaise.) Plusieurs arçons de derrière, des XIIe, XIIIe et XIVe siècles sont parvenus jusqu'à nous, les uns en métal repoussé, émaillé ou ciselé, les autres en bois sculpté : « Pierre de Blois, au XIIe siècle, parle de combats de cavalerie peints sur les arçons, et le moine Théophile, au XIIIe siècle, décrit cette ornementation comme étant de vogue, et dès longtemps établie. » (*Glossaire des Émaux,* par L. de Laborde, au mot *Arçons.*)

Vers 1231. — *Raison.* O. V. la note du vers 30.

Vers 1232. — *Essoign.* O. *Id.*

Vers 1233. — *Francs.* O. V. notre note du vers 15, sur les vocatifs.

Vers 1235. — *Corsablix.* O. V. les différentes leçons données dans notre note du vers 885.

Vers 1236. — *Estrage.* O. L'*n* a été omis ou effacé.

Vers 1237. — *Apelad.* O. V. notre note des vers 2 et 122.

Vers 1241. — *Charles.* O. La grammaire et la mesure exigent le cas oblique. = Pour le *c* au lieu du *ch*, voyez le vers 94. = *Un sul guarit.* O. Au cas sujet, *uns suls guariz.* = Lyon : *Que jamais Karles nes porra garantir.*

Vers 1242. — *Le jur.* O. Pour le s. s., il faut *li jurz.* = *Estuvrat.* Mu. V. la note du vers 38.

Vers 1243. — *Turpin.* O. Pour le cas sujet, il faut *Turpins*.

Vers 1244. — *A.* O. La vraie forme est *ad*, que notre texte offre dix-neuf fois sur vingt. = *Tant* n'est pas dans le Ms. Il est suppléé par Mu. — Génin avait suppléé *plus.* = Venise VII nous donne cette variante : *Soz ciel n'a home qi si soit à graadir.*

Vers 1246. — *Alet.* C'est un s. s. m. Il faut *alez*.

Vers 1247. — *Descumfist.* O. L'*m* ne s'explique pas. On ne le retrouve ni dans *descunfisum* (1894) ni dans *descunfite* (3362).

Vers 1253. — *Vos.* O.

Vers 1254. — *Mi sire.* O. V. la note du vers 636. = *Guarant.* O. Il faut, au s. s., *guaranz*.

Vers 1256. — *Feruns.* O. V. notre note du vers 42.

Vers 1257. — *Vos.* O.

Vers 1259. — *Premer colp.* O. Pour le cas sujet, il faut *premiers colps*.

Vers 1260. — *Por.* O.

Vers 1261. — *Engelers fiert.* O. La correction de Mu. est justifiée par le Ms. de Lyon, dont l'éditeur allemand ne s'est pas servi. *E Gerins fiert Mauprime de Gerbal.* Ce sera plus tard le tour d'Engelier (vers 1289 et ss.), qui ne peut pas figurer deux fois dans cette série de combats.

Vers 1264. — *Meitiet.* O. V. la note du vers 1205.

Vers 1265. — Lisez *carn*, qui est plus étymologique et se trouve au vers 3606. (Cf. *car*, 2141, 2942; *carnel*, 2153; *carner*, 2949, etc.)

Vers 1269. — *Gilbers*, Lyon. = Ce même manuscrit nous donne *amaroine*, au lieu d'*amurafle*.

Vers 1271. — *Ment.* O. Erreur du scribe; correction de G. et de Mu. = *Sun gonfanon li fit el cors baignier*, Lyon.

Vers 1272. — *Bien.* O. V. la note du vers 34, et surtout celle du v. 1500.

Vers 1274 — *Oliver.* O. V. la note du v. 1500.

Vers 1276. — *A flurs e ad or.* O. Cf. le vers 1354.

Vers 1277. — *Guarant.* O. V. la note du vers 1254.

Vers 1278. — *Firie.* O. Mu., etc.

Vers 1279. — *Mort* n'est pas dans O. = *Mort le trabuche de l'auferant crenu*, Lyon.

Vers 1280. — *L'arcevesque... Cist colp.* O. Il y a là deux infractions à la règle du cas sujet. Il faut *arcevesques* et *colps*. = *Baron.* O. V. la note du vers 30.

Vers 1281. — *Laiset.* O. V. la note du vers 265.

Vers 1283. — Dans notre traduction, lire *au-dessous de*, et non pas *au-dessus*.

Vers 1288. — *Colp.* O. Pour le s. s., *colps*. = *Produme.* O. Lire *prozdume*.

Vers 1292. — *Escantelet.* O. Lyon : *Desoz la bocle li fraint et escartele.*

Vers 1293. — Telle est la version d'O. Génin lui a substitué celle-ci, d'après le texte de Versailles : *L'osberc li fause de* desus *la gonelle.* Il était amené à ce changement par une fausse théorie de l'assonance. —Je veux bien que Lyon soit ici, à un mot près, tout semblable à Versailles : *L'osberc li fause de* desoz *la gonelle.* Mais, en thèse générale, de tels changements ne sont pas admissibles. L'armure du chevalier, à l'époque où fut rédigé le texte d'Oxford, n'était pas la même qu'à celle où furent composés nos premiers *Refazimenti*, et l'on court risque de tomber en de terribles anachronismes. (V. notre note sur l'armure, au vers 994.)

Vers 1296. — *Turnez.* O. Engelier s'adresse ici à tous les païens. C'est donc un s. p. m., et il faut *turnet.*

Vers 1297. — *Gualter.* O.V. la note du v. 1500. = *Otes* est une excellente correction de Mu., d'après Versailles et Paris. Venise VII donne également *Otes.* Quant à Lyon, que Mu. n'a pas consulté, il donne : *Huez fu prouz, moult ot le cuer joiant.*

Vers 1303. — *Avrez.* Mu. V. la note du vers 38.

Vers 1304. — *Berenger.* O. V. les notes sur Olivier. (V. 176 et 1500.) = *Astramariz.* Lyon donne *Estormariz*; Venise VII, *Astramariz*; Paris, *Estomaris*; Versailles, *Estormiz*; Venise IV, *Estramatis.*

Vers 1305.—*Descunfist.* O. V. la note du vers 1217.

Vers 1310. — *Ço est Corsubles et li rois Margariz*, Lyon.

Vers 1311. — *Vaillant.* O. V. notre note du vers 611. = *Vaillanz* est un des trois adjectifs verbaux et participes présents qui, dans notre manuscrit, sont soumis par le scribe à la règle commune de la déclinaison romane. (Vers 3186.) = Lire en assonances, à la fin des vers de cette laisse, les mots *chevaliers, legiers, Olivier, mier, tuchiet, desturbier.*

Vers 1315. — *Ell cors.* O. Erreur évidente.

Vers 1317. — *Mie ne l'.* Mu. Correction qui nous semble superflue.

Vers 1319. — *Gresle.* O. V. la note du vers 700. *Graisle* est, de beaucoup, la forme la plus usitée.

Vers 1323. — *Cols.* O. Erreur évidente.

Vers 1326. — *Elme.* O. (V. la note du vers 996.) Le vers 1798 prouve que l'*h* n'était pas aspirée : *D'osbercs et de helmes e d'espées à or.* (V. la note du v. 45.)

Vers 1327.—*Trenchet le cors.* O. Correction de M. Müller, justifiée par Venise IV et aussi par Lyon : Le chief *li tranche qui onques ne quist jointure.*

Vers 1330. — Lire *e* au lieu de *et.*

Vers 1333. — *[Juint]ure.* O. Les cinq premières lettres font défaut.

Mi. avait proposé *demure*; G. *juinture.* Venise VII donne : *E le destrier de ci qu'en la janteure.*

Vers 1334. — *Pred.* O. V. la note du vers 2.

Vers 1336. — *Avrez.* Mu.

Vers 1337. — *Oi.* O. V. la note du vers 1210.

Vers 1342. — *Li.* O. Au cas régime, il faut *le.*

Vers 1343. — Lire *sanglent.* V. la note du vers 1079. = *La* n'est point dans le manuscrit.

Vers 1345. — *Oliver.* O. V. la note du vers 176 et celle du v. 1500.

Vers 1347. — Lyon : *Fierent et chaplent.*

Vers 1349. — *L'Arcevesque.* O. Pour le cas sujet, il faut un *s*.

Vers 1351. — *Oliver.* V. la note du vers 176 et celle du v. 1500. = *Estor.* O. V. la note du vers 30.

Vers 1353. — *Fauseron.* Lyon. Le Ms. d'O. ne porte que *Malun.*

Vers 1354. — *Flur.* O. Cf. le vers 1276, où *flurs* est avec raison au pluriel.

Vers 1355. — *Andous.* O. Mauvaise leçon. V. le *Glossaire.* Nous y avons établi que la meilleure forme est *ambedui, ambesdous;* puis, *ambdui, ambsdous;* puis enfin : *amdui, amdous.* Nous avons choisi la forme la plus correcte, et celle qui peut en même temps se prêter le mieux à la mesure du vers. = Remarquer encore qu'*amdous, ambsdous* rime avec des mots en *u* : d'où l'on peut conclure rigoureusement que, dans un grand nombre de cas, l'*u* se prononçait *ou*. = Lyon : *For de la teste li a les ieuz sachiez.*

Vers 1356. — [*Des*] *uz.* O. Les trois premières lettres sont absentes. = *E la cervele li abat à ses piez*, Lyon.

Vers 1357. — *Entre VII.* C. Mu. *Od tut* nous paraît une bonne leçon. = Au lieu de *mort,* le manuscrit d'Oxford donne *e cor, et tot.*

Vers 1358. — *Pois.* V. la note du vers 656.

Vers 1359. — Au lieu d'*Esturgus,* Lyon donne *Maucuidanz.*

Vers 1359. — *Josqu'as.* O. V. la note du v. 510. = *Poinz.* O. Voir la note du v. 415.

Vers 1360. — *Vos.* O.

Vers 1362. — *Valor.* O. V. la note du v. 30.

Vers 1363. — *Halteclere.* Voici, en quelques propositions, l'histoire de l'épée d'Olivier : A. Suivant l'auteur de *Fierabras* (v. 655), Hauteclère est l'œuvre de Galant. B. La version provençale du même poëme l'attribue à Munificans. (*Pueis fe Munificas,... Autaclara e Joyosa.*) C. Elle fut, avec Courtain et Durendal, essayée sur le perron d'acier qui se trouvait à Aix, devant le Palais du roi (*Renaus de Montauban*, édition Michelant, p. 210), et elle résista merveilleusement à cette épreuve. — D. C'est dans *Girars de Viane* que son histoire est racontée le plus au long. Œuvre de Munificans, qui l'avait forgée à Rome, elle avait d'abord appartenu à l'empereur romain Closamont (et, par parenthèse, M. Victor Hugo, dans sa *Légende des siècles,* a pris ce nom pour un nom d'épée). Mais, un jour, Closamont la perdit dans un bois, au milieu même de la bataille où le tua Maucon de Valfondée. Des faucheurs la retrouvèrent et l'apportèrent au Pape, qui vit le mot *Hauteclère* écrit sur l'acier, admira beaucoup cette épée au pommeau d'or et la fit mettre dans son Trésor. Quand Pépin se fit couronner à Rome, il la prit, puis la donna au duc Beuves, qui la vendit à un juif. Or ce juif est précisément ce Joachin qui, dans ce même roman de *Girars de Viane,* se charge de fournir les armes d'Olivier luttant contre Roland. Une première épée a été brisée par le neveu de Charlemagne : Joachin la remplace par Hauteclère. Et c'est depuis lors que cette épée a conquis tant de gloire. (*Girars de Viane,* dans I. Bekker, v. 2671.) Cf. la note de Génin, p. 390. — Et deux fois Olivier faillit la perdre : Maugis la lui vola une première fois (*Renaus de Montauban,* édition Michelant, p. 306), et Alori, une seconde. (*Jehan de Lanson,* B. N. 2495, f° 2, v° et suiv.)

Vers 1365. — *Poi.* O. *Puis* est la forme la plus étymologique. La notation *ui* est en harmonie avec la phonétique de notre texte. — *Oliver.* O. = Lire *Oliviers.*

Vers 1366. — Lire *Ai jo.* Mu. = *Bosoign.* O. Pour la phonétique et l'assonance, il faut *bosuign,* qui se trouve au v. 1619.

Vers 1367. — *Oliver.* O. V. la note du v. 1500.

Vers 1368. — *Que ses compainz Rollanz li ad tant demandée.* O. Le vers a douze syllabes : nous l'avons réduit à un décasyllabe, en supprimant *Rollanz,* qui est inutile. = *Ses.* O. V. la note du v. 39. = *Li* n'a pas été lu par Mi. G. Mu. Le manuscrit le porte très-visiblement.

Vers 1369. — *Chevaler.* O. Ce mot se rapportant à Olivier, qui est le sujet, doit prendre l'*s*. V. la note du vers 1500.

Vers 1370. — *Justin de Val-Fondée.* Lyon.

Vers 1371. — *Sevrée.* Mu. V. la note du v. 38.

Vers 1372. — *La* n'est pas dans le manuscrit. Mu. propose *sa.*

Vers 1373. — *A or.* O. Ailleurs, il y a *ad or.* (1542, etc.) Ce *d* est uniquement euphonique. (V. le *Glossaire.*)

Vers 1374. — *Ceval.* O. V. la note du v. 1379. = *A l'eschine.* O. *Habet* a donné : *ad, at, a.* Les trois formes, comme nous l'avons dit et devons une dernière fois le répéter, se trouvent dans notre Chanson. La dernière est la moins étymologique et la plus rare. La première se rencontre dix-neuf fois sur vingt; nous l'avons partout adoptée.

Vers 1375. — *Loi.* O. *Lui,* plus conforme à la phonétique de notre texte, s'y trouve d'ailleurs presque exclusivement employé.

Vers 1376. — *Or* n'est pas dans le manuscrit.

Vers 1377. — *Eimet.* O. Ne se rencontre qu'une fois dans le texte de la Bodléienne. Partout ailleurs c'est *aimet*, que nous avons rétabli.

Vers 1379. — *Ceval.* O. La forme la plus commune est *cheval*, et il en est de même pour *chevaler, chevalcher*, etc. etc. Le *ch* était ici, très-visiblement, passé dans la langue; nous l'avons conservé ou restitué partout. = *El ceval Sorel.* Mu. Nous avons fait de *Sorel* le nom du cheval, ce qui nous paraît justifié par le vers suivant. Lyon donne *Morel.*

Vers 1380. — *Gerins... sor le pluz bel*, Lyon.

Vers 1381. — *Lor.* O. V. la note du v. 17. = *Amdui.* O. V. la note du v. 1355. = *A ait.* O. Presque partout on trouve euphoniquement *ad ait.* (Vers 1181, 1381, 1802, 1844...)

Vers 1383. — *L'un.* O. Pour le cas sujet, il faut *l'uns.*

Vers 1388 et 1389. — Le manuscrit donne ici un seul vers : *Espués, icil fu filz Borel*, qui n'a aucun sens. D'après Venise IV, Paris, Versailles et le *Ruolandes Liet*, Mu. a reconstitué les deux vers, tels qu'ils étaient dans l'original. = Venise VII reproduit la même leçon que Versailles : *Aspremereins i fu, li fiz Abel; — Celui ocist Engelers de Bordel.* = Dans Lyon, ces deux vers sont omis.

Vers 1390. — *L'arcevesque.* O. Pour le cas sujet, il faut un *s.* = *Lor.* O. V. la note du v. 30 et aussi du v. 17.

Vers 1392. — Ce vers et les suivants ont été fort grossièrement imités par les auteurs de nos Remaniements. Lyon appelle l'enchanteur du nom de *Gocel*, et ajoute : *L'enchanteür qui, par son grant revel, — Fu en enfer por faire son bordel.* = Venise VII, qui diffère peu de Versailles, est plus long : *Turpins de Reins i ocist Singlorel, L'enchanteor qui, par son grant revel, — Fu en enfer por faire son avel. — Par artimaix le conduit Pinabel.* On ne s'attendait guère à voir Pinabel en cette affaire. Paris n'est pas meilleur : *Torpins de Rains gieta mort Gloriel, — L'enchanteor qui, par son grant revel, — Fu en anfer por faire son avel. — Par droite voie l'i conduist Jupitel.* = Il est trop connu que les divinités du paganisme étaient considérées comme des démons.

Vers 1393. — *Turpin.* O. Pour le cas sujet, *Turpins.* = *Forsfait.* O. Pour la même raison, *forsfaiz.*

Vers 1394. — *Vencut est li culvert.* O. A cause du cas sujet, il faut *vencuz est li culverz.*

Vers 1395. — *Itels colps.* O. Pour le cas sujet, *itel colp.*

Vers 1397. — *Merveilus.* O. Nous avons substitué *merveillus*, qui se trouve presque partout ailleurs.

Vers 1399. — *Tant.* O. Il faut l'accord avec *hanste.*

Vers 1400. — *Rumpu.* O. V. notre note sur les participes. (V. 1216.)
= *Tant enseigne.* O. Même remarque qu'au v. 1399.

Vers 1401. — *Lor.* O.

Vers 1402. — *Lor.* O.

Vers 1404. — *Karles.* O. Voir la note du v. 94. Il faut réunir les deux couplets cx et cxi.

Vers 1405. — *Avrunt.* Mu. V. la note du v. 38. = *Sucurance.* O. *Succurance* est plus étymologique : les deux *cc* se trouvent dans *succurez*, 3378; *succuras*, 3996; *succurrat*, 1061, 3443.

Vers 1406. — *Servis.* O.

Vers 1409. — *Juget.* O. Pour le cas sujet, il faut *jugez*.

Vers 1410. — *Tels.* O. Pour le s. p., il faut *tel*.

Vers 1412. — *Pesant.* O. V. la note du v. 611. = Il manque ici plusieurs couplets relatifs à l'attaque de Gautier par Almaris et à la défaite de ce corps d'armée chrétien. Je ne vois pas que M. Müller se soit préoccupé de cette importante lacune. Nous avions essayé de la combler, d'après les textes de Paris et de Venise VII; mais nous ne nous dissimulons pas qu'ici la difficulté était considérable :

> Li reis Marsilies, od la sue cumpaigne,
> Par un destreit merveillus e estrange,
> Vait à Gualtier ki guardet la muntaigne
> E les destreiz devers les porz d'Espaigne.
> Reis Almaris le jur portat l'enseigne.   Aoi.

> Reis Almaris est sur le munt venuz,
> E de païens seisante milie od lui.
> Franceis assaillent par force et par vertut,
> Par grant irur trestuz les unt feruz,
> Tuz les unt morz, ociz e cunfunduz.
> Sur tuz les altres est Gualtiers irascuz,
> Trait son espée, enbracet sun escut.   Aoi.

> Si cum Gualtiers fut ad els ajustez,
> Païen l'assaillent en virun de tuz lez.
> Sis forz escuz li est fraiz e quassez,
> Sis blancs osbercs rumpuz e desmailez,
> E il meïsmes de .iiii. espiez nafrez.
> Ne l' pout suffrir, .iiii. feiz s'est pasmet.
> U voeillet u nun s'en est de l' camp turnet.
> Si cum il pout ad le munt avalet.
> Rollant appellet : « E ! ber, si m' succurez. »   Aoi.

Vers 1413. — *Oliver e Rollant.* O. Pour le s. s., il faut *Oliviers e Rollanz.* = Lire *bien*.

Vers 1415. — *Pers.* O. C'est le sujet pluriel : il faut *per*.

Vers 1417. — *A millert et à cent.* O. Partout au r. p. on écrit *cenz et millers.* (V. le *Glossaire.*) Quant à *et*, c'est peut-être la seule fois où il soit écrit avec un *t*.

Vers 1419. — *Voillet.* O. La forme constante est *voeillet.*

Vers 1420. — *Lor meillors.* O. V. la note du v. 17 et celle du v. 51.

Vers 1421. — *Lor.* O.

Vers 1426. — *Chiedent.* O. La forme la plus usuelle est *chéent.* (Vers 1981, 3574, 3881.)

Vers 1427. — *De seint Michel de Paris.* O. Nous proposons *De seint Michel de l' Peril.* C'est la leçon de M. Michel. (Édit. de 1869, p. 44.) = *Josqu'.* O., pour *josque.* Voir la note du v. 510. = *Josqu'as Seinz.* O. Nous adoptons la version de Paris et de Lyon : *De seint Michel jusque à Rains ausiment.* L. — Reims nous paraît beaucoup plus célèbre que Sens dans notre légende épique. = On peut encore lire : *Jusqu'as seinz*, jusqu'aux saints?? et supposer une ville célèbre par ses reliques, comme Rome (??).

Vers 1429. — *Dès Besençun.* O. = *Porz* n'est pas dans le manuscrit; mais Paris et Versailles le donnent. = *Guitsand.* Venise VII et Versailles donnent *Gricent*, qui est détestable. Dans le texte de Paris, on lit *Wissant.*

Vers 1432. — Lire *ciels.*

Vers 1433. — *Hume nel' veit.* O. Conformément à la déclinaison de *hom*, il faudrait *hom ne le veit.* V. la note du v. 20. = *S'espent.* O. Erreur évidente. La vraie forme, *espaent*, exigée ici par la mesure, se trouve au v. 1599.

Vers 1434. — *Plusor.* O. *Plusur*, conforme à la phonétique, se trouve aux v. 995, 2377, 2422, 2477, 2594, 2911, 3181. *Plusor* ne se trouve qu'ici.

Vers 1435. — *Fin.* O. Lire *finz.*

Vers 1436. — *Il ne l'.* O.

Vers 1437. — *Dulors.* V. la note du v. 489. = *Por.* O. V. la note du v. 17. Pour avoir un décasyllabe au lieu d'un alexandrin, on pourrait écrire : *Ço est le grant doel pur la mort de Rollant.* — Lyon et Venise VII : *Por l'amor de Rollant.* = Dans la *Keiser Karl Magnus's Kronike*, ces prodiges sont racontés autrement : « Le soleil ne donna plus aucune lumière, et il fit aussi sombre que s'il eût été nuit. Saint Gilles dit que ce miracle arriva à cause de Roland, parce qu'il devait mourir ce jour-là. »

Vers 1439. — Les Remaniements, avec lesquels la *Keiser Karl Magnus's Kronike* est d'accord, nous offrent ici deux laisses qui ne sont pas dans O. On y reprend le récit de la grande bataille, et l'on y montre les païens en fuite. Le texte original devait lui-même, suivant nous, présenter ici un couplet de plus, auquel correspondent ces deux strophes. Nous proposerions d'intercaler ici la laisse suivante d'après Lyon, Venise VII et Paris que nous avons ramenés à notre dialecte et à la concision de notre poëme :

> La bataille est plenière e adurée ;
> Franceis sunt bon ki de l'espée i fièrent :
> N'i ad celui ne l'ait ensanglentée.
> Granz fut li caples, forz colps s'entredunerent:
> La veïssez tantes testes trenchées,
> Tanz humes morz gesir en mi la prée.
> Païen s'en fuient, e Franc les enchalcerent.   Aoi.

Vers 1439. — *Morz.* O. Pour le sujet pluriel, il faut *mort*. = Lire *milliers*.

Vers 1440. — Remarquez *dous* comme assonance dans une laisse en *ur*.

Vers 1441. — Oxford nous donne *Rollant* au lieu de *l'arcevesques* que nous offrent Venise, Paris, Lyon et Versailles.

Vers 1442. — Lire *ciel*. O. V. la note du v. 545. = *Meillors*. O. V. la note du vers 51.

Vers 1445. — *Lor*. O. V. la note du vers 17.

Vers 1447. — *Por lor*. O. Même renvoi.

Vers 1448. — *Marsilie*. O. Pour le cas sujet, il faut *Marsilies*. = *Lor*. O.

Vers 1449. — Ici tous les Remaniements nous offrent encore une ou deux laisses qui ne sont pas dans O., et qui devaient certainement se trouver dans le texte original. Mu. a publié *in extenso* ces couplets d'après Venise IV et Paris. Nous ne les reproduirons pas après lui. La version la plus courte, après celle de Venise IV, est celle de Venise VII, qui ne ressemble pas au texte de Paris et l'abrége notablement. Venise VII n'a qu'un seul couplet. Après le vers du texte de Paris : *Le roi Marsilie a tous ses faiz contez*, il ajoute, dans la même laisse : *Mult fièrement li est cheüz as piez :— « Bons rois d'Espagne, erraument chevalchez. — Les Francs de France ens el camp troverez ; — Des cols ferir sunt mult entalentez ; — Tut li plusor troverez sanglentez : — Perdu i ont maint chevaler prisez — Et de lor gent plus de l'une meitez.— Li remana[n]z est moult afebliez.— Il n'en ont arme, de verté le sachez.* » Le même manuscrit omet ensuite six couplets qui se trouvent dans Paris... = Lyon est beaucoup plus long : *Li cuens Rollans fu chevalier menbrez — Et prouz as armes, ardiz et alosez ; — Et Oliviers fu ardiz et senez. — Li XII. per i sont de grant bontez ; — François i fièrent par moult ruste fierté ; — Sarrazin sont à martire livré : — De C. M. homes, n'en est I. eschapez, — For Margaris :*

142 NOTES ET VARIANTES, VERS 1449

fuiant s'en est alez. — Se il s'enfuit, n'en doit estre blasmez; — De IIII. espiez est en son cors navrez; — Devers Espaigne, ce m'est vis, est tornez. — Au roi Marsille a toz ses fez contez. = *Li reis Marsille s'en est moult merveilliez; — Sa lance est frainte et ses escuz perciez, — Ensor la bocle li est tot despiciez; — Frainz est ses yaumes et ses escuz perciez, — Et ses aubers desroz et desmailliez, — E il maïsmes de IIII. espiez plaiez. — Il vient dou chan où li chaples es griez. — Astivemant li est cheüz as piez :* — « *Bons rois d'Espaigne, vistemant chivauchiez, — La gent de France troveroiz à meschiez. — La nostre gent i sont tuit martiriez, — Pardu i on man chevalier prisiez. — Li rem[an]anz est bien afebloiez; — Bon sont à vaincre, se vos le commanciés; — Car les plus forz troveroiz esmaiez.* » — *Marsile l'ot, toz en fu corrociez; — Dont fut Mahoms reclamez et huchiez. — A fort chivauchent les larriz et les biez. — Et nos François furent droit sor lor piez. — A voiz escrient :* « *Sire Rollans, voiez. — Li XII. per, car nos venez aidier.* » — *Li Arcevesques parla come afaitiez :* — « *Li home Dieu : or ne vos esmaiez, — Sainz Paradis vos est aparoilliez; — Diex vos metra corones en vos chiez!* » — *François en ont lor cuers antendroiez. — L'uns plore l'autre par moult grant amistiez; — Par cherité se sont entrebaisiez; — Torpins de Rains fu moult bien enseigniez :* — *De Dieu les seigne, qui fu crucifiez. — Rollans a dit :* « *Barons, ne nos targiez; — Li rois Marsille chivauche, toz rangiez.* » (Ff. 8 v° — 9 v°.)

= Quoi qu'il en soit du texte de nos *Refazimenti*, il y a là une lacune à combler dans le texte primitif. Nous avons essayé de la combler, EN PRENANT POUR BASE LE MANUSCRIT IV DE VENISE, sans négliger le manuscrit VII, ni même le texte de Paris. Nous proposons la rédaction suivante, qui, comme toutes nos additions, NE PEUT être qu'une hypothèse sans rigueur ABSOLUMENT scientifique, mais dont les éléments sont empruntés à TOUT CE QUE LES AUTRES MANUSCRITS RENFERMENT DE PLUS ANTIQUE ET DE MEILLEUR...

   Li quens Rollanz s'est forment desmentet
   E Oliviers e tuit li duze per;
   E li Franceis caplent par grant fiertet.
   Sarrazins unt à martirie liverez.
   De cent milliers n'en est uns escapez
   Fors Margariz : fuianz s'en est alez.
   Se il s'en fuit, ne fut mie à blasmer,
   Kar est-il ore de .IIII. espiez nafrez.
   Sis branz d'acier est tut ensanglentez
   E sis osbercs rumpuz e desmailez.
   De vers Espaigne si s'est acheminet;
   Al rei Marsilie ad tuz les faiz cuntez.   Aoi.

Reis Margariz suls s'en est repairiet :
Sa hanste est fraite e sis escuz perciez,
E de la bucle n'en ad que demi pied ;
Ensanglentez en est sis branz d'acier
Et il meïsmes nafrez de .IIII. espiez.
Deus! quel barun se il fust chrestiens!
Al rei Marsilie ad les faiz nunciez,
Isnelement li est caüz as piez,
E si li dist : « Sire, kar chevalchiez.
« Les Francs de France verrez en grant meschief.
« Perdut i unt tanz chevaliers preisiez
« E de lur gent plus de l'une meitiet.
« Li remananz est mult afebliez,
« E nen unt armes dunt se puissent aidier.
« Bon sunt à veintre, sire, par veir saciez. »
Marsilies l'ot, si en fut curuciez,
E vers Franceis sempres ad chevalchiet. Aoi.

Marsilies vient parmi une valée, etc.

= *Marsilie.* O. Pour le cas sujet, il faut *Marsilies.*

VERS 1452. — *Elme.* O. V. la note du vers 996.

VERS 1453. — *Escuz.* O. Pour le s. s., *escut.* = *Saffrées.* O. Ce mot se présente avec une seule *s* aux vers 1372, 1032, 2199, 3141, 3307.

VERS 1454. — *Graisles.* O. Nous admettons l'étymologie *gracilis* : au cas sujet du p., il faut *graisle.* (V. notre note du vers 20.)

VERS 1455. — *Grant.* O. Pour le s. s., il faut *granz.*

VERS 1456. — Lire *Olivier.* = *Compaign.* O. V. la note du vers 1051.

VERS 1457. — Lire *fel.*

VERS 1460. — *Avrum.* Mu. V. la note du vers 38. = *E* n'est pas dans le manuscrit.

VERS 1461. — *Unches.* O. V. la note du vers 629.

VERS 1463. — *Vos.* O. V. la note du vers 17. = *Compainz.* O. J'ai rétabli l'*u* dans *com* : cette lettre est constante dans tout notre texte.

VERS 1464. — *Vos.* O.

VERS 1466. — *Cantée.* O. Le verbe *chanter* se trouve deux fois avec le *ch.* (Vers 1474, 1563.) Cf. *chançun.* (Vers 1466.) Une seule fois seulement, ici, il est écrit sans le *ch.*

VERS 1467. — M. Müller, d'après les manuscrits de Venise IV, de Paris et de Versailles, a interverti l'ordre des couplets suivants. Dans le manuscrit d'Oxford, après la laisse CXIV de Müller, viennent les couplets CXXVII et CXXVIII, et, après la laisse CXXIV de la même édition, vient le couplet CXXVI. Cette interversion est nécessaire ; elle est ÉVIDEMMENT scientifique. Nous l'avons d'autant plus volontiers acceptée que l'ordre de M. Müller est encore confirmé par le manuscrit de Lyon, dont l'auteur allemand ne s'est pas servi.

Vers 1467. — *Lor.* O. V. la note du v. 17.

Vers 1469. — *Regretent.* O. — *Reclament*, fourni par le manuscrit de Lyon et par celui de Paris (*reclainment*), nous paraît préférable et tout à fait dans le sens. = Lire *Olivier*.

Vers 1470. — *Quant* n'est pas dans le manuscrit. Correction de G. et Mu.

Vers 1471. — *Arcevesque.* O. Pour le cas sujet, il faut une *s*.

Vers 1472. — *Seignors barons.* O. V. la note du vers 30.

Vers 1473. — *Vos.* O. V. la note du vers 17.

Vers 1475. — Lire plutôt *mielz*. O. V. la note du vers 545.

Vers 1477. — *Jurn.* O. *Jurn* est plus étymologique; mais la nasale a disparu dans tous les exemples du cas sujet et dans le plus grand nombre de ceux du cas régime.

Vers 1478. — *Soi.* O. *Sui* est plus conforme à la phonétique de notre texte. = *Vos.* O.

Vers 1479. — *Vos.*

Vers 1480. — *Vos.*

Vers 1483. — Il y a encore ici une lacune évidente, et, comme le dit Mu., « le récit du texte d'O. est véritablement confus. » D'après les *Refazimenti*, on voit ici Marsile confier la moitié de son armée à Grandogne, et c'est ce corps qui s'avance sur-le-champ contre les Français. Quant au reste de l'armée, il forme la réserve et reste sur une montagne. Nous allons essayer une restitution critique de ce passage, pour compléter le texte de notre Chanson :

>Li reis Marsilies est mult uns malvais reis ;
>Dit as païens : « Bien amer jo vus dei.
>« Li quens Rollanz ad merveillus podeir :
>« Ki le voelt veintre forment pener s'en deit.
>« Par dous batailles n'iert-il vencuz, ço crei.
>« Se l' graantez, nus l'en liverrum treis.
>« Les dis escheles justerunt as Franceis,
>« Les altres dis remeindrunt ci od mei.
>« Encoi perdrat Carles de sun podeir :
>« En grant viltet verrum France cadeir. »
>Mandet Grandonie (ço est uns de ses fedeilz):
>« Cest gunfanun en l'estur portereiz.
>« Les .X. escheles cuntre Francs guiereiz. »   Aoi.

>Li reis Marsilies est remés sur un munt :
>Vait s'en Grandonies, il e si cumpaignun.
>A treis clous d'or fermet sun gunfanun,
>A voiz escriet : « Kar, chevalchiez, barun. »
>Mil graisle sunent, mult en sunt cler li sun.
>Dient Franceis : « Deus Pere, que ferum?

« Si mar veïsmes le cunte Guenelun :
« Venduz nus ad par male traïsun. »
Li Arcevesques en ad dit sa raisun :
« Li Home Deu, hoi receverez grant dun,
« En Pareïs averez beneïçun ;
« Mais li cuard ja pardun n'en averunt,
« S'il ne deffendent la lei Deu e sun num. »
Franceis respundent : « Communement ferum ;
« Pur la lei Deu deffendre cumbatrum.
« Ja Deu ne placet que tel pecchiet façum
« Que jà son regne par mespreisun perdum. »
E l'Arcevesques lur fait beneïçun,
Puis, sunt muntet par fière cuntençun.
Vers païens brochent, iriet cume leun.   Aoi.

Li reis Marsilies ad fait sa gent partir,
Les dis escheles voelt od sei retenir.
Quant Franceis veient les dis altres venir,
Par la Deu grace furent proz e hardit.
Les destriers brochent, unt lur espiez brandiz,
Isnelement vunt païens envaïr,
Granz colps lur dunent sur lur escuz voltiz,
Desuz les bucles les unt fraiz e malmis,
Les blancs osbercs rumpuz e dessartiz :
En unt VII .C. abatuz es lariz.
Dunc cumencerent e li hus e li cris.
Li Franc de France, del' païs seignurill,
Bien se deffendent as branz d'acier furbiz.
Mais en cel camp lur cuvent à murir.   Aoi.

C'est avec les manuscrits de Venise IV, de Paris et de Lyon que nous avons composé ce texte. (V. le texte de Venise dans Mu., p. 95, et celui de Paris dans l'éd. Fr. Michel, p. 195-197.) Nous publierons un jour *in extenso* le texte inédit de Lyon, auquel nous avons emprunté plus d'un trait, mais qui se rapproche beaucoup de celui de Paris.

VERS 1484. — *Meitet*. O. Pour le cas sujet, il faut un *z*. Lire *meitiez*.

VERS 1485. — *Climborins*. O. V. le vers 627.

VERS 1487. — Lire *amistiet*. O.

VERS 1489. — *Major*. O. V. la note des vers 30 et 51. = Venise VII porte : *Terre de France ad hunte livrera*. Ce qui prouve bien, contre certain traducteur, que *tere majur*, c'est la France.

VERS 1490. — *Curone*. O. V. la note du vers 930.

VERS 1491. — *Ceval*. O. V. la note du vers 1379.

VERS 1492. — *Esprever*. O. Pour le cas sujet, il faut *esprevers* et p.-e. *espreviers*.

VERS 1493. — Lire *Bien*. O. V. la note du vers 545.

VERS 1495. — *Sun escut*. O. Pour le cas sujet, il faut *sis escuz*. = *Bronie*. O.

Vers 1497. — Lire *bien*.

Vers 1500. — A partir de ce vers nous n'indiquerons plus, une à une, les corrections nécessitées par la théorie des assonances en *ier*. Nous prions notre lecteur de vouloir désormais, partout et toujours, lire *Olivier, Gerier, Ogier, Engelier, Michiel*, au lieu d'*Oliver, Gerer, Oger, Engeler, Michel*, etc. Et, de même, *bien, mielz, mien, ies, iert, viell*, au lieu de *ben, melz, men, es, ert, veill*, etc. etc. Ces dernières corrections sont PROBABLES. Les premières sont CERTAINES, et nous sommes ici guidé par une « Table complète » que nous avons dressée de ces assonances.

Vers 1501. — *Prodome*. O. Pour l'assonance, il faut *produme*.

Vers 1502. — Lire en assonances, à la fin de ce couplet : *Olivier, Engelier, chevalier, vergier, mier*, O. *aciers, chiet*, O. *Aversier, trenchiet, deschevalciet, iriez, preister, chiers, chevalier*.

Vers 1503. — *Mort Engeler*. O. Pour le cas sujet, il faut *Morz Engeliers*.

Vers 1505. — *Respont*. O. V. la note du vers 30. = *Doinst*. O. V. la note du vers 859.

Vers 1507. — Lire *sanglenz*. V. la note du vers 1079. = *Acer*. O. Pour le cas sujet, il faut *aciers*, qui se trouve aux vers 1362, 2302, 2313.

Vers 1510. — *Aversers*. O. Pour le sujet, *aversier*.

Vers 1517. — *Nos*. O. V. la note du vers 17. = *Charles*. O. V. la note du vers 94.

Vers 1519. — *Un païen*. O. Pour le cas sujet, il faut *Uns païens*.

Vers 1520. — *Celoi levat*. O. *Icil, cil* sont par excellence le cas sujet. Au s. s., on trouve *cil, icil*, et, d'autre part, *cist*; au r. s., *cel* et *icel*; et, d'autre part, *cest*; au s. p., *cil* et *cist*; au r. p., *cels* et *cez*. Ce dernier mot est des deux genres. = Lyon porte : *Il adoba*...

Vers 1522. — *Eschipre* (*schippula*), qu'après F. Michel nous avions traduit par « embarcation », signifie, en réalité, un marinier. Dans les *Livres des Rois* : *Servos suos, nautas*, est traduit par : *Ses humes ki eschipre furent bon*. = *Qui*. O. V. la note du vers 18. = *Loi*. O. *Loi* ne se rencontre que deux fois dans notre texte. (1375, 1522.) La forme commune est *lui*. (Vers 413, 41, 239, 279, 364, 376, 380, 750, 842, 958, 1036, 1510, 2090, 2382, etc.)

Vers 1524. — *Salomon*. O. V. la note du vers 30.

Vers 1526. — *Guenelon*. O.

Vers 1528. — *Qu'il cleimet Gramimund*. O. *C'on apele Aragun*. L.

Vers 1530. — Lire *Bien*. O. V. la note du vers 545.

Vers 1535. — *Car*. V. la note du vers 275.

Vers 1536. — *Baron*. O. V. la note du vers 30.

Vers 1537. — Lyon fait, dans ce couplet, figurer Olivier, et non Roland : *Oliviers garde, si voit Sanson morir.*

Vers 1539. — *Ceval.* O. V. la note du vers 1379.

Vers 1541. — *Li bers.* O. Lire *ber.*

Vers 1542. — *Elme.* O. V. la note du vers 996. = *Gemmet.* O. Pour le cas sujet, il faut *gemmez.*

Vers 1544. — *Gemmet.* O. Erreur évidente.

Vers 1545. — *El dos.* O. La correction est de G., d'après Venise IV. Cf. le vers 1606.

Vers 1546. — *Qui.* O. V. la note du vers 18. = *Blasme.* O. Le *t* étymologique est omis.

Vers 1547. *Paient.* O. Erreur évidente. = *Fort.* O. Pour le s. s. m., il faut *forz.*

Vers 1548. — *Respont.* O. V. la note du vers 30. = *Pois.* O. Pour la phonétique, *puis.* V. le *Glossaire.*

Vers 1551. — *Malquiant.* O. Pour le cas sujet, il faut *Malquianz.* Lyon donne : *Malcuidanz, fieuz le roi Macemuz.* = *Le.* O. Pour la même raison, il faut *li.*

Vers 1552. — *Batud.* O. V. la note du vers 2. On pourrait lire *ad or.*

Vers 1553. — Lire *ciel.* O. V. la note du vers 545.

Vers 1554. — *Ceval.* O. V. la note du vers 1379. = *Sauz perduz.* L.

Vers 1555. — *Poisset.* O. Pour la phonétique, *puisset.* V. le *Glossaire.*

Vers 1562. — *Turpin.* O. Pour le cas sujet, il faut *Turpins.* = *Arcevesque.* O. Pour la même raison, *arcevesques.*

Vers 1563. — *Tel coronet.* O. Le cas sujet exige *Tels coronez.* = Lire *curunez.* (V. la note du vers 2084.) = *Unches.* O. V. la note du vers 629.

Vers 1565. — *De tarmette.* O. Il faut *te tramettet.* D est employé pour *t.* (V. la note des vers 2 et 122, qu'il faut appliquer aux *d* dans le corps et au commencement des mots.) Quant à *tramettet*, nous avons restitué le *t* étymologique.

Vers 1567. — *Ceval.* O. V. la note du vers 1379.

Vers 1569. — *Desur le herbe verte.* O. G. a substitué *Desur l'herbe*, et Mu. *Desur cele herbe.* = *Erbe* est le plus souvent employé dans notre manuscrit sans *h.*

Vers 1570. — *Un païen.* O. Pour le cas sujet, il faut *uns païens.*

Vers 1571. — *De Capadoce neez.* O. *Neez* a été ajouté par une main postérieure. Lyon : *Fieuz Capadoce, à un roi si felon.*

Vers 1573. — *Oisel.* O. Pour le cas sujet, *oisels.*

Vers 1575. — *Garnier.* L.

Vers 1576. — *De col.* O. Erreur évidente.

Vers 1577. — *Aprof.* O. = *Tut* n'est pas dans O. Mais Venise nous donne : *Tuta la bruna li a fraita e desclose.*

Vers 1580. — *Gerers.* O. Pour le cas régime, il faut *Gerier*.

Vers 1583. — *Ki tint Valeri e envers.* O. Venise IV: *Il tint Valença et l'onor chi asere.* Paris: *Ki tint Valence et la terre environ.* Versailles et Lyon: *Ki tint Valence et la roche environ.* Ces deux derniers Mss. ont entre eux une grande connexion. Pour *honur*, voyez la note du vers 45.

Vers 1586. — *Li quenz Rollanz.* O. *Cuens Oliviers.* L.

Vers 1589. — Lire *cunsentet.* Nous avons dû ajouter à O. le *t* étymologique.

Vers 1590. — *Plorer fera mainte belle jovente.* L.

Vers 1591. — *Ceval.* O. V. la note du vers 1379. = *Cuntence.* O. Nous avons ajouté le *t* étymologique. — Lyon: *Ki de corre atalante.*

Vers 1592. — *Venuz.* O. Pour le s. p., il faut *venut*. = L. ajoute: *Qui que i perde, bataille i aura jante.*

Vers 1593. — *Grandonie.* O. Pour le cas sujet, *Grandonies.* = *Vaillant.* O. Pour la même raison, *vaillanz.*

Vers 1594. — *Vassal cumbatant.* O. Pour le s. s., *vassals cumbatanz.*

Vers 1595. — *Trove Olivier le jant.* L.

Vers 1598. — *Contenement.* O. V. la note du vers 30.

Vers 1599. — Dans *espaent*, l'*a* a été ajouté postérieurement.

Vers 1600. — *Voel.* O. Erreur évidente. V. la note du vers 40.

Vers 1602. — *Elme.* O. V. la note du vers 996.

Vers 1605. — *Se dous.* O. Erreur évidente. = *Alves.* Ce sont les *auves*, les côtés de la selle, bien distincts des arçons. (V. la note du vers 1229.) On lit dans *Flore et Blanchefleur*: *Sele ot de moult riche façon...— Les aubes sont d'autre manière.* Nous avons à tort traduit: « les arçons. » Corriger la même erreur au vers 3881.

Vers 1606. — *Ceval.* O. V. la note du vers 1379.

Vers 1607. — *Recoevrement.* O. V. la note du vers 38.

Vers 1619. — *Cist couz n'est pas d'enfant.* L.

Vers 1610. — *Meilluse.* O.

Vers 1612. — *Trent.* O. Erreur évidente, comme au vers 1610.

Vers 1613. — *Chars.* O. Lire *cars.* V. la note du vers 1265.

Vers 1614. — *Cler.* O. Pour le cas sujet, il faut *clers.*

Vers 1615. — Ce vers n'existe pas dans O. Très-évidemment, il a été omis, et Mu. l'a rétabli d'après Venise IV: *Dist le paîn: Nu no l'sofriron mie.*

Vers 1615. — Au lieu de *Tere Major*, Lyon nous donne *Felon Franceis.* = *Major.* O. V. la note du vers 30. = *Mahummet.* O. Ce mot est le plus souvent écrit avec une seule *m.* = *Maldie.* O. Nous avons rétabli le *t* étymologique.

Vers 1616. — *Chars.* O. Lire *cars.* (V. la note du vers 3436.) Lyon ajoute : *Sachez de voir, tuit i perdrez la vie.*

Vers 1619. — *Cevalche.* O. V. la note du vers 1379.

Vers 1620. — *Merveillose.* O. L'*u*, qui se trouve presque partout ailleurs, est plus conforme à notre phonétique. = *Grant.* O. Pour le cas sujet, il faut *granz.*

Vers 1621. — *Ferent.* O. L'*i* a triomphé dans ce mot, et nous l'y avons partout conservé. = *Brunissanz...* Fer bruni, c'est-à-dire, recevant par le poli une teinte brillante et brune à la fois. De là *brunisseur* et *burnisseresse*. Les cottes de mailles qui ne pouvaient se brunir se roulaient dans les étoffes. M. L. de la Borde cite d'Ét. Boileau ce passage précieux : « Quiconques est fermaillers de laton, et il œvre qui *ne soit brunie que d'une part*, si come de fermoirs rons, cele œvre n'est mie suffisans. » Et, dans *Perceforest*, on parle d'une épée « plus clere et plus loysante que s'elle venoit des mains du brunisseur ». (*Notice des émaux*, 1853, II, 177.)

Vers 1622. — *Dulor.* O. V. la note du vers 489.

Vers 1624. — Lire *sanglent.*

Vers 1627. — *Encacerent.* O. La forme étymologique, la vraie forme est *enchalcerent*, d'où le substantif verbal *enchalz.* (Vers 2446, 2462, 2765, 2796, 3635.)

Vers 1629. — Le Ms. d'Oxford nous paraît ici incomplet. Pour expliquer le vers : *Marsilies veit de sa gent le martirie*, le couplet précédent ne suffit pas. Et, en effet, les *Refazimenti*, avec lesquels concorde admirablement la *Keiser Karl Magnus's Kronike*, nous offrent ici une ou plusieurs *laisses* de plus. (Voyez les Mss. de Paris et Lyon.) Venise IV, qui représente le texte le plus ancien, nous offre un couplet qui nous paraît véritablement original. Ce même couplet se retrouve d'ailleurs, avec les mêmes assonances, dans tous les Remaniements. Nous avons essayé de le réduire à notre dialecte, ainsi qu'il suit :

> Rollanz i fiert cum chevaliers forz,
> E li Franceis lur chevals meinent tost :
> Païens enchalcent le trot e les galops.
> En sanc vermeil unt Franceis tuz lur cors;
> Lur branz d'acier i unt il fraiz e tors;
> Armes n'unt mais pur deffendre lur cors.
> Dunc lur remembret des graisles et des corns;
> N'en i ad un ne se facet plus fort.
> Païen escrient : « Mar venimes as porz;
> « La greignur perte en est turnée as noz. »
> Laissent le camp, as noz turnent les dos.
> Français i fièrent de l'espée granz colps;
> Jusqu'à Marsilie vait li traïns des morz.   Aoi.

= La *Keiser Karl Magnus's Kronike* intercale ici le récit d'un songe de l'Empereur : c'est le songe de la tempête, etc. (Vers 2532 et ss.) Il se termine ainsi : « Charles s'éveilla et dit : « J'ai rêvé des choses éton-« nantes cette nuit. J'ai peur que Roland ne soit plus en vie... »

Vers 1631. — *Un Sarrazin, Abisme.* O. Pour le cas sujet, il faut *Uns Sarrazins, Abismes.* = Lyon : *Magraine ot non, fieuz le roi principal.*

Vers 1632. — *Cumpagnie.* O. *Cumpaignie* est la forme la plus commune (vers 587, 1735), et celle aussi qui s'harmonise le mieux avec *cumpainz, cumpaignun* et *cumpaigne.*

Vers 1633. — *Tetches.* O. Erreur du scribe.

Vers 1634. — *Filz.* O. Pour le cas r., il faut *fil.* = Les éditeurs ont écrit *sancte*, à cause de l'abréviation $\overline{sce}$. Mais *sancte* n'a aucunement la physionomie de notre dialecte, ni du roman du Nord. Les scribes, habitués à écrire le latin, se servaient parfois des mêmes abréviations en français : de là $\overline{sce}$. Mais on trouve plus d'une fois *seint* dans notre Chanson : donc, ici comme ailleurs, la forme régulière est *seinte.*

Vers 1638. — *Unches.* O. V. la note du vers 629.

Vers 1640. — *Drud.* O. Pour le cas sujet, *druz.*

Vers 1641. — Lire *genz.*

Vers 1642. — *Arcevesque.* O. Pour la même raison, il faut un *s.*

Vers 1645. — *Cel.* O. V. la note du vers 1500. = *Herite.* O. Au s. s., *herites.*

Vers 1646. — *Mielz.* O. V. la note du vers 1500. = *Mielz est mult que.* O. Correction de Mu., d'après Venise IV. = *Ne* n'est pas dans le manuscrit.

Vers 1647. — *Unches.* O. V. la note du vers 629.

Vers 1650. — Lire *Iert.* V. la note du vers 1500.

Vers 1651. — Lire *Destriers.* V. la note du vers 1500.

Vers 1653. — *Bien.* O. V. la note du vers 1500.

Vers 1656. — Pour amener cet alexandrin à un décasyllabe, on pourrait écrire : *Petite oreille...*

Vers 1657. — Nous avons, pour la mesure, supprimé *nule*, qui est inutile. = *Alge.* O. Nous avons restitué le *t* étymologique.

Vers 1658. — *Arcevesque.* O. Pour le cas sujet, il faut *arcevesques.* = *Par tant grant vasselage.* O. Nous avons, pour la mesure, supprimé *tant grant.*

Vers 1660. — *En l'escut amiracle.* O. Notre leçon est hypothétique

Vers 1662. — Lire *perres.*

Vers 1663, 1664. Nous avons interverti l'ordre de ces deux vers. Le fait spécial qu'ils expriment est omis dans le manuscrit de Venise IV, et reproduit par les Remaniements de Paris, de Versailles et Venise VII.

D'où l'on peut conclure que LES *Refazimenti* REPRODUISENT SOUVENT PLUS D'UN TRAIT DU TEXTE ORIGINAL.

VERS 1664. — *Galafes*. O. Il s'agit sans doute de cet émir Galafre, qui joue un si grand rôle dans la légende de l'oncle de Roland. Galafre est ce roi de Tolède auprès duquel dut s'enfuir le jeune Charles, persécuté par les deux bâtards, Heudri et Lanfroi; c'est à sa cour que le fils légitime de Pepin se cacha longtemps, sous le nom de Mainet; c'est de la fille de Galafre, c'est de Galienne que s'éprit un jour le futur empereur. (V. notre note sur la légende de Charlemagne, au vers 94.)

VERS 1666. — *Qu'un dener*. Mu. Le manuscrit porte très-distinctement : *Que un*. = Lire *denier*.

VERS 1668. — P.-e. *vuide*.

VERS 1670. — *Ben*. V. la note du vers 1500. = *La croce* ne signifie-t-il pas « la crosse », plutôt que « la croix ». C'est cependant ce dernier sens qu'ont adopté tous les traducteurs.

VERS 1671. — Lire, en assonances, à la fin des vers de ce couplet : *Olivier, chevalier, ciel, aidier, recumenciet, griefs, Olivier, preisier, briefs, milliers*, O. *bien, grief, chevalier, chier*.

VERS 1672. — *Cumpaign*. O. V. la note du vers 1051. = *Volez*. O. *Vulez* est plus conforme à notre phonétique, et *vu* se retrouve au commencement de presque tous les temps et modes du même verbe.

VERS 1673. — *Arcevesque... bon chevaler*. O. Pour le cas sujet, il faut un *s* à la fin de ces trois mots. = Lire *chevaliers*.

VERS 1674. — *Meillor*. O. V. la note du vers 51. = *En tere ne suz cel*. O.

VERS 1675. — Lire *bien*. V. la note du vers 2500.

VERS 1676. — *Car*. Mu. Le manuscrit porte très-nettement *Kar*. = *Aluns*. O. V. notre note sur les 1res personnes du pluriel.

VERS 1777. — « Lorsque Roland vit ses hommes tomber ainsi, il courut tout au milieu de l'armée, et frappa des deux mains. Olivier en fit autant. » (*Keiser Karl Magnus's Kronike*.)

VERS 1678. — *Colps*. O. Pour le sujet pluriel, il faut *colp*.

VERS 1679. — *Dulor*. O. V. la note du vers 489.

VERS 1680. — « Dans le manuscrit d'Oxford, ce passage de l'ancien texte a été violemment abrégé. Il existe, dans toutes les autres versions, QUATRE STROPHES entières entre les vers 1679 et 1680. » (Note de M. Th. Müller.) Ce sont ces quatre *laisses* que nous allons essayer de restituer, CONFORMÉMENT A NOTRE DIALECTE ET AUX HABITUDES DE NOTRE SCRIBE. Le lecteur trouvera dans Mu. (pp. 108, 109) le texte de Venise IV, sur lequel nous nous sommes scrupuleusement guidé. Mais nous avons aussi emprunté quelques traits au texte de Paris. (Éd. Müller, pp. 110-112 ; éd. F. Michel, pp. 207-209.)

Li Franc de France unt lur armes perdues.
Uncore i unt quatre cenz espées nues ;
Fièrent e caplent sur les helmes ki luisent.
Deus! tante teste i out par mi fendue,
Tanz osbercs fraiz, tantes brunies rumpues !
Trenchent les piez, les puignz e la faiture.
Dient païen : « Franceis nus desfigurent. (?)
« Ki ne s' deffent de sa vie n'ad cure. »
Dreit vers Marsilie unt leur veie tenue,
A voiz escrient : « Bon reis, kar nus aïue. »
E dist Marsilies — s'out sa gent entendue :
« Tere majur, Mahumet te destruet !
« La tue genz la meie ad cunfundue :
« Tantes citez m' ad fraites e tolues
« Que Carles tient, ki la barbe ad canue !
« Rome cunquist e Puillanie trestute,
« Costentinnoble et Saisonie la lunge.
« Mielz voeill murir que pur Franceis m'en fuie.
« Ferez, païen : que nuls ne s'asoüret.
« Se Rollanz vit, la vie avum perdue ;
« E se il moert, Carles perdrat la sue. »   Aoi.

Felun païen i fièrent de lur lances
Sur cez escuz e cez helmes ki flambent.
Fers et aciers en rent grant consunance ;
Sanc e cervele ki dunc veïst espandre !
Li quens Rollanz en ad doel e pesance
Quant veïst mort tant bon vassal catanie.
Or, li remembret de la tere de France
Et de sun uncle le bon rei Carlemagne.
Ne poet muer que sun talent n'en canget.   Aoi.

Li quens Rollanz est entrez en la presse,
Ki de ferir ne finet ne ne cesset.
Tient Durendal, son espée qu' ad traite,
Rumpt cez osbercs e desmailet cez helmes ;
Trenchet ces cors e ces puigns e cez testes ;
Tels cenz païens ad jetez morz à tere.
N'en i ad un ki vassals ne quidet estre.   Aoi.

Oliviers est turnez de l'altre part ;
De bien ferir li ber mult se hastat.
Trait Halteclere, s' espée que portat ;
Fors Durendal suz ciel meillur nen ad.
Li quens la tient e forment se cumbat ;
Li sancs vermeils en volet jusqu' as braz :

« Deus, dist Rollanz, cum cist est bons vassals !
« E! gentilz quens, tant proz e tant leials,
« Nostre amistiez en cest jur finerat,
« Par grant dulur hoi se departirat.
« E l'Emperere, quant morz nus truverat,
« En dulce France jamais tel doel n'averat.
« N'i ad Franceis pur nus ne prierat,
« Enz es mustiers oraisun en ferat.
« En Pareïs la nostre anme jerrat. »
Oliviers l'ot e sun cheval brochat ;
En la grant presse à Rollant s'aproismat.
Dist l'uns à l'altre : « Cumpainz, traiez vus ça.
« Jà l'uns seinz l'altre, se Deu plaist, n'i murrat. »   Aoi.

Ki puis veïst Rollant e Olivier, etc.

Vers 1682. — *Arcevesque.* O. Pour le cas sujet, il faut *arcevesques.*

Vers 1683. — *Mort.* O. Pour le régime pluriel, *morz.* = Lire *bien.* V. la note du vers 1500.

Vers 1684. — Dans la *Keiser Karl Magnus's Kronike*, c'est Turpin qui dit : « Il a été trouvé dans *les vieux livres* que nous devons mourir pour la cause de la sainte foi. »

Vers 1685. — Lire *Milliers.* O. La forme *millers* se trouve (vers 1417, 1439, 1440, 2072, 2416, 2544, 2774) beaucoup plus souvent que *milliers.* (Vers 109 et 2685.) — Mais on ne trouve ce mot en assonance que dans les laisses en *ier.*

Vers 1686. — *As quatre turs.* O. Erreur évidente, que Mu. a rectifiée d'après Venise IV : *A questo storm*, et Versailles : *A quatre estors.* Venise VII porte : *As quatre stors.* = *Lor.* O.

Vers 1687. — *Quint.* O. Pour le cas sujet, il faut *quinz.* = *Lor.* O. V. la note du vers 17. = *Pesant et gref.* O. Pour le sujet singulier, *pesanz e griefs.*

Vers 1688. — *Tuz.* O. Pour le s. p., il faut *tuit.* = *Chevalers.* O. Il faut *chevalier*, à cause du cas sujet.

Vers 1692. — *Oliver.* V. la note du vers 1500.

Vers 1693. — *Chers.* O. V. notre théorie sur les vocatifs. (Note du vers 15.) = *Vos.* O.

Vers 1695. — *Poüms.* O. V. notre théorie sur les 1res personnes du pluriel, à la note du vers 42.

Vers 1696. — *Barons.* O.

Vers 1697. — *Amis.* O. V. la note du vers 15 (sur les vocatifs). = *Vos.* O.

Vers 1698. — *Oliver.* V. la note du vers 1500.

Vers 1700. — *Oliver.* O. V. la note du vers 1500.

Vers 1701. — *Mielz.* O. V. la note du vers 1500.

Vers 1703. — *Passant.* O. V. la note du vers 611.

Vers 1704. — *Vos.* O.

Vers 1705. —*Oliver.* O. V. la note du vers 1500. =*Vergogne.* O. Nous avons adopté *verguigne*, parce que neuf fois sur dix la notation *ui* se rencontre dans notre texte, au lieu de la notation *oi*. C'est une des règles les moins douteuses de la phonétique de notre texte.

Vers 1706. — *Reprovier* vaut p.-e. mieux.

Vers 1707. — Le manuscrit porte à tort *dureit*.

Vers 1708. — *Vos.* O.

Vers 1709. — *Men.* V. la note du vers 1500.

Vers 1710. — *Vos.* O. = *Ert.* V. la note du vers 1500.

Vers 1711. — *Vos.* O. = Lire *braz*, qui est dans O., etc. = Lire *sanglenz*. (V. la note du vers 1079.)

Vers 1712. — *Respont.* O. V. la note du vers 30. = *En* n'est pas dans le manuscrit.

Vers 1715. — *Oliver.* O. V. la note du vers 1500.

Vers 1716. — *Vos.* O.

Vers 1717. — *Ousum.* O. Il faut étymologiquement deux *s*. (*Oüsse*, vers 691; *oüssent*, 686; *oussum*, 1102.)

Vers 1719. — *Oliver.* O. V. la note du vers 1500.

Vers 1721. — *Vus* n'est pas dans le manuscrit. = *Jerreiz.* O. La notation *ei* n'est pas employée à la 2e p. du plur., si ce n'est à la fin des vers, dans les couplets assonancés en *ei*.

Vers 1722. — *Por.* O.

Vers 1723. — *Respont.* O. = *Vos.* O.

Vers 1725. — *Mielz.* O. V. la note du vers 1500.

Vers 1726. — *Morz.* O. Pour le s. p., il faut *mort*.

Vers 1727. —*Jamais Karlon.* O. Il était facile de rétablir la vraie forme du cas sujet, en mettant : *Carles jamais.*= Quant à *Karlon*, voy. la note du vers 94. = *Avrat.* Mu. V. la note du vers 38.

Vers 1728. — *Creïsez.* O. Étymologiquement, il faut deux *s*. = *Mi sire.* O. V. la note du vers 636.

Vers 1729. —*Ousum.* O. V. la note du vers 1717.

Vers 1730. — *Mort.* O. Pour le s. s., *morz*. = *Marsilie.* O. Au cas sujet, il faut un *s*.

Vers 1731. — *Vemes.* O. La rectification est facile, d'après Venise IV.

Vers 1732. — *Karles.* O. V. la note du vers 94. = *Vos.* O. V. la note du vers 17. = *Avrat.* Mu. V. la note du vers 38.

Vers 1733. — *Ert.* V. la note du vers 1500. = *Tel home.* O. Pour le cas sujet, il faut *tels hom*. (Sur la déclinaison de *hom*, voir la note du vers 20.)

Vers 1734. — *Vos.* O. = *Ert.* V. la note du vers 1500.

Vers 1735. — *Oi.* O. V. la note du vers 1210.

Vers 1736. — *Vespre.* Mu. Le manuscrit porte très-distinctement *vespere*, que nous avons précieusement conservé; nous tenons compte de l'écriture, sans aborder la question de prononciation. = *Ert.* V. la note du vers 1500. = *Gref.* O. Pour le cas sujet, *griefs*.

Vers 1737. — *Arcevesques.* Les quatre dernières lettres ne sont pas dans O. = Lire en assonances, à la fin du vers de cette laisse, *mier, Olivier, mestier, mielz, vengier, detrenchiez, sumiers, pitiet, mustiers, chien, bien*, O.

Vers 1740. — *Rollanz.* Mu. V. notre note du vers 15. = *Vos.* O.

Vers 1741. — *Vos.* O. = *Cuntraliez.* O. La forme la plus étymologique est donnée quatre vers plus haut. (Vers 1737.)

Vers 1742. — *Nos.* O. V. la note du vers 17. = *Avreit.* Mu. V. la note du vers 38.

Vers 1745. — *Liez.* O. Pour le cas sujet du pluriel, il faut *liet*.

Vers 1747. — *Nos.* O.

Vers 1748. — *Nos.* O.

Vers 1752. — *Bien.* O. V. la note du vers 1500.

Vers 1753. — *Olifan.* O. V. la note du vers 1059.

Vers 1757. — *Karles.* O. V. la note du vers 94.

Vers 1761. — Le manuscrit porte *ahans*, par erreur du scribe.

Vers 1762. — *Dulor.* O. V. la note du vers 489. = *Olifan.* O. V. la note du vers 1059.

Vers 1763. — *Cler.* O. Pour le cas sujet, il faut *clers*.

Vers 1764. — *Rumpant.* O. Pour la même raison, il faut *rumpanz*.

Vers 1765. — *Grant.* G. O. Même remarque.

Vers 1766. — *Passant.* O. = Quant à *Karles*, O., voir la note du vers 94.

Vers 1767. — *Naimes le duc.* O. On pourrait retrancher les deux derniers mots pour ramener cet alexandrin à un décasyllabe. = *Le duc.* O. A cause du cas sujet, il faut *li dux.*= *Oïd.* O. V. la note du vers 2.

Vers 1769. — Les trois premières lettres de *cumbatant* ont été ajoutées postérieurement.

Vers 1770. — Il en est de même de *il*, qui se trouve après *est*, dans O.

Vers 1771. — *Vus* n'est pas dans le manuscrit. = *Veilz.* O. Voir la note du vers 1500, et lire *vielz*.

Vers 1773. — *Orgoill.* O. V. la note du vers 292.

Vers 1775. — *Ja prist-il Noples.* — « Noples, dit G. Paris, n'est ni Constantinople, comme traduit Génin, ni Grenoble, comme l'a compris l'un des continuateurs du Faux Turpin. Cette ville, qui joue un rôle si considérable dans la tradition, est encore à identifier. » (*Revue critique*, 1869, n° 37, p. 174.) « Pour le mot Nobles, dit M. P. Raymond, il faut observer que le château d'Orthez a porté le nom de *Nobile : Castrum quod dicitur Nobile*. (Texte de 1286. — V. le *Dictionnaire topographique du département des Basses-Pyrénées*, au mot Moncade.) Non loin d'Orthez, au N.-E., il y a une colline surmontée d'un camp retranché qui nous a toujours paru remonter au iv° ou v° siècle. Cette colline s'appelle la Motte de Turry, et ses défenses naturelles sont vraiment formidables. Enfin, il ne faut pas oublier qu'Orthez est sur une voie romaine, et que c'est le chemin forcé du gave de Pau. Deux piles du pont actuel sont du xi°-xii° siècle, et les traces du pèlerinage de saint Jacques y remonteraient, suivant M. V. Leclerc, au ix° siècle. » (Mémoire manuscrit de M. P. Raymond.) Il nous est difficile d'admettre ici les conclusions de M. Raymond. D'après tous nos poëmes et toutes nos légendes, Nobles est placé en Espagne. = Quant à la prise de cette ville par Roland, elle a donné lieu à quatre ou cinq récits différents : 1° Dans l'*Entrée en Espagne*, Roland abandonne Charlemagne au milieu d'une épouvantable bataille contre les Sarrazins. Il s'échappe avec les onze autres pairs et vingt mille Français : c'est qu'un de ses espions vient de lui apprendre que la ville de Nobles est sans défense. Il la surprend, il s'en empare. Le vieux Gilaru est tué; un autre chef païen, Filidès, se convertit, et Roland lui fait présent de la ville conquise, qu'il a d'abord, mais en vain, proposée à Olivier. C'est au retour de cette équipée qu'il est frappé, par son oncle indigné, d'un coup de gant au visage; c'est alors qu'il quitte le camp français et fait son voyage en Orient. (Ms. fr. de Venise, n° xxi, f° 177, r°. — 217 v°.) — 2° La *Karlamagnus Saga* raconte les choses tout autrement. Olivier et Roland s'emparent de Nobles sur l'ordre de Charlemagne; mais ils mettent à mort le roi Fouré, que l'Empereur leur avait ordonné d'épargner. Puis ils cherchent, mais en vain, à effacer les traces de ce sang. Charles s'aperçoit de la désobéissance de son neveu, et lui donne ce coup de gant, si célèbre dans notre légende épique. (*Karlamagnus Saga*, I, 51, 52.) Cette version paraît être la plus ancienne, et c'est la seule qui soit en parfaite corrélation avec un passage très-discuté de notre Chanson de Roland : *Ja prist il Noples seinz le vostre comant... — Puis, od les ewes lavat les prez de l' sanc : — Pur ce le fist ne fust aparissant*. (V. 1775-1779.) 3° Un autre récit nous est offert par la même *Saga*, mais dans une autre branche. Charles et Roland assiégent Nobles depuis trois ans; Charles se décourage, son neveu s'obstine, et l'Empereur le punit de cette obstination en le frappant d'une façon déshonorante. (5° br. *Guitalin*.) = 4° Enfin, les *Chroniques de Saint-Denis*, continuant le Faux Turpin, transforment Nobles en Grenoble. Elles nous montrent Roland assiégeant cette ville, quand soudain il apprend que son oncle est menacé en Dalmatie par les Saisnes, les Vandres et les Frisons. Pour lui permettre d'aller secourir Charlemagne, Dieu abat miraculeusement les murailles de la ville assiégée, comme autrefois celles de Jéricho. (Liv. V, chap. IX.) — 5° David Aubert, dans ses *Conquestes de Charlemagne*, paraît avoir suivi la légende que la *Saga* nous a conservée ; mais il l'a légèrement modifiée, comme le fait voir le titre d'un de ses chapitres : *Comme le roi Fourré fut occis contre le gré de l'Empereur par Olivier de Vienne, quy vanga la mort de son frère Gerier que Fourré avait ocis, et comment la cité de Nobles fu conquise par le noble duc Roland.* (F° 193-200.) = Tel est le rôle important que joue Nobles dans notre Épopée française. (Cf. P. Meyer, *Bibliothèque de l'École des Chartes*, t. XXVIII, p. 306, et G. Paris, *ibid.*, XXV, p. 19.) = Quant à Commibles, que l'on voit cité près de Nobles au v. 198 comme une autre conquête de Roland, il faut observer, après M. G. Paris (l. l. p. 173), que la version islandaise et le texte de Versailles remplacent par *Merinde, Morinde,* ce nom de ville qui d'ailleurs n'est pas expliqué.

Vers 1776. — *Sarrazins.* O. Pour le cas sujet du pluriel, il faut *Sarrazin.*

Vers 1777. — *Ki.* Mu. Le manuscrit porte très-distinctement *si.* = L'*a* de *cumbatirent* n'est pas dans le manuscrit.

Vers 1779. — *Pur celli.* — O. Erreur évidente. = Le Ms. porte *ce.* Lire *ço.* = [*Apa*]*rissant.* Les trois premières lettres manquent dans le manuscrit. C'est d'après la *Karlamagnus Saga* que Müller les a restituées. (V. notre note du vers 198.)

Vers 1780. — *Vat.* O. *Vat* ne se trouve qu'une fois dans notre manuscrit : *vait*, conforme à la phonétique de notre texte, se rencontre souvent. (Vers 168, 500, 618, 1155, 1562, 1874, 2106...) = *Jur* est du masculin. Lire *tut le jur.* = *Cornant.* O. Pour le cas sujet, il faut *cornanz.*

Vers 1781. — *Gabant.* O.

Vers 1782. — Lire *ciel.* V. la note du vers 1500. = *Ki osast.* O. Erreur du scribe, omission évidente. = *Querre.* Mu. Le manuscrit porte *requerre.* Il est vrai que *re* a été ajouté postérieurement. = *Champ.* O. V. la note du vers 555.

Vers 1783. — *Chevalz.* O. Erreur évidente. Lire *chevalciez.* = *Arestant.* O. Pour le cas sujet, il faut *arestanz.*

Vers 1784. — *Major.* O. V. la note des vers 30 et 51.

Vers 1785. — *A.* O. V. la note du vers 1244.

Vers 1786. — *Rumput.* O. *Temples* prenant l'*s* comme un nom masculin, *rumpuz* doit prendre le signe du cas sujet au masculin.

Vers 1787. — *Olifan.* O. V. la note du vers 1059. = *Dulor.* O. V. la note du vers 489.

Vers 1788. — *Karles.* O. V. la note du vers 94. = Si *corn* est resté neutre en français, on peut laisser *cel.* S'il est masculin, il faut *cil.*

Vers 1790. — *Respont... baron.* O.

Vers 1791. — *Men.* V. la note du vers 1500.

Vers 1792. — *At.* O. La forme constante est *ad.* V. le *Glossaire.* = *Vos.* O.

Vers 1793. — *Vos.* O.

Vers 1796. — *Empereres.* O.

Vers 1797. — *Lor.* O. V. la note des vers 30 et 17.

Vers 1798. — *Elmes.* Mu. Le Ms. porte : *De helmes.* = *A or.* O. V. le *Glossaire* aux mots *à* et *ad.*

Vers 1801. — Lire *destriers.* V. la note du vers 1500.

Vers 1803. — *Celoi.* O. V. la note du vers 1520.

Vers 1804. — *Mort.* O. Pour le cas sujet, il faut *morz.*

Vers 1805. — *Durrium.* O. V. notre note du vers 42 sur les premières personnes du pluriel.

Vers 1806. — *Calt? car demuret.* O. Pour la mesure, nous avons supprimé *car,* qui est inutile.

Vers 1808. — *Cuntre le soleill.* O. *Le,* inutile, rompt la mesure. Correction de Mu. = Pour les deux *ll* de *soleill,* voy. le *Glossaire.*

Vers 1809. — Pour le cas sujet, il faut *osberc* et *helme,* au lieu d'*osbercs et helmes.* O. Venise nous donne *gran flanbor,* et c'est d'après quoi les éditeurs ont restitué dans notre texte *grant flambur.* Le Ms. ne donne que *g...a...bur.*

Vers 1810. — *Escuz... peinz.* O. Pour le cas sujet, il faut *escut, peint.* = Lire plutôt *bien.* V. la note du vers 1500.

Vers 1811. — *Espiez.* O. Pour la même raison, il faut *espiet.*

Vers 1812. — *Empereres.* O. = *Cevalchet.* O. Nous avons partout adopté la forme la plus usitée, à beaucoup près. V. la note sur *ceval,* au vers 1379.

Vers 1813. — *Et li Franceis sont tuit en grant friçon. — De pitié plorent escuier e garçon.* (Ms. de Lyon.)

Vers 1814. — *Celoi.* O. V. la note du vers 1520.

Vers 1815. — *Mult* n'est pas dans le Ms. Correction de Mi., G., Mu.

Vers 1818. — *Li.* O. Pour le cas régime, il faut *le.*

Vers 1819. — Lire *bien.* V. la note du vers 1500. = *Felon.* O.

Vers 1822. — *Mielz.* O. V. la note du vers 1500.

Vers 1823. — A la suite de ce vers, le scribe par erreur a écrit : *Morz est Turpin, le guerreier Charlun,* qui est en réalité le v. 2242 de notre texte.

Vers 1824. — *Cascun*. O. Il faut un *s* pour le cas sujet.
Vers 1825. — Lire *bien*. = V. la note du vers 1500.
Vers 1828. — Lire *sumier*. = *Deshonor*. O. V. la note des vers 17, 30, 51.
Vers 1829. — *Charlun*. O. V. la note du vers 94. — Le Ms. ne porte que *guardent*. = Lyon, Paris, etc., n'ont pas reproduit les détails brutaux qui précèdent : *Li rois fait prandre le conte Ganelon,— Si le commande par tel devision : — S'il lor eschape, ja n'en aura rançon*. Voilà tout ce que dit Lyon. A l'époque de ces *Refazimenti*, on n'eût plus supporté les violences du texte primitif. Les mœurs s'étaient sensiblement adoucies.
Vers 1833. — *Racatent*. V. le Dictionnaire de Burguy au mot *Acater*.
Vers 1834. — *Empereres*. O.
Vers 1836. — *Celoi*. O. V. la note du vers 1520. = *Sei*. Mu. Le Ms. porte *se*.
Vers 1838. — *Josque*. O. V. la note du vers 976.
Vers 1841. — Les Remaniements entrent ici en de singuliers détails sur la mort de César, qui aurait été assassiné par les ancêtres de Ganelon : *En escriture le trove l'on lisant. — Li viés Cesar, qui ot puissance moult grant, — Murtrirent il à lor espiez trenchanz...* (Lyon.)
Vers 1842. — *Charles*. O. V. la note du vers 94.
Vers 1845. — *Ki* n'est pas dans le Ms.
Vers 1846. — *Cataigne* et *catanie* se trouvent également dans le Ms. La forme la plus étymologique est *catanie*. Lire ici *catanie*.
Vers 1848. — *Blecet*. O. Pour le cas sujet, il faut *blecez*. = *Quit*. O. On trouve *quid*, qui est plus étymologique, aux vers 150, 1590, 1666. = *Que* est très-lisible dans le Ms.
Vers 1849. Le vers est faux. Il faut p.-e. lire : *Quels seisante humes*, etc.
Vers 1850. — *Unches*. O. V. la note du v. 629. = Lire p.-e. *catanies*.
Vers 1853. — *Chevaler gentill*. O. Au cas sujet, *chevaliers gentilz*.
Vers 1854. — *Seignors barons*. O. = *Vos*. O.
Vers 1856. — *Meillors*. O. V. la note du vers 51.
Vers 1859. — *A oes*. O. Nous avons ajouté le *d* étymologique.
Vers 1860. — *Li empereres*. O. = *Vos*. O.
Vers 1861. — *Tere de France, mar futes dous païs : — Hui es sevrée de barons de haut pris*. (Lyon.)
Vers 1862. — *Oi*. O. V. la note du vers 1210. = *Desertet*. O. Pour le cas sujet, *desertez* (?). = Le manuscrit porte *rubostl*.
Vers 1863. — *Barons*. O. = *Vos*. O.

Vers 1864. — *Vos.* O. = *Pois.* O. *Puis* est plus conforme à la phonétique de notre texte.

Vers 1866. — Lire *Olivier.* = *Vos.* O.

Vers 1867. — *Murra.* O. *De doel morray.* (Lyon.)

Vers 1869. — Lire *camp.* V. la note du vers 555. = *Repairet.* O. Au cas sujet, il faut *repairiez.* = Lire en assonances, à la fin des vers de cette laisse : *repairiez, trenchiet, preisiez, vengier, chiens,* O. *bien, chevaliers, siet, deniers, mustiers,* O. *pecchiez, espargniez, recumenciet.*

Vers 1870. — *Vassal.* O. A cause du cas sujet, *vassals.*

Vers 1872. — *Melz.* V. la note du vers 1500.

Vers 1873. — *Iert.* O. V. la note du vers 517.

Vers 1874. — Lire *chiens.* O. V. la note du vers 1500, qui est aussi applicable à ce mot.

Vers 1875. — *Païens.* O. Pour le cas sujet, il faut *païen.*

Vers 1876. — *Arcevesque.* O. Le sujet singulier demande un *s.*

Vers 1877. — *Valor.* O. V. la note du vers 30. = *Chevaler.* O. C'est le cas sujet : il faut *chevaliers.*

Vers 1879. — *Tels* n'est pas dans le Ms. Correction de Mu.

Vers 1881. — *Monies* se prononçait *monjes,* comme plus loin *canonies : canonjes.* = Dans *monachus,* l'accent est sur la première voyelle, *o,* et les deux autres disparaissent. Il reste donc tout au moins, dans la prononciation, *monch, monj,* et, avec l'*e* muet, *monche* ou *monje.* Pas n'est besoin d'avoir recours, comme M. Brachet, à un type tel que *monius.* De même pour *canonicus,* qui, par la disparition des deux dernières voyelles, donne *canonc, canong, canonge.* = *Mustiers.* O. La forme *musters* est plus commune dans notre texte. (Vers 1750, 2097, 3730, 3861.) Mais ce mot ne se trouve en assonance que dans les couplets en *ier.*

Vers 1882. — *Por.* O. V. la note du vers 17. = *Peccez.* O. La forme qui avait passé en usage dans notre texte est *pecchez.* (Vers 15, 240, 1140, 2365, 3646.) Lire ici *pecchiez.*

Vers 1883. — *Rollant.* Mu. Pour le cas sujet, il faut *Rollanz.*

Vers 1884. — *Francs.* O. Il faut *Franc* pour le s. p. m.

Vers 1886. — *Quant li honz voit qu'il n'aura garison,* Lyon. = *Avrat.* Mu. V. la note du vers 38.

Vers 1887. — L'*e* finale du mot *bataille* est absente dans le Ms. = *Defension.* O.

Vers 1888. — *Francs.* O. Pour le cas sujet, il ne faut pas d'*s.* = *Fiers.* O. Même remarque. = *Leuns.* O. V. la note du vers 20.

Vers 1891. — Lire *bien.* V. la note du vers 1500. = *Bevon.* O. *Buevon,* Lyon.

Vers 1892. — Lire *Iert.* V. la note du vers 1500.

Vers 1895. — « Yvoré et Guiun, » Lyon. = *Ivon.* O. V. la note du v. 30. = D'après *Gaufrey* (v. 98), Ivon et Ivoire sont fils du roi Othon, qui lui-même est le sixième fils de Doon de Mayence. = Ivon et Ivoire sont comptés au nombre des douze Pairs par la *Chanson de Roland*, *Gui de Bourgogne*, la *Karlamagnus Saga*, etc. Ivoire est supprimé de cette liste par la Chronique de Weihenstephan.

Vers 1897. — *Loign.* O. Ce mot ne se rencontre qu'une seule fois sous cette forme. Partout ailleurs (1100, 1784, 1992, 2622), c'est *loinz* avec le *z* final correspondant à l'*s* de plusieurs adverbes, *primes, unkes, sempres, alques*. Ici, *luinz* pour l'assonance.

Vers 1900. — *Avras.* Mu. = *Nos.* O.

Vers 1901. — *Enquoi.* O. V. 1194. = *Savras.* Mu. Le Ms. porte très-nettement *saveras*, qui est plus étymologique. La question de prononciation reste entière. = *Nom.* O. Pour l'assonance, *num*, qui se trouve aux vers 43, 1188, 2238, 3095, 3144, 3986. *Nom* ne se trouve qu'une fois dans tout notre texte.

Vers 1902. — *Baron.* O.

Vers 1903. — *Poign.* O. V. la note du vers 415.

Vers 1905. — *Ert.* V. la note du vers 1500.

Vers 1906 et 1907. — *Nos.* O. = Lire *vengiez*.

Vers 1910. — Pour le cas sujet, il faut *l'uns*. Le Ms. porte *l'un*. = *Car.* O. V. la note du vers 275. = *Nos.* O. V. la note du vers 17.

Vers 1913. — *Fuiums.* O. V. la note sur les 1res personnes du pluriel, au vers 42. = Avant ce couplet, les Remaniements en contiennent un autre qui développe le précédent. Voici le texte de Lyon : *Va s'en Marsile, son poing destre a perdu; — Mout ot le cuer dolant et irascu; — Encontre terre a gité son escu, — Ganchi la règne de l'auferrant crenu, — Droit ver Espaigne a son chemin tenu. — O lui s'en vont XIII. M. mescréu : — N'i a celui ne li soit meschéu. — Nostre François, li vassal cognéu, — Segont lor mestre, chascons à lor branc nu. — Païen s'en fuient, chascons le poing perdu; — Dist l'un à l'autre : Li niés Karles a vencu!* (F. 21, r° et v°.)

Vers 1921. — *Si* n'est pas dans le manuscrit, non plus que le premier *i* de *paienime*.

Vers 1922. — *Recevrums.* Mu. V. la note du vers 38 et celle du vers 42. = Le manuscrit porte *matyrie*. Erreur évidente. Partout ailleurs on trouve *martirie*.

Vers 1923. — *Ben.* V. la note du vers 1500. = *Avons.* V. la note du vers 42. = *Vivre.* Mu. Le manuscrit porte très-distinctement *vivere*, qui évidemment se prononçait *vivre*. Mais il faut précieusement conserver toutes les différences qui existaient entre l'écriture et la prononciation = *Or sai je bien qu'or est curte ma vie*. (Lyon.)

Vers 1924. — Lire *Fel*. O. Quoique l'on trouve au cas sujet *fels* (vers 213, 674, 3735, 3829), nous préférons *fel*, pour demeurer fidèle à la règle posée dans notre note du vers 1. D'après cette règle, les substantifs latins qui n'ont pas d's au nominatif singulier, ont donné naissance à des noms romans qui offrent la même particularité. Or, suivant la meilleure hypothèse, *fel, felon*, viennent, comme nous l'avons dit, de *felo, felonis*. = *Ki* n'est pas dans le manuscrit.

Vers 1926. — *Vos*. O. Erreur manifeste. Partout ailleurs le pronom ou adjectif possessif *voz* prend un *z*.

Vers 1928. — *Mi sire*. O. V. la note du vers 636.

Vers 1929. — *Discipline*. V. le Glossaire de F. Michel.

Vers 1930. — Lire *Quinze*.

Vers 1931. — *Lesserat*. O. Nous avons adopté la notation *ai*, qui est à beaucoup près la plus fréquente et qui nous est restée. = *Nos*. O. V. la note du vers 17. = *Beneïsse*. O. Le scribe a oublié le *t* étymologique.

Vers 1932. — *Quan*. O. = Lisez *cuntredite*.

Vers 1933. — *Neirs*. O. Pour le cas sujet, il ne faut pas d's.

Vers 1937. — *Recumant*. O. Le manuscrit porte *recumenz*. Ce couplet est en *en*. La meilleure forme serait *recument*. Car l's et le *z* n'apparaissent pas dans ces 1res pers. de l'ind. présent.

Vers 1938. — *Oliver*. O. V. la note du vers 1500.

Vers 1941. — *Orgoil*. O. V. la note du vers 292. Lire *orguill*.

Vers 1942. — *L'un*. O. Pour le s. s., il faut *l'uns*. = *Empereor*. O. Le cas sujet est *li emperere*.

Vers 1943. — Le manuscrit porte *Marganices* au lieu de *l'Algalifes*. Mais tous les Remaniements nous offrent : *l'algalifre* (Venise IV), *L'augalie* (Paris), *Langalie* (Versailles), *Lagalie* (Lyon). = *Ceval*. O. V. la note du vers 1379.

Vers 1944. — *Ben*. V. la note du vers 1500. = *A or*. O. Le *d* euphonique est très-souvent employé dans notre manuscrit.

Vers 1948. — *Col*. O. Erreur du scribe.

Vers 1949. — *Vos*. O.

Vers 1950. — *Ben*. V. la note du vers 1500. = *Nos*. O.

Vers 1952. — Lire *Oliviers*. = *Ferut*. O. Pour le cas sujet, il faut *feruz*.

Vers 1953. — *Acer*. O. *Acers* se trouve au cas sujet (vers 1362, 2302, 2313) plus souvent qu'*acer*. (Vers 1507, 1953.) Lire *aciers*.

Vers 1954. — *Marganices*. V. la note du vers 1943. = *Elme*. O. V. la note du vers 995. = *A or*. O.

Vers 1955. — *E flurs e cristaus*. O. Mais *cristaus* a été ajouté postérieurement en interligne. = *Perres* est une correction de Mu.

Vers 1959. — *Karles.* O. V. la note du vers 94.

Vers 1960. — *Muiler.* O. La vraie forme est *muiller*. (Vers 42, 361, 2576.) = *Veüd.* O. V. la note du vers 2.

Vers 1962. — *Vaillant à un dener que m'i aies tolut.* O. Ce vers nous paraît inintelligible. Nous l'avons modifié d'après le sens évident de la phrase. = Lire *denier*, auquel s'applique la note du vers 1500.

Vers 1965. — *Oliver.* O. V. la note du vers 1500. = *Naffret.* O. Pour le cas sujet, il faut *naffrez*.

Vers 1966. — Lire *vengier* et *iert*, d'après la doctrine énoncée dans la note 1500.

Vers 1967. — Lire *ber*. O. Remarquer cependant que *ber* n'est point tout à fait dans le cas de *fel*. A côté de *baro*, *barus* a existé, et, comme nous l'avons dit, toute une déclinaison sur *barus : li ber, les bers*.

Vers 1969. — *Poinz.* O. V. la note du vers 415. = *E selles et costez*. O. La correction est de Mu., d'après le manuscrit de Versailles.

Vers 1971. — *A la tere* n'est pas dans le manuscrit. Correction de G. et de Mu. = *L'un mort sur l'autre trabucher e verser.* (Lyon.)

Vers 1973. — *Volt.* O. V. la note du vers 40.

Vers 1976. — *Cumpaign.* O. V. la note du vers 1051. = *Car.* O. V. la note du vers 275.

Vers 1977. — *Dulor.* O. V. la note du vers 489. = *Deseverez.* O. Pour le cas sujet, il faut *desevret*. = *Deseverz*. Mu. V. la note du vers 38.

Vers 1979. — *Teint... desculuret e pale.* O. Pour le cas sujet, il faut *teinz... desculurez et pales*.

Vers 1984. — *Iert.* O. V. la note du vers 517 et celle du vers 1500.

Vers 1985. — *Cun.* O. Partout ailleurs, *cum*.

Vers 1986. — *Chaiete.* O.

Vers 1987. — *Avrat.* Mu.

Vers 1991. — *Seinet ki li oil.* O. Erreur évidente.

Vers 1992. — *Vedeir.* O. *Veeir*, qui se trouve aux vers 1104 et 1720, est bien plus en rapport avec les formes *veeit* (videbat), *veez* (videte et videtis), etc.

Vers 1993. — *Recoistre.* O. = *Poisset.* O. On trouve *puisset* (vers 2522) et *puissez* (vers 480), qui sont conformes à notre phonétique.

Vers 1994. — *At.* O. V. la note du vers 2.

Vers 1995. — *Elme.* O. V. la note du vers 996. = *A or.* O. Pour le *d* euphonique, voir le *Glossaire*. = *Gemet.* O. Partout ailleurs *gemmet*, avec les deux *m* étymologiques.

Vers 1996. — *Qu'al.* O. Pour la mesure, on a rétabli *que*.

Vers 2000. — *Cumpain.* O. V. la note du vers 1051. = *Vos.* O. = *Gred.* O. V. la note du vers 2.

Vers 2001. — *Vos.* O.

Vers 2003. — *Olivier.* O. V. la note du vers 1500. = *Vos.* O.

Vers 2004. — *Vos.* O. = *Veied.* O. V. la note du vers 2. = *Damne Deu.* O. Pour le cas sujet, il faut *Damnes Deus.*

Vers. 2005. — *Vos.* O. = *Car.* O. V. la note du vers 275.

Vers 2006. — *Mal* n'est pas conforme à l'assonance. Lire peut-être *Jo n'en ai de mal rien* (Mu., page 134) ; ou, mieux encore : *Ne sui mie naffrez.*

Vers 2008. — *L'un.* O. Pour le cas sujet, il faut *l'uns.*

Vers 2009. — *Desevered.* O. V. la note du vers 2. — *Desevred.* Mu. V. la note du vers 38.

Vers 2010. — *Oliver.* O. V. la note du vers 1500. = *Mort.* O. Pour le cas sujet, *morz.* = *Angoisset.* O. Pour l'assonance, *anguisset*, qui, d'ailleurs, se trouve au vers 3634. (Cf. *anguissables.*)

Vers 2011. — *Ansdous les oilz.* O. Pour le cas sujet, il faut *ambdui li oil.*

Vers 2012. — *A l' tere.* O. Erreur évidente. = *Sor son escu se gist vers Orient.* L.

Vers 2015. — *Ciel.* O. V. les notes des vers 545 et 1500.

Vers 2017. — *Karlun.* O.

Vers 2018. — *Sur tuz.* O. Lyon nous donne la vraie leçon : *De sor toz homes son compaignon Rolant.*

Vers 2019. — *Le helme.* O. Pour le cas sujet, il faut *li helmes.*

Vers 2022. — Lire *ber.* O.

Vers 2023. — *Plus* a été ajouté en marge. = Les Remaniements de Paris et de Lyon nous offrent dans cette laisse un incident qui n'était évidemment pas dans le texte primitif. Il s'agit de la communion symbolique d'Olivier qui lui est administrée par Roland : *IIII poiz a pris de l'erbe verdoiant. — Li ange Dieu i descendent à tant ; — L'arme de lui enportent en chantant.* (Lyon.) Nous avons parlé ailleurs de ce singulier sacrement, que l'on peut rapprocher de ces confessions faites à un laïque, dont nous avons aussi plus d'un exemple dans nos Chansons de geste. C'est la communion eucharistique reçue par les chevaliers sous l'espèce de l'herbe ou de la verdure. A défaut de prêtres, à défaut d'hosties consacrées, les chevaliers se communient avec des feuilles d'arbre, avec des brins d'herbe. Élie de Saint-Gilles rencontre un chevalier mourant. Plein de charité, il s'élance vers lui : *Entre ses bras le prist, — Prist une fuelle d'erbe, à la bouce li mist. — Dieu le fait aconoistre et ses peciés gehir. — L'anme part.* (B. N. Lav. 80, f° 77.) Dans *Raoul de Cambrai*, Savari communie Bernier après l'avoir confessé : *Trois fuelles d'arbre maintenant li rompi : — Il les receut* per corpus Domini. (Éd. Leglay, p. 327.) Et, dans le même poëme, on voit avant la bataille tous les chevaliers de l'armée se donner la communion sous la même espèce : *Chascuns frans hon de la pité plora ; — Mains gentishons s'i acumenia — De III. pous d'erbe, qu'autre prestre n'i a.* (Ibid. p. 95.) Dans *Renaus de Montauban*, Richard s'écrie : *Car descendons à terre e si nos confesson, — Et des peus de cete herbe nos acomenion.* (Éd. Michelant, p. 181, vers 26, 27.) Dans *Aliscans*, la communion de Vivien est réellement sacramentelle : Guillaume, par un étonnant privilége, a emporté avec lui une hostie consacrée, et c'est avec cette hostie qu'il console et divinise les derniers instants de son neveu. Quant à la communion par le feuillage, IL FAUT LA CONSIDÉRER UNIQUEMENT COMME SYMBOLIQUE, et c'est ce que prouvent jusqu'à l'évidence les vers plus haut cités de *Raoul de Cambrai : Treis fuelles d'arbre receut per corpus Domini*. Bref, on ne se confesse à un laïque qu'A DÉFAUT DE PRÊTRE ; on ne communie avec des feuilles qu'A DÉFAUT D'HOSTIE. De ces deux rites il n'existe aucune trace dans le *Roland*, dont l'auteur nous paraît théologiquement moins ignorant et plus exact que tous nos autres épiques.

VERS 2024. — *Mort est sun ami*. O. Pour le cas sujet, il faut *Morz est sis amis*. Bartsch propose, d'après le manuscrit de Venise : *Li quens Rollanz, quant mort vit son ami.* (Chrestomathie française, 29, 45.)

VERS 2026. — Bartsch ajoute ici un vers emprunté à la version de Venise IV : *Ne poet muer non plurt et non sospir*. On peut, en effet, l'ajouter au texte critique, mais sous cette forme qui se trouve au vers 2380 :
    Ne poet muer n'en pluri e ne sospirt.

VERS 2027. — *Cumpaign*. O. V. la note du vers 1051.

VERS 2030. — Lire p.-e. *ies*. O.

VERS 2032. — *Son*. Mu. Le manuscrit porte très-distinctement *sun*. = *Ceval*. O. V. la note du vers 1379.

VERS 2033. — *Afermet*. O. Pour le cas sujet, il faut *afermez*.

VERS 2034. — *Chaïr*. V. au *Glossaire* les autres formes de ce mot.

VERS 2035. — *Ainz que*. On ne trouve qu'une fois *ainz* dans le texte de la Bodléienne. *Einz* est partout ailleurs la forme employée par le scribe. (Vers 688, 1037, 1690, 1804, 1900, 2939, 3043, 3394.)

VERS 2036. — *Pasmeisuns*. O. Erreur évidente.

VERS 2038. — *Morz*. O. Pour le cas sujet, *mort*.

VERS 2039. — *Senz*. O. *Senz* ne se trouve que dans deux vers de la Chanson ; partout ailleurs, c'est *seinz*. (Vers 511, 1607, 1775, 3579, 3718, 3914.) = Lire *Gualtier*.

VERS 2040. — D'après la théorie des assonances en *ier* (note du vers 1500), lire plutôt *repairiez*. = *Des muntaignes*. O. Pour la mesure, il faut *de la muntaigne*, que Venise VII et Versailles s'accordent d'ailleurs à nous donner.

Vers 2041. — *Cumbatuz.* O. Pour le r. s., *cumbatut.*

Vers 2044. — *E* n'est pas dans le manuscrit.

Vers 2045. — *Ies.* O. V. la note du vers 648. = *Jantiz honz, sire, que es-tu devenuz.* (Lyon.)

Vers 2047. — *Gualter.* O. Pour le cas sujet, il faut *Gualtiers.* = *Marlagus.* Lyon. = Dans la *Keiser Karl Magnus's Kronike*, Gautier est appelé Volter, et est présenté comme le fils de la sœur de l'Archevêque. « Les chrétiens étaient là tous tués, dit l'auteur danois, excepté Roland, Turpin, Volter et Irot (?). Le vieux Irot dit à Roland : « Secours-moi. « Je n'ai jamais eu peur dans aucun combat avant celui-ci. » Roland se retourna, et commençait à combattre quand Volter et Irot furent tués. »

Vers 2048. — Lire *viell.* O. V. la note du vers 171, en la faisant concorder avec celle du vers 1500.

Vers 2049. — *Tun drut.* O. Il faut, pour le cas sujet, *tis druz.*

Vers 2050. — *Percet mun escut.* O. Pour la même raison, il faut *perciez mis escuz.* = Pour *perciez*, voir la note du vers 1500, qui s'applique à ce mot, lequel se trouve uniquement, comme assonance, dans les laisses en *ier*.

Vers 2051. — *Desmailet e rumput.* O. Le cas sujet exige *Desmailez e rumpuz.*

Vers 2052. — Ce vers est horriblement mutilé dans le manuscrit. *Ilot une lance ferut.* Encore les mots *une* et *ferut* ont-ils été ajoutés en interligne. Mu. a reconstitué la vraie leçon, d'après les textes heureusement interprétés de Venise IV (*Par me le cors de lance son feru*), de Paris (*Par mi le cors sui en VII lieus ferus*), de Versailles (*Par mi le cors o lances mes cosuz*). Mais Mu. n'a pas connu le texte de Lyon, qui est le plus clair : *De quatre espiez feruz.* = *Ferut.* O. Pour le cas sujet, il faut *feruz.*

Vers 2053. — *Chier* vaut mieux que *cher.* V. la note du vers 1500.

Vers 2054. — *At.* O. V. la note du vers 2.

Vers 2055. — *Poignant.* O. Il faut, pour le cas sujet, un *z* au lieu du *t*.

Vers 2056. — « Le texte a été ici violemment abrégé. Dans les autres rédactions, Roland, comme on doit s'y attendre, prend des renseignements sur le sort des chevaliers qu'il a confiés à Gautier, et celui-ci raconte alors tout ce qui lui est arrivé. » (Note de Müller.) Nous pensons avec M. Müller que le texte primitif renfermait ici une laisse de plus, que nous allons essayer de restituer d'après le texte de Venise, et aussi d'après ceux de Versailles, de Paris et de Lyon.

« Sire Gualtier, ço dist li quens Rollanz,
« Bataille oüstes od la païene gent.
« Vus suliez estre vassals e cumbatanz :
« Mil chevaliers en menastes vaillanz ;

« Rendez les mei, que bosuign en ai grant. »
Respunt Gualtiers : « N'en verrez un vivant.
« Laissez les ai en cel dulurus camp.
« De Sarrazins nus i truvasmes tanz,
« Turs e Ermines, Canelius e Jaianz,
« Cels de Balise, des meillurs cumbatanz,
« Sur lur chevals arrabiz et curanz !
« Une bataille i feïsmes si grant
« N'i ad païen devers altre s'en vant.
« Seisante milie en i ad morz gisanz.
« Avum perdut iloec trestuz noz Francs ;
« Vengez nus sumes à nos acerins branz.
« De mun osberc en sunt rumput li pan ;
« Plaies ai tantes ès costez e ès flancs
« De tutes parz en salt fors li clers sancs ;
« Trestut le cors m'en vait afebliant :
« Sempres murrai, par le mien esciant.
« Je sui vostre hom e vus tien à guarant.
« Ne me blasmez, si je m'en vai fuianz ;
« Mais or m'aidiez à tut vostre vivant. »
D'ire e de doel en tressuet Rollanz.
De sun blialt a trenchiez les II pans.
Gualtier en bandet les costez e les flans.   Aoi.

Les Remaniements de Venise VII, de Paris et de Lyon ont ici deux laisses au lieu d'une. Nous renvoyons à l'édition de M. Müller (p. 139-140) pour les textes de Venise IV et de Versailles ; à celle de M. Michel. pour le texte de Paris. Quant à M. Bartsch, il s'est autorisé (l. l. 30, 31) à intercaler dans son texte le couplet du manuscrit de Venise, sans rien changer au dialecte ; ce qui produit une bigarrure insupportable. Nous donnons ici le texte inédit de Lyon : « *Sire Gautier, dist Rollans li menbrez, — Moult est vos cors e plaiez et navrez. — Sire Gautier, grardez* (sic) *ne me celez, — Comant vos estes de mes homes sevrez.* » — *E dist Gautier :* « *Maintenant le saurez. — Tuit sont ocis, jamais ne les verrez. — En la montaigne où je m'en sui alez, — Trovames Turs XXX. M. d'armez. — Mout granz efforz i fu par euz mostrez : — Tant i ferimes ou les branz acerez, — Encor en est li chanz ensanglantez : — Mort sont mi home, n'en est I. eschapez. — E ge meïsmes, de IIII. espiez navrez, — Se je m'en sui venuz et retornez, — Par Dieu vos pri que vos ne m'en blamez. — Je vos di bien, et si est veritez.* » — *A icest mot se fu Gautiers paumez. — Li cuens Rollans a depidié plorez ; — De son bliaut a les II. pans copez. — Gautier en bande les flans et les costez.* = « *Sire Gautier, ce dit li cuens Rollans, — Bandé vos ai les costez et les flanz. — Si m'aït Diex, de vos sui mout dolanz, — Que prodonz estes et chevaliers vaillanz. — Mout as esté ardiz et combatanz. — Je vos chargai M. chevalier vaillanz. — Randez-les-moi :*

li besoinz i est granz. » — « *Nes verrez mais, ce dit Gautiers li franz. — Les ai laissié en si doloireux chanz. — Nos i alames par le vostre comant, — De Sarrazins i trovames nos tant, — Soffres e Gaufres,* (?) *Aragons e Ullanz, — Turs e Hermins, Arrabiz e Persanz, — E Esclavons à toz les Agolanz. — Nos i ferimes à nos acerez branz; — Li chival furent jusque ès costez en sanz. — Bien le vos di, e en soiez creanz, — N'i a païen qui de ce soit ventanz. — XXI. M. en i a morz gisanz. — Mort sont mi home, s'en ay le cuer dolanz : — Vendu se sont entres les mescréanz. — De mon auber m'ont desrompu les panz, — Si sui plaiez les costez et les flanz ; — Li sanc en est de totes pars coranz. — Je sui vostre honz e sui vostre serjanz. — Ne me blamez se je en sui fuianz.* » — *Et de duel se trassue Rollanz.* (Ff. 25-26.)

Vers 2056. — Venise VII a ici un couplet de plus que le texte de Paris : *Rollant a duel : je ne m'en merveil mie,* etc.

Vers 2058. — *Get* [*et*]. Mi. G. Mu. Le manuscrit ne contient visiblement que *get.* = Il porte : ·*XX.*

Vers 2059. — *Gualter.* O. A cause du cas sujet, il faut *Gualtiers.* = *Arcevesque.* O. Pour la même raison, il faut l's final. = Dans le manuscrit, on lit : *V.*

Vers 2060. — *Felun feluns.* O. Erreur évidente.

Vers 2061. — *Qu'il.* O. Correction de G. et de Mu.

Vers 2062. — Lire *Fel.* O.

Vers 2063. — *Recreant.* O. Pour le cas sujet, il faut *recreanz.*

Vers 2064. — *Recumencent* nous paraît ici employé dans le sens neutre. (Cf. le vers 3074.) Au lieu de *le hu e le cri,* d'O., il faut, au cas sujet, *li hus e li cris* (?).

Vers 2066. — *Mult* n'est pas dans O. Pour le cas sujet, il faut *nobles guerrers,* au lieu de *noble guerrer.* O. = Lire en assonances, à la fin des vers de ce couplet, *guerriers, chevaliers, laissier, millier, aproismier, Gualtier, perciet, chief, desmailiet, destrier, chiet,* O.

Vers 2067. — *Gualter... bon chevaler.* O. Pour le cas sujet, *Gualtiers bons chevaliers.* = Le manuscrit porte *de Hums.* = *Bien.* O. V. la note du vers 1500.

Vers 2068. — *Arcevesque... essaiet.* O. Le cas sujet exige *Arcevesques... essaiez.*

Vers 2069. — *Volt.* O. V. la note du vers 40.

Vers 2071. — *Sarrazins.* O. Suivant les règles de la déclinaison romane, il ne faut point d's final. = *Piet.* O. *Pied,* qu'on trouve aussi souvent (vers 120, 2138, 2400), est plus étymologique.

Vers 2072. — *Millers.* O. Pour le cas sujet, il faut *millier.*

Vers 2073. — *Men.* Appliquer ici la théorie de la note du vers 1500.

Vers 2074. — *Lor.* O.

Vers 2075. — Le manuscrit porte : *E wigres e darz e museras e agiez e gieser.* Pour la mesure, nous avons dû supprimer le premier mot et le dernier, également inutiles. — Pour ces différents engins, voir la note du vers 994, sur les *Armures.* = Ce sont là, avons-nous dit, différentes espèces de flèches ou javelots. D'après le père Daniel, (en son *Histoire de la milice française*), les *materas* étaient de gros javelots courts, à bois très-gros, et terminés par une grosse masse ronde de fer ou de plomb (?). Mais faut-il assimiler les *materas* aux *museras*?

Vers 2077. — Lire *premiers.* V. la note du vers 1500.

Vers 2082. — *Arcevesque.* O. Pour la règle de l's, il faut *arcevesques.* = *Chet.* O. *Chet* se rencontre bien plus souvent dans le texte de la Bodléienne (*Chiet*, vers 1509, 2082, 3925; *Chet*, vers 981, 1267, 1356, 2220, 2536, 2825, 3720); mais ce mot ne se rencontre comme assonance que dans les couplets en *ier.*

Vers 2085. — Lire *ber.* O. V. la note du vers 430.

Vers 2086. — *Curut.* O. C'est ici le cas sujet : il faut *curuz.*

Vers 2087. — *Vencut.* O. Même remarque.

Vers 2088. — *Bon vassal... vif recreüt.* O. A ces quatre mots, pour la même raison, il faut un *s.* = Lire *iert.* (V. la note du vers 1500).

Vers 2089. — *Almace.* Almace est une des trois épées que le juif Malakin d'Ivin donna pour la rançon de son père Abraham. Les deux autres étaient Durendal et Courtain. (*Bibl. de l'Éc. des Chartes*, XXV, 101.) = L'épée de Turpin est une de celles qui furent essayées sur le perron d'acier du palais de Charlemagne, à Aix. Elle résista à l'épreuve. = Dans *Renaus de Montauban*, elle est volée par Maugis. (Éd. Michelant, p. 306.) = Almace est appelée Almuce dans Venise IV; Aigredure, dans le Remaniement de Paris; Almire, dans celui de Versailles; Autemise, dans *Renaus de Montauban.* = Lire *Acier.*

Vers 2092. — *Truvat* est nécessairement indiqué par le sens, au lieu de *troevet.*

Vers 2093. — Le manuscrit porte à tort *ferut.* = *Nafrez.* O. Ce mot redouble presque toujours l'*f.* (Vers 1623, 1965, 1990, 2078, 2080, 2771, 3452, etc.) On trouve *nasfret* au vers 2504.

Vers 2094. — Lire *chiefs.*

Vers 2095-2098. — Le manuscrit d'O. ne porte pas le mot *seinz*, que nous restituons, comme MM. G. et Mu., d'après les manuscrits de Venise IV et de Paris. = *Por qui.* O. Tout ce passage est omis dans Lyon : le remanieur ne le comprenait plus. = Ces vers sont d'une importance réelle, que l'on a peut-être exagérée. Quelques érudits contemporains veulent trouver dans les vers de nos vieux poëmes une précision, une exactitude mathématique. Donc, on a conclu de ces quatre vers qu'un certain Gilles « pourrait bien être l'auteur de la *Chanson de Roland* ». — Tout d'abord, et d'après le texte d'Oxford lui-même, il ne saurait être ici question du poëte qui composa notre vieille épopée, mais seulement d'une source historique à laquelle serait remonté l'auteur, le véritable auteur de la Chanson : Ço DIST *la geste e cil ki el camp fut* — *Li ber seinz Gilie...* — Et, en effet, jaloux de conquérir une autorité historique, nos épiques renvoient souvent leurs lecteurs à la « Geste », c'est-à-dire à une Histoire en règle, à une Chronique officielle faite dans quelque couvent célèbre (à Laon, si la chanson est antique ; à Saint-Denis, si elle est plus moderne). Les exemples abondent. = Mais pourquoi, nous objectera-t-on, le poëte a-t-il fait choix ici du *ber seinz Gilie*? C'est que SAINT GILLES A ÉTÉ MÊLÉ D'UNE FAÇON INTIME A LA LÉGENDE DE CHARLEMAGNE. — L'époque réelle à laquelle a vécu ce saint, très-populaire en France, a été longtemps l'objet de contestations très-vives entre les savants. Les Bollandistes (tome XLI, p. 296) ont prouvé qu'il avait vécu sous Charles Martel. (Ils placent sa naissance en 640, et sa mort entre 720 et 725.) Mais, au moyen âge, la légende le fit longtemps vivre sous CHARLEMAGNE. D'après Adam de Saint-Victor (Prose *Promat pia vox cantoris*); d'après les Séquences *Quantum decet* et *Sicut passer* (Mone, *Hymni latini medii ævi*, III, 165 et 167); d'après la Légende dorée, etc., « l'Empereur n'osait confesser « à personne le plus grand de ses crimes (son inceste avec sa sœur « Gilain); un parchemin miraculeux descendit du ciel, et saint Gilles y vit « écrit en toutes lettres le péché de Charles. » Voilà ce que savait sans doute l'auteur de notre poëme. Et c'est à ce miracle qu'il fait peut-être allusion dans ces mots : *Por qui Deus fait vertuz*. (Saint Gilles, d'ailleurs, D'APRÈS TOUS LES MONUMENTS LITURGIQUES, était célèbre par ses miracles en faveur des malades et des marins en péril, etc., et la plus ancienne des proses qui lui soient consacrées dit de lui, au xie et xiie s.: *Miraculorum coruscans virtutibus*, Mone, l. l. 167; Adam de Saint-Victor, etc.) J'ajoute qu'ayant été mêlé, dans cet épisode, à l'histoire poétique du grand empereur, il le fut sans doute plus profondément. Le *Stricker* nous montre à Roncevaux « l'immaculé saint Gilles, qui depuis longtemps vivait solitaire dans une grotte de France ». Un poëme français de la décadence, *Hugues Capet* (p. 210 de l'édition du marquis de la Grange), nous parle d'un vieillard *qui fu en Raincheval où Rolans fu perdu*, et qui fit vœu de se faire ermite s'il échappait à cet immense désastre. Mais le document le plus précieux sur cette légende est la *Keiser Karl Magnus's Kronike*. (Éd. de 1867, p. 130.) Parlant des prodiges qui annoncèrent la mort de Roland, l'auteur danois y mêle le témoignage de saint Gilles : « Le même jour il arriva un grand miracle chez les Franks. Il se fit aussi obscur que s'il avait été nuit. Le soleil ne donna plus de lumière, et maint homme craignit pour sa vie. Saint Gilles dit que ce miracle arrivait à cause de Roland, parce qu'il devait mourir ce jour-là. » (V. notre *Introduction*, p. LXIV et ss.) Voilà quels sont les témoignages de la légende au sujet de saint Gilles. De là à le supposer auteur d'une geste écrite, d'un récit de ce combat dans « une charte conservée à Laon », il n'y a pas loin, pour qui connaît les coutumes littéraires du moyen âge. « Il n'est pas étonnant, avons-nous dit ailleurs, qu'on ait mis sur le compte d'un saint aussi populaire une relation apocryphe de la défaite de Roncevaux. » Et il ne faut rien chercher de plus dans les quatre vers qui sont l'objet de cette note. Telle était, telle est encore notre conclusion. = Le scribe italien qui a écrit le manuscrit de Venise IV n'a pas compris *saint Gilie*, et a substitué : *Li ber san Guielmo*.

Vers 2095. — Lire *mustier*. V. la note du vers 1500.

Vers 2097. — Lire *cartre*. (Cf. le vers 1084.)

Vers 2099. — *Gentement*. L'*n* n'est pas dans le manuscrit.

Vers 2100. — *Chalt*. O. Nous avons préféré *chald*, qui se trouve au vers 950, et est plus étymologique. Peut-être *cald*.

Vers 2101. — *Dulor*. O. V. la note du vers 489.

Vers 2102. — Sur le mot *temples*, voy. la note sur les neutres, au vers 9. = *Temples* étant ici du masc., il faut, au cas sujet, *rumpuz*, au lieu de *rumput*. O. = *Por*. O. V. la note du vers 17.

Vers 2103. — *Volt*. O. V. la note du vers 40. = P.-e. *viendrat*.

Vers 2104. — *Olifan*. O. V. la note du vers 1059.

Vers 2106. — *Nos*. O.

Vers 2108. — *Guares*. O. Erreur du scribe. = *Livrat*. Mu.

Vers 2110. — *Grasles*. O. Nous avons adopté la forme *graisles*, qui est la plus fréquemment employée et est conforme à la phonétique de notre texte. = *Ost* étant du féminin, il faut *ceste*.

Vers 2114. — *L'un*. O. Pour le cas sujet, *l'uns*. = *Karlun*. O. Voy. la note du vers 94. = *Avrum*. Mu. = Lire *Dit*. O.

Vers 2115. — Le manuscrit de Paris a reproduit à peu près exactement le couplet de l'ancien texte, avec ses assonances grossières par la dernière voyelle sonore. Le manuscrit de Venise VII, au contraire, a refait toute cette laisse sur une assonance rigoureuse, sur une rime. Nous donnons ici ces deux textes comme exemple frappant de la diversité des procédés à l'usage de nos rajeunisseurs. Les uns refaisaient tout ; les autres faisaient entrer dans leur composition nouvelle quelques fragments de l'ancienne. Voici la version de Paris : *Dient païen* : « *L'Empereres repaire. — De ceuls de France poez oïr les graisles. — Se Karles vient, duel i auronz et perde. — Se Rollans vit, notre guerre est nouvelle. — Perdue avons Espaigne la grant terre.* » — *Lors se rassemblent*

*la pute gent averse. — III. C. des mieudres qui eP champ porent iestre;
— A Rollant font. I. assaut fort e pesme. — Il se deffant com chevaliers honestes, — Et lor decope et les bras et les testes.* Et maintenant, voici le texte de Venise VII : *Ce dist Marsile: « Li Emperere repaire. — De chaus de France oi maint olifant braire, — Mainte buisine et soner et retraire. — Français retornent, cele gent de put aire. — Se Karle i vient, nostre ert la perte maire, — Perdu arons tote Espagne et Baudaire, — Et Saragosse que donai en doaire — A ma moillier qui tant est debonaire. — Veez là Rollant : bien voi à son viaire. — Jà n'ert vencuz; tels hom n'ensi de maire. — Car l'asallons ; puis aurons meins à faire, — Se plus i somes ; je l'vos di sanz contraire, — Ne fu tel perte puis le jugement Daire. »* La comparaison entre ces deux textes est plus que curieuse : elle caractérise deux époques de notre histoire littéraire. Il convient d'ailleurs de remarquer que, dans le texte de Paris, le rajeunisseur avait d'abord traduit le couplet CLVIII de la version primitive par un couplet moderne, assonancé en *an*. Pourquoi a-t-il jugé bon de reproduire ensuite la laisse du texte original? C'est ce qu'il serait difficile d'expliquer autrement que par sa négligence.

Vers 2116. — *Ces*. O. Venise donne *cil*, et Paris *ceuls*. Cf. le v. 2132. = *Oent*. O. Mu. a restitué *odum*, d'après Venise IV.

Vers 2117. — *Avrat*. Mu. Lire *averat*. O.

Vers 2118. — *Novelet*. O. La forme la plus conforme à la phonétique de notre poëme est *nuvelet*. *Nuveles*, d'ailleurs, se trouve plus fréquemment employé que *noveles*. (Vers 55, 665, 810, 1257, 1699, 3496.)

Vers 2120. — *Asemble*. O. Erreur évidente.

Vers 2121. — *Meillors*. O. V. la note du vers 51.

Vers 2125. — *Fiers e maneviz*. O. C'est ici le cas régime; il faut *fier e manevi* ou *manevit*. V. le *Glossaire*, à ce dernier mot.

Vers 2126. — *Vif*. O. Pour le cas sujet, il faut *vifs*.

Vers 2127. — *Veillantif*. C'est dans la *Chanson d'Aspremont* (nous en possédons des manuscrits du comm. du xiiie s.) que nous assistons à la conquête par Roland, encore *enfant*, de l'épée Durendal et du cheval Veillantif. (B. N. Lavall. 123, f° 41, v°, — 43 r°.) Il les conquiert l'une et l'autre sur le jeune Eaumont, fils du roi païen Agolant. La scène de ces exploits est la Calabre.

Vers 2128. — *Bien*. O. V. la note du vers 1500.

Vers 2130. — *Ensembl' od lui arcevesques*. O. Deux erreurs évidentes. = *Turpin*. O. Pour le cas sujet, il faut *Turpins*.

Vers 2131. — *L'un*. O. Même remarque.

Vers 2132. — *Avuns*. O. V. la note du vers 42, sur les premières personnes du pluriel.

Vers 2134. — *Orguillos.* O. V. la note du vers 292.

Vers 2136. — *Chevaler.* V. la note du vers 1500. = *Se il.* Mu. = *Bon vassal.* O. Pour le cas sujet, il faut *bons vassals.*

Vers 2137. — *Li arcevesque.* O. Faute évidente, puisqu'il s'agit ici du cas régime. Nous avons suppléé *dunc.*

Vers 2138. — *Ceval.* O. V. la note de vers 1379.

Vers 2140. — *Averuns.* O. V. la note du vers 42. = *Avruns.* Mu. = *Bien.* O. V. la note du vers 1500.

Vers 2141. — *Car.* O. Cf. le vers 3606.

Vers 2142. — *Encui.* O. V. la note du vers 1210. = *Rendruns.* O. V. la note du vers 42.

Vers 2143. — Les *colps.* O. Pour le cas sujet, il faut *li colp.* = *Mielz.* O. V. la note du vers 1500. = *Cels.* O. La déclinaison de *cel* exige *cil* au sujet pluriel. V. le *Glossaire.*

Vers 2144. — *Arcevesque.* O. Pour le cas sujet, il faut un *s.* = Lire *fel.* O.

Vers 2145. — *Ben.* V. la note du vers 1500.

Vers 2146. — *Nez.* O. Pour le cas sujet, il faut *net.* = Le manuscrit porte *Païen dient.*

Vers 2147. — *Pes [mes].* Mi., G. et Mu. ont restitué les trois dernières lettres.

Vers 2149. — Lire plutôt *ber.*

Vers 2151. — *Grant.* O. Pour le sujet singulier, il faut *granz.*

Vers 2153. — *Ert.* V. la note du vers 1500. = *Vencut.* O. Pour la même raison, *vencuz.*

Vers 2154. — *Lançuns.* O. V. la note du vers 42 sur les premières pers. du plur. = *Laissums.* O.

Vers 2155, 2156. — V. notre note du vers 994, sur les armures.

Vers 2157. — *Le escut.* O.

Vers 2162. — *Laisent.* O. V. la note du vers 265.

Vers 2164. — *Irez.* O. Le cas sujet exige un *t.* = Lire, en assonances, à la fin des vers de cette laisse: *Iriet, espleitier, enchalciez, destrier, aidier, chief, legier, detrenchiet, enbraciet, culchiet, chiers, laissier, entercier, enrengier, repairiez, miens.*

Vers 2165. — *Ten [dent].* Les quatre dernières lettres sont ajoutées en interligne.

Vers 2166. — *Encalcer.* O. L'*r* final est une erreur évidente. — La forme *enchalcez* est plus fréquemment adoptée dans notre texte. (*Enchalcent,* vers 2462; *ad enchalcet,* vers 2785, 2796; *enchalz,* vers 2446, 3635.)

Vers 2168. — *Piet.* O. La forme la plus usitée et la plus étymologique est *pied.*

Vers 2170. — *Elme.* O. V. la note du vers 996.

Vers 2172. — *Blialt.* C'est, dans notre *Roland*, le vêtement de dessous. V. notre note du vers 994, sur les armures.

Vers 2175. — *At.* O. V. la note du vers 2.

Vers 2177. — *Car.* O. V. la note du vers 275. = Lire *Dunez.* O., au lieu de *dunes.* = *Cunget.* O. Notre manuscrit nous offre deux formes de ce mot : *cungied* (vers 337), et *cunget* (vers 2177 et 2764). La première est seule conforme à la théorie des assonances en *ier.* (V. la note du vers 1500.)

Vers 2178. — *Tanz.* O. Erreur évidente. Suivant que l'on construit la phrase, le mot *cumpaignuns* peut passer ici pour régime ou sujet. Si l'on admet le sujet, il faut lire *cumpaignun.*

Vers 2179. — *Morz.* O. Pour le sujet pluriel, il faut *mort.* = *Devuns.* O. V. la note du vers 42. = *Laiser.* V. la note du vers 265.

Vers 2180. — *Voell.* O. V. la note du vers 40. *Voeill* se rencontre onze fois dans notre texte. (Vers 309, 492, 522, 651, 1027, 1091, 1701, 3283, 3593, 3907, 3909.) *Voell,* une seule fois, ici ; et *voel,* une seule fois aussi. (V. 3836.) = Lire *entercier.* O. Mi. G. Mu. *Entercier* signifie reconnaître. Lire dans notre traduction : « Je vais aller chercher et reconnaître « tous leurs corps. »

Vers 2181. — *Vos.* O.

Vers 2182. — *Arcevesque.* O. Pour le cas sujet, il faut un *s* final.

Vers 2183. — *Camp.* O. Même remarque. = *E li* n'est pas dans le Ms. = *Mien.* O. V. la note du vers 149 et celle du vers 1500.

Vers 2186. — *Gerin, Gerer.* V. la note du vers 107. = Lire *Gerier.*

Vers 2187. — *Berenger.* O. V. la note du v. 795, et lire *Berengier.* = *Atum.* O. D'après le v. 795, il faut *Otun.* V. cette note. = Ajouter après ce vers les deux suivants, d'après Venise IV, Paris, Versailles, etc.

Iluec truvat Ivorie et Ivun,
Et si truvat Engelier le Guascuin.

Vers 2188. — *Anseis e Sansun.* V. la note du vers 105.

Vers 2189. — *Gerard de Russillun.* V. la note du vers 797. = Lyon donne une autre énumération : *Si trove mort et Morel et Guion. — Girat i truve, Garin son compagnon, — Et si trova Anseïs de Dijon. — Puis a trové Angelier le Gascon, — Ensanble Otun Girat de Rossillon.* = Lire *viell.*

Vers 2190. — *Par uns e uns.* O. = *Le barun.* O.

Vers 2194. — *Lievet.* Pour le cas sujet, il faut *levet.* O. L'*i* ne s'est glissé qu'une fois dans ce mot. Partout ailleurs on lit *levet.* (Vers 163, 264, 409, 669, 708, 853, 1520, 1748, 2848 ; *levet sa main,* 3098, 3633.) = *Beïçun.* O. = *Tut en plorant lor fit benoïçon,* Lyon.

Vers 2197. — *Sentes.* O. Partout ailleurs on trouve *seint, seintes.*
Vers 2198. — *Mort.* O. V. la note du vers 611.
Vers 2200. — Lire en assonances, à la fin des vers de cette laisse : *Recercier, Olivier, enbraciet, culchiet, seigniet, pitiez, Olivier, Renier, Runiers* (ou *Riviers*), *desmailier, cunseillier, chevalier.*
Vers 2201. — Avant ce vers, Bartsch en ajoute un autre tiré de Venise IV : *De soz un pin e folut et ramer.* Nous l'ajouterons aussi, mais en nous servant du Ms. de Paris :

De suz un pin, de lez un eglentier...

Vers 2202. — *Encuntre sun piz.* O. *Cuntre.* G. Mu. — *Encuntre* rompt la mesure; *cuntre* est justifié par le Ms. de Paris : *Contre son pis le prent à embraier.*
Vers 2203. — *Arcevesques.* O. Erreur évidente. = *Vent.* O. Nous avons adopté *vient,* qui est plus fréquemment usité (v. 793, 2055, 2117), comme *tient* au lieu de *tent.* D'ailleurs l'assonance l'exige.
Vers 2205. — *Arcevesque.* O. Il faut l's final pour le cas sujet. = *Asols.* O. Pour le cas régime, il faut *asolt* (*absolutum*).
Vers 2206. — *Pitet.* O. Pour le cas sujet, il faut *pitiez.*
Vers 2207. — *Bels.* O. V. notre note sur les vocatifs (au vers 15).
Vers 2208. — *Vos.* O. V. la note du vers 17. = *Bon* n'est pas dans le Ms.; mais Versailles, Paris, Lyon et Venise VII nous le donnent. = Le comte Renier de Gennes joue un rôle très-important dans le Roman de *Girars de Viane.* Il est fils de Garin de Montglane, frère de Girart de Vienne, de Mille de Pouille et d'Hernaut de Beaulande. Après avoir soulagé la misère de son vieux père, il part avec Girart et arrive, en quête d'aventures, à la cour de Charlemagne. (Éd. P. Tarbé, pp. 1-12.) Il ne s'y fait d'abord connaître que par ses brutalités, et force ainsi l'Empereur à le prendre à son service. (*Ibid.*, pp. 11-20.) Alors il fait oublier sa grossièreté et son orgueil, en se rendant véritablement utile au roi de France et en délivrant les environs de Paris des brigands qui les infestaient. Mais sa nature violente prend bientôt le dessus, et il réclame à Charles la récompense de tant de services. (*Ibid.*, pp. 20-30.) Le roi de Saint-Denis s'empresse de se débarrasser de ce dangereux ami. Il l'envoie à Gennes épouser la fille du feu duc. (*Ibid.*, pp. 30-32.) Renier part, épouse la dame et fortifie sa ville : car il ne rêve que de guerre. (*Ibid.*, pp. 32-33.) Il a bientôt deux beaux enfants : l'un est Olivier, l'autre est Aude. C'est durant le siége de Vienne par Charlemagne, que le premier révèlera son courage, et la seconde sa beauté. D'ailleurs les fils de Garin chargent de leur querelle le seul Olivier, qui combat plusieurs jours contre le champion de l'Empereur, contre Roland. C'est alors que Roland se prend pour Olivier d'une amitié que rien ne

pourra plus éteindre; c'est alors aussi qu'il aime la belle Aude et se fiance avec elle. (*Girars de Viane*, l. 1, pp. 53 et ss.) = Un Roman spécial a été consacré à Renier de Gennes : par malheur, il ne nous en reste qu'une version en prose. (Arsenal, 226, f° 34, r°, et suiv.) On y assiste à l'arrivée de Renier dans la ville de Gennes, à son combat avec le Sarrazin Sorbrin et à son mariage avec la belle Olive, qui devint la mère d'Olivier et d'Aude... (Cf. également le début de *Fierabras*.)

Vers 2209. — *Ki tint la marche de l' val de Runers.* O. Mu. a substitué : *de Genes de sur mer*, d'après le texte de Venise IV : *Chi tint la marche de Çenevra sor la mer*. Mais *desur mer* ne peut convenir dans un couplet en *ier*. Lire plutôt avec Génin : *Dusqu'à l' val de Runiers* (?) ou peut-être de *Riviers*. — Lyon ajoute ici assez platement : *Ay! Bele Aude, or m'estuet esloignier. — De vostre amor n'aurai mès recovrier.*

Vers 2210. — *E pur escuz pecier.* O. *Peceier* est la vraie forme. (V. 97, 3584.)

Vers 2211. — *Pur orguillos veintre e esmaier.* O. Nous n'avons pas fait entrer dans notre texte ce vers, que le scribe a sans doute intercalé à tort, en le confondant avec le vers 2212. = Venise, après le vers : *Por aste francer e por scu peçoier*, nous donne celui-ci : *E pur osberg rompre e desmaier*, que nous avons rétabli dans notre texte, en le conformant aux lois de notre dialecte. Le texte de Paris donne la même variante.

Vers 2212. — *Conseiller*. Mu. Le Ms. porte bien *cunseiller*.

Vers 2213. — *Glutun*. O. Erreur évidente.

Vers 2214. — *Ad meillor*. O. Lyon et Versailles donne *ot*. Venise IV: *Ne fu*. Lire plutôt *out*. — Pour *meillor*, v. la note du vers 51.

Vers 2217. — *Desculurer*. O. Erreur évidente.

Vers 2220. — Lire *u* au lieu de *o* et *chiet*. = *Pasmet*. O. Le cas sujet exige *pasmez*.

Vers 2224. — *Olifan*. O. V. la note du vers 1059.

Vers 2225. — *Un ewe*. O. Erreur évidente.

Vers 2226. — *Volt*. O. V. la note du vers 40.

Vers 2227. — Avant ce vers, Bartsch intercale, d'après Venise IV, le vers suivant qui nous paraît nécessaire à l'action :

Tant s'esforçat qu'il se mist en estant.

= *Cancelant*. O. Pour le cas sujet, il faut *cancelanz*.

Vers 2228. — *Fieble*. O. Il faut un *s*, à cause du cas sujet.

Vers 2230. — *Qu' om*. Mu.

Vers 2231. — *Chaeit*. O. Le cas sujet exige *chaeiz*.

Vers 2231. — *Morz*. O. V. la note du vers 611. = *Li*. O. Il faut *le*, à cause du régime direct. = *Anguissant*. O. Il faut un *z* final, à cause du cas sujet. (V. la note du vers 611.) ANGUISSANZ, O. s'explique par les formes *anguissent* (v. 3634), *anguisables* (v. 3444, 280, 3126).

Vers 2233. — *Pasmeisuns*. O.

Vers 2238. — *Arcevesque*. O. Pour le cas sujet, *arcevesques*.

Vers 2240. — Lire *ciel*. O. V. la note du vers 545. = *Amsdous*. O. La forme la meilleure est *ambesdous*. (V. 255, 2015.) Et ici, à cause de la mesure, *ambsdous*. (V. 1711.) = *Juinz*. O. Il faut soit *juintes*, que ne comporte pas l'assonance, soit *juint* au neutre.

Vers 2242. — *Turpin le guerreier*. O. Pour le cas sujet, il faut *Turpins li guerreiers*. = *Charlun*. O. V. la note du vers 94.

Vers 2243. — *Sermons*. O. V. la note du vers 30.

Vers 2244. — *Campiuns*. O. V. la note du vers 1.

Vers 2245. — *Li otreit la sue seinte*. O. *La sue* a été, bien à tort, ajouté en interligne.

Vers 2246. — Ici se trouve, dans le manuscrit de Venise, une laisse qui appartient évidemment au texte primitif, et que nous allons ramener au dialecte de notre Chanson :

> Quant Rollanz veit que l'Arcevesques est morz,
> Seinz Olivier unc mais n' out si grant doel,
> E dist un mot ki detrenchet le coer :
> « Chevalchiez, reis, tant cume vus puez.
> « En Rencesvals damage i ad des noz :
> « Li reis Marsilies i ad perdut ses oz ;
> « Cuntre un des noz ad bien quarante morz. »

Le quatrième vers, d'après Venise plus servilement suivi, serait : *Carles de France chevalchet cume il poet*. Mais le texte de Paris dit clairement : *Chevauchiez, rois, qu'alez vos delaiant?* = *L'arvesque*. O. Erreur évidente.

Vers 2250. — *Cruisiedes*. O. V. notre note sur les participes passés au vers 703. = *Mains* n'est pas dans le manuscrit. Restitué d'après Venise et Versailles.

Vers 2252. — Lire *chevalier*.

Vers 2254. — Lire plutôt *iert* et *volentiers*. = *Hume*. O. V. notre note sur la déclinaison de *hom*, au vers 20.

Vers 2255. — *Hom tel*. O. Erreur évidente. = *Tel prophete*. O. Pour le cas sujet, il faut *tels prophete* ou *prophetes*.

Vers 2257. — *Doel ne* n'est pas dans le manuscrit. Excellente restitution de Mu., d'après Venise IV.

Vers 2260. — *Fors li ist*. Mu.

Vers 2261. — *Priet Deu qu'es apelt*. O.

Vers 2262. — *Pois*. O. V. la note du vers 656.

Vers 2263. — *Olifan*. O. V. la note du vers 1059.

Vers 2265. — *D'un arcbaleste ne poet traire un quarrel.* O. Ce vers corrompu a induit en erreur tous les traducteurs. Les autres manuscrits nous viennent en aide : *Plu c'arballeste non poit trair un carelle* (Venise IV) ; *Plus qu'arbalestre ne traist quarrel tranchant* (Paris) ; *Pluis qu'arbaleste ne vait quarrel jetant* (Lyon). Le sens n'est donc pas douteux : il s'agit de la distance « du jet d'une arbalète ». Le fragment néerlandais de Looz, publié par M. Bormans, confirme cette leçon d'une façon décisive. = Le manuscrit d'Oxford porte très-clairement : aʀcbaleste. Pourquoi Mi., G. et Mu. ont-ils écrit *arbaleste*?

Vers 2267. — *De suz un arbre bele.* O. Au vers 2874, Charlemagne trouve son neveu mort « de suz dous arbres ». La correction de M. Müller est justifiée d'ailleurs par Venise IV : *Desuç* ᴅᴏᴜs *arbes belle* ; Versailles : ᴅᴇᴜs *pins floris*, et Lyon, que l'éditeur allemand ne cite jamais : *Illucques sont. II. arbre aut et grant.*

Vers 2268. — *Faite.* O. Erreur évidente.

Vers 2269. — *Là est.* Mu. La leçon du manuscrit *si est* est bonne et ne mérite pas d'être changée. = *Caeit.* O. Pour le cas sujet, il faut un *z* au lieu du *t* final. Le *ch* a pénétré définitivement dans ce mot. (V. *chéent*, vers 1981, 3574, 3881 ; *cheded*, vers 769 ; *cheet*, vers 1064 ; *chet*, vers 981, 1356, 2220, 2536, 2825, 3720, 1267 ; *est chaeit*, vers 2231 ; *chaiete*, vers 1986 ; *chaïr*, vers 2034.)

Vers 2270. — *Là s'est.* O. *Si s'est.* Mu. Le manuscrit est acceptable. = *Mort.* O. V. la note du vers 611.

Vers 2271. — Le deuxième *sunt* n'est pas dans le manuscrit. = *Arbre*, d'après les vers 2267 et 3953, étant évidemment masculin, il faut *li arbre* au lieu de *les arbres*. (V. la note du vers 20.)

Vers 2279. — *Orgoill.* O. V. la note du vers 292.

Vers 2281. — *Vencut.* O. Pour le cas sujet masculin, il faut *vencuz*.

Vers 2283. — Avant ce vers, Bartsch intercale le suivant qui se trouve dans le manuscrit de Venise et que nous proposons également d'intercaler, mais en le ramenant à la langue de notre manuscrit :

> Prist l'en sun puign, Rollant tirat sa barbe...

Cette addition est justifiée par le texte de Paris, qui consacre un assez long développement à cet épisode. Le Sarrazin notamment y dit à Roland : *Je vos trairai les grenons de la barbe.* Et en effet : *Par la barbe prinst Rollant le très saige.*

Vers 2285. — *Uvrit.* Mu.

Vers 2286. — Lire *mien* et *ies.* O. V. la note du vers 648.

Vers 2287. — *Olifan.* O V. la note du vers 1059. = *Qu'unkes.* Mu. = Nous avons laissé *volt* (au lieu de *voelt*) à cause de l'assonance.

En général, nous avons partout respecté l'assonance et avons fait céder, devant ce principe, le principe même de l'unité orthographique.

Vers 2288. — *Elme.* O. V. la note du vers 996. = *Gemmet.* O. Pour le s. s. m., il faut *gemmez.* = *A or.* O. Nous avons adopté ici le *d* euphonique si fréquemment employé par notre scribe.

Vers 2289. — Lire *acier.*

Vers 2290. — Lire *chief.* = *Amsdous.* O. V. la note du vers 2240.

Vers 2291. — Le Ms. d'O. écrit ici *jus*, et au v. 2296, *juz.* Lire partout *jus.*

Vers 2292. — *Culvert païen, cum fus unkes si os.* O. Pour la mesure, G. et Mu. ont dû, d'après Venise IV, supprimer les deux mots *païen* et *unkes.* — *Oultre culvert, l'arme soit hui dampnée.* Lyon.

Vers 2294. — *Hume.* O. V. la note du vers 20. = *Por.* O.

Vers 2295. — Le trait de ce Sarrazin qui veut s'emparer de l'épée de Roland a donné lieu, dans le *Ruolandes Liet,* à un épisode calqué sur celui du texte d'Oxford. Dans un manuscrit du poëme allemand, qui remonte à la seconde moitié du XIIe siècle, on trouve un certain nombre de miniatures grossières que W. Grimm a fait reproduire au trait et dont il a enrichi son édition. Nous avons nous-même fait graver deux de ces miniatures, et notamment celle qui se rapporte aux deux strophes CLXXII et CLXXIII. Roland y est représenté au moment où il frappe le païen de son « olifant ». Rien n'est moins artistique. Mais l'archéologue ne dédaignera pas ces dessins naïfs, qui sont, tout au moins, précieux pour l'histoire du costume et de l'armure. On trouvera un peu plus loin (au v. 2452) la reproduction de l'autre miniature, laquelle représente saint Gabriel apparaissant à Charlemagne. = Nous avons déjà parlé du *Ruolandes Liet* dans notre *Introduction*, et avons particulièrement insisté sur le caractère ecclésiastique de cette œuvre. Mais nous n'en avons cité qu'un fragment insuffisant. Nous devons à l'obligeance de M. Gaston Paris la traduction de deux autres épisodes du poëme allemand, qui correspondent, le premier aux vers 1124 et ss.; le second aux vers 1325 et ss. de notre Chanson française. Nous les plaçons ici sous les yeux de notre lecteur, qui se convaincra par là combien l'œuvre du curé Conrad offre une physionomie plus religieuse, plus cléricale que notre *Roland*. Telle est, du moins, la conclusion que l'on tirera, suivant nous, de la lecture des deux fragments suivants.

I. Quand les héros apprirent — que les païens étaient en nombre, — ils demandèrent à leur prêtre — de se préparer. — Ils allèrent à leur « service », — reçurent le corps de Dieu, — se prosternèrent, priant pour leurs péchés, — jetèrent des cris au ciel; — bien plus d'une fois — ils conjurèrent Dieu, par les blessures — avec lesquelles il racheta les siens, — de les soutenir, — de leur pardonner leurs péchés — et d'être lui-même leur témoin. — Ils se garantirent par la confession; — ils se préparèrent à la mort. — Et pourtant c'étaient de bons vassaux, — disposés au martyre — pour le salut de leur âme. — C'étaient vraiment des guerriers de Dieu. — Ils ne songeaient pas à s'enfuir; — mais ils désiraient reconquérir notre ancien héritage; — et tel était le but des efforts de ces héros. — Oui, c'étaient de nobles seigneurs, — d'une vie chrétienne. — Ils n'avaient tous qu'un seul courage; — leur cœur était dirigé vers Dieu; — ils avaient de la retenue et de la honte, — de la chasteté et de l'obéissance, — de la patience et de l'amour; — ils brûlaient véritablement en dedans — d'amour pour la douceur de Dieu. — Il faut qu'ils nous aident — à oublier la misère de cette vie, — maintenant qu'ils possèdent le royaume céleste.

Quand les héros de Dieu, — par des psaumes, par des prières, — par la confession, par des actes de foi, — avec leurs yeux en pleurs, — en grande humilité, — et par des *bontés* de toute sorte, — se furent joints à Dieu, — quand ils eurent nourri leurs âmes — du pain sacré — et du sang divin — pour la vie éternelle, — alors les héros s'armèrent; — alors ils louèrent Dieu. — Ils étaient tous ensemble joyeux, — comme ceux qui sont à des noces. — Ils s'appelaient tous enfants de Dieu; — ils méprisaient le monde; — ils offraient le sacrifice pur — en prenant sur eux la croix. — Ils s'avançaient rapidement vers la mort, — ils achetaient le royaume de Dieu. — Ils ne voulaient pas se faire défaut l'un à l'autre : — ce qui semblait bon à l'un, — c'était le sentiment de tous. — David *psalmista* — a écrit d'eux en cet endroit : — « Combien Dieu mon Seigneur les récompense, — ceux qui sont fraternels avec les autres; — il leur donne lui-même sa bénédiction, — et ils vivront toujours joyeux. » — Une confiance et un amour, — une foi et une espérance, — une fidélité était en eux tous; — aucun d'eux ne faisait défaut à l'autre; — la même vérité était en eux tous, — et c'est de quoi se réjouit la chrétienté tout entière. (*Ruolandes Liet*, édit. W. Grimm, pp. 120-123. = A ce morceau se rapporte la min. n° 15, ou la *Communion*.)

II. Alors arriva le roi Cursabile, — monté sur son cheval, — sous un heaume brillant. — Douze mille de ses héros — chevauchaient après leur seigneur; — ils brillaient tous comme les étoiles, — d'or et de pierreries : — c'étaient de hardis païens. — Le roi était noblement armé; — il s'élança loin de sa troupe, — sur le champ raboteux; — il n'attendit guère, — avant de trouver Turpin. — Alors il cria, au-dessus du bord de son écu : — « Es-tu ici, Turpin? — Tu dois être bien sûr
« — que, si l'on me donnait ton poids d'or, — je ne le prendrais pas
« pour ne pas t'avoir vu. — Tu m'as causé beaucoup de douleurs : — où
« pourrais-tu sur cette terre — jamais mieux mourir? — Je suis un roi
« très-puissant. — Maintenant, guerrier, pousse ta lance contre moi. —
« Oui, je suis un des plus riches rois — que le soleil ait jamais éclai-
« rés. — J'emporterai aujourd'hui ta tête — pour plaire à Mahomet —
« et pour honorer ma race, — afin qu'on chante toujours ma louange. »
Alors dit l'évêque Turpin : — « Le saint Christ sera l'arbitre, — Celui
« qui est mon Sauveur, — dont tu es l'ennemi — et dont je suis le ser-
« viteur. — Un autre homme aura ton royaume; — ton écu est bien
« mince; — bien faible est ta brogne; — ton heaume gemmé, si brillant,
« — ne pourra aujourd'hui te servir à rien; — la mort est bien près de
« toi — et les Diables t'attendent là-bas. » — Il poussa le cheval des éperons, — il perça Cursabile à travers l'écu et l'arçon, — droit à travers le corps; — il retira la lance avec force, — il le frappa sur la coiffe du heaume, — et la lui brisa en morceaux : — Cursabile tomba mort, — et les chrétiens crièrent : Monsoy! Monsoy!
Turpin et les siens — s'avancèrent courroucés — vers la troupe épaisse; — ils rendirent blême — plus d'un homme hardi. — Le feu jaillissait de l'acier; — là tombaient sans cesse — les morts sur les blessés;

personne ne peut vous dire — quelle détresse il y eut là... (*Il doit y avoir ici une lacune.*)... Le marquis Waldram — frappe le païen ; — si bien qu'il jette au loin son gonfanon ; — il tombe mort sous son cheval. — Les païens sont forcés de plier ; — les vrais champions de Dieu — leur laissent peu de repos : — au delà de trois lieues — on entendait leurs cris de détresse. — Ils brisaient les heaumes, — ils perçaient les hauberts. — La forte chaleur les fatiguait : — ils étaient comme dans une fournaise, — tant au dehors qu'au dedans. — Les chrétiens combattaient selon leur désir.

Les païens n'osaient pas fuir ; — en grand nombre ils tombèrent morts ; — ils se firent périr eux-mêmes. — Le Diable a gagné en eux — aussi bien le corps que l'âme. — Alors le Seigneur céleste voulut — reposer un peu les siens : — il descendit sur les chrétiens — une rosée céleste, — une fraîcheur sur leurs yeux. — Cela eut lieu à l'heure de none. — Leurs corps à tous se rajeunirent ; — ils devinrent forts et fermes. — Quand ils virent cette consolation céleste, — ils crièrent : Monsoy ! Monsoy ! — Et ils s'approchèrent de plus près. — Là il y eut un grand bruit de heaumes, — et grande fut la chute des païens. — Ni écu ni maille — ne leur protégea le corps — mieux que l'éponge : — Les chrétiens abattaient cheval et cavalier — avec leurs lances acérées. (*Ruolandes Liet*, éd. Grimm., pp. 154-157. A ce miracle se rapporte la min. n° 20.)

Vers 2296. — *Juz*. O. Lire *jus*, qui vient de *jusum*.

Vers 2300. — Avant ce vers, M. Bartsch a restitué avec raison le vers qui suit, d'après Venise IV :

Tint Durendal s'espée tute nue.

= *Perre bysc*. O. La correction est de G. et de Mu., d'après Venise IV.

Vers 2302. — Lire plutôt *aciers*. = *Freint n'esgruignet*. O. Cortion de Mu. — Lire p.-e. *esgruniet*.

Vers 2303. — *Sancte Marie*. M. G. Mu. *Sancte* nous paraît une mauvaise lecture, et il faut évidemment *seinte*, qui est partout employé dans notre texte. Le scribe, qui était sans doute habitué à transcrire aussi des textes latins, s'est servi d'une abréviation latine dont il a francisé la dernière lettre : *Sce*.

Vers 2305. — *N'i ei*. O. Mauvaise leçon. = *Vos*. O. V. la note du vers 17.

Vers 2309. — *Vos*. O. = *Hume*. V. la note du vers 20. = *S'en* n'est pas dans le manuscrit. Correction de Mu.

Vers 2310. — *Bon vassal*. O. Pour le cas sujet, il faut l's final. = *Vos*. O. V. la note du vers 17.

Vers 2311. — Lire plutôt *iert.* = *Tel.* O. Le cas sujet exige *tels.*

Vers 2312. — *Sardonie.* O. *Sardenie* est une excellente correction de Bartsch. L'assonance la réclamait absolument. Venise IV, d'ailleurs, donne *Sardegne* et Paris *Sartaingne.*

Vers 2313. — *Esgrunie.* O. *Esgraniet* est une correction de M. Bartsch, aussi nécessaire que la précédente. Le manuscrit de Venise IV donne *graine*, et celui de Paris, *degraingne.* = Lire *aciers.*

Vers 2314. — Dans la *Keiser Karl Magnus's Kronike,* il faut noter des variantes très-importantes : « Tu es une bonne épée, Durendal, et j'ai conquis bien des pays avec toi ! Dieu fasse que *le comte de Cantuaria te possède :* car il est un noble guerrier et chevalier. Voici les pays que j'ai conquis avec toi, dont l'Empereur est le maître, et qui sont : Angleterre, Allemagne, Poitou, Bretagne, Provence, Aquitaine, Toscane, Lombardie, Hibernie, Écosse, et ce serait dommage qu'un homme de rien te possédât. »

Vers 2316. — *Cum es e bele e clere.* O. D'après Venise IV et pour la mesure, il a fallu supprimer *e bele.*

Vers 2318. — Voy. notre notice sur Durendal. (Vers 926.) = Dans le manuscrit de Lyon, cet épisode est omis.

Vers 2319. — *Agle.* O.

Vers 2320. — Le manuscrit donne *cataignie.* Cf. : *catanie* (vers 3709), *cataigne* (vers 1845), *cataignes* (vers 1850, 2912, 3085). Lire ici *catanie*, qui est la forme la plus étymologique. = Si l'on veut voir jusqu'où allait parfois l'inintelligence des Remanieurs, il faut lire ce vers dans le texte de Paris : *Qu'il la donnast au prince de Chastaigne* (!!).

Vers 2322. — Cette énumération des conquêtes de Roland nous permet de supposer (mais sans certitude) que nous avons perdu un certain nombre de nos Chansons de geste. En effet, nous n'avons aucun poëme qui se rapporte de près ou de loin à la conquête de l'Anjou, de la Bretagne, du Poitou, du Maine, de la Normandie, de la Provence, de l'Aquitaine, de la Flandre, de la Bavière, de la Bourgogne, de l'Islande, de l'Écosse, du pays de Galles, de l'Angleterre. Tout au plus voyons-nous, dans le *Voyage*, Roland visiter Constantinople. Dans *Aspremont*, il aide Charles à conquérir la Pouille, et traverse la Romagne et la Lombardie soumises. Dans la *Chanson des Saisnes,* il est mort. D'ailleurs il faut faire la part de la poésie, et croire qu'il y a beaucoup plus d'imagination et de fantaisie que de légende et de tradition dans cette liste de victoires et conquêtes. = Il est inutile d'ajouter que chaque manuscrit donne ici une énumération différente. Paris : *J'en ai conquis Anjou et Alemaingne; — J'en ai conquis et Poitou et Bretaingne, — Puille et Calabre et la terre d'Espaingne. — S'en ai conquise et Hungrie et Poulaingne, — Constantinnoble qui siet en son domaigne, — Et Monbrinne* (?) *qui siet en la montaigne. — Et Berlande prins-je et ma compaingne, — Et Engleterre et maint païs estraingne.* Lyon : *J'en ai conquis Poitou et Alamaigne, — Puelle et Calabre et la terre Romaine. — S'en ai conquis Ongrie et Aquitaine, — Constantinnoble et la terre d'Espaigne. — Je en pris Borge qui siet sur la montaigne, — Et Engleterre...* = Au vers 2322, le manuscrit d'Oxford porte *Namon*, leçon évidemment fautive pour *Anjou*.

Vers 2324. — *Normendie la franche.* Cet éloge donné à la Normandie, tandis que l'Angleterre est assez cavalièrement appelée le pays que Charles *teneit sa chambre*, nous paraît une preuve de plus en faveur de l'origine normande de notre poëme.

Vers 2327. — *Flandres.* O. Erreur du scribe, à moins peut-être d'écrire *tutes*.

Vers 2328. — *Puillanie.* Mot dont le sens est bien douteux. Est-ce la Pologne? est-ce la Pouille? Le texte de Paris dit que Roland conquit d'une part la *Puille*, de l'autre la *Poulaingne*. Nous avons traduit ce mot par Pologne pour trois motifs : 1º parce que ce pays est nommé ici à côté de la Bulgarie, et que, dans toute cette énumération, on nomme ensemble les pays qui sont situés à peu près dans une même zone ou dans une même direction ; 2º parce que le mot *Puillanie* répond à celui des *Polanes*, ou Slaves de la plaine, qui envahirent les vallées de la Vistule au vi[e] siècle, et donnèrent plus tard leur nom à tout ce pays ; 3º parce que *Puille* se trouve au vers 371.

Vers 2335. — *Dulor.* O. V. la note du vers 489.

Vers 2336. — *Mielz.* O. V. la note du vers 1500. = *Remaigne.* O. Le scribe a oublié le *t* final, qui est étymologique.

Vers 2337. — *Damnes* n'est pas dans O. La restitution est de G. = *Laiser.* O. Lire *laisser*. V. la note du vers 265. = Cet emploi de l'infinitif peut être constaté plusieurs fois dans notre texte : *Sire cumpainz, amis, ne l' dire ja.* (Vers 1113, etc.)

Vers 2338. — *Ferit* est le parfait, *fiert* le présent. (Cf. vers 2312.)

Vers 2339. — *Vos.* O.

Vers 2340. — *Brise.* O. Le scribe a encore omis le *t* étymologique, qui est scrupuleusement conservé dans les 3mes personnes de tous les verbes de notre Chanson.

Vers 2341. — *Le* n'est pas dans O. = Lire *Ciel.* O. V. la note du vers 545 et celle du vers 1500.

Vers 2344. — « Dans ton pommeau se trouvent un morceau de dent de saint Pierre, du sang de saint Blaise et des cheveux de saint Denis. » (*Keiser Karl Magnus's Kronike.*)

Vers 2345. — *Oriet.* O. La forme correcte est *oret*, qui se trouve plusieurs fois dans notre texte. (Vers 1283, 1605, 1811.)

Vers 2346. — *Pere.* Mu. Le manuscrit porte Perre.

Vers 2347. — *Seignor.* O.

Vers 2349. — *Païens.* O. Pour le cas sujet du pluriel, il faut *païen*.

Vers 2351. — *Vos.* O. = *Hume.* O. V. la note du vers 20.

Vers 2352. — *Avrai.* Mu.

Vers 2353. — *Tent.* O. Nous avons préféré *tient*, qui se trouve dans notre texte huit fois (vers, 7, 116, 253, 470, 755, 874, 956, 2287; v. aussi *tienget*, vers 2294 et 3183), tandis que *tent* ne s'y trouve qu'une seule fois. Mais surtout on ne trouve ce mot en assonance que dans les laisses en *ier*.

Vers 2354. — *Empereres.* O. V. la note du vers 1. = Lire *ber*. O. = *En est ber e riches.* O. Pour la mesure, il faut ajouter *e* devant *ber*.

Vers 2355. — *Mort.* O. V. la note du vers 611.

Vers 2356. — Lire en deux mots *de vers.* = *Quer.* O. On ne trouve cette forme qu'une seule fois ici. Partout ailleurs, *coer*.

Vers 2357. — *Alet curant.* O. Pour le cas sujet, il faut *alez curanz*.

Vers 2359. — *Olifan.* O. V. la note du vers 459. = A la fin du vers, le scribe a ajouté par erreur : *en sumet*.

Vers 2361. — *At.* O. V. la note du vers 2.

Vers 2363. — *Mort cunquerant.* O. Le cas sujet exige *morz cunqueranz*.

Vers 2365. — *Pur ses pecchez Deu recleimed en puroffrid lo guant.* La correction est de G. et de Mu. Paris et Lyon disent simplement : *Por ses pechés vers Dieu son gaige tent.* Il y avait peut-être dans le texte original ces deux vers : *Recleimet Deu, vers lui sun gage tent; — Pur ses pecchiez li puroffrid son gant.* = Lire *pecchiez* et *puroffrit.* = *Lo.* O. *Lo*, pour *le*, ne se trouve qu'une seule fois (et c'est ici) dans tout notre texte.

Vers 2368. — *Batud.* O. V. la note du vers 2.

Vers 2370. — Lire plutôt *pecchiez*.

Vers 2372. — *Consoüt.* O. Pour le cas sujet, *consoüz*.

Vers 2374. — *Angles.* Le cas sujet du pluriel exige *Angle*. = Lire *Ciel.* O. V. la note du vers 545 et celle du vers 1500.

Vers 2378. — *Cum.* O. La mesure veut *cume*. = *De totes terres que li bers a conquis.* (Lyon.) = Lire *ber*.

Vers 2380. — *Seignor.* O. V. la note du vers 30.

Vers 2382. — *Volt.* O. V. la note du vers 40.

Vers 2384. — *Patenc.* O. Erreur évidente.

Vers 2385. — *Lazaron.* O. V. la note du vers 30.

Vers 2386. — *Lions.* Mu. Le manuscrit porte *leons,* que nous avons imprimé à dessein : *leuns.* V. la note du vers 30.

Vers 2387. — *Guaris.* Les deux dernières lettres ne sont pas dans O.

Vers 2390. — *Seint.* O. Il faut *seinz* pour le cas sujet. = *Seint Gabriel de sa main l'ad pris.* O. Ce vers est faux, et nous avons dû en changer la construction pour le rendre juste.

Vers 2392. — *Juntes.* O. V. la vraie forme *juintes* (vers 2015), et *juindre* (vers 993). = *Alet.* O. Pour le cas sujet, il faut *alez.*

Vers 2393. — *Li* n'est pas dans O.

Vers 2394. — *E seint Michel de l' Peril.* Le vers est faux. Pour le rétablir j'ai, d'après Venise (*E santo Michael de la mere de l' Perin*), ajouté : *de la mer.* Le nom liturgique de saint Michel, honoré *in monte Tumba,* était : *de Periculo maris.* (V. notre note du vers 37.)

Vers 2395. — *Seint.* O. Pour le cas sujet, il faut *seinz.* Dans la *Karlamagnus Saga,* on nomme les anges Michel, Gabriel et Raphaël.

Vers 2397. — Lire *ciels,* et, en assonances, à la fin des vers de cette laisse : *sentier, Oliviers, Geriers, Berengiers, chiers, Engeliers, Anseïs lifiers, vielz, laissiet, cumencier, iriez, chevalier, millier, pitiet.*

Vers 2398. — *Renceval.* O. La forme *Rencesvals* se trouve aux vers 892, 901, 912, 2225, 2483, 2516.

Vers 2400. — *Ne voide tere ne alne un plein pied,* et en marge *Illi.* O. Correction de Mu.

Vers 2401. — *O Franceis o Paien.* O. La forme *u* est plus employée dans notre texte.

Vers 2402. — *Bels niés.* O. V. notre note du vers 15 sur les vocatifs et la Notice sur Roland à la note du vers 194.

Vers 2403. — *Arcevesque e Oliver.* O. Pour le cas sujet, il faut *arcevesques e Oliviers.* Voyez la Monographie du Turpin à la note du vers 264, et celle d'Olivier à la note du vers 255.

Vers 2404. — Sur *Gerer* et *Gerin,* voyez la note du vers 107.

Vers 2405. — Sur *Berenger* et *Oton,* voyez la note du vers 795.

Vers 2406. — Pour le cas sujet, nous avons écrit *Ives et Yvories* au lieu d'*Ive et Yvorie.* O.

Vers 2407. — *Engeler.* O. Même remarque.

Vers 2408. — Sur *Samson* et *Anseis,* voyez la note du vers 105. = Lire *fiers* à cause de l'assonance, au lieu de *bers.*

Vers 2409. — *Gerard.* O. Pour le cas sujet, il faut *Gerarz.*

Vers 2410. — *Laiset.* O. Voyez la note du vers 265.

Vers 2411. — *Chelt*. O. La forme la plus usitée, la plus étymologique, est *chalt*. = *Nul*. O. Le cas sujet exige *nuls*.

Vers 2412. — *Pois*. O. Pour la phonétique de notre texte, *puis* est préférable. (Vers 254.)

Vers 2414. — *Iret*. O. Le cas sujet veut *iriez*.

Vers 2415. — *Baron*. O. Voyez la note du vers 30.

Vers 2416. — *Millers*. O. Pour le cas sujet du pluriel, *millier*.

Vers 2420. — *Nevolz*. Pour l'assonance, *nevulz*, qui d'ailleurs se trouve au vers 216.

Vers 2421. — *Lige*. O. Le rég. pl. veut *liges*.

Vers 2424. — *Tuz*. O. C'est un adverbe, et non un adjectif : donc il faut *tut*.

Vers 2426. — *Veer*. O. V. la vraie forme *veeir* aux vers 1104, 1720. = *Veoir poez ou chemin grant pudror*. (Lyon.)

Vers 2428. — *Car*. O. V. la note du vers 275. = *Dulor*. O. V. la note du vers 489.

Vers 2430. — *Cunselez*. O. Correction de Mu., d'après Venise IV. = Dans le mot *dreiture*, les trois dernières lettres paraissent avoir été effacées dans le manuscrit.

Vers 2434. — *Champ*. O. V. la note du vers 555.

Vers 2435. — *Cun*. O. Partout ailleurs on trouve la forme exacte *cum*.

Vers 2436. — *Lion*. O. la forme étymologique *leun* se rencontre plus souvent dans notre texte. (Vers 128, 1888, 2886.)

Vers 2437. — *Esquier*. O. Pour le cas sujet, il faut un *s* final.

Vers 2439. — *Josque*. O. La forme *jusque*, plus étymologique, se trouve aux vers 972, 3927. = *Qu'en*. Mu.

Vers 2440. — *Voeile*. O. Lire *voeillet*, qui se trouve aux vers 1244, 1873, 2043, 3834.

Vers 2442. — *Chevaler*. O. Le régime pluriel exige un *s*. Lire *chevaliers*.

Vers 2443. — *Empereres*. O.

Vers 2444. — Lire *ber*. O. V. la note du vers 430.

Vers 2445. — *Unt lur les dos truvez*. O. D'après Paris, Mu. a restitué *esclos*. Après ce vers, on peut intercaler le suivant emprunté à Paris : *Mais li soleilz se prist à escunser*.

Vers 2446. — Lire *tienent*.

Vers 2447. — *Vespres*. O. Erreur évidente.

Vers 2448. — *Descent li reis en un pred*. O. Correction de G. et de Mu. = *Pred*. O. Voyez la note du vers 2.

Vers 2450. — *Facet pur lui arester*. O. Vers faux qu'on a rétabli par l'interversion de *facet* et *pur lui*.

Vers 2452. — *Ais li un angle ki od lui soelt parler.* Nous donnons ici une seconde miniature du *Ruolandes Liet*, qui se rapporte à ce passage.

Vers 2453. — *Comandet.* O. V. la note du vers 309.

Vers 2454. — *Charle.* O. V. la note du vers 94. = *Tei ne faudrad.* O. Venise IV porte *falt.* = *Clartet.* O. Pour le cas sujet, il faut *clartez.* = Lire plutôt : *Carle, chevalche : ne te faldrat clartez.* C'est la forme la plus simple.

Vers 2456. — *Poez.* O.

Vers 2457. — *L'Emperere muntet.* O. Omission évidente. Pour le cas sujet, *est muntez.*

Vers 2460. — *Les chalcent.* O. Correction de Mu., d'après Venise IV, qui donne *encalcent*, et Versailles et Paris, qui donnent *enchaucent.* Lyon seul a *chaçant.*

Vers 2461. — *El val Tenebrus.* O. Le vers est faux ; mais la faute est facile à corriger avec le manuscrit de Venise IV et celui de Versailles, qui donnent tous deux : *En val Tenebre.*

Vers 2462. — *Enchalcent franc.* O. Correction de Mu., d'après le vers de Venise IV : *Ver Sarragoce les emmenent ferant.*

Vers 2465. — *El* (??).

Vers 2466. — *Merveille.* O. Erreur évidente. = *Curant.* O. Pour le cas sujet, il faut *curanz.*

Vers 2467. — *Il n'en i ad.* O. *En*, qui d'ailleurs est inutile pour le sens, est de trop pour la mesure.

Vers 2468. — *Païens.* O. Pour le cas sujet, *païen.* = Le *drotmund, dromont,* est, en général, le navire de guerre, le navire de marche ; le *chaland* est le navire de commerce, le *transport.*

Vers 2470. — *Adubez.* O. Pour le sujet pluriel, il faut *adubet.*

Vers 2471. — Au-dessus d'*envers*, il y a dans le manuscrit une abréviation inutile. = *Les.* O. = *Alquanz.* O. Pour le cas sujet (*aliquanti*), il faut *alquant.*

Vers 2472. — *Vunt cuntreval.* O. Le manuscrit de Versailles nous donne *encontreval*, qui est nécessaire pour la mesure.

Vers 2473. — Lire *Mielz.* O. V. la note du vers 1500. = *Guariz.* O. Le cas sujet veut *guarit.* = *Boud.* O. V. la note du vers 2.

Vers 2474. — *Tuz sunt neiez.* O. Le cas sujet exige *tuit* et *neiet.*

Vers 2475. — *Païens.* O. A cause du s. p., il faut *païen.*

Vers 2476. — Lire, en assonances, à la fin des vers de ce couplet, *chevalier, culchiez, herbergier, repairier, chiefs, refreidier, bien,* O.

Vers 2477. — *Alquanz.* O. Pour le s. p., *alquant.*

Vers 2479. — *Descendut est.* O. Au cas sujet singulier, *descenduz.* = *Piet.* O. *Pied*, plus étymologique, est plus usité dans notre texte.

Vers 2481. — *Culchet.* O. Pour le cas sujet, il faut *culchiez.*

Vers 2484. — *Cheval... ennuiez.* O. Le sujet pluriel exige *cheval* et *ennuiet.*

Vers 2485. — *Le freins.* O. Erreur évidente.

Vers 2486. — *Laisez.* O. V. la note du vers 265.

Vers 2487. — *Bien.* O. V. la note du vers 1500.

Vers 2490. — *Toleites.* O. Ce participe nous semble presque un barbarisme. Le participe (2ᵉ formation) de *tolir* est *tolut*, qui se trouve aux vers 235 et 2434. — Pour le verbe *cadeir*, nous avons également deux participes : *Chaüz* et *chaeiz, chaeite.* Nous n'avons pas changé cette dernière forme, consacrée par l'assonance.

Vers 2491. — *A or.* O. Nous avons employé le *d* euphonique. = *E metent.* O.

Vers 2492. — *Livrent.* Mu.

Vers 2496. — Lire *culchet.*

Vers 2497. — Lire *ber.* O.

Vers 2498. — *Ne s'volt.* Mu. Le manuscrit porte nettement *ne se.*

Vers 2499. — *Saffret.* O. *Safret* ne prend le plus fréquemment qu'un seul *f.*

Vers 2500. — *Laciet.* O. La forme *lacet* se trouve au vers 212. = *Elme.* O. V. la note du vers 996. = *A or.* O. V. la note du vers 2491. = *Gemmet.* O. Pour le cas sujet, il faut *gemmez.*

Vers 2501. — *Unches.* O. V. la note du vers 629. = *Joiuse.* — Nous allons résumer, en quelques propositions brèves, l'histoire de l'épée Joyeuse. A. D'après *Fierabras* (vers 654-657), l'épée Joyeuse est l'œuvre de ce fameux forgeron Veland, qui, d'après le *Chevalier au Cygne, Doon de Mayence, Huon de Bordeaux,* etc., avait aussi forgé Durendal ; Floberge, l'épée de Renaud ; Hauteclere, l'épée d'Olivier ; Courtain, l'épée d'Ogier ; Merveilleuse, l'épée de Doon, etc. (Cf. *Veland le Forgeron, Dissertation sur une tradition du moyen âge,* par Depping et F. Michel, pp. 32-46 et 80-95.) = B. D'après le *Charlemagne* de Girart d'Amiens (B. N. 778, f° 35 r° B.), l'épée Joyeuse aurait d'abord appartenu à Pépin. Ses deux bâtards, Heudri et Lanfroi, s'en étaient d'abord emparés ; mais elle fut rendue à Charles, après ses premiers exploits chez le roi Galafre (B. N. 778, f° 35 r° B.), alors qu'il venait de tuer Braimant et allait être adoubé chevalier. = C. Cette version est loin d'être adoptée par tous les légendaires. D'après la *Cronica general de España* d'Alfonse X, ce fut Galienne qui donna au jeune Charles l'épée *Giosa,* et elle lui avait été donnée à elle-même par le Sarrazin Braimant. Aussi, lorsque Charles engagea cette lutte terrible contre l'émir, se servit-il de Joyeuse pour conquérir Durendal : car Braimant possédait alors la fameuse « Durendarte », et il en porta tout d'abord un rude coup à son jeune adversaire. Mais Charles ne se déconcerta point et coupa, d'un coup de Joyeuse, le bras droit du païen, qui prit la fuite. « Et l'enfant Charles descendit de cheval, et prit l'épée Durendal qui gisait à terre ; puis, il suivit Braimant avec les deux épées dans les mains, » et le tua. (V. l'*Histoire poét. de Charlemagne,* p. 237.) = D. Quoi qu'il en soit, Charles portait Joyeuse à son côté, quand il fit ce fameux voyage à Constantinople, dont la *Karlamagnus Saga* nous a conservé un récit simple et primitif (indépendamment de sa 8ᵉ branche, où elle reproduit le *Voyage* en vers français qui est parvenu jusqu'à nous). A la suite d'un vœu qu'il avait fait, l'empereur des Francs entreprend un pèlerinage à Jérusalem : à son retour, il passe par Constantinople et délivre le roi grec des païens envahisseurs. Celui-ci, pour lui témoigner sa reconnaissance, lui offre les reliques de la Passion, et notamment le fer de la lance dont Notre-Seigneur avait été percé sur la croix. (*Bibl. de l'École des Chartes,* XXV, 102, Analyse de la *Karlamagnus Saga,* par G. Paris.) Et c'est alors que Charles mit cette très-précieuse relique dans le pommeau de son épée. = E. C'est alors aussi (suivant la *Karlamagnus Saga,* l. l. et la *Chanson de Roland,* v. 2508) qu'il donna à son épée le nom de Joyeuse. (*Giovise,* dans la Saga ; *Joiuse,* dans le poëme français.) Depuis lors, le cri national des Franks fut *Munjoie*. (Dans la Saga, *Mungeoy*.) Le Faux Turpin, de son côté, appelle l'épée de Charles *Gaudiosa*; l'auteur de *Philomena*, *Jocosa*, et Guillaume le Breton, *Jucunda*. = F. Le mot *Joyeuse* signifie « précieuse », et ce nom de *Montjoie* (*meum gaudium*) se rapporte à l'épée de Charlemagne dans le sens de *joyau précieux*. « Ce qui achève de le prouver, c'est le nom « de *Précieuse* donné à son épée par l'amiral Baligant, en rivalité de la « *Joyeuse* de Charlemagne. » (Génin, *Roland*, p. 422.) = J. Joyeuse a certains caractères distinctifs qu'il convient d'énumérer. Sa clarté est incomparable : *Unches ne fut sa per. — Ki cascun jur muet XXX clartez.* (Vers 2501, 2502). *Ki pur soleil sa claretet n'en muet.* (Vers 2990.) Elle *tremble quand on la tient nue.* (*Prise d'Alexandre*, XIIIe s., cité par G. Paris, *Hist. poét. de Charlemagne*, 373.) Enfin, elle préserve de l'empoisonnement son heureux possesseur; nous croyons du moins qu'il faut ainsi comprendre ces vers d'Aspremont : *Qui l'a sor lui ja ne soit en pensé — Que au mangier l'ait on empoisonné.* (G. Paris, l. l.) Aux mains de Charles, c'est une arme terrible : « Il était d'une si grande vigueur, dit la Chronique de Turpin, que d'un seul coup de son épée il tranchait le cheval et le cavalier. » (Cap. XX.) Au combat de Saint-Faconde, le roi des Franks le fit bien voir. Tirant Joyeuse du fourreau, il trancha par le milieu du corps un grand nombre de païens. (*Ibid.*, cap. VIII.) = G. C'est cette épée cependant qui lui fut très-insolemment volée par l'enchanteur Maugis. (*Renaus de Montauban*, édit. Michelant, p. 306.) = H. D'après le *Couronnement Looys* (B. N. 774, f° 19, 2°), on n'a pas couché, mais assis dans son tombeau le grand empereur mort; son épée a été placée dans son poing, et elle menace encore les païens, « la pute gent averse. » = I. D'autres poëtes mettent ensuite Joyeuse aux mains de Guillaume au Court-Nez : *Cho est Joiuse où durement se fic.* (*Aliscans*, vers 469 de l'éd. Guessard. — Voir aussi d'autres textes dans le *Roland* de Fr. Michel, 1re éd., pp. 193, 194.)

Vers 2502-2505. — Karlamagnus resta ceint de son épée, nommée Joius, qui était à trente couleurs pour chaque jour. Et il possède un clou avec lequel Notre-Seigneur fut attaché à la croix. Il l'a mis dans le pommeau de son épée, et, à l'extrémité, quelque chose de la lance du Seigneur, avec laquelle il fut percé. (*Karlamagnus Saga*, ch. XXXVIII.) Notre Chanson ne parle pas du saint Clou. = La *Keiser Karl Magnus's Kronike* abrége violemment tout ce passage.

Vers 2504. — *Naffret*. O. Pour le cas sujet, il faut *nafrez*.

Vers 2505. — *Carles en a l'amure...* La lance dont Notre-Seigneur fut percé sur la croix, a été l'objet de nombreux récits pendant toute la durée du moyen âge. Il est facile de reconnaître ici deux grands courants légendaires tout à fait distincts l'un de l'autre, et qui ne se sont jamais confondus. Le premier est celui de nos Chansons de geste ; le second celui des Romans de la Table Ronde. Nous les étudierons l'un après l'autre. 1° L'auteur de notre *Roland* ignorait absolument les traditions « celtiques », qui ne se sont guère répandues en France qu'une cinquantaine d'années plus tard. Mais, en revanche, le *Voyage à Jérusalem et à Constantinople* nous montre, dans notre cycle carlovingien, le grand empereur rapportant de Jérusalem les reliques de la Passion, qu'il dépose à Saint-Denis, et cette légende remonte tout au moins à la fin du xe siècle. Seulement dans le vieux poëme il n'est pas question de la lance. C'est la *Karlamagnus Saga*, reproduisant sans doute une autre Chanson française, qui nous en parle très-explicitement, et considère la pointe de cette lance comme un présent que le roi de Constantinople fit au roi de Saint-Denis. Et la Saga ne manque pas de nous apprendre que Charles incrusta cette précieuse relique dans le pommeau de son épée, que, depuis lors, il nomma *Giovise :* d'où le cri de *Mungeoy*. (V. la note du vers 2501.) = 2° Tout autre est la tradition « celtique » ; mais il est malaisé de pénétrer ici jusqu'à la véritable source de la légende. Deux systèmes, deux écoles sont aujourd'hui en présence : d'une part, M. de la Villemarqué ; de l'autre, M. P. Paris. = M. de la Villemarqué fait remonter au delà des temps chrétiens l'histoire merveilleuse de la lance. Suivant lui, le célèbre *Graal* existait de temps immémorial dans les poésies bardiques (?). C'était dès lors un vase magique communiquant la science universelle, guérissant toutes les blessures, etc. La lance sanglante aurait été, avec ce bassin merveilleux, le symbole militaire des Bretons dans leur lutte contre les Anglo-Saxons. Depuis le vi^e jusqu'au xiie siècle, les fables s'accumulent autour de la lance et du bassin magique. Au commencement du xiie siècle, un conteur gallois (?) donne un corps à la légende de Peredur (le Compagnon du bassin), qui quitte la cour d'Arthur et qui, pour conquérir le bassin et la lance, combat lions, serpents, sorcières et monstres de toutes sortes. Cette histoire de Peredur (H. de la Villemarqué, *Romans de la Table Ronde*, 3e éd., pp. 145-146) se raconte encore aujourd'hui dans les campagnes bretonnes, et M. Ém. Souvestre assure l'avoir écrite sous la dictée d'un paysan. Il s'agit, dans ces récits populaires, d'un certain Peronik, que l'on appelle « l'idiot », et qui est, en effet, un enfant aussi simple que pauvre. Cependant Peronik, à force de patience et d'observation, parvient à conquérir, au fond d'une caverne magique, le bassin d'or qui guérit tous les maux et ressuscite les morts, et la lance à pointe de diamant qui tue et brise tout ce qu'elle touche. Pour y arriver, il traverse le bois enchanté, cueille la *fleur qui rit*, passe le lac des dragons, combat l'homme à la boule de fer, franchit le vallon des plaisirs, etc. (E. Souvestre, *Foyer breton*, II, p. 137.) C'est, comme on le voit, l'histoire de Perceval le Gallois, modifiée par le temps et le peuple... = B. M. Paulin Paris parle tout différemment. (*Romans de la Table Ronde*, I, pp. 93 et suivantes.) La légende, suivant lui, aurait une origine chrétienne. Il aurait, dès les IIIe et IVe siècles, circulé chez les Bretons insulaires certains récits qui faisaient de Joseph d'Arimathie le premier apôtre de la Bretagne. Or Joseph possédait le vase où il avait recueilli le sang du Sauveur : il avait, d'ailleurs, reçu de Dieu des dons plus précieux, et était notamment investi du droit de faire des évêques. De telles idées s'accordaient trop bien avec les prétentions des Bretons à l'indépendance religieuse. Pour ne pas dépendre de Rome, ils s'armèrent de ces prétendues traditions. Vers l'an 720, un clerc du pays de Galles écrivit, dans l'intérêt de ce schisme, le fameux *Gradale* ou *Liber gradalis*, qui donnait un corps à la légende du vase miraculeux. Mais il ne semble pas être ici question de la lance. Ce livre, d'après M. P. Paris, serait demeuré secret depuis le VIIIe jusqu'au XIIe siècle, et ce secret s'expliquerait assez bien par les idées d'indépendance qu'une telle œuvre pouvait favoriser contre la suprématie des papes. C'est en France que le *Gradale* fut un jour traduit, développé, embelli, et ce fait important doit être placé entre les années 1160 et 1170. Telle est, en effet, la date du *Joseph d'Arimathie* de Robert de Boron. Quelques années après, un auteur inconnu écrivait le *Saint-Graal* en prose. De là à *Parceval le Gallois*, il n'y a qu'un pas... = Nous venons d'exposer tour à tour les deux systèmes de MM. Paris et H. de la Villemarqué : notre intention n'est pas de décider entre les deux. Nous nous contenterions volontiers de croire qu'il y a du vrai dans l'un comme dans l'autre, et que les deux légendes, païenne et chrétienne, ont pu se fondre. Quoi qu'il en soit, leur POINT D'ARRIVÉE à toutes deux est, comme nous l'avons vu, *Perceval le Gallois*, dont l'auteur est Chrestien de Troyes, mort avant l'année 1190. En voici le résumé... Perceval est le fils d'une pauvre veuve du pays de Galles, que sa mère veut à tout prix éloigner de la condition militaire, mais qui rencontre un jour des chevaliers de la cour d'Arthur, et ne peut résister à sa vocation chevaleresque. Il traverse mille aventures, et, après s'être oublié dans l'amour de Blanche-Fleur, arrive un jour dans un château merveilleux. Un valet paraît, portant une lance d'où coule une goutte de sang ; puis deux damoiselles, dont l'une tient un bassin d'or, un *graal*. Perceval est dans le palais du Roi-Pêcheur. Par malheur, il n'est pas assez curieux pour demander l'explication de « la lance qui saigne ». De là ses infortunes. Il perd soudain la mémoire ; bien plus, il reste cinq ans sans entrer dans une église. Mais enfin, un jour de vendredi saint, il confesse ses péchés, il communie, il renaît à une vie nouvelle. Ici commencent d'autres aventures. Perceval, réhabilité et pur, se met à la recherche du bassin d'or et de la lance. Mille obstacles l'arrêtent; mille séductions le tentent : il en triomphe et arrive de nouveau chez le Roi-Pêcheur. Il n'oublie pas cette fois de demander « pourquoi la lance saigne ». On lui répond que c'est celle dont Longus perça le côté du Sauveur sur la croix, et que le bassin d'or est celui où Joseph d'Arimathie a recueilli le sang divin. Le *graal* guérit toutes blessures et ressuscite les morts; mais il faut, pour en approcher, être en état de grâce. Perceval donne alors la preuve qu'il est le plus pieux chevalier de la terre, et se met tout aussitôt à la poursuite d'un certain Pertinax, qui a jadis volé au Roi-Pêcheur une épée merveilleuse. Il atteint ce misérable, il le tue. Le Roi-Pêcheur abdique alors en sa faveur, et Perceval règne glorieusement pendant sept ans. Mais, au bout de ce temps, il se fait ermite et meurt en odeur de sainteté. Le jour de sa mort, le bassin et la lance furent transportés au ciel. Ils y sont encore et y seront toujours... = Telle est l'analyse, très-rapide, de l'œuvre de Chrestien de Troyes, qui, par malheur, est encore inédite. La lance, comme on le voit, y tient une place considérable; mais la *Chanson de Roland* est absolument étrangère à toutes ces fables. On voit par là quel abîme sépare les deux Cycles.

Vers 2506. — Il ne s'agit ici que de l'*amure* ou de la pointe de la lance, mais non pas de la lance elle-même. Or, suivant une tradition ancienne reproduite par Guillaume de Malmesbury (Pertz, X, p. 460), Hugues Capet envoya à Ethelstan, roi d'Angleterre, la lance de Charlemagne. « Elle passait, dit l'écrivain anglais, pour être la même qui fut enfoncée dans le côté du Seigneur par la main du centurion. » Cette citation est de M. G. Paris. (*Histoire poétique de Charlemagne*, p. 374.) = *Manuvrer*. Mu. V. la note du vers 38.

Vers 2508. — *Dunet*. O. *Li nums* étant un masculin, il faut, pour le s. s., *dunez*.

Vers 2509. — *Baruns*. O. D'après notre note du vers 20, il faut *barun*.

Vers 2511. — *Gent*. O. Lire *genz*, d'après notre note du vers 611.

Vers 2512. — *Noit... luisant*. O. Pour le cas sujet, il faut *noiz* et *luisanz*. (V. la note du vers 611.) Lire *nuiz*.

Vers 2514. — Lire *Olivier*, d'après la théorie exposée dans la note du vers 1500.

Vers 2515. — *Pers, de*. Mu. Le manuscrit porte *e*, que nous avons conservé pour laisser intacte la question de prononciation. On prononçait peut-être : *E d' la franceise gent*.

Vers 2516. — *Qu'en*. Le manuscrit offre seulement *en*. Correction de Mu., d'après les manuscrits de Venise IV et Versailles.

Vers 2518. — *Guarent*. O. Pour le cas sujet, *guaranz*.

Vers 2519. — *Grant.* O. Le cas sujet exige un *z* au lieu d'un *t*.

Vers 2522. — *Ester en.* O. Erreur évidente.

Vers 2523. — *Herbe.* O. Voir la note du vers 1569.

Vers 2524. — *Bien.* O. V. la note du vers 1500.

Vers 2525. — *Karles.* O. V. la note du vers 94. = *Traveillet.* O. Le cas sujet veut un *z*. = Lire, en assonances, à la fin des vers de ce couplet : *traveilliez, guardier, chief, iert, grief, ciel,* O. *tempiez, apareilliez, chiet, pumier, mier,* O. *acier, chevaliers, mangier, aversier, milliers, giet, aidiez, pitiet, desturbier, requiert, loitier, chiet,* O. et *esveilliet.*

Vers 2530. — *Une bataille.* Mu. Le manuscrit porte *D'une,* qui peut s'expliquer grammaticalement.

Vers 2538. — *Escuz.* O. Pour le sujet pluriel, il faut *escut*. *Ardent* et *fruissent* sont-ils verbes actifs ou neutres? Dans le second cas, il faudrait p.-e. *cist escut* et *cist helme*. = *Mier*. O. V. la note du vers 1500.

Vers 2539. — *Fruiscz.* O. Erreur évidente.

Vers 2540. — *Osbercs.* O. Pour le cas sujet, *osberc*. = *Helmes*. O. Même remarque. = Lire p.-e. *cist helme*.

Vers 2541. — *Dulor.* O. V. la note du vers 489.

Vers 2542. — *Leuparz.* O. Pour le s. p., *leupart*.

Vers 2543. — Les quatre substantifs de ce vers se rapportent au verbe du vers précédent, et en sont les sujets. Il faut donc *serpent*, au lieu de *serpenz*. O. Müller a donc eu tort d'ajouter de son chef un *s* à *dragun* et *averser*. = *Guivres.* Mu. Le manuscrit porte *guiveres*.

Vers 2545. — *S'agiet.* O. La correction est de Mu.

Vers 2548. — *Volt.* O. V. la note du vers 40.

Vers 2549. — *Leons.* O. V. la note du vers 1 pour la suppression de l's, et la note du vers 30 pour le changement d'*u* en *o*. = *Vint*. O. Correction de G. et de Mu.

Vers 2550. — *Ert.* O. Lire plutôt *iert*.

Vers 2552. — *Por.* O. Voir la note du vers 17. = *Loitier.* Mu. Le manuscrit porte distinctement *loiter*, mais c'est l'assonance qui réclame l'*ier*. = Ce vers a douze syllabes; lire : *A braz ambsdous prenent sei pur loitier*.

Vers 2553. — *Li quels abat.* O. *Li* rompt inutilement la mesure.

Vers 2554. — *N'est mie.* O. La correction est de tous les éditeurs, Mi., G., Mu.

Vers 2555. — *Icel[e]... vien[t].* O. Les dernières lettres sont effacées dans le manuscrit.

Vers 2556. — Lire plutôt *iert*.

Vers 2558. — La *Karlamagnus Saga* a mal compris ce passage : « Karlamagnus rêva qu'il était chez lui, au pays des Franks, dans son palais. Et il lui sembla qu'il avait les fers aux pieds. Et il vit trente hommes voyageant vers une ville nommée Ardena, et qui disaient entre eux : « Le roi Karlamagnus a été vaincu, et il ne portera plus la cou-« ronne au pays des Franks. » (Chapitre xxxviii.) Rien de tout cela dans la *Kaiser Karl Magnus's Kronike.*

Vers 2559. — *Cascun.* O. Pour le cas sujet, il faut *cascuns.*

Vers 2561. — *Vos.* O. V. la note du vers 17. Remarquons, encore une fois, que *vos* est ici en assonance dans un couplet en *ur, un,* et rime avec *nus.* Ce qui justifie cette dernière forme.

Vers 2563. — *Vers les altres acurt.* O. Erreur du scribe, qui a écrit par avance quelques mots du vers suivant. G. et Mu. ont restitué *veltres,* d'après Venise IV : *Vit un ventre rocors.* = Signalons ici dans le manuscrit de Lyon une grande lacune qui ne se trouve dans aucun de nos autres Remaniements. Cette lacune correspond à nos vers 2570-2844. Le rajeunisseur saute par-dessus tout l'épisode de la fuite de Marsile. Il omet de nous raconter son retour à Saragosse, le désespoir de la reine, l'arrivée de Baligant, qui envoie deux messagers à Marsile, le message de Clarien et de Clarifant près du roi de Saragosse et de Bramimonde, leur retour auprès de Baligant, auquel ils apprennent la bataille de Roncevaux et la mort de Roland, et enfin le voyage de Baligant lui-même à Saragosse avant d'engager la grande bataille. L'auteur du manuscrit de Lyon nous transporte immédiatement sur le champ de bataille de Roncevaux, où Charles vient pleurer sur le corps de son neveu. Il omettra également TOUT LE RÉCIT DE LA BATAILLE DE SARAGOSSE. Les mêmes lacunes peuvent se constater dans la *Karlamagnus Saga* (chapitre xxxiii-xxxix) et dans la *Keiser Karl Magnus's Kronike,* pour lesquelles l'épisode de Baligant n'existe pas.

Vers 2570. — *Marsilie.* O. Pour le cas sujet, *Marsilies.*

Vers 2571. — *Descendut.* O. Le s. s. m. veut *descenduz.*

Vers 2573. — *Herbe.* O. Voir la note du vers 1569. = *Culcet.* O. La forme *culchet* est employée beaucoup plus fréquemment dans notre texte. (Vers 12, 2013, 2175, 2204, 2358, 2449, 2481.)

Vers 2575. — *Angoiset.* O. V. la note du vers 2232.

Vers 2578. — Lire *lui.* V. la note du vers 13. = *Xx. milie.* Mu. *Xxx. mil.* G. Lire *xx. milie.*

Vers 2579. — *Ki tuit maldient.* Mu. *Ki si maldient.* G. Le manuscrit porte *si maldient.* — La correction de Mu. est la meilleure ; lire *tuit maldient.*

Vers 2582. — *Por.* O.

Vers 2583. — *Por.* O. = *Lessas.* O. V. la note du vers 265.

Vers 2585. — *Les sceptre.* O. Erreur du scribe.

Vers 2586. — *Par mains.* Mu. Je suppose qu'on pouvait prononcer

Par les mains l'pendent, et n'ai pas voulu supprimer *les* que porte le manuscrit en marge. = *Sur.* O.

Vers 2591. — Lire plutôt *chien.* V. la note du vers 1500.

Vers 2592. — *Paismeisuns.* O. Erreur du scribe, plusieurs fois reproduite quant à la finale.

Vers 2594. — *Peinz* est une faute manifeste qu'il a été nécessaire de conserver. Lire peut-être : *Tante culur i ad peinte e escrite.*

Vers 2598. — Lire *Ies.* O. V. la note du vers 648. = *Oi.* O. V. la note du vers 1210.

Vers 2601. — *Oi.* O. V. la note du vers 1210. = *Ui.* Mu.

Vers 2604. — *Fiers.* O. Pour le s. p., il faut *fier.* = *Lor.* O. V. la note du vers 17.

Vers 2612. — *Marsilie.* O. Il faut *Marsilies* pour le sujet singulier.

Vers 2613. — Lire plutôt *premier.*

Vers 2614. — *Baligant.* Dans la Chronique de Turpin, qui est suivie par vingt auteurs, *Marsire* et *Beligand* sont deux frères qui ont été l'un et l'autre envoyés en Espagne par l'émir de Babylone, et qui règnent à Saragosse. Ils attaquent ensemble l'arrière-garde commandée par Roland. Marsire est tué par le neveu de Charles ; Beligand s'enfuit. (Cap. xxi, xxii.)

Vers 2615. — *Amiraill.* O. Pour le cas sujet, la forme *amiralz*, qui est la correcte, se trouve douze fois dans notre poëme ; *amiraill*, au s. s., ne se trouve par erreur que cinq fois. = *Le vieil.* O. Pour le cas sujet, *li vielz.* V. la note du vers 171 et celle du vers 1500.

Vers 2616. — *Survesquit.* Mu. Nous nous demandons pourquoi Mi., G. et Mu. ont changé la leçon *survesquiet*, qui est excellente. V. les formes *abatied*, vers 98 ; *abatiet*, 1317 ; *perdiet*, 2795 ; *respundiet*, 2411.

Vers 2617. — *En Sarraguce alt.* O. Mu. Nous avons dû ajouter *l'* avant ce dernier mot. = Lire *ber.* = *Tuz.* O. Supprimé pour la mesure du vers. De plus, *ydeles* est du féminin. (Cf. le vers 3604.) = *Adorer.* O. Ne se trouve qu'une fois dans notre manuscrit. La forme *aürer* (vers 124 et 429) est plus conforme à l'esprit de notre texte.

Vers 2619. — *Tuz.*

Vers 2620. — *Sancte.* O. Même remarque que pour le vers 1634.

Vers 2621. — *Charlemagne.* O. V. la note du vers 94.

Vers 2624. — Pour le sens exact du mot *drodmunt*, se reporter à la note du vers 2467. = Dans le *drodmund* on faisait entrer les chevaux : témoin ce passage curieux de l'*Entrée en Espagne*, où l'on voit Roland mettre son cheval dans un dromond à l'aide de cordes et de poulies. Seulement l'*estormant* du bateau : *Desor li dos bastiaus fait bastir un soler, — Tant com li bon cival poit à leisir ester.* (Manuscrit français de Venise, n° xxi, f° 228.)

Vers 2628. — *Esled.* O. V. la note du vers 2. = Lire *premier*.

Vers 2630. — *Granz.* O. Pour le s. p., il faut *grant*. V. la note du vers 20.

Vers 2632-2637. — Vers précieux pour l'historien de la marine.

Vers 2635. — Ajouter p.-e. *que* au commencement de ce vers. Nous l'aurions fait volontiers; mais *tel* ne se rencontre pas dans notre texte avec *que*. = Lire plutôt *nuit*.

Vers 2636. — *Vienent.* O. On trouve *vienent* ici et au vers 3945; *venent* se trouve plus souvent (vers 818, 2640, 2645); mais, d'un autre côté, *vient* ne se trouve, comme assonance, que dans les couplets en *ier*.

Vers 2637. — *Tut.* O. Pour le s. s., il faut *tuz*.

Vers 2638. — *Jesque.* O. V. la note du vers 510.

Vers 2639. — *Gent.* O. V. la note du vers 611. = *Paienor.* O. V. la note du vers 30.

Vers 2640. — *Venent.* V. la note du vers 2636.

Vers 2641. — *Marbrise* et *Marbrose* sont à tort placés dans le manuscrit l'un à la place de l'autre.

Vers 2642. — *Naviries.* O. *Navirie.* Mu. La forme *navilie*, au vers 2627, est d'une formation plus exacte.

Vers 2645. — *Venent.* V. la note du vers 2636.

Vers 2646. — *Luisant.* O. Pour le cas sujet, *luisanz*.

Vers 2647. — *Calan.* O. Cf. les formes *caland* (vers 2467) et *calant* (2728). Nous avons conservé le *d* final à cause du latin *chelindrus, chelandium*.

Vers 2648. — *Adestrant.* O. Pour le cas sujet, *adestranz*.

Vers 2649. — *Reis.* O. Pour le s. p., *rei*. Voir la note du vers 20.

Vers 2650. — Lire plutôt *bien*.

Vers 2652. — *Palie* vient de *pallium*. Or, dans la basse latinité, le substantif *pallium* « avait un sens beaucoup plus étendu et se disait des tentures et des tapisseries, lesquelles n'étaient pas toujours en soie. Au milieu de mille exemples, j'en choisis un dans l'histoire d'Ingulph. Cet écrivain fait mention du don fait par l'abbé Egelric (mort en 992) de plusieurs tapis de pied représentant des lions avec des fleurs, et il ajoute : *Dedit etiam multa* PALLIA *suspendenda in parietibus ad altaria sanctorum in festis; quorum plurima de serico erant, aureis volucribus quædam insita, quædam intexta, quædam plana.* (Rerum anglic. Script. ed. H. Savile, Francfort, 1601, page 889, l. 17.) » La citation précédente est due à M. Fr. Michel. (*Recherches sur le commerce, la fabrication et l'usage des étoffes de soie, d'or et d'argent*, I, 275.) M. Fr. Michel établit ensuite que *palie* signifie seulement une « étoffe de prix ». La ville du monde, et en particulier de l'Afrique, la plus renommée pour ses tissus était Alexandrie, « dont les *pailes* sont devenus comme un lieu commun de nos anciens Romans, où ils sont nommés à chaque vers. » Et ces mentions ne sont pas moins fréquentes dans les écrivains arabes. Alexandrie « était en réalité l'entrepôt des marchandises de l'Orient et de l'Occident, le marché principal où venaient s'approvisionner les grands négociants du moyen âge. » (*Id., ibid.,* page 279.) Or le principal objet de ce commerce, c'étaient les *pailes,* les étoffes de soie qui, « jusqu'au xve siècle, furent comptées au nombre des étoffes les plus précieuses. » (*Id.,* page 280.) V. les vers 403, 463. = Lire plutôt *lorier.*

Vers 2653. — *U*[*n*]. Mu. La dernière lettre n'est pas visible dans le manuscrit. = *Olifan.* O. V. la note du vers 1059.

Vers 2654. — *Li païen Baligant.* O. Pour le cas sujet, il faut *Li païens Baliganz.*

Vers 2655. — *E tuit li altre.* O. *E* n'est pas dans le manuscrit.

Vers 2656. — *Premer.* O. Pour le cas sujet, *premers.* Lire *premiers.*

Vers 2657. — *Oiez ore.* O. *Oiez tuz ore.* G. *Ore oiez.* Mu. J'ai adopté la leçon qui convient le mieux pour la mesure du vers. = *Vaillant.* O. V. notre note sur les vocatifs, au vers 15. = Lire *chevalier* et (?) *vaillant.*

Vers 2659. — *Manger.* Ce mot ne se trouve, comme assonance, que dans une laisse en *ier.*

Vers 2660. — *At.* O. V. la note du vers 2.

Vers 2661. — *Voeill* n'est pas dans le manuscrit. = *Querant.* O. Pour le s. s. m., il faut *queranz.*

Vers 2663. — *Josqu'il.* O. V. la note du vers 510. = *Mort... vif... recreant.* O. Le cas sujet exige *morz... vifs... recreanz.*

Vers 2664. — *Genoill.* O. *Genuilz,* plus conforme à notre phonétique, se trouve au vers 2192.

Vers 2665. — Lire en assonances, à la fin des vers de ce couplet. *afichiet, ciel,* O. *plaidier, cunseilliet, chevaliers, volentiers, algiez, aidier, iert,* O. *chalcier, mier, chief* et *bien,* O.

Vers 2666. — Lire *lerrat.* (Vers 574, 785, 893, 2063, et aussi 457.) = *Ciel.* O. V. la note du vers 545.

Vers 2667. — *Que il ainz.* O. G. a restitué *il alge,* et Mu. *il alt.* = Oxford porte *o Carles.* Nous avons préféré la leçon *u,* plus étymologique.

Vers 2668. — *Loent.* O. Mais on voit encore nettement les traces d'un *d* effacé. (Cf. *lodet,* vers 226.) Le scribe a pu hésiter; car le *d* commençait à se retirer de ce verbe (*loez,* vers 3948; *loat,* 420; *loerent,* 206; *loement,* 1709).

Vers 2671. — *Vos.* O.

Vers 2672. — *Mes* n'est pas dans le manuscrit. Restitué par Mu. d'après Venise IV.

Vers 2673. — *Vos.* O.

Vers 2675. — *Venut.* O. Pour le cas sujet, il faut *venuz.*

Vers 2676. — *Se jo truis o.* O. Mi. G. = *Ost.* Restitué par Mu. Paris donne : *Se truis Karle;* et Versailles : *Se ge's ateing.* = *Grant.* O. Pour le cas sujet, il faut *granz.* = Lire *Iert.* O. V. la note du vers 517 et celle du vers 1500.

Vers 2678. — *Poign.* O. V. la note du vers 415.

Vers 2679. — *Bastuncel.* Les quatre premières lettres font défaut dans le Ms. Mi. a imprimé *Cest uncel,* et G. *(I)cest uncel.* Mu. a restitué *bastuncel* d'après Venise IV (*quest baston uer*) et Versailles (*cest baston qi est d'or entaliez*). Venise VII dit : *Si li donez cest gant qui est pleiez. — El destre poinz, veiant toz, le fichiez — E* cist baston *qui est d'or entailliez.*

Vers 2680. — *Feu.* O.

Vers 2681. — *Carle.* O. Au cas oblique, *Carlun.*

Vers 2684. — *Corune.* O. La forme *curune*, qui est la plus conforme à notre phonétique, se lit dans notre Ms. aux vers 388 et 2585. *Corune* ne se trouve qu'ici, et *corone* aux vers 3236, 3538 et 3639. (V. aussi *coronez* aux vers 1563 et 2956.)

Vers 2686. — *Baligant.* O. Pour le cas sujet, *Baliganz.* = *Car.* O. V. la note du vers 275. = Lire plutôt *chevalchiez.* = *Barun.* O. V. notre note sur les vocatifs, au vers 15. = Après ce vers ou le suivant, il y en avait peut-être d'autres dans le texte primitif, analogues aux suivants que nous lisons dans le texte de Paris : « *Vos en irez au roi Marsillion. — Dites-lui bien sans nulle arestison — Que de mei tiengne sa terre et son roion. — Ce qu'a perdu conquerrai vers Charlon.* » — *E cil respondent: « Volentiers li dironz.* » Toutefois, nous ne proposons pas de les intercaler dans notre texte critique, parce qu'ils ne nous semblent pas absolument nécessaires.

Vers 2687. — *L'un.* O. Pour le cas sujet, *l'uns.* = *Li alte.* O.

Vers 2688. — Lire *chier sire.*

Vers 2694. — *De cele gent paienur.* O. *Cele* rompt la mesure du vers.

Vers 2695. — *Dolor.* O. V. la note du vers 489.

Vers 2698. — *Dit cascun à l'altre.* O. Tous les autres Mss. sont unanimes à nous offrir : *Dist* l'uns *à* l'altre, qui est nécessaire pour la mesure.

Vers 2701. — *Ier.* O. *Her,* qui se trouve au v. 2745, est la forme la plus étymologique; mais d'un autre côté ce mot ne se trouve, comme assonance, que dans un couplet en *ien*. Lire plutôt *ier*, ici comme partout. = *Poign.* O. V. la note du vers 415.

Vers 2703. — Lire *Iert*. O.

Vers 2708. — *Muntez*. O. Le cas s. p. exige *muntet*.

Vers 2710. — *Par bel amur malvais saluz li firent*. O. Leçon évidemment fautive, que nous avons été obligé de corriger. Venise IV porte : *Al roi Marsilio (sueve) salu li dixe*. Versailles : *Cil le salue(nt) soef par bon talent*. Et Paris : *Si la saluent et bel et* GENTEMENT. G. a proposé : *Par bele amur soef salut i firent;* et Mu. : *Par bel amur Marsilie salut firent*.

Vers 2716. — *Rencesval*. O. La forme correcte *Rencesvals* se trouve aux vers 892, 901, 912, 2225, 2516, 2453, etc. = *Muaves vertuz*. O. Erreur évidente, corrigée par Mu. d'après Venise IV, dont le texte est assez corrompu : *Malvasio vertu li fe*.

Vers 2717. — Lire *chevaliers*.

Vers 2718. — Lire plutôt *mien*. O. V. la note du vers 1500.

Vers 2719. — *Poign*. O. V. la note du vers 415.

Vers 2722. — *Avrat*. Mu. V. la note du vers 38.

Vers 2723. — Ce vers de douze syllabes pourrait être ramené à un décasyllabique. Lire : *Lasse! que n'ai un hume qui m'ociet*.

Vers 2724. — *Clarien*. O. Pour le cas sujet, il faut *Clariens*. (V. 2725.) = *Messages*. O. Pour le s. p., *message*. (V. 2726.) = *Guarant*. O. Le cas sujet veut *guaranz*.

Vers 2731. — *Puisant*. O. Pour le cas sujet, il faut un *z* au lieu du *t* final.

Vers 2732. — *Querant*. O. Même remarque.

Vers 2733. — Le Ms. porte *mort o recreant*. Nous avons partout adopté la forme *u*, comme plus étymologique et plus conforme à notre phonétique.

Vers 2737. — Lire *ber*. O. = *Cumbatant*. O. Pour le cas sujet, il faut *cumbatanz*.

Vers 2738. — *Voel*. O. Erreur du scribe. V. la note du vers 40.

Vers 2739. — Lire *ciel*. O. V. la note du vers 1500.

Vers 2740. — *Home*. O. V. la note du vers 20. = *Vivant*. O. Le cas sujet exige *vivanz*.

Vers 2743. — *Vos*. O. V. la note du vers 17. = *Destreit*. Pour le s. s., il faut *destreiz*.

Vers 2744. — *Filz*. O. Au cas régime, *fil*.

Vers 2745. — *Her*. O. V. la note du vers 2701.

Vers 2746. — *Vienge*. O. Le *t* final a été oublié par le scribe. Il y avait déjà tendance a s'en passer. = La forme *vengel*, sans l'*i*, se trouve aux vers 1091, 1744, 2680. Cf. *vienge* au vers 2939.

Vers 2747. — *Amiraill.* O. V. la note du vers 2615.

Vers 2749. — *Li Franceis.* O. Au cas oblique du pluriel, *les.*

Vers 2750. — *Conseill.* O. V. la note du vers 30.

Vers 2751. — *Avrat.* Mu. = *Oi.* O. V. la note du vers 1210.

Vers 2753. — Vers très-obscur. Le Ms. porte : *Pui li dites il n'en irat s'il m' creit.* Mu. propose de rectifier ce vers ainsi qu'il suit : *Carles, li dites, n'en irat, s'il me creit.* — Le texte de Paris saute ce vers, que le rajeunisseur peut-être ne comprenait plus. Venise VII porte : *De Sarraguce les clés emporterois.* — *De Karlemeine li direz sanz grezois,* — *Jamès n'ira à Chartres ne à Blois.*

Vers 2754. — *E* n'est pas dans le Ms.

Vers 2755. — *Marsilie.* O. Pour le cas sujet, il faut l'*s* final.

Vers 2758. — *Cel ewe.* O. Erreur évidente.

Vers 2759. — *N'i ad mais.* O. *Mais* rompt inutilement la mesure du vers, et Mu. a eu raison de le supprimer.

Vers 2760. — *Amiraill.* O. La forme correcte est *amiral*, d'après le s. *amiralz.* V. le *Glossaire.* = *Host.* O. V. la note du vers 739.

Vers 2761. — *Vos.* O.

Vers 2762. — *Livrées.* Mu.

Vers 2764. — *Cuiget.* O.

Vers 2767. — *Amiraill.* O. V. la note du vers 2760. = *Vunt esfréedement.* O. Erreur évidente, rectifiée par G. et Mu., d'après Venise IV et Versailles.

Vers 2768. — *Sarrace.* O. = *Clés.* O. Mi.

Vers 2769. — *Baligant.* O. Pour le cas sujet, *Baliganz.* = *Vos.* O. V. la note du vers 17.

Vers 2770. — *Marsilie.* O. Le cas sujet exige l'*s* final.

Vers 2771. — *Clarien.* Même remarque. = O. *Naffret.* O. Pour la même raison, il faut *naffrez.*

Vers 2772. — Lire *ier.* O. V. la note du vers 2701.

Vers 2773. — *Vuolt.* O. Correction de G. et Mu. d'après le texte de Paris. Dans le Ms. de la Bodléienne, *vuolt* est écrit une deuxième fois en marge.

Vers 2775. — Lire : *Li quens Rollanz, sis niés, i fut remés.*

Vers 2776. — *Oliver.* O. Pour le s. s., il faut un *s.* — Lire *Oliviers.*

Vers 2777. — *Adubez.* O. Pour le s. p., *adubet.*

Vers 2778. — *Marsilie.* O. Il faut un *s* à cause du cas sujet.

Vers 2781. — *Poign.* O. V. la note du vers 415. = *Sevret.* Mu.

Vers 2782. — *Filz.* O. Pour le régime, il faut *fil.*

Vers 2783. — *Li baron.* O. Au r. p., *les baruns.* V. aussi la note du vers 30.

Vers 2784. — *Fuiant.* O. Pour le cas sujet, *fuianz.*

Vers 2785. — *Enchacet.* O. La leçon correcte, *enchalcer*, se trouve aux vers 2462, 2796. (Cf. *li enchalz*, v. 2446, 3635.)

Vers 2786. — *Vos.* O. V. la note du vers 17. = *Sucurez.* O. Les deux *c* (qui se trouvent aux v. 3996, 3443, 1061, 3378) sont plus étymologiques.

Vers 2787. — Après ce vers, il semble qu'il faille imprimer le vers suivant. (Cf. le v. 2749.)
        Defendez la encuntre les Franceis.

Vers 2788. — *Baligant.* O. Pour le cas sujet, *Baliganz*.

Vers 2789. — *Por.* O. = *Desvet.* O. Au s. s., il faut *desvez*.

Vers 2790. — *Ço li* n'est pas dans le Ms. Restitution de G. d'après le texte de Versailles. = Lire en assonances, à la fin des vers de ce couplet : *ier*, O. *Oliviers, chiers, milliers, enchalciet, chevaliers, herbergiet, griefs, targiez, chevalchiez*, O. *vielz, vengiez, chief*.

Vers 2791. — *Ier.* O. V. la note du vers 2701.

Vers 2792. — *Oliver.* O. V. la note du vers 176. Lire *Oliviers*.

Vers 2795. — *Marsilie.* O. Pour le cas sujet, il faut *Marsilies*. = *Poign.* O. V. la note du vers 415. — Le Ms. d'Oxford porte *le destre poign*. = *Perdit.* O. Pour l'assonance, il faut *perdiet*. (Cf. : *Abatiet*, v. 98, et *respundiet*, v. 2411.)

Vers 2797. — *Chevaler.* O. A cause du cas sujet, il faut *chevaliers*.

Vers 2798. — *Neiet.* O. Pour la même raison, *neiez*.

Vers 2799. — *Herbergiez.* O. Au s. p., *herbergiet*.

Vers 2800. — *Aproeciez.* O. Nous avons supprimé l'*e* du milieu de ce mot, lequel n'a rien d'étymologique, et provient sans doute d'une erreur du scribe. = Pour le cas sujet, il faut *aprociet*.

Vers 2801. — *Volez.* O. (Cf. le v. 433.) = Lire *iert*.

Vers 2802. — *Baligant.* O. Pour le cas sujet, *Baliganz*. = *Fiers.* O. Erreur évidente.

Vers 2803. — *Liet.* O. Pour la même raison, *liez*.

Vers 2804. — *Faldestod.* O. V. la note du vers 407.

Vers 2805. — *Puis (si) escriet*, de Mu. *Si* n'est pas dans le Ms. = *Vos.* O.

Vers 2806. — *Chevalciez.* O. L'*h* et l'*a* ont été ajoutés entre les deux lignes. La forme *chevalchez* se trouve aux vers 366, 706, 1183, 1189, 1351, 1630, 1631, 1834, 1920, 2454, 2689, 2812, 2851, 3214, 3234, 3697. On ne trouve qu'une fois *chevalcez* (v. 3018), et une seule aussi *chevalciez* (à ce v. 2806). Mais ce mot se trouve uniquement, comme assonance, dans les couplets en *ier*. Cf. *cevalchet*, v. 1619, 1812 et 3695; *cevalchum*, v. 3178, et enfin *cevalcent*, v. 3195.

Vers 2807. — *Karlemagne.* O. V. la note du vers 94. Pour le cas sujet, il faut un *s* final. = *Veilz.* O. V. la note du vers 2409.

Vers 2808. — *Marsilie.* O. Pour le cas sujet, il faut *Marsilies.* = *Enqui.* O. V. la note du vers 1194. = *Venget.* O. Pour le cas sujet, il faut *vengiez.*

Vers 2809. — *Poign.* O. V. la note du vers 415. = *Liverai.* O. La correction est de G. et de Mu. = *Ches.* O. erreur évidente.

Vers 2810. — *Eissut.* O. Cf. v. 2647, *issut.* Pour le r. p., *issuz.*

Vers 2811. — *Muntez.* O. Pour le cas sujet, *muntet.*

Vers 2815. — *De tute mes oz l'aünade.* O. La correction (indispensable pour l'assonance) est de M. Müller.

Vers 2816. — *Muntez. Puis en sun destrer brun est munte.* Ce dernier mot a été ajouté postérieurement à la fin de la ligne. = Lire *destrier.*

Vers 2820. — *Cuntes.* O. V. la note du vers 20, sur le sujet pluriel des noms masculins de la troisième déclinaison latine.

Vers 2822. — *Bramidonie.* O. Jusqu'ici la reine a été nommée « Bramimonde »: nous lui avons partout laissé ce nom. Ce n'est pas ici le lieu de discuter cette variante importante. (V. notre *Introduction*, I, pp. lxix, lxx.) En tout cas, et au pis-aller, elle prouverait que deux scribes ont travaillé à la copie de notre Chanson, et non pas deux poëtes à sa composition. Son unité, sa très-profonde unité littéraire nous paraît au-dessus de toute contestation. = *Curant.* O. Pour le cas sujet, *curanz.*

Vers 2824. — Supprimer le mot *sire.* = *Mon.* O. V. la note du vers 20. = *Seignor.* O. Même renvoi.

Vers 2826. — Lire *sus*, et non pas *suz.* = *Chambre.* O. Nous avons adopté *cambre*, d'une prononciation plus étymologique, et qui se trouve aux vers 2332, 2593, 2709, 3992. *Chambre*, au contraire, ne se trouve qu'ici. = *Od.* Aucun des éditeurs n'a lu ce mot, que le Ms. porte très-distinctement. Ils ont tous lu *ad*, qui ne s'expliquerait pas avec son *d* euphonique devant *doel.* = On pourrait ajouter ici le vers suivant du texte de Paris : *Là Marsilies en un riche lit fut.*

Vers 2827. — *Marsilie.* O. Pour le cas sujet, *Marsilies.*

Vers 2828. — *Dui.* O. Le cas régime veut *dous.* M. Müller, avec raison, a changé *dui* en *dous*; mais c'est là faire un texte critique, et, nulle part ailleurs, M. Müller ne se l'est proposé.

Vers 2831. — *Marsilie.* Comme au v. 2827.

Vers 2832. — Le texte ici est absolument incompréhensible : *Teres tutes ici rengnes vos rendemas.* Nous adoptons, d'après Venise IV, la correction longuement motivée de Mu. (V. pp. 196, 197.) — G. avait proposé : *Tutes ici mes teres je vous rend.* Nous pourrions encore supposer : *Ma tere tute e mun regne vus rend.*

Vers 2833. — *Onur.* O. V. la note du vers 45.

Vers 2835. — Lire *Dolenz*, à cause du cas sujet.

Vers 2836. — *Vos.* O.

Vers 2840. — Malgré l'*aoi*, qui se trouve à la fin du précédent couplet, il est évident que les cinq vers suivants en faisaient partie. Fondre ces deux couplets en un seul.

Vers 2841. — *Ceval.* O. V. la note du vers 1379. = *Puignant.* O. Pour le cas sujet, *puignanz*.

Vers 2842. — Lire plutôt *premiers*.

Vers 2843. — Le Ms. porte très-distinctement : *De uns ad altres*, qui nous paraît une excellente leçon, malgré le *Da l'ora avanti* de Venise IV et le *D'eures en autres* de Paris. = *Escriant.* O. Pour le cas sujet, *escrianz*.

Vers 2844. — *Car.* O. Lisez *Kar.* (V. la note du vers 275.) = *Frant.* Erreur évidente.

Vers 2845. — C'est ici que la *Karlamagnus Saga* et la *Keiser Karl Magnus's Kronike* se raccordent avec le récit des Songes de Charlemagne. (Vers 2525, 2569.) = A partir d'ici, la Compilation islandaise suit un texte français notablement différent de celui d'Oxford, et d'où l'épisode de Baligant est absent. Nous noterons avec soin toutes les différences. = *Matin.* O. G. et Mu. ont adopté *matin(et)*, d'après Venise et Versailles. = *Li albe.* O. *Li* est une erreur manifeste, que Mu. n'a pas corrigée.

Vers 2847. — *Sein.* O. Mi. et G. ont bien a tort suppléé *seins*. Sanctus a dû donner *seinz*, puisque $z = ts$. — Lire *de part.* O.

Vers 2853. — *Vedeir.* Mu. Dans le manuscrit, le *d* semble avoir été postérieurement effacé. C'est qu'à un moment donné le *d* ne fut décidément plus en usage, et que la forme *veeir* demeura seule. Ces corrections de notre manuscrit sont éloquentes. (On trouve *vedeir* aux v. 270 et 1992; mais *veeir* aux vers 1104, 1720. Cf. *veez* de *videte* ou *videtis*, vers 925, 1099, 1131, 1694, 2425, 2743, 3315, et *veeit* de *videbat*, vers 2558.)

Vers 2854. — Le manuscrit nous donne *ò fut*. Nous avons partout adopté *u*, qui est plus étymologique, et qui, d'ailleurs, se trouve fréquemment dans notre texte. (Vers 108, 1326, 1363, 2402, 2403, 2405, 2409, 2691, 2912, etc.)

Vers 2855. — *Carles venuz.* O. Erreur du scribe. *Venuz* ne convient pas à l'assonance de ce couplet. Il était facile de restituer *entrez*, d'après Venise IV et Paris.

Vers 2857. — *Segnus.* O. Erreur évidente.

Vers 2859. — *Neud.* O. Même remarque.

Vers 2860. — *Feste à Noel.* O. *Ad una festa Noel.* Venise IV.

Vers 2861. — *Vanteent.* O. Erreur du scribe.

Vers 2864. — *Jà ne ne murreit.* O. Erreur évidente.
Vers 2865. — *Hume.* O.
Vers 2866. — *Avreit.* Mu.
Vers 2867. — Lire *ber*.
Vers 2868. — *Qu'en.* O. Je pense qu'il y a ici une erreur du scribe. (Que pour quo.) Sans doute on trouve dans certains dialectes *en* pour *on*; mais nous n'avons pas ici affaire à ces dialectes, et nous doutons, d'ailleurs, qu'à la fin du xie, au commencement du xiie siècle, cette forme se rencontre ailleurs.
Vers 2869. — *Muntet.* O. Pour le cas sujet, il faut *muntez*.
Vers 2870. — *Empereres.* O. V. la note du vers 1. = *Nevold.* O. Pour l'assonance, *nevuld*, qui d'ailleurs se rencontre au v. 216.
Vers 2871. — *Pre.* O. *Pre [d].* Mu. Pour la leçon *pret*, voyez la note du vers 2. = *Flors.* O. Pour l'assonance, *flurs. Flors* ne se rencontre que deux fois (ici et au vers 2898), tandis que *flurs* est fort usité. (Vers 1276, 1354, 1856, 2431, 3162, 3173, 3503. Cf. *flurit, flurie*, vers 117, 970, 1771, 2353, 3087, 3211, 3361.)
Vers 2872. — *Vermeilz.* O. Erreur du scribe. *Flurs* est du féminin. = *Barons.* O. V. la note du vers 30.
Vers 2873. — Lire *pitiet*.
Vers 2874. — *Parvenuz est li Reis.* O. *Li Reis* a été ajouté postérieurement. Pour avoir l'assonance, G. s'est contenté de changer les mots de place, comme nous avons fait. — Mu., d'après Venise IV, a suppléé : *Parvenuz est à munt.* Il faut adopter cette correction, qui est la bonne. En effet, *parvenuz* n'est pas admissible comme assonance dans un couplet en *un, ur, ou*. Tout autres sont les couplets en *u*, tels que le ccii. Cette différence est capitale.
Vers 2877. — *Karles.* O. Lire *Carles*, d'après la note du v. 94.
Vers 2878. — *Aled.* O. Pour le cas sujet, il faut *alez.* = *Pleins.* O. Il nous semble que le singulier est ici préférable.
Vers 2879. — *Entre ses mains ansdous le priest suus.* O. La correction de Génin : *Entre ses mains ambedous le prist sus,* est inadmissible au même titre que celle du vers 2874. (Ces couplets, en effet, sont terminés par des mots en *ur, un* et *ou*, comme *ansdous*.) = *Ansdous.* O. Forme incorrecte. — On peut, au lieu d'*ambesdous*, lire *ambsdous*.
Vers 2881. — *Empereres.* O. V. la note du vers 1. = *Pasmeisuns.* O.
Vers 2882. — *Acelin.* O. Pour le cas sujet, *Acelins*.
Vers 2883. — *Gefrei.* O. Pour la même raison, *Gefreiz*. = *Sun frere Henri.* O. Erreur évidente. Correction de Mu.
Vers 2885. — *Nevod.* O.
Vers 2887. — *Amis Rollanz.* O. V. la note du vers 15 sur les vocatifs.

Vers 2888. — *Unques.* O. V. la note du vers 629.

Vers 2889. — *Por.* O.

Vers 2890. — *Honor.* V. la note du vers 45. = *Turnet.* O. Erreur évidente. Correction de Mu.

Vers 2892. — *Se vint de pasmeisuns.* O. Deux erreurs du scribe. Toutefois il importe d'ajouter ici que *pasmeisuns* est toujours écrit, dans notre manuscrit, avec un *s* final.

Vers 2893. — *Par mains le tienent.* Mu. Nous avons conservé la leçon du manuscrit. On prononçait sans doute : *Par les mains l'tienent* (?). = IV. Mu. Le manuscrit porte IIII. = *Barons.* O.

Vers 2894. — *Guarde.* O. Mi. Mu. Nous avons rétabli le *t* étymologique. = *Vei.* O. Erreur évidente. = *Neuld.* O. *Id.*

Vers 2896. — *Tenebros.* O. Pour l'assonance, *tenebrus.*

Vers 2898. — *Rollanz.* O. V. la note du vers 15. = *Flors.* O.

Vers 2900. — *Venis mal.* O. *Venis mare.* G. La correction adoptée est de Mu.

Vers 2901. — Lire *iert.* = *Juurn.* O. Il faut, au cas sujet, *jurz.*

Vers 2903. — *Avrai.* Mu. V. la note du vers 33. = *Onur.* O. V. la note du vers 45. Le vers 2890, *la meie honor,* nous prouve que l'*h* n'était pas aspirée.

Vers 2904. — Lire *ciel.* O. V. la note du vers 545.

Vers 2906. — *Amsdous.* O. V. le *Glossaire.*

Vers 2909. — *Rollanz.* V. la note du vers 15.

Vers 2910. — *Chambre.* O. *Cambre,* plus étymologique, est aussi beaucoup plus usité. (Vers 2332, 2593, 2709, 3992.)

Vers 2912. — Au lieu de *cataignes,* lire *catanies.* V. la note du vers 2320.

Vers 2913. — Lire *dirai.* O.

Vers 2915. — *Jur.* O. Il faut ici le cas sujet *jurz.* = *Plur.* O. Pour la 1re pers. (*plorem*), il faut *plure.*

Vers 2916. — *Rollanz.* O. V. notre note sur les vocatifs (au vers 15). = *Prozdoem.* O. On trouve le plus souvent, dans le texte de la Bodléienne, la forme *prozdom,* vers 26, 1474, 1593, 2068, et *prozdomes,* au pluriel, vers 2212, 3076. — *Prodome* se rencontre au vers 1501 ; *produme,* aux vers 1288, 1485, pour le s.; aux vers 3204, 3875, pour le pluriel. — Une seule fois, en dehors du vers 2916, on trouve la leçon *prozdoem* (vers 314), mais c'est pour l'assonance, dans un de ces très-rares couplets en *oe…*

Vers 2917. — *Chapele.* O. *Capele,* d'une prononciation plus étymologique, se lit aux vers 52 et 3744. Remarquer que le *ch* se trouve presque toujours employé devant l'*e* dans notre texte, et plus rarement devant l'*a.*

Vers 2918. — *Noveles.* O. La forme la plus fréquemment employée dans notre texte, la plus conforme à sa phonétique, est *nuveles.* (Vers 55, 665, 810, 1699, 1257, 1699.) Cf. *noveles*, vers 336, 2638, 3747, et *novelet*, vers 2118.

Vers 2919. — Le manuscrit porte visiblement *dirrai.* Lire *dirai.*

Vers 2920. — *Cunquere.* O. Les deux *rr* se trouvent dans *cunquerrai* (vers 988), *cunquerrat* (vers 401); mais surtout dans le simple *querre* (vers 1782, 2180, 2870, 2947) et *querreient.* (Vers 404.) On ne trouve que deux fois *querc.* (Vers 1700 et 3296.) Cette dernière forme est moins étymologique.

Vers 2923. — *Puillain.* S'agit-il ici des gens de la Pouille, ou de ceux de la Pologne? Nous croyons que, dans la géographie du moyen âge, et même dans notre seule *Chanson de Roland,* le mot a eu tour à tour les deux sens. Dans le voisinage du mot *Romain,* les *Puillain* me paraissent se rapporter ici à une région italienne; au vers 2328, la *Pullanie,* nommée après la Bulgarie, peut signifier la Pologne. Rien de plus incertain...

Vers 2925. — Le manuscrit porte *entrerrunt.* Erreur manifeste.

Vers 2927. — *Morz* n'est pas dans le manuscrit. Restitution de tous les éditeurs. = *Nos.* V. la note du vers 17.

Vers 2928. — Le manuscrit n'a pas les mots *dulce* et *oi*, qui ont été aisément restitués : le premier, par tous les éditeurs; le second, par Mu., d'après Venise IV. = *Remeines.* O. La correction est de Mu.

Vers 2932. — *Francs.* O. Pour le s. p., il faut *Franc.*

Vers 2933. — *Rollanz.* O. V. la note du vers 15, sur la règle des vocatifs. Changer ainsi, d'après le texte de Paris, les vers 2933-2935, qui ne sont pas assonancés comme il faut :

> Ami Rollant, as perdue la vie;
> L'amne de tei en Pareïs seit mise!
> Ki tei as mort bien ad France hunie.

Vers 2936. — *Dol.* O. Cette forme ne se rencontre qu'une seule fois dans tout notre manuscrit. En revanche, la forme *doel* est constante. (Vers 304, 834, 904, 971, 1196, 1219, 1446, 1501, 1536, 1538, 2082, 2206, 2513, 2608, 3627, 3646.) = *Voldereie.* O. Est également une forme inusitée, et c'est *vuldreie* que l'on rencontre le plus souvent. (Vers 412, 2859, 2929.) Cf. *vuldrat, vulderez,* vers 76, 155, 2621. = Lire *vivere,* comme au vers 1923.

Vers 2938. — *Sancte.* Mu. L'abréviation *sce* est, comme nous l'avons dit, une abréviation latine. Le scribe, habitué à transcrire du latin, l'a employée pour désigner le mot *seinte,* plusieurs fois employé par lui *in extenso.* (V. *seint,* aux vers 53, 921, 973, 1134, 1479, 1581, 2346, 2395,

2526, 3610, 3685, 3693, 3746, 3993; et *seinte*, vers 1856, 2245.) = *Sancte* est une forme qui n'a véritablement rien de français.

Vers 2939. — Lire plutôt *Vienge*. O. Cf. la forme *venget, vengent*, aux vers 1091, 1764, 1838, 2680. = *Sirie*. O. Erreur manifeste du scribe. (V. *Sizer*, aux vers 583, 719.)

Vers 2940. — *Oi*. V. la note du vers 1210.

Vers 2941. — *Fust* n'est pas dans le manuscrit. — G. avait suppléé *seit*.

Vers 2943. — *Bare*. O. Erreur ou distraction du scribe.

Vers 2944. — Il y a ici, dans la *Karlamagnus Saga* (ch. xxxix) et dans la *Keiser Karl Magnus's Kronike*, un très-curieux épisode qui ne se trouve nulle part ailleurs... Le roi envoie tour à tour plusieurs chevaliers pour prendre l'épée de Roland. Ils ne réussissent pas à l'arracher des mains du mort. Charles en envoie cinq autres A LA FOIS, « un pour chaque doigt. » Peines perdues. L'Empereur s'aperçoit que pour toucher à cette épée merveilleuse, il faut être aussi bon chevalier que Roland. Il se met à prier Dieu, puis s'approche de l'épée de son neveu, et s'en empare très-facilement. Il en garde précieusement le pommeau, qui était plein de reliques; mais, quant à la lance, il la jeta dans l'eau, loin de terre, « parce qu'il savait qu'il n'appartenait à personne de la porter après Roland. » (V. notre traduction de la *Saga* et de la Chronique danoise, au vers 4002.)

Vers 2945. — *Gefrei*. O. Au cas sujet, *Gefreiz*.

Vers 2946. — *Dolor*. O. V. la note du vers 489.

Vers 2948. — *Mort*. O. Le verbe est actif ici, et l'on peut *ad libitum* mettre *morz* ou *mort*.

Vers 2949. — *Que hom*. O. V. la note du vers 20, sur la non-aspiration de cet *h* initial.

Vers 2951. — *Gefreid*. O. Pour le sujet, il faut *Gefreiz*.

Vers 2952. — *Comandet*. O. V. la note du vers 309.

Vers 2954. — Lire p.-e. *carnier*. = Ici se trouve raconté, dans la *Karlamagnus Saga* (ch. xl) et dans la *Keiser Karl Magnus's Kronike*, le miracle des Aubépines, qui se lit, avec une légère variante, dans le récit de Philippe Mouskés... « Charles ne sait comment reconnaître les cadavres chrétiens des païens: Dieu fait un grand prodige, et des buissons d'épines sortent du corps des mécréants. » (Cf. la *Chronique rimée*, vers 8063-8068.)

Vers 2956. — *Munies, canonies*. G. Mu. *Muines, canonies*. Mi. V. notre note du vers 1881. = *Coronez*. O. V. la note du vers 2684.

Vers 2960. — *Honor*. V. la note du vers 45.

Vers 2963. — Lire *Olivier*. = La *Keiser Karl Magnus's Kronike*, par égard sans doute pour la Chronique de Turpin, ne peut se résoudre à la mort du fameux Archevêque... On trouve Turpin encore vivant sur le champ de bataille, on bande ses blessures, on le met en un bon lit. « Il marcha depuis avec deux béquilles, mais il resta dans son archevêché tant qu'il vécut. »

Vers 2964. — *Devant sei*. O. La correction est de G. et Mu. = *Uvrir*. Mu. L'abréviation est très-claire. (V. la note du vers 38.)

Vers 2965. — *Quers*. O. La forme correcte est *coer*, qui se trouve aux vers 317, 1107, 1278, 1438, 1447, 1566, 2019, 3628.

Vers 2966. — *Un blanc sairou de marbre*. O. Mi. G. La correction est de Mu., d'après Venise IV : En *blancho sacuer*...

Vers 2967. — *Barons*. O. D'après la note du vers 30, lire *baruns*.

Vers 2968. — *Treis* n'est pas dans le manuscrit. Correction de Mu.

Vers 2969. — Lire *bien*. = *Lavez*. O. Pour le cas sujet, *lavet*. = Lire ici la note de M. d'Avril (p. 150 de son éd. in-8) : « D'autres poëmes, dit-il, mentionnent l'opération de laver les corps avec de l'eau, du vin et du piment, notamment *Raoul de Cambrai : Le cors li leve de froide caue et de vin*. » (P. 329.) Dans *Garin le Loherain* (trad. P. Paris, pp. 249-253), on dit aussi que les corps sont mis en des outres de cuir, etc. etc.

Vers 2970. — *Tetbalt*. O. Nous avons adopté la forme plus étymologique *Tetbald*, qui se trouve, dans notre manuscrit, employée deux fois sur trois. (Aux vers 173 et 3058.)

Vers 2972. — *Les guiez très ben*. O. Correction de Mu.

Vers 2973. — Lire *bien*. O. V. la note du vers 1500. = *Cuverz*. Pour le cas sujet, *cuvert*.

Vers 2974. — *Volt*. O. V. la note du vers 40. = La *Karlamagnus Saga* et la *Keiser Karl Magnus's Kronike* passent ici (en omettant tout l'épisode de Baligant) au récit des dernières funérailles des héros morts à Roncevaux (vers 3682 et ss.) et du jugement de Ganelon. (Vers 3704 et ss.)

Vers 2976. — *Messages*. O. Pour le cas sujet, il faut *message*.

Vers 2977. — *Amiraill*. O. V. la note du vers 2760.

Vers 2979. — *Veiz*. O. Le *z* ne nous paraît pas ici à sa place. Il égale généralement *ts*, qui n'existe ni dans *vides* ni dans *vide*.

Vers 2982. — Réunir en un seul couplet les deux laisses ccxvi et ccxvii.

Vers 2983. — *Del doel*. Correction de Mu.

Vers 2985. — *Grand*. O. Partout ailleurs, *grant*.

Vers 2987. — *Empereres*. O. V. la note du vers 1.

Vers 2990. — Pour la mesure du vers, lire *claretet*.

Vers 2991. — *Un escut de Biterne*. O. D'après Venise IV, nous imprimons : *Un escut de Girunde*, qui est conforme à l'assonance de notre couplet. = Quant à *Biterne*, qu'on a bien à tort assimilé à Viterbe, voyez F. Michel, 1re éd., 173.

Vers 2992. — *Tient sun espiet, si'n fait brandir la hanste.* O. Ce vers n'est pas encore assonancé comme il conviendrait : Venise IV nous donne : *Ten sun espieu che fu fato à Blandone,* que nous avons adopté.

Vers 2993. — *Ceval.* O. V. la note du vers 1379.

Vers 2995. — *Nerbone.* O. Nous avons adopté *Nerbune,* pour l'assonance.

Vers 2996. — *Esperonet.* O. Même remarque.

Vers 2997. — *Mil humes.* O. Correction de Mu.

Vers 2998. — *Rome.* O. Même observation qu'au vers 2995.

Vers 2999. — *Champ.* O. V. la note du vers 555.

Vers 3001. — Lire *bien.* = *Lor.* O. V. la note du vers 17. = *Atalentet.* O. Le pluriel est nécessaire.

Vers 3002. — *Cevals.* O. V. la note du vers 1379.

Vers 3003. — *Muntez.* O. Pour le cas sujet, il faut *muntet.* = *Grande.* Mu. *Grante.* G. Le manuscrit porte *grant.* Nous avons rétabli la mesure du vers autrement que Mu. Il est vrai que *grande* se trouve deux fois dans notre texte (vers 281, 3656); mais *grant* se rencontre au fém. sing. un nombre de fois bien autrement considérable. (Vers 242, 301, 335, 356, 651, 666, 734, 1575, 1584, 1620, 1622, 1630, 1639, 1705, 2090, 2334, 2417, 2519, 3305, 3745.) Il en est de même du fém. plur. (Vers 29, 1005, 1431, 1633. 1756, 3346, 3688, 3861, etc.)

Vers 3004. — *S'il trovent oi.* O. L'*e* de *troevent* avait été écrit, mais il a été effacé. = Pour la restitution du mot *ost,* Mu. s'est servi du vers 3025 et de ses équivalents dans le manuscrit de Venise IV : *S'ei trova stormo et bataia pesant,* etc.; et dans celui de Versailles : *Se trovent ou, bataille feront grant.* = Lire *truevent,* comme au vers 3025.

Vers 3008. — *Naimon.* O. = *Li.* O. Pour le cas régime, il faut *le.*

Vers 3011. — *Si.* O. La conjonction conditionnelle est ordinairement *se.* = *Arrabiz.* O. Lire peut-être *Arrabit,* qui paraît avoir été le sujet pl. (V. 3481.)

Vers 3013. — *Nos.* O. V. la note du vers 17. = *Cunsente.* O. Nous avons dû restituer le *t* étymologique.

Vers 3014. — *Rabe.* O. Lire *Rabel.* (Comme au vers 3348.)

Vers 3015. — *Vos.* O.

Vers 3016. — Lire *Olivier.*

Vers 3018. — Lire *chevalchiez,* d'après la note du vers 2806 et celle du vers 1500.

Vers 3019. — *Milies.* O. = *Francs.* C'est ici que le manuscrit de Versailles introduit les Parisiens en scène, et les couvre d'éloges :

Ensemble o vos, XX. M. *Parisant*, — *Tuit baceler e nobile conquerant*, etc.

Vers 3020. — *Meillors*. O. V. la note du vers 51.

Vers 3021. — *Avrat.* Mu.

Vers 3022. — *Gibuins et Guinenans*. O. Il y a là une erreur manifeste. Paris donne : *Joiffrois et Joscerans;* Versailles : *dan Richer le Normant*. Mais la meilleure version est donnée par Venise IV : *Geboin et Loran*. Ce dernier mot vient-il de *Laurentius?* ou de *Loteramnus?* Dans le premier cas, il faudrait *Loranz*. Mu. a imprimé *Lorains*, d'après le vers 3469.

Vers 3024. — Lire *bien*.

Vers 3025. — *S'il troevent oi*. O. V. la note du vers 3001. = *Iert*. O. V. la note du vers 517. = *Grant*. O. Pour le cas sujet, *granz*.

Vers 3026. — Lire *premières*. = Je pense que nous avons peut-être affaire ici à un couplet féminin en *ier*, et qu'il faut plutôt lire en assonances : *eschieles, tierce, Bavière, preisièrent, laissiée, chière, cunquièrent*. Voyez le couplet CCXLIX, qui nous semble dans le même cas.

Vers 3029. — *Milie* n'est pas dans le manuscrit, mais a été aisément restitué d'après tous les autres manuscrits. = Lire *chevaliers*.

Vers 3030. — Lire *iert*, et, au vers suivant, *ciel*.

Vers 3033. — *Oger*. O. Il faut *Ogiers* pour le cas sujet. Pour la légende d'Ogier, voy. la note des vers 96 et 749. = *Puinneres*. O. Les mêmes raisons qui nous ont décidé à écrire partout *emperere* et non *empereres*, nous font ici supprimer l'*s* final. V. la note du vers 1.

Vers 3035. — Pour rétablir la mesure du vers, on pourrait écrire : *Or treis escheles ad l'emperere Carles*.

Vers 3037. — *Barons*. O. V. la note du vers 30. = *Qu'asez*. O. Comme ici c'est *ki*, et non pas *que*, dont la dernière lettre est supprimée, nous écrivons *k'asez*. (V. la note du vers 586.)

Vers 3038. — *Alemans*. O. Pour le cas sujet, *Aleman*.

Vers 3040. — Lire *bien*. = *Guarniz*. O. Le cas sujet exige *guarnit*.

Vers 3041. — *Por*. O.

Vers 3042. — *Murat*. O. Correction de G. et Mu.

Vers 3047. — *Cevals*. O. V. la note du vers 1379.

Vers 3048. — Lire *ierent*. = *Recreanz*. O. Pour le cas sujet, il faut *recreant*.

Vers 3049. — *Ciel*. O. V. la note du vers 545 et celle du vers 1500.

Vers 3050. — Lire *vielz*. = *Richard*. O. Le cas sujet exige *Richarz*. = Résumons brièvement la légende de Richard de Normandie. A. Comme on le voit, il n'est pas compté par l'auteur du *Roland* au nombre des douze Pairs. Mais, en revanche, il est élevé à cet honneur dans *Renaus de Montauban, Gui de Bourgogne,* l'*Entrée en Espagne (?), Fierabras, Simon de Pouille.* — B. Dans *Renaus de Montauban,* Richard joue son rôle à côté des autres Pairs. Il se refuse énergiquement à pendre son homonyme, Richard, le fils d'Aymon, que Charlemagne a injustement condamné à mourir : *Richars est de ma geste et de mon parenté; — Je ne l' pandroie mie por quan que vos avés.* (Éd. Michelant, p. 268, vers 30, 31.) — C. Richard fait, dès le début, partie de la grande armée qui passe les Pyrénées. Au commencement de l'*Entrée en Espagne,* il est représenté comme un partisan de la guerre, contre Ganelon, chef du parti de la paix (f° 3, r°, du manuscrit de Venise, XXI), etc. etc. — D. Mais le poëme où il tient le plus de place, c'est la *Chanson de Saisnes,* et il en tenait encore davantage dans ce roman perdu qui avait pour titre les *Barons Herupés.* Dans les *Saisnes,* en effet, Richard est un des chefs des Herupois. Or les Herupois, « ce sont les Normands, les Angevins, les Manceaux, les Bretons et les Tourangeaux. » A leur tête on voit le vieux Huon du Mans, Geoffroi d'Angers, Richard de Normandie et Salomon de Bretagne. Or ces peuples jouissent de priviléges exorbitants, et, quand un jour l'Empereur veut les contraindre à payer le chevage, ils se mettent en marche... contre Charles. Ce sont des rebelles, et de formidables rebelles. L'Empereur pâlit et tremble à leur approche : il va au-devant d'eux, pieds nus, avec le Pape, les évêques et les barons. C'est alors, mais alors seulement, que les Herupois daignent s'apaiser. (V. la *Chanson de Saisnes,* couplets XIX-XLIV.)

VERS 3053. — *Milie.* O. Et non pas *milies.* Mu. = Lire *chevaliers.*

VERS 3054. — *Baron.* O. Le pluriel est nécessaire. Pour l'*u* à la place de l'*o,* voy. la note du vers 30.

VERS 3055. — *Peintes lur hanstes.* O. Correction de Mu. = *Gunfanun.* O. Le pluriel est nécessaire.

VERS 3056. — *Le seigneur d'els.* O. Au cas sujet, *li sire.* = *Apelet.* O. Pour le s. m., il faut *apelez.*

VERS 3059. — *Vos.* O. V. la note du vers 17.

VERS 3062. — *Barons.* O.

VERS 3063. — *Chevalers.* O. Pour le cas sujet, il faut *chevalier.*

VERS 3069. — *E* n'est pas dans le manuscrit.

VERS 3070. — Lire *chevaliers.*

VERS 3073. — *Hamon.* O.

VERS 3075. — *Naimon.* O.

VERS 3078. — Lire *chevaliers.*

VERS 3079. — *Lor.* O. V. la note du vers 17. = *Bronies.* O. Pour l'assonance, *brunies.*

Vers 3081. — *Arrabiz.* O. Pour le s. p., il faut *Arrabit,* comme au vers 3481.

Vers 3082. — *Cis.* O. La forme exacte est *cist,* dont nous rappelons ici la déclinaison : S. s. : *cist ;* r. s. : *cest ;* s. p. : *cist ;* r. p. : *cez.*

Vers 3083. — *Argone.* O. Pour l'assonance, *Argune.*

Vers 3085. — *Meillors.* O. V. la note du vers 51. = *Cataignes.* Lire *catanies.* (V. la note du vers 2320.)

Vers 3090. — V. la note sur les armures. (Vers 994.) Cf., dans *Aspremont,* ces deux vers : *Et à lor armes vont la crois acousant ; — Por ce sera l'un l'autre conoisant.* (B. N., 2495, f° 125, v°. — V. aussi la note de F. Michel.)

Vers 3091. — *Muntez.* O. Pour le cas sujet, *muntet.*

Vers 3092. — *Carlemagne.* O. Le cas sujet exige un *s* final.

Vers 3093. — *Gefreid.* O. Pour le sujet, *Gefreiz.*

Vers 3095. — *Eschange.* O. La forme la plus étymologique est *escange.* (Vers 840.)

Vers 3097. — *Se est culchet.* O. — Ven. IV : *Si se colce.* — Paris : *se coucha.* — Versailles : *s'est cochez.*

Vers 3098. — *Sun.* La dernière lettre n'est pas dans le manuscrit.

Vers 3100. — *Jor.* O. V. la note du vers 30. La forme *jur* se trouve aux vers 162, 664, 717, 816, 1780, 2107, 1915 ; *jurz,* aux vers 54, 667, 851, 1002, 1807, 1882, 2147, 3345, 3560, 3745, 3991, et *jurn,* aux vers 971, 1477, 2901.

Vers 3102. — *Enz* n'est pas dans le manuscrit. Correction de Müller, d'après Venise : *lu tint,* pour *l' ot ent.*

Vers 3105. — *Leons.* O. V. la note du vers 30. La forme *leun* se trouve aux vers 128, 1888, 2286. = Le manuscrit porte *o.* Nous avons adopté partout la forme étymologique *u.*

Vers 3107. — *Amur.* O. V. la note du vers 611.

Vers 3109. — *Nevold.* O. Voyez *nevuld,* au vers 216. = *Poisse.* O. V. la note du vers 1993.

Vers 3110. — *Si s'drecet.* Mu.

Vers 3111. — *Poisant.* O. Même remarque que pour *poisse,* au vers 3109.

Vers 3113. — *Neimes.* O. Le nom du duc de Bavière est tantôt, dans notre manuscrit, écrit *Neimes,* et tantôt *Naimes.* Lire partout *Naimes,* qui est la forme la plus usitée dans tous nos Romans.

Vers 3115. — Lire *bien.*

Vers 3118. — *Greisle.* O. V. la note du vers 700.

Vers 3119. — *Olifan.* O. Au cas sujet, il faut *olifanz.*

Vers 3120. — Lire plutôt *pitiet.*

Vers 3122. — Lire *bronie.* O.

Vers 3123. — *Amor*. O.

Vers 3124. — *Francs*. O. Pour le cas sujet, il faut *Franc*.

Vers 3126. — *E ces parfunz valées*. O. Correction de G. et de Mu., d'après le manuscrit de Paris.

Vers 3128. — *Alez*. O. Pour le cas sujet, il faut *alet*.

Vers 3129. — *En mi em plain*. O. Erreur évidente.

Vers 3131. — *Ki ad*. O.

Vers 3132. — *Veud*. O. V. la note du vers 2. = *Carles*. O. Erreur du scribe.

Vers 3133. — *Fiers*. O. Pour le cas sujet, il faut *fier*.

Vers 3134. — *Avrez*. Mu.

Vers 3135. — *Baligant*. O. Le cas sujet exige *Baliganz*.

Vers 3136. — *Sacet*. O. Erreur manifeste.

Vers 3138. — *Greisles*. O. V. la note du vers 700.

Vers 3141. — Lire *bronic* et *safret*. V. la note du vers 1453.

Vers 3142. — *Elme*. O. V. la note du vers 996. = *Gemmet*. O. Il faut *gemmez* pour le cas sujet.

Vers 3144. — *Orgoill*. O. Les deux premières lettres ont été ajoutées en interligne. — V. la note du vers 292.

Vers 3145. — *Par la spée Carlun*. O. *Spée* a été ajouté en interligne.

Vers 3146. — Ce vers n'est pas dans le manuscrit d'Oxford; mais il était absolument indispensable de l'intercaler ici, d'après les manuscrits de Venise IV, Paris et Versailles. C'est ce qu'ont fait Génin et Müller.

Vers 3147. — Lire *iert*.

Vers 3148. — *Chevalers*. O. Lire *chevaliers*.

Vers 3153. — *Fut* n'est pas dans le manuscrit. Ajouté par tous les éditeurs, d'après le manuscrit de Versailles. = *Tinel*. O. Pour le cas sujet, *tinels*.

Vers 3154. — *Trusset*. O. Pour le cas sujet, *trussez*.

Vers 3155. — *Baligant... muntet*. O. Le cas sujet exige *Baliganz... muntez*. = Lire *destrier*.

Vers 3157. — *Forcheüre*. O. = Lire *ber*. O.

Vers 3159. — *Mollet*. O. Au cas sujet, *mollez*.

Vers 3160. — *Lées les espalles*. O. *Les* rompt inutilement la mesure du vers. = Lire plutôt *chief*.

Vers 3162. — Lire *iert*. = *Flur*. O. V. la note du vers 611.

Vers 3163. — *Esprovet*. O. Pour le cas sujet, *esprovez*.

Vers 3164. — *Baron*. O.

Vers 3167. — *Pez i* a été ajouté en interligne. — Nous avons partout adopté *pied*, qui est presque exclusivement en usage.

Vers 3169. — *V[i]ent*. Mu. *I* a été effacé postérieurement. V. la note du vers 2203.

Vers 3170. — Au lieu de *o* (du manuscrit), lire *u*, qui est presque partout usité. (Vers 41, 1279, 1626, 1730, 2733, 3364.)

Vers 3172. — *Amirals*. O. Après la lettre *l*, il faut ici le *z*, et non pas l'*s*. = Lire *iert*.

Vers 3173. — *Flur*. O. V. la note du vers 611.

Vers 3174. — *Hom*. O. Pour l'assonance, *hum*.

Vers 3176. — *Malpramis*. O. La correction était tout indiquée par les manuscrits de Venise IV, de Versailles et de Paris, aussi bien que par la mesure.

Vers 3177. — *As ces*. Erreur évidente.

Vers 3178. — *Perre*. O. Erreur du scribe. = *Car*. O. V. la note du vers 275. = *Cevalchum*. O. V. la note du vers 1379, où tout ce que nous disons de *cheval* peut s'appliquer à *chevalchier*.

Vers 3180. — *Baligant*. O. Pour le cas sujet, il faut *Baliganz*. = *Car*. O. V. la note du vers 275.

Vers 3181. — *Granz honurs*. O. Au cas sujet du pluriel, il faut *grant honur*. V. la note du vers 20.

Vers 3182. — *At*. O. V. la note du vers 2. = *Nevold*. O. Pour l'assonance, *nevuld*.

Vers 3183. — *Avrat*. Mu.

Vers 3184. — *Bel*. O. V. notre note du vers 15, sur les vocatifs. — *Filz*. O. = *Malpramis*. O. V. la note du vers 3176. = *Baligant*. O. Pour le cas sujet, *Baliganz*.

Vers 3185. — *Li altrer*. O. Rompt la mesure. Correction de G. et Mu., d'après Venise IV. = Lire *iert*. = *Le bon vassal*. O. Pour le cas sujet, *li bons vassals*.

Vers 3186. — *Oliver*. O. Pour le cas sujet, *Oliviers*. V. la note du vers 176 et celle du vers 1500.

Vers 3187. — *Cumbatanz*. O. Le cas sujet exige *cumbatant*.

Vers 3190. — *Empereres*. O.

Vers 3191. — *Mes*. O. V. la note du vers 39.

Vers 3192. — *X. escheles en vunt*. O. Correction de Mu., d'après Venise IV et Versailles.

Vers 3193. — *Cil*. O. La première lettre manque dans le manuscrit.

Vers 3194. — *Cumpaignz*. O. La forme *cumpainz* est de beaucoup la plus usitée.

Vers 3195. — *Cevalcent*. O. V. la note du vers 1379. = Lire *premier*.

Vers 3199. — *Orgoillusement*. O. V. la note du vers 292.

Vers 3200. — *Ço* n'existe pas dans le manuscrit. Restitué d'après le texte de Paris. = *Malpramis*. O. V. la note du vers 3176. = *Vos*. O. V. la note du vers 17.

Vers 3201. — *Bel fil.* V. la note du vers 15. = *Malpramis.* O. V. la note du vers 3176. = *Baligant.* O. Pour le cas sujet, il faut *Baliganz*.

Vers 3202. — *Vos.* O.

Vers 3205. — *Leutis.* Mu. Le manuscrit porte distinctement *leutiz*, qui est une excellente leçon. V. les notes de Fr. Michel, qui cite de nombreux exemples. (Iʳᵉ éd. de *Roland*, p. 222.)

Vers 3206. — *Orgoill.* O. V. la note du vers 292.

Vers 3209. — *E* n'est pas dans le manuscrit.

Vers 3212. — *Ore.* O. Cf. *ure*, au vers 2371. = *Unches.* O. V. la note du vers 629.

Vers 3213. — *Vestut... saisit.* O. Pour le cas sujet, il faut *vestuz*, *saisiz*.

Vers 3214. — *Amiraill.* O. Au cas sujet, *amiralz*.

Vers 3216. — *Dapamort.* O. Au cas sujet, *Dapamorz*.

Vers 3218. — Lire *chevaliers*.

Vers 3219. — *XXX. milie.* Mu. *XV. milie.* G., d'après Versailles. *C. milie.* Mu. — Le manuscrit nous semble donner *L. milie*.

Vers 3220 et suiv. — Lire *première*. = L'énumération suivante montre bien quel cas il faut faire de la « Géographie de nos Chansons de geste », et en particulier de l'exactitude des vocables géographiques. Parmi ces trente-huit peuples qui composent la grande armée de Baligant, il en est QUELQUES-UNS qui ont une physionomie réelle, historique. Tels sont les *Esclavoz* (v. 3225) et les *Clavers* (3245), et peut-être la gent de *Bruise* (3245, Brousse?), les *Ermines* (Arméniens, v. 3227), les *Mors* (Id.), les gens de *Jericho* (v. 3254) et de la *gent Samuel* (3344), les *Turcs* (3240), les *Pers* (Id.), les *Avers* (3252) (V. *Aliscans*, B. N. ms. fr., 368 fº 210), les *Astrimonies* (Strimonii, les *Thraces*, v. 3258), les *Hums* et les *Hungres* (v. 3254), peut-être les *Micenes* (3220) et les *Nubles* (Nubiens? v. 3224). Butentrot enfin dérive PEUT-ÊTRE de « Buthrotum », ville de l'Épire, aujourd'hui Butrinto. = C'est tout, et remarquez que ce sont là des indications très-vagues, des souvenirs se rapportant soit aux invasions, soit à l'histoire sainte, quelques-uns seulement à l'Orient fort mal connu. = D'autres appellations paraissent être seulement des sobriquets donnés au hasard, suivant l'imagination du poëte. La plus exacte est celle des *Nigres* (v. 3229). Mais que penser des *Blos* (3224), des *Bruns* (3225), des *Sorz* (3226), des *Gros* (3229), des *Leus* (3258)? Ce ne sont sans doute (nous le répétons) que des sobriquets empruntés à la physionomie extérieure des païens. D'autres noms sont encore plus fantaisistes; tels sont: *Malperse* (3253), *fort et Baldise la lunge* (3230 et 3255), et surtout *Val-Penuse* (3256). *Balide la Clarbone* (3259), *Val-Fronde* (3260). Ces trois derniers noms sont employés dans d'autres Romans pour désigner des localités très-chrétiennes. = En somme, nous venons d'établir trois catégories fort distinctes : 1º les noms historiques, 2º les sobriquets, et 3º les vocables purement fantaisistes. Je rangerais dans une quatrième et dernière famille les mots « inexpliqués ou douteux ». De longues discussions se sont produites autour du mot *Canelius* (3238), et Génin a été jusqu'à y voir les « luminiers » (laïques s'entend) de l'armée païenne. Peut-être y a-t-il là un sobriquet qui, comme le dit Michel, se rapporte VAGUEMENT « aux gens du pays de la cannelle ». Les *Pinceneis* (3241), les *Solteras* (3242), les *Sorbres* (3226), les *Ormaleus* et les *Eugiez* (3243), la gent d'*Occient le desert* (3246), celle de *Joi e de Maruse* (3257), celle d'*Argoilles* (3259), tous ces vocables me paraissent peu explicables, et je suis bien loin de partager l'idée de M. d'Avril, disant à la page 51 de sa traduction : « Il n'est guère admissible « que le trouvère, si exact dans ses mentions géographiques relatives à « la France, ait imaginé arbitrairement les noms des pays sarrasins. « Je crois que ces noms se rattachent TOUS (!) à quelque souvenir et à « quelque tradition. » Si l'on veut bien relire l'énumération précédente, on se convaincra aisément que l'imagination y a eu le plus grand rôle. = A coup sûr les auteurs de nos Remaniements avaient absolument perdu le fil de ces prétendues traditions. Le texte de Paris nous parle de la gent de *Butancor*, dont Judas faisait partie et qui comptait dans ses rangs « Mucement le guerrier ». Ce Mucement-là nous paraît né de nos *Micènes as chefs gros* : un nom d'homme pris pour un nom de peuple. Puis viennent « les gens de Blondernie, les Esclamor, la gent Licanor, celle que conduit Maligors, les Amoraives et ceux de Carthage, ceux de Valtornée et de Valfonde. » Il faudrait avoir une bien grande complaisance pour transformer ces pauvres inventions en documents sérieusement géographiques. = Et telle est aussi notre conclusion pour les deux tiers des vocables employés dans la *Chanson de Roland*.

Vers 3223. — Supprimer l'*aoi* que le manuscrit, par erreur, nous donne après ce vers.

Vers 3229. — *Et l'oïtme*. O. La mesure est rompue par *e* que nous avons supprimé.

Vers 3231. — *Gent*. O. V. la note du vers 611.

Vers 3232. — Réunir ce couplet au précédent.

Vers 3234. — *Karles*. O.

Vers 3236. — *Avrat*. Mu. V. la note du vers 38.

Vers 3238. — Lire *première*. = Les *Canelius*, où M. P. Paris voit à tort des habitants d'Iconium, sont cités dans plus d'un autre roman, et M. Fr. Michel a réuni là-dessus des textes assez nombreux. Ils sont assez souvent réunis aux *Achoparz : Cheneleu, Acopart, Persan, Tur,*

Beduin. (*Chanson des Saisnes*, manuscrit de sir Thomas Philipps, f° 78.) *De la terre prestre Jehan...* — *D'Alixandre et de Babilone*, — *Li Kenelieu, li Achopart*, — *Tuit vegnent...* (*Jus de saint Nicholai.*)

Vers 3239. — *Sun.* O. Erreur évidente. = *Traver.* O. = *Venuz.* O. Pour le cas sujet, il faut *venut*.

Vers 3246. — *La desert.* O. Erreur du scribe.

Vers 3247. — *Gent.* O. V. la note du vers 611.

Vers 3250. — *Elme.* — O. V. la note du vers 996.

Vers 3252. — *Justedes.* O. V. la note du vers 703 sur les participes passés. = Lire *ajustet*.

Vers 3253. — Lire *première*. = *Jaianz.* Mu. emploie un J majuscule. = *Malperse.* Mu. Au v. 3285, nous lisons *Malpreis*. Mais pour l'assonance, il faut ici *Malprose* ou *Malpruse*, qui se trouve dans les manuscrits de Venise et de Versailles, dans le *Karl Meinet*, dans le *Ruolandes Liet*, etc. Voy., au v. 2641, la leçon *Marbrose* (?).

Vers 3257. — *Joi e de* n'est pas dans le manuscrit; ces mots y ont été effacés par le correcteur, qui s'est véritablement montré bien sévère pour quelques parties de notre texte.

Vers 3258. — *Astrimonies.* O. V. la note du vers 30.

Vers 3259. — *Argoilles.* « Je propose, dit M. Raymond, de traduire les mots : *cels d'Argoilles* par les « habitants des Arbailles ». On appelle Arbailles une partie du pays de Soule qui borne à l'est le pays de Cize. Cela tendrait à prouver que l'armée française fut attaquée par deux tribus basques, les Navarrais et les Souletains. » (*Revue de Gascogne*, sept. 1869, t. X, p. 365.) Nous avons déjà dit, plusieurs fois, pourquoi nous ne pouvions admettre des assimilations aussi précises.

Vers 3260. — *(Val)frunde.* = *Val* n'est pas dans le Ms. Restitué, d'après Venise IV. = *Valfonde* est indiqué, au v. 23, comme le château de Blancandrin. (Voir des exemples de ce mot dans l'édition de M. Fr. Michel, p. 222.)

Vers 3261. — *Gent.* O. V. la note du vers 611.

Vers 3262. — *Geste francor.* Il s'agit de ces Chroniques imaginaires sur lesquelles aimaient à s'appuyer les auteurs de nos Chansons.

Vers 3263. — *Granz.* O. Pour le cas sujet, *grant*.

Vers 3264. — *Produmes.* O. La forme *prozdumes* est la plus généralement adoptée.

Vers 3265. — *Hoem.* O. V. la note du vers 20.

Vers 3266. — *Dragon.* O.

Vers 3268. — *Un ymagene.* O. *Ymagene* est du féminin; il faut *une*.

Vers 3269. — *Des.* O. Mu a le premier restitué *dis* d'après Venise. Paris donne *XX chevaler*, et Versailles, *trente chamels* (!).
Vers 3273. — *Mentun.* O. Le r. p. exige un *s*.
Vers 3274. — *Lor.* O.
Vers 3275. — *Franceis.* L'*r* n'est pas dans le Ms.
Vers 3276. — *Vos.* O.
Vers 3278. — *Juicget.* O. Erreur évidente, corrigée par Mu.
Vers 3280. — *Fiz.* O. Pour le cas régime, il faut *fil*.
Vers 3281. — *Barons.* O.
Vers 3282. — Lire *Mes XXX escheles*.
Vers 3283. — *Meillors.* O. V. la note du vers 51.
Vers 3284. — *L'un.* O. Le féminin est nécessaire. = Lire *iert*.
Vers 3286. — *Ierent.* O. V. la note du vers 517 et celle du vers 1500.
Vers 3287. — *Charles.* O.
Vers 3290. — *Avrat.* Mu. V. la note du vers 38.
Vers 3291. — *Granz.* Pour le s. p., il faut *grant*.
Vers 3292. — *At.* O. V. la note du vers 2.
Vers 3294. — Lire *bien*.
Vers 3295. — *Baligant.* O. Pour le cas sujet, il faut *Baliganz*. = *Gent.* V. la note du vers 611.
Vers 3296. — *Car.* O. V. la note du vers 275. = Lire *chevalchiez*, et aussi *querre*, qui est plus étymologique. (V. la note du vers 2920.)
Vers 3299. — *Vos.* O. = *Grant.* O. Pour le s. s., *granz*.
Vers 3302. — *L'olifan.* O. V. la note du vers 1059.
Vers 3303. — *Calun.* O. Erreur évidente.
Vers 3304. — *Avrum.* Mu.
Vers 3305. — *Grant.* O. Pour le cas sujet, il faut *granz*.
Vers 3306. — *Elne.* O. V. la note du vers 996.
Vers 3307. — Lire *cil escut* et *bronies*. O.
Vers 3308. — Lire *cil espiet*.
Vers 3309. — *Greisles.* O. Il ne faut d'*s* à cause du cas sujet. Nous avons adopté la forme *graisle*. (V. la note du vers 700.) = Lire *cil graisle*.
Vers 3310. — *Olifan.* V. la note du vers 1059.
Vers 3314. — *Charlun.* O. V. la note du vers 94. = Lire *Les X escheles*.
Vers 3315. — *Orgoil.* O. V. la note du vers 292.
Vers 3318. — Lire *bronies*. O.
Vers 3319. — *Neif.* O. Pour le cas sujet, *neifs*.
Vers 3321. — *Avrum.* Mu. V. la note du vers 3321.
Vers 3324. — *Baligant.* O. Pour le cas sujet, *Baliganz*.
Vers 3325. — *Dit.* O. Erreur manifeste.

Vers 3328. — *Karlun.* O. V. la note du vers 94.

Vers 3329. — *Amiraill.* O. V. la note du vers 2615.

Vers 3330. — *Dragon.* O.

Vers 3332. — *Contrée.* O.

Vers 3333. — *Empereres.* O.

Vers 3335. — *Barons.* O. = *Vos.* O. = *Bons vassals.* O. Pour le cas sujet, il faut *bon vassal.*

Vers 3337. — *Païen.* O. Le cas régime exige au pluriel *païens.*

Vers 3338. — Lire *denier.* = *Lor.* O.

Vers 3341. — *Esperons.* O.

Vers 3344. — *Bers.* Lisez *ber.* (V. la note du vers 430.)

Vers 3346. — *Granz.* O. Il faut *grant* pour le s. p.

Vers 3349. — *Lascent.* O. Nous avons adopté la forme la plus usitée dans le texte de la Bodléienne. = *Lor.* O. = *Cevals.* O. V. la note du vers 1379.

Vers 3350. — *Laisent.* O. V. la note du vers 265. — Lire *Franc,* qui est un s. p.

Vers 3352. — Lire *chevaliers.*

Vers 3355. — Lire *bronie.* O. = *Escut.* Il faut *escuz* à cause du cas sujet.

Vers 3357. — *Boissun.* O. En conformité à notre phonétique générale, *buissun.*

Vers 3358. — *Fanceis.* O.

Vers 3359. — *Devom.* O.

Vers 3360. — *Guineman.* O. Pour le cas sujet, *Guinemans.* = *A un rei Leutice.* O. Restitué par Mu. d'après Venise IV et Versailles.

Vers 3362. — Lire *bronie.*

Vers 3363. — *L'ad.* O. Erreur évidente et contraire à la mesure du vers.

Vers 3366. — *Baron.* O. V. la note du vers 30, pour le changement de *o* en *u.* Pour l's final, voyez notre note sur les vocatifs, au v. 15.= *Vos.* O. V. la note du vers 17.

Vers 3367. — *Gent iesnie.* O. *Resnie.* M. et G. Restitution de Mu., d'après Venise IV et Versailles. *Vers la gent paganie,* et *A la paienie.*

Vers 3369. — *Malpramis.* O. V. la note du vers 3176.

Vers 3371. — *De uuns es altres.* O. *D'ures en altres.* Mu. *Devant les altres.* Mi. V. la note du vers 2843. = *Ferant.* O. Pour le cas sujet, il faut *feranz.*

Vers 3372. — *Trescevant.* O. Correction de Mu. Pour le cas sujet, il faut *tresturnanz.*

Vers 3373. — *Baligant.* O. Au cas sujet, il faut *Baliganz.*

Vers 3374. — Lire *Mien.* O. V. la note du vers 149. = *Baron.* O. Pour le changement de l'*o* en *u*, voyez la note du vers 30. = Pour l'*s* final (?), voyez notre note sur les vocatifs au vers 15. = *Vos.* O. V. la note du vers 17.

Vers 3375. — *Filz.* O. Pour le cas régime, il faut *fil.* = *Filz, Carlun le.* O. Erreur corrigée par Mu., d'après Venise IV : *Che Carlo vait chirant*, et le fragment lorrain : *Qui vai Karlun querant.*= Querant. O. Pour le cas sujet, il faut *queranz.*

Vers 3376. — *E* n'est pas dans le manuscrit, mais a été restitué par Mu., d'après Venise IV et le fragment lorrain. = *Barons.* O. V. la note du vers 30. = *Calunjant.* O. Pour le cas sujet, il faut *calunjanz.* Lire peut-être *chalenjanz.*

Vers 3377. — *Meillor.* O. V. les notes des vers 30 et 51.

Vers 3381. — *Pesant.* O. Au cas sujet, il faut *pesanz.*

Vers 3382. — *Fort.* O. Pour le s. f., il faut *forz.*

Vers 3383. — *Granz.* O. Le cas sujet exige *grant.* = Je pense, comme je l'ai dit plus haut, que nous avons ici affaire à une laisse féminine en *ié*. Peut-être donc faut-il lire en assonances, à la fin des vers de ce couplet, *eschieles, brisiées, desmailiées, junchiée, delgiée, envermeilliée, afichiée...*

Vers 3387. — Lire *Bronies.* O.

Vers 3388. — Lire *Veissez*, qui est plus étymologique.

Vers 3390. — Ce vers n'est pas dans le manuscrit. Il a été très-justement restitué par G. d'après le manuscrit de Paris.

Vers 3392. — *Baron.* Pour l'*s* final, voyez la note du vers 15, et, pour l'*o* changé en *u*, la note du vers 30.

Vers 3395. — *Mort* n'est pas dans le manuscrit. Paris donne : *Jusqu'[à] la nuit.* Mais Venise IV : *Tresqui à la mort.* = Lire *iert.*

Vers 3397. — *Por.* O. = *Venud.* O. V. la note du vers 2.

Vers 3398. — *Vos.* O.

Vers 3399. — *Vos.* O. = *Durai.* O. = *Feus.* O. V. la note du vers 76. = *Honors.* O. V. la note du vers 45.

Vers 3400. — *Devuns.* O. V. la note du vers 42 sur les premières personnes du pluriel. = Lire *bien.*

Vers 3401. — *Lor.* O.

Vers 3403. — *Ais.* O. Nous avons préféré la forme *as*, presque partout adoptée. (Vers 263, 413, 889, 1187, 1989, 2009, 3495, 3708.) *Ais* ne se trouve que trois fois, ici et aux vers 2452 et 3818. = *Vos.* O. = *Pesmes.* O. Le singulier exige *pesme.*

Vers 3404. — *Volt.* O. V. la note du vers 40.

Vers 3406. — *Seignors barons.* O. = *Vos.* O.

Vers 3409. — Lire *bien.* = *Vos.* O.

Vers 3411. — *Fiz.* O. L'*l* paraît avoir été effacé par ce même correcteur, qui a si souvent supprimé, dans le manuscrit, ce qui lui paraissait contraire à la langue plus avancée de son temps. = Lire *vengiez.* Ce mot, en effet, ne se trouve comme assonance que dans les laisses en *ier.*

Vers 3412. — *Qu'en.* O. Il s'agit ici du relatif *ki*; nous l'avons restitué d'après la forme presque uniquement adoptée dans notre texte. = *Morz.* O. Lire *mort,* à cause du cas sujet.

Vers 3413. — *Vos.* O. V. la note du vers 17.

Vers 3414. — *Vos.* O.

Vers 3415. — *Itels XX miliers en ad od sei.* O. Mi. *Itels XX milie en ad (evud) od sei.* G. Nous avons adopté la correction de Mu., d'après la première rédaction du texte de Paris. La correction de G. est inadmissible, et c'est *oūt* qu'il eût fallu suppléer.

Vers 3416. — *Lor.* O. V. la note du vers 17. = *Feiz.* O. Au pluriel. Nous avons préféré le singulier : *feid.*

Vers 3421. — *Li ber,* qui n'est pas dans le manuscrit, a été restitué par Mu. d'après Venise. Lire *ber.* = *Malpramis.* O. V. la note du vers 3176.

Vers 3424. — *Vertudable.* O. Pour le cas sujet, *vertudables.*

Vers 3428. — *L'abat* n'est pas dans le manuscrit. Restitué par G. et Mu.

Vers 3429. — *Amiraill.* O. V. la note du vers 2615.

Vers 3430. — *Esporuns.* O. La forme *esperuns* est la plus usuelle. (Vers 345, 1225, 2996.) = Lire *bien.*

Vers 3431. — *Le punt.* O. Le cas sujet exige *li punz.*

Vers 3432. — *Elme.* O. V. la note du vers 996.

Vers 3433. — *Meitiet.* O. Cf. la forme *meitet,* qui se trouve aux vers 473 et 1484. = *Fruissed.* O. V. la note du vers 2.

Vers 3436. — *Char.* O. *Car* se trouve au s. s., 2942, et au r. s., 2141; *carn* au r. s., 3606; *char* au r. s., 1119 et 3346, et *charn,* 1265; enfin *chars* au r. p., 1613. Nous préférerons partout *car* pour le s. s.. et *carn* pour le r. = Lire ici *carn.*

Vers 3440. — Lire *destrier.*

Vers 3441. — *Recuvrast.* Mu.

Vers 3442. — *Mort... vassal.* O. Pour le cas sujet, *morz et vassals.*

Vers 3443. — Pour le sens, il faut *vient* et non pas *vint.* O.

Vers 3452. — *Duc* n'est pas dans le manuscrit. Restitué d'après Mu.. d'après le manuscrit de Paris.

Vers 3454. — *Empereres.* O.

Vers 3455. — *Naimes.* O. Voir notre note du vers 15 sur les vocatifs. Quelque étymologie que l'on donne au mot *Naimes*, le vocatif latin n'aurait pas d's final. = *Chevalcez.* O. V. la note du vers 1379 et celle du vers 1500. Ce mot ne se trouve en assonances que dans les laisses en *ier*.

Vers 3458. — *Vos.* O.

Vers 3459. — *Avreiz.* Mu.

Vers 3460. — *Justez.* O. Pour le cas sujet du pluriel, il faut *justet*. Lier plutôt *justiet* (?).

Vers 3461. — *Tels.* Le cas sujet exige *tel*.

Vers 3462. — *Celoi.* O. Pour la phonétique, *celui*, qui se trouve d'ailleurs au vers 427. = Le manuscrit nous donne *o*. Nous avons partout adopté *u*. = *O n'i copleit.* O. *o capleit.* Mu.

Vers 3464. — *Guneman.* O.

Vers 3467. — *Deseivret.* Mu.

Vers 3469. — *Lorain.* R. O. Venise nous donne *Loterant*. V. la note du vers 3022.

Vers 3470. — *Li sire.* O. Pour le cas régime, il faut *le seignur*. = Lire *viell*.

Vers 3471. — *Vaillant.* O. Pour le cas sujet, il faut *vaillanz*.

Vers 3472. — *Baron.* O. Il faudrait *barons* au vocatif, d'après notre règle du vers 15. = Pour le changement de l'*o* en *u*, voyez la note du vers 31. = *Avons.* O. *Id.*

Vers 3473. — *Li chevaler.* O. Le cas régime exige *les chevaliers*.

Vers 3474. — *Argoillie.* O. V. la note du vers 2259, où le poëte nous fournit la leçon *Argoilles*. = *Bascles.* Faut-il voir là les Gascons? (Cf. Fr. Michel, 1re éd., p. 173.)

Vers 3478. — *Fort.* O. Pour le cas sujet, *forz*.

Vers 3479. — *Barons.* O. = *Gran.* O. Partout ailleurs, *grant*.

Vers 3480. — *Avrat.* Mu. = *Departed.* O. V. la note du vers 2.

Vers 3481. — Lire *bien*.

Vers 3482. — *Fruissent.* Ce verbe est tantôt actif, tantôt neutre. Ici, il nous paraît actif, et c'est pourquoi il faut, au cas régime, *cez espiez furbiz* (au lieu de : *cil espiez furbit*. O.).

Vers 3483. — *Dulor.* O. V. la note du vers 489.

Vers 3486. — Lire *chevaliers*.

Vers 3489. — *Fort.* O. Pour le cas sujet, *forz*.

Vers 3491. — *Mahumet altresi.* O. Erreur évidente, contraire à la mesure du vers.

Vers 3492. — *Vos.* O.

Vers 3493. — *Tutes voz ymagenes ferai d'or fin.* O. La correction est de Mu., d'après Venise IV. (*Nefaro d'or fi.*) Pour avoir un déca-

syllabe, il faudrait peut-être : *Jà voz imagenes vus referai d'or fin.*
— Le scribe a écrit à tort un *Aoi* à la suite de ce vers.

Vers 3494. — Ce vers n'est pas dans le manuscrit. Tous les autres textes nous le donnent. Mu. a choisi la version de Venise IV.

Vers 3497. — *Baliganz.* O. Lire *Baligant.* (V. la note du vers 15.) = *Este.* O. Erreur évidente. = *Oi.* O. V. la note du vers 1210. = *Baillit.* O. Pour le cas sujet, il faut *bailliz.*

Vers 3498. — *Malpramis.* O. V. la note du vers 3176. = *Filz.* O. Au cas régime, *fil.*

Vers 3501. — *Empereres.* O. = Au vers suivant, lire *bien.*

Vers 3503. — *Blanc ad la barbe.* O. Erreur manifeste. = *Flur.* O. V. la note du vers 611.

Vers 3506. — *Quiad.* O. V. la note du vers 2.

Vers 3508. — *Amiraill.* O. Il faut *l'amiralz* au cas sujet. (V. la note du vers 2615.)

Vers 3509. — *Vos.* O. = *Grant.* O. Pour le cas sujet, *granz.* = On peut supprimer *e.*

Vers 3510. — *Conseill.* O. V. la note du vers 30. = *Vostre conseill oc evud.* O. Corrigé par Mu., d'après Venise IV (*otrie tute tamp*) et Paris (*ai otroié lonc tans*).

Vers 3511. — *Vos.* O.

Vers 3512. — *Averum nos la victorie.* O. Correction de Mu. = *Nos.* O. V. la note du vers 17.

Vers 3513. — Lire *Baligant.* O.

Vers 3516. — *Cumbatant.* O. Pour le cas sujet, *cumbatanz.*

Vers 3517. — *Barons.* O. V. la note du vers 30.

Vers 3519. — *Demurant.* O. Pour le cas sujet, *demuranz.*

Vers 3520. — *Amiraill.* O. V. la note du vers 2615.

Vers 3521. — *Flur.* O. V. la note du vers 611.

Vers 3527. — *E cil d'* n'est pas dans le manuscrit. = Lire *chien.*

Vers 3528. — *Franc.* O. Il faut, pour le cas régime, *Francs.*

Vers 3529. — *Se's.* O. *Ses* est ici pour *sic illos,* et non pour *si illos.* C'est pourquoi nous avons imprimé *si's.*

Vers 3531. — *Oger.* O. Pour le cas sujet, *Ogiers.*

Vers 3532. — *Meillor.* O. V. la note du vers 51. = *Bronie.* O. Pour l'assonance, *brunie.* Il vaut peut-être mieux lire, pour la mesure du vers : *Meillur vassals jà ne vestit brunie.*

Vers 3534. — *Argone.* O. Pour l'assonance, *Argune.*

Vers 3535. — *Gefrei.* Nous avons conservé ici la forme *Gefreid*, qui est la forme la plus usitée et la plus étymologique.

Vers 3536. — *Carle.* O. Au cas régime, *Carlun.*

Vers 3537. — *Païen.* O. Il faut *païens* au cas régime, et Mu. l'a rétabli. Mais pourquoi l'a-t-il fait en cet endroit, et non pas en mille autres?

Vers 3538. — Lire *chief*. = *Corone*. O. V. la note du vers 2684.

Vers 3541. — *Eit*. O. On ne trouve qu'une ou deux fois ce mot sous cette forme. Partout ailleurs, c'est *ait*. (Vers 1184, 1381, 1802, 1844...) = *Lor*. O. V. la note du vers 17. = *Cevals*. O. V. la note du vers 1379. = *Cure*. O. Cf. le vers 3547.

Vers 3542. — Le manuscrit donne *o il*. Mais *u* est à la fois plus usité et plus étymologique.

Vers 3543. — Lire *bien*.

Vers 3544. — *Oger*. O. Pour le cas sujet, *Ogiers*.

Vers 3545. — *Geifreid*. O. Au cas sujet, *Gefreiz*.

Vers 3546. — Lire *Ogiers*.

Vers 3547. — *Ceval*. O. V. la note du vers 1379.

Vers 3548. — Pour ramener ce vers à un décasyllabe, on peut écrire: *Si fiert celui*.

Vers 3549. — Ajouter un *t* à *cravente*.

Vers 3551. — *Baligant*. O. Pour le cas sujet, *Baliganz*.

Vers 3555, 3556. — Nous avons été forcé d'adopter ici, pour la justesse de l'assonance, la variante, légèrement modifiée, que Mu. propose en note. Le manuscrit porte: *Païen d'Arabe s'en turnent plus (de) cent. — Li Empereres recleimet ses parenz*. Notre premier vers est emprunté presque textuellement à un autre passage de notre poëme. (Vers 3797.) Pour cette rectification, Mu. s'est servi surtout du manuscrit de Venise IV, et aussi de celui de Paris.

Vers 3557. — *Baron*. O. Pour le changement de l'*o* en *u*, voyez notre note du vers 30. = Pour l'*s* final, voyez la note du vers 15. = *Por*. O.

Vers 3558. — *Francs*. O. Pour le cas sujet, *Franc*.

Vers 3559. — Lire *fel*. O. = *A espleit*. O. Nous avons employé le *d* euphonique, comme au vers 3547.

Vers 3563. — *Mais* n'est point dans le manuscrit. Emprunté par Mu. à Venise IV et Paris.

Vers 3564. — *Li amiraz*. O. V. la note du vers 2615.

Vers 3566. — *E cleres*. Mu.

Vers 3567. — *Amdui*. O. V. la note du vers 1355.

Vers 3568. — *Si s'vunt*. Mu.

Vers 3569. — *Lor*. O.

Vers 3571. — *Lor*. O.

Vers 3573. — Lire *desevererent*, qui est dans le manuscrit.

Vers 3574. — *Trabecherent* est dans le manuscrit. Müller propose: *Se tru[ve]rent*, d'après Venise IV.

Vers 3575. — *Lor*. O.

Vers 3577. — Lire *iert*.

Vers 3579. — *Vassal*. O. Il faut *vassals*, à cause du cas sujet.

Vers 3581. — *Lor*. O. V. la note du vers 17.

Vers 3585. — *Bronies*. O. *Brunies* pour l'assonance.

Vers 3586. — *Fuus*. Mu. *Fous* est très-distinctement dans le manuscrit.

Vers 3588. — *Josque*. O. V. la note du vers 510.

Vers 3589. — *Amirail*. O. V. la note du vers 2615. = *Carles*. O. V. la note du vers 15 sur les vocatifs. = *Purpenses*. O. = Le manuscrit de Paris suit ici PLUS VOLONTIERS QU'AILLEURS le texte primitif. Dans la partie de ce manuscrit qui correspond à nos vers 3520-3675, nous trouvons, en effet, sur neuf laisses féminines, HUIT couplets assonancés par la dernière voyelle, comme ceux du manuscrit d'Oxford. = Tout au contraire, le rajeunissement de Venise VII n'offre PARTOUT que des LAISSES RIMÉES, alors même que ceux de Paris et de Versailles conservent textuellement quelques couplets de la version originale. = Nos *Refazimenti*, comme on le voit, ne se ressemblent pas les uns aux autres, et chacun d'eux, en outre, ne se ressemble pas à lui-même. = Ainsi (et pour ne parler que du manuscrit de Paris), le rajeunisseur a refait presque entièrement le vieux poëme, et a, pour tout le moins, changé en rimes toutes les assonances JUSQU'AU COUPLET 205 (éd. Fr. Michel); puis, à partir de là, et très-probablement par paresse, il a PARFOIS conservé les laisses primitives (et c'est ce qui a lieu notamment pour le passage de notre poëme qui est l'objet de cette note); puis enfin, depuis la strophe 230, il a modifié le fond même de la Chanson, et, partant, la forme du texte original, et l'on ne trouve plus désormais, dans son œuvre véritablement nouvelle, une seule assonance à l'ancienne mode. = Au total, sur 87 laisses féminines que nous offre le texte de Paris, 67 ont été *rajeunies*, mais il est demeuré VINGT couplets originaux. = Ajoutons que quelquefois, dans cette même rédaction, les laisses anciennes ont été conservées par le scribe A CÔTÉ des laisses rajeunies : c'est le cas des strophes 307 et 308 (éd. F. Michel), qui sont en réalité la version primitive des strophes 305, 306 et 309. Faut-il uniquement attribuer un tel fait à la négligence? Le scribe n'était-il pas heureux de fournir aux jongleurs quelques variantes pour chanter à leur guise tantôt un couplet, tantôt un autre? Les jongleurs eux-mêmes ne le demandaient-ils point? Autant de questions difficiles à résoudre.

Vers 3591. — *Filz*. O. Pour le cas régime, *fil*. = Lire *mien*. = *Esciente*. O. V. la forme *escientre*, aux vers 539, 552, 1791, 1936.

Vers 3592. — Cf. *chalenges* aux vers 394 et 1926.

Vers 3593. — *En fedeldet voeill*. O. La correction est de Mu. = *Fieu*. V. la note du vers 76. = *Devien* est préférable, et *vien* au vers suivant.

Vers 3594. — *Oriente.* O. Nous persistons à croire, comme nous l'avons dit dans nos *Épopées françaises* (I, 2ᵉ p., ch. IV), qu'*Oriente* est une détestable « licence poétique ».

Vers 3595. — *Viltet.* O. Pour le cas sujet, *viltez.* — *Sembl.* O.

Vers 3596. — *Amor.* O.

Vers 3597. — *Nos.* O.

Vers 3598. — *Pui.* O.

Vers 3599. — *Omnipotente.* Même remarque que pour *Oriente*, au vers 3594.

Vers 3600. — *Baligant.* O. Pour le cas sujet, *Baliganz.*

Vers 3603. — *Fier.* O. Omission évidente du *t* final. = Lire *acier.*

Vers 3607. — *Li*, indiquant clairement qu'on a voulu faire d'*os* un masculin, il faut *nuz*, au lieu de *nud.* O.

Vers 3608. — *Por.* O. = *Caūt.* O. Au cas sujet du m., *caūz.*

Vers 3609. — *Volt.* O. V. la note du vers 40.

Vers 3610. — *Seint.* O. Pour le cas sujet, *seinz.* = *Repairet.* O. Le cas sujet exige *repairiez.*

Vers 3611. — *Magnes.* O. V. la note du vers 15, sur les vocatifs.

Vers 3612. — Lire *seinte*, qui se trouve partout ailleurs.

Vers 3614. — *Loi.* O. *Loi* ne se trouve que rarement dans notre texte; presque partout, c'est *lui*, qui est conforme à notre phonétique. (Vers 4, 13, 41, 239, 279, 364, 376, 380, 750, 842, 958, 1036, 1510, 2090, 2282, etc. etc.)

Vers 3615. — *Amiraill.* O. V. la note du vers 2615.

Vers 3616. — *Elme.* V. la note du vers 996. = Le manuscrit nous donne *o.* Nous avons partout adopté *u.* = *Gemme.* O. Erreur évidente.

Vers 3618. — *E* n'est pas dans le manuscrit.

Vers 3619. — *Recuverance* (?).

Vers 3623. — *Volt.* O. V. la note du vers 40. = *Qu'il remainent.* Mu.

Vers 3624. — *Or sunt Franceis à icels que ils demandent.* Correction de G. et de Mu., d'après Venise IV (*Or a Francois ço che illi domande*), et Paris (*Or ont Fransois tout ce que il demandent*).

Vers 3625. — *Volt.* O. V. la note du vers 40.

Vers 3626. — *Encalcent.* O. La forme régulière est *enchalcent.* (V. les vers 2482, 2796, et aussi les vers 2446, 3635.)

Vers 2627. — Lire *vengiez.*

Vers 3629. — *Vos.* O.

Vers 3630. — *Respondent.* O.

Vers 3633. — *Calz* ne se trouve qu'une fois dans notre manuscrit. Au contraire, on trouve *chald*, vers 950; *chalt*, 2100, et *chalz*, vers

1011, 1118. On peut dire, mais sans aller plus loin, que la forme adoptée dans le dialecte de notre scribe était *chalz*.

Vers 3636. — *Bramidonie*. O.

Vers 3637. — On peut lire aussi *canonie*. Mu. V. la note du vers 1881.

Vers 3639. — *Lor*. O. V. la note du vers 17. = *Corones*. O. V. la note du vers 2684. = Lire *chiefs*.

Vers 3641. — *Mahum*. O. L'assonance féminine demande rigoureusement *Mahume*.

Vers 3642. — *Vencuz*. O. Pour le cas sujet, il faut *vencut*. = *Hume*. O. V. la note du vers 20.

Vers 3644. — *Marsilie*. O. Le cas sujet veut *Marsilies*. = Tout le monde a traduit jusqu'ici *pareit* par *mur*. (Génin, d'Avril, Saint-Albin et même Littré, en son Dictionnaire, au mot *paroi*.) Cette opinion s'appuie sur un texte célèbre de la Bible (*Isaïe*, xxxviii, 2), où l'on voit le roi Ézéchias, frappé d'une maladie mortelle, se tourner vers la muraille pour prier Dieu et fondre en larmes : *Et convertit Ezechias faciem suam ad parietem, et oravit ad Dominum*. Si l'on adopte ce sentiment, que justifient assez bien les vers suivants de la Chanson : *Pluret des oilz*, etc., il faut écrire : *La pareit*. Mais, d'un autre côté, le texte de Paris nous donne : *Oit la Marsiles, vers* la dame *se torne*. *Pareit*, en ce sens, serait un synonyme de *per*, mais qui, philologiquement, serait assez difficile à expliquer. A tout le moins, il y a doute.

Vers 3645. — *Enbrunchet*. O. Cf. le vers 3505 : *Ad enbrunket sun vis*.

Vers 3646. — Lire *pecchiet*.

Vers 3648. — *Morz*. O. Pour le cas sujet, *mort*. = *Alquant cunfundue*. O. Correction de Mu., d'après Venise IV : *Torni en fuge*, et Paris : *Turnet en fuie*.

Vers 3651. — *Or set il ben que elle n'est...* O. Les deux mots : *elle n'est*, ont été ajoutés postérieurement. = Lire *bien*.

Vers 3652. — *Od sa gent*. O. Erreur évidente. *Od* a été ajouté après coup.

Vers 3655. — *Bramidonie*. O. V. la note du vers 2822.

Vers 3656. — *Grandes*. O. La forme la plus usitée, la plus antique, est *grant*, que nous avons restitué.

Vers 3657. — Lire *bien*.

Vers 3658. — *Noit*. O. Pour le cas sujet, *noit*. V. la note du vers 611.

Vers 3659. — On peut supprimer *e*.

Vers 3661. — *Fait*. Le manuscrit porte *funt*.

Vers 3664. — C'est un vers de 12 syllabes. Mu. propose : *Fruissent Mahum e trestutes les ydeles.* Nous adoptons volontiers cette forme, qui rétablit la mesure.

Vers 3666. — *Creit Deu.* Mu. *En* a été ajouté au manuscrit : *Creit en Deu.* Ces corrections, que nous avons plusieurs fois relevées, ont été faites, cinquante ans après le manuscrit lui-même, par un homme qui déjà n'en comprenait pas suffisamment la langue, ou qui craignait qu'on ne la comprît plus.

Vers 3667. — *Eves.* O. Partout ailleurs, *ewes.*

Vers 3668. — *Païen.* O. Au cas régime, il faut *païens.* = *Entesqu'al.* O.

Vers 3669. — *Cuntredie.* O. Nous avons restitué le *t* étymologique. = *Voillet* a été ajouté en marge.

Vers 3670. — *Prendre.* O. *Pendre* est rétabli d'après le texte de Versailles. = *O ardeir o ocire.* O. Nous avons rétabli *u* partout, qui est la forme la plus usitée et la plus étymologique.

Vers 3673. — Lire *Iert.* O. V. la note du vers 517.

Vers 3675. — *Noit.* O. Au cas sujet, *Noiz.* V. la note du vers 611. = *Jor.* O. Pour le cas sujet, *jurz.*

Vers 3677. — Lire *chevaliers.*

Vers 378. — *A oes.* O. Nous avons adopté le *d* euphonique. = *L'Empereor.* O.

Vers 3679. — *Mandet.* O. Erreur évidente, et qui montre une fois de plus la profonde inintelligence de notre scribe. = *Trestuz.* O. Il faut *trestuit.*

Vers 3680. — *Bramidonie.* O. V. la note du vers 2822. = C'est ici que les Remaniements cessent de suivre, même de loin, le texte primitif. 1° Le manuscrit de Venise IV intercale ici l'épisode de la prise de Narbonne par Aimeri. Après avoir si bien commencé en serrant de près la version primitive, ce texte sera désormais et jusqu'à la fin semblable aux autres *Refazimenti.* C'est à partir d'ici qu'à proprement parler il mérite le nom de Remaniement. — 2° Le texte de Lyon, comme nous l'avons vu, a omis tout l'épisode de l'arrivée de Baligant en Espagne, etc. (Vers 2570 et suivants.) Il omet également tout le récit de la bataille de Saragosse. De la victoire de Charles sur Marsile et de ses pleurs à Roncevaux, il passe DIRECTEMENT à la rentrée de l'Empereur en France et à l'histoire du message près de Girart et de Gilles, etc. — 3° Le texte de Paris est ici le plus mal construit. Déjà il avait inséré, en le rajeunissant, le récit du pèlerinage de Charles au champ de bataille de Roncevaux. (Vers de notre Chanson 2855 et ss.) Le rajeunisseur ne craint pas ici DE REFAIRE CE RÉCIT SOUS UNE AUTRE FORME, avant d'en arriver au récit du message près de Girart et de Gilles... — 4° Dans les textes de Versailles et de Venise IV, on ne commet point cette faute. Les rajeunisseurs y parlent bien de Charles pleurant à Roncevaux sur le corps de son neveu, etc.; mais du moins ils ont eu soin de ne pas nous faire une première fois ce récit. Ces manuscrits ne renferment aucun couplet qui corresponde à nos vers 2855 et suivants. Ils ne se répètent pas; ils attestent plus de soin et sont, A CE POINT DE VUE, meilleurs que le texte de Paris.— 5° A partir de notre vers 3680, TOUS les Remaniements, — Venise IV (en ne tenant pas compte de la légende d'Aimeri de Narbonne), Paris, Versailles, Venise VII et Lyon, — nous offrent la même affabulation, que nous allons faire connaître à nos lecteurs. Il s'agit ici d'épisodes tout nouveaux et qui ne se trouvent pas dans le texte primitif. Et cela est si vrai, que le manuscrit de Paris présente en cet endroit une disposition particulière : la grande lettre qui commence le couplet : *Grans fu li diaus la nuit à Ronsevauls*, est là pour indiquer une branche nouvelle. Résumons cette branche... Charles est à Roncevaux, qui se pâme de douleur devant le corps inanimé de Roland. Il fait ensevelir son neveu, il maudit Ganelon. Prières interminables. (Couplets 330-336 du texte de Paris, éd. F. Michel.) On enterre les Français morts dans la grande bataille. Les Anges chantent, une lumière divine éclate, des arbres verts sortent miraculeusement de chaque tombe. (337.) Charles passe alors les défilés pyrénéens : il s'arrête à Saint-Jean-Pied-de-Port, où il fonde un moutier. (338, 339.) L'Empereur ordonne ensuite à Girart d'Orléans, à Guion de Saint-Omer et à Geoffroi d'Anjou de se rendre en message auprès de Girart de Viane pour le prier de venir le rejoindre et de lui amener la belle Aude. (339.) Puis il envoie Bazin le Bourguignon, Garnier d'Auvergne, Guyon et Milon dans la cité de Mâcon, à sa propre sœur Gilles : ils sont chargés de la conduire à l'Empereur. (340, 341.) Les messagers partent : Charles s'avance en France. Il arrive à Sorgues (*à Sorges*, dit le manuscrit). C'est là que Ganelon s'échappe une première fois sur le destrier de Garin de Montsaor : il se dirige vers Toulouse, ou « Chastel-Monroil », ou Saragosse. Deux mille Français se jettent à sa poursuite; le plus ardent est Othes. (342-344.) Ganelon rencontre des marchands qu'il trompe et qui trompent Othes sur la distance qui le sépare du fugitif. (345.) Il arrive par là que les Français se présentent devant l'Empereur sans s'être emparés de Ganelon. Colère de Charles. (346.) Un paysan indique à Othes la retraite de Ganelon. Le traître s'est endormi sous un arbre. (347, 348.) Le bon cheval de Ganelon éveille son maître. Combat entre Ganelon et Othes. Ils luttent d'abord à pied. Puis le beau-père de Roland propose à Othes de combattre en vrais chevaliers, à cheval. Le traître s'élance sur le cheval de son adversaire et s'enfuit. (349-354.) Othes se remet à la poursuite de Ganelon. Dieu fait un miracle pour lui : ses armes ne lui pèsent plus sur les épaules. Puis le fugitif tombe de cheval : nouveau combat. Sur ces entrefaites, arrivent Samson et Isoré, et l'on peut enfin se rendre maître de Ganelon, que l'on remet aux mains de l'Empereur. (355-361.) Charles traverse toute la Gascogne et arrive à Blaives. (362.) Le poëte ici change la scène de son roman et nous transporte près des messagers du Roi qui vont à Viane. Ils y arrivent et font leur message. Ils cachent à Girart la mort de Roland et d'Olivier : « Charlemagne, ajoutent-ils, veut « faire le mariage de son neveu avec la belle Aude. Amenez-lui sur-le-« champ votre nièce. » Joie de Girart et de Guibourg. (363-368.) On part à Blaives. Pressentiments d'Aude : ses songes lugubres. (368-375.) Un clerc savant en *ningremance* cherche à les lui expliquer favorablement; mais il en voit bien lui-même la triste signification. (377.) Pour ne pas étonner trop douloureusement la belle Aude, on contrefait la joie dans le camp français. On essaie de lui cacher la grande douleur; on va jusqu'à lui dire que Roland est allé « en Babiloinne » épouser la sœur de Baligant. Aude n'en veut rien croire : « Roland, s'écrie-t-elle, Roland est mort! » (378-383.) Sur ce, arrive Gilles, la sœur du Roi, la mère de Roland : Charles lui annonce sans aucun ménagement la mort de son fils. Une mère, pense-t-il, est mieux préparée à de tels coups qu'une fiancée. Enfin, c'est Gilles elle-même qui a la force d'apprendre à la sœur d'Olivier la mort de Roland; douleur d'Aude. (384-390.) Elle veut voir du moins le corps de son fiancé, que Charles rapporte d'Espagne. Ses prières, ses larmes. Un ange lui apparaît sous les traits d'Olivier et l'invite à songer au bonheur du ciel. Aude, enfin, se décide à mourir. (391-399.) Retour de Charlemagne à Laon. Il n'a plus désormais qu'une seule pensée : se venger de Ganelon. Le jugement du traître va commencer. Gondrebuef de Frise s'offre à le démentir juridiquement, la lance au poing. Ganelon donne des otages, ses propres parents. Mais, au moment où on va commencer le grand combat de l'accusateur et de l'accusé, celui-ci s'enfuit encore une fois *les grans galos*. Gondrebuef le poursuit de près. Il l'atteint. Combat. On se saisit de Ganelon. (400-417.) C'est alors que fait son entrée dans le poëme le neveu du traître, Pinabel. Il sera le champion de son oncle. Le défi est relevé par un « valet » du nom de Thierry, fils de Geoffroy d'Anjou, qui veut défendre la cause de Roland. Préparatifs du duel. (413-431.) La Chanson se poursuit ici en vers de douze syllabes, et raconte le combat singulier de Pinabel et de Thierry. Celui-ci pense un instant périr d'un formidable coup que lui porte Ganelon. (432-439.) Le poëme se termine en décasyllabes. Pinabel est vaincu et meurt. (440-445.) Il ne reste plus dès lors qu'à délibérer sur le châtiment de Ganelon. Chacun des barons français propose un supplice spécial : qui la corde, qui le bûcher, qui les bêtes féroces. On se décide à l'écarteler. (446-450.) Ici s'arrête le manuscrit de Paris. Lyon nous donne une strophe de plus, et nous fait assister au départ des barons de France, qui prennent congé de Charlemagne... — Le texte de tous nos Remaniements est maintenant connu de nos lecteurs.

Vers 3681. — *Bien.* O. V. la note du vers 1500.

Vers 3682. — *Repairez.* O. Pour le cas sujet, il faut *repairiet*.

Vers 3683. — *Passent Nerbone...* Narbonne n'est pas sur le chemin des Pyrénées à Bordeaux. De là une difficulté réelle. M. Raymond propose l'église d'Arbonne (anciennement appelée *Narbonne*, comme le prouvent des actes de 1187-1192 et 1303). Cette église est située près de celle de Saint-Jean-de-Luz et conviendrait, par sa situation, à ce passage de notre poëme. Mais comment s'imaginer que le poëte ait attaché tant d'importance à un lieu si peu considérable? — M. G. Paris propose « un nom de fleuve (à cause du verbe *passer*); peut-être l'Adour ». Quant à nous, nous croyons fort naïvement que notre poëte ignorait la géographie. Une légende de son temps attribuait la conquête de Narbonne à Charles revenant d'Espagne : ne voulant pas raconter la légende, le poëte se contente de dire que l'Empereur passa cette ville *par force et par vigur,* c'est-à-dire, la prit. Telle est notre hypothèse. (V. au vers 706 notre note sur la géographie de la *Chanson de Roland.*)

Vers 3684. — *Burdeles.* O. = *Valur* n'est pas dans le manuscrit. = Pour tout cet itinéraire, voyez notre note géographique au vers 706.

Vers 3685. — *Baron.* O.

Vers 3686. — *Oliphan.* O. V. la note du vers 1059.

Vers 3689. — *Nevold.* O. Pour l'assonance, *nevuld*. = Ces funérailles, d'après la *Karlamagnus Saga* et la *Keiser Karl Magnus's Kronike,* ont lieu à Arles. (Cf. la Chronique de Turpin.)

Vers 3690. — Lire *Olivier*.

Vers 3693. — *Baron.* O.

Vers 3694. — C'est à Paris que la *Karlamagnus Saga* fait ici revenir Charlemagne. = *Francs.* O. Pour le cas sujet, *Franc*.

Vers 3695. — *Cevalchet.* O. V. la note du vers 1379.

Vers 3696. — *A Ais.* O. On pourrait lire *ad Ais* avec le *d* euphonique. = *Volt.* O. V. la note du vers 40.

Vers 3698. — *Halcur.* O.

Vers 3699. — *Jugeors.* O.

Vers 3700. — Lire p.-e. *Baviers*.

Vers 3703. — *Des plus.* O.

Vers 3704. — *Le plait.* O. Ce mot se trouve ailleurs au masculin. (V. 3780 et 3841.)

Vers 3705. — *Empereres.* O. V. la note du vers 3705. = *Repairet.* O. Pour le cas sujet, *repairiez.* = L'épisode de la belle Aude, très-allongé dans les Remaniements, est abrégé par la *Keiser Karl Magnus's Kronike* et omis tout à fait par la *Karlamagnus Saga.*

Vers 3706. — *A Ais.* O. Nous avons, comme ailleurs, adopté le *d* euphonique, qui est d'ailleurs justifié par de nombreux exemples. = *Meillor.* O. V. la note du vers 51.

Vers 3707. — *Venut.* O. Pour le cas sujet, *venuz.*

Vers 3708. — Pour ramener ce vers à un décasyllabe, on peut proposer : *Alde li vient, une bele damisele.*

Vers 3709. — Le texte de la Bodléienne nous donne *o est;* nous avons partout adopté *u.* = *Le catanie.* O. Il faut ici le cas sujet. — Lire *catanies.*

Vers 3711. — *Dulor.* O. V. la note du vers 489.

Vers 3712. — *Trret,* avec un signe abréviatif *s* au-dessus du premier *t.* O. = *Blance.* O. *Blanche* se trouve aux vers 89, 117, 1655, 1843, 2250, 2316, 3173, 3319, 4001. *Blance* ne se trouve qu'ici.

Vers 3713. — *Cher amie.* O. Erreur évidente. = *De hume.* O.

Vers 3714. — *Durai.* O. V. la forme *durrai* aux vers 30, 75, 1805, 2750, 3207, 3398, 3399. = *Eschange.* O. La forme *escange,* plus étymologique, se rencontre au vers 840.

Vers 3715. — *Mielz.* O. V. la note du vers 1500.

Vers 3716. — *Mes.* O. V. la note du vers 39.

Vers 3717. — Lire *moz* et *estranges.*

Vers 3720. — *Culor.* O. Même remarque que pour *dulor.* (Note du vers 489.)

Vers 3721. — *De l'an.* O.

Vers 3722. — *Barons.* O. — Ajouter ici la traduction omise de ce vers : *Les barons français la plaignent, ils sont tout en pleurs...*

Vers 3723. — *La bel.* O. Erreur manifeste.

Vers 3724. — Lire *quidet.* O.

Vers 3725. — Lire *pitiet.*

Vers 3727. — *De sur les.* O. G. et Mu. ont restitué *sur*, qui ne rompt pas le vers.

Vers 3730. — Lire *mustiers.*

Vers 3733. — Nous n'avons pas besoin ici de signaler longuement la statue de la belle Aude dans le fameux monument de Saint-Faron. Nous renvoyons nos lecteurs à la dissertation et à la gravure que les Bénédictins nous donnent dans leurs *Acta Sanctorum ordinis sancti Benedicti* (ive s., 1re partie, pp. 665-667). Aude est représentée avec Turpin, Roland et Olivier, et ces deux vers sont mis sur les lèvres de ce dernier : *Audæ conjugium tibi do, Rotlande, sororis,* — *Perpe-*

tuumque mei socialis fedus amoris. Le monument de Saint-Faron est du xie-xiie siècle.

Vers 3734. — *Repairet.* O. Pour le cas sujet, *repairiez.* = Le procès de Ganelon est raconté EN QUELQUES LIGNES SEULEMENT par la *Karlamagnus Saga* (ch. xli) et la *Keiser Karl Magnus's Kronike.* D'après ce dernier texte : « Le jugement fut que le comte Ganelon devait être traîné par toute la France. Ce qui fut fait ; en sorte que pas un os ne resta à côté de l'autre dans tout son corps. »

Vers 3735 et suiv. — Sur le procès de Ganelon, qui commence à ce vers, nous allons reproduire quelques pages de notre *Idée politique dans les Chansons de geste.* (*Revue des questions historiques*, 1869, pp. 101 et suivantes.) « Que nos Épopées françaises soient d'origine germanique ; qu'elles soient barbares par leurs héros, par leur action, par leur esprit, c'est ce qui a été déjà démontré plusieurs fois. Et néanmoins il semble que la plus forte démonstration n'ait pas encore été donnée. Il reste, en effet, à prouver le germanisme de nos Épopées par le germanisme de la procédure qui est exposée dans ces poëmes.

« Or, dans cette procédure, RIEN DE ROMAIN ; rien qui, de près ou de loin, porte la trace de la législation romaine ou du droit canonique. Tout est emprunté aux lois barbares. Le procès de Ganelon suffit à le démontrer. Nous suivrons avec soin toute la marche de cette procédure criminelle et politique, la plus ancienne que nous rencontrions dans nos Chansons de geste. Et nous n'aurons pas de peine à établir, par une comparaison attentive, que chacun des vers de notre poëme se rapporte à quelque *titre* des lois germaines.

« Il semble que dans ce Drame intitulé : *Le Procès de Ganelon*, on puisse distinguer sept « Actes » ou sept « Tableaux », s'il est permis de se servir d'une expression aussi moderne à l'occasion d'un poëme aussi antique. Ces sept Actes pourraient recevoir les titres suivants : *la Torture*, — *le Plaid royal*, — *le Duel*, — *les Champions*, — *la Messe du Jugement*, — *la Mort des Otages*, — *le Supplice de Ganelon*. Et, pour chacun de ces sept Tableaux, nous avons sept familles de textes empruntés aux législations barbares...

« La belle Aude vient de mourir. Charlemagne, les yeux pleins de larmes, se retourne avec plus de fureur du côté de Ganelon et se promet de donner au supplice du traître un éclat plus terrible encore. Et d'abord des serfs s'emparent de Ganelon, qui est tout chargé de fers : « Ganelon, le traître, tout enchaîné, — est dans la cité devant le
« palais. — Les serfs l'attachent à un poteau, — lui lient les mains avec
« des courroies en cuir de cerf, — et le battent à coups de bâton et de
« corde... » Ce supplice est d'origine purement germanique. « Les coups
« de discipline, dit Davoud-Oglou (*Histoire de la législation des an-*

« *ciens Germains*, I, 161), étaient pour toutes les classes, et le nombre
« en pouvait monter jusqu'à trois cents. Dans la règle, ils étaient admi-
« nistrés *publiquement* au coupable, *qui avait été préalablement atta-
« ché et étendu sur un chevalet.* » Ce que cet érudit avance ici au sujet
des Wisigoths peut s'entendre de tous les autres peuples germains. Le
même supplice se retrouve dans la loi des Bavarois (liv. VIII, ch. vi, etc.,
et l'on se servait de fléaux pour administrer ce châtiment), chez les
Bourguignons (30 et 33, 2; 4, 4; 5, 6, 38, 63, etc., et ils se servaient du bâton), chez les Franks-Saliens (Constitution de Childe-
bert, Davoud-Oglou, *loc. cit.* I, 580), chez les Lombards (Liutp., 6,
26, *c*; 6, 88; 6, 50), chez les Frisons (3, 7). Nous ferons seulement
remarquer que, dans notre Chanson, Ganelon est châtié, de même qu'il
est emprisonné, PRÉVENTIVEMENT. N'y a-t-il pas encore un travail à
faire sur la législation barbare, un travail que l'on pourrait intituler :
De la Pénalité préventive chez les Germains?

« A peine Ganelon a-t-il été détaché tout sanglant du pilori, de l'*estache*, que Charlemagne convoque son plaid : « Il est écrit dans l'an-
« cienne geste — que Charlemagne mande ses hommes de plusieurs
« terres : — alors commence le plaid... » (Vers 3742 et suiv.) Personne n'aura de peine à reconnaître ici le *Placitum Palatii*, qui s'é-
tait sensiblement modifié à travers les âges, mais dont les plaids
féodaux donnaient encore une certaine idée aux gens des xie et xii[e]
siècles. Dans le plaid de la première et de la seconde race, le roi ou
l'Empereur était assisté par les leudes et les évêques ; dans notre
poëme il est assisté par ses comtes et ses ducs au nombre d'environ
quarante. Il ne semble pas que les évêques aient pris part au procès
de Ganelon ; mais toutes les parties de l'Empire sont, d'ailleurs, représentées au plaid impérial, et, parmi les assistants de Charles, on signale
des Bretons, des Poitevins, des Saxons, des Normands, des Français, des Allemands, des Auvergnats. (Vers 3792 et suiv.) Il faut encore observer que, dans la Chanson de geste, comme dans la véritable
procédure de nos deux premières races, l'Empereur n'a que le droit
de présider le tribunal, et n'a même pas voix délibérative : « Sei-
« gneurs barons, dit le roi Charlemagne, jugez-moi le droit de Gane-
« lon. » Il leur expose lucidement toute l'affaire, Ganelon présente
librement sa défense, les barons prennent le parti de l'accusé, et
Charlemagne enfin se trouve désarmé devant ses juges : « Quand
« Charles voit que tous lui font défaut, — Il en cache sa tête et son
« visage, — et, à cause de sa grande douleur : — « Malheureux que
« je suis ! » dit-il. (Vers 3815 et suiv.) Encore une fois, tout cela
est barbare, et rien ne vous donne ici l'idée d'un tribunal romain.
C'est bien là le tribunal germanique, où le président était presque

réduit à l'impuissance, comme Charles dans l'affaire de Ganelon. L'Empereur est heureusement tiré de sa douleur par le frère du duc d'Anjou : « Beau sire roi, dit le chevalier, trêve à vos lamentations ! » Et il défie en champ clos tous les parents de Ganelon : Pinabel accepte le défi. Les deux champions échangent leurs otages, accomplissent les formalités légales, et Ogier de Danemarche proclame à haute voix qu'elles ont été remplies. Pinabel et Thierry se revêtent alors de leurs armes ; le jugement de Dieu va commencer. (Vers 3852-3857.)

« Ici encore le doute n'est pas possible, et nous sommes en pleine Germanie. Le *campus* ou duel est, en effet, commun à toutes les tribus barbares, excepté aux Anglo-Saxons. Cette *ordalie* recevait deux noms, celui de *wehadinc*, quand les deux parties combattaient en personne, et celui de *camfwic*, quand elles étaient représentées par des champions à gages. Il arrivait souvent qu'un parent se proposait pour combattre à la place d'une des parties, et c'est le cas de notre *Chanson de Roland*. Toutes les lois germaines offrent d'ailleurs des dispositions remarquables sur le combat judiciaire. (*Loi des Bavarois*, 17, 1, *Decr. Tass.*, ch. xi. — *Loi des Alamans*, 44, 1 ; 84. — *Loi des Bourguignons*, tit. 80, 1-3. — *Loi des Lombards*, Roth., 164, 165, 166, 198, 203. Grimoald, t. VII. — *Loi des Thuringiens*, 15. — *Loi des Frisons*, 14, 7 ; 5, 1. — *Loi des Saxons*, 16. — *Loi des Anglo-Normands*, Guill. II, 1-3 ; III, 12, etc.)

« Nous n'avons rien à ajouter touchant les champions qui se substituaient souvent aux véritables intéressés dans l'épreuve du duel ou *campus*. Quand ils n'étaient pas les parents de l'une ou de l'autre des deux parties, les champions étaient l'objet d'un mépris universel. Ils s'en étaient montrés bien dignes. C'étaient de misérables hercules qui se mettaient platement aux gages du plus enchérissant. Chez les Bavarois (*Loi des Bavarois*, 17, 1, 2) et les Frisons (*Loi des Frisons*, 14, 7 ; 5, 1), le wehrgeld du champion est inférieur à celui de l'esclave : or, chez les Germains, c'est là le grand criterium de l'estime publique. Dans notre poëme rien de semblable : Pinabel lui-même ne manque pas d'une certaine grandeur, et Thierry nous apparaît moins comme le champion de Roland que comme celui de la Justice et de la Vérité.

« Le cinquième Tableau de notre drame épique s'ouvre d'une façon imposante. Sur le point d'engager la lutte, les deux champions « se « confessent, reçoivent l'absolution, sont bénis par le prêtre, en- « tendent la messe et y reçoivent la communion. » (Vers 3858 et suiv.) Puis, ceux qui tout à l'heure étaient humblement prosternés devant Dieu et qui avaient ouvert doucement leurs lèvres pour le recevoir, se relèvent tout à coup, le regard allumé et terrible. Ils chaussent les éperons d'or et les blancs hauberts, couvrent leurs têtes de heaumes étincelants, suspendent leurs écus à leurs cous et placent à leurs ceintures leurs épées à garde d'or. Les voilà enfin qui se lancent sur leurs chevaux rapides, et cent mille chevaliers se mettent à pleurer, « qui, pour Roland, de Thierry ont pitié. » (Vers 3862 et suiv.) Comme pour les quatre Tableaux qui précèdent, rien n'est plus facile que de découvrir ici l'origine germanique. L'Église, qui a le regard clairvoyant, qui comprend les hommes, qui lit si bien dans leurs âmes, l'Église condamnait ces combats judiciaires dans l'intime de son âme maternelle, et c'est grâce à son influence, n'en doutons pas, que dans la loi des Lombards furent écrites ces remarquables paroles : « Si, par respect pour les usages de la nation lombarde, « nous ne pouvons défendre le jugement de Dieu, il ne nous en semble « pas moins incertain, ayant appris que beaucoup de personnes avaient « injustement perdu leurs causes par un combat singulier. » Mais l'Église s'était aperçue qu'elle ne pourrait aisément déraciner une telle coutume, et elle avait pris le sage parti de la pénétrer de christianisme, autant qu'il était possible. C'est pourquoi elle avait institué cette messe et ces cérémonies liturgiques qui devaient précéder le combat judiciaire. Rien n'est plus beau que ces prières. (M. Léopold Delisle a publié, dans la *Bibliothèque de l'École des Chartes*, le Cérémonial d'une épreuve judiciaire au commencement du xiie siècle. V. la 18e année de ce Recueil, p. 253 et suiv.) Quand le champion allait entrer en champ, on disait pour lui la messe de la Résurrection, ou celle de saint Étienne, ou celle de la Trinité : « *Missa de la Resurrectiun,* « *missam de sancta Trinitate, missa de sancto Stephano* deit l'om « dire por le campium quant il entret el camp. » Et après la « Messe du « jugement » on chantait devant le champion le Symbole de saint Athanase. Touchante idée de faire une dernière fois professer publiquement toute la foi chrétienne à celui qui peut-être allait mourir! (*Cérémonial d'une épreuve judiciaire au* xiie *siècle,* p. 257.)

« Nous ne suivrons pas toutes les phases du combat entre Pinabel et Thierry. Toutes les sympathies des Français sont évidemment pour l'avoué de l'Empereur et de Roland. Les yeux de tous les barons sont trempés de larmes, et le poëte prend plaisir à constater plusieurs fois cette douleur. (Vers 3880 et suivants.) Les deux champions, d'ailleurs, s'interpellent à la façon d'Homère : « Pinabel, dit « Thierry, tu es un vrai baron; tu es grand, fort et beau; les Pairs « connaissent ta valeur. Laisse ce combat, je te réconcilierai avec « l'Empereur et lui ferai telle justice de Ganelon que jamais on n'en « parlera plus. » Et Pinabel, qui mérite véritablement de défendre une

cause meilleure, s'écrie avec une belle fierté : « Ne plaise à Dieu ! je
« veux soutenir toute ma parenté. Pour aucun homme vivant je ne
« renoncerai à ce combat. Mieux vaut mourir que d'encourir un tel
« reproche. » (Vers 3892 et suiv.) Et ils se précipitent de nouveau
dans la fureur d'une lutte qui ne peut se terminer « sans homme
« mort ». On connaît, d'ailleurs, la fin de ce combat. Thierry tue Pinabel, et les trente otages de Ganelon sont pendus. Ce terrible châtiment infligé à la famille du traître et à ses otages NE SE RETROUVE PAS DANS LES LOIS BARBARES, bien qu'il soit entièrement dans leur esprit. Le principe de la solidarité de la famille est un principe absolument germain, et la coutume des *pleiges* ou garants vient certainement de la même source. Mais, encore une fois, un châtiment aussi cruel ne se retrouve dans aucune législation : on ne tue pas ainsi trente hommes judiciairement. Il s'agit donc ici d'une pénalité extraordinaire, parce qu'il s'agit d'un crime extraordinaire. Charles appelle ses comtes et ses ducs :
« Que me conseillez-vous de faire de ceux que j'ai retenus, qui sont
« venus au plaid pour Ganelon et se sont rendus otages de Pinabel ?
« — Qu'ils meurent, » répondent les Français. Et les trente otages sont pendus. « Ainsi meurent tous les traîtres ! » (Vers 3947 et suiv.)

« Quant à la mort de Ganelon, elle est vraiment terrible dans notre poëme. Vaincu et déclaré coupable par la mort de son champion, Ganelon ne peut lui-même échapper à la mort. Le jugement de Dieu s'est déclaré contre lui : il faut qu'il périsse et lave dans son propre sang son crime de lèse-majesté. Dans la rigueur du droit féodal, QUI EST ÉVIDEMMENT ISSU DU DROIT GERMANIQUE, celui dont le champion était vaincu devait périr : les *Assises de Jérusalem* ne laissent aucun doute à cet égard : « Si la bataille est de chose qu'on a mort deservie et le
« garant est vaincu, IL ET CELUI POUR QUI IL A FAIT LA BATAILLE SERONT
« PENDUS. » (XXXVII et XCIV.) En 1248, la peine de mort n'était plus réservée au vaincu, mais seulement une amende de cent sous. Dans la Chanson de geste, qui est AU MOINS contemporaine de la première rédaction des Assises, Ganelon est puni de mort. Et le supplice décerné contre lui ne sera pas la pendaison : ce sera le grand supplice réservé plus tard aux traîtres, à ceux qui livrent leur pays, à ceux qui offensent la majesté du roi ; ce sera l'écartèlement, qui cependant n'est indiqué spécialement dans aucune loi germaine. Bavarois et Allemands, Poitevins, Bretons et Normands, Français surtout, sont d'avis que Ganelon meure d'un supplice extraordinaire. On fait venir quatre destriers ; on lie Ganelon par les pieds, par les mains. Les chevaux sont sauvages et forts coureurs : quatre sergents les excitent. Tous les nerfs du misérable sont effroyablement tendus, tous ses membres sont

déchirés : « Sur l'herbe verte coule le sang clair. Ganelon meurt en « vrai félon. » (Vers 698-710.)

« Tels sont les sept Actes de notre *Supplice de Ganelon*. Nous aurions voulu rendre aussi transparente aux yeux de nos lecteurs qu'elle l'est à nos propres yeux, l'origine germanique de toute cette procédure. On la retrouve d'ailleurs en quelques autres poëmes, et notamment dans *Amis et Amiles*. Dans cette Chanson qui est d'une antiquité respectable, le traître Hardré surprend Amile avec Bélissende et accuse publiquement le séducteur. Tout aussitôt on fait appel au jugement de Dieu. Hardré, qui véritablement a surpris les deux amants, paraît sûr de la victoire; mais c'est alors qu'Amis se dévoue et remplace Amile : Hardré reçoit la mort. Il est à remarquer que chacun des combattants doit, encore ici, présenter un certain nombre de garants ou d'otages. C'est la reine, sa fille et son fils Beuves qui sont les otages d'Amile. On ne retrouvera plus ces particularités si remarquables dans les poëmes postérieurs. Le jugement de Dieu, en effet, fut peu à peu supprimé par la sagesse de l'Église et la prudence de nos rois, et l'élément judiciaire de nos Chansons de geste perd ainsi son plus vif intérêt. Il n'entre point dans notre plan de tirer de nos poëmes tout un cours de droit féodal, quoiqu'il y soit implicitement contenu. »

Vers 3735. — *Fels*. O. Lire *fel*.

Vers 3737. — *Cil serf* a été ajouté dans le manuscrit par une main plus récente.

Vers 3739. — Lire *bien*, ainsi qu'au vers suivant.

Vers 3744. — *Asemblez*. O. Pour le cas sujet, *asemblet*.

Vers 3745. — *Grant*. O. Pour le cas sujet, *granz*.

Vers 3746. — *Alquanz*. O. Le cas sujet veut *alquant*. = *Baron*. O.

Vers 3747. — *Le plait*. O. V. la note du vers 3704. = *Noveles*. O. V. la note du vers 2118.

Vers 3750. — *Seignors*. O.

Vers 3751. — *Car*. O. V. la note du vers 275. Lire *jugiez*.

Vers 3752. — *Tresqu'en*. Mu. Le manuscrit porte nettement *tresque en*.

Vers 3754. — *Nevold*. O. La forme *nevuld* se trouve au vers 216. Aux vers 824, 1219, 2420, 2870, 3182 et 3689, *nevuld* est aussi tout indiqué pour l'assonance, bien que le scribe ait écrit *nevold*.

Vers 3755. — Lire *Olivier*. = *Li proz e li curteis*. O. Pour le cas régime, il faut deux fois *le* au lieu de *li*.

Vers 3756. — *Por*. O. V. la note du vers 17.

Vers 3757. — *Dist Guenelun*. O. A cause du cas sujet et malgré le vers 2762, nous proposons : *Guenes respunt*. = Lire *fel*. O.

Vers 3759. — *Pur que[i]*. Mu.

Vers 3763. — *Color.* O. On peut exactement appliquer à ce mot ce que nous avons dit de *dolor* à la note du vers 489.

Vers 3764. — Lire *bien.*

Vers 3767. — *Voiz.* O. La correction est de Mu. Pour l'assonance, on peut encore proposer un autre vers : *Puis s'escriat dans le paleis haltur.*

Vers 3768. — *Amor.* O. = *Car.* O. V. la note du vers 275. = *Barons.* O.

Vers 3769. — *Seignors, jo fus.* O. Pour obtenir un décasyllabe, Mu. a supprimé *seignurs.*

Vers 3773. — Lire *messages*, à cause du cas sujet.

Vers 3775. — *Poigneor.* O. Lire *puigneür.*

Vers 3776. — Lire *Olivier.* = *Cumpaignun.* O. Il faut un *s*, à cause du cas régime.

Vers 3777. — *Oid.* O. V. la note du vers 2. = Lire plutôt *nobile*, qui se prononçait *noble.* = *Baron.* O.

Vers 3778. — Lire plutôt *vengiet.*

Vers 3780. — *Ses.* O. V. la note du vers 39.

Vers 3783. — *Pinabel.* O. Pour le cas sujet, *Pinabels.*

Vers 3784. — Lire *bien.*

Vers 3785. — *Por.* O.

Vers 3786. — *Vos.* O. = *Ami* a été ajouté postérieurement. Les deux derniers mots sont omis. = *Se fient* ou *me fie* serait contraire à l'assonance, ainsi que *calunie* du vers suivant. Nous proposons les deux vers : *En vus, ami, me fie, ço dist Guenes. — Getez mei hoi de mort e de chalenge.*

Vers 3788. — *Pinabel.* O. Pour le cas sujet, *Pinabels.* = *Vos.* O. = *Guarit.* O. Pour le cas sujet, *guariz.*

Vers 3789. — *Frances.* O. = *Vos.* O.

Vers 3790. — *L'emperere* les *noz dous cors en* asemblent. O. Deux erreurs évidentes.

Vers 3791. — *Al barant.* O. = Lire plutôt *acier*, qui, comme nous l'avons dit, ne se trouve en assonance que dans les couplets en *ier.*

Vers 3792. — Lire *presentet*, avec la restitution nécessaire du *t* étymologique.

Vers 3793. — *Saisnes.* O. Il faut *Saisne* au cas sujet. = *Conseill.* O. V. la note du vers 30.

Vers 3796. — *Icels.* O. Pour le cas sujet, *icil.* Le scribe a trouvé le secret de commettre deux fautes en un mot. = *Alvernene.* O.

Vers 3797. — *Quei[z].* Mu. Le cas sujet ne veut pas de *z.*

Vers 3798. — *L'un.* O. Pour le cas sujet, *l'uns.* = Lire *bien.*

Vers 3801. — *Feiz.* O. Erreur évidente.

Vers 3802. — *Revereiz*. O. Cf. *reverrunt*, au vers 1402.

Vers 3803. — *Recuveret*. O. *Recuvret*. Mu. = Le cas sujet exige le *z* final au lieu du *t*. Pour l'addition du premier *e*, voy. la note du vers 38. = *Por*. O.

Vers 3804. — Au lieu de *là*, le manuscrit porte *aa*.

Vers 3805. — *Nen i ad celoi*. O. La mesure est rompue. Génin propose : *N'i ad celoi*. Nous avons adopté la restitution de Mu.

Vers 3806. — *Geifreit*. O. Nous avons partout adopté *Gefreid*, qui est plus étymologique.

Vers 3807. — *Charlemagne*. O.

Vers 3808. — *Vos*. O.

Vers 3810. — *Vos*. O. = *Amor*. O.

Vers 3811. — Lire plutôt *vivere*. O., comme au vers 1923. = *Laisez*. O. Lire *laissez*. V. la note du vers 265. = *Car*. O. V. la note du vers 275. = *Hoem*. O. V. la note du vers 20.

Vers 3812. — *Ja por murir n'en ert veüd gerun*. O. Il y a ici une méprise évidente du scribe, qui s'est embarrassé dans ce vers et dans le suivant, et a écrit *por murir*, à cause de *por aveir*. Il serait préférable d'admettre : *Morz est Rollanz ; jamais ne l'reverrum*. (V. la note de Mu.) = Lire plutôt *iert*. = *Veüd*. O. Pour le cas sujet, *veüz*.

Vers 3813. — *Por*. O. — *Recuverum*. O. Le futur exige deux *r*.

Vers 3814. — *Vos*. O.

Vers 3815. — *Tuz*. O. Pour le cas sujet, *tuit*. = *Faillid*. O. V. la note du vers 2.

Vers 3817. — *Caitifs*. O. Au cas régime, *caitif*.

Vers 3818. — *Ais*. O. Lire *as* et *chevalier*. = *Tierris* a été ajouté par G. et Mu. Mi. avait proposé *gentilz*.

Vers 3820. — *Eschewid*. O. V. la note du vers 2.

Vers 3821. — *Le vis* n'existe pas dans le manuscrit. = *Bruns*. O. — G. substitue : *Les oils alques brun[i]s*.

Vers 3824. — *Bels*. O. V. la note du vers 15 sur les vocatifs. = *Vos*. O.

Vers 3825. — *Vos*. O.

Vers 3828. — Lire *Bien*. O.

Vers 3829. — *Fels*. O. Lire *fel*.

Vers 3830. — *Vos*. O.

Vers 3831. — *Parjurez*. O. Pour le cas régime, *parjuret*.

Vers 3832, 3833. — Ces deux vers ont été réunis en un seul par le scribe, distrait ou ignorant : *E sun cors metre si cum fel qui felonie fist*. Les deux vers ont été rétablis par tous les éditeurs. Mi., suivi par Mu., a proposé : *El champ por les mastins*, d'après les *Quatre Livres des Rois*, p. 332, et deux vers de la *Mort de Garin*. (Vers 2398,

3439.) = Mu. a seulement changé *par* en *pur*. = Génin avait proposé : *En un feu e bruir.* = Lire plutôt *camp*.

Vers 3834. — *Se or.* O. = Peut-être doit-on supprimer *ki*.

Vers 3836. — *Voel.* O. Nous avons adopté la forme *voeill*, qui est de beaucoup la plus usitée.

Vers 3837. — *Vos.* O. = Lire *bien*.

Vers 3838. — *Lu rei.* O. = *Pinabel.* O. Pour le cas sujet, *Pinabels*.

Vers 3839. — *Isnel.* O. Le cas sujet exige *isnels*.

Vers 3842. — *Car.* V. la note du vers 275.

Vers 3845. — *Poign.* V. la note du vers 415.

Vers 3846. — *Empereres.* O.

Vers 3847. — Lire *parent*, au lieu de *parenz*, O.

Vers 3848. — *Vos.* O. = *Recrrai.* O.

Vers 3850. — *Tierri.* O. Pour le cas sujet, *Tierris*. = Lire *iert*.

Vers 3852. — *Hostage.* O. V. la note du vers 147.

Vers 3855. — Lire *bien*. = *Malez.* O. Pour le sujet pluriel, *malet*.

Vers 3856. — *Oger.* O. Le cas sujet exige *Ogiers*.

Vers 3858. — *Justez.* O. Pour le s. p., il faut un *t* au lieu d'un *z*. = Lire en assonances, à la fin des vers de ce couplet : *justiet, seigniet, mustiers, repairiet, chalciez, legiers, chiefs, mier*, O. *quartiers, destriers, chevalier, pitiet*, O. *iert*.

Vers 3859. — Lire *bien*. = *Asols.* O. Pour le s. p., *asolt*. = *Seignez.* O. Il faut *seigniet* pour la même raison.

Vers 3860. — *Acuminies.* O. Le cas sujet exige *acuminiet*.

Vers 3861. — *Par cez.* O. Erreur du scribe, corrigée par Mu.

Vers 3862. — *Andui.* O. V. la note du vers 1355. = *Repairez.* O. Le cas sujet exige *repairiet*.

Vers 3863. — *Esporons.* O. (?) = *Lor.* O. = *Calcez.* O. Cf. le vers 2678, et le verbe *enchalcer*, vers 2362, 2785, 2796.

Vers 3864. — *Osberc.* O. Pour le cas régime, *osbercs*.

Vers 3865. — *Lor.* O.

Vers 3866. — *Mier.* O. V. la note du vers 1500. Ce mot est un de ceux qui ne se trouvent en assonances que dans les laisses en *ier*.

Vers 3868. — *Puinz.* O. V. la note du vers 415.

Vers 3869. — *Muntez.* O. Pour le cas sujet, *muntet*.

Vers 3870. — *Chevalers.* O. Le cas sujet exige, au pluriel, *chevalier*.

Vers 3871. — Lire *ki*. V. la note du vers 586. = Lire *Pitiet*.

Vers 3874. — Lire plutôt *justiée*.

Vers 3875. — *Produme.* O. Lire *prozdume*. Les deux formes se trouvent presque aussi fréquemment dans notre texte.

Vers 3876. — *Chevals.* O. Pour le cas sujet, *cheval*. = Pour la même raison, *curant* et *aate*, au lieu de *curanz* et *aates*, O.

Vers 3877. — *Bien.* O. V. la note du vers 34 et celle surtout du v. 1500.

Vers 3878. — *Lasquent.* O. Cette forme ne se rencontre qu'une fois dans le manuscrit. La forme *laschent* s'y rencontre plusieurs fois. (Vers 1290, 1381, 1574, 2996.) Cf. *lascent*, vers 3349.

Vers 3880, 3881. — On pourrait ramener ces deux vers à la rigueur de l'assonance. *Lur cengles rumpent e lur osbercs desmailent. — Les seles turnent, ça jus chéent les alves* (?).

Vers 3882. — *Mil.* O. Correction de Mu. = *Humes.* O. V. la note du vers 20.

Vers 3883. — Lire en assonances, à la fin des vers de ce couplet : *chevalier, legiers, destriers, mier, acier, detrenchier, chevalier.*

Vers 3889. — *Granz.* O. Le cas sujet exige *grant.* = *Les colps.* O. Pour le cas sujet, *li colp.*

Vers 3892. — *Pinabel.* O. Pour le cas sujet, *Pinabels.* = *Car.* O. V. la note du vers 275.

Vers 3893. — *Tes.* O. V. la note du vers 39.

Vers 3896. — *Respont.* O. V. la note du vers 30. = *Tierri.* O. Pour le cas sujet, *Tierris.*

Vers 3897. — Lire *fel.* O. V. la note du vers 1924.

Vers 3899. — *Tierri.* O. Il faut *Tierris*, à cause du cas sujet. = Lire *ies.*

Vers 3900. — *Ies.* O. V. la note du vers 648. = Lire *bien.*

Vers 3901. — *Conoissent.* O. V. *conuis (cognosco)*, au vers 3409; *conuistre,* au vers 530, etc.

Vers 3902. — *Car.* O. V. la note du vers 275. = *Laisse.* Mu. *Laisses* nous paraît acceptable. En général, les impératifs ne prennent pas l'*s* à la 2ᵉ personne du singulier, *laxa.* Mais on peut également admettre l'étymologie : *laxes.*

Vers 3604. — Lire *iert*, et *tels*, à cause du cas sujet.

Vers 3905. — *Jur.* O. Pour le cas sujet, *jurz.* = Lire *iert.*

Vers 3906. — *Pinabel.* O. Le cas sujet veut *Pinabels.*

Vers 3909. — *Mielz.* O. V. la note du vers 58 et surtout celle du vers 1500.

Vers 3911. — *Gemez.* O. Ailleurs on emploie les deux *m*, qui sont étymologiques. Pour le cas sujet, *gemmet.*

Vers 3912. — *Ciel.* O. V. la note du vers 545.

Vers 3913. — *Desevrez.* Mu. Le manuscrit porte *deseverez.* Pour le cas sujet, il faut *deseveret.*

Vers 3915. — *Pinabel.* O. Au cas sujet, *Pinabels.*

Vers 3916. — *Elme.* V. la note du vers 996.

Vers 3918. — Lire *acier.*

Vers 3919. — La première lettre de ce vers et des trois suivants manque dans le manuscrit. — Mu. propose en note (pour ne pas imprimer de suite deux vers à peu près semblables) la leçon suivante, que nous faisons volontiers entrer dans notre texte : *L' helme li en detrenchet.*

Vers 3922. — *Osberc del dos.* O. Erreur évidente. = *Josque.* O. V. la note du vers 510.

Vers 3923. — *Mort.* O. On peut entendre ce vers de deux manières : « Dieu est là qui l'empêche d'abattre mort Thierry, » ou, « Dieu est là qui empêche la mort d'abattre Thierry. » Dans ce dernier cas, qui est plus improbable, mais non pas impossible, il faut, au cas sujet, *morz.*

Vers 3924. — *Ferut.* O. Pour le s. s. m., *feruz.*

Vers 3925. — *Chiet.* O. V. la note du vers 2082 et celle du vers 1500. = *Pred.* O. V. la note du vers 2.

Vers 3926. — *Elme.* O. V. la note du vers 996. = Lire *acier.*

Vers 3927. — *Fait.* O. Erreur manifeste.

Vers 3928. — Lire *chief.*

Vers 3930. — *Vencut.* O. Il faut, au cas sujet, *vencuz.*

Vers 3932. — *Pendut.* O. Pour le même motif, *penduz.*

Vers 3937. — *Oger.* O. Au cas sujet, *Ogiers.*

Vers 3938. — *Geifrei.* O. Lire *Gefreiz.* = *Willalme.* O. Pour le cas sujet, *Willalmes.*

Vers 3942. — Lire *chevalier.*

Vers 3943. — Les deux premiers mots manquent dans le manuscrit. Restitution de Mi.

Vers 3946. — *Or.* Mu. Nous écrivons *ore,* comme dans le Ms., pour laisser intacte la question de prononciation.

Vers 3949. — *Venuz.* O. Pour le cas sujet, *venut.*

Vers 3950. — *Renduz.* O. Il faut, pour la même cause, *rendut.*

Vers 3951. — *Vivrat.* Mu. V. la note du vers 38. = Je préférerais *nuls, nus,* au lieu de *uns.*

Vers 3954. — Les quatre premières lettres de ces vers manquent dans le manuscrit, ainsi que la première lettre des deux vers suivants. = *Canut* pour le cas sujet, au lieu de *canuz.* O.

Vers 3955. — *Ies.* O. Voir la note du vers 648 et celle du vers 1500.

Vers 3959. — *Altroi.* O. V. la forme *altrui,* plus conforme à notre phonétique, aux vers 380 et 1963.

Vers 3960. — Lire p.-e. *Bavier.*

Vers 3961. — Lire *E Peitevin,* au lieu de *et.*

Vers 3962. — *Sor* ne se trouve guère qu'ici dans notre texte d'Oxford. En revanche on trouve *sur* aux vers 12, 110, 272, 778, 823, 961, 1553, 1617, 2298. Il s'emploie fréquemment dans le sens d'*au-dessus de.* (Vers 823, 961, 1553, 1617.)

Vers 3964. — Lire *destriers*.

Vers 3966. — *Orgoillus.* O. V. la note du vers 292.

Vers 3967. — *Serjanz.* O. Pour le cas sujet, *serjant*.

Vers 3968. — *Eive* peut s'entendre par eau (*aqua*), ou jument (*equa*). Nous avons adopté ce dernier sens, qui nous paraît ici le seul intelligible. On se sert d'une jument pour attirer plus violemment les chevaux...

Vers 3972. — *Li cler sanc.* O. Pour le cas sujet, *clers sancs*.

Vers 3973. — *Mort... recreant.* O. Le sujet exige *morz* et *recreanz*. = Lire *fel*.

Vers 3975. — *Empereres.* O.

Vers 3982. — *Faite.* Erreur évidente. = Lire la note de Génin sur ce vers. (P. 460.) Il montre que l'usage d'avoir plusieurs parrains et marraines a existé dans plusieurs églises, et que, d'autre part, il a été prohibé par plusieurs Conciles.

Vers 3983. — *Cruiz e linées.* O. La correction est de Mu. G. a supposé : *Asez avez ben enlinées dames*.

Vers 3984. — *Cumpaignes.* La première lettre de ce mot est la seule qui existe encore dans le manuscrit. Restitution de tous les éditeurs.

Vers 3985. — *Baptizent.* O. Pour la mesure, *baptizerent*.

Vers 3986. — *Truvée.* O. Erreur évidente.

Vers 3987. — *Conoisance.* O. Cf. les vers 530, 2524, 3409, 3566.

Vers 3989. — *Esclargiez.* Erreur évidente.

Vers 3990. — *Bramidonie.* O. V. la note du vers 2822.

Vers 3991. — Pour le cas sujet, *nuiz*. Lire *nuit* aux vers 162, 517, 2495, 2498, 3731, et *nuiz*, au vers 717.

Vers 3992. — *Culcez s'est.* O. Au cas régime, *culcet s'est*. Lire *culchet*. = On peut encore écrire : *Li reis se culchet*, ce qui donne un vers à mesure exacte.

Vers 3993. — *Seint.* O. Pour le cas sujet, *seinz*.

Vers 3994. — *Carles.* O. V. la note du vers 15 sur les vocatifs.

Vers 3995-3997. Ces vers sont encore inexpliqués. Qu'est-ce que la terre de Bire? Génin écrit hardiment : *Tere de Sirie*, et Mi. : *Tere d'Ebre*. Nous proposons de lire : *En tere de Libie*. = Qu'est-ce encore que cette ville d'Imphe ou de Nymphe? La rédaction la plus ancienne de la *Karlamagnus Saga* manque précisément ici ; mais nous lisons dans la *Keiser Karl Magnus's Kronike*, qui reproduit exactement l'affabulation de la *Saga* : « Va dans la terre de *Libie* secourir le bon « roi Iwen ; car les païens font une guerre terrible dans ce pays. » Et plus loin l'auteur raconte cette guerre, mais trop succinctement pour qu'on puisse en tirer parti. On voit seulement que le roi païen s'appelait

NOTES ET VARIANTES 247

Gealwer, et qu'il fut tué par Ogier le Danois. » (G. Paris, *Histoire poétique de Charlemagne*, p. 277.)

Vers 3996. — *Reis*. O. Pour le cas sujet, *rei*. = *Succuras*. O. Pour le futur, *succurras*.

Vers 4002. — *Ci falt la geste que Turoldus declinet*. V. les p. LXV et suivantes de notre *Introduction*.

Nous avons eu soin d'indiquer, dans le courant de ces notes, toutes les différences qui séparent de notre texte la *Karlamagnus Saga* d'une part, et, de l'autre, la *Keiser Karl Magnus's Kronike*. Nous allons donner ici, pour la première fois, la traduction partielle de la *Saga* du XIIIe siècle, et la traduction totale de la *Keiser Karl Magnus's Kronike*, œuvre danoise du XVe siècle. Il ne nous a pas paru nécessaire de traduire la première partie de la compilation islandaise. C'est aux chapitres I-XXXVI que se rapportent, en effet, ces mots de M. G. Paris : « Le texte islandais se rapproche tellement du poëme français que l'analyse serait peu intéressante... Les différences sont assez faibles pour que la comparaison puisse être poursuivie presque vers par vers. » D'ailleurs la *Keiser Karl Magnus's Kronike* est un abrégé fidèle de la *Saga* et a été faite d'après le même texte.

I. — Traduction de la *Karlamagnus Saga*. (Ch. XXXVII-XLI.)

Chap. XXXVII. — Peu après, le roi Karlamagnus vint à Runzival. Il n'y pourrait jamais chevaucher une seule aune en long, un seul pied en travers sans trouver quelque corps de païen ou de chrétien. Et il s'écria à haute voix : « Où es-tu, Rollant? Où est Oliver et Turpin l'ar-« chevêque? Où êtes-vous, les douze Pairs, que j'avais postés derrière « moi pour garder le pays, et que j'aimais tant? » Le roi Karlamagnus déchirait ses vêtements, tirait sa barbe : accablé de douleur, il tomba de cheval. Et il n'y eut pas là un seul homme qui ne versât des larmes pour un sien ami. Le duc Nemes ressentit cet événement aussi vivement que tout autre ; cependant il s'approcha du Roi : « Levez-vous, lui « dit-il, et regardez devant vous à deux milles de distance. Vous « devez voir la poussière (mot à mot, la fumée) des chevaux de ces « païens qui étaient ici. Or il serait plus digne d'hommes de venger « nos amis que de nous désoler devant des morts. » Le roi Karlamagnus répond ainsi : « Ils sont loin maintenant. Cependant, je vous « prie, suivez-moi. » Puis il laissa trois comtes à Runzival pour garder le champ de bataille ; ils se nommaient Begun, Hatun et Melun, et dix mille chevaliers avec eux. Ensuite le Roi fit souffler dans ses trompes, et chevaucha en hâte après les païens. Et il s'approchait rudement. Mais comme il [commençait à] faire nuit sur eux, le roi

Karlamagnus descendit de son cheval, se jeta à terre, et pria Dieu afin que le jour se pût allonger, et la nuit se raccourcir. Et à peine eut-il prié, voici qu'un ange de Dieu vint du ciel, et parla avec lui : « Dieu a « dit oui à ta prière, et il te donnera abondamment la lumière du soleil « et le jour. Chevauche en hâte contre les païens, et venge tes hommes « sur cette gent maudite. » Lorsque le roi Karlamagnus entendit ces paroles, il se réjouit, et sauta sur son cheval. Cependant les païens fuyaient vers la terre d'Espagne : les Franks (*Frankismenn*) coururent après eux rudement. Et ils les abattaient à deux mains. Alors ils arrivèrent à une grande eau, ces païens, et ils appelèrent à leur secours leurs dieux : Terogant, Apollo, Maumet; puis ils sautèrent à l'eau et plongèrent au fond, et d'aucuns flottèrent morts, d'aucuns furent noyés sous l'eau. En ce moment les Franks poussèrent des cris, et dirent : « Il nous est précieux d'avoir vengé Rollant et ses compa- « gnons. » Alors arrive le roi Karlamagnus, et il voit que tous les païens sont noyés, et il parle à ses hommes : « Descendez de vos chevaux : il « serait trop long pour nous de retourner cette nuit; prenons nos quar- « tiers pour la durée de la nuit et reposons-nous tous ensemble jus- « qu'au jour. » Les Franks répondent : « Bien dit à toi, Sire. » Ils firent ainsi, et restèrent là durant cette nuit.

Chap. xxxviii.—Le Roi ne retira pas son vêtement de combat; il plaça son écu à sa tête, et resta dans sa brunie, ceint de son épée si bonne, nommée *Joius*, qui était à trente couleurs pour chaque jour. Il possède un clou avec lequel le Seigneur a été attaché à la croix : il l'a mis dans le pommeau de l'épée, et, à l'extrémité, quelque chose de la lance du Seigneur, avec laquelle Dieu fut blessé. Après cela, tout oppressé de sa grande douleur, Karlamagnus se mit à dormir comme un homme fatigué. Or un ange de Dieu vint à lui et s'assit à son chevet toute la nuit. Puis il rêva... Il lui semblait voir une grande agitation en l'air, une tempête horrible, la pluie, la neige, et une flamme violente. Et aussitôt ce prodige tomba sur ses hommes, si bien qu'ils eurent peur et qu'ils criaient à haute voix et appelaient le roi Karlamagnus à leur secours, et ce qui tombait du ciel brisait leurs armes. Et incontinent apparurent au roi Karlamagnus un grand nombre de loups et de lions, et de ces oiseaux qu'on appelle *gamm* (griffons), et toutes sortes de bêtes effroyables. Et il lui sembla qu'elles voulaient dévorer ses hommes, et qu'il voulait les défendre. Incontinent vint un lion qui sauta sur lui, lui mit ses deux pattes dans la bouche, et fit comme s'il voulait lutter (? mot à mot *se prendre*) avec lui et le dévorer; mais il ne sut pas lequel des deux succomba. Et le Roi ne s'éveilla pas encore. Alors se fit voir clairement devant lui un troisième songe... Il lui sembla être chez lui, au pays des Franks (*Frakkland*), dans son palais, et

qu'il avait les fers aux pieds; et il vit trente hommes voyageant vers leur ville qui s'appelait Ardena, et qui causaient entre eux, et disaient ainsi : « Le roi Karlamagnus a été vaincu, et il ne portera plus désor-
« mais la couronne au pays des Franks ! »

CHAP. XXXIX. — Or, après que le Roi se fut réveillé, lorsqu'il pensa à ses rêves, il lui sembla que toutes ces horribles choses étaient vraies. [Les Francs] alors harnachèrent leurs chevaux, et, quand ils furent harnachés, chevauchèrent vers Runzival. Et quand ils y furent arrivés, ils reconnurent les élus (les morts sur le champ de bataille), et trouvèrent Rollant gisant entre quatre belles pierres. Son épée gisait sous sa tête; il tenait sa main droite autour de la poignée, et, dans sa main gauche, il avait son cor Olivant. Lorsque le roi Karlamagnus vit tout cela, il descendit de cheval, alla vers le fils de sa sœur avec grande tristesse, le baisa, lui mort, tomba à terre, et dit ensuite : « Béni
« sois-tu, Rollant, mort comme vivant (*lifandi ok kvikr*, vivens
« et vivus), par-dessus tous les autres chevaliers de la terre; ton
« pareil ne pourra jamais être trouvé dans le monde terrestre, parce
« que tu es à la fois aimé de Dieu et des hommes. » Alors le Roi tomba évanoui, et ses hommes crurent qu'il était mort, bien qu'il fût vivant. Mais le duc Nemes se tenait auprès et voyait; il s'élança vers une eau courante en toute diligence, prit de cette eau et en jeta sur la face du Roi, et lui dit ensuite : « Levez-vous, Sire roi, personne ne doit
« aimer son prochain mort au point de s'oublier, lui, vivant. » Lorsqu'il eut entendu ces paroles de Nemes, le Roi s'y rendit : il se redressa sur ses pieds, et dit au plus fort de ses chevaliers qu'il allât prendre l'épée de Rollant et la lui apportât. Le chevalier alla, mais ne put l'avoir. Alors le Roi envoya un second chevalier, et elle ne fut pas plus facile à détacher. Puis il envoya cinq chevaliers, pour que chacun d'eux pût tenir un des doigts de Rollant, et l'épée ne fut pas plus facile à détacher. Alors le roi Karlamagnus parla : « Aucun homme
« n'eût pu obtenir de prendre l'épée de Rollant tandis qu'il vivait;
« à l'heure présente, vous ne trouverez pas grâce devant lui mort. »
Et, après cela, il tomba pâmé. Le duc Nemes le pria d'avoir du courage, et parla ainsi : « L'homme doit toujours survivre à l'homme,
« et prendre souci surtout de soi-même, parce que Dieu a ordonné
« qu'il en fût ainsi. » Le roi Karlamagnús écouta ce conseil et rejeta loin de soi son chagrin; et il demanda comment ils pourraient obtenir l'épée de Rollant. « Voici qu'il me vient un avis : c'est de prier
« le Dieu tout-puissant qu'il nous veuille assister pour cette fois; mais
« je crois savoir d'avance que personne ne sera digne de détacher
« l'épée de Rollant, à moins que ce ne soit un aussi bon guerrier
« qui la touche au pommeau. » Alors le roi Karlamagnus se mit à prier

en lui-même un long moment. Et, quand il eut fini sa prière, il se leva et alla là où Rollant gisait; il toucha à l'épée, et elle gît libre devant lui. En ce moment, le Roi sut que ce que le duc Nemes lui avait dit était vrai. Il prit le pommeau de l'épée à cause des reliques qui s'y trouvaient, et il jeta la lame à l'eau loin de terre, parce qu'il savait qu'il n'appartenait à personne de la porter après Rollant. Ensuite il alla sur le champ de bataille rechercher les chrétiens, et il trouva les douze Pairs, qui gisaient l'un à côté de l'autre; et cela, il sut que Rollant l'avait fait (?).

Chap. xl. — Puis le roi Karlamagnus fit enlever les corps des douze Pairs et les fit envelopper de bons linceuls; et quand cela fut achevé avec grands égards, il se sentit vivement ému pour ses autres hommes qui étaient tombés, et il lui sembla que ce serait un grand malheur s'il ne pouvait réussir à distinguer leurs corps de ceux des païens. Alors Karlamagnus en parla avec le duc Nemes et tous ses gens: « Comment pourrait-il arriver à reconnaître les corps des chrétiens « au milieu des morts? » Le duc Nemes lui répondit, bien sagement et en homme de sens (*veg-mann-liga*, mot à mot, en homme qui connaît les voies et moyens), et parla de cette façon : « Il [m']est avis d'ad-« mettre qu'ici, comme le plus souvent lorsqu'un grand embarras se « présente, c'est Dieu, cause de tout, qui y peut et veut le mieux. Mon « avis est donc pour cette fois d'invoquer le Dieu tout-puissant de « tout cœur, afin qu'il nous aide en cette affaire. » Ceci parut au roi Karlamagnus un excellent conseil; il veilla toute la nuit, et tous ses gens avec lui. Ils se mirent en prière, et demandèrent à Dieu tout-puissant de leur faire voir clairement lesquels étaient ou les chrétiens qui avaient succombé, ou ces méchants païens qui s'étaient soulevés contre eux. Or, le matin suivant, lorsqu'ils vinrent pour la seconde fois reconnaître les élus, le Dieu tout-puissant avait ainsi exaucé leur prière, et la distinction suivante était faite entre les chrétiens et les païens : des buissons avaient poussé sur les corps des païens, tandis que ceux des chrétiens étaient tout découverts, tels qu'ils venaient de tomber. Alors le roi Karlamagnus fit faire un grand nombre de tombeaux très-vastes dans lesquels il réunit ceux qui étaient tombés sur le champ de bataille, et il fit ensuite recouvrir leurs corps de terre; il fit amener là presque tout ce qu'il y avait [de ces corps], excepté Rollant et les douze Pairs. Or, la nuit suivante, les anges de Dieu dirent en songe au Roi que tous étaient sauvés, parmi les hommes de Karlamagnus qui avaient succombé. Puis le Roi fit faire de grandes et fortes bières, et y fit déposer les corps de Rollant, des douze Pairs, des chefs qui avaient succombé; il fit mettre leurs douze corps dans les bières, et ensuite se mit en marche, lui et tous ses gens, avec grand éclat et honneur. Et ils avaient, cheminant avec eux, ces douze corps; et ils voyagèrent jusqu'à ce qu'ils fussent arrivés à leur ville qui se nomme Arlis (Arles), et qui est la capitale du pays qu'on appelle Provincia. Il y avait là des clercs nombreux, bons et célèbres, qui vinrent au-devant d'eux avec grande pompe et vénération. Alors on chanta des messes pour les âmes dans tous les moutiers de la ville. Le roi Karlamagnus fit des offrandes, aux messes qui furent chantées, avec grande magnificence et générosité : on dit qu'il y offrit douze mille marcs pesants d'argent avant que les corps fussent recouverts de terre, et qu'il donna (litt. *fit retourner*?) de grandes propriétés pour l'emplacement où reposent les douze Pairs. Et il établit de grosses rentes ou prébendes qui, depuis lors, ont toujours été continuées. Après cela le roi Karlamagnus s'en retourna dans sa ville de Paris avec tous ses gens, et il eut beaucoup de chagrin dans son cœur, quoiqu'il lui eût été donné de faire la découverte de ces corps.

CHAP. XLI. — Lorsque le roi Karlamagnus eut habité chez lui quelque temps et qu'il se fut reposé de ces voyages, il fit dresser le pieu (symbole des convocations générales, surtout des levées d'armes) dans toutes ses terres et provinces, et fit convoquer tous les commandants en chef (*höfding*) de ses États, et tout homme valide et capable de porter les armes, afin qu'ils eussent à venir vers lui pour délibérer sur ce qu'on devait faire du comte Guinelun, lequel avait trahi Rollant et les vingt mille hommes morts avec lui à Runzival. Et quand tout ce monde fut réuni dans un même lieu, l'affaire fut exposée et racontée par des hommes sages, et ensuite portée devant l'Assemblée générale. Alors tous ces hommes se déclarèrent incompétents pour juger une pareille cause, et on ne put arriver à aucune conclusion pour cette fois. Mais il arriva, comme toujours, que le duc Nemes en vint à se lever en face de cette multitude, et leur fit une longue harangue tout particulièrement habile. Il termina ainsi son discours: « Mon avis est que le comte Guinelun doit mourir de la mort la plus « épouvantable et la pire qu'on pourra jamais trouver. » Cet avis parut juste au roi Karlamagnus et à toute l'Assemblée. Alors le comte Guinelun fut retiré du cachot où il avait été jusque-là gardé dans les fers, depuis que Rollant et ses compagnons étaient partis pour Runzival. Puis le traître fut attaché entre deux chevaux sauvages qui l'entraînèrent tout autour du pays des Franks, jusqu'à ce que sa vie finît ainsi, jusqu'à ce qu'un seul de ses os ne restât plus attaché à l'autre dans tout son corps, et ils étaient eux-mêmes en morceaux (?). Après cela le roi Karlamagnus fit rendre libres ses États; il les fit fortifier, et plaça dans ses provinces des hommes pour les bien administrer et gouverner, et aussi pour repousser au loin ses ennemis et ses adversaires. On dit aussi que l'empereur Karlamagnus eut depuis plusieurs guerres, et remporta rarement la victoire ; mais il conserva ses États tout entiers jusqu'au jour de sa mort. Ainsi finit cette branche (de la *Saga*).

II. — Traduction de la *Keiser Karl Magnus's Kronike*.

L'Empereur ayant soumis l'Espagne et la Galice, ainsi qu'il a été dit plus haut, il restait néanmoins encore un château qu'il n'avait pu réduire. On l'appelait Saragus, et il était situé sur une montagne élevée. Il avait un roi qui se nommait Marsilius et qui était païen. Marsilius dit à son conseil : « Voilà l'empereur Charlemagne qui vient « ravager notre pays ; arrêtons de bonnes résolutions. » Un roi qui se nommait Blankandin lui répondit (il était vieux et sage) : « Ne crai« gnez pas, seigneur, lui dit-il ; mais écrivez à l'Empereur que vous « voulez devenir son homme lige et embrasser la foi chrétienne, et « faites-lui de riches présents. L'Empereur est vieux et se reposerait « volontiers, s'il le pouvait. S'il désire quelque otage, envoyez-lui mon « fils et le vôtre ; il vaut mieux perdre deux hommes que nous perdre « tous avec tous nos domaines. » Tous dirent que c'était un bon conseil.

L'Empereur, étant en Espagne, assiégeait un château appelé Flacordes ; l'envoyé du roi Marsilius y vint et exposa son message, disant que le roi Marsilius voulait passer en France pour voir l'Empereur, se constituer son vassal et lui rendre hommage pour l'Espagne. L'Empereur, ayant lu la lettre, donna l'assaut au château de Flacordes ; il l'emporta du coup et tua tous ceux qui ne voulurent pas se faire chrétiens. Puis il réunit son conseil et fit lire devant lui la lettre de Marsilius. Quelques-uns dirent qu'il fallait s'en rapporter à cette lettre ; c'étaient ceux qui auraient bien voulu s'en retourner chez eux. Ils prièrent l'Empereur d'accepter les otages. Mais Roland dit à l'Empereur : « Si vous vous fiez à la lettre du roi Marsilius, vous vous en « repentirez tant que vous vivrez ; vous savez bien que c'est un homme « faux. Nous avons conquis toute l'Espagne ; conquérons aussi main« tenant ce seul château qui reste, avant de partir d'ici. D'ailleurs Mar« silius ne peut pas se défendre contre vous ; les hommes d'Afrique et les « Turcs sont tous battus, et il ne peut recevoir d'eux aucun secours. « Marchons sur Saragus et ne désemparons pas que nous n'ayons tué « Marsilius, ou qu'il ne soit chrétien ! »

Le comte Gevelon, beau-père de Roland, se leva ensuite et dit à l'Empereur : « Il me semble que les paroles de Roland ont plus d'em« portement que de sagesse. Le roi Marsilius vous offre son hommage

« et veut se faire chrétien. Il est impie de vouloir la guerre, quand on
« peut avoir la paix. Mon avis, en conséquence, est que vous envoyiez
« un homme sage à Marsilius, pour faire avec lui une alliance qui soit
« solide, et ramener ici des otages. » L'Empereur demanda qui il conviendrait le mieux d'envoyer à cet effet. Le duc Neimis s'offrit pour partir ; l'Empereur lui lança un regard courroucé, et dit : « Tu resteras auprès
« de moi cette première année (?). » Roland s'offrit aussi pour partir ; Olivier dit : « Il n'est pas bon que tu partes, car tu es trop vif ; tu serais plutôt
« une cause de désunion que de concorde. » Roland dit : « Y a-t-il
« quelqu'un plus propre pour ce message que le duc Gevelon, mon
« beau-père ? » Tous furent de cet avis. L'Empereur ordonna donc à Gevelon de se rendre auprès du roi Marsilius. Et Gevelon dit à Roland :
« C'est toi qui es cause de ce qui arrive ; aussi ne serai-je plus désormais
« ton ami. Et c'est toi qui es cause aussi que nous restons si longtemps
« après la victoire gagnée. Si je reviens de ce voyage, je causerai ta
« mort et celle de tes compagnons. Donc je vais partir ; mais je sais
« bien que je n'en reviendrai pas en vie, car le roi Marsilius me fera
« tuer. » Roland et les douze Pairs rirent de ces paroles, et Gevelon fut si furieux qu'il hésita sur ce qu'il devait faire. Des lettres furent écrites, et le secrétaire les remit à Gevelon pour qu'il les portât à Marsilius ; mais Gevelon détourna les mains, et les lettres tombèrent par terre. Les douze Pairs sourirent, et Roland dit : « Si l'Empereur m'a-
« vait confié les lettres, la peur ne me les aurait pas fait lâcher, et
« elles ne seraient pas tombées par terre. »

Gevelon reprit les lettres, partit pour aller trouver le roi Marsilius et lui remit le message. Le roi Marsilius le reçut amicalement. Blankandin dit à Gevelon : « Je sais bien que l'empereur Charlemagne est un
« puissant (*géant* ou *guerrier*, sens étymologique) ; mais maintenant il
« est vieux. Je crois que Roland, un des douze pairs, le pousse beau-
« coup à la guerre et aux combats. » Le duc Gevelon répondit : « C'est
« vrai, comme tu le dis ; Roland surtout est cause de tout cela, et nous
« avons eu beaucoup de mal par sa faute. Plût à Dieu qu'il fût mort !
« nous aurions aujourd'hui une bonne paix. Mais il ne sera satisfait que
« lorsqu'il aura conquis le monde entier. » Quand le roi eut lu la lettre, il vit que l'Empereur se qualifiait de « roi légitime de la terre d'Espagne » ; c'est pourquoi il entra en colère et frappa Gevelon avec un bâton. Gevelon tira son épée, et dit : « L'Empereur demandera que ma mort soit ven-
« gée. » Le conseil du roi intervint, et dit que le roi avait tort. Un des hommes de Marsilius, nommé Langelif, lui dit : « Écoute les paroles de
« Gevelon : ce peut être meilleur pour nous que tu ne le penses. » Le roi Marsilius dit alors à Gevelon : « Je reconnais que j'ai eu tort envers toi, et
« j'en userai mieux à ton égard. » Et il lui donna un manteau qui valait

cent livres d'argent, et dit : « Je m'étonne que ton maître soit si avare
« (ou *ambitieux*, au sens allemand), étant si âgé. » Gevelon répondit :
« L'Empereur est un noble seigneur, favorisé (mot à mot *bien vu*) de
« Dieu, et j'aimerais mieux mourir que d'avoir son inimitié. Tant que
« Roland vivra, nous n'aurons jamais la paix; les douze Pairs sont
« tellement fiers (*superbes* rendrait mieux le sens et le mot à mot, qui
« est *prodigue, luxueux*), qu'ils ne craignent personne. » Le roi Marsilius dit : « J'ai quatre cent mille hommes de troupes : puis-je avec eux
« résister à la puissance de l'Empereur? » Gevelon lui répondit : « Il n'y a
« pas à y songer pour l'instant. Je veux te donner un meilleur conseil :
« envoie à l'Empereur de l'or, de l'argent, des pierres précieuses,
« et deux hommes en otage que l'Empereur emmènera en France.
« Roland restera pour la garde du pays. Marche alors sur lui avec toutes
« tes troupes et divise ton monde en quatre parties, afin qu'elles ne
« combattent pas toutes ensemble et sur un seul point. Et tu le fati-
« gueras plus facilement. » Le roi Marsilius le remercia de son conseil
et dit : « Il est bien sûr qu'avec un tel plan nous vaincrons Roland. »
Gevelon lui en fit serment et demanda que le roi lui jurât aussi de ne
pas le trahir; le roi jura qu'il ne le trahirait point. Les conseillers de
Marsilius jurèrent ensuite et dirent qu'ils vaincraient sûrement Roland.

Gevelon partit pour retourner auprès de l'Empereur, emportant
avec lui beaucoup d'or et d'argent, et il dit à l'Empereur : « J'ai ici
« beaucoup d'or et d'argent que le roi Marsilius vous envoie, ainsi que
« les clefs du château fort de Saragus, avec les otages; il se fera cer-
« tainement chrétien et deviendra votre vassal. » L'Empereur remercia
Dieu et dit : « Tu as accompli le message en fidèle serviteur. » L'Empereur réunit alors son conseil et ses hommes sages, et leur demanda
qui d'entre eux voulait rester en arrière à Runtseval, qui était sur la
frontière. Gevelon répondit : « Roland est celui qui convient le mieux,
« et il est parfaitement l'homme qu'il faut pour rester ici à garder
« le pays. » L'Empereur jeta sur lui un regard courroucé et dit : « Quel
« sera donc le capitaine qui ramènera mon armée en France? » Gevelon répondit : « Ce pourrait être Olger le Danois. » Roland reprit et
dit : « Gevelon, si je reste ici avec l'arrière-garde, je ne serai pas aussi
« effrayé que tu l'as été quand tu as laissé tomber la lettre de tes
« mains. » L'Empereur dit à Gevelon : « Tes paroles ont un sens
« étrange. » Roland dit : « Seigneur, je resterai volontiers avec l'ar-
« rière-garde. » L'Empereur fut tellement touché de ces paroles que
les larmes lui coulèrent des yeux, et il dit : « Restez aussi, vous,
« les douze Pairs, avec vingt mille hommes, et Roland sera votre
« capitaine. » Puis l'Empereur fit ployer les tentes et lever le camp,
et il se mit en marche pour la France.

Tous les hommes du pays de France eurent peur pour Roland, et des larmes furent versées à cause de lui. L'Empereur lui-même étant fort contristé, le duc Neimis lui dit : « Que craignez-vous? Pourquoi « êtes-vous soucieux et triste? » L'Empereur lui dit : « J'ai rêvé, cette « nuit, que l'ange de Dieu venait vers moi et qu'il brisait mon épée « entre ses mains. C'est pourquoi je crains que Gevelon n'ait tramé « quelque mauvaise machination avec Marsilius et n'ait trahi Roland. « Si j'éprouve ce malheur, je ne m'en consolerai jamais. C'est pourquoi « je recommande mon neveu à Dieu tout-puissant. »

Le roi Marsilius s'étant enquis que Roland était à Runtseval, comme il a été dit auparavant, rassembla de tout son pays les rois, ducs et comtes, chevaliers et écuyers, de sorte que, dans les trois jours, il eut quatre cent mille soldats. Il fit placer ses dieux sur le rempart, et on leur fit des sacrifices. Puis il choisit douze de ses hommes, les meilleurs qu'il eût, pour les opposer aux douze Pairs : le premier était Adelrot, le fils de sa sœur; le second, Falsaron, son frère; le troisième, Corsablin; le quatrième, le comte Turgis; le cinquième, Eskravit; le sixième, Estorgant; le septième, Estormatus; le huitième, le comte Margaris; le neuvième, Germiblas; le dixième, Blankandin; le onzième, Timodes; le douzième, Langelif, qui était le frère du père du roi Marsilius.

Le roi Marsilius s'arma avec tous ses hommes, et marcha vers Runtseval. Olivier était sur une haute montagne, et voyant venir cette grande armée, il dit à Roland : « Voici venir une grande armée d'Es- « pagne; il est donc évident que Gevelon nous a trahis. » Mais Roland fit semblant de ne pas entendre ce qu'il disait. Olivier reprit : « Voici venir « une grande armée avec des harnais bleus, des bannières rouges et « des boucliers polis, et nous avons bien peu de monde. C'est pour- « quoi il serait prudent de souffler dans ton cor pour rappeler l'Em- « pereur, qui viendrait à notre secours. » Roland répondit : « Je serais « malade si l'Empereur et la France perdaient de leur réputation et de « leur gloire par ma faute; mais j'aurai auparavant entassé de si grands « monceaux avec Durendal qu'on en parlera tant que durera le monde. » Olivier répondit : « On n'est point pour cela peureux, parce que l'on « recherche son avantage et son bien. J'ai vu tant de païens que toutes « les montagnes en étaient couvertes, toutes les vallées remplies, et « tu ne tarderas pas à voir un grand choc entre nos gens, car nous « sommes trop peu de monde contre tant de milliers d'hommes et une « aussi puissante armée. » Roland répondit : « Soient brisés en deux les « cœurs et les poitrines des hommes pusillanimes! »

Quand Roland vit que les païens étaient arrivés tout près, il dit à ses hommes : « Vous savez tous que l'Empereur nous a choisis « dans son armée et nous a placés ici pour garder ce pays s'il en

« était besoin : nous supporterons et souffrirons tout ce qu'il plaira à
« Dieu de nous faire. Piquez bravement de la lance et de l'épée ; tran-
« chez de vos glaives. Je trancherai, moi, de mon épée, si bien que
« chrétiens et païens diront qu'un homme en tenait la poignée. » L'archevêque Turpin, monté sur son coursier, tout armé, leur dit : « Chers
« amis, ce combat, nous l'allons supporter. Tombez à genoux. Je vous
« donne l'absolution de tous vos péchés, et chacun de vous qui mourra
« sera un martyr de Dieu. Et je vous impose, comme pénitence et expia-
« tion pour vos péchés, que vous combattiez vaillamment contre les
« païens. » L'archevêque Turpin prononça sur eux sa bénédiction ;
après quoi, les Français montèrent sur leurs chevaux. Et Olivier dit à
Roland : « Tu dois voir maintenant que Gevelon nous a vendus pour
« tout cet or et cet argent qu'il a rapporté avec lui. L'Empereur en
« tirera vengeance sur le traître, si nous ne pouvons le faire nous-
« mêmes. » Roland courut sus aux païens, et tous les Français avec
lui.

Adelrot dit aux soldats chrétiens : « Comment êtes-vous assez hardis
« pour oser nous attendre ? L'Empereur a agi comme un insensé en
« vous laissant ici derrière lui. A cause de vous, la France va perdre
« de sa grandeur. » Roland entendit ces paroles ; il frappa d'estoc sur
son casque et le pourfendit jusqu'à la ceinture, tellement qu'il en
roula mort à terre ; après quoi Roland dit : « Tiens, méchant païen,
« la France ne perdra pas son prix à cause de moi ! »

Alors les hommes de France coururent sus durement. Falsaron, frère
du roi Marsilius, était large d'un pied entre les deux yeux. Oliver
frappa de taille sur son casque, et le pourfendit jusqu'à la poitrine, et
dit : « Je te fais voir ce qui se passe en enfer. Et maintenant en avant,
« hommes de France, en avant ! Nous trouverons la victoire aujour-
« d'hui ! » Le roi Corsablin dit aux païens : « En avant et courage ! les
« chrétiens ne sont qu'une poignée en face de nos gens. » L'archevêque
Turpin le piqua entre cuirasse et ventre, et l'envoya si loin de son
cheval, qu'il en tomba mort à terre. Engeler le fier soutint un rude
choc ; Geris aussi soutint un fier combat. Le duc Samson trancha
un païen qui tomba mort à terre, le sabre étant entré dans la selle.
Et l'archevêque Turpin dit : « C'était vaillamment tranché. » Chacun
des douze Pairs abattit un guerrier au premier engagement. L'agile
comte Margaris piqua Oliver entre écu et harnais, et l'écu ne fut
point retiré (?) ; car il avait éprouvé un grand dommage. On se serra
de près des deux côtés. Roland s'élança comme un lion au milieu de
l'armée ennemie ; ses bras étaient couverts de sang jusqu'à l'aisselle ;
pas un casque ne tenait sous ses coups. Oliver, lui, avait brisé son glaive ;
il frappa un païen sur son casque avec le marteau (?) qui lui restait

à la main, tellement que tête et casque furent mis en pièces, et que les deux yeux furent chassés dehors. Alors Roland dit : « Dans un combat, « il faut du fer pour se battre. Je ne me bats pas avec un bâton, « comme les gardeurs de bestiaux. » Oliver répondit : « Je n'ai pas pris « le temps de tirer mon épée, tant j'étais colère contre ce diable. » Et il tira son épée, qui s'appelait Hattagisser; il en frappa un coup sur le casque d'un chef puissant, et le pourfendit jusqu'à la selle. Alors Roland dit : « Pour un tel coup, nous obtiendrons une grande récompense « de l'Empereur. » Gerin et Geris tuèrent tous deux un chef appelé Timodes; l'archevêque Turpin tua un guerrier païen nommé Sipor. Ils combattaient vaillamment des deux côtés. Alors il commença à tomber beaucoup (d'hommes) parmi les chrétiens. Cependant chacun d'eux avait frappé à mort dix ou douze païens. Les douze Pairs étaient les plus intrépides de tous au combat.

Pendant quelques jours, il se produisit alors ce prodige en France, qu'il fit aussi sombre que s'il eût été nuit, et que le soleil ne donna aucune lumière de lui-même, et que maint homme eut peur pour sa vie. Saint Gilles dit que ce prodige arrivait à cause de Roland, parce qu'il devait mourir en ce jour. Les païens [cependant] s'élancent par milliers à la fois [et succombent], si bien que, sur cent mille hommes, il n'échappa que l'agile comte Margaris. Et il ne méritait pas de reproches, encore qu'il fût en fuite : car toute son armure avait été brisée sur lui, et il avait été transpercé de quatre épées. Il dit au roi Marsilius que les païens étaient tous occis.

Alors le roi Marsilius envoya derechef contre les chrétiens cent mille hommes. Quand l'Archevêque vit venir les païens, il dit : « Avancez vail- « lamment, nous porterons couronnes au ciel ! » Les chrétiens répondirent : « Car nous voulons tous mourir plutôt que la France perde son « bon los et renommée. » Ainsi ils recommencèrent à combattre avec un nouveau courage. Un païen, appelé Libanus, piqua Engeler entre écu, harnais et ventre, et il tomba mort de son cheval. Alors Oliver dit : « Il faut que je tire vengeance de ceci, si je le puis. » Et il frappa sur le casque de Libanus, et pourfendit homme et cheval, si bien que la pointe de l'épée se tint en terre. Au second coup, il occit un duc. Alors Roland dit : « Voici que tu es en colère. » Un païen, nommé Vallebrus, — il avait pris Jérusalem par trahison, était entré dans le temple de Salomon et avait occis le patriarche devant le maître-autel, — piqua Samson entre harnais et poitrine, et il tomba mort. Roland vit cela, il frappa sur le casque de Vallebrus, le pourfendit jusqu'à la selle. Et les païens dirent : « C'était un terrible coup. » Roland répondit : « J'en donnerai encore « plus d'un tout semblable aujourd'hui, car nous voulons vous faire « connaître le chemin de l'enfer. » Un fils du roi d'Afrique, nommé Malchan, — son armure était dorée comme une flamme, — frappa l'un des Pairs, nommé Angases, et le pourfendit jusqu'aux épaules. L'Archevêque vit ceci, et dit : « Oh ! méchant païen ! que Dieu s'irrite contre « toi ! L'homme que tu as tué, tu le payeras bien cher ; » et il le frappa tellement sur son cou, que la tête de Malchan vola par la campagne.

Le fils du roi de Cappadoce, appelé Grandones, fit beaucoup de mal aux chrétiens ; il frappa à mort quatre Pairs, l'un après l'autre : Gerin et Geris, Bering et Antoine de Valtaborg (?). Les hommes de France s'en affligeaient beaucoup ; les païens se criaient les uns aux autres, et encourageaient leurs gens. Roland dit à Grandones : « Que Dieu « se venge de ceci sur toi ! Moi, j'en vais tirer vengeance, si je puis. » Et il courut sur lui avec une épée ensanglantée ; Glandones se baissa ; Roland le frappa par derrière à la nuque, et lui fendit la tête jusqu'à la bouche ; il frappa un autre coup sur son épaule, et le fendit avec son cheval en deux. Alors les hommes de France s'écrièrent : « Nous avons un « capitaine accompli. » Le combat était dur ; les païens tombaient si nombreux, que personne ne pouvait connaître le nombre des morts. Roland courait au milieu de sa troupe en long et en large, et disait aux païens : « Maintenant vous allez éprouver si vos faux dieux de mascarade (?) « sont plus puissants que le Fils du Dieu du ciel. » Les païens dirent : « Les hommes de France sont difficiles à combattre, aussi allons-nous « fuir. » Ils s'enfuirent vers le roi Marsilius, et lui dirent qu'ils avaient perdu deux batailles. Alors le roi Marsilius partit pour la troisième bataille. Et il avait avec lui deux cent mille hommes.

L'Empereur était couché là-bas dans une lande qui se nommait Sintes (?). Là, il rêva qu'il était élevé en l'air au milieu d'une grande pluie, de la tempête et des éclairs, et tout cela tombait et jetait ses hommes à la renverse. Il lui sembla aussi qu'un lion voulait prendre et dévorer ses gens, et qu'un lion lui mettait ses deux pattes dans la bouche. Il lui sembla encore qu'il était rentré en France, qu'il avait une corde autour de ses deux jambes, et que trente hommes venaient à lui en courant, et disaient : « Maintenant l'Empereur est vaincu, et « jamais plus il ne portera la couronne. » Là-dessus il s'éveilla et dit : « J'ai rêvé des choses étonnantes cette nuit ; j'ai peur que Roland ne « soit plus en vie. »

Les païens et les chrétiens se combattirent donc à Runtseval une troisième fois. Turpin l'archevêque frappa un païen nommé Ambori, et le pourfendit jusqu'à la selle. Alors Roland dit : « Notre archevêque « est un bon chevalier, et maintenant, s'il se trouve en danger, il est « d'un bon secours ! » (?) Et ainsi tombent les chrétiens si serrés devant les païens, que, sur vingt mille hommes, il n'en reste plus guère que six cents. Les païens commencèrent à lutter de nouveau ; et alors tombe plus d'un homme parmi les chrétiens. Lorsque Roland vit ses hommes tomber ainsi, il courut tout au milieu de l'armée, et frappa des deux mains; Oliver en fit autant. Et Roland dit à Oliver : « Restons « ensemble, le jour est venu où nous devons mourir. Dieu veuille nous « accorder que l'Empereur le sache! Prie Dieu qu'il nous fasse misé- « ricorde. » L'Archevêque dit : « Il a été trouvé dans les vieux livres « que nous devons être tués pour la cause de la sainte foi. Nous ne « sommes plus maintenant que soixante hommes. »

Roland fit serment, et dit : « Il faut que les païens disent, avant que « nous mourions, qu'ils nous ont encore acheté bien cher; » et il dit à Oliver : « Je vais souffler dans mon cor; l'Empereur retournera en « arrière et viendra à notre secours. » Oliver répondit : « Ce n'est pas « mon avis, et jamais tu n'amèneras ma sœur dans ta couche, si tu fais « cela. » Roland lui dit : « Tu es courroucé, beau-frère. » Oliver répondit : « Tu as un cœur vaillant, mais point de sagesse. Voilà ici maint chré- « tien immolé pour ton orgueil; si tu avais soufflé dans ton cor lorsque « je t'en ai prié, l'Empereur serait arrivé sur-le-champ à notre secours, « et maintenant le roi Marsilius et tous ses gens seraient occis. » Alors l'archevêque Turpin leur dit : « Chers amis, ne soyez point courroucés. « Le jour est venu que nous devons tous mourir pour la cause de Dieu; « or il importe fort peu que tu souffles dans ton cor ou non, à moins « que tu n'y souffles pour que l'Empereur puisse venir venger notre « mort. » Roland dit : « Je veux souffler au nom de Dieu! » et alors il souffla si haut que l'Empereur l'entendit; et cependant il y avait entre eux la distance de quinze milles de France.

Lorsque l'Empereur entendit le cor, il dit : « Voilà que Roland com- « bat, et mes hommes. » Gevelon répondit : « Sire Empereur, tu parles « étrangement; Roland peut bien souffler dans son cor, s'il voit seu- « lement un lièvre courir, ou toute autre bête. » Roland souffla encore une autre fois. Alors l'Empereur dit : « Roland ne soufflerait pas si « fort, s'il n'avait pas besoin de le faire. » Le comte Gevelon répondit : « Tu as beau être vieux, tu es encore bien incrédule. Tu connais bien « la grande fierté de Roland : il souffle souvent pour bien peu de chose. » Roland sonna une troisième fois si serré et si dur, que le sang jaillit de son nez et de sa bouche, et que sa cervelle lui sortit par les tempes. Alors l'Empereur dit : « Ce cor a un cruel son. » Le duc Neimis lui répondit : « Tu dois tenir pour certain, Sire, que Roland se trouve en grande « angoisse. » L'Empereur fit sur-le-champ saisir le comte Gevelon, le fit enfermer dans une tour et partit pour Runtseval avec toute son armée.

Alors Roland dit à Oliver : « Maintenant tu peux voir que l'Empereur « a perdu ici beaucoup de ses meilleurs hommes : il nous faut mou-

« rir avec eux. » Puis Roland s'élança au milieu des armées païennes, et, durant une petite heure, il leur tua plus de vingt-quatre guerriers; et il disait : « Fuyez arrière, chiens de païens : vous n'aurez jamais la « victoire sur moi! » Le roi Marsilius, alors, piqua un chrétien, nommé Begun, au milieu de ses épaules, si bien qu'il en tomba mort à terre. Roland n'était pas loin, car il dit au roi Marsilius : « As-tu entendu « nommer une épée qui s'appelle Durendal? Tu vas savoir quel goût « elle a. » Et il lui coupa le bras tout au ras de l'épaule; puis Roland fit le moulinet de son épée et trancha la tête des fils du roi Marsilius. Alors les païens dirent : « Nous allons maintenant nous mettre à fuir, « car Roland nous a vaincus. » Et ainsi s'enfuit le roi Marsilius avec un millier d'hommes, et aucun d'eux n'était sans blessure.

Puis vint un païen, nommé Langelif, avec soixante mille hommes noirs, qui combattirent vaillamment contre les chrétiens. Roland alors dit à Oliver : « Ces gens vont causer notre mort. Défendons-nous vigou-« reusement, pour que ces hommes noirs puissent dire qu'ils ont trouvé « Roland et Oliver! » Langelif piqua Oliver entre les épaules, si bien que la pointe sortit par la poitrine, et dit : « Misérable, viens ici te « coucher pour garder le pays! » Oliver se retourna et frappa Langelif sur son casque, de façon que son épée lui entra dans les dents, et il dit : « Tu ne te vanteras pas de ce que tu viens de faire. » Et Langelif roula mort à terre. Oliver s'élança au milieu des troupes païennes; il frappait des deux mains; Roland le rencontra, et Oliver ne le reconnut point, parce que ses yeux étaient pleins de sang; il frappa sur le casque de Roland, et le fendit jusqu'aux cheveux. Alors Roland dit : « Oliver, « ne frappe pas ici, mais là-bas, où c'est plus utile. » Oliver répondit : « Dieu te voie mieux que je ne te voyais : pardonne-le-moi pour Dieu! » Roland répondit : « Que Dieu te pardonne tes offenses, comme je te « pardonne celle-ci de bon cœur! » Oliver sentit que la mort allait venir; aussi descendit-il de cheval et tomba-t-il à genoux. Il pria Dieu de lui pardonner ses péchés, et aussitôt se trouva mort.

Lorsque Roland vit qu'Oliver était mort, il se pâma sur son cheval; cependant il ne tomba pas à terre. Les chrétiens étaient là tous tués, excepté Roland, Turpin l'archevêque, Volter, fils de la sœur de l'Archevêque et Irot. Le vieux Irot dit à Roland : « Secours-moi! Je n'ai « jamais eu peur dans aucun combat avant ce jour. » Roland se retourna et commençait à combattre, quand Volter et Irot furent tués. Alors Roland entendit le cor de l'Empereur, et les païens dirent : « Voilà que nous entendons le cor de l'Empereur. Dépêchons-nous « maintenant de mettre à mort Roland, avant que l'Empereur ar-« rive! » Et aussitôt sept cents, tous ensemble, lui coururent sus; mais Roland et l'archevêque Turpin se défendirent rudement : « Nous

« voici en mauvais état, dirent alors les païens. Nous avons entendu
« le cor de l'Empereur ; si nous l'attendons, nous n'en reviendrons
« jamais vivants. » Donc ils s'enfuirent et dirent : « Roland est un si
« bon combattant, qu'il n'est jamais vaincu. » Sur ce, ils tuèrent le
cheval de Roland, et s'enfuirent le plus rapidement qu'ils purent.

Roland roula en bas et tomba, et l'Archevêque lui retira son armure, qui était brisée en plusieurs morceaux. Lorsque Roland revint à lui, il se dressa, s'en alla où le combat avait eu lieu, y trouva les corps de ses pairs et les apporta aux pieds de l'Archevêque. Lorsqu'il trouva Oliver, il roula à terre et s'évanouit. L'Archevêque prit le cor Olivant et voulut puiser de l'eau pour en verser sur Roland ; mais il était lui-même coupé en deux entre les épaules et transpercé d'une épée ; aussi roula-t-il à terre. Roland reprit ses sens et dit à Oliver : « Voici pour-
« quoi tu étais au monde : c'était pour défendre le Droit et établir la
« Rectitude ; c'était pour confondre l'Orgueil et l'Injustice. Aucun che-
« valier au monde n'était meilleur que toi. » Alors il le baisa sur la bouche, puis s'en alla vers l'Archevêque et lui demanda s'il vivait. L'Archevêque lui répondit tout bas, car il n'était plus bien vaillant :
« Dieu nous accorde que l'Empereur arrive et aperçoive le dommage qui
« lui a été fait ! Et pourtant le roi Marsilius nous a encore payés bien
« cher. » Puis Roland s'en alla sur un tertre, s'assit entre quatre pierres de marbre et s'évanouit. Un païen alla à lui, qui semblait avoir été tué au milieu de l'armée ; il crut que Roland était mort, et dit : « Voilà que
« le fils de la sœur de l'Empereur est vaincu ; je vais emporter son
« épée et son cor en Arabie. » Il saisit la barbe de Roland et la tira très-fort ; sur ce, Roland reprit ses sens et dit : « Tu n'étais pas de
« nos hommes. » Alors il le frappa de son cor à la tête, si bien que ses deux yeux pendirent le long de ses joues et que sa tête fut fendue en deux. Et Roland dit : « Tout le monde t'appellera un fou, d'avoir
« osé voler ma barbe et mon cor. »

Puis Roland alla jusqu'à une montagne et voulut briser en deux son épée Durendal. Mais il ne put la briser de ce coup, et dit :
« Durendal, tu es une bonne épée. Dans maint combat je t'ai portée,
« mais maintenant nous allons nous séparer. Or je prie Dieu qu'aucun
« ne te possède après moi, qui soit pusillanime et lâche. » Derechef, il frappa sur la montagne, et ne put briser son épée. Alors il dit : « Tu
« es une bonne épée, Durendal, et j'ai conquis bien des pays avec toi !
« Dieu m'accorde que le comte de Cantuaria te possède, car il est un
« noble guerrier et chevalier. Voici les pays que j'ai conquis avec toi,
« dont l'Empereur est le maître, et qui sont : Angleterre, Allemagne,
« Poitou, Bretagne, Provence, Aquitaine, Toscane, Lombardie, Hiber-
« nie, Écosse ; or ce serait dommage qu'un homme de rien te possé-

« dût après ma mort. Dans ton pommeau se trouvent un morceau de
« dent de saint Pierre, du sang de saint Blaise et des cheveux de saint
« Denis. » Alors Roland sentit qu'il allait mourir ; il tomba sur ses
genoux et dit : « O toi, Père qui es aux cieux, qui secours et sauves
« tous ceux qui ont foi en toi ; qui as ressuscité Lazare de la mort et
« délivré Daniel des horribles lions de Babylone, délivre maintenant
« mon âme des peines de l'enfer, et pardonne-moi tous mes péchés. »
Puis il tendit ses deux mains vers le ciel, et là-dessus rendit son
âme.

Après cela, l'Empereur vint à Runtseval et vit le grand dommage qui
était arrivé : personne ne pouvait y venir à bout des corps morts. Alors
l'Empereur dit à haute voix : « Où es-tu maintenant, Roland, et Oli-
« ver, et vous, les douze Pairs, que j'avais laissés ici derrière moi ? »
Lorsqu'il comprit qu'ils étaient tous morts, il s'évanouit et tomba de
son cheval. Personne des hommes de France n'eut en ce lieu le cœur
assez dur pour ne point verser des larmes. Le duc Neimis dit : « Nous
« pouvons encore voir où les païens se sont enfuis. Courons après eux
« pour venger la mort de nos amis, et ne nous inquiétons pas des
« hommes morts. » L'Empereur se releva, pria vingt mille de ses
hommes de rester auprès des morts, et chevaucha lui-même contre les
païens. Et cela le conduisit presque au soir, avant qu'il les eût atteints.
Donc il descendit de cheval et pria Dieu que le jour pût être prolongé.
L'ange Gabriel vint à lui, et dit : « Dieu a entendu ta prière. Cours
après tes ennemis : tu trouveras encore jour et lumière. »

L'Empereur courut après eux et en tua bientôt trois cents ; puis
tous les autres païens s'enfuirent vers un lac, s'y noyèrent et prirent
le chemin de l'enfer. Mais l'Empereur, ayant vengé la mort de ses
amis, resta là pour la nuit. Au matin, il retourna à Runtseval, et là
commença par voir où Roland était assis, et qu'il avait son épée dans
une main et son cor dans l'autre. Il alla à lui avec une très-grande
émotion (?), le baisa et dit : « Béni sois-tu, Roland, aussi bien mort
« que vivant ! Ton pareil n'a jamais été enfanté : tu étais et l'ami de
« Dieu et l'ami des hommes de bien. » Alors il tomba et s'évanouit,
tellement que plusieurs disaient qu'il était mort. Oger le Danois versa
de l'eau fraîche sur lui, et l'Empereur reprit ses sens, et pria un de ses
chevaliers de prendre l'épée de Roland. Mais celui-ci ne put pas la
retirer de la main de Roland. Alors l'Empereur envoya deux hommes
pour prendre l'épée, mais ils ne purent détacher un seul doigt de la
poignée. Alors il envoya cinq chevaliers, un pour chaque doigt, mais ils
ne purent en aucune façon délivrer l'épée. Et l'Empereur dit : « Il n'eût
« pas été bon de vouloir la lui enlever de la main tant qu'il vivait.
« Aussi ne pouvons-nous pas l'avoir, maintenant qu'il est mort. Il a

« demandé à Dieu que personne ne pût la lui prendre de la main, per-
« sonne qui fût de moindre valeur qu'il n'était. Je vais voir si je puis
« lui tirer son épée de la main. » Alors il saisit l'épée, et tous les
doigts se détachèrent à l'instant de la poignée. Il prit l'épée, en déta-
cha le pommeau et la boule, qu'il conserva comme relique (?). Quant
à la lame, il la noya dans un lac.

Ensuite il fit porter les cadavres chrétiens, mis à part de ceux des
païens, et vit alors où l'Archevêque gisait sans voix. L'Empereur
fit bander sa blessure et lui fit avoir un bon lit. Turpin resta encore
couché; il marcha ensuite avec deux béquilles tant qu'il vécut, et ne
fut plus jamais capable de porter la cuirasse ; mais il demeura depuis
dans son archevêché, jusqu'à la fin de sa vie. Ensuite l'Empereur veilla
toute la nuit et pria Dieu qu'il voulût bien lui permettre de reconnaître
les chrétiens d'entre les païens qui avaient été tués. Et, au matin,
il y avait une bourrée d'épines à la tête de chaque païen, tandis que
les chrétiens étaient restés tels qu'ils avaient été tués. Alors il les fit
enterrer. Mais, pour Roland et les douze Pairs, il les fit conduire à la
ville d'Arles, où ils sont enterrés ; et l'Empereur y fit chanter nombreuses messes, et offrit douze cents marcs d'argent et le cor de Roland plein d'or. Ensuite l'Empereur retourna à Paris et fut affligé tant
qu'il vécut. Puis il fit sortir le comte Gevelon pour le mettre en justice, et le jugement fut ainsi rendu « qu'il devait être traîné par toute
la France », ce qui fut fait ainsi, en sorte que pas un os ne resta à côté
de l'autre dans tout son corps.

Un jour que l'Empereur était assis tranquillement en France, entra
à pied la sœur d'Oliver, qui était la fiancée de Roland. Elle s'adressa
à l'Empereur, et lui dit : « Où est Oliver mon frère, et Roland, mon
« fiancé? » L'Empereur se tut longtemps, mais il dit enfin : « Ma
« chère damoiselle, Roland et Oliver ont été tués dans la lande de
« Runtseval. » La jeune fille roula aux pieds de l'Empereur, et, par
sa grande douleur, son cœur se brisa en pièces. L'Empereur s'évanouit
de la grande compassion qu'il eut pour elle, et tomba sur le cadavre.
Lorsqu'il revint à lui, il fit enterrer son corps avec de grands honneurs.

La nuit suivante, l'ange Gabriel vint à l'Empereur et dit : « Va-t'en
« au pays de Libia et aide le bon roi Iven ; car les païens combattent
« rudement contre son pays. » Dans la semaine de Pâques, l'Empereur
rassembla une grande armée à Rome et s'en alla vers le roi Iven. Le
roi païen, qui combattait contre lui, s'appelait Gealver. Quand il apprit
l'arrivée de l'Empereur, il marcha contre lui et combattit, et beaucoup
d'hommes tombèrent des deux côtés. Olger le Danois frappa sur le casque
du roi païen et le pourfendit jusqu'à la selle. Et l'Empereur gagna une
grande victoire en ce jour, et délivra le pays du roi Iven.

Ensuite il s'en retourna en France. Là vint à lui Boldevin, fils de sa sœur. L'Empereur fut content de sa venue, car c'était un bon chrétien et guerrier. L'Empereur reçut aussi une lettre: « La reine Sibilla et son fils Justam étaient venus en Saxe avec cent mille hommes. » L'Empereur réunit son armée, et lui donna pour chefs Boldevin, Olger le Danois et Namlun. Ils marchèrent contre la reine Sibilla et arrivèrent à l'improviste dans son camp pendant la nuit; ils renversèrent les païens et prirent là bon nombre de leurs chefs; Boldevin en personne s'empara de la reine Sibilla. Mais son fils Justam accourut au secours avec un certain nombre d'hommes, et s'écria : « En avant vaillamment! je « n'ai plus peur d'aucun chevalier ni combattant, depuis que Roland « est mort. » Ils combattirent tout le long du jour. Enfin Justam fut pris et tous ses gens tués. L'Empereur fit baptiser la reine Sibilla et la donna à Boldevin, et il le fit roi sur toute la Saxe. Et l'Empereur retourna en France, et, pendant quelques années encore, régna en paix.

Nous avons résumé plus haut (V. la note du vers 96) toute la « Légende de Charles antérieure à la mort de Roland ». Il nous reste à poursuivre ici ce résumé jusqu'à la mort de Charles lui-même. Notre lecteur aura de la sorte un abrégé de toutes nos Chansons de geste, et toute une Histoire poétique du grand empereur avant, pendant et après le désastre de Roncevaux... = Celui qui avait vengé la mort de Roland, le vainqueur de Pinabel, Thierry, au moment de son combat contre le champion de Ganelon, avait vu un geai se poser miraculeusement sur son heaume. De là le nom de « Gaydon », qui resta désormais à Thierry. C'est ce Gaydon qui va continuer Roland; c'est aussi contre lui que toute la famille de Ganelon va se liguer. Les traîtres essayent d'assassiner l'empereur Charlemagne, et accusent Gaydon de ce crime. Par bonheur, le complot est déjoué. Un nouveau duel est décidé entre Gaydon et le chef des traîtres, Thibaut d'Aspremont. Dieu prononce une seconde fois en faveur de Gaydon : Thibaut meurt. (*Gaydon*, poëme du commencement du XIIIe siècle, v. 1-1790.) — Charles cependant se laisse encore séduire par la race de Ganelon, et Gaydon est disgracié. Une terrible guerre éclate alors entre l'Empereur et Gaydon. Celui-ci a pour auxiliaire un petit noble campagnard, un *vavasseur* du nom de Gautier, qui s'illustre par cent exploits admirables. (V. 1791-2468.) Gaydon, d'ailleurs, a dans son armée tous les jeunes chevaliers dont les pères combattent à côté de Charlemagne. Après des péripéties nombreuses et compliquées (v. 2469-9677), Charles essaye, mais en vain, de pénétrer dans Angers, qui est le boulevard de son jeune adversaire. L'Empereur s'était caché sous les habits d'un pèlerin ; mais il est reconnu par Gaydon, et forcé d'accepter toutes les conditions que son vassal veut lui imposer. Le champion de Roland est alors nommé grand sénéchal de France ; mais, un an après, il se fait ermite. (V. 9678-10878.) = Un autre continuateur de Roland, c'est Anseïs de Carthage, qui a également donné son nom à un de nos Romans... Avant de quitter l'Espagne pacifiée, Charlemagne veut lui donner un roi : il choisit Anseïs, le fils de Rispeu de Bretagne. (*Anseïs de Carthage*, poëme composé vers le milieu du xiiie s., B. N., 793, f° 1.) Anseïs étant trop jeune, on lui donne le vieil Isoré pour tuteur. (*Ibid.*, f° 1, 2.) Par malheur, cet Isoré a une fille qui s'éprend du jeune roi d'Espagne, et se fait déshonorer par lui. De là une implacable colère d'Isoré contre Anseïs. Le père indigné va jusqu'à s'allier aux païens pour mieux lutter contre le jeune roi chrétien. (*Ibid.*, f° 2-14.) La guerre s'engage, et elle est véritablement interminable. (*Ibid.*, f° 14-52.) Anseïs, en détresse, demande à grands cris le secours de Charlemagne. Malgré ses deux cents ans, Charlemagne accourt et le délivre. (*Ibid.*, f° 52-71.) Le traître Isoré est pendu, et Marsile, dont l'auteur d'*Anseïs* n'a pas craint de prolonger la vie, est enfin mis à mort sur l'ordre du roi de France pour avoir obstinément refusé le baptême. Quant à Anseïs, il règne désormais sans conteste dans l'Espagne soumise et apaisée. (F[o] 68-72.) = Ici s'achève, dans notre légende, ce que les Italiens ont appelé *la Spagna*, et des Pyrénées nous sommes transportés sur les bords du Rhin. = Dans la *Chanson des Saisnes*, Charlemagne ne joue qu'un rôle assez effacé, et surtout assez vil... Guiteclin (Witikind) vient d'entrer vainqueur dans Cologne ; les Saisnes menacent l'empire chrétien. L'Empereur apprend ces tristes nouvelles, et en pleure. (*Chanson des Saisnes*, des dernières années du xiie s., Couplets v-xii.) Donc la guerre commence ; mais tout semble conspirer contre Charles : la discorde éclate parmi ses peuples. Les Hérupois (c'est-à-dire les Normands, les Angevins, les Manceaux, les Bretons et les Tourangeaux) jouissent de certains priviléges que les autres sujets de l'Empereur leur envient. De là une sorte de révolte qu'il ne sera pas aisé de calmer. Charles voudrait contenter tout le monde, et enlever néanmoins leurs priviléges aux Hérupois ; mais ceux-ci montrent les dents, et arrivent menaçants jusque dans Aix. Ils parlent haut, et l'Empereur pousse la bassesse jusqu'à marcher pieds nus à leur rencontre. Tout s'arrange. (Couplets xiii-xlvii.) C'est alors, mais alors seulement que Charles peut entrer en campagne contre les Saisnes. Et c'est ici qu'apparaît un frère de Roland, Baudouin, qui se prend d'un amour ardent pour la femme de Guiteclin, Sibille, et pour elle s'expose mille fois à la mort. La guerre se prolonge pendant plus de deux ans. Les Hérupois daignent enfin consentir à venir au secours de Charlemagne, et remportent tout d'abord une éclatante victoire sur les Saisnes. (Couplets xc-cxix.) Cependant l'amour adultère de Baudouin pour Sibille ne fait que s'enflammer au milieu de tant de batailles sanglantes. C'est pour Sibille qu'il livre un combat terrible au païen Justamont. Charles, lui, ne se préoccupe que de la grande guerre contre ses ennemis mortels. Un cerf lui indique miraculeusement un gué sur le Rhin, et l'Empereur fait construire un pont par les Thiois. Derrière ce pont sont deux cent mille Saxons, avec le roi Guiteclin. (Couplets cxx-clvii.) Une nouvelle bataille éclate, et jamais il n'y en eut d'aussi terrible. Mais enfin les Français sont vainqueurs, et Guiteclin meurt. (Couplets clviii-cxlvii.) Sibille se console trop aisément de cette mort, et s'empresse trop rapidement d'épouser son ami Baudouin, dont Charlemagne fait un roi des Saxons, et qui s'installe à Tremoigne. (Couplets cxcviii-ccx.) Ce règne ne doit pas être de longue durée : toujours les Saisnes se révoltent, toujours ils menacent Baudouin. C'est en vain que Charles arrive au secours du jeune roi : Baudouin, après des prodiges de bravoure, se trouve seul au milieu de l'armée païenne, et meurt. Charles le pleure, Charles le venge : les Saxons sont une dernière fois vaincus et soumis : ils ne se révolteront plus. (ccxi-ccxcvii.) = Ainsi se termine le poëme de Jean Bodel; mais il a existé un poëme français plus ancien que la *Chanson des Saisnes*. Nous n'en avons pas l'original; mais la *Karlamagnus Saga* nous en a du moins conservé un résumé... La scène s'ouvre sous les murs de Noble, assiégée par Charles. Tout à coup l'Empereur apprend que « Guitalin » vient de brûler Cologne. Il court au-devant des Saisnes; mais il est enfermé dans Cologne et va succomber, lorsqu'il est secouru par Roland. Guitalin remporte un premier avantage sur les Français, mais ceux-ci reprennent l'offensive et s'emparent de Germaise (Worms). C'est alors qu'Amidan vient au secours de son père Guitalin. Mais Charles fait construire un pont sur le Rhin, et voilà les Saisnes menacés. Ici apparaît Baudouin, qui va devenir le principal personnage de notre poëme. Ici se place également le trop long épisode de ses amours avec Sibille. Une action décisive s'engage : Guitalin est terrassé par Charles, et Amidan tué par Roland, qui conquiert alors le fameux cor Olifant. La victoire des Français est complète, et tout se termine par un baptême général des païens. Tel est le *Guitalin* de la *Karlamagnus Saga*. (5e branche. Cf. le résumé qu'on en trouve dans la 1re branche.) Toutes les variantes de cette légende des Saisnes se divisent en deux groupes distincts, suivant qu'elles se rapportent à ce *Guitalin,* que nous venons de résumer, ou à la Chanson de Jean Bodel. = Ne perdons pas de vue Charlemagne, dont nous écrivons l'histoire légendaire. Il joue également un rôle dans ce poëme curieux que M. Guessard a publié sous le titre de *Macaire*, et M. Mussafia, sous celui de *la Reine Sibille*... Charles était parvenu à l'extrême vieillesse. Il était faible et partagé entre deux influences. D'un côté l'on voyait dans l'ombre cette indestructible race de Ganelon, ces traîtres de Mayence qui ne songeaient qu'à venger la mort et le déshonneur de leur parent; de l'autre brillait la belle impératrice Blanchefleur, femme de Charlemagne, fille de l'empereur de Constantinople. Parmi les traîtres, le plus redoutable était Macaire : c'est Macaire qui veut perdre la reine. Il l'accuse d'adultère avec un nain qui est le complice des Mayençais; Charles a l'étrange faiblesse d'en croire cet infâme, et condamne à mort la pauvre Blanchefleur. On la jette dans un bûcher; elle va mourir, lorsque l'abbé de Saint-Denis obtient sa grâce. Mais on l'exile, et la voilà forcée de quitter la France. Un bon chevalier l'accompagne : c'est Aubri. Macaire, qui ne veut point lâcher sa proie, attaque à main armée la reine proscrite et son compagnon. Blanchefleur lui échappe, mais Aubri est tué. C'est alors qu'apparaît dans le drame un nouveau personnage destiné à un grand rôle, et qui n'est autre que le lévrier d'Aubri. Voyant son maître assassiné, le chien s'éloigne de ce corps sans vie, court à Paris, attire par ses cris désespérés l'attention de Charlemagne et de ses barons. Grâce à lui, le crime se découvre. Quel est le coupable? On le cherche, et c'est encore le lévrier qui le découvre et le dénonce. Un duel en champ clos est décidé entre le traître et le chien. Celui-ci est vainqueur : l'innocence triomphe. (*Macaire*, chanson du XIIe s., vers 1-1259.) Quant à la pauvre reine, elle veut chercher près de son père un asile à Constantinople, et arrive en Hongrie. Pendant tout ce long voyage, elle est conduite et protégée par un pauvre bûcheron du nom de Varocher. Enfin elle met au monde celui qui sera un jour l'héritier de Charlemagne, Louis. (*Ibid.*, vers 1260-1414.) Il reste néanmoins, il reste toujours à proclamer son innocence. Tout l'empire d'Orient prend en main la cause de Blanchefleur contre l'empire d'Occident; Constantinople se jette sur Paris. Une guerre terrible éclate dans la France envahie. (*Ibid.*, vers 1415-3220.) Enfin la paix est faite, et Blanchefleur pardonne à Charlemagne. (*Ibid.*, vers 3221-3548.) = Il existe de cette légende deux versions très-distinctes. La première, celle que nous venons de résumer, c'est *Macaire*; la seconde (dont il ne nous reste que quelques fragments en vers et une version en prose) est connue sous le nom de *la Reine Sibille*. Entre ces deux textes, les différences ne sont cependant que peu considérables. *La Reine Sibille* a été tant bien que mal rattachée au cycle de Guillaume d'Orange, et c'est Aimeri de Narbonne qui lutte contre l'empereur de Constantinople. Malgré la postériorité évidente de cette rédaction, c'est elle qui a le plus longtemps conservé sa popularité en France et à l'étranger.

Elle est très-longuement développée dans le manuscrit de l'Arsenal, B. L. F., 226. (Voy. nos *Épopées françaises*, II, 527 et ss.) Elle est adoptée par les auteurs du *Tristan de Nanteuil* (xive s.) et de la Chronique du manuscrit 5003 (achevé vers 1380). L'*Hystoria de la reyna Sibilla* a été imprimée plusieurs fois en Espagne. (A Séville, en 1532; à Burgos, en 1551, etc.) Des livres populaires ont répandu cette même version dans les Pays-Bas. (1500-1644, à Anvers, chez Worsterman, etc.) — M. Guessard, dans sa belle préface de *Macaire*, a d'ailleurs suivi jusqu'en ses plus petits détails les destinées de cette légende, depuis les temps les plus anciens jusqu'à nos jours. = Dans *Huon de Bordeaux*, Charlemagne ne paraît guère que comme un accessoire, et, à coup sûr, comme un personnage secondaire. Au début de son œuvre, l'auteur nous représente l'Empereur comme un vieillard tout près de la mort. Même il est tellement épuisé par l'âge, qu'il veut se faire élire un successeur. Par malheur, il n'a qu'un fils qu'il engendra à cent ans. C'est Charlot, c'est un étourdi de vingt-cinq ans. Le vieux roi veut du moins lui donner ses derniers conseils, et il les lui donne très-religieux, très-beaux. (*Huon de Bordeaux*, poëme composé entre les années 1180 et 1200, v. 29-199.) Là-dessus arrive un traître, Amaury, qui soulève la colère du vieil empereur contre Huon et Gérard, fils du duc Seguin de Bordeaux. Dans ce conseil perce la haine personnelle d'Amaury, que Seguin a jadis plus ou moins justement appauvri et dépouillé. Mais Naimes est là, et il défend les Bordelais. On envoie un message à Huon et à Gérard; on leur mande de venir à la cour de Charlemagne. (*Ibid.*, vers 200-392.) Ils se mettent en route, mais sont forcés de franchir mille obstacles accumulés par les traîtres; Huon doit en venir aux mains avec le propre fils du Roi, avec Charlot, et il le tue. (*Ibid.*, vers 393-890.) Grande colère de Charles contre le meurtrier de son fils : Huon est condamné à un combat singulier avec le traître Amaury. Il tranche la tête du misérable, et le jugement de Dieu se prononce en sa faveur. (*Ibid.*, v. 891-2129.) Malgré tout, Charles ne veut point pardonner au vainqueur, et il faut que les Pairs menacent de le quitter pour qu'il se décide enfin à accorder à Huon une paix dont il se réserve de dicter les conditions. Il est ordonné au jeune Bordelais d'aller à Babylone porter un message à l'amiral Gaudisse, etc. etc. Huon part sur-le-champ, et court à ses aventures. (*Ibid.*, vers 2130-2386.) Nous n'avons pas à les raconter ici, ni à faire suivre à notre lecteur les péripéties de l'amitié d'Huon avec le nain Oberon. (*Ibid.*, vers 2387-8647.) Huon revient en France, et il y trouve son propre héritage occupé par son frère Gérard. (*Ibid.*, v. 8648-9110.) Charlemagne est encore vivant, et la cause des deux frères ennemis est portée devant sa cour. Huon est très-injustement condamné à mort, et va périr, lorsque Oberon arrive à son secours et le sauve.

(*Ibid.*, v. 9111-10369.) = Le début du *Couronnement Looys* est véritablement épique... Charles sent qu'il va mourir, et veut mourir en assurant la vie de son empire. Dans sa chapelle d'Aix, il réunit un jour ses évêques et ses comtes. Sur l'autel il dépose sa couronne d'or, et annonce à ses peuples qu'il va laisser la royauté à son fils. (*Couronnement Looys*, poëme de la seconde moitié du xiie siècle, v. 1-61.) Alors le grand empereur élève la voix et donne, pour la *dernière* fois, ses *derniers* conseils au jeune Louis, qui, faible et timide, tremble devant la majesté terrible de son père. (*Ibid.*, v. 62-77.) Même, il n'ose prendre la couronne, et Charles alors le couvre d'injures, le déshérite, et parle d'en faire « un marguillier ou un moine ». (*Ibid.*, v. 78-96.) L'inévitable traître est là : c'est Hernaut d'Orléans, qui veut enlever le trône à Louis ; mais, par bonheur, il y a là aussi un héros qui met un courage et une force héroïques au service de sa fidélité et de son honneur. Guillaume prend la défense du pauvre jeune roi ; il lui met la couronne en tête (*Ibid.*, v. 97-112), et se constitue son tuteur tout-puissant, son défenseur infatigable. Charles peut désormais mourir tranquille. Et, en effet, il meurt quelque temps après, sachant que Louis pourra régner, parce qu'il y a Guillaume auprès de lui. (*Ibid.*, v. 113-236.) = La mort du grand empereur est racontée en termes très-rapides dans *Anseïs de Carthage*. = Sur la mort de cet homme presque surnaturel, deux autres légendes ont circulé, et elles sont toutes deux peu favorables à la mémoire de Charles : 1° Walafrid Strabo (*Historiens de France*, V, 339) reproduit un récit de l'abbé Hetto, qui le tirait du moine Wettin. Ce dernier avait vu en songe Charlemagne dans les flammes de l'enfer, où un monstre lui dévorait éternellement les parties viriles. Et pourquoi ce supplice du grand empereur ? C'était à cause de son libertinage honteux. 2° La fable du faux Turpin est plus connue... Un jour Turpin vit l'âme de Charlemagne entre les mains des démons. Or cette pauvre âme était en grand danger devant le Juge suprême, quand un Galicien sans tête (saint Jacques) jeta dans les balances éternelles toutes les pierres et toutes les poutres des basiliques construites par Charlemagne. Il fut sauvé. Le moyen âge n'a rien trouvé de plus beau pour honorer le souvenir de celui dont la *Chanson de Roland* a si bien dit : *N'ert mais tel home desqu'à Deu juise*. = Telle est l'Histoire poétique de Charlemagne, d'après les seules Chansons de geste du cycle carlovingien. Mais « nous n'avons pas raconté cent autres épisodes de la légende du grand empereur, qui se trouvent épars dans les Chansons des autres cycles, ou qui n'ont pas donné lieu à des Romans dont le texte soit parvenu jusqu'à nous. » Nous allons en emprunter le résumé à nos *Épopées françaises*, et c'est la SEULE citation TEXTUELLE que nous voulions y prendre...

I. — Épisodes de l'histoire poétique de Charlemagne qui ne se trouvent pas dans les chansons des autres gestes. — Dans Garin de Montglane, le héros du poëme est mis, dès la fin de ses enfances, en relation avec le grand empereur. Un ange apparaît au père de Garin et lui enjoint d'envoyer son fils à la cour de Charles. Le jeune homme part, armé de la terrible épée Florence. Il trouve le fils de Pépin en lutte avec les fils de la Serve, de la fausse Berte. L'impératrice, femme de Charles, se prend tout aussitôt d'un violent amour pour Garin, qui repousse noblement les avances de cette adultère et lui laisse, comme Joseph, son manteau entre les mains. L'Empereur, qui le croit coupable, entre dans une grande fureur et semble se radoucir un moment pour jouer gravement aux échecs avec celui que la reine a indignement accusé. Mais l'enjeu est formidable : si Garin perd, il aura la tête coupée ; s'il gagne, il sera roi de France. Notre héros, vainqueur, se contente de demander à Charles les fiefs de Montglane et de Montirant, qui sont encore aux mains des Albigeois. Puis il se met en route et marche d'aventure en aventure. Le Roman se termine par le mariage de Garin avec la belle Mabile. (*Garin de Montglane* est un roman de la décadence qui ne repose sur aucune tradition légendaire.)

Dans Aimeri de Narbonne, Charles revient d'Espagne après Roncevaux. Tout à coup il aperçoit une belle ville dont la situation et la richesse le tentent. C'est Narbonne ; elle est au pouvoir des Sarrasins. « Qui veut « prendre Narbonne ? » s'écrie alors le grand empereur. Et il ajoute : « Celui qui s'en rendra maître en sera le gouverneur. » Tous les barons refusent, l'un après l'autre, un honneur si périlleux. « Eh bien ! « c'est moi, c'est moi qui le prendrai, » dit Charles. C'est alors qu'Hernault de Beaulande réclame cette gloire pour son jeune fils Aimeri, qui est à peine chevalier. Aimeri prend la ville et en reçoit l'investiture des mains de l'Empereur ravi. Cette Chanson est une de nos meilleures et de nos plus anciennes.

Dans les Enfances Guillaume, on voit le roi de France demander à Aimeri ses quatre fils pour les adouber chevaliers : « Je veux que vous « me les ameniez vous-même, » dit Charles. Mais, pendant qu'Aimeri les conduit à l'Empereur, les Sarrasins sont traîtreusement avertis de son absence et en profitent pour assiéger Narbonne. Le duc de Narbonne est lui-même attaqué par sept mille autres païens non loin de Montpellier. C'est dans ce combat que se révèle pour la première fois le courage de Guillaume : il se jette sur les Sarrasins, et délivre son père. Couvert de cette première gloire, il peut se présenter avec quelque fierté devant le grand empereur. Il triomphe, sous les yeux de Charles, d'un champion de Bretagne qui avait déjà abattu quinze chevaliers. Voilà le Roi enchanté de notre jeune héros : il veut sur-le-champ l'*adouber*. Mais on ne trouve pas d'armes assez fortes pour le nouveau chevalier. Après de longues recherches, on finit par rencontrer une armure qui a été jadis conquise par Alexandre; la targe n'est rien moins que le présent d'une fée, etc. etc. Guillaume est revêtu de ces merveilleux *garnimenz*. Mais à peine est-il adoubé qu'un messager arrive : « Narbonne va tomber au « pouvoir des Sarrasins. » Guillaume part, traverse la France, arrive à Narbonne, et fait lever le siége.

Dans le Siége de Narbonne, on voit les héros du poëme, Roumans et le fils d'Aimeri, Guibelin, aller en ambassade auprès de Charlemagne. Ils lui demandent du secours contre les Sarrasins qui cernent Narbonne. L'Empereur voudrait y aller; mais il apprend que les Saisnes se sont de nouveau révoltés, et se contente d'envoyer aux Narbonnais une grande armée de Hérupois.

Dès le début de Doon de Mayence, le héros de la Chanson fait preuve d'une brutalité peu commune. Il se refuse net à saluer l'Empereur. Charles s'irrite; mais Doon ne se soucie guère d'une telle colère et ne s'en montre que plus insolent encore. « Voulez-vous le comté de Ne- « vers? » dit le pauvre roi tout tremblant à ce fou furieux. « Non. — Vou- « lez-vous la cité de Laon ? — Non. » Doon demande la cité de Vauclère, qui est au pouvoir des Sarrasins, avec la main de Flandrine, la fille de l'Aubigant. « Si tu me refuses, dit-il à Charlemagne, je vais immédia- « tement te couper la tête. » Charles s'indigne enfin, et il eût dû s'indigner plus tôt. Un grand duel est décidé entre Doon et l'Empereur; il commence; il est terrible. Mais un ange intervient, qui met fin au combat et ordonne à Charles d'aider Doon à conquérir Vauclère. Doon ne tarde pas à épouser Flandrine et engendre Gaufrey, qui fut père d'Ogier. Mais il ne reste pas longtemps en repos. Voilà qu'une grande guerre commence entre Danemon, roi des Danois. Les trois chefs des trois grandes gestes, Doon, Garin et Charles, y prennent part; tous trois sont faits prisonniers. Par bonheur ils ont un puissant allié; c'est un géant, une sorte de Varocher énorme, un vilain du nom de Robastre, qui ressemble étrangement à Renoart-au-Tinel, et qui rend d'inappréciables services à Garin, à Doon et à l'Empereur avec sa formidable cognée qui vaut bien des épées. L'impératrice Galienne envoie cent mille hommes au secours de Charles, qui revient à Paris. Quant à Doon, il a successivement douze enfants de Flandrine et les envoie tous à la cour de l'Empereur.

La Chanson de Gaufrey est consacrée à l'histoire des douze fils de Doon de Mayence, et surtout aux aventures de l'aîné. Il faut seulement noter qu'un des frères de Gaufrey, du nom de Grifon, engendre Ganelon, celui qui trahira la France à Roncevaux.

Charlemagne, dans AYE D'AVIGNON, veut lui-même *adouber* chevalier Garnier de Nanteuil. Il le nomme son gonfalonier et son sénéchal; il lui donne Aye, fille d'Antoine, duc d'Avignon. Mais la belle Aye avait déjà été promise par son père à Bérenger, fils de Ganelon. De là les guerres et les aventures qui remplissent le reste de la Chanson.

Dans GUI DE NANTEUIL, le héros arrive un jour à la cour de Charlemagne et y reçoit le meilleur accueil. L'Empereur va même jusqu'à lui confier le gonfanon royal. Jalousie de la famille de Ganelon; Hervieu de Lyon ose accuser Gui devant le Roi. Combat singulier entre Gui et Hervieu, qui est vaincu. Mais les traîtres ne se découragent pas et font tomber le « valet de Nanteuil » dans un guet-apens savamment préparé; Gui se défend en brave; Hardré, l'un des traîtres, reçoit la mort. Au milieu de tous ces complots odieux, Charlemagne joue le rôle le plus piteux. Il a peur des traîtres, il les caresse, il reçoit leurs présents avec un sourire. A Hervieu il veut donner Églantine; mais Églantine aime Gui de Nanteuil, et notre héros ne permettra pas qu'elle soit ainsi mariée malgré elle. Dans sa lutte contre Hervieu, il est puissamment secouru par Ganor, second époux d'Aye, sa mère. Les traîtres sont encore une fois battus, et Hervieu est mis à mort. Charlemagne vaincu, lui aussi, dans la personne de ceux qu'il avait la bassesse de protéger, Charlemagne retourne honteusement à Paris; Gui épouse Églantine et tient la Gascogne de l'Empereur.

C'est sous Charlemagne que se passe l'action de PARISE LA DUCHESSE; mais le grand empereur n'y est d'ailleurs nommé qu'une fois (au 5e vers).

Dans MAUGIS D'AIGREMONT, ce cousin des quatre fils Aymon, après avoir couru mille aventures en Sicile et en Espagne, après avoir appris la sorcellerie à Tolède, revient en France, où il défend d'abord un de ses oncles contre Charlemagne, où il défend ensuite l'Empereur contre les Sarrazins.

Charles, dans AMIS ET AMILES, reçoit les offres de service de ces deux amis incomparables. L'un d'eux, Amis, épouse Lubias, sœur d'Hardré; l'autre, Amiles, est aimé de Bélissent, fille de l'Empereur. Celle-ci, éhontée comme la plupart des jeunes filles de nos Romans, fait au jeune chevalier les avances les plus odieuses, et va même, à minuit, se coucher impudemment auprès de lui. Mais le traître Hardré n'était pas loin; il a tout vu; il dénonce Amiles, qui est très-innocent de ces agressions impures de Bélissent. Un duel est décidé entre le traître et l'accusé. Mais celui-ci n'a pas en vain un ami, un frère comme Amis. « Je me battrai pour toi, » dit ce nouveau Pylade. Il combat Hardré, il le tue, et l'Empereur le prenant pour Amiles, lui donne sa fille Bélissent, avec laquelle Amis garde la chasteté la plus complète. Le reste du Roman est étranger à la légende de Charlemagne.

Une partie de Jourdain de Blaives est consacrée au récit de la lutte entre Charlemagne et le héros de la Chanson... Ces deux ennemis se réconcilient, et Jourdain épouse Oriabel, fille de l'Empereur.

II. — Épisodes de l'histoire poétique de Charlemagne qui n'ont pas donné lieu a des Chansons de geste dont le texte soit parvenu jusqu'a nous. — La prise de Narbonne a été l'objet de plusieurs récits, et nous avons résumé avec soin, dans notre premier volume des *Épopées françaises*, celui du *Philomena*... Charlemagne vient de conquérir Carcassonne; c'est en 789. Narbonne est alors assiégée par l'Empereur et défendue par Matran. Les Sarrazins se jettent sur l'abbaye de la Grasse et sont repoussés par les Moines. Borel de Combe-Obscure arrive au secours des païens : grande bataille qui met Narbonne au pouvoir des Français. Aimeri de Beaulande est créé duc de la ville ainsi conquise, et Marsile essaye en vain de reprendre cette conquête aux chrétiens...

La Prise de Carcassonne n'est racontée que dans certains récits qui sont restés à l'état oral. On connaît la fable d'après laquelle une des tours de la ville assiégée par le grand roi s'inclina respectueusement devant lui. On connaît la légende plus curieuse encore de « dame Carcas », qui sut défendre sa ville contre l'effort du puissant empereur et de tout l'Empire. C'est peut-être faire beaucoup d'honneur à ces contes que de les discuter scientifiquement. (V. à la Bibliothèque nationale, fr. 8648, page 157 des « Antiquités de Rullmann », le dessin d'une tête représentant « dame Carcas » qui se trouvait à Béziers, au dehors de la porte de Carcassonne. — V. aussi l'*Histoire ecclésiastique et civile de la ville de Carcassonne*, par le R. P. Bouges, 1711.)

La Prise d'Arles est l'objet d'un récit curieux dans la *Kaisercronik* que cite M. G. Paris (l. l., p. 258); Charles en fit le siége pendant sept ans, et n'en vint à bout qu'en détournant les eaux du grand canal qui apportait aux assiégés toutes leurs munitions, tous leurs vivres. (Vers 14901 et suiv.) » = Ici se terminent la citation de nos *Épopées françaises* (pp. 590, 591), et tout notre résumé de la Légende de Charlemagne.

GLOSSAIRE

ABRÉVIATIONS

EMPLOYÉES DANS LE GLOSSAIRE

Act. . . . . Actif.
Adj. . . . . Adjectif.
Adv. . . . . Adverbe.
Art. . . . . Article.
Barb. . . . . Barbare.
Cond. . . . . Conditionnel.
Conj. . . . . Conjonction.
F. . . . . Féminin.
Fut. . . . . Futur.
Germ. . . . . Germanique.
Imparf. . . . . . . Imparfait.
Impér. . . . . Impératif.
Ind. . . . . Indicatif.
Inf. . . . . Infinitif.
Int. . . . . Interjection.
Lat. . . . . Latin.
Loc. . . . . Locution.
M. . . . . Masculin.
N. . . . . Neutre.
P. (après 1re, 2e, 3e). Personne.
P. . . . . Pluriel.

Parf. simpl. . . . . Parfait simple.
Parf. comp. . . . . Parfait composé.
Part. pr., et pass. . Participe présent, et passé.
Prép . . . . Préposition.
Pr. ou prés. . . . . Présent.
Pron . . . . Pronom.
R. . . . . Régime.
R. s. . . . . Régime singulier.
R. p. . . . . Régime pluriel.
Réfl. . . . . Réfléchi.
S. (employé seul). Singulier.
S. s. . . . . Sujet singulier.
S. p. . . . . Sujet pluriel.
Subj. . . . . Subjonctif.
Subst. . . . . Substantif.
Voc. . . . . Vocatif.
V. ou Voy . . . . . Voyez.
*** Quand la partie du discours n'est pas spécifiée, il s'agit d'un substantif.
(?) Étymologie incertaine ou inconnue.

GLOSSAIRE

A

A. Préposition. (Du latin *ad* et, plus rarement, d'*a, ab.*) Ce mot présente, dans le texte d'Oxford, les significations suivantes : 1° A offre tout d'abord le sens étymologique et primordial de *vers, dans la direction de*; en d'autres termes, il exprime « l'idée de tendance » : *Angles de l' ciel i descendent* A *lui*, 2374. Le sens devient plus précis, et se rapproche de celui de *sur* dans l'expression : *A la terre se culchet*, 2013. *Mist la main* A *l'espée*, 443. Et, ailleurs, A va jusqu'à signifier *dans* : *Quant cascuns ert* A *sun meillor repaire*, 52. *A Ais*, 2556, etc. = 2° A indique, non-seulement une direction prise, mais un but atteint : *Par mun saveir vinc-jo* A *guarisun*, 3774. *Cunduit* A *mendisted*, 527. = 3° Un des sens les plus fréquents d'A est celui d'*avec*. C'est le seul pour lequel on puisse faire dériver A de la préposition latine *ab* : *A l'une main si ad sun pis batud*, 2368. *L'olifant sunet* A *dulor e* A *peine*, 1787. *Funt les enguardes* A *XX milie chevalers*, 548, etc. etc. De ce sens en dérive un autre : *Esp*r*es* A *or*, 1798, etc. = 4° A signifie encore *pendant* : *Mele*z *le siège* A *tute vostre vie*, 212. *A mun vivant*, 791. = 5° *Pour*. Il s'emploie ainsi avec le verbe *juger* (le latin disait également *condemnare ad,* : *Si me jugat* A *mort e* A *dulur*, 3772. = 6° *Par* : *A mil Franceis funt ben cercer la vile*, 3661. = 7° *D'après, à cause de* : *Le recunut...* A *l' fier visage e* A *l' reguart*, 1596-1598. = 8° *Selon, suivant* : *Sire* A *vostre comant*, 946. = 9° *Comme, en qualité de* : *E cil de France le cleiment* A *guarant*, 1161. = 10° A *l'avantage de* : *A l' Jhesu e* A *l' mien*, 339. = 11° A indique le moment et équivaut à *lors de* : *Vos le siurez* A *la feste seint Michel*, 37. *A icest mot*, 1481. *A icest colp, cil de*

France s'escrient, 3365. — 12° Locutions diverses. *A ben petit que il ne pert le sens*, 305, etc. etc. = A s'emploie avec les verbes comme avec les substantifs : *Cumencet* A *penser*, 138. *Mur ne citet n' i est remés* A *fraindre*, 5. = A devant une voyelle devient souvent *ad*, qui est plus étymologique : AD *Ais*, 36, 52, etc. etc. = A combiné, contracté, fondu avec *le* (*ad illum*), donne AL; avec *les* (*ad illos, ad illas*), il donne *as* : A L' *duel qu'il ad*, 3817. As *Innocenz vos en serez seant*, 1480. Voyez *al* que nous écrivons *à l'*) et *as*.

A. Verbe act., 3ᵉ p. s. de l'ind. prés. (*Habet*.) La forme presque toujours employée dans notre poëme est *ad*; mais on trouve aussi *at* et *a*. Cette dernière forme se rencontre aux vers 1244, 1785, 1957, 2297.

AATES. Adj. s. s. m. Rapide, excité. (Dérive, d'après M. Diez, du nordique *at* (?), excitation au combat, etc.) *Li destrers est* AATES, 1651. — S. p. m. AATES : *Lur chevals sunt* AATES, 3876.

ABANDUNET. Verbe employé tantôt à l'actif, tantôt au réfléchi; 3ᵉ p. s. de l'ind. prés. (Le mot *bandun* : *Si se met en* BANDUN, 1220, vient d'un vocable tel que *bando*, synonyme de *bannus*, dérivé du germ. *bann, band. Aller à bandun, à sun bandun*, c'est « aller à sa volonté, à sa guise ». De là le verbe *abanduner* et *s'abanduner* qui a encore dans la Chanson de Roland un sens très-primitif.) = 1° Actif : ind. prés. 3ᵉ p. s. *Le frein li* ABANDUNET, 1493. — Part. prés. (avec le sens du part. passé) : *Seint Pareïs vos est* ABANDUNANT, 1479. = 2° Réfléchi : ind. prés. 3ᵉ p. s. *De mort* s'ABANDUNET, 390. 3ᵉ p. p. *A nus* s'ABANDUNENT, 928. Cf. 3082.

ABAT. Verbe act., 3ᵉ p. s. de l'ind. prés. (*Abatit*, de *abattere*, pour *a-battuere*.) *Plus en* ABAT *que jo ne vos sai dire*, 2339. Cf. 1204, 1534, 1579. — Parf. simpl., 3ᵉ p. s. : ABATIET, 1317, et ABATIED, 98. — Parf. comp. 3ᵉ p. s. avec un r. s. m. *Si l'a mort* ABATUT, 1957. Cf. 3929. Avec un r. s. f. : AD *la porte* ABATUE, 3650. — Part. passé, r. s. m. : ABATUT, 1957, 2083, 3929. R. s. f. : ABATUE, 3650.

ABEZ. R. p. m. (*Abbates*.) A*sez i ad evesques e* ABEZ, 2955.

ABISME. S. s. m. (*Abyssimus*.) Nom d'un Sarrazin, 1631. — R. s. m. : ABISME : *Ne laisserat qu' Abisme nen asaillet*, 1659.

ACELIN. S. s. m. (*Acelinus*.) Nom d'un comte français : *Naimes li dux e li quens* ACELIN, 2882. — R. s. m. : ACELIN, 172.

ACERS. S. s. m. (*Aciarius*.) On trouve au cas sujet du s. les deux formes : ACERS (1362, 2302, 2313), et ACER (1507, 1953). — Au cas régime du s., ACER (997, 2089, 3431, 3926, etc.). Ce mot ne se trouve, comme assonance, que dans les couplets en *ier*. C'est donc *aciers, acier*, qu'il faut restituer.

ACHEVÉE (ESTRE). Verbe passif, infinit. prés. (*Achever* est de la famille de *chef*, et vient directement d'un vocable barbare : *adcapitare*. *Achevée* vient d'*adcapitata*.) *Ceste bataille... ne poet estre* ACHEVÉE, 3577, 3578.

ACHIMINEZ (SUNT). Verbe pass. 3ᵉ p. s. de l'ind. prés. (Chemin venant de *caminus*, acheminer vient de *ad-caminare*.) *Vers dulce France tuit* SUNT ACHIMINEZ, 702. = Réfléchi, 3ᵉ p. s. du parf. comp., avec un s. s. m. : S'EST ACHIMINEZ : *Entret en sa veie, si* S'EST ACHIMINEZ, 365.

ACOEILLENT. Verbe actif, 3ᵉ p. p. de l'indic. présent (*Accolligunt*) : *Quatre serjanz les* ACOEILLENT *devant*, 3967. Le sens est ici celui de *saisissent*. — Parfait simpl., 3ᵉ p. s. : AQUILLIT : *Sis* AQUILLIT *e tempeste e oret*, 689.

ACORDE. R. s. f. (Lat. barb. *accordiam*. *Accorde* est la forme féminine qui correspond à la forme masculine *accord*. Ce sont les deux substantifs verbaux d'*acorder*.) *Se ceste* ACORDE *ne vulez otrier*, 433.

ACORDER. Verbe actif, inf. prés. Réconcilier (*Accordiare*) : *Guenelun fai* ACORDER *à l' rei*, 3895. Cf. 74. On dit aussi : *s'acorder à quelqu'un* : *A Charlemagne* SE *vuldrat* ACORDER, 2621.

ACRAVENTET. Verbe act., 3ᵉ p. s. de l'ind. prés. Renverser, mettre bas, détruire (*Accrepentat*, diminutif de *accrepat*): *E flurs e (perres) en* ACRAVENTET *jus*, 1955. *Deus le guarit que mort ne l'*ACRAVENTET, 3923.

ACUMINIEZ (SUNT). Verbe passif, 3ᵉ p. p. de l'ind. prés. « Ont reçu la communion » (*Accommunicati sunt*) : *Oent lur messes e* SUNT ACUMINIEZ, 3860.

ACUNTER. Verbe actif, inf. prés. Ce mot a deux sens: 1º *Compter, supputer*, et 2º *Raconter (Accomputare)*: *Sul les escheles ne poet il* ACUNTER, 1034. Cf. 534.—Parf. comp. 3ᵉ p. s. : AD ACUNTET : *Vint as Franceis, tut lur* AD ACUNTET, 1038. — Part. pass., r. s. n. : ACUNTET, 1038.

ACURT. Verbe neutre, 3ᵉ p. s. de l'ind. prés. (*Accurrit*) : *De sun paleis vers les altres* ACURT, 2563.

AD. Prép. Voy. *à* (du latin *ad*). AD *Ais*, 36, 52, 2555, 3744, etc., etc.— *Gemmet* AD *or*, 1542, etc. En ce dernier cas le *d* est euphonique, et non pas étymologique. Au reste, lorsque, dans le cours de nos *Notes*, nous nous sommes, pour *ad*, servi du mot « euphonique », ce mot n'implique point l'étymologie.

AD. Verbe actif, 3ᵉ p. s. de l'ind. prés. (*Habet*) : *N'i* AD *paien ki un sul mot respundet*, 22, etc. Voy. *Aveir*. Il convient seulement d'observer que dans la loc. précédente : *N'i* AD *paien*, le subst. est toujours au cas régime : *Cel n'en i* AD *ki de pitet ne pluret*, 822. *E terremoete ço i* AD *veirement*, 1427. Ce dernier exemple est précieux, en ce qu'il nous montre ço comme le sujet véritable de AD. Ailleurs c'est *il*. Toujours un neutre, exprimé ou sous-entendu. = AD, pour plus de force, se combine dans ce sens avec *par* : *De cels d'Arabe si grant force i* PAR AD, 3331.

ADEISET. Verbe actif, réfl. et n., 3ᵉ p. s. de l'ind. prés. *Adeser* signifie *toucher*, et vient (??) d'un diminutif d'*adhærere* formé sur *adhæsum Pluie n'i chet, rusée n'i* ADEISET, 981. — Parf. simple, 3ᵉ p. p. s'ADESERENT : *Dedenz cez cors mie ne s'*ADESERENT, 3572. — Parf. comp., 3ᵉ p. s. AD ADESET, 1997. 3ᵉ p. p. : UNT ADESET, 2159.—Subj. prés., 3ᵉ p. s. : ADEIST, 2436, 2437, 2438.—Part. pass., r. s. m. : ADESET, 1997, 2159.

ADEMPLIR. Verbe act., inf. prés. Remplir (*Adimplere*) : ADEMPLIR *voeill vostre comandement*, 309.

ADENZ. Locution adjective ou adverbiale. Étendu, couché sur le ventre (du côté du visage, *ad dentes*) : *L'un gist sur l'altre e envers e* ADENZ, 1624. Cf. 2025 et 2358.

ADESERENT (S'), 3572. V. *Adeisel*.

ADESET (AD et UNT), 1997, 2159. V. *Adeisel*.

ADESTRANT. Part. prés., s. s. m. Se tenant à la droite de... (*A-dextrans*) : *Espaneliz fors le vait* ADESTRANT, 2648.

ADOBEZ (SUNT), 1143. V. *Aduber*.

ADORER, 2619. V. *Aürer*, qui est la forme ancienne et exacte.

ADUB. S. p. m. Armures, équipage militaire. (Du germ. *dubban*, frapper. On *adubait*, on armait un chevalier *per alapam*, en le frappant sur le cou.) C'est le substantif verbal d'ADUBER : *Cuntre le soleil reluisent cil* ADUB, 1808.

ADUBER. Verb. act., inf. prés. Armer. (Germ. *dubban*, frapper, et non *adoptare*. V. *Adub*.) *Paien descendent pur lur cors* ADUBER, 3139. S'ADUBER, 993. — Ind. prés., 3ᵉ p. s. : s'ADUBET, 2987. 3ᵉ p. p. : ADUBENT, 1797.=Au réfl.: s'ADUBENT, 994.=Et au passif: SUNT ADOBEZ, 1143. — Impér., 2ᵉ p. p.: ADUBEZ *vos*, 1793 et 3134. — Part. pass. r. p. f.: ADUBÉES, 713. S. p. m. : ADOBEZ, 1143. V. le suiv.

ADUBEZ. Part. pass., employé substantivement, s. p. m. (On dit *les adoubés* pour les *chevaliers*.) *De cels de France XX. milie* ADUBEZ, 2777. Cf. 2470.

ADURÉE. Adj. s. s. f. Terrible (*Addurata*): *La bataille est* ADURÉE *endementres*, 1396. — R. s. f.: ADURÉE, 1460, 3304.

AFAITAD. Verbe act., 3ᵉ p. s. du parf. simple. Saisit, mania (*Affectavit*, qui avait le sens de *saisit*, même en « bon » latin): *Si duist sa barbe*, AFAITAD *sun gernun*, 215.

AFERMET (EST). Verbe passif, 3ᵉ p. s. de l'ind. prés., avec un s. s. m. Il est attaché (*Affirmatus est*): AFERMET EST *à ses estreus d'or fin*, 2033. —Part. pass., s. s. m.: AFERMET, 2033.

AFFLICTIUN. R. s. f. Esprit de pénitence, de componction (*Afflictionem*): *Ki par noz Deus voelt aveir guarisun,— Si's prit e servet par grant* AFFLICTIUN, 3271, 3272.

AFFRICAN. Adj. employé substantivement, r. s. m. Africain (*Africanum*): *D'Affrike i ad un* AFFRICAN *venut*, 1550.

AFFRIKE. R. s. f. Afrique (*Africam*), 1550, 2924.

AFIANCER. Verbe act., inf. prés. Avoir ou obtenir la confiance (*Affidantiare*): *S'en volt ostages, e vos l'en enveiez... pur lui* AFIANCER, 41. Ce mot se trouve en assonance dans un couplet en *ier*. Il faut donc restituer *afiancier*.

AFICHÉE. Part. passé employé adjectivement, s. s. f. Acharnée (*Ad* et un composé de *figere*, tel, suivant Diez, que *figicare*; *affigicata*): *La bataille est* AFICHÉE, 3393.

AFICHÉEMENT. Adv. Fermement (*Affigicata-mente*): *Puis si chevalchet mult* AFICHÉEMENT, 3117.

AFICHET (S'EST). Verbe réfl., 3ᵉ p. s. du parf., comp. avec un s. s. m. S'est entêté, obstiné. (Voy. le préc.) *Puis que il l'ad dit, mult s'en est* AFICHET, 2665. — Part. pass. s. s. f.: AFICHÉE, 3393. =

Restituer *afichier, afichiée*, ce mot se trouvant, comme assonance, dans une laisse en *ier*.

AFILET (s'). Verbe réfl., 3ᵉ p. de l'ind. prés. Se répand, coule (*Filum* signifie fil, filet; d'où: *se affilare*, couler comme un filet d'eau): *Sur l'erbe verte li cler sancs* S'EN AFILET, 1614.

AFINET (ESTRE). Verbe pass., inf. prés. Être terminé (*Affinare, affinatum*): *Seinz hume mort ne poet* ESTRE AFINET, v. 3914. — Parf. comp., 1ʳᵉ p. p., avec un r. p. f.: *Tantes batailles en* AVUM AFINÉES, 1465.— Part. pass. s. s. n. AFINET, 3914. R. p. f. AFINÉES, 1465.

AFUBLENT. Verbe act., 3ᵉ p. p. de l'ind. prés. Revêtent (*Affibulant*): *Tert lui le vis od ses granz pels de martre. — Celes met jus, puis li* AFUBLENT *altres*, 3941.=Ind. prés. passif, 3ᵉ p. s., avec un s. s. m.: AFUBLEZ *est d'un mantel sabelin*, 462. —Part. pass., s. s. m.: AFUBLEZ, 462.

AGIET (s'), 2545, pour *se get*, 3ᵉ p. s. du subj. prés. de *geter*.

AGIEZ. R. p. m. Espèce de flèches. (Étymologie douteuse. On peut ramener ce vocable à la famille des mots *jet, jeter*. Cf. cependant: *algeir, algier*.) *Il lancent lor... e muscraz e* AGIEZ, 2075.

AGREGET. Verbe neutre, 3ᵉ p. s. de l'ind. prés. Augmente (*Aggregat* avec le sens du passif): *Idunc* AGREGET *le doel e la pitet*, 2206.

AGUT. Adj. r. s. m. Aigu, pointu (*Acutum*): *Sur l'elme à or* AGUT, 1954. Cf. 2365. — R. p. m. AGUZ: *Brochet le bien des* AGUZ *esperuns*, 1530.

AHAN. R. s. m. Douleur. (Origine inconnue; peut-être un mot d'harmonie imitative.) *Mult ad apris ki bien conuist* AHAN, 2524. Cf. 2474 et 3963. — R. p. m. AHANS: *Mult unt oüd e peines et* AHANS, 268. Cf. 864, 1761.

AHI! Interjection: AHI! *culvert, malvais hom de put aire*, 763.

AI. Verbe act., 3ᵉ p. s. de l'ind. prés. (*Habeo*), 18, 521, 863, etc. V. *Aveir*.

AIDER. Verbe act., inf. prés. (*Adjuvare*) : *Prozdom i out pur sun seigneur* AIDER, 26. Cf. 1676, 2169. — Fut. 2ᵉ p. p. AIDEREZ, 945, et, dans une laisse en *ei*, AIDEREIZ, 3557. — Impér., 2ᵉ p. s. AÏE *nos*, 1906 ; 2ᵉ p. p. AIDEZ, employé absolument, sans régime : *E Franceis crient : Carlemagne*, AIDEZ, 2546 ; AIDEZ *nos*, 630 (Cf. 364 et 1229), et AIEZ *nos*, 3641. — Subj. prés., 3ᵉ p. s. : AÏT, 1865 et 3358, et AIUT, 781, 1964, 2044, 2ᵉ p. p. AIDEZ (?), 623. — Subj. imparf. AIDAST : *Sempres caïst se Deus ne li* AIDAST, 3439. = Ce mot ne se trouvant, comme assonance, que dans les laisses en *ier*, c'est *aidier, aidiez*, qu'il faut lire.

AIE. Verbe actif, 1ʳᵉ p. s. du subj. prés. (*Habeam*), 2901. V. *Aveir*.

AIE. R. s. f. Aide (*Adjudam*) : *Bosuign avum d'*AÏE, 1619. Cf. *aiue*.

AIES. Verbe act., 2ᵉ p. s. du subj. prés. d'*aveir* (*Habeas*), 1954, 1960. V. *Aveir*.

AIEZ. Verbe act., 2ᵉ p. p. de l'impér. d'*aider* (*Adjuvetis*), 1906, 3641. V. *Aider*.

AIEZ. Verbe act., 2ᵉ p. p. du subj. prés. d'*aveir* (*Habeatis*), 239, 1045. V. *Aveir*.

AIM. Verbe act., 1ʳᵉ p. s. de l'ind. prés. d'*amer* (*Amo*), 306, 635, 3406. V. *Amer*.

AIMET. Verbe act., 3ᵉ p. s. de l'ind. prés. d'*amer* (*Amat*), 1092, 1636. V. *Amer*.

AIMENT. Verbe act., 3ᵉ p. p. de l'ind. prés. d'*amer* (*Amant*), 325. V. *Amer*.

AINZ. AINZ QUE. Conj. Avant que (*Antequam*) : AINZ QUE *Rollanz se seit aperceüt*, 2035. Cf. *einz*.

AÏR. R. s. m. Colère. (Substantif verbal d'*aïrer*, venant d'*adirare*.) *Par tel* AÏR, 722.

AIRE. R. s. m. 763, 2252. Le sens et l'origine de ce mot ont été l'objet de longues discussions. On peut ramener à deux les principales opinions qui ont été émises à ce sujet. Les uns, avec MM. Raynouard et Littré, voient dans AIRE une forme du mot *aer*, signifiant « air, manière, façon ». Les autres, avec MM. Génin et Gachet, dérivent AIRE d'*area* : ce mot, suivant eux, aurait signifié *place* ; puis, plus particulièrement, *nid* ; et enfin, par extension, *extraction*, *origine*. Ce dernier sens paraîtrait spécieux, et M. Gachet fait remarquer avec raison qu'il peut seul expliquer des expressions telles que la suivante : *Si fu estrais de gentil aire*. (Philippe Mouskes, vers 1877.) Quoi qu'il en soit, on trouve dans notre Chanson : *Malvais hom de put* AIRE, 763, et *Chevaler de bon* AIRE, 2252. Le mot est masculin, comme on le voit, et c'est une difficulté pour le faire dériver d'*area*.

AIS. R. s. Nom de ville (*Aquas*), 52, 3706, 3873, 3984, etc. V. *Eis*.

AIS. Prép. Voici, voilà (*Ecce*) : *Ais li un angle ki od lui soelt parler*, 2452. Cf. 3818 et 3403. Voy. *As*.

AIT. Ce mot, qui ne se rencontre que dans ces expressions : *Brocher ad* AIT, 1184, 1381, 1802, et *Puignent ad* AIT, 1844, appartient étymologiquement à la même famille qu'*aates*. Cf. EIT, 3350.

AIT. Verbe actif, 3ᵉ p. s. du subj. prés. d'*aveir* (*Habeat*), 82, 1047, 1442, 3981. V. *Aveir*.

AIT. Verbe actif, 3ᵉ p. s. du subj. prés. d'*aider* (*Adjuvet*), 1865, 3358. V. *Aider*.

AÏTANT. Adv. Ici, ici-même, et, par extension, aujourd'hui (*Ad-ibi-tantum ??*) : *Pramis nus est : fin prendrum* AÏTANT, 1776. M. Bartsch, *Chrestomathie*, p. 594, écrit en deux mots : *à itant*.

AITRES. R. p. Aitres, parvis (*Atria*) : *En* AITRES *de musters*, 1750.

AIUDE. R. s. f. Aide (*Adjutam*, fait sur le supin *adjutum*, d'*adjuvare* :

De Mahumet ja n'i averez AIUDE, 1336.

AIUE. C'est le même substantif qu'*aiude*, avec la suppression du *d*. Il est employé interjectivement dans un vers de notre poème (?) : *Seinte Marie*, AIUE ! 2303.

AIUNS. Verbe act., 1ʳᵉ p. p. du subj. prés. d'*aveir* (*Habeamus*), 60. V. *Aveir*.

AIUT. Verbe act., 3ᵉ p. s. du subj. prés d'*aider* (*Adjuvet*), 781, 1964, 2044. V. *Aider*.

AJURNÉE R. s. f. Le moment où se lève le jour (*Addiurnatam*) : *Entresqu'à l'*AJURNÉE, 3731. Cf. 715.

AJURNEZ (EST). Verbe pass. 3ᵉ p. s. de l'ind. prés. Se dit du jour qui se lève (*Addiurnatus est*) : *Cum pes-(mes) jurz nus est hoi* AJURNEZ, 2147. V. le précédent.

AJUSTÉE. R. s. f. *Unches mais hom tel ne vit* AJUSTÉE, 1461, 3322. Cf. 3394 (*Ad-juxtatam*). Ce mot est-il un substantif ou un participe se rapportant au mot *bataille?* Il y a doute. V. le suivant.

AJUSTET (s'). Verbe actif et réfl. 3ᵉ p. de l'ind. prés. Se place à côté (*Se ad-juxtat*) : *Devant Marsilie as altres si s'*AJUST(ET), 919. — Parf. simple, 3ᵉ p. p.: AJUSTERENT, 3562. — Part. prés. s. p. m.: AJUSTANT, 1169, 3024. — Part. passé, r. p. m.: AJUSTEZ: *Francs e païens as les vus* AJUSTEZ, 1187. = Le substantif *ajustée* n'est sans doute qu'un participe employé substantivement, 1461, 3322, 3394.

AL (A L'). Art. au dat. s. m. (*Ad illum*), 27, 253, 733, 1545, 1551, 3817, etc. etc. V. *à*.

ALAST. Verbe neutre ; imparf. du subj. 3ᵉ p. s., 2230. V. *Aler*.

ALAT. Verbe neutre, parf. simpl., 3ᵉ p. s. d'*aler*, 1407, 2169. V. *Aler*.

ALBE. S. s. f. L'aube, le point du jour (*Alba*) : *Tresvait la noit e apert la clere* ALBE, 737. — R. s. f. ALBE : *Par main en l'*ALBE, 667. Cf. 2845.

ALDE. S. et r. s. f. Nom de la fiancée de Roland (*Alda*), 1720, 3708, 3717, 3723.

ALÉE (EST). Verbe neutre, 3ᵉ p. s. parf. comp. avec un s. s. f. : *Alde la be(le)* EST *à sa fin* ALÉE, 3723. V. *Aler*.

ALEIENT (s'), 990. V. *Alient*.

ALEINE. R. s. f. (D'un subst. verbal d'*anhelare*, par transposition de l'*n* et de l'*l*.) *Cel corn ad lunge* ALEINE, 1789.

ALEMAIGNE. R. s. f. (*Alemanniam*), 3038, 3977. V. le suivant.

ALEMAN. S. p. m. (*Alemanni*, germ. *all-mann*), 3960 ; et ALEMANS, 3038. — R. p. m: ALEMANS, 3701, 3795.

ALER. Verbe actif, inf. pr. (*Adnare??*) 254, 353, 2661, 2773. — Ind. prés. 2ᵉ p. p. ALEZ, 1783. — Parf. simpl., 3ᵉ p. s. ALAT, 1407, 2169. — Parf. comp., 3ᵉ p. s., avec un s. s. m. : EST ALEZ, 11, 165; S'EN EST ALEZ, 501 ; EST ALET, 553, 1246, 2357, 2392. Avec un s. s. f. : EST ALÉE, 3723. 3ᵉ p. p., avec un s. p. m. : SUNT ALET, 3793; SUNT ALEZ, 3128. — Impér. 1ʳᵉ p. p. ALUM, 1868, et ALUNS, 1676; 2ᵉ p. p. : ALEZ, 251, 272, 1165, 2182. — Subj. prés. 1ʳᵉ p. s.: ALGE, EN ALGE, M'EN ALGE, 1646, 288, 187. 2ᵉ p. s. : T'EN ALGES, 2978; 3ᵉ p. s. ALGE, 1657, et ALT, 2034, 2617, 3340. 2ᵉ p. p. ALGEZ, 2673. 3ᵉ p. p. S'EN ALGENT, 2061, 3476. — Imparf., 3ᵉ p. s. ALAST, 2230. — Part. passé s. s. m. ALEZ, 11, 165, et ALET, 553, 1246, 2357, 2392. S. s. f. ALÉE, 3723. S. p. m. ALET, 3793, et ALEZ, 3128.

ALEXANDRIN. Adj. r. s. m. D'Alexandrie (*Alexandrinum*), 408, 463. Cette épithète s'applique, dans les deux cas, au mot *palie* : *Un palie* ALEXANDRIN.

ALGALIFES. S. s. m. Calife. (D'origine arabe, *al*, le, et *khalifa*, successeur du Prophète.) 453. — R. s. m. ALGALIFE, 493, et ALGALIFES, 681.

ALGE. Verbe neutre, 1ʳᵉ et 3ᵉ p. s.

du subj. prés. d'*aler*. V. ce mot.
ALGEIR. R. s. m. Nom d'une sorte de javelot. (Origine très-douteuse, quoique M. Génin dise à ce sujet : « *Algier* est d'origine arabe,*al gier*. *Gier* est la traduction (?) du bas latin *gessum, gœsum*, une pique. » (Roland, p. 409.) *De sun* ALGEIR *ad la hanste crollée*, 442. Cf. *agiez* et surtout ALGIER.
ALGENT. Verbe neutre, 3e p. p. du subj. prés. d'*aler*.
ALGES. Verbe neutre, 2e p. s. du subj. prés. d'*aler*.
ALGEZ. Verbe neutre, 2e p. p. du subj. prés. d'*aler*. Pour ces trois mots, voy. *Aler*.
ALGIER. R. s. m. : *Un* ALGIER *tint*, 439. Le même qu'ALGEIR, 439.
ALIENT (s'). Verbe réfléch., 3e p. p. de l'ind. prés. Se rallient (*Se alligant*) : *Son dragun porte à qui sa gent* S'ALIENT, 1641. Cf. 990 : *A icez moz li XII Per* S'ALEIENT. C'est le même mot, mais dans un couplet féminin en EI.
ALIXANDRE. Nom de ville. R. s. f. Alexandrie (*Alexandriam*) : *Suz* ALIXANDRE *ad un port juste mer*, 2626.
ALMACE. Nom de l'épée de Turpin. (?, R. s. f.: *Il trait* ALMACE, *s'espée d'acer brun*, 2089.
ALMACUR. R. s. m. *Sansun li dux vait ferir* L'ALMACUR, 1275. AL-MACURS: *Uns* ALMACURS *i ad de Moriane*, 909. — R. p. m.: ALMACURS, 849. = Dans son *Glossaire du Chevalier au Cygne*, M. Gachet reproduit diverses opinions sur l'étymologie de ce mot, dont l'origine est évidemment arabe : *Al-mansour, al-mansor*, le Victorieux, le Protégé de Dieu.
ALMARIS. S. s. m. Nom d'un roi sarrazin (?) : *Reis* ALMARIS *de l' regne de Belferne — Une bataille lur livrat...* 812, 813.
ALNE. R. s. f. Aune, mesure. (Bas lat. *alena*, du goth. *aleina*, signifiant l'avant-bras. V. Diez, au mot *alna*.) *Ne voide tere, ne* ALNE (*ne*) *plein pied*, 2400.
ALOSEZ. S. s. m. Illustre. (Du radical *laus*, qui a donné *los* en roman (?) et sur lequel on a fait le verbe *aloser*.) *De vasselage est il ben.* ALOSEZ, 898.
ALPHAIEN. R. s. m. Nom d'un duc sarrazin (?) : *Puis ad ocis le duc Alphaïen*, 1511.
ALQUANT. S. p. m. Un certain nombre (*Aliquanti*) : *Moerent paien e* ALQUANT *en i pasment*, 1348. — On trouve plus souvent au s. p. m.: ALQUANZ, 983, 2471, 3746. — R. p. m. ALQUANZ, 683, 2093. — R. p. f. ALQUANTES, 2611.
ALQUES. Ce mot, sur lequel on a beaucoup discuté, n'a réellement qu'un sens dans la *Chanson de Roland*. Il est toujours adverbe, signifie « un peu », et vient d'*aliquid*, qui avait ce même sens dans la meilleure latinité : *En cel tirer li Quens s'aperçut* ALQUES, 2283. *Se jo vif* ALQUES, 3459. *Neirs les chevels e* ALQUES *brun le vis*, 3821. *Dist Oliver : Rollanz, veez en* AL-QUES, 2283. *Si' n vois vedeir* ALQUES *de sun semblant*, 270. Ces deux derniers exemples ont été contestés, mais à tort, et l'on ne peut y voir un dérivé d'*aliquos*. Cf. 95, 206. = Quant à l's final de ce mot, il n'est aucunement étymologique; mais un certain nombre d'adverbes ont pris cette finale PAR ANALOGIE : *Unkes*, 2639, 3531, etc., ou *unches*, 629, 1638, 1647; *sempres*, 3721, 3729, etc. etc.
ALT. Verbe neutre, 3e p. s. du subj. prés. d'*aler*,2034,2617,3340.V. *Aler*.
ALTAIGNE. Adj. R. s. f. Haute. (D'une forme telle que *altanam*.) *Tresqu'en la mer cunquist la tere* ALTAIGNE, 3. C'est, avec *altisme*, le seul mot de la famille d'*altus* qui n'ait pas pris l'*h* initial.
ALTER. R. s. Autel (*Altare*) : *Lune un* ALTER *belement l'enterrerent*, 3732. Cf. 3685.

ALTISME. Adj. superlatif, r. s. Très-haut (*Altissimum*) : *Puis sunt muntez sus el' paleis* ALTISME, 2708.

ALTRE. Adj. s. s. m. Autre (*Alter*) : 1383, 1760, 1867, 3017. (On ne trouve qu'une seule fois *li* ALTRES, 208.) — S. s. f. : ALTRE, 3240, 3254, 3284. — R. s. m. : ALTRE, 221, 369, 1624, 3290. — R. s. f. : ALTRE, 916, 1105. — S. p. m. : ALTRE, 1398, 2850, 3039, 3782. — R. p. m. : ALTRES, 108, 673, 823, 919, 936, 1553, 2275, 2564, 3189, 3855. = Comme dans notre langue moderne, *l'un* est opposé à *l'altre* : *L'un gist sur l'*ALTRE, 1624. = Notons encore l'expression : ENTRE LES ALTRES, 2275. En résumé, ce mot s'emploie dans tous les sens où nous l'employons aujourd'hui. (V. *Altr'er*.)

ALTREMENT. Adv. Autrement (*Altera-mente*), 494, 1880.

ALTR'ER (L'). Loc. adv. L'autre jour. Littéralement : « L'autre hier » (*Altero-heri*) : *Li* ALTRER (sic) *fut ocis le bon vassal Rollanz*, 3185.

ALTRESI. Adv. Aussi (*Alterum-sic*). S'emploie tantôt absolument : *E Tervagan e Mahum* ALTRESI, 3491, et plus souvent avec *cum*, pour exprimer une comparaison : ALTRESI *blanches* CUME *neif sur gelée*, 3319 ; ALTRESI CUM *un urs*, 1827. Cf. 2559.

ALTRETANT. Adverbe. Autant (*Alterum-tantum*) : *Après icels en averat* ALTRETANT, 3021. Cf. ALTRETANZ au vers 3198.

ALTRETANZ. Comme le précédent : *Après icels en i ad* ALTRETANZ, 3198. D'où l'on a été amené à croire qu'ALTRETANT peut (?) être considéré comme un adjectif, et s'est décliné.

ALTRETEL. Adj. R. s. neutre. La même chose (*Alterum-tale*) : *Pur sue amor* ALTRETEL *funt li altre*, 3123. — *Jamais n'iert an* ALTRETEL *ne vos face*, 653.

ALTROI. R. s. Autrui (*Alteri* plutôt qu'*alteri-huic*) : *Ki hume traist, sei ocit e* ALTROI, 3959. V. le suivant.

ALTRUI. Comme le précédent, mais plus conforme à la phonétique de notre texte : *Lui e* ALTRUI *travaillent e cunfundent*, 380. Cf. 1963.

ALUÉE (FUST). Verbe passif, 3ᵉ p. s. de l'imparf. du subj. prés. d'*aluer*. Fût placée (*Allocata fuisset*) : *L'anme del cors entre les lur* (FUST) ALUÉE *e mise*, 2940, 2941.

ALUM. Verbe neutre, 1ʳᵉ p. p. de l'impér. d'*aler*, 1868. V. *Aler*.

ALUMER. Verbe act. inf. prés. (*Alluminare*) : *Mirre e timoine i firent* ALUMER, 2958.

ALUMS. Verbe neutre, 1ʳᵉ p. p. de l'impér. d'*aler*, 1676. V. *Aler*.

ALVERNE. R. s. f. Nom de pays ; Auvergne (*Alverniam*) : 3062, 3796.

ALVES. S. p. f. Les auves, les côtés de la selle, bien distincts des arçons (*Alveas, alvas*) : *Les* ALVES *turnent, les seles chéent a tere*, 3881. — R. p. f. : ALVES : *Trenchet... de l'orée sele les dous* ALVES *d'argent*, 1605.

AMAI. Verbe actif, 1ʳᵉ p. s. du parf. simpl. d'*amer* (*Amavi*), 1647. V. *Amer*.

AMAT. Verbe actif, 3ᵉ p. s. du parf. simpl. d'*amer* (*Amavit*), 2134, 3187. V. *Amer*.

AMBDUI. Adj. s. p. m., souvent employé substantivement. Tous les deux (*Ambo-duo*). C'est le sujet de l'adjectif qui a ambsdous pour rég. p. En voici d'ailleurs toute la déclinaison : S. p. m. AMBEDUI, 1094, 2763 ; ou AMBDUI, 259, 3883 ; ou AMDUI, 1381, 3567 ; ou ANDUI, 3862. — R. p. m. ou f. AMBESDOUS, 2015, 2552 ; AMBSDOUS, 1711 ; ou AMSDOUS, 2290, 2906 ; ou AMDOUS, 2240 ; ou ANSDOUS, 2011, 2879 ; ou ANDOUS, 1355.

AMBEDUI. Adj. s. p. m., pouvant être employé substantivement : AMBEDUI *unt merveillus vasselage*, 1094. Cf. 2763. V. le précédent.

AMBES. Adj. r. p. f. Toutes les deux. (*Ambas*) : AMBES *ses mains*, 419. *Ad* AMBES *mains*, 2931.

AMBESDOUS. Adj. r. p. m. Tous les

deux (*Ambos-duos*) : *Prenent sei à braz* AMBESDOUS *por loiter*, 255. — R. p. f. (*Ambas-duas*) : AMDESDOUS *ses mains juintes*, 2015.

AMBOIRES. S. s. m. Nom du païen qui porte l'étendard de Baligant(?) : *L'enseigne portet* AMBOIRES *d'Oliferne*, 3297.

AMBSDOUS. Adj. r. p. m. Tous les deux (*Ambos-duos*) : *Ja avez vos* AMBSDOUS *les braz sanglanz*, 1711.

AMBURE. Ce dérivé d'*ambo* signifie « tous les deux ». AMBURE *ocit, ki que l' blasme ne qui l' lot*, 1546. AMBURE *ocit seinz nul recoeverement*, 1607. AMBURE *cravente en la place devant sei*, 3549. L'origine immédiate est douteuse.

AMDOUS. Adj. r. p. f. Tous les deux, 2240. V. *Ambesdous* et *Amsdous*.

AMDUI. Adj. s. p. m. Tous les deux, 1381, 3567. V. *Ambdui* et *Ambedui*.

AMENDISE. S. s. f. Réparation (Un dérivé d'*emenda*, *emenditia*) : *Einz demain noit en iert bele l'*AMENDISE, 518.

AMENER. Verbe act., inf. prés. (*Adminare*), 89, 3964. — Parf. comp., 3e p. s. : OUT AMENET (*les barons*), 2783. — Impér., 2e p. p. : AMENEIZ (dans une laisse en EI). 508. — Subj. prés., 3e p. s. : AMEIN(ET), 2760. — Plus-que-parf. : OÜSSE AMENET, avec un r. s. m., 691. = Au passif, fut., 2e p. p. : SEREZ AMENET, 435 (avec un s. s. m.). Part. pass. s. s. m. : AMENET, 435 ; r. s. m. 691, et r. s. n. 2783.

AMER. Verbe act. inf. prés.(*Amare*), 521, 1208, 1548, 2001. — Voici sa conjugaison : Ind. prés., 1re p. s. : AIM, 306, 635, 3406. 3e p. s. : AIMET, 1092, 1636 ou EIMET, 1377 ; 3e p. p. : AIMENT, 325 et AMENT, 397. — Fut. 1re p. s. : AMERAI, 323 et 3598 ; 3e p. s. AMERAT, 494 et 1642. — On voit, quant à la phonétique, que le seul présent de l'indicatif AIM, AIMET et AIMENT change l'*a* latin en *ai*. C'est le cas de citer l'observation de M. N. de Wailly (*Mémoire sur la langue de Joinville*, p. 73), relativement à *gaige* et à *gagier* : « On substituait la diphthongue *ai* à l'*a* simple dans la pénultième ACCENTUÉE de *gaige*, pour montrer que la prononciation devait y appuyer plus longtemps et plus fortement que sur la pénultième NON ACCENTUÉE de *gagier*. » On peut dire hypothétiquement qu'il en était de même d'*aim*, par rapport à AMER, AMERAT, etc.

AMETISTES. R. p. f. (*Amethystos*) *Pierres i ad*, AMETISTES *e topazes* 1661. Cf. MATICES.

AMI. R. s. m. (*Amicum*), 362, 2904. — Au vocatif singulier : AMIS, 1113, 1697, 2131, 2887, 2933, etc. — Au r. m. p. : AMIS, 2421, 2953.

AMIE. Voc. s. f. (*Amica*), 3713. — Au s. p. f. : AMIES : *Pur sa bellet dames li sunt* AMIES, 957.

AMIRACLE. R. s. m. : *Vait le ferir en l'escut* AMIRACLE, 1660. Ce mot très-obscur est sans doute un dérivé d'*émir*(?). *Émir* vient du même mot en arabe.

AMIRAFLES. R. p. m. (Autre dérivé d'*émir*) : *Marsilies mandet... les* AMIRAFLES *e les filz as cunturs*, 850.

AMIRAILL. V. *Amiralz*.

AMIRALS. V. *Amiralz*.

AMIRALT. V. le suivant.

AMIRALZ. S. s. m. Émir. Sur l'arabe *émir*, on a créé un type latin tel qu'*amiralius* (?). Voici la déclinaison de ce vocable : Au s. s. m. : LI AMIRALZ (c'est la forme correcte), 967, 2602, 2647, 2731, 2813, 2825, 3140, 3232, 3311, 3391, 3580, 3602, etc. On trouve aussi LI AMIRALS, 3172, et, chose plus grave, LI AMIRAILL, 2605, 2747, 3214, 3508 et 3520, et LI AMIRALT, 1664. — Au voc. s. m. : AMIRALZ, 2790, 2831. — Au r. s. m. : L'AMIRAILL, 2767, 2977, 3329, 3429, 3615.

AMISTEZ. R. p. f. (?) (*Amicitates*) : *Fedeilz servises e mult granz* AMISTEZ, 29. V. le suivant.

AMISTIET. R. s. f. (*Amicitatem*) : Par AMISTIET *l'en baisat en la buche*, 1487. — On trouve également au r. s. f. : AMISTIEZ : *Par* AMISTIEZ, *bel sire, la vos duins*, 622. — R. p. f. AMISTEZ, 29.=Ce mot se trouvant en assonance dans une laisse en *ier*, la vraie forme est *amist*IET.

AMOR. R. s. (*Amorem*) : 3596, 3768, 3810. V. *Amur* et *Amurs*.

AMSDOUS. Adj. r. p. m. Tous les deux, 2290.—R. p. f., 2906. V. *Ambesdous* et *Ansdous*.

AMUNT. Adv. En haut (*Ad montem*): *Guardez* AMUNT *devers les porz d'Espaigne*, 1103. V. aussi 1995, 2341. — AMUNT était opposé à AVAL (*Ad vallem*) : *Guardet* AVAL *e si guardet* AMUNT, 2235.

AMUR. R. s. (*Amorem*), 86, 2009, 2139, 3460, 3770, 3801. Le cas sujet est *amurs*. V. ce mot, et AMOR, aux v. 3596, 3768, 3810. AMUR est masculin (2009), ou féminin (3107). V. *Amurs*.

AMURAFLES. C'est le même mot qu'AMIRAFLES. (V. plus haut.) — Au r. s. m., on trouve AMURAFLE, 1269, et AMURAFLES : *Uns* AMURAFLES *i ad*, 894. Mais, dans ce dernier cas, le scribe croyait sans doute avoir affaire à un sujet.

AMURE. R. s. f. Pointe de fer de la lance. (Étymologie inconnue.) *De l' brant d'acer l'*AMURE *li presentet*, 3918. — *De l' bon espiet el' cors li met l'* AMURE, 1285. Cf. 1156, 2505.

AMURS. S. s. f. Amour (*Amor*) : *La tue* AMURS *me seit hoi en present*, 3107. — R. s. AMUR, 86, 2009, 2139, 3460, 3770, 3801, et AMOR, 3596, 3768, 3810, tantôt masculin, comme au v. 2009; tantôt féminin, comme au v. 3107.

AN. S. s. m. Année (*Annus*): *Jamais n' iert* AN *altretel ne vos face*, 653. La forme correcte serait ANZ au sujet, et AN au régime.— R. p. m.: ANZ, 2, 524, 604 ,2028.

ANCEISURS. R. p. m. Ancêtres. (*Antecessores*), 3177, 3826.

ANCIENE. R. s. f. (*Antianam*, adjectif fait sur *ante??*) : *Il est escrit en l'*ANCIENE *geste*, 3742.

ANDOUS. Adj. r. p. m. Tous les deux (*Ambos-duos*),1355.V. *Ambesdous*.

ANDUI. Adj. s. p. m. Tous les deux (*Ambo-duo*), 3362. V. *Ambedui*.

ANGELE. R. s. m. Ange (*Angelum*) *Enoit m' avint une avisiun d'*ANGELE, 836. On prononçait *angle*, très-évidemment; car ANGELE est à la fin du vers et rime avec *hansle, France, pesance*, etc. V. *Angles*.

ANGEVIN. Adj. r. s. m. (*Andegavinum*), 3819.

ANGLES. S. s. m. Ange (*Angelus*), 2528. — R. s. m. : ANGLE, 2262, 2319, 2393, 2612, et ANGELE, 836. — S. p. m. : ANGLES, 2374. — R. p. m. : ANGLES, 1089, 3718. Dans notre texte, écrire partout ANGELE.

ANGOISET. Verbe neutre, 3ᵉ p. p. de l'ind. prés. Être dans l'angoisse, agoniser (*Angustiat*): *Se pasmet e* ANGOISET, 2575. V. le suivant.

ANGOISSET. Verbe actif, 3ᵉ p. s. de l'ind. prés. Tourmenter, mettre dans l'angoisse (*Angustiat*): *Oliver sent que la mort mult l'*ANGOISSET, 2010. Et, au neutre, ANGOISET, 2575. 3ᵉ p. p. : *Paien s'en fuient e Franceis les* ANGUISSENT, 3634.—Part. prés. s. s. f. : *La sue mort li vait mult* ANGOISANT, 2232. V. *Angoiset*. = La forme correcte pour la phonétique est ANGUISSET.

ANGUISABLES. Adj. r. s. m. Plein d'angoisses (*Angustiabilis*) : *Li quens Guenes en fut mult* ANGUISABLES, 280. On trouve aussi au s. s. m. : ANGUISSABLES, 3444. — R p. m. : ANGUISABLES, 3126.=Ce mot ne s'applique pas seulement aux personnes, mais aux choses : *Cez valz parfunz, cez destreiz* ANGUISABLES, 3126.

ANGUISSENT. Verbe act., 3ᵉ p. p. de l'ind. prés. d'*angoisser*, 3634. V. *Angoisset*.

ANGUISSUS. Adj. s. s. m. Plein d'angoisses (*Angustiosus*): *Sur luz* *les altres est Carles* ANGUISSUS, 823. Cf. 2880.—R. s. m., ANGUISSUS, 2198.

ANJOU. R. s. m. (*Andegavum*), 106, 2883, 2945, 3038, etc. (V. sur ce mot, Quicherat : *De la Formation française des anciens noms de lieu*, p. 44.)

ANME. S. s. f. Ame (*Anima*), 1848, 2940 (L'ANME *del cors*). — R. s. f. : ANME, 1202, 1510, 2396, 3981.— R. p. f. : ANMES, 1133, 1855, 2196.

ANOEL. Adj. r. s. f. Annuelle (*Annualem*) : *A Eis esteie à une feste* ANOEL, 2860. (Le ms. porte *à noel*.)

ANPRÈS. Prép. : ANPRÈS *iço*, 774. V. *Après*.

ANSDOUS. Adj. s. p. m. (par erreur), 2011, et r. p. f., 2879. Tous les deux. V. *Ambesdous*.

ANSEÏS. S. s. m. Nom d'un baron français, que l'on appelle : ANSEÏS *li veills*, au v. 796. Cf. les v. 105, 1281, 2408. — R. s. m. 1556, 2188.

ANS-GUARDE. R. s. f. Avantgarde (*Ante-wardiam*) : *E ki serat devant mei en l'*ANS-GUARDE, 748.

ANTELME. R. s. m. Nom d'un baron français (*Antelmum* ; mais l'origine est germ. V. Pott, 238) : *Naimon li duc*, ANTELME *de Maïence*, 3008.

ANTIQUITET. R. s. f. (*Antiquitatem*) : *Ço est l'amiraill, le vieil d'*ANTIQUITET, 2615.

ANTONIE (SEINT). R. s. m. Nom de ville (*Sanctum-Antonium*) : *Guiun de* SEINT ANTONIE, 1581. On prononçait *Antone* ou *Antoine*, comme le prouvent les assonances.

ANUMBRÉES (AD). Verbe act. parf. comp., 3ᵉ p. s. avec un r. p. f. A énumérées (*Adnumeratas habet*), 1451. — Part. pass., r. p. f. : ANUMBRÉES, 1451.

ANUNCIET (AD). Verbe act. parf. simpl., 3ᵉ p. s. (*Annuntiatum habet*) : *Par avisiun li* AD ANUNCIET — *D'une bataille*, 2529, 2530.

ANZ. R. p. m. Années (*Annos*), 2, 524, 664, 2028. Cf. le s. s. m. AN, au v. 653.

AOI. Ces trois lettres se lisent à la fin de la plupart des laisses du *Roland*. Leur sens n'est pas encore déterminé. (V. notre *Introduction*, pp. LVIII-LX.)

AORT. Verbe actif, 3ᵉ p. s. du subj. prés. d'*aürer* (*Adoret*), 854. V. *Aürer*.

APAREÜT (EST). Verbe neutre, parf. comp., 3ᵉ p. s. avec un s. s. m ou n. Est apparu (D'un participe de 2ᵉ formation en *utus*, d'*apparere*) : *Mult grant damage li* EST APAREÜT, 2037.

APAREILLEZ (SUNT). Verbe passif, 3ᵉ p. p. de l'ind. prés., avec un s. p. m. Sont préparés, disposés (*Appariculati sunt*), 1144. V. le suivant et APPAREILLEZ, 2535.

APAREILLIEZ (EST). Verbe passif, 3ᵉ p. s. de l'ind. prés., avec un s. s. m. ou n. Est préparé, disposé (*Appariculatus est*) : *L'*AVEIR *Carlun* EST *il* APAREILLIEZ (?), 643. Avec un s. s. m. : EST APPAREILLEZ, 2535. 3ᵉ p. p., et avec un s. p. m. : SUNT APAREILLEZ, 1144. — Part. passé, s. s. m. : APPAREILLEZ, 2535. S. p. m. : APAREILLEZ, 1144. V. le précédent et *appareillez*, 2535. = Ce mot se trouve comme assonance dans une laisse en *ier*. C'est donc la forme APAREILLIEZ qui est la plus correcte.

APELET. Verbe actif, 3ᵉ p. s. de l'ind. prés. Appelle (*Appellat*). 14, 642, 783, 1126, 1502. — Parf. simple, 3ᵉ p. s. : APELAT, 63, 1020, 3007, et APELAD, 1237. — Parf. comp., 3ᵉ p. s. avec un r. p. m. : AD APELEZ, 69.—Impér., 2ᵉ p. p. : APELEZ, 506.— Subj. prés., 3ᵉ p. s. : APELT, 2261. =Passif, 3ᵉ p. s. de l'ind. prés., avec un s. s. m. : EST APELET, 3056. — Part. passé, s. s. m., APELET, 3056. R. p. m., APELEZ, 69.

APENT. — Verbe actif, 3ᵉ p. s. de l'ind. prés. Dépend (*Appendit*): *Sarraguce e l'onur qu'i* APENT, 2833.

APERCEIT (s'). Verbe réfl., 3ᵉ p. s. de l'ind. prés. (*Se ad-percipit*) : *Li Amirals alques s'*EN APERCEIT, 3553. — Parf. simpl., 3ᵉ p. s. s'APERÇUT,

2283. — Le sens primitif de ce mot est: « Reprendre ses sens. » C'est celui que l'on trouve dans notre *Roland*, au parf. du subj., 3e p. s. : *Ainz que Rollanz* SE SEIT APERCEÜT, 2035.

APERT. Verbe neutre, 3e p. s. Apparaît (*Apparet*) : *Tresvait la noit e* APERT *la clere albe*, 737. Cf. 3675.

APOLIN. R. s. m. (*Apollinem*), 2580, 3268. V. le suivant.

APOLLIN. R. s. m. (*Apollinem*), 8, 417.

APORT. Verbe actif, 1re pers. s. de l'ind. prés. (*Ad-porto*), 3e p. s., APORTET, 3496.

APOSTLE. R. s. m. (*Apostolum*) : *Recleimet Deu e l'*APOSTLE *de Rome*, 2998. — R. p. m., APOSTLES, 2255.

APPAREILLEZ (est). Verbe passif, 3e p. s., avec un s. s. m. (*Appariculatus est*), 2535. La forme correcte est APAREILLIEZ.

APRÈS. Ce mot (*ad* et *pressus*) est tantôt employé avec un régime, tantôt absolument. Dans le premier cas, il est préposition : APRÈS *Rollant que jo vive remaigne*, 3719. Cf. 230, 725, 3021. = Dans le second cas, il est adverbe : APRÈS, *i vint*, 627. *Sun cumpaignun*, APRÈS, *le vait sivant*, 1160. Cf. 1296, 1687, 1964, 3221, 3362. = On trouve une fois : *aprof*, qui nous semble une erreur grossière du scribe : APROF, *li ad sa bronic desclose*, 1577.

APRESENTET. Verbe actif, 3e p. s. de l'ind. prés. (*Ad-præsentat*) : *Receif la lei que Deus nus* APRESENTET, 3597.

APRESTER. Verbe actif, inf. prés. (*Ad-præstare*) : *Tut sun navilie i ad fait* APRESTER, 2627. Cf. 2624.

APRIS (AD). Verbe actif, parf. simple, 3e p. s. (*Habet apprehensum*) : *Mult* AD APRIS *ki bien conuist ahan*, 2524.

APROECIEZ (SUNT). Verbe au sens actif, 3e p. p. du parf. comp., avec un s. p. m. (*Appropiati sunt*) : *En cest païs nus* SUNT *tant* APROECIEZ, 2801. Peut-être faut-il lire : *Nus* UNT.

APROF, 1577. V. *Après*.

APROISMET. Verbe act., 3e p. s. de l'ind. prés. (*Ad-proximat*) : *Li Empereres* APROISMET *sun repaire*, 661. = Verbe neutre, 3e p. p. de l'ind. prés. APROISMENT : *Cum il* APROISMENT *en la citet amunt*, 2692. = Verbe réfl , 3e p. du s. du parf. comp.: *Envers le Rei s'*EST *Guenes* APROISMET, 468. Ce dernier mot doit s'écrire APROISMIET; car il ne se trouve comme assonance que dans les laisses en *ier*.

APUIER (s'). Verbe act., inf. prés. (*Appodiare*) : *Vait* S'APUIER *suz le pin*, 500.

AQUILLIT. Verbe act., 3e p. s. du parf. simple (*Accollegit*): *Si'* S'AQUILLIT *e tempeste e ored*, 689. Cf. ACOEILLENT, au v. 3967.

AQUITER. Verbe act., inf. prés. (*Adquitare*). Il a le sens de « sauvegarder, délivrer » : *Se de mun cors voeill* AQUITER *la vie*, 492. — 1re p. s. du fut. *De tute Espaigne* AQUITERAI *les pans*, 8.

AQUISEZ. Part. pass., r. p. m. (*Adquietatos*) : *Franceis se teisent, as les vus* AQUISEZ, 263. Ce mot est dans une laisse en *ier* : le scribe aurait dû écrire AQUISIEZ.

ARABE. Arabie, r. s. f. (*Arabiam*), 185, 652, 2282, 2810, 3473, 3943...

ARABIZ. R. p. m. (? *Arabitos*), 3518. V. *Arrabit*.

ARAISUNET. Verbe act., 3e p. s. de l'ind. prés. (*Ad-rationat*): *Mult fièrement Carle en* ARAISUNET, 3536.

ARBRE. R. s. m. (*Arborem*), 3953 — S. p. m., ARBRES, 2271. — R. p m., ARBRES, 2267.

ARC. R. s. m. (*Arcum*), 767.

ARCBALESTE. R. s. m., et non *arbaleste*, comme l'imprime Müller (*Arc-ballistam*), 2265. Ce dernier éditeur a, d'ailleurs, excellemment rectifié le vers précédemment cité. Au lieu de *D'un arbaleste ne poet traire un quarrel*, il faut lire, d'a-

près Venise IV et Paris : *Plus qu'arcbaleste ne poet traire un quarrel.*
ARCEVESQUES. S. s. m. (*Archi-
episcopus*), 1414. — Et, par erreur,
au s. s. m. : ARCEVESQUE, 799, 1137,
1390, 1562, 1642, 1673, 1682, 1876,
2068, 2082, etc. — R. s. m. ARCE-
VESQUE, 170, etc.
ARÇUNS. R. p. m. (*Arciones*), 1229,
1534.
ARDANT. Adj., r. s. m. (*Arden-
tem.*) *Les III enfanz tut en un fou*
ARDANT, 3106. V. le suivant.
ARDEIR. Verbe act., inf. prés. (*Ar-
dere.*) *Il le fait pendre o* ARDEIR
ou ocire, 3670. = Verbe neutre,
3ᵉ p. p. de l'ind. prés. : ARDENT *cez
hansles*, 2537. *Carbuncles ki* AR-
DENT, 1662. V. *Ardant.*
ARDENE. R. s. f. (*Arduennam.*) *Devers* ARDENE, 728 et 2558.
ARESTER. Verbe neutre, inf. prés.
(*Ad-restare.*) *Que le soleil facet
pur lui* ARESTER, 2449.—Part. prés.
s. s. m.: *Pur qu'alez* ARESTANT, 1783.
— Part. passé, avec un s. s. f.: *El'
cheval est l'espée* ARESTEÜE, 1332.
ARGENT. R. s. (*Argentum*), 32, 75.
ARGOILLES. R. = M. P. Raimond
propose (??) de traduire *Argoilles*
par « les *Arbailles* ». Les « Arbailles » sont une partie du pays de
Soule qui borne à l'est le pays de
Cize. *L'oidme (eschele) est d'*AR-
GOILLES, 3259. V. le suivant.
ARGOILLIE. R. *Cels d'Occiant e
d'*ARGOILLIE *e de Bascle*, 3473.
ARGONE. R. s. f. (?*Arduennam*),
3083 et 3534.
ARGUENT (s'). Verbe réfl., 3ᵉ p. p.
de l'ind. prés. (*Se arguunt.*) Ce mot
a le sens de *s'excitent*, et, par extension, *s'empressent* : *De bataille
s'*ARGUENT *e hasteient*, 992.
ARMES. R. p. f. (*Arma*), 897, 1095,
2280, 3002, 3785, 3857.=Au v. 2985,
on trouve le cri : *As* ARMES!
ARMEZ. Part. passé employé sub-
stantivement, r. p. m. : .IIII. C.
MILIE ARMEZ, 682.
ARPENT. R. s. (*Arpentum*, de *ari-
pennis.*) *Einz que om alast un sul*
ARPENT *de camp*, 2230.
ARRABIT. S. p. m. (*Arabiti*), 3481.—
Le r. p. m. est : ARRABIZ, 1513,
3011, 3081, 3511, et ARABIZ, 3518.
ARREMENT. S. s. Encre (*Atramen-
tum*) : *Plus sunt neirs que nen est*
ARREMENT, 1933.
ARTIMAL. R. s. (L'étymologie est
douteuse. Ce mot est évidemment
composé. Il y entre le mot latin
ars. Il est probable que la fin d'AR-
TIMAL ne vient pas de *malus, mala*,
mais d'un type tel que *magus* ou
magia. Car on trouve *artimage* dans
Flore et Blancheflor, 459, etc.) *Par*
ARTIMAL *l'i cunduist Jupiter*, 1392.
ARUNDE. S. s. f. Hirondelle (*Hi-
rundo*) : *Plus est isnels qu'esprever ne* ARUNDE, 1492.
ARZ. R. p. f. (*Artes.*) *Barbarins est
e mult de males* ARZ, 886. *Malæ
artes*, dans la meilleure latinité,
signifie « les vices ». (V. Salluste
et Tacite.)
AS. R. p. m. et f. (*Ad illos et ad
illas.*) On trouvera des exemples
du m. aux v. 112, 229, 713, 2070,
2076, etc., et du f. aux v. 111, 143,
668, 3566, etc. etc. Voyez *à.*
AS. Voici, voilà. (*Ecce.*) Gouverne
tantôt le cas sujet, tantôt le cas régime. Voici des exemples du cas
sujet : *Atant* AS *vos Guenes e Blanchandrins*, 413. *Par tel amur* AS
les vus desevered, 2009. Cf. 889. Et
voici des exemples du cas régime :
AS *les vus aquisez*, 263. *Francs e
païens* AS *les vus ajustez*, 1187.
Cf. 1989, 3495, etc. —Avec un r. s.
f., As *li alde venue*, 3708. V. *ais.*
ASEMBLET. Verbe act., 3ᵉ p. s. de
l'ind. prés. (*Ad-simulat.*) *U l'emperere noz dous cors en* ASEMBLET,
3790. (Le texte d'Oxford porte à
tort : *asemblent.*) — Parf. comp.,
3ᵉ p. s., avec un r. s. f. OUT ASEM-
BLÉE : *Od sa grant ost que il* OUT
ASEMBLÉE, 1450. — Condit. 3ᵉ p. s. :
ASEMBLEREIT, 599. = Passif, 3ᵉ p. p.,
avec un s. p. m., SUNT ASEMBLEZ :

19

E Sarrazins ki tant SUNT ASEM-BLEZ, 1030; 1068, 3744. = Réfléchi, 3ᵉ p. p. de l'ind. prés. : S'ASEMBLENT. *Tels IIII cenz* S'EN ASEMBLE(NT) *à helmes,* 2120 — Parf. comp., 3ᵉ p. s. : ASEMBLET S'EST *as Sarrazins messag[es],* 367. — Part. passé, s. p. m. : ASEMBLEZ, 1030, 1068, 3744. R. s. m. : ASEMBLET, 367. R. s. f. : ASEMBLÉE, 1450.

ASERIE. Part. passé employé adjectivement, s. s. f. (D'un verbe formé sur *serum, ad-serire, adserita.*) *La noit est* ASERIE, 717, 3658, 3991.

ASEZ. Adv. (*Ad-satis, assatis.*) Il est employé dans le sens de *multum,* « beaucoup : » *De vasselage fut* ASEZ *chevaler,* 25, 75, 644, 1219, 1795, 2155, 2345, etc. = ASEZ QUE : *Or ad li Quens* ASEZ QUE *faire,* 2123.

ASIET (s'). Verbe réfl. 3ᵉ p. s. de l'ind. prés. (*Se assidet*), 2654. — Parf. comp., 3ᵉ p. s. : S'EST ASIS, 452. = Verbe act. parf. comp. 3ᵉ p. p., avec un r. s. f. : *A la citet que païen* UNT ASISE, 3997. — Part. passé, r. s. m. : ASIS, 452. R. s. f. : ASISE, 3997.

ASMASTES. Verbe act., 2ᵉ p. du parf. simple. (Du verbe *aesmer* ? *ad-œstimastis.*) *Que li Franceis* ASMASTES *à ferir,* 454.

ASOLDRAI. Verbe act., 1ʳᵉ p. s. du futur (*Absolvere-habeo*), dans le sens de « donner l'absolution » : ASOLDRAI *vos pur voz anmes guarir,* 1133. — 3ᵉ p. s. du parf. comp., avec un r. p. m. : AD ASOLS, 340, 2205. 3ᵉ p. p. du même temps, avec un r. p. m. : UNT ASOLS, 2957. — Part. pass., s. p. m. : ASOLS, 1140, 3859, etc. R. p. m. : ASOLS, 340, 2205, 2957.

ASOÜRET (s'). Verbe réfl., 3ᵉ p. s. de l'ind. prés. (*Se adsecurat.*) *Li quens Rollanz mie ne* S'ASOÜRET, 1321.

ASSAILLET. Verbe act., 3ᵉ p. s. du subj. prés. (*Ad-saliat, assaliat*), 1659.

ASTENIR (s'). Verbe neut., inf. prés. (*Abstinere.*) *Carles se pasmet, ne s'en pout* ASTENIR, 2891.

ASTET (s'). Verbe réfl., 3ᵉ p. s. de l'ind. prés. (D'un verbe formé sur le mot germ. *hast*), 2277. V. *Hastet.*

ASTRAMARIZ. Nom de païen, r. s. m. (?) *E Berenger il fiert* ESTRAMARIZ, 1304. Voy. *Estramariz,* 941.

ASTRIMONIES. Nom de peuple païen (?) *E la sedme (eschele) est de Leus et d'*ASTRIMONIES, 3258. (? *Strimon, Strimonia, Strimonii.*)

AT. Verbe act., 3ᵉ p. s. de l'ind. prés. (*Habet*), 545, 620, 1994, 2175, 2361, 3182, 3292, etc. La forme adoptée neuf fois sur dix est *ad.*

ATALENTE[N]T. Verbe neutre, 3ᵉ p. p. de l'ind. prés. (D'un type comme *ad-talentant.* V. Ducange, *talentum,* 2.) Agréent : *Guarnemenz unt ki ben lor* ATALENTE[N]T, 3001.

ATANT. Adv. (*Ad-tantum.*) Le sens est : « Maintenant, alors, en ce moment ». ATANT *as vos Guenes e Blanchandrins,* 413.

ATENDENT, 715, 1403. V. le suivant.

ATENT. Verbe act., 3ᵉ p. s. de l'ind. prés. (*Attendit.*) Il est partout employé dans le sens actuel, 665, 1422, 2837, 3741. — 3ᵉ p. p. de l'ind. prés. : ATENDENT, 715, 1403.

ATRAIRE. Verbe act., inf. prés. Attirer (*Adtrahere*) : *Pur lei tenir e pur humes* ATRAIRE, 2256.

ATUIN. Nom propre d'homme (pour *Otun*), r. s. m., 2187. V. *Otes.*

ATUT. Prép. qui, étymologiquement, doit s'écrire A TUT. (*Ab toto.*) Ce mot, qui signifie *avec*, est devenu, aux deux siècles suivants, d'un usage universel : *Par uns e uns les ad pris le barun,* — *A l'arcevesque en est venuz* ATUT, 2191.

AÜN, AÜNADE. Le texte d'Oxford porte au v. 2815 : *Jo te cumant de tutes mes oz l'*AÜNADE. Ce vers, faisant partie d'un couplet en *u*, a été heureusement reconstruit par M. Müller : *Jo te cumant, tutes mez oz* AÜN. Suivant cette excellente hypothèse, AÜN viendrait de l'impér. *aduna.* Quant à AÜNADE, ce mot, de physionomie méridionale, dériverait du part. passé. féminin *adunata*, employé substantivement.

AÜRER. Verbe act., inf. prés. (*Adorare*), 430. Au v. 124, on lit AÜREZ pour AÜRER. = Cf. ADORER, au v. 2619.

AUSTORIE. Nom propre d'homme, r. s. m. (?), 1582.

AVAL. Employé adverbialement, ce mot (*ad-vallem*), est opposé à *amunt*. (*Ad-montem*). *Guardet* AVAL *e si guardet amunt*, 2235.

AVALAT. Verbe neutre, 3ᵉ p. s. du parf. simple (*Ad-vallavit*). Le sens est « descendit » : *D'enz de (la) saie, uns veltres* AVALAT, 730. — 3ᵉ p. s. du parf. comp. : EST AVALET. *Cum il enz pout, del'pui* EST AVALET, 1037. — Part. passé, s. s. m. : AVALET, 1037.

AVANT. Adv., toujours employé absolument et sans régime. (*Ab-ante.*) *Guenes, venez* AVANT, 319 et 610, 860, 2231, 3964. = EN AVANT, dans le sens de « désormais » : *Endormiz est, ne pout mais* EN AVANT, 2520.

AVEIR. Verbe act., inf. prés. (*Habere*), 565, 753, 2748, 3009. — Ind. prés., 1ʳᵉ p. s. : AI, 18, 521, 863, etc. ; EI, 2305. 3ᵉ p. s. : AD (c'est, à beaucoup près, la forme la plus employée), 22, 822, 3331, etc. AT, 545, 620, 1994, 2175, 2361, 3182, 3292, etc. A, 1244, 1785, 1957, 2297, etc. 1ʳᵉ p. p. : AVUM, 77, 1087, 1212, 1464, 1465, 1619 ; AVOM, 3472 ; AVONS, 1923, 2132 ; 2ᵉ p. p. AVEZ, 307 ; 3ᵉ p. p. : UNT, 99, 161, 842, 998, 1180, 1584, 1683, 3222. — Imparf. 1ʳᵉ p. s. : AVEIE, 2406, 2410 ; 3ᵉ p. s. AVEIT, 231, 1504, 2599 ; 1ʳᵉ p. p. : AVIUM, 1504 ; 2ᵉ p. p. : AVIEZ, 2002. — Parf. simple, 1ʳᵉ p. s. : OI, 2046, et 1366 (?) ; 3ᵉ p. s. : OUT, 26, 62, 78, 115, 142, 609, 1538 ; 1ʳᵉ p. p. : OÜMES, 2178 ; 3ᵉ p. p. : OÜRENT, 1411. — Parf. comp. avec un r. p., 1ʳᵉ p. s. : AI OÜT. *Si 'n* AI OÜT *e peines e ahans*, 864 ; 3ᵉ p. s. : AD OÜD, 845. 3ᵉ p. p. : UNT OÜD, 267, — Fut. 1ʳᵉ p. s. : AVERAI, 2352 ; 3ᵉ p. s. : AVERAT, 87, 132, 924, 929, 2116, 3021 ; 1ʳᵉ p. p. : AVERUM, 972, 1167, 1460, 2114, 3304, 3513 ; AVERUNS, 2140 ; 2ᵉ p. p. : AVEREZ, 150, 872, 1130, et, à la fin du vers, dans les couplets assonancés en *ei*, AVEREIZ, 88, 568, 3459 ; 3ᵉ p. p. : AVERUNT, 948, 1076, 1081. — Cond. 3ᵉ p. s. : AVEREIT, 1742, 2866 ; 1ʳᵉ p. p. : AVERIUMES, 391. — Subj. prés. 1ʳᵉ p. s. : AIE, 2901 ; 2ᵉ p. s. : AIES, 1954, 1960 ; 3ᵉ p. s. : AIT, 82, 1047, 1442, 3981 ; 1ʳᵉ p. p. : AIUNS, 60 ; 2ᵉ p. p. : AIEZ, 239, 1045. — Imparf. du subj., 1ʳᵉ p. s. : OÜSSE, 691 ; 3ᵉ p. s. : OÜST, 899, 3164 ; 1ʳᵉ p. p. : OÜSSUM, 1102 et OÜSUM, 1771, 1729 ; 3ᵉ p. p. : OÜSSENT, 688. — Part. passé, r. n. : OÜD, 267, 845 ; OÜT, 864. = Sur l'emploi de *par* avec *aveir*, voyez *par*, etc.

AVEIR. Verbe act. inf. prés., employé substantivement, s. et r. s. (*Habere.*) L'AVEIR, c'est « l'argent » : S. s. : *Eles valent mielz que tut l'*AVEIR *de Rume*, 639. R. s. : *En or e en* AVEIR, 3758. V. aussi 127, 182, 643, 651, 3410, 3756.

AVENANZ. Adj. s. p. f. (*Advenientes.*) *Portet ses armes, mult li sunt* AVENANZ, 1154. V. *Avint.*

AVENDRAT. Verbe neutre, futur. 3ᵉ p. s. (*Advenire habet*), 335. — Parf. comp., 3ᵉ p. s. n. EST AVENUT : *As quatre (cs)turs lor est avenut ben*, 1686. — Part. passé, s. s. n. : AVENUT, 1686.

AVERS. Nom de peuple païen (*Avaros?*), r. p. m., 3242.

AVERSE. Adj. s. s. f. (*Adversa*), 2922. —Voc. s. f. : AVERSE, 3295.—R. s. f. : AVERSE, 2630. Ce mot uni au mot *gent* (*la gent averse*), désigne toujours les Sarrazins.

AVERSER. S. p. m. (*Adversarii.*) Ce mot a toujours le sens de « Diables », 2543. Au même cas sujet du pluriel, on trouve par erreur *aversers*, 1510. La vraie forme serait *aversier* : car ce mot se trouve comme assonance dans un couplet en *ier*.

AVINT. Verbe neutre, parf. simple, 3ᵉ p. s. (*Advenit.*) *Enoit m'*AVINT *une avisiun d'angele*, 836. A dous Franceis belement en AVINT, 3500.

AVISIUN. S. s. f. (*Advisio, advisionem*), 836. — R. s. f.: AVISIUN, 2529, et AVISIUM, 725.

AVOEC. Prép. Avec. (? *Ab hoc*): AVOEC *iço plus de cinquante cares*, 186. Et absolument : *Encalcent Franc e l'Emperere* AVOEC, 3625.

AVOEZ. S. s. m. (*Advocatus.*) *Là vos siurat, ço dit mis* AVOEZ, 136.

AVRILL. R. s. m. (*Aprilem.*) *Blanc(he) ad la barbe cume flur en* AVRILL, 3503.

AZUR. R. s. (*Lazurium*, persan *lâzur.*) *Tut li trenchat le vermeill e l'*AZUR, 1557.

B

BABILONIE. Nom de ville, r. s. (*Babyloniam*): *En* BABILONIE *Baligant ad mandet*, 2614.

BACHELER. S. p. m. (*Baccalarii*, à l'origine « ceux qui possédaient ou cultivaient les *baccalariœ* ».) *E escremissent cil* BACHELER *leger*, 113. — R. p. m.: BACHELERS, 3020, 3197. (Le « bachelier » paraît être, dans notre *Roland*, celui qui n'a pas reçu encore l'ordre de la Chevalerie.)

BAILLASTES. Verbe actif, parfait simple, 2e p. p. (*Bajulastis.*) *E li Paiens de ferir mult le hastet; — Carles li dist : « Culvert, mar le* BAILLASTES, » 3445, 3446. Le sens est celui-ci: « Vous le frappâtes, vous en fûtes le maître. »

BAILLIE. R. s. f. (*Bajuliam.*)« Avoir en BAILLIE », c'est « avoir en sa possession. » Tel est le sens où nous trouvons toujours ce mot dans notre *Chanson de Roland: Cil Mahumet ki nus ad en* BAILLIE, 2712. Cf. 94, 488, 1917, 2599.

BAILLISENT. Verbe act., subj. prés., 3e p. p. (Dérive d'un verbe tel que : *bajulire, ballire.*) *Baillir* signifie « avoir en sa baillie » dans l'exemple suivant : *Il nen est dreiz que Païens te* BAILLISENT, 2349. Le sens s'est sensiblement étendu dans les vers suivants : *Dist l'Algalife : Mal nos* AVEZ BAILLIT, 453, et *Baliganz sire, mal* ESTES *or* BAILLIT, 3497. En ce cas *baillir* a le sens de « mettre, placer », et, par extension, « traiter. » — Parf. comp. 2e p. p. avec un r. p. m. : AVEZ BAILLIT, 453. = Au passif, ind. prés. 2e p. p. avec un s. s. m : ESTES BAILLIT, 3497. — Part. passé, s. s. m. : BAILLIT, 3497. R. n., BAILLIT, 453.

BAINS. R. p. m. (*Balnea*), 154. On trouve au même cas BAINZ, 3984.

BAISAT. Verbe actif, 3e p. s. du parf. simple (*Basiavit*), 1487. — Parf. comp. 3e p. s. avec un r. s. m.: AD BAISET, 601. = Au réfl. Parf. simple, 3e p. p. : SE BAISERENT, 626. — Part. pass., r. n.: BAISET, 601.

BAISSET. Verbe act. 3e p. s. de l'ind. prés. (*Bassat*, de *bassus.*) BAISSET *sun chef, si cumencet à penser*, 138. — 3e p. p.: BASSENT, 3273.

BAIVER ou BAVIER. S. s. m. Nom de peuple (*Bajuvari*), 3960. — Au r. p. m.: BAIVERS ou BAVIERS, 3700.

BAIVERE. Nom de pays. R. s. f. (*Bajuvariam*), 3028. Cf. BAIVER[E], peut-être BAVIÈRE, 2327.

BALAGUET. R. s. Nom de ville, 63. On trouve au vers 894 la forme *Balaguez*, et au vers 200 *Balasgued*. (C'est *Balaguer : Ballegarium, Valaguaria.*)

BALBUIN. R. s., nom d'homme, mis par err. au lieu d'*Abirun* (?), 1215.

BALDEWIN. S. s. m. Nom d'homme (*Baldewinus;* orig. germ. *balz*, hardi, et *wini*, ami ?), 314.

BALDISE. R. s. f. (?) Nom de ville: *E la quarte est de* BALDISE *la lunge*, 3255.

BALDUR. S. s. f. (Haut. allem. *balz*, hardi), 2902. — R. s. f., 3682. Le sens du mot est « fierté, honneur » : *Cum decarrat ma force e ma* BALDUR, 2902. *Repairez sunt à joie e à* BALDUR, 3682.

BALEINE. R. s. f. (*Balœnam.*) *Ki guaresis Jonas tut veirement — De la* BALEINE *ki en sun cors l'aveit*, 3101, 3102.

BALIDE. Nom de ville que nous croyons imaginaire. R. s. f. *E la disme (eschele) est de* BALIDE *la fort*, 3230.

BALIENT. Verbe neutre (?), 3ᵉ p. p. de l'ind. prés. (L'assonance exigerait *baleient.*) *Josqu'à la tere si chevel li* BALIENT, 976. L'étymologie serait celtique (*Balaen*, balai).

BALIGANT. S. s. m. Nom d'homme (? la Chronique de Turpin l'appelle *Beligandus*), 2614, 2654, 2802, 2827, 3155, 3180, 3295. — Au voc. s. m. on trouve les deux formes BALIGANT, 3513, et BALIGANZ, 3497.

BALZ. Adj. r. s. m. (Haut allem., *balz*, hardi.) *Li Empereres se fait e* BALZ *et liez*, 96.

BANCS. R. p. m. (Haut allem. *banc*.) *Puis, fait porter IIII.* BANCS *en la place*, 3853.

BANDUN. R. s. m. (V. l'étymologie au mot *abandunet.*) *Trestute Espaigne iert hoi en lur* BANDUN, 2704. *Ist de la prese, si se met en* BANDUN, 1220.

BANIE. Part. passé, r. s. f. (*Bannum* est la Proclamation, la Convocation faite par le seigneur. Une *ost* BANIE, c'est l'armée à laquelle le seigneur a droit, et qu'il rassemble par son *ban*; *bannitam.*) *Od sa grant ost* BANIE, 1630. Cf. 211.

BAPTISEZ. Verbe actif, impér., 2ᵉ p. p. (*Baptizate*) : BAPTISEZ-*la*, 381. V. BAPTIZENT.

BAPTISTERIE. R. s. (*Baptisterium.*) *Meinent paien ent(r)esqu'à l'*BAPTISTERIE, 2668.

BAPTIZENT. Verbe act., 3ᵉ p. p. de l'ind. prés. (*Baptizant*), 3985. — Impér., 2ᵉ p. p.: BAPTISEZ, 381. = Verbe passif, 3ᵉ p. p. de l'ind. prés., avec un s. p. m. : BAPTIZET SUNT *asez plus de c. milie*, 3670. — Part. pass., s. p. m. : BAPTIZET, 3670.

BARANT. Erreur du scribe, pour *brant*, au vers 3791. V. Brant.

BARBAMUSCHE. R. s. m. (?) Nom de cheval : *Siet el'ceval qu'il cleimet* BARBAMUSCHE, 1491.

BARBARINS. Adj. s. s. m. (*Barbarinus.*) BARBARINS *est e mult de males arz*, 886, et 1236: BARBARINS *est d'un estrange païs*. Cette appellation correspond-elle aux « États barbaresques » ? Je le pense.

BARBE. R. s. f. (*Barbam.*) *Par la* BARBE *ki à l'piz me ventelet*, 48. Cf. 1719, 3173, 4001.

BARBET. Adj. r. s. m. (*Barbatum*), 65. — R. s. f.: BARBÉE, 3317. — R. p. m. : BARBEZ, 3260.

BARGE. R. s. f. (*Barca*), 2467. = M. Brachet affirme que le mot *barca* se trouve dans Isidore de Séville; mais « la forme *barque*, ajoute-t-il, prouve que ce mot n'est point venu directement du latin en français. Dans notre langue, le latin *barca* AURAIT donné *barche*. » M. Brachet, dans ce passage de son *Dictionnaire étymologique*, ne paraît pas connaître la forme BARGE, qui se trouve trois fois dans *Roland*, 2467, 2625 et 2729. Ces deux derniers vers nous offrent BARGES au r. p. f.

BARNAGE. S. s. (*Barnaticum.*) *Dist l'Arcevesque :* « *Ben ait nostre* BARNAGE, » 1349. Il a, dans ce vers, le sens « de baronnage, assemblée des barons ». = BARNAGE signifie aussi « le courage, la fierté d'un baron » : *Repairet s'en à joie e à* BARNAGE, 3944, et aussi 535 (*De tel* BARNAGE *l'ad Deus enluminet*), et 1983. Ces trois derniers exemples nous offrent ce mot au cas régime.

BARNET. R. s. m. (*Baronatum, barnatum.*) *Meilz voelt murir que guerpir sun* BARNET, 536. Ce mot signifie non-seulement « le groupe, l'ensemble des barons », 1061 ; mais aussi « les qualités, les vertus du baron » : *Fust chrestiens, asez oüst* BARNET, 899.

BARUN, BARON. S. s. m. C'est le cas régime de *ber, bers*. (Voir ce mot.) On le trouve une fois par erreur au s. s., 2190 (BARUN). — R. s. m.: BARUN, 275, 779 et BARON, 467, 744, 1536, 3746. — S. p. m.: BARON, 2415. — Voc. p. m.: BARON, 3366, 3557; BARUNS, 70, 1127; BARONS, 1472, 1854, 3768. — R. p. m.: BARUNS, 166 et BARONS, 1696, 3062.

BASANT. S. s. m. Nom propre d'homme (dans la *Prise de Pampelune*, ce même personnage est appelé *Basin* ou *Baxin*), 330.

BASBRUN. R. s. m. Nom propre d'homme. C'est le nom d'un roturier, d'un « veier » du roi, 3952. Il est aisé de voir de quels éléments se compose ce sobriquet.

BASCLE. R. s. Nom de pays. (?) : *Cels d'Occiant, e d'Argoillie e de* BASCLE, 3474. On a voulu voir dans ce mot un souvenir des Basques. Rien ne justifie solidement cette hypothèse.

BASILIES. S. s. m. Nom propre d'homme (*Basilius*), 208. — R. s. m.: BASILIE, 2346.

BASSENT. Verbe act., 3ᵉ p. p. de l'ind. prés. BASSENT *lur chefs*, 3273. V. *Baissel*.

BASTUN. R. s. m. (Étymologie inconnue), 247, 765, 861, 1361. — R. p. m.: BASTUNS, 1825 et 2588.

BASTUNCEL. R. s. m., diminutif du précédent. *Plus qu'en ne poet un* BASTUNCEL *jeter*, 2868.

BATAILLE. S. s. f. (*Batalia*.) A toujours, dans *Roland*, le sens actuel, 734 et 3587. — R. s. f.: BATAILLE, 18, 592, 658, 3004, 3091, 3147. — R. p. f.: BATAILLES, 3336.

BATENT. Verbe actif, et quelquefois neutre, 3ᵉ p. p. de l'ind. prés. (*Batuunt:*) *Les renges (d'or) li* BATENT *josqu'as mains*, 1158. — *A granz bastuns le* BATENT *e defruisent*, 2588. Cf. 3739. Le premier de ces trois exemples nous offre le verbe au neutre. — Parf. simple, 3ᵉ p. s. avec un r. s.: AD BATUT, 2368. — Part. passé, r. s.: BATUT, 2368 et BATUD, 1552, et r. s. f.: BATUE, 1331. = On remarquera les expressions « battre sa poitrine », 2368, et « or battu », 1552, qui, l'une et l'autre, nous sont restées.

BAVIÈRE. R. s. f. (?) (*Bajuvariam*), 3977. V. *Baivere*.

BAVIER. S. p. m. (*Bajuvari*), 3793. V. *Baivere* et *Baiver*.

BEL, BELE. Voy. *Bels*.

BELEMENT. Adv. (*Bella-mente*), 862, 3159, 3500, 3732.

BELNE. R. s. f. Nom de ville. Beaune (*Belnam*), 1892.

BELFERNE. R. s. Nom de pays, de royaume païen (?). Je le crois imaginaire. *Reis Almaris de l' regne de* BELFERNE, 812.

BELS. Adj. s. s. m. (*Bellus*), 157, 313, 287, 1002, 2278. — S. s. neutre: BEL: *Pur ço que plus* BEL *bel seit*, 1004. — Voc. s. m.: BELS, 2207 et 2402; BEL, 622. — S. p. m.: BEL, 1395. — R. p. m.: BELS, 2243. — S. s. f.: BELE, 445, 2316, 2344, 2635. — Voc. s. f.: BELE, 2916. — R. s. f.: BELE, 59, 1695, 3303, 3708. — S. p. f.: BELES, 3291. — R. p. f.: BELES, 2250 et 3006.

BELTET. R. s. f. (*Bellitatem*), 357.

BEN. Adv. (*Bene*), 36, 61, 143, 161, 216, 254, 616, 625, 632, 679, 776, 789, 807, 1009, 1028, 1092, 1203, 1233, 1286, 1339, 1535, 1654, 1670, 1683, 1754, 1810, 1819, 1876, 1892, 2144, 2145, 2650, 3001, 3040, 3115, 3651, 3657, 3739, 3764, 3784, 3837, 3900... = Ce même mot est substantif r. s. aux vers 39 et 3231: *N'ad deservit que altre* BEN *i ait*, 3740. V. *Bien*. C'est cette dernière forme qui est correcte; car le mot ne se trouve comme assonance que dans les couplets en *ier*.

BENEÏÇUN. R. s. f. (*Benedictionem*), 2194, 2245. On disait *faire sa beneïçun*, pour « donner sa bénédiction ».

BENEÏSSENT. Verbe actif, 3ᵉ p. p. de l'ind. prés. (*Benedicunt*), 3667. — 3ᵉ p. s. du parf. simple : BE-NEÏST, 1137, 3066. — 3ᵉ p. s. du subj. pr. : BENEÏSSE, 1931, et BE-NEÏST, 2017 (?).

BER, BERS. S. s. m. (Je pense que BERS pourrait se rapporter à *barus*, et BER à *baro*. Le cas est discutable, et la seconde étymologie est la meilleure.) BER se trouve au cas sujet, vers 531, 648, 1967, 2085, 2149, 2354, 2444, 2497, 2737, 3157, 3899; BERS, vers 125, 1155, 1541, 2378, 2408, 2778, 2867, et BARUN, par erreur, 2190. — Voc. s. m. : BER, aux vers 350, 2221, et BERS, 3344. — R. s. m.: BARUN, 275, 779, et BARON, 467, 744, 1536, 3746. — S. p. m. : BARON, 2415. — Voc. p. m.: BARON, 3366, 3557; BARUNS, 70, 1127; BARONS, 1472, 1854, 3768. — R. p. m.: BARUNS, 166 et BARONS, 1696, 3862.

BERENGERS. S. s. m. Nom de baron français (*Berengarius*, orig. germ. Pott le rapporte à *bär*, ours, et *ger*, lance), 795, 2405, et, par erreur, BERENGER, au vers 1304. — R. s. m. : BERENGER, 1581 et 2087. Ce mot doit s'écrire *Berengiers*, *Berengier* : il ne se trouve, en effet, comme assonance que dans les laisses en *ier*.

BESANÇUN. R. s. (*Vesuntionem*), 1429.

BESANZ. R. p. m. Monnaie (*Bysanthos*), 132.

BESGUN. R. s. m. Nom pr. d'homme, le même que *Begues* au s. s., et *Begun* au r. s., 1818.

BESTE. S. s. f. (*Bestia*), 1555 et 2436.

BEVON. R. s. m. Nom pr. d'homme. C'est le cas oblique de *Beuves* ou *Bueves* (orig. germ. voy. Pott, 82), 1891.

BIEN. Adv. (*Bene*), 34, 108, 133, 316, 638, 644, 760, 781, 1272, 1478, 1530, 1653, 1752, 2128, 2487, 2524, 2685, 2973, 3475, 3502, 3828, 3877. =*Bien* est substantif aux vers 2140 et 3681 : *Si l' saluerent par amur e par* BIEN, 121. = Ce mot n'étant employé comme assonance que dans les laisses en *ier*, c'est *bien* qui est la forme correcte, et non pas *ben*.

BIÉRES. R. p. f. Cercueils (All. *bara* ?), 1748.

BIRE. R. s. f. Nom de terre (?) : *Par force iras en la tere de* BIRE, 3995.

BISE. Adj. r. s. f. Brune (?) : *Rollanz ferit en une perre* BISE, 2338. — S. p. f.: BISES, 815.

BITERNE. R. s. Nom de ville ou de pays, très-probablement imaginaire, et qu'on a voulu, bien à tort. assimiler à Viterbe : *Pent à sun col un escut de* BITERNE, 2991. L'assonance n'est pas observée dans ce vers qui appartient à un couplet féminin en *un*, et nous avons proposé de remplacer BITERNE par *Girunde*, (d'après le plus ancien manuscrit de Venise).

BLAIVE. R. s. f. Nom de ville en France. Blaye (*Blaviam*) : *Entresqu'à* BLAIVE *ad cunduit sun nevold*, 3689. Cf. 3938.

BLANC. V. *Blancs*.

BLANCANDRINS. S. s. m. Nom de Sarrazin (?), 24, 367, 370, 377, 392, 402, 414 et BLANCHANDRINS, 413. — R. s. m. : BLANCANDRINS, par erreur, 68 et BLANCANDRIN, 23.

BLANCS. Adj. s. m. (De l'all. *blanch*), 551, 1771, 3162. — R. s. m.: BLANC, 272, 1299, 1329, 2499, 3369. — R. s. n., BLANC: *Ne n'unt de* BLANC *ne mais que sul les denz*, 1931. — S. s. f.: BLANCHE, 1843, 2316. — R. s. f.: BLANCHE, 117, 1655, 3173, 4001. Une seule fois on trouve BLANCE, 3712. — R. p. m.: BLANCS, 110, 999, 1800, 3692, 3864. — R p. f.: BLANCHES, 89, 2250, 3319.

BLARCHER. Verbe neutre, inf. prés. (Pour BLANCHEIER. Même étymologie que le précédent.) *Par ceste barbe que veez* BLANCHEIER, 261.

BLASME. R. s. m. Ce mot a partout le sens actuel. « Avoir blâme. » signifie « être blâmé ». 1082, 1346, 1718. V. le suivant.

BLASMER. Verbe act., inf. prés. Sens actuel (*Blasphemare*), 681, 1174. — Subj. prés., 3ᵉ p. s., BLASME (pour BLASMET) : *Ki que l' BLASME ne qui l' lot*, 1546.—Au passif. Subj. prés., 3ᵉ p. p., avec un s. p. m. : SEIENT BLASMET, 1063.—Part. pass., s. p. m. : BLASMET, 1063.

BLECET (EST). Verbe passif (?? Moy. allem. *bletzen*), 3ᵉ p. s. de l'ind. prés., avec un s. s. m. : EST BLECET, 1848. —Fut., 3ᵉ p. s., avec un s. s. f., IERT BLECÉE : *La gent de France* IERT BLECÉE, 590. — Part. pass. s. s. m. : BLECET, 1848. S. s. f. : BLECÉE, 590. Le sens est un peu plus large qu'aujourd'hui.

BLESMIE (IERT). Verbe passif, fut., 3ᵉ p. s., avec un s. s. f., 590 : IERT BLESMIE. (Étymologie scandinave, mais assez douteuse. *Blâmi*, bleu.)

BLET. S. s. (*Bladum*), 980.

BLIALT. R. s. m. (Étymologie incertaine. M. E. Gachet propose *bloi* sans aucun fondement.) Le BLIALT est, dans notre *Roland*, le vêtement qui se porte en guerre sous la tunique de mailles, et en paix sous le manteau de fourrures. En ce dernier cas, il est de soie : *E est remés en sun* BLIALT *de palie*, 282.—Pour le BLIALT de guerre, voy. le vers 2172.

BLOI. Adj., r. s. m. Le sens est discuté : je pense que BLOI signifie « bleu » (All. *blao* ?) : *Sur un perrun de marbre* BLOI *se culchet*, 12. — R. s. f., BLOIE : *El cors li met tute l'enseigne* BLOIE, 1578. — R. p. m. : BLOIS, 999, 1800.

BLOS. R. p. m. Nom de peuple barbare (?), 3224.

BLUND. Adj., r. s. m. (?), 1904, et BLUNT, 2702.

BOIS. R. s. m. (*Boscum*), 3293.

BOISSUN. R. s. m. (D'un diminutif de *boscus*, *boscionem*.) *Que mort l'abat sur un* BOISSUN *petit*, 3357.

BONS. Adj., s. s. m. (*Bonus*), 1262, 1277, 3785, et BON, par erreur, 2067. S. s. f. : BONE, 925.—Voc. s. f. : BONE, 2304. — R. s. m. : BON, 1153, 1567, 2252. — R. s. f. : BONE, 984, 1544. —S. p. m. : BON, 1080, 1097, 1499, et par erreur : BONS, 3336. —S. p. f. : BONES, 949. — R. p. m. : BONS, 939, 1694, 3064. — R. p. f. : BONES, 640.

BONTET. R. s. f. (*Bonitatem*), 533 et 2507.

BORGOIGNE. R. s. f. (*Burgundiam*), 3077.

BORGUIGNUNS. R. p. m. (*Burgundiones*), 3701.

BOSUIGN. R. s. *Bis ??*, et bas lat. *sonium*, d'un radical germ. *syn.* (nordiq.), *sunja* (gothiq.), qui a donné *soin*, *essoines*, etc. V. Diez, *Lex etym.* (P. 387 de la dern. édition.) *Kar de ferir oi jo si grant* BOSUIGN, 1306. Cf. 1619.

BOÜD (UNT) Verbe act. 3ᵉ p. p. du parf. comp. (D'un participe de *bibere*, 2ᵉ formation.) *Li miez guariz en unt* BOÜD *itant*, 2473.

BRACE. R. s. f. (Forme féminine de *brachium*.) *Sanglant en ad e l'osberc e la* BRACE, 1343. Cf. 1721, 3939.

BRAIRE. Verbe neutre, inf. prés. (Bas lat. *bragire*), 3487.—Ind. prés. 3ᵉ p. p. : BRAIENT, 3526.

BRAMIDONIE. Nom de la femme de Marsile (?). S. s. f., 2822, 3636, 3680. — R. s. f., 3990.

BRAMIMUNDE. S. s. f. Nom qui, dans la première partie de notre poëme, est donné au même personnage que le précédent, 634, 2576, 2714, 2743.

BRANCHES. R. p. f. (Bas lat. *brancas*, de l'anc. gael. *brac*??), 72 et 80.

BRANDIR. Verbe act. inf. prés. (V. *Brant*), 1203, 1249.—Ind. prés., 3ᵉ p. s., BRANDIT : BRANDIT *sun colp*, 3929.—Parf. simpl., 3ᵉ p. s. : BRANDIST, 1519.—Parf. comp., 3ᵉ p. s., avec un r. s. f. : AT BRANDIE, 722. — Part. pass., r. s. f. : BRANDIE, 722.

BRANLÉE (AD). Verbe act. 3ᵉ p. s. du parf. comp., avec un r. s. f. (Littré, sans fondement scientifique, rattache *branler* à *brandir*.) *De sun espiet la hanste en* AD BRANLÉE, 3327. = Le même mot apparaît dans un couplet fém. en *i*, sous cette autre forme amenée par l'assonance : BRANLIE : *Quant l'oit Guenes, l'espée en* AD BRANLIE, 499. = Part. pass., r. s. f. : BRANLÉE, 3327, et BRANLIE, 499 (d'une autre conjugaison).

BRANLIE. V. le précédent.

BRANT. R. s. m. Épée (Anc. haut allem. : *brant*, tison), 1067, 3434, 3918.

BRAZ. R. s. (*Brachium*), 597, 727, 2391. — R. p.: BRAZ, 1711, 2829.

BREF. R. s. m. (*Breve*). Le sens est celui de « lettre », 341, 487.—R. p. m.: BREFS, 2613. Au vers suivant, BREFS a le sens exact de « chartes ». *Il est escrit es chartres e es* BREFS, 1684. Ce mot ne se trouvant en assonance que dans les laisses en *ier*, il faut lire *brief*.

BRETAIGNE. R. s. f. (*Britanniam*), 2322. (Il est ici question de la Petite Bretagne.)

BRETUN. S. p. m. (*Britanni*), 3961. — R. p. m. : BRETUNS, 3052, 3702. Même remarque que pour le mot précédent.

BRICUN. R s. m. (Haut allem.: *breccho?* suivant Diez. *Briga*, suivant Ducange.) *Jà marcrerez* BRICUN, 220.

BRIGAL. Nom propre de ville ou de pays (??): *Malprimis de* BRIGAL, 1261.

BRIGANT. Le même que le précédent, par erreur du scribe : *Malprimis de* BRIGANT, 889.

BRISET. Verbe act., 3ᵉ p. s. de l'ind. prés. (Haut all.: *bristan*), 1200, 1359, 1233. On trouve BRISE sans le *t* étymologique, au v. 2340. — Parf. comp., 3ᵉ p. s., avec un r. s. n. : AD BRISET, 1205. —Part. passé, r. s. n.: BRISET, 1205. R. p. f. : BRISÉES, 3386.

BROCHET. Verbe act., 3ᵉ p. s. de l'ind. prés. (*Broccus*, suivant Diez; mot auquel Plaute et Varron donnent le sens de « dent pointue ».) *Sun cheval* BROCHET, 1197; BROCHE, 1125. Et, au neutre : *Li arcevesque* BROCHET *par tant grant vasselage*, 1658.—3ᵉ p. p. au neutre : BROCHENT, 1381 et 1184. (BROCHENT *ad ait*.)

BROHUN. R. s. m. (Ours?) *En dous chaeines si teneit un* BROHUN, 2557.

BRONIE. S. s. f. (*Brunia*, en basse latinité; du germ. *brunnja*, cuirasse), 1495. — R. s. f. : BRONIE, 1372, 1543, 3122, 3362, et BRUNIE, 384, 2988.—S. p. f.: BRONIES, 1453, 3307.—R. p. f. : BRONIES, 3079.

BRUILL. R. s. m. Petit bois (du kymrique *brog* avec le suffixe *il*. V. Diez, *Lex. etym.*, dern. édition, p. 88), 714.

BRUISE. R. s. f. Nom de ville ou de pays (Est-ce Brousse, *Prusa?*), 3245.

BRUNIE. R. s. f. (V. *Bronie*), 384, 2988. Au s. s. f.: BRONIE, 1495, et au r. s. f. : BRONIE, 1372, 1543, 3122, 3362. — S. p. f.: BRONIES, 1453, 3307, et r. p. f. : BRONIES, 3079.

BRUNISANT. R. p. m. Par erreur, au lieu de *brunisanz*, 1624. V. le précédent.

BRUNS. Adj., s. s. m. (Haut allem. *brun*), 1953. — R. s. m. : BRUN, 2089, 2815, 3603, 3821, 3926. — S. p. m. : BRUN, 1043.

BRUNS. R. p. m. Nom propre de peuple païen, 3225. V. ? le précédent.

BRUUR. R. s. f. Bruit. (même racine que *bruire*. Or, Littré et Diez tendent à admettre le latin *rugire*, « avec un *b* pour renforcer le mot. » Cf. le kymrique *broth*), 1021.

BUC. R. s. m. (Bas lat. *buca, busca?* mais l'origine est germ.) *Desur le* BUC *la teste perdre en deit*, 3290.

BUCHE. R. s. f. Bouche (*Buccam*) 1487, 1603, 1753 : *Met à sa* BUCHE *une clere buisine*, 3523. — R. p. f.: BUCHES, 633.

BUCLE. S. s. f. Boucle de l'écu, (*Buccula*), 3150. — R. s. f. : BUCLE,

1263, 1283. — R. p. f. : BUCLES, 2538, 3570, 3584.

BUELE. R. s. f. Les boyaux (*Botellam*) : *Defors sun cors veit gesir la* BUELE, 2247.

BUCLER. Adj. r. s. m. (*Buccularium.*) *Tanz (colps) ad pris sur son escut* BUCLER, 526. — R. p. m. : BUCLERS. *Cez escuz* BUCLERS, 1968. Ce mot est correct sous cette forme, et ne se trouve, comme assonance, que dans les couplets en *er*.

BUGRE. S. p. m. (*Bulgari.*) *E Hungre e* BUGRE *e tante gent averse*, 2922.

BUILLIT. Verbe neutr., 3ᵉ p. s. du parf. simple. (*Bullivit.*) *Desuz le frunt li* BUILLIT *la cervele*, 2248.

BUISINE. R. s. f. Trompette (*Buccinam*), 3523. — R. p. f. : BUISINES, 1629, 3138, 3263.

BUNDIST. Verbe neutr. parf. simpl., 3ᵉ p. s. Retentit (?? *Bombitavit*) : *Sur tuz les altres* BUNDIST *li olifant*, 3119.

BURC. R. s. (*Burg*, germ.) *Gesir porrum el'*BURC *de Seint-Denise*, 973.

BURDELE. R. s. f. Nom de ville. (*Burdigalam*), 1289. — Au v. 3584, BURDELES.

BURGEIS. S. p. m. (*Burgenses*), 2691.

BUTENTROT. R. s. Nom de ville (*Butothrum*, en Épire ; aujourd'hui Butrinto ??), 3220.

BUTET. Verbe act. 3ᵉ p. s. de l'ind. prés. Place, met, etc. (Haut allem. *bozen*), 641. 3ᵉ p. p. : BUTENT, 2590. — Parf. comp., 3ᵉ p. s., avec un r. p. m., AD BUTET : *En ses granz plaies les pans li* AD BUTET, 2173.

C

ÇA. Adv. de lieu. (Nous ne pouvons admettre l'étymologie *ecce-hàc*. Comme pour *cest*, etc., nous proposons *hic-hàc*.) ÇA est toujours uni à un autre adverbe : ÇA DEVANT, 1784. ÇA JUS, 2296.

CAABLES. R. p. m. Machines de guerre, « échafauds » pour le siége des villes (*Cadafalos*. V. Ducange au mot *cadaphalus*) : *Od vos* CAABLES *avez fruiset ses murs*, 237. V. le suivant.

CADABLES. R. p. m. (V. le précédent.) *Od ses* CADABLES *les turs en abatied*, 98.

CADEIR. Verbe neutre, inf. prés. (*Cadere.*) La seule conjugaison de ce verbe nous montre jusqu'à quel point l'orthographe était chose inconnue dans les textes romans du moyen âge. L'inf. prés. se rencontre, dans le *Roland*, sous trois formes : 1° CADEIR, 578, 3551, 2° CAEIR, 3453, et 3° CHAÏR (en assonance comme les précédents), 2034. — L'ind. prés., 3ᵉ p. s. (*cadit*), est tantôt CHET, 981, 1267, 1356, 2220, 2536, 2825, 3720 ; tantôt CHIET, 1509, 2082, 2553, 3925. Cette dernière forme est la bonne ; car ce mot ne se trouve en assonance que dans les couplets en *ier*.. A la 3ᵉ p. du même temps (*cadunt*), on trouve CHEENT, 1981, 3574, 3881 et CHIEDENT, 1426. — Parf. simple, 3ᵉ p. s. : CAÏT, 333. — Parf. comp., 3ᵉ p. s., avec un s. s. m. : EST CAEIT, 2269 ; EST CAÜT, 3608 ; et EST CHAEIT, 2231. — Subj. prés. 3ᵉ p. s. (*cadat*) : CHEDED, 769, ou CHEET, 1064. — Imparf., 3ᵉ p. s. : CAÏST, 764. — Part. passé, s. s. m. : CAEIT ; 2269 ; CAÜT, 3608 ; CHAEIT, 2231. S. s. f. : CHAIETE, pour CHAEITE, 1986.

CADELET. Verbe act. 3ᵉ p. s. de l'ind. prés. Conduire (comme le provençal *capdellar*, d'un type tel que *capitellare?*) : *Oliver ki les altres* CADELET, 936. Cf. 2927.

CAEIGNABLES. Adj., r. s. m. Enchaînés ou susceptibles de l'être

(*Catenabiles*): *Urs e leuns e veltres* CAEIGNABLES, 183.

CAEIGNUN. R. s. m. Chaîne, carcan (*Catenionem*): *E si li metent el col un* CAEIGNUN, 1826.

CAEINES. R. p. f. Chaînes (*Catenas*), 3735. V. *Chaeines*.

CAEIR. Verbe neutr., inf. prés. Tomber (*Cadere*), 3453. V. *Cadeir*.

CAEIT (EST). Verbe neut., 3ᵉ p. s. du parf. comp. de *cadeir*, 2269. V. *Cadeir*.

CAÏST. Verbe neutr., 3ᵉ p. s. de l'imparf. du subj. de *cadeir*, 764. V. *Cadeir*.

CAÏT. Verbe neutr., 3ᵉ p. s. du parf. simpl. de *cadeir*, 333. V. *Cadeir*.

CAITIFS. R. s. m. (*Captivum*.) Ce mot a tantôt le sens actuel, tantôt et plus souvent le sens de l'italien *cattivo*, « misérable. » *Si se cleimet* CAITIFS, 3817. — Voc. m. pl. (ou exclamatif): CAITIFS, *que devendrum*, 2698. — Au s. s. f.: CAITIVE, 3673*. — Au r. s. f.: CAITIVE, 2596, 3978*. — Exclamatif, s. f.: CAITIVE, 2722. (Nous avons marqué d'une * les deux cas où *caitive* a le sens actuel.)

CAITIVE. V. le précédent.

CALABRE. R. s. f. (*Calabriam*), 371.

CALAN. R. s. m. Navire (*Chelandium*), 2647. — R. s. m.: CALAND, 2467. — R. p. m.: CALANZ, 2728.= V. notre note du v. 2468.

CALAND. R. s. m., 2467.

CALCEZ (UNT). Verbe actif, 3ᵉ p. p. du parf. comp. de *calcer (Calceare)*, avec un r. p. m.: *Lur esperuns unt en lor piez* CALCEZ, 3863. La forme correcte, d'après les assonances, est *calciez*. (V. *Chalcer*.)

CALENGES. Verbe act. ind. prés., 2ᵉ p. s. de *calenger*. Faire tort, dévaster, etc. (*Calumnias*, par extension): *A mult grant tort mun païs me* CALENGES, 3592. — Imp. 2ᵉ p. p., CALENGEZ: *Si* CALENGEZ *e vos morz e voz vies*, 1926. Ici, le sens est celui de « venger ». V. *Chalengement*, etc.

CALIFERNE. R. s. Nom de pays, très-probablement fantaisiste: *Cil d'Afrike e cil de* CALIFERNE, 2924.

CALT. Verbe unipersonnel, 3ᵉ p. s. de l'ind. prés. (*Calet*.) *De ço qui* CALT, 1405. Le sens est: « Qui se soucie de cela? » Cf. CHALT au v. 227, et CHELT, au v. 2411.

CALUNIE. R. s. f. Injustice, tort (*Calumniam*), 3787. C'est une erreur manifeste de scribe, comme le prouve l'assonance. Il faut lire *calenge*.

CALUNJANT. Part. prés., s. s. m. Insultant, défiant (*Calumnians*). Il s'agit, au v. 3376, de Malprime: *Ki vait... tanz barons* CALUNJANT.

CALZ. S. s. s. *Granz est li* CALZ..., 3633. Le sens est très-douteux. Bien que nous ayons traduit par la « chaleur », avec tous les autres traducteurs, il se pourrait que CALZ fût synonyme d'*enchalz* qui se trouve deux vers plus loin et a le sens de « poursuite ». Dans le premier cas, l'étymologie est *calidus*; dans le second, un substantif verbal de *calceare*.

CAMBRE. R. s. f. (*Cameram*.) Le sens actuel (CAMBRE *voltice*) se trouve aux v. 2593, 2709 et 3992. Mais au v. 2332, ce même mot a le sens de « domaine particulier »: *E Engleterre que il teneit sa* CAMBRE. V. CHAMBRE, 2826, 2910.

CAMEILZ. S. p. m. Chameaux (*Cameli*), 645. — R. p. m.: CAMEILZ, 129 et 847. Une seule fois on trouve CAMELZ, 31.

CAMELZ. R. p. m., 31. V. le précéd.

CAMP. R. s. m. (*Campum*). Il signifie très-souvent le « champ de bataille »: *L'onur del* CAMP *ert nostre*, 922. Cf. 1260, 1273, 1562, 1626. = Ce même mot a un sens plus vaste aux vers 1838, 2230, 2439, 3968, ainsi qu'au s. p. m.: CAMP, 1468. Cf. CHAMP, r. s. m., aux v. 865, 1338, 1782, 1869, 2434, 2779, 3512.

CAMPEL. R. s. f. (*Campalem*.) *Ço ert s'enseigne en bataille* CAMPEL. 3147.

CAMPJUNS. S. s. m. (*Campio*). 2244.

CANABEUS. S. s. m. Nom de païen. 3499 et 3312.

CANCELET. Verbe neutre, 3ᵉ p. s. de l'ind. prés. Chancelle (*Cancellat*) : *Carles* CANCELET *por poi qu'il n'est caüt*, 3608. — Part. prés. s. s. m. : CANCELANT, 2227.

CANÇUN. S. s. f. (*Cantio, cantionem.*) *Que malvaise cançun de nus chantet ne seit*, 1014. (Il y a probablement erreur du scribe, et il faut lire : *malvais chant*.) Cf. CHANÇUN, s. s. f., au v. 1466.

CANELIUS. S. p. m. (Étymologie très-incertaine. De ce peuple païen qui, dans plusieurs autres chansons et textes poétiques, apparaît toujours à côté des *Achopars*, M. Génin a voulu, fort sérieusement, faire une troupe de « porte-cierges ». En effet, dit-il, *canelius* = *candelius*. Il va sans dire que cette opinion ne supporte pas l'examen. Quant à M. F. Michel, il voit là les gens du « pays où croît la cannelle ».) 3269. — R. p. m. : CANELIUS, 3238.

CANONIE (ou CANONJE). S. p. m. Chanoines (*Canonici*), 3637. — R. p. m. : CANONIES, ou CANONJES, 2956.

CANTÉE (ESTRE). Verbe passif, inf. prés. (*Essere cantata.*) *Male chançun n'en deit* ESTRE CANTÉE, 1466. Cf. CHANTAT, au v. 1563, et CHANT, au v. 1474.

CANUZ. Adj., s. s. m. Blanc (*Canutus*), 538. — R. s. m. : CANUT, 2048, et CANUD, 503. — R. s. f. : CANUE, 2307 et 3654. — S. p. m. : CANUZ, 3954.

CAPADOCE. R. s. f. (*Cappadociam*), 1571.

CAPE. R. s. f. Manteau (*Cappam*) : *N'at tel vassal suz la* CAPE *del ciel*, 545. Cf. CHAPELE, au v. 2917.

CAPELE. R. s. f. (*Capellam*) : *Ad Ais, à ma* CAPELE, 52. Cf. 3744. Cf. CHAPELE, au v. 2917.

CAPELERS. S. s. m. C'est, suivant nous, le capuchon de mailles du haubert (*Capellarius?*), 3435.

CAPLER. Verbe neutre, inf. prés. Frapper (étymologie très-obscure. — ? *Capulare*), 1681, 3910. — Ind. prés., 3ᵉ p. p. : CAPLENT, 1347, 3475. — Subj. prés. 3ᵉ p. s., CAPLEIT (?) : *N'i ad celoi que n'i fierge o n'i* CAPLEIT, 3462. (Dans un couplet masculin en *ei*.)

CAPLES. S. s. m. Coup d'épée, combat (Subst. verbal du précédent), 1109, 3380. *Dur sunt li colps e li* CAPLES *est grefs*, 1678.

CAPUEL. R. s. m. Nom de païen (?), 1571.

CAR. S. s. f. Chair (*Caro*) : *Ma* CAR *fust enfuie*, 2942. — R. s. f., CAR : *Pur nul hume de* CAR, 2141, et CARN, 3606. Cf. CHAR, r. s. f., 1119 et 3436 ; CHARN, r. s. f., 1265, et CHARS, r. p. f., 1613.)

CAR. Conj. (*Quare.*) Presque partout, il a un sens d'affirmation explétive, qu'il n'a pas conservé : *Sire*, CAR *nos menez*, 358. *L'olifant* CAR *sunez*, 1059. *Dist Baligant :* CAR *chevalchez, barun*, 2686. Cf. 2005, 2428, 3751, 3768, 3902. == Aux vers 1806 et 1840, on retrouve à peu près le sens actuel. Cf. QUAR et surtout KAR, qui est la forme la plus fréquente.

CARBUNCLE. S. p. m. Escarboucles (*Carbunculi*), 1326. — R. p. m. : CARBUNCLES, 1662, 2633, 2643. (Cf. ESCARBUNCLE, r. s. au v. 1488 et 2589.

CARCASONIE. R. s. f. Nom de ville (*Carcasoniam?* On trouve *Carcasonam* dans Grégoire de Tours, au lieu de *Carcasonem*, qui est dans César), 385.

CARE. R. p. f. Charge d'une charrette ; *onus carri*, comme dit Ducange au mot *carra*. Charretée (*Carras*), 131 et 186. Cf. CARRES, r. p. f., au v. 33.

CARETTES. R. p. f. (D'un diminutif de *carra, carrettas*), 2972.

CARGEZ. Part. passé, s. p. m. (*Carricati*), 445. — R. p. m., CARGEZ, 32 et 185. D'après les assonances, la forme correcte est *cargiez*.

CARIER. Verbe act. inf. prés. Charroyer (je le dériverais de *carredare*, et non, avec M. Littré, de *carricare*) : *Cinquante carres qu'on ferat* CARIER, 33. Cf. 131.

CARLEMAGNES. S. s. m. (*Carolus-Magnus*), 3451. KARLEMAGNE, 2807. On trouve au v. 3329 : *Carles li Magnes.*—Au r. s. m. CARLEMAGNES, par erreur, 70, CARLEMAGNE, 81, 522, 1422, 1973, 2380, 3720. KARLEMAGNE, 2458. Cf. CHARLEMAGNE, r. s. m., aux v. 354 et 2621.

CARLES. S. s. m. (*Carolus*), 1, 16, 52, 905, 1100, 1207, 1703, 1949, 2117, 2145, 2271, 2362, 2476, 2505, 3066, 3171, 3329, 3359, 3443, 3515, 3608, 3675. CARLLES, 578. CARLE, 488. KARLES, 1714, 1757, 1788, 2525, 3234. —Voc. s. m., CARLES, 3994. — R. s. m. : CARLES, par erreur, 655. CARLE, 731, 765, 1179, 1350, 2681, 3536, 3669, 3851. CARLLE, 566, et CARLUN, 28, 218, 643, 1172, 1234, 1907, 3179, 3277, 3862, ou CARLON, 1859. KARLUN, 2017, 3328, et KARLON, 1727. Cf. CHARLES, au s. s. m., 156, 158, 370, 1175, 2103. — Au voc. s. m. : CHARLE, 2454.—Au r. s. m. : CHARLE, 94 ; CHARLES (par err.), 1241 et 3287, et CHARLUN, 418, 1829, 2242, 3314.

CARN. R. s. f. Chair (*Carnem*), 3606. V. *Car* et *Charn*.

CARNEL. Adject. r. s. m. (*Carnalem*), 2153.

CARNEL. Subst. r. s. n. Charnier (*Carnale*), 2949. V. le suivant. Il est possible que *carnel* soit ici, par erreur, pour *carner*.

CARNER. R. s. n. Charnier (*Carnarium*), 2954.

CARRES. R. p. f. (*Carras*), 33. V. *Care*.

CARTRES. R. p. f. Chartes (*Chartulas*), 1684. Cf. CHARTRE, r. s. f., 2097.

CASCUNS. Adj. ou pron. s. s. m. (*Quisque unus*), 51, 2559, 3631. — R. s. m. : CASCUN, 2502. Cf. CHASCUNS, s. s. m., 203 et 1013, et r. s. m. : CHASCUN, 390.

CASTEL. R. s. Château fort (*Castellum*), 4, 23, 3783.—R. p. : CASTELS, 235, 704. Cf. CHASTELS, r. p., au v. 2611.

CASTIER. Verbe actif, inf. prés. Réprimander (*Castigare*), 1739.

CATAIGNES. S. s. m. Capitaine, chef de guerre (*Capitaneus*), 1850, 2912, et au v. 3709, CATANIE, forme antique et excellente, qu'il faut prononcer *cataine*. — R. s. m. : CATAIGNE, 1846, et, par erreur, CATAIGNIE, 2320.—R. p. m. : CATAIGNES, 3085.

CAÜT (EST). Verbe neutre, parf. comp. 3e p. s. de *cadeir: Por poi qu'il* N'EST CAÜT, 3608. V. *Cadeir*.

CE. Pron. dém. neutre, 984, 1006. (V. Ço, qui est la vraie forme, et qui dérive, non de *ecce hoc*, mais de *hìc*, adverbe de lieu, et *hoc*.)

CEINENT. Verb. act. 3e p. s. de l'ind. prés. Ceignent (*Cingunt*), 3886. — 3e p. s. du parf. simpl. : CEINST, 2321.

CEL. R. s. m. Ciel (*Cœlum*), 1553, 3031. V. *Cels, ciel*. La vraie forme est *ciel*, puisque ce mot ne se trouve, comme assonance, que dans les couplets en *ier*.

CEL. Adj. ou pron. démonstratif. S. s. n. ? (*Hic-illud.*) CEL *corn ad lunge aleine*, 1789.—S. s. m. : CIL (*Hic-ille*), 644, 887, 1526, 1723, 1792, 1821, 2711, 2835. — R. s. m. : CEL (*Hic-illum*), 1618.— S. s. f. : CELE (*Hic-illa*), 938, et r. s. f. : CELE (*Hic-illam*), 1019, 1342, 2630, 3028. = La déclinaison de ce pronom, ou plutôt de cet adjectif démonstratif, est établie ainsi qu'il suit : s. s. m. : CIL ; r. s. m. : CEL ; s. p. m. : CIL ; r. p. m. CELS. Et au féminin, CELE, au s., CELES au p. V. *Cil, Cels, Cele, Celes*.

CELE. Adj. ou pron. démonst., s. s. f., 938 et r. s. f., 1019, 1342, 1630, 3028. V. *Cel*.

CELER. Verbe act. inf. prés. Cacher (*Celare*) : *Ne s'i voelt* CELER *mie*, 3522. —Passif, inf. prés., avec un s. s. f. : ESTRE CELÉE, 1458.

CELESTE. Adj. r. s. m., employé substantivement. Dieu (*Cœlestem*) : *Hoi te cumant à l' glorius* CELESTE, 2253

CELES. Adj. ou pron. démonstratif, r. p. f. (*Hic-illas*), 3941. V. *Cel*.

CELOI. Adj. ou pronom démonstratif. (Pour l'étym., voy. *Celui*.) CELOI est à tort employé au s. s. m. :

CELOI *levat le rei Marsiliun*, 1520. — R. s. m. : *N'i ad* CELOI *n'i plurt e se dement*, 1836. Cf. 411, 3462, 3805; CELUI, 427.

CELS. S. s. m. Ciel (*Cœlus*, archaïque, et qui était demeuré dans la latinité populaire), 1432. — R. p. m. : CELS, 2397. Ces formes ne sont pas correctes, et c'est *ciels* qu'il faut lire. Ce mot, en effet, ne se trouve comme assonance que dans les couplets en *ier*.

CELS. Adj. ou pron. démonstratif, r. p. m. (*Hic-illos*), 167, 213, 857, 1403, 1683, 2132, 3032, 3220, 3228, 3948. L'étymologie est bien indiquée dans ce vers : CELS *de Baivère e* ICELS *d'Alemaigne*, 3977.

CELUI. Adj. ou pron. démonst., r. s. m. 427. (Nous ne saurions admettre avec M. Littré que CELUI dérive de *ecce-illius*. *Ecce-illi* serait plus admissible dans l'hypothèse de M. Littré, et *hic-illi* dans la nôtre.) — CELOI, r. s. m., 411, 1836, 3462, 3805.

CENGLES. R. p. f. Sangles (*Cingulas*), 3573 et 3880.

CENT. Nom de nombre (*Centum*). Devant un autre nombre, il est indéclinable : CENT *milie sunt*, 3085. Cf. 1440, 3402... =Employé après un autre nombre, il s'écrit CENZ : *Tels IIII.* CENZ *i troevet entur lui*, 2090. *Set* CENZ, 31.=Cf., au v. 1417, l'expression : A *miller et à* CENT.

CERCER. Verbe act. inf. prés. Fouiller, voir partout (*Circare*) : *A mil Franceis funt ben* CERCER *la vile*, 3661 —Ind. prés., 3ᵉ p. s, CERCET : CERCET *les vals e si* CERCET *les munz*, 2185.

CERFS. S. s. m. (*Cervus*), 1874.— R. s. m. : CERF, 2968, 3738. *De* CERF *le destre guant*, 3845. = Entre dans la composition de *Passe*-CERF, nom de cheval, 1380.

CERTEINE. Adj. r. s. f. (*Cerretanam*.) *La tere* CERTEINE, 856. Nous avons discuté ailleurs la question de savoir s'il s'agit ici de la Cerdagne. V. nos *Notes*, p. 103.

CERTES. Adv. (*Certe*), 255. Nous avons déjà signalé, au mot *alques*, l'addition de l'*s*. Cf. *primes*, etc.

CERVEL. S. s. n. ou m. Cerveau (*Cerebellum*) : *Par les oreilles fors se ist le* CERVEL, 2260. Par erreur, le texte porte *la* CERVEL. — R. s., CERVEL, 1764, 1786, 3928.

CERVELLE. S. s. f. (Forme féminine du mot précédent : *cerebella*), 1356, 2248.—R. s. f.: CERVELLE : 3617.

CES. Pr. ou adj. démonstratif, r. p. m. (Pʳ *cels*.) DE CES *de France oent suner les graisles*, 2116. V. *Cels*.

CES. Pr. ou adj. démonstratif, r. p. m. (Pʳ *cez*.) *En sum* CES *maz e en ces haltes vernes*, 2632. V. *Cez*.

CESSER. Verbe neutre, inf. prés. (*Cessare*.) *Gent paienor ne voelent* CESSER *unkes*, 2639.

CEST. Adj. ou pron. démonst. (*Hic-iste*, suivant nous, et non pas *ecce-iste*. Les Provençaux ont choisi l'adverbe de lieu *hàc* pour faire leur *aquel* et leur *aquest*; les Français, l'adverbe *hic* pour leur CEST et leur *cel*, abrégé d'*icest* et d'*icel*.) La Déclinaison de cet adj. est établie ainsi qu'il suit : S. s. m. : CIST ; r. s. m. : CEST ; s. et r. s. f. : CESTE ; s. p. m. : CIST (et CEZ ?? au v. 2540) ; r. p. m. : CEZ; s. et r. p. f.: CEZ. (V. ces différents mots.) C'est par erreur que CEST est, dans notre texte, employé une fois (v. 3717) au cas sujet. Partout ailleurs il est régime, 17, 83, 134, 226, 2142, 2372, 2583. — R. s. f.: CESTE, 35, 47, 242, 433, 654. 2428, 3587.

CESTE. Adj. ou pron. démonstr., r. s. f., (*Hic-ista*), 35, 47, etc. V. *Cest*.

CEVAL. R. s. m. (*Caballum*), 1374, 1379, 1539, 1554, 1567, 1591, 1606, 2032, 2138, 2841, et CHEVAL, 1545, 1988, 2072, 2127, 2522, 3369. — S. p. m. : CHEVAL, 3966, et CHEVALS, 2484, 3876. — R. p. m.: CEVALS, 3002, 3047, 3349, et CHEVALS, 1095, 2705, 2765, 2811, 2985, 3064, 3857.

CEVALCHET. Verbe neutre, ind. prés. 3ᵉ p. s. (*Caballicat*), 1812. *Carles* CEVALCHET *e les vals et les munz*, 3695. ; 3ᵉ p. p. : CEVALCEST, 3195. —

Impér., 2ᵉ p. s. : CEVALCHE, 1619; 1ʳᵉ p. p.: CEVALCHUM, 3078. V. *Chevalcher*.

CEVALERS. S. p. m. Par erreur, au lieu de *cevaler* (*Caballarii*), 110. V. *Chevalers*.

CEZ. Pron. ou adj. démonstratif, s. p. m. (*Hic-isti*), 2540 (?); s. p. f. (*Hic-istœ*), 1538 (?); r. p. m. (*Hic-istos*), 1612; r. p. f. (*Hic-istas*), 145, 204, 710, 1043, 1169, 1612, 3024.

CHAEINES. r. p. f. (*Catenas*), 2557. Cf. CAEINES, r. p. f., au v. 3735.

CHAEIT. Part. pass. s. s. m. Tombé. (Voy *Cadeir*): *Si est* CHAEIT *avant*, 2231. — S. s. f. : CHAIETE (pour *chaeite*), 1986.

CHAÏR. Verbe neutre, inf. prés. Tomber (V. *Cadeir*): *Quel part qu'il alt, ne poet mie* CHAÏR, 2034.

CHALCER. Verbe act. inf. prés. (*Calceare*): *El'destre poign si li faites* CHALCER, 2678. — Parf. comp., 3ᵉ p. p., avec un r. p. m. : UNT CALCEZ, 3863. — Part. pass., r. p. m. : CALCEZ, 3863. La forme correcte est, d'après les assonances, *chalcier, calciez*.

CHALD. Adj. r. s. m. Chaud (*Calidum*) : *Nus les feruns vermeilles de* CHALD *sanc*, 950. V. (?) *Calz*, et plus loin *Chalz*.

CHALENGEMENT. R. s. (V. *Calenges, calunjant*, etc.) *E tutes teres met en* CHALENGEMENT, 394. Le sens est celui de *tort, ruine*, et la racine *calumnia* (*Calumniamentum*).

CHALT. Verbe unipersonn., 3ᵉ p. s. de l'ind. prés. (*Calet*.) *Ne li* CHALT, 227. Le sens est : « Il ne s'en soucie point. » CALT, 1405. CHELT, 2411.

CHALZ. Subst. r. p. m. (*Calidos*.) *E endurer e granz* CHALZ *e granz freiz*, 1011. Cf. 1118. V. *Calz*?

CHAMBRE. R. s. f. (*Cameram*.) CHAMBRE a le sens actuel, 2826, ou celui de domaine, terre, bien: *Cum jo serai à Loün en ma* CHAMBRE, 2910. Cf. CAMBRE, dans le premier sens, aux v. 2593, 2709 et 3992; dans le second, au vers 2332.

CHAMP. R. s. m. (*Campum*.) Il est toujours employé dans le sens de « champ de bataille », 865, 1338, 1782, 1869, 2434, 2779, 3512. —CAMP, 922, 1260, 1273, 1562, 1626, et, dans un sens plus large, 1838, 2230, 2439, 3968. — S. p. m. : CAMP, 1468.

CHANÇUN. S. s. f. (*Cantio*.) *Male* CHANÇUN *n'en deit estre cantée*, 1466. Dans ce même vers, il y a pour le même mot le *c* et le *ch* (CHANÇUN, *cantée*), et de tels exemples sont nombreux dans notre texte. — CANÇUS, s. s. f., 1014.

CHANTAT. Verbe act. parf. simpl. 3ᵉ p. s. (*Cantavit*), 1563. — Subj. prés. 3ᵉ p. s. : CHANT, 1474. — Inf. passif, avec un s. s. f.: ESTRE CANTÉE, 1466. —Part. pass. s. s. f.: CANTÉE, 1466.

CHAPELE. R. s. f. (*Capellam*.) *Cum jo serei à Eis, en ma* CHAPELE, 2917. —CAPELE, r. s. f., 52 et 3744.

CHARLEMAGNE. R. s. m. (*Carolum-Magnum*), 354, 2621. CARLEMAGNE, 81, 522, 1422, 1973, 2380, 3720).

CHARLES. S. s. m. (*Carolus*), 156, 158, 370, 1195, 2103.— Voc. s. m. : CHARLE, 2454. — R. s. m. : CHARLE, 94; CHARLES (par erreur), 1241 et 3837, et CHARLUN, 418, 1829, 2242, 3214. Cf. CARLES, au s. s. m.; CARLES, au voc., s. m. : CARLE, CARLES, CARLLE, KARLES, et surtout CARLUN, KARLUN, au r. s. m. V. *Carles*.

CHARN. R. s. f. Chair (*Carnem*): *L'osberc li rumpt entresque à la* CHARN, 1265. CHAR, 1119 et 3436. = Voici toute la déclinaison : S. s. f.: CAR, 2942. — R. s. f.: CAR, 2141, et CARN, 3606; CHARN, 1265, et CHAR, 1119, 3436. — R. p. f., CHARS : *En tresque as* CHARS *vives*, 1613. V. *Car*.

CHARTRE. R. s. f. Charte (*Chartulam*): *Cil fist la* CHARTRE *e l'muster de Loün*, 2097.—R. p. f.: CARTRES, 1684.

CHASCUNS. Adj. ou pron. s. s. m. *Quisque-unus*, 203, 1013. CASCUNS, 51, 2559, 2631.—R. s. m. : CHASCUN, 390, et CASCUN, 2502. V. *Cascuns*.

CHASTELS. R. p. Châteaux (*Castella*, ou plutôt bas lat. *castellos*), 2611, et CASTELS, 235, 704. — Au r. s., on trouve CASTEL, 4, 23, 3783.

CHEDED. Verbe neut., subj. prés. 3e p. s. (*Cadat*), 769. V. *Cadeir* et *Cheet*.

CHEENT. Verbe neut., ind. prés., 3e p. p. (*Cadunt*), 1981, 3574, 3881. V. *Cadeir*.

CHEET. Verbe neut. subj. prés., 3e p. s. (*Cadat*), 1064. V. *Cadeir* et *Cheded*.

CHEF. R. s. Tête. (*Caput*), 117, 214, 799, 2078, 2170. On trouve par erreur CHÉS., au v. 2809. = CHEF est employé, au sens figuré, comme dans notre expression : « A la tête de l'armée » : *Si chevalcez el' premer* CHEF *devant*, 3018. = Au v. 2528, CHEF a le sens de notre diminutif *chevet* : *Li angles est tute noit à sun* CHEF. — R. p. : CHEFS, 44, 491, 2094, 3865, et, par erreur, CHEF, 209. = La forme correcte, d'après les assonances, est *chief*.

CHELT. Verbe unipers., 3e p. s. de l'ind. prés. (*Calet*.) *De ço qui* CHELT ? 2411. CALT, 1405 ; CHALT, 227. Il y a ici TROIS formes pour le même mot.

CHEMIN. R. s. m. (*Caminum*.) *Pleine sa hanste l'abat mort el'* CHEMIN, 1250. — R. p. m. : CHEMINS, 405, 2426.

CHEN. S. p. m. Chiens (*Canes*), 1751, 2591, 3527. — R. p. m. : CHENS, 30, et CHIENS, 1874. Ce mot est employé comme assonance dans les couplets en *ier*. La forme correcte est donc *chien*, *chiens*.

CHER. R. s. m. (*Carum*.) *Aveir* CHER, 753. — R. s. f. : CHERE, 3031. — Voc. s. m. : CHER, 2441 et 2688, ou CHERS, 1693 ; voc. s. f. : CHER(E), 3713. — R. p. m. : CHERS, 100, 547, 2178, et, par erreur, CHER, 1517. = La forme correcte, d'après les assonances, est *chier*.

CHER. Adv. (*Care*.) *Sempres murrai, mais* CHER *me sui vendut*, 2053. Cf. 1590, 1690. Ces divers exemples font très-nettement voir qu'il s'agit ici d'un adverbe, et non d'un adjectif.

CHÉRE. R. s. f. Tête (*Caram*) : *Pluret des oilz, tute sa* CHERE *embrunchet*, 3645.

CHEREMENT. Adv. (*Cara-mente*.) *La mort Rollant lur quid* CHEREMENT *vendre*, 3012.

CHERNUBLES. S. s. m. Nom de païen (?), 975 et 1310. — R. s. m. : CHERNUBLE, 1325.

CHERS. Adj. r. p. m. (*Caros*), 100, 547, 2178. V. *Cher*.

CHERUBIN. R. s. m. (*Cherubim*, mot hébr., pluriel de *cherub*, et passé dans le latin dès les premières traductions de la Bible.) *Deus tramist sun angle* CHERUBIN, 2393.

CHÉS. V. *Chef*.

CHET. Verbe neutr., 3e p. s. de l'ind. prés. Tombe (*Cadit*), 981, 1267, 1356, 2220, 2536, 2825, 3720. V. *Cadeir*. = La vraie forme est *chiet*; car ce mot ne se trouve, comme assonance, que dans les couplets en *ier*.

CHEVAGE. R. s. C'est l'impôt, le tribut, l'ancienne *capitatio* (*Capitaticum, cavaticum*) : *Ad oes seint Pere en cunquist le* CHEVAGE, 373.

CHEVAL. S. s. m. (*Caballus*), 890. — R. s. m. : CHEVAL, 1545. (La forme CEVAL se trouve six vers plus haut), 1988, 2072, 2127, 2522, 3369. CEVAL, 1374, 1379, 1539, 1554, 1567, 1591, 1606, 2032, 2138, 2841. — S. p. m. : CHEVAL, 3966, et CHEVALS, 2484, 3876. — R. p. m. : CHEVALS, 1095, 2705, 2765, 2811, 2985, 3064, 3857, et CEVALS, 3002, 3047, 3349. (V. *Ceval*.)

CHEVALCHER. Verbe neutre, inf. prés. (*Caballicare*), 480. — 3e p. s. de l'ind. prés. : CHEVALCHET, 366, 706, 1189, 1351, 1630, 1631, 1834, 3214, 3234, et CEVALCHET, 3695. — 3e p. p. : CHEVALCHENT, 1183, 1920, 2851, et CEVALCENT, 3195. — Parf. simpl. 3e p. s. : CHEVALCHAT, 2842, 3697 ; 3e p. p. : CHEVALCHERENT, 402, 2689, 2812. — Fut., 2e p. p. : CHEVALCEREIZ (dans un couplet masculin en *ei*), 3281. — Impér. 2e p. s. : CHEVALCHE, 2454, et CEVALCHE, 1619 ;

1re p. p. : CEVALCHUM, 3178; 2e p. p. : CHEVALCHEZ, 1175; CHEVALCEZ, 3018, et CHEVALCIEZ, 2806. — Subj. prés. 3e p. s.: CHEVALZT, 2109.=D'après les assonances, la forme correcte est CHEVALCHIER, etc. V. *Cevalchet.*

CHEVALERIE. R. s. f. Courage chevaleresque, acte digne d'un chevalier (*Caballariam*), 594, 960, 3074.

CHEVALERS. S. s. m. (*Caballarius*), 3818, et, par erreur, CHEVALER, 25, 1673, 1877, 2067, 3352. — Voc. s. m.: CHEVALER, 2252.—R. s. m. : CHEVALER, 752.—S. p. m. : CHEVALER, 99, 359, 2415, 2478, 2861, 3883, et, par erreur, CHEVALERS, 1688, et CEVALERS, 110.—Voc. p. m. : CHEVALER, 1518. — R. p. m. : CHEVALERS, 548, 802, 3052, 3148. = Ce mot se trouve surtout, comme assonance, dans les laisses en *ier*; mais on le rencontre aussi dans celles en *er* (v. 359 et 2859.

CHEVALERUS. Adj. s. s. m. Chevaleresque (d'un type barbare en *osus*, formé sur *caballarius*): *Ses fils Malprimes mult est* CHEVALERUS, 3176.

CHEVELEÜRE. R. s. f. (*Capillaturam*), 1327.

CHEVEL. S. p. m. (*Capilli.*) C'est par erreur que le scribe, au v. 976, a écrit *chevoel*, au lieu de CHEVEL. — R. p. m. : CHEVELS, 2347, 2596, 2931, 3605, 3821.

CHEVOEL. V. le précédent.

CHI. Pron. relatif, s. s. m. Celui qui (*Qui*), 596 et 838. V. *Ki.*

CHIEDENT. Verbe neutr. ind. prés., 3e p. p. Tombent (*Cadunt*), 1426. V. *Cadeir.*

CHIENS. R. p. m. (*Canes*), 1874, et CHENS, 30. Cf. CHENS, au cas sujet du pluriel, 1751, 2591, 3527.

CHIET. Verbe act., ind. prés., 3e p. s. Tombe (*Cadit*): 1509, 2082, 2553, 3925. V. *Cadeir.*

CHOSES. R. p. f. (*Causas.*) *De plusurs* CHOSES *à remembrer li prist*, 2377.

CHRESTIENS. Adj. s. S. s. m. (*Christianus*), 155, 899, et CHRESTIEN, 102.—S. s. f. : CHRESTIENE, 3987. — R. s. f. : CHRESTIENE, 85.— S. p. m. : CHRESTIEN, 3672 et 3998; CHRESTIENS, 1015. — R. p. m. : CHRESTIENS, 38, 2350. Ce mot, comme le suivant, est partout écrit par le XP.

CHRESTIENTET. R. s. f. Ce mot a toujours le sens de « foi chrétienne ». (*Christianitatem.*) On dit en parlant d'un païen: *Deus! quel baron, s'oüst* CHRESTIENTET, 3164. Cf. 431, 686, 1129, 2620, 3598, 3980.

CI. Adverbe de lieu. Ici. (*Ecce hic*, d'après Diez ?) Je n'ose proposer l'adverbe de lieu *hic*, deux fois répété. Cf. le provençal *aqui*. V. *Ici* et *cel, cil, cest, cist, ces*), 145, 421, 677, 1669, 2060, 2372, 4002...

CICLATUNS. R. p. m. C'est ici le nom d'une étoffe de soie. Les plus beaux *ciclatons* venaient de l'Espagne musulmane. V. Fr. Michel, *Recherches sur les étoffes de soie, d'or et d'argent*, I, 220. (En arabe, *siklatoun*; mais ce mot lui-même était d'origine greco-latine: *cyclatio*, dérivé de *cyclas*), 846.

CIEL. R. s. m. (*Cœlum.* On trouve le nominatif s. m. *cœlus*, à la décadence), 545, 708, 1156, 1441, 1553, 2532, 2666. V. *Cel.*=La forme correcte est *ciel*, qui se trouve, comme assonance, dans les laisses en *ier.*

CIL. Pron. ou adj. démonstratif. (*Hic ille.*) Sa déclinaison est la suivante: s. s. m.: CIL; r. s. m. : CEL; s. et r. s. f.: CELE; s. p. m. : CIL; r. p. m. : CELS; s. et r. p. f. : CELES. Les exemples du s. s. m. sont aux vers 644, 887, 1526, 1723, 1792, 1821, 2711, 2835.— — S. p. m. : CIL, 92, 110, 113, 942, 1031, 1032, 1033, 1514, 1608, 1745, 1808, 1810, 1811, 1832, 2754, 2923, 3048, 3306, 3365, 3854, 3875, 3982... (V. *Icil, Cel*, etc.)

CINC. Nom de nombre, indéclinable. (*Quinque.*) CINC *cenz livres*, 516.

CINQUANTE. Nom de nombre. (*Quinquaginta.*) CINQUANTE *carres*, 33. Cf. 1919, 3656.

CIRE. R. s. f. (*Ceram.*) *Freint le seel, getet en ad la* CIRE, 486.

CIS. V. le suivant.

CIST. Pron. ou adj. démonstratif. (*Hic iste*). Sa déclinaison est la suivante : S. s. m. : CIST ; r. s. m. : CEST ; s. et r. s. f. : CESTE ; s. p. m. : CIST ; r. p. m. : CEZ ; s. et r. p. f. : CEZ. — Les exemples du s. s. m. sont aux v. 743, 1212, 1280, 1547, 2183, 3168. — S. p. m. : CIST, 108, 1499, 1688, 3072. Au lieu de CIST, on trouve une fois CIS au s. p. m., 3082. V. *Cest*, *Cez*, etc.

CITET. S. s. f. (*Civitas*), 5, 917. — R. s. f. : CITET, 71, 654, 1484, 3652, 3884. — R. p. f. : CITEZ, 238.

CLAMER. Verbe act. inf. prés. Proclamer, publier, dire à haute voix, etc. (*Clamare*), 350. — Ind. prés. 1ʳᵉ p. s. : CLEIM, 2748. 3ᵉ p. s. : CLEIMET, 1491, 1528, 2239, 2364, 3817. 3ᵉ p. p. : CLEIMENT, 1161, 1608. — Impér., 2ᵉ p. p. : CLAMEZ, 1132. — Subj. prés., 3ᵉ p. s. : CLEIMT, 1522, 3800, 2ᵉ p. p. : CLAMEZ. = On remarquera l'expression : *clamer sa culpe*, qui signifie : « Dire à haute voix son *mea culpa*, » 2239. = Il faut appliquer au verbe CLAMER et aux formes CLEIMET, etc., les observations que nous avons faites plus haut sur *amer* et *aimet*. V. *Amer*.

CLARBONE. R. s. f. Nom d'un pays païen, purement imaginaire (il y entre sans doute les mots *clara* et *bona*.), 3259.

CLARIENS. S. s. m. Nom de païen (*Clarianus*, venant de *Clarus*), 2790. — R. s. m. : CLARIEN, 2670.

CLARIFAN. R. s. m. Nom de païen (Mot forgé? sur *clarus*), 2670.

CLARIN. R. s. m. Nom de païen (*Clarinum*), 63.

CLARTET. S. s. f. (*Claritas*), 2454. — R. s. f. : CLARTET, 1432, 2644 ; 2990. A ce dernier vers il faut CLARETET pour la mesure. (*Ki pur soleill sa* CLARETET *n'en muet*.) — R. p. f., CLARTEZ : *Joiuse... ki cascun jur muet XXX* CLARTEZ, 2502.

CLAVERS. Nom de peuple païen (?? sont-ce les *Esclavons?* En ce cas l'étym. serait *Slavarios*), 3245.

CLEFS. R. p. f. (*Claves*), 654, 2752.

CLEIM. Verbe act., 1ʳᵉ p. s. de l'ind. prés. de *clamer* (*Clamo*), 2748. V. *Clamer*.

CLEIMENT. Verb. act., 3ᵉ p. s. de l'ind. prés. de *clamer* (*Clamant*), 1161, 1608. V. *Clamer*.

CLEIMET. Verbe act., 3ᵉ p. s. de l'ind. prés. de *clamer* (*Clamat*), 1491, 1528, 2239, 2364, 3817. V. *Clamer*.

CLEIMT. Verbe act., 3ᵉ p. s. du subj. prés. de *clamer* (*Clamet*), 1522, 8800. (V. *Clamer*.)

CLERC. S. p. m. Membres de la cléricature païenne ou chrétienne (*Clerici*), 3637.

CLERS. Adj. s. s. m. Clair (*Clarus*), 1002, 1980, 2646, 3165, 3345, 3912, 3925. Au s. s. m., on trouve aussi, par erreur, CLER, 157, 1614, 1763, 3972. — S. s. f. : CLERE, 445, 737, 2316, 2512, 3659. — R. s. m. : CLER, 162, 895, 1159, 3160, 3194, 3453. — R. s. f. : CLERE, 59, 2523. — S. p. f. : CLERES, 3309. — R. p. m. : CLERS, 2150, 3274, 3865. — R. p. f. : CLERES, 3566.

CLER. Adverbe. Clairement (*Clare*), 619, 627, 1974, 1992, 3138, 3524.

CLIMBORINS. S. s. m. Nom de païen (?), 1485. C'est le même que le suivant.

CLIMORINS. S. s. m., 627.

CLINÉE (AD). Verbe actif, parf. comp., 3ᵉ p. s. avec un r. s. f. (*Clinatam habet*.) *Desur les espalles* AD *la teste* CLINÉE, 3727. Dans le vers suivant, le même mot paraît employé au sens neutre. Il est question d'Olivier et de Roland qui se saluent pour la dernière fois : *A icel mot l'un à l'altre* AD CLINET, 2008. (Chacun d'eux a incliné la tête devant l'autre...)

CLOU. S. p. m. (*Clavi.*) *Cheent li* CLOU, 3574.

ÇO. Pron. démonstratif neutre. Cela, ce (selon Diez, *ecce hoc* ; d'après nous, *hic-hoc*), 73, 77, 136, 603, 1640, etc. V. *Iço* et *Ce*.

COER. S. s. Cœur (*Cor*), 2019. — R. s. : COER, 1107, 1278, 1438, 1447, 1566, et QUER, 2356.—R. p. : COERS, 3628, et QUERS, 2965.

COIFE. R. s. f. C'est le nom du capuchon de mailles (COIFE vient, suivant Diez, d'un mot haut-allemand : *kuppa, kuppha*, mitre, qui passa dans la basse latinité sous la forme *cofea, cuphia*) : *Trenchet la* COIFE *entresque à la char*, 3436.

COILLIT. Verbe act., parf. simpl., 3ᵉ p. s. (*Collegit.*) « Cueillir en haür », c'est « se prendre de haine » : *Rollanz me* COILLIT *en haür*, 3771.

COL. Pour *colp*. Voy. ce dernier mot.

COL. R. s. Cou (*Collum*), 281, 601, 1205, 1344, 1576, 1826, 2991.—R. p., COLS : *Escuz as* COLS, 713.

COLOR. R. s. f. (*Colorem*), 3763. V. *Culor* et *Culur*.

COLPS. S. s. m. Coup (*Colaphus, colpus*), 1109, 3438 ; et, par erreur, COLP, 866. — R. s. m., COLP : *Brandist sun* COLP, 1509. Cf. 1666, 3929, et COL, 1948. — S. p. m. : COLPS, 1395.—R. p. m. : COLPS, 554, 2090, 2463, 3401, et COLS, 541. = On remarquera l'expression : *A* COLPS *pleners*, 2463, 3401...

COMANDEMENT. R. s. Ordre (*Commendamentum*), 309.

COMANDET. Verbe act. ind. prés., 3ᵉ p. s. (*Commendat*), 298. V. *Cumant*.

COMANDET (AD). Verbe act., parf. comp., 3ᵉ p. s. (*Commendatum habet*), 2453, 2952. V. *Cumant*.

COMANDET. Part. passé, employé substantivement, s. s. m. (*Commendatus.*) C'est celui qui s'est recommandé, qui a fait l'acte appelé *commendatio*, le vassal : *Jointes ses mains, iert vostre* COMANDET, 696. V. *Cumant*.

COMANT. Subst. verbal de *comander*. (V. ce mot.) S. s. m. : *Ben seit vostre* COMANT, 616.—R. s. m. : COMANT, 946 et 1775.

COMANT. Verbe act. ind. prés., 1ʳᵉ p. s. (*Commendo*), 318. V. *Cumant*.

COMMIBLES. Nom d'une ville d'Espagne, qui appartenait aux païens (?), 193.

COMPAIGN. Voc. s. m. Compagnon, 1456. V. *Cumpainz*, etc.

CONFUSIUN. S. s. f. (*Confusio.*) *De vos seit hoi male* CONFUSIUN, 3276. V. *Cunfundre*.

CONOISANCE. R. s. f. Science (*Cognoscentiam*) : *Chrestiene est par veire* CONOISANCE, 3987. V. *Cunoisance*.

CONOISENT. Verbe act., 3ᵉ p. p de l'ind. prés. (*Cognoscunt*), 3901. V. *Conuistre*.

CONQUIST. Verbe act., 3ᵉ p. s. du parf. simpl. (*Conquisivit*), 2047. V. *Cunquere*.

CONSEILL. R. s. Avis (*Consilium*), 3510. V. *Cunseill*.

CONSENTE. Verb. act. subj. prés., 3ᵉ p. s. (*Consentiat.*) *Deus tut mal te* CONSENTE ! 1589. V. *Cunsent*.

CONSOÜT (SUI). Verbe neutre (?), parf. comp., 1ʳᵉ p. s. (*Consecutus sum.*) *Dès l'ure que nez fui — Tresqu'à cest jur que ci* SUI CONSOÜT, 2372.

CONTE. R. s. m. Comte (*Comitem*), 2320. V. *Quens* et *Cunte*.

CONTR(A)IRE. R. s. Haine ou malheur, calamité (*Contrarium*) : *Jo l'en muverai un si grant* CONTRAIRE, 290 (?).

CONTREDITE. Part. pass., r. s. f. Maudite. (*Contradictam*.) *Les païens sont appelés « la* CONTREDITE *gent »*, 1932. V. *Cuntredire*.

CONTRÉE. R. s. f. Sens actuel (*Contratam*), 1455. V. *Cuntrée*.

CONUISTRE. Verbe act. inf. prés. (*Cognoscere*), 530.—Ind. prés., 1ʳᵉ p. s. : CONUIS, 3409 ; 3ᵉ p. p. : CONOISSENT, 3901. — Parf. simple, 3ᵉ p. s. : CONUIST, 2524 et 3566, et CONUT, 2875.

COPIEZ. R. p. m. En parlant d'un cheval, on dit, dans *Gui de Bourgogne* (2327) et dans *Roland*, que

« *Piez ad copiez* », 1652. (Étymologie et sens douteux. *Gui de Bourgogne* dit *coupés*. Faut-il entendre *couplés ??* ou *coupés*, dans le sens de « bien taillés, fins » ??)

CORDRES. R. s. f. Nom de ville en Espagne (*Cordubam??*), Cordoue? 71, 97. (V. notre note du v. 71.)

CORN. S. s. Cor (*Cornu*), 1789. — R. s. : CORN, 1051, 1765, 1768. — R. p. : CORNS, 1796 et 2132, et CORS, 1629.

CORNANT. Part. prés. de *corner*, s. s. m., 1075 et 1780.

CORNERS. Infinitif pris substantivement. S. s. m. : *Li* CORNERS, 1742. — R. s. : *Jo à l'* CORNER..., 2108. V. le suivant.

CORNEZ. Verbe neutre, ind. prés., 2e p. p. (D'un verbe formé sur *cornu*.) *Se vus* CORNEZ, *n' ert mie hardement*, 1710. 3e p. p. : CORNENT, 2111. — Parf. simple, 3e p. s. : CORNAT, 2102. — Fut., 1re p. s. : CORNERAI, 1702. — Part. prés. s. s. m. : CORNANT, 1075 et 1780.

CORONE. R. s. f. Sens actuel (*Coronam*), 3236, 3538. — Dans le sens de tonsure, au r. p. f. : CORONES, 3639. V. *Curune, corune*.

CORONET. S. s. m. Celui qui est tonsuré (*Coronatus*), 1563. — R. p. m., CORONEZ : *Proveires* CORONEZ, 2956. V. *Corone*.

CORS. R. p. Trompettes, clairons (*Cornua*), 1629. V. *Corn*.

CORS. S. s. Corps (*Corpus*), 3900. — R. s. : CORS, 118, 492, 597, 901, 1533, 1543, 2551. — R. p. : CORS, 2967.

CORSABLIS. S. s. m. Nom de païen (? fait d'après *Cursabilis*), 885. — R. s. m., au v. 1235, on trouve la forme CORSABLIX.

CORT. R. s. f. Cour du Roi (*Curtem*), 351. V. *Curt*.

CORUNE. R. s. f. (*Coronam*), 2684. V. *Curune*.

COSTENTINNOBLE. R. s. f. (*Constantinopolim*), 2329.

COSTED, COSTET. R. s. m. Côté (*Costatum*, de *costa*) : COSTED, 346, et COSTET, 1066, 1315, 1667, 3143. — R. p. m. : COSTEZ, 284, 1612, 1654, 1969, 3158.

COSTEÏR. Verbe act., inf. prés. Mettre à part, ou mettre à côté de... (d'un verbe en *ire* formé sur *costatum*) : *Li Emperere fait Rollant* COSTEÏR, 2962.

COUS. R. p. m. Cuisiniers, queux (*Quoquos* de *quoquus*), 1817.

CRAVENT. Verbe neutre, 3e p. p. du subj. prés. (Crèvent, *crepent*, de *crepare*.) *N'en ad recet dunt li mur ne* CRAVENT, 1430.

CRAVENTE. Verbe actif, 3e p. s. de l'ind. prés. Renverser (*Crepentat*) : *Ambure* CRAVENTE *en la place devant sei*, 3549.

CREINT. Verbe act., 3e p. s. de l'ind. prés. (*Tremit*), 2740. V. *Crent*.

CREIRE. Verbe employé tantôt comme actif et tantôt comme neutre (*Creire Deu, creire en Deu*), inf. prés. Croire (*Credere*), 987, 3980. — Ind. prés., 1re p. s. : CREI, 575, 1006, 3406, 3458. 3e p. s. : CREIT, 577, 1634, 2753, 3666. — Fut., 2e p. p. : CREREZ, 196. — Impér., 2e p. s. : CREI, 3599, et 2e p. p. : CREEZ, 692. — Imparf. du subj., 2e p. p. : CREÏSEZ, 1728. = Rem. l'expression : *Se ne l'assaill, dunc ne* FAZ-JO QUE CREIRE, 987, où *creire* paraît être employé passivement.

CREISTRE. Verbe neutre, inf. prés. Croître (*Crescere*) : *Blet n'i poet pas* CREISTRE, 980.

CRENT. Verbe act., 3e p. s. de l'ind. prés. Craint. (*Tremit*) 549, 3580, et CREINT, 2740. — Fut., 2e p. p. : CRENDREZ, 791. — Cond., 1re p. s., CRENDREIE : *Jo me* CRENDREIE *que vos vos meslisez*, 257.

CRI. S. s. m. (c'est le substantif verbal de *crier*), 2064.

CRIENT. Verbe actif ou neutre, 3e p. p. de l'ind. prés. (*Quiritant*.) *Li chrestien te recleiment e* CRIENT, 3999. — Parf. comp., 3e p. s. avec un r. s. f., AD CRIÉE : *Li Amiraz Preciuse* AD CRIÉE, 3564. — Impér., 2^e

p. p., CRIEZ: *Adubez vos, si* CRIEZ *vostre enseigne,* 1793.—Subj. prés., 3º p. s. : CRIET, 1618.— Part. passé, r. s. f. : CRIÉE, 3564.

CRIGNELS. R. p. m. Cheveux (diminutif de *crines*) : *Trait ses* CRIGNELS, 2906.

CRIGNETE. R. s. f. Crinière de cheval (diminutif féminin de *crinis*), 1655.

CRIMINEL. R. s. f. (*Criminalem.*) *Venger te poez de la gent* CRIMINEL, 2456.

CRISTALS. S. s. m. Ce mot désigne les pierres fines, ou plutôt les verroteries qui ornaient le pommeau de l'épée, la boucle de l'écu et le cercle du heaume (*Crystallus*), 2296. — R. s. m., CRISTAL : *Tute li freint la bucle de* CRISTAL, 1263. *D'or est li helz, e de* CRISTAL *li punz*, 1364. Cf. 3150.

CROCE. S. s. f. Tous les traducteurs ont rendu ce mot par « croix ». Cependant on trouve, au v. 2504, la forme *cruiz*, qui est régulière. CROCE vient plutôt de *crocea*, et a sans doute le sens de « crosse »: *En l'Arcevesque est ben la* CROCE *salve* (v. 1670), signifierait donc : Voilà un archevêque qui sait bien garder sa crosse.

CROLLÉE (AD). Verbe actif, parf. comp., 3º p. s. avec un r. s. f. : *A brandi...* (*Corotulatam habet*, d'après Diez et Bartsch) : *De sun algeir* AD *la hanste* CROLLÉE, 442. — Part. pass., r. s. f.: CROLLÉE, 442.

CRUISIEDES (AD). Verbe act., parf. comp., 3º p. s. avec un r. p. f. (*Cruceatas habet.*) CRUISIEDES AD *ses blanches (mains) les beles*, 2250. CRUISIEDES est un des très-rares participes du *Roland*, qui ont conservé la forme primitive et étymologique.

CRUISIR. Verbe neutre, inf. prés. Grincer (*Cruscire*. Suivant Gachet, goth. *kriustan*, craquer) : *Ces escuz sur ces helmes* CRUISIR, 3485. — Ind. prés., 3º p. s., CRUIST : CRUIST *li acers*, 2302, 2313, 2340. — 3º p. p.: CRUISSENT, 2540.

CRUIZ. R. s. f. Croix (*Crucem*): *Nostre Sire fut en la* CRUIZ *naffret*, 2504.

CRUPE. R. s. f. Croupe (Scandinave *kryppa*, allem. *kropf*, suivant Littré) : *Curte la quisse e la* CRUPE *bien large*, 1653.

CRUTE. R. s. f. Grotte (*Cryptam*) : *Ad Apolin en curent en une* CRUTE, 2580.

CUARD. S. s. m. Peureux (de *cauda*, queue ; l'animal qui a peur porte la queue basse : c'est un CUARD) : *Pur tut l'or Deu ne volt estre* CUARD, 888. — R. s. m. : CUARD, 1116, 1647.— S. p. m. : CUART, 3337.

CUARDET (SE). Verbe pronominal, 3º p. s. de l'ind. prés. Est ou devient lâche (voy. le précédent) : *Mal seit de l' coer ki el' piz* SE CUARDET, 1107.

CUARDIE. R. s. f. Lâcheté (voy. *Cuard*), 1647, 2351, 2602.

CUARDISE. R. s. f. Lâcheté (voy. *Cuard*), 3043, 3521.

CUART. Adj. s. p. m. Lâches (voy. *Cuard*), 3337.

CUE. R. s. f. Queue (*Caudam*), 1655.

CUIGNÉES. R. s. f. Cognées (*Cuneatas*), 3663.

CUISSE. R. s. f. (*Coxam*), 1653.

CULCHET. Verbe actif ou réfléchi, 3º p. s. de l'ind. prés. (*Collocat.*) 1º Au réfléchi : SE CULCHET, 12, 2013, et SE CULCET, 2449. — Parf. comp., 3º p. s. avec un s. s. m. : S'EST CULCHET, 2358; S'EST CULCET, 2496, et S'EST CULCEZ, 3992. = 2º A l'actif. Parf. comp., 3º p. s. avec un r. s. m., AT CULCHED : *Sur l'erbe verte puis l'* AT *suef* CULCHED, 2175, et AD CULCHET : *Sur un escut l'* AD *as altres* CULCHET, 2204. — Subj. prés., 3º p. s. : CULZT, 2682. = 3º Au passif. Ind. prés., 3º p. s., avec un s. s. m., EST CULCHET: *Li soleils* EST CULCHET, 2481. = Part. pass., s. s. m. : CULCHET, 2481. R. s. m. : CULCHED, 2175 ; CULCHET, 2204, 2358; CULCET, 2496, et, par erreur. CULCEZ, 3992.

CULOR. R. s. f. (*Colorem*), 3720. V. *Culur* et *Color*.

CULPE. R. s. f. (*Culpam*), 3720. « Clamer sa CULPE, » c'est « réciter son *mea culpa* »: *Cleimet sa* CULPE, 2239 et 2364. Cf. 1173, 2014. — *Deus! meie* CULPE (c'est-à-dire : *mea culpa*), 2369. —R. p. f. : CUL-PES, 1132.

CULUMBE. R. s. f. Colonne (*Columnam*), 2586.

CULUR. R. s. f. Couleur (*Colorem*), 441, 2299, 2895 ; COLOR, 3763; CULOR, 3720. — Au r. p. f., CULURS a (vers 2594) le sens de « peintures murales » : *Fait sei porter en sa cambre voltice;— Plusurs* CULURS *i ad peinz e escrites*, 2593, 2594. V. *Culor* et *Color*.

CULVERT. Adj. s. m. Misérable (l'étymologie de Diez, *collibertus*, est la moins mauvaise de toutes : elle nous paraît encore bien douteuse), 1394.— Voc. s. m. : CULVERT, 763, 1207, 2292 et 3446.

CULZT. Verbe act., 3ᵉ p. s. du subj. prés. de *culcher* (*Collocet*), 2682. (V. *Culchet*.)

CUM. Conjonction. Ce mot, suivant nous, ne vient pas TOUJOURS de *quomodo*, ainsi que l'affirment Littré et Brachet. Il vient tantôt de *quomodo* : *Issi seit* CUM *vos pleist*, et tantôt de *quum* : CUM *je serai à Loün en ma chambre*, etc. En ce dernier cas, l'étymologie *quomodo* nous paraît impossible. = D'où il suit que CUM a deux sens : 1° « Quand, lorsque, dès que », et 2° « De la façon que, ainsi que ». = Il convient d'ajouter que CUM se distingue fort nettement de *cume* dans le texte de la Bodléienne. CUME (qui a seulement le sens de *quomodo*), ne s'emploie qu'avec des substantifs et adjectifs (CUME *fols... Neirs* CUME *peis*); tandis que CUM s'emploie PRESQUE toujours avec un verbe : *Faites la guere* CUM *vos l'avez enprise*, etc. (V. notre note du v. 20.)=1° CUM, dans le sens de *quomodo*. On le trouve employé AVEC UN VERBE aux vers suivants : *Que il me cheded* CUM *fist à Guenelun*, 769. *Si* CUM *li cerfs s'en vait devant les chiens*, 1874. *Si* CUM *il poet*, 2203. Cf. 76, 210, 606, 1802. Une seule fois, on le trouve avec un substantif : *Altresi* CUM *un urs*, 1827. = 2° CUM, dans le sens du latin *quum* : CUM *il le vit*, 1643. CUM *je serai à Eis en ma chapele*, 2917. CUM *il aproisment en la citet*, 2692. Cf. 2910.=3° CUM enfin est employé dans le sens exclamatif, et, en ce cas, dérive de *quomodo* : *E! Sarraguce*, CUM *ies oi desguarnie*, 2598. V. *Cun*.

CUMANT. Verbe neut. et quelquefois actif, 1ʳᵉ p. s. de l'ind. prés. (*Commendo*), 273, 2253, 2673, 2815, 3015, et COMANT, 318. 3ᵉ p. s. : CUMANDET, 1138, 2432, 2527, 2970, 3057, 3952, et COMANDET, 298. 3ᵉ p. : CUMANDENT, 3694.—Parf. simpl. 3ᵉ p. s. : CUMANDAT, 1817. — Parf. comp., 3ᵉ p. s. : AD COMANDET, 2453 (sans complément), et 2952 (avec un r. n.).— Impér. 2ᵉ p. p. : CUMANDEZ, 2949, 3842. — Part. passé, s. s. m. : COMANDET, 696, et r. n. : COMANDET, 2453 et 2952. = Ce verbe a plusieurs sens : 1° Il a gardé le sens latin de « confier, recommander » (vers 2253, 2815, 2527, 3694, 1817, et 696). = 2° Il signifie encore « commander, ordonner » (vers 273, 2673, 318, 1138, 298, 2453, 2952, 2949, 3842).= 3° Enfin il faut signaler une acception parculière aux vers 3015, 2432, 2970, 3057. *Li reis* CUMANDET *un soen veier*, 3952. Ce dernier sens est celui de « requérir par ordre ». V. *Comand* et *Comandement*.

CUMBATANT. V. le suivant.

CUMBATRE. Verbe qui, partout, est employé au réfléchi, sauf en un seul cas (v. 2603: *S'il ne* CUMBAT *à cele gent hardie*). L'étymologie est *battuere* avec *cum*. V. *Batre*. Inf. prés.: *Me* CUMBATRE, 566.—Ind. prés., 3ᵉ p.

s. : se cumbat, 733, 1847, 2099, 3288.
—Parf. simpl. 3ᵉ p. s. : s'i cumbatit, 2778.— 3ᵉ p. p. : se cumb[a]tirent, 1777. — Parf. comp. 3ᵉ p. s., avec un s. s. m. : s'est cumbatuz, 2041. —Fut., 1ʳᵉ p. s. : me cumbatrai, 3844; 3ᵉ p. s. : cumbatrat sei, 614. — Cond. 3ᵉ p. s. : se cumbatreit, 3804. — Part. prés. (?) : cumbatant. En cumbatant, 1769. *Asez est mielz que moerium* cumbatant, 1475. (C'est un véritable gérondif.) —Cumbatanz est encore employé comme un véritable substantif (s. p. m.) au v. 3188 : *De cels de France XX. milie* cumbatanz, et, comme un adjectif signifiant « brave » (s. s. m. et f. : cumbatant) : *E vertuus e vassal* cumbatant, 1594. *Li Emperere est ber e* cumbatant, 2737. *Unc ne vi gent ki si fust* cumbatant, 3516. — Part. pass., r. s. m : cumbatuz, 2041.

CUME. Conjonction. (*Quomodo.* V. *Cum.*) Cume s'emploie toujours avec des substantifs et adjectifs : Cume *mi saive hume*, 20. Cume *celui qui ben faire le set*, 427. *Issi est neirs* cume *peiz*, 1635. *Si* cume *tel felon*, 1819. Cume *vassal i fiert*, 1870. Cf. 1888, 1967, 3153, 3234, 3319, 3710, 3973. Nous ne trouvons qu'un exemple de cume avec un verbe : Cume *fist a tei le bastun devant Carle*, 765. Et c'est une erreur évidente.

CUMENCER. Verbe actif, inf. prés. Commencer (*Cum-initiare*), 2413. — Ind. prés. 2ᵉ p. s. : *Malvais sermun* cumences, 3600. 3ᵉ p. s. : cumencet, 138, 179, 602, 1648, 2217, 2279, 2315, 3704. 3ᵉ p. p. : cumencent, 3910. — Parf. simpl., 3ᵉ p. s. : cumençat, 302. — On dit cumencer a. Ex. : Cumencet a *plurer*, 2217.

CUMENT. Conjonction. Comment, de quelque manière que... (*Quomodo-inde?*) : *Deus set asez* cument *la fins en ert*, 3872. — Cument *qu'il seit, ne s'i voelt celer mie*, 3522. Dans le premier vers cité, cument a le sens actuel (Cf. 1700); dans le second, il doit se traduire par : « De quelque façon que... »

CUMPAIGNE. S. s. f. Compagnie, troupe (*Compania*), 3034. — R. s. f. : cumpaigne, 827, 912, 1087, 1849. — S. p. f. : cumpaignes, 1757. — R. p. f. : cumpaignes, 3324.

CUMPAIGNIE. S. s. f. (voy. le précédent; mais ici l'étymologie est *companita*), 1735. — R. s. f. : cumpaignie, 587, et cumpagnie, 1632.

CUMPAGNUN. V. le suivant.

CUMPAINZ. S. s. m. (*Companis, companio*), 324, 546, 793, 941, 1368, 2404, et cumpaignun, 1160. —Voc. s. m. : cumpainz, 1059, 1503, 1983; cumpaign; 1051, 1456, 1672, 1973, 2027, et cumpain, 2000. — R. s. m. : cumpaignun, 1020. — S. p. m. : cumpaignuns, 2178. — R. p. m. : cumpaignz, 3194, et cumpaignuns, 858.

CUMPERÉE (averunt). Verbe act., fut. antérieur, 3ᵉ p. p., avec un r. s. f. Auront payée (*Cumparatum habere-habent*), 449.—Subj. prés. 3ᵉ p. s., cumpert : *Ki que l'*cumpert, 1592. — Part. pass., r. s. f. : cumperée, 449.

CUMPERT. Verbe act., 3ᵉ p. s. du subj. prés. de *cumperer*. (*Comparet*, paye.) V. le précédent.

CUMUNE. Adj. s. f. Générale (*Communis*) : *Li bataille est merveilluse et* cumune, 1320.

CUMUNEL. Adj. s. p. m. Agissant en commun (*Communales*) : *Tenent l'enchalz, tuit en sunt* cumunel, 2446.

CUMUNEMENT. Adverbe. Tous ensemble (*Communi-mente*), 1416, 1838, 3416.

CUN. Conjonction. (*Quomodo.*) *Tut issi* cun *il sunt*, 2435; et, au sens exclamatif : *E! France dulce,* cun *hoi remendras guaste*, 1985. V. *Cum.*

CUNDUIRE. Verbe actif, inf. prés. (*Conducere*), 945. — Ind. prés., 3ᵉ p. s. : cunduit, 3370, 3857. — Parf.

simpl., 3ᵉ p. s.: CUNDUIST, 1315, et CUNDOÏST, 1392. — 3ᵉ p. p.: CUNDUISTRENT, 685. — Parf. comp., 3ᵉ p. s., avec un r. s. m.: AD CUNDUIT, 3689, et, avec un r. p. m.: AD CUNDUIZ, 542, et AD CUNDUIT, 527. — Fut., 1ʳᵉ p. s.: Jo CUNDUIRAI, 892. =Passif. Subj. prés., 1ʳᵉ p. p., avec un s. p. m.: SEIUNS CUNDUIZ, 46. — Part. passé, r. s. m.: CUNDUIT, 3689. S. p. m.: CUNDUIZ, 46. R. p. m.: CUNDUIZ, 542. Au neutre s.: CUNDUIT, 527.

CUNFÈS. Part. pass., s. p. m. Confessés (*Confessi*): *Ben sunt* CONFÈS *e asols et seignez*, 3859.

CUNFORT. R. s. m. Reconfort, encouragement (substantif verbal de conforter, *confortiare*): *Quant Paien virent que Franceis i out poi, — Entr'els en unt e orgoil e* CUNFORT, 1940, 1941.

CUNFUNDRE. Verbe act. inf. prés. (*Cunfundere*), 17, 389, 1499, 2583, 3640. — Ind. prés, 3ᵉ p. p.: CUNFUNDENT, 380. — Subj. prés., 3ᵉ p. s.: CUNFUNDE, 788. (*Deus me* CUNFUNDE.) =Au passif, ind. prés., 2ᵉ p. s., avec un s. s. m.: IES CUNFUNDUZ, 3955. — Part. passé, s. s. m.: CUNFUNDUZ, 3955, et s. s. f.: CUNFUNDUE, 1986.

CUNGET. R. s. m. Ce mot est employé dans le sens de « prendre congé, donner congé » (*Commeatum*): *E! gentilz hom, car me dunez* CUNGET, 2177. — *Prennent* CU(N)GET, 2764. — V. la forme CUNGIED, au v. 337.

CUNGIED. R. s. m. *Sire, dunez mei le* CUNGIED, 337. C'est la forme correcte; car elle se trouve, comme assonance, dans une laisse en *ier*.

CUNOISANCES. R. p. f. Signes qui, peints sur l'écu, servaient à reconnaître les chevaliers dans la mêlée (*Cognoscentias*): *Escuz unt genz de multes* CUNOISANCES, 3090. V. *Conoisance*, qui, au r. s., signifie « science », 3987.

CUNQUERE. Verbe act., inf. prés. Conquérir (*Conquirere*), 2920. — Ind. prés., 3ᵉ p. p.: CUNQUERENT, 3032. — Parf. simpl., 1ʳᵉ p. s.: CUNQUIS, 198, 2322, 2323, 2324, 2325, 2327, 2331. — 3ᵉ p. s.: CUNQUIST, 3 et 371. — Parf. comp., 1ʳᵉ p. s., avec un r. p. m. et f., AI CUNQUIS: CUNQUIS *l'en AI païs e teres tantes*, 2333. 2ᵉ p. p., avec un r. p. m.: AVEZ CUNQUIS, 1859. — Fut., 1ʳᵉ p. s.: CUNQUERRAI, 988. 3ᵉ p. s.: CUNQUERRAT, 401. — Fut. ant., 1ʳᵉ p. s., avec un r. p. f., AVERAI CUNQUISES: *Mult larges teres de vus* AVERAI CUNQUISES, 2352. — Part. prés., s. s. m.: CUNQUERANT, 553, 2363. — Part. passé, r. p. m.: CUNQUIS (?), 1859. R. p. f.: CUNQUISES, 2352. R. s. n.: CUNQUIS, 2333.

CUNQUERRANTMENT. Adv. En conquérant, à la façon d'un conquérant. (*Conquirenti-mente*), 2867.

CUNREER. Verbe act., inf. prés. Préparer, disposer, armer (d'un type germanique, *raidjan*, mettre en ordre (?). V. Diez, *Lex. étymol.*, et le *Glossaire du Chevalier au Cygne*, p. 589): *De guarnemenz se prent à* CUNREER, 243. — Parf. comp., 3ᵉ p. p., avec un r. p. m.: *XII. serjanz les unt ben* CUNREEZ, 161. — Part. pass., r. p. m., CUNREEZ, 161.

CUNREID. R. s. m. Équipement, bagage (v. l'étymologie du mot précédent, et Ducange, au mot *Conredium*, qui a été fait sans doute sur le vocable roman): *D'altre* CUNREID *ne lur poent plus faire*, 2493.

CUNSEILL. S. s. 1° Avis, sentiment (*Consilium*): CUNSEILL *d'orguill n'est dreiz que à plus munt*, 228. — R. s.: CUNSEILL, 3454; CONSEILL, 3510. On trouve l'expression « prendre conseil » dans le sens de « se décider »: *Si* PREN CUNSEILL *que vers mei le repentes*, 3590. =2° Conseil, assemblée. Se dit en particulier du conseil du Roi. S. s., CUNSEILL: *Dès ore cumen-*

cel le CUNSEILL *que mal prist*, 179. R. s. : CUNSEILL., 62, 78, 166, 169, 3761. Rem. la locution « tenir conseil »: *Ore en tendrum* CUNSEILL, 3761.

CUNSEILLER. Verbe act. inf. prés. (V. le précédent. Il faut supposer le type *consiliare*.) *E pur prozdomes tenir e* CUNSEILLER, 2212. — Parf. comp., 3ᵉ p. p., UNT CUNSEILLET: *Si hume li loent, si li* UNT CUNSEILLET, 2668. — Impér., 2ᵉ p. p. : CUNSEILEZ, 20. Rem. que ce mot se trouve, comme assonance, dans une laisse en *ier*.

CUNSENT. Verbe act. impér., 2ᵉ p. s. (De *consentire*.) Le sens est celui d'accorder, donner : *Par ta mercit, se tei plaist, me* CUNSENT — *Que mun nevold pois(se) venger Rollant*, 3108, 3109. — Subj. prés. 3ᵉ p. s., CUNSENTE : *Deus lut mal te* CUNSENTE, 1589. Cf. 3013.

CUNTE. R. s. m. (*Comitem*.) C'est le cas régime de *Quens* (*Comes*). QUENS se trouve aux v. 194, 625, etc. — CUNTE, aux v. 635, 1526, 2161, etc. — S. p. m. : CUNTE, 378, 577. — R. p. m. : CUNTES, 14, 207.

CUNTE. R. s. m. (*Compotum, computum*. C'est le subst. verbal de *computare*.) *L. milie chevalers unt par* CUNTE, 3078.

CUNTENANCE. R. s. f. Mine, figure, maintien (*Continentiam*), 118, 830. — R. p. f., CUNTENANCES: *Quant Carles veit si beles* CUNTENANCES, 3006. Cf. 3086.

CUNTENANT. R. s. m. Même sens que le précédent; étymologie analogue. *Cler le visage et de bon* CUNTENANT, 3145.

CUNTENCE. *Sun ceval brochet ki ort de l'*CUNTENCE, 1591, pour : *Sun ceval brochet ki de l'curre* CUNTENCE. Dans cette dernière hypothèse, CUNTENCE serait un subj. prés., 3ᵉ p. s. d'un verbe fait sur *contendere*, et ayant le sens de : « S'efforcer de, faire un effort... »

CUNTENÇUN. R. s. f. Effort (*Contentionem*) : *Puis, si chevalchent par mult grant* CUNTENÇUN, 855.

CUNTENEMENT. R. s. (V. les précédents.) *E à l'rguart e à l'*CUNTENEMENT, 1598. Les trois formes *cuntenance, cuntenant* et *cuntenement* nous montrent avec quelle facilité nos pères ajoutaient au même radical latin plusieurs flexions différentes. Les Italiens ne procèdent pas avec plus de liberté.

CUNTER. Verbe act., inf. prés. Raconter, dire (*Computare*) : *Por la raison* CUNTER, 68.

CUNTES. V. *Cunte*.

CUNTESSES. R. p. f. (*Comitissas*), 3729.

CUNTIENENT (SE). Verbe réfléchi, 3ᵉ p. p. de l'ind. prés. Se tiennent (*Se continent*): *Pur Pinabel se* CUNTIENENT *plus quei*, 3797.

CUNTRALIEZ. Verbe réfl. impér. 2ᵉ p. p. (d'un verbe créé sur *contrarium*) : *Pur Deu vos pri, ne vos* CUNTRALIEZ, 1741. V. le suivant.

CUNTRARIER. Verbe neutre, inf. prés. Le même que le précédent, et employé dans le même sens. A quatre vers d'intervalle on trouve CUNTRALIEZ et CUNTRARIER, l'*r* et l'*l* étant aisément pris l'un pour l'autre : *Li Arcevesques les ot* CUNTRARIER, 1737. Dans les deux cas, ce mot signifie : « Se disputer. »

CUNTRARIUS. Adj. s. s. m. Hostile (d'un adjectif en *osus*, fait sur *contrarius*) : *Envers Franceis est mult* CUNTRARIUS, 1212.

CUNTRE. Prép. (*Contra*.) *Cuntre* a plusieurs sens dans la *Chanson de Roland* : 1º Tout près de, en touchant, etc. : CUNTRE *sun piz puis si l'ad enbracet*, 2174. Cf. 3487. = 2º Vers, du côté de... : CUNTRE *le ciel ambesdous ses mains juintes*, 2015. Cf. 708, 1533, 1808. = 3º A la rencontre de... : *Vient curant* CUNTRE *lui*, 2822. = 4º Au moment de... : CUNTRE *midi tenebres i ad granz*, 1431. = 5º De la longueur de... :

Cuntre *dous deiz l'ad de l'furrer gelée*, 444. — 6° En échange, en comparaison de... : Cuntre *un de noz en truverat morz quinze*, 1930. Il est presque inutile d'ajouter que les sens 3, 4 et 5 dérivent tout naturellement du 2e.

CUNTREDIRE. Verbe neut., inf. prés. S'opposer à, démentir, dire le contraire (*Contradicere*), 195. — Subj. prés., 3e p. s., cuntredie: *S'or i ad cel qui Carle* cuntredie, 3669. — Part. pass., r. s. f., contredite: *La* contredite *gent*, 1932 (dans le sens de : la gent maudite, les païens).

CUNTRÉE. S. s. f. Pays (*Contrata*, de *contra*): *Grant est la plaigne et large la* cuntrée, 3305. — R. s. f.: cuntrée, 448, 709; contrée, 1455.

CUNTREMUNT. Adverbe. En haut, en amont (*Contra montem*): *Ambes ses mains en leval* cuntremunt, 419.

CUNTRESTER (se). Verbe réfl. inf. prés. Résister (*Contra-stare*): *Pur ço ne s'poet nule gent* cuntrester, 2511.

CUNTREVAILLET. Verbe neutr., subj. prés, 3e p. s. *Cuntrevaleir* a le sens de « valoir » (*Contra-valeat*): *Jamais n'iert hum ki tun cors* cuntrevaillet, 1984.

CUNTREVAL. Adverbe. En bas, en aval (*Contra vallem*): *Li altre en vunt* cuntreval *flotant*, 2472. Cf. 1264, 1267.

CUNTURS. R. p. m. Comtes. (*Comitores*.) Dans la hiérarchie féodale, les *cunturs* viennent après les Vicomtes et avant les Vavasseurs. Cela est vrai surtout de la Catalogne et du midi de la France. V. Ducange, au mot *Comitores*, et Raynouard, au mot *Comtor*, II, 453. A Barcelone, l'amende pour un Vicomte valait deux fois celle d'un *Cuntur*, et celle d'un *Cuntur* deux fois celle d'un Vavasseur. Je ne crois pas qu'il faille faire la même distinction dans les textes du Nord, et l'on y trouve *cunturs* dans le sens de « comtes ». *Les fils as* cunturs, 850.

CUNVERTISSET. Verbe neut., subj. prés., 3e p. s. *Cunvertir* signifie: se convertir (de *convertere*): *Ço voelt li Reis par amur* cunvertisset, 3674.

CURAGES. S. s. m. Intention (*Coraticus, coraticum*): *Mais jo ne sai quels en est sis* curages, 191. Cf. 375. = Dans le sens de cœur: S. s. m.: curages, 56. — R. s. m.: curage, 650.

CURANZ. Adj. verb., s. s. m. (*Currens*.) Ce mot a plusieurs sens. Le plus souvent il signifie « rapide », et est l'épithète constante des mots *cheval* ou *destrer*: *Li destrers est e* curanz *e aales*, 1651. Cf. 1153, 1302, etc. = Il se dit également des eaux courantes: *Les ewes* curant, 1831. Cf. 2221, 2466. Dans ces deux cas, il est véritablement adjectif. = Mais il a également conservé son sens strict de participe présent ou plutôt de gérondif. (*Desuz un pin i est alet* curant, 2357. Curant *i vint Margariz de Sibilie*, 955. Cf. 2822.) = Au s. s. m., on trouve: curanz, 1651. — S. s. f.: curant, 2466. — R. s. m.: curant, 1153, 1302. — R. s. f.: curant, 2225, 3112. — S. p. m.: curant, 3966. — S. p. f.: curant, 1831. — R. p. m.: curanz, 1142, 3002, 3047, 3349, 3869. — R. p. f.: curant, 2729.

CURE. R. s. f. Soin, souci, besoin (*Curam*): *N'ai* cure *de manace*, 293. — *N'ai* cure *de parler*, 1170. — *N'unt* cure *de lur vies*, 2604. — *De vos n'en ai mais* cure, 2305. L'expression « avoir cure » signifie donc soit « avoir souci de... », soit « avoir besoin de... »

CURENT. Verbe neutr., ind. prés., 3e p. p. (*Currunt*), 2580. V. *Curre*.

CURIUS. Adj. s. p. m. Soucieux (*Curiosi*): *Li Franceis dolenz e* curius, 1813. Cf. 1835.

CURONE. R. s. f. (*Coronam*): 930, 1490, V. *Corone, Corune, Curune*.

CURRE. Verbe neut., inf. prés. Courir (*Currere*), 1197, 1281, 1555, 1591, 2277, 3350.—Ind. prés., 3ᵉ p. s.: CURT, 890, 1539; 3ᵉ p. p.: CURENT, 2580.—Parf. comp., 3ᵉ p. s., avec un s. s. m., EST CURUT : *Rollant reguardet; puis, si li* EST CURUT, 2086. — Part. prés.: CURANT, etc. V. ce mot. — Part. pass., s. s. m.: CURUT, 2086.

CURREIES. R. p. f. Courroies (*Corrigias*), 3738.

CURS. R. m. Course (*Cursus, cursum*): *Descent à pied, aled i est pleins* CURS, 2878 (?).

CURT. R. s. f. La cour du roi (*Curtem*), 231, 446, 775.—CORT, 351.

CURT. Verbe neutr. ind. prés., 3ᵉ p. s. de *curre* (*Currit*), 390, 1539. V. *Curre*.

CURTE. Adj. r. s. f. Courte (*Curtam*), 1653.— S. p. f.: CURTES, 3080.

CURTEIS. Adj. s. s. m. Courtois (*Curtensis, de curtis*) : *E Oliver li proz e li* CURTEIS, 576.—R. s. m.: CURTEIS, 3755.—S. p. m.: CURTEIS, 3796.

CURTEISEMENT. Adv. Courtoisement (*Curtensi-mente*), 1164, 3823.

CURUCIEZ (vos.) Verbe réfl., 2ᵉ p. p. de l'ind. prés. (*Corruptiare*, de *corruptus* ???) : *Si li ad dit : A tort vos* CURUCIEZ, 469.

CURUÇUS. Adj. s. p. m. Irrités, en colère (v. le précédent) : *Paīen s'en fuient* CURUÇUS *e irez*, 2164.

CURUNE. R. s. f. Couronne (*Coronam*), 2585.—R. p. f. : CURUNES, 388. Cf. les formes CORONE, 3236, 3538, 3639; CORUNE, 2684; CURONE, 930, 1490.

CURUT (EST). Verbe neutre, parf. comp. de *curre*, 3ᵉ p. s., avec un s. s. m., 2086. V. *Curre*.

CUSIN. R. s. m. Cousin (*Consobrinum; cosinum*, qui, comme le dit M. Brachet, « se trouve au VIIᵉ s. dans le vocabulaire de Saint-Gall »), 173.

CUSTUME. S. s. f. Coutume, habitude (*Consuetudo*) : *Sa* CUSTUME *est qu'il parolet à leisir*, 141.

CUVENT. Verbe neutr., 3ᵉ p. s. de l'ind. prés. Il convient de... (*Convenit*) : *Dient Franceis : Il nus i* CUVENT *guarde*, 192.

CUVERT. Part. pass., s. s. m. Couvert (*Coopertus*) : *Afublez est d'un mantel sabelin — Ki fut* CUVERT *d'un palie alexandrin*, 462, 463. — S. p. m. : CUVERT, 1468, et CUVERZ, 1084 et 2973.

D

DAMAGE. R. s. Dommage, perte (*Damnaticum*, de *damnum*) : *Mult grant* DAMAGE *i out de chrestiens*, 1885. Cf. 1102, 1340, 1717, 2853, 2983.

DAME. R. s. f. (*Dominam*), 1960. — Voc. s. f.: DAME, 2724. —S. p. f. : DAMES, 957.—R. p. f. : DAMES, 3983.

DAMNES-DEUS. S. s. m. « Le Seigneur Dieu » (*Dominus Deus*), 1898, 3358, 3625, 3657, et DAMNE-DEU (?), 2004. — R. s. m. : DAMNE-DEU, 358, 1062, 1089, 2449, 3247, 3906. — Voc. pl. m. : DAMNE-DEU, 3492. V. DEUS.

DAMISELE. S. ou r. s. f. Damoiselle (*Dominicella*) : *As li Alde renue, une bele* DAMISELE, 3708.

DAM. R. s. m. Seigneur (*Dominum*) : *Fors sul Tierri, le frere* DAM *Geifrei*, 3806. V. *Danz*.

DANEIS. Adj. s. s. m. (*Danensis*) : *Li quens Oger li* DANEIS, *li puinneres*, 3033.

DANEMARCHE. R. s. m. Le Danemark (des deux mots combinés : *Dania*, et *marcha*, d'origine germanique, qui signifie pays-frontière) : *Oger de* DANEMARCHE, 3937.

DANIEL. R. s. m. (Nom hébraïque : de *Dan*, juge, et *El*, Dieu), 2386, 3104.

DANZ. S. s. m. Seigneur (*Dominus*) : Danz Oliver trail ad sa bone espée, 1367. Cf. 3546. — R. s. m. : dam, 3806. (V. ce dernier mot.)

DAPAMORT. S. s. m. Nom d'un roi païen (?), 3216.—R. s. m., 3205.

DARERE. Adv. Derrière (*De-retro*) : Il est darere, od cele gent barbée, 3317.

DARZ. R. p. m. Dards (haut allem. *tart*; angl. - sax., *dar' dh*), 2075, 2155.

DATLIUN. R. s. m. Il tint la tere Datliun, 1215. C'est une monstrueuse erreur du scribe, pour d'*Abirun*.

DE. Préposition. (Du latin de.) Rien n'est plus varié, rien n'est plus difficile à préciser que les différents sens de cette préposition en français et, spécialement, dans le texte de la Bodléienne. Nous allons du moins indiquer les principaux : 1° De a, par excellence, le sens séparatif : De s'espée ne voll mie guerpir, 465. = 2° Il signifie par extension « du haut de » : L'abat mort des arçuns, 1229. = 3° Il indique l'origine, et, en particulier, l'origine topographique : Un almacur i ad de Moriane, 909. Cf. 23. = 4° Il exprime l'idée de réception : De mei tendrat ses marches, 190. Et c'est toujours un développement fort naturel du sens primitif, de l'idée de séparation. = 5° Aussi de s'emploie-t-il partout pour remplacer les flexions du génitif latin : Deus! quel doel de baron, 1536, etc. — 6° Plus spécialement, il désigne la matière : A curreies de cerf, 3738. = 7° Moins fréquemment que à, mais encore assez souvent, il s'emploie pour « avec ». Roland dit à son épée : Mult larges teres de vus averai cunquises, 2352. Et on lit ailleurs : Ki de sun cors feist tantes proecces, 1564, et Si nus plurrunt de doel e de pitet, 1749. Cf. 875. = 8° On sait que le de latin avait le sens fort net de : « Quant à ». On retrouve cette signification dans notre texte : De l'rei païen, sire, par veir creez, 692. ..Un sens analogue, mais plus étendu et plus vague, est celui de « au sujet de, en ce qui concerne », etc. Cf. le v. 140.=9° De a encore, dans notre vieux poëme, le sens de « contre, sur » : Kar de vos sul ai ben venget les noz, 1951. Que malvaise cançun de nus chantet ne seit, 1014. Cf. 623, 630.=10° De la part de...: Salvez seiez de Mahum e d' Apollin, 416, 417. — 11° Pour... : Ja mar crerez bricun .. se de vostre prod non, 221.—12° Par... : De mort serat finet, 902. Cf. 206, 235. — 13° En. : Voell il del'tut errer,167.—14° A...: De mort s'abandunet, 390 (mais c'est sans doute une erreur du scribe).—15° Un sens très-important à noter est celui de « que » après un comparatif : Mielz de lui, 750. Plus fel de lui n'out en sa cumpagnie, 1632. Meillor vassal n'out en la curt de lui, 775.—16° De s'emploie enfin pour remplacer toutes les flexions latines du régime indirect en latin : Qu'il ait mercit de mei, 82, etc. etc. =Dans les quinze ou seize significations que nous venons de parcourir, de est employé avec des substantifs ou des pronoms. On pouvait néanmoins se passer et l'on se passait en effet de cette préposition pour exprimer le génitif latin : Seiez es lius Oliver e Rollant, 3016, etc. = Il est inutile d'ajouter que de s'emploie de même avec les verbes : Tendent de l'espleiter, 2165, etc. etc. (V. Del.)

DE. Employé pour *te*, par une erreur du scribe : Deus tut mal de trametle, 1565.

DECARRAT. Verbe neutre, futur simpl., 3° p. s. Tombera, (*Decaderehabet*), 2902. V. le suivant.

DECHÉENT. Verbe neut., ind. prés., 3° p. p. Tombent (*Decadunt*): Dient Franceis : Mult dechéent li nostre, 1585. — Fut., 3° p. s. : decarrat, 2902.

DECLIN. R. s. m. Ruine (subst. verbal de *declinare*) : *La meie honor est turnet à* DECLIN, 2890.

DECLINER. Verbe neutr., inf. prés. S'abaisser, tomber (dans le sens de : Le jour tombe.—*Declinare*) : *Quant veit li Reis le vespres* DECLINER, 2447.=Verbe actif, ind. prés., 3ᵉ p. s., DECLINET : *Ci falt la geste que Turoldus* DECLINET, 4002. Nous avons énuméré, dans notre Introduction (p. LXVI), les différents sens de ce mot qui a donné lieu à tant de discussions scientifiques.

DEDAVANT. V. *Dedevant.*

DEDENZ. Adverbe (*De-de-intus*) : *Fors s'en eissirent li Sarrazins* DEDENZ, 1776.

DEDESUZ. Prép. En dessous de... (*De-de-subtus*) : DEDESUZ *lui*, 2081. — *Lur chevals laisent* DEDESUZ *un olive*, 2705. — DEDESUZ *Ais*, 3873. V. *Desuz.*

DEDEVANT. Prép. (*De-de-ab-ante.*) DEDEVANT *lui*, 2300. Cf. 2465 et 2180. On trouve DEDAVANT, au v. 3266. V. *Devant.*

DEFALT. Verbe neutre, ind. prés., 3ᵉ p. s. Manque (*De-fallit*), 1735, 2107.

DEFENDRE. Verbe act., inf. prés. (*Defendere*) : *Vassals est bons por ses armes* DEFENDRE, 3785. — Ind. prés., 1ʳᵉ p. s. : DEFEND, 2438. 3ᵉ p. p., au réfléchi, DEFENDENT : *Fièrent li un, li altre se* DEFENDENT, 1398. —Impér., 2ᵉ p. s. : DEFEND, 3100.— Subj. prés., 3ᵉ p. s. : DEFENDET, 2749. = Au passif. Ind. prés., 3ᵉ p. s., avec un sujet s. s. f. : EST DEFENDUE. En parlant de la porte de Saragosse, il est dit qu'elle N'EST *mais* DEFENDUE, 3651. — Part. pass., s. s. f. : DEFENDUE, 3651.

DEFENIR. Verbe act., inf. prés. Terminer (*De* et *finire*) : *Granz batailles juster e* DEFENIR, 2889.

DEFENSION. R. s. f. Résistance, défense (*Defensionem*) : *Hom ki ço set que ja n' averat prisun, — En tel bataille fait grant* DEFENSION, 1886, 1887. C'est notre expression : « Faire une belle défense. »

DEFINEMENT. S. s. Fin (*Definimentum*) : *Dient plusor : Ço est li* DEFINEMENT, — *La fin de l' secle*, 1434, 1435.

DEFORS. Adv. En dehors de (*Deforis*) : DEFORS *sun cors veit gesir la buele*, 2247.

DEFRUISENT. Verbe act., 3ᵉ p. p. de l'ind. prés. Battent, brisent, renversent (*De-frictiant. Frictiare* serait, d'après M. Brachet, un diminutif régulier de *fricare*. Littré préfère *frustrare* (?) : mettre en morceaux) : *A granz bastuns le batent e* DEFRUISENT, 2588.

DEFULENT. Verbe act., 3ᵉ p. p. de l'ind. prés. Foulent aux pieds (*Defullant*) : *E porc echen le mordent e* DEFULENT, 2591.

DEGETUNS. Verbe act., subj. prés., 3ᵉ p. p. Rejetions (*De-jectemus*) : *Ki ço vos lodet que cest plait* DEGETUNS, 226.

DEGREZ. R. p. m. Les degrés d'un escalier (*De-gradus*), 2821, 2840.

DEGUASTÉE (AD). Verbe act., 3ᵉ p. s. du parf. comp. avec un r. s. f. A ravagé (*Devastatam habet*) : *Mort m'ad mes homes, ma tere* DEGUASTÉE, 2756.

DEHET. R. s. Douleur, déplaisir (étymologie très-incertaine. Suivant Diez et Burguy, ce serait le nordique *heit*, promesse, désir?? Voy. *ait*) : DEHET *ait ki s'en fuit*, 1047. DEHET *ait li plus lenz*, 1938.

DEI. Verbe act., ind. prés., 1ʳᵉ p. s. Je dois (*Debeo*), 338, 753, 800, 1866, 3409, 3596. 3ᵉ p. s. : DEIT, 36, 242, 1010, 3289. 1ʳᵉ p. p. : DEVUM, 429, 1128, 1179, 2562 ; DEVOM, 3359, et DEVUNS, 1009, 2178, 3400. 2ᵉ p. p. : DEVEZ, 135, 681. 3ᵉ p. p. : DEIVENT, 1346, 1718, 3854. — Parf. simpl., 3ᵉ p. s. : DUT, 333.—Cond., 3ᵉ p. s. : DEVEREIT, 389, 1149. — Subj. prés., 3ᵉ p. s. : DEIE, 757.—Subj. imparf., 3ᵉ p. s. (*Debuisset*) : DOÜST, 355 et 3828. 2ᵉ p. p. (*Debuissetis*) : DOÜSSEZ, 455, et DOÜSEZ, 353.

DEIGNASTES. Verbe act., 3ᵉ p. p. du parf. simpl. (*Dignastis*) : *Vostre olifan suner vos ne l'*DEIGNASTES, 1101. Cf. 1716.

DEINTET. R. s. f. Biens, domaine, terre (*Dominitatem*), 45. Lire *deintiet*, à cause de l'assonance.

DEIT. Verbe act., 3ᵉ p. s. de l'ind. prés. (*Debet*), 36, 242, 1010, 3289. V. *Dei*.

DEIVENT. Verbe act., 3ᵉ p. de l'ind. prés. (*Debent*), 1346, 1718, 3854. V. *Dei*.

DEIZ. R. p. m. Doigts (*Digitos*) : *E Guenes l'ad pris par la main destre as* DEIZ, 509. Cf. 444.

DEJUSTE. Prépos. Auprès de.... (*De-juxta*) : DEJUSTE *Carcasonie*, 385; DEJUSTE *lui*, 831.

DEL. Pour *de l'*, *de le* (*De illo*), 264, 597, 803, 922, 1526, etc. etc.—Au f. (*De illa*) : DE L'*altre part*, 931, etc. V. *De*.

DELEZ. Prépos. A côté de (*De*, combiné avec *latus*): *Desuz un pin,* DELEZ *un eglenter*, 114; DELEZ *els*, 2942.

DELGEE. Adj., s. s. f. Fine (*Delicata*) : *L'erbe de l'camp ki est verte e* DELGÉE, 3389.

DEMAIN. Adv. (*De-mane*.) *Einz* DEMAIN *noit*, 517.═Ce vocable a aussi le sens substantif de notre mot « lendemain » : *Carles se dort tresqu'*A L'DEMAIN *à l'cler jur*, 2569.

DEMANDER. Verbe act., inf. prés. (*De-mandare*.) *Munjoie* DEMANDER, 1181.—Ind. prés., 1ʳᵉ p. s., DEMANT : *Le colp vos en* DEMANT, 3200. Cf. 3846. 2ᵉ p. s. : DEMANDES, 3713. 3ᵉ p. s. : DEMANDET, 833, 1999, 2330, 3611, 3980. 3ᵉ p. p. : DEMANDENT, 3091, 3857.—Parf. comp., 3ᵉ p. s., avec un r. s. f. : AD DEMANDÉE, 1368. — Fut., 2ᵉ p. p.: DEMANDEREIZ, 3558 (dans une laisse en *ei*), 3ᵉ p.p.: DEMANDERUNT, 2912, 2918. — Subj. prés., 3ᵉ p. s. : DEMANT, 1482. (Cf. la forme DEMANDET au v. 119.)—Part. pass., r. s. f. : DEMANDÉE, 1368.

DEMANEIS. Adv. Sur-le-champ, sans retard (fait sur *de-manu*?? suivant Diez) : *De lur espées i fièrent* DEMANEIS, 3419.

DEMANT. Verbe act. ind. prés., 1ʳᵉ p. s. (3200, 3846), et subj. prés. 3ᵉ p. s. (1482) de DEMANDER. (V. ce mot.) — C'est à tort que M. E. Gachet, dans son *Glossaire du Chevalier au Cygne*, regarde uniquement *demant* comme un subjonctif, et cela dans le texte même de notre Chanson.

DEMEINENT. Verbe act., 3ᵉ p. p. de l'ind. prés. (*De-minant*): DEMEINENT *grand dolor*, 2695. — Parf. simpl., 3ᵉ p. s., avec un r. s. m. ou n., AD DEMENED : *Ad sun cors* DEMENED, 525. — Impér., 2ᵉ p. p. : *Ceste dolor ne* DEMENEZ *tant fort*, 2946. — Subj. prés., 3ᵉ p. s., DEMEINT : *N'i ad icel ne* DEMEINT *irance*, 1845.═On voit, par les exemples précédents, que *demener dolor* ou *ire* était une expression consacrée par l'usage. Nous l'avons perdue.

DEMENTET (SE). Verbe pronom., 3ᵉ p. s. de l'ind. prés. Se désole, se lamente (*Se dementat*), 1795; SE DEMENTE, 1404, et, par erreur, SE DEMET, 3010. 3ᵉ p. p. : SE DEMENTENT, 1587, 3890.—Impér., 2ᵉ p. p.: *Ne vos* DEMENTEZ, 3824.— Subj. prés., 3ᵉ p. s. : SE DEMENT, 1835.

DEMENIE (DEMEINE). Adj. r. s. Ce mot dérive de *domanius*, *demanius*, pour *dominicus*. (V. Ducange, à ces différents mots.) Il est très-intéressant de suivre les diverses significations de ce vocable. *Dominicus*, *demanius* a d'abord désigné ce qui appartenait EN PROPRE au *dominus* ou seigneur. Puis, par une extension facile à saisir, il a eu le même sens que le latin *proprius*. C'est ce que Ducange a fait admirablement ressortir (éd. Didot, II, p. 916), et c'est ainsi que nous avons traduit DEMENIE dans notre texte. *Sun cors* DEMENIE *mult fierement asalt*, 729.

DEMI. R. s. m. et f. (*Dimidium*, *dimidiam*.) DEMI *mun host*, 785; DEMI *pied*, 1218; DEMI *Espaigne*, 432.

DEMISE. Part. pass., s. s. f. Fondue (?) (*Dimissa?*) : *Issi est neirs cume peis ki est* DEMISE, 1635.

DEMURET. Verbe neut., inf. prés. (*Demorari*), 2451.—Ind. prés., 3e p. p. : DEMURENT, 162, 1841, 3081. — Parf. simpl., 3e p. s. : AD DEMURET, 2622. 3e p. p. : UNT DEMURET, 1806. — Part. prés., s. p. m. : DEMURANT, 3519. = Ce verbe est également employé comme réfléchi : Inf. prés. : *Li Amirals ne* SE *voell* DEMURER, 3140.— Ind. prés., 3e p. s.: *Morz est li quens que plus ne* SE DEMURET, 2024.=Le sens est tantôt celui de l'original latin « se mettre en retard » (v. 3140, 1841, 3031, 2622, 1806 et 3519); tantôt celui de « rester » (v. 2451, 162).

DEMUSTRAI. Verb. act., parf. simpl., 1re p. s. (*Demonstravi*), 514. 3e p. s. : DEMUSTRAT, 2531.

DENEMARCHE. R. s., 749, 1650, 3856. V. *Danamarche*.

DENER. R. s. (*Denarium*), 1262, 1666, 1962, 3338. — R. p. : DENERS, 1148, 1880. Ce mot est presque toujours employé comme négation explétive : *Tute lor leis un* DENER *ne lur valt*, 3338. — *Ne valt IIII.* DENERS, 1880. Ce mot ne se trouvant comme assonance que dans les laisses en *ier*, il faut lire DENIER.

DENISE. R. s. m. (*Dionysium.*) *El' burc de Seint*-DENISE, 973. *E des chevels munseignor seint* DENISE, 2347. On voit par là quelle était la prononciation de ce mot qui sert d'assonance en deux couplets féminins.

DENT. S. s. f. (*Dens*), 2346. — R. s. f. : DENT, 1603. — R. p. f. : DENZ, 1934. V. *Adenz*.

DEOL. R. s. Deuil (Subst. verbal de *dolere*), 929. V. *Doel*, qui est la forme correcte.

DEPARTED. Verbe neut., subj. prés., 3e p. s. (*De et partiri; mais partiri*, cessant d'être déponent, est devenu actif). En parlant d'une bataille, on dit : *Doel i averat, enceis qu'ele* DEPARTED, 3480. Le sens est ici : « Avant qu'elle soit finie. » = Le même verbe est réfléchi. Subj. prés., 1re p. p. : *Colp en averas einz que nos* DEPARTUM, 1900.=Et au passif, subj. prés., 3e p. s., avec un s. s. f., SEIT DEPARTIE: *L'anme de mei me* SEIT *oi* DEPARTIE, 2940.—Part. pass. s. s. f. DEPARTIE, 2940.

DEPARTIE. S. s. f. Séparation (*Departita*): *Einz le vespere, ert mult gref la* DEPARTIE, 1736.

DEPIÈCENT. Verbe act., ind. prés., 3e p. p. Mettent en pièces (*Depetiant*), 3880. — Imparf. de l'ind., 3e p. s., DEPECOUT : *Entre mes puinz me* DEPECOUT *ma hanste*, 837. (Ces imparfaits en *out* sont très-rares dans notre texte.)

DERERE. Prép. (*De-retro.*) DERERE *sei*, 574. = DERERE est en outre employé adverbialement, sans régime, aux vers 1832 et 1945: *Sunent cil graisle e* DERERE *e devant*, etc.

DERUMPRE. Verbe act., inf. prés. Briser, rompre (*De-rumpere*), 1500. —Ind. prés., 3e p. s. : DERUMPT, 1227, 1532. — Parf. simpl., 3e p. s. : DERUMPIT, 1284, 3466.— Subj. prés., 3e p. s. : DERU[M]PET, 19. — Part. prés.: s. p. m. (dans le sens du part. pass.), DERUMPANT: *Trestuit si nerf mult li sunt estendant,—E tuit li membre de sun cors* DERUMPANT, 3970. (V. *Desrumpt*.)

DES. Pour « de les » (*De illis*), 24, etc. etc. V. *De*.

DÈS. Prép. (*De-ipso.*) 1° Dès *ore*, 179, 3704, 3747. —Dès *les Apostles*, 2255. Cf. 2371, 2372.=2° Dans les cas précédents, il s'agit du temps; dans le suivant, de l'espace : Dès *Cheriant entresqu'en Val Marchis*, 3208.= 3° Dès s'emploie avec *que* : Dèsque *à Deu juise*, 1733.

DESAFFRET. Verbe act., ind. prés., 3e p. s. Enlever le safre, la broderie d'or (*Safra* se rapporte à *safran*, et safran vient de l'arabe *za'faran*. En italien, *zafferano*): *De sun osberc les dous pans li* DESAFFRET, 3426.

DESARMER. Verbe act. et réfl., inf.

prés. (*Dis* et *armare*) : *Se* DESARMER, 2493. — Ind. prés., 3ᵉ p. p. : DESARMENT, 3942 ; SE DESARMENT, 2830.

DESCENDRE. Verbe neut., inf. prés. *Descendere*), 3912.—Ind. prés., 3ᵉ p. s. : DESCEND, 2448, et DESCENT, 2013, 2356. 3ᵉ p. p. : DESCENDENT, 406, 1136, 1797, 2071, 2374, 2999, 3139, 3945.— Parf. simpl., 3ᵉ p. p. : DESCENDIRENT, 120.—Parf. comp., 3ᵉ p. s., avec un s. s. m. : EST DESCENDUZ, 2819, et DESCENDUT, 2479. — Fut., 3ᵉ p. s. : DESCENDRAT, 810. 3ᵉ p. p. : DESCENDRUNT, 1746.—Part. pass., s. s. m. : DESCENDUZ, 2819 ; DESCENDUT, 2479.

DESCHEVALCET (AD). Verb. act., 3ᵉ p. s. du parf. comp., avec un r. p. m. A désarçonné (*Dis-cavallicatum habet*) : *VII Arrabiz i ad* DESCHEVALCET, 1513. = Lire DESCHEVALCIET, à cause de l'assonance.

DESCLOT. Verbe act., 3ᵉ p. s. de l'ind. prés. Ouvrir en brisant (*Disclaudit*) : *L'osberc li* DESCLOT, 1199. — Parf. comp., 3ᵉ p. s., avec un r. s. m. : AD DESCLOS, 1946, et avec un r. s. f. : AD DESCLOSE, 1577.—Part. pass., r. s. m. : DESCLOS, 1946, et r. s. f. : DESCLOSE, 1577.

DESCULURET. Part. pass., s. s. m. Décoloré (*Dis-coloratus*) : *Teint fut e pers*, DESCULURET *e pale*, 1979.— Au v. 2218, on rencontre, dans le même cas, *desculurer*, qui est une erreur évidente, au lieu de *desculurez*.

DESCUMFIST. Verbe act. parf. simple, 3ᵉ p. s. Mit en pièces (*Dis-confecit*) : *L'osberc li* DESCUMFIST, 1247. Cf. 1305.—Parf. comp., 3ᵉ p. s., avec un r. s. f., AD DESCUNFITE : *Après li ad la bronie* DESCUNFITE, 3362.— Part. pass., r. s. f. : DESCUNFITE, 3362.

DESCUNFISUN. R. s. f. (V. le précédent : *dis-confectionem*.) *Mort l'abat seinz altre* DESCUNFISUN, 1894.

DESERT. R. s. (*Desertum*.) *La disme (eschele) est d'Occiant la* DESERT, 3246. Mu. a eu raison de corriger ainsi qu'il suit : *le* DESERT. = R. p., DESERZ : *Si purpernez les* DESERZ *e les tertres*, 805. V. le suivant.

DESERTE. Adj., s. s. f. (*Deserta*), 664, 938, 1696. Dans ces deux derniers vers, DESERTE a le sens de « veuve, privée » : *France... de tels barons remeint* DESERTE, 1696.— R. s. f. : DESERTE, 2489. Cf. DESERT qui peut être, au v. 3246, considéré comme un adjectif.

DESERTET. Adj. s. s. m. ? (*Desertatus*.) *Tere de France, mult estes dulz pais*, — *Oi* DESERTET, 1861, 1862.

DESERVIT (AD). Verbe act., 3ᵉ p. s. du parf. comp. A mérité (*Deservitum habet*) : *N'AD* DESERVIT *que altre ben i ait*, 3740.

DESEVERET. Verbe act., ind. prés., 3ᵉ p. s. Sépare (*De-separat*) : *Tute l'eschine li* DESEVERET *de l'dos*, 1291. DESEIVERET, 3467. — Parf. simpl., 3ᵉ p. p. : DESEVERERENT, 3571. = Passif. Fut., 1ʳᵉ p. avec un s. p. m. : *Ermes* DESEVEREZ, 1977. — Subj. prés., 3ᵉ p. p., avec un s. p. m. : SEIENT DESEVEREZ, 3913. — Part. pass., s. ou r. p. m. : *Par tel amur as les vus* DESEVERED, 2009. Cf. 1977 et 3913.

DESFAIRE. Verbe act. inf. prés. (*Disfacere*), 934, et DESFERE, 49.—Impér., 1ʳᵉ p. p. : DESFAIMES, 450.

DESFI. Verbe act., ind. prés., 1ʳᵉ p. s. Je défie (*Dis-fido*) : DESFI *les en, sire, vostre veiant*, 326. — Parf. simpl., 1ʳᵉ p. s., DESFIAI : *Jo desfiai Rollant*, 3775.—Plus-que-parf., 2ᵉ p. p., avec un r. s. m. : AVIEZ DESFIET, 2002.—Part. pass. r. s. m. : DESFIET, 2002.

DESGUARNIE. Part. pass., s. s. f. (*Dis* et un mot d'origine germanique, *warnón?*) *E! Sarraguce, cum ies oi* DESGUARNIE, 2598.

DESHERBERGENT. Verbe neut. ind. prés., 3ᵉ p. p. Quittent leur campement (*Dis-herbergant*. Ce dernier mot est d'origine germanique, *her'berga*) : *Franc* DESHERBERGENT, *funt lur sumers trosser*, 701.

DESHONOR. R. s. m. (*Honor* et *dis*.) *Sur un sumer l'unt mis à* DESHONOR, 1828. Rem. la loc. : « Mettre à déshonneur. »

DESIRET. Verb. act., 3ᵉ p. s. de l'ind. prés. Sens actuel (*Desiderat*): *A ferir le* DESIRET, 1643.

DESIST. Verb. act., 3ᵉ p. s. de l'imp., du subj. (*Dixisset*), 1760. V. *Dire*.

DESLAÇAT. Verbe act., 3ᵉ p. s. du parf. simpl. (*Dis-laqueavit*), 2170.

DESMAILET. Verbe act., 3ᵉ p. s. de l'ind. prés. Rompt les mailles... (*Dis-metalliat. Maille* vient de *metallea*), 1270. — Parf. comp., 3ᵉ p. p., avec un r. s. m.: UNT DESMAILET, 2079, 2158. — Part. pass., s. s. m.: DESMAILET, 2051. R. s. m.: DESMAILET, 2079, 2158. R. p. f.: DESMAILLÉES, 3387. = Ce mot se trouve à la fois comme assonance dans les laisses en *ier* et dans celles en *er*.

DESMEMBRER. Verbe act., inf. prés. Tailler en pièces (*Dis-membrare*): *Ki lui veist Sarrazins* DESMEMBRER, 1970.

DESMENT (SE). Verbe pronomin., 3ᵉ p. s. du subj. prés. Se désole, s'afflige (*Dis-mentet*), 2516. V. *Dement*.

DESMENTIR. Verbe act. inf. prés. Démentir (*Dis-mentiri*), 3834. — Ind. prés., 1ʳᵉ p. s., DESMENT: *Deus me cunfunde, se la geste en* DESMENT, 788. — Subj. prés., 1ʳᵉ p. s.: DESMENTE, 3791.

DESMESURÉEMENT. Adv. (*Dismensurata-mente*), 1425.

DESORDENET (AVEZ). Verbe act., 2ᵉ p. p. du parf. comp. Avez découronné, renversé (*Dis-ordinatum habetis*): *Tantes batailles avez faites pur mei, — Regnes cunquis e* DESORDENET *reis*, 3408. — Part. pass. r. n.: DESORDENET, 3408.

DESOTREI. Verb. act., 1ʳᵉ p. s. de l'ind. prés. Je refuse (*Dis-auctoro*): *Guenes respunt: Jo ne l'*DESOTREI *mie*, 518.

DESPERSUNENT. Verbe act., 3ᵉ p. p. de l'ind. prés. Défigurent, maltraitent (*Dis-personant*): *Ad Apolin en curent en une crute, — Tencent à lui, laidement le* DESPERSUNENT, 2580, 2581.

DESRENGET. Verbe act., ind. prés., 3ᵉ p. s. Parcourir, faire le tour (*Dis* latin et *hring*, cercle, en haut allem.): *Gualter* DESRENGET *les destreiz e les tertres*, 809.

DESRUMPT. Verbe act., ind. prés., 3ᵉ p. s. Brise, rompt (*Dis-rumpit*): *De sun osberc li* DESRUMPT *la ventaille*, 2449. V. *Derumpre*.

DESTOLT (SE). Verbe réfl., 3ᵉ p. s., ind. prés. Se retire, s'enfuit (*Distollit*): *Bataille i ert, se il ne s'en* DESTOLT, 3235.

DESTORNÉE (ERT). Verbe pass., 3ᵉ p. s. du fut., avec un s. s. f. Sera évitée, détournée (*Dis-tornata*): *Ceste bataille nen* ERT *mais* DESTORNÉE, 3577. — Part. pass. s. s. f. DESTORNÉE, 3577.

DESTRE. Adj. r. s. m. Droit (*Dexterum*), 331, 484, 1903, 2373, et r. s. f., 340, 2575. = Ce mot est, comme en latin, employé substantivement. Voy. le v. 1018: *Guardet suz* DESTRE.

DESTREIT (SUI). Verbe pass., ind. prés., 1ʳᵉ p. s. (*Sum districtus*): *A mort* SUI DESTREIT, 2743. V. les deux suivants.

DESTREIZ. R. p. Le sens SIMPLE est celui de détroit, ou plutôt de passage étroit (*Districta*): *Gualter desrengel les* DESTREIZ *e les tertres*, 809. Cf. 3126. Mais AU FIGURÉ, on trouve, comme r. s., DESTREIT dans le sens de détresse (*Districtum*): *Morz est li gluz ki en* DESTREIT *vus teneil*, 3456; *Jo quis sa mort e sun* DESTREIT, 3759. Cf. 3417 et 3420. — Au r. p., DESTREIZ: *Pur sun seignor deit hom suffrir* DESTREIZ, 1010.

DESTREIZ. Adj. ou part. pass. r. p. m. Etroits (*Districtos* ou *districta*): *Veez les porz e les* DESTREIZ *passages*, 741.

DESTRERS. S. s. m. Cheval de guerre (*Dextrarius*, de *dextra*, parce qu'on menait le cheval de la main droite), 1651. — R. s. m.: DESTRER, 345, 479, 756, 792, 2081, 2167. — R. p. m.: DESTRERS, 379, 1142, 1801, 3964... = Il faut lire *destrier, destriers*: ce mot ne se trouve en assonance que dans des laisses en *ier*.

DESTRUITE (SERAT). Verbe pass., 3ᵉ p. s. du fut., avec un s. s. f. (*Destructa*): *Par Guenelun* SERAT DESTRUITE *France*, 835. — Part. pass., s. s. f.: DESTRUITE, 835.

DESTURBER. Verbe à l'inf. prés., employé substantivement. Le sens latin est celui de « détruire »; mais en français, c'est plutôt celui de « troubler, empêcher » (*Disturbare*): *A ler i volt, mais il ad* DESTURBER, 2548. *L'ltre s'en vait qu'il n'i ad* DESTURBER, 1318. Ce mot n'étant employé comme assonance que dans les couplets en *ier*, lire *desturbier*.

DESTURNET (FUST). Verb. pass., 3ᵉ p. de l'imparf. du subj., avec un s. s. m. (*Dis-tornatus fuisset.*) *Ferir l'en volt, se n'en* FUST DESTURNET, 440.—Part. pass. s. s. m.: DESTURNET, 440.

DESUR. Prép. Sur, au-dessus (*Desuper*): *Oliver est montez* DESUR *un pui haltur*, 1017. Cf. 272, 1542, 1569, 2391. = Au v. 927, on lit, pour les besoins de l'assonance en une laisse féminine: *A sez orres laquele irat* DESCRE, 927. V. *Sur*.

DESUZ. Prép. Sous, au-dessous (*Desubtus*): DESUZ *un pin*, 114. DESUZ *une sapide*, 993. Cf. 209, 1283, 2043. V. *Suz* et *Dedesuz*.

DESVET (EST). Verbe pass., 3ᵉ p. s. de l'ind. prés., avec s. s. m. Est affolé, devient fou (étymologie incertaine): *Si grant doel ad por poi qu'il n'*EST DESVET, 2789.—Part. pass., s. s. m. DESVET, 2789.

DETOERST. Verbe act., 3ᵉ p. s. du parf. simpl. Tordit, tourmenta (*Detorsit*): *Si duist sa barbe e* DETOERST *sun gernun*, 772.

DETRAIRE. Verbe act., inf. prés. Tirer (*De-trahere*): *Sa barbe blanche cumencet à* DETRAIRE, 2930.

DETRENCHER. Verbe act., inf. prés. Couper en morceaux (étymologie douteuse): *Granz sunt les colps us helmes* DETRENCHER, 3889. — Parf. comp., 3ᵉ p. s., avec un r. s. m.: AD DETRENCHET, 2172.—Part. pass.,

r. s. m.: DETRENCHET, 2172, et r. p. m.: DETRENCHEZ, 1747. = Lire *detrenchiez*, en raison de l'assonance.

DETRÈS. Prép. Derrière (*De-trans*. — *Trans* a parfois le même sens en latin: *Trans caput jacere*, dans Virgile, signifie: jeter derrière sa tête): *Sa rere-guarde averat* DETRÈS *sei mise*, 584.

DEUS. S. s. Dieu (*Deus*), 154, 288, 698, 788, 1088, 1589, 1689, 2238, 2393, 2439, 2455, 2526, 3013, 3358, 3638, 3721, 3872, 3898, 3981... — Voc. s. (*Deus*): DEUS, 2337, 2582, et (?) DEU, 3277.—R. s. (*Deum*): DEU, 7, 82, 123, 137, 676, 888, 1045, 1634, 1837, 2389, 2998, 3718, 3980. — S. p. m. (*Dii*): DEU, 2600, 3514. —Voc. p. m. (*Dii*): DEU, 1907, 3492. —R. p. m. (*Deos*): DEUS, 2618, 2696. = DEUS est fréquemment employé comme exclamation: DEUS! *quels seisante humes i ad en sa cumpaigne*, 1849. *Quant l'ot Rollant*, DEUS! *si grant doel en out*, 1196. Cf. 716, 840, 1982, 2369, 3891, 4000. V. *Damnes-Deus*.

DEVANT. Est tantôt employé comme préposition, avec un complément, et tantôt adverbialement, sans régime. (*De-ab-ante*.) Comme préposition, on le trouve aux v. 4 (DEVANT *lui*), 671 (DEVANT *sun tref*), 748. (DEVANT *mei*), 891, 1525, 1781, 1874. = Sans complément, on le rencontre aux v. 1631 (DEVANT, *chevalchet un Sarrazin*), 3018 (*Si chevalcez el' premer chef* DEVANT), 1832, 3347, 3967. = Noter la loc. ÇA DEVANT: *Tere major mult est loinz* ÇA DEVANT, 1784. V. *Dedevant*.

DEVENIR. Verbe neutr., inf. prés. (*Devenire*): *Là vuldrat-il chrestiens* DEVENIR, 155. — Parf. comp., 3ᵉ p. s., avec un s. s. m.: EST DEVENUZ, 2407. — Fut., 3ᵉ p. s.: DEVENDRAT, 223; 2ᵉ p. p.: DEVENDRUM, 2098. — Impér., 2ᵉ p. s., DEVEN: DEVEN *mes hom*, 3593. — Subj. prés., 3ᵉ p. s.: DEVIENT, 102.—Part. pass. s. s. m.: DEVENUZ, 2407.

DEVEREIT (ou DEVREIT). Verbe act., cond., 3e p. s., de *devir* (*Debere habebat*), 389, 1149. V. *Dei*.

DEVERS. Prép. Du côté de (*De-versus*) : DEVERS *Ardene vit venir uns leuparz*, 728. Cf. 1549, 2356, 3030, 3968.

DEVEZ Verbe act., 2e p. p. de l'ind. prés. de *deveir* (*Debetis*), 135, 681. V. *Dei*.

DEVIENT. Verbe neut., 3e p. s. du du subj. prés. de *devenir* (*Deveniat*), 402. V. *Devenir*.

DEVUM, DEVOM, DEVONS. Verbe act., 1re p. p. de l'ind. prés. de *deveir* (*Debemus*). On trouve DEVOM, au v. 3359; DEVUM, aux v. 429, 1128, 1179, 2562; DEVUNS, 1009, 2178, 3400. V. *Dei*.

DI. Verbe act., 1re p. s. de l'ind. prés. de *dire* (*Dico*), 591, 1257, 1959. V. *Dire*.

DIABLES. S. s. m. (*Diabolus*.) *Vos estes vifs* DIABLES, 746. *Uns* DIABLES, 1663. — S. p. m. (par erreur) : DIABLES, 983. — R. p. m. : DIABLES, 3647.

DIE. Verbe act., 1re p. s. du subj. prés. de *dire* (*Dicam*), 459. V. *Dire*.

DIENT. Verbe act., 3e p. p. de l'ind. prés. de *dire* (*Dicunt*), 61, 192, etc. V. *Dire*.

DIET. Verbe act. 3e p. s. du subj. prés. de *dire* (*Dicat*), 424, 531, 2362. V. *Dire*.

DIGUN. R. s. m. Dijon (*Divionem*), 1892.

DIRE. Verbe act., inf. prés. (*Dicere*), 582, 1113, 2339. — Ind. prés., 1re p. s. : DI, 591, 1257, 1959; 3e p. s. : DIT (qu'il ne faut pas confondre avec *dist*, 3e p. s. du parfait, l's étant en général la caractéristique des parfaits), 136, 153, 314, 787, 1206, 1252, 1644, 1685, 2095; 2e p. s. : DITES, 2487; 3e p. p. : DIENT, 61, 192, 1434, 1436, 2146, 3746, etc. — Imparf., 3e p. p.: DISEIENT, 2560. — Parf. simpl., 1re p. s. : DIS, 1708; 3e p. s. : DIST, 27, 79, 2090, etc. — Parf. comp., 3e p. s. : AD DIT, avec un r. s. m. ou f. : 445, 619, 1126, 3325; 2e p. p. : AVEZ DIT, 143. — Fut., 1re p. s. : DIRAI, 2913, et DIRRAI, 2919; 3e p. s. : DIRAT, 447; 2e p. p. : DIREZ, 81. — Impér., 2e p. p. : DITES, 1106. — Subj. prés., 3e p. p.: DIET, 424, 531, 2362. — Imparf. du subj., 3e p. s.: DESIST, 1760. — Part. prés. s. s. m. : DISANT, 445, 1190. — Part. passé r. s. : DIT, 619, etc. = Au passif, nous trouvons le subj. prés. avec le participe au neutre : *Ne placet Deu... que ço* SEIT DIT *de nul hume vivant*, 1074, 1075.

DIS. R. p. m. Jours (*Dies*), dans la locution TUZ DIS, 1254. Et ailleurs: *Ensemble avum estet e uns e* DIS, 2028.

DIS. Nom de nombre (*Decem*), 41, 69, 3656.

DISANT. Part. prés., s. s. m. de *dire* (*Dicens*), 1190. V. *Dire*.

DISCIPLINE. R. s. f. *Disciplina* était devenu synonyme de *flagellatio*, et avait pris le sens général de « châtiment, douleur » (*Disciplinam*): *De Sarrazins verrat tel* DISCIPLINE; — *Cuntre un des noz en truverat morz* (quinze), 1929, 1930.

DISEIENT. Verbe act., 3e p. p. de l'imparf. de l'ind. de *dire* (*Dicebant*), 2560. V. *Dire*.

DISME. Adj. s. s. f. Dixième (*Decima*): *La* DISME *eschele*, 3084. Cf. 3230, 3246, 3260.

DIST. Verbe act., 3e p. s. du parf. simpl. de *dire* (*Dixit*), 27, etc. V. *Dire*.

DIT. Verbe act., 3e p. s. de l'ind. prés. de *dire* (*Dicit*), 136, etc. V. *Dire*.

DIT. Part. s. n. de *dire*, employé avec le verbe *aveir* pour former certains temps de *dire* (*Dictum*), 445, etc.: *Ad* DIT, *avez* DIT, etc. — S. s. n. DIT: *Seit* DIT, 1075. V. *Dire*.

DITES. Verbe act., 2e p. p. de l'ind. prés. de *dire* (*Dicitis*), 2487. V. *Dire*.

DITES. Verbe act., 2e p. p. de l'impér. de *dire* (*Dicite*), 1106. V. *Dire*.

DOEL. S. s. Deuil (subst. verbal de

duleir) : *Or est grant* DOEL, 2082. Cf. 2206, 2608. — R. s. : DOEL, 304, 834, 904, 971, 1196, 1219, 1446, 1538, 2513, 3646, et DOL, 2936. Cf. les v. 1501 (*Deus! quel* DOEL *de prodome*), et 1536. — R. p., DOELS : *Ço dist li Reis : Seignurs, vengez voz* DOELS, 3627. V. *Deol* et *Dol*.

DOINST. Verbe act., 3e p. s. du subj. prés. de *duner (Donet)*, 1505. V. *Duner*.

DOL. R. s. Douleur : *Si grant* DOL *ai*, 2936. V. *Doel* et *Deol*.

DOLENT. S. s. m. Triste, affligé (*Dolens*), 2835 et 951. — R. s. m. : DOLENT, 2023. — R. s. f. : DOLENTE, 1104. — S. p. m. : DOLENT, 1608, et DOLENZ, 1813. = Au v. 2823, le mot DOLENTE est employé dans le sens de notre exclamation : « Misérable ! » Il s'agit de Bramidonie qui s'écrie : « DOLENTE! *si mare fui!* »

DOLOR. R. s. f. (*Dolorem*), 2695, 2946. V. *Dulur*.

DOLUR. R. s. f., 489. V. *Dulur*.

DOLUSET (SE). Verbe réfl., 3e p. s. de l'ind. prés. Se lamente (d'un mot formé sur *dolere*) : *Pluret e criet, mult forment se* DOLUSET, 2577. = DULUSET est employé activement au v. 2022. Voy. ce mot.

DORT (SE). Le verbe *dormir* est partout pronominal dans notre texte. Ind. prés., 3e p. s. (*Se dormit*.) SE DORT, 718, 2494, 2525, 2569 ; 3e p. p. : SE DORMENT, 2521.

DOS. R. s. (*Dorsum*), 1201, 1545, 1606, 1945. — R. p. : DOS, 2445, 3222.

DOUS. R. p. m. Nom de nombre. (*Duos*.) DOUS *deiz*, 444. *Les* DOUS *oilz*, 1217. Cf. 2874, 3280, 3500, 3790 (?). — R. p. f. (*Duas*) : DOUS, 637, 1205, 1294 et 2249. = Dans tous les exemples qui précèdent, DOUS est employé avec un substantif ; dans les suivants, le substantif est sous-entendu, et DOUS est seul : *Après les* DOUS *establisent la terce*, 3027. *Ne mès que* DOUS *nen i ad remés vifs*, 1309. Cf. 1387. = *Dous* s'emploie également avec de : DOUS DE *voz cuntes*, 207. V. *Dui*, qui est le cas sujet, aux v. 2706, 2765, 2976...

DOÜSEZ, DOÜSSEZ. Verbe neut. 2e p. p. de l'imparf. du subj. de *deveir*. (*Debuissetis*.) DOÜSSEZ, 353, DOÜSSEZ, 455. V. *Dei*.

DOÜST. Verbe neut., 3e p. s. de l'imparf. du subj. de *deveir*, avec le sens du conditionnel. (*Debuisset*), 355, 3828. V. *Dei*.

DRAGUN. R. s. m. (*Draconem*), 1631, 3550, et DRAGON, 3266, 3330. — S. p. m. : DRAGUN, 2543. = Le Dragon était l'étendard des Païens, 1631, 3330, 3550 : *Li Amiralz... dedavant sei fait porter son* DRAGON, 3266.

DRECET. Verbe act. (2829 et 2884) et le plus souvent réfléchi. (195, 218, etc.) Se dresse. (*Se directiat, se drictiat*.) Ind. prés., 3e p. s. : SE DRECET, 195, 218, 2234, 2481. 3e p. p. : SE DRECENT, 1139, 3884. DRECENT : *Prenent le Rei, si l'* DRECENT *sus un pin*, 2884. — Impér., 2e p. p., DRECEZ : *Si m'* DRECEZ *en seant*, 2829.

DREIZ. Subst. s. s. m. Droit, et, par extension, procès, jugement, v. 3751, etc. (*Directus*, lequel est opposé à *tortus : Nos avum* DREIT, *mais cist glutun unt* TORT, 1212 ?, 228, 2349, 2561, 3974 et 3849. Dans les quatre premiers exemples, remarquez la locution : *Il n'est* DREIZ : *Cunseill d'orguill* N'EST DREIZ *que à plus munt*. IL N'EN EST DREIZ *que Païens le baillisent*, etc. — R. s. m. : DREIT, 511, 1015, 1212, 2747, 3290, 3356, 3751. = A DREIT, loc. adv. : *Ne* A DREIT *ne à tort*, 2263.

DREIZ. Adj. Voc. s. m. (*Directe*.) DREIZ *Emperere*, 766. — R. p. f. : DREITES, 1043. = L'adjectif DREIZ entre dans la composition d'*endreit (in directo)*, 2123, etc. V. *Endreit*.

DRODMUND. R. s. m. Nom d'une embarcation dont nous avons parlé dans les notes des vers 2624 et 2468 (par erreur, au lieu de 2467). L'étymol. greco-latine, *dromon, dromones*, n'explique ni le *d* intérieur, ni le *d* final du vocable roman. Je préférerais, avec Littré, l'origine scandinave *drômundr* ou le haut allemand *dragmunt.* L'origine est douteuse. = R. p. m. : DRODMUNZ, 1521, 2624, 2730.

DROÜN. R. s. m. Nom d'homme (*Drogonem* ; mais l'origine est germanique. Anc. haut allem. *drogo*, que Pott rapporte à *dürr*, maigre ?), 2048.

DRUD. S. s. m. Ami. (D'après Diez et Diefenbach, goth. *druds*, haut all. *drûd*, *drût*, etc., signifiant ami, confident, favori. V. le *Glossaire du Chevalier au Cygne*, p. 695.) *Por ço est* DRUD *à l' felun rei Marsilie*, 1640. *Pur vasselage suleie estre tun* DRUT, 2049. — R. s. m., DRUT : *S'in apelat Gemalfin un sun* DRUT, 2814.

DRUE. Adj. r. s. f. Épaisse, serrée, en bon état. (Origine très-incertaine. Diez propose une étymologie celtique, *drud*, *druz*, *dru*, signifiant gras, fort, etc.) *Tul abat mort cl' pred sur l'erbe* DRUE, 1334.

DUBLEINES. Adj. r. p. f. Doubles (d'un type fait sur *duplus*, comme *duplanus*) : *Osbercs vestuz e lur brunies* DUBLEINES, 3088.

DUBLES. Adj. s. p. m. Doubles (*Dupli*, plutôt que *duplices*) : *Trenchent les quirs e cez fuz ki sunt* DUBLES, 3583. = Au v. 1284, le mot DUBLES (r. p.) est employé substantivement : *De sun osberc li derumpit les* DUBLES. Je pense que *mailes* est sous-entendu.

DUBLEZ. Part. pass., s. p. m. Doublés. (*Duplati*, et non *duplicati*.) En parlant de hauberts, le poëte dit : *Tuit li plusur en sunt* DUBLEZ *en treis*, 995.

DUC. S. s. m. (*Dux.*) *Naimes li* DUC *l'oït*, 1707. (Erreur du scribe, au lieu de *dux.*) DUX, 105, 243, 673, 1275, 2417, 3937. — R. s. m. : DUC, 170, 3008, 3534. — S. p. m. : DUC, 378. — R. p. m. : DUX, 14, 849, 2650. V. *Dux.*

DUI. Nom de nombre. (*Duo.*) DUI

est toujours le cas sujet ; *dous* le cas régime. DUI, comme s. p. m., se trouve aux v. 2706, 2765, 2976. Le scribe, par erreur, l'a employé une fois au cas régime. (V. 2828.) — R. p. m. : DOUS, 207, 444, 1217, 1309, 2874, 3027, 3280, 3500, 3790, etc. — R. p. f. : DOUS, 637, 1205, 1294, 2249. V. *Dous.*

DUINS. Verbe act., 1re p. s. de l'ind. prés. de *duner* (*Dono*), 622, 914. V. *Duner.*

DUIST. Verbe act., 3e p. s. du parf. simple de *duire.* (*Duxit.*) Dans les deux vers où ce mot est employé, il a le même sens : *Si* DUIST *sa barbe*, 215 et 772.

DULCE. Adj. r. s. f. Douce (*Dulcem*), 16, 109, 702, 1695. — R. p. f. : DULCES, 2640. V. *Dulz.*

DULCEMENT. Adverbe. Doucement (*Dulci-mente*), 1163, 1999, 2176.

DULORS. S. s. f. (?) (*Dolor*), 1437, et DULUR, 2030. — R. s. f. : DULOR, 1622, 1679, 1787, 1977, 2101, 2335, 2428, 3711 ; DULUR, 716, 2234, 2547, 2901, 2907, 2914, 3772 ; DOLUR, 489 ; DOLOR, 2946, 2695.

DULURUS. Adj. s. ou r. s. m. (*Dolorosus.*) *Ais vos le caple e* DULURUS *e pesmes*, 3403. = DULURUSE est employé comme exclamation au vers 2722 : *Que devendrai*, DULURUSE, *caitive.*

DULUSET. Verbe actif, 3e p. s. de l'ind. prés. Pleurer, regretter : *Rollanz li ber le pluret, si l'*DULUSET. 2022. — SE DOLUSET, est employé comme verbe réfléchi, au vers 2577. (V. ce mot.)

DULZ. Adj. s. s. m. Doux (*Dulcis*) : *Tere de France, mult estes* DULZ *païs*, 1861. — R. s. f. : DULCE, 16, 109, 702, 1695. — R. p. f. : DULCES. 2640.

DUN. Adv. de lieu. D'où (*De-unde*) : *Icele tere* DUN *il esteit*, 979. V. DUNT.

DUN. R. s. Don (*Donum*) : *E tute Espaigne tendrai par vostre* DUN, 224. — R. p. : DUNS, 845.

DUNC. Adv. Alors (*Tunc*), 240, 493, 597, 820, 1181, 2223, 2321, 2828... et dunt, 2166.

DUNER. Verbe act., inf. prés. (*Donare*), 127, et dunner, 651. — Ind. prés., 1re p. s. : duins, 622 et 914. 3e p. s. : dunet, 289. 3e p. p. : dunent, 379 et 2644. — Parfait simple, 3e p. s. : dunat, 1121, 1527, 1663, 2780. 3e p. p. : dunerent (*entre*-dunerent), 3568. — Parf. comp., 3e p. s. avec un r. s. m. : ad dunet, 873 et, avec un r. s. f. : ad dunée, 3733. — Fut., 1re p. s. : durrai, 75, 3207, 3398, et durai, 3399. 3e p. s. : durat, 472, 473. 2e p. p. : durrez, 30. — Condit., 3e p. s. : dureit, 1707. 1re p. p. : durriums, 1805. — Impér., 2e p. p. : dunez, 268, 767, 866, 2177, 2677. — Subj. prés., 3e p. s. Quatre ou cinq formes différentes : dunne, 18 ; dunget, 2016 ; duinst, 1898 ; doinst, 1505, et dunt, 859 ; duinset, 2938. — Imparf., 3e p. s. : dunast, 2320. — Part. pass. s. s. : dunet, 2508 ; r. s. m., dunet, 873 ; r. s. f., dunée, 3733. Au passif, parf., 3e p. s., avec un s. s. m. ou n. : fut dunet, 2508.

DUNT (pr dunc). Adv., 2166. V. *Dunc*.

DUNT. (*De-unde*.) Le sens le plus ancien (l'idée d'origine) est bien marqué dans ce vers : *El' regne* dunt *tu fus...*, 1961. Cf. *Dun*, 979. = Mais dunt a surtout servi, par une extension fort naturelle, à remplacer les pronoms *de qui*, *duquel*, *desquels*, et c'est en ce sens que nous le rencontrons le plus fréquemment. Ex., au r. s. m. : *Le blanc osberc* dunt *la maile est menue*, 1329. (Cf. 604, 1430, 1566.) — R. s. f. : *Costentinnoble* dunt *il out la fiance*, 2329. — R. p. m. : *Voet par ostages...* dunt *vus averez u dis u quinze u vint*, 148. = Dunt a encore un sens plus étendu : il signifie, par exemple « avec lequel, avec lesquels » : *Tant i averat de besanz esmerez*, — Dunt *bien purrez voz soldeiers luer*, 132, 133. V. *Dun*.

DUR. Adj. s. p. m. (*Duri*), 1678. —

R. p. m. : durs, 3249, 3380. — S. s. f. : dure, 3393.

DURAI. Verbe act., 1re p. s. du fut. de *duner* (*Donare habeo*), 3399. V. *Duner*.

DURAT. Verbe act., 3e p. s. du fut. de *duner* (*Donare habet*), 472, 473. V. *Duner*.

DUREIT. Verbe act., cond., 3e p. s. de *duner* (*Donare habebat*), 1707. V. *Duner*.

DUREMENT. Adv. (*Dura-mente*.) Le sens n'est pas celui de notre langue actuelle. *Durement* signifie : « beaucoup, fortement » : *N'i ad celoi ki* durement *ne plurt*, 1814. Durement, *en halt, si recleimet sa culpe*, 2014.

DURENDAL. R. s. f. Nom de l'épée de Roland (étymologie incertaine. V. la note du v. 926), 926, 988, 1870. — Voc. s. f. : *Durendal*, 2316.

DURENT. Verbe neutr., 3e p. p. de l'ind. prés. de *durer* (*Durant*), 1802. V. *Duret*.

DURERAT. Verbe neutr., 3e p. s. du fut. de *durer* (*Durare habet*), 291. V. *Duret*.

DURESTANT. R. s. m. Nom de lieu que je crois imaginaire, et qu'on retrouve dans plusieurs autres Chansons de geste. (Origine incertaine. Il ne peut pas évidemment être ici question de *Durestat*, sur le Rhin. Faut-il admettre *durum stagnum* ? Il s'agit évidemment, d'après le contexte, d'une localité au sud de l'Espagne, près de l'Afrique.) *Des porz d'Espaigne entresqu'à* Durestant, 870.

DURET. Verbe neut., ind. prés., 3e p. s. (*Durat*.) *Tant cum hanste li* duret, 1322.

DURRAI. Verbe act., 1re p. s. du fut. de *duner* (*Donare habeo*), 15, 3207, 2730, 3398.

DURREZ. Verbe act. 2e p. p. du fut. de *duner* (*Donare habetis*), 1805.

DURRIUMS. Verbe act., 1re p. p. du cond. de *duner* (*Donare habebamus*), 1805.

DURS. Adj. r. p. m. (*Duros*), 3249, 3380. V. *Dur.*

DUT. Verbe act., parf. simpl., 3ᵉ p. s. de *deveir* (*Debuit*), 333. V. *Dei.*

DUTANCE. R. s. f. Crainte (*Dubitantiam*): *Nen ad poür, ne de murir* DUTANCE, 3613. Cf. 828.

DUTET. Verbe act., 3ᵉ p. s. de l'ind. prés. Redoute (*Dubitat*) : *Li Amiralz il ne l' crent ne le* DUTET, 3580.

— Parf. comp., 3ᵉ p. p., avec un r. p. m.: UNT DUTEZ, 3580. — Part. pass., r. p. m. : DUTEZ, 3580.

DUX. S. s. m. (*Dux*), 105, 243, 673, 1275, 2417, 3937 et, par erreur, DUC, 1767. — R. s. m. : DUC, 170, 3008, 3534. — S. p. m. : DUC, 378. — R. p. m. : DUX, 14, 849, 2650. V. *Duc.*

DUZE. Nom de nombre, indéclinable (*Duodecim*), 262.

E

E. Conj. copulative (*Et*), 8, 938, et mille fois, *passim*. Notre texte offre toujours E, jamais *et*. =Remarquer un emploi spécial de la conjonction E dans le vers suivant : *S'en volt ostages*, E *vos l'en enveies*, 40.

E! Interjection : *E! reis amis, que vos ici nen estes*, 1697. *E! France dulce*, 1985. *E! gentilz hom*, 2176. *E! Durendal*, 2344.

EDAGE. R. s. m. Age (*Ætaticum*) : *Ki durerat à trestut sun* EDAGE, 291.

EDET. R. s. m. Age, vie (*Ætatem*) : *N'i ad Franceis n'i perdet sun* EDET, 3170.

EGLENTER. R. s. m. Églantier (D'un mot en *entarius*, formé sur *aculeus*, d'après Diez et Littré) : *Desuz un pin, delez un* EGLENTER, 114. = Ce mot entre comme assonance dans un couplet en *ier* : c'est donc *eglentier* que le scribe eût dû écrire.

El. Verbe act., 1ʳᵉ p. s. de l'ind. prés. d'*aveir* (*Habeo*), 2305. V. *Aveir.*

EIMET. Verbe act., 3ᵉ p. s. de l'ind. prés. d'*amer* (*Amat*), 1377. V. *Amer.*

EINZ. (*Ante*). 1° CONJONCTION (avec QUE). Le sens primitif du latin *antequam* a été gardé dans les exemples suivants, qui sont nombreux: EINZ *qu'il oüssent. IIII. liues siglet*, 688. EINZ QUE *il moergent*, 1690. EINZ QU'*il fust mort*, 1804.

EINZ QUE *nos departum*, 1900. EINZ *que jo vienge*, 2939. Cf. 83, 84, 3043. = 2° ADVERBE. Le sens de *ante*, considéré comme adverbe et signifiant *auparavant*, se retrouve au v. 3394. *Une* EINZ *ne puis ne fut si fort ajustée*, 3393. EINZ *i ferrai de Durendal asez*, 1065. EINZ *vos averunt li meillor cumperée*, 449. C'est de ce dernier sens qu'EINZ devait partir, pour prendre un jour la signification de *mais*. = Cf. le v. 2037. qui offre un sens spécial : *Cum il* EINZ *poet de l' pui est avalet.*

EIS. R. Aix-la-Chapelle (*Aquas*). 2860. V. *Ais.*

EISSIRENT (S'EN.) Verbe pronomin. parf. simpl. 3ᵉ p.p.(*Se inde exierunt*). 1776. — Parf. comp., 3ᵉ p. p., avec un s. p. m. : SE SUNT EISSUT, 2810. — Part. pass. r. p. m. : EISSUT, 2810.

EIT. *Brochent* AD EIT, 3350, 3541. V. *Ait.*

EL'. En le (*In illo*), 151, 159, 601, 973, 1528, 2097, 2820, 3018.

EL. Adj. neut. Autre (*Aliud*) : *Si vunt ferir, que fereient-il* EL, 1185. 2961. *Pur* EL *n'estes venud*, 3397.

ELE. Pron. pers. S. s. fém. (*Illa*.) ELE *fut*, 1123. *Dist*-ELE, 635. Cf. 3724, etc. — Au s. p., ELES: *Eles valent* MIELZ, 639. (V. *Els.*) On trouve, au v. 2465, EL au lieu d'ELE: *L'ewe de Sebre* EL *lur est devievant*, 2465. (?)

ELME. R. s. m. Heaume ! Du germ.

helm.), 1326, 1542, 1602, 1995, 2170, 2500, 3603, 3926, et HELME, 629, 2789, 3504. — S. p. m. : ELME, 3306, et HELMES, 1809, 2540. — R. p. m. : ELMES, 996, 1022; HELMES, 1798, 2120, 3005, 3079, 3274, 3586, 3865, etc., et HEALMES, 683, 712.⸗En ce qui concerne l'aspiration de HELMES, le v. 1798 paraît décisif : *D'osbercs e de* HELMES *c d'espées à or*. Mais cet autre vers : *Trèsqu'à l' nasel tut le* ELME *li fent* (1602), montrerait que l'aspiration était arbitraire et abandonnée à la fantaisie du versificateur.

ELS. Pron. pers., r. p. m. Eux (*Illos*) : *Pur* ELS *esbaneier*, 111. *Od* ELS, 175, 991. *Li quels d'*ELS, 735 et 1385. *Tresqu' à* ELS, 1739, etc. V. *Ele, Eles*.

EMBRUNCHET. Verbe neut., 3ᵉ p. s. de l'ind. prés., 2019. V. *Enbrunchet*.

EMPEINT. Verbe act., 3ᵉ p. s. de l'ind. prés. Donner un coup contre, jeter, lancer, et aussi « saisir ». (*Impingit.*) En parlant du cor de Roland, le poëte dit : EMPEINT *le ben, par grant vertut le sunet*, 1754. Cf. ENPEINT, 1203.—Parf. simpl., 3ᵉ p. s., EMPEINST : EMPEINST *le ben, tut le fer li mist ultre*, 1286. — Parf. comp., 3ᵉ p. s., avec un r. p. f. : *Tutes ses oz* AD EMPEINTES *en mer*, 2629. — Part. pass. r. p. f. : EMPEINTES, 2629.

EMPERERE. S. s. m. Empereur (*Imperator*), 1, 180, 531, 640, etc. etc.; EMPERERES, 16, 661, 3333, 3705, etc. etc., et, par erreur, EMPEREÜR, 1444, et EMPEREOR, 1942. — Voc. s. m. : EMPERERE, 308, etc.—R. s. m. : EMPEREÜR, 414; EMPEREOR, 954, 3677, et, par erreur, EMPERERE, 3823. V. notre note du v. 1.

EMPIRE. R. s. (*Imperium.*) *Carles, semun les oz de tun* EMPIRE, 3994.

EMPLEIT. Verbe act., 3ᵉ p. s. du subj. prés. Mettre dans, introduire dans, et, par extension, employer (*Implicet*) : *Or guart chascuns que granz colps l'*EMPLEIT (pour *i* EM-PLEIT), 1013. *N'en i ad cel sa lance n'i* EMPLEIT, 3418.

EN. Adv. (*Inde.*) Son premier sens, et le plus étymologique, est celui d'un adverbe de lieu (*De là,* EN *partant de là*) : *Alez* EN *est*, 11. *N'*EN *algent*, 2061. *S'*EN *fuit*, 2807. *Le cheval brochet; li sancs* EN *ist tuz clers*, 3165. Cf. 1910. ⸗ Mais le sens primitif s'est bientôt développé et, dans le v. 34 (*Bien* EN *purrat luer ses soldeiers*), EN n'a plus rien de l'adverbe de lieu, et veut dire « avec cela ». Cf. 33.⸗Un pas de plus, et EN va signifier « à cause de cela » : *Si'*N *ai out e paines e ahans*, 864. *Ki qu'*EN *pluret u ki'*N *riet*, 3364. Cf. 63. ⸗Enfin, le mot EN arrive à l'état de véritable « particule relative » et remplace « de lui, d'elle, d'eux » : *Tient Halteclere, sanglent* EN *est l'acer*, 1507. Turpin va chercher un peu d'eau sur le champ de bataille de Roncevaux : *Aler i volt, si'*N *durrat à Rollant*, 2226. Cf. 608, etc. etc. Peu de mots ont eu plus de fortune dans notre langue.⸗ Comme on l'a vu dans quelques-uns des précédents exemples, EN perd sa voyelle initiale, lorsqu'il suit immédiatement un mot terminé par une voyelle : *Ki'*N *riet*, 3364. *Si'*N *durrat*, 2226, etc.

EN. Prép. (*In*). EN exprime, comme *in* en latin, tantôt l'idée de repos, tantôt celle de mouvement. A côté de : EN *piez se drece*, 195, et de : *Jusqu'*EN *la mer*, 3, etc., il faut citer : EN *repos*, 600. EN *la cruiz*, 2504. Cf. 2, 6, 2218, etc. ⸗ EN *sert*, lié avec un verbe, à exprimer le gérondif latin : EN *riant*, 619. EN *gisant*, 2523, etc. ⸗ Avec l'adjectif *mi*, de *medius*, il forme une locution : « en mi » qui équivaut à notre « parmi », et s'est longtemps conservée dans notre langue: EN MI *le dos*, 1945, 3222. ⸗Il se combine encore avec *avant* pour composer la locution adverbiale « en avant » : *Endormiz est, ne poet mais* EN AVANT, 2520. ⸗

Rem. enfin la locution « EN *guise de* » : *Païen chevalchent* EN GUISE DE *produme*, 3264. V. aussi les mots suivants : ENaimet, ENaprès, etc.

ENAIMET. Verbe act., 3e p. s. de l'ind. prés. Aime (*In-amat*), 7. — Parf. simpl., 3e p. s. : ENAMAT, 3261, 3638.

ENAPRÈS. Adv. Après cela, ensuite (*In*, combiné avec *pressus* et *ad*) : *E* ENAPRÈS *si'n enbrunket sun vis*, 3505.

ENBAT. Verbe act., 3e p. s. de l'ind. prés. Enfonce (*In-battuit*) : *Sun bon espiet enz el cors li* ENBAT, 1266.

ENBRAÇAT. Verbe act., 3e p. s. du parf. simpl. Serra dans ses bras (*In-brachiavit*) : *De sun destrer le col en* ENBRAÇAT, 3440. — Parf. comp., 3e p., avec un r. s. m., AD EMBRACET : *Cuntre sun piz estreit l'* AD ENBRACET, 2202. Cf. 2174. — Part. pass., r. s. m. : ENBRACET, 2174, 2202. Il faut, d'ailleurs, lire *enbraciet* ; car ce mot ne se trouve en assonance que dans les laisses en *ier*.

ENBRUNC. Adj. r. s Penché, incliné. (Étymologie très-difficile. Diez propose un mot fait sur *in* et *pronus??* V. la longue dissertation de Gachet, dans son *Glossaire du Chevalier au Cygne*. L'auteur donne toutes les opinions de ses devanciers, et ne conclut pas.) *Li Emperere en tint sun chef* ENBRUNC, 214, 771. — S. p. m. : *Lor helmes clers i suzclinent* ENBRUNC, 3274 (?). V. le suivant.

ENBRUNCHET. Verbe act., 3e p. de l'ind. prés. Abaisser, tenir bas (*Impronicat??*) : *Pluret des oilz, tute sa chere* ENBRUNCHET, 3645. — ENBRUNKET : *E enaprès si'n* EMBRUNKET *sun vis*, 3505. Au v. 2019, le même verbe est employé au neutre : *Falt li le coer, le helme li* EMBRUNCHET.

ENCAEINENT. Verbe act., 3e p. p. de l'ind. prés. Enchaînent (*In-catenant*) : *Si l'* ENCAEINENT *altresi cum un urs*, 1827. — Part. pass., r. p. m. : *Urs e leuns e veltres* ENCHAIGNEZ, 128.

ENCACERENT. Verbe act., 3e p. p. du parf. simpl. de *enchalcer* (*Incalcearunt*), 1627. V. *Enchalcent*.

ENCALCER. Verbe act., inf. prés. Poursuivre (*Incalcare*), 2166. V. *Enchalcent*.

ENCANTEÜR. R. s. m. Enchanteur (*In-cantatorem*) : *L'* ENCANTEÜR *ki jà fut en enfer*, 1391.

ENCEIS. Ce mot (voy. *Einz*) est employé dans notre texte : 1o Comme adv. dans le sens d'auparavant: ENCEIS *ne l'vit, si l'recunut veirement*, 1596. 2o Comme préposition, avec un régime (?) : *Ne fut si fort* ENCEIS *ne puis cel tens*, 3382. 3o Comme conjonction avec *que*, dans le sens d'*antequam* : *Doel i averat* ENCEIS *qu'ele departet*, 3480. ENCEIS *qu'en seient. VII. C. espées traites*, 811.

ENCENSEZ (UNT). Verbe act., 3e p. p. du parf. comp., avec un r. p. m. (*Incensatos habent*) : *Gaillardement tuz les unt* ENCENSEZ, 2159.

ENCERCER. Mauvaise lecture du v. 2180, au lieu de *entercer*. V. ce mot.

ENCHAIGNEZ. Part. pass., r. p. m. (*Incatenatos*), 128. V. *Encaeinent*.

ENCHALCENT. Verbe act., 3e p. p. de l'ind. prés. Poursuivent (*In-calceant*) : *Vers Saraguce les* ENCHALCENT, 2462. — Parf. simpl., 3e p. p. : ENCACERENT, 1627. — Parf. comp., 3e p. s., avec un r. s. m. : AD ENCHALCET, 2796 ; AD ENCHACET, 2785, et avec un r. p. m. (par erreur) : AD ENCALCER, 2166. — Part. pass., r. s. m. : ENCHALCET, 2796 et ENCHACET, 2785. Il faut lire ENCHALCIET; ce mot, en effet, se trouve en assonance dans une laisse en *ier*.

ENCHALZ. S. s. m. Poursuite des ennemis (de *in* et *calceos*) : *Li* ENCHALZ *durat d'ici qu'en Sarraguce*, 3635. R. s. m., ENCHALZ : *Tenent l'* ENCHALZ, 2446.

ENCLIN. Adj. r. s. Incliné, baissé (*Inclinem, incline*) : *Li Empereres* en tint sun chef ENCLIN, 139. — R. s. m., ENCLIN : *Li Amiralz en ad le helme* ENCLIN, 3504. *Le chef* ENCLIN, 2391.

ENCLINET. Verbe neut,, 3ᵉ p. s. de l'ind. prés. S'incline (*Inclinat*) : *Li reis paiens parfundement l'*ENCLINET (*l'est pour li?*)...—Parf. simp., 3ᵉ p. p., ENCLINÈRENT : *Li messager ambedui l'*ENCLINÈRENT, 2763.

ENCOI. Adv. Aujourd'hui. (*Hinc, hunc* ou *hanc*, combiné avec *hodie*.) Ce mot nous apparaît sous trois ou quatre formes dans le texte de notre Chanson : ENCOI, 1167, 2981. ENQUOI, 1194, 1223. ENQUI, 2808. ENCUI, 2142.

ENCONTRE. Prép. En comparaison de (*In-contra*) : *Beste nen est nule ki* ENCONTRE *lui alge*, 1657. V. ENCUNTRE.

ENCRERRUNT. Verbe neutr., fut., 3ᵉ p. p. Augmenteront (*Increscere-habent*) : *Puis* ENCRERRUNT *mes peines e mes suffraites*, 2925. (Le manuscrit porte *entrerrunt*.)

ENCRISMÉ. Part. pass., r. s. m. Criminel, scélérat (d'un composé de *crimen, incriminatum*) : *Suz cel nen at plus* ENCRISMÉ *felun*, 1216.

ENCUI. Adv. Aujourd'hui, 2142. V. *Encoi*.

ENCUMBRET. Verbe act., 3ᵉ p. s. de l'ind. prés. Accabler, combler dans un mauvais sens (*Incumulare*) : *Oez, Seignurs, quel pecchet nus* ENCUMBRET, 15. Cf. 3646.

ENCUNTRE. Prép. (*In-contra*.) Ce mot a plusieurs sens dans notre vieux texte. 1º Le plus étymologique est celui de « contre » : ENCUNTRE *mei revelerunt li Seisne*, 2921. Cf. 2749. = 2º Ce même mot signifie encore « le long de... » : ENCUNTRE *tere se pasment li plusur*, 2422. Cf. 926, 1981.=3º ENCUNTRE a aussi le sens de « en comparaison de... » : ENCUNTRE *mei fait asez à preiser*, 1516. Cf. 376, et ENCONTRE, 1657. = ENCUNTRE, enfin, est employé comme adverbe : *E Guenelun respundit li* ENCUNTRE, 1759.

ENCUNTRENT. Verbe act., 3ᵉ p. p. de l'ind. prés. Rencontrent (*In* avec un verbe en *are* formé sur *contra*) : *Vunt les ferir là o il les* ENCUNTRENT, 3542. — Parf. simpl., 3ᵉ p. p., en composition dans *s'entr'*ENCUNTRÈRENT, 3568. — Parf. comp., 3ᵉ p. s., avec un r. s. m. : *Enmi sa veie* AD ENCUNTRET *Rollant*, 1595. Cf. AT ENCUNTRET, 1994. — Part. pass., r. s. m. : ENCUNTRET, 1595 et 1994.

ENDEMENTRES. Adv. Pendant ce temps. (Raynouard fait dériver *mentre* du latin INTERIM. *Lex. Rom.*, IV, 2067. Cf. Diez, 272. Rien n'est plus douteux.) *La bataille est adurée* ENDEMENTRES, 1396. Le plus souvent, dans les langues romanes (prov., cat., ital.), *mentre* est une conjonction, et a le sens de *tandis que*. Cf. le mot *Endementiers*, dans le Glossaire de D. Carpentier, etc.

ENDORMIZ (EST). Verbe pass., ind. prés., 3ᵉ p. s., avec un s. s. m. (*Indormitus-est*) : ENDORMIZ EST, *ne pout mais en avant*, 2520.

ENDREIT. Adv. et prép. (*In directo*.) 1º Comme adverbe, ENDREIT signifie « de ce côté-là » : *Iloec* ENDREIT *remeint li os tut nut*, 3602. =2º Comme préposition, il veut dire « du côté de... » : *Or ad li quens* ENDREIT SEI *asez que faire*, 2123.

ENDURER. Verbe act., inf. prés. Supporter (*In-durare*) : ENDURER *e granz chalz e granz freiz*, 1011.

ENEMI. S. s. m. (*Inimicus*.) *Li reis Marsilies est mult mis* ENEMIS, 144. — R. s. m.: ENEMI, 461.

ENFANT. R. s. m. (*Infantem*.) *Par tels paroles vus resemblez* ENFANT, 1772. — R. p. m., ENFANZ: *Les III.* ENFANZ *tut en un fou ardant*, 3106. Au v. 3197, ENFANZ semble employé dans le sens spécial qu'il reçoit si souvent dans nos Chansons de geste : ce mot signifie « le bachelier qui n'a pas encore été adoubé chevalier », et les *enfances* d'un héros sont le temps qui précède sa réception dans l'ordre de la Chevalerie : *Ensemble od els XV milie de Francs, — De bachelers que Carles cleimet* ENFANZ, 3196, 3197. Néanmoins, ce grand nombre de jeunes gens, d'aspirants à la chevalerie, est de nature à nous inspirer quelque doute sur le véritable sens de ce passage.

ENFER. R. s. m. (*Infernum*), 1391.

ENFRUNS. R. p. m. Nom de peuple païen. (ENFRUNS signifiait « ennemi, adversaire, courageux, glouton. » V. Ducange, au mot *infrunitus*.) *Turcs e* ENFRUNS, *Arabiz e Jaians*, 3518.

ENFUERUNT. Verbe act., 3ᵉ p. p. du fut. Enfouiront, enterreront (*Infodere-habent*), 1750. — Imparf. du subj. passif, 3ᵉ p. s., avec un s. s. f. : FUST ENFUIE, 2942. — Part. pass., s. s. f. : ENFUIE, 2942.

ENFUIR (s'). Verbe pronomin. (*Indefugere.*) On pourrait être tenté d'écrire en un seul mot : *Desuz ces vals* S'EN-FUIT, 2043. Cf. 686, 1047, 1875 et 2460. Mais d'autres exemples nous prouvent jusqu'à l'évidence qu'il y avait là deux mots bien distincts : FUIR S'EN *voel*, 1600 ; FUIT S'EN EST *Marsilies*, 1913. V. *Fuir.*

ENGLETERE. R. s. f. (*Anglorum-terram*), 372, 2332...

ENGELERS. S. s. m. Nom d'un des douze Pairs (*Ingelerius*, nom d'origine germanique), 1289, et ENGELER, 1503, 2407. — R. s. m. : ENGELER, 1494.=Il faut, d'ailleurs, lire partout *Engelier, Engeliers* : car ce mot figure uniquement, comme assonance, dans les laisses en *ier*.

ENGIGNENT. 3ᵉ p. p. du subj. prés. Trompent (d'un verbe formé sur *ingenium*) : *Ne s' poet garder que alques ne l'*ENGIGNENT, 95.

ENGRÈS. Adj., s. p. m. Violents, emportés, hardis (*Ingrati??*) : *En la bataille sunt felon e* ENGRÈS, 3251. V. les exemples prov. et franç. cités par Raynouard, III, 128.

ENGUARDES. S. p. f. Avant-garde, ou plutôt « soldats envoyés en éclaireurs. » On dit encore aujourd'hui qu'une armée *se garde*. (De *in* et de *wardia*, qui lui-même est dérivé de l'allem. *warten*, veiller sur.) *De Païens li surdent les* ENGUARDES, 2973. Cf. 3130. *A Baligant repairent ses* ENGUARDES, 3130. — R. p. f. : ENGUARDES, 548, 561. Dans ce dernier cas, le sens d'avant-garde est nettement accentué.

ENHAITET. 3ᵉ p. s. du subj. prés. Bénisse, rende heureux (v. *Dehet*) : *Bel Sire, chers cumpainz, pur Deu que vos* ENHAITET, 1693.

ENHELDIE. Part. pass., s. s. f. Le *helz*, c'est la garde de l'épée. De là, *enheldi*. (Origine germanique. D'après Diez c'est l'anc. haut allem. *helza*, garde d'épée.) *Veez m'espée ki d'or est* ENHELDIE, 966. — R. p. f., ENHELDÉES : *Ceinent espées* ENHELDÉES *d'or*, 3866. Pour cette dernière forme, il faut supposer un verbe en *arc*.

ENLUMINET (AD). Verbe act., 3ᵉ p. s. du parf. comp. d'*enluminer*. A éclairé (*Illuminatum habet*) : *De tel barnage l'ad Deus* ENLUMINET, 535.

ENMEINET. Verbe act., 3ᵉ p. s. de l'ind. prés. Emmène (*Inde-minat*) : *Ses meillors humes* ENMEINET *ensembl' od sei*, 502.

ENMI. Prép. Au milieu de. (*In medio.*) S'écrit en un ou deux mots, avec le sens de notre « parmi » : ENMI *ma veie*, 986, 1395. ENMI *un guaret*, 1385. V. *Mi.*

ENNUIEZ. S. p. m. Tristes, fatigués. (Étymologie incertaine. Il est difficile d'admettre l'*in-odio* de M. Brachet, *Dict. étym.*, pp. 206, 207.) *Noz chevalz sunt e las e* ENNUIEZ, 2484.

ENOIT. Adv. Cette nuit (? *In-norte*) : ENOIT *m'avint une avisiun d'angele*, 836.

ENPEINT. Verbe act., ind. prés.

3e p. s. Frappe (*Impingit*), 1203. V. *Empeint*.

ENPENET. Part. pass., s. s. m. Garni de plumes (*Impennatus*) : *Un algier tint ki d'or fut* ENPENET, 439. — R. p. m., ENPENNEZ : *Musc-raz* ENPENNEZ, 2156.

ENPORTET. Verbe act., 3e p. s. de l'ind. prés. (*Inde-portat.*) *L'anme de lui* ENPORTET *Sathanas*, 1268. 3e p. p.: ENPORTENT, 1510. — Fut., 3e p. s., ENPORTERAT : *Se trois Rollant*, N'ENPORTERAT *la teste*, 935.

ENPRÈS. Adv. et prép. (*In-presso.*) 1º Comme adverbe, il signifie « ensuite »: ENPRÈS *li dient :« Sire, car nos menez »*, 357. 2º Comme préposition, il est synonyme d'*après*: ENPRÈS *sun colp ne quid que un dener vaillet*, 1666.

ENPRISE (AVEZ). Verbe act., 2e p. p. du parf. comp., avec un r. s. f. Avez entreprise (d'*in et prehensam*): *Faites la guer[e] cum vos* l'AVEZ ENPRISE, 210.

ENQUI. Adv. Aujourd'hui, 2808. (V. *Encoi.*)

ENQUIS (AD). Verbe act., 3e p. s. du parf. comp., avec un r. s. f. A recherché (*Habet-inquisitum*): EN QUIS AD *mult la lei de salvetet*, 126.

ENQUOI. Adv. Aujourd'hui, 1194, 1901, 1228. (V. *Encoi.*)

ENRENGER. Verbe act., inf. prés. Disposer en rangs (du haut allem. *hring*, cercle): *Devevant vos juster e* ENRENGER, 2181. Lire *enrengier*.

ENSANGLENTET. Part. pass., r. s. m. (*In-sanguilentatum*). *Tut en verrez le brant* ENSANGLENTET, 1067.

ENSEIGNE. R. s. f. (*Insigne*, ou plutôt la forme fém. *insignis.*) Le sens primitif, en roman, est celui de « gonfanon, étendard »: *Li quens Rollanz ad l'*ENSEIGNE *fermée*, 707, 3297, 3330. = Puis, est venu par extension, le sens de « cri de guerre », parce que ce cri était le nom même du gonfanon (*Munjoie*, etc.): *L'*ENSEIGNE *Carle n'i devum ublier*, 1179, 1793, 1921, 2510; EN-SEINGNE, 1578. — S. p. f.; ENSEIGNES, dans le sens de « gonfanons », 3308.

ENSEIGNER. Verbe act., inf. prés. Indiquer, signaler (*In-signare*): *S'est ki l'demandet, ne l'estoel* EN-SEIGNER, 119.

ENSEMBLE. (Devant une voyelle, ENSEMBL.) Adv. (*Insimul.*) *Ki que l'cumpert, venuz en sunt* ENSEMBLE, 1392. *Plus de cent milie s'en adubent* ENSEMBLE, 3000. = ENSEMBLE s'emploie surtout avec *od*, *ot* (avec) : ENSEMBL' OT *mei*, 3286. ENSEMBL' OD *lui*, 104, 1410, 1805. ENSEMBLE OD *els*, 175.

ENSEMENT. Adv. Pareillement (*Ipsa-mente*): *Blanche ad la barbe* ENSEMENT *cum flur*, 3173. *Cil sunt seiet* ENSEMENT *cume porc*, 3223.

ENSURQUETUT. Adv. Surtout (*In-super-quod-totum*): ENSURQUETUT *si ai-jo vostre soer*, 312.

ENTENDENT. Verbe act., 3e p. p. (*Intendunt*), 1788, 2113, 3782. — Parf. simpl., 3e p. s.: ENTENDIT, 1243. — Parf. comp., 3e p. s., avec un r. s. m. : AD ENTENDUT, 2054 (et avec un neutre, 2098); 2e p. p., avec un neutre : AVEZ ENTENDUT, 232. = Au passif. Subj. prés., 3e p. s., avec un s. s. m. : SEIT ENTENDUT, 234. — Part. pass., s. s. m.: ENTENDUT, 234. R. s. m. : ENTENDUT, 2054. R. s. n. : ENTENDUT, 232, 2098. = Le sens actuel d'*entendre* est le plus fréquent dans notre poème: c'est celui du latin *audire*. Mais au v. 2098 (*Ki tant ne set ne l'ad prod* ENTENDUT), il est employé au figuré. Enfin le sens primitif du latin *intendere* (être attentif, et, par extension, soumis) est conservé au v. 3782 : *Un en i ad à qui li altre* EN-TENDENT.

ENTERCER. Verbe act., inf. prés. Réclamer, rechercher, reconnaître. (*Intertiare.*) Le sens primitif du mot *intertiare* est, d'après Ducange, celui de *sequestrare*, *in manum tertiam ponere*. Puis, par extension : *Repetere rem in sequestrum positam.* Puis, enfin, *repetere*, réclamer, revendiquer, rechercher : *Jo'es voell aler quere e* ENTERCER, 2180.—La vraie forme est *entercier;* car ce mot se trouve en assonance dans les laisses en *ier*.

ENTERRERENT. Verbe act., 3ᵉ p. p. du parf. simpl. (*In-terrârunt.*) *Lunc un alter belement l'*ENTERRERENT, 3732.

ENTRE. Prép. (*Inter.*) 1° Au milieu de, entre : ENTRE *les helz*, 621. ENTRE *lur piez*, 2587. = 2° Parmi : ENTRE *les altres*, 2275. = 3° Sens spécial : ENTRE *Rembalt e Hamon de Galice,— Les guierunt...*, 3073. —ENTRE *Naimon e Jozeran le cunte, — La noefme eschele unt faite de prozdomes*, 3075, 3076 (c'est-à-dire : Rembalt et Haimon, Naimes et Jozeran *se partagent le commandement* de tel ou tel corps d'armée).= ENTRE *s'eslisent*, v. 802. est pour : ENTRE ELS *s'eslisent.* = ENTRE QU'à *Scaz*, v. 956, est une erreur du scribe, pour *entresqu'à*, (V. ce mot.)

ENTREDUNENT. Verbe act., 3ᵉ p. p. de l'ind. prés. (*Inter-donant.*) *Sur ces escuz mult granz colps s'*ENTREDUNENT, 3582. — 3ᵉ p. p. du parf. comp., S'ENTREDUNERENT : *Granz colps s'*ENTREDUNERENT, 3568.

ENTRÉE (EST). Verbe neutr., parf. comp., 3ᵉ p. s., avec un s. s. f. (*Est intrata.*) *El'cors vos est* ENTRÉE *mortel rage*, 747. V. *Entret*.

ENTRENCUNTRERENT (s'). Verbe réfl., 3ᵉ p. p. du parf. simple. (*Inter-in-contraverunt.*) *En mi le camp andui s'*ENTRENCUNTRERENT, 3567.

ENTRERENT. Verbe neutr., 3ᵉ p. p. du parf. simple (*Intraverunt*), 2709. V. *Entret.*

ENTRESQUE. Prép. Jusqu'à (*In-trans-quod*): *Des porz d'Espaigne* ENTRESQU'A *Durestant*, 870. ENTRESQU'A *la charn*, 1265. Cf. 1613 (ENTRESQUE) et 956 (ENTREQU'A).

ENTRET. Verbe neut., 3ᵉ p. s. de l'ind. prés. (*Intrat*), 365, 660. — Parf. simpl., 3ᵉ p. p. : ENTRERENT, 2709. —Parf. comp., 3ᵉ p. s., avec un s. s. f. : EST ENTRÉE, 747.—Part. pass. s. s. f.: ENTRÉE, 747.

ENTREVEIENT. Verb. act., 3ᵉ p. p. de l'ind. prés. (*Inter et vident.*) *Ben s'*ENTREVEIENT *enmi la pleine tere*, 3294.

ENTUR. Prép. A l'entour de (*In*, avec le subst. verbal de *tornare*): ENTUR *lui*, 410, 2090.

ENVAÏR. Verbe act., ind. prés. (*Invadere.*) Le sens est celui de « marcher sur »: *Tut par seit fel ki ne's rait* ENVAÏR, 2062. *De tutes parz les revunt* ENVAÏR, 2065.

ENVEIER. Verb. act., inf. prés. Envoyer (*In-viare*), 252. — Ind. prés., 3ᵉ p. s. : ENVEIET, 421, 483. — Parf. simpl., 3ᵉ p. s. : ENVEIAT, 202. — Parf. comp., 3ᵉ p. s. avec un r. s. m. : AD ENVEIET, 2526. — Fut. 1ʳᵉ p. s.: ENVEIERAI, 43. 1ʳᵉ p. p. : ENVEIERUNS, 244. 2ᵉ p. p. : ENVEIEREIZ, 573 (en assonance dans une laisse masculine en *ei*).—Impér., 1ʳᵉ p. p.: ENVEIU[N]s, 42. 2ᵉ p. p. : ENVEIEZ, 40. — Subj. prés., 1ʳᵉ p. s. : ENVEI, 493. 3ᵉ p. s. : ENVEIET : 2727. — Part. pass., r. s. m. : ENVEIET, 2526.

ENVEISET (s'). Verbe pronomin. 3ᵉ p. s., ind. prés. Se divertit, s'amuse (?). (Génin propose *inotiare*, qui n'est pas justifié par le provençal *envezar.*) *Greignor fais portet par giu, quant il s'*ENVEISET, 977.

ENVERS. Adj., s. s. m. Sur le dos, opposé à *adenz*. (*Inversus*) : *L'un gist sur l'altre e* ENVERS *e adenz* : 1624. *Sur l'erbe verte si est caeil* ENVERS, 2269.

ENVERS. Adv. (*In et versus*) : 1° Vers ENVERS *le cel*, 723. Cf. 2376. = 2° Du côté de: ENVERS *lu*..., 368. ENVERS *le rei*, 468. = 3° A l'égard de : ENVERS *Franceis est mult cuntrarius*, 1222. = 4° A: *Après parlat ses filz* ENVERS *Marsilie*, 485.

ENVERS. Erreur du scribe. *Ki tint Valeri e* ENVERS *sur le Rosne*, 1583.

Müller a restitué le vrai texte : *Ki tint Valence e l'unur sur le Rosne.*

ENVIRUN. 1° Préposition. Autour de... (*In*, et un mot de la famille de *viria*) : ENVIRUN *lui plus de vint milie humes*, 13. = 2° Adverbe: *Des Canelius chevalchent* ENVIRUN, 3269.

ENVOLUPET. S. s. Enveloppé (étymologie très-incertaine) : *Un faldestoel out suz l'umbre d'un pin;* — ENVOLUPET FUT *d'un palie alexandrin*, 407, 408.

ENZ. Prép. (?) ou adv. Dedans. (*Intus.*) 1° Comme préposition, ENZ ne s'emploie pas seul, mais avec *en* ou *de* : ENZ EN *lur mains*, 93. ENZ EN *la fosse des leons o fut enz*, 3105. D'ENZ *de la sale*, 730. ENZ *el'cors*, 1266. = 2° Adverbe: *Les dis messages ad fait* ENZ *hosteler*, 160. *Saillent* ENZ, 2469. *A icest mot Franceis se fièrent* ENZ, 1939.

EQUITAIGNE, r. s. f. (*Aquitaniam*), 2325.

ER. Adv. Hier (*Heri*), 383. IER, 2701, 2772, 2791. HER, 2745 (HER *seir*). = Locution proverbiale : *Li* ALTR'ER, 3185. V. *Her* et *Ier*.

ERBE. R. s. f. (*Herbam*), 671, 1334, 1614, 2175. HERBE, 1569, 2523. —R. p. f.: HERBES, 2871.

ERENT. Verbe *estre*, 3° p. p. du fut. (*Erunt*), 3048, 3514.

ERMES. Verbe *estre*, 1re p. p. du fut. (*Erimus*), 1977.

ERMINES. R. p. m. Arméniens (*Armenios*), 3227.

ERET. Verbe *estre*, 3° p. s. de l'imparfait (*Erat*), 719.

ERRER. Verbe neut., inf. prés. (*Errare.*) 1° Marcher : *Ki* ERRER *voelt à mei venir s'en alt*, 3340. = 2° Agir (dans le sens actuel de notre mot *errements*) : *Par cels de France voelt-il de l'tut* ERRER, 167. = 3° Au fig., *errer*, être coupable. Parf. comp., 3° p. s. : *Guenes... tant* AD ERRET, *nen est dreiz que plus vivet*, 497.

ERT. Verbe *estre*, imparf. de l'ind., 3° p. s. (*Erat*), 726, 880, 1214, 1650, 2550...

ERT. Verbe *estre*, fut., 3° p. s. (*Erit*), 51, 190, 314, 354, 376, 543, 742, 761, 906, 915, 922, 938, 968, 969, 1710, 2088, 2530, 2801... V. *Iert*.

ES. En les. (*In illis.*) Masc. et fém. 1° Masc. : *Seiez* ES *lius Oliver et Rollant*, 3016. *Graisles* ES *flancs*, 3158. Cf. 209, 626, etc. — 2° Fém.: *Il est escrit* ES *cartres e es brefs*, 1684, etc.

ESBALDISSENT (s'). Verbe pronominal, 3° p. p. de l'ind. prés. Se mettent en joie (v. *Balz*) : *A icest mot si s'*ESBALDIS-ENT *Franc*, 1481.

ESBANEIER. Verbe act., inf. prés. Amuser, divertir. (Étym. incertaine. Diez propose la même origine que pour *bande* et *bannière*.) *As tables juent pur cels* ESBANEIER, 111.

ESCABABI. R. s. m. Nom d'un chef païen (?) : ESCABABI *i ad le chef trenchet*, 1512.

ESCALGUAITE. R. s. f. Sentinelle, guet, grand'garde (Germ., *schaar*, troupe, et *wahtan*, guetter) : *Icele noit n'unt unkes* ESCALGUAITE, 2495.

ESCANGE. R. s. Échange (d'*excambium*, si fréquent dans les chartes) : *Deus! se jo l'pert, ja n'en avrai* ESCANGE, 840. Cf. ES-CHANGE, 3714, 3095.

ESCANTELET. Verbe act., 3° p. s. de l'ind. prés. *Escanteler*, c'est « abattre le cantel de l'écu ». Or le *cantel*, comme le dit Gachet, « ce sont les parties ou quartiers dont l'écu se compose. » Le latin *cantellus* a donné lieu à *excantellare*. Et il ne nous paraît pas douteux que *cantellus* ne soit lui-même un diminutif de *canthus*, qui signifie « le cercle de fer, la bande entourant la roue ». L'écu primitif était entouré et garni de bandes de fer qui en déterminaient les quartiers. C'est ce que Gachet n'a pas vu. (*Ex-cantellat.*) *L'escut de l'col li freint e* ESCANTELET, 1292.

ESCAPET. Verbe neut., 3ᵉ p. s. de l'ind. prés. Échappe (*Ex-cappat*; du lat. *cappa*, manteau, suivant Diez et Littré?) : [S]*uns en* ESCAPET, *morz ies*, 3955.

ESCARBUNCLE. R. s. m. Escarboucle (*Carbunculus*), 1488, 2589. Cf. la forme CARBUNCLE, 1326, 1662, 2633, 2643. — Escarboucle est aujourd'hui féminin ; mais, d'après le v. 1326 (*L'elme li freint u* LI CARBUNCLE *luisent*), on peut affirmer qu'il fut d'abord masculin. = Aux vers 2633 et 2643, on constate une croyance étrange du moyen-âge : nos pères croyaient que l'escarboucle luisait dans les ténèbres, au point de remplacer aisément toute autre lumière. V. Littré, au mot *Escarboucle*.

ESCARBUNET. Verbe neut., 3ᵉ p. s. de l'ind. prés. Sortir, jaillir du charbon (*Ex-carbonare*, de *carbo*) : *Des helmes clers li fous en* ESCARBUNET, 3586.

ESCHANGE. R. s. (*Excambium.*) Rem. les expr. « duner ESCHANGE » : *Jo t'en* DURAI *mult esforcet* ESCHANGE, 3714 ; et « prendre ESCHANGE » : *De Munjoie iloec ont* PRIS ESCHANGE, 3095. Cf. ESCANGE, 840.

ESCHEC, ESCHECH. R. s. m. Butin. (Haut allem. : *schâh, schach*, butin. On a pu proposer un subst. verbal d'*excadere*, « ce qui *tombe* en partage », comme dans *escheete*, succession. Mais cette origine n'explique point le *c* final d'ESCHEC.) *Mult grant* ESCHECH (ou ESCHEC) *en unt si chevaler*, 99, 2478. *Encoi a verum un* ESCHEC *bel e gent*, 1167.

ESCHECS. R. p. Jeu d'échecs. (Du pers. *schah*, roi. Gachet défend sans succès l'origine germanique, *schach*, butin.) *As tables juent... e as* ESCHECS, 111, 112.

ESCHELE. S. s. f. Bataillon, corps d'armée (Germ. *schaar*, troupe ?), 3084. —R. s. f. : ESCHELE, 3045, 3068. —S. p. f. : ESCHELES, 3026, 3291. — R. p. f. : ESCHELES, 1034, 1451, et ESCHIELES, 3024. Cette dernière forme nous paraît la vraie, à cause des vers 3026-3034, où nous sommes tentés de voir une laisse féminine en *ier*.

ESCHEWID. R. s. Svelte, allongé. (Anc. haut allem. *scaffan*, ordonner, façonner, suivant Diez. — *Eschievi*, achevé, suivant Roquefort ??.) *Heingre ou t le cors e graisle e* ESCHEWID, 3820. Ce vers semble donner raison à l'étymologie de Diez.

ESCHIEZ. R. p. m. Esquifs (haut allem. *skif*) : ESCHIEZ *e barges e galies e nefs*, 2625. ESCHIEZ *e barges e galées curanz*, 2729.

ESCHINE. R. s. f. La colonne vertébrale, l'épine dorsale (haut allem. *skina*, épine) : *Tute l'*ESCHINE *li deseveret del' dos*, 1201. Cf. 1333, 1654. — R. p. f. : ESCHINES, 1612, 3222. Le mot s'emploie fort naturellement pour le cheval comme pour l'homme. V. 1654.

ESCHIPRE. R. s. m. Marinier (*Schippulam*, du haut allem. *skif*) : *N' i ad* ESCHIPRE *qui s' cleimt se par loi nun*, 1522.

ESCHIVERUNT. Verbe act. fut., 3ᵉ p. p. Éviteront (haut allem. *skiuhan*, allem. *scheuen*, avoir peur) : *Ja pur murir n'*ESCHIVERUNT *bataille*, 1096.

ESCICLES. V. *Esclices*.

ESCIENT. R. s. Se trouve uniquement dans cette locution : *Men* ESCIENT, 524, ou *Par le mien* ESCIENT, 1936. (Vient du mot *sciens*, qui s'employait dans le même sens en latin.)

ESCIENTRE. R. s. Même origine, même sens que le précédent dans une locution toute semblable : *Men* ESCIENTRE, 539, 552. *Par le mien* ESCIENTRE, 1791. Cf. 756, 2073.

ESCLACES. S. p. (Génin regarde ESCLACES comme le même mot qu'*esclices*, avec la signification de « jets de sang ». Bartsch traduit par « gouttes ». L'étymologie et le sens sont très-douteux.) *Encuntre tere en chiént les* ESCLACES, 1981. (V. Diez, *Lex Étym*.) Cf. *Esclices*.

ESCLAIRET. Verbe neutre, 3ᵉ p. s. de l'ind. prés. (*Ex* et un verbe en *are* formé sur *clarus*) : *Par main en l'albe, si cum li jurz* ESCLAIRET, 667. *Tut li païs en reluist e* ESCLAIRET, 2637. = Actif. Subj. prés., 1ʳᵉ p. s., ESCLAIR : *Que jo n'*ESCLAIR *ceste meie grant ire*, 322.

ESCLARGIEZ. Verbe act. impér., 2ᵉ p. p. Rendez plus clair (*Ex-clarificate*) : ESCLARGIEZ *le dreit*, 3890. Et, dans le sens « d'éclairer par la joie » : ESCLARGIEZ *vos talenz e vos coers*, 3628. = Au passif, 3ᵉ p. s. de l'ind. prés., avec un s. s. f. : ESCLARGIEZ *est la sue grant ire* (lisez *esclargiée*), 3989. Cf. le vers 1807 : ESCLARGIEZ *est li vespres e li jurz*. — Part. pass., s. s. m. : ESCLARGIEZ, 1807. S s. f. : ESCLARGIÉ[E], 3989.

ESCLAVOZ. R p. m. Nom de peuple païen (d'un mot formé sur *Sclavus*, qui lui-même dérive du haut allem. *Sclave*) : *E la quarte est de Bruns e d'*ESCLAVOZ, 3225.

ESCLICES. S. p. m. Morceaux, éclats de bois (du haut allem. *kliozan*, fendre) : *Envers le cel en volent les* ESCLICES, 723. Le manuscrit porte *Escicles*.

ESCLICET. Verbe act., 3ᵉ p. s. de l'ind. pr. Brise, fend, met en morceaux (même étym. que le précédent) : *La hanste briset e* ESCLICET *josqu' as poinz*, 1359.

ESCOCE. R. s. f. (*Scotiam*), 2331.

ESCORDUSEMENT. Adv. Du fond du cœur (il faudrait SUPPOSER *excordosa-mente*) : *Recleimet Deu mult* ESCORDUSEMENT, 3099.

ESCREMISSENT. Verbe neut., ind. prés., 3ᵉ p. p. S'escriment, jouent (*Skirm*, haut allemand) : *E* ESCREMISSENT *cil bacheler leger*, 113.

ESCREMIZ. S. s. m. Nom de païen (?), 931. — R. s. m. : ESCREMIZ, 1291.

ESCRIER. Verbe neut. ou act. (*Exquiritare?*.) 1º A l'actif. *a*. Appeler quelqu'un à grands cris : *Après*, ESCRIET *Rollant qu'il li aïut*, 1964. *Franceis* ESCRIET, *Oliver apelat*, 1112. Cf. 1921. *b*. Jeter tel ou tel cri : *Grant est la noise de Munjoie* ESCRIER, 2151. = 2º Au neutre : *Ses chevaliers en a fait* ESCRIER, 3148. Cf. 1180. = 3º Au réfléchi : S'ESCRIER, 891, 900, 933, 2843, 2985. = 4º Au passif : *Munjoie est* ESCRIÉE, 1328. = Voici toute la conjugaison de ce verbe : Inf. prés. : ESCRIER, 2151, 3148. — Ind. prés., 3ᵉ p. s. : ESCRIET, 1112, 1499, 1964 : S'ESCRIET, 891, 933, 2985. 3ᵉ p. p. : ESCRIENT, 2921. — Parf. comp., 3ᵉ p. s. : S'EN EST ESCRIET, 900. 3ᵉ p. p. : UNT ESCRIET, 1180. — Part. prés., s. s. m. : S'ESCRIANT, 2841. = Ind. prés. du passif, 3ᵉ p. s., avec un s. s. f. : EST ESCRIÉE, 1378. Part. pass., s. s. f. : ESCRIÉE, 1378. R. D. ESCRIET, 900 et 1180.

ESCRIT. Verbe passif, ind. prés., 3ᵉ p. s. : IL EST ESCRIT... (*Illud scriptum est...*) : IL EST ESCRIT *en la geste Francor — Que vassals ad li nostre empereür*, 1443, 1444. Cf. 1684 : IL EST ESCRIT *es cartres... plus de .IIII. milliers*, 3742. — Part. passé, s. s. n. : ESCRIT, 1443, 1684, 3742. R. s. f. : ESCRITE, 487. R. p. f. : ESCRITES, 2594.

ESCULTER. Verbe actif, inf. prés. Écouter (*Auscultare*, que le peuple prononçait *ascultare*), 455. — Ind. prés., 3ᵉ p. p. : ESCULTENT, 1767. — Parf. simpl., 3ᵉ p. s. : ESCULTAT, 2105. — Parf. comp., 3ᵉ p. s. : AD ESCULTET : *Messe e matines* AD *li Reis* ESCULTET, 164. Cf. 670. — Part. pass., r. s. n. : ESCULTET, 164, 670.

ESCULUREZ (FUT). Verbe passif, 3ᵉ p. s. du parf. Fut décoloré, devint pâle (*Ex-coloratus fuit*) : *Marsilies* FUT ESCULUREZ *de l'ire*, 485. — Part. pass., s. s. m. : ESCULUREZ, 485.

ESCUMBATUES (AI). Verbe actif, parf. comp., 1ʳᵉ p. s., avec un r. p. f. J'ai conquis (*Ex-cum* avec le part. de *battuere*) : *Tantes teres larges* [AI] ESCUMBATUES ! 2307. — Part. pass., r. p. f. : ESCUMBATUES, 2307.

ESCUZ. S. s. m. (*Scutum*, et bas

lat. *scutus*), 1262; ESCUT, 1495, 3355. — R. s. m. : ESCUT, 526, 1199, 1276, 1556, 2991, 3149. — S. p. m. : ESCUZ, 1453, 3307. — R. p. m. : ESCUZ, 713, 913, 2210, 3867.

ESDEMETRE. Verbe act., réfl. et neutr., inf. prés. A l'actif, le sens est celui de « lâcher, abandonner ». D'où sans doute le réfl. S'ESDEMETRE, et le neutre ESDEMETRE, qui signifie « se lancer, prendre son élan ». (*Ex-de-mittere.*) *Sun bon ceval i ad fait* ESDEMETRE, 1567.

ESFORCET. Part. pass. employé adjectivement, au r. s., dans le sens de « plus considérable » (*Ex-fortiatum*): *Jo l'en durai mult* ESFORCET *eschange*, 3714.

ESFORZ. R. s. (Subst. verbal d'*ex-fortiare*.) 1° Se dit, en particulier, d'une forte armée dans le sens où nous disons encore aujourd'hui : « Les forces de l'ennemi. » *N'asemblereit jamais Carles si grant* ESFORZ, 599. *Paien unt grant* ESFORZ, 1049. Cf. 3218. = 2° La locution adverbiale : AD ESFORZ, signifie « avec élan, avec emportement, rapidement » : *Sun cheval brochet, laiset curre* A ESFORZ, 1197. *Sun ceval brochet, si li curt* AD ESFORZ, 1539.

ESFRÉED (FUT). Verbe pass. parf., 3ᵉ p. s., avec un s. s. m. Fut épouvanté (*Ex-frigidatus fuit*): *Li reis Marsilies en fut mult* ESFRÉED, 438. V. le suivant.

ESFRÉEDEMENT. Adverbe. Avec effroi (*Ex-frigidata-mente*) : *A l' Amiraill en vunt* ESFRÉEDEMENT, 2767. Mü. a rectifié ce vers avec raison, et imprimé : *A l' Amiraill en vunt (tut)* ESFRÉED.

ESGUARDET. Verbe act., 3ᵉ p. s. de l'ind. prés. Regarde (*Ex*, latin, et *warten*, germ., veiller sur; *ex-wardiat*) : *Uns Sarrazins tute veie l'*ESGUARDET, 2274. 3ᵉ p. p. : ESGUARDENT, 285, 3882.

ESGUARET (EST). Verbe pass., 3ᵉ p. s. de l'ind. prés., avec un s. s. m. Est égaré, fou (du germ., *waran*: prendre garde, même racine que le mot précédent): *E(n) lui meïsme en est mult* ESGUARET, 1036. — Part. pass., s. s. m. : ESGUARET, 1036.

ESGRUIGNET. V. le suivant.

ESGRUNIE. Verbe neut., 3ᵉ p. s. de l'ind. prés., 2303: *Cruist li acers, ne briset ne n'* ESGRUNIE. Mais il faut remarquer que le couplet où se trouve ce vers est en *an*, *ain* féminin, et que, par conséquent, il faudrait restituer, D'APRÈS LE MANUSCRIT DE VENISE : *Cruist li acers, ne briset, ne n'*ESGRANIET. Or l'étymologie de ce dernier mot n'est pas difficile. Il y aurait là un composé d'*ex* et de *granum*. Mais ce verbe n'est-il pas lui-même imaginé par l'assonance? Dans le couplet précédent (qui est en *u* féminin), le même vocable a reçu une autre forme : *Cruist li acers, ne freint ne n'*ESGRUIGNET, 2302. Et, d'un autre côté, F. Michel cite de nombreux exemples d'ESGRUNIE. (*Glossaire du Roland*, p. 184.)

ESLAIS. R. s. m. *Faire sun* ESLAIS, c'était, pour le jeune bachelier qui venait d'être armé chevalier, faire faire à son cheval un temps de galop sous les yeux de tous ceux qui avaient assisté à son *adoubement*. Dans le *Roland*, cette locution est employée d'une façon plus générale. *Laschet la resne, mult suvent l'esperonet*, — FAIT SUN ESLAIS *veant cent milie humes*, 2996, 2997. FAIT SUN ESLAIS, *si tressalt un fossel*, 3166. Ce mot ESLAIS est le substantif verbal de ESLAISSER (*ex-laxare*).

ESLEGER. Verbe act. et neut. Payer. (*Ex-levare* [??]. *Levare* a le même sens que *pacare*, lequel nous a donné *payer*.) *Mais as espées l' estuverat* ESLEGER, 1151. = Au passif. Subj. prés., 3ᵉ p. s. : *Que as espées ne seit einz* ESLEGIET, 759. — Part. s. n. : ESLEGIET, 759. = Ce mot se trouve en assonance dans une laisse en *ier*. La forme correcte est donc ESLEGIER.

ESLISENT. Verbe act., 3ᵉ p. p. de

l'ind. prés. (Fait sur ou d'après *eligunt.*) *Entre* s'eslisent, 802. = Imp., 2ᵉ p. p.: eslisez, 275, 877.

ESMAER, ESMAIER. Verbe act. inf. prés. Mettre en émoi, étonner. (De *ex*, latin, et de *magan*, haut allem., qui signifie *être en puissance de...* Telle est l'opinion de Littré, Gachet, etc. Elle nous paraît hypothétique, et il nous est difficile de ne pas voir dans esmaer un dérivé plus ou moins direct d'*exmovere*.) *Deus, dist li Reis, tant me pois* esmaer, 2412. *Pur orgoillus veintre e* esmaier, 2211. — Impér., 2ᵉ p. p., esmaiez : *Ne vos* esmaiez, 920. Cf. 27.

ESMEREZ. Part. pass. employé adjectivement, r. p. m. Affinés; d'or affiné, épuré (*Ex-meratos*, de *merus*) : *Tant i averat de besanz* esmerez, 132.

ESMUT. Verbe act., parf. simpl., 3ᵉ p. s. Mit en mouvement (*Ex-movit*, du verbe *esmuveir*): *L'Amiralz ki trestuz les* esmut, 2813.

ESPAENT (s'). Verbe réfl. Subj. prés. 3ᵉ p. s. S'épouvante (*Se expaventet*: diminutif de *expaveat*) : *Hume ne l' veit ki mult ne s'*espa(e)nt, 1433. *Ne poet muer qu'il ne s'*en espaent, 1599.

ESPAIGNE. S. s. f. (*Hispania*), 907. — R. s. f.: Espaigne, 2, 59, 2120, 3709.

ESPALLE. R. s. f. Épaule (*Spatulam*), 647. — R. p. f. : espalles, 1344, 3160, 3727.

ESPANELIZ. S. s. m. Nom de païen, 2648. Le mot *Hispanus* entre peut-être dans la composition de ce mot, qui n'a d'ailleurs rien de traditionnel ni d'historique. C'est à tort que Génin y voit : « Espagnol choisi ».

ESPANDRE. Verbe act., inf. prés. Répandre. (*Ex-pandere*): *Trenchet la teste pur la cervele* espandre, 3617. — Ind. prés., 3ᵉ p. s. : espant (dans le sens passif de « est répandu »): *Sur l'erbe verte en* espant *li cler sanc*, 3972. — Parf. comp.,

3ᵉ p. s., avec un r. s., ad espanDUT : *De l'chef li ad le cervel* espanDUT, 3928. — Part. pass. r. s. : EsPANDUT, 3928.

ESPANS. S. s. m. Espagnol (*Hispanus*) : *Ço ad juret li Sarrazins* Espans, 612... — R. p. m., Espans : *Dunc apelat dui Sarrazins* Espans, 2828.

ESPARIGNET. Verbe act., 3ᵉ p. s. de l'ind. prés. Épargne, fait grâce. (Étym. incertaine. Il est difficile de croire qu'un composé de *parcere* n'entre pas avec *ex* dans un mot français dont le sens est si exactement le même.) *Turpins i fiert, ki nient ne l'*esparignet, 1665. — Parf. simpl., 2ᵉ p. s. : esparignas, 3103. 3ᵉ p. s. : esparignat, 2091. — Parf. comp., 3ᵉ p. s. avec un r. p. m. : ad esparniez, 1689. — Impér., 2ᵉ p. p. : esparignez, 1883.—Part. pass., r. p. m. : esparniez, 1689.=Ce mot, entrant comme assonance dans une laisse en *ier*, la forme correcte est *esparigniez*, etc.

ESPÉE. S. s. f. (*spata*), 2340, etc. — R. s. f. : espée, 465, 1527, etc. — R. p. f. : espées, 684, 3561, etc.

ESPÉRANCE. R. s. f. (*Sperantiam*), 1411.

ESPERONET. Verb. act., 3ᵉ p. s. de l'ind. prés. Éperonne (Du haut allem. *sporon*), 2996.

ESPERUNS. R. p. m., 345, 1225, 1530. Esporuns, 3430. (Cette dernière forme est la plus étymologique. V. le mot précédent.)

ESPERVÉS (?). Nom de païen, pour *Esperveris*, s. s. m., 1388. Mü a dû essayer une restitution de tout ce vers, qui avait été complètement défiguré par notre scribe.

ESPÉS. Adjectif, r. s. neutre. Épais. (*Spissum.*) Il est employé dans cette locution : « Au plus épais de: » El' plus espés *se s' rumpent*, 3529.

ESPIET. R. s. m. Ce mot, dans notre texte, est presque partout synonyme de lance (à *spiculum* je préférerais *spicetum*), 867, 1266, 1682, 2497, 3356. — S. p. m. : ESPIET, 1043; ESPIEZZ, 1811; ESPIEZ, 3308. — R. p. m. : ESPIEZ, 541, 554, 998, 1384, 1790, 2074, 2080, 2156, 3080.

ESPIEZ (AD). Verbe actif, parf. comp., 3e p. s. Épier, et, par extension, trahir (haut all. *spehen*) : *Guenelun nos* AD *tuz* ESPIEZ, 1147.

ESPINE. R. s. f. (*Spinam*.) *Altresi blanche cume flur en* ESPINE, 3521.

ESPLEIT. R. s. (Subst. verbal d'*espleiter*.) AD ESPLEIT est une locution adverbiale qui veut dire « en toute liberté, vivement, rapidement, avec force » : *Puint le cev l, laissel curre* AD ESPLEIT, 3547. *Trestut seit fel ki n' i fierget* A ESPLEIT, 3559. V. le suivant.

ESPLEITER. Verbe act., inf. prés. Travailler, agir. (Le sens primitif d'*explicare*, est « dérouler ». *Explicare volumen*, c'est dérouler un rouleau, c'est ACHEVER de le lire : d'où le mot *explicit*. De là aussi le sens général de « terminer » donné à *explicare* et à son diminutif *explicitare*, qui nous a donné ESPLEITER, avec le sens très-vague « d'achever, travailler, agir ».) PAR *quel gent quiet-il* ESPLEITER *tant*, 395. *Envers Espaigne tendent de l'*ESPLEITER, 2165. — Ind. prés., 3e p. s. : *Mult ben* ESPLEITE *qui Damnes Deus aiuet*, 3657. = Ce mot se trouvant comme assonance dans un couplet en *ier*, la forme correcte est *espleitier*, etc.

ESPRENDRE. Verbe neutre, inf. prés. Il est employé dans le sens de S'ESPRENDRE, s'embraser (*Ex-prehendere*) : *Salt en li fous que l'erbe en fait* ESPRENDRE, 3917.

ESPREVER. S. s. m. Épervier (haut allem. *sparvari*) : *Plus est isnels qu'* ESPREVER *ne arunde*, 1492.

ESPROVET. Part. pass., s. s. m. Éprouvé (*Ex-probatus*) : *De vasselage est suvent* ESPROVET, 3163.

ESQUASSENT. Verbe act., 3e p. p. de l'ind. prés. Mettent en pièces (*Exquassant*) : *Tuz lur escuz i fruissent e* ESQUASSENT, 3879.

ESQUIER. S. s. m. Écuyer (*Scutarius*), 2437.

ESRAGES (T'). Verbe réfl., ind. prés., 2e p. s. Tu te mets en rage (*Ex-rabias*) : *Tut fol, pur quei* T'ESRAGES, 286.

ESSAIET. Part. pass., s. s. m. Éprouvé, expérimenté, brave (*Exagiatus*, d'*exagium*, pesage) : *Li Arcevesque est prozdom e* ESSAIET, 2068.

ESSAMPLE. S. s. f. Exemple (d'une forme féminine d'*exemplum*) : *Malvaise* ESSAMPLE, 1016. — R. p. f. : ESSAMPLES dans le sens de « traits historiques » (comme nous disons aujourd'hui : La morale en exemples). Il s'agit de Bramimunde qui se fait instruire dans la foi chrétienne : *Tant ad oït e sermuns e* ESSAMPLES, 3979.

ESSOIGN. R. s. f. Souci. *Aveir* ESSOIGN *de*, c'est « se soucier de » : (L'étym. est germanique. Dans les chartes mérovingiennes et les lois barbares, *sunnia* signifie « les excuses que doivent fournir les non-comparants devant le *placitum* ou le *mallum* ». D'où notre mot français ESSOIGNE, qui a le même sens, et dont ESSOIGN est la forme masculine. Après avoir signifié « *excuses juridiques* », ce mot en vint sans doute à signifier le souci où l'on était de produire ces excuses, l'embarras où l'on se trouvait trop souvent pour les fournir bonnes et valables, etc. Tel est du moins le sentiment de Gachet, et il explique assez bien le sens d'ESSOIGN, qui, dans notre vieux texte, signifie, d'une façon très-générale « souci, besoin ».) *De voz manaces, culvert, jo n'ai* ESSOIGN, 1233.

EST. Verbe *estre*, 3e p. s. de l'ind. prés., 5, 6, 886, 940, 3056, 3716, etc. etc. = EST s'emploie avec PAR, qui donne plus de force à l'adjectif suivant : PAR EST *sages.* V. *Par.*

ESTABLER. Verbe actif., inf. prés. Mettre à l'étable (*Stabulare*): *Les dis mulez fait Char(l)es* ESTABLER, 158.

ESTABLISENT. Verbe actif, 3e p. p. de l'ind. prés. d'*establir (Stabilire): Après les dous* ESTABLISENT *la terce,* 3027. ESTABLISSENT, 3217. ETABLISSENT, 3237. — Parf. simpl., 3e p. s. : ESTABLIST, 3036.— Parf. comp., 3e p. s., avec un r. s. f. : AD ESTABLIE, 3068. — Part. pass., r. s. f. : ESTABLIE, 3068.

ESTACHE. R. s. f. Pieu, poteau (de l'allemand *stecken*, lier): *A une* ESTACHE *l' unt atachet cil serf,* 3737.

ESTAGE. R. s. Résidence, demeure (*Staticum*) : *Il me siurat ad Ais, à mun* ESTAGE, 188.

ESTAL. R. s. (D'un dérivé de *stare*, et non pas, comme on l'a dit, d'une origine directement germanique.) *Nus remeindrum en* ESTAL *en la place,* 1108. *Pur vostre amur ici prendrai* ESTAL, 2139. = *Remeindre en* ESTAL, c'est « rester debout »; *prendre* ESTAL, c'est « prendre position, s'arrêter ». Cf. plus loin, au mot *estant*, l'expression *remeindre en estant.*

ESTAMARIN. R. s. m. Nom de païen ?), 64. V. *Estramaris.*

ESTANDART. R. s. m. (D'un dérivé d'*extendere*.) Ce mot ne s'applique, dans notre texte, qu'à un drapeau païen : *Li Amiralz... dedevant sei fait porter... l'*ESTANDART *Tervagan e Mahum*, 3265, 3267. Cf. 3330.

ESTANT. La locution EN ESTANT (de *stare*) signifie, au sens propre, « debout. » En parlant des chevaux épuisés de l'armée de Charles, il est dit : *N'i ad cheval ki puisset estre* EN ESTANT ; — *Ki herbe voelt, il la prent en gisant,* 2522, 2523. Lorsque Baligant s'assied, *Tuit li altre sunt remés* EN ESTANT, 2655. *Remeindre* EN ESTANT signifie également « demeurer dans la même position », ou, plutôt, « s'arrêter : » *Li soleilz est remés* EN ESTANT, 2459. V. *Estal* et *Ester.*

ESTED. R. s. Saison d'été (*Æstatem*): *Ço est en mai, à l' premer jur d'*ESTED, 2628. ESTET, 3162.

ESTED (AD). 3e p. s. du parf., comp. d'*estre* (*Habet statum*), 2. Voy. *Estre* et *Estet.*

ESTEILES. S. p. f. Étoiles (*Stellæ*) : *Les* ESTEILES *flambient,* 3659.

ESTEIT. 3e p. s. de l'imparf. de l'ind. d'*estre* (*Stabat*), 979, 2318... V. *Estre.*

ESTENDANT. Part. prés. d'*estendre*, au s. p. m. (*Extendentes*.) Le sens est celui du part. passé. En parlant du supplice de Ganelon : *Trestuit si nerf mult li sunt* ESTENDANT, 3970.

ESTER. Verbe neutre, inf. prés. (*Stare.*) 1° Sens d'ESTER. *a.* « Se tenir ou rester debout » : *Signant doel out que mais ne pout* ESTER, 2219. *Il n' i pout mès* ESTER, 2784. = *b.* La locution « laisser ESTER » est l'équivalent de notre mot : « laisser tranquille: » LAISEZ ESTER *voz Francs,* 265, ou « abandonner, planter là »: *Paien s'enfuient, puis si l' laisent* ESTER, 2162. Cf. 2154, 3902 et *laissez ço* ESTER, au vers 2741. = 2° Conjugaison d'ESTER. Ind. prés. 3e p. p., ESTUNT : *Les rues u li burgeis estunt,* 2691. — Parf. simple, 3e p. s., ESTUT : *Sur l'erbe verte* ESTUT *devant son tref,* 671. S'ESTUT : *Li Emperere s'*ESTUT, *si l'escultat,* 2105. Cf. 3762. — Au fut. 2e p. p. ESTEREZ (v. 1134) signifie uniquement *serez* et se rapporte au verbe *estre*. — Impér. 2e p. p., ESTEZ: *El' camp* ESTEZ *que ne seium vencuz*, 1046. — Part. prés.: ESTANT, 2459, 2522, 2655. = Part. passé : ESTED, 2, et ESTET, 134, etc. etc. V. *Estre.*

ESTERMINALS. R. p. Nom d'une pierre précieuse. (Étymologie inconnue.) *Ametistes e topazes,* — ESTERMINALS *e carbuncles,* 1661,

1662. Il y a là peut-être une erreur du scribe.

ESTES. Verbe *estre*, 2ᵉ p. p. de l'ind. prés. (*Estis*), 356, 445, 746, 1130, 1697, 2138, etc. etc.

ESTET. R. s. Saison d'été (*Æstatem*): *Tant par ert blancs cume flur en* ESTET, 3162. ESTED, 2628.

ESTET. Part. passé d'*estre* comme dans « *Avum* ESTET », etc. etc. (*Habemus statum*, etc.), 134, 2028, etc. V. *Estre*.

ESTEZ Impér. 2ᵉ p. p. d'*ester* (*Stetis*), 1046. V. *Ester*.

ESTOERSTRENT (s'). Verbe neut. et réfl., 3ᵉ p. p. du parf. simpl. S'échappèrent (ESTOERSTRENT est le parf. d'*estordre*, qui vient d'*extorquere*): *Poi s'en* ESTOERSTRENT, 3632. — Fut. 3ᵉ p. s., ESTOERRAT : *De quel (bataille) que seit Rollant n'*ESTOERRAT *mie*, 593. Il faut lire ESTOERTRAT.

ESTOET. Verbe unipersonnel, 3ᵉ p. s. de l'ind. prés. Il faut, il convient, il est nécessaire. (Origine incertaine. Diez rattache *estuveir* à *stare* (??), et c'est encore l'opinion la moins déraisonnable.) *S'est ki l' demandet, ne l'*ESTOET *enseigner*, 119. *Aler m'*ESTOET, 310. *Mort vos* ESTOET *suffrir*, 1257. *Kar mei meïsme* ESTOET *avant aler*, 2858. *Ço nus* ESTOET, 3630. — Fut. 3ᵉ p. s., ESTUVERAT: *As espées l'*ESTUVERAT *esleger*, 1151. *Or est le jur que l's* ESTUVERAT *murir*, 1242. = Au vers 313, ESTOET n'a pas le même sens et vient évidemment de *stare*: *Si'n ai un filz, ja plus bels n'en* ESTOET. Je pense qu'ici ESTOET est pour *esteit*, *estout* ou *estut*, dont on a modifié l'assonance à cause de la laisse en *oe*.

ESTONAT. Verbe neutre, 3ᵉ p. s. du parf. simple. (*Ex-tonavit*.) *Granz fu li colps, li Dux en* ESTONAT, 3438. *En* ESTONAT est ici pour « en fut étonné », et « étonné » a le sens de « frappé comme par un coup de foudre ».

ESTOR. R. s. m. Bataille (haut allem. *sturm*, d'après Diez): *Oliver chevalchet par l'*ESTOR, 1351. V. *Estur*.

ESTORGANT. R. s. m. Nom de païen (suivant Michel et Génin, ESTORGANT signifierait « natif ou citoyen d'Astorga, Estorges » ?), 1297. Cf. *Esturgus*, 1358, et surtout *Esturganz*, 940.

ESTRAIT. Part. passé, s. s. m. Né, sorti de... (*Extractus*): ESTRAIT *estes de mult grant parented*, 356.

ESTRAMARIZ. S. s. m. Nom de païen (faut-il y voir, plus ou moins directement, *extra-mare*?), 941. — V. au r. s. m. ESTAMARIN, 64. Le manuscrit, au v. 1304, porte ASTRAMARIZ.

ESTRANGE. Adj. s. s. m., 3717. — R. s. m.: ESTRANGE, 1236, 2864. — R. s. f.: ESTRANGE, 448, 839, 1086. — S. p. m.: ESTRANGE, 2911. (D'*extraneus*.) Dans presque tous ces exemples, *estrange* a le sens d'*étranger*: *Barbarins est d'un* ESTRA[N]GE *païs*, 1236. *De plusurs regnes vendrunt li hume* ESTRANGE, 2911, etc. Mais déjà ce mot a revêtu dans le *Roland* sa signification moderne: *Alde respunt: Cest mot mei est* ESTRANGE, 3717.

ESTRE. 1° CONJUGAISON. Inf. prés.: ESTRE, 61, 332, 334, 868, 2029, 3914, etc. — Ind. prés. 1ʳᵉ p. s.: SUI, 295, 297, 801, 2053; SOI, 1478. 2ᵉ p. s.: IES, 297, 648, 2045, 2286, 2598, 3899, 3900, 3955 (on ne trouve jamais ES). 3ᵉ p. s.: EST, 56, 886, 940, 3056, 3716, etc. 2ᵉ p. p.: ESTES, 356, 445, 746, 1130, 1697, 2138. 3ᵉ p. p.: SUNT, 91, 690, 2072, dont il faut rapprocher ESTUNT, 2691. — Imparf. de l'ind. 3ᵉ p. s.: ERT, 726, 880, 1214, 1650, 2550 (on ne trouve jamais IERT). ERET, 719, et, à côté de ce premier type, ESTEIT, 979, 2318, et ESTOET (?), 313. — Parf. simple, 1ʳᵉ p. s.: FUI, 2371, 2413; 2ᵉ p. s.: FUS, 1561, 1961. 3ᵉ p. s.: FUT, 24, 208, 611, 1983, 2501, 2772; 1ʳᵉ p. p.: FUMES, 2146.

2ᵉ p. p.: FUSTES, 2027. 3ᵉ p. p.: FURENT, 108. — Parf. comp. 3ᵉ p. s.: AD ESTET, 2 ; 1ʳᵉ p. p.: AVUM ESTET, 2028. 2ᵉ p. p.: AVEZ ESTET, 134, etc. (V. *Aveir*.) — Futur, 3ᵉ p. s.: ERT, 51, 190, 314, 354, 376, 543, 742, 761, 906, 915, 922, 938, 968, 969, 1710, 2088, 2530, 2801... et IERT (l'*i* se rencontre au futur et non à l'imparfait), 517, 544, 575, 653, 696, 1873, 1984, 2676, 3025, 3673. Il faut partout lire *iert*; car ce mot ne se trouve en assonance que dans les laisses en *ier*. 1ʳᵉ p. p.: ERMES, 1977 (le manuscrit porte *eimes*). 2ᵉ p. p. (appartenant à un autre type): ESTEREZ, 1134. 3ᵉ p. p.: ERENT, 3048, 3514; IERENT, 3286. Il existe encore un 2ᵉ ou 3ᵉ futur: 1ʳᵉ p. s.: SERAI, 86, 1076, 2910, 2917 ; 3ᵉ p. s.: SERAT, 52, 625, 1110, 2126, 3849. 2ᵉ p. p.: SEREZ, 39, 434, 436, 1480. — Condit. 3ᵉ p. s.: FUST, 899, 1102, 1728, 1730, 3154; SEREIT, 1705, 3804. — Subj. prés. 3ᵉ p. p.: SEIENT, 811. — Imparf. du subj. 3ᵉ p. s.: FUST, 2137, etc. — Part. passé: ESTED, 2; ESTET, 134, etc. etc.

2º ÉTYMOLOGIE. On a déjà observé que notre conjugaison d'*estre* se rapporte à trois types latins : 1º ESSE, ESSERE, d'où viennent ESTRE (*essere*); SUI et SOI (*sum*); IES (*es*); EST (*est*); ESTES (*estis*) et SUNT (*sunt*); ERT, à l'imparf. (*erat*); le futur ERT, IERT, ERMES et ERENT (*erit*, *erimus*, *erunt*), et l'autre futur SERAI (*essere habeo*, etc.); le cond. SEREIT (*essere-habebat*, etc.), et enfin le subj. SEIENT (*sint* ?). = 2º L'ancien verbe *fuere*, *fuo*, d'où viennent FUI, FUS, FUT, FUMES, FURENT (*fui*, *fuisti*, *fuimus*, *fuistis*, *fuerunt*); le cond. FUST (*fuisset*), et le même mot à l'imparf. du subjonctif. = 3º Le verbe *stare*, qui nous a donné l'imparfait ESTEIT (*stabat*), le part. ESTET (*status*), et le fut. ESTEREZ (*stare habetis*.)...

3º SENS. *Estre* est employé par notre vieux poëte dans tous les sens de notre langue actuelle. Rem. seulement qu'il s'emploie déjà d'une façon absolue pour signifier « exister »: *Si grand doel ai que jo ne vuldreie* ESTRE, 2929. = On sait comment il se combine avec les participes passés pour composer les temps et les modes du passif français, et parfois des parfaits actifs, comme dans cet exemple : *Cher me sui vendut*, 2053. = Pour rendre l'idée du superlatif, on emploie volontiers ESTRE avec PAR: PAR EST *sages*, etc. (V. *Par*.) = Le parf. FUT s'emploie, comme aujourd'hui, dans le sens d'*alla* : *Li Empereur* FUT *ier as porz passer*, 2772.

ESTRÉE. R. s. f. Route (*Stratam*), 3326.

ESTREIT. Adj. employé adverbialement. Étroitement serré (*Strictum*): *Encuntre sun piz* ESTREIT *l'ad enbracet*, 2202, et ESTREIZ : *Si chevalchent* ESTREIZ, 1001.

ESTREU. R. s. m. Étrier (De l'all. *strippe*, courroie), 348, 2820, 3113. — R. p. m.: ESTREUS, 2033.

ESTROET (UNT). Verbe act., parf. comp., 3ᵉ p. p. Ont troué (*Ex-traugatum*, de *traugus*?) : *L'escut Rollant unt frait e* ESTROET, 2157.

ESTULTIE. S. s. f. (*Stultitia*.) *Mielz vall mesure que ne fait* ESTULTIE, 1725. — R. s. f.: ESTULTIE, 1639, 2606, 3528. Dans ces trois derniers vers, *estultie* a moins le sens de folie que celui de « courage téméraire » : *Vasselage ad e mult grant* ESTULTIE, 2606...

ESTUNT. Verbe neutre, 3ᵉ p. p. de l'ind. prés. d'*ester*, 2691. V. *Ester*.

ESTURGANZ. S. s. m. Nom de païen, 940. — R. s. m.: ESTORGANT, 1297. V. ce dernier mot.

ESTRUSSÉE (AD). Verbe act. parf. comp., 3ᵉ p. s., avec un r. s. f. En parlant de la lance de Charles, on dit que Ganelon : *Par tel aïr l'at* ESTRUSSÉE *e brandie*, 722. M. Müller a substitué *trussée*, qui viendrait de *tortiatam*. Je préfère le comp. *ex-tortiatam*, formé sur *ex-tortum* d'*extorquere*, qui signifie « arracher des mains ».

ESTURGUS. R. s. m. Nom de païen. 1358. V. *Estorgant*.

ESTURS. S. s. m. Bataille, mêlée (haut allem., *sturm*): *A icest colp est li* ESTURS *vencut*, 3930. — R. s. m.: ESTUR, 2122, 2413, et ESTOR, 1354. — R. p. m.: ESTURS, 1686, 2862.

ESTUT. Verbe neutre, 3ᵉ p. s. du parf. simple d'*ester*, 671. — Cf. S'ESTUT, 2105, 3762. V. *Ester*.

ESTUVERAT. Verbe unipers., fut., 3ᵉ p. s. Il conviendra, il faudra (d'*estuveir*), 1151, 1242. V. *Estoet*.

ESVEILLET (S'). Verbe réfl., ind. prés., 3ᵉ p. s. S'éveille (*Se ex-vigilat*), 724. — Parf. simpl., 3ᵉ p. s.: S'ESVEILLAT, 736 — Parf. comp., 3ᵉ p. s., avec un s. s. m.: S'EST ESVEILLET, 2554. = Au passif. Ind. prés., 3ᵉ p. s., avec un s. s. m.: EST ESVEILLEZ, 2844.

ESVERTUET (S'). Verb. pronomin. 3ᵉ p. s. S'excite, s'évertue (comp. d'*ex* et de *virtus*): *Rollanz... Met sei sur piez, quanqu'il poet s*'ESVERTUET, 2298.

ET. Conj. *A mille* ET *a cent*, 1417. C'est la seule fois que, dans notre manuscrit, on trouve ET, et non pas *e*.

ETABLISSENT. Verb. act., ind. prés., 3ᵉ p. p., 3237. V. *Establisent*.

ETHIOPE. R. s. f. Éthiopie (*Æthiopiam*): *Ki tint* ETIOPE, *une tere maldite*, 1915, 1916.

EUDROPIN. R. s. m. Nom de païen (dim. d'*Eudropius*), 64.

EUGIEZ. R. p. m. Nom de peuple païen (?), 3243.

EVES. R. p. f. Eaux (*Aquas*), 3667. V. *Ewes*.

EVESQUE. S. p. m. (*Episcopi*), 3667. — R. p. m.: EVESQUES, 2955 et 3976.

EWE. S. s. f. Eau (*Aqua*), 2465. — R. s. f.: EWE, 2225. — R. p. f.: EWES, 1778, 2640, et EVES, 3667.

EWE. R. s. f. Jument (*Equam*), 3868.

EXILL. R. s. (*Exilium*.) Le sens de ce mot est plus général qu'en latin. C'est celui de « désastre »: *Ki lei ad mort France ad mis en* EXILL, 2935. Cf. 1862.

F

FACE. Verbe act. subj. prés., 1ʳᵉ p. s. de *faire* (*Faciam*), 295, 298, 653 et 1982. V. *Faire*.

FACET. Verbe act. subj. prés., 3ᵉ p. s. de *faire* (*Faciat*), 750, 1856, 2351, 2450, 3681, 3898. V. *Faire*.

FAILLIR. Verbe neutre, inf. prés. Faire défaut, manquer (*Fallere*), 800, 1866, 3359. — Ind. prés. 3ᵉ p. s.: FALT, 2230, 3344, 4002. — Parf. simpl., 3ᵉ p. p.: FAILLIRENT, 2691, 2718. — Fut., 3ᵉ p. s.: FALDRAT, 1048; FAUDRAD, 2454. 3ᵉ p. p.: FALDRUNT, 397, 3417. — Subj. prés., 3ᵉ p. p.: FAILLENT, 3133. — Part. pass., au s. p. m.: FAILLID, 3815.

FAIRE. (*Facere*.) 1° CONJUGAISON. Inf. prés.: FAIRE, 278. — Ind. prés., 1ʳᵉ p. s.: FAZ, 678, 987, 3059. 2ᵉ p. s.: FAIS, 2382, 3611. 3ᵉ p. s.: FAIT, 96, 139, 610, 1516, 1629, 1725, 1816, 2593, 3266. 2ᵉ p. p.: FAITES, 1360. 3ᵉ p. p.: FUNT, 378, 516, 978, 1174, 3964. — Parf. simpl., 1ʳᵉ p. s.: FIS, 2388. 2ᵉ p. s.: FESIS, 2029. 3ᵉ p. s.: FIST, 89, 154, 178, 213, 765, 769, 1209, 1779, 2097. 1ʳᵉ p. p.: FESIMES, 418. 2ᵉ p. p.: FEÏSTES, 1708, 1723. 3ᵉ p. p.: FIRENT, 92, 2155. — Parf. comp., 1ᵉʳ p. s., avec un r. p. f.: AI FAITES, 865. 3ᵉ p. s.: AD FAIT, au neutre, 160, 2423, 3729; avec un r. s. m. ou n.: AD FAIT, 3843; avec un r. s. f.: AD FAITE, 911, 1820, 2506, 3748, 3919; avec un r. p. f.: AD FAITES, 3060. 2ᵉ p. p., avec un

r. s. : AVEZ FAIT, 876 ; avec un r. p.
f. : AVEZ FAITES, 3336. 3ᵉ p. p., avec
un r. s. f. : UNT FAITE, 3045. — Fut.,
1ʳᵉ p. s. : FERAI, 787. 3ᵉ p. s. : FERAT,
33, 57, 1060, 1105, 2602. 1ʳᵉ p. p. :
FERUM, 882, 2441 et FERUNS, 950,
1256. 2ᵉ p. p. : FEREZ, 131, 255. 3ᵉ p.
p. : FERUNT, 3072. — Cond., 1ʳᵉ
p. s. : FEREIE, 1053, 3956. 3ᵉ p. s. :
FEREIT, 240. 3ᵉ p. p. : FEREIENT, 1185,
2812. Autre cond. (de *fecisset*), 3ᵉ p. s. :
FESIST, 1637. — Impér., 2ᵉ p. s. :
FAI, 3895. 2ᵉ p. p. : FAITES, 210,
679. — Subj. prés., 1ʳᵉ p. s. : FACE,
295, 298, 653, 1982. 3ᵉ p. s. : FACET,
750, 1856, 2351, 2450, 3681, 3898. —
Imparf. du subj., 3ᵉ p. s. : FEÏST (*fecisset*), 1564. — Plus-que-parf., 1ʳᵉ p. p.,
avec un r. s. f. : OÜSUM FAITE, 1729.
— Part. pass., s. s. n. : FAIT, 625,
et r. s. : FAIT, 115, 876, etc. S. s. f. :
FAITE, 3904. R. s. f. : FAITE, 911, etc.
R. p. f. : FAITES, 865, etc. = Au passif. Fut. 3ᵉ p. s., avec un s. s. n. :
SERAT FAIT, 625, ou, avec un s. s. f. :
ERT FAITE, 3904. — Subj. prés., 3ᵉ p.
s. au neutre : SEIT FAIT, 3982 (le manuscrit, par erreur, porte *faite*).

2° SENS DIVERS. Il n'est peut-être
pas, dans toute notre langue, de mot
plus élastique, et il en est bien peu
qui aient reçu plus de sens difficiles
à préciser. Nous ne noterons ici que
les plus importants : A. *Fait*, devant un infinitif, a le sens de *jubet*,
en latin : *Si* FAIT *suner ses cors*,
1629. *Li reis* FAIT *prendre le cunte
Guenelun*, 1816, etc. = B. *Fait* peut,
en certains cas, remplacer un autre
verbe, dont on évite ainsi la répétition : *Plus curt à pied que ne* FAIT
un cheval, 890. *Mielz valt mesure
que ne* FAIT *estultie*, 1725. Cf. 516,
978. = C. Les deux locutions précédentes sont heureusement restées
dans notre langue. Il n'en est pas
de même de la suivante : « faire
que : » *Jo* FEREIE QUE *fols*, 1053.
Naimes ad FAIT *que proz*, 2423, etc.
etc., laquelle signifie : « Je ferais ce
que fait un fou, je serais bien fou, »

etc. Cf. *Dunc ne* FAZ-JO QUE *creire*,
987. = D. *Faire à preiser*, c'est
« faire un acte digne d'être prisé » :
FAIT *asez* A PREISER, 1516. (Cf. le
v. 1174 : *Ne* FUNT *mie* A BLASMER.)
Très-commune au moyen âge, cette
expression a, depuis longtemps,
disparu de notre langue. = E. *Se
faire* a le sens « d'être, de devenir » : *Li Empereres* SE FAIT *e balz
et liez*, 96.

FAIS. R. s. m. Fardeau (du latin *fascis*), 977.

FAIT, FAITE, FAITES, etc. Part.
pass. de *faire*, 625 ; 115, 876, etc.
V. *Faire*.

FAITEMENT. Adv. De telle manière (*Facta-mente*) : *Cum* FAITEMENT *purrai Rollant ocire*, 581.
Cum FAITEMENT *li manderum nuveles*, 1699. Dans ces deux exemples, on voit que FAITEMENT est à
peu près explétif.

FAITURE. R. s. f. Forme, tournure,
et, par extension, visage, figure,
tout au moins dans le texte de notre
poëme (*Facturam*) : *Si li trenchat
les oilz e la* FAITURE, 1328.

FALCUNS. S. s. m. Faucon (*Falco,
falconem*), 1529.

FALDESTOED. R. s. n. Fauteuil,
trône (*Faldestolium*), 609. — R. s. :
FALDESTOED, 115, 452, 2653 ; FALDESTOD, 2804, et FALDESTOET, 407.

FALDRAT. Verbe n. fut., 3ᵉ p. s.
de *faillir* (*Fallere-habet*), 1048. V.
Faillir.

FALDRUN. R. s. m. Nom de païen (?) :
FALDRUN *de Pui i ad par mi trenchet*, 1871.

FALDRUNT. Verbe neutre, 3ᵉ p. p. du
fut. de *faillir*, 397, 3417. V. *Faillir*.

FALS. Adj., r. s. Faux, mauvais
(*Falsum*) : *Sur mei avez turnet*
FALS *jugement*, 307. — R. s. f.,
FALSE : *De* FALSE *lei, que Deus n'enamat unkes*, 3638.

FALS. Verbe act. et n., ind. prés., 1ᵉʳ
p. s. Je déclare faux, je démens.
(*Falso*.) Pinabel dit, en parlant de
Thierry : *Jo si li* FALS, *od lui m'en*

cumbatrai, 3844. (V. Ducange, au mot *Falsare*.)

FALSARON. S. s. m. Nom de païen (c'est, en quelque sorte, un péjoratif de *falsus*), 879. — R. s. m. : FALSARON, 1213.

FALSERIE. S. s. f. Mensonge, sorcellerie (*Falsaria*) : *N'i remeindrat ne sorz ne* FALSERIE, 3665.

FALT. Verbe n., ind. prés., 3ᵉ p. s. de *faillir*, 2230, 3344, 4002. = Rem. l'expr. : FALT *li le coer*, 2230. V. *Faillir*.

FALVE. R. s. f. Fauve. (Allem. *falb*.) En parlant d'un cheval, on dit qu'il a *la teste tute* FALVE, 1656.

FAUDRAD. Verbe neut., fut. 3ᵉ p. de s. de *faillir*, 2454. Rem. la diphthongaison *au*. V. *Faillir*.

FAZ. Verbe act. ind. prés., 1ʳᵉ p. s. (*Facio*), 678, 987, 3059. V. *Faire*.

FEDEILZ. Subst. R. p. m. Les « fidèles » (*Fideles*) : *Je l'siurai od mil de mes* FEDEILZ, 84.

FEDEILZ. Adj., r. p. m. (*Fideles*.) [FE]DEILZ *servises et mult granz amistez*, 29.

FEDELTET. R. s. f. Féauté, dans le sens exact du droit féodal (*Fidelitatem*) : *Deven mes hom, en* FEDELTET *voeill rendre*, 3593.

FEID. R. s. f. Foi, bonne foi, foi du serment (*Fidem*), 86, 507, 2897, 3460, 3770. FEIT, 403, et FEIZ, 3801. — R. p. f. : FEIZ, 3416.

FEINDRE. Verbe n. et act., inf. prés. (*Fingere*.) *Cil l'at trait ki vos en roevet* FEINDRE, 1792. — Parf. simpl., 3ᵉ p. s., FEINST : *Si* SE FEINST *morz*, 2275.

FEÏST. Verbe actif, 3ᵉ p. s. de l'imparf. du subj. de *faire* (*Fecisset*), 1564. V. *Faire*.

FEÏSTES. Verbe act. 2ᵉ p. p. du parf. simple de *faire*. (*Fecistis*), 1723. V. *Faire*.

FEIZ. R. s. f. Foi (*Fidem*), 3801. — R. p. f. (?) : FEIZ, 3416.

FEIZ. R. s. f. Fois (*Vicem*) : *Guenes respunt : Ne vus à ceste* FEIZ, 567. *Que Guenelun cleimt quite ceste* FEIZ, 3407. Cf. 3457.

FEL, FELS. Adj. et subst. Felon. (Du bas latin *felo, felonis*, qui se trouve, comme le dit Littré, dans un Capitulaire de Charles le Chauve.) S. s. m. : FELS, 213, 674, 3735, 3829, et FEL, 1024, 1924, 2062, 3559, 3757, 3973. — R. s. m. : FEL, 1632 (?), et FELUN, 910, 1640, et FELON, 1819. — S. p. m. : FELUN, 942, 3251, 3337, 3914. — Voc., p. m. : FELUNS, 1191. — R. p. m. : FELUNS, 69, 1908, 2060. = *Felun* s'emploie substantivement : *Ço dist li Reis: « Vos estes mi* FELUN, » 3814. Cf. 1908.

FELONIE. R. s. f. (v. le précédent), 2600, 3834. — R. p. f. : FELONIES, 1633.

FEMME. R. s. f. Épouse (*Feminam*), 637. — R. p. f. : FEMMES, 1402.

FENDRE. Verbe neut., inf. prés. (*Findere*.) FENDRE a le sens « d'être brisé, fendu », comme *findi*, en latin : *Par mi quiet* FENDRE, 1588. — Même sens à l'ind. prés., 3ᵉ p. s., FENT : *Pur poi d'ire ne* FENT, 304. *Se li cels nen i* FENT, 1432. = Indépendamment de ce sens neutre, FENT est employé à l'actif : *Tut le elme li* FENT, 1602. — Parf. comp., 3ᵉ p. s., avec un r. s. m. : AD FENDUT, 3604, 3927. = Au passif. Ind. prés., 3ᵉ p. s., avec un s. s. m. : EST FENDUZ, 2295. — Part. pass., s. s. m. : FENDUZ, 2295. R. s. m. : FENDUT, 3604, 3927.

FENIR. Verbe act., inf. prés. Achever (*Finire*) : *Ses baruns mandet pur sun cunseill* FENIR, 169. Trois vers plus haut, on trouve *finer* dans le même sens. (V. ce mot.) — Parf. comp., 3ᵉ p. s., avec un r. s. f., OUT FENIE : *Li Empereres out sa raisun* FENIE, 193.

FER. S. s. (*Ferrum*), 3249, et FERS, 1362. — R. s. : FER, 1286, 1559, 3154, 3735. = Aux vers 1362, 3249 et 3735, le mot « fer » est pris dans un sens général ; aux vers 1286, 1559 et 3154, il désigne en particulier le « fer de la lance ».

FERAI. Verbe act. fut., 1ʳᵉ p. s. de *faire* (*Facere habeo*), 787. V. *Faire*.

FERANT. Verbe act., part. prés. de *ferir*, s. s. m., 3371. V. *Ferir*.

FERAT. Verbe act. fut., 3ᵉ p. s. de *faire* (*Facere habet*), 33, 57, 1060, 1105, 2692. V. *Faire*.

FEREIE. Verbe act. cond., 1ʳᵉ p. s. de *faire* (*Facere habebam*), 1053, 3956. V. *Faire*.

FEREIENT. Verbe act. cond., 3ᵉ p. p. de *faire* (*Facere habebant*), 1185, 2813. V. *Faire*.

FEREIT. Verbe act. cond., 3ᵉ p. s. de *faire* (*Facere habebat*), 240. V. *Faire*.

FERENT. Verbe act. ind. pres., 3ᵉ p. p. de *ferir* (*Feriunt*), 1611. V. *Ferir*.

FEREZ. Verbe act. ind. prés., 3ᵉ p. p. de *ferir* (*Feritis*), 3539. V. *Ferir*.

FEREZ. Verbe act. impér., 2ᵉ p. p. de *ferir* (*Ferite*), 1211, 1518, 1833, 3366. V. *Ferir*.

FEREZ. Verbe act. fut., 2ᵉ p. p. de *faire* (*Facere-habetis*), 131, 255. V. *Faire*.

FERIR. Verbe act., inf. prés. Frapper (*Ferire*), 440, 1092, 1138, 1556. — Ind. prés., 3ᵉ p. s.: FIERT, 1261, 1412, 1609, 1665, 2090, 2664, 3615. 2ᵉ p. p.: FEREZ, 3539. 3ᵉ p. p.: FIERENT, 1347, 1398, 1939 (?), 2070, 3385; FERENT, 1611. — Parf. simpl., 3ᵉ p. s.: FERIT, 2338. — Parf. comp., 1ʳᵉ p. s., avec un r. s. m.: AI FERUT, 2006. 3ᵉ p. s., avec un r. s. m.: AD FERUT, 1568. 3ᵉ p. p. n.: UNT FERUT, 1438. — Fut., 1ʳᵉ p. s.: FERRAI, 1055, 1065. 3ᵉ p. s.: FERRAT, 3051. 2ᵉ p. p.: FERREZ, 1463. 3ᵉ p. p.: FERRUNT, 1080, 1839, 3082, 3199. — Impér., 1ʳᵉ p. s.: FIER, 1120. 2ᵉ p. p.: FEREZ, 1211, 1518, 1883, 3366. — Subj. prés., 3ᵉ p. s.: FIERGET, 3539. — Part. prés., s. s. m.: FERANT, 3371. — Part. pass., s. s. m.: FERUT, 1952, 2052, 3924. R. s. m.: FERUT, 1568, 2006, 2084. R. s. n.: FERUT, 1438. R. p. m.: FERUT, 2093. == Au passif. Ind. prés., 1ʳᵉ p. s.: SUI FERUT, 2052. 3ᵉ p. s.: EST FERUT, 1952 et 3924.

FERMÉE (AD). Parf. comp., 3ᵉ p. s., avec un r. s. f. Fermer, signifie « assujettir, fixer, attacher » (*Firmare*): *Li quens Rollanz* AD *l'enseigne* FERMÉE, 707. 3ᵉ p. s., avec un r. p. m., AD FERMEZ: *Esperuns d'or* AD *en ses piez* FERMEZ, 345. 3ᵉ p. p., avec un r. p. m., UNT FERMEZ: *Lur helmes clers* UNT FERMEZ *en lor chefs*, 3865. — Part. pass., s. p. m., FERMEZ: *Cil gunfanun* FERMEZ, 1033. S. p. f., FERMÉES: *Ces enseignes* FERMÉES, 3308. R. p. m., FERMEZ: *Alquanz healmes* FERMEZ, 683. Cf. 3865.

FERRAI. Verb. act. fut., 1ʳᵉ p. s. de *ferir* (*Ferire habeo*), 1055, 1065. V. *Ferir*.

FERRAT. Verbe actif, fut., 3ᵉ p. s. de *ferir* (*Ferire habet*), 3051. V. *Ferir*.

FERRÉE. Part. passé employé adjectivement, r. s. f. (*Ferratam*.) Entre dans la composition de *Val*-FERRÉE, 1370.

FERREZ. Verbe actif, fut., 2ᵉ p. p. de *ferir*. (*Ferire habetis*), 1463. V. *Ferir*.

FERRUNT. Verbe actif, fut., 3ᵉ p. p. de *Ferir* (*Ferire habent*), 1080, 1839, 3082, 3199. V. *Ferir*.

FERS. S. s. (*Ferrum*), 1362. V. *Fer*.

FERUM. Verbe actif, fut., 1ʳᵉ p. p. de *faire* (*Facere habemus*), 882, 2241. V. *Faire*.

FERUNS. Id., 950, 1256. V. *Faire*.

FERUNT. Verbe actif, fut., 3ᵉ p. p. de *faire* (*Facere habent*), 3072.

FERUT (AI, AD, UNT). Verbe actif, 1ʳᵉ, 2ᵉ et 3ᵉ p. du parf. composé de *ferir*. V. *Ferir*.

FERUT. Part. pass., s. s. m., 1952, 2052, 3924. R. s. m., 1568, 2006, 2084. R. s. n.: FERUT, 1438. R. p. m., par err.: FERUT, 2093. V. *Ferir*.

FESIMES. Verbe actif, 1ʳᵉ p. p. du parf. simple de *faire* (*Fecimus*), 418. V. *Faire*.

FESIS. Verbe actif, 2ᵉ p. s. du parf. simple de *faire* (*Fecisti*), 2029. V. *Faire*.

FESIST. Verbe actif, 3ᵉ p. s. de l'imparf. du subj. de *faire*, avec le sens du conditionnel (*Fecisset*), 1637. V. *Faire*.

FESTE. S. s. f. (*Festa*), 3745. — R. s. f. : feste, 53, 2860.

FEU. R. s. Fief. (*Feodum, feudum.*) Le mot se présente sous trois formes au r. s. : 1º feu, 866 et 2680; 2º fiu, 432, et 3º fiet, 472. — Et nous trouvons, au r. p., quatre formes diverses : 1º feus, 3399; 2º fieus, 315; 3º fius, 820, et 4º fiez, 76.

FIANCE. R. s. f. (*Fidentiam.*) Le mot fiance a, dans notre vieux texte, deux sens différents : 1º Promesse, engagement sur la foi jurée : Fiance *prist de Guenelun li cunte*, 1486, et, quelques vers plus loin : *Cil ot* fiance *de l'cunte Guenelon*, 1526. *Costentinnoble dunt il out la* fiance, 2329. = 2º Confiance : *En tels vassals deit hom aveir* fiance, 3009. = On remarquera les locutions : « Prendre fiance de quelqu'un, » c'est-à-dire, recevoir sa promesse, son serment; « avoir fiance, » dans le sens d'« avoir la promesse de quelqu'un », et enfin « donner fiance », dans le sens de « promettre, garantir » : *Se trois Rollant, de mort li duins* fiance, 914.

FIEBLE. S. s. m. Faible (*Flebilis*) : *Il est si* fieble *qu'il ne poet en avant*, 2228.

FIEBLEMENT. Adv. (*Flebili-mente.*) *Trait l'olifan,* fieblement *le sunat*, 2104.

FIER, FIÈRE. V. *Fiers*.

FIER. Verbe actif, impér., 2ᵉ p. s. de *ferir* (Frappe, *feri*), 1120. V. *Ferir*.

FIÈREMENT. Adv. (*Fera mente*), 219, 729, 1162, 1920, 2984.

FIERENT. Verbe actif, ind. prés., 3ᵉ p. p. de *ferir* (*Feriunt*), 1347, 1398, 1939, 2070, 3385. V. *Ferir*.

FIERGET. Verbe actif, subj. prés., 3ᵉ p. s. de *ferir* (*Feriat*), 3559. V. *Ferir*.

FIERS. Adj., s. s. m. Fier, avec un sens plus énergique que de nos jours; hardi, terrible. Se dit des choses autant que des personnes (*Ferus*), 105, 797, 1879, 2550, 3175, 3654. — R. s. m. : fier, 28, 118 (?), 895, 2802, et, par erreur, fiers, 897, 1111, 2125. — R. s. f. : fière, 1231. — S. p. m. : fiers, 1888, 2604, 3133. — S. p. f. : fières, 3383.—R. p. f. : fières, 3086.

FIERT. Verbe act., ind. prés., 3ᵉ p. s. de *ferir* (*Ferit*), 1261, 1412, 1609, 1665, 2090, 2664, 3615.

FIERTET. R. s. f. (*Feritatem*), 1183, 2152.

FIET. R. s. Fief, 472. V. *Feu*.

FIET (se). Verbe réfl., 3ᵉ p. s. (*Se fidet*) : *E Oliver en qui il tant* se fiet, 586.

FIEUS. R. p. Fiefs, 315.

FIEZ. R. p. Fiefs, 76. V. *Feu*.

FILLASTRE. S. s. m. Beau-fils, sans idée nettement péjorative (*Filiaster*) : *Guenes respunt : Rollanz, cist miens* fillastre, 743.

FILLE. R. s. f. (*Filiam*), 2744.

FILZ. S. s. m. (*Filius*), 504, 1551, 1571, 1905. — Voc. s. m. : filz, 3201. — R. s. m. : filz, 149, 313, 362, 1634, 2744, 3375, 3498. — S. p. m. : filz, 2671. — R. p. m. : filz, 42 et 2420; fiz, 3411.

FIN. S. s. f. (*Finis*), 1435. — R. s. f. : fin, 1476, 2392, 3723. V. *Fins*.

FIN. Adj., s. s. Pur, affiné; se dit de l'or. (Je préfère l'étym. goth. *fyn*, à *finitus* que condamne la théorie de l'accent tonique.) Fin or, 1540. — R. s., fin : *Or* fin, 652, 1245.

FINER. Verbe actif et neutre, inf. prés. (Fenir, vient de *finire*; finer vient d'un type en *are*.) 1º A l'actif. Inf. prés., finer : *Ses baruns mandet pur sun cunseill* finer, 166. — Parf. comp., 3ᵉ p. s., avec un r. s. : *Li reis Marsilie out sun cunseill* finet, 62. *Li reis Marsilie out* finet *sun cunseill*, 78. Avec un r. s. f. : *Co dit li Reis que sa guere* out finée, 705. = 2º Au neutre. Futur, 1ʳᵉ p. s. (Je ne mettrai pas fin...): *Ne* FINERAI *en treslut mun vivant*, 2662. — Cond., 3ᵉ p. s. : FINEREIT (Mourrait): *Cunquerrantment si* FINEREIT *li bers*, 2867. = 3° Au passif. Fut., 3ᵉ p. s., avec un s. s. m., SERAT FINET : *Se truis Rollant, de mort serat* FINET, 902. 2ᵉ p. p., avec un s. s. m., SEREZ FINET : *Par jugement* SEREZ *ilocc* FINET, 436. Part. pass., s. s. m. : FINET, 436 et 902. R. s. : FINET, 62, 78. R. s. f. : FINÉE, 705.

FINS. S. s. f. (*Finis*), 3395, 3872, et FIN, 1435. — R. s. f. : FIN, 1476, 2392, 3723. Ce mot revêt deux sens dans le texte de la Bodléienne: 1° Fin, en général : *Josqu'à la (mort) n'en ert* FINS *otriée*, 3395. *Deus set asez cument la* FINS *en ert*, 3872. *La* FIN *de l' secle*, 1435. — 2° Mort: *Alde est à sa* FIN *alée*, 3723. Cf. 2392. = Rem. la locution « prendre fin », pour « mourir » : FIN PRENDRUM *aïlant*, 1476.

FINS (?) *Nen est* FINS *que t'en alges*, 2978. Müller (p. 207) approuve la correction de Génin : *Nen est* DREIZ...

FIRENT. Verbe act., parf. simpl., 3ᵉ p. p. de *faire* (*Fecerunt*), 92. V. *Faire*.

FIRIE. Pour FUIE (?). Foie (de la famille du latin *ficatum?*): *Trenchet li le coer, le* FIRIE (?) *e le pulmun*, 1278.

FIS. Verbe act., 1ʳᵉ p. s. du parf. simpl. de *faire* (*Feci*), 2388. V. *Faire*.

FIST. Verbe act., 3ᵉ p. s. du même parf. (*Fecit*), 89, 154, 178, 213, 765, 769, 1209, 1779, 2097. V. *Faire*.

FIU. R. s. Fief (*Feodum*), 432. — R. p. : FIUS, 820. V. *Feu*.

FIZ. R. p. m. Fils (*Filios*), 3411. V. *Filz*.

FIZ. Adj., s. s. m. Sûr, assuré (*Fidus*) : *De cez paroles... en quel mesure en purrai estre* FIZ, 146. — S. p. m., FIZ : *Bataille averez, vos en estes tuz* FIZ, 1130. On disait donc : *Estre fiz* DE *quelque chose*.

FLAMBES. S. s. f. (par erreur).

Flamme (*Flammula*), 2535. — R. s. f. Entre dans la composition d'*ori*FLAMBE, 3093.

FLAMBIENT. Verbe neutre, 3ᵉ p. p. de l'ind. prés. (*Flammulant* donnerait « flambent »; il faut supposer (?) *flammulitant*.) *Clere est la lune e les esteiles* FLAMBIENT, 3659.

FLAMBIUS. Adj. r. p. Flamboyants (*Flammitosos?*) : *Tanz blancs osbercs, tanz elmes* FLAMBIUS, 1022.

FLAMENGS. R. p. m. Flamands (*Flaminghos*), 3069.

FLANCS. R. p. m. (*Flaccos?*.) *Graisles es* FLANCS, 3158. *Les dous costez li desceiveret des* FLANCS, 3467.

FLANDRES. R. s. f. (*Flandriam*.) *Jo l'en cunquis Baiver et tute* FLANDRES, 2327.

FLOREDÉE. R. s. Nom d'un royaume païen (?) : *Ço est Canabeus, li reis de* FLOREDÉE, 3312.

FLORS. R. p. f. (*Flores*), 2871, 2898. V. *Flur*.

FLOTANT. Verbe neutr., part. prés., s. p. m. (*Fluctuantes*.) *Li altre en vunt (en)cuntreval* FLOTANT, 2472.

FLUR. S. s. f. (*Flos, floris*.) *Tant par ert blancs cume* FLUR *en estet*, 3162. Cf. 3173 et 3503. — R. s. f. : FLUR, 2431. Cf. 1354. — R. p. f. : FLURS, 1276, 1856, et FLORS, 2871, 2898. = Rem. les expressions un *escut à flurs*, 1276, et *En seintes flurs*, 1856. Cette dernière désigne le Paradis.

FLURIT. R. s. m. Nom d'un roi païen (bas lat. : *Floritus?*), 3211.

FLURIZ. Adj., s. s. m. Fleuri signifie: 1° couvert de fleurs, « peint à fleurs. » 2° blanc, et, par extension, vieux (*Floritus*) : *Jà estes (vus) veilz e fluriz e blancs*, 1771. — S. s. f., FLURIE : *La large ki est* FLURIE, 3361. — R. s., FLURIT : *Blanche ad la barbe e tut* FLURIT *le chef*, 117. — R. s. f., FLURIE : *Carles li velz à la barbe* FLURIE, 970. Cf. 2353. — R. p. : FLURIZ, 3087.

FOL. V. *Fols*.

FOLAGE. R. s. Folie, chose insensée (*Follaticum*) : *Respunt Rollanz : Orguill oi e* FOLAGE, 292.

FOLIE. S. s. f. (*Follia ?.*) *Kar vasselage par sens nen est* FOLIE, 1724. — R. s. f., FOLIE : *Guenes ad dit* FOLIE, 496. Cf. 2714.

FOLS. S. s. m. Fou, insensé, (*Follus*) : 1053, 3010, 3171, 3234, et FOL, 1207. — Voc. s. m. : FOL, 286. — R. s. m. : FOL, 2294. — R. p. m. : FOLS, 229. Dans ce dernier vers, FOLS est employé substantivement : *Laissum les* FOLS, *as sages nus tenuns.*

FORCE. S. s. f. (has lat., *fortia*), 2902. — R. s. f. : FORCE, 1575, 1627, 3683, 3995. = Dans ces derniers vers, remarquer l'expression « *par force, par vive force* », qui signifie « vigoureusement ». PAR FORCE *iras en la tere de Bire*, 3995.

FORCHEÜRE. R. s. f. L'enfourchure, la « partie du corps qui est entre les cuisses » (*Furcaturam*) : *La* FORCHEÜRE AD *asez grant li ber*, 3157. FURCHEÜRE, 1330.

FORFIST. Verbe act., 3e p. s. du part. simpl. de *forsfaire* (*Forisfecit*), 3758. V. *Forsfis.*

FORMENT. Adv. Fortement, beaucoup (*Forti-mente*) : FORMENT *le pleint à la lei de sa tere*, 2251. E *d'Oliver li peiset mult* FORMENT, 2514.

FORS. 1o Adv. Au dehors (*Foras, foris*) : FORS *s'en eissirent li Sarrazins*, 1776. *Amsdous les oilz de l'chef li ad mis* FORS, 2290. Cf. 1202, 2260 et 3122. = 2o Prép. Excepté : *Mur ne cilet n'i est remés a fraindre,* — FORS *Saraguce*, 5, 6. FORS *sul Tierri*, 3806. Cf. 23 et 3032.

FORSFIS. Verbe act., 1e p. s. du parf. simpl. de *forsfaire* (*Forisfacere, forisfeci*). Ce mot a plusieurs sens, qui sont souvent fort difficiles à démêler. 1o Faire tort : *Ne m'fesis mal ne jo ne l' te* FORSFIS, 2029. 3e p. s., FORFIST : *Rollanz me* FORFIST *en or e en aveir*, 3758. — Imparf. du subj., 3e p. s., FORSFESIST : *Queque Rollant à Guenelun* FORSFESIST, 3827. = 2o Au réfléchi, SE FORSFAIRE, c'est « se rendre coupable de ». Parf. comp., 3e p. s., S'EST FORSFAIT : *La traïsun jurat et si* S'EN EST FORSFAIT, 608. = 3o Au passif. Fut. 3e p. s. : *Ço dist Turpin : Icist nos* ERT FORSFAIT, 1393. Le sens est ici plus difficile à préciser. Il s'agit d'un païen, Siglorel, qui vient d'être tué par l'Archevêque. *Forsfait* nous semble avoir ici le sens de *forsmis*(?), et c'est ainsi que l'ont compris tous les traducteurs.

FORZ. Adj., s. s. m. (*Fortis*), 1312, 1879, 2278, 3177, 3839, 3885, et FORT, 1547. — S. s. f. : FORZ, 1713, et FORT, 3489. — R. s. m. : FORT, 1948, 2122. — R. s. f. : FORT, 1460, 2946 (?). — R. p. m. : FORZ, 1799, 2862, 3080, 3864. — R. p. n. (?) : FORZ, 1118. = Rem., au v. 2631, la locution : A FORT, pour *forment* : *Siglent* A FORT *e nagent*. = On peut hésiter pour le v. 2946 : *Ceste dolor ne demenez tant* FORT, et il se pourrait que *fort* fût ici un adverbe.

FOSSE. R. s. f. (*Fossam*), 3105. En parlant de Daniel : *Enz en la* FOSSE *des leons*, 3105.

FOSSET. R. s. m. Fossé (*Fossatum*), 2590, 3166.

FOUS. S. s. m. Feu (*Focus*), 2535, 3586, 3912, 3917. — R. s. m. : FOU, 3106.

FRAINDRE. Verbe. act., inf. prés. Renverser (*Frangere*) : *Mur ne cilet n'i est remés à* FRAINDRE, 5. FREINDRE, 2210, 2314. — Ind. prés., 3e p. s. : FREINT, 486, 1199, 1263, 1562, 3361. Parf. simpl., 3e p. s. : FREINST, 1247, 1276. — Parf. comp., 3e p. s., avec un r. s. m. : AD FRAIT, 3604, 3927, avec un r. s. f. : AD FRAITE, 663, 1323 ; avec un r. p. f. : AD FRAITES, 2757. 3e p. p., avec un r. p. f. : UNT FRAITES, 3570. — Fut., 3e p. s. : FREINDRAT, 2342. — Part. passé, s. s. f. : FRAITE, 1352, 2050. — R. s.

s. m. : FRAIT, 3604, 3927. R. s. f. : FRAITE, 663, 1323. R. p. f. : FRAITES, 2757.

FRAISNE. R. s. m. Frêne (*Fraxinum*), 2537.

FRAISNINE. Adj., r. s. f. En frêne (*Fraxininam*) : *Entre ses poinz teneit sa hanste* FRAISNINE, 720.

FRAIT, FRAITE, FRAITES. Part. pass. de *fraindre*. (*Fractus, fractam, fractas*.) V. *Fraindre*.

FRANC. Adj. Voc. p. m. Libres (*Franci*) : FRANC *chevaler vaillant*, 2657. — R. s. f., FRANCHE : *Jo l'en cunquis Normendie la* FRANCHE, 2324. *En ma maisun ad une caitive* FRANCHE, 3979.

FRANC. S. p. m. Les Franks (*Franci*; orig. germ.), 701, 709, 1072, 1481, 1627, 3046, 3561, et FRANCS, 50, 377, 841, 1888, 2932. — R. p. m. : FRANCS, 177, 265, 804... — FRANCOR vient directement de *Francorum*: *En la geste* FRANCOR, 1443. *Geste* FRANCOR *XXX. escheles i numbrent*, 3262.

FRANCE. S. s. f. (*Francia*), 835, 1090, 1734, etc. — R. s. f., 16, 109, 1695, 3976, etc., etc. Sur le sens de ce mot, voy. la note du v. 116.

FRANCEIS. S. p. m. (*Francenses*), 192, 816, 3794, et r. p. m., 49, etc., etc. — R. s. f. : FRANCEISE, 396 et 2515. — R. p. f. : FRANCEISES, 3089...

FRANCOR, 1443, 3262. V. *Franc*.

FREIN. R. s. (*Frenum*), 1493. — S. p. : FREIN, 91. — R. p. : FREINS, 2485.

FREINDRAT. Verbe act., 3e p. s. du fut. de *fraindre* (*Frangere habet*), 2342. V. *Fraindre*.

FREINDRE. Verbe act., inf. prés. (*Frangere*), 2210, 2314. V. *Fraindre*.

FREINST. Verbe act., 3e p. s. du parf. simpl. de *fraindre*, 1247, 1276. V. *Fraindre*.

FREINT. Verbe act., 3e p. s. de l'ind. prés. de *fraindre* (*Frangit*), 486, 1199, 1263, 1562, 3361.

FREIZ. R. p. Froids (*Frigida*) : *Pur sun seignur... deit hom... endurer grunz* FREIZ, 1010, 1011.

FREMIR. Verbe neutre. Faire du bruit, retentir (*Fremere*) : *Ces blancs osberes ki dunc oïst* FREMIR, 3484.

FREMUR. R. s. f. Bruit (*Fremorem*) : *Vers le paleis oïrent grant* FREMUR, 2693.

FRERE. S. s. m. (*Frater*), 1214, 3429, 3499, 3819. — R. s. m. : FRERE, 490, 3311, 3806. — R. p. m. : FRERES, 2420.

FRESCHE. Adj., r. s. f. Fraîche (haut allem., *frisc*; anglo-saxon, *fresc*) : *Liverent lur prez, asez i ad* FRESCHE *herbe*, 2492.

FRISE. R. s. f. Nom de pays (*Fresiam, Frisiam*), 3069.

FRISUNS. R. p. m. (*Fresiones*), 3700.

FRONT. R. s. m. (*Frontem*), 1217. V. *Frunt*.

FRUISSET. Verbe tantôt actif (2289, 3664, 3879, 2340, 237, 2340, 3387), tantôt neutre (1317, 3433, 2539). Le v. 3482 est douteux. (*Frictiat*.) Ind. prés., 3e p. s. : FRUISSET, 1317, 2289, 2340; FRUISSED, 3433. 3e p. p. s. : FRUISSENT, 3482, 3662, 3879. — Parf. comp., 2e p. p. avec un r. p. m. : AVEZ FRUISET, 237. — Part. pass., r. n. : FRUISET, 237. R. p. m. : FRUISEZ, 3387.

FRUNT. R. s. m. (*Frontem*), 3919, et FRONT, 1217.

FUI. Verbe *estre*, parf. simpl., 1re p. s. (*Fui*), 2371, 2413. V. *Estre*.

FUILDRES. S. p. f. Foudres (*Fulgura*), 1426.

FUIR. 1o Verbe neutr. Inf. prés. (*Fugere*), 1255. — Ind. prés., 3e p. p. : FUIENT, 686. — Subj. prés., 3e p. s. : FUIET, 2309, 2738. — Part. prés., s. s. m. : FUIANT, 2784, et s. p. m. : FUIANT, 1473. = 2o Verbe réfl. Inf. prés., S'EN FUIR : FUIR S'EN *voel*, 1600. — Ind. prés., 3e p. s. : S'EN FUIT, 1047, 2043, 2807. 3e p. p. : S'EN FUIENT, 686, 1875, 2162, 2460, 3625. — Parf. comp., 3e p. s. : FUIT S'EN EST, 1913. — Fut., 3e p. s. : S'EN FUIRAT, 2607. — Impér., 1re p. p. : NOS EN FUIUMS, 1910. V. *Enfuir*.

FULS. R. p. Foules (subst. verbal de fouler, *fullare*) : *A millers et à* FULS, 1439.

FUNT. Verbe act., ind. prés. de *faire*, 3e p. p. (*Faciunt*), 378, 516, 978, 1174, 3964. V. *Faire*.

FUNZ. R. s. m. Fond. (*Fundum*.) Le manuscrit porte, par erreur, les FUNZ, 2471.

FUNZ. R. p. f. Fonts baptismaux (*Fontes*) : *Le Patriarche ocist devant les* FUNZ, 1525.

FURBIT. S. p. m. Fourbis, en parlant d'une arme (haut allem., *furban*) : *Fruissent cez lances e cil espiez* FURBIT, 3482. — R. p. f., FURBIES : *Ferez, seignurs, des espées* FURBIES, 1925.

FURCELES. R. p. f. Les deux « furceles », ce sont les deux clavicules (d'un diminutif de *furca*, *furcellas*) : *Si l' fiert el' piz entre les dous* FURCELES, 1294. *Desur sun piz, entre les dous* FURCELES, 2249.

FURCHEÜRE. R. s. f. L'enfourchure, la « partie du corps qui est entre les cuisses » (*Furcaturam*) : *E tut le cors tresqu'en la* FURCHEÜRE, 1330. FORCHEÜRE, 3157.

FURENT. Verbe *estre*, parf. simpl., 3e p. p. (*Fuerunt*), 108. V. *Estre*.

FURRER. R. s. m. Fourreau (*Fodrarium*), 444.

FUS. Verbe *être*, parf. simpl., 2e p. s. (*Fuisti*), 1561, 1961. V. *Estre*.

FUST. R. s. m. Bois (du lat. *fustis*), 1559, 3953. — R. p. m. : FUZ, 1825, 3568, 3739. = FUST a trois sens : 1º Bois en général : *Si's pent luz à l'arbre de mal* FUST, 3953. = 2º Bâton : *Très ben le batent à* FUZ *et à jamels*, 3739. Cf. 1825. = 3º Le bois de la lance : *El' cors li met e le fer e le* FUST, 1559.

FUST. Verbe *estre*, cond. et imparf. du subj. 3e p. s. (*Fuisset*), 691, 899, 1102, 1728, 1730, 2137, 3154. V. *Estre*.

FUSTES. Verbe *estre*, parf. simple. 2e p. p. (*Fuistis*), 2027. V. *Estre*.

FUT. Verbe *estre*, parf. simpl., 3e p. s. (*Fuit*), 24, 208, 611, 1933, 2501, 2772. V. *Estre*.

FUZ. R. p. m. de *fust*, bois (*Fustes*), 1825, 3568, 3739. V. *Fust*.

G

GAB. R. s. Subst. verbal de *gaber*. (Vient, d'après Diez, du nordique *gabb*, raillerie.) *Païen ne l'tindrent mie en* GAB, 2113.

GABANT. Part. prés., s. s. m. (V. le précédent.) *Devant ses pers vait il ore* GABANT, 1781.

GABRIEL. S. s. m. (nom d'origine hébraïque; *gibor*, fort; *gebourah*, force, et *El*, Dieu; force de Dieu), 2390, 2395, 3610, 3993. — R. s. m. : GABRIEL, 2262, 2526.

GAIGNUN. R. s. m. Nom du cheval de Marsile. (Un GAIGNUN, c'est un dogue, un chien; et ce mot GAIGNUN vient sans doute de *gaign*.) *Siet el' cheval qu'il apelet* GAIGNUN, 1890.

GAILLARD. R. s. m. ou n. Plein de force, vigoureux. (Diez suppose une racine celtique, le kymrique *gall*, fort.) *Cors ad* GAILLARD, 2895 et 3763, et GAILLART : *Gent a le cors*. GAILLART *e ben seant*, 3115. — R. p., GAILLARZ : *Cors unt* GAILLARZ, 3086.

GAILLARDEMENT. Adv. (V. le précédent.) N'implique pas seulement l'idée de vigueur, mais celle d'une certaine ardeur dans l'action : GAILLARDEMENT *luz les unt encensez*, 2959.

GALAFES. S. s. m. Nom d'un émir sarrasin : *Si li tramist li amirall* GALAFES, 1664.

GALAZIN. Adj., r. s. m. Se dit des étoffes de Galaza, Glaza. C'est ainsi que Marco Polo appelle Aias, Agasso ou Lajazo. (F. Michel, *Étoffes de soie, d'or et d'argent*, I,

329.) *Ben sunt cuvert d'un palie* GALAZIN, 2973.

GALÉES. R. p. f. Vaisseaux (étym. inconnue): *Eschiez e barges e* GALÉES *curanz*, 2729. V. *Galies*.

GALICE. R. s. f. (*Gallœciam*), 1637, 3073. Il ne faut point prendre à la lettre « l'or de Galice ». C'est une cheville.

GALIES. R. p. f. Vaisseaux, 2625. V. *Galées*. (Chacune de ces deux formes se trouve au milieu d'un vers, et non pas en assonance.)

GALNE. R. s. f. Nom de ville en Espagne (?): *Venuz en est à la citet de* GALNE, 662. La consonnance exigerait *Gelne* ou *Gailne*.

GALOPS. R. s. par erreur; doit être r. p.: *Le* GALOPS *et les salz*, 731. Il faut lire LES GALOPS. Ce mot, qui vient du haut allem. *ga-hlaupan*, n'est employé qu'au pluriel dans nos textes du moyen âge.

GAMBES. R. p. f. Jambes (*Gambas*), 1652.

GARÇUN. S. s. m. Valet d'armée. Origine douteuse. Gachet propose le gaél. *gwas*, serviteur (??). En tout cas, l'on trouve *guarcio*, *guarcionis*, dans nos textes de bas latin, et *garçun* n'est ni un « diminutif de *gars* », comme l'écrit M. Brachet, ni un « augmentatif à la manière italienne », suivant l'expression de Gachet.) *Ne n'i adeist esquier ne* GARÇUN, 2437.

GARMALIE. R. s. f. Nom d'une ville (?): *L'algalifes... ki tint Kartagene, Alferne*, GARMALIE, 1915.

GASCUIGNE. R. s. f. (*Wasconiam*), 172. V. *Guascuignz*.

GASCUINZ. S. s. m. (il y a dans *Guascuinz* plus que le latin *wasco*), 2407. V. *Guascuinz*.

GEBUIN. R. s. m. Nom d'homme (*Gebuinum*, qui sort peut-être de *Gebawin*. V. Pott, p. 497), 2970. Cf. GIBUINS, s. s. au v. 3022.

GEFREID. S. s. m. Geoffroi d'Anjou (nom d'origine germanique, *Gotfried*, que Pott rattache à *frid*, paix), 106 et 2951. GEFREI, 2883, 2945. GEIFREID, 3545. GEIFREI, 3938. — R. s. m.: GEFREI, 3535 et 3819. GEIFREIT, 3806.

GELÉE. R. s. f. (*Gelatam*.) *Altresi blanches cume neif sur* GELÉE, 3319.

GEMALFIN. R. s. m. Nom d'un païen (?), 2814, 3495.

GEMET. R. s. Orné de pierres précieuses (*Gemmatum*): *Si l'fiert amunt sur l'elme à or* GEMET, 1935. V. *Gemmet*.

GEMME. S. p. f. Pierres précieuses ou verroteries, comme il y en avait sur le *cercle* du heaume (*Gemmæ*): *L'elme le freint, o les* GEMME (sic) *reflambent*, 3616.

GEMMET. Part. passé, s. s. m. Garni de pierres précieuses, et, dans un sens plus général, orné (*Gemmatus*), 1542. — S. s. f.: GEMMÉE, 1373, et par erreur, GEMMET, 1544. — R. s.: GEMET, 1995. — S. p. m.: GEMMEZ, 1031. — R. p. f., GEMMÉES: *As perres d'or* GEMMÉES, 1452 et 3306.

GENOILL. R. s. m. (*Genuculum*), 2664. — R. p. m.: GENUILZ, 2192.

GENT. S. s. f. Peuple, nation, race (*Gens*), 1641, 2639, 3231. — Voc. s. f.: GENT, 3295. — R. s. f.: GENT, 393, 614, 945. = GENT est un nom collectif, et le verbe qui le suit prend volontiers le pluriel: *A qui sa* GENT S'ALIENT, 1641. GENT *païenor ne voelent cesser*, 2639.

GENT. Adj., r. s. Beau, gracieux, bien fait, (*Genitum*, bien né), 118, 284, 895, 1597. — S. s. f.: GENTE, 1274. — R. s. f.: GENTE, 594, 1720, 3763. — R. p. m.: GENZ, 998, 1712. — R. p. f.: GENTES, 3002.

GENTEME[N]T. Adv. (V. le précédent.) *Li quens Rollanz* GENTEME[N]T SE CUMBAT, 2099.

GENTILZ. Adj., s. s. m. Noble (*Gentilis*), 176, 2321, 2363, et GENTILL, 1853. — Voc. s. m.: GENTILZ, 2045, 2177. — R. s. m.: GENTIL, 2599. — S. p. m.: GENTILZ, par erreur, 377. — R. p. m.: GENTILZ, 150, 646. — R. p. f.: GENTILZ, 821.

GENUILZ. R. p., 2192. V. *Genoill.*

GENZ. R. p. m. *Escuz unt* GENZ, 998. Cf. 1712. V. *Gent.*

GERART. S. s. m. Girard de Roussillon, l'un des douze Pairs (*Girardus*; allem., *Gerhardt*, « fort comme une lance »), 797, 2409. — R. s. m. : GERART, 1896, 2189.

GERERS. S. s. m. Nom d'un des douze Pairs (sur le même rad. germ. que *Gerins*), 107, 794, 1380, 2404. — R. s. m. : GERER, 2186, et, par erreur, GERERS, 1586. = Ce mot se trouvant uniquement comme assonance dans les laisses en *ier*, la forme correcte est *Geriers, Gerier.*

GERINS. S. s. m. Nom d'un des douze Pairs (anc. haut allem. *Werin*; en bas latin, *Warinus*), 2404, et, par erreur, GERIN, 107, 174. — R. s. m. : GERIN, 2186.

GERNUN. R. s. m. Moustache (*Granones*, de *grani* qui se trouve dans Isidore de Séville), 215, 249. — R. p. m. : GERNUNS, 1823. Cf. ? 3812.

GERUN. S. s. m. (*Morz est Rollanz*), *n'en ert veüd* GERUN, 3812. Mot et sens douteux. « Peut-être, dit Müller, faut-il lire *gernun.* » V. ce mot.

GESIR. Verbe neutr. Inf. prés. Être étendu, être couché (*Jacere*) : GESIR *porrum el burc de Seint-Denise,* 973. *Tanz bons vassals veez* GESIR *par tere,* 1694. Cf. 2025 et 2876. — Ind. prés., 3ᵉ p. s. : GIST, 1624, 2367. 3ᵉ p. p. : GISENT, 3693. —Parf. simple, 3ᵉ p. s. : JUT, 2758, et SE JUT, 2375. 3ᵉ p. p. : JURENT, 3653. — Fut., 3ᵉ p. p. : JERREIZ (le manuscrit porte à tort JERREIEZ), 1721. — Part. prés. avec *en*, servant de gér. : EN GISANT, 2523.

GESTE. S. s. f. (*Gesta.*) *Geste* a deux sens dans notre texte : 1º Chronique, histoire. *La Geste* désigne la source à laquelle l'auteur de *Roland* prétend avoir puisé les faits de son poëme : *Ço dit la* GESTE, 1685, 2095. *Ci falt la* GESTE, 4002. Il est *escrit en l'anciene* GESTE, 3742. Cette Chronique, qu'AURAIT suivie le poëte, est appelée ailleurs *Geste Francor* : *Geste Francor XXX escheles i* NUMBRENT, 3262. = 2º Famille. *Deus me cunfunde, se la* GESTE *en desment,* 788. Il est aisé de voir par quelle extension naturelle on est arrivé du second sens au premier. *Gesta,* c'est d'abord la chronique, légendaire ou cyclique, destinée à célébrer telle ou telle famille; puis, c'est cette famille elle-même.

GETER. Verbe act., inf. prés. (*Jactare*), 1341, 1971, et JETER, 2868. — Ind. prés., 3ᵉ p. s. : GETET, 281, 464, 1202. 3ᵉ p. p. : GETENT, 1809, 2652, et JETENT, 3530. — Parf. simpl., 3ᵉ p. : GETAT, 2995. — Parf. comp., 3ᵉ p. s., avec un r. s. f. : AD GETET, 486, et 3ᵉ p. p., avec un r. p. f. : UNT GETÉES, 3318. — Impér. 2ᵉ p. p. : JETEZ, 3787. = Au passif. Fut., 2ᵉ p. p., avec un s. s. m. : SEREZ GETET, 481. — Part. pass., s. s. m. : GETET, 481. R. s. n. : GETET, 486, et r. p. f. : GETÉES, 3318.

GIBUINS. S. s. m. Nom d'homme, 3022. Cf. *Gebuin,* r. s. m., au v. 2970.

GIELS. R. p. (De *gelu.*) *Veit les tuneires e les venz e les* GIELS, 2533.

GIESER[S]. R. p. Flèches (de *gœsa. gysara*) : *E wigres e darz e museras e agiez e* GIESER[s], 2075.

GILIE. S. s. m. Nom d'homme (*Ægidius*), 2096.

GIRUNDE. R. s. f. (*Garundam, Girundam.*) *Passet* GIRUNDE *à mult granz nefs qu'i sunt,* 3688.

GISANT (EN). Part. prés. gérondif, 2523. V. *Gesir.*

GISENT. Verbe neutr. Ind. prés., 3ᵉ p. p. de *gesir* (*Jacent*), 3693. V. *Gesir.*

GIST. Verbe neutre. Ind. prés., 3ᵉ p. s. (*Jacet*), 1624, 2367.

GIU. R. s. m. Jeu (*Jocum*) : *Greignor fais portet par* GIU, *quant il s'enveisel,* 977.

23

GLATISSENT. Verbe neutr. Ind. prés., 3ᵉ p. p. Glapissent (germ., *glat*; suivant Diez, il n'y faut voir qu'une onomatopée), 3527.

GLORIUS. Adj. s. s. m. (*Gloriosus*), 2196. — R. s. m. : GLORIUS, 124 et 2253. — R. p. m. : GLORIUS, 2899. = Dans les trois premiers exemples, c'est une épithète ajoutée au nom de notre Dieu, qui est « le Dieu de gloire ». Au v. 2899, *glorius* est pris substantivement, et désigne les saints, « ceux qui jouissent de la gloire dans le ciel. »

GLUZ. S. s. m. Misérable, méchant (*Gluto, glutonem*), 3456. — R. s. m. : GLUTUN, 1230, 1337. — S. p. m. : GLUTUN, 1212. — Voc., p. m. : GLUTUN, 3275. — R. p. m. : GLUTUN, 2213. = Partout, dans notre texte, *gluz* et *glutun* sont employés substantivement.

GODSELMES. S. s. m. Nom d'homme (orig. germ. ?), 3065.

GRAANT. Verbe act., 3ᵉ p. s. du subj. prés. (De *credentare; credentel.*) *N'en i ad celoi nel'*GRAANT, 3805.

GRACIET (AD). Verbe act., 3ᵉ p. s. du parf. comp., avec un r. s. m. A remercié, a rendu grâces (de *gratiare*) : *Ad Deu* GRACIET, 2480. = Au passif, impér. ou subj., 3ᵉ p. s., avec un s. s. m. : GRACIET *en* SEIT *Deus*, 698. — Part. passé, s. s. m. : GRACIET, 698, et r. s. m. : GRACIET, 2488.

GRAIGNE. Adj. (comparatif de *granz*) s. s. (*Grandior.*) *Respunt Rollanz: Mis talenz en est* GRAIGNE, 1088. — R. s. m. : GREIGNOR, 977, 1135, et GREIGNUR, 2564. — R. p. m.: GREIGNURS, 719, et r. p. f. : GREIGNURS, 710. V. *Granz.*

GRAISLE. R. s. m. Clairon, cor, trompette (de *gracilis*), 3194, et GRESLE, 1319. — Au s. p. m., nous constatons trois formes : 1° GRAISLE, 1832; 2° GRAISLES, 1453; 3° GRAILLES, 1004. — Au r. p. m., quatre formes différentes : 1° GRAISLES, 2116, 2150, 3136 ; 2° GREISLES, 3138 et 3301 ; 3° GRAILLES, 700 ; 4° GRASLES, 2110.

GRAISLES. Adj., s. m. Maigre, élancé, grêle (*Gracilis*) : GRAISLES *es flancs e larges les costez*, 3158. — R. s., GRAISLE : *Le cors out* GRAISLE, 3820.

GRAMIMUND. R. s. m. Nom du cheval de Valdabrun (?), 1528.

GRAND, GRANDES. V. *Granz.*

GRANDONIES. S. s. m. Nom d'un païen (?), 1593, et GRANDONIE, 1570.

GRANZ. Adj., s. s. m. (*Grandis*), 3177, 3438, 3822, 3780. — S. s. f. : GRANT, 242, 335, 734, 1005, 1620, 1705, 2519, 3305, 3745. — R. s. m. : GRANT, 99, 2497; m. ou n., 1669, 2101. — R. s. f. : GRANT, 301, 651, 356, 666, 1575, 1584, 1630, 1639, 2090, 2234, 2417, et GRAND, 2985. — S. p. f. : GRANZ, 3181, 3346, et GRANDES, 3656. — R. p. m. : GRANZ, 845, 1799, 2426. M. ou n. : GRANZ, 1011, 2370. — R. p. f. : GRANZ, 29, 1431, 1633, 1756, 3688, 3861, et GRANDES, 281. = Au comparatif, s. s. : GRAIGNE, 1088. — R. s. m. : GREIGNOR, 977, 1135, et GREIGNUR, 2564. — R. p. m. : GREIGNURS, 719, et r. p. f. : GREIGNURS, 710. = On remarquera déjà la forme *grandes*, qui est presque un commencement de décadence.

GRASLES. R. p. m. Cors, clairons (*Graciles*), 2110. V. *Graisle.*

GRED (DE). Loc. adverbiale. Volontiers, de bon gré (*De grato*): *Faites le vos de* GRED, 2000.

GREFS. Adj. s. s. m. Rude, grave, terrible (*Gravis*) : *Li repaire ert* GREFS, 2801. Cf. 1678, et GREF, 1687. — S. s. f. : GREF, 1736. — R. s. f. : GREF, 2531. = Ce mot se trouvant comme assonance dans les couplets en *ier*, la forme correcte est *griefs*, *grief.*

GREIGNOR. Comparatif de *grant*, r. s. m., 977, 1135, et GREIGNUR, 2564. — R. p. m. : GREIGNURS, 719. — R. p. f. : GREIGNURS, 710.

GREISLES. R. p. m. Cors, clairons (*Graciles*), 3138, 3301. V. *Graisle*.

GRESILZ. R. p. m. (De *grès*, d'après Diez.) *Pluies et* GRESILZ *desmesuréement*, 1425.

GRESLE. R. s. m. Clairon, cor, 1319. V. *Graisle*.

GRIFUNS. R. p. m. (*Griphones*, de *griphos*.) GRIFUNS *i ad plus de trente millers*, 2544.

GROS. Adj. s. s. f. (*Grossa*.) *La hanste fut* GROSSE *cume uns tinel*, 3153. — R. s. : GROS *ad le piz*, 3159. — R. p. : GROS, 3221, 3229. = Au v. 2295, GROS est employé substantivement, au neutre : *Fenduz en est mis olifans el'* GROS.

GROSSAILLE. R. s. m. Nom de païen (? de *grossus*) : *Siet el'cheval qu'il tolit à* GROSSAILLE, 1649.

GUAIRES. Adv. Beaucoup (d'après le germ. *weiger*, beaucoup) : *Li quens Rollanz ne li est* GUAIRES *loign*, 1897. *E or sai ben n'avons* GUAIRES *à vivere*, 1923. Cf. GUERES, 3822.

GUAITENT. Verbe act. Ind. prés., 3ᵉ p. p. (Haut allem. *wahtan*, qui a le même sens.) *La noit la* GUAITENT *entresqu'à l'ajurnée*, 3731. Il s'agit des comtesses qui veillent auprès du corps de la belle Aude.

GUALES. R. s. Le pays de Galles (le pays des *Gaels ; Wales*) : *Jo l'en cunquis Escoce*, GUALES, *Islande*, 2331.

GUALT. R. s. m. Forêt (de l'allemand *wald*, forêt) : *Devers un* GUALT *uns granz leons li vint*, 2549.

GUALTERS. S. s. m. Nom d'homme (de *walder*, habitant de la forêt), 800, 1297, et, par erreur, GUALTER, 807, 819, 2067. — R. s. m. : GUALTER, 803, 2039.= Ce mot ne se trouvant en assonance que dans les couplets en *ier*, la vraie forme est *Gualtiers*, *Gualtier*.

GUANT. S. s. m. Gant (*Wantus*), 764. — R. s. m. : GUANT, 247, 2373, 3189, 3845. — R. p. m. : GUANZ, 2830.

= Le gant est un des attributs des ambassadeurs, v. 247.=Pour rendre l'hommage, on tend le gant de la main droite, v. 2373. =Quand Pinabel défie Thierry : *Met li el' poign de cerf le destre* GUANT, 3845.=*Guant*, enfin, sert de négation explétive : *Tresluz les altres ne pris jo mie un* GUANT, 3189. V. Schweighæuser, *De la Négation dans les langues romanes*, 71, 72.

GUARANT. S. s. m. Garant et garantie (haut allem. *werén*) : *Se Mahumet me voelt estre* GUARANT, 868. *Carles mi sire nus est* GUARANT *tuz dis*, 1254. Cf. 1478. On trouve aussi GUARENT : *Dient Franceis : Ben fiert nostre* GUARENT, 1609. Cf. 2518. —R. s., GUARANT : *Jo i puis aler, mais n'i averai* GUARANT, 329. *Li XII. Per n'averunt de mort* GUARANT, 948. (Dans ces deux exemples, GUARANT est au neutre?) *E cil de France le cleiment à* GUARANT, 1161. *Ferez baron, nus i avons* GUARANT. 3472. Cf. GUARENT, 1418.— S. p. m. : GUARANT, 1470. = Rem. l'expression : *Aveir guarant*.

GUARANTIR. Verbe act. Inf. prés. Défendre, soutenir (voyez le précédent) : *Jo ne vos puis tenser ne* GUARANTIR. 1864. Cf. 3494. *Mun jugement voel sempres* GUARANTIR, 3836. — Impér., 2ᵉ p. p. : GUARANTISEZ, 3277.

GUARANTISUN. R. s. f. Préservation, garantie (voyez *Guarant*) : *De mort n'averat* GUARANTISUN *pur hume*, 924.

GUARDE. S. s. f. (Subst. verbal de *guarder*, haut allem. *warten*.) *Il nus i cuvent* GUARDE, 192.

GUARDER. (Haut allem. *warten*.) 1ᵒ Conjugaison. Inf. prés.: GUARDER, 1192, 2527, 3849, et, au réfléchi, SE GUARDER, 9, 95. — Ind. prés., 3ᵉ p. s. : GUARDET, 487, 1018, 1230, 2235, et GUARDE, 2847. — Parf. simpl., 3ᵉ p. s. : GUARDAT, 2532 ; 3ᵉ p. p. : GUARD[ER]ENT, 1829.— Impér., 2ᵉ p. s. : GUARDE, 1819 ; 2ᵉ p. p. : GUAR-

DEZ, 316, 650, 1103, 2061, 2434. — Subj. prés., 3ᵉ p. s.: GUART, 1013, et 3ᵉ p. p.: GUARDENT, 2713. = 2° Sens du verbe GUARDER. *a*. Le sens le plus fréquent, à l'actif, est celui de « défendre » : *Trait vos ad ki à* GUARDER *vos out*, 1192. Cf. 2713, et « veiller sur » : *Fait cels* GUARDER *tresque li dreiz en serat*, 3849. Cf. 316, 1819, 1829, 2847, 2434. = *b*. GUARDER a encore le même sens que notre mot « regarder », et cette signification paraît dériver de la précédente : GUARDET *aval e si* GUARDET *amunt*, 2235. Cf. 487, 1018, 1103, 2532, et au neutre, 1230. = *c*. SE GUARDER QUE... « empêcher »: *Ne se poet* GUARDER *que mals ne li ateignet*, 9. *Ne s'poet* GUARDER *que alques ne l'enignent*, 95. = *d*. Au neutre, avec ou sans *que* : GUARDEZ *de nos ne turnez le curage*, 650. GUARDEZ, *seignurs, que il n' en algent vif*, 2061. Cf. 1013.

GUARENT. V. *Guarant*.

GUARESIS. Verbe actif, parf. simple, 2ᵉ p. s. de *guarir*, 2386, 3101. V. *Guarir*.

GUARET. R. s. Guéret (*Vervactum*, qu'on trouve dans Varron et Columelle) : *Mort le tresturnent très en mi un* GUARET, 1385. Cf. 2266.

GUARIR. Verbe act. Préserver, garantir, sauver (anc. haut allem. *werjan*) : *Asoldrai vos pur vos anmes* GUARIR, 1133. *De cent millers n' en poent* GUARIR *dous*, 1440. Cf. 3828. — Ind. prés., 3ᵉ p. s.: GUARIT, 1316, 3923. — Parf. simpl., 3ᵉ p. s.: GUARESIS, 2386, 3101. — Impér., 2ᵉ p. p.: GUARISEZ, 21. — Subj. prés., 3ᵉ p.s.: GUARISSET, 1837. — Part. pass., s. s. m.: GUARIZ, 354, 2036, et GUARIT, 1241, 3788. S. p. m.: GUARIZ, 2473. = Au passif. Fut., 3ᵉ p. s., avec un s. s. m.: ERT GUARIZ, 354, et IERT GUARIT, 1241. 2ᵉ p. p., avec un s. s. m. : SEREZ GUARIT, 3788. = Au neutre, on emploie GUARIR dans le sens de « se sauver », trouver le salut : *Uncore purrat* GUARIR, 156. Cf. 2063.

GUARISUN et GUARISON. R. s. f. Préservation, salut (V. *Guarir*) : *Ki par noz Deus voelt aveir* GUARISON, 3271. *Par mon saveir vinc jo à* GUARISUN, 3774.

GUARLAN. R. s. m. Nom de païen (?), 65.

GUARNEMENT. R. s. Équipement, armes (V. le suivant) : *N' unt* GUARNEMENT *que lut ne reflambeit*, 1003. — S. p., GUARNEMENT : *Si* GUARNEMENT *sunt tut à or batud*, 1552. — R. p. : GUARNEMENZ, 100.

GUARNIST. Verbe act. Parf. simpl., 3ᵉ p. s. Munit (anc. haut allem. *warnôn*, et, comme Littré le fait observer, même radical *war*... que pour *guarder*): *De Sarraguce Carles* GUARNIST *les turs*, 3676. — Part. passé, s. p. m., GUARNIZ : *Ben sunt* GUARNIZ *e de chevals e d'armes*, 3040.

GUART. Verbe actif. Subj. prés., 3ᵉ p. s. de *guarder*, 1013. V. *Guarder*.

GUASCUIGNE. R. s. f. (*Wasconiam*), 819. GASCUIGNE, 172. GUASCOIGNE, 1494.

GUASCUINZ. S. s. m. Gascon (compos. de *Wasco*), 1289. — GASCUINZ, 2407.

GUASTE. Adj., s. s. f. Inculte, déserte, vide, et, par extension, veuve (même étym. que le suivant) : *La sele en remeint* GUASTE, 3450. *E! France dulce, cun hui remendras* GUASTE *de bons vassals...*, 1985, 1986. *Issent des porz e de la tere* GUASTE, 3127.

GUASTEDE (AD). Verbe act. Parf. comp., 3ᵉ p. s., avec un r. s. f. A dévasté (*Habet - vastatam*) : *Carles li magnes ad Espaigne* GUASTEDE, 703. = C'est un de ces anciens participes comme il en est resté deux ou trois dans le *Roland*. Tous les autres sont en *et*, *ée*.

GUENES. Nom du beau-père de Roland. (Trois opinions ont déjà été exprimées sur l'étymologie de ce nom : 1° M. Hugo Meyer a rapproché Guenes du francique *Gamalo*, et du norois *Gamal* (vieux), prétendant que le « Vieux » désigne « le Loup » dans la Mythologie scandinave, et que Ganelon joue à Roncevaux le rôle du loup dans le Crépuscule des Dieux, etc. etc. Mais M. G. Paris a démontré, PAR LES VIEILLES FORMES ROMANES du mot GUENES, que cette origine est inadmissible. = 2° Restent la prétendue concordance entre Ganelon et l'archevêque *Wenilo*, que nous nions absolument ; = Et 3° l'hypothèse de *Guenes*, *Guenelun* venant du verbe *gannare*, *ingannare*. L'origine est douteuse.) S. s. m. : GUENES, 178, 3735, 3973, etc. etc. Et GUENELUN, 217, 1147, 3762, ou GUENELON, 3757. — Voc. s. m. : GUENES, 280 et 512. — R. s. m. : GUENELUN, 619, 3704, 3748, etc., ou GUENELON, 1526.

GUERE. R. s. f. Guerre (bas latin *guerra*, du haut allem. *werra*) : *Li reis Marsilie est de* GUERE *vencud*, 235. *Ço dit li Reis que sa* GUERE *out finée*, 705, et GUERRE, 906. — S. s. f. : GUERRE, 242 et 2118. V. *Guerre*.

GUEREDUN. R. s. m. Récompense, compensation, prix (ancien haut allem. *widarlon*, (?) qui a le même sens, d'après Diez) : *Ben le conuis que* GUEREDUN *vos en dei*, 3409.

GUERES. Adverbe. Beaucoup, 3822. V. *Guaires*.

GUERPIR. Verbe actif. Infin. prés. Abandonner, quitter (en bas latin, *werpire*, d'origine germ. En scand., *verpa*) : *Meilz voelt murir que* GUERPIR *sun barnet*, 536. Et, avec un emploi spécial : *De s' espée ne volt mie* GUERPIR, 465. — Indic. prés., 3° p. p., GUERPISSENT : *Voelent u nun, si* GUERPISSENT *le camp*, 1626. — Fut., 3° p. s. : GUERPIRAT, 2618. 3° p. p. : GUERPIRUNT, 1909, 3041. — Subj. prés., 3° p. s. : *S' en ma mercit ne se culzt à mes piez*, — *E ne* GUERPISSET *la lei de chrestiens*, 2683. — Part. pass., s. s. f. : GUER-PIE, 3071. = Passif. Fut., 3° p. s., avec un s. s. f. : ERT GUERPIE, 3071.

GUERRE. S. s. f. (bas lat. *guerra*; haut allem. *werra*), 242, 2118. — R. s. f. : GUERRE, 906, et GUERE, 235 et 705.

GUERREIER. Verbe tantôt employé à l'actif (2681), tantôt au neutre (1514). Faire la guerre (V. le précédent) : *Cil ne sunt proz jamais pur* GUERREIER, 1514. *En France irai pur Carle* GUERREIER, 2681. — Subj. prés., 3° p. s. : GUERREIT, 579.

GUERREIER, GUERRER. S. s. m. Guerrier, soldat (V. *Guerre*) : *Morz est Turpin, le* GUERREIER *Charlun*, 2242. = On trouve ailleurs la forme GUERRER : *Li quens Rollanz fut (mult) noble* GUERRER, 2066 (?).

GUERREIT. Subj. prés., 3° p. s. de *guerreier*, 579. V. *Guerreier*.

GUEZ. R. p. m. Gués (*Vados*) : *Il le cunquist es* GUEZ *desuz Marsune*, 2994.

GUIER. Au v. 901, c'est GUIER et non *juer* qu'il faut lire : *En Rencesvals irai mun cors* (GUIER). V. le suivant.

GUIERAI. Verbe act., fut., 1re p. s. Conduirai, guiderai (*Guier* vient, d'après Diez, du gothique *vitan*) : *En Rencesvals* GUIERAI *ma cumpaigne*, 912. 3° p. s. : GUIERAT, 2926 et 3022. 2° p. p. : GUIEREIZ, 3282. 3° p. p. : GUIERUNT, 3074. — Impér., 2° p. p. : GUIEZ, 2972, 3059.

GUIGE. S. s. f. La courroie par laquelle l'écu était suspendu au cou du chevalier (?) : *Pent à sun col un soen grant escut let... La* GUIGE *en est d'un bon palie roet*, 3149, 3151.

GUINEMANS. S. s. m. Nom d'homme (d'origine germ. comme le suivant. Suivant Pott, de *wini*, ami, et *man*, homme), 3022, 3348, et GUINEMAN, 3360. — R. s. m. : GUINEMAN, 3014.

GUINEMER. S. s. m. Nom d'homme (le suffixe est peut-être d'origine celtique), 348.

GUISE. R. s. f. Manière, façon. (Anc. haut allem. *wisa*.) Loc. adv.: *En* GUISE *de...* EN GUISE DE *baron*, 1226, 1888. EN GUISE DE *produme*, 3264. = *Par nule* GUISE, 2002.

GUITSAND. R. s. Nom de lieu. C'est le petit bourg de Wissant entre Boulogne et Calais. V. la Dissertation de Ducange sur le Port Itius (VII, 115). Ducange a relevé, depuis le VIe siècle, les formes *Witsan, Witsand, Vuitsand, Withsand, Wisan,* GUIZANT, etc. (De *withe*, blanc, et *sand*, sable.) *De Besençun tresqu' as (porz) de* GUITSAND, 1429.

GUIUN. R. s. m. Nom d'homme, cas régime de *Gui* (orig. germ. Bas latin, *Guidonem*) : *E Berenger e* GUIUN *de Seint-Antonie*, 1581.

GUIVERES. S. p. f. Serpents, guivres (*Viperas*) : *Serpenz e* GUIVERES, *dragun e averser*, 2543.

GUNFANUN. R. s. m. Enseigne ; la pièce d'étoffe qui était attachée à l'extrémité de la lance (haut allem. *gundja*, combat, et *fano*, bannière), 1228, 1533. — S. p. m. : GUNFANUN, 1033, 3005. — R. p. m. : GUNFANUNS, 857, 999, 1800...

GUNFANUNER. S. s. m. Celui qui porte le *gunfanun*, l'enseigne de l'Empereur (V. le précédent) : *Gefreid d'Anjou, le rei* GUNFANUNER, 105. = Ce mot étant employé comme assonance dans une laisse en *ier*, la vraie forme est *gunfanunier*.

GUVERNENT. Verbe neutre, 3e p. p. de l'ind. prés. Se gouvernent, se dirigent, en parlant des marins (c'était, à l'actif, le sens propre du latin *gubernant*) : *Siglent à fort e nagent e* GUVERNENT, 2631.

H

HAÏR. Verbe act. Inf. prés. (anglo-saxon *hatian*, qui a le même sens ??) : *Suz ciel n'a hume que (tant) voeillet* HAÏR, 1244.

HALBERCS. R. p. m. Hauberts (*Halsberc* en haut allem.), 711, et HALBERS, 683. V. *Albercs* et *Osbercs*. S. s.: OSBERCS, 1277, 2051. — R. s.: OSBERC, 1199, 1265, 1270, 1284, 1293, 1300, etc. — S. p. : OSBERCS, 1032, 1809. — R. p. : OSBERCS, 994, 1022, 1798, etc.

HALT, HALTE, HALTES. Adjectif. V. *Halz.*

HALT. Adverbe. Hautement, à haute voix (*Alte*) : *Mult* HALT, 891. *Si* HALT, 2111. *Li reis de France s' en escriet mult* HALT, 3334.

HALTECLERE. R. s. f. C'est le nom de l'épée d'Olivier (*Altam-claram?*) : *U est vostre espée ki* HALTECLERE *ad num*, 1363.

HALTEMENT. Adverbe. A haute voix (*Alta-mente*), 1974, 2597.

HALTILIE. R. s. f. C'est « sous Haltilie » qu'ont été tués, par ordre de Marsile, les deux ambassadeurs de Charlemagne, Basan et Basile (*Altiliam?* fait sur *alta*) : *Les chefs en prist es puis desuz* HALTILIE, 209. V. le suivant.

HALTOÏE. R. s. f. C'est un autre nom du même lieu qui est appelé ailleurs Haltilie (*Altam-auditam?*) : *Dunt prist les chefs as puis de* HALTOÏE, 491.

HALTUR. Adjectif. R. s. Haut (du comparatif *altiorem?*) : *Oliver est muntez desur un pui* HALTUR, 1017. (Le manuscrit de Venise donne : *Sor un pui* ALCIOR.)-*Cume il est en sun paleis* HALTUR, 3698. (Le manuscrit porte *halcur*.)

HALZ. Adject., s. s. m. Haut (*Altus*), 3745. — R. s. f. : HALTE, 53, 366, 853, 1579, 1654, 2935. — S. p. m. : HALT, 814, 1755. — S. p. f. : HALTES, 1097, 3310. — R. p. f. : HALTES,

2632, 3125, 3566. = Le mot halz a plusieurs sens dans le *Roland* : 1° Le sens propre d'*altus*, haut, élevé : Halt *sunt li pui*, 1755. *Sus une olive* halte, 366. *En la plus* halte *tur*, 853. Cf. 1579, 1654, 814, 2632, 3125. = 2° Ce mot s'applique particulièrement à la voix et aux instruments, 2985, 3310, 3566. De là l'expression adverbiale : *En* halt (*in alto*), à haute voix, 2014. = 3° Grand, solennel : *A Seint Michel tendrat mult* halte *feste*, 53. *Halz est li jurz, mult par est grant la feste*, 3745. = 4° Haut, au sens figuré, noble, élevé : *Bon sunt li cunte e lur paroles* haltes, 1097. Cf. *Haltur*, *altaigne*.

HAMON. R. s. m. Nom d'homme (orig. germ.) : *Entre Remballt e* Hamon *de Galice*, 3073.

HANSTE. S. s. f. Le bois de la lance (*Hasta*), 2050, 3153. — R. s. f. : hanste, 442, 720, 1534. — S. p. m. : hanstes, 2537, 3080. — R. p. m. : hanstes, 1043. = Rem. l'expression « *pleine sa* hanste » : *Pleine sa* hanste *l'abat mort des arçuns*, 1534, etc.

HARDEMENT. S. s. Courage, hardiesse (V. *Hardiz*) : *Se vos cornez, n'ert mie* hardement, 1710.

HARDIZ. S. s. m. Courageux (de l'anc. haut allem. *hartjan*), 2027, 3352. — S. s. f. : ardie, 1617. — R. s. f. : hardie, 2603.

HASTEIENT. V. le suivant.

HASTET. Verbe actif, 3ᵉ p. s. de l'ind. prés. (De l'allemand *hast*.) *E li Paiens de ferir mult le* hastet, 3445. Se astet, 2277. Dans un couplet féminin en *ei*, on trouve à la 3ᵉ p. p. la forme *hasteient*. De plus, le verbe est ici employé au réfléchi : *Ki de bataille s'arguent e* hasteient, 992. Voyez *Astet*.

HASTIFS. Adjectif, s. s. m. (Même étymologie que le précédent, avec une terminaison en *ivus*, *ifs*.) *De sa parole ne fut mie* hastifs, 140. = Ce mot s'emploie également, dans le sens de « rapide », avec les noms de choses : *La bataille est me(r)ve)illuse e* hastive, 1610.

HAÜR. R. s. f. haine (dér. de haïr) : *Rollanz... me coillit en* haür, 3771. — Rem. la locution « *coillir en* haür ».

HEINGRE. Adjectif, r. s. m. ou n. Mince, grêle (?) : Heingre *out le cors e graisle e eschewid*, 3820.

HEIRS. S. s. m. Héritier, hoir (*Hœres*) : *E Jurfalet ki est ses fils e ses* heirs, 504. — R. s. m., heir : *Jo si nen ai filz ne fille ne* heir, 2744.

HELME. R. s. m. Heaume (anc. haut allem. *helm*), 629, 2989, 3504, et elme, 1326, 1542, 1602, 1995, 2170, 2500, 3603, 3926. — S. p. m. : helmes, 1809, 2540, et elme, 3306. — R. p. m. : helmes, 1798, 2120, 3005, 3079, 3274, 3586, 3865 ; healmes, 683, 712 ; elmes, 996, 1022. L'aspiration était arbitraire dans le mot helmes. D'une part, nous trouvons : *D'osbercs e de* helmes *e d'espées à or*, 1798, et de l'autre : *Tresqu'à l' nasel tut le* elme *li fent*, 1602. V. *Elme*.

HELZ. S. s. m. La garde de l'épée (?) : *D'or est li* helz *e de cristal li punz*, 1364. = Il ne faut pas confondre le helz, la *garde*, avec le *punt*, le pommeau. Je crois cependant qu'au vers 621 : *Entre les* helz, signifie « entre la garde et le pommeau ».

HENISSENT. Verbe neut. Ind. prés., 3ᵉ p. p. (*Henir* vient de *hinnire*.) *Cil d'Ociant i braient e* henissent, 3526.

HENRI. S. s. m. Nom d'homme (de l'allem. *Heim-rich* : *heim*, maison, et *rich*, puissant), 2883. — R. s. m. : Henri, 171.

HER. Adverbe. Hier (*Heri*), her seir, 2745. — Er, 383, 3185, et ier, 2701, 2772, 2791. = Loc. proverbiale : *Li altr' er*, 3185. V. *Er* et *Ier*.

HERBE. R. s. f. (*Herbam*), 1569, 2523, et erbe, 671, 1334, 1614, 2175, 2875. — R. p. f. : herbes, 2871.

HERBERGE. R. s. f. Se dit du campement (anc. haut allem. *heriberga*) : *Li Emperere ad prise sa* HERBERGE, 2488. — R. p. f. : *Guenes li quens est venuz as* HERBERGES, 668.

HERBERGER. Verbe neutre. Inf. prés. Camper (V. le précédent) : *Dist l'Emperere : Tens est de l'*HERBERGER, 2482. Lire HERBERGIER. = Au réfléchi. Ind. prés., 3ᵉ p. p. : SE HERBERGENT, 709. — Part. pass., s. p. m., HERBERGIEZ : *Desur la rive sunt Franceis* HERBERGIEZ, 2799.

HERBUS. Adjectif, r. s. m. (*Herbosum.*) *Par mi un val* HERBUS, 1018. *El' pred* HERBUS, 3925.

HERITE. S. s. m. Hérétique (*Hœreticus*) : *Cel Sarraz(ins) me semblet mult* HERITE, 1645.

HERMANS. S. s. m. Nom d'homme (du germ. *Hermann*) : *Si 's guierat* HERMANS, *li dux de Trace*, 3042.

HOEM. S. s. m. Homme (*Homo*), 3265 et 3811. V. *Hom*.

HOESE. R. s. f. Botte. (Anc. haut allem. *hosa.*) Ganelon reçoit de Bramimunde deux *nusches* : *Il les ad prises, en sa* HOESE *les butet*, 641.

HOI. Adverbe. Aujourd'hui (*Hodie*), 1191, 1936, 1985, 2107, 2147, 2703, 3100, 3629, 3898. Oɪ, 1210, 2598, 2940. = Rem. l'expression HOI MATIN, 3629.

HOM. S. s. m. Homme. (*Homo.*) La déclinaison régulière est la suivante : S. s. : HOM. R. s. : HUME. S. p. : HUME. R. p. : HUMES. Mais on trouve dans notre manuscrit de nombreuses variantes que nous allons relever avec soin. S. s. m. : HOM, 39, 86, 223, 293, 620, 1010, 1638, 1683, 2253, 2414, 2438, 2888, 2949, 3009, 3167, 3174, 3322, 3593, 3893, 3974 ; HUM (en assonance dans les couplets en *un*), 223, 423, 2559 ; HOEM (également pour l'assonance), 3265, 3811 ; ON (dans le sens de notre « pronom indéfini »), 2127, et ON, 3323 : HUME, 604, 1433, 2254, 2294, 2309, 2526, et HOME, 1873. Dans ces deux derniers cas, il y a toujours erreur du scribe. Le plus souvent, il s'agit de locutions telles que : *Jamais n' iert hume* ; et le scribe s'est mépris sur le sujet... parce qu'il était APRÈS le verbe. — Vocatif s. m. : HOM, 2045 et 2252. — R. s. m. : HUME, 1074, 1623, 2023, 2135, 2141, 2723, 3578, 3713, 3908, 3914, 3959, et HOME, 1442, 2740. Par erreur : HOM, 1993. — S. p. m. : HUME, 20, 636, 1441, 1758, 2042, 2668, 2911, 2918, 3133, 3515, 3679, et, par erreur : HUMES, 3642. — R. p. m. : HUMES, 13, 79, 1849, 2018, 2060, 2256, 2379, 2578, 2997, 3487, 3537, et, par erreur : HUME, 2865. = Quant aux sens différents du mot HOM, nous n'avons lieu de faire ici que deux remarques : HOM est parfois employé dans le sens féodal, « l'homme de tel seigneur », et c'est ainsi que Ganelon dit à Roland : *Tu n' ies mis* HOM *ne jo ne sui tis sire*, 297. = Enfin HOM est déjà, dans le *Roland*, usité avec le sens de notre prétendu « pronom indéfini » on : *Cinquante pez i poet* HOM *mesurer*, 3167. *Plus qu'*ON *ne lancet une verge pelée*, 3323, etc. *Siet el' cheval qu'*ON *cleimet Veillantif*, 2127.

HONOR. S. s. f. (*Honor*), 2890, et ONUR, 922. R. s. f. : HONUR, 39, 2430, 2507, 2774, 3733, et ONUR, 45, 533, 1223, 2833, 2903. — S. p. f. : HONURS, 3181. — R. p. f. : HONURS, 315, 820, et HONORS, 3399. = HONOR presente deux sens bien distincts dans notre vieux poëme : 1° Le sens actuel, celui d'honneur : *La meie* HONOR *est turnée en declin*, 2890. *Serez ses hom par* HONUR *e par ben*, 39. *Par ceste* HONUR *e par ceste bontet*, 2507. *Mult grant* HONUR *i ad li Reis dunée*, 3733. *En plusurs gestes de lui sunt granz* HONURS, 3181. Cf. 922, 533, 1223, 2430, 2774. = 2° HONUR signifie

« terres ». C'est le sens du bas latin HONOR qui, après avoir désigné « un bien » dans le Code Théodosien, en vint, au nord de la Loire, à désigner simplement « un fief » : *E Sarraguce e l'*ONUR *qu'i apent*, 2833. *A lui lais-jo mes* HONURS *e mes fieus*, 315. *Si vos durai feus e* HONORS *e teres*, 3399. Cf. 45, 2833, etc.

HOST. Armée. (*Hostis.*) Au s. s., on trouve OST, 1052. — R. s. : HOST, 739, 785, 883, 2760, et OST, 18, 49, 211, 700, 1630, 2110, 2149, 3137. — S. p. : OZ, 598, 1086, 2630, 3291, 3346. — R. p. : OZ, 1169, 2629, 2926, 3994. = Le genre de ce substantif prête à une observation. Dans le *Roland*, on trouve, en effet, quelques exemples du masculin : *Parmi cel* HOST, 700 et 739. *En cest* OST, 2110. Mais ce sont des erreurs du scribe, qu'il est aisé de corriger. En réalité HOST est du féminin : SA *grant* HOST, 883 et 2149. *Vostre* OST BANIE, 211, 1630. *Par* TUTE L'OST, 3137. *Si remeindreient les* MERVEILLUSES OZ, 598. Cf. 1086, 2629, 3346. = Une HOST *banie*, c'est une armée convoquée *per bannum*, par proclamation : c'est le Ban.

HOSTAGE. R. s., 3852, et OSTAGE, 3950. — S. p. : HOSTAGES, 646. — R. p. : HOSTAGES, 147, 572, et OSTAGES, 40, 57 et 87. = Le genre du mot *ostage* peut prêter à la discussion. Il nous paraît évident qu'au singulier *hostage* est neutre, et, au pluriel, masculin. = Et, en effet, au singulier, *hostage* vient du latin *obstaticum*, et désigne le « fait même de livrer certaines personnes comme caution ». En d'autres termes, c'est un synonyme de « caution, garantie » : *Pur Pinabel en* OSTAGE *renduz*, 3950. *Li Emperere li recreit pur* HOSTAGE, 3852. = Mais, au pluriel, il désigne les personnes mêmes qui sont livrées en caution (*Obstaticos*) : *E XX.* HOSTAGES *des plus gentilz suz cel*, 646. *S'en voll* OSTAGES, *e vus l'en enveiez*, 40. Cf. 147, 57, 87. = L'étymologie, avons-nous dit, est *obstaticum*, qui, suivant Diez (I, 297), vient de *obsidaticum*. V. Ostage et Ostages.

HOSTELER. Verbe act. Inf. prés. Installer dans une maison (*Hospitalare*) : *Les dis messages ad fait enz* HOSTELER, 160. Cf. *Ostel*, 342.

HOSTURS. R. p. m. Autours (*Asturios*), 31, 129 : *Des hosturs muez*, ce sont des autours « après la mue ».

HU. S. s. m. Cri, huée (c'est une onomatopée) : *Dunc recumencent e le* HU *e le cri*, 2064.

HUM. R. s. *Gualter* DE L'HUM, 803, 2039 (?). On trouve au vers 2067 : *Gualter de* HUMS.

HUMELES. Adj., s. s. m. Humble (*Humilis*) : *Vers Sarrazins reguardet fièrement — E vers Franceis* HUMELES *e dulcement*, 1162, 1163. On voit qu'*humeles* est, dans ce vers, employé adverbialement.

HUMILITET. R. s. f. (*Humilitatem*), 73.

HUMS (GUALTER DE), 2067. V. Hum.

HUMS. R. p. m. Nom de peuple. (*Hunnos*. Les Huns sont? les *Hiongnou* des historiens chinois.) Dans le *Roland*, c'est un des peuples païens commandés par Baligant, 3254.

HUNGRE. S. p. m. Nom de peuple (slave *Ougri*; all. *Ungarn*) : *E* HUNGRE *e Bugre*, 2922. — R. p. m. : HUNGRES, 3254.

HUNIR. Verbe act. Inf. prés. (anc. haut allem. *honjan*, Diez, I, p. 294), 631, 2337. = Au passif. Fut., 3e p. s., avec un s. s. f. : ERT HUNIE, 969 et 1734. — Subj. prés., 3e p. s., avec un s. s. f., SEIT HUNIE : *Que dulce France par nus ne* SEIT HUNIE, 1927. — Part. pass. s. s. f. : HUNIE, 969, 1734, 1927.

HUNTAGE. S. s. Honte (même étymologie que le suiv., avec la terminaison latine *aticum*) : *Melz roeill murir que* HUNTAGE *me venget*, 1091.

HUNTE. S. s. f. (du goth. *haunitha;* anc. haut allem. *hônida;* vieux sax. *hônda;* Diez, I, p. 294), 1701. — — R. s. f.: HUNTE, 21, 382, 929, 1489, 2582. L'*h* initiale de ce mot est tantôt aspirée: *Si me guarisez e de mort e* DE HUNTE, 21; tantôt non : *Mielz voeill murir que* HUNTE *nus seit retraite*, 1701. Rem. cette dernière locution. = *Faire honte* est déjà usité dans le *Roland : E! malvais Deus! por quei nus fais tel* HUNTE, 2582. = *Mettre à hunte*, c'est « déshonorer, avilir » : *Tere Major, ço dit*, METRAT A HUNTE, 1489.

I

I. Adv. de lieu. Y (*Ibi*): *Soleill n'*I *luist ne blet n'*I *poet pas creistre; — Pluie n'*I *chet, rusée n'*I *adeiset*, 980, 781. Cf. 4, 5, 606, 1518, 2070, 3729, etc. etc.

ICEL. R. s. m. de *icil* (*Hic-illum*), 664, 1845, 1998, 2457, 2645... V. *Icil*.

ICELS. R. p. m. de *icil* (*Hic-illos*), 2094, 3021, 3198, 3977. C'est par erreur que le scribe l'a employé (v. 3796) au s. p. m. V. *Icil*.

ICEST. R. s. m. de *icist* (*Hic-istum*), 1180, 1677, 1884, 3365. V. *Icist*.

ICESTE. R. s. f. de *icist* (*Hic-istam*), 725, 2282. V. *Icist*.

ICEZ. R. p. m. de *icist* (*Hic-istos*), 990. V. *Icist*.

ICI. Adv. de lieu (*Hic-ibi*), 401, 1697, 1956, 1996, 2735, 3594, 3835. = Rem. la locution : D'ICI QUE. D'ICI QU'*en Oriente*, 3594. D'ICI QU'*as denz*, 1956. D'ICI QU'*à l' nasel*, 1996. Cf. PRÈS D'ICI, 2735.

ICIL. Pronom et adj. démonstratif, s. s. m. (*Hic-ille*.) Sa déclinaison est la suivante: S. s. m.: ICIL, 618, 880, 1892, 3057. — R. s. m. : ICEL (*Hic-illum*), 664, 1845, 1998, 2457, 2645. — S. p. m. : ICIL (*Hic-illi*), 2924, et, par erreur, ICELS, 3796. — R. p. m.: ICELS (*Hic-illos*), 2094, 3021, 3198, 3977. = Le plus souvent, *icil* est employé comme pronom, et signifie « celui-ci ». Mais il accompagne aussi un substantif : A ICEL *colp*, 1998. A ICEL *mot*, 2457. A ICEL *jur*, 2645. *Puis* ICEL *jur*, 664. V. *Cil*.

ICIST. Pronom et adj. démonstratif, s. s. m. (*Hic-iste*.) Sa déclinaison est la suivante : S. s. m.: ICIST, 1393, 3343. — R. s. m. : ICEST (*Hic-istum*), 1180, 1677, 1884, 3365. — R. s. f. : ICESTE (*Hic-istam*), 725, 2282. — S. p. m. : ICIST (*Hic-isti*), 1023. — R. p. m.: ICEZ (*Hic-istos*), 990. = *Icist*, comme *icil*, est tantôt adjectif, tantôt pronom. On le trouve après des substantifs : ICIST *reis*, 3343. A ICEZ *moz*, 990, etc. Mais, tout aussi souvent, il supplée le substantif au lieu de l'accompagner. V. *Cist*.

IÇO. Pronom, r. s. neutre. Cela (*Hic-hoc*): *Iço vus mandet reis Marsilies li bers*, 125. *Avoec* IÇO, 186. *Après* IÇO, 230. Cf. 774, 1082, 1959, 3339. V. *Ço*.

IDUNC. Adv. Alors (*Ibi-tunc*): IDUNC *agreget le doel e la pitet*, 2206. IDUNC *plurerent*, 3870. V. *Dunc*.

IER. Adv. Hier (*Heri*), 2701, 2772, 2791. Cf. ER, 383, 3185, et HER, 2745. V. *Er* et *Her*.

IERENT. Fut., 3ᵉ p. p. du verbe *estre*. Seront (*Erunt*), 3286. V. *Estre* et *Erent*.

IERT. Fut., 3ᵉ p. s. du verbe *estre*. Sera (*Erit*), 517, 544, 575, 653, 696, 1873, 1984, 2676, 3025, 3673. V. *Estre* et *Ert*. = Le scribe employait, *ad libitum*, *ert* ou *iert*, comme le prouvent les vers 543, 544, etc. Mais ce mot ne se trouve en assonance que dans les laisses en *ier*. La forme correcte est donc *iert*.

IES. Ind. prés., 2ᵉ p. s. du verbe *estre*. Es (*Es*), 297, 648, 2045, 2286, 2598, 3899, 3900, 3955. On ne trouve, croyons-nous, qu'une seule fois, dans le *Roland*, la forme *es*, si fréquente aussi dans les textes romans. (Vers 2030...)

IF. R. s. m. (Anc. haut all. *iwa*; Diez, I, p. 239.) *En Sarraguce descendent suz un* IF, 406.

IL. 1º Pronom pers. s. s. m. (*Ille*.) IL *est mes filz*, 3716. IL *en apelet e ses dux e ses cuntes*, 14. Cf. 71, 605, 641, 2784, etc. — 2º Pronom pers., s. p. m. (*Illi*.) *Einz que* IL *moergent, se vendrunt mult cher*, 1690. Cf. 44, 58, 603, 688, 978, 2074, 3082, 3624, 3858, etc. — 3º Pron. neutre, s. s. (*Illud*.) IL *est juget que nus les ocirum*, 884. IL *ne poet estre qu'il seient deseveret*, 3913. Cf. 61, etc.

ILOEC. Adverbe de lieu. Là (*Illùc*): *Li quens Guenes* ILOEC *ne volsist estre*, 332. Cf. 436, 482, 2186.

IMPHE. R. s. Nom de lieu (?): *Reis Vivien si succuras en* IMPHE, 3996. Sur ce mot, sujet à tant de discussions, voy. notre note du v. 3996.

INNOCENZ. R. p. m. Les saints en général, et non pas seulement les Innocents (*Innocentes*): *As* INNOCENZ *voz en serez seant*, 1480.

IRAI. Fut. 1ʳᵉ p. s. du verbe *aler* (*Ire habeo*): *Jo* IRAI *par votre dun*, 246. Cf. 901 et 2681. Cf. *Jo* M'EN IRAI: *Ami Rollanz, jo* M'EN IRAI *en France*, 2909. V. *Aler, Iras, Irat, Irums, Irez, Irunt*.

IRANCE. R. s. f. Colère (*Irantiam*): *N'i ad icel ne demeint* IRANCE, 1845.

IRAS. Fut. 2ᵉ p. s. du verbe *aler* (*Ire-habes*), 3995. V. *Aler*.

IRASCUT. Part. pass., s. s. m. Irrité, en colère. (Ce participe n'est pas, comme le prétend Gachet, un mot PRIS à la langue provençale, mais un participe de seconde formation, formé sur l'infinitif barbare *irascere*.) *Li quens Rollanz il est mult* IRASCUT, 777.

IRAT. Fut., 3ᵉ p. s. du verbe *aler* (*Ire-habet*): *Mar en* IRAT *itant*, 2734. Cf. 937, 2372. V. *Aler*.

IRE. R. s. f. Colère (*Iram*), 304, 971, 1722. = Il faut ici noter deux expressions : 1º *Fendre de colère, d'ire*: *Pur poi d'ire ne* FENT, 304. = 2º *Porter rancune, porter ire à quelqu'un*: *Por quei me portez ire*, 1722.

IRÉEMENT. Adv. En colère (*Iratamente*), 733, 762, 1834.

IREIZ. Fut., 2ᵉ p. p. du verbe *aler* (*Ire-habetis*) : *Seignurs, vos* EN IREIZ, 79. = Il faut remarquer que *ireiz* se trouve en assonance dans un couplet en *ei*.

IRET. V. le suivant.

IREZ. Adj., s. s. m. Irrité, furieux (*Iratus*), 1515, et IRET, 2414. — S. p. m.: IREZ, 2164.

IREZ. Fut., 2ᵉ p. p. du verbe *aler* (*Ire-habetis*), 70, 250, 944. V. *Aler*.

IRUM. Fut., 1ʳᵉ p. p. du même verbe (*Ire-habemus*), 881 et IRUMS, 3779. V. *Aler*.

IRUNT. Fut., 3ᵉ p. p. du même verbe (*Ire-habent*): *Francs* S'EN IRUNT *en France la lur tere*, 50. V. *Aler*.

IRUR. R. s. f. Colère (*Irorem*), 1023, 1224, 1812, 2877. Cf. *Ire* et *Irance*. = On voit, par ces trois formes, avec quelle facilité nos pères tiraient d'un même radical latin toute une gamme de mots différents dont les flexions étaient également empruntées à la langue latine. On croit trop aisément de nos jours que cette facilité est le propre de la langue italienne. Bien au contraire, elle est commune à toutes les langues romanes.

ISLONDE, pour ISLANDE. R. s. f. (Dan. *Icelund*, terre de glace.) *Jo l'en cunquis Escoce, Guales*, ISLONDE, 2331. J'ignore pourquoi M. F. Michel veut qu'il soit ici question de la Zélande.

ISNEL. V. *Isnels*.

ISNELEMENT. Adverbe, 2085, 2109, 2453, 2765, 3884. V. le suivant.

ISNELS. Adj. s. s. m. Rapide (anc. haut allem. *snel*; Diez, I, p. 385, au mot *snello*): *Plus est* ISNELS *qu'esprever ne arunde*, 1492. Cf. 1312, 1387, 1529, 3885 et ISNEL, 3839.

ISSENT. Ind. prés., 3e p. p. du verbe n. *issir* (*Exeunt*), 2640, 2765, 3127.

ISSI. Adv. Ainsi, de même, comme (*In-sic*, tandis qu'*ici* vient de *hic-ibi*): ISSI *est neirs cume peiz*, 1635. ISSI *poet-il ben estre*, 61. ISSI *seit cum vos plaist*, 606. *Tut* ISSI *cun il sunt*, 2435. = ISSI, comme on le voit, s'emploie avec *cum*, et est parfois précédé de l'adverbe *tut*...

IST. Verbe neutre, 3e p. s. de l'ind. prés. d'*issir*. Sort (*Exit*): IST *de la prese*, 1220. Cf. 2575 et 3165. On dit, au réfl., SE IST: *Par les oreilles fors se* IST *le cervel*, 2260. (Mais c'est sans doute une erreur du scribe.) 3e p. p.: ISSENT, 2640, 2765, 3127. — Parf. comp., 3e p. s., avec un s. s. m., EST ISSUT: *Li Amiralz* EST ISSUT *de l'calan*, 2647. — Part. passé, s. s. m.: ISSUT, 2647.

ITANT. Adverbe. « Sur l'heure »; ou « ici, là; » et « tant, autant » (*Ibi-tantum?*): *Li melz guariz en unt boüd* ITANT, 2473. *Dist Bramimunde: Mar en irat* ITANT, 2734. V. *Aïtant*, qui signifie « ici » ou « sur l'heure », 1476. Nous n'avons pas traduit avec assez de précision ce mot qui, d'ailleurs, est souvent explétif et vague.

ITELS. Adj., s. s. m. Tel (est-ce *ibi-talis??*): ITELS *est sis curages*, 375. — R. s. f.: ITEL, 1877, 2824, 3212. — S. p. m.: ITELS, 1395. — R. p. m. et n.: ITELS, 991, 1377, 1517, 3415.

IVE. S. s. m. Nom d'un des douze Pairs (bas lat. *Ivo*, *Ivonis*, orig. germ. Anc. haut allem. *Effo*, d'après Pott), 2406. — Au r. s. m.: IVON, 1895.

IVORIE. S. s. m. Nom d'un des douze Pairs. (? Le nom d'Ivon et celui d'Ivoire vont presque toujours ensemble. Le second n'a-t-il pas été formé sur le premier ? Faut-il supposer *Eborius* pour *Eboreus??*) Vers 2406, et r. s. m. (par erreur): YVOERIES, 1895.

J

JA. Adv. (*Jam.*) *Jà* a deux sens dans notre texte : 1° Celui de « déjà »: *Sire cumpainz,* JA *est morz Engeler,* 1503. Cf. 1391 et 1523. = 2° Celui de « jamais »: *Deus ! se jo l'pert,* JA *n'en averai escange,* 840. Cf. 83, 196, 223, 3206. Dans les vers 83, 196 et 223, le sens de *jamais* n'est pas très-fortement accentué, et *ja* y joue plutôt le rôle d'un adverbe explétif.

JACUNCES. R. p. f. Rubis, ou grenats (de *hyacinthus*, qui, dans Pline et Claudien, signifie déjà une pierre précieuse), 638.

JAIANZ. R. p. m. (*Gigantes.*) Notre poëte parle des *Jaianz de Mal-preis*, 3253 et 3285. Cf. 3518. Il en fait un nom propre. Mais l'étymologie ne nous semble pas douteuse.

JALNE. R. s. f. Jaune (*Galbinam*): *Blanche la cue et la crignete* JALNE, 1655. *El'cors li met tute l'enseigne* JALNE, 3427. (Le manuscrit porte *ralue*.)

JAMAIS. Adv. Sens actuel (*Jammagis*): JAMAIS *n'est hume ki encuntre lui vaille*, 376. *N'averat talent que* JAMAIS *vus guerreit*, 579. JAMAIS *n'averat el'chef corone d'or*, 3236. Cf. 1514, 1984...

JAMELZ. R. p. Câbles, cordes, jougs (de *gamela*, câbles): *Très* ben le batent à fuz e à JAMELZ, 3739.

JANGLEU. R. s. m. Nom de païen (dérive ?? de joculari): *Si'n apelat* JANGLEU *l'ultre marin*, 3507.—Voc. sing. m. : JANGLEU, 3508.

JASTORS. S. s. m. Nom d'homme (?). 796. A *Jastors*, que porte le manuscrit, M. Müller a substitué *Sansun*.

JAZERENC. R. s. m. De mailles, à mailles. C'est toujours l'épithète du haubert : *E l'osberc* JAZERENC, 1604. L'étymologie, d'après Diez, serait l'arabe *Djezaïr*, Alger, « parce qu'Alger fabriquait d'excellentes cottes de mailles. » (T. I, p. 208, 209, au mot *Ghiazzerino*.) Raynouard et Gachet préfèrent l'esp. *jacerino*, dur comme l'acier. Quoi qu'il en soit, il faut remarquer que *jazerenc* est devenu de bonne heure un substantif qui a servi à désigner le haubert. Encore aujourd'hui *jaseran* est un terme de bijouterie. Un *jaseran* ou *jaseron*, c'est une chaîne formée de petites mailles ou de petits anneaux.

JERICHO. R. s. f. Ville appartenant aux païens. C'est l'antique Jéricho. (En hébr. : lieu odorant : « Ce nom, dit M. Neubauer, peut se traduire par « ville odorante ». On y trouvait, en effet, des baumiers. » *Géographie du Talmud*, 161.) *E la sedme est de cels de* JERICHO, 3228.

JERREIZ. Fut., 2ᵉ p. p. de *gesir*. (*Jacere habetis*.) Le manuscrit porte à tort *jerreiez*, 1721.

JERUSALEM. R. s. f. (*Hyerosolimam*; en hébr. *Jebus-Salem* : Cf. *Géographie du Talmud*, p. 134.) JERUSALEM *prist ja par traïsun*, 1523.

JESQU'. Prép. (*De-usque*), 2638. V. *Josque et Jusque*.

JETER. Verbe actif. Inf. prés. (*Jactare*), 2868.—Ind. prés., 3ᵉ p. p. : JETENT, 3520. — Parf. comp., 3ᵉ p. p., avec un r. p. f. : UNT JETÉES, 3318. V. *Geter*.

JO. Pron. pers. Je (*Ego*), 18, 75, 191, 635, 1478, 2913, etc. etc. = *Jo* se place avant ou après le verbe : Jo *lur dirai*, 2913, etc. *Mais d'une chose vos soi-*JO *bien guarant*, 1478. =*Jo* se combine avec le : *Deus! se* JO *l'pert, ja n'en averai escange*, 840.

JOCERANS. S. s. m. Nom d'homme (en bas lat. *Joceramnus*; l'origin. est germ.) : *L'estreu li tindrent Neimes e* JOCERANS, 3113. JOZERANS, 3023, 3067. — R. s. m. : JOZERAN, 3007, 3075, 3535.

JOE. R. s. f. Joue (*Gautam*): *La destre* JOE *en ad tute* SANGLENTE, 3921.

JOIE. R. s. f. (de *gaudia*), 1584, 3944. *Repairez sunt à* JOIE, 3682 (c'està-dire « avec joie »).

JOIUSE. R. s. f. Nom de l'épée de Charlemagne (*Gaudiosam*) : *Lacet sun helme, si ad ceinte* JOIUSE, 2989. Cf. 2501.

JOÏMER. R. s. m. Nom d'homme (?) : *E* JOÏMER *e Malbien d'ultre mer*, 67. M. Müller lit : *Joüner*.

JOINTES. Adjectif, r. p. f. (*Junctas*.) JOINTES *ses mains*, 223, 696. V. *Juindre*.

JONAS. R. s. m. (Hébr. *Ionah*, colombe.) *Ki guaresis* JONAS *tut veirement*, 3101.

JOR. S. s. m. Jour (*Diurnus*) : *Jamais n'ert* JOR *que Carles ne s'en pleignet*, 915. *Passet la noit, si apert le cler* JOR, 3675. — R. s. m., JOR : *Veire paterne, hoi cest* JOR *me defend*, 3100. V. *Jurz*.

JOSQUE. Tantôt préposition, tantôt conjonction : 1° Prép. Jusques... (*De-usque*.) Elle s'emploie le plus souvent avec à : JOSQU'A *l' Rei*, 510. JOSQU'A *la tere*, 976. JOSQU'AS *mains*, 1158. JOSQU'AS *poinz*, 1359. JOSQU'A *la mort*, 3395. Ce dernier exemple montre que JOSQUE s'applique ici tout aussi bien au temps qu'à l'espace. JOSQUE, comme préposition, s'emploie également avec par : JOSQUE PAR *sun le ventre*, 3922. = 2° Conjonction. Jusqu'à ce que... JOSQUE IL *vengent*, 1838. Josque *Deus voeile*, 2439. Josqu'il *seit mort*, 2663. Josque li uns sun tort i reconuiset, 3588. V. *Jesque* et *Jusque.*

JOÜS. S. s. m. Joyeux (*Gaudiosus*): *En sun curage en est* joüs *e liet*, 2803.

JOZERANS. S. s. m. Nom d'homme (*Joceramnus*; orig. germ.), 3023, 3067, et jocerans, 3113. — R. s. m.: jozeran, 3007, 3075, 3535. V. *Jocerans.*

JUER. Verbe neutre. Inf. prés. Jouer (*Jocari*): *Unches nuls hom ne l' vit* juer *ne rire*, 1638. C'est à tort que le scribe a écrit, au vers 901, juer au lieu de *guier*. — Ind. prés., 3ᵉ p. p., juent : *As tables* juent *pur els esbaneier*, 111.

JUGAT. Verbe act. Parf. simpl., 3ᵉ p. s. (*Judicavit*), 353, 1025, 3772. V. *Juz.*

JUGÉE (est). Verbe pass. Ind. prés., 3ᵉ p. s., avec un s. s. f. (*Judicata est.*) *La rere guarde* est jugée *sur lui*, 778. V. *Juz.*

JUGEMENT. R. s. (*Judicamentum*), 307, 435, 3836, 3843.

JUGENT. Verbe act. ou neut. Ind. prés., 3ᵉ p. p. (*Judicant*), 321. V. *Juz.*

JUGET. Subj. prés., 3ᵉ p. s. de *juger* (*Judicet*), 3789. V. *Juz.*

JUGEZ, JUGET. Part. passé de *juger*. As juget. Parf. comp., 3ᵉ p. s. de *juger* (*Habes judicatum*), 288. 2ᵉ p. p. : avez jugiet, 754. = Passif. Ind. prés., 3ᵉ p. s. neutre : il est juget (*Illud est judicatum*), 884. 3ᵉ p. p., avec un s. p. m. : sunt jugez (*Sunt judicati*), 1058. — Parf., 3ᵉ p. s. : fut juget (*Fuit judicatus*), 1409. — Fut., 3ᵉ p. p., avec un s. p. m. : serunt jugez (*Essere habent judicati*), 262.— Part. pass., s. s. m. : juget (*Judicatus*), 1409. S. s. n. : juget (*Judicatum*), 884. S. s. f. : jugée (*Judicata*), 778. R. s. m. : juget (*Judicatum*), 288, et jugiet, 754. S. p. m. : jugez (*Judicati*), 262, 1058. =

Ce mot ne se trouvant comme assonance que dans les laisses en *ier*, c'est *jugiet, jugiez*, etc., qu'il faut lire. V. *Juz.*

JUGEZ. Imp., 2ᵉ p. p. de *juger* (*Judicate*), 656, 742, 3751.

JUGEÜRS. R. p. m. Juges (*Judicatores*), 3765, et jugeors : *Par ses messages mandet ses* jugeors, 3699.

JUGIET (avez). Parf. comp., 2ᵉ p. p. de *juger*, 754. V. *Juz.*

JUINDRE. Verbe neut. Inf. prés. Se joindre (*Jungere*): *En Rencesvals à Rollant irai* juindre, 923. — Parf. comp., 3ᵉ p. s., avec un r. p. f., ad juinz (par erreur): *Amsdous ses mains* ad juinz, 2240. — Part. pass., r. p. f., juintes : *Ambesdous ses mains* juintes, 2015; juntes, 2392, et jointes : Jointes *ses mains*, 223, 696.

JUISE. R. s. Jugement (*Judicium*): *N' ert mais tel hom desqu' à Deu* juise, 1733. *Deus nus ad mis à l' plus verai* juise, 3368.

JULIANE. R. s. f. Julienne (*Julianam*), 3986.

JUNCHÉE. Part. pass. r. s. f. Jonchée (*Juncatam*, de *juncus*, jonc. On couvrait la terre de joncs et de fleurs à certaines fêtes): *Là veïsez la tere si* junchée, 3388.

JUNTES. Part. pass., r. p. f. (*Junctas.*) Juntes *ses mains*, 2392. V. *Juindre.*

JUPITER. S. s. m. *Par artimal l' i cundoist* Jupiter, 1392.

JUR. V. *Jurz.*

JURENT. Parf. simpl., 3ᵉ p. p. de *gesir.* (*Jacuerunt.*) *Icele noit i* jurent, 3653.

JURET. Verbe actif et neut. Indic. prés., 3ᵉ p. s. (*Jurat.*) *Li Amiralz en* juret *quanqu'il poet*, 3232. — Parf. simple, 3ᵉ p. s., jurat : *La traïsun* jurat, 608. *Ki me* jurat *cume sa per à prendre*, 3710. — Parf. comp., 3ᵉ p. s., ad juret : *Ço* ad juret *li Sarrazins Espans*, 612. — Fut., 2ᵉ p. p., jurrez : *La traïsun me* jurrez *de Rollant*, 605.

JURFALET. S. s. m. Nom du fils de Blancandrin (?), 504. — R. s. m. Jurfaleu, 1904, 2702.

JURNÉE (?). R. s. f. (*Diurnatam.*) iiii. c. *milie atendent la* jurnée, 715. M. Müller lit : *l'*ajurnée, et c'est aussi la forme que nous avons adoptée.

JURZ. S. s. m. Jour (*Diurnus*), 54, 667, 1807, 3345, 3560, 3745, 3991. Jur, 717, 2915. Jor, 915, 3675. Jurn, 971, 2901. — R. s. m. : Jurn, 1477. Jur, 162, 664, 816, 1780, 2107, 2372, et jor, 3100. — R. p. m. : Jurz, 851, 1882. = Jurz est partout du masculin, excepté au v. 1780, où il faut supposer une faute du scribe : *Pur un sul levre vat* tute jur *cornant*, 1780. = Ce mot a deux sens. Il signifie le plus souvent une journée, un « espace de vingt-quatre heures » (54, 664, 717, etc. etc.); mais il exprime aussi la « lumière du jour » opposée aux ténèbres de la nuit (162, 667, 3345, 3675). = Rem. la locution tuz jurz, 1882, qui devait faire un si beau chemin dans notre langue.

JUS. Adverbe. En bas, à terre (*Jusum*) : *Repairez est des muntaignes* jus, 2040. *Ça* jus, 2296. *Jus à ses piez*, 2291. *Les freins metent* jus *des testes*, 2491. *Par les degrez* jus *del l' paleis descent*, 2840. *Jus à la tere une pièce en abat*, 3437. = Cf. Juz, 2296.

JUSQU'... Prép. Jusque. (*De-usque.*) S'emploie pour le temps (jusqu'a *un an*, 972), aussi bien que pour l'espace (jusqu'a *l' nasel*, 3927). Cf. Josque, prép., 510, 976, 1379, 3395, 3922, josque, conj., 1838, 2439, 2663, 3588, et jesqu'..., prép., 1158, 2538, 2638. La meilleure des trois formes est jusqu'...

JUSTE. Prép. Auprès de... (*Juxta*) : *Ad un port* juste *mer*, 2626.

JUSTER. (*Juxtare.*) 1° Conjugaison. Inf. prés., neutre et act., 2181, 2889, 3169. — Ind. prés., 3ᵉ p. s. : justet, 2020, 3360. — Parf. comp., 3ᵉ p. s., avec un r. p. f. : ad justedes, 3252. — Fut., 2ᵉ p. p. : justerez, 1191. 3ᵉ p. p. : justerunt, 1191, 3287. — Impér., 2ᵉ p. p. : vus justez, 1976. = Au passif. Ind. prés., 3ᵉ p. s., avec un s. s. f. : est justée, 3874. 3ᵉ p. p., avec un s. p. m. : sunt justez, 3858, et avec un s. p. f. : sunt justées, 3347, 3384. — Subj. prés., 3ᵉ p. s., avec un s. s. f. : seit justée, 2761. — Part. pass., s. s. f. : justée, 2761 et 3874. S. p. m. : justez, 3858. S. p. f. : justées, 3347, 3384. R. p. f. : justedes, 3252.

2° Sens divers. *a.* Le sens primitif de juster est « placer auprès » : *De devant vus* juster *e enrenger*, 2181. *Granz batailles* juster, 2889. *Trestut le cors à la tere li* justet, 2020. = *b.* De ce premier sens, à l'actif, en dérive un second, au neutre, en passant par le réfléchi. Se juster, c'est « se placer près d'un adversaire pour lutter avec lui. » *A mei car vus* justez, 1976. De là le neutre juster, dans le sens que nous avons conservé à « joûter » : *Feluns Franceis, hoi* justerez *as noz*, 1191. *Si* justerunt *à Charle e as Franceis*, 3287. Cf. 3169 et 3360.

JUSTISE. S. s. f. (*Justitia.*) Justise ert *faite*, 3904. *Quant l'Empereres ad faite sa* justise, 3988. — R. s. f., justise : *Jo en ferai la* justise, 498. Rem. la locution « Faire justice ».

JUSTIN. R. s. m. Nom d'homme (*Justinum*), 1370.

JUT. Parf. simpl., 3ᵉ p. s. de gesir. (*Jacuit.*) On trouve le neutre : *Il* jut, 2758 et le réfl. : se jut, 2375.

JUVENTE. Voc. s. f. Jeunesse (*Juventa*) : *Ami Rollanz, prozdoem*, juvente *bele*, 2916. — R. s. f., juvente : *Tant bon Franceis i perdent lor* juvente, 1401. On remarque que le sens n'est pas exactement le même dans les deux vers précédemment cités...

JUZ. Verbe act., ind. prés., 1ʳᵉ p. s. Je juge, je condamne (*Judico*) :

Pur ço le JUZ *à pendre et à murir*, 3831. — Parf. simpl., 3ᵉ p. s. : JUGAT, 353, 1025, 3772. — Parf. comp., 2ᵉ p. s., AS JUGET : *Si* AS JUGET *qu'à Marsiliun en alge*, 288. 2ᵉ p. p., AVEZ JUGIET : *La rere guarde* AVEZ *sur mei* JUGIET, 754. — Impér., 2ᵉ p. p. : JUGEZ, 656, 742, 3751. — Subj. prés., 3ᵉ p. s : JUGET, 3789. == Passif. Ind. prés., 3ᵉ p. s., au neutre, EST JUGET : IL EST JUGET *que nus les ocirum*, 884, et avec un s. s. f. : EST JUGÉE, 778. 3ᵉ p. p., avec un s. p. m. : SUNT JUGEZ, 1058. — Parf., avec un s. s. m., 3ᵉ p. s. : FUT JUGET, 1409. — Fut., 3ᵉ p. p., avec un s. p. m. : SERUNT JUGEZ, 262. — Part. pass., s. s. m. : JUGET, 1409. S. s. n. : JUGET, 884. S. s. f. : JUGÉE, 778. R. s. n. : JUGET, 288 et JUGIET, 754. S. p. m. : JUGEZ, 1058, 262. == Le verbe « juger » présente plusieurs sens dans le texte de la Bodléienne. 1° « Décider », 288, 321, 353, 742, 884, 3751. 2° A ce sens se rattache celui « d'adjuger », 778. 3° « Condamner » : SI ME JUGAT *à mort et à dulur*, 3772. *N' i ad Franceis ki vos* JUGET *à pendre*, 3789. Cf. 1055, 1409.

JUZ. Adverbe. A terre, en bas (*Jusum*), 2296. V. *Jus*.

K

KAR. Conj. (*Quare*), 390, 682, 742, 1051, 1131, 1175, 1366, 1676, 1724, 3589. Cf. QUAR, 470, et CAR, 358, 1059, 1806, 1840, 2005, 2428, 2686, 3751, 3768, 3902. == *Kar* a deux sens : 1° « En effet », 390, 1131, 1724 ; et 2° « C'est pourquoi, donc, » avec un caractère explétif : *Cumpaign Rollanz*, KAR *sunez vostre corn*, 1051. *Respunt li quens* : KAR *li aluns aider*, 1676. *Dist l'Amiraill : Carles*, KAR *le purpenses*, 3589, etc. V. *Quar* et *Car*.

KARLEMAGNE. S. s. m. (*Carolus magnus*), 2807. — R. s. m., 2458. V. *Carlemagne*.

KARLES. S. s. m. (*Carolus*, de *Karl*. Pott rapporte ce mot à *Kerl*. mâle, et, par extension, vigoureux), 1714, 1757, 1788, 2525, 3234, et KARLON, 1727. — R. s. m. : KARLUN, 2017 et 3328. V. *Charles, Carles, Carlun, Charlun*.

KARTAGENE. R. s. f. Nom de ville. Carthage (*Carthaginem*) : *Ki tint* KARTAGENE, *Alferne, Garmalie*, 1915.

KI. Pron. rel., s. s. m. Qui (*Qui*), 7, 22, 194, 833, 2380, 3959. — S. s. f., 19, 925, 1544. — S. s. n., 4. — S. p. m., 92, 685, 3958. == KI, dans le sens de *quis* : *Kar me jugez* KI *ert en la rereguarde*, 742. == « Quel que soit celui qui... » : KI *que l' blasme ne qui l' lot*, 1546. KI *qu' en plurt u* KI*'n riet*, 3364. KI *que l' cumpert, venuz en sunt ensemble*, 1592. Cf. QUI, 18, 116, 1522, 1546, et CHI, 596 et 838.

L

L'. Voyez *Le*, etc.

LA. Article, s. s. f. (*Illa.*) LA *Reine i vint*, 634. *De Pareis li seil* LA *porte uverte*, 2258, etc. — R. s. f. : *Tresqu' à* LA *mer conquist* LA *tere altaigne*, 3. Cf. 19, 37, etc. etc. V. *Li, Le, Les*. == Combiné avec quel, LA QUELE : *Asez orez* LA QUELE *irat desure*, 927. V. *Quel*.

LA. Pronom, r. s. f. (*Illam.*) LA *vos duins*, 622. *Baptisez* LA, 3981. Cf. 7, etc. etc. V. *Le, Les*.

LÀ. Adv. de lieu (*Illàc.*) Là *ù cist furent*, 108. Là *siet li Reis*, 116. Là *sunt nerez*, 690. Là *ù tu fus*, 2046. Cf. 1718, 220. = Se combine avec *sus*, pour former *là sus*, qui plus tard s'écrira en un seul et même mot : Là sus *amunt*, 2634. V. *Sus*.

LACET. Verbe act., 3ᵉ p. s. de l'ind. prés. Lace. (*Laqueat.*) Ce verbe s'applique particulièrement aux lacs du haubert que l'on attache au moment de la bataille : Lacet *sun helme, si ad ceinte Joiuse*, 2989. 3ᵉ p. p. : lacent, 996. — Parf. comp., 3ᵉ p. s., avec un r. s. m. : (ad) laciet, 2500. — Part. pass. r. s. m. : laciet, 1157, 2500, (?). R. p. m. : lacez, 712, et laciez, 1042, 3079.

LAIDEMENT. Adverbe. (Anc. haut all. *leid*, odieux. Diez, I, p. 241.) *Sur l'erbe verte mult* laidement *se culcet*, 2573. Cf. 2581.

LAISSER. Verbe act. Inf. prés. (*Laxare*, ou plutôt (?) *laxiare*. V. Ducange au mot *laxiatus*), 2069. Laiser, 2178 et 2337. — Ind. prés., 1ʳᵉ p. s. : lais, 315. 3ᵉ p. s. : laiset, 1197, 1281. 2ᵉ p. p. : lessez, 279. 3ᵉ p. p. : laissent, 1000 ; laisent, 2162, 2641 et 3350. — Parf. simple, 2ᵉ p. s. : lessas, 2583. 3ᵉ p. s. : laissat, 1127, 3677 ; laisat, 1114 ; laisad, 1209. — Parf. comp., 1ʳᵉ p. s., avec un r. s. m. : ai lesset, 839. 3ᵉ p. s., avec un r. s. m. : ad lesset, 824. 3ᵉ p. p., avec un r. s. m. : unt laisset, 2162, et avec un r. p. m. : unt laisez, 2961, et unt lesset, 2717 : *Noz chevalers i* unt lesset *ocire*. — Plus-que-parf., 1ʳᵉ p. s., avec un r. p. m. : aveie laiset, 2410. — Fut. 1ʳᵉ p. s. : lerrai, 785, 893, 2141. 3ᵉ p. s. : laisserat, 1252, 1659 ; lesserat, 859, 1931 ; leserat, 1206 ; lairat, 2666 ; lerrat, 574, 2063 ; — Cond., 1ʳᵉ p. s. : lerreie, 457. — Impér., 2ᵉ p. s. : laisses, 3902. 1ʳᵉ p. p. : laissums, 2154 ; laissum, 229 ; laisum, 3799. 2ᵉ p. p. : laissez, 2741 ; laisez, 265, 2486, 3811 ; lessez, 2435. = Passif. Futur, 3ᵉ p. s., avec un s. s. f. : ert lessée, 3030. — Part. pass. s. s. f. : lessée, 3030. R. s. m. : laisset, 3162 ; lesset, 839. R. p. m. : laisez, 2961. = Le verbe *laisser* présente à peu près les mêmes sens qu'aujourd'hui. Not. cependant les deux locutions : Laissez co ester, 2741, etc., et surtout : « laisser que »... dans le sens de « manquer à »... Ne laisserat que *n'i paroll*, 1252. Ne laisserat qu'*Abisme n'en asaillet*, 1659. Cf. 1931, 457, etc. = Ce mot ne se trouvant en assonance que dans les couplets en *ier*, il faut lire partout *laissier*, etc. D'où l'on pourrait supposer que la véritable étymologie est *laxiare*, et non *laxare*, puisque la plupart des mots en *ier* dérivent de mots latins où la tonique est suivie ou précédée d'un *i* atone.

LAIZ. Adjectif, r. p. m. *La premere (eschele) est de Canelius, des* laiz, 3238. Le sens est douteux. M. Génin a cru qu'il s'agissait ici de porte-chandelles laïques !!! Il nous paraît que *laiz* est notre français actuel « laids ». Pour l'étymologie, voyez *Laidement*.

LANCES. R. p. f. (*Lanceas*), 541, 713, 2074.

LANCET. Verbe act. Ind. prés., 3ᵉ p. s. Lance (*Lanceat*) : *Plus qu'on ne* lancet *une verge pelée*, 3323. 3ᵉ p. p. : lancent, 2074. — Impér. 1ʳᵉ p. p., lançuns (employé ici au neutre) : Lançuns *à lui ; puis, si l'laissums ester*, 2154.

LANTERNES. R. p. f. (*Lanternas*, pour *laternas.*) *Asez i ad carbuncles e* lanternes, 2633. Cf. 2643.

LARGE. Adjectif, s. s. f. (*Larga*), 3305, 3873. — R. s. m. : large, 1217. — R. s. f. : large, 654, 1653. — R. p. m. : larges, 284, 2852, 3158. — R. p. f. : larges, 2307.

LARIZ. S. p. m. Landes (*Larritia* ou *Larritii.* V. Ducange, au mot *Larritium*) : *Cuverz en sunt... li* lariz, 1084, 1085. — R. p. m. : lariz, 1851.

LAS. Adjectif, s. s. m. Fatigué, et, par extension, malheureux, misérable (*Lassus*) : *Ki mult est* LAS *il se dort cuntre tere*, 2494. LAS *est li Reis*, 2519. — S. p. m., LAS: *Noz chevals sunt* LAS, 2484. = *Las* est déjà devenu une exclamation, comme dans notre *hélas!* Au sing. f., on trouve: E! LASSE, 2723.

LASCHET. Verbe actif, ind. prés., 3ᵉ p. s. (*Laxat*. On pourrait dire (?) que *laxiare* a donné *laisser*, et *laxare* LASCHER.) LASCHET *la resne*, 1290. Cf. 1574, 2996. — 3ᵉ p. p. : LASCHENT, 1381; LASCENT, 3349, et LASQUENT, 3877. Cf. LAISSER, dont LASCHER est déjà distinct.

LASSE. Voy. *Las*.

LASSERAT. Verbe neut. Fut. 3ᵉ p. s. Se lassera (*Lassare-habet* : LASSERAT *Carles, si recrerrunt si Franc*, 871.

LAVAT. Verbe act. Parf. simpl., 3ᵉ p. s. (*Lavavit*.) *Puis, od les ewes* LAVAT *les prez de l'sanc*, 1778. = Passif. Ind. prés., 3ᵉ p. p., avec un s. p. : *Ben sunt* LAVEZ *de piment e de vin*, 2969. — Part. pass., s. p. : LAVEZ, 2969. (Se rapporte à *cors*.)

LAZ. R. p. m. Lacs (*Laqueos*) : *A l'brant d'acer l'en tranchet V. des* LAZ, 3434. Il s'agit ici des lanières qui attachent le heaume au capuchon du haubert.

LAZARON. R. s. m. Lazare, qui fut ressuscité par J.-C. (On peut dire de ce mot qu'il a été calqué servilement sur l'accusatif latin *Lazarum*, ou que c'est un cas oblique PAR ANALOGIE. Comme on disait *Gui, Guion; Otes, Otun*, etc., on en vint, par une imitation grossière, à dire : *Gauter, Gauteron*, etc. Mais la vraie forme pour le sujet et pour le régime était *Ladre*: car, dans *Lazarus* et dans *Lazarum*, l'accent est à la même place.) *Seint* LAZARON *de mort resurrexis*, 2385.

LE. Article. *Le* est la forme régulière: 1° du s. s. neutre (*Cumencet* LE *cunseill*, 179. *Falt li* LE *coer*, 2019. *Dès or cumencet* LE *plait*, 3747); — 2° du r. s. m., 43, 65, 81, 82, 92, 764, 1626, etc. etc. Dans le premier cas, il vient d'*illud*, et, dans le second, d'*illum*. = *Le* est aussi employé, mais par erreur, au s. s. m., au lieu de *li*: LE *seignur d'els est apelez Oedun*, 3055. Cf. 106, 717, 3429, etc. V. *Li, La, Les, E, Es, Del, Des, Al, Als*, etc.

LE, Pronom. 1° R. s. m. (*Illum*.) *Par quel mesure* LE *poüssum hunir*, 631. Il s'agit de Roland. — L'*e* disparaît souvent dans la prononciation et dans l'écriture: *Je* L' *siurai od mil de mes fedeilz*, 84. = 2° R. s. n. (*Illud*.) *Pur vos* LE *dei ben faire*, 807. *Guenes* LE *sout*, 1024. *Mar* LE *demandereiz*, 3558. Dans ce cas, comme dans l'autre, l'*e* disparaît souvent : *Li quens Rollanz ne* L' *se doüst penser*, 355. *Cler, en riant,* L' *ad dit à Guenelun*, 619. V. *La, Les*.

LÉES. Adj., r. p. f. Larges (*Latas*) : *Granz unt les nez et* LÉES *les oreilles*, 1918. Cf. 3160 et 3570. V. *Let*.

LEGERIE. S. s. f. Légèreté, frivolité, folie (V. le suivant) : *Loërent vos alques de* LEGERIE, 206. *Franceis sunt morz par vostre* LEGERIE, 1726.

LEGERS. V. *Legiers*. Ce mot, en effet, se trouve cinq fois sur cinq en assonance dans un couplet en *ier*. C'est donc partout *legiers* et *legier* qu'il faut lire.

LEGIERS. Adj. s. s. m. Léger, rapide (*Leviarius*), 1312, 3885. — R. s. m.: LEGIER, 2171. — S. p. m.: LEGIER, 113. — R. p. m.: LEGIERS, 3864.

LEI. V. *Leis*.

LEIALS. Adj., s. s. m. (*Legalis*.) *S'il fust* LEIALS, *ben resemblat barun*, 3764. — S. s. f., LEIAL : *Oi nus defalt la* LEIAL *cumpaignie*, 1735. — S. p. m., LEIAL: *XXX parenz li plevissent* LEIAL, 3847. Dans les deux premiers exemples, le sens est « loyal »; dans le dernier, « légal. »

LEIS. S. s. f. Loi (*Lex*), 3338, et LEI, 611. — R. s. f. : LEI, 38, 85, 126, 752, 887, 2251, 3174. = Presque partout *leis* a le sens de « loi religieuse, religion » : *La chrestiene* LEI, 85. Cf. 38, 126, 611, 3174, 3338. = Cependant il importe de noter la locution A LEI DE..., dans le sens de « à la façon de, en guise de... » : A LEI DE *chevaler*, 752. A LEI DE *bon vassal*, 887. Cf. le v. 2251 : A LA LEI DE *sa tere*, 2251 (c'est-à-dire suivant la coutume de son pays).

LEISIR. R. s. Loisir (verbe employé substantivement, de *licere*): *Jo ne lerreie que jo ne li die, se tant ai de* LEISIR, 459. = On trouve déjà l'expression « à loisir » : *Sa custume est qu'il parolet* A LEISIR, 141.

LENZ. Adj., s. s. m. Lent, tardif (*Lentus*): *Dehet ait li plus* LENZ, 1938.

LEONS. S. s. m. Lion (*Leo*), 2549: LEON, 1111, et LION, 2436. — S. p. m. : LEUNS, 1888. — R. p. m. : LEUNS, 128, 2386, et LEONS, 30 et 3105.

LEPART. R. s. m. (*Leopardum.*) *Freement se cumbat à l'* LEPART, 733. On trouve au s. s.: LEUPART, 1111; au r. s.: LEUPARZ (par erreur), 728, et au s. p. : LEUPARZ, 2542. V. *Leupart.*

LERRAI. Verbe act. 1re p. s. du fut. de *laisser* (*Laxare-habeo*). 785. 893, 2141. V. *Laisser.*

LERRAT. Verbe act., 3e p. s. du fut. de *laisser* (*Laxare-habet*), 574, 2063. V. *Laisser.*

LERREIE. Verbe act., 1re p. s. du conditionnel de *laisser* (*Laxare-habebam*), 457. V. *Laisser.*

LES. Article. 1º Sujet pluriel fém. (*Illœ.*) LES *esteiles flambient*, 3659. *Granz sunt* LES *os e* LES *escheles beles*, 3291. Cf. 91, 598, 724, 815, 2630. Par erreur, on trouve *les*, s. p. m., aux v. 547, 815. 2011. 2271. —

2º Reg. plur. masc. (*Illos.*) *Entre* LES *helz*, 621, etc. *Les* s'emploie aussi avec les noms venus de neutres latins: LES *chef(s) en prist*, 209. — 3º Reg. plur. fém. (*Illas.*) *Li Empereres...* LES *turs en abatied*, 98. Cf. 388, 1525, 1656, 1934, etc., etc.

LES. Pron. 1º Rég. plur. masculin. (*Illos.*) *Retenez* LES, 786. *L'Arcevesque...* LES *benvist*, 1137. Cf. 3074, etc. etc. — 2º Reg. plur. fém. (*Illas.*) *Il* LES *ad prises (les nusches) : en sa hoese* LES *butet*, 641. Et, en parlant des « espées » : *Nus* LES *feruns vermeilles*, 950, etc. etc. — Il faut observer que *les* se contracte violemment dans la prononciation et dans l'écriture. Il se contracte : 1º Après *ki* : C. *mil(ie)*, *humes i plurent* KI 'S *esguardent*, 3882. 2º Après *ne* : *Là sunt neiez ; jamais* NE 'S *reverrez*, 690. 3º Après *si* : SI 'S *aquillit e tempeste e ored*, 689, etc. (KI 'S est pour *ki les*. KI L'S ; NE 'S. pour *ne les, ne l's ; si 's*, pour *si les*. *si l's*, etc.) Au v. 1242, la lettre *l* est restée: *Or est le jur* QUE L'S *estuverat murir.*

LESERAT. Verbe act., 3e p. s. du fut. de *laisser* (*Laxare-habet*), 1206. V. *Laisser.*

LESSAS. Verbe act., 2e p. s. du parf. simpl. de *laisser* (*Laxasti*), 2583. V. *Laisser.*

LESSÉE (ERT). Verbe passif, 3e p. s. du fut. de *laisser*, avec un s. s. f. (*Laxata-erit*), 3030. V. *Laisser.*

LESSERAT. Verbe act., 3e p. s. du fut. de *laisser* (*Laxare-habet*), 859, 1931. V. *Laisser.*

LESSET (AI). Verbe act., 1re p. s. du parf. comp. de *laisser* (*Habeo laxatum*), 839. 3e p. s. : AD LESSET. 824. 3e p. p. : UNT LESSET, 2717. V. *Laisser.*

LESSEZ. Verbe act., 2e p. p. de l'ind. prés. de *laisser* (*Laxatis*), 279. V. *Laisser.*

LESSEZ. Verbe act., 2e p. p. de l'impér. de *laisser* (*Laxate*), 235. V. *Laisser.* = Pour toutes les formes de la conjugaison de ce verbe, nous avons indiqué l'étymologie communément adoptée : *Laxare*. Mais nous avons dit plus haut pourquoi nous préférions *laxiare*.

LET. Adj., r. s. m. Large (*Latum*) : *Pent à sun col un soen grant escut* LET, 3149. — R. p. f. : LÉES, 1918, 3160, 3570.

LEUNS. S. p. m. Lions (*Leones*), 1888. — R. p. m. : LEUNS, 128, 2286, et LEONS, 30 et 3105. — Au s. s. m., on trouve LEONS, 2549 ; LEON, 1111, et LION, 2436. V. ces mots.

LEUPART. S. s. m. Léopard (*Leopardus*), 1111. — R. s. m. : LEUPARZ, 728, et LEPART, 733. — S. p. m. : LEUPARZ, 2542.

LEUS. R. p. m. Nom de peuple barbare (?). La septième *échelle* du 3ᵉ corps d'armée de Baligant, *est de* LEUS *e d'Astrimonies*, 3258. Dans ce nom, évidemment fantaisiste, faut-il voir un souvenir de *lupos* ? Mais *lupi* a, dans notre texte, donné *lu* (v. 1751).

LEUTICE. R. s. f. Le texte d'Oxford nous donne au v. 3360 : *A un rei* LEUTICE, que Müller a heureusement corrigé : *A l' rei de* LEUTICE.

LEUTIZ. Adj., r. s. m. (On a prétendu à tort qu'il s'agissait ici des *Lithuaniens, Littawen, Lithauen*.) *E Dapamort, un altre rei* LEUTIZ, 3205.

LEVANT. Adj. verbal, r. s. m. (V. le suivant.) *Vers le soleill* LEVANT, 3098. *Levant* est ici employé au neutre pour « se levant ». De là notre substantif : « le Levant. »

LEVET. Verbe act., 3ᵉ p. s. de l'ind. prés. Élève (*Levat*) : LEVET *sa main*, 2848, et LIEVET, 2194. Au réfléchi : *Si* SE LEVET *la puldre*, 3633. 3ᵉ p. p., LEVENT : *Mahumet* LEVENT *en la plus halte tur*, 853. — Parf. simpl., 3ᵉ p. s., LEVAT : *Ambes ses mains en* LEVAT *cuntre munt*, 419, et, au sens figuré : *Celoi* LEVAT *le rei Marsiliun*, 1520. (Il s'agit d'un païen.) = Au passif, 3ᵉ p. s. de l'ind. prés., avec un s. s. m., EST LEVET : *Li Empereres est par matin* LEVET, 163 et 669. *Turpins de Reins en* EST LEVET *de l' renc*, 264. — Part. prés. (devenu un véritable adjectif verbal, et employé au neutre), LEVANT : *Vers le soleill* LEVANT, 3098. — Part. pass., s. s. m. : LEVET, 163, 264, 669. R. s. f., LEVÉE : *Li quens Rollanz ad l'enseigne fermée, — En sum un tertre cuntre le ciel* LEVÉE, 707, 708. On pourrait, d'après ces deux vers, supposer encore le parf. comp., à la 3ᵉ p. du s. : AD LEVÉE...

LEVRE. R. s. m. Lièvre (*Leporem*) : *Pur un seul* LEVRE *vat tute jur cornant*, 1780.

LEZ. Préposition. A côté de, du côté de... (*Latus*) : LEZ *le costet*, 1315. Cf. *Delez* : *Desuz un pin*, DELEZ *un eglenter*, 114.

LI. Article, s. s. m. (*Ille.*) *Charles* LI *reis*, 1. Cf. 7, 10, 34, 625, 970, 1651, 2508, 3165, 3435, et, par erreur, au s. s. f., vers 1437. C'est encore par erreur qu'on a employé *li* au r. s. m. (vers 171, 454, 630). — S. p. m. : LI *cheval sunt orgoillus*, 3966. Cf. 814, 1084, 1085, 1625, 1678, 3046. — Enfin l'on trouve *li* au vocatif pluriel masculin : LI *nostre Deu, rengez nos de Carlun*, 1907. = C'est ici l'occasion d'exposer toute la déclinaison de l'article : S. s. m. : LI. S. s. f. : LA. S. s. n. : LE. — Gén. s. m. : DEL. G. s. f. : DE LA. — Dat. s. m. : AL. Dat. s. f. : A LA. — Régime s. m. : LE. Rég. s. f. : LA. = Sujet pluriel m. : LI. S. p. f. : LES. — Gén. pl. m. et f. : DES. — Dat. pl. m. et f. : AS. — Reg. plur., m. et f. : LES. V. tous ces mots.

LI. Pronom. (*Illi.*) Il est uniquement employé dans tous les cas où les latins auraient employé *illi*. C'est un véritable datif. *Lui*, tout au contraire, se combine aisément avec toutes les prépositions : *Vos* LI *durrez urs e leons*, 30. *Vos* LI *avez tuz ses castels toluz*, 236. *Cunquer-*

ral LI *les teres*, 40 1. Cf. 9, 18, 90, 240, 379, 1200, et ss., 1533, 1676, 3738, 3993. Une seule fois peut-être nous le trouvons, pour *lui*, après une préposition; mais c'est, suivant nous, une erreur du scribe: *Ensembl' od* LI, 2578. V. *Lui*.

LIENT. Verbe act., 3ᵉ p. p. de l'ind. prés. de *lier*. (*Ligant*.) *Les mains li* LIENT, 3738. Cf. 3965. = Au passif, fut., 2ᵉ p. p., avec un s. s. m.: *Pris e* LIEZ *serez par poestet*, 434. — Part. pass., s. s. m.: LIEZ, 434.

LIET. Adj., s. s. m. Joyeux (*Lœtus*), 2803. — R. s. m.: LIEZ, 96. — S. p. m.: LIEZ, 1745.

LIEVET. Verbe act., 3ᵉ p. s. de l'ind. prés. de *lever*. (V. *Levet*.) LIEVET *sa main*, 2194.

LIEZ. Adj., r. s. m. Joyeux (*Lœtum*): « *Se faire liet*, » c'est « être ou devenir joyeux »: *Li Empereres se fait e balz e* LIEZ, 96. — S. p. m.: LIEZ. 1745. V. *Liet*.

LIEZ. Part. pass., s. s. m. Lié (*Ligatus*), 434. V. *Lient*.

LIGE. Adj., r. p. m. *Lur* LIGE *seignurs*, 2421. Le sens n'est pas douteux, mais l'étymologie est incertaine. En bas latin, l'on trouve *ligius*, qui nous semble devoir être rapporté à la même racine que *ligare* (?).

LIGN. R. s. m. Lignage, famille. (*Ligne* vient de *linea*; *lign* est le type masculin dérivé de la même source.) Roland, mourant, se souvient: *De dulce France, des humes de sun* LIGN, 2379.

LINÉES. Part. employé adjectivement, r. p. f. Le scribe, sans doute, s'est trompé, et c'est ENLINÉES qu'il faut lire. (*Lineatas*, de *linea*, qui signifie: famille, lignage.) *Or seil faite par marrenes*... LINÉES *dames*, 3983.

LION. S. s. m. (*Leo*), 2436. V. *Leon*, *Leuns*.

LIQUELS, ou plutôt, en deux mots, LI QUELS. Pron. rel., s. s. m. (*Illequalis*.) *Ne l'oï dire*... LI QUELS *d'els dous en fut li plus isnels*, 1386,

1387. *Il ne sevent* LI QUELS *d'els la veintrat*, 735. *Ço ne set* LI QUELS *veint ne* QUELS *nun*, 2567. Ce dernier vers montre qu'on employait tout aussi bien *quel* sans *li*. (Cf. 2553.) V. *Quels*.

LISTET. Part. employé adjectivement. Bordé (de l'ancien haut allem. *lista*, bande, bordure. Diez, *Lex. Etym.*, I, 251): *D'or est la bucle e de cristal* LISTET, 3150.

LIUÉES. R. p. f. Lieues. (*Leucatas*.) Le scribe a écrit, au v. 2759, *liwes*; mais l'assonance exige *liuées*: *Jo ai cunté n'i ad mais que VII* LIUÉES.

LIUES. R. p. f. Lieues (*Leucas*): *Einz qu'il oüssent IIII*. LIUES *siglet*, 688. = On trouve, au v. 817, *lius* par erreur, au lieu de *liues*: *De XV* LIUS *en ot hom la rimur*. V. *Liwes*.

LIUS. R. p. m. Lieux (*Locos*): *En tanz* LIUS, 1464. *Veillantif unt en XXX*. LIUS *nafret*, 2160. = *Liu* est employé, dans le sens spécial de « place », au v. 3016. *Es lius*... signifie « au lieu de »: *Seiez es* LIUS *Oliver e Rollant*.

LIVERE. V. *Livre*.

LIVERENT. Verbe act., 3ᵉ p. p. de l'ind. pres. Livrent, abandonnent (*Liberant*): LIVERENT *lur prez, asez i ad fresche erbe*, 2492. — Parf. simpl., 3ᵉ p. s., LIVERAT: *Puis li* LIVERAT *le bastun e le bref*, 341. — Parf. comp., 3ᵉ p. s., avec un r. s. m.: AD LIVERET, 484; avec un r. p. f.: AD LIVERÉES, 2762. — Fut., 1ʳᵉ p. s.: LIVERRAI, 658. — Impér., 2ᵉ p. p.: LIVEREZ, 247 et 498. = Ind. Passif. prés., 3ᵉ p. p., avec un s. p. m.: SUNT LIVEREZ ou LIVREZ, 1069. — Part. pass., s. p. m.: LIVEREZ ou LIVREZ, 1069.

LIVRE. R. s. m. (*Librum*.) *Marsilies fait porter un* LIVRE *avant*, 610. Le manuscrit porte à tort *livere*.

LIVRES. S. p. f. Livres, monnaie fictive (*Libræ*): *Melz en valt l'or que ne funt cinc cenz* LIVRES, 516.

LIWES. R. p. f. Lieues (*Leucas*): *Granz XXX* LIWES *l'oïrent il res-*

pundre, 1756. *Veez avant de dous* LIWES *de nus*, 2425. LIUES, 688; LIUS, par erreur, 817.

LO. Article, r. s. m. (*Illum.*) *Puroffrid* LO *guant*, 2365. V. *Le*, qui est la forme correcte.

LOEMENT. R. s. Approbation (*Laudamentum*) : *Mais ne l' ferez par le men* LOEMENT, 1709.

LOÉE. Part. pass., employé adjectivement. C'est l'épithète de la France : *L'orgoil de France* LA LOÉE, 3315. V. le suivant.

LOER. Verbe actif. Inf. prés. (*Laudare.*) *Tant ne l'vos sai ne preiser ne* LOER, 532. — Ind. prés., 3ᵉ p. s., LODET : *Ki ço vos* LODET *que cest plait degetuns*, 226. 2ᵉ p. p., LOEZ : *Que me* LOEZ *de cels qu'ai retenuz*, 3948. 3ᵉ p. p., LOENT, LODENT (?) : *Si hume li* LOENT, *si li unt conseillet*, 2688. — Parf. simpl., 3ᵉ p. s., LOAT : LOAT *sun Deu, ne fist altre respuns*, 420. 3ᵉ p. p., LOÈRENT : LOÈRENT *vos alques de legerie*, 200. — Subj. prés., 3ᵉ p. s., LOT : *Ki que l' blasme ne qui l'* LOT, 1546, et, au réfléchi : *Nen est dreiz qu'il s'en* LOT, 1950. — Part. pass., employé adjectivement, r. s. f., LOÉE : *L'orgoil de France la* LOÉE, 3315. = *Loer* a deux sens qui dérivent visiblement l'un de l'autre. Il signifie « louer » (v. 532 et 1546), « remercier » (v. 420), etc., et, par extension, « approuver » ; puis, enfin, « conseiller » (226, 3948, 206). Rem. au vers 1950, la locution « se louer de », que nous avons précédemment citée et qui est déjà usuelle.

LOEWIS. S. s. m. Nom d'homme. (*Ludovicus*, du germ. *Hludo-wig*, « qui est la forme carlovingienne du mérovingien *Chlodovech*. ») Or, la forme *vech* vient, suivant Fœrstemann, Graff et Grimm, de *wig*, *wic*, « combat » ; suivant Wackernagel, du gothique VEIHA, « saint. » M. d'Arbois de Jubainville reste indécis entre ces deux explications du thème mérovingien *vécha*. (*Mémoires de la Société de linguistique de Paris*, 1, fasc. du 4 octobre 1871.) *Ço est* LOEWIS, *mes filz*, 3715, 3716.

LOHERENGS. R. p. m. Lorrains (*Lotharingos*), 3077, et LOHERENCS, 3700.

LOI. Pronom, pour *lui*, 1375, 1522. 3614. V. *Lui*.

LOIGN. Adverbe. Loin (*Longe*) : *Li quens Rollanz ne li est guaires* LOIGN, 1897. On trouve la forme LUIGN au v. 250 : *Vos n'irez pas uan de mei si* LUIGN. Une 3ᵉ forme, où le *g* ne se retrouve plus, est LUINZ. En parlant des païens, on dit, au v. 2429 : *Ja sunt-il si* LUINZ. Mais la forme la plus employée est LOINZ : *Trop nus est* LOINZ *Carles*, 1100. *Tere Major mult est* LOINZ *ça devant*, 1784. *Ne* LOINZ *ne près*, 1992. Cf. 2622.

LOINZ. V. le précédent.

LOITER. Verbe neutre. Inf. prés. Lutter (*Luctari*) : *Prenent sei à braz ambesdous por* LOITER, 2552. L'assonance exige *loitier*.

LOR. Pronom employé, dans le sens du datif pluriel, pour « à eux ». (*Illorum.*) *Il lancent* LOR *e lances e espiez*, 2074. *Li quint... LOR est pesant*, 1687. Cf. 1448. (V. *Lur*, qui est la forme la plus usitée.)

LOR. Adj. ou pronom possessif, r. p. m. Leurs (*Illorum*) : *Lacent* LOR *helmes*, 996. On l'emploie sans substantif : *Si requerent les* LOR, 1445, comme nous disons aujourd'hui : « Ils cherchent les leurs. » V. *Lur*.

LORAIN. R. s. m. Nom d'homme (Venise IV donne la leçon *Loterant*. Faut-il supposer la forme latine *Lothramnum*??), 3469.

LORER. R. s. m. Laurier (*Laurarium*) : *Suz un* LORER *ki est en mi un camp*, 2651. La forme correcte, mal lue par notre scribe, doit être *lorier*.

LOS. R. s. m. Gloire (type masculin, dérivé de *laus*) : *En dulce*

France en perdreie mun LOS, 1054. *Enquoi perdrat France dulce sun* LOS, 1194.

LOÜM, LOÜN. R. s. Nom de ville. Laon (*Laudunum*) : *Gilie... fist la chartre el' muster de* LOÜM, 2097. *Cum jo serai à* LOÜN, 2910.

LU. Article r. s. m., pour *le*. (*Illum*.) *Devant* LU *Rei*, 3038. Cf. 142, 283, 320, 368. V. *Lo* et *Le*.

LU. S. p. m. Loups (*Lupi*) : *N'en mangerunt ne* LU, *ne por, ne chen*, 1751.

LUAT. Verbe act. Parf. simpl., 3ᵉ p. s. Souilla (*Luer* vient de *luere*, qui signifie « arroser, baigner ») : *De l' sanc* LUAT *sun cors e sun visage*, 2275.

LUER. R. s. Loyer, salaire (*Locarium*) : *Ki mult le sert, malvais* LUER *l'en dunes*, 2584.

LUER. Verbe act. Inf. prés. Payer, prendre à gages. (*Locare*) : *Ben en purrat* LUER *ses soldeiers*, 34. Cf. 133.

LUI. Pronom. (*Illi—huic*, d'après Diez.) Tandis que *li* est un datif très-rigoureux et n'est usité que dans le sens du latin *illi*, *lui* s'emploie beaucoup plus largement avec toutes les prépositions : *L'anme de* LUI, 1510. *Aiez mercit de* LUI, 239. *Devant* LUI, 4. *Pur* LUI, 842. *Vers* LUI, 958. *Envirun* LUI, 13. *Entur* LUI, 2000. *Encuntre* LUI, 376. *En* LUI *meïsme*, 1036. *Mielz de* LUI, 750. (En ce dernier cas, *de* a le sens de la conjonction *que*.) = *Lui* s'emploie aussi, avec les verbes, comme complément MÊME DIRECT : *Lui e altrui travaillent e cunfundent*, 380 ; *Se* LUI *lessez*, 279, etc. Dans les deux exemples suivants : *Pur* LUI *afiancer*, 2090 ; *E* LUI *aidez*, 364, il y a doute, et l'on pourrait soutenir qu'il s'agit d'un régime indirect. = *Lui* se combine avec MEÏSME : *Mais* LUI MEÏSME *ne voll mettre en ubli*. Cf. 1036. Voy. *Loi*, 1375, 1522, 3614.

LUIGN. Adverbe. Loin (*Longe*) : *Vos n' irez pas... si* LUIGN, 230. V. *Loign*, *loinz* et le suivant.

LUINZ. Adverbe. Le même que le précédent : *Ja sunt il là si* LUINZ, 2429. V. *Luign*, *loign* et *loinz*.

LUISANZ. Adj. verbal, s. s. m. (*Lucens*.) *Clers fut le jurz e li soleilz* LUISANZ, 3345. LUISANT : *Li soleilz est* LUISANT, 2646. —S. s. f. : LUISANTE (mais c'est une erreur grossière du scribe. et, pour l'assonance, il faut *luisanz*, 2512. — R. p. m., LUISANT : *Quatre perruns i ad* LUISANT *de marbre*, 2272. V. *Luises*.

LUISENT. V. *Luises*.

LUISERNE. R. s. f. Lumière (de *lucernam*) : *Pargetent tel* LUISERNE, 2634.

LUISES. Verbe neutre. Ind. prés., 2ᵉ p. s. Tu luis. (*Luces*.) Roland mourant dit à Durendal : *Cuntre soleill si* LUISES *e reflambes*, 2317. La forme est mauvaise, et nous préférerions lire : *Si* LUIS *e si reflambes*. — 3ᵉ p. s., LUIST : *Soleill n'i* LUIST, 980. Cf. 1553. 3ᵉ p. p. : LUISENT, 1031, 1326. — Part. prés., avec le sens d'un adjectif verbal, s. s. m. : LUISANZ, 3345, et LUISANT. 2646 ; s. s. f. : LUISANT. 2512, et r. p. m. : LUISANT, 2272.

LUMBARDIE. R. s. f. (*Longobardiam*, le pays des *Longobardi*). 2326.

LUNC. Préposition. Le long de : LUNC *un alter*, 3732. (V. le suivant.)

LUNG, LUNGE. Long. De *lungus*, a. S. s. f. : LUNGE, 925, 1755. —R. s. m. ou n. : LUNG, 2310, 2836. 3374. — R. s. f. : LUNGE, 1789, 3255. —R. p. m. : LUNGS, 1654. — R. p. f. : LUNGES, 2852. = LUNG-TENS se trouve aux vers 2310, 3374.

LUNGEMENT. Adverbe. (*Lungamente*.) *Si* LUNGEMENT *tuz tens m' avez servit*, 1858.

LUNG TENS. En deux mots, 2310. 3374. V. *Lung*.

LUR. Pronom, au datif pluriel. Du

gén. *illorum.*) *Or e argent* LUR *met tant en present*, 398. *Jo* LUR *dirrai*, 2913. Cf. LOR, dans le même sens, aux v. 1448, 1687, 2074.

LUR. Adjectif ou pronom possessif. Leur. (*Illorum.*) *Lur* ou *lor* est, même comme adjectif, absolument invariable. On trouve *lur* comme r. s. m. au v. 379 (LUR *seignur*); comme r. s. f., au v. 50 (*la* LUR *tere*); comme r. p. m., aux vers 2420 et 2421 (*Plurent* LUR *filz*, LUR *freres*, LUR *nevolz e* LUR *amis*), 2953, etc.; et enfin, comme r. p. f., au v. 2604 (*N'unt cure de* LUR *vies*), 93, 712, 1681, 3002, 3860, etc. Cf. LOR, r. p. m. et n., aux v. 996 et 3865. = Enfin, *lur* s'emploie substantivement : *Mil chevaler i retienent des* LUR, 2442. Cf. LOR dans ce sens, au v. 1443: *Si requerent les* LOR. V. *Lor.*

M

M est tantôt pour ME, tantôt pour MA. Il est pour *me*, dans: *Se* M'*puez*, 74, et pour *ma*, dans *Tenez* M'*espée*, 620, etc.

MA. Adj. possessif, s. s. f. (Ne vient pas de *mea*; mais (?) d'une forme archaïque et populaire, *ma.*) *Cum decarrat* MA *force e* MA *baldur*, 2902. *Si penuse est* MA *vie*, 4000. — R. s. f., MA: *De meie part* MA *muiller saluez*, 361. Cf. 3059, etc.

MACHINER. R. s. m. Nom d'un païen (?), 66.

MAELGUT. R. s. m. Nom d'un païen(?) : *Ço est Gualter ki conquist* MAELGUT, 2047.

MAGNES. Adj., s. s. m. Grand (*Magnus*), 1195, 1404, 1949, 2321, 3329, 3620, et MAGNE, 1. — Au voc. s. m., MAGNES, 3611 : *Reis* MAGNES, *que fais tu.* Entre dans la composition de *Carlemagnes.* Les deux éléments sont parfois séparés : CARLES *li* MAGNES, 703 et 841.

MAHEU. R. s. m. Nom d'un païen (*Matthœum*), 66.

MAHUM. S. s. m. Mahomet (Arabe *Mohammed*, loué), 921. — Voc., s. m. : MAHUM, 1906, et MAHUM(E), 3641. — R. s. m. : MAHUM, 416, 611, 2696, 3267. V. *Mahumet.*

MAHUMERIES. R. p. f. Mosquées (V. *Mahum*): *Les sinagoges e les* MAHUMERIES, 3662.

MAHUMET. S. s. m. Mahomet (V. *Mahum*), 868, 2711, et MAHUMMET, 1616. C'est cette dernière forme qui est la plus conforme à l'étymologie arabe. — R. s. m.: MAHUMET, 2590, et MAHUMMET, 8.

MAI. R. s. m. Le mois de mai (*Maium*): *Ço est en* MAI, *à l'*premer *jur d'ested*, 2628.

MAILE. S. s. f. Maille du haubert (*Macula.* V. Diez, *Lex. Etym.*, 1, 258, au mot *Macchia*): *Le blanc osberc dunt la* MAILE *est menue*, 1329.

MAILZ. R. p. m. Marteaux (*Malleos*): *A* MAILZ *de fer*, 3663.

MAIN. R. s. f. (*Manum*), 2264. — R. p. f.: MAINS, 72, 1158 et 2015. Dans ce dernier vers, le mot *mains* est employé comme un véritable ablatif absolu : *Cuntre le ciel ambesdous ses* MAINS *juintes.*

MAIN. Adverbe. Le matin. (*Mane.*) Dans notre texte, il est employé concurremment avec *par* : *Par* MAIN *en l'albe*, 667. Comparez la locution : *Par matin*, aux vers 163 et 669.=Au v. 383, le scribe a écrit : *Er matin*; mais, pour la mesure du vers, il faut restituer : *Er main.*

MAINE. R. s. f. Nom d'une province de France (elle doit son nom aux *Cenomani*), 2323.

MAIS. Conj. Ce mot, qui dérive de *magis*, reçoit dans notre texte plusieurs sens : 1° Il a tout d'abord le sens du latin *magis*, et signifie « davantage » : *N'en parlez* MAIS, 273. *Si grant doel out que* MAIS *ne pout ester*, 2219. *Endormiz est, ne pout* MAIS *en avant*, 2520. *De sun lens n'i ad* MAIS, 3840. *De vos n'en ai* MAIS *cure*, 2305. Cf. MÈS, dans le même sens, au v. 2784. = 2° De là, par une légère extension, le sens assez vague de « désormais » : *Quant ert-il* MAIS *recreanz d'osteier?*, 543, 566. = 3° Enfin, nous arrivons au sens actuel du mot *mais* : *Li reis Marsilies...—De sun aveir me voelt duner grant masse...—* MAIS *il me mandet que en France m' en alge*, 187. Cf. les vers 234, 1212, 1478, 1925... = Notons une locution importante, dont *mais* est un élément. NE MAIS QUE, signifie « excepté » : *Ne n'unt de blanc* NE MAIS QUE *sul les denz*, 1934. *Franceis se taisent* NE MAIS QUE *Guenelun*, 217. Cf. NE MÈS QUE, 1309. = On trouve également cette locution sans *que* : NE MÈS *Rollant*, 382.

MAISNÉE. R. s. f. Famille, maison (*Mansionatam*) : *En Saraguce sa* MAISNÉE *alat vendre*, 1407. *Si sucurez vostre* MAISNÉE, 1794. Cf. 1820, 2937. = Au v. 3391, le sens devient plus étendu, et *maisnée* est synonyme de « gent » : *Li Amiralz recleimet sa* MAISNÉE, 3391. (Cinq vers plus bas, on lit : *Li Amiralz la sue gent apelet*, 3396.)

MAISTRE. Adj. r. s. m. = Ce mot n'est employé que comme adjectif dans notre texte, où il a déjà beaucoup dévié de son sens étymologique. (*Magister.*) Quand l'Empereur confie à ses cuisiniers, à ses *cous*, la garde de Ganelon : *Tut le plus* MAISTRE *en apelat Begun*, 1818. Et nous trouvons, au vers 2939, le mot *maistre* employé dans une locution encore plus caractéristique : *As* MAISTRES *porz de Sirie*. On voit, par là, combien sont anciennes, dans notre langue, ces expressions : Une maîtresse femme,

un maître homme, une maîtresse ville, un maître pays, etc.

MAISUN. R. s. m. (*Mansionem.*) Au v. 3978, *maisun* est employé dans le sens d'habitation : *En ma* MAISUN *ad une caitive*. Mais, au v. 1817, ce mot a le sens un peu plus marqué de « maison du roi » : *Si l'cumandat as cous de sa* MAISUN.

MAJOR, MAJUR. Ce mot, dérivé du comparatif latin de *magnus*, n'est employé que dans une seule expression : *Tere-majur* ou *major*. On trouve MAJUR, comme r. s. f., aux vers 818 et 952 ; MAJOR, comme vocatif s. f., au vers 1616, et comme r. s. f., au vers 600. = Il est d'ailleurs très-certain, contrairement à l'opinion de quelques érudits, que ce mot : *Tere-major*, désigne réellement la France, et c'est ce que prouve jusqu'à l'évidence le vers suivant : TERE-MAJOR, *Mahummet te maldie*, 1616. Ainsi parlent les païens au milieu de la bataille...

MAL. Adverbe. (*Male.*) MAL *nos avez baillit*, 453. = Rem. la locution *mal baillir*, qui signifie « mettre en un mauvais pas ». = Une autre expression, qui était sans doute d'un usage constant, se trouve dans l'imprécation suivante : MAL SEIT DE *l' coer ki à l' piz se cuardet*, 1107.

MALBIEN. R. s. m. Nom de païen (composé probablement par fantaisie avec les mots *mal* et *bien*) : *E Joïmer e* MALBIEN *d'ultre-mer*, 67.

MALCUD. R. s. m. Nom de païen (*Male-cogitat?*) : *Ço est Malquiant, le filz à l' rei* MALCUD, 1551.

MALDIENT. Verbe act. Ind. prés., 3° p. p. (*Maledicunt.*) *Plus de XX mil humes...* MALDIENT *Carlun*, 2579. — Subj. prés., 3° p. s., MALDIE : *Tere-major, Mahummet le* MALDIE, 1616. — Part. pass. r. s. f., MALDITE : *Tint Ethiope, une tere* MALDITE, 1916.

MALDUIZ. R. s. m. Nom de païen (*Male-ductum*) : *Li Reis apelet* MALDUIZ *sun tresorer*, 642.

MALE. V. *Mals*, adjectif.

MALEMENT. Adverbe. (*Mala-mente.*) *Seignurs, dist-il, mult* MALEMENT *nos vait*, 2106.

MALES. V. *Mals*, adjectif.

MALEZ (SUNT). Verbe pass. Ind. prés., 3ᵉ p. p. Sont assignés, ont leur sort judiciaire réglé par le *mall* germain (*Sunt mallati*) : *Ben *SUNT MALEZ *par jugement des altres*, 3855.

MALMIS (S'EST). Verbe réfl. Parf. comp., 3ᵉ p. s. S'est mis en mauvais cas (*Male-missum*) : *S'est parjurez c* MALMIS, 3830. — Part. pass., r. p. m., MALMIS : *Ki dunc veïst cez escuz si* MALMIS, 3483.

MALPALIN. R. s. m. Nom de païen (?) : *Si' n getat mort* MALPALIN *de Nerbone*, 2995.

MALPERSE. V. *Malpreis*.

MALPRAMIS. S. s. m. Nom du fils de Baligant (pour *Malprimes*), 3175. — Voc. s. m. : MALPRAMIS, 3184, etc. — R. s. m. : MALPRAMIS, 3498. V. *Malprimes*.

MALPREIS, MALPRESE, MALPERSE. Nom d'une région païenne. Dans un couplet masc. en *ei*: *La terce est des jaianz de* MALPREIS, 3285; et, par erreur, dans un couplet en *un* féminin : MALPRESE ou MALPERSE, 3253.

MALPRIMES. R. s. Nom d'un païen (?) : MALPRIMES *de Brigals*, 889, 1261.

MALQUIANT. R. s. m. Nom d'un païen (*Male-cogitantem*), 1551.

MALS. S. s. Douleur, souffrance (*Malum*, ou plutôt *malus*) : *Ne s'poet guarder que* MALS *ne li ateignet*, 9. — R. s., MAL : *Deus tut* MAL *de tramette*, 1565. *Jo n'ai nient de* MAL, 2006. (Locution qui s'est conservée comme la suivante.) *Ne m'*FESIS MAL, 2029. *Ensemble averuns e le bien e le* MAL, 2140. Cf. 2101. — R. p. : MALS, 60 et 1117.

MALS. Adjectif, s. s. m. Méchant, mauvais (*Malus*), 727. — S. s. f. : MALE, 1466, 2699, 3276. — R. s. m.: MAL, 3953. — R. s. f. : MALE, 918, 2135. — R. p. m. : MALS, 1190. — R. p. f.: MALES, 886, 1633, 3496.

MAL(SAR)UN. R. s. m. Nom d'un païen (?) : *E vait ferir un païen* MAL(SAR)UN, 1353. Les manuscrits de Venise IV et Versailles donnent *Falsiron, Falseron*; dans le *Karl-Meinet*, on lit: *Malsaron*, etc.

MALTALANT. R. s. Mauvaise disposition, et, par extension, colère (*Malum-talentum. Talentum* signifie un poids qui fait pencher de tel ou tel côté...) : *Li Empereres respunt par* MALTALANT, 271.

MALTALENTIFS. Adjectif, s. s. m. Mal disposé, colère (V. le précédent): *Rollanz ad doel, si fut* MALTATENTIFS, 2056. = On a, mais à tort, proposé de lire en deux mots: MAL TALENTIFS.

MALTET. R. s. Nom de l'espiet de Baligant (? *Malitatem*) : *Tient son espiet, si l'apelet* MALTET, 3152.

MALTRAIEN. R. s. m. Nom d'un roi païen (? on peut y retrouver les deux mots *mal* et *traire*, indiquant une mauvaise origine??) : *Vos estes filz à l'rei* MALTRAIEN, 2671.

MALVAIS. Voc. s. m. Mauvais. (Le mot *malus* entre évidemment dans ce mot comme un élément ; mais le reste est d'origine inconnue. Diez, *Lex. Etym.*, I, 260, indique *male-levatus*, qui s'accorde TOUT AU PLUS avec le provençal *malvatz*.) *Ahi! culvert*, MALVAIS *hom de put aire*, 763. *E!* MALVAIS *Deus*, 2582. — R. s. m., MALVAIS: *Gelet sur un* MALVAIS *sumer*, 481. *Ki mult le sert*, MALVAIS *luer l'en dunes*, 2584. MALVAIS *sermun cumences*, 3600. Cf. 2135. — S. s. f., MALVAISE, 1014, 1016 : MALVAISE *çançun*, MALVAISE *essample*. — R. p. f., MALVAISES: *N'en descendrat pur* MALVAISES *nuveles*, 810.

MALVAISEMENT. Adv. (V. le précédent.) *Que nuls prozdom* MAL-VAISEMENT *n'en chant*, 1474.

MALVAISES. V. *Malvais.*

MANACE. R. s. f. Menace (*Minaliam*) : *N'ai cure de* MANACE, 293. — R. p. f., MANACES : *De vos* MA-NACES *jo n'ai essoign*, 1232.

MAND. Verbe act., 1re p. s. de l'ind. prés. (*Mando.*) *Par vos li* MAND, *bataille i seit justée*, 2761. — 3e p. s., MANDET : *Iço vus* MANDET *reis Marsilies li bers*, 125. *Ses baruns* MANDET, 166, 169. MANDET *sa gent*, 2623. C'est par erreur, qu'au vers 3679, le scribe a écrit *mandet*, au lieu de *muntet*. — Parf. simpl., 3e p. s., MANDAT : *Deus li* MANDAT *que*, 2319. — Parf. comp., 3e p. s., avec un r. s. m. : *En Babilonie Baligant* AD MANDET, 2614, et avec un r. p. f., AD MANDÉES : *Quatre cuntesses... * AD MANDÉES, 3729. — Plusque-parf., 1re p. s., avec un r. s. m. : AVEIE MANDET, 2770. — Fut., 1re p. p. : MANDERUM, 1699. — Impér., 2e p. p. MANDEZ, 28. — Part. pass., r. s. m. : MANDET, 2614, 2770. R. p. f. : MANDÉES, 3729.

MANEVIZ. Adj., r. s. m. Bien disposé, ardent (d'après Diez, du gothique *manvus*, prêt; et *manvjan*, préparer) : *Tant se fait fort e fiers e* MANEVIZ, 2125.

MANGER. Verbe actif, inf. prés. (*Manducare.*) *Urs e leuparz les voelent puis* MANGER, 2542. Fut., 3e p. p., MANGERUNT : *N'en* MANGERUNT *ne lu, ne por, ne chen*, 1751. Par les deux exemples précédents, on voit qu'on disait dès lors : *Manger quelque chose* et *manger* DE *quelque chose.* == Ce mot ne se trouvant comme assonance que dans un couplet en *ier*, il faut lire *mangier.*

MANGUNS. R. p. m. Sorte de monnaie. (Ducange rattache *mancusa* à *manca, marca. Manguns* est sans doute de la même famille.) Quand Valbrun donne son épée à Ganelon, il dit qu'*Entre les helz ad plus de mil* MANGUNS, 621. Pour l'explication de ce vers, voy. nos *Notes*, aux v. 621 et 994, p. 118.

MANTEL. R. s. Manteau (*Mantellum* ou *mantellus.* Cette dernière forme, au m., se trouve notamment dans les vers latins de Primat, qu'a publiés M. Paul Meyer dans la *Bibl. de l'Éc. des Chartes*, XXXI, 310), 462, 830. — R. p. : MANTELS, 2707. Voy. notre Note du vers 463.

MANUVERER. Verbe actif. Opérer, travailler, placer avec la main. (*Manoperari.*) Il est dit que Charles, possédant le fer de la lance *dunt nostre Sire fut en la cruiz nafrez*, le fit mettre dans le pommeau de son épée : *En l'orel punt l'ad faite* MANUVERER, 2506. Müller écrit *manuvrer.*

MAR. Adv. Mal à propos, inopportunément, à tort (*Mar, mare*, est, suivant Diez, une contraction de *mala hora*) : *Ja* MAR *crerez Marsilie*, 196. Il faut traduire : « Vous aurez bien tort de croire Marsilie. » *Ja* MAR *crerez bricun*, 220. *Li duze per* MAR *i serunt jugez*, 262. *Carles li magnes* MAR *vos laissat as porz*, 1949. *Sire cumpainz*, MAR *fut vostre barnage*, 1983. *Tant* MAR *fustes hardiz*, 2027. MAR *veïstes Rollant*, 2475. Cf. 791 et 1057. On peut dire que ces locutions, et notamment *tant mar*, étaient devenues très-usuelles et presque proverbiales. == *Mare* est exactement employé dans le même sens... quand le poëte a besoin d'une syllabe de plus : *Tant* MARE. *Tant* MARE *fustes, ber*, 350. *Barun, tant* MARE *fus* (c'est la formule de l'oraison funèbre),1561.*Li Emperere stant* MARE *vos nurrit*, 1860. *Si* MARE *fumes nez*, 2146. Cf. 2221, 2823.

MARBRE. R. s. m. (*Marmor.*) *Un perrun de* MARBRE *bloi*, 12. Cf. 2260.

MARBRISE. R. s. f. Nom d'une localité en Espagne. (Le type latin serait *Marmoritia.* D'autre part, la Mar-

marique, dans l'antiquité, était une contrée de l'Afrique. Est-ce un souvenir ? non : c'est un mot de fantaisie.) *Laisent Marbrose et si laisent* MARBRISE, 2641.

MARBROSE. R. s. f. (Comme le précédent. Le type latin serait : *Marmorosa*), 2641.

MARCHE. R. s. f. Un pays frontière, et, par extension, le pays, l'empire tout entier (de l'anc. haut allem. *marcha*, frontière) : *Car m'eslisez un barun de ma* MARCHE, 275. *Charles...nus requert ça en la nostre* MARCHE, 374. Charles dit de Roland qu'il a laissé en Espagne : *Jo l'ai lesset en une estrange* MARCHE, 839. Cf. 2209 et 3128, où *marche* a plutôt le sens de pays frontière. Partout ailleurs, son sens est plus étendu. — R. p. f., MARCHES : *Ço est Loewis... Si tendrat mes* MARCHES, 3716. *Chrestiens crt, de mei tendrat ses* MARCHES, 190.

MARCHET. R. s. Marché, échange (*Mercatum*) : *Li reis Marsilie de nos ad fait* MARCHET, 1150. = Comme le couplet est en *ier*, il faut lire *marchiet*. = On voit que la locution « faire marché de... » remonte très-haut dans notre langue.

MARCHIS. S. s. m. Celui qui est à la tête d'une marche ou pays frontière. Déjà, dans le *Roland*, le sens est plus étendu. Et même un païen va jusqu'à dire de Charlemagne : *Grant ad le cors, ben resemblet* MARCHIS, 3502. Cf. 2971. (A *marchensis*, je préfère l'étymologie *marquisius, marquisus*. Ce dernier mot se trouve dans un texte de 965, etc.)= Roland est toujours qualifié de « marquis », ce qui s'accorde avec l'histoire, puisqu'il fut en réalité préfet des Marches de Bretagne : *A icest mot se pasmet li* MARCHIS, 2031. — R. s. m., MARCHIS : *Si nos aidez de Rollant li* MARCHIS, 630. Cf. 3058 et 3502. = Ce mot entre dans la composition de *Val*-MARCHIS, 3208.

MARCULES. S. s. m. Nom de païen (ce ne peut être le même mot que *Marculfus*, *Marcou?*): *L'estreu li tint* MARCULES *d'outre-mer*, 3156.

MARE. Adv. (V. *Mar*.) *Tant* MARE *fustes, ber*, 2221. *Si* MARE *fui*, 2823. Cf. 350, 1561, 1860, 2146...

MARGANICES. S. s. m. Ce mot est sans doute une erreur du scribe, pour *Algalifes*: *Li* MARGANICES *sist sur un ceval sor*, 1943. Cf. 1914.

MARGARIZ. S. s. m. Nom d'un païen. Un *margerit*, en provençal, est un apostat, un mécréant, et le même mot existe dans le roman du nord. (V. Ducange, aux mots *Magarita, Magarites, Magarisare*; en grec, μαγαρίζειν.) *Curant i vint* MARGARIZ *de Sibilie*, 955. Cf. 1310, 1311.

MARIE. Voc. s. f. La Vierge-mère (*Maria*, de l'hébreu *Miriam*, élévation, et, par extension, reine), 3203.—R. s. f. *Ne creit en Deu, le filz seinte* MARIE, 1634. (Cette épithète de Dieu est constante dans toutes nos Chansons.) *De l'vestement i ad seinte* MARIE, 2348.

MARINE. Adj. r. s. f. (*Marinam*.) *Cil tient la tere entre[s]qu'à Scaz* MARINE, 956 (?).

MARMORIE. R. s. m. Nom d'un cheval (*Marmorius*, marbré?): *Siet el' cheval que il cleimet* MARMORIE, 1572.

MARRENES. R. p. f. Marraines (*Matrinas*): *Or seit faite par* MARRENES, 3982.

MARSILIES. S. s. m. Nom du roi païen de Saragosse (nom de fantaisie. L'étymologie PARAIT être latine, *Marcilius*), 89, 2741, etc. MARSILIE, 7, 10, 62, 78. MARSILIUN, 222. — Voc. s. m. : MARSILIE, 1618.— R. s. m. : MARSILIE, 196, 860, etc. MARSILIES (par erreur), 874, et MARSILIUN, 245, 276, 2700.

MARSUNE. R. s. Lieu où Charlemagne conquit son cheval Tencendur (?): *Il le cunquist ès guez desuz* MARSUNE, 2994.

MARTIRIE. S. s. Ce mot signifie,

non pas dans un sens restreint, le martyre des saints, mais un massacre, une mort violente quelconque. Même il s'applique trois fois sur quatre aux païens (*Martyrium*): *Ne l' di pur ço des voz iert là* MARTIRIE, 591. — R. s., MARTIRIE : *Le*[*s*] *XII pers sunt remés en* MARTIRIE, 965. *Marsilies veit de sa gent le* MARTIRIE, 1628. Au vers 1166, on trouve par erreur MATIRIE.

MARTIRS. S. p. m. (*Martyres.*) *Se vos murez, esterez seinz* MARTIRS, 1134.

MARTRE. R. s. f. (*Martalum.*) *De sun col getet ses grandes pels de* MARTRE, 281. *Tert lui le vis od ses granz pels de* MARTRE, 3940.

MARUSE. R. s. f. Nom de lieu païen (?), 3257.

MASSE. R. s. f. (*Massam.*) *De sun aveir me voelt duner grant* MASSE, 182.

MAT. Subj. prés. 1re p. s. de *matir*. *Ne lerrai que ne l'* MAT, 893. V. *Matir.*

MATICES. R. s. f. Pierres précieuses, améthystes (?) (*Amethystos?*): *Ben i ad or,* MATICES *e jacunces*, 638.

MATIN. Adj. r. s. n. Employé avec *par*, produit la locution « par matin » (*Per matutinum*): *Li Empereres est* PAR MATIN *levet*, 163 et 669.

MATIN. Adv. Le matin (*Matutine*): *Oi* MATIN, 2601. *Hoi* MATIN, 3629. Au vers 383, on trouve *er* MATIN ; mais pour la mesure il faut restituer *er* main.

MATINES. R. p. f. Une des sept heures canoniales (*Matutinas*): *Messe e* MATINES *ad li Reis escultet*, 164 et 670.

MATIR. Verbe actif. Inf. prés. Mâter, abattre. (Locution tirée du jeu d'échecs. *Schâch mat* signifie en persan : « Le roi est mort ; » d'où échec *et mat*. Je ne pense pas que ce mot puisse, comme le pense Littré, dériver jamais de *mactare.* V. Diez, I, 269.) *Le grant orgoill se ja puez* MATIR, 3206. — Subj. prés. 1re p. s., MAT : *Ne lerrai que ne l'* MAT, 893.

MAZ. R. p. m. Mâts de navire (de l'ancien haut allemand *mast ;* nordique, *mastr.* V. *Diez*, I, p. 268, au mot *Masto*) : *En sum ces* MAZ *e en cez haltes vernes*, 2632.

ME. Pron. pers. r. s. m. (*Me.*) Il faut ici distinguer deux sens très-nets : 1° ME est employé comme régime direct : *Si* ME *guarisez e de mort e de hunte*, 21, etc. etc. =2° Il est employé comme régime indirect, ou, pour mieux dire, dans le sens du latin *mihi : Par la barbe ki à l' piz* ME *ventelet*, 48. *Kar* ME *jugez ki ert en la rere-guarde*, 742. Cf. 656. *Soer, cher*[*e*] *amie, d'hume mort* ME *demandes*, 3713.

MEI. Pron. pers. r. s. m. Moi. (*Mihi.*) Trois emplois distincts : 1° Régime indirect (*mihi*) : MEI *est vis*, 659. *Cest mot* MEI *est estrange*, 3717, etc. =2° Régime direct : MEI *ai perdut e* (*tres*)*tute me gent*, 2834. *Ja mar crerez bricun..., ne* MEI, *ne altre*, 221. Cf. 20 et 2858. =3° Régime de toutes les prépositions : *De* MEI, 82, 190, 250. *Pur* MEI, 1863, 2937. *Par* MEI, 461. *Sur* MEI, 754. *Devant* MEI, 748. *Encuntre* MEI, 1516...

MEIE. Adj. possessif, s. s. f. Mienne. Forme analogue à *tue* et *sue* (fait sur *mea*), 2198. — Voc. s. f.: MEIE, 3295. — R. s. f. MEIE, 47, 301, 361. 988, 1719, 2369. =Il faut observer que *meie* ne s'emploie (sauf une ou deux exceptions faciles à comprendre, comme : *Meie culpe*) qu'avec un article ou un pronom démonstratif : *La* MEIE *mort*, 2198. *Ceste* MEIE *grant ire*, 301. *Od la* MEIE, 988, etc. Bref, c'est le synonyme, non pas de *ma*, mais de *mienne*. On ne voit guère comment Burguy trouve dans *meie* une forme picarde.

MEIGNENT. Verbe neutre, ind. prés. 3e p. p. Demeurent, habitent (*Manent*) : *Dient alquanz que Diables i* MEIGNENT, 983.

MEILLUR, MEILLOR. Adj. comparatif, r. s. m. Meilleur. (*Meliorem.*) — Au r. s. m., on trouve MEILIOR, 51 (?), 231, 629, 775, 1674, 2214. — R. s. f. MEILLUR, 620. — S. p. m. MEILLOR, 449, 451. — R. p. m. MEILLURS, 1850. MEILLORS, 344 (?), 502, 1420 (?), 1857, 2121, 3020, 3085. = Au vers 449, MEILLOR est employé substantivement : *Einz vos averunt LI MEILLOR cumperée*. = Il est à peine utile d'ajouter que la forme autorisée par la phonétique de notre texte est *meillur*.

MEINENT. 3ᵉ p. p. de l'ind. prés. de *mener*, 991, 3668. V. *Mener*.

MEINET. 3ᵉ p. s. de l'ind. prés. de *mener*, 3680. V. *Mener*.

MEIS. R. s. m. Mois (*Mensem*) : *D'oi cest jur en un* MEIS, 2751. Cf. 83 et 693.

MEÏSME. Adj. s. s. m. Même (*Metipsissimus, metipsimus, meïsme*) : *L'Emperere* MEÏSME *ad tut à sun talent*, 400. — R. s. m. MEÏSME, 1036, 1644, 2315, 2382, 2552 (au n). — R. p. f., MEÏSME : *Nuncerent vos cez paroles* MEÏSME, 204. = Il y a lieu ici de faire deux remarques : 1ᵒ MEÏSME s'emploie concurremment avec *lui* et *sei* : *En* LUI MEÏSME *en est mult esguaret*, 1036. Cf. 2382 : *Mult quiement le dit à* SEI MEÏSME, 1644. Cf. 2315. — 2ᵒ MEÏSME forme avec DE cette locution adverbiale qui est restée dans notre langue : « De même » : *Altre bataille lur liverez* DE MEÏSME, 592.

MEITET. S. s. f. Moitié (*Medietas*), 1484. — R. s. f. : MEITET, 473, et MEITIET, 1264, 3433. — R. p. f. : MEITIEZ, 1205. = La forme correcte est MEITIEZ, comme le prouvent les assonances. Ce mot, en effet, ne se trouve, comme assonance, que dans les laisses en *ier*.

MELZ. Adv. comparatif. Mieux (*Melius*), 44, 516, 1091, 1872. = On trouve trois autres formes : 2ᵒ MEILZ, 536. 3ᵒ MIELZ, 58, 359, 539, 639, 759, 1475, 1646, 2336, 3715, 3909.

4ᵒ MIEZ, 2473. = MIELZ est employé adjectivement au vers 1822 : *C. cumpaignons... des* MIELZ *e des pejurs*. — La forme correcte est MIELZ. Ce mot, en effet, ne se trouve en assonance que dans les laisses en *ier*.

MEMBRE. S. p. Membres (*Membra*), 3971. — R. p., MEMBRES : *Puis en perdit e sa vie e ses* MEMBRES, 1408. = Cette dernière locution, d'origine féodale (*vitam et membra*), se retrouve encore aujourd'hui dans la liturgie romaine. L'évêque élu prononce, dans sa formule de serment, la phrase suivante : *Non ero in consilio aut consensu vel facto ut* VITAM *perdant* AUT MEMBRUM *Dominus Papa suique successores*. (Pontifical romain, *de Consecratione electi in episcopum*.)

MEN. Adj. possessif, r. s. m. Mien. (Il y a quelque chose de plus que *meum*; et nous ne saurions admettre, avec M. Brachet, que ce soit une forme adoucie de *mon*.) Vers 43, 249, 524, 539, 756, 767, 1709, 1791, 2073, 2286, 3391. = On trouve au s. s. m. : MIENS, 743, et au r. s. m. MIEN, 149, 339, 1936, 2183, 2718. C'est cette dernière forme qui est la meilleure d'après les assonances.

MENÇUNGE. S. s. (De *mentiri* comme radical, avec une terminaison en *onicum* ou *omnium?*) *S'altre le desist, ja semblast grant* MENÇUNGE, 1760.

MENDEIER. Verbe neutre. Inf. prés. (*Mendicare* a donné « mendier ».) *Ne nus seiuns cunduiz à* MENDEIER, 46.

MENDISTED. R. s. f. Mendicité (*Mendicitatem*), 527. MENDISTET entre comme assonance dans un couplet en *er*, et MENDISTIET, quelques vers plus loin (542), dans un couplet en *ier*. Ce qui prouve que le même mot (et nous en avons d'autres exemples), pouvait, en certains cas, faire partie, au gré des versificateurs, des laisses en *er* et de celles en *ier*.

MENÉE. R. s f. Certaine sonnerie particulière du *graisle*; sans doute la charge ou la poursuite (*Minatam*; voy. le suivant) : *VII milie graisles i sunent la* MENÉE, 1454. = Ce même mot est employé, dans un sens plus large, pour le son même des cors ou des « olifans » : S. p. f., MENÉES : *De l'olifan haltes sunt les* MENÉES, 3310.

MENER. Verbe act. Conduire (*Minare*), 906. — Ind. prés., 3ᵉ p. s.: MEINET, 3680. 3ᵉ p. p., MEINENT, 991 et 3668.—Impér., 2ᵉ p. p., MENEZ, 211.—Fut., 2ᵉ p. p., MERREZ, 3204. = Passif. Fut., 3ᵉ p. s., avec un s. s. f.: *Iert* MENÉE, 3673. 2ᵉ p. p., avec un s. s. m.: SEREZ MENET, 478. —Part. pass., s. s. m.: MENEZ, 478 : s. s. f.: MENÉE, 3673. = On dit « mener une guerre », 906, etc.

MENTIS. Verbe neutre. Parf. simp., 2ᵉ p. s. (*Mentir* vient de *mentiri*.) *Veire pate[r]ne ki unkes ne* MENTIS, 2384. C'est une des épithètes les plus constantes de Dieu dans nos Chansons de geste. 3ᵉ p. s. : MENTIT, 1865. — Parf. comp. 2ᵉ p. p., AVEZ MENTIT : *Vos i* AVEZ MENTIT, 1253.

MENTUNS. R. p. m. (Menton vient du lat. *mentum* avec une désinence en *o, onis*.) *Es vis e es* MENTUNS, 626. Cf. le v. 3273, où le scribe, au r. p. m., a écrit MENTUN au lieu de MENTUNS.

MENU. Adverbe. V. *Menut*.

MENUE. Adjectif, s. s. f. Petite, fine (*Minuta*) : *Le blanc osberc dunt la maile est* MENUE, 1329. — S. p. m., MENUES. Il est dit, en parlant des tours de Saragosse, que : *Les dis sunt grandes, les cinquante* MENUES, 3656. — R. p., MENUZ : *De mes pecchez, des granz e des* MENUZ, 2370. Cf. 3605. — R. p. f., MENUZ, par erreur : *D'ici qu'as denz* MENUZ, 1956. V. *Menut*.

MENUR. Adj. comparatif, r. s. f. (*Minorem*.) Avec *la*, c'est un superlatif : *En* LA MENUR (*eschele*), 3219.

MENUT. Adverbe. (*Minute*.) La locution « MENUT *e suvent* » est fréquemment employée dans notre vieille langue (vers 1426 et 2364). =Au v. 739, nous trouvons MENU sans le *t* étymologique : *Par mi cel host suvent e* MENU *reguardet*.

MER. S. s. f. (De *Mare*, sous une forme féminine.) *La* MER *en est plus bele*, 2635. — R. s. f., MER : *Vers Engletere passat il la* MER *salse*. 372. Cf. 3, 67, 1521. Dans ce dernier vers, rem. la locution « *par* MER » : *Sire est* PAR MER *de .IIII. C. drodmunz*.

MER. Adjectif, r. s. Pur. (*Merum*.) C'est l'épithète constante du mot *or* : *Or* MER, 115, 1314, 1738, et 3887. MIER, qui se trouve aux v. 1506 et 3866, est la forme véritable; c'est celle qu'il faut lire aux vers 115, 1314, 1738 et 3887. Car ce mot ne se trouve jamais, comme assonance, que dans les couplets en *ier*.

MERCIET (AD). Verb. act., 3ᵉ p. s. du parf. comp., avec un r. s. m. A remercié. (*Mercier* est le verbe de *mercit*, qui vient de *mercedem*.) *Li reis Marsilie mult l'en* AD MERCIET, 908. — Subj. prés., 3ᵉ p. s., MERCIE : *Deus... à bien le vos* MERCIE, 519. Il faut remarquer que le sens ici n'est plus le même. C'est celui de « Dieu vous en récompense ». Cette signification est plus étymologique que la première. V. le suivant.

MERCIT. R. s. f. Pitié, miséricorde (*Mercedem*) : *Il vos mandet qu'aiez* MERCIT *de lui*, 239. Cf. 82. 1854. *Si preiez Deu* MERCIT, 1132. Cf. 2383. *Deus ait* MERCIT *de l'anme*. 3721. On voit, par les vers précédents, l'emploi déjà fréquent des deux locutions « avoir merci de » et « prier ou demander merci ». = Une troisième expression populaire est : « En ma merci » : *S'en ma* MERCIT *ne se culzt à mes piez*, 2682. Cf. le v. 3209 : *Sire, vostre* MERCIT, et cette locution adverbiale qui se trouve trois fois dans notre texte : DEU MERCIT ou MERCIT DEU, 1259, 2183, 2505 : *Cest premer colp est nostre*, DEU MERCIT, 1259. *Carles en ad l'amure* MERCIT DEU, 2505. Le sens est celui de : « Grâce à Dieu... »

MERES. R. p. f. (*Matres.*) *Ne reverrunt lor* MERES *ne lor femmes*, 1402.

MERREZ. Verb. act., fut. simple, 2ᵉ p. p. de *mener* (*Minare habetis, menerez, menrez*), 3204. V. Mener.

MERVEILLE. S. s. f. (*Mirabilia.*) *N'en est* MERVEILLE *se Karles ad irur*, 2877. Remarq. la locution : « Ce n'est pas merveille si... »

MERVEILLER (ME). Verbe réfléchi. Inf. prés. (V. *Merveille.*) *Mull* ME *puis* MERVEILLER *de Carlemagne*, 547. — Ind. prés., 1ʳᵉ p. s., ME MERVEILL : *Mult* ME MERVEILL *se ja verrum Carlun*, 3179. — Subj. prés., 3ᵉ p. s., S'EN MERVEILT : *N'i ait Franceis ki tot ne* S'EN MERVEILT, 571.

MERVEILLUS. Adj. s. s. m. (V. *Merveille.*) MERVEILLUS *hom est Charles*, 370. — S. s. f., MERVEILLUSE : *La bataille est* MERVEILLUSE, 1412 ; Cf. 1610, et MERVEILLOSE, 1620.— R. s. m., MERVEILLUS : *Par* MERVEILLUS *ahan*, 2474, 3104, 3218, 3963. — R. s. f. : MERVEILLUSE, 843. — S. p. m. : MERVEILLUS, 815. — S. p. f. : MERVEILLUSES, 598. — R. p. : MERVEILLUS, 2534, et MERVEILUS, 1397. — R. p. f. : MERVEILLUSES, 2919.=Comme on le voit, d'après les deux premiers exemples cités plus haut, ce mot s'applique aux personnes tout aussi bien qu'aux choses.=Rem. la locution : *Par* MERVEILLUS *ahan*.

MERVEILLUSEMENT. Adverbe. (V. *Merveille.*) *E li païen* MERVEILLUSEMENT *fièrent*, 3385.

MÉS. S. s. m. Messager (*Missus*) : *Si l' m'a nunciet mes* MÉS *li Sulians*, 3191.

MES. Pronom ou adjectif possessif, s. s. m. (*Meus*), 297, 3191, 3593, 3716.— R. p. m. (*Meos.*) *Ociz* MES *cumpaignuns*, 1899. Cf. 84, etc. — R. p. f., MES : *Il est mes filz e si tendral* MES *marches*, 3716. MES était également le s. p. m. et f. V. *Mis* : c'est à ce mot que nous avons donné toute la déclinaison de ce pron. possessif.

MÉS. Conjonction. (*Magis*), 382, 1309, 1689, 2784. Pour les différents sens de ce mot, voy. Mais.

MESLÉE. R. s. f. Querelle (*Misculatam*) : *Dient Paien* : « *Desfaimes la* MESLÉE, » 450.

MESLISEZ (vos vos). Verbe réfl., subj. imparf., 2ᵉ p. p. (Vient d'un verbe tel que *meslir*, dont l'étymologie est analogue à celle de *mesler, miscularе*) : *Jo me crendreie que vos vos* MESLISEZ, 257. = A cause de l'assonance, le scribe aurait dû écrire : MESLISIEZ.

MESPENSANT. Part. prés., s. p. m. du verbe neutre *mespenser*. Ayant une basse pensée (*Minus-pensantes*) : *Seignors barons, n'en alez* MESPENSANT, 1472.

MESSAGE. Ce substantif a deux sens : 1° Celui de « messager » (*Missaticus*). 2° Celui de « message » (*Missaticum*). Dans le premier sens, on le trouve, comme s. p. m. (MESSAGE), aux v. 120, 2704, 2725, 2765, et comme r. p. m. (MESSAGES), aux v. 143, 367 et 2742.= Dans le sens de « message », on ne le retrouve qu'au r. s. (MESSAGE), aux v. 92, 276, 418 et 3131.

MESSAGER. S. p. m. (*Missaticerii ?*) *Li messager ambedui l'enclinerent*, 2763.

MESSE. R. s. f. (*Missam*), 164, 670. On dit : « Chanter la messe » : *Tel coronet ne chantat unches* MESSE, 1563. Ce même mot s'emploie au pluriel : on dit de Pinabel et de Thierry, avant leur duel, qu'ils *oent lur* messes, 3860.

MESTER. S. f. Besoin (*Ministerium*) : *Jà li corners ne nos avereit* mester, 1742. Le scribe aurait dû écrire *mestier;* car ce mot est employé, comme assonance, dans une laisse en *ier*. = On remarquera la locution : *Aveir mestier.*

MESURE. S. s. f. (*Mensura*), 1725. — R. s f. : mesure, 146, 1035. = Ce mot a deux sens : 1° « Proportion, étendue, nombre » : *Tant i en ad que* mesure *n'en set*, 1035. *En quel* mesure *en purrai estre fiz,* 146. = 2° Au fig. « Modération » : *Mielz valt* mesure *que ne fait estultie*, 1725.

MESURER. Verbe act. Inf. prés. (*Mensurare.*) *Cinquante pez i poet hom* mesurer, 3167. Cf. 1218.

METAS. Entre dans la composition de *Val-Metas* (?), 1663.

METTRE. Verb. act. Inf. prés. (*Mittere*), 2382, et metre, 3692. — Ind. prés., 3ᵉ p. s. : met, 394, 398, 1533, 1559, 1821, 3523 ; et au réfl. : sei met, 2277. 3ᵉ p. p. : metent, 1826, 3861 ; et au réfl. : se metent, 1139. — Parf. simpl., 1ʳᵉ p. s. : mis, 3457. 3ᵉ p. s. : mist, 443, 1248, 1286, 2192, 2238. — Parf. comp., 3ᵉ p. s., avec un r. s. m. : ad mis, 1753. Cf. 3355. Et avec un r. s. f. : ad mise, 3363. 3ᵉ p. p., avec un r. s. m. : unt mis, 1828. Au réfl., 3ᵉ p. p., avec un s. p. m. : se sunt mis, 1136. — Fut., 1ʳᵉ p. s. : metrai, 149, 926. — 1ʳᵉ p. p. : metrum, 952, 954. — Impér., 2ᵉ p. p. : metez, 212. — Subj. prés., 3ᵉ p. s. : metet, 2197, 2898. = Passif Fut., 3ᵉ p. s., avec un s. s. f. : ert mise, 968. — Subj. imparf., 3ᵉ p. s., avec un s. s. f. : fust mise, 2941. — Part. passé, s. s. f. : mise, 968 et 2941. R. s. m. : mis, 1753, 1828, 3355. R. s. f. : mise, 3303. S. p. f. : mises, 91. R. p. m. : mis, 1136. = Les sens du mot *mettre* sont déjà tous ceux d'aujourd'hui, et le sens étymologique est lui-même conservé dans ce vers où l'on voit Charles « envoyer » à Ganelon cent de ses cuisiniers pour le torturer : *Si met .C. cumpaignuns de la quisine,* 1821. = Plusieurs locutions sont à noter. Mettre en present signifie « donner », 398 : *Or e argent lur* met *tant* en present. = Mettre en ubli a le sens « d'oublier » : *Mais lui meïsme ne volt* mettre en ubli, 2382. = *Se mettre en piez* (2277), ou *sur piez* (1139), c'est « se relever ». = Toutes les autres expressions où se trouve le mot *mettre,* peuvent s'expliquer par le sens ordinaire de « placer, » etc. : *Mist la main à l'espée,* 443. *L'Arcevesques, que Deus* mist *en sun num*, 2238. *A tere se sunt mis*, 1136, etc.

MI. Pronom ou adjectif possessif, s. s. m. (De *Meus*, pour *Mis.* V. ce mot.) *Mult vos priset* mi *Sire e tuit si hume*, 636. *Carles* mi *sire,* 1254. *Se m'creisez, venuz i fust* mi *sire*, 1728. Cf. 1928. *Mi,* pour *mis,* est probablement le résultat et le signe d'une prononciation rapide. — S. p. m., mi (*Mei*) : *Cunseilez mei cume* mi *saive hume*, 20. Cf. 1063, 1076, 2861, 3136. — Voc., pl. m. : Mi *damne Deu, jo vos ai mult servit*, 3492. Baligant s'adresse ici à Mahom, Tervagant et Apollin, qui sont les trois divinités païennes...

MI. Adjectif indéclinable. (*Medium.*) Avec un subst. sing. m. ou n. : *Par* mi *un val,* 1018. *En* mi *le dos,* 1945. *Par* mi *le pis,* 1947. — Avec un subst. sing. f. : *En* mi *ma veie*, 986. *Tute la teste li ad par* mi *severée,* 1371. — Avec un r. p. m. ou n. : *En* mi *les dos,* 3222, etc. On voit, par les exemples précédents, qu'en effet *mi* est partout indéclinable. Ajoutons qu'il se combine avec *en* et *par,* de manière à former deux mots qui ont fait fortune dans notre langue : *enmi, parmi*...

MICENES. Nom de pays ou de peuple païen (?) : *La premere (eschele) est de cels de Butentrot, — E l'altre après de* Micenes *as chefs gros*, 3220, 3221.

MICHEL. R. s. m. (De l'hébreu *mashal-el*, semblable à Dieu.) *Vos le siurez à la feste Seint* Michel, 37. Cf. 53. *A la grant feste seint* Michel *de l' Peril*, 152. *Seint* Michel *de l' Peril*, 2394. V. notre *Introduction*, I, p. LXVIII, LXIX, et nos *Notes*, II, p. 22 et ss., où nous avons établi qu'il s'agit dans notre *Roland* du pèlerinage du Mont-Saint-Michel près d'Avranches. (*Sanctus Michael in Monte Tumba, Sanctus Michael de Periculo maris.*) = Ce mot ne se trouve, comme assonance, que dans les couplets en *ier* : c'est donc *Michiel* que le scribe eût dû écrire.

MIE. Négation explétive. (*Mica*, parcelle; *mica panis*, mie de pain.) *De sa parole ne fut* mie *hastifs*, 140. *Li quens Rollanz ki ne l'otriet* mie, 194. *Carles se dort qu'il ne s'esveillet* mie, 724. *Cil ki là sunt ne funt* mie *à blasmer*, 1174. Cf. 1186, 1642, 2034, 2554, 3572, 3999. (V. Sweighæuser, *De la Négation dans les langues romanes*, pp. 101 et ss.)

MIELZ. Adv. comparatif. Mieux. (*Melius.*) Ce mot se présente sous quatre formes dans le *Roland* : 1° Mielz. C'est la forme correcte, puisque ce mot ne se trouve, comme assonance, que dans les couplets en *ier*. On la trouve aux v. 58, 359, 539, 639, 1475, 1646, 2336, 3715, 3909. 2° Melz, 44, 516, 1091, 1872. 3° Meilz, 536. 4° Miez, 2473. = Il convient de remarquer que *mielz* est employé adjectivement. C'est ainsi qu'on le trouve comme r. p. m. au v. 1822 : *Des* mielz *et des pejurs.*

MIENS. Adjectif possessif, s. s. m. (V. *Men*), 743, et mien, 2183. — R. s. m. : mien, 149, 339 (?), 1936 (?), 2718, et men, 43, 249, 524, 539, 756, 767, 1709, 1791, 2073, 2286, 3591. = Avec un substantif sous-entendu : *A l' Jhesu e à l'* mien, 339. = La seule forme correcte est *mien* ; et, en effet, ce mot se trouve uniquement employé, comme assonance, dans les couplets en *ier*.

MIER. Adj., r. s. Pur. (*Merum.*) Comme nous l'avons dit, c'est l'épithète constante du mot *or*, 1506, 3866. Cf. la forme mer, aux v. 115, 1314, 1738, 3887. = De ces deux formes, la première est seule correcte, puisqu'on ne trouve ce mot employé comme assonance que dans les laisses en *ier*.

MIEZ. Adverbe. Mieux (*Melius*) : *Li* miez *guariz*, 2473. V. *Mielz*.

MIL. Nom de nombre indéclinable. (*Mil* vient de *mille*; *milie*, de *millia*. On dit *mil* pour un seul millier; *milie*, pour plusieurs. V. notre note du v. 13.) Mil *hosturs*, 31. *O.l* mil *de mes fedeilz*, 84. *Plus de* mil *manguns*, 621. *Funt* mil *grailles suner*, 700. *Pernez* mil *humes*, 804. Cf. 1034, 1527, 2071, 2442, 3661. = Indépendamment de son sens propre, *mil*, comme nous l'avons dit ailleurs, a un sens indéterminé : *En la grant presse* mil *colps i fiert e plus*, 2090, etc.

MILIE. Nom de nombre indéclinable. (V. *Mil.*) *Avum* IIII milie *calanz*, 2728. VII milie *graisles i sunent*, 1453. Vint milie *humes*, 13. Cf. 548, 789, 802, 2578, 3039. *Sunt plus de* cinquante milie, 1919. Seisante milie *cornent*, 2110. Cent milie *Franc en unt si grant dulur*, 2907. Cf. 991, 2932, 3000, 3671. IIII. C. milie *atendent l'ajurnée*, 715. Cf. 682, 851. = Deux remarques : 1° *Milie*, comme on le voit par les exemples précédents, s'emploie tantôt avec, tantôt sans substantif. 2° Il s'emploie en outre substantivement : *XV milies* de *Francs*, 3019. Dans ce dernier sens (?), il serait déclinable. Voy. *Millers*.

MILLIERS, MILLERS. Nom de nombre. (*Milliaria.*) Au sujet (2072, 2416) comme au régime (109,

1685, etc.), ce mot, dans le texte de la Bodléienne, se présente avec un *s* final (sauf au v. 1417). 1° MILLIERS : *Ço dist la geste, plus de* IIII MILLIERS, 1685. *De dulce France i ad* XV MILLIERS, 109. — 2° MILLERS : *Se pasment* XX MILLERS, 2416. Cf. 2794. *Plus de* TRENTE MILLERS, 2544. QUARANTE MILLERS, 2072. CENT MILLERS, 1440. = Rem. l'expression indéterminée : A MILLERS, 1439. A MILLER *e à cent*, 1417. = Entre les deux formes MILLIERS et MILLERS, notre choix n'est pas douteux : la première seule est autorisée par la théorie des assonances en *ier*.

MILUN. R. s. m. Nom d'un comte français (*Milonem* ; le cas sujet serait *Mile*), 173, 2433, 2971.

MIRRE. R. s. f. Myrrhe, entrant dans la composition de l'encens (*Myrrham*): MIRRE *e timoine i firent alumer;— Gaillardement luz les unt encensez*, 2958, 2959.

MIS. Pronom ou adjectif possessif. Mon. (*Meus.*) Voici la déclinaison complète de MIS : S. s. m. : MIS, 136, 144, 277, 1087, 1515, 2107; MI, 636, 1254, 1728, 1928; MES, 297, 3191, 3593, 3716, et, par erreur, MUN, 2030. — S. s. f. : MA, 2902, 4000. — R. s. m. (et n.) : MUN, 188, 276, 362, 629, 651, 785, 867, 892, 2347, 2914, 3072, 3591 3592, 3907, et, par erreur, MIS, 838. — S. p. m. : MI, 20, 1063, 1076, 2861, 3136. — S. p. f. : MES. — Voc., p. m. : MI, 3492. Le voc. p. f. serait MES. — R. p. m. : MES, 84, 1899. — R. p. f. : MES, 3716.

MIS. Verbe act., 1re p. s. du parf. simpl. de *metre* (*Misi*), 3457. V. *Metre*.

MIS, MISE. Part. pass. de *metre*, s. et r. s. m. et f. (V. les sept articles suivants.) — S. p. f. : MISES, 91.

MIS (AD). Verbe act., 3e p. s. du parf. comp. de *metre*, avec un r. s. m. (*Habet missum*), 3355. V. *Metre*.

MIS (UNT). Verbe act., 3e p. p. du parf. comp. de *metre*, avec un r. s. m. (*Habent missum*), 1828. V. *Metre*.

MIS (SE SUNT). Verbe act., employé au réfl., 3e p. p. du parf. comp. de *metre*, avec un s. p. m. (*Se sunt missos*), 1136. V. *Metre*.

MISE (AD). Verbe act., 3e p. s. du parf. comp. de *metre*, avec un r. s. f. (*Habet missam*), 3363. V. *Metre*.

MISE (ERT). Verbe pass., 3e p. s. du fut. de *metre*, avec un s. s. f. (*Erit missa*), 968. V. *Metre*.

MISE (FUST). Verbe pass., 3e p. s. de l'imparf. du subj. de *metre*, avec un r. s. f. (*Fuisset missa*), 2941. V. *Metre*.

MISES. Part. pass. de *mettre*, au s. p. f. (*Missœ.*) *Li frein sunt d'or, les seles d'argent* MISES, 91.

MIST. Verbe act., 3e p. s. du parf. simple de *metre* (*Misit*), 443, 1248, 1286, 2192, 2238.

MOERC. Verbe neutre, 1re p. s. de l'ind. prés. de *murir* (*Moriar*). 1122. V. *Murir* et *Moerge*.

MOERENT. Verbe neutre. 3e p. p. de l'ind. prés. de *murir* (*Moriunt(ur)*, 1348, 3477. V. *Murir*.

MOERGE. Verbe neutre, 1re p. s. du subj. prés. de *murir* (*Moriar*), 359, 448. V. *Murir*.

MOERGENT. Verbe neutre. 3e p. p. du subj. prés. de *murir* (*Moriant(ur)*, 1690. V. *Murir*.

MOERGET. Verbe neutre, 3e p. s. du subj. prés. de *murir* (*Moria(tur)*). 3963. V. *Murir*.

MOERIUM. Verbe neutre, 1re p. p. du subj. prés. de *murir* (*Moriamur*), 1475. V. *Murir*.

MOLLEZ. Adj. part., s. s. m. Moulé. fait au moule (*Modulatus*) : *Tis cors ben* MOLLEZ, 3900, et MOLLET : *Belement est* MOLLET, 3159.

MONIE. S. s. m. Moine (*Monachus*): *Deit* MONIE *estre en un de cez mustiers*, 1881. — R. p. m., MUNIES : MUNIES, *canonies, proveires coronez*. 2956. On peut lire et écrire : *monie* ou *monje*. Il n'est pas douteux qu'on ne prononçât *monje*. V. le

v. 3637, où *canonie* est à la fin d'un vers, dans une laisse féminine en *un*. = C'est *monie*, d'ailleurs, qui nous paraît la meilleure forme écrite; c'est celle du moins qui est le mieux en rapport avec la physionomie de notre dialecte et les habitudes de notre scribe.

MORDENT. Verbe act. Ind. prés., 3ᵉ p. s. (*Mordent.*) *E porc e chen le* MORDENT, 2591. — Parf. simple, 3ᵉ p. s. (?), MORST, *El' destre bras li* MORST *uns vers si mals*, 727.

MORIANE. R. s. f. Nom d'un pays païen (*Mauritaniam?*) : *Uns Almacurs i ad de* MORIANE, 909. V. *Mors*.

MORIANE. R. s. f. La Maurienne, en Savoie (?) (*Maurianam*, nom que l'on trouve pour la première fois dans Grégoire de Tours) : *Carles esteit es vals de* MORIANE, 2318.

MORS. R. p. m. Maures (en latin, *Mauri*; de l'arabe *Maghreb*, occident) : *La siste (eschele) est d'Ermines, e de Mors*, 3227.

MORST. V. *Mordent*.

MORT. S. s. f. (*Mors.*) *Oliver sent que la* MORT *mult l'angoisset*, 2010. *La meie* MORT *me rent si anguissus*, 2198. Cf. 2232. *La* MORT *li est près*, 2270. Cf. 3923. — R. s. f. : MORT : *Si me guarisez e de* MORT *e de hunte*, 21. *De quel* MORT *nus muriuns*, 227. *Guenes li fels ad nostre* MORT *jurée*, 1457. *A* MORT *ferut*, 1952. — R. p. f., MORZ : *Si calengez e vos* MORZ *e vos vies*, 1926.

MORT. Part. pass. employé substantivement. R. s. m. (*Mortuum.*) *Un* MORT *sur altre geter*, 1971. — R. p. m., MORZ : *De cels de France i veit tanz* MORZ *gesir*, 1852. *Lessez gesir les* MORZ, 2435.

MORT (AS). Verbe act., 2ᵉ p. s. du parf. comp. de *murir* employé activement. *As* MORT *mun filz*, 3591. = Sur ces formes « actives », voy. *Murir*.

MORT (AD). Verbe act., 3ᵉ p. s. du parf. de *murir* employé « activement ». MORT *ad mes humes*, 2756. Cf. 2782, 2935.

MORT (UNT). Verbe act., 3ᵉ p. p. du parf. de *murir*, employé « activement ». *Cels qu'il* UNT MORT, 1683.

MORT (EST). 3ᵉ p. s. de l'ind. prés. de *murir*, au « passif ». Est tué. Cette forme n'a nullement le sens du parfait. *Or veit Rollanz que* MORT EST *son ami*, 2023. Cf. 1503, 2024, 3973.

MORT (SUNT). 3ᵉ p. p. de l'ind. prés. de *murir* au passif. MORT SUNT *li cunte*, 577. Même observation que précédemment.

MORT (FUT). 3ᵉ p. s. du parf. de *murir*. au « passif ». (*Fuit mortuus.*) *Pur ço l' at fait que il voelt... que Carles diet... qu'il* FUT MORT *cunquerant*, 2363.

MORT (SEIT). 3ᵉ p. s. du subj. prés. de *murir* au passif. *Deus ne voll qu'il* SEIT MORT *ne vencut*, 3610. Même observation que pour *est mort*. Toutes ces formes doivent être plutôt considérées comme le verbe *être* conjugué avec le participe de *murir*.

MORT (FUST). 3ᵉ p. s. de l'imparf. du subj. de *murir* employé au passif. (*Fuisset mortuus.*) *Chi purreit faire que Rollanz i* FUST MORT, 596. *Se veïssum Rollant einz qu'il* FUST MORT, 1804.

MORT, MORTE. Part. passé de *murir*, s. et r. s. m. et f. V. *Morz*.

MORTE (EST). 3ᵉ p. s. de l'ind. prés. de *murir*, avec un s. s. f. *Sempres est* MORTE, 3721. V. *Murir*.

MORTEL. Adj., s. s. f. (*Mortalis.*) *El' cors vos est entrée* MORTEL *rage*, 747. — R. s. m., MORTEL : *Sun* MORTEL *enemi*, 461. *Ne poet vedeir si cler - que reconoistre poisset nuls hom* MORTEL, 1993. *N' en recrerrai pur nul hume* MORTEL, 3908. — R. s. f., MORTEL : *Une* MORTEL *bataille*, 658. MORTEL *rage*, 2279. = On remarquera ici plusieurs locutions très-importantes. C'est ainsi que : *pur nul hume* MORTEL deviendra une cheville dans nos poëmes postérieurs. Mais déjà, comme on le voit, *mortel* a pris un sens qu'il n'avait pas en latin : *Sun* MORTEL *enemi. Une* MORTEL *bataille;* et, dans ce sens, il s'applique tout aussi bien aux personnes qu'aux choses. *Mortales inimicitiœ* ne signifiaient, en bonne latinité, qu'une haine passagère...

MORZ. Part. pass. employé substantivement, r. p. m. (*Mortuos.*) *Veit tanz* MORS *gesir,* 1852. *Lessez gesir les* MORZ, 2435.

MORZ (AD). Verb. act., 3ᵉ pers. du parf. de *murir* employé activement. *Tanz riches reis* AD MORZ, 555.

MORZ (ES). 2ᵉ p. s. de l'ind. prés. de *murir* au passif. *Quant tu* ES MORZ, *dulur est que jo vif,* 2030.

MORZ (EST). 3ᵉ pers. de l'ind. prés. de *murir* au passif. MORZ EST *li quens,* 1560. Cf. 2021, 2397, 2913, 3646.

MORZ (ESTES). 2ᵉ pers. de l'ind. prés. de *murir* au passif. MORZ ESTES, *Baligant,* 3513.

MORZ (SUNT). 3ᵉ pers. de l'ind. prés. de *murir* au passif. *Paien* SUNT MORT, 1439. Cf. 2038.

MORZ. Part. pass. de *murir*, s. s. m. (*Mortuus*), 2030, 1560, 2021, 2397, 2913, 3646, 3513, et MORT (par erreur du scribe), 1503, 2024, 3973, 2363, 3610, 596, 1804. — S. s. f. : MORTE, 3721. — R. s. m. : MORT, 1971, 3591, 2782, 2935, 1204, 2275, 2291, 2733, 3713. Dans ces cinq derniers exemples, le participe est employé isolément. — R. s. f. : MORTE, 3728. — S. p. m.: MORT, 577, et MORZ, 1439 et 2038. — R. p. m.: MORZ, 1852, 2435, 555. Pour ce mot et tous ceux qui précèdent, voy. *Murir.*

MOT. S. s. m. (Bas latin *muttum.*) *C'ist* MOT *mei est estrange,* 3717.—R. s. m., MOT : *N'i ad paien ki un sul* MOT *respundet,* 22. Cf. 540. *N'i ad celoi ki* MOT *sunt ne* MOT *tint,* 411. *Mis parastre est : ne voeill que* MOT *en suns,* 1027. *Il n'en set* MOT, *n'i ad culpe li bers,* 1173. *A icest* MOT *l'unt Franc recumencet,* 1884. Cf. 2457. *Si li ad dit un* MOT, 2285.— R. p. m. : MOZ : *A icez* MOZ, 990. *De noz Franceis vait disant si mals* MOZ, 1190. = Dans les exemples précédents, nous trouvons déjà plusieurs locutions qui ont fait fortune dans notre langue : « Ne pas savoir mot de quelque chose, » 1173. « Ne pas en sonner un mot, » 1027. « Dire un mot, » 2286. « Répondre un mot, » 22. « A ce mot; à ces mots, » 990, 1884, 2457. « Dire sur quelqu'un de mauvais mots..., » 1190, etc.

MOÜSTES. 2ᵉ p. p. du verbe *Muveir* dans le sens neutre d'aller (*Muveir* vient de *Movere*) : *Culvert, mar i* MOÜSTES, 1335. Voy. à l'actif, *muverai* (1ʳᵉ p. s. du fut.), 291.

MUABLES. Adj. r. p. m. Se dit des oiseaux qui ont mué (*Mutabiles*) : *Set cenz cameilz e mil hosturs* MUABLES, 184. V. *Muez.*

MUER. Verb. act., employé neutr. (*Mutare.*) *Ne poet* MUER *que des oilz ne plurt,* 773. Cf. 825. *Ne puis* MUER *ne l' pleigne,* 834. *Ne poet* MUER *ne riet,* 959. *Ne poet* MUER *qu'il ne s'en espaent,* 1599. *Ne poet* MUER *n'en plurt e ne suspirt,* 2381. Cette locution *Ne poet muer que...* signifie littéralement : « Ne peut faire autrement que de... » — Ind. prés., 3ᵉ p. s. : MUET, 2502, 2990. — Parf. comp., 3ᵉ p. s., avec un r. s. f. : *Li reis Marsilies* AD *la culur* MUÉE, 441. — Part. passé, r. p. m. avec un sens spécial : MUEZ, 129, et (par erreur) MUERS, 31. V. *Muez.*

MUERS. V. *Muez.*

MUET. Ind. prés., 3ᵉ p. s. de *muer. Ki cascun jur* MUET *XXX. clartez,* 2502. *Ki pur soleill sa clartet n'en* MUET, 2990.

MUEZ. Part. empl. adjectivement. Se dit des oiseaux qui ont mué : *Mil hosturs* muez, 129. Cf. le v. 31, où l'on trouve par erreur muers : *Sel cenz camelz e mil hosturs* muers.

MUILLER, S. s. f. Femme, dans le sens d'épouse (*Mulier*) : *Sa* muiller *Bramimunde*, 2576. — R. s. f., muiller : *De meie part ma* muiller *saluez*, 361, et muiler, 1960. Dans ce dernier vers seulement, muiler a le sens de « femme en général ». — R. p. f., muillers : *Enveiu(n)s i les filz de noz* muillers, 42.

MUL. R. s. m. Mulet (*Mulum*), 480, 757. — R. p. m. : muls, 32, 130, 1000, 2811.

MULE. R. s. f. (*Mulam*), 757. (*Munter l'unt*) *fait en une* mule *d'Arabe*, 3943. Les mules d'Arabie sont célèbres ; mais est-ce uniquement pour la rime ? — S. p. f. : mules, 978. — R. p. f. : mules, 89.

MULEZ. S. s. m. Mulet (c'est un diminutif de *mul*) : *De sul le fer fust uns* mulez *trussez*, 3154. — R. s. m. : mulet, 861. — R. p. m. : mulez, 158.

MULT. Adv. Beaucoup (*Multum*) : mult *granz amistez*, 29. *Jo vus aim* mult, 635. mult *quiement*, 1644. Cf. 53, 1538, 1645, 1646, 2026, 3804... = On voit par le premier de ces exemples que mult accompagne et modifie les adjectifs ; le second exemple nous le montre avec un verbe, et le troisième avec un autre adverbe. Ce sont les trois emplois dont il est susceptible.

MULTES. Adj. r. s. f. Nombreuses (*Multas*) : *Escuz unt genz, de* multes *cunoisances*, 3090.

MUN. Adjectif ou pronom possessif, r. s. m. et n. (*Meum*), 188, 276, 362, 629, 651, 785, 867, 892, 2347, 2914, 3072, 3591, 3592, 3907. Une seule fois on trouve *mun*, par erreur, au s. s. m., au lieu de *mis* : *Ma hanste est fraite e percet* mun *escut*, 2050.

MUNIES. R. p. m. Moines (*Monachos*), 2956. Voy. *Monie* et notre note du v. 1881.

MUNIGRE. R. s. m. Nom d'une localité païenne (*Montem-nigrum*? Pour la régularité de l'assonance il faut lire *Muneigre*) : *De l'altre part est Chernubles de* Munigre, 975.

MUNJOIE. Cri de guerre des Français. C'est, à proprement parler, le nom de l'enseigne de Charlemagne, ou, pour préciser davantage, de l'Oriflamme : *Gefreid d'Anjou portet l'Orie flambe. — Seint Pière fut, si aveit num Romaine; — Mais de* Munjoie *iloec out pris eschange*, 3093, 3095. Ailleurs on l'appelle : Munjoie, *l'enseigne renumée*, 3565 ; et, pour plus de clarté, nous lisons plus haut : Munjoie *escriet, ço est l'enseigne Carlun*, 1234. En résumé, c'est ici LE NOM DU DRAPEAU QUI EST DEVENU LE CRI DE GUERRE. Mais encore, d'où vient le nom du drapeau ? Très-probablement de *meum gaudium*, « mon joyau, » qui est une allusion à l'épée de Charles, à cette *Joiuse* qui contenait les reliques de la Passion. A Rome il existe un *Mons Gaudii*, et la remise de l'enseigne *Romaine* a pu se faire sur cette colline. (Voy. p. 190.) Cf. Génin, *Roland*, 422, et Littré, en son *Dictionnaire*, au mot *Montjoie*, qu'il explique comme « étant le nom de la colline près Paris où saint Denys subit le martyre ». Mais on remarquera tout au moins l'absence du *t* étymologique, du *t* de *montem*, dans le *Munjoie* de la *Chanson de Roland*. = S. s. f. : *De tutes parz est* Munjoie *escriée*, 1378. — R. s. f. : *Ki dunc oïst* Munjoie *demander*, 1181. *Granz est la noise de* Munjoie *escrier*, 2151. Cf. 1234, 3095, 3565.

MUNT. S. p. m. Montagnes (*Montes*) : *Sunent li* munt *e respundent li val*, 2112. — R. p. m., munz : *Cercet les vals e si cercet les* munz, 2185. Cf. 856, 1851, 2134. = Munt entre dans la composition d'amunt, 2235, etc., et cuntremunt, 419... V. ces deux mots.

MUNT. Verb. neut., 3ᵉ p. s. du subj. prés. de *munter*: *Cunseill d'orguill n'est dreiz que à plus* MUNT, 228. V. *Munter*.

MUNTAIGNE. R. s. f. Montagne (*Montaneam*), 6. — S. p. f.: MUNTAIGNES, 1084. — R. p. f.: MUNTAIGNES, 2040.

MUNTER. Verb. neutre ou intrans. Monter (l'étymologie est *munt*): *Ceste grant guerre ne deit* MUNTER, 242. — Ind. prés., 3ᵉ p. s., MUNTET: *Muntet un lariz*, 1125. *El' paleis* MUNTET *sus*, 2821. 3ᵉ p. p., MUNTENT: *Es destrers* MUNTENT, 1001, 1801. — Parf. comp. (?), 3ᵉ p. s., avec un s. s. m.: EST MUNTEZ, 1017; EST MUNTET, 792, 896, 1028; EST MUNTED, 347, 660. Avec un s. s. f.: EST MUNTÉE, 3635. 3ᵉ p. p., avec un s. p. m.: SUNT MUNTEZ, 92 et 3869. — Impér., 2ᵉ p. p., MUNTEZ: *Eissez des nefs*, MUNTEZ, *si chevalciez*, 2806. — Part. pass., s. s. m.: MUNTEZ, 1017; MUNTET, 792, 896, 1028; MUNTED, 347, 660. S. s. f.: MUNTÉE, 3635. S. p. m.: MUNTEZ, 92, 3869.

MUR. S. s. m. (*Murus*.) *Mur ne citet n'i est remés à fraindre*, 5. — R. p. m., MURS: *Cordres ad prise e les* MURS *peceiez*, 97.

MURDRIE. S. s. f. Meurtre. (*Murdre* vient de *mordrum*, qui est fait sur le gothique *maurth*. *Murdrie* est une forme féminine forgée sur *murdre*.) *Plus aimet il traïsun e* MURDRIE, 1636.

MURGLEIS. R. s. f. Nom de l'épée de Ganelon (?): *Sur les reliques de s'espée* MURGLEIS *la traïsun jurat*, 607.

MURGLIES. R. s. f. Même nom que le précédent (?): *Cein(te)* MURGLIES *s'espée à sun costed*, 346.

MURIR. Verbe neutre, inf. prés. (Du lat. barb. et popul. *moriri*. Il est inutile d'ajouter que ce « déponent » a été, dans la formation de notre langue, ramené aux formes des verbes actifs.) *Meilz voelt* MURIR *que guerpir sun barnet*, 536. Cf. 828, 1096, 1701, 3909. = Ind. prés. 1ʳᵉ p. s., MOERC: *Si jo i* MOERC, 1122. 2ᵉ p. p., MUREZ: *Se vos* MUREZ, *esterez seinz martirs*, 1134. 3ᵉ p. p., MOERENT: MOERENT *Paien e alquant en i pasment*, 1348. Cf. 3477. — Fut. 1ʳᵉ p. s., MURRAI: *Sempres* MURRAI, *mais cher me sui vendut*, 2053. 3ᵉ p. s., MURRAT: *Se il poet*, MURRAT *i veirement*, 615, et MURAT: *Einz i* MURAT *que cuardise i facet*, 3043. 1ʳᵉ p. p., MURRUM: *Hoi* MURRUM, *par le mien escient*, 1936. 2ᵉ p. p., MURREZ: *Là* MURREZ *vus à hunte e à viltet*, 437. Cf. 1734. 3ᵉ p. p., MURRUNT: *Franceis* MURRUNT *si à nus s'abandunent*, 928. Cf. 904 et 938. — Cond. 3ᵉ p. s., MURREIT: *Ja ne* MURREIT *en estrange regnet*, 2864. 1ʳᵉ p. p.: MURIUNS, 227. Mais je pense qu'il y a ici une erreur du scribe, et qu'il faut, au futur, *murruns*. — Subj. prés. 1ʳᵉ p. s., MOERGE: *Mielz est que sul* MOERGE *que tant bon chevaler*, 359. Cf. 448. 3ᵉ p. s., MOERGET: *Unt otriet que Guenes* MOERGET, 3963. 1ʳᵉ p. p., MOERIUNS: *Asez est mielz que* MOERIUNS *cumbatant*, 1475. 3ᵉ p. p., MOERGENT: *Einz que il* MOERGENT, 1690. On remarquera, dans ces formes du subjonctif, la consonification de l'*i* latin. De là le *g*. = Nous venons d'exposer la conjugaison neutre, c'est-à-dire la VÉRITABLE conjugaison de *murir*. Ce mot a encore une conjugaison « active »: *Mort as mun filz*, 3391 (tu as tué mon fils). Mais encore faut-il s'entendre sur cette conjugaison. On ne la trouve jamais, dans le *Roland*, QUE DANS UN TEMPS COMPOSÉ (*As mort, ad mort, unt morz*, etc.). Or c'est là la locution latine: *Habet mortuum, mortuam, mortuos*, dans sa signification étymologique. Je veux bien qu'on trouve ailleurs *murir* dans le même sens (Gachet, *Glossaire du Chevalier au Cygne*, 881), mais de tels exemples sont fort rares; ils s'expliquent aisément par une extension naturelle, et il n'est pas besoin, comme Gachet, d'invoquer le moyen haut allemand *ermorden*, tuer.== Il en est de même de la prétendue conjugaison passive de *murir* (*es morz, est mort, seit mort*, etc.) C'est uniquement et simplement le participe avec les différents modes et temps du verbe « être ». = Les formes suivantes ont maintenant reçu leur explication : Parf. comp. 2ᵉ p. s. avec un r. s. m. : AS MORT, 3591. 3ᵉ p. s. avec un r. s. m. : AD MORT, 2782, 2935; avec un r. p. m. : AD MORZ, 555, et AD MORT, 2756. 3ᵉ p. p. avec un r. p. m. : UNT MORT, 1683. Voilà pour « l'actif », et maintenant voici pour le « passif » : Ind. prés. 2ᵉ p. s. avec un s. s. m. : ES MORZ, 2030. 3ᵉ p. s. avec un s. s. m. : EST MORZ, 1560, 2021, 2397, 2913, 3646, et EST MORT, 1503, 2024, 3973. 2ᵉ p. p. avec un s. s. m. : MORZ ESTES, 3513. 3ᵉ p. p. avec un s. p. m. : SUNT MORT, 577, et SUNT MORZ, 1439, 2038. — Parf. 3ᵉ p. s. avec un s. s. m. : FUT MORT, 2363. — Subj. prés. 3ᵉ p. s. avec un s. s. m. : SEIT MORT, 3609. — Subj. imparf. 3ᵉ p. s. avec un s. s. m. : FUST MORT, 596 et 1804. — Part. passé, s. s. m. : MORZ, 1560, 2021, 2030, 2397, 2913, 3513, 3646, et MORT, 596, 1503, 1804, 2024, 2363, 3610, 3973. S. s. f. : MORTE, 3721. R. s. m. : MORT, 1204, 1971, 2275, 2291, 2735, 2782, 2935, 3713. R. s. f. : MORTE, 3728. S. p. m. : MORT, 577, et MORZ, 1439, 2038. R. p. m. : MORZ, 555, 1852, 2435. = De tous les mots du *Roland*, le mot *murir* est peut-être LE PLUS EMPLOYÉ : c'est assez dire que nous avons affaire à une poésie militaire et sanglante...

MUSERAS. R. p. m. Nom d'une sorte de javelots. (Cf. *Miseracles*, cité par Fr. Michel dans le *Moniage Renoart* : S'ai MISERACLES e bons materaz fez.) Il lancent lor e lances e espiez e wigres e darz e MUSERAS, 2075. Cf. MUSERAZ *enpennez*, 2156.

MUSTER. R. s. Monastère, moutier (*Monasterium*), 2097 et 2730. — R. p. : MUSTERS, 1750 et 3861; MUSTIERS, 1881. = La forme exacte est *mustiers*; car ce mot n'est admis, comme assonance, que dans les couplets en *ier*.

MUSTRENT. Verbe actif, ind. prés. 3ᵉ p. p. Montrent (*Monstrant*, dont la nasale est tombée) : *Cez lor espées tutes nues i* MUSTRENT, 3581. — Parf. comp. 3ᵉ p. s. avec un r. s. neutre, AD MUSTRET : *Li angles Deu ço* AD MUSTRET *à l' barun*, 2568. Avec un r. s. f. : AD MUSTRÉE, 1369 et 3325. Avec un r. p. f. : AD MUSTRÉES, 3314. — Rem. l'expression : *Une raisun lur* AD *dite e* MUSTRÉE, 3325.

MUVERAI. Verbe actif, 1ʳᵉ p. s. du fut. de *muveir*. (*Movere-habeo.*) *Jo l'en* MUVERAI *un si grant contr(a)ire*, 291. V. *Moüstes*.

N

N'. Pour NE (*Non*) : *N'i ad castel ki devant lui remaigne*, 4. *Murs ne citet* N'i *est remés à fraindre*, 5. *Marsilie... ki Deu* N'*enaimet*, 7, etc. etc.

'N. Pour EN (*Inde*) : *Pa[r] num d'ocire i metrai un mien filz — E si* 'N *averez, ço quid, de plus gentilz*, 150. C'est avec raison que M. Müller a placé l'apostrophe avant et non après l'n. Tous les autres éditeurs et traducteurs s'y sont trompés. *Ot le Oliver, si* 'N *ad mult grant irur*, 1224, etc.

NAFFRET (unt). Verbe act. 3ᵉ p. p. du parf. comp. du verbe *naffrer*, qui signifie blesser (ancien haut allem. *nabagêr*, nordique *nafar*. V. Diez, I, 287), 2078, 2080. Dans ces deux cas, ce verbe est accompagné d'un r. s. m. — Au passif, ind. prés. 3ᵉ p. s. avec un s. s. m. : EST NAFFRET, 1935, 1990, 2771. — Parf. 3ᵉ p. s. avec un s. s. m. : FUT NASFRET, 2504. — Part. passé, s. s. m. : NAFFRET, 1965, 1990, 2771. NASFRET, 2504. R. s. m. : NAFFRET, 1623, 2078, 2080, et NAFRET, 3452. — R. p. m. : NAFREZ, 2093.

NAGENT. Verbe neutre. Ind. prés. 3ᵉ p. p. Naviguent (*Navigant*) : *Les os de cele gent averse — Siglent à fort e* NAGENT *e guvernent*, 2631.

NAIMES. S. s. m. Nom du duc de Bavière, du meilleur conseiller de Charlemagne (Pott, p. 137, rapporte ce mot à l'ancien haut allemand *namo*, nom. Cette origine est fort douteuse), 1767, 2417, 3937, et NEIMES, 230, 774, 1790, 3013, etc. R. s. m. : NAIMUN, 3452, etc., et NAIMON, 3008, 3075.

NAMON. Mot sans aucun sens, que le scribe a écrit au lieu « d'Anjou », au vers 2322.

NASEL. R. s. La partie du heaume qui protège le nez (*Nasale*) : *Tresqu'à l'*NASEL *tut le elme li fent*, 1602. Cf. 1996 et 3927.

NASFRET (FUT). 3ᵉ p. s. du parf. passif de *naffrer*, 2504. V. *Naffret*.

NAVILIE. R. s. Flotte (*Navilium*) : *Tut sun* NAVILIE *i ad fait aprester*, 2627.

NAVIRIES. R. s. (?) Comme le précédent : *Par Sebre amunt tut lur* NAVIRIES *turnent*, 2642.

NE. Négation (le latin *non* s'est atténué en *nen*, et *nen* en *ne*) : NE *vus esmaiez*, 27. NE *pois amer les voz*, 1548. NE *creit en Deu*, 1634. NE *vos lerrai*, 2141, etc. = Rem. 1º NE se combine avec les négations explétives : *Il* NE *s'esveillet* MIE, 724, etc. NE L' *devez* PAS *blasmer*, 681. = 2º NE combiné avec LE (*illum*) donne NEL : *Enceis* NE L' *vit*, 1596. *Ne lerrat que* NE L' *mat*, 893. *Unches nuls hom* NE L' *vit juer ne rire*, 1638, etc. = 3º NEL est aussi pour NE LE (*non illud*) : *Deus! quel dulur que li Franceis* NE L' *sevent*, 716. Cf. 768. = 4º NES est pour NE LES (*non illos*) : *E Sarrazins* NES *unt mie dutez*, 1186. *Tut par seit fel ki* NES *vait envaïr*, 2062. *Jamais* NES *reverrez*, 690. NES *esparignez*, 1883. Ne pas confondre avec NES' pour *ne se* : NE S' *poet guarder que mals ne li ateignet*, 9. *Tut seit fel [ki]* NE S' *vende primes*, 1924. = 5º Nous avons déjà noté, au mot *mais*, la locution NE MAIS OU NE MÈS, qui signifie « excepté » : *Tuz sunt ocis...* NE MÈS *seisante*, 1689. NE MAIS *sul la reïne*, 3672. On trouve aussi, dans le même sens, NE MAIS QUE : *Franceis se taisent* NE MAIS QUE *Guenelun*, 217. = 6º NE, devant une voyelle, perd son e. Voy. N'. = 7º Il entre dans la composition de *nepurquant*.(V. ce mot.) Etc. etc.

NE. Conj. Ni (*Nec*) : *Mur* NE *citet n'i est remés à fraindre*, 5. *N'orrat de nus paroles* NE *nuveles*, 55. *Ne nus aiuns les mals* NE *les suffraites*, 60. NE *ben* NE *mal*, 216. *A port* NE *à passage*, 657, etc.

NEFS. R. p. f. Vaisseaux (*Naves*) : *Eschiez e barges e galies e* NEFS, 2625. *Eissez des* NEFS, 2806. *Passet Girunde à mult granz* NEFS *qu'i sunt*, 3688.

NEIELEZ. Part. employé adjectivement, r. p. m. Niellés (*Nigellatos*) : *Espées as punz d'or* NEIELEZ, 684.

NEIET (SUNT). Verbe passif. Ind. prés. 3ᵉ p. p. Sont noyés (*Sunt necati*) : *Li plusur (sunt)* NEIET, 2477. Cf. SUNT NEIEZ : *Tuz* SUNT NEIEZ, 2474. *Là* SUNT NEIEZ, 690. — Subj. prés. 3ᵉ p. s., SEIT NEIET : *N'est remés chevaler ne seit ocis o en Sebre* NEIET, 2798. — Part. passé, s. s. m. : NEIET, 2798. S. p. m. : NEIET, 2477, et NEIEZ, 690 et 2474.

NEIF. S. s. f. Neige (*Nix, nivis*) : *Lur barbes altresi blanches cume* NEIF *sur gelée*, 3319.

NEIMES. S. s. m. Nom du duc de Bavière, du meilleur conseiller de Charlemagne (V. *Naimes*), 230, 774, 1790, 3013, etc., et NAIMES, 1767, 2417, 3937. — R. s. m. : NAIMUN, 3452, etc., et NAIMON, 3008, 3075.

NEIRS. S. s. m. Noir. (*Niger.*) Le poëte dit, en parlant du Sarrasin Abisme : *Issi est* NEIRS *cume peiz ki est demise*, 1635. — S. s. f., NEIRE : *Piere n'i ad que tute ne seit* NEIRE, 982. — R. p. f., NEIRE : *La* NEIRE *gent en ad en sa baillie*, 1917. — R. p. m., NEIRS : *Plus sunt* NEIRS *que n'en est arrement*, 1933. — R. p. m., NEIRS : NEIRS (*ont*) *les chevels*, 3821.

NEN. Négation (*Non*, par un changement, une extinction d'o en e que nous n'avons point marquée dans notre « Tableau de phonétique ») : NEN *unt poür*, 828. *Plus est isnels que* NEN *est uns falcuns*, 1529. *Ne laisserat qu'Abisme* NEN *assaillet*, 1659. *Kar vasselage p ur sens* NEN *est folie*, 1724. NEN *est merveille, se Karles ad irur*, 2877. *Ki traïst altre* NEN *est dreiz qu'il s'en vant*, 3914. Cf. 18, 100, 497, 1216, 1697, 2088, etc.

NEPURQUANT. Conj. Cependant, pourtant (*Non pro quanto*) : *Mais* NEPURQUANT *si est il asez melz*, 1743. *E* NEPURQUANT *de vos receif le guant*, 2838.

NERBONE. R. s. f. Narbonne (*Narbona*, qu'on trouve dans Suétone et Isidore de Séville, au lieu de *Narbo*, qui est l'antique et vraie forme), 2995, 3683.

NÉS. R. s. m. Nez (*Nasum*) : *Trenchet le* NÉS *e la buche e les denz*, 703. — R. p. m., NÉS : *Granz unt les* NÉS *et lées les oreilles*, 1918.

NÉS. R. s. m. (par erreur) Neveu : *Chi ad juget mis* NÉS *à rere guarde*, 838. V. *Niés*.

NE'S. Pour « ne les » (*Non illos*) : *Là sunt neiez, jamais* NE'S *reverrez*, 690, Cf. 1186, 1883, 1924, 2062. V. *Ne*.

NEVELUN. R. s. m. Nom d'un comte français. L'origine est peut-être germanique. *Nevel* est un diminutif de *neff*, qui signifie « neveu » (*Nevelonem*) : *Icil cumandet le cunte* NEVELUN, 3057.

NEVULD, NEVOLD. R. s. m. de niés. Neveu. (*Nepotem* nous paraît insuffisant à expliquer *nevuld*. On comprend *nevud* et *nevoz*; mais pour expliquer l'*l*, ne faut-il pas avoir recours à *nepotulus*? Nous ne faisons qu'exprimer un doute.) On trouve NEVULD au v. 216; NEVOLD aux v. 824, 1219, 2870, 3182, 3689, 3754 (partout, sauf en ce dernier vers, l'assonance réclame *nevuld*), et NEVOD au v. 2885. — R. p. m. : NEVOLZ, 2320. V. *Niés*.

NEZ (FUI). Verbe neutre, 3ᵉ p. du parf. comp. (*Natus fui.*) *De l'ure que* NEZ FUI, 2371. 1ʳᵉ p. p. : *Fumes* NEZ : *Si mare* FUMES NEZ, 2146. — Part. pass., s. s. m. : NEZ, 2371. S. p. m. : NEZ (par erreur), 2146. Une main postérieure a ajouté le mot *neez* au v. 1571 : (*Filz Capuel, le rei de Capadoce.*)

NIENT. 1º Adv. ou plutôt locution adverbiale. Nullement, aucunement (*Nec-entem*) : *Jo ne vus aim* NIENT, 306. *Ne li faldrunt* NIENT, 397. *Li .XII. pers ne s'en targent* NIENT, 1415. *Turpins i fiert ki* NIENT *ne l'esparignet*, 1665. = 2º Dans les exemples précédents, *nient* est adverbe; mais il a été aussi employé substantivement dans le sens rigoureux de notre mot *rien*, et concurremment avec *ne* : *Jo n'en ferai* NIENT, 787. *Li uns ne volt l'altre* NIENT *laisser*, 2069. *Fuir s'en voel, mais ne li valt* NIENT, 1060. Ce dernier exemple nous offre le sujet; les deux autres le régime. Cf. 2006.

NIÉS. S. s. m. Neveu (*Nepos, neps, nés, niés*), 384, 2048, 2107... —

Voc. s. m. : NIÉS, 2402. — R. s. m. : NEVULD, 216; NEVOLD, 824, 1219, 2870, 3182, 3689, 3754; NEVOD, 2885, et, par erreur, pour les besoins de l'assonance : NIÉS, 473. — R. p. m. : NEVOLZ, 2420. V. *Nevuld*.

NIGRES. R. p. m. Nom d'un peuple païen (*Nigros*) : *L'oitme (eschele) est de* NIGRES *e la noefme de Gros*, 3229.

NINIVEN. R. s. f. Ninive (c'est le mot latin *Niniven*, conservé sans aucun changement) : *Esparignas le rei de* NINIVEN, 3103.

NIS. Adv. « Pas même. » (*Ne ipsum*.) Ne se trouve point seul dans le texte de la Bodléienne ; mais entre dans la composition du mot suivant :

NISUN. Adj. « Pas même un » (de *nis* et *un*) : *Que l'Empere re* NISUN *des soens n'i perdet*, 806.

NOBILE, NOBLE. Adj. s. s. m. (*Nobilis*. La notation *nobile* est pour les yeux; la prononciation était : *noble*, en deux syllabes.) *Li quens Rollanz fut (mult)* NOBLE *guerrer*, 2066. — R. s. m., NOBLE : *Ci vos enveiet un sun* NOBLE *barun*, 421. Au v. 1123, il est vrai que *nob(i)le* paraît former trois syllabes : *Que ele fut à* NOB(I)LE *vassal*; mais je pense qu'il faut ici, comme peut-être au vers 2066, lire *nobilie*. V. le suivant.

NOBILIES. Adjectif, s. s. m. Nobles. (*Nobilies* vient d'un type tel que *nobilius*, et non de *nobilis*. Il se prononçait *nobile* en trois syllabes.) *Sempres fust mort li* NOBILIES *vassal*, 3442. — R. s. m., NOBILIE : *Là veit gesir le* NOBILIE *barun*, 2237. *E Oliver sun* NOBILIE *cumpaignum*, 3690. — S. p. m., NOBILIE : *Carles l'oïd e si* NOBILIE *barun*, 3777.

NOEFME. Adj. numéral, s. s. f. Neuvième (*Novesima*), 3229, 3245, 3259. — R. s. f. : NOEFME, 3076.

NOISE. S. s. f. Bruit, tumulte. (Diez propose *nausea*; (?) Raynouard et Littré, *noxia*??) *Granz est la* NOISE, 1105, 2150. Cf. 3842.

NOIT. S. s. f. Nuit (*Nox*) : *Tresvait le jur, la* NOIT *est aserie*, 717; et NUIT, 3991. — R. s. f., NOIT : *Icele* NOIT *n'unt unkes escalguaite*, 2495. Cf. 2498, et NUIT, 2451. = LA NOIT, loc. adv. : LA NOIT *la guaitent*, 3731. LA NOIT *demurent tresque vint à l'jur cler*, 162. = DEMAIN NOIT : *Einz* DEMAIN NOIT, 507. (*Noit* vient peut-être ici de *nocte*.) Cf. ENOIT : ENOIT *m'avint une avisiun d'angele*, 836.

NOM. R. s. (*Nomen*.) *De m'espée enquoi saveras le* NOM, 1901. V. *Num*.

NOPLES. R. s. f. Ville prise par Roland. (M. P. Raymond propose le château d'Orthez : *Castrum quod dicitur Nobile*. Mais Nobles est placé en Espagne par TOUTES nos Chansons. Étymologie inconnue.) Vers 198, 1775.

NORMAN. S. p. m. Les Normands (*Normanni*, de l'all. *Normannen*, hommes du Nord), 3794, 3961. — S. p. m. : NORMANS, 3470, 3702.

NORMENDIE. R. s. f. (V. le précédent.) *Jo l'en cunquis* NORMENDIE *la franche*, 2324. Il s'agit ici de la Normandie postérieure à 912.

NOS. Pron. pers. *Nos* se trouve 32 fois dans le texte d'Oxford, et *nus* 55 fois. *Vos* 139, et *vus* 33 fois. Mais, quelle que soit cette proportion, c'est *nus* qui est la forme évidemment indiquée par la phonétique de notre texte. Ajoutons que *nus* se trouve, comme assonance, dans plusieurs laisses en *u* (*ou*), 2560, 3183... Voy. *Nus*.

NOSTRE. Adjectif ou pronom possessif, s. s. m. (*Noster*) : *Carles li reis*, NOSTRE *emper(er)e magne*, 1. *L'onur de l'camp est* NOSTRE, 922. — R. s. m. : NOSTRE. — R. s. f. : NOSTRE, 189. — S. p. m. : NOSTRE, 1255, 1585, 2600. — Voc., p. m., NOSTRE : *Li* NOSTRE *Deu, venges nos de Carlun*, 1017. — R. p. m. : NOSTRE, 2562.

= Mais au pluriel la forme la plus usitée est noz, qui d'ailleurs a la même étymologie. Voy. noz, au s. p. f., v. 949; au r. p. m., 57, 1191, 2286, 3085; au r. p. f., 42, etc. = Ajoutons que *nostre* et *noz* sont l'un et l'autre employés substantivement : *Mult dechéent li* nostre, 1585. *Tu n'ies mie des* noz, 2286.

NOVELES. S. p. f. Nouvelles (*Novellœ*) : *Jesqu'à Marsilie en parvunt les* noveles, 2638. Cf. 3747. — R. p. f., noveles : *Vus en orrez* noveles, 336. *Vendrunt li hume, demanderunt* noveles, 2918, et nuveles : *N'orrat de nus* nuveles, 55. *De Guenelun atent li Reis* nuveles, 665. *N'en descendrat pur malvaises* nuveles, 810. Nuveles *vos di, mort vos estoet suffrir,* 1257. (Lire : *Vos di* nuveles.) *Cum feitement li manderum* nuveles, 1699. *Males* nuveles *li aportet,* 3496. = On voit par les exemples précédents combien étaient déjà usitées plusieurs locutions qui nous sont restées : « Demander, attendre, apporter, dire des nouvelles, » etc.

NOVELET. Verb. neutre (?), ind. prés., 3ᵉ p. s. Se renouvelle (*Novellat*) : *Se Rollanz vit, nostre guerre* novelet, 2118. Il serait moins naturel de faire ici de *novelet* un verbe actif dont *Rollanz* serait le sujet. La thèse cependant peut se soutenir.

NOZ. V. *Nostre.*

NU. Nu *ferez certes, dist li quens Oliver,* 225. *Nu* est ici pour *nun*, et non pour *nel*, comme nous l'avions cru d'abord.

NUBLES. R. p. m. Nom d'un peuple païen. (Sont-ce les Nubiens ? *Nubœ, Nubœi??*) *La terce (eschele) est de* Nubles, 3224.

NUD. Adj., r. s. m. (*Nudum.*) *Puis fièrent il* nud a nud *sur lur bronies,* 3585. — R. s. f. : nue, 1324. — R. p. f. : nues, 3581. Dans ces deux exemples ce mot s'applique aux épées. = Au v. 3607 on trouve, comme s. s. m. ou n., la forme nut : *Ilocc endreit remeint li os tut* nut.

NUIT. S. s. f. (*Nox*), 3991, et r. s. f., 2451. V. *Noit.*

NULS. Adj., s. s. m. Nul (*Nullus*), 251, 620, 1040, 1168, 1474, 1638, 3322, et nul, 2411, 3344. — S. s. f. : nule, 2511. — R. s. m. : nul, 231, 381, 1074, 1993, 2090, 2905, 3908. — R. s. f : nule, 1657, 2214, 3760. = *Nul* s'emploie avec ou sans substantif, comme le prouvent les deux premiers exemples auxquels nous venons de renvoyer notre lecteur : *Quant* nuls *ne vus sumunt,* 251. *Meillur n'en at* nuls *hom,* 620, etc. etc.

NUM. V. *Nums.*

NUMBRENT. Verb. act. Ind. prés., 3ᵉ p. p. (*Numerant.*) *Geste Francor .XXX. escheles i* numbrent, 3262.

NUMS. S. s. Nom (*Nomen*) : *Li* nums *Joiuse l'espée fut dunet,* 2508. — R. s., num : *Li niés Marsilie il ad* num *Aelroth*, 1188. *Ço est l'Arcevesque que Deus mist en sun* num, 2238. Cf. 3093. *Par son orgoill li ad un* num *truvet,* 3144. Cf. 3986, et nom : *De m'espée enquoi saveras le* nom, 1901. = Remarq. plusieurs locutions déjà populaires, telle que celle-ci : « Tu sauras le nom de mon épée, etc. ; » mais surtout une expression qui ne nous est point restée : *Par* num *d'ocire,* 43. V. ce vers au milieu du contexte.

NUN. Négation. (*Non.*) *Nun* ne s'emploie guère, dans notre vieux texte, que d'une façon absolue et dans deux cas spéciaux : 1° Après les disjonctifs *u* et *ne* : *Voellet u* nun, 2168. Cf. 1626. *Qui qu'en peist u qui* nun, 1279. *Ço ne set li quels veint ne quels* nun, 2567. *Se averez pais u* nun, 423. = 2° Avec *se* (venant du latin *si*), et nous avons ici affaire à notre expression « sinon ». Mais dans le *Roland, se* est toujours séparé de *nun* par un ou plusieurs mots : *N'ad talent que li facet se bien* NUN, 3681. *N'i ad eschipre qui s' cleiml* SE *par loi* NON, 1522. SE *de vostre prod* NON, 221. V. *Nen.*

NUNCENT. Verb. act., 3ᵉ p. p. de l'ind. prés. Annoncent (*Nuntiant*), 2977. — Parf. simpl., 3ᵉ p. p. : NUNCERENT, 204. — Parf. comp., 3ᵉ p. s., avec un r. s. n. : AD NUN-CIET, 3191. — Impér., 2ᵉ p. p. : NUN-CIEZ, 2674. Il convient de remarquer que cette dernière forme se trouve en assonance dans un couplet en *ier* : c'est donc *nuncier* qui était la vraie forme de l'infinitif. — Part. pass., r. s. n. : NUNTIET, 3191.

NUNS. R. p. m. Messagers, envoyés (*Nuntios*) : *Francs les cumandent à Deu e à ses* NUNS, 3694 (??).

NUNEINS. R. p. f. Religieuses (c'est la forme oblique, par analogie, de *nune*, nonne, venant de *nonna*) : *Un munster de* NUNEINS, 3730.

NURRIT. Verb. act. Parf. simpl., 3ᵉ p. s. (*Nutrivit.*) *Li Empereres tant mare vus* NURRIT, 1860. Roland, sur le point d'expirer, se souvient *De Carlemagne, sun seignor, ki l'* NURRIT, 2380. — Parf. comp., 1ʳᵉ p. s., avec un r. p. m., AI NURRIT : *Li mien barun,* NURRIT *vos* AI *lung tens*, 3374. C'est l'expression fort primitive de la protection que le seigneur féodal devait strictement à ses vassaux.

— Part. pass., r. s. n. : NURRIT, 3374.

NUS. Pron. pers., 1ʳᵉ p. p. Nous. (*Nos.*) *Nus* est, comme nous l'avons dit, la forme correcte et conforme à notre phonétique. (V. *Nos.*) De même que *nos* auquel il faut tout à fait l'assimiler, *nus* est le plus souvent sujet. En cette qualité, il précède ou suit le verbe : Nus *vos prium*, 3808, etc. etc. *Cum le purrum-*NUS *faire*, 1698. Mais il est aussi régime direct : *Oez, seignurs, quel pecchet* NUS *encumbret*, 15, etc. etc. Enfin il s'emploie, comme régime indirect, dans le même cas que *nobis,* en latin : *Mielz voeill murir que hunte* NUS *seit retraite*, 1701. *Cist colp* NUS *est mult fort*, 1547. = Il convient d'ajouter que *nos* ou *nus* s'emploie avec les propositions, telles que *de* : *N'orrat de* NOS *paroles ne nuveles*, 55, etc. etc.

NUSCHES. R. p. f. Agrafes, bijoux (V. Ducange, au mot *nusca*) : *A vostre femme enveierai dous* NUS-CHES, 637.

NUT. Adj. s. s. m. Nu (*Nudus*) : *Iloec endreit remeint li os tut* NUT, 3607. — R. s. m. : NUD, 3585. — R. s. m. : NUE, 1324. — R. p. f. : NUES, 3581.

NUVELES. R. p. f. (*Novellas*), 55, 665, 810, 1257, 1699, 3496. Cf. NOVELES, au s. p. f., 2638 et 3747, et, au r. p. f., 2918.

O

O. Adverbe de lieu. Où (*Ubi*) : *Ad A is o Carles soelt plaider*, 2667. *Enz en la fosse des leons o fut enz*, 3105. Cf. 2854 et 3616. = Sous forme interrogative : *O est Rollanz le catanie*, 3709. Le type le plus correct est *u*, vers 108, 1326, 1363, 2402, 2403, 2409, 2691, 2912.

Particule disjonctive. Ou (*Aut*) : *O Franceis, o païen*, 2401. *U mort o recreant*, 2733. = La meilleure forme, ou tout au moins la plus usitée, est *u*. (Vers 41, 1279, 1626, 1730, 2733, 3364.) Le scribe, d'ailleurs, choisissait *ad libitum* entre ces deux formes, comme le prouve le vers cité plus haut : *U mort o recreant.*

OCCIANT. R. s. Nom d'une région païenne (?) : *La disme (eschele) est* d'Occiant *la desert*, 3346. Voy. 3473 et 3517. Cf. Ociant, 3286.

OCIRE. Verbe act. Inf. prés. Tuer (*Occidere*), 43, 963, 1646, 3670. — Ind. prés., 3ᵉ p. s.: ocit, 1546, 1580, 1867, 3959. 3ᵉ p. p.: ocient, 2081. — Parf. simple, 2ᵉ p. s.: ociz, 1899. 3ᵉ p. s.: ocist, 1390, 1525, 1607, 1650. — Parf. comp., 2ᵉ p. s., avec un r. s. m.: as ocis, 1566. 3ᵉ p. s., avec plusieurs r. m.: ad ocis, 1358, et avec un r. s., 1511; 3ᵉ p. p., avec un r. s. m.: unt ocis, 2075. — Fut., 1ʳᵉ p. s.: ocirai, 867. — 1ʳᵉ p. p.: ocirum, 884. — Subj., 3ᵉ p. s.: ociet, 391, 2608, 2723. 3ᵉ p. p.: ocient, 3537. — Au passif, ind. prés., 3ᵉ p. s., avec un s. s. m.: est ocis, 3499, et avec un s. s. f.: est ocise, 2937. 3ᵉ p. p., avec un s. p. m.: sunt ocis, 1308, 1688. — Parf., 3ᵉ p. s., avec un s. s. m.: fut ocis, 2745. — Subj. prés., avec un s. s. m.: seit ocis, 102. — Subj. imparf., 3ᵉ p. s., avec un s. s. m.: fust ocis, 404. — Part. prés., s. p. m.: ociant, 2463. — Part. pass., s. s. m.: ocis, 102, 404, 2745, 3499. S. s. f.: ocise, 2937. R. s. m.: ocis, 1511, 1566, 2075. S. p. m.: ocis, 1308, 1688. R. p. m.: ocis (?), 1358.

OCISIUN. S. s. f. Tuerie, massacre (*Occisio*): *Dès ore cumencet l'ocisiun des altres*, 3946.

OD. Préposition. Avec (l'étymologie *ab* n'est pas suffisamment prouvée): *Je l'siurai* od *mil de mes fedeilz*, 84. Od *ses cadables les turs en abatied*, 98. *Ensemble* od *els*, 175. Voy. 800, 808, 988, 1061, 1202, 1630, 3844. Cf. ot: Ot *mei*, 3286. = Rem. l'expression ot tut, qui signifie plus absolument « avec »: od tut *VII. C. des lur*, 1357.

ODUM. Verbe act., 1ʳᵉ p. p. de l'ind. prés. (*Audimus*), 2150. V. *Oïr*.

OEDUN. S. s. m. Nom d'un seigneur français (anc. haut allem. *Utto, Hutto*): *Le seignur d'els est apeled* Oedun, 3056. Cf. Otes et Otun.

OENT. Verbe act., 3ᵉ p. p. de l'ind. prés. (*Audiunt*), 2116, 3660. V. *Oïr*.

OES. R. s. Besoin, utilité, service (*Opus*): *Ad* oes *seint Pere en cunquist le chevage*, 373. A oes *Carlon si granz p is cunquis*, 1859. Cette locution a oes, signifie, en réalité: « Pour, en faveur de, dans l'intérêt de... »

OEZ. Verbe act. Ind. prés., 2ᵉ p. p. (*Auditis*), 1795. V. *Oïr*.

OEZ. Verbe act. Impér., 2ᵉ p. p. (*Audite*), 15. Cf. Oiez, au v. 2657. V. *Oïr*.

OFFRENDES. R. p. f. (*Offerendas*): *Mult granz* offrendes *metent par cez musters*, 3861. Le sens liturgique est ici très-nettement conservé.

OGERS. S. s. m. Nom d'un des plus fameux héros de notre épopée qui, dans notre Chanson, est appelé Oger li Daneis (3544), ou Oger de Danemarche, 3937, et de Denemarche, 3856 (*Othgerius*, du germ. *olger, olker*. Pott le rattache à la famille de *ger*, lance), 3546, et Oger, 746, 3033, 3531, 3544, 3947, 3856. — R. s. m.: Oger, 170. = Il faut partout lire Ogiers et Ogier; car ce mot ne se trouve comme assonance que dans les couplets en *ier*.

OI. Verbe act., 1ʳᵉ p. s. du parf. simple de *aveir*. (*Habui.*) *Unkes nen* oi *poür là u lu fus*, 2046. = C'est par erreur que le scribe a écrit oi, au lieu de ai, au vers 1366: *Kar de ferir* oi *je si grant bosoign*.

OI. Verbe act., 1ʳᵉ p. s. de l'ind. prés. de *oïr* (*Audio*), 1768, 2109, 2714. V. *Oïr*.

OÏ. Verbe act., 1ʳᵉ p. s. du parf. simple d'*oïr* (*Audivi*), 1386. V. *Oïr*.

OI. Adv. Aujourd'hui (*Hodie*), 1210, 2598, 2940. Cf. Hoi, 1191, 1936, 1985, 2107, 2147, 2703, 3100, 3629, 3898.

OÏD. Verbe act., 3ᵉ p. p. du parf. simple de *oïr* (*Audivit*), 1767, et 3777. Cf. Oït, 499, 751, 1757. V. *Oïr*.

OIDME. Adj. numéral, s. s. f. Huitième (d'un type tel qu'*octima*, d'*octo*): L'oidme (*eschele*) *est de Bruise*, 3245. L'oidme *est d'Argoilles*, 3259. Et oitme: L'oitme *est de Nigres*, 3229. — R. s. f., oidme: L'oidme *eschele ad Naimes establie*, 3068.

OÏE. S. s. f. Ouïe (*Audita*): 1° Son entendu: *De l' corn qu'il tient l'oïe en est mult grant*, 1765, et 2°, au r. s. f. le sens de l'ouïe: *L'oïe pert e la veüe tute*, 2012.

OIEZ. Verbe act., 2ᵉ p. p. de l'impér. de *oïr* (*Audite*), 2657. Cf. oez, au v. 15. V. *Oïr*.

OIL. S. p. m. Yeux (*Oculi*): *Li* oil *li sunt trublet*, 1991. Cf. 2011, où par erreur, on trouve *les oilz*. — R. p. m., oilz: *Ja ne l' verrai des* oilz, 316. Cf. 773, 1217, 1328, 1355, 2290, 2415, 4001. = Rem. les expressions: *Pluret des* oilz, aux v. 773, 2415, 4001, et: *A mes* oilz, qui signifie: « De mes yeux, de mes propres yeux: » *Car à mes* oilz *vi .IIII. C. milie armez*, 682.

OÏL. Adverbe d'affirmation. Oui (*Hoc-illud*): « *L'aveir Carlun est il apareilliez?* » *E cil respunt:* « Oïl, *sire, asez bien*, » 644. Cf. 3180.

OÏR. Verbe act. Inf. prés. Entendre (*Audire*): *Vos le doüssez esculter e* oïr, 455. — Ind. prés., 1ʳᵉ p. s., oi: *Co dist le Reis:* « *Jo* oi *le corn Rollant,* » 1768. *Jo* oi *à l' corner que gua(i)res ne viverat*, 2109. *Or* oi *mult grant folie*, 2714. 3ᵉ p. s., ot: *Quant* ot *Rollanz qu'il est en rereguarde*, 761. Cf. 302, 601, 745, 817, 1224, 1737. (Or vient d'*audit*, et oït, d'*audivit*.) 1ʳᵉ p. p.: odum, 2150. 2ᵉ p. p.: oez, 1795. 3ᵉ p. p.: oent, 2116 et 3860. — Parf. simpl., 1ʳᵉ p. s., oï: *Ne l'oï dire ne jo mie ne l' sai*, 1386. 3ᵉ p. s. oït: *Quant l'oït Guenes, l'espée en ad branlie*, 499. Cf. 751, 1757, et oïd, 1767 et 3777. 3ᵉ p. p.: oïrent, 1005, 1756, 2693, 3524. — Parf. comp., 3ᵉ p. s., au n., ad oït: *Ben* ad oït *que Franceis se dementent*, 1587, et avec plusieurs régimes m. et f., 3979. 1ʳᵉ p. p., avec un r. p.: avuns oït, 2132. 2ᵉ p. p., avec un rég. n., (*le*): avez oït, 321. — Fut., 3ᵉ p. s.: orrat, 55, 1052, 1703, 2294. 1ʳᵉ p. p.: orrum, 424. 2ᵉ p. p.: orrez, 336, 927, 2023. — Impér., 2ᵉ p. p.: oez, 15, et oiez, 2657. — Subj. imparf., 3ᵉ p. s., oïst: *Ki dunc* oïst *Munjoie demander*, 1181. — Part. pass., au sing. neutr.: oït, 321, 1587, 2132, 3979.

OISEL. S. s. m. Oiseau (*Avicellus*): *Plus est isnels que n'est* oisel *ki volet*, 1573.

OÏST. Verbe act., 3ᵉ p. s. de l'imparf. du subj. de *oïr* (*Audivisset*), 1181.

OÏT. Verbe act., parf. simpl., 3ᵉ p. s. (*Audivit*), 499, 751, 1757.

OÏT (ad). Verbe act., parf. comp., 3ᵉ p. s. (*Habet auditum.*) Au neutr., 1587; avec plusieurs régimes m. et et f., 3979.

OÏT (avuns). Verbe act., parf. comp., 1ʳᵉ p. p., avec un r. p. (*Habemus auditum*), 2132.

OÏT (avez). Verbe act., parf. comp., 2ᵉ p. p., avec un r. s. n. (*Habetis auditum*), 321.

OITME. Adj. numéral, s. s. f., 3229. V. *Oidme*.

OIXURS. R. p. f. Épouses (*Uxores*): *Dunc le remembre... des pulceles e des gentilz* oixurs, 821.

OLIFANS. S. s. m. (*Elephas, elephantis.*) On trouve, au s. s. m., les trois formes suivantes: 1° olifans, 2295. 2° olifant, 3119. 3° olifan, 3302. — Au r. s. m.: 1° olifant, qui est la forme correcte, 609, 1059, 1702, 3017. 2° olifan, 1070, 2653. 3° oliphan, 3686. = Ce mot a deux sens: 1° Celui d'ivoire, aux vers 609 et 2653: *Un faldestoed i unt mis d'*olifan; 2° par extension, celui de cor. Et, en réalité, les cors dont parle le *Roland* étaient d'ivoire: *Fenduz en est mis* olifans *el gros*, 2295.

OLIVE. R. s. Olivier. (*Olivam.*) On le trouve, au féminin, vers 367: *Suz*

UNE OLIVE *halle*, et au m. (mais par erreur), vers 2705 : *Dedesuz un olive.* Cf. 80. = C'est également par erreur qu'au vers 72 on a écrit, au pluriel : *Branches d'*OLIVES. La vraie forme nous est fournie par le vers 80.

OLIVER. S. s. m. Nom de l'ami de Roland (*Oliverius*. Pott rattache ce nom à « olive, » p. 379), 176, 546, 576, 936, 2403, 3186, et OLIVERT, 104. — Voc. s. m. : OLIVER, 1740, 2207. — R. s. m. : OLIVER, 1978, etc. etc. = Ce mot prête à deux observations importantes : 1º Bien qu'on ne le trouve jamais, au sujet, avec un *s* final, la forme correcte était OLIVERS, et c'est ce que prouvent vingt autres mots dérivés de types latins en *erius* ou *arius*. (*Ogers, Berengers, Engelers, Gerers, Gaifiers, chevalers, legers, destrers, premers, acers*.) = 2º Ce mot ne se trouve, comme assonance, que dans les couplets en *ier*. Donc, ce sont les formes OLIVIERS et OLIVIER qu'il faut restituer partout dans le *Roland*.

OLUFERNE. R. s. Nom d'un pays infidèle (?) : *L'enseigne portet Amboires d'*OLUFERNE, 3297.

OM. S. s. m. On. (*Homo*.) Ce mot est déjà employé dans le sens actuel : *Einz que* OM *alast*, 2230, et surtout : *Siet el'cheval qu'*OM *cleimet Veillantif*, 2127. Cf. ON, au vers 3323 : *Plus qu'*ON *ne lancet une verge pelée.* V., au mot *hom*, toute la déclinaison de ce mot, qui est un véritable substantif et n'a jamais été un pronom...

OMER. R. s. m. Homère. (*Homerum*.) Suivant l'auteur du *Roland*, l'émir Baligant est plus vieux que Virgile et Omer : *Tut survesquiet e Virgilie e* HOMER, 2616. D'ailleurs, il ne connaissait Homère que de nom et ne l'avait point lu.

OMNIPOTENTE. Adj., r. s. m. Toutpuissant (*Omnipotentem*) : *Serf e crei le rei* OMNIPOTENTE, 3599. Nous avons dit ailleurs, nous persistons à croire que le mot savant *omnipotente* est ici une licence poétique, véritablement contraire à l'esprit de la langue et destinée à faire passer cet adjectif mot comme assonance dans les couplets féminins en *en*.

ON. S. s. m. On (*Homo*) : *Plus qu'*ON *ne lancet une verge pelée*, 3323. V. *Om* et *Hom*.

ONUR. S. s. (*Honor.*) *L'*ONUR *de l' camp ert nostre*, 922 ; et HONOR : *La meie* HONOR *est turnée en declin*, 2890. — R. s., ONUR : *Est melz... que nus perduns l'*ONUR, 45. *Plus n'i ad d'*ONUR *e de bontet*, 533. *Enquoi perdrat France dulce s'*ONUR, 1223. *E Saraguce e l'*ONUR *qu' i apent*, 2833. *Nen averai ja ki sustiengel m'*ONUR, 2903. Et HONUR, 39, 2430, 2507, 2774, 3733. Cf. au s. p. : HONURS, 3181 ; au r. p. : HONURS, 315, 820, et HONORS, 3399. = Toutes les fois que le genre de ce substantif est nettement indiqué, c'est le féminin. = Le sens de ce mot est double : 1º Honneur, gloire (v. 45, 533, 922, 2903) ; 2º Fief, terre, domaine (2833, etc.). V. *Honor, Honur*.

OR. S. s. (*Aurum*), 516, 1540 ; et ORS, 2296. — R. s. : OR, 32, 75, 185, 1552, 1637, 3758. = Les principales épithètes de l'*or* sont les suivantes : OR D'ARABE, 185. (V. la note de ce vers.) OR DE GALICE, 1637. FIN OR, 1540. OR MIER, 115, etc. OR BATUD, 1552.

OR. Adv. Maintenant. (*Horā*). On a dit que c'était la forme masculine d'*ore* : c'est plutôt « une forme d'*ore* qui a été abrégée dans la prononciation » : OR *diet, nus l'orrum*, 424. OR *est le jur que l's estuverat murir*, 1242. *Cum* OR *remeint deserte*, 1696. Cf. 3704, 3747, 3982. = *Or* se combine avec *dès*, ainsi qu'il suit : DÈS OR *cumencet le plait*, 3704 et 3747. V. *Ore*.

ORDRES. R. p. (?) m. Sacrement de l'Ordre. (*Ordines*.) L'auteur du *Roland* parle des prêtres de Mahum, et il dit : ORDRES *n'en unt ne en lor chefs corones*, 3639.

ORE. R. s. f. Heure (*Horam*) : *A itel* ORE, 3212; et URE : *Dès l'*URE *que nez fui*, 2371.

ORE. Adv. Maintenant (*Horâ*) : ORE, *ne vus esmaiez*, 27. *Dès* ORE *cumencet le cunseill*, 179. *Devant ses pers vait-il* ORE *gabant*, 1781. ORE *en tendrum cunseill*, 3761. C'est à tort que M. Müller a, dans son édition, changé, aux v. 27 et 179, *ore* en *or*. Il fallait laisser intacte la question de l'écriture et de la prononciation...

ORED. S. s. m. Orage (*Auratus*) : *Si 's aquillit e tempeste e* ORED, 689. — R. p. m., OREZ : *Orez i ad de tuneire e de vent*, 1424. Cf. 2534.

OREILLE. R. p. f. (*Auriculam.*) *La destre* OREILLE *à l' premer ver trenchat*, 722. — R. p. f. : OREILLES, 1656, 1918.

ORET. R. s. m. Doré (*Auratum*) : *En l'*ORET *punt*, 2506. ORIET : *En l'*ORIET *punt*, 2435; et ORIÉ : *Par l'*ORIÉ *punt*, 466. — R. s. f., ORÉE : *De suz l'*ORÉE *bucle*, 1283. *De l'*ORÉE *sele les dous alves d'argent*, 1605. — S. p. m., ORET : *Cil* ORET *gunfanun*, 1811. — R. p. m., ORIEZ : *Le cheval brochet des* ORIEZ *esperuns*, 1225. Cf. ORIE.

OREZ. R. p. f. Tempêtes (*Auratus*), 1434 et 2534. V. *Ored.*

ORGOILLUSEMENT. Adv. (V. *Orguilz*), 3199.

ORGUILLUS. Adj., s. s. m. Orgueilleux (V. *Orguilz*) : *Mult pur ert pesmes e* ORGUILLUS, 2550. ORGOILLUS, 3175. — Voc., s. m. : ORGUILLOS, 2978. — R. s. m. : ORGUILLUS, 28, 3132; ORGUILLOS, 474, 2135. — S. p. m. : ORGOILLUS, 3966. — R. p. m. : ORGOILLOS, 2211. = Aux v. 2211 et 2135 ce mot est employé substantivement.

ORGUILZ. S. s. m. (Orig. germanique. Suivant Diez, de l'ancien haut allemand *urguoli*, qui exprime seulement l'idée de pétulance. V. le *Lex. Etym.*, pp. 295, 296.) *Devers vos est li* ORGUILZ *e li torz*, 1549. ORGOILZ : *Li soens* ORGOILZ *le devereit ben cunfundre*, 389. — R. s. m. : ORGUILL, 228, 578. ORGOILL, 292, 934, 1773, 2279, 3144, 3206, et ORGOIL, 1941 et 3315.

ORIE. R. s. f. Dorée, d'or. (*Orie* est synonyme d'*orée*; mais dériverait peut-être d'*auritam.*) Entre dans la composition d'ORIE-*flambe*, 3093.

ORIÉ. V. *Oriet.*

ORIE-FLAMBE. R. s. f. Oriflamme. (Dans la forme donnée par le *Roland*, il y a plus qu'*auri-flammam*. V. *Orie.*) *Gefreid d'Anjou portet l'*ORIE-FLAMBE, 3093.

ORIENT. R. s. m. (*Orientem.*) *Cunquerrat li les teres d'ici qu'en* ORIENT, 401. Cf. la forme ORIENTE qui est pour l'assonance : *Ven mei servir d'ici qu'en* ORIENTE, 3594.

ORIET. V. *Oret.*

ORIEZ. V. *Oret.*

ORMALEIS. R. p. m. Nom d'un peuple païen (?), 3284. C'est le même que les ORMALEUS, r. p. m. au v. 3243. Cette forme, qui n'est pas pour l'assonance comme *Ormaleis*, est peut-être la plus exacte (si tant est qu'il existe réellement quelque exactitude pour tous ces noms de fantaisie).

ORMALEUS. V. le précédent.

ORRAT. Verb. act., 3ᵉ p. s. du fut. d'oïr (*Audire habet*), 55, 1052, 1703, 2294. V. *Oïr.*

ORREZ. Verb. act., 2ᵉ p. p. du fut. d'oïr (*Audire habetis*), 336, 927, 2023. V. *Oïr.*

ORRUM. Verb. act., 1ʳᵉ p. p. du fut. d'oïr (*Audire habemus*), 424. V. *Oïr.*

ORS. S. s. Or (*Aurum*) : *Çà juz en est li cristals e li* ORS, 2296. Cf. au s. s. : OR, 516, 1540; et au r. s. : OR, 32, 75, 1552, 1637, 3758. V. *Or.*

OS. S. s. (*Os.*) *Iloec endreit remeint li* OS *tut nut*, 3607. — R. p., OS : *Li briset les* OS, 1200. Cf. 2289.

OS. Adj., s. s. m. Osé, audacieux

(*Ausus*) : *Cum fus unkes si* os, 2292.

OSAST. Verb. act., 3ᵉ p. s. de l'imparf. du subj. d'*oser* (*Ausavisset*, *d'aurare*, qui est formé sur le supin *ausum*, d'*audere*), 1782.

OSBERCS. S. s. m. Haubert, tunique de mailles (de l'all. *halsberc*), 1277 et 2051. — R. s. m. : osberc, 1199, 1265, 1270, 1284, 1293, 1300, 1305, 1329, 1343, 1532, 2499. — S. p. m. : osbercs, 1032, 1809. — R. p. m. : osbercs, 994, 1022, 1738, etc. etc. V., pour l'autre forme de ce mot, *Halbercs*.

OSENT. Verb. act., 3ᵉ p. p. de l'ind. prés. (*Ausant*. V. *Osast*.) *Ne s'o*sent *aproismer*, 2073. — Imparf. du subj., 3ᵉ p. s., osast : *Suz cel n'ad gent ki l'*osast *requerre en champ*, 1782.

OST. S. s. f. Armée (*Hostis*) : *Returnerat l'*ost, 1052. — R. s. f. : *Jo nen ai* ost *ki bataille li dunne*, 18. *En Saraguce menez vostre* ost *banie*, 211. *Parmi cel(e)* ost, 700. *Od sa grant* ost banie, 1630. *En cest(e)* ost, 2110. *Sa grant* ost, 2149. *Par tute l'*ost, 3137. Cf. 49, etc., et host, 739, 785, 883, 1760. — S. p. f., oz : *Si remeindreient les merveilluses* oz, 508. *Grant sunt les* oz *de cele gent estrange*, 1086. *Les* oz *sunt beles*, 3346. Cf. 598, 2630, 3291. — R. p. f., oz : *Tutes ses* oz *ad empeintes en mer*, 2629. Cf. 1169, 2926, 3994. = Ce mot prête à plusieurs observations : 1º Malgré deux ou trois erreurs du scribe (v. 700 et 2110), ce mot, comme le prouvent la plupart des exemples cités plus haut, est évidemment du masculin. = 2º Le pluriel se termine par un *z*; car il vient d'*hostes*, et *z = ts*. Le pluriel de *os* (*ossa* en latin) ne doit, au contraire, offrir qu'un *s*, et non un *z*. = 3º Une *ost banie* c'est une armée convoquée par le ban...

OSTAGE. R. s. Neutre? (*Obsidaticum*.) *Pur Pinabel en* ostage *renduz*, 3950. Et hostage : *Li Empcrere li receit par* hostage, 3852. Nous pensons qu'il y a ici deux locutions adverbiales : *In obsidatico*, *per obsidaticum*. V. le suivant, auquel on pourrait ramener ces deux exemples.

OSTAGES. R. p. m. Otages (*Obsidaticos*) : *S'en voll* ostages, *e vos l'en enveiez*, 40. *De noz* ostages *ferat trencher les testes*, 57. Cf. 87. On trouve également hostages comme s. p. m. (v. 646), et comme r. p. m. (147, 572).

OSTEIER. Verbe neutre. Inf. prés. Faire la guerre (verbe formé sur *ost*) : *Quant ert-il mais recreanz d'*osteier, 528. Cf. 543. — Parf. comp., 3ᵉ p. s., ad osteiet, 35 : *En ceste tere* ad *asez* osteiet.

OSTEL. R. s. Maison (*Hospitale*), 342. Cf. Hosteler, au v. 160.

OT. Verb. act., 3ᵉ p. s. du parf. d'*aveir* (*Habuit*), 1526. La forme la plus usitée est out. V. ce mot.

OT. Verb. act., 3ᵉ p. s. de l'ind. prés. de *oïr* (*Audit*), 302, 601, 761, 745, 817, 1224, 1737. Ot vient d'*audit*, et oït, parf. simple, d'*audivit*.

OT. Préposition. Avec (voy. *Od*) : Ot *mei*, 3286.

OTES. S. s. m. Nom d'un comte français suivant Fœrstemann, de l'ancien haut allemand *Utto*; suivant Pott, de *Hutto*), 795, 2405. — R. s. m. : otun, 2432, 2971, 3058.

OTRIER. Verbe act. Inf. prés. Donner, concéder, octroyer (*Auctorare*) : *Se ceste acorde ne vulez* otrier, 433. Cf. 1672. — Ind. prés., 1ʳᵉ p. s., otrei : *Mais traïsun nule n'en i* otrei, 3760, et otri, 3202. 3ᵉ p. s. : otriet, 194 (?). — Parf. comp., 3ᵉ p. p., avec un r. s. n. : unt otriet : *L'unt* otriet, 3962. — Subj. prés., 3ᵉ p. s. : otreit, 1008, 1855, 3805. = Au passif; fut. (?), 3ᵉ p. s., avec un s. p. f., ert otriée : *Josqu'à la mort n'en*

ERT *fins* OTRIÉE, 3395. — Part. passé, s. s. f. : OTRIÉE, 3395. R. s. n. : OTRIET, 3962. = Pour le sens, il convient de remarquer le vers 3760, précédemment cité, et que l'on peut traduire ainsi qu'il suit : « Je ne CONCÈDE pas qu'il y ait là un cas de trahison... »

OTUN. R. s. m. d'OTES, 2432, 2971, 3058. V. *Otes*.

OU. Conj. (*Aut*), 3570. La forme la plus usitée est *u* (qui se prononçait *ou*), et aussi *o*. V. *o* et *u*.

OÜD (AD). Verb. act., 3ᵉ p. s. du parf. comp. d'*aveir*. (*Habet habutum*.) AD OÜD *granz dunz*, 843.

OÜD (UNT). Verb. act., 3ᵉ p. p. du parf. comp. d'*aveir* : UNT OÜD *e peines e ahans*, 267.

OÜMES. Verb. act., 1ʳᵉ p. p. du parf. simple d'*aveir* (*Habuimus*), 2178. V. *Aveir*.

OURENT. Verb. act., 3ᵉ p. p. du parf. simpl. d'*aveir* (*Habuerunt*), 1411. V. *Aveir*.

OÜSSE. Verb. act., 1ʳᵉ p. s. de l'imparf. du subj. d'*aveir* (*Habuissem*), 691. V. *Aveir*.

OÜSSENT. Verb. act., 3ᵉ p. p. de l'imparf. du subj. d'*aveir* (*Habuissent*), 688. V. *Aveir*.

OÜSSUM. Verb. act., 1ʳᵉ p. p. de l'imparf. du subj. d'*aveir* (*Habuissemus*), 1102. Cf. OÜSUM, 1717 et 1729. V. *Aveir*.

OÜSUM. V. *Oüssum*.

OÜST. Verb. act., 3ᵉ p. s. de l'imparf. du subj. d'*aveir*. (*Habuisset*.) *Deus! quel baron, s'*OÜST *chrestientet*, 3164. Cf. 899.

OUT. Verb. act., 3ᵉ p. s. du parf. simpl. d'*aveir* (*Habuit*), 26, 62, 78, 115, 142, 609, 1538. = I OUT, locution fréquemment usitée, dans le sens de : « Il y eut là » : *Un faldestoed* I OUT, 115. = OUT, comme d'autres temps et modes d'*aveir*, s'emploie avec *par*, qui donne à l'adjectif suivant la force d'un superlatif : PAR OUT *fier lu vis*, 142. V. *Aveir*.

OÜT (AI) Verb. act., 1ʳᵉ p. s. du parf. comp. d'*aveir* : *Si'n* AI OÜT *e peines e ahans*, 864. V. *Oüd* (*ad*), *Oüd* (*unt*) et *Aveir*.

OZ. S. p. f. de *ost*. Armée (*Hostes*), 598, 1086, 2630, 3291, 3346. — R. p. f. : oz, 1139, 2629, 2926, 3994. V. *Ost* et *Host*.

P

PA(I)ENIME. Adj., r. s. f. Païenne. (Le ms. porte *paenime*. Ce mot est généralement un substantif dérivé de *paganismus*, et c'est *paienie* que l'on emploie comme adjectif. On peut, ce me semble, supposer ici une erreur du scribe.) *Puis (si) escrient l'enseigne* PA(I)ENIME, 1921.

PAIENOR. V. *Paienur*.

PAIENS. S. s. m. (*Paganus*.) *Atant i vint uns* PAIENS, *Valdabruns*, 617. Cf. 537, 940, 974, 3445 ; et PAIEN, 627, 1519. — R. s. m. : PAIEN, 22, 101 (?). — S. p. m. : PAIEN, 61, 709 1015, 3139, 3524, 3561, 3997 ; PAIENS, 2349, et, par erreur, PAIENT, 1547. — Voc., p. m. : PAIEN, 1535, 3326. — R. p. m. : PAIENS, 24, 2142. = Presque toujours PAIENS est employé substantivement, mais on le trouve aussi dans le sens d'un véritable adjectif. Ex., au s. s. m., PAIENS : *Li reis* PAIENS *parfundement l'enclinet*, 974, et, au r. s. f., PAIENE : *Turnal sa teste vers la* PAIENE *gent*, 2360, etc. = Il est à peine utile d'ajouter que ce mot est partout appliqué aux mahométans, que notre moyen âge a regardés comme des idolâtres.

PAIENUR. Des païens (*Pagano-*

rum). S. s., PAIENOR : *Gent* PAIENOR *ne voelent cesser unkes*, 2639. — R. s. f., PAIENUR : *Si veit venir cele gent* PAIENUR, 1019. Cf. 2427, 2693. PAIENOR : *E si cseriet l'enseigne* PAIENOR, 1221.

PAILE. R. s. Étoffe de soie (*Pallium*) : *Tuz les quers en* PAILE *recuillir*, 2965. V. *Palie*, dont *paile* indique la véritable prononciation.

PAIS. R. s. f. Paix (*Pacem*) : *Ço senefiet* PAIS *e humilitet*, 73. *Seit ki l'ociet, tute* PAIS *puis averiumes*, 391. PAIS *ne amor ne dei à paien rendre*, 3596.

PAIS. S. s. m. Pays (*Pagus*) : *Tut li* PAÏS *en reluist*, 2637. *Tere de France mult estes dulz* PAÏS, 1861. — R. s. m., PAÏS. *En cest* PAÏS *nos est venuz* [*cu*]*nfundre*, 17. Cf. 134, 1236, 3207. — R. p. m., PAÏS : *Cunquis l'en ai* PAÏS *e teres tantes*, 2333.

PAISMEISUNS. R. f., 2592. V. *Pasmeisuns*.

PALAIS. R. s. (*Palatium*.) *Quant vus serez el'* PALAIS *seignurill*, 151. *Muntet el'* PALAIS, 3707. Cf. PALEIS aux vers 2563, 2708, 3736.

PALE. S. s. m. Pâle (*Pallidus*) : *Teint fut e pers, desculuret e* PALE, 1979.

PALEFREID. R. s. m. Cheval de voyage, opposé, dans le *Roland*, au *destrier* qui est le cheval de guerre (*Paraveredum*) : *Vus n'i averez* PALEFREID *ne destrer*, 479. *N'i perdrat Carles...* PALEFREID *ne destrer*, 755, 756. — R. p. m., PALEFREIZ : *Laissent les muls e tuz les* PALEFREIZ ; *es destrers muntent*, 1000, 1001.

PALEIS. R. s. (*Palatium*.) *Sunt muntez sus el'* PALEIS *altisme*, 2708. Cf. 2563 et 3736. PALAIS, 151, 3707.

PALERNE. R. s. f. Palerme (*Panormum ?*) : *Romain, Puillain e tuit cil de* PALERNE, 2923.

PALIE. R. s. Étoffe ou tapis de soie (*Pallium*) : *Alez sedeir desur cel* PALIE *blanc*, 272. *Est remés en sun blialt de* PALIE, 282. *Fut cuvert d'un* PALIE *alexandrin*, 463. *Sur l'erbe verte gelent un* PALIE *blanc*, 2652. *La guige en est d'un bon* PALIE *roet*, 3157. Cf. 2974, et PAILE, 2965. — R. p., PALIES : *Sur* PALIES *blancs sièdent cil chevaler*, 110. *Or e argent*, PALIES *e ciclatuns...* Cf. 399.

PALME. R. s. f. Paume de la main (*Palmam*) : *Prent de la carn grant pleine* PALME *e plus*, 3606.

PALMEIANT. Part. prés. s. s. m. Faire tourner dans la paume de sa main (verbe formé sur *palma*) : *Sun espiet vait li bers* PALMEIANT, 1155.

PAN. R. s. m. Morceau, pièce, portion (*Pannum*) : *Je vos durrai un* PAN *de mun païs*, 3207. — S. p. m., PAN : *Vest une bronie dunt li* PAN *sunt suffret*, 3141. — R. p. m., PANS : *De tute Espaigne aquiterai les* PANS, 869. *Les* PANS *de l' gunfanun*, 1228. *De sun osberc li ad rumput les* PANS, 1300. Cf., 1533 et 3571. = Ce mot, comme on le voit, s'applique particulièrement aux pans du haubert et aux langues du gonfanon.

PAR. Prép. (*Per*.) *Par* a, dans le *Roland*, plusieurs sens que nous allons successivement énumérer : 1° « A travers ». C'est le sens primitif et principal du latin *per* : PAR *tute la cuntrée*, 709. PAR *tuz les prez or se dorment li Franc*, 2521. PAR *le camp vait*, 1562. A ce premier sens se rattache celui de « sur » : *Sire est* PAR *mer de .IIII. C. drodmunz*, 1521. Et c'est encore le sens « à travers », qui s'est modifié et atténué dans le vers suivant : *Marsilies tint Guen(elun)* PAR *l'espalle*, 647. = 2° « Par l'entremise de... » *Deus li mandat* PAR *sun a*[*n*]*gle*, 2319. *Ki* PAR *noz Deus voelt aveir guarisun*, 3271. Cf. 1109. = 3° « Au moyen de... » *Pris* PAR *poested*, 434. PAR *quel mesure le poüssum hunir*, 631. PAR *voz saveirs se m' puez acor-*

der, 74. *Jerusalem prist ja* PAR *traïsun*, 1523.=4° « Au nom de... » *Dist l'Arcevesque :* « *Jo irai* PAR *mun chef*, » 799. = 5° « Avec... » *Serez ses hom* PAR *honur e* PAR *ben*, 93. *Serai ses hom* PAR *amur e* PAR *feid*, 86. *Puis, si chevalchent, Deus,* PAR *si grant fiertet*, 1183. *Plurent... por lor parenz* PAR *coer e* PAR *amor*, 1447. PAR *grant vertut vait ferir le paien*, 1508. *Franceis i fièrent* PAR *vigur e* PAR *ire*, 1611. PAR *vive force les encacerent Franc*, 1627. PAR *tel amur as les vus desevered*, 2009. Cf. 977, 2774, 3272, 3995. = 6° *Par*, après un verbe passif, remplace l'ablatif latin : *Que dulce France* PAR *nus ne seit hunie*, 1927. *Ben sunt malez* PAR *jugement des altres*, 2855. Ce *par* pourrait encore s'expliquer « grâce à... », etc. = 7° « A titre de, comme... » : *De l'rei paien, sire,* PAR *veir creez*, 692... = Il nous reste à montrer les sens spéciaux que revêt la même préposition, lorsqu'elle est étroitement unie à d'autres mots. 1° PAR avec MAIN (*Mane*) a la même signification que notre mot « le lendemain » : PAR MAIN *en l'albe, si cum li jurz esclairet*, 667. Avec *num* il forme une locution d'un sens plus difficile à établir. Lorsque Blancandrin propose d'envoyer comme otages à Charlemagne les fils des plus nobles païens, dussent-ils y périr, il ajoute : PAR NUM *d'ocire i enveierai le men*, 43. Voilà pour les substantifs et les adverbes auxquels *par* peut être joint: passons aux adjectifs.=2° Avec SUM, PAR signifie « au haut de... » (*Per summum*): PAR SUM *les puis*, 714. *Josque* PAR SUM *le ventre*, 3922. Avec MI (*Medium*), il forme notre locution *par mi* : PAR MI *un val*, 1018. *Tute la teste li ad* PAR MI *severée*, 1371. = 3° Enfin, PAR s'unit aux verbes « être » et « avoir », et leur donne la force du superlatif, ou plutôt il communique cette force aux adjectifs qui accompagnent ces deux verbes. *a.* PAR avec « être » : *Tant* PAR *fut bels*, 285. PAR EST *proz*, 546. *Mult* PAR IES *ber*, 648. *Mult* PAR ERT *pesmes e fiers*, 2550. *Tant* PAR ERT *blancs cume flur en estet*, 3162. *Mult* PAR EST *saives hom*, 3174. *Li Amiralz mult* PAR EST *riches hom*, 3265. *Mult* PAR EST *grant la feste*, 3745. Cf. 2062. On remarquera qu'en ce cas *par* est presque toujours précédé de *tant* ou de *mult*. — *b.* PAR avec « avoir » : *Mult* PAR OUT *fier la vis*, 142. *De cels d'Arabe si grant force i* PAR AD, 3331...

PARASTRES. S. s. m. Beau-père. (Cf. le péjoratif *paraster*.) Ganelon dit à Roland : *Ço set hom ben que jo sui tis* PARASTRES, 287. PARASTRE : *Ço dist Rollanz : Ço ert Guenes, mis* PARASTRE, 277, et PARRASTRE, 1027. — Voc. s. m., PARASTRE : *Sire* PARASTRE, *mult vos dei aveir cher*, 753. — R. s. m., PARASTRE *Iréement parlat à sun* PARASTRE, 762. On remarquera que, dans tous les exemples précédents, *parastre* n'est pas employé dans le sens péjoratif...

PARÇUNER. R. s. m. Co-partageant (*Partionarium*) : *Mult orguillos* PARÇUNER *i averez*, 474. L'assonance exige que l'on lise : *I averez* PARÇUNIER.

PARDUINS. Verbe actif, 3ᵉ p. s. de l'ind. prés. (*Per-dono*.) *Jo l' vos* PARDUINS *ici e devant Deu*, 2007. — Impér. 2ᵉ p. p., PARDUNEZ : *Ferut vos ai : car le me* PARDUNEZ, 2005.

PAREÏS. S. s. m. Paradis (*Paradisus*) : *Seint* PAREÏS *vos est abandunant*, 1479. — R. s. m., PAREÏS : *Sièges averez el' greignor* PAREÏS, 1135. Cf., 1855 et 2258.

PAREIT. R. s. f. Au moment où Marsile va mourir, le poëte dit : *Vers sa* PAREIT *se turnet,* — *Pluret des oilz...*, 3644, 3645. Tous les traducteurs ont compris le mot *pareit* dans le sens de « paroi, muraille ». On a cru sans doute que le poëte avait voulu imiter ce fameux passage d'Isaïe (xxxviii, 2), où le roi Ézéchias, sur le point de mourir, *convertit se ad parietem et oravit.* Mais, dans ce cas, il faudrait, ce semble : LA PAREIT. D'un autre côté, le manuscrit de Paris traduit ce vers par : *Vers la dame se tornet.* Pareit serait donc, aux yeux de ce remanieur, un synonyme de *per,* « épouse ». Or, d'après notre contexte, cette hypothèse est fort acceptable ; car Bramidonie vient de parler à Marsile mourant, qui peut fort naturellement se tourner vers elle. Mais, philologiquement, la chose est beaucoup plus difficile à expliquer. En résumé, si *pareit* a le sens de *paroi,* ce mot vient de *parietem;* suivant l'autre hypothèse, ce serait un dérivé de *parem.*

PARENT. S. p. m. *(Parentes.)* Au milieu de la bataille, Roland s'écrie : *Ne placet damne Deu — que mi* PARENT *pur mei seient blasmet,* 1063. Cf. 1076 et 3933. PARENZ, 3847. — R. p. m. : PARENT, 2562 ; PARENZ, 1410, 1706, 2905, 3556, 3766. Il faut remarquer qu'au vers 3556, PARENZ est employé par erreur au lieu de FRANCEIS, et qu'aux vers 3933, 3847, 2562, 1410, 3766, il s'applique aux trente parents de Ganelon qui sont les otages du traître. Ce qui atteste la largeur du sens que ce mot avait depuis longtemps en latin et qu'il a toujours eu dans notre langue.

PARENTED. R. s. m. Lignage, famille *(Parentatum)* : *Estrait estes de mult grant* PARENTED, 356. Cf. PARENTET : *Sustenir voeill trestut mun* PARENTET, 3907.

PARFUNDE. Adj. s. s. f. *(Profunda.) L'ewe de Sebre... mult est* PARFUNDE, 2466. — S. p. m., PARFUNT : *Li val* PARFUNT, 1831. — R. p. m., PARFUNZ : *Passent... cez vals* PARFUNZ, 3126.

PARFUNDEMENT. Adv. Profondément *(Profunda-mente),* 974, 1506, 1545, 1603.

PARGETENT. Verbe actif, 3ᵉ p. p. de l'ind. prés. de PARGETER. Projettent, répandent *(Per-jactant)* : *Asez i ad carbuncles e lanternes ;* — *Là sus amunt* PARGETENT *tel luiserne,* 2634.

PARJUREZ (S'EST). Verbe réfléchi, parf. comp. 3ᵉ p. s. avec un s. s. m. (De *Perjurare.*) *Vers vos s'en est* PARJUREZ *e malmis,* 3830. — Part. passé, s. s. m., employé adjectivement, PARJUREZ : *Guenes i vint li fels, li* PARJUREZ, 674.

PARLAT. Verbe neutre, 3ᵉ p. s. du parf. simple de *parler (Parabolavit),* 495, 762, 2656.

PARLED (AD). Verbe neutre, 3ᵉ p. s. du parf. comp. de parler *(Habet parabolatum),* 122. Cf. 752. AD PARLET, 243.

PARLEMENT. R. s. Entretien, causerie (V. *Parler*) : *Ne pois à vos tenir lung* PARLEMENT, 2836.

PARLER. Verbe neutre. Inf. prés. *(Parabolare.) Par grant save(i)r cumencet à* PARLER, 426. *Mielz ne sai à* PARLER, 3715. Cf. 2452. — Ind. prés. 3ᵉ p. s., PAROLET : *Sa custume est qu'il* PAROLET *à leisir,* 141. Cf. 2559. — Parf. simple, 3ᵉ p. s. : PARLAT, 495, 762, 2656. — Parf. comp. : AD PARLET, 243, et AD PARLED, 122, 752. — Cond. 3ᵉ p. p. : PARLEREIENT, 603. — Impér. 2ᵉ p. p., PARLEZ : *N'en* PARLEZ *mais, se jo ne l' vos cumant,* 273. Cf. 2724, 2742. — Subj. prés. 3ᵉ p. s. : PAROLT, 1206, 1252, 1803. = Passif. Subj. prés. 3ᵉ p. s. neutre : *Jamais n'ert jur que il n'en* SEIT PARLET, 3905. — Part. passé, s. s. n. : PARLET, 3905. R. s. n. : PARLET, 243 ; PARLED, 122, 752.

PARMI. C'est cette locution que nous avons déjà signalée au mot *par,* qui vient de *per-medium,* est indéclinable et doit s'écrire en deux mots : PAR MI *cel host,* 700, 739, etc. etc. V. *Par.*

PAROLE. R. s. f. (*Parabolum.*) De sa PAROLE *ne fut mie hastifs*, 140. — S. p. f., PAROLES : *Bon sunt li Cunte e lur* PAROLES *haltes*, 1097. — R. p. f., PAROLES : *N'orrat de nos* PAROLES *ne nuveles*, 55. Cf., 145.

PAROLET. Verbe neutre, 3e p. s. de l'ind. prés. de *parler*. (*Parabolat.*) *Sa custume est qu'il* PAROLET *à leisir*, 141. Cf. 2539. V. *Parler.*

PAROLT. Verbe neutre, 3e p. s. du subj. prés. de *parler*. (*Parabolet.*) *Ne leserat... que n'i* PAROLT, 1206. Cf. 1252 et 1803.

PARRASTRE. S. s. m. Beau-père (Cf. le péjoratif *Paraster*), 1027. V. *Parastres.*

PART. R. s. f. (*Partem*, *parte*.) *De meie* PART *ma muiller saluez*, 361. *D'altre* PART, 916. *Itels .XX. milie en mist à une* PART, 1115. *Quel* PART *qu'il alt*, 2034. *Hume de male* PART, 2135. *De* PART *Deu le guarde*, 2847. *Si's unt asols de* PART *Deu*, 2957. Cf., 3993.— R. p. f., PARZ: *De tutes* PARZ, 1378 et 2065. = Dans les exemples précédents, nous avons autant de locutions qui nous sont demeurées : « De ma part, » — « d'autre part, »—« mettre à part, » — « quelque part qu'il aille, » etc.

PARVIENT. Verbe neut., 3e p. s. de l'ind. prés. (*Pervenit.*) *Li Emperere en Rence(s)vals* PARVIENT, 2398. — Parf. comp., 3e p. s., avec un s. s. m., EST PARVENUZ : *De suz dous arbres* PARVENUZ EST *li Reis*, 2874. — Part. pass., s. s. m. : PARVENUZ, 2874.

PARVUNT. Verbe neut., 3e p. p. de l'ind. prés. (*Per-vadunt.*) *Jusqu'à Marsilie en* PARVUNT *les noveles*, 2638.

PARZ R. p. f. (*Partes.*) *De tutes* PARZ, 1378 et 2065. V. *Part.*

PAS. R. s. m. (*Passum.*) *Sun petit* PAS *s'en turnet*, 2227. *Le* PAS *tenez*, 2856.

PAS. Négation explétive. (*Passum.*) *Ne l' devez* PAS *blasmer*, 681. *Biet n'i poet* PAS *creistre*, 980. *Ço est Climborins*, *ki* PAS *ne fut produme*, 1485. V. Sweighæuser, *De la Négation dans les langues romanes*, p. 84 et suiv.

PASMÉE (SE SEIT). Verbe pronominal. Subj. prés., 3e p. s., avec un s. s. f., 3724. V. *Pasmer.*

PASMEISUNS. R. f. Évanouissement, pâmoison (V. le suivant): *Li quens Rollanz revient de* PASMEISUNS, 2233. *Li Empereres de* PASMEISUNS *revint*, 2881. Cf. 2036, 2592, 2892. Ce mot se présente toujours avec un *s*.

PASMER. Verbe neutre ou pronominal. Se pâmer, s'évanouir (*Spasmare*) : *Li Arcevesques quant vit* PASMER *Rollant*, 2222.— Ind. prés., 3e p. s., SE PASMET : *A icest mot sur sun cheval* SE PASMET, 1988 ; 3e p. s., PASMENT : *Moerent paien e alquant en i* PASMENT, 1348, et SE PASMENT, 2416, 2422; S'EN PASMENT, 2932. — Parf. comp., 3e p. s., avec un s. s. m. : S'EST PASMET, 2270. — Parf. du subj., 3e p. s., avec un s. s. f. : SE SEIT PASMÉE, 3724.— Part. pass., s. s. m. : PASMET, 2220. R. s. m. : PASMET, 1989 et 2270. R. s. f. : PASMÉE, 3724.

PASSAGE. R. s. Défilé, passage de montagne (*Passaticum*, de *passare*) : *Se l' pois trover à port ne à* PASSAGE, 657. — R. p., PASSAGES : *Veez les porz e les destreiz* PASSAGES, 741.

PASSANT. Part. prés. du verbe *Passer*, s. s. m. : *Si l' orrat Carles ki est as porz* PASSANT, 1703. Cf. 1071. — S. p. m. : PASSANT, 944. V. *Passer.*

PASSAT. Verbe act., 3e p. s. du parf. simpl. de *Passer* : *Vers Engletere* PASSAT-*il la mer salse*, 372. V. *Passer.*

PASSECERF. R. s. m. Nom d'un cheval (composé avec *passer* dans le sens de « dépasser », et *cerf*), 1380.

PASSER. Verbe tantôt actif, tantôt neutre. Inf. prés. (*Passare.*) Nous allons successivement exposer sa conjugaison et déterminer ses différents sens : 1° Conjugaison. Inf. prés.: PASSER, 83, 2772. — Ind. prés., 3ᵉ p. s. : PASSET, 1272, 3210, 3560, 3688, 3991. 3ᵉ p. p. : PASSENT, 2690, 3125, 3683. —Parf. simpl., 3ᵉ p. s. : PASSAT, 372. 3ᵉ p. p. : PASSERENT, 816.— Parf. comp., 3ᵉ p. s. : AD PASSET, 524. Dans le même sens: EST PASSET, avec un s. s. m., 1152.—Fut., 3ᵉ p. s.: PASSERAT, 54.—Impér., 2ᵉ p. p. : PASSEZ, 790.— Part. prés., s. s. m. : PASSANT, 1071, 1703. S. p. m. : PASSANT, 944. — Part. pass., s. s. m. : PASSET, 1152. R. s. m. : PASSET, 693, et r. s. n. : PASSET, 524. = 2° Sens du verbe *passer*. A. A l'actif, le sens originel est « traverser ». PASSET *Girunde*, 3688. PASSENT *X. portes*, 2690. PASSENT *ces puis*, 3125. PASSENT *Nerbone*, 3683. PASSAT-*il la mer salse*, 372. PASSEZ *les porz*, 790. D'où le sens de « dépasser » : *Dous cenz anz ad* PASSET, 524, et, par extension, « faire passer » : *Sun bon espiet par mi le cors li* PASSET, 1272. —B. Au neutre, on dit « passer par tel ou tel endroit ». PASSER *as porz*, 2772. PASSET *avant*, 3210. *Le jur* PASSERENT *Franceis à grant dulur*, 816. *Si l'orrat Carles ki est as porz* PASSANT, 1071 et 1703. Cf. 944. —C. D'où le sens de « s'écouler, s'achever », s'appliquant au temps : *Ja einz ne verrat* PASSER *cest premer meis*, 83. PASSET *le jurz*, 3560 et 3991. *Vendrat li jurz, si* PASSERAT *li termes*, 54. *C'est premer meis* PASSET, 693.

PATERNE. Voc. s. f. S'applique toujours à Dieu : *Veire* PATERNE, 2384 et 3100. Ce mot se retrouve dans d'autres romans, toujours sous la même forme, et F. Michel a cité dans son *Glossaire* ces deux vers de notre *Aliscans*, qu'il appelle le *Roman de Guillaume d'Orange* : *Il en jura la* PATERNE *veraie*, *et Jhesu réclame la* PATERNE *veraie*. V. dans Ducange le mot *Paterna* dans le sens de représentation, image du Père éternel.

PATRIARCHE. R. s. m. Titre donné à l'évêque de Jérusalem (*Patriarcham*) : *Jerusalem prist ja par traïsun*... — *Le* PATRIARCHE *ocist devant les funz*, 1525.

PECCEZ. V. le suivant.

PECCHET. S. s. Péché, et, par extension, aux vers 15 et 3646, malheur (*Peccatum*) : *Oez, seignurs, quel* PECCHET *nus encumbret*, 15. Cf. 3646. — R. s., PECCHET : *Pecchet fereit ki dunc li fesist plus*, 240. — R. p. : PECCHIEZ, 1140 et 2365, et PECCEZ, 1882. = La forme correcte est PECCHIEZ ; car ce mot ne se trouve, comme assonance, que dans les laisses en *ier*.

PECIER. Verbe act., inf. prés. Mettre en pièces (verbe formé sur *petium* ou *petia*, pièce) : *Pur hanste freindre e pur escuz* PECIER, 2210. La forme la plus usitée semble avoir été PECEIER. Ind. prés., 3ᵉ p. p. : PECEIENT *les bucles*, 3584. — Parf. comp., 3ᵉ p. p., avec un r. p. m. : *Cordres ad prise e les murs* PECEIEZ, 97. — Part. pass., r. p. m. : PECEIEZ, 97.

PEIL. R. s. m. Poil (*Pilum*) : *Si 'n deit hom perdre e de l' quir e de l'* PEIL, 1012. *E Blancandrins i vint à l' canut* PEIL, 503.— S. p. m. : PEIL., 3954.

PEILENT. Verbe act., 3ᵉ p. s. de l'ind. prés. Épilent (*Pilant*) : *Icil li* PEILENT *la barbe*, 1823.

PEINE. S. s. f. (*Pœna*.) *La* PEINE *est mult grant*, 2519. — R. s. f., PEINE : *L'olifan sunet à dulor e à* PEINE, 1787. — S. p. f. : PEINES, 2925.— R. p. f. : PEINES, 268 et 864. = Rem. la locution : « A peine... »

PEINZ. Part. pass., s. p. m. (D'un ancien participe de *pingere*, tel que *pinctus*.) *Cil escuz ki ben sunt* PEINZ *à flurs*, 1810. — R. p. f., PEINZ, par erreur: *Plusurs culurs i ad* PEINZ *e escrites*, 2594. C'est également par erreur qu'au vers 3055 le scribe a écrit: *Peintes lur hanstes*, au lieu de *dreites lur hanstes*...

PEISET. Verbe neutr. Ind. prés., 3e p. s. de *peser*. (*Pensat*.) *D'Oliver li* PEISET *mult forment*, 2514. — Subj. prés., 3e p. s. : PEIST, 1279. — Part. pass., s. s. m. : PESANT, 1687. S. s. f. : PESANT, 1412, 3381. S. p. m. : PESANT, 2470.

PEIST. Verbe neutr. Subj. prés., 3e p. s. de *peser*. (*Penset*.) *(Mort) l'abat qui qu'en* PEIST *u qui nun*, 1279. V. le précédent.

PEITEVIN. S. p. m. (*Pictavini*), 3794, 3961. — R. p. m. : PEITEVINS, 3062, 3702.

PEITOU. R. s. (*Pictavum*), 2323.

PEIZ. S. s. f. Poix (*Picem*) : *Issi est neirs cume* PEIZ *ki est demise*, 1635.

PEJURS. Adject. compar. employé comme superlatif, r. p. m. (*Pejores*.) *C. cumpaignons... des mielz e des* PEJURS, 1822.

PELÉE. Part. pass., r. s. f. (*Pellatam? de pellis*.) *Plus qu'on ne lancet une verge* PELÉE, 3323.

PELERIN. S. p. m. (*Peregrini*.) *Li* PELERIN *le veient ki là vunt*, 3687.

PELS. R. p. f. Peaux (*Pelles*) : *Faz vos en dreit par cez* PELS *sabelines*, 515. *De sun col getet ses grandes* PELS *de martre*, 281. *Tert lui le vis od ses grandes* PELS *de martre*; 3940.

PENDRE. Verbe act. Inf. prés. (*Pendere*, qui est tantôt actif, tantôt neutre.) *E l' plait ad Ais en fut juget à* PENDRE, 1409. *N'i ad Frances ki vos juget à* PENDRE, 3789. Cf. le vers 3670, où le manuscrit porte, par erreur, *prendre*. — Ind. prés., 3e p. s., PENT : PENT *à sun col un escut*, 2991. 3e p. p., PENDENT : *Par les mains le* PENDENT *sur une columbe*, 2586. *En lur cols* PENDENT *lur escuz*, 3867. Et, au neutre : *Cil gunfanun sur les helmes lur* PENDENT, 3005.— Impér., 2e p. s., PENT : *Sis* PENT *tuz*, 3953. = Passif. Ind. prés., 3e p. p., avec un s. p. m., SUNT PENDUT : *XXX. en i ad d'icels ki* SUNT PENDUT, 3958. — Subj. prés., 3e p. s., avec un s. s. m., SEIT PENDUT : *Asez est dreiz que Guenes* SEIT PENDUT, 3932. — Part. pass., s. s. m. : PENDUT, 3932, et s. p. m. : PENDUT, 3958. = Le verbe *pendre* présente trois sens : les deux premiers à l'actif, le dernier au neutre. *a*. Aux vers 2991 et 3867, *pendre* signifie « suspendre ». — *b*. Aux vers 1409, 3789, 3932, 3953, 3958, il indique très-nettement le supplice de la pendaison. Et enfin, *c*, au vers 3005, il a le sens du neutre latin *pendent*...

PENE. R. s. f. C'est le cuir qui recouvre l'écu (*Pennam??*) : *Sur sun escut en la* PENE *devant*, 1298. *De sun* ESCUT *li freint la* PENE *halte*, 3425.

PENITENCE. R. s. f. Dans le sens liturgique et sacramentel. C'est la pénitence infligée par le confesseur (*Pœnitentiam*) : *Par* PENITENCE *les cumandet à ferir*, 1138. Ainsi parle Turpin aux Français, après leur avoir donné l'absolution.

PENSER. Verbe act., employé au sens absolu. (*Pensare*.) *Baisset sun chef, si cumencet à* PENSER, 138. = Il est également employé comme verbe pronominal : *Li quens Rollanz ne l'* SE *doüst* PENSER, 355. Le sens est : « Rolland n'aurait pas dû avoir cette pensée. »

PENT. Verbe act., 3e p. s. de l'ind. prés. de *pendre*. Suspend (*Pendit*), 2991.

PENT. Verbe act., 2e p. s. de l'impér. de *pendre*. Pends (*Pendre*), 3953.

PENUSE. Adj., s. s. f. Peineuse, attristée, rude (*Pœnosa*) : *Si* PENUSE *est ma vie*, 4000. Ce mot, au r. s. f., entre dans la composition de *Val-*PENUSE, 3256.

PER. Adjectif pris substantivement. S. s. f. Semblable, pareil, égal. (*Par, paris*.) On dit de l'épée « Joiuse » : *Unches ne fut sa* PER, 2501. — R. s. m., PER : *Pinabel mun ami e mun* PER, 362. *Rollant apelet sun ami e sun* PER, 1975. Cf. 64. — R. s. f., PER (dans le sens d'épouse) : *Ki me jurat cume sa* PER *à prendre*, 3710. — S. p. m. : PER. Ce mot, au pluriel, s'applique particulièrement aux douze Pairs : *Li duze* PER, 262 et 3187, et PERS, par erreur, 547, 903 et 965. — R. p. m. : PERS, 1308, 2215, 2515 et 2865.⹀Le vers 2148 indique bien le sens exact et originel de PERS : *Perdut avum noz seignurs e noz* PERS...

PERCET (UNT). Verbe actif. Parf. comp., 3ᵉ p. p., avec un r. s. m. (?) : *Turpin de Reins* (UNT) *tut sun escut* PERCET, 2077. = Passif. Ind. prés., 3ᵉ p. s., avec un s. s. m. : PERCET (EST) *mun escut*, 2050. — Part. pass., s. s. m. : PERCET, 2050. R. s. m. : PERCET, 2077.⹀La vraie forme est *perciet* ; car ce mot se trouve en assonance dans une laisse en *ier*.

PERDITIUN. R. s. f. Perte (*Perditionem*) : *Guenes est turnet à* PERDITIUN *grant*, 3969.

PERDRE. Verbe act. Inf. prés. (*Perdere*.) *Si 'n deit hom* PERDRE *e de l' quir e de l' peil*, 1012. Cf. 2287. *Desur le buc la teste* PERDRE *en deit*, 3289. Dans l'exemple suivant, l'infinitif actif est employé passivement : *Li XII. per tuit sunt jugez à* PERDRE, 937. — Ind. prés., 1ʳᵉ p. s. : PERT, 840. 3ᵉ p. s. : PERT, 3720 et (?) 305. 3ᵉ p. p. : PERDENT, 1401. Au vers 3401, PERDENT est employé sans régime, absolument : *A cols pleners de lor espiez i* PERDENT. — Parf. simpl., 3ᵉ p. s., PERDIT : *Puis en* PERDIT *e sa vie e ses membres*, 1408. Au vers 2795, PERDIET : *Li reis Marsilie le poign destre i* PERDIET. — Parf. comp., 2ᵉ p. s., avec un r. s. f. : AS PERDUT, 2455 ; 3ᵉ p. s., avec un r. s. m. : AD PERDUT, 2167, et de même, avec un r. p. m. : *Morz sunt Franceis, tuz les i* AD PERDUT, 2038. Et avec un r. s. f. : AD PERDUE, 1323, et A PERDUE : *Ço sent Rollanz la veüe* A PERDUE, 2297. Cf. 2574. 1ʳᵉ p. p., avec un r. s. m. : AVUM PERDUT, 2700, et avec un r. s. f. : AVUNS PERDUD, 2119 ; 2ᵉ p. p., avec un r. s. m. : AVEZ PERDUT, 3498 ; 3ᵉ p. p., avec un r. p. m. ou n. : UNT PERDUT, 2094. — Fut., 3ᵉ p. s. : PERDRAT, dans le sens absolu de notre mot : « Il n'y perdra pas » : *N' i* PERDRAT *Carles*, 755. Et, à l'actif : *Enquoi* PERDRAT *dulce France sun los*, 1194. — Cond., 1ʳᵉ p. s. : PERDREIE, 1054 ; 3ᵉ p. s. : PERDREIT, 597. — Subj. prés., 3ᵉ p. s. : PERDET, 806, 1090, 3170, et peut-être : PERT, 305 ; 1ʳᵉ p. p. : PERDUNS, 45, 59 ; 3ᵉ p. p. : PERDENT, 44, 58. — Parf. du subj., au sens absolu, 3ᵉ p. s. : AIT PERDUT : *Iço ne dique Karles n' i* AIT PERDUT, 1959. — Part. pass., r. s. m. : PERDUT, 2167, 2700, 3498. R. s. n. : PERDUT, 2455, 2038, 2119, 2094, 1959. R. s. f. : PERDUE, 1323, 2297, 2574.⹀Entre en composition dans *Salt*-PERDUT, nom de cheval, 1554. ⹀On remarquera les loc. suivantes qui sont restées dans notre langue : « Perdre la vie, la tête, les couleurs, la vue. » — « J'y perds. » — etc.

PERE. Voc. s. m. (*Pater*.) *Damnes Deus* PERE, *n'en laiser hunir France*, 2337. — R. p. m., PERES : *Ne reverrunt lor* PERES *ne lor parenz*, 1421.

PERE. S. s. m. Pierre (*Petrus*) : *Plus valt Mahum que seint* PERE *de Rume*, 921. — R. s. m., PERE : *Ad oes seint* PERE *en cunquist le chevage*, 373. ? Cf. PERRE, par erreur, 2346, et PIÈRE, 3094.

PERES. R. p. m. (*Patres*), 1421. V. *Pere*, de *Pater*.

PERIL. R. s. (*Periculum*.) *A la grant feste seint Michel de l'* PERIL, 152. Cf. 2394. — R. p., PERILZ : *Gua(ri)s de mei l'amne de tuz* PERILZ, 2387. ⹀Seint Michel de l' Peril, c'est saint Michel honoré sur le mont de ce nom, près d'Avranches. Dans la légende latine, ce pèlerinage est appelé *in monte*

Tumba ou *de Periculo maris*. V. notre note du v. 37.

PERNEZ. Verbe act. Impér., 2ᵉ p. p. (*Prehendite*.) Pernez *mil Francs*, 804. Pernez *m'as braz*, 2829.

PERRE. R. s. m. (*Petrum*.) Par erreur? au lieu de Pere, 2346.

PERRE. R. s. f. Pierre (*Petra*): *Rollanz ferit en une* perre *bise*, 2338. Cf. 2300, et pierre, 982. — R. p. f., perres: *As* perres *d'or gemmées*, 1452. Cf. 3306, et pierres, 1661. Dans ces derniers exemples, il s'agit de pierres fines, ou, comme nous dirions aujourd'hui, de *pierreries*...

PERRUN. R. s. m. Pierre, rocher, roc. (Sur *petra*, on a fait *petro*, *petronis*.) 12, 2312, 2556. — R. p. m.: perruns, 2268.

PERS. S. s. m. Violet, violacé, et, par extension, pâle, livide (*Persicus*, *persus*, de *persicum*, pêche, à cause de la couleur de ce fruit): *Teint fut e* pers, *desculuret e pale*, 1979. Il s'agit d'Olivier mourant.

PERS. R. p. m. (*Pares*.) 1308, 2148, 2215, 2515, 2865. Ce mot s'applique particulièrement aux douze Pairs. V. *Per*.

PERS. R. p. m. Persans (*Persas*), 3240, 3241.

PERT. Verbe neutre, 3ᵉ p. s. de l'ind. prés. (*Paret*.) *Al' matin(et), quant primes* pert *li albe*, 2846.

PERT. Verbe actif. Ind. prés., 1ʳᵉ p. s. Je perds (*Perdo*): *Deus! se jo l'*pert, *ja n'en averai escange*, 840. V. *Perdre*.

PERT. Verbe act. Ind. prés., 3ᵉ p. s. Perd (*Perdit*): Pert *la culor*, 3720. V. *Perdre*.

PERT. Verbe act. Subj. prés., 3ᵉ p. s. Perde (?) (*Perdat*): *A ben petit que il ne* pert *le sens*, 305. V. *Perdre*. On peut encore expliquer ce vers par l'indicatif.

PERSIS. Adj. r. s. m. De Perse (*Persitium*): *Si i merrez Torleu le rei* persis, 3204.

PERTE. R. s. f. (C'est un de ces substantifs formés sur les anciens participes latins, comme *rente*, *depense*, *retraite*, etc. *Perditam*.) *De voz paiens mult grant* perte *i avereiz*, 568. *Li quens Rollanz des soens i veit grant* perte, 1691.

PESANCE. R. s. f. Douleur, chagrin, préoccupation triste (*Pensantiam*): *Dit à l'Rei*: « *De quei avez* pesance, » 832. *Pur ceste espée ai dolor e* pesance, 2335. *Carles en ad e dulor e* pesance, 3711.

PESANT. Part. prés., employé adjectivement, s. s. m. Dur, rude (de *pensare*): *Li quint (estur) après lor est* pesant *e gref*, 1687. — S. s. f., pesant: *La bataille est merveilluse e* pesant, 1412 et 3381. — S. s. m.: *Li adubez en sunt li plus* pesant, 2470. Dans ce dernier exemple, le sens est primitif et matériel : il s'agit d'hommes qui se noient, et *pesant* signifie « lourd ». (V. *Peiset*.)

PESMES. Adj. S. s. m. Mauvais, terrible (*Pessimus*): *Li Reis est fiers e sis curages* pesmes, 56. *Vostre curages est mult* pesmes, 256. Cf. 2550: *Uns granz leons... mult par ert* pesmes, et 3403: *Ais vos le caple e dulurus e* pesmes. — R. s. m., pesme: *A Rollant rendent un estur fort e* pesme, 2122. — R. s. f., pesme: *Une bataille lur livrat le jur* pesme, 813. — R. p. f., pesmes: *Vendrunt li hume, demanderunt noveles*: — *Jeʼ s lur dirai merveilluses e* pesmes, 2918, 2919.

PETIT. Adj. neutre, employé adverbialement, 305, 1239. V. le suivant.

PETIZ. Adj., s. s. m. (?): *N'est gueres granz ne trop nen est* petiz, 3822. — R. s. m., petit: *Sun* petit *pas s'en turnet*, 2227. Cf. 3357. — R. s. f., petite: *Nus i avum mult petite cumpaigne*, 1087. — R. p. f., petites: Petites (*ad*) *les oreilles*, 1656. = Petit est employé au neutre, dans le sens de « peu »: *Kar de Franceis i ad asez* petit, 1239.

A ben PETIT *que il ne pert le sens*, 305. = Rem. la locution *A ben petit que.*

PEZ. R. s. p. Pour *piez* (*Pedes.*) *Cinquante* PEZ *i poet hom mesurer*, 3167.

PIÈCE. R. s. f. Morceau (*Petiam*): *Trenchet la coife..., une* PIÈCE *en abat*, 3437.

PIED. R. s. m. Sauf au v. 2240, où il s'agit du pied-mesure, ce mot est partout employé dans le sens primitif. (*Pedem.*) *Li message descendirent à* PIED, 120. *A* PIED *estes*, 2138. *Il nen i ad ne veie ne senter, — Ne voide tere ne alne ne plein* PIED, 2400. PIET : *Descent à* PIET, 2013. Cf. 2071. *Remés est à* PIET, 2168.— R. p. m., PIEZ : *En* PIEZ *se drecet*, 195. *Ne vos ne il n'i porterez les* PIEZ, 260. *Franceis se drecent, si se metent en* PIEZ, 1139. PIEZ *ad copiez e les gambes ad plates*, 1652. *Met sei sur* PIEZ, 2298. Cf. PEZ, 3167. = On rem. ici un grand nombre de locutions qui nous sont restées : « Être à pied. — Porter les pieds quelque part. — Se remettre sur pieds, » etc. etc.

PIERE. R. s. f. (*Petram.*) PIERE *n'i ad que tute ne seit neire*, 982, et PERRE, 2300, 2338. — R. p., PIERRES : PIERRES *i ad, ametistes e topazes*, 1661. Cf. PERRES, 1452, 3306. V. *Perre*.

PIERE. R. s. m. Saint Pierre (*Petrum*) : *Seint* PIERE *fut, si aveit num Romaine*, 3094.

PIEZ. V. *Pied.*

PIMENT. R. s. Épices, mélange de miel, de vin et d'épices. (*Pigmentum.*) En parlant des héros morts à Roncevaux, on dit que leurs corps *ben sunt lavez de* PIMENT *e de vin*, 2969.

PIN. R. s. m. (*Pinum.*) *Desuz un* PIN, 114 et 2375.

PINABELS. S. s. m. Nom du champion de Ganelon (?), 3885, et PINABEL, 3783, 3788, 3838, 3915. — Voc., s. m. : PINABEL, 3899. — R. s. m. : PINABEL, 362, 3926.

PINCENEIS. R. p. m. Nom de peuple païen, 3241. C'est, suivant nous, un nom de fantaisie.

PINE. R. s. Nom d'une terre conquise par Roland. M. P. Raymond propose le « Château Pignon ou Pinon, près de Roncevaux ? », 199.

PITET. S. s. f. Pitié (*Pietatem*) : PITET *l'en prend, ne poet muer n'en plurt*, 825. *Idunc agreget la* PITET, 2206. — R. s. f., PITET : *Cel n'en i ad ki de* PITET *ne plurt*, 822. Cf. 1749. *Naimes li Dux en ad mult grant* PITET, 2417. Cf. PITIET, 3871. — C'est cette dernière forme qui est la bonne, car ce mot ne se trouve en assonance que dans les couplets en *ier*. On remarquera les locutions : « La pitié le prend... — Avoir pitié, » etc.

PIZ. R. s. Poitrine (*Pectus*) : *Par la barbe ki à l'*PIZ *me ventelet*, 48. *Mal seit de l'coer ki el'* PIZ *se cuardet*, 1107. *Par mi le* PIZ *sun espiel le mist fors*, 1947. *Cuntre sun* PIZ *puis si l'ad embracet*, 2174.

PLACE. R. s. f. (*Plateam.*) *Quias le guant me caïst en la* PLACE, 764. *En estal en la* PLACE, 1108. *Mort l'abat en une voide* PLACE, 1668. *Fait porter .IIII. bancs en la* PLACE, 3853. Cf. 3549. — Rem. la locution « en la place » : c'est la seule où ce mot soit employé.

PLACE. (*Placeat.*) V. le suivant.

PLACET. Verbe neut. Subj. prés., 3e p. s. Plaise (*Placeat*) : *Ne* PLACET *Deu*, 358, 1062, 1073, 3538, 3906. PLACE : *Ne* PLACE *Deu*, 3718. V. *Plaist.*

PLAIDER. Verbe neut. Inf. prés. 1° « Tenir le plaid » (*Placitare*, de *placitum*) : *Ad Ais, o Carles soelt plaider*, 2667. = 2° « Être garant au plaid ». En parlant des trente otages de Ganelon, l'auteur dit : *Si parent ki* PLAIDET UNT *pur lui*, 3933. (Parf. comp., 3e p. p.) = La vraie forme est *plaidier*; car ce mot ne se trouve, comme assonance, que dans un couplet en *ier*.

PLAIES. R. p. f. (*Plagas.*) *En ses*

granz PLAIES *les pans li ad butet*, 2173.

PLAIGNE. R. s. f. Plaine (*Planam*): *Grant est la* PLAIGNE, 3305. — R. p. f.: *E li lariz e trestutes les* PLAIGNES, 1085.

PLAISIR. R. s. Gré (*Placere?*): *A tun* PLAISIR *te durrai mun aveir*, 3894. = *At un plaisir*, signifie : « A ton gré ».

PLAIST. Verbe neutre, 3ᵉ p. s. de l'ind. prés. Plaît (*Placet*): *Deus, se lui* PLAIST, 519. *Issi seit cum vos* PLAIST, 606. *Se tei* PLAIST, 3108. — Subj. prés., 3ᵉ p. s., PLACET, *Ne* PLACET *Deu*, 358, 1062, 1073, 3538, 3906, et PLACE, 3718.

PLAIZ. S. s. m. Plaid, cour du roi, l'ancien *placitum palatii* (*Placitum*): *Quant Guenes veit que ses granz* PLAIZ *cumencet*, 3780. Cf. 3841, et PLAIT: *Dès or cumencet le* PLAIT *e les noveles*, 3747. Cf. 3704: *Dès or cumencet le* PLAIT *de Guenelun*. — R. s., PLAIT: *El'* PLAIT *ad Ais en fut juget à pendre*, 1409. Cf. 3741, 3799. = Aux v. 88 et 226, *plait* a un sens différent. Il signifie : « Arrangement, accord, pacte. » (Voy. également ce sens, dans Ducange, au mot *placitum*.) *Dist Blancandrins, Mult bon* PLAIT *en avereiz*, 88. *Ki ço vos lodet que cest* PLAIT *degetuns*, 226.

PLATES. Adj., r. p. f. (Allem. *platt*, ancien haut allem. *flaz*, etc. V. Diez, I, p. 318.) *Piez ad copiez e les gambes ad* PLATES, 1652.

PLEGES. R. p. m. Pleiges, cautions. (En latin *præs*, *prædis*, avait le sens de caution; mais, comme Diez et Littré l'établissent, *præs* n'a pu donner des types tels que *plevi*, en prov., et *plegium*, *plevium*, en bas lat. Diez propose *præbium*, de *præbere*: c'est, suivant nous, encore moins acceptable. Chevalet cite l'anc. allem. *pflegen*, etc. Mais encore est-ce *plege* qui est venu de *pflegen*, ou *pflegen* de *plegium ?*) *Dist li Empereres : « Bons* PLEGES *en demant,* » 3846.

PLEIET. Part. pass., r. s. m. Plié (*Plicatum*) : *Cest guant ad or* PLEIET, 2677.

PLEIGNE. Verbe act., 1ʳᵉ p. s. du subj. prés. de *pleindre* (*Plangam*), 834. Au sens neutre, 2915.

PLEIGNENT. Verbe act., 3ᵉ p. p. de l'ind. prés. de *pleindre*. (*Plangunt*.) *Franceis en plurent, e si la* PLEIGNENT, 3722.

PLEIGNET (SE). Verbe réfl. Subj. prés., 3ᵉ p. s. (*Se plangat*), 915.

PLEIN. R. s. m. ? Plaine (*Planum*) : *En mi un* PLEIN *unt prise lur estage*, 3129.

PLEIN. Adj., r. s. m. (*Plenum*.) *Oliphan* PLEIN *d'or*, 3686. *Il nen i ad ne veie ne senter — Ne voide tere ne alne* (ne) PLEIN *pied*, 2400. — R. s. f., PLEINE : PLEINE *sa hanste l'abat mort des arçuns*, 1534. Cf. 1204, etc. *Enmi la* PLEINE *tere*, 3294. *Grant* PLEINE *palme e plus*, 3606. — R. p. m., PLEINS : *Carles... set anz tuz* PLEINS *ad ested en Espaigne*, 2. — R. p. f.: PLEINES : *Trait ses crignels* PLEINES *ses mains amsdous*, 2906. = Ce mot a deux sens : 1º rempli, et 2º (par extension) entier. = Rem. la locution : « Pleines ses mains », que nous avons gardée, en la modifiant légèrement.

PLEINDRE. Verbe act. Inf. présent. (*Plangere*.) PLEINDRE *poüms France dulce, la bele*, 1695. Cf. 2315. — Ind. prés., 3ᵉ p. s., PLEINGNET, 2251 : *Forment le* PLEINGNET. 3ᵉ p. PLEIGNENT, 3722. — Parf. simpl. (?), 3ᵉ p. s., PLEINST : *Mult dulcement la* PLEINST *à sei meïsme*, 2343. — Subj. prés., 1ʳᵉ p. s. : PLEIGNE, 834, 2915. 3ᵉ p. s. : SE PLEIGNET, 915.

PLENERS. Adj., r. p. m. Accomplis, parfaits (*Plenarios*) : *A cols* PLENERS, 2463, 2862, 3401. = Ce mot est employé comme assonance dans un couplet en *er*.

PLEVIS. Verbe actif (403, etc.) ou neutre (3847, etc.). Ind. prés., 1ʳᵉ p. s. Garantir, assurer (V. PLEges) : *Jo vos* PLEVIS *qu'en vermeill* sanc ert mise, 968. *Jo vos* PLEVIS *ja returnerunt Franc*, 1704. Cf. 1058, 1069, 1072. 3ᵉ p. p., PLEVISSENT? : *XXX. parenz li* PLEVISSENT, *leial*, 3847. Ici le sens est primitif : « Être pleige, être caution légale. » = Parf. simpl., 3ᵉ p. s., PLEVIT : *L'un à l'altre la sue feit* PLEVIT, 403. — Parf. comp., 3ᵉ p. s., avec un r. s. f., AD PLEVIE : *M'AD* PLEVIE *si feid*, 507. — Part. pass., r. s. f. : PLEVIE, 507.

PLORER, 349. V. *Plurer.*

PLUIE. S. s. f. (*Pluvia.*) PLUIE *n'i chet*, 981. — R. p. f., PLUIES : *Orcz i ad...* PLUIES *e gresilz*, 1425.

PLURER. Verbe le plus souvent neutre, et quelquefois actif, v. 1853, 2022... Pleurer (*Plorare*), 2217, 2856, 3629, et PLORER, 349. — Ind. prés., 3ᵉ p. s., PLURET : *Karles li magnes en* PLUR(ET), 1404. PLURET *des oilz*, 2943. Cf. 4001. *Rollanz le* PLURET, 2022. *E il les* PLURET, 1853. 3ᵉ p. p. : PLURENT : PLURENT *des oilz*, 1446, 2415. Cf. 2695, 3722. — Parf. simpl., 3ᵉ p. p. : PLURERENT, 3870. — Fut., 3ᵉ p. p. : PLURRUNT, 1749. — Subj. prés., 1ʳᵉ p. s., PLUR : *Jamais n'ert jur que ne* PLUR *ne m'en pleigne*, 2915. 3ᵉ p. s. : PLURT, 773, 822, 1814, 1835. *Ki qu'en* PLURT *u k'en riet*, 3364. *Ne poet muer n' en* PLURT, 2381. — Part. prés., s. s. m., PLURANT : *A l' doel qu'il ad s'en est turnet* PLURANT, 2838.

PLUS. Adv. (*Plus.*) 1º PLUS, employé seul, signifie « davantage » : *Ki dunc li fesist* PLUS, 240. *En la grant presse mil colps i fiert e* PLUS, 2090. *Que fereient-il* PLUS ? 2812. Cf. 603, 890 et 1560. = 2º PLUS, avec « de », reçoit la même signification : PLUS DE *vint milie humes*, 13. PLUS DE *mil manguns*, 621, etc. = 3º Avec une négation, PLUS désigne la cessation d'une action, un changement d'état : *Ultre cest jurn ne serum* PLUS *vivant*, 1477.

Morz est li quens que PLUS *ne se demuret*, 2021.

PLUSUR. S. p. m. « Plusieurs, beaucoup, » et, avec l'article, « le plus grand nombre » (*Pluriores*). Ce mot s'emploie : 1º Substantivement : *Tuit li* PLUSUR *en sunt dublez en treis*, 995. *Se pasment li* PLUSUR, 2422. *Alquanz (sunt) ocis e li* PLUSUR *neiet*, 2477. Cf. PLUSOR : *Dient* PLUSOR : *C'est le definement*, 1434. = 2º Adjectivement. R. p. m. ou n., PLUSURS : *De* PLUSURS *regnes vendrunt*, 2911. — R. p. f., PLUSURS : *De* PLUSURS *choses à remembrer li prist*, 2377. PLUSURS *culurs i ad*, 2594. *En* PLUSURS *gestes*, 3181.

POEDENT. Verb. neut., 3ᵉ p. p. de l'ind. prés. de *podeir*, 1841. (V. *Puis.*) L'étymologie n'est pas *possunt*, mais un type populaire et bas lat., tel que *potent*, de *potere.*

POEENT. Verb. neut., 3ᵉ p. p. de l'ind. prés. (bas lat. *potent*, et non *possunt*), 3063. V. *Puis, poedent, poent.*

POEIT. Verb. neutr., 3ᵉ p. s. de l'impératif de l'ind. (bas lat. *potebat*), 2216. V. *Puis.*

POENT. Verb. neut., 3ᵉ p. p. de l'ind. prés. (bas lat. *potent*, et non *possunt*), 1440, 1625, 2493. V. *Puis, poedent, poeent.*

POESTE. R. p. f. Puissance (*Poeste* vient d'un type tel que *potesta, potestæ ?*) : *Ki guierat mes oz à tel* POESTE, 2926.

POESTEÏFS. S. s. m. Puissant, qui a le pouvoir (Tertullien emploie déjà *potestativus* en ce sens) : *Charles... li reis* POESTEÏFS, 460 et 2133.

POESTET R. s. f. Puissance, force (*Potestatem*), 477, 2609, 3653, et POESTED, 434.

POET. Verb. neutr. 3ᵉ p. s. de l'ind. prés. (bas lat. *potet*, et non *potest*), 9, 61, 95, 278, 615, 783, 825, 959, 980, 1034, 1683, 1992, 2203, 2381, 3913. V. *Puis.*

POEZ. Verb. neut., 2ᵉ p. s. de l'ind. prés. (Pour *poes*, de *potes*.) *Venger l' poez*, 2456.

POEZ. Verb. neut., 2ᵉ p. p. de l'ind. prés. (*Potetis*), 1104, 1538.

POI. Verb. neut., 1ʳᵉ p. s. de l'ind. prés. (*Possum*.) *Ne la* POI *traire, dit Olivier en parlant de son épée*, 1365.

POI. Adj., s. p. m. Peu (*Pauci*) : POI *s'en estoerstrent*, 3632. — R. p. m., POI : *Quant paien virent que Franceis i out* POI, 1940.

POI. Adv. Peu (bas lat. *paucum*) : *De noz Fanceis m'i semblet aveir mult* POI, 1050. Mais ce mot se trouve presque exclusivement employé dans la locution *pur poi* ou *pur poi que...*, laquelle signifie : « Il s'en faut de bien peu que... » : PUR POI *d'ire ne fent* 304. POR POI QU'*il n'est desvet*, 2784. *Carles cancelet*, PUR POI QU'*il n'est caüt*, 3608.

POIGN. R. s. m. (*Pugnum*), 767, 874, 1903, 2678, 2701, 3845. V. *Puign, poinz, puing*.

POIGNANT. Part. prés., s. s. m. Piquant de l'éperon (*Pungens*) : *Le cheval brochet, si vient* POIGNANT *vers lui*, 2055. — R. s. m., POIGNANT : *As vos* POIGNANT *Malprimis*, 889. V. *Puignant*.

POIGNEOR. R. s. m. Combattant guerrier (*Pugnatorem*), 3775. Cf. PUINNERES au v. 3033, qui est le cas sujet, et PUIGNEÜRS, r. p. m, au v. 3677.

POINZ. R. p. m. Poings (*Pugnos*), 720, 1359, 1612. V. *Puign*.

POIS. Verb. neut., 1ʳᵉ p. s. de l'ind. prés. (*Possum*), 657, 1548, 2412. V. *Puis*.

POIS. Adv. Ensuite (*Post*) : POIS, *me jugez Rollant à rere garde*, 656. POIS *est munted, entret en sun veiage*, 660. Cf. 1358, etc. Voy. *Puis*.

POISANT. Part. prés. employé adjectivement. (*Possentem*.) *Seignat sun chef de la vertut* POISANT, 3111. Cf. PUISANT, au r. s. f., 2731.

POISSENT. Verb. neut., 3ᵉ p. p. du subj. prés. (*Possint*), 3049.

POISSET. Verb. neut., 3ᵉ p. s. du subj. prés. (*Possit*), 1555, 3049. V. *Puisset*.

POR. S. p. m. Porcs (*Porci*), 1751, et PORC, 2591, 3223.

POR. Préposition (*Pro*), 68, 687, 1437, 1640, 1722, 2102, 2582, 2789, 3785. V. *Pur*, qui est la forme correcte (pour les mêmes raisons développées plus haut au mot *nos*). C'est à ce mot que nous exposerons les différents sens de cette préposition, et aussi ceux de POR QUEI, 1722, 2582; POR CE QUE, 2102; POR POI QUE, 2789, etc.

PORRUM. Verb. neut., 1ʳᵉ pers. du futur (*Potere habemus*), 1973. V. *Puis, purrum, purum, purruns*.

PORT. R. s. m. Défilé dans les montagnes, et, par extension, les montagnes elles-mêmes (*Portum*) : *Se l' pois trover à* PORT *ne à passage*, 657. — S. p. m., PORT : *Brochent ad ait tant cum durent* LI PORT, 1802. — R. p. m., PORZ : *Li reis serut as meillors* PORZ *de Sizer*, 583. Cf. 719, 741, 790, 944, 1057, 1071, 2939... = Deux fois ce mot a le sens de « port de mer ». Au r. s. : *Suz Alixandre ad un* PORT *juste mer*, 2626; et au r. p. : *Dès Besençun tresqu'as* (PORZ) *de Guitsand*, 1429. Le mot n'est pas dans le manuscrit, mais a été restitué par tous les éditeurs d'après les manuscrits de Paris et de Versailles.

PORT. Verb. act., 3ᵉ p. s. du subj. prés. de *porter* (*Portet*), 2687, 2949, 3017.

PORTE. S. s. f. (*Porta*.) *Du Pareïs li seit la* PORTE *uverte*, 2258. — R. p. f. : PORTES, 2690.

PORTER. Verb. act. Inf. prés. (*Portare*), 610, 897, 3266. — Ind. prés., 3ᵉ p. s. : PORTET, 977, 1154, 1576, 1641. 2ᵉ p. p.: PORTEZ, 1722. 3ᵉ p. p.: PORTENT, 93, 2396. — Imparf. de l'ind., 3ᵉ p. s. : PORTOUT, 203 (?). —

Parf. comp., 3ᵉ p. p., avec un r. p. f. : AVUM PORTÉES, 1464. 3ᵉ p. p., avec un r. p. m. : UNT PORTET, 2954. — Fut., 1ʳᵉ p. s. : PORTERAI, 2282. 3ᵉ p. p. : PORTERAT, 930. 2ᵉ p. p. : PORTEREZ, 72, 260 ; et dans les laisses en *eir*, PORTEREIZ, 80, 2752. — Fut. passé, 1ʳᵉ p. s., avec un r. s. f. : AVERAI PORTÉE, 446. — Impér., 2ᵉ p. p. : PORTEZ, 2679. — Subj. prés., 3ᵉ p. s. : PORT, 2687, 2949, 3017. — Imparf. du subj., 3ᵉ p. s. : PORTAST, 276. = Passif. Ind. prés., 3ᵉ p. s., avec un s. s. f. : EST PORTÉE, 3730. — Part. pass., s. s. f. : PORTÉE, 3730. R. s. f. : PORTÉE, 446. R. s. n. : PORTET, 2954. R. p. f. : PORTÉES, 1464. = Il n'y a rien d'important à noter sur les différentes acceptions de ce mot dans le *Roland*, si ce n'est peut-être la locution : « Porter les pieds », qui nous est restée : *Ne vos ne il n'i* PORTEREZ *les piez*, 260 ; et surtout l'expression *porter ire*, dans le sens de notre mot « porter rancune » : *Pur quei me* PORTEZ *ire*, 1722.

POÜMS. Verb. neut., 1ʳᵉ p. p. de l'ind. prés., 1695. V. *Puis*.

POÜR. R. s. f. Peur (*Pavorem*), 828, 843, 1815, 2046, 3613. On disait « être en peur », dans le sens « d'avoir peur », v. 1815.

POÜSSUM. Verb. neut., 1ʳᵉ p. p. de l'imparf. du subj. (*Potuissemus*), 631. V. *Puis*.

POÜSUM. Même temps, même mode du même verbe, 624. V. *Puis*.

POÜST. Verb. neutr., 3ᵉ p. s. de l'imparf. du subj. ou, plutôt, du conditionnel (*Potuisset*), 1182. V. *Puis*.

POUT. Verb. neutr., 3ᵉ p. s. du parfait de l'ind. (*Potuit*), 344, 1037, 1218, 1541, 2219, 2314. V. *Puis*.

PRAMETENT. Verb. act., 3ᵉ p. p. de l'ind. prés. de *prametre*. Promettent (*Promittunt*) : *Cumunement l'en* PRAMETENT *lor feiz*, 3410. = Passif, 3ᵉ p. s. de l'ind. prés., avec un sujet neutre sous-entendu : PRAMIS *nus* EST, *fin prendrum aïtant*, 1476.

PRECIUSE. S. s. f. Précieuse, nom de l'épée de Baligant (*Pretiosa*), 3471. — R. s. f. : PRECIUSE, 3298 et 3564. Cette épée est ainsi appelée par opposition à l'épée de Charlemagne, Joyeuse...

PRED. R. s. Pré (*Pratum*), 1334, 2448, 3925, et PRET, 2496. — R. p. : PREZ, 1778 et 2486.

PRÉE. S. s. f. Prairie (*Prata*) : *De desuz Ais la* PRÉE *est mult large*, 3873. — R. s. f. : PRÉE, 1375.

PREIÈRENT. Verb. neut., 3ᵉ p. p. du parf. simpl. de *preier*. (*Preier* vient de *precari*.) *Tuit li* PREIÈRENT *li meillor Sarrazin*, 451.

PREIET (AD). Verbe neutre. Parf. comp., 3ᵉ p. s. de *preier*. (*Habet precatum*.) *Mult dulcement li* AD *Rollanz* PREIET, 2176.

PRE[I]ET (OUT). Verb. neut., 3ᵉ p. s. du parf. comp. de *preier*. *Preier* vient ici de *prædari* et signifie « piller, faire du butin ». Nous avons donné de nombreux exemples de ce verbe à notre note du v. 385 : *Rollant... out* PRE[I]ET *dejuste Carcasonie*, 385. — Part. pass., r. n. : PREIET, 385.

PREIEZ. Verbe actif. Impér. 2ᵉ p. p. de *preier*. Priez, 1132.

PREISER. Verb. act. Inf. prés. (*Pretiare*.) *Tant ne l' vos sai ne* PREISER *ne loer*, 532. *Fait asez à* PREISER, 1516. *Cels qu'il unt mort, ben les poet hom* PREISER, 1683. — Ind. prés., 1ʳᵉ p. s., PRIS : *Trestuz les altres ne* PRIS-JO *mie un guant*, 3189. 3ᵉ p. s., PRISET : *Mult vos* PRISET *mi sire*, 636. — Part. simp., 3ᵉ p. p., PREISERENT : *A .XX. (milie) chevalers la* PREISERENT, 3029. — Subj. prés., 3ᵉ p. s., PRIST : *Suz ciel n'ad rei qu'il* PRIST *à un enfant*, 2739. — Part. pass., r. p. m., PREISEZ : *XXIIII. de luz les melz* PREISEZ, 1872. = Le mot *preiser* a deux sens : 1° « Supputer », 1683, 3029, etc. 2° « Apprécier, faire cas de... », 532, 1516, 1872, etc. = *Preiser à...* signifie « estimer à la valeur de... », 2739. = Rem., au v. 1516, la locution *fait à preiser*, qui a eu une si belle fortune dans notre langue. = Ce mot ne se trouvant comme assonance que dans les couplets en *ier*, il faut lire : *preisier*.

PREIUM. Verbe act. Impér., 1re p. p. de *preier*. Prions : *Laisum le pleit e si* PREIUM *le Rei*, 3799.

PREMER. V. *Premers*.

PREMEREINS. Adj. Premier (Cf. dans Ducange *Primayranus*, et dans le *Lex. Roman* de Raynouard, *Primeiran*): *Blancandrins ad tut* PREMEREINS *parled*, 122. *Tut* PREMEREINS *chevalchet devant l'ost*, 1189. Cf. 2424 ; et PREMEREIN : *Tut* PREMEREIN *l'en respunt Falsaron*, 879.

PREMERS. Adj., s. s. m. Premier (*Primarius*): *Nostre est li* PREMERS *colps*, 1211. Cf. 2842. PREMER, 2656 ; et PREMIER, 1259. — S. s. f. : PREMERE, 3220, 3238, 3253. — R. s. m. : PREMER, 83, 693, 732, 2613, et (?) 3018. — S. p. f. : PREMERES, 3026. — R. p. m. : PREMERS, 2076. La forme correcte, d'après les mots de la même famille, est *premier*.

PRENDRE. Verbe act. Inf. prés. (*Prehendere*.) 1° CONJUGAISON. Inf. prés.: PRENDRE, 333, 1816, 3696. — Ind. prés., 3e p. s.: PRENT, 1904, 2523, 3622, et SE PRENT, 343. 3e p. p.: PRENENT, 2552, 2764, 2884. — Parf. simpl., 1re p. s.: PRIS, 491. 3e p. s.: PRIST, 209, 1523, 1775, 2026, 2263, 2377, 2886. 2e p. p.: PRESISTES, 205. 3e p. p.: PRISTRENT, 2706. — Parf. comp., 1re p. s., avec plus. r. s. f.: AI PRIS, 199. 3e p. s., avec un r. s. m.: AD PRIS, 509, 2224, 2390, 2830. Avec plus. r. m. et n.: AD PRIS, 1148. Avec un r. s. f.: AD PRISE, 97, 663, 2488. Avec un r. p. f.: AD PRISES, 641. 2e p. p., avec un r, s. m.: AVEZ PRIS, 1948. — Fut., 1re p. s.: PRENDRAI, 2139. 3e p. s.: PRENDRAT, 1459. 1re p. p.: PRENDRUM, 1476. — Impér., 2e p. p.: PERNEZ, 804, 2829. — Plus-que-parf. du subj., 1re p. p., accomp. d'un r. s. f., et avec le sens d'un conditionnel passé : OÜSUM PRISE, 1729. — — Fut. passif, 2e p. p., avec un s. s. m.: SEREZ PRIS, 434. — Part. pass., s. s. m. : PRIS, 434. R. s. m. : PRIS, 509, 1948, 2224, 2390, 2830. R. s. n. : PRIS, 1148. R. s. f. : PRISE, 97, 663, 2488. R. p. f. : PRISES, 641. = 2° SENS. *a*. La signification primitive de *prendre* est celle de « saisir, appréhender », et ce mot, dans ce sens, se dit surtout des choses : PRIST *l'olifan*, 2263. Cf. 209, 333, 491, 509, 641, 1904, 2224, 2390, 2523, 2706, 2820, 2884, 3622. = *b*. *Prendre* s'applique également aux personnes, et se dit aussi de quelqu'un « qu'on fait prisonnier »: *Li Reis fait* PRENDRE *le cunte Guenelun*, 1816. Cf. le v. 434, et, dans le sens de « prendre quelqu'un dans ses bras », le v. 2829. SE PRENDRE *à braz*, 2552, est « se saisir à bras le corps pour lutter ». = *c*. « Prendre une ville, la conquérir »: *Jerusalem* PRIST *ja par traïsun*, 1523. *Ja* PRIST-*il Noples*, 1775. Cf. 97, 199, 663. = *d*. « Recevoir » : *Pris en ad or e aveir*, 1148. Cf. 1948. = *e*. Loc. diverses : PRENDRE *sujurn*, 3696 ; PRENDRE *sa herberge*, 2488, et PRENDRE *estal*, 2139; PRENDRE *cunget*, 2764; PRENDRE *cunseill*, 205; PRENDRE *venjance*, 1459; PRENDRE *fin*, 1476; PRENDRE *bataille*, 1729. La plupart de ces locutions nous sont restées. = *f*. « SE PRENDRE » a le sens de : « Se mettre à... » SE PRENT DE *cunréer*, 343. Dans un sens analogue, PRENDRE s'emploie avec *le* ou *li* : *Mult dulcement à regreter le* PRIST, 2026. *De plusurs choses à remembrer li* PRIST, 2377. *Dulcement à regreter le* PRIST, 2886. Nous dirions aujourd'hui : « Il se prit à le regretter, » etc.

PRÈS. Adv. (De *pressus*.) *Cist nus sunt* PRÈS, *mais trop nus est loinz Carles*, 1100. *Ne loinz ne près*, 1992. *Ço sent Rollanz que la mort li est* PRÈS, 2259. Cf. 2270. *Plus près d'ici*, 2735.

PRESE. R. s. f. Foule (*Pressam*.

C'est un de ces substantifs dérivés d'anciens participes latins): *Ist de la* PRESE, 1220. Cf. PRESSE, qui est la forme correcte, aux v. 933, 1499, 1967, 2090, 3370.

PRESENT (EN). Loc. adverbiale. (*In præsenti.*) Le propre sens, le sens étymologique, est celui de « en présence de... » C'est ainsi que Ganelon dit à Charlemagne qui l'envoie à Saragosse : *Dreiz emperere, veiz me ci* EN PRESENT, — *Ademplir voeill vostre comandement*, 308, 309. Le même sens nous est offert par les deux vers suivants: *La fin de l'secle ki nus est* EN PRESENT, 1435. *La tue amurs me seit hoi* EN PRESENT, 3107. De là les deux expressions « METTRE OU LAISSER quelque chose en présence, sous les yeux, EN PRESENT de quelqu'un »; en d'autres termes, « lui en faire présent. » *Tere Majur vos* METRUM EN PRESENT, 932. *Or e argent lur* MET *tant* EN PRESENT, 398. *Demi mun host vos* LERRAI EN PRESENT, 787. Cf. 954.

PRESENT. Verbe act., 1re p. s. de l'ind. prés. Je présente (*Præsento*) : *De trestuz reis vos* PRESENT *les curunes*, 388. 3e p. s., comme verbe réfl. : *Guenes li quens à ses piez* SE PRESENTET, 3792. 3e p. p., PRESENTENT : *De Sarra(gu)ce li* PRESENTENT *les clés*, 2768. — Parf. comp., 3e p. s., avec un r. s. m., AD PRESENTET : *Sun destre guant en* AD PRESENTET *Carle*, 3851. — Impér., 2e p. p., PRESENTEZ : *Le grant aveir en* PRESENTEZ *à l'rei Carles*, 655.

PRESISTES. Verbe act., 2e p. p. du parf. simple de *prendre* (*Prehendistis*), 205.

PRESSE. R. s. f. Foule (*Pressam*) : *Cunduit sun cors en la* PRESSE *des Francs*, 3370. Cf. 933, 1500, 1967, 2090. Cf. PRESE, 1220.

PRET. R. s. Pré (*Pratum*), 2496, et PRED, 1334, 2448, 3925. — R. p. : PREZ, 1778 et 2486.

PREZ. S. s. m. Prêt (*Præstus*, qui se trouve en de vieilles inscriptions, dans la Loi salique et dans la Loi des Wisigoths) : *Se li Reis voelt,* PREZ *sui por vus le face*, 295.

PRI. Verbe act. ou neutre, 1re p. s. de l'ind. prés. Je prie (*Precor*) : *Pur Deu vos* PRI, *en seiez purpensez*, 1177. 3e p. s., PRIET : *Si* PRIET *Deu que Pareïs li dunget*, 2016. 1re p. p., PRIUM : *Sire, nus vos prium que clamez quite le cunte Guenelun*, 3808, 3809. 3e p. p., PRIENT : PRIENT *Deu que guarisset Rollant*, 1837. — Parf. simpl., 3e p. p., PREIÈRENT : *Tuit li* PREIÈRENT *li meillor Sarrazin*, 451. — Parf. simple, 3e p. s., AD PREIET : *Mult dulcement li ad Rollanz* PREIET, 2176. — Fut. 3e p. s., PRIERAT : *Si* PRIERAT *luz jurs por noz peccez*, 1882. — Impér., 1re p. p., PREIUM : PREIUM *le Rei que Guenelun cleimt quite*, 3799. 2e p. p., PREIEZ : *Si* PREIEZ *Deu mercit*, 1132. — Subj. prés., 3e p. s., PRIT : *N'i ad païen ne l'*PRIT, 854. Cf. 3272. — Part. r. s. n.: PREIET, 2176. — Ce verbe est actif aux v. 854, 1132, 1177, 1837, 2016, 3272, 3799, 3808. Il est employé sans régime au v. 1882.

PRIAMUN. R. s. m. Nom d'un païen (formé (?) sur *Priamus*, avec un cas oblique par imitation), 65.

PRIMES. R. s. Nom de lieu païen (?) : *Li Amiralz de* PRIMES, 967.

PRIMES. Adverbe. D'abord (*Primo.* L's n'est pas étymologique: on le retrouve dans *alques, sempres*, etc.) : *Une bataille lur i rendent cil* PRIMES, 589. *Seit fel (ki) cher ne se vende* PRIMES, 1924. *Al' matin(et), quant* PRIMES *pert li albe*, 2845.

PRINCIPAL. Adj., r. s. m. (*Principalem.*) *Si fiert Naimun en l'elme* PRINCIPAL, 3432.

PRIS. Verbe act., 1re p. s. de l'ind. prés. de *preiser.* (*Pretio.*) *Trestuz les altres ne* PRIS-*jo mie un guant*, 3189.

PRIS. Verbe act., 1re p. s. du parf. simpl. de *prendre* (*Prehendi*), 491.

PRIS (AI). Verbe act., 1re p. s. du

parf. comp. de *prendre* (*Habeo prehensum*), 199.

PRIS (AD). Verbe act., 3e p. s. du parf. comp. de *prendre* (*Habet prehensum*), 509, 1148, 2224, 2390, 2830.

PRIS (AVEZ). Verbe act., 2e p. p. du parf. comp. de *prendre* (*Habetis prehensum*), 1948.

PRIS (SEREZ). Verbe passif, 2e p. p. du fut. passif de *prendre*, avec un s. s. m. (*Essere habetis prehensus*), 434.

PRISE (AD). Verbe act., 3e p. s. du du parf. comp. de *prendre*, avec un r. s. f. (*Habet prehensam*), 97. Cf. 663, 2488.

PRISE (OÜSUM). Verbe act., 1re p. p. du plus-que-parfait du subj. de *prendre*, accompagné d'un r. s. f., et avec le sens du conditionnel passé (*Habuissemus prehensum*), 1729.

PRISES (AD). Verbe act., 3e p. s. du parf. comp. de *prendre*, avec un r. p. f. (*Habet prehensas*), 641. = Pour les huit mots précédents, voyez *Prendre*.

PRISET. Verbe act., 3e p. s. de l'ind. prés. de *preiser* (*Pretiat*), 636. V. *Preisir*.

PRIST. Verbe act., 3e p. s. du subj. prés. de *preiser* (*Pretiet*), 2739.

PRIST. Verbe act., 3e p. s. du parf. simpl. de *prendre* (*Prehendit*), 209, 1523, 1775, 2026, 2263, 2377, 2886. V. *Prendre*.

PRISTRENT. Verbe act., 3e p. p. du parf. simpl. de *prendre* (*Prehenderunt?*), 2706. V. *Prendre*.

PRISUN. R. s. f. *Prisun* n'a, dans le *Roland*, que le sens actuel. Ailleurs, il signifie aussi prisonnier (*Prensionem*) : *Hom ki ço set que ja n'averat* PRISUN, 1886. *Bramidonie qu'il meinet en sa* PRISUN, 3680.

PRIT. Verbe act., 3e p. s. du subj. prés. de *prier* (*Precet*, pour *precetur*), 854, 3272. V. *Pri*.

PRIUM. Verbe act., 1re p. p. de l'ind. prés. de *prier* (*Precamus*, pour *precamur*), 3808. V. *Pri*.

PRODUME. S. s. m. Homme courageux, homme d'honneur (étymologie très-douteuse. *Prudens homo* n'est pas admissible. *Probus* est, de toutes les hypothèses, la plus raisonnable pour expliquer *proz*; mais il reste encore bien des difficultés): *Ço est Climborins qui pas ne fut* PRODUME, 1485. On trouve encore, au s. s. m., trois autres formes : 1o PROZDOM, 1474, 2608; 2o PROZDOEM, 314; et 3o PROZDOME, 1593. — Voc., s. m. : PROZDOEM, 2916. — R. s. m. : 1o PROZDOM, 26; 2o PRODUME, 1288; 3o PRODOME, 1501. —S. p. m. : PRODUME, 3875. — R. p. m. : 1o PROZDOMES, 2212, 3076, et 2o PRODUMES(s), 3204. V. *Proz*.

PROECCE. R. s. f. Courage, action d'éclat (*Probitiam?*): *Vostre* PROECCE, *Rollanz, mar la veïsmes*, 1731. — R. p. f., PROECCES : *Ki de sun cors feïst tantes* PROECCES, 1564.

PROD. R. s. Avantage, profit (je ne puis croire à l'étymologie de Diez, *pro*; mais on peut admettre, avec Burguy, une influence de *prodesse*) : *Ja mar crerez bricun... Se de vostre* PROD *nun*, 220, 221. *Mult grant* PROD *i averez*, 699 et 3459. Cf. 507, 2305.

PROD. Adverbe. Suffisamment (on ne saurait admettre *probe*) : *Ne li est guarant* PROD, 1277, *et Ki tant ne set ne l'ad* PROD *entendut*, 2098.

PROPHETE. S. s. m. (*Propheta*.) *Dès les Apostles ne fut hom tel prophete*, 2255.

PROVEIRES. R. p. m. Prêtres (*Presbyteros*. *Prestre* est le cas sujet ; *proveire*, le cas régime) : *Asez i ad...* PROVEIRES *coronez*, 2956.

PROVENCE. R. s. f. (*Provinciam*), 2325, 3007, 3916.

PROZ. Adj., s. s. m. Courageux, bon (*Probus*, et non *prudens*) : *Oliver li* PROZ *e li gentilz*, 176. Cf. 576, 3186. *Vint i Gerins e li* PROZ *quens Gerers*, 794. *Rollanz est* proz e *Oliver est sage*, 1093. Les deux adjectifs *proz* et *sage* sont ici très-nettement opposés. *E l'Arcevesque ki fut sages e* PROZ, 3691. *Neimes ad fait que* PROZ, 2423.=En ce dernier vers, comme aussi au v. 604 (*Cunseill n'est* PROZ), le sens de « sage » est plus fortement accentué. Mais *probus* explique fort naturellement les deux acceptions. — R. s. m., PROZ: *Nen i ad nul si* PROZ, 2905. Cf. 172. — S. p. m., PROZ: *Cil ne sunt* PROZ *jamais pur guerreier*, 1514. Ce vers précieux nous montre le sens assez vague où restait le mot *proz*, qu'il a fallu ici commenter par les deux mots: *pur guerreier*. Cf. 1441.

PROZDOEM. V. le suivant.

PROZDOM. S. s. m. Homme courageux, homme d'honneur (*Probus homo?*), 1474, 2068. On trouve encore au s. s. m. : 2° PROZDOEM, 314; 3° PROZDOME, 1593, et 4° PRODUME, 1485. — Voc. s. m.: PROZDOEM, 2916. — R. s. m.: 1° PROZDOM, 26; 2° PRODUME, 1288; 3° PRODOME, 1501. — S. p. m.: PRODUME, 3875. — R. p. m.: 1° PROZDOMES, 2212, 3076, et 2° PRODUME(s), 3264. V. *Proz*.

PUEZ. Verbe neut. et act., 2ᵉ p. p. de l'ind. prés. du verbe « pouvoir ». Vous pouvez (bas lat. *Potetis?*), 74, 1175, 3206.

PUI. R. s. m. Montagne (*Podium*): *Oliver est muntez desur un* PUI *haltur*, 1017. *Entr'els nen at ne* PUI *ne val ne tertre*, 3292. — S. p. m., PUI: *Halt sunt li* PUI (e) *li val tenebrus*, 814. Cf. 1755. — R. p. m., PUIS: *Les chef(s) en prist es* PUIS *desuz Haltilie*, 209. Cf. 714.

PUI. R. s. m. Nom propre (? *Podium, podio*): *Li quens Rollanz... Faldrun de Pui i ad par mi trenchet*, 1871.

PUIGN. R. s. m. Poing (*Pugnum*), 466; PUI(N)G, 415 (?); POING, 767, 874, 1903, 2678, 2701, 3845. — R. p. m.: PUINZ, 3868; POINZ, 720, 1359, 1612.

PUIGNANT. Part. prés., s. s. m. de *puindre*. Éperonnant (*Pungens*): *Muntet el'cheval, vient à sa gent* PUIGNANT, 2841. Cf. POIGNANT, au v. 2055. — R. s. m.: POIGNANT, 889. V. *Puint*.

PUIGNENT. Verbe act., 3ᵉ p. p. de l'ind. prés. de *puindre*. (*Pungunt*.) PUIGNENT *ad ait tuit li barun de France*, 1844.

PUIGNEÜRS. V. le suivant.

PUINNERES. S. s. m. Combattant (*Pugnator*): *Li quens Oger li Daneis, li* PUINNERES, 3033. — R. s. m. POIGNEOR, 3775. — R. p. m., PUIGNEÜRS: *Mil chevalers i laissat* PUIGNEÜRS, 3677.

PUILLAIN. S. p. m. (Sont-ce les Polonais? Les *Polanes* ou Slaves de la plaine envahirent, au vIᵉ siècle, les vallées de la Vistule, et leur nom fut donné à tout le pays. Mais il est plutôt question, dans le vers suivant, des hommes de la Pouille, comme nous l'avons dit en notre note du v. 2923. Or Pouille vient d'*Apulia*.) *Romain,* PUILLAIN *e tuit cil de Palerne*, 2923.

PUILLANIE. R. s. f. Un des pays conquis par Roland. On peut supposer qu'il s'agit ici de la Pologne; mais c'est encore une hypothèse. (V. le mot précédent.) *Jo l'en cunquis... Burguigne e trestute* PUILLANIE, 2328.

PUILLE. R. s. f. Pouille (*Apuliam*): *Cunquist* PUILLE *e trestute Calabre*, 371.

PUINT. Verbe act., 3ᵉ p. s. de l'ind. prés. de *puindre*. Éperonne (*Pungit*): PUINT *le ceval*, 3547. 3ᵉ p. p.: PUIGNENT, 3547. — Part. prés., s. s. m.: PUIGNANT, 2841, et POIGNANT, 2055. — R. s. m.: POIGNANT, 889.

PUINZ. R. p. m. Poings (*Pugnos*), 3868. V. *Puign*.

PUIS. R. p. m. Montagnes (*Podios*), 209, 714.

PUIS. (*Possum*.) 1° Conjugaison: Ind. prés. 1ʳᵉ p. s.: PUIS, 254; POIS, 657, 1548, 2412; POI, 1365. 2ᵉ p. s.:

poez (pour poes), 2456. 3ᵉ p. s. : poet, 9, 61, 95, 278, 615, 773, 825, 959, 980, 1034, 1683, 1992, 2203, 2381, 3913. 1ʳᵉ p. p. : puum, 1238, et poüms, 1695. 2ᵉ p. p. : puez, 74, 1175, 3206, et poez, 1104, 1538. 3ᵉ p. p. : poedent, 1841 ; poéent, 3063, et poent, 1440, 1625, 2493. — Imparf. de l'ind. 3ᵉ p. s. : poeit, 2216. — Parf. simple, 3ᵉ p. s. : pout, 344, 1037, 1218, 1541, 2219, 2314.— Fut. 1ʳᵉ p. s. : purrai, 146, 581. 3ᵉ p. s. : purrat, 34, 156, 334, 1744. 1ʳᵉ p. p. : purrum, 1007, 1698 ; porrum, 973 ; purum, 1007, et purruns, 252. 2ᵉ p. p. : purrez, 133.— Cond. 3ᵉ p. s. : purreit, 534, 596. —Subj. prés. 3ᵉ p. s.: puisset, 2522 ; poisset, 1555, 1993. 2ᵉ p. p. : puissez, 480. 3ᵉ p. p. : poissent, 3049. — Imparf. du subj. 3ᵉ p. s. : poüst, 1182 (sens du conditionnel). 1ʳᵉ p. p. : poüssum, 631, et poüsum, 624. — Part. prés. employé adjectivement, s. s. m. : puisant, 2731, et r. s. f. : poisant, 3111. = 2° Sens. *a*. L'emploi le plus fréquent de ce verbe est avec l'infinitif d'un autre verbe : *Jo i* puis aler, 254. *Ne* pois amer *les voz*, 1548. Cf. 9, 95, 2456, etc. etc. Et avec un neutre tel que *il venant d'illud* : Il *ne* poet estre *qu'il seient deseverez*, 3913. Cf. 61. — *b*. Il s'emploie absolument, dans le sens de nos locutions : « Comme je puis, autant que je puis » : *Si cum il* poet, *à l'Arcevesque en vint*, 2203. *Kar chevalchez à quanque vos* puez, 1175. *Cum il einz* pout, *de l' pui est avalet*, 1037. *Vait le ferir li bers quanque il* pout, 1541. Cf. 615. — *c*. Un sens plus net et plus fort nous est offert par le vers 3049. *Poissent* y a la valeur de « soient puissants » : *Suz ciel n'ad gent ki plus* poissent *en camp*. C'est le même sens que reçoit le participe présent, employé adjectivement : *Li Amiralz est riches e* puisant, 2731. *Seignat sun chef de la vertut* poisant, 3111.

PUIS. Est tantôt adverbe, tantôt préposition, tantôt conjonction (avec que). Dans les trois cas, il dérive de *post* : 1° Adverbe. *Seit ki l'ociet, tute pais* puis *averiumes*, 391. Cf. 225, 626. *Unc einz ne* puis *ne fut si fort ajustée*, 3394. Cf. Pois, 656, 660, 1358, etc.=2° Préposition. Puis *icel jur*, 664. *Enceis ne* puis *cel tens*, 3382. = 3° Conjonction. Puis que (*Postquam*), a d'abord le sens de « après que » : Puis que *il est sur son cheval muntet*, 896. Puis que *il sunt à bataille justes*, 3858. Mais il arrive graduellement au sens actuel de « puisque » : Puis que *l' cumant, aler vos en estoet*, 318.

PUISSET. Verbe actif et neutre. 3ᵉ p. s. du subj. prés. Puisse (*Possit*), 2522, et poisset, 1555, 1993, 2522.

PUISSEZ. Verbe actif et neutre. 2ᵉ p. p. du subj. prés. Puissiez (*Possitis*), 480.

PULCELE(S). R. p. f. Jeunes filles (*Pullicellas*) : *Le remembre... des* pulcele(s) *e des gentilz oixurs*.

PULDRE. S. s. f. Poussière (du r. *Pulverem*) : *Si se levet la* puldre, 3633.

PULDRUS. R. p. m. Poudreux (*Pulverosos*) : *Veeir puez les granz chemins* puldrus, 2426.

PULMUN. R. s. m. Poumon (*Pulmonem*) : *Trenchet li le cuer... e le* pulmun, 1278.

PUME. R. s. f. Pomme (forme féminine de *pomum*) : *En sa main tint une vermeille* pume, 386.

PUMER. R. s. m. Pommier (*Pomarium*) : *Ardent cez hanstes de fraisne e de* pumer, 2537. Ce mot se trouvant en assonance dans un couplet en *ier*, la forme correcte est *pumier*.

PUNZ. S. s. m. Le pommeau de l'épée, et non pas la poignée, comme l'ont cru D. Carpentier, F. Michel et Bartsch. (V. dans Ducange le mot *pontus*, dans un document de 1425. Mais *pontus* a été fait sur *punz*. L'étymologie *pugnus* est donnée par Gachet, mais elle n'explique pas le *t* de PUNT. Faut-il supposer un mot fait sur *pomum* ?) *D'or est li helz e de cristal li* PUNZ, 1364. — R. s. m., PUNT: *En sun puign destre par l'orié* PUNT *la tint*, 466. *En l'oriet* PUNT *asez i ad reliques*, 2345. Cf. 2506. — R. p. m., PUNZ: *Ceintes espées as* PUNZ *d'or neielez*, 684.

PUNZ. R. p. m. Ponts (*Pontes*): *Passent .X. portes, traversent .IIII.* PUNZ, 2690.

PUR et POR. Préposition. (La forme correcte est *pur.* Pro.) 1° Avec un substantif. *a.* « En faveur de... »: PUR *vos le dei ben faire*, 807. — *b.* « Au nom de... »: *Direz à Charlemagne* PUR *le soen Deu qu'il ait mercit de mei*, 81, 82. PUR *Deu vos pri*, 1473. Cf. 1693. — *c.* « A cause de... »: *De Marsilie s'en fuient* POR *la chrestientet — Que il ne voelent ne tenir ne guarder*, 686. *N'en descendrat* PUR *malvaises nuveles*, 810. *De mort n'averat guarantisun* PUR *hume*, 924. PUR *sa bellet, dames li sunt amies*, 957. *Que mi parent* PUR *mei scient blasmet*, 1063. *Ço est li granz dulors* POR *la mort de Rollant*, 1437. *Plurent...* PUR *lor parenz*, 1447. POR *ço est drud à l' felun rei Marsilie*, 1646. Cf. 1517 et 3908. — *d.* Avec QUEI ou QUE, PUR a le sens de notre « pourquoi »: PUR QUEI *t'esrages*, 286. POR QUEI *me portez ire*, 1722. *E! Malvais Deus*, POR QUEI *nus fais tel hunte*, 2582. PUR QU'*alez arestant*, 1783. Il faut observer que *por quei* signifie aussi « c'est pourquoi »: *Rollanz me forfist... POR* QUE(I) *jo quis sa mort*, 3759. — *e.* Avec POI ou POI QUE, *pur* a un sens spécial: PUR POI *d'ire ne fent*, 304. POR POI QUE *n'est desvet*, 2789. (Peu s'en faut qu'il n'en devienne fou.) = 2° Avec un verbe. *a.* « Afin de... »: *Prozdom i out* PUR *sun seignur aider*, 26. *S'en volt ostages, e vos lui enveiez — U dis u vint* PUR *lui afiancer*, 41. POR *la raisun cunter*, 68. Cf. 3785. — *b.* « Pour ce qui est de... S'il s'agit de... »: *Ja* PUR *murir ne vus en faldrat uns*, 1048. *Ja* PUR *murir n'eschiverunt bataille*, 1096. = PUR uni à ÇO QUE forme une véritable conjonction qui se présente dans le *Roland* avec deux sens bien distincts. 1° « Afin de... »: PUR ÇO QUE *plus bel seit*, 1004. On trouve dans le même sens PUR QUEI: *Baptisez-la* PUR QUEI *Deus en ait l'anme*, 3981. C'est une erreur du scribe; il faut PUR QUE.—2° « Parce que... »: *En la teste ad dulor* POR ÇO QUE *il cornat*, 2101, 2102.

PURCACET (SE). Verbe réfl. 3e p. s. de l'ind. prés. de *purcacier*. Se préoccupe, a souci (*Se pro-captiat*): *Li reis Marsilie s'*EN PURCACET *asez*, 2612.

PUROFFRIT. Verbe act. 3e p. s. du parf. simple de *puroffrir*. (De *pro-offerire*.) *Sun destre guant à Deu en* PUROFFRIT, 2389. Cf. PUROFFRID au vers 2365.

PURPAROLENT. Verbe act. 3e p. p. de l'ind. prés. de *purparler*. Arranger, disposer, combiner (*Pro parabolant*): *Là* PURPAROLENT *la traïsun seinz dreit*, 511. — Parf. simple, 3e p. s., PURPARLAT: *Si'l* PURPARLAT *Oger de Denemarche*, 3856.

PURPENSET (SE FUT). Verbe réfl. 3e p. f. du parf. comp. de PURPENSER. Eut réfléchi (*Se fuit propensatum*): *Mais li quens Guenes se fut ben* PURPENSET, 425. — Impér. 2e p. s., TE PURPENSES: *Dist l'Amiraill*: « *Carles, kar* TE PURPENSES, » 3589. — Part. passé, r. s. m.: PURPENSET, 425. S. p. m., PURPENSEZ: *Pur Deu vos pri, en seiez* PURPENSEZ, 1177.

PURPERNEZ. V. le suivant.

PURPRISES (UNT). Verbe actif, 3e p. p. du parf. comp. de *purprendre*, avec un r. p. f. Ont environné, couvert (*Pro-prehensas habent*): *De la contrée* UNT PURPRISES *les parz*, 3332. = Le sens est un peu différent dans le vers suivant, où ce verbe nous est offert à la 2e p. p. de l'impératif : *Si* purpernez *les deserz e les tertres*, 805. *Purpernez* peut ici se traduire par « occupez ».

PURQUEI. V. *Pur*.

PURRAI. Verbe actif et neutre, 1re p. s. du futur (*Potere-habeo*), 146, 581.

PURRAT. Même temps, à la 3e p. s. (*Potere-habet*), 34, 156, 334, 1744.

PURREIT. Cond. du même verbe, 3e p. s. (*Potere-habebat*), 534, 596.

PURREZ. Futur du même verbe, 2e p. p. (*Potere-habetis*), 133, 2735.

PURRUM. Même temps, 1re p. p. (*Potere habemus*), 1698.

PURRUNS. Autre forme du précédent, 252.

PURUM. Troisième forme du même, 1007. Pour les sept mots précédents, voy. *Puis*.

PUT. Adj. r. s. m. Mauvais, puant (*Putidum*): De put *aire*, 763. V. *Aire*.

PUUM. Verbe actif et neutre, 1re p. p. de l'ind. prés. (bas latin *potemus*), 1238. V. *Puis*.

Q

QUAN. Conj. Lorsque (*Quando*) : Quan *l'ot Marsilie*, 601. V. *Quant*, qui est la forme correcte.

QUANQUE. Conj. « Autant que… » (*Quanque* ne vient pas de *quantumcunque*, comme l'ont pensé Chevallet et Génin, mais de *quantum quod*) : *Vait le ferir li Quens* quanque *il pout*, 1198 et 1541. Quanqu'*il poet s'esverluet*, 2298. Et il s'unit, dans le même sens, à la prép. *à* (*Ab quanto quod...*) : *Kar chevalchez à* quanque *vos puez*, 1175. = Quanque est un véritable adjectif r. s. au vers 3202 : *Jo vos otri* quanque *m'avez ci quis*.

QUANT. Conj. Lorsque (*Quando*) : Quant *se redrecet, mult par out fier lu vis*, 142. Cf. 51, 251, 2082, 3934, etc. Cf. Quan au vers 601.

QUANZ. Adj., r. p. m. Combien (*Quantos*. Ducange cite des exemples où *quantus* est employé pour *quot*) : *Cuntes e Dux i ad ben ne sai* quanz, 2650. *Drodmunz i ad ne vos sai dire* quanz, 2730.

QUAR. Conj. « En effet… » (*Quare*): *A tort vos curuciez*; quar *ço vos mandet Carles*, 469, 470. Cf. Kar, 390, 682, 742, 1051, 1131, 1175, 1366, 1676, 1724, 3589… et car, 358, 1059, 1806, 1840, 2005, 2428, 2686, 3751, 3768 et 3902. = Nous avons, notamment au premier de ces mots, exposé les différents sens de cette conjonction. Quar, plus étymologique, était déjà abandonné.

QUARANTE. Nom de nombre (*Quadraginta*) : *Ensembl' od lui de ses baruns* quarante, 3936.

QUARREL. R. s. m. Carreau d'arbalète (*Quadrellum*, et non *quadratellum*) : *D'un arbaleste ne poet traire un* quarrel, 2265.

QUARTE. Adject. numéral, s. s. f. Quatrième (*Quarta*), 3225, 3241, 3255. — R. s. f. : quarte, 3036.

QUARTERS. R. m. p. Quartiers de l'écu, divisions matérielles produites sans doute par les bandes de fer qui assujettissaient le cuir sur le bois ou qui consolidaient le *fût* (*Quartarios*) : *En lur cols pendent lur escuz de* quarters, 3867. = Ce mot se trouvant en assonance dans une laisse en *ier*, la forme correcte *quartiers*.

QUASSET. Verbe act., 3e p. s., de l'ind. prés. de *quasser*. Brise, rompt, casse (*Quassat*) : *L'escut li freint, cuntre le coer li* quasset, 3448. — Parf. comp., 3e p. p., avec un r. p. m., unt quasset : (Unt) quasset *sun elme, si l'unt n'affret el' chef*, 2078. — Part. passé, r. s. m. : QUASSET, 2078.

QUAT. R. s. m. : *Li paīens chet cuntreval à un* QUAT, 1267. M. Fr. Michel dérive *quat* de *casus;* mais cette hypothèse ne permet pas notamment d'expliquer le *t* final. Étymologie douteuse. N'y aurait-il point là une mauvaise lecture du scribe, et ne pourrait-on pas admettre *quall???* Nous avons traduit néanmoins d'après la première supposition, à laquelle se sont, d'ailleurs, rattachés tous les traducteurs.

QUATRE. Nom de nombre (*Quatuor*), 185, 1686, 2268, 2272, 3729, 3964, 3967.

QUE. Pron. relatif, R. s. m. (*Quem.*) *Dunez mei l'arc* QUE *vos tenez el' poign*, 767. Cf. 780, 2859, etc. — R. s. f. (*Quam.*) *Ma bone espée* QUE *ai ceint à l' costet*, 1067. *Ci falt la geste* QUE *Turoldus declinet*, 4002, etc. — R. p. m. (*Quos.*) *Li .XII. per* QUE *jo aveie laiset*, 2410. Cf. 154, etc. — R. p. f. (*Quas.*) *Cez paroles* QUE *vos avez ci dit*, 145. Cf. 90, etc. etc. — Le r. n. latin, tant singulier (*Quod*) que pluriel (*Quæ*), donne également QUE…

QUE interrogatif. (*Quid.*) S. s. n. : *Deus!* QUE *purrat ço estre*, 334. *Caitifs,* QUE *devendrum*, 2698. — R. s. n.: *Cumpainz,* QUE *faites vos*, 1360. QUE *fereient il el*, 1185. Cf. 2812. QUE *me loez de cels qu'ai retenuz*, 3948, etc. Et, sans interrogation directe : *Or ne sai-je* QUE *face*, 1982. = De même que *quid*, pris adverbialement, signifie « pourquoi » dans la meilleure latinité; de même notre *que* a ce sens dans la langue du *Roland : E! reis amis,* QUE *vos ici nen estes*, 1697. *E! lasse!* QUE *nen ai un hume qui m' ociet*, 2723, etc. Cf. en latin *quid ni.*

QUE. Conjonction. 1° Venant de *quàm. a.* Après un comparatif : MELZ *en valt l'or* QUE *ne funt cinc cenz livres,* 516. PLUS *curt à pied* QUE *ne fait un cheval,* 890. Cf. 516, 978, 1091, 1111, etc. (*De* s'emploie pour *que*, après un comparatif, devant un nom ou un pronom: *Meillor vassal n'out en la curt* DE *lui*, 775, etc.) — *b.* Dans les locutions *puis* QUE, 818, 1095, 896, *einz* QUE, 1690, et *enceis* QUE, il faut admettre les étymologies *postquam* et *antequam.* = 2° Venant de *quod*, QUE a les sens les plus nombreux et les plus divers : *a.* Tous les sens de notre *que* actuel pour exprimer la relation entre deux actions, entre deux verbes : *Ne s' poet guarder* QUE *mals ne li ateignet*, 9. *Il est juget* QUE *nus ocirum*, 884. *Dient alquanz* QUE *diables i meignent*, 983. Cf. 769, etc. etc. — *b.* « Afin que… »: *Par amistiez… la vos duins,* QUE *nos aidez de Rollant*, 623. *Or guart chascuns que granz colps i empleit*, — QUE *malvaise cançun de nus chantet ne seit*, 1013, 1014. *El' camp estez* QUE *ne seiez vencuz*, 1046. — *c.* « Si bien que… De telle sorte que… »: *Carles se dort* QU'*il ne s'esveillet mie,* 721. *Si purpernez les deserz…* QUE *l'Emperere nisun des soens n'i perdet*, 806. *Empeint le bien…* QUE *mort l'abat,* 1273, 1279, 1580. Cf. 2021, 3183. — *d.* « Pour que… »: *Cum fus si os* QUE *me saisis*, 2293… — *e.* « En ce que… »: *Carles fist que proz qu'il nus laisad as porz*, 1209. — *f.* « Comme » (ici *quod* a le sens de *sicut*, à moins toutefois qu'on ne le veuille regarder comme un pronom neutre, et non comme une conjonction): *Jo fereie* QUE *fols,* 1035. (*Carles*) *fist* QUE *proz*, 1209, etc. — *g.* Locutions diverses qui ne nous sont point restées, et où « *que* » vient également de *quod : Ne lerrai* QUE *ne l' mat*, 893. *Ne poet muer* QUE *des oilz ne plurt*, 773. *Se ne l'asaill, dunc ne faz jo* QUE *creire*, 987. = 3° QUE employé pour *qui… : Il n'en i ad chevaler ne barun* — QUE *de pitet ne plurt*, 2418, 2419. *Piere n' i ad* QUE *tute ne seit neire*, 982. *N' unt guarnement* QUE *tut ne reflambeit,*

1003. Cf. 757 (?) et 1693... Telles sont les trois origines de la conjonction *que* dans le *Roland* : il importait de les distinguer nettement l'une de l'autre. = Il est inutile d'ajouter que la même conjonction s'unit avec certaines prépositions pour former des locutions conjonctives : EINZ QUE; ENCEIS QUE, 811, 1690; PUIS QUE, 818, 896, 1095; POR ÇO QUE, 1004, etc. Dans les trois premières de ces locutions, QUE vient de *quàm*. = QUE se combine avec le pronom. C'est ainsi que *quels* est pour *quod illos* : *Or est le jur* QUEL's *estuverat murir*, 1242. = Une dernière observation : Nos pères négligeaient ou supprimaient la conjonction *que* en beaucoup de cas où nous n'oserions point ne pas nous en servir : *Ço sent Rollanz la veüe ad perdue*, 2297. *Ne lesserat bataille ne lur dunt*, 859. *Carles li magnes ne poet muer n'en plurt*, 841. Le subjonctif suffisait alors, et la phrase y gagnait en vivacité. C'est une de ces libertés, ou, plutôt, un de ces usages que nous aurions dû garder.

QUE QUE. « Quoi que, quelle que soit la chose que... » (*Quidquid*) : QUE QUE *Rollanz à Guenelun forsfesist*, 3827.

QUEI. Adj. s. p. m. Tranquilles, « qui se tiennent coi » (*Quieti*) : *Icels d'Alverne... se cuntienent plus* QUEI, 3797.

QUEI. Quoi (*Quid*) : *De* QUEI *avez pesance*, 832. = PUR QUEI a trois sens, 1° « C'est pourquoi »: *Rollanz me forsfist...* POR QUE(I) *jo quis sa mort*, 3759. = 2° « Pourquoi »: PUR QUEI *t'esrages*, 286. POR QUEI *me portez ire*, 1722. *E! malvais Deus*, POR QUEI *nus fais tel hunte*, 2582. = 3° « Afin que... »: *Baptisez la* PUR QUEI *Deus en ait l'anme*, 3981. Dans ce dernier sens, PUR QUEI est au lieu de « PUR QUE ».

QUELS. Adj., s. s. m. (*Qualis*.) *Mais jo ne sai* QUELS *en est sis curages*, 191. LI QUELS *d'els la veintrat*, 735. LI QUELS *d'els dous en fut li plus isnels*, 1387. *Ne set* LI QUELS *abat ne* QUELS *chiet*, 2553. *Mais ço ne set* LI QUELS *veint ne* QUELS *nun*, 2567. Ces deux exemples montrent très-clairement qu'on employait *quels* tantôt avec et tantôt sans l'article *li*. — S. s. n. (?) : *Oez, seignurs,* QUEL *pecchet nus encumbret*, 15. *Deus!* QUEL *doel de baron*, 1536. On peut dans ce dernier exemple voir un régime plutôt qu'un sujet. Il y a doute. — R. s. f., QUEL : *En* QUEL *mesure*, 146. *Ne li chalt, sire, de* QUEL *mort nus muriuns*, 227, Cf. 593, 631. QUEL *part qu'il alt*, 2034. On trouve deux fois QUELE. Au vers 927 (*A sez orrez* LA QUELE *irat desure*), on peut supposer une erreur du scribe; mais au vers 395 (*Pur* QUELE *gent*), la mesure exige bien QUELE. C'est déjà le commencement de la décadence; c'est la violation de cette belle règle qui peut ainsi se formuler : « Les adjectifs latins n'ayant qu'une terminaison pour le masculin et le féminin, ont donné naissance à des adjectifs français qui n'ont également qu'une seule forme pour les deux genres... »

QUENS. S. s. m. Comte (*Comes*), 194, 625, etc. — Voc. s. m. : QUENS, 2045. — R. s. m. : QUENS, par erreur, et CUNTE (*Comitem*), qui est la forme correcte. V. ce mot.

QUER. R. s. n. Cœur (*Cor*) : *La mort... sur le* QUER *li descent*, 2356. R. p. n., QUERS : *E tuz les* QUERS *en paile recuillir*, 2965. Cf. au s. s. n. : COER, 2019; au r. s. n. : COER, 1107, 1278, 1438, 1447, 1556, et au r. p. n. : COERS, 3628.

QUERANT. V. le suivant.

QUERRE. Verbe act. Inf. prés. Chercher, demander, dans tous les sens actuels de ce mot au propre et au figuré (*Quærere*) : *Quant l'Empereres vait* QUERRE *sun nevold*, 2870. Cf. 1782 (avec le sens d'attaquer),

2180, 2947, et QUERE, 1700, 3296. — Parf. simpl., QUIS : *Jo* QUIS *sa mort*, 3759. — Parf. comp., 2ᵉ p. p., avec un r. s. n., AVEZ QUIS : *Je vos otri quanque m'* AVEZ *ci* QUIS, 3202.—Parf. antérieur, 3ᵉ p. s., avec un r. s. f., OUT QUIS : *Unc n' i* OUT QUIS *juinture*, 1333.—Cond., 3ᵉ p. p. : QUERREIENT, 404. — Part. prés., s. s. m. : *En France dulce le [voeill] aler querant*, 2661. Cf. 3375. S. p. m. : QUERANT, 1166. — Part. pass., r. n. : QUIS, 1333, 3202.

QUI. Pron. relatif, s. s. m. (*Qui.*) *La siet li Reis* QUI *dulce France tient*, 116. *N'i ad eschipre* QUI *s' cleimt se par lui nun*, 1522. — S. s. f. : *Jo n' en ai ost* QUI *bataille li dunne*, 18. — S. p. m. : *Idunc plurerent C. milie chevalers — Qui pur Rollant de Tierri unt pitiet*, 3870, 3871, etc. = *Qui*, dévié de son sens étymologique, s'emploie déjà avec une préposition A UN AUTRE CAS QU'AU CAS SUJET : *En* QUI *il se fiet*, 586. Ce qui n'empêche pas le vers suivant d'être au moins douteux : *Salvez seiez... d'Apollin* QUI *saintes leis tenuns*, 417. = Mais il est un grand nombre de cas où *qui* dérive évidemment du datif latin *cui*, et non du nominatif *qui*. C'est un fait qui n'a point été suffisamment mis en lumière. Tels sont les exemples suivants : QUI *qu' en peist u* QUI *nun*, 1279. *Mult ben espleitet* QUI *Damnes Deus aiuet*, 3657. *De ço* QUI *calt*, 1405, 1840, 1913, 3339. = QUI est également interrogatif, et l'on peut dire, sans témérité, qu'en ce cas il dérive de *quis* : QUI *i purrum enveier*, 244, 252. *Quis*, d'ailleurs, s'était, dans l'usage vulgaire, confondu avec *qui*. = Une dernière remarque. Nous trouvons dans notre vieux texte la locution KI QUE ou plutôt QUI, dans le sens de « quel que soit celui qui » : KI *que l' blasme ne* QUI *l' lot*, 1546. Cf. KI QUE's *rapell*, 1912, et KI QUEL' *cumpert*, 1592. = QUI, combiné avec SE, donne QUIS : *N' i ad eschipre* QUI s' *cleimt*, 1522. Cf., pour une autre combinaison, KI L' aux v. 833 et 2380. = La forme qui, dans le *Roland*, est de beaucoup le plus usitée, est *ki*. (V. 617, 194, etc. etc.) Le scribe, d'ailleurs, n'avait aucune préférence marquée pour l'une ou l'autre de ces formes. Il les employait au hasard, quelquefois dans le même vers (1546) ou d'un vers à l'autre (18). C'est un cas assez fréquent.

QUID. Verbe actif, 1ʳᵉ p. s. de l'ind. prés. de *quider*. Je pense (*Cogito*) : *Si 'n averez, ço* QUID, *de plus gentilz*, 150. Cf. 1590, 1666. 3ᵉ p. s., QUIDET : *Rendre le* QUIDET *u mort o recreant*, 2733. Cf. 3724. C'est ce mot que la Fontaine cite encore : « Tel, comme dit Merlin, CUIDE en« geigner autrui. » QUIET : *Par quele gent* QUIET-IL *espleiter tant*, 395. Cf. 1588 ; 3ᵉ p. p. : QUIDENT, 2121, 3004. — Parf. simpl., 2ᵉ p. s. : QUIAS, 764 ; 3ᵉ p. s. : QUIAD, 3506.

QUIEMENT. Adverbe. Tranquillement (*Quieta-mente*) : *Mult* QUIEMENT *le dit à sei meïsme*, 1644.

QUINT. Adjectif numéral, s. s. m. (*Quintus.*) *Li* QUINT (*estur*)... *lur est pesant e gref*, 1687. — S. s. f., QUINTE : *La* QUINTE (*eschele*) *est de Solteras e d'Avers*, 3242. Cf. 3226, 3256. — R. s. f. : QUINTE, 3045.

QUINZE. Nom de nombre (*Quindecim*), 109.

QUIR. R. s. Cuir (*Corium*) : *Si 'n deit hom perdre e de l'* QUIR *e de l' peil*, 1012. — R. p., QUIRS : *En* QUIRS *de cerf les baruns unt mis*, 2968. Cf. 3249, 3563.

QUIS. Verbe actif, 1ʳᵉ p. s. du parf. simpl. de *Querre*. Je recherchai, je poursuivis (*Quæsivi*) : *Jo* QUIS *sa mort*, 3759.

QUIS (OUT). Verbe actif, 3ᵉ p. s. du parf. antérieur de *Querre*, avec un r. s. f. (*Habuit quæsitum*), 1333.

QUIS (AVEZ). Verbe actif, 2ᵉ p. p. du parf. comp. de *Querre*, avec un r.

n. Vous avez demandé (*Habetis quæsitum*), 3202.

QUISINE. R. s. f. (*Coquinam.*) *C. cumpaignuns de la* QUISINE, 1822.

QUISSE. R. s. f. Cuisse (*Coxam*), 1653. V. *Cuisse.*

QUITE. Adjectif, r. s. m. Acquitté, libre de toute servitude, quitte. (*Quietum, quitum.*) Clamer QUITE quelque chose à quelqu'un, c'est la lui donner sans aucune réserve : QUITE *vus cleimet d'Espaigne le regnet*, 2787. C'est encore acquitter un accusé : *Que Guenelun* CLEIMT QUITE *ceste feiz*, 3800. — R. s. f., QUITE : (*Espaigne*) QUITE *li cleim*, 2748. — S. p. m., QUITES : *Ben sunt asols e* QUITES *de lur pecchez*, 1140.

QUITEDET. R. s. f. Liberté, tranquillité (*Quietatem*) : *Si nus remeindrat Espaigne en* QUITEDET, 907.

QUITES. Adjectif, s. p. m. (*Quieti*), 1140. V. *Quite.*

R

RABE. R. s. m. Nom d'un comte français (par erreur, pour *Rabel*), 3014. V. le suivant.

RABELS. S. s. m. Nom d'un comte français (?) : *Li quens* RABELS *est chevaler hardiz*, 3348, 3352. — R. s. m., RABE (au lieu de RABEL) : *Carles apelet* RABE *e Guineman*, 3014.

RACATET. Verbe actif. Ind. prés., 3ᵉ p. s. (*Re-accaptat.*) Le sens est celui de « réunir, rassembler » : *D'un graisle cler* RACATET *ses cumpaignz*, 3194. 3ᵉ p. p., au sens neutre, RACHATENT : *E luil* RACHATENT *encuntre l'olifant*, 1833. Ce vers, sur lequel on a beaucoup discuté, nous paraît signifier : « Tous se réunissent pour lutter contre le son du seul olifant de Roland. »

RAGE. S. s. f. (*Rabies* par la consonification de l'*i*.) *El' cors vos est entrée* MORTEL RAGE, 747. R. s. f., RAGE : *Par sun orgoill cumencet mortel* RAGE, 2279.

RAIET. Verbe neutre, 3ᵉ p. s. de l'ind. prés. (*Radiat.*) *Li sancs tuz clers par mi le cors li* RAIET, 1980.

RAISUN. R. s. f. Discours, parole (*Rationem*) : *Li reis Marsilie... apelat... Blancandrin, por la* RAISUN *cunter*, 68. *Li Empereres out sa* RAISUN *fenie*, 193. *D'une* RAISUN *oï Rollant parler*, 2863; et RAISON : *Si li ad dit par mult fière* RAISON. ═ Rem. les locutions « finir sa raison, conter sa raison », etc.

RALIER. Verbe actif. Inf. prés. (*Realligare.*) *Sunet sun gresle pur les soens* RALIER, 1319. — Ind. prés., 3ᵉ p. p. : *Par tut le camp ses cumpaignes* RALIENT, 3525. Je pense qu'ici le sens est neutre, et que *ralient* signifie : « Se rallient... »

RANCUNE. R. s. f. (*Rancuriam, rancuniam*, fait sur *rancor, rancoris.*) *X. colps i fiert par doel e par* RANCUNE, 2301.

RAPELT. Verbe actif, 3ᵉ p. s. du subj. prés. de *rapeler.* (*Re-appelet*). *Ki que's* RAPELT, *ja n'en returnerunt*, 1912.

RECEIF. Verbe actif, 1ʳᵉ p. s. de l'ind. prés. du verbe *receivere*. (*Recipio.*) *De vos* RECEIF *jo le guant*, 1376, et, dans un sens plus spécial : *Vos* RECEIF-*jo frere*, 1376. V. *Receivere.*

RECEIF. Verbe actif. Impér., 2ᵉ p. s. de *receivere*. (*Recipe.*) RECEIF *la lei que Deus nos apresentet*, 3597. V. *Receivere.*

RECEIT. Verbe neutre, 3ᵉ p. s. de l'ind. prés. de *receivere* (*Recipit*), 464. V. *Receivere.*

RECEIVERE. Verbe actif. 1ᵒ CONJUGAISON. Inf. prés. : RECEIVERE,

1178. — Ind. prés., 1re p. s. : receif, 1376, 2838 ; 3e p. s. : receit, 464. — Parf. simpl., 3e p. s. : reçut, 770, 2825.—Parf. comp., avec un r. s. m. : ad reçut, 782. — Fut., 1re p. s. : receverai, 85 ; 3e p. s. : receverat, 189, 225, 695, et (?) recevrat, 2620. 1re p. p. : recevrums, 1922 (?) ; 2e p. p. : receverez, 38. — Impér., 2e p. s. : receif, 3597 ; 2e p. p. : recevez, 320. — Subj. prés., 2e p. p. : recevez, 431. Part. pass., r. s. n. : reçut, 782. = 2o Sens. a. Receivere a tout d'abord le sens primitif de « recueillir, prendre dans ses mains » : *De vos* receif *le guant*, 2838. *Gelet le [mantel] à tere, si l'* receit *Blancandrin*, 464. Cf. 320. (Au vers 2825 : « Recevoir dans ses bras quelqu'un qui s'évanouit et tombe. ») — b. « Subir le martyre, recevoir des coups » : *De colps ferir, de* receivere *e duner*, 1922. *Ci* recevrums *martirie*, 1922. —c. Accueillir, accepter (dans le sens de notre expression : « recevoir bachelier ») : *Ço dist Rollanz : (Or) vos* receif *jo frere*, 1376.—d. « Recevoir la chrétienté, la foi chrétienne, » c'est se convertir à la foi catholique : *Si* receverez *la lei de chrestiens*, 38. *Si* receverai *la chrestiene lei*, 85. *Si* receverat *la nostre lei plus salve*, 189. *Si* recevrat *seinte chrestientet*, 2620. Cf. 225, 431, 695, 3597.

RECERCELET. Part. passé, r. s. du verbe *recerceler*. Des cheveux *recercelez* sont des cheveux qui font des boucles, qui « frisent » (*Re-circillatum*. V. Ducange au mot *circillatus*) : *Le chef* recercelet, 3161.

RECERCER. Verbe actif. Inf. prés. Fouiller, scruter (*Re-circare*) : *Le camp vait* recercer, 2200.

RECET. R. s. Maison (*Receptum*) : *Nen ad* recet *dunt li mur ne cravent*, 1430.

RECLAIMET. V. le suivant.

RECLEIMET. Verbe actif, 3e p. s. de l'ind. prés. de *reclamer* (*Reclamat*), 8, 2014, 2998, 3391 ; reclaimet, 2044 ; recleimed (par erreur), 2365. 3e p. p. : recleiment, 3998. — Impér. 2e p. p. : reclamez, 3517. = Le sens le plus naturel et le plus fréquent est celui « d'appeler à son aide », 2044, 3391, 3517 et 3998. = D'où le sens de « prier » : Recleimet *Deu e l'apostle de Rome*, 2998. Cf. 8. = Enfin « réclamer sa coulpe » c'est « dire son *mea culpa* », 2014.

RECOEVEREMENT. R. s. Action de recouvrer ce qu'on a perdu (*Recuperamentum*) : *Ambure ocist seinz nul* recoeverement, 1607. = Le sens est « sans nulle espérance de revenir à la vie ».

RECONOISABLE. Adj. s. p. m. Reconnaissables (d'un type barbare, tel que *Re-cognoscabiles*) : *Cent milie Francs en sunt* reconoisable, 3124.

RECONUISANCE. R. s. f. Action de se faire reconnaître (*Recognoscentiam*) : *Munjoie escriet pur la* reconuisance, 3619.

RECONOISTRE. Verbe actif. Inf. prés. (*Recognoscere.*) *Ne luinz ne près ne poet vedeir si cler — Que* reco[no]istre *poisset nuls hom mortel*, 1992, 1993. *A mei venget pur* reco[no]istre *sun feu*, 2680. — Parf. simple, 3e p. s. : *Enmi sa veie ad encuntret Rollant, — Enccis ne l' vit, si l'* recunut *veirement*, 1596. — Subj. prés. 3e p. s., reconuisset : *Josque li uns sun tort i* reconuisset, 3588. = Le sens le plus ordinaire est celui de « distinguer quelqu'un qu'on a déjà vu » (1596, 1993). Mais on remarquera les deux locutions « reconnaître son tort » et « reconnaître son fief ». La première nous est restée.

RECREANTISE. R. s. f. Lâcheté, faiblesse, impuissance (V. *Recreanz*) : *Cist nostre Deu sunt en* recreantise,—*En Rencesvals m(al-vais)es vertuz firent*, 2714, 2715.

RECREANZ. Part. prés. de *Recreire*, s. s. m. (*Recredens*), 528, 543, 906. Recreant, 556, 2063, 2663, 3973. — R. s. m. : recreant, 2733. — R. s. f. : recreant, 393. — S. p. m. : recreanz, 2048. = Le premier sens, le plus ancien de *recreanz*, est celui de *se recredens*. C'est le champion qui, dans le duel, se déclare vaincu et se rend, *se recredit*, à son adversaire. Par le seul fait de cette humiliation, il est réputé avouer son crime. Et tel est le sens des vers suivants : *Josqu'il seit mort u tut vif* recreant, 2663. Cf. 2733. *Ja pur murir cil n'erent* recreanz, 3048. *Ki tute gent voelt faire* recreant, 393. Mais déjà le sens est singulièrement élargi dans les deux derniers vers. = Ce mot, d'ailleurs, n'a pas tardé à signifier « lâche, misérable » : *Guenes est mort cume fel* recreant, 3973. = Il s'emploie, enfin, avec un verbe, dans le sens de « fatigué de... », et ce nouveau sens dérive encore du premier : Recreant *ert de sa guerre mener*, 906. Recreanz *d'osteier*, 528, 543. Cf. 556.

RECREIT. 1º Conjugaison de ce verbe. Ind. prés., 3ᵉ p. s. : recreit, 3852. — Fut., 1ʳᵉ p. s. : recrerrai, 3908; recr[e]rai, 3848; 3ᵉ p. p. : recrerrunt, 871. — Impér. : te recreiz, 3892. = Au passif. Fut., 3ᵉ p. s., avec un s. s. m. : ert recreüt, 2088. — Part. prés., s. s. m. : recreanz, 528, 543, 906; recreant, 556, 2063, 2663, 3973. R. s. m. : recreant, 2733. R. s. f. : recreant, 393. S. p. m. : recreanz, 3048. — Part. passé, s. s. m. : recreüt, 2088. = 2º Sens. *a*. Le premier est celui de *se recredere*, se rendre, s'avouer vaincu... : *Tierri, car* te recreiz, 3892. *N'en* recrerrai *pur nul hume mortel*, 3908. *b*. = De là au sens « d'être fatigué » il n'y a pas loin : *Lasserat Carles, si* recrerrunt *si Franc*, 871. — *c*. Une signification plus difficile est celle que nous offrent les deux vers suivants :

Ço dist li Reis : « E jo l'en recr[e]rai », 3848. *Li Emperere l'en* recreit *par hostage*, 3852. Le sens est ici celui de « S'engager, en don- « nant caution, à restituer telle ou « telle chose », et, par exemple, comme le dit Ducange : *Spondere, vade dato, se redditurun pignora*. Or, de quoi s'agit-il ? Charles a reçu trente otages de Pinabel : il s'engage à les lui rendre si le duel prononce en faveur de Ganelon. Et l'Empereur lui donne lui-même caution. Et cette caution consiste également en otages : *Li Emperes l'en* recreit *par hostage*...

RECUILLIR. Verbe actif. Inf. prés. *a*. « Rassembler, mettre ensemble, recueillir » (*Recolligere*) : *Li Emperere ad fait... tuz les quers en paile* recuillir, 2965. = *b*. « Recevoir ». Parf. simple, 3ᵉ p. s. (*Recollegit*) : *Passet avant, le dun en* requeillit, 3210. On dit encore aujourd'hui : « Recueillir un héritage. »

RECUMENZ. Verbe actif, 1ʳᵉ p. s. de l'ind. prés. de *recumander*. (*Recommendo*.) *Ferez, Franceis; car jo l' vos* recumenz, 1937.

RECUMENCENT. Verbe neutre ou actif. 1º Neutre (?). Ind. prés., 3ᵉ p. p., recumencent : *Dunc* recumencent *e le hu e le cri*, 2064. = 2º Actif. Parf. simple, 3ᵉ p. p. avec un r. s. n., unt recumencet : *A icest mot l'unt Francs* recumencet, 1677 et 1884.

RECUNUT. Verbe actif, 3ᵉ p. s. du parf. simple de *reconoistre* (*Recognovit*), 1596. V. *Reconoistre*.

REÇUT. Verbe actif, 3ᵉ p. s. du parf. simple de *receivere* (*Recepit*), 770, 2825. V. *Receivere*.

REÇUT (ad). Verbe actif, 3ᵉ p. s. du parf. comp. de *receivere*, avec un r. s. m., 782. V. *Receivere*.

RECUVERER. Verbe neutre ou actif. Inf. prés. (*Recuperare*), 344. — Fut., 1ʳᵉ p. p. : recuver(r)um, 3813. — Imparf. du subj., 3ᵉ p. s. : recuve-

RAST, 3441. = Passif. Futur, 3ᵉ p. s. avec un s. s. m. : ERT RECUVERET, 3303. — Part. passé, s. s. m. : RECUVERET, 3803. = Aux vers 344, 3803 et 3813, ce verbe est actif et a le sens de notre mot « recouvrer ». Mais au vers 3441 il est neutre, et offre le sens de « faire une seconde fois », *iterare, repetere*, que Ducange attribue aussi au latin *recuperare*. Il est question de Naimes, qui reçoit un très-rude coup du païen Malprime; et le poëte ajoute : *Se li païens une feiz* RECUVERAST, *— Sempres fust mort li nobilies vassal.*

RECUVRANCE. R. s. f. (Même sens que *recuverement*. L'étymologie est *recuperantiam*.) *Mort l'abat senz nule* RECUVRANCE, 3619.

REDOTEZ. Part. passé employé adjectivement. Radotant (*Re*, et un mot d'origine germanique, *dote, doten*, qui a le sens de « radoter ») : *Carles li magnes est velz e* REDOTEZ, 905.

REDRECET (SE). Verbe réfl. 3ᵉ p. s. de l'ind. prés. (*Se re-directiat*.) *Quant* SE REDRECET, *mult par out fier lu vis*, 142. On disait : *Se redrecer en piez*, pour « se lever, quand on était assis ». *De l' faldestod se redrecet en piez*, 2804.

REFERIR. Verbe neutre. Inf. prés. Donner de nouveaux coups (*Re* et *ferire*) : *Sire cumpainz, alum i* REFERIR, 1868.

REFLAMBEIT. V. le suivant.

REFLAMBES. Verbe neutre, 2ᵉ p. s. de l'ind. prés. Reluis, brilles (*Re* et *flammare*) : *Cuntre soleill si luises e* REFLAMBES (dit Roland à Durendal), 2317. 3ᵉ p. p. : REFLAMBENT, 3616. — Subj. prés., 3ᵉ p. s. (?) : *N'unt guarnement que tut ne* REFLAMBEIT, 1003. = Ce dernier mot se trouve dans une laisse en *ei*. Il est difficile de l'expliquer en le rapportant à *reflamber*, à moins que ce ne soit un imparfait de l'ind. (?). Si c'est vraiment un subjonctif prés.,

comme je le pense, il faut supposer le verbe *reflambeier*.

REFREIDER. Verbe neutre. Inf. prés. Se rafraîchir (*Re-frigidare*) : *Noz chevals sunt las... Par ces prez les laisez* REFREIDER, 2486.

REGNE. R. s. Royaume (*Regnum*) : *Reis Almaris de l'* REGNE *de Belferne*, 812. *El' REGNE dunt tu fus*, 1961. — R. p., REGNES : *Cels de France ki les* REGNES *cunquerent*, 3032. Cf. 2911.

REGNET. R. s. m. Royaume (*Regnatum*) : *En France le* REGNET, 694. *De vos tendrat Espaigne le* REGNET, 697. Cf. 2787. *Ja ne murreit en estrange* REGNET, 2864. — R. p. m., REGNEZ : *Mandet sa gent de .XL.* REGNEZ, 2623.

REGRETER. Verbe actif. Inf. prés. (*Re* et germ. *gretan*, plaindre.) *Tant dulcement à* REGRETER *le prist*, 2886. — Ind. prés., 3ᵉ p. p. : REGRETENT, 1469. = Verbe réfl. 1ʳᵉ p. s. de l'ind. prés., ME REGRETTE : *Tel as ocis dunt à l' coer* ME REGRETTE, 1566.

REGUARDET. Verbe actif et neutre (V. *Guarder*.) 1° Actif. Ind. prés., 3ᵉ p. s., REGUARDET : *Quant l'ot li Reis, fièrement le* REGUARDET, 745, 2984. *Rollanz* REGUARDET *Oliver à l' visage*, 1978. Cf. 2984. — Parf. comp., 3ᵉ p. s., avec un r. s. m., AD REGUARDET : *A icel colp l'*AD *Rollanz* REGUARDET, 1998. = 2° Neutre. Ind. prés., 3ᵉ p. s., REGUARDET : *Si* REGUARDET *amunt*, 2239. Cf. 1162, 1851, et REGUARDED, 739.

REGUART. R. s. m. (V. *Guarder*.) *Si l' recunut... à l'* REGUART, 1598. *Baligant le* REGUART *en ad fier*, 2802.

REI. S. s. m., par erreur, au lieu de *reis* (*Rex*), 106. — Voc. s. m. : REI, 1619. — R. s. m. : REI, 27, 81, 618, 1520, 3799, etc. V. *Reis*.

REIALME. R. s. (*Regalimen*.) *A grant dulur tendrai puis nun* REIALME, 2914.

REÏNE. S. s. f. (*Regina*), 2595. — R. s. f. : REÏNE, 634, 2713, 3672, 3985.

REINS. R. m. Nom de ville (*Remos*), 173, 264, 2077, 2083, 2433.

REIS. S. s. m. Roi (*Rex*), 1, 7, 10, 56, 974, 1650, 2133, 2321, 2741, 3992, etc. — Voc. s. m. : REIS, 863, 876, 953, 1697, 2831, 3611, et REI, 1619. — R. s. m. : REI, 27, 81, 106, 618, 1520, 3799, etc., et, par erreur, REIS, 3996. — S. p. m. : REIS, 2649. — R. p. m. : REIS, 388... =Il convient de remarquer que le mot *reis* est pris, dans notre texte, avec une acception plus large que de nos jours. Sous l'émir Baligant marche une foule de rois païens, et il en a jusqu'à DIX-SEPT autour de lui (2649). Il en est un peu de même parmi les chrétiens, et notre poëte n'hésite point, par exemple, à donner le nom de *rei* à Geoffroi d'Anjou : *Gefreid d'Anjou, le* REI *Gunfanuner*, 106.

REISNES. R. p. f. Rênes (*Retinas*. Mais cette étymologie n'explique pas l'*s* intérieur qui se trouve dans tous les exemples du *Roland*), 1381. V. *Resnes*.

RELEVERENT. 1º Verbe neutre, 3ᵉ p. p. du parf. simple de *relever*. (*Re-levare*.) *Isnelement sur lor piez* RELEVERENT, 3574 (pʳ « se relevèrent »). = 2º Verbe actif. 3ᵉ p. s. du parf. comp., avec un r. s. f. : AD RELEVÉE. En parlant de la belle Aude qui vient de tomber ruide morte, le poëte dit que Charlemagne *prent la as mains, si l'en* AD RELEVÉE, 3726. — Part. pass., r. s. f. : RELEVÉE, 3726.

RELIQUES. R. p. f. (*Reliquias*.) Ce mot a le sens actuel. *Sur les* RELIQUES *de s'espée Murgleis,— La traïsun jurat*, 607, 608. Et Roland, parlant de Durendal, s'écrie : *En l'oret punt asez i ad* RELIQUES, 2345.

RELUIST. Verbe neutre, 3ᵉ p. s. de l'ind. prés. de *reluire*. (*Relucet*.) *Tut li pais en* RELUIST, 2637. 3ᵉ p. p., RELUISENT : *Cuntre le soleil* RELUISENT *cil adub*, 1808.

REMANEIR. Verbe neutre. Rester, demeurer. (*Remanere*.) 1º Conjugaison. Inf. prés. : REMANEIR, 3552, 3587, 3798. — Ind. prés., 3ᵉ p. s. : REMEINT, 1696, 3450; 2ᵉ p. p. : REMEINÉS (erreur du scribe pour REMEINS, 2ᵉ p. s.), 2928. — Parf. simpl., 3ᵉ p. p. : REMESTRENT, 714. — Parf. comp., 3ᵉ p. s. : EST REMÉS, 5, 282, 1914, 2459; FUT REMÉS, 2775; AD REMÉS, 101, 1309; 3ᵉ p. p., avec un s. p. m. : SUNT REMÉS, 826, 965, 2655; FURENT REMÉS, 2779. — Fut., 2ᵉ p. s. : REMENDRAS, 1985; 3ᵉ p. s. REMEINDRAT : 907, 3665; 1ʳᵉ p. p. : REMEINDRUM, 1108. — Cond., 3ᵉ p. s. : REMEINDREIT, 600; 3ᵉ p. p. : REMEINDREIENT, 598. — Subj. prés., 1ʳᵉ p. s. : REMAIGNE, 3719; 3ᵉ p. s. : REMAIGNE, 4, 1848, 2336; 3ᵉ p. p. : REMAINENT, 3623. — Part. pass., s. s. m. : REMÉS, 5, 282, 1914, 2459, 2775. R. s. m. : REMÉS, 101, 1309. S. p. m. : REMÉS, 826, 965, 2655, 2779. = 2º SENS. a. « Demeurer, rester » : *La sele en* REMEINT *guaste*, 3450. *De tels barons... or* REMEINT *deserte* (*France*), 1696. Cf. 2928 : *Si nus* REMEINDRAT *Espaigne en quitedet*, 907. *N'i* REMEINDRAT *sorz ne falserie*, 3665. Cf. 598, 600. — b. Sans complément : « Rester en tel ou tel lieu... » Roland dit de Durendal : *Mielz voeill murir qu'entre païens* REMAIGNE, 2336. *En un bruill par sum les puis* REMESTRENT, 714. *Remés i est sis uncles l'Algalifes*, 1914. Cf. 101, 826, 2775, 2779, et, avec un sens plus étendu, 282, 965. — c. « Rester, résister » : *N'i ad castel ki devant lui* REMAIGNE, 4. *Nus* REMEINDRUM *en estal en la place*, 1108. *Païen s'en turnent, ne volt Deus qu'il i* REMAINENT, 3623. — d. « En rester là » : *Ceste bataille ne poet* REMANEIR *unkes*, 3587. *Bien fait à* REMANEIR; — *Laisum le plait*, 3798, 3799. Cf. 3552 (?). — e. « Subsister », et, par extension, « survivre » : *Si est blecet, ne quit que anme i* REMAIGNE, 1848. Cf. 1309, 2719. Ce mot, dans ce sens, s'applique aux choses : *Mur ne citet n' i* EST REMÉS *à fraindre,* 5. — *f.* REMANEIR EN ESTANT signifie « s'arrêter » : *Li soleilz* EST REMÉS EN ESTANT, 2459, ou « rester debout » : *Tuit li altre sunt* REMÉS EN ESTANT, 2655.

REMBALT. R. s. m. Nom de celui qui commande, avec Hamon de Galice, la huitième *eschele* française (*Rambaldum*; anc. haut allem. *Raginpald,* Pott, 233), 3073.

REMEINDRAT. Verbe neutre, 3e p. s. du fut. de *remaneir* (*Remanerehabet*), 907, 3665.

REMEINDREIENT. Verbe neutre, 2e p. p. du cond. de *remaneir* (*Remanere-habebant*), 598.

REMEINDREIT. Verbe neutre, 3e p. s. du cond. de *remaneir* (*Remanere-habebat*), 600.

REMEINDRUM. Verbe neutre, 1re p. p. du fut. de *remaneir* (*Remanerehabemus*), 1108.

REMEINT. Verbe neutre, 3e p. s. de l'ind. prés. de *remaneir* (*Remanet*), 1696, 3450.

REMEINS. Verbe neutre, 2e p. s. de l'ind. prés. de *remaneir* (*Remanes*), 2928. Le scribe, par erreur, a écrit *remeinés*. Pour les six mots précédents, voyez *Remaneir*.

REMEMBRANCE. S. s. f. Mémoire, souvenance (*Rememorantia*): *Repairet loi vigur e* REMEMBRANCE, 3614.

REMEMBRER. Verbe neutre. Inf. prés. Se souvenir (*Rememorare*): *De vasselage li poüst* REMEMBRER, 1182. *De plusurs choses à* REMEMBRER *li prist*, 2377. Cf. 1970.— Ind. prés., 3e p. s., REMEMBRET : *Dunc le* REMEMBRET *des fius e des honurs*, 820. *Si li* REMEMBRET *de l' doel*, 2983. = Verbe réfl. Subj. prés., 1re p. s. : *Carles me mandet... que* ME REMEMBRE *de la dolur*, 489.

REMENDRAS. Verbe neutre, 2e p. s. du fut. de *remaneir* (*Remanere habes*), 1985. Voy. *Remaneir*.

REMUT. Verbe neutre, 3e p. s. du subj. imparf. du verbe *remuveir*, qui vient de *removere* : *N' avez baron ki jamais là* REMUT, 779. Le sens est « y aille, y allât ». Cf., dans le manuscrit de Versailles, le vers suivant : *Ne vos ait home qui por autre* REMUE, qui traduit le vers 2309 d'Oxford : *Ne vos ait hume ki pur altre* (S'EN) FUIET.

RENC. R. s. m. Rang (haut allem. *Hring*) : *Turpins de Reins en est levet de l'* RENC, 264. — RENG, 2192.

RENCESVALS. R. m. Roncevaux, 892, 901, 912, 2225, 2483, 2516. Cf. RENCESVAL, 2716, et RENCEVAL, 2398. Cette dernière forme est une erreur du scribe. = L'étymologie latine est plus que douteuse. A côté de *Roscida vallis* (vallée humide), il faut étudier *Runciœvallis*, qui est la forme adoptée par la Chronique de Turpin. M. Hugo Meyer, l'ultrascandinave, voit dans *Roncesval* la « vallée des épines » dont il est question dans la mythologie du Nord. (V. notre *Introduction.*) Mais, sans nous arrêter à ces derniers textes, ni au *Runcivallis* du *Roland* en vers latins, ni même au *Rainchevaux* de la Chronique de Tournai, il faut remarquer que, dans les textes les plus autorisés, on trouve un *s* à l'intérieur de ce mot. Cet *s* éclate dans notre *Rencesvals*, dans le *Runtseval* de la *Kaiser Karl Magnus's Kronike*, dans le *Runzival* de la *Karlamagnus Saga* (z = ts), dans le *Roncisvalle* des poëmes italiens, dans le *Roncesvalles* des romances espagnoles, jusque dans le *Ronscevax* du Remaniement de Paris et le *Rainscevaus* de Philippe Mouskes, etc. etc. = Mais personne. jusqu'à ce jour, n'a tenu compte de l'étymologie basque, et nous nous empressons de publier à ce sujet les lignes suivantes de notre ami, M. P. Raymond, archiviste des Basses-Pyrénées. « Dans le pays basque, beaucoup de noms de lieu se terminent par le mot *çabal,* écrit aussi *zabal.*

Il a pour signification : *plat, étendu, déployé*. C'est l'adjectif que l'on retrouve dans les noms de *Larceveau*, *Larzabal* (*Larre* ou *Lar*, lande ou pâturage), de *Çabaléta*, que je traduirais *village de la plaine*, et de *Çabalce*, qui a la même signification. es Lexemples peuvent être très-multipliés, car le mot *çabal* se place soit avant, soit après les noms. = *Çabal*, d'ailleurs, convient parfaitement à la localité qui porte le nom de Roncevaux. En effet, dès qu'on a descendu la montagne d'Ibagnéta, et que la porte voûtée de l'abbaye est franchie, on trouve devant soi un assez large vallon. = Quant au mot *Ros* qui forme la première partie du nom, il est fréquent dans la région, sous la forme *arros*, parce qu'il n'y a pas en basque de mot commençant par *R*, et que l'on dit, par exemple, *Erroma* pour *Roma*. (Voy. Arros, section de Larceveau; — Arros, canton de Nay; — Arros, canton d'Oloron-Ouest.) = Le sens de ce dernier mot m'est inconnu et je le regrette; car j'aurais eu à cœur de compléter cette courte note sur *Roscabal*. Il ne me reste plus qu'à vous affirmer que toutes les formes du moyen âge *Roscida-Vallis*, *Roncesvalles*, etc., sont des noms forgés; car, au courant du xiie siècle, on disait *Roscabal* pour *Roncevaux*, tout comme *Larçabal* pour *Larceveau*. Je ne saurais trop insister sur ce point. »

RENDRE. Verbe actif. (*Reddere, rendere.*) 1° Conjugaison. Inf. prés. : rendre, 2733, 3004, 3593. — Ind. prés., 3e p. s. : rent, 2198, 2572; 3e p. p. : rendent, 1397, 1829, 2122. — Parf. simpl., 3e p. s. : rendit, 1406. — Parf. comp., 3e p. s., avec un r. p. f. : ad rendut, 2849; ad rendues, 3655. — Fut., 1re p. s. : rendruns, 2144. — Impér., 2e p. p. : rendez. = Pass. Fut., 3e p. p., avec un s. p. m. : erent renduz, 3950.

Part. pass., r. s. n. : rendut, 2849. S. p. m. : renduz, 3950. R. p. f. : rendues, 3655. = 2° Sens. *a.* « Faire restitution d'un dépôt confié, etc. ; restituer, remettre. » *Tant le guarde(re)nt que l'* rendent *à Charlun*, 1829. *Diseient li : Sire*, rendez *le nus*, 2560. *Bramidonie les turs li ad* rendues, 3655. Cf. le vers 3593. et, au vers 3950, la locution « être rendu en otage », c'est-à-dire « être livré à titre d'otage » : Erent... *pur Pinabel en ostage* renduz. — *b.* « Quitter, laisser. » Ce sens dérive fort naturellement du précédent. Charlemagne, sur le point d'aller chercher le corps de son neveu à Roncevaux, ad rendut *ses armes* (2849), c'est-à-dire, « s'est désarmé. » *S' espée* rent *e sun helme*. 2572. — *c.* De là aussi les locutions « rendre une bataille », « rendre des coups », etc. : *Encui* rendruns *à païens cest asalt*, 2142. *A Rollant* rendent *un estur fort e pesme*. 2122. *Franc e païen merveilus colps i* rendent, 1397. *Bataille quident* rendre, 3004. — *d.* « Rendre un service » : *Malvais servis(e) le jur li* rendit *Guenes*, 1406. — *e.* « Faire faire devenir » : *La meie mort me* rent *si anguissus*, 2198. Rendre *le quidet u mort o recreant*, 2733.

RENG. R. s. m. (Ancien haut allem. *Hring.*) *Si 's mist en* reng, 2192. et renc : *Turpins de Reins en est levet de l'* renc, 264.

RENGES. S. p. f. Les franges, les extrémités du gonfanon (V. Ducange aux mots *rinca, ringa, ringia*, auxquels il donne pour sens unique celui de « baudrier »): *Les* renges (*d'or*) *li batent josqu'as mains*, 1158.

RENIER, et non pas reiner, qui ne convient pas comme assonance dans une laisse en *ier* (*Reginharium*; anc. haut allem. *Reginheri*. Pott, 240; même rad. germ. que *Reinhard*): *Vos fustes filz à l' bon cunte* Renier, 2208.

RENT. Verbe actif, 3e p. s. de l'ind. prés. (*Reddit, rendit*), 2198, 2572. V. *Rendre.*

RENUMÉE. Adj. r. s. f. Célèbre, illustre, nommée souvent (*Re-nominatam*) : *Munjoie, l'enseigne* RENUMÉE, 3565.

RENUVELENT. Verbe actif, 3e p. p. de l'ind. prés. de *renuveler.* (*Renovellant.*) *Mult haltement Munjoie* RENUVELENT, 3300.

REPAIRE. V. *Repaires.*

REPAIRER. Verbe neutre et quelquefois pronominal. Revenir en son pays, et, par extension, revenir (*Repatriare*) : *En France ad Ais* S'EN *deit ben* REPAIRER, 36. *En France ad Ais devez bien* REPAIRER, 135. Ces deux exemples, que nous rapprochons à dessein, montrent qu'on employait fort indistinctement le verbe REPAIRER avec ou sans le pronom SE : *En Rencesvals est tart de l'* REPAIRER, 2483. — Ind. prés., 3e p. s., REPAIRET : *Carles* REPAIRET, *li reis poesteïfs*, 2133. Cf. 2115 et 3190. S'EN REPAIRET, 828, 3944 ; REPEIRET, 2149. 3e p. p., REPAIRENT : *A Charlemagne* REPAIRENT *si barun*, 3807. — Parf. comp., 3e p. s. avec un s. s. m. : EST REPAIREZ, 2040 ; EST REPAIRET, 1869, 3610, 3705. 3e p. p. : SUNT REPAIRET, 3682. — Fut., 3e p. s. : REPAIRERAT (? REPAIRRAT), 573. — Impér., 2e p. p. : REPAIREZ, 2182. — Subj. prés., 1re p. s. : REPAIRE, 289. — Part. passé, s. s. m. : REPAIREZ, 2040 ; REPAIRET, 1869, 3610, 3705. S. p. m. : REPAIRET, 3882. = Dans tous les exemples précédents, le sens est à peu près le même ; dans le vers suivant, ce mot prend une acception plus générale et digne d'attention : REPAIRET *loi vigur e remembrance*, 3614. = La vraie forme de ce mot est *repairier*, etc. ; car on ne le trouve en assonance que dans les laisses en *ier.*

REPAIRES. S. s. m. (Subst. verbal du précédent.) *Se vos volez, li* REPAIRES *ert grefs*, 2801. — R. s. m., REPAIRE : *Quant cascuns ert à sun meillor* REPAIRE, 51. *Li Empereres aproismet sun* REPAIRE, 661. = Le sens le plus ordinaire est celui de « pays » (51, 661) ; mais *repaires* signifie aussi « retour au pays », et, d'une manière plus générale, « retour » (2801).

REPENTENT (SE). Verbe pronominal, 3e p. p. de l'ind. prés. (*Se repœnitent.*) *Si Arrabiz de venir ne* SE REPENTENT, 3011. — Subj. prés., 2e p. s., TE REPENTES : *Si pren cunseill que vers mei* TE REPENTES, 3590.

REPOS. R. s. (*Repositum.*) *Tere Major remeindreit en* REPOS, 600. = On remarquera que l'expression « rester en repos » est déjà en vigueur.

REPROCE. R. s. Reproche (*Repropium*, subst. verbal de *repropiare*) : *Prist l'olifan que* REPROCE *n'en ait*, 2263. REPROECE : *Ja n'en averunt* REPROECE *mi parent*, 1076. Rem. la locution : *Aveir reproce.*

REPROECE. R. s. 1076. V. le précédent.

REPROVER. Verbe actif. Inf. prés. employé substantivement. Reproche, honte (*Reprobare?*) : *Vergoigne sereit c* REPROVER *à trestuz voz parenz*, 1705, 1706. = On trouve au futur, 3e p. p. : REPROVERUNT, 768, et au passif, subj. prés. 3e p. s. avec un s. s. n., SEIT REPROVET : *Mielz voeill murir qu'il me* SEIT REPROVET, 3909. = Ce dernier mot se trouve dans un couplet assonancé en *er*. Il n'est pas inutile de le remarquer, à cause de la forme *reprovier*, qui se rencontre tant de fois dans les textes postérieurs du moyen âge.

REPROVERUNT. Verbe actif, 3e p. p. du futur de *reprover* (*Reprobare-habent*), 768. V. *Reprover.*

REPROVET (SEIT). Verbe passif, subj. prés., 3e p. s., avec un s. s. n. (*Sit reprobatum*), 3909. V. *Reprover.*

REQUEILLIT. Verbe actif. Parfait simple, 3ᵉ p. s. de *recuillir*. (*Recollegit.*) *Passet avant, le dun en* REQUILLIT, 3210. V. *Recuillir*, 2965.

REQUERT. Verbe actif, 3ᵉ p. s. de l'ind. prés. de *requerre*. Attaque (*Requirit*) : *Nus* REQUERT *çà en la nostre marche*, 374. *Sun cors meïsme i asalt e* REQUERT, 2551. 3ᵉ p. p. : REQUERENT, 3528.

REREGUARDE. R. s. f. Arrière-garde (*Retro-wardiam.* V. *Guarder*), 574, 613.

REREGUARDER. Verbe actif. Inf. prés. Un général, par nécessité ou pour se faire honneur, se fait *rereguarder*, c'est-à-dire garder sur les derrières de son armée (*Retrowardiare.* Voyez *Guarder*) : *Par grant honur se fist* REREGUARDER, 2774.

RESAILIT. Verbe neutre. 3ᵉ p. s. du parf. simple de *resailir*. (*Re-salire*.) *Isnelement li ber* RESAILIT *sus*, 2085.

RESENBLET. Verbe neutre. 3ᵉ p. s. de l'ind. prés. Ressemble (*Re et simulat*) : *Ben* RESENBLET *marchis*, 3502, et mieux, RESEMBLET : *Li amirals ben* RESEMBLET *barun*, 3172. 2ᵉ p. p., RESEMBLEZ : *Par tels paroles vus* RESEMBLEZ *enfant*, 1772. — Imparf. du subj., dans le sens du conditionnel, 3ᵉ p. s., RESEMBLAST : *S'il fust leials, ben* RESEMBLAST *barun*, 3764.

RESNE. R. s. f. Rêne (? *Retinam*) : *Laschet la* RESNE, 1290, 1574, 2996. — R. p. f., RESNES : *Dui Sarrazin par les* RESNES *le pristrent*, 2706. *Tutes les* RESNES *lasquent*, 3777, et REISNES, 1381. On voit là les exemples PEUT-ÊTRE les plus anciens de ces deux locutions : « Lâcher les rênes » et « Prendre par les rênes ».

RESORTIE (EST). Verbe passif. Ind. prés., 3ᵉ p. s., avec un s. s. f. Rebondit (de *Re* et *sortiri*) : *L'espée... cuntre le ciel amunt est* RESORTIE, 2341. — Part. s. s. f. : RESORTIE, 2341.

RESPUNDRE. Verbe actif et neutre. Inf. prés. (*Respondere*), 1756. — Ind. prés., 3ᵉ p. s. : RESPUNT, 156, 216; RESPONT, 1062, 1505, 1548. 3ᵉ p. p. : RESPUNDENT, 946, 2440, 2754, 3982; RESPONDENT, 2112, 3414. — Parf. simple, 3ᵉ p. s. : RESPUNDIT, 632, 1759, et RESPUNDIET (en assonance, dans un couplet en *ier*), 2411. — Parf. comp. avec un r. s. n., 3ᵉ p. s. : AD RESPONDUD, 233. — Subj. prés., 3ᵉ p. s.: RESPUNDET, 22 et 3540. — Part. passé, r. s. n. : RESPONDUD, 233. = Dans la plupart des exemples qui précèdent, *respundre* s'emploie absolument et sans régime; il est, au contraire, très-évidemment actif dans le vers suivant : *Guenes li quens ço vus* AD RESPONDUD, 233. = Le sens est presque partout le sens actuel. Néanmoins il faut noter les vers 1756 et 2112, où *respundre* signifie « faire écho »: *Sunent li munt e* RESPUNDENT *li val*, 2112. Et en parlant du cor de Roland : *Granz XXX. liwes l'oirent il* RESPUNDRE, 1756.

RESPUNS. R. s. Réponse (*Responsum*) : *Loat sun Deu, ne fist altre* RESPUNS, 420.

RESURREXIS. Verbe actif. 3ᵉ p. s. du parf. simple. (*Resurrexisti.*) *Seint Lazaron de mort* RESURREXIS, 2385.

RETENIR. Verbe actif. Inf. prés. (*Retinere.*) *Munjoie escriet por le camp* RETENIR, 1260. *Des meillors voeill jo* RETENIR *treis*, 3283. — Ind. prés., 3ᵉ p. p. : RETIENENT, 2442. — Parf. comp., 1ʳᵉ p. s., avec un r. p. m. : AI RETENUZ, 3948. — Futur, 1ʳᵉ p. s. : RETENDRAI, 789. — Impér., 2ᵉ p. p. : RETENEZ, 786. — Part. passé, r. p. m. : RETENUZ, 3948. = Au réfl. Impér., 2ᵉ p. p., vos RETENEZ : *Seignors barons, el' camp vos* RETENEZ, 1176. = Le sens le plus usuel est celui de : « Garder « près de soi, pour soi », etc. (Vers 3283, cité plus haut, et aussi 789, 2442, 3948.) = Mais RETENIR signifie aussi « tenir fortement ». « Retenir le camp, » c'est « tenir bon sur le champ de bataille et en rester maître » (vers 1260). SE RETENIR a un sens analogue, et, au vers 1176, *El' camp vos* RETENEZ signifie « tenez bon ».

RETRAITE (SEIT). Verbe passif, subj. prés., 3ᵉ p. s., avec un s. s. f. (*Sit retracta.*) *Mielz voeill murir que hunte nus seit* RETRAITE, 1701. = On disait « *retraire hunte* à quelqu'un » comme aujourd'hui nous disons « lui faire honte ».

RETURNER. Verbe neutre. Inf. prés. S'en retourner (*Re* et *tornare*) : *Si l'orrat Carles, ferat l'ost* RETURNER, 1060. — Futur, 3ᵉ p. s., RETURNERAT : *Si* RETURNERAT *l'ost*, 1052. 3ᵉ p. p., RETURNERUNT : *Ki que's rapell, ja n'en* RETURNERUNT, 1912. Cf. 1072 et 1704.

REVELERUNT. Verbe neutre. 3ᵉ p. p. du futur. Se révolteront (*Rebellare-habent. Rebellare* avait ce même sens dans la meilleure latinité) : *Encuntre mei* REVELERUNT *li Seisne*, 2921.

REVIENT. Verbe neutre. 3ᵉ p. s. de l'ind. prés. (*Re* et *venit.*) *Li quens Rollanz* REVIENT *de pasmeisuns*, 2233. — Parf. simple, 3ᵉ p. s.: REVINT, 2881, 2892. — Subj. prés., 1ʳᵉ p. p., REVENGUM : *Josque Deus voeil[l]e que en cest camp* REVENGUM, 2439. — Part. passé, s. ou r. s. m., REVENUZ : *Ainz que Rollanz se seit aperceüt,* — *De pasmeisuns guariz ne* REVENUZ, 2036. Comme on le voit, il y a doute sur le véritable cas de *revenuz*. Se rapporte-t-il, oui ou non, au mot *seit ?*

REVERRUNT. Verbe actif, 3ᵉ p. p. du futur de *reveeir* ou *revedeir* (*Re-videre-habent*), 1402. 2ᵉ p. p.: REVEREIZ, 3802 (en assonance dans un couplet en *ei*).

REVUNT. Verbe neutre, 3ᵉ p. p. de l'ind. prés. (*Re-vadunt.*) *De tutes parz les* REVUNT *envaïr*, 2065.

RIANT. Part. prés. employé adjectivement. R. s. m. (*Ridentem.*) *Cors ad mult gent, le vis cler e* RIANT, 1159. Avec EN, RIANT forme un véritable gérondif : *Cler,* EN RIANT, *l'ad dit à Guenelun*, 619.

RICHARD. S. s. m. Nom du « sire des Normans », Richard de Normandie (*Richardus*, nom d'origine germanique, anc. haut allem. *Rihhart*, *Reichardt*, Pott, 128), 3050. — R. s. m.: RICHARD, 171 et 3470. = Notre poëte l'appelle « Richard le Vieux », 171, 3070, 3470...

RICHES. Adj. s. s. m. Puissant, plutôt que riche (all. *reich*) : *Carles se dort, li empereres* RICHES, 718. Cf. 422, 2354, 3265. — R. s. m.: RICHE, 1531, 2199. — R. p. m., RICHES : *Tanz* RICHES *reis cunduit a mendisted*, 527, 542.

RIRE. Verbe neutre et quelquefois pronominal. Inf. prés. (*Ridere*), 302, 1638. — Ind. prés., 3ᵉ p. s.: S'EN RIT, 303. — Subj. prés., 3ᵉ p. s., RIET : *Ne poet muer ne* RIET, 959. *Ki qu'en plurt u ki 'n* RIET, 3364. — Part. prés., r. s. m.: RIANT, 1159. Et avec EN, véritable gérondif: EN RIANT, 619.

RIMUR. R. s. f. Bruit (*Rumorem. Rimur* est une erreur du scribe, et Mü. a restitué *rumur*) : *De XV liues en ot hom la* RIMUR, 817.

RIVE. R. s. f. (*Ripam.*) *Desur la* RIVE *sunt Franceis herbergiez*, 2799.

ROCHE. R. s. f. (*Rupeam, rupiam*, par la consonification de l'*i*), 1579. — S. p. f.: ROCHES, 815. — R. p. f.: ROCHES, 3125.

ROET. Part. passé employé adjectivement, r. s. m. Se dit notamment d'une étoffe brochée, qui est ornée de rosaces, etc. (? *Rotatum*): *La guige en est d'un bon palie* ROET, 3151. — R. p. f., ROÉES : *Granz colps s'entre dunèrent — De lor espiez en lor targes* ROÉES, 3569. (Ducange définit ce mot: *Figuris rotularum ornatus.*)

ROEVET. Verbe actif, 3ᵉ p. s. de l'ind. prés. Demande, désire, veut (?)

(*Rogat*): *Cil l'at traït ki vos en* ROEVET *feindre*, 1792.

ROLLANZ. S. s. m. (*Hruodlandus*, dans le texte célèbre d'Éginhard. Nom d'origine germanique. Anc. haut allem. *Ruodland*. V. Pott, p. 223), 194, etc. etc. etc., et ROLLANT, 175. — R. s. m.: ROLLANT, 286, 902, 3775, etc. etc.

ROMAIN. S. p. m. (*Romani*.) RoMAIN, *Puillain e tuit cil de Palerne*, 2923.

ROMAIN (SEINT). Nom de l'église de Blaye, où Charles fait enterrer les trois corps d'Olivier, de Turpin et de Roland (*Sanctum-Romanum*): *A* SEINT-ROMAIN, *là gisent li baron*, 3693. Cette église était célèbre. On y avait enterré, DIT-ON, le roi Caribert, mort en 567.

ROMAINE. R. s. f. On pourrait lire *Romanie*, qui se prononçait *Romaine*. La Romagne (*Romaniam*): *Si l'en cunquis... Lumbardie e trestute* ROMAINE, 2326.

ROMAINE. R. s. f. (*Romanam*.) C'est le nom primitif de l'Oriflamme: *Gefreid d'Anjou portet l'orie flambe; — Seint Piere fut, si aveit num* ROMAINE, — *Mais de Munjoie iloec out pris eschange*, 3093, 3095. Quelle que soit la valeur rigoureusement historique de ce texte, il est précieux pour les historiens de notre drapeau. On en peut conclure qu'avant l'oriflamme de Saint-Denis, portée devant les rois de France en leur qualité de comtes du Vexin et d'avoués de la célèbre abbaye, il y eut une autre oriflamme portée devant nos empereurs et rois en leur qualité d'avoués de l'Église romaine. (Dans l'*Entrée en Espagne*, Roland se rappelle le temps où il commandait *vint mil chevalier por la glesie romaine*, f° 223.) = Depuis que nous avons écrit ces lignes, M. Marius Sépet a fait paraître dans la *Revue des questions historiques* (n° 19) un travail dont les conclusions sont à peu près les mêmes.

ROME. R. s. f. (*Romam*), 2998. Cf. RUME, 639, 921.

ROSNE. R. s. m. Le Rhône (*Rhodanum*), 1583.

ROSSILLON. R. s. m. Roussillon, 797. V. *Russillun*.

RUBESTE. V. le suivant.

RUBOSLL. Adj. r. s. (?) *Tere de France, mult estes dulz païs, — Oi desertet à tant* RUBOSLL *exill*, 1862. Il y a là une faute évidente du scribe, et Mü. propose RUBESTE au lieu de RUBOSLL. L'étymologie est douteuse.

RUES. R. p. f. (*Rugas*.) *Passent X. portes, traversent IIII. punz, — Tutes les* RUES *à li burgeis estunt*, 2691.

RUME. R. s. f. Rome (*Romam*), 639, 921..., et ROME, 2998.

RUMPRE. Verbe actif. Inf. prés. (*Rumpere*.) — *Quant de Franceis les escheles vit* RUMPRE, 3533. — Ind. prés., 3ᵉ p. s., RUMPT: *L'osberc li* RUMPT, 1265. 3ᵉ p. p., RUMPENT: *El' plus espès se's* RUMPENT, 3529. RUMPENT *ces cengles*, 3573. Cf. 3886. — Parf. comp., avec un r. p. m., AD RUMPUT: *De sun osberc li* AD RUMPUT *les pans*, 1300, 1558. 3ᵉ p. p., avec un r. s. m.: UNT RUMPUT, 2079, 2158. — Part. prés. s. s. (avec le sens du part. passé?): *De sun cervel le temple en est* RUMPANT, 1764. Cet emploi du participe présent est, d'ailleurs, fréquent dans notre ancienne langue, et se retrouve encore dans celle de nos jours. = Au passif. Ind. prés., 3ᵉ p. s. avec un s. s. m.: EST RUMPUT, 1786, 2051, 2102. — Part. passé, s. s. m.: RUMPUT, 1786, 2051, 2102. R. s. m. (?): RUMPUT, 2079, 2158, et RUMPU, 1400. R. s. n.: RUMPUT, 1300, 1558.

RUMUR. R. s. f. Bruit (*Rumorem*), 758. Le manuscrit porte *rimur*.

RUNCIN. R. s. m. Cheval de charge (fait sur l'allem. *ross*): *N'i perdrat ne* RUNCIN, *ne sumer*, 758.

RUNERS. R. s. *Ki tint la marche de l' val de* RUNERS, 2209. Ce vers se trouve dans une laisse assonancée en *ier :* c'est donc à tort que Mü. en a remplacé les derniers mots par ceux-ci : *De Genes de sur mer.* Il faut *Runiers* ou plutôt *Riviers.* Origine incertaine.

RUSÉE. S. s. f. Rosée (d'un subst. formé sur *ros, roris : rosata*) : *Pluie n'i chet,* RUSÉE *n'i adeiset,* 981.

RUSSILLUN. R. s. m. Roussillon. = Il ne s'agit pas ici du pays de Roussillon, au pied des Pyrénées, qui doit son nom à *Ruscino,* ville de la Narbonnaise, ni de cette petite ville de Dauphiné qui correspond peut-être à la localité appelée *Figlinæ* ou à *Urseolis ;* mais de Roussillon, près de Châtillon-sur-Seine. Ce mot ne s'applique, en effet, dans notre Chanson, qu'à Girart de Roussillon, lequel fut duc de Bourgogne, 1896, 2189, 2409 (?).

S

S' pour SE. Pron. pers. *Ne s' poet guarder que mals ne li aleignet,* 9. *Là vunt* SEDEIR *cil ki s' deivent cumbatre,* 3854. *V. Se.*

S' pour SA. Pronom ou adjectif possessif, s. f. *S'espée,* 346, 607, 1527... V. *Sis, sa.*

SA. Pron. ou adj. possessif, s. s. f. (Ne peut venir de *sua,* qui a donné *sue,* mais de *sa* latin. On a fait observer avec raison qu'on trouve *sam* dans Plaute, pour *suam.*) SA *custume est qu'il parolet à leisir,* 141... — R. s. f., SA : *Carles serat ad Ais,* à SA *capele,* 52. *Cleimet* SA *culpe,* 2239. Cf. 140, 365, 574, 614, 1407, 1630, 1632, 2593, 3975, etc. etc. V. *Ses.*

SABELIN. Adj., r. s. m. De martre zibeline (du russe *sobol,* ou du polonais *sobal*, martre zibeline. V. Ducange, au mot *sabelum,* qui a le même sens et a donné l'adj. *sabelinus.* Cf. Diez, *Lex. Étym.* au mot *zibellino,* I, p. 450): *Afublez est d'un mantel* SABELIN, 462. — R. s. f., SABELINES : *Cez pels* SABELINES, 515.

SACENT. Verbe actif, 3ᵉ p. p. du subj. prés. de *saveir.* (*Sapiant.*) *Suncz voz graisles que mi païen le* SACE[N]T, 3136. V. *Saveir.*

SACEZ. Verbe actif, 2ᵉ p. p. de l'impér. de *saveir.* (*Sapiatis.*) *Ço dist Marsilies :* « *Guenes, par veir* SACEZ », 520. V. *Saveir.*

SAFRÉE. Part. pass. employé adjectivement, r. s. f. Bordée ou brodée d'orfroi (de la même famille que « safran », qui vient de l'arabe *za'faran ;* Diez, I, 448, au mot *zafferano*): *Trenchet (sa) bronie* SAFRÉE, 1372. Le haubert était, en effet, bordé d'une bande de fils d'or PROBABLEMENT insérés dans les mailles. — R. s. m., SASFRET : *Si ad vestut sun blanc osberc* SASFRET (pour SAFFRET), 2499. — S. p. m., SAFREZ : *Cil osbercs* SAFREZ, 1032. Cf. SASFRET, au vers 3141. — S. p. f.: SAFRÉES, 3307, et SAFFRÉES, 1453.

SAGES. Adj. s. s. m. (*Sapius* par la consonification de l'*i.*) *L'Arcevesque ki fut* SAGES *e proz,* 3691, et SAGE : *Mult par ies ber e* SAGE, 648. *Rollant est proz e Oliver est* SAGE, 1093. — R. p. m., SAGES : *Laissum les fols, as* SAGES *nus tenuns,* 229. = Dans ce dernier vers, *sages* est employé substantivement. = Partout, comme on le voit, il est opposé à *proz* et à *fols.* C'est bien le sens actuel. Cf. SAIVES.

SAI. Verbe actif, 1ʳᵉ p. s. de l'ind. prés. de *saveir.* (*Sapio.*) *Jo ne*

SAI *quels en est sis curages*, 191. *En Sarraguce* SAI *ben qu' aler m'estoet*, 310. Cf. 530. *Veir dites, jo l'* SAI *bien*, 760. *D'içο ne* SAI *jo blasme*, 1082. *Jo mie ne l'* SAI, 1386. *Jo ne l'* SAI *cument quere*, 1700. *Jo* SAI *asez que Carles ne m'atent*, 2837. = On voit que ce mot s'emploie soit avec des substantifs pour complément, soit avec *que* et *cument*. Il faut encore noter la locution suivante dans le sens de notre expression : « Je ne peux pas mieux te dire » : *Ço est Loewis*, MIELZ NE SAI A PARLER, 3715. V. *Saveir*.

SAILLENT. Verbe neutre, 3ᵉ p. p. de l'ind. prés. de *saillir*. (*Salire*.) *Puis*, SAILLENT *enz*, 2469. V. *Salt*.

SAINTE. Adj. r. s. f. (*Sanctam*.) *Quant Carles oït la* SAINTE *voiz de l'angle*, 3612. V. *Seint*.

SAIROU. Mauvaise lecture du scribe, au vers 2966. C'est *Sarcous* qu'il faut lire.

SAISIT. Verbe actif, 3ᵉ p. s. de l'ind. prés. (Anc. haut all. *Sazjan*, et, en bas latin, *Sacire*, comme l'établit Diez, *Lex. Étym.*, I, pp. 362, 363. C'est de *Sacire* que vient immédiatement *saisir*.) *Rollant* SAISIT *e sun cors e ses armes*, 2280. 2ᵉ p. s., SAISIS : *Culvert païen, cum fus unkes si os — Que me* SAISIS, 2293. — Parf. comp., 3ᵉ p. s., avec un r. s. f. : AD SAISIE, 721. — Fut. ant., 1ʳᵉ p. p., avec un r. s. f., AVRUM SAISIE : *Jusqu'à un an* AVRUM *France* SAISIE, 973. = Passif. Parf., 3ᵉ p. s., avec un s. s. m. : FUT SAISIT, 3213. — Part. passé, s. s. m. : SAISIT, 3213. R. s. f. : SAISIE, 721 et 973.

SAISNES. S. p. m. Les Saxons (*Saxones*), 3793, et SEISNE, 2921. — R. p. m. : SAISNES, 3700.

SAISONIE. R. s. f. La Saxe (*Saxoniam*), 2330.

SAIVES. Adj., s. s. m. Sage (*Sapius*. C'est le même mot que *sage*. Ce dernier a été formé par la consonification de l'*i* latin, et *saive* s'explique sans cette consonification) : *Vos estes* SAIVES *hom*, 248. Cf. 294, 3174. — R. s. m. : SAIVE, 279. — S. p. m., SAIVE : *Cunseilez mei cume mi* SAIVE *hume*, 20. Cf. *Li plus* SAIVE, au v. 112. — R. p. m., SAIVES : *Blancandrins fut des plus* SAIVES *païens*, 24. Cf. *Les plus* SAIVES, au vers 3703. Cf. SAGES.

SALE. R. s. f. Salle (anc. haut allem. *Sala*) : *D'enz de (la)* SALE *uns veltres avalat*, 730. *Muntet el' palais, est venut en la* SALE, 3707.

SALEIENT, 1641. Lire S'ALEIENT.

SALIENT, 990. Lire S'ALIENT. Pour ces deux mots, voy. *Alient*.

SALOMON. R. s. m. Le fils de David (*Solomonem*. De l'hébreu *schalom*, paix) : *Si violat le temple* SALOMON, 1524.

SALSE. Part. pass. employé adjectivement. Salée (*Salsam*) : *Vers Engletere passat il la mer* SALSE, 372.

SALT. R. s. m. Saut. (*Saltum*.) Entre dans la composition de *Salt-perdut*, nom de cheval, 1554. — R. p. m., SALZ : *Les galops e les* SALZ, 731. *E Tencendor li ad fait .IIII.* SALZ, 3342.

SALT. Verbe neutre, 3ᵉ p. s. de l'ind. prés. de *saillir*. Saute, jaillit (*Salit*) : *Par mi la buche en* SALT *fors li cler sancs*, 1763. SALT *en li fous que l'erbe en fait esprendre*, 3917 ; 3ᵉ p. p., SAILLENT : *Puis*, SAILLENT *enz*, 2469.

SALT-PERDUT. R. s. m. Nom de cheval (V. *Salt* et *Perdre*), 1554.

SALUÈRENT. Verbe act., 3ᵉ p. p. du parf. simpl. de *saluer*. (*Salutārunt*.) *Si l'* SALUÈRENT *par amur*, 121. — Impér., r. p. p., SALUEZ : *De meie part ma muiller* SALUEZ, 361.

SALUZ. R. s. (?) m. Salutation (*Salutem*) : *Par bel amur malvais* SALUZ *li firent*, 2710.

SALVE. Adj., s. s. f. (*Salva*.) *En l'Arcevesque est ben la croce* SALVE,

1670. — R. s. f. *Si receverat la nostre lei plus* SALVE, 189. *Par ceste lei que vos tenez plus* SALVE, 649.=Dans le premier des trois vers cités plus haut, *salve* a le sens du mot latin et signifie : « sauve-gardée ». Dans les deux autres, le sens est actif, au lieu d'être passif. *Salve* ici signifie : « Qui sauve », et non « qui est sauvé ».

SALVEMENT. S. s. Salut, sauvegarde (*Salvamentum*) : *Retenez les, ço est vostre* SALVEMENT, 786.

SALVENT. Verbe act., 3ᵉ p. s. du subj. prés. de *salver.* (*Salvent.*) *Cil Mahumet... Tervagan e Apollin...* SALVENT *le rei*, 2713. — Part. passé, s. s. m., SALVEZ : SALVEZ *seiez de Mahum*, 416, et SALVET : SALVET *seiez de Deu*, 123.

SALVETEZ. R. s. f. Salut (*Salvitatem*) : *La lei de* SALVETEZ, 126. (Au lieu de SALVETET.)

SALZ. R. p. m. Sauts (*Saltus*), 731 et 3342. V. *Salt*.

SAMUEL. R. s. m. (*Samuelem*, de l'hébreu *Schamah*, qui écoute, qui obéit, et *El*, Dieu), 3244.

SANCS. S. s. m. Sàng (*Sanguis*), 1614, 1763, 1980, 3165, 3925, et SANC, 3972. — R. s. m. : SANC, 950, 968, 1119, 1778, 2229, 2346, 3453.

SANCTE. Adj., r. s. f. Mauvaise lecture des éditeurs. Le manuscrit porte *sce*, par imitation inconsciente d'une abréviation latine ; mais partout ailleurs notre texte nous offre explicitement la forme *seint*. C'est donc *seinte* qu'il faut lire, et non pas *sancte*, aux vers 1634, 2303, 2938...

SANGLENT. Adj., s. s. m. (*Sanguilentus*), 1507, et SANGLANT, 1056. — S. s. f. : SANGLENTE, 1399. — R. s. m. : SANGLENT, 1079, 1623. — R. s. f. : SANGLENTE, 1586, 1785, 3921. — R. p. m. : SANGLANZ, 1711. =La forme étymologique, la forme correcte est SANGLENT.

SANSUN. S. s. m. Nom d'un duc français (*Samson* indéclinable, nom d'origine hébraïque), 105, 1275, 2408. On ne trouve jamais dans notre texte la forme SANSE. Mais rien n'est plus facile à expliquer. Le mot *Sansun*, dans notre texte, est formé sur le type INDÉCLINABLE *Samson*. C'est plus tard seulement qu'on a soumis ce vocable à la déclinaison en *o, onis*, et qu'on a dit en français *Sanse* pour le cas sujet et *Sansun* pour le cas régime. — R. s. m. : SANSUN, 1531, 1537, 2187.

SAPIDE. R. s. f. Erreur du scribe, au lieu de SAPEIE. Ce mot, en effet, entre comme assonance dans une laisse féminine en *ei* : *Vunt s'aduber desuz une* SAPEIE, 994. *Sapin* se dit en bas lat. (?) *sappus*, d'où *sapetum* et *sapeta*. C'est ce dernier mot qui est l'origine immédiate de *sapeie*.

SARCOUS. R. p. m. Cercueils (*Sarcophàgos*) : *En blancs* SARCOUS *fait metre les seignurs*, 3692. Au vers 2966, le scribe a écrit à tort *un blanc sairou* : il faut lire *en blancs* SARCOUS.

SARDONIE. R. s. f. Sardoine, pierre précieuse (l'assonance exige *Sardenie*, qui se prononçait *Sardeinne*, et dérive de *Sardonicha*, pour *Sardonyx*) : *Rollanz ferit el' perrun de* SARDONIE, 2312.

SARRAGUCE. S. s. f. (d'une corruption de *Cœsar-Augusta*), 6. — Voc. s. f. : SARRAGUCE, 2598. — R. s. f. : SARRAGUCE, 10, 211, 1407, 2462.

SARRAGUZEIS. Adj., r. p. m. De Saragosse (V. le précédent, auquel on a ajouté la terminaison *ensis*) : *Lacent lor elmes mult bons* SARRAGUZEIS, 996.

SARAZINEIS. Adj., r. p. m. De Sarrazins, fait au pays des Sarrazins (*Saracenenses*) : *Païen s' adubent de osbercs* SARAZINEIS, 994.

SARRAZINS. S. s. m. (*Saracenus*, de l'arabe *scharaka*, « s'est levé ».

Les gens du pays où se lève le soleil), 147, 612, 932, 1509, 2071, 2274, et Sarrazin, 1631. — R. s. m. : Sarrazin, 253; Sarazin, 269. — S. p. m. : Sarrazin, 1625, et Sarrazins, 410. — R. p. m. : Sarrazins, 367. = Ce mot est presque partout employé substantivement; mais il faut noter le vers 367, où il est véritablement adjectif : *Asemblet s'est as* Sarrazins *messag(es)...*

SASFRET. Part. pass. employé adjectivement, r. s. m., 2499. — S. p. m. : sasfret, 3141. Ce sont là deux erreurs évidentes de notre scribe, et il faut partout lire *safret* ou *saffret.* V. ce mot.

SATHANAS. S. s. m. (Du latin *Satanas*, qui est calqué sur l'hébreu, lequel signifie « ennemi ».) *L'anme de lui enportet* Sathanas, 1268.

SAVEIR. Verbe employé substantivement, s. s. Habileté (*Sapere*) : *Vostre* saveir *est grant*, 3509. — R. s. : *Li Amiralz est mult de grant* saveir, 3279. *Par mun* saveir *vinc jo à guarisun*, 3774. Cf. 234. — R. p., saveirs : *Par voz saveirs se m' puez acorder*, 74.

SAVEIR. Verbe act., inf. prés. Savoir (*Sapere*) : *Poez* saveir *que mult grant doel en out*, 1538. — Ind. prés., 1re p. s. : sai, 191, 310, 530, 760, 1082, 1386, 1700, 2837, 3715; 3e p. s. : set, 427, 530, 1035, 1173, 1675, 1886, 2098, 2553; 1re p. p. : savum, 2503; 2e p. p. : savez, 363, 1773, 3413; 3e p. p. : sevent, 716, 1436. — Parf. simpl., 3e p. s., sout : *Guenes le* sout, *li fel, le traïtur*, 1024. — Fut., 2e p. s., saveras : *De m' espée enquoi* saveras *le nom*, 1901. — Impér., 2e p. p. : sacez... — Subj. prés., 3e p. p., sace[n]t : *Sunez vos graisles, que mi paien le* sace[n]t, 3136. = Ce verbe est employé dans toutes ses acceptions actuelles. Rem. la locution « n'en savoir mot » : *Il n'en* set mot, *n'i ad culpe li bers*, 1174.

SCAZ. R. s. f. (Il est bien difficile d'admettre que ce soit Cadix, *Gades*.) *Cil tient la tere en tre(s)-qu'à* scaz *marine*, 956.

SCEPTRE. R. s. (*Sceptrum*.) *Puis, si li tolent* (à Apollin) *ses* sceptre *e sa curune*, 2585.

SCIENCE. R. s. f. Savoir. (*Scientiam*.) En parlant des Français qui montent à cheval pour la bataille, notre poëte dit : *Puis, sunt muntez, e unt grant* science, 3003.

SE. Pronom personnel, régime. Il s'emploie : 1°, au singulier : *Li reis Marsilie...* se *culchet*, 12, etc., et 2°, au pluriel : *Einz que il moergent,* se *vendrunt mult cher*, 1690, etc. = L'e de *se* est souvent supprimé, non-seulement dans la prononciation, mais même dans l'écriture; — non-seulement devant une voyelle, mais devant une consonne : *Ne s' poet guarder que mals ne li ateignet*, 9, etc. etc.

SE. Conjonction, exprimant l'idée de conditionnalité, et venant toujours de la conjonction latine *si*. (Dans tous les textes romans du moyen âge, *se* vient de *si*, et *si* vient de *sic*.) *Par voz saveirs,* se *m' puez acorder, — Jo vus durrai or e argent*, 74, 75. Se *en rere guarde troevet le cors Rollant, — Cumbatrat sei*, 613. Se *Carles vient, de nus i averat perte; —* Se *Rollanz vit, nostre guerre novelet*, 2117, 2118. *Fol seie,* se *jo l' ceil*, 3757. Cf. 986, 987, etc. = Se reçoit, par une extension toute naturelle, le sens de « à moins que » : *N'en parlez mais,* se *jo ne l' vos cumant*, 273. = Une locution très-usitée est « se nun » dans le sens de notre « sinon ». Mais, dans le *Roland* comme dans les autres textes du moyen âge, se est séparé de nun par un ou plusieurs mots : *Ja mar crerez bricun... —* Se *de vostre prod* nun, 221. *N'i ad eschipre qui s' cleimt* se *par loi* nun, 1522. *N'ad talent que li facet*

SE *bien* NUN, 3681. = « SE N'EST, SE NE FUST », équivaut à SE NUN : *Unc ne l' sunast* SE NE FUST *en cumbatant*, 1769. = Cf. SI que l'on trouve deux fois, par erreur, aux vers 475 et 928.

SEANT. Part. prés. s. m. de *sedeir*. (*Sedentes*.) *As Innocenz vos en serez* SEANT, 1480. = « *Dresser* quelqu'un *en seant* », c'est, quand il est couché, « le soutenir assis ». Marsile, apercevant Baligant, dit à ses Sarrazins : *Pernez m'as braz, si m' drecez* EN SEANT, 2829. — Au fig. R. s., SEANT : *Gent ad le cors e ben* SEANT, 3115. Voy., pour ce dernier sens, le mot *sedere*, dans Ducange. On y trouvera une citation curieuse d'un vieil *Ordo* romain : *Primicerius et Secundicerius componunt vestimenta (Pontificis) ut bene sedeant*. Ainsi, *bene sedere*, « se bien tenir », et, par extension, « être en bon état », a donné lieu à *sedere* tout court, dans le même sens. V. *Sedeir*.

SEBRE. R. s. m. L'Ebre, fleuve (*Iberum*) : *Par* SEBRE *amunt tut lur naviries turnent*, 2642. *L'ewe de* SEBRE, 2465. Il faut considérer l's initial du mot roman comme une corruption euphonique du mot latin.

SECLE. R. s. Siècle, dans le sens chrétien. La « fin du siècle », c'est « la fin du monde » (*Sœculum*) : *Dient plusor : Ço est li definement*, — *La fin de l'* SECLE..., 1435.

SEDEIR. Verbe neut., inf. prés. S'asseoir, être assis (*Sedere*) : *Alez* SEDEIR *quant nuls ne vos sumunt*, 251. Cf. 272. *Là vunt* SEDEIR *cil ki s' deivent cumbatre*, 3854. — Ind. prés., 3ᵉ p. s., SET : *Li quens Gerins* SET *el' ceval Sorel*, 1379. *Itel valor deit aveir chevaler — Ki armes portet e en bon cheval* SET, 1877, 1878, et SIET : *Là* SIET *li Reis qui dulce France tient*, 116. Cf. 1491 et 1528. C'est *siet* qui est la forme correcte ; car ce mot ne se trouve, comme assonance, que dans une laisse en *ier*. 3ᵉ p. p. : SIÈDENT, 110. — Imparf., 3ᵉ p. s., SEDEIT : *Er matin* SEDEIT *li Emperere suz l'umbre*, 383. — Parf. simple, 3ᵉ p. s. : SIST, 1943. — Part. prés., s. p. m. : SEANT, 1943. Cf. EN SEANT, 2829, et l'adj. verb. SEANT, au r. s., 3115. V. *Seant*.

SEDME. Adj. numéral, s. s. f. Septième (*Septima*), 3228, 3244, 3258. — R. s. f. : SEDME, 3061.

SEGE. R. s. m. Siége (*Sedium*, par la consonification de l'*i*) : *Metez le* SEGE *à tute vostre vie*, 212. Cf. les formes SIÈGE, aux v. 71, 435, et SIÈGES, au v. 1135. En dernière analyse, je préférerais cette dernière forme, à cause des substantifs *siet* et de l'ind. prés. *siet* (*sedet*), qui sont employés comme assonances en des laisses en *ier*.

SEI. Pron. pers. Soi. (*Sibi*.) 1° SEI s'emploie avec toutes les propositions : *Sa rere guarde lerrat derrere* SEI, 574. *Ses meillors humes enmeinet ensembl' od* SEI, 502. *Endreit* SEI, 2123, etc. = 2° Cependant SEI tient aussi la place d'un véritable complément direct, là où l'on pourrait tout aussi bien employer SE : *Met* SEI *en piez*, 2277. *Ki hume traïst* SEI *ocist e altroi*, 3959, etc. = 3° SEI est souvent usité avec MEÏSME, 1614. *Mult quiement le dit à* SEI MEÏSME, 1614. *A* SEI MEÏSME *la cumencet à pleindre*, 2315. C'est notre expression : « En soi-même », etc., etc.

SEIELER. Verbe act., inf. prés. Sceller (*Sigillare*) : *A l' premer an fist ses brefs* SEIELER, 2613.

SEIENT. Verbe *estre*, 3ᵉ p. p. du subj. prés., 811, 3913. V. *Estre*.

SEIET. Adj., s. p. m. Couvert de soies, comme les sangliers (*Setati*) : *Cil sunt* SEIET *ensement cume porc*, 3223.

SEIEZ. Verbe *estre*, 2ᵉ p. p. de l'impér., 416, 3016. V. *Estre*.

SEIGNAT. Verbe act., 3ᵉ p. s. du

parf. simpl. Fit le signe de la croix (*Signavit*): SEIGNAT *sun chef de la vertut poisant*, 3111. Il s'agit ici de Charlemagne, qui s'arme de ce signe au moment de la grande et décisive bataille contre Baligant. Mais partout ailleurs, dans notre poëme, ce mot s'applique à la bénédiction qui accompagne l'absolution sacramentelle, lorsque le prêtre dit: *Ego te absolvo a peccatis tuis in nomine Patris†, et Filii, et Spiritus sancti.* — Parf. comp., 3ᵉ p. s., avec un r. s. m., AD SEIGNET: *De sa main destre l'*AD *asolse* SEIGNET, 340. *E l'Arcevesques l'*AD *asols e* SEIGNET, 2205, et avec un r. p. m.: *Ben sunt asols e quites de lur pecchez,* — *E l'Arcevesque de Deu les* AD SEIGNEZ, 1140, 1141. 3ᵉ p. p., UNT SEIGNEZ: *Si' s* UNT *asols e* SEIGNEZ *de part Deu*, 2957. — Part. pass., r. s. m.: SEIGNET, 340, 2205. S. p. m., SEIGNEZ: *Ben sunt cunfès e asols e* SEIGNEZ, 3859. R. p. m.: SEIGNEZ, 1141, 2957.

SEIGNUR. S. s. m. (par erreur) Seigneur. (*Seignur*, qui est essentiellement un cas-régime, vient de *seniorem. Senior*, c'est L'AÎNÉ des enfants, auquel le droit féodal attribue tant d'avantages. Et ce n'est pas ici, comme on l'a cru, l'idée de la vieillesse qui a entraîné celle du commandement, de l'autorité.) *Le* SEIGNUR *d'els est apelet Ocdun*, 3056. Le véritable sujet est SIRE, 297, 1521, 2504, 2656, etc., que l'on trouve également au voc. s. m., 227, 753, 2138, 2441, 3209, etc. — R. s. m.: SEIGNUR, 26, 364, 379...; SEIGNOR, 1010, 2380, et SIRE, par erreur, 3470. — Voc. p. m.: SEIGNURS, 15, 70, 79, 1127, 2106, 3627, et SEIGNORS, 1854... — R. p. m.: SEIGNURS, 2432. = On disait un « seigneur lige »: *Plurent lur filz... e lur* LIGE(s) SEIGNURS, 2421, 2422.

SEIGNURILL. Adj., r. s. Seigneurial (*Seniorilem*): *Quant vus serez el' palais* SEIGNURILL, 151.

SEINET (AD). Verbe neutre, 3ᵉ p. s. du parf. comp. A saigné (*Sanguinatum habet*): *Tant* AD SEINET *li oil li sunt trublet*, 1991.

SEINTISME. Adj. superlatif, s. s. f. (*Sanctissima.*) *E! Durendal! cum es bele e* SEINTISME, 2344. V. le suivant.

SEINT. Adj., s. s. m. Saint (*Sanctus*), 921, 1479, 2390, 2395, 3610, 3993, etc. La forme correcte serait SEINZ. — Voc., s. f.: SEINTE, 2303. C'est ainsi, suivant nous, qu'il faut lire l'abréviation sce, et non pas SANCTE. — R. s. m.: SEINT, 53, 973, 1581, 2346, 2526, 3685, 3693, 3746. — R. s. f.: SEINTE, 2245, 2348, et SAINTE, 3612. Il faut lire SEINTE aux v. 1634, 2938, etc., et non pas SANCTE, qui est tout à fait contraire à la phonétique de notre manuscrit. — S. p. m.: SEINZ (au lieu de *seint*), 1134. — R. p. m.: SEINZ, 3718. Dans ce dernier vers: *Ne place Deu ne ses* SEINZ, ce mot est employé substantivement. Cf. peut-être le v. 1428. — R. p. f., SEINTES: *En* SEINTES *flurs il les facet gesir*, 1856. Cf. SENTES, au v. 2197. Les « saintes fleurs », c'est l'image par laquelle notre poëte désigne le Paradis. — Au superlatif, s. s. f.: SEINTISME, 2344. V. le précédent.

SEINZ. Prép. Sans (*Sine.* Le *z*, qui peut-être est appelé et justifié par la nasale, remplace (?) l's, que nous avons constaté dans *alques, sempres*, etc. C'est du moins l'hypothèse que nous proposons ??): *Là purparolent la traïsun* SEINZ *dreit*, 511. *Ambure ocist* SEINZ *nul recoeverement*, 1607. *Ja prist-il Noples* SEINZ *le vostre comant*, 1775. SEINZ *hume mort (ceste bataille) ne poet estre achevée*, 3579. Cf. 3914, et SENZ, aux v. 2039 et 3619.

SEIR. R. s. Soir (*Serum*): *En Rencesvals furent mort l'altre* SEIR, 3412. = Rem. la loc. HER SEIR: *Fut ocis* HER SEIR, 2745.

SEISANTE. Nom de nombre indéclinable (*Sexaginta*), 1689, 1849. Et, avec un autre nombre qu'il multiplie : SEISANTE *milie*, 2111.

SEISNE. S. p. m. Saxons (*Saxones*), 2921, et SAISNES, 3793. — R. p. m. : SAISNES, 3700.

SEIT. Verbe *estre*, 3ᵉ p. s. du subj. prés., 102, 234, 391, 458, 606, 1701, 2258...

SEIUM. Verbe *estre*, 1ʳᵉ p. p. du subj. prés., 1046. — SEIUNS, 46.

SEIUNS. Verbe *estre*, 1ʳᵉ p. p. du subj. prés., 46, et SEIUM, 1046.

SELE. S. s. f. Selle de cheval (*Sella*) : *Mort l'abat ; la* SELE *en remeint guaste*, 3450. — R. s. f., SELE : *Trenchet la bone* SELE *ki gemmet fut ad or*, 1544. Cf. 1295. — S. p. f., SELES : *Li frein sunt d'or, les* SELES *d'argent mises*, 91. *Les alves turnent, les* SELES *chéent à tere*, 3881. — R. p. f. : SELLES, 1969. (Müller restitue *espalles*, au lieu de e SELLES.)

SELVE. R. s. f. Forêt (*Silvam*) : *Nen at...* SELVE *ne bois, asconse n'i poet estre*, 3292, 3293.

SEMBLANT. R. s. n. ? « Quelque chose qui ressemble à quelqu'un : son visage, son air » (du participe présent de *simulare*) : *Jo irai à l' Sarazin en Espaigne, — Si' n vois vedeir alques de sun* SEMBLANT, 269, 270. = Le sens s'est notablement étendu dans le vers suivant : *L'Arcevesques lur dist de sun* SEMBLANT, 1471. SUN SEMBLANT ne peut ici mieux se traduire que par : *sa façon.* Ces deux mots : *façon* et *semblant*, ont eu à peu près la même histoire dans notre langue...

SEMBLET. Verbe neutre, ind. prés., 3ᵉ p. s. (*Simulat. Simulare* signifie « peindre, reproduire ». *Hoc mihi simulat*, pour *simulatur*, pourrait se traduire : « Cela se peint, se re- « produit à mes yeux, de telle ou « telle façon. » D'où le sens actuel de *Sembler.*) *De noz Franceis m'i* SEMBLET *aveir mult poi*, 1050. Et, avec un sujet bien déterminé s. m. : *Cil Sarraz(ins) me* SEMBLET *mult herite*, 1645. — Cond., 3ᵉ p. s. (*Simulâsset.*) *S'altre le desist, ja* SEMBLAST *grant mençunge*, 1760.

SEMPRES. Adv. (*Semper.*) Ce mot a deux sens très-distincts : 1° « De suite, sur-le-champ, soudain. » Ce sens est dérivé, par extension, du sens latin. *Semper* signifiait « sans « discontinuer » : *L'ost des Franceis verrez* SEMPRES *desfere*, 49. SEMPRES *murrai, mais cher me sui vendut*, 2053. *Ad un carner* SEMPRES *les unt portet*, 2954. *Adubes vos ;* SEMPRES *averez bataille*, 3134. SEMPRES *caïst, se Deus ne li aidast*, 3439. SEMPRES *est morte*, 3721. = 2° Toujours. C'est le sens primordial de *semper* : *Receif chrestientet, e pui(s) t'amerai* SEMPRES, 3598. Le vers suivant peut s'entendre aussi bien dans l'un que dans l'autre sens : SEMPRES *ferrai de Durendal granz colps*, 1255. = L's de SEMPRES n'a rien d'étymologique. On le rencontre dans tout un groupe d'adverbes : *Unches, Alques, Primes.* V. ces mots.

SEMUN. Verbe act., 2ᵉ p. s. de l'impér. Avertis, convoque (*Submone*) : SEMUN *les oz de tun empire*, 3994. V. Sumunt.

SENEFIANCE. R. s. f. Signification, d'un songe, par exemple (*Significantiam*) : *Par avisiun li ad anunciet d'une bataille...* SENEFIANCE *l'en demustrat mult gref*, 2531.

SENEFIET. Verbe act., 3ᵉ p. s. de l'ind. prés. de *senefier.* (*Significat.*) *Branches d'olives en voz mains porterez. — Ço* SENEFIET *pais e humilitet*, 73. = Ces deux mots : *Senefiance* et *Senefiet*, ont bien gardé leur sens primitif : ils expriment le signe, le symbole.

SENESTRE. R. s. m. Gauche (*Sinistrum*) : *A l' puign* SENESTRE, 2830.

SENS. R. s. m. Raison, BON SENS, dans toute la force de ce mot trèsfrançais (*Sensum*) : *Kar vasselage par* SENS *nen est folie*, 1724. = « Perdre le sens » est déjà une locution usitée pour signifier « devenir fou » : *A ben petit que il ne pert le* SENS, 305.

SENT. Verbe act., 3ᵉ p. s. de l'ind. prés. (*Sentit.*) *Oliver* SENT *que à mort est ferut*, 1952. Cf. 1965.

SENTER. R. s. m. Petite route, sentier (*Semitarium*) : *Il n'en i ad ne veie ne* SENTER, 2399. = Ce mot se trouvant dans une assonance en *ier*, il faut lire : *Sentier*.

SENTES. Adj. r. p. f. Saintes. (*Sanctas.*) Erreur du scribe, pour *seintes*, 2197. V. *Seint*.

SENUN. Sinon. SENUN s'écrit en deux mots séparés par un ou plusieurs autres : SE *par loi* NUN, 1522, etc. V. *Se*.

SENZ. Prép. Sans (*Sine*) : SENZ *l'Arcevesque e* SENZ *Gualter de l'Hum*, 2039. SENZ *nule recuvrance*, 3619. La forme la plus usitée est SEINZ. V. ce mot.

SERAI. Verbe *estre*, 1ʳᵉ p. s. du fut. (*Essere-habet*), 86, 1076, 2910, 2917...

SERAT. Verbe *estre*, 3ᵉ p. s. du fut. (*Essere-habet*), 52, 625, 1110, 2126, 3849...

SEREIT. Verbe *estre*, 3ᵉ p. s. du condit. (*Essere-habebat*), 1705, 3804.

SEREZ. Verbe *estre*, 2ᵉ p. p. du fut. (*Essere-habetis*), 39, 434, 436, 1480. Pour les quatre mots précédents, voyez *Estre*.

SERF. S. s. m. (*Servi.*) *A une estache l'unt atachet cil* SERF, 3737. Il faut observer que ces deux derniers mots ont été écrits par une main postérieure.

SERF. Verbe act., impér., 2ᵉ p. s. Sers, adore (*Servi*) : SERF *e crei le Rei omnipotente*, 3599.

SERJANZ. S. p. m. Sergents (*Servientes*), 161, 3967. — R. p. m. : SERJANZ, 3957. = Ce mot, dans les trois exemples précédents, désigne des personnes d'une condition très-inférieure, des serfs attachés à la maison, des *domestici*.

SERMUN. R. s. m. Discours, parole (*Sermonem*) : *Franceis apelet, un* SERMUN *lur ad dit*, 1126. *Mult haltement escrient un* SERMUN : — *Ki par nos Deus voelt aveir guarisun,* — *Si s' prit e servet...*, 3270-3272. *Dist Baligant: « Malvais* SERMUN *cumences,* » 3600. — R. p. m. : SERMUNS, 3979, et SERMONS, 2243. = Au pluriel, nous trouvons le sens moderne de « sermons ». On dit de Bramidonie, qui est instruite dans la foi chrétienne : *Tant ad oït e* SERMUNS *e essamples*, 3979. Et l'oraison funèbre de Turpin se résume en ces mots : *Par granz batailles e par mult bels* SERMONS — *Cuntre païens fut tuz tens campiuns*, 2243, 2244.

SERPENZ. S. p. m. (*Serpentes*), 2543.

SERT. Verbe act., 3ᵉ p. s. de l'ind. prés. (*Servit.*) *Mahumet* SERT, 8. *E ! malvais Deus..., ki mult te* SERT, *malvais luer l'en dunes*, 2582 et 2584. *Ço est une gent ki Damne Deu ne* SERT, 3247. 2ᵉ p. p., SERVEZ : *Plus valt Mahum que seint Pere de Rume.* — *Se lui* SERVEZ, *l'onur de l' camp ert nostre*, 921, 922. — Imparf., 1ʳᵉ p. s., SERVEIE : SERVEIE (*l'Empereür*) *par feid e par amur*, 3770. — Parf. comp., 1ʳᵉ p. s., avec un r. s. m., AI SERVIT : *Bel sire Reis, jo vos* AI SERVIT *tant*, 863. Cf. 3825. Avec un r. p. m., AI SERVIT : *Mi damne Deu, je vos* AI *mult* SERVIT, 3492. 2ᵉ p. p., avec un r. s. m. : AVEZ SERVIT, 1858. — Impér., 2ᵉ p. s., SERF : SERF *e crei le Rei omnipotente*, 3599. — Subj. prés., 3ᵉ p. s., SERVET : *Prit e* SERVET *nos Deus*, 3272. *Que Guenelun... li* SERVET *par amur*, 3801. Cf. 3810. SERVE, 2254. = Inf. passif, avec un s. s. f. Roland dit à son épée : *De chrestiens devez* ESTRE SERVIE, 2350. — Part. pass., s. s. f. :

servie, 2350. R. s. m. : servit, 863, 3825, 1858. R. s. n. : servit, 3492. = Le mot *servir,* comme on le voit par les exemples précédents que nous avons multipliés à dessein, s'entend surtout du culte que nous devons à Dieu; puis, du service que l'on rend au roi. Tous les vers que nous avons cités se rapportent, sauf le v. 2350, à ces deux sens, à ces deux cultes...

SERUM. Verbe *estre,* 1re p. p. du futur (*Essere-habemus*), 1477.

SERUNT. Verbe *estre,* 3e p. p. du fut. (*Essere-habent*), 262.

SERVE. Verbe act., 3e p. s. du subj. prés. de *servir* (*Serviat*), 2254.

SERVEIE. Verbe act., 1re p. s. de l'imparf. de l'ind. de *servir* (*Serviebam*), 3770.

SERVET. Verbe act., 3e p. s. du subj. prés. de *servir* (*Serviat*), 3272, 3801.

SERVEZ. Verbe act., 2e p. p. de l'ind. prés. de *servir* (*Servitis*), 922. Pour les quatre mots précédents, voyez *Servir.*

SERVIE. Part. pass., s. s. f. de *servir* (*Servita*), 2350.—Inf. passif du même verbe, avec un s. s. f. : estre servie, 2350.

SERVISE. S. s. Service (*Servitium*) : *Vostre* servise *l'en doüst bien guarir,* 3828. — R. s., servise : *Carles comandet que face sun* servise, 298. Cf. 1727, 3072, 3666, et servis, 1406. — R. p. : servises, 29. = Le sens est à peu près celui du vocable actuel : c'est d'abord le « service de l'Empereur » dans la même acception où hier encore nous employions ces mots : *Cist ferunt mun* servise, 3072. Cf. 298 et 3828. = Mais *servise* prend, dès le *Roland,* une acception plus élevée : « Service de Dieu », dans un sens liturgique. Lorsque Saragosse est pris, Charles transforme les mosquées en églises : *Li Reis creit Deu, faire voell sun* servise, — *E si evesque les eves beneïssent,* 3666, 3667. Et déjà ce même mot est employé dans le sens très-général « de service rendu à quelqu'un » : *Malvais* servise *le jur li rendit Guenes,* 1406. Au pluriel, cette acception est encore plus frappante : *Mandez Carlun [fe]deilz* servises *e mult granz amistez,* 29. Tous ces sens nous sont restés, et ils n'étaient aucunement dans le latin. Ils sont d'origine féodale. Il en est de même de ces locutions : « Faire le service de « quelqu'un, rendre service », etc.

SERVIT (ai). Verbe act., 1re p. s. du parf. comp. de *servir,* avec un r. s. m. (*Habes servitum*), 863, 3825, et avec un r. p. m., 3492.

SERVIT (avez). Verbe act., 2e p. p. du parf. de *servir,* avec un r. s. m. (*Habetis servitum*), 1858.

SERVIT. Part. pass., r. s. m. de *servir* (*Servitum*), 863, 1858, 3825, et r. s. n., 3492.

SES. Pronom ou adj. possessif de la 3e personne. (*Suus.*) En voici toute la déclinaison : S. s. m. : ses, 39, 86, 384, 495, 504, 544, 1368, etc.; sis, 56, 191, 375, 473, 505, 546, 793, 1269, 1914, 2404, 3215, etc. Le scribe employait *ad libitum* tantôt l'une, tantôt l'autre de ces formes, et quelquefois l'une et l'autre, à un ou deux vers de distance (504 et 505, 544 et 546). Si, par erreur, 324, et sun, 348, 1160, 1495, 2024. — S. s. f. : sa (de *sa,* pour *sua*), 141, etc. — R. s. m. : sun (*Suum*), 26, 51, 62, 64, 66, 173, 642, 762, 1641, 2497, 3929, et son, 2870.—R.s.n.: (?) sun (*Suum*), 138, 182, 660. — R. s. f. : sa (*Sam,* pour *suam*), 52, 140, 365, 574, 614, 1407, 1630, 1632, 2239, 2593, 3975, etc. — S. p. m. : si (*Sui*), 99, 285, 636, 976, 1552, 2478, 2668, 2788.—R. p. m. : ses (*Suos*), 14, 34, 98, 166, 235, 602, 720, 852, 2215, 2596, 2619, 3718.— R. p. n. : (?) ses, 1629.—R. p. f. : ses (*Suas*), 137, 190, 897, 1619, 2280, 2629, 3324.

SES. Pronom ou adj. possessif de la

3ᵉ personne, r. p. m. (*Suos.*) V. le précédent.

SES. Pron. ou adj. possessif de la 3ᵉ personne, r. p. f. (*Suas.*) Voyez plus haut *ses*.

SET. Verbe act., 3ᵉ p. s. de l'ind. prés. de *saveir*. Sait (*Sapit*), 427, 530, 1035, 1173, 1379, 1675, 1878, 1886, 2098, 2553. V. *Saveir*.

SET. Nom de nombre indéclinable (*Septem*), 2, 31...

SEVENT. Verbe act., 3ᵉ p. p. de l'ind. prés. de *saveir* (*Sapiunt*), 716, 1436.

SEVERET (AD). Verbe act., 3ᵉ p. s. du parf. comp. de *severer*, avec un r. s. m. (*Habet separatum.*) *Le destre poign li* AD *de l' cors* SEVE-RET, 2781. — Avec un r. s. f.: *Tute la teste li* AD *par mi* SEVERÉE, 1371. — Part. pass., r. s. m.: SEVERET, 2781. R. s. f.: SEVERÉE, 1371, et SE-VRÉE: *Cil tint la tere entresqu'en Val*-SEVRÉE, 3313. = On prononçait partout *sevret, sevrée*; car le premier *a* de *separatus* est bref et doit tomber.

SEVERIN. R. s. m. Nom de saint (*Severinum*): *De sur l'alter seint* SEVERIN *le baron — Met l'oliphan*, 3685. Il est ici fait allusion à l'église Saint-Severin de Bordeaux.

SEVRET, SEVRÉE. V. *Severet*.

SEZ. Adv. Assez (*Satis*): *De lui venger jamais ne li ert* SEZ, 1960.

SEZILIE. R. s. f. Il ne saurait être question de la Sicile (*Siciliam*) dans le passage de notre poëme où se trouve ce mot. Il s'agit, en effet, de Roland, et il énumère, parmi ses conquêtes, *Balasguet e Tuele et* SEZILIE (v. 200). Est-ce Séville ? Puisque notre héros énumère uniquement ses CONQUÊTES EN ESPAGNE, c'est possible et même probable. V. *Sibilie*.

SI. Adj. ou pron. possessif de la 3ᵉ personne, s. p. m. (*Sui*), 99, 285, 636, 976, 1552, 2478, 2668, 2788... V. *Ses*.

SI. Adv. (*Sic.*) 1° Le premier sens de *si* est celui de *sic*, en latin, « ainsi ». Dans ce sens, il précède un verbe. *E il* SI *firent*, 2155. SI *ferum*, 24. = 2° Avec *cum*, il signifie « de même que... »: SI CUM *li cerfs s'en vait devant les chiens*, 1874. = 3° Devant un adjectif ou un autre adverbe, « tellement ». *a*. Devant un adjectif: *La meie mort me rent* SI AN-GUISSUS, 2198. *Quant l'ot Rollanz, Deus!* SI GRANT *doel en out*, 1196. *b*. Devant un adverbe: SI LUNGE-MENT *tuz tens m'avez servit*, 1858. *Cornent* SI HALT *sunent li munt*, 2111. En ce dernier vers, *que* est sous-entendu devant *sunent*. Cf. 2146. = 4° *Si*, avec *que*, signifie: « De telle sorte que, assez pour... »: *Ne poet vedeir* SI *cler* — QUE *reco-[no]istre poisset nul hom*, 1993. *Cum fus* SI *os* QUE *me saisis*, 2292, 2293. = 5° *Si* en est venu de bonne heure, dans les textes romans, à n'être plus qu'une particule explétive, donnant plus de force à l'affirmation. En vers, c'est souvent une cheville: SI *me guarisez e de mort e de hunte*, 21. *Il est mes filz e* SI *tendrat mes marches*, 3716. Cf. 38, 1999... =*Si* se combine avec LE, et forme SI L': *Enceis ne l'vit*, SI L' *recunut*, 1596. SI L' *verrez*, 953, 1294. Il se combine également avec LES, et nous avons SI' S, qu'il faut, comme le précédent, écrire en deux mots: SI'S *aquillit e tempeste e ored*, 689. SI'S *prist à castier*, 1739, etc.

SI. Conjonction exprimant la conditionnalité. (*Si.*) SI *ceste acorde ne volez otrier*, 475. *Franceis murrunt* SI *à nus s'abandunent*, 928. La forme correcte est SE. V. ce mot.

SIBILIE. R. s. f. Nom de ville (est-ce Séville ?): *Curant i vint Margariz de* SIBILIE, 955.

SIED. R. s. Ville; plus généralement, lieu où l'on séjourne; plus spécialement, lieu où séjourne le roi. C'est à peu près la même idée qui nous fait dire aujourd'hui : « le

« siége de l'Empire » (*Sedium*, de *sedere*) : *Vient à Ais, à l' meillor* SIED *de France*, 3706. SIET : *Menez serez dreit à Ais le* SIET, 478.

SIÈDENT. Verbe neutre, 3ᵉ p. p. de l'ind. prés. de *sedeir* (*Sedent*), 110.

SIÉGE. R. s. (*Sedium*), 71, 435, et SEGE, 212. — R. p.: SIÉGES, 1135. = Trois sens bien distincts : 1º Siége « où l'on s'asseoit » : SIÉGES *averez el' greignor Pareïs*, 1135. = 2º Siége de l'Empire; ne se dit que d'Aix-la-Chapelle : *A l'* SIÉGE *ad Ais en serez amenet*, 435. *Metez le* SEGE *à tute vostre vie*, 212. = 3º Siége d'une ville : *Il est à l'* SIÉGE *à Cordres la citet*, 71. Je pense que *siége* est préférable à *sege*. En effet le mot *siet*, qui a la même étymologie et le même sens, se trouve au v. 478, dans une laisse en *ier*.

SIET. R. s. Siége de l'Empire, Aix (*Sedium*), 478. V. *Sied*. = *Siége* et *Sied*, *Siet* viennent, suivant nous, du même mot latin. Dans le premier, a eu lieu la consonification de l'*i* latin ; dans le second, elle ne s'est pas produite.

SIET. Verbe neutre, 3ᵉ p. s. de l'ind. prés. de *sedeir* (*Sedet*), 116, 1491, 1528.

SIGLENT. Verbe neutre, 3ᵉ p. p. de l'ind. prés. de *sigler*. « Cinglent, se dirigent vers... », en parlant des vaisseaux (de *sigla*, voile, qui lui-même dérive de l'anc. haut allem. *sëgelen*, et du nordique *sigla*. Diez, I, 383) : SIGLENT *à fort e nagent e guvernent*, 2631. — Plus-que-parf. du subj., OÜSSENT SIGLET : *Einz qu'il* OÜSSENT .IIII. *liues* SIGLET, 688. — Part. pass., s. n. : SIGLET, 688.

SIGLOREL. R. s. m. Nom d'un enchanteur païen, qui avait été dans l'enfer, sous la conduite de Jupiter (?), 1390.

SIGNACLE. R. s. Bénédiction avec le signe de la croix (*Signaculum*) : *Sein[z] Gabriel, ki de part Deu le guarde, — Levet sa main, sur lui fait sun* SIGNACLE, 2848.

SILVESTRE. R. s. m. Nom de saint (*Silvestrem*) : *Mult par est grant la feste: — Dient alquant de l' baron seint* SILVESTRE, 3745, 3746. C'est donc le 31 décembre qu'aurait commencé le plaid de Ganelon.

SINAGOGE. R. p. f. (Nom d'origine grecque, συναγωγή, qui était de bonne heure passé en latin.) *Les* SINAGOGES *e les mahumenes*, 3662. Je ne pense pas que notre poëte se rendît exactement compte de ce mot, et il confond les synagogues et les mosquées.

SIRE. S. m. (*Senior*, par une série de transformations, *Sendre, Senre*, etc.), 297, 1521, 2504, 2656, et, par erreur, SEIGNUR, 3056. —Voc. s. m. : SIRE, 227, 753, 2138, 2441, 3209, etc. etc. — R. s. m. : SEIGNUR, 26, 364, 379...; SEIGNOR, 1010, 238..., et SIRE, par erreur, 3470. — Voc., p. m. : SEIGNURS, 15, 70, 79, 1127, 2106, 3627, et SEIGNORS, 1854. — R. p. m. : SEIGNURS, 2432... V. *Seignur*.

SIRIE. R. s., 2939. Grossière erreur du scribe au lieu de *Sizer*. V. ce mot.

SIS. Adj. ou pron. possessif de la 3ᵉ pers. (*Suus*), 56, 191, 375, 473, 505, 546, 793, 1269, 1914, 2404, 3215, etc. = Se reporter au mot *ses*, où l'on trouvera la déclinaison complète de cet adjectif.

SIST. Verbe neutre, 3ᵉ p. s. du parf. simple de *sedeir* (*Sedit*), 1943.

SISTE. Adj. numéral. S. s. f. Sixième (*Sexta*), 3227, 3243, 3257. — R. s. f.: SISTE, 3052.

SIUT. Verbe act. 3ᵉ p. s. de l'ind. prés. (*Siure* vient de *sequere*, c'est-à-dire de *sequi* ramené à l'actif.) *Li Amiraill chevalchet : ses filz le* SIUT, 3215. — Futur, 1ʳᵉ p. s.: SIURAI; 84. 3ᵉ p. s. : SIURAT, 188, 694. 2ᵉ p. p.: SIUREZ, 37. — Part prés. s. s. m., SIVANT : *Sun cumpaignun après le vait* SIVANT, 1160. S. p. m., SIWANT : *XVII. reis après le vunt* SIWANT, 2649. On a lu, on a pu lire SIUVANT. Nous préférons SIWANT.

SIZER. R. s. Nom des défilés de la Navarre dont nous avons précisé la position et indiqué tous les noms dans notre note du vers 706. Comme le prouvent les assonances, on prononçait *Sizre*. (V. Paul Raymond, *Revue de Gascogne*, n° de septembre 1869.) *Sunjat qu'il eret as greignurs porz de* SIZER, 719. *Li Reis serat as meillors porz de* SIZER, 583. Ces deux vers sont tirés de deux couplets féminins en *ie, ire, ise*, etc. Cf. *Sirie*, mis à tort pour *Sizer* au vers 2939, dans une laisse de même nature.

SOEFRET. Verbe actif, 3ᵉ p. s. de l'ind. prés. de *suffrir* (*Suffert*, ou bas latin *sufferit.*) *Ço est merveille que Deus le* SOEFRET *tant*, 1774. V. *Suffrir*.

SOELT. Verbe neutre, 3ᵉ p. s. de l'ind. prés. de *suleir.* (*Solet.*) *Ja est ço Rollanz ki tant vos* SOELT *amer*, 2001. *Ais li un angle ki od lui* SOELT *parler*, 2452. Cf. 2619, 2667, et SOLT, 352. — Imparf. 1ʳᵉ p. s., SULEIE : *Par vasselage* SULEIE *estre tun drut*, 2049. 3ᵉ p. s., SULEIT : *Sun filz ad mort qu'il tant* SULEIT *amer*, 2782, et SOLEIT : (*Mes*) *messages* SOLEIT *faire volenters*, 2672.

SOENS. Adj. possessif, s. s. m. Sien. (Fait sur le radical de *suus*, auquel on aurait ajouté une terminaison en *anus?*) S'emploie toujours avec l'article : *Li* SOENS *orgoilz le devereit ben cunfundre*, 389. *Estramariz i est, un* SOENS *cumpainz*, 941. — R. s. m., SOEN : *Par le* SOEN *Deu*, 82. *Pent à sun col un* SOEN *grant escut let*, 3149. *As li devant un* SOEN *drut*, 3495. Cf. 3952. — R. p. m., SOENS : *Que l'Empercre nisun des* SOENS *n'i perdet*, 806. *Sunet sun gresle pur les* SOENS *ralier*, 1319. *Rollanz des* SOENS *i veit grant perte*, 1691. = Ce mot, comme on le voit, s'emploie substantivement. = Il convient de remarquer que *sun* est plusieurs fois usité dans le même cas : *Un* SUN *noble barun*, 421. *Gemalfin, un* SUN *drut*, 2814. Je pense qu'il y a là une erreur du scribe, et qu'il faut partout lire « SOEN ».

SOER. Voc. s. f. Sœur (*Soror*) : SOER, *cher(e) amie, de hume mort me demandes*, 3713. — R. s. f., SORUR : *Se puis veeir ma gente* SORUR *Alde*, 1720. SOER : *Ensurque-tut si ai jo vostre* SOER, 312.

SOI. Verbe *estre*, 1ʳᵉ p. s. de l'ind. prés. (*Sum*), 1478. Il convient ici d'ajouter, contrairement à ce que nous avons dit au mot *estre*, que la seconde personne est le plus souvent *ies*, mais QUE L'ON TROUVE AU MOINS DEUX FOIS LA FORME *es*, 2030, 2344.

SOIGN. R. s. m. Besoin. (rad. germ. *Syn*, nordique; *sunja*, gothique. V. *Bosuign*) : *Pur ço n'unt* SOIGN *de elme ne d'osberc*, 3250.

SOLDEIERS. R. p. m. « Soldats », hommes recevant une « solde » (*Solidarios*) : *Bien en purrat luer ses* SOLDEIERS, 34. Cf. 133.

SOLEILZ. S. s. m. Soleil (*Soliculus*) : *Bels fut li vespres e li* SOLEILZ *fut cler*, 157. Cf. 1002. *Li* SOLEILZ *est culchet*, 2481. *Li* SOLEILZ (*est*) *luisant*, 2458, 2646. Cf. 2459, 3345. SOLEILL : SOLEILL *n'i luist*, 980. — R. s. m., SOLEILL : *Turnet su[n] vis vers le* SOLEILL *levant*. Cf. 2940. SOLEIL : *Cuntre le* SOLEIL *reluisent cil adub*, 1808, et, par erreur, SOLEILZ, 2450. = Nous avons à dessein choisi ici, COMME PARTOUT, les exemples qui nous montrent en usage, dès le XIᵉ siècle, des locutions encore vivantes aujourd'hui dans notre langue...

SOLEIT. Verbe neutre, 3ᵉ p. s. de l'imparf. de l'ind. de *suleir* (*Solebat*), 2672.

SOLT. Verbe neutre, 3ᵉ p. s. de l'ind. prés. de *suleir* (*Solet*), 352.

SOLTERAS. R. p. m. Nom de peuple païen (?), 3242.

SOLUE. Part. passé employé adjectivement. Libre. C'est la belle épithète du mot « France » (*Solutam*) : *En France la* SOLUE, 2311.

SON. Adj. ou pronom possessif de la 3ᵉ pers. (*Suum.*) *Quant l'Emperer̀es vait querre* SON *nevold*, 2870. La vraie forme est *sun*. V. *Ses*.

SOR. Adj. Saur (*Saurum*. Un faucon *saur*, c'est un faucon d'un an et qui a encore son premier plumage. A la couleur de ce premier plumage on a, par une extension naturelle, donné le nom de *saur*, qui fut particulièrement appliqué aux chevaux) : *Li (algalifes) sist sur un cheval* SOR, 1943. V. *Sorel*.

SOR. Prép. « Sur, au-dessus de... » (*Super*), 47. SOR *tuz les altres*, 3962. V. *Sur*, qui est la forme autorisée par la phonétique de notre manuscrit.

SORBRES. R. p. m. Nom d'un peuple païen (?). *La quinte (eschele) est de* SORBRES *e de Sorz*, 3226.

SOREL. R. s. m. *Li quens Gerins set el' ceval* SOREL, 1379. C'est ainsi que je lis. Müller écrit *sorel*. Que ce soit là l'épithète ou le nom du cheval, l'étymologie est évidemment un diminutif de *Saurus, Saurellus*.

SORENCE. R. s. f. Nom de lieu (?). *Pinabel de* SORENCE, 3783, 3915.

SORUR. R. s. f. Sœur (*Sororem*), 1720. SOER, 312. — Au voc. s. f. : SOER, 3713. V. *Soer*.

SORZ. P. s. Sorcellerie, sort magique (*Sors*) : *N'i remeindrat ne* SORZ *ne falserie*, 3665. Il s'agit du roi Charles, qui fait briser toutes les idoles dans les mosquées de Saragosse.

SORZ. R. s. p. Nom d'un peuple païen (?), 3226. V. *Sorbres*.

SOÜREMENT. Adv. En sûreté (*Secura-mente*) : *Passez les porz trestut* SOÜREMENT, 790.

SOÜRS. Adj. s. s. m. Tranquille, en sécurité, sans inquiétude (*Securus*) : SOÜRS *est Carles que nul hom ne crent*, 549. — R. s. m., SOÜRS (par erreur) : *Par ostage vos en voell faire* SOÜRS, 241. Dans ce dernier cas, on s'adresse au seul Charlemagne...

SUATILIE. R. s. f. Nom d'un royaume païen (Est-ce un nom de fantaisie ?), 90.

SUAVET. Adjectif employé adverbialement. Doucement (d'un diminutif de SUAVE) : *Mult* SUAVET *le chevaler desarment*, 3942. V. *Suef*.

SUCCURAS. Verbe act. 3ᵉ p. s. du futur de *succurre*. (*Succurrere-habes*.) *Reis Vivien si* SUCCURAS *en Imphe*, 3996. 3ᵉ p. s. : SUCCURRAT, 1061, 3443. — Impér. 2ᵉ p. p. : SUCUREZ, 1794, et SUCCUREZ, 3378. — Subj. prés. 2ᵉ p. p., SUCUREZ : *Li Reis vos mandet que vos le* SUCUREZ, 2786.

SUCURANCE. R. s. f. Secours, aide (*Succurrentiam*) : *De ço qui calt ? N'en averunt* SUCURANCE, 1405.

SUCURS. R. s. m. Secours (*Succursum*) : *Nostre parent devum estre à* SUCURS, 2562.

SUDUÏANT. S. p. m. Suduiant est un part. prés. employé comme part. passé. L'étymologie serait *soldeiant*, même racine que *soldeiers*, et le sens celui de « mercenaire », et, par extension, « misérable » : *Cil sunt felun traïtur* SUDUIANT, 942 (?).

SUE. S. s. f. Sienne (*Sue* vient de *sua* et s'emploie toujours avec l'article ; *sa* vient de l'anc. latin *sa*) : *La* SUE *mort*, 2232. *Si est la citet* SUE, 917. Cf. 932 et 1484. — R. s. f., SUE : *La* SUE *feit plevit*, 403. Cf. 3123.

SUEF. Adj. r. s. m. Doux (*Suavem*) : *Seignurs barons,* SOEF *pas alez tenant*, 1165.

SUEF. Adj. employé adverbialement. Doucement (*Suave*) : *Sur l'erbe verte puis l'at* SUEF *culchet*, 2175. *Si li demandet dulcement e* SUEF, 1999.

SUFFRAITE. R. s. f. Souffrance (*Suffertam*. V. Ducange au mot *Sufferta*) : *De bons vassals averat Carles* SUFFRAITE, 939. SUFRAITE, 2257. — S. p. f., SUFFRAITES : *Puis,* encrerrunt mes peines e mes SUF-FRAITES, 2925. — R. p. f., SUF-FRAITES : *Ne nus aiuns les mals ne les* SUFFRAITES, 60.

SUFFRIR. Verbe actif. Inf. prés. (Ne vient pas de *sufferre*, mais du bas latin *sufferire*.) = 1° CONJUGAISON. Inf. prés. : SUFFRIR, 456, 1010, 3489, et SUSFRIR, 1117, 1625. — Fut., 1ʳᵉ p. p. : SUFFRIRUM, 1615. — Subj. prés., 3ᵉ p. s. : SOEFRET, 1774. = 2° SENS. *a.* « Supporter, subir, permettre, tolérer » : *Dient païen : « Nus ne l'* SUFFRIRUM *mie,* » 1615. *Li Sarrazin ne l' poent* SUSFRIR *tant,* 1625. *Ceste bataille est mult fort à* SUFFRIR, 3489. *Ço est merveille que Deus le* SOEFRET *tant,* 1774. Cf. 456. — *b.* « Souffrir une douleur » : *Pur sun seignor deit hom* SUFFRIR *destreiz,* 1010. Cf. 1117.

SUI. Verbe *estre,* 1ʳᵉ p. s. de l'ind. prés. (*Sum*), 295, 297, 801, 2053... Il faut observer que *sui* remplace *ai* pour former le parfait composé de certains verbes. Exemple : *Cher me* SUI VENDUT, 2053...

SUJURN. R. s. m. Séjour (? Subst. verbal de *subdiurnare*, « passer le jour ». V. Ducange, au mot *Sejornum,* qui a été fait sur le vocable roman) : *Entresqu'à Ais ne volt prendre* SUJURN, 3690. La locution « prendre séjour » nous est restée.

SUL. Adj. s. s. m. Seul (*Solus*) : *Mielz est que* SUL *moerge,* 359. Cf. 1034, 1241, et SULS (forme correcte), 448, 2184. — R. s. m. *N'i ad païen ki un* SUL *mot respunde,* 22. Cf. 1780, 1951, 2230, 2904, 3154, 3540. V. *Suls.*

SUL. Adverbe. Seulement. (*Solum.*) Ne s'emploie pas seul, mais concurremment avec *ne mais, ne mais que, fors.* NE MAIS SUL *la Reïne,* 3672. *Ne n' unt de blanc* NE MAIS QUE SUL *les denz,* 1934. FORS SUL *Tierri,* 3806.

SUL' pour SUR LE, 1341. V. *Sur.*

SULEIE. Verbe neutre, 1ʳᵉ p. s. de l'imparf. de l'ind. de *suleir* (*Solebam*), 2049.

SULEIT. Verbe actif, 3ᵉ p. s. de l'imparf. de l'ind. de *suleir* (*Solebat*), 2782. V. *Soleit,* et, pour les deux mots qui précèdent, *Soelt.*

SULIANS. S. s. m. Syrien (? *Syrianus*) : *Uns* SULIANS... *ad dit sun message,* 3131. *Si l' m'a nunciet mis mès li* SULIANS, 3191.

SULS. Adj. s. m. Seul (*Solus*) : *Rollanz s'en turnet, par le camp vait tut* SULS, 2184. Cf. 448. SUL, 359, 1034, 1241. — R. s. m., SUL : *Suz ciel ne quid aveir ami un* SUL, 2904. Cf. 22, 1780, 2230, 3154, 3540.

SUM. Adj. neutre, employé avec *par* et *en...* « En haut de ». (*In summo, per summum.*) 1° EN SUM : EN SUM *un tertre,* 708. (Le manuscrit porte *en sur.*) *Laciet* EN SUM *un gunfanun tut blanc,* 1157. EN SUM *ces maz,* 2632. EN SUM *sa tur,* 3635. — 2° PAR SUM : *Josque* PAR SUM *le ventre,* 3922. = Dans ces deux locutions adverbiales, SUM est indéclinable.

SUMEIENT. Verbe neutre, 3ᵉ p. p. de l'ind. prés. de *sumier, sumeier.* (*Summeare.*) Portent une charge. Se dit des bêtes de somme (*Summeant*) : *Greignor fais portet... que .IIII. muls... quant il* SUMEIENT, 978.

SUMER. R. s. m. Cheval de somme (*Summarium*) : *Getet serez sur un malvais* SUMER, 481. *N'i perdrat ne runcin, ne* SUMER, 758. — R. p. m., SUMERS : *Franc desherbergent, funt lur* SUMERS *trusser,* 701. *Leverunt nus en bières sur* SUMERS, 1748. = Ce mot ne se trouvant, comme assonance, que dans les laisses en *ier,* c'est *sumier, sumiers* qu'il faut lire.

SUMET (EN). Loc. adverbiale, qui a été ajoutée, fort inutilement, par notre scribe à la suite du vers 2359 : *Desuz lui met s'espée e l'olifan.* V. *Sum.*

SUMUNT. Verbe actif, 3ᵉ p. s. de

l'ind. prés. du verbe *sumundre* ou *semundre*. Inviter, convoquer (*Submonet*): *Alez sedeir quant nuls ne vos* SUMUNT, 251. — Impér., 2ᵉ p. s., SEMUN : SEMUN *les oz de tun empire*, 3994.

SUN. Adj. ou pron. possessif de la 3ᵉ p. s. R. s. m. (*Suum*), 26, 51, 62, 64, 66, 173, 642, 762, 1641, 2497, 3929; SON, 2870. On trouve par erreur SUN au s. s. m., 348, 1160, 1495, 2024. = SUN est plusieurs fois employé là où il faudrait SOEN: *Un* SUN *noble barun*, 421. *Gemalfin, un* SUN *drut*, 2814. V. *Ses*, où l'on trouvera toute la déclinaison de cet adjectif ou pronom.

SUNER. Verbe tantôt actif, tantôt neutre. (*Sonare.*) 1ᵒ Conjugaison. Inf. prés. : SUNER, 700, 1101, 1629, 2116. — Ind. prés., 3ᵉ p. s. : SUNET, 1319, 1754; 3ᵉ p. p. : SUNENT, 1004, 1832, 2112, 3263, 3309. — Parf. simpl., 3ᵉ p. s. : SUNAT, 2104. — Parf. comp., avec un F. s. m. : AD SUNET, 2951. — Impér., 2ᵉ p. p. : SUNEZ, 1051, 2950, 3136. — Cond., 3ᵉ p. s.: SUNAST, 1769.— Subj. prés., 2ᵉ p. s. : SUNS, 1027; 3ᵉ p. s.: SUNT, 421. — Part. pass., r. s. m. : SUNET, 2951. = 2ᵒ *a*. Sens. Le verbe *suner* est actif aux vers 1027, 1051, 1100, 1319, 1754, 1769, 2104, 2110, 2950, 2951, 3136. On dit : « Sonner le cor », etc. : *Trait l'olifan, fieblement le* SUNAT, 2104. Une locution qui nous est restée est la suivante: *Ne vocill que mot en* SUNS, 1027. Cf. 411. — *b*. Mais ce même verbe est employé au neutre, dans le sens de « résonner, retentir » : *Granz* SUNT *les oz ù ces buisines* SUNENT, 3263. SUNENT *cil graisle*, 1832. Cf. 2112, 2116 et 3309. = Rem. les expressions « faire sonner », 700 et « ouïr sonner », 2116. Il y a quelque doute pour le vers 1004 : SUNENT *mil grailles por ço que plus bel seit?* Notre verbe y est-il actif ou neutre? Je penche pour l'actif.

SUNJAT. Verbe actif, 3ᵉ p. s. du parf. simp., de *sunjer* (*Somniavit* par la consonification du premier i) : SUNJAT *qu'il eret as greignurs porz de Sizer*, 719. *Après iceste, altre avisiun* SUNJAT, 725. « Songer » s'employait, soit avec un complément direct, soit avec *que*…

SUNS. Verbe actif, 2ᵉ p. s., du subj. prés. de *suner* (*Sones*), 1027.

SUNT. Verbe actif, 3ᵉ p. s. du subj. prés. de *suner* (*Sonet*), 411.

SUNT. Verbe *estre*, 3ᵉ p. p. de l'ind. prés. (*Sunt*), 91, 690, 942, 1552, 2072, etc.

SUR. Prép. (*Super.*) 1ᵒ « Sur » : SUR *un perrun de marbre bloi se culchet*, 12. SUR *palies blancs sièdent cil cevalers*, 110. *Met sei* SUR *piez*, 2298. = 2ᵒ « Au-dessus de, pardessus… » : SUR *tute gent est la lue hardie*, 1617. SUR *les altres s'escriet*, 961. SUR *tuz les altres*, 823, 1553, 3962. = 2ᵒ « Contre » (comme dans notre expression : « Le sort est tombé sur lui ») : *La rere guarde est jugée* SUR *lui*, 778. = Avec LE, SUR forme SUL': *Ki lui veïst l'un geter mort* SUL' *altre*. V. *Desur*.

SURT. Verbe neutre, 3ᵉ p. s. de l'ind. prés. de *surdre*. Se dresse (*Surgit*) : *Li reis Marsilie od sa grant ost lur* SURT, 1448; 3ᵉ p. p., SURDENT: *Quant de païens li* SURDENT *les enguardes*, 2975.

SURVESQUIET. Verbe neutre, 3ᵉ p. s. du parf. simpl. de *survivre*. A survécu… (il y a plus que *Supervixit*): *Tut* SUR-VESQUIET *e Virgilie e Omer*, 2616. Pour ces parfaits en *iet*, voy. *Perdiet, Abatiet*.

SUS. Adv. En haut (*Susum*) : *Sunt muntez sus el' palais*, 2708. *Li ber resailit* SUS, 2085. *Là sus amunt pargetent tel luiserne*, 2634. *Là* SUS est plus tard devenu un seul mot, *lassus*, qui a eu une assez heureuse fortune dans notre langue. = Ne pas confondre *sus*, « en haut », qui vient de *susum*, avec *suz*, « dessous », qui vient de *subtus*. D'après une des règles les plus générales fournies par notre manuscrit, *z* égale presque toujours *ts*, qui se trouve dans *subtus* et non dans *susum*.

SUSFRIR. Verbe actif, inf. prés. pour *suffrir* (bas lat. *Sufferire*), 117, 1625. V. *Suffrir.*

SUSPIRT. Verbe neutre, 3ᵉ p. s. du subj. prés. de *suspirer.* (*Suspiret.*) *Ne poet muer ne plurt e ne* SUSPIRT, 2380.

SUSTENIR. Verbe actif, inf. prés. Soutenir, défendre (*Sustinere*) : *Chrestientet aidez à* SUSTENIR, 1129. SUSTENIR *voeill trestut mon parentet*, 3907. — Subj. prés., 3ᵉ p. s., SUSTIENGET : *Nen averai jà ki* SUSTIENGET *m' onur*, 2903.

SUVENIR. Verbe neutre, inf. prés. Souvenir (*Subvenire*, s. e. *in mentem, in memoriam*) : *De grant dulor li poüst* SUVENIR, 3488.

SUVENT. Adv. (*Subinde*) : *Par mi cel host* SUVENT *e menu reguardet*, 739. *E menut e* SUVENT, 1426 et 2364.

SUZ. Prép. « Sous, au-dessous de... » (*Subtus*) : *En un verger* SUZ *l'umbre*, 11. *Guenes chevalchet* SUZ *une olive halte*, 366. *.XX. hostages des plus gentilz* SUZ *cel*, 646. Cf. 1674. = Suz revêt un sens plus étendu au vers 1018 : *Guardet* SUZ *destre.* — V. DESUZ, 209, 993, etc.

SUZCLINENT. Verbe actif, 3ᵉ p. s. de l'ind. prés. Inclinent, abaissent (*Subtus-inclinant*) : *Païen i bassent lur chefs e lur mentun(s) ; — Lor helmes clers i* SUZCLINENT *enbrunc*, 3274.

T

TABLES. R. p. f. (*Tabulas.*) Jeu de tric-trac. Aujourd'hui encore, on le joue sur un « TABLIER » de bois, et l'on appelle « TABLE » chacune des quatre divisions de ce tablier. Enfin ce jeu se nomme encore TABLAS *reales* en espagnol; en portugais, *jogo de* TABOLAS ; en italien, TAVOLIERE, et, en allemand, *bretspiel* (jeu de tables) : *As* TABLES *juent pur els esbaneier, — E as eschecs li plus saive e li veill*, 111, 112.

TABURS. R. p. m. (Persan *tambûr.*) *En Sarraguce fait suner ses* TABURS, 852. Cf. 3137.

TACHEBRUN. R. s. m. Nom du cheval de Ganelon (Ce mot se compose de deux éléments. *Brun* ne fait pas difficulté. *Tache* est douteux): *En* TACHEBRUN, *sun destrer, est munted*, 346.

TAILLET. Verbe act., 3ᵉ p. s. de l'ind. prés. de *tailler.* (*Taleat, taliat.* On trouve, observe Diez, les mots *taleas* et *intertaleare* (*rustica voce*), pour *exscindere ramos*, dans Nonius Marcellus.) *Tient Durendal ki ben trenchet e* TAILLET, 1339.

TAISENT (SE). Verbe neutre ou pronominal, 3ᵉ p. s. de l'ind. prés. (*Se tacent.*) 1° Pronomin. : *Franceis* SE TAISENT *ne mais que Guenelun*, 217. Cf. 263. — Impér., 2ᵉ p. p., VOS TAISEZ : *Respunt li Reis :* « *Ambdui vos en* TAISEZ », 1026. = 2° Neutre. Impér., 2ᵉ p. s., TAIS : TAIS, *Oliver, li quens Rollanz respunt*, 1026.

TALANT. V. le suivant.

TALENZ. S. s. Désir (V. dans Ducange *Talentum*, qui, en bas latin, a le même sens): *Mis* TALENZ *en est graigne*, 1088. — R. s. *L'Emperere ad tut à sun* TALENT, 400. *N'averat* TALENT *que jamais vus guerreit*, 579. *Franceis n'unt* TALENT *de fuir*, 1255. Cf. 3133, 3476, 3681. TALANT : *En* TALANT *ai que mult vos voeill amer*, 521. *Trop avez mal* TALANT, 327. — R. p., TALENZ :

Esclargiez vos TALENZ, 3628. = Il faut remarquer les locutions « avoir talent », signifiant « désirer » et s'employant tantôt avec l'infinitif, (1255), tantôt avec *que* et un subjonctif. (*N'unt* TALENT *qu' il li faillent*, 3133, etc.) On dit également : « Avoir en talent que »... (521) = Enfin *talent*, combiné avec l'adjectif *mal*, forme un mot *mal talent*, qui a eu une heureuse fortune dans notre langue.

TANT. Adj., s. p. m. « Autant de, tant de... » (*Tanti*) : *Miels est que sul moerge que* TANT *bon chevaler*, 359. *E Sarrazin ki* TANT *sunt asemblez*, 1030. (*Tant* ici pourrait être adverbe : il y a doute.) — R. p. m. (*Tantos*), TANZ : *Tanz colps ad pris*, 526, 541, 554. TANZ *riches reis (ad) cunduit à mendisted*, 527, 542, 555. *Vei venir...* TANZ *blancs osbercs*, TANZ *elmes flambius*, 1022. *En* TANZ *lius les avum nos portées*, 1464. TANZ *bons vassals veez gesir par tere*, 1694. Cf. 1852. — R. p. f., TANTES : *Par* TANTES *teres ad sun cors traveillet*, 540. Cf. 525. TANTES *batailles en avum afinées*, 1465. TANTES *batailles avez faites en camp*, 3336. Cf. 1564, 2306, 3386. = Ce mot est surtout employé au pluriel, et c'est la raison qui nous a décidé à donner d'abord des exemples du pluriel. Cependant, on le trouve aussi au singulier (r. m.) : *La veïsez* TANT *chevaler plorer*, 349. *La veïssez...* TANT *hume mort e naffret e sanglent*, 1623...

TANT. Adv. (*Tantum*.) 1° « Autant, aussi longtemps »: *Li Sarrazin ne l' poent susfrir* TANT, 1625. *Ço est merveille que Deus le soefret* TANT, 1774. *Dame, ne parlez* TANT, 2724. Cf. 2098. = 2° « Autant, tellement », devant un verbe : *Par quele gent quiet il espleiter* TANT, 395. *L'espée que ses cumpainz li ad* TANT *demandée*, 1368. TANT *ne l' vos sai ne preiser, ne loer*, 532. = 3° « Tellement, si... » devant un adjectif : *Noz cumpaignuns que oümes tanz chers*, 2178. (*Tanz* est une erreur pour TANT.) = 4° « Tellement, si... » devant un adverbe : TANT *vertuusement*, 1601. TANT *mar fustes hardiz*, 2027. Cf. 1561 et 1860. TANT *dulcement*, 2888. *Ceste dolor ne demenez* TANT *fort*, 2946. = 5° Avec *cum* : *a*. « Aussi longtemps que... »: TANT CUM *durent li port*, 1802. Et *b*. « Autant que... »: *Teres e fiez* TANT CUM *vos en vuldrez*, 76. (On pourrait également considérer ici TANT comme un adjectif.) = 6° « Tellement que »: *Il l'aiment* TANT *ne li faldrunt nient*, 397. (*Que* est sous-entendu.) = Dans les deux exemples suivants, *tant* peut tout aussi bien être adjectif qu'adverbe : *Sunez voz grasles* TANT QUE *en cest ost ad*, 2110. TANT *en i ad que mesure n'en set*, 1635.

TARGE. R. s. f. Écu, bouclier. Dans notre texte, *targe* est synonyme d'*escut* (*Targam*) : *Tute li freint la* TARGE *ki est flurie*, 3361. — R. p. m., TARGES : *En lor* TARGES *roées*, 3569.

TARGER. Verbe neutre et pronomin., inf. prés. Tarder (*Tardare*): *Quant aler dei, n' i ai plus que* TARGER, 338. *Si priet Deu... que le soleil facet... arester, la nuit* TARGER, 2451. — Ind. prés., 1ᵉ p. s., TARGE : *Guenes respunt : « Mei est vis que trop* TARGE », 659 ; 3ᵉ p. s., SE TARGET : *Oliver de ferir ne* SE TARGET, 1345 ; 3ᵉ p. p., SE TARGENT : *Li .XII. Pers ne s'en* TARGENT *nient*, 1415. — Impér., 2ᵉ p. p., VOS TARGEZ : *Baruns, ne vos* TARGEZ, 2805. *Ferez..., ne vos* TARGEZ *mie*, 3366.

TART. Adj. neutre, s. s. (*Tardum*.) *En Rencesvals est* TART *de l' repairer*, 2483.

TE (et devant une voyelle T'). Pron. pers. (*Te*.) 1° RÉGIME DIRECT : *Hoi* TE *cumant à l' glorius celeste*, 2253. *Ne l' orrat hume ne* T'*en tienget por fol*, 2294. *Deus li mandat... qu'il* TE *dunast à un conte catai-*

gnie, 2320. *Il n'en est dreit que païens* TE *baillisent*, 2349... = 2º RÉGIME INDIRECT : *Ne m' fesis mal ne jo ne l'* TE *forsfis*, 2029. *Jo* T'*en muvera[i] un si grant contr(a)ire*, 311. *Jo* T'*en dur(r)ai mult esforcet eschange*, 3714. DE, par erreur : *Deus tut mal* DE *tramette*, 1565. = Si *te* n'est pas plus souvent employé dans le texte du *Roland*, c'est que la plupart des personnages de ce poëme ne se tutoient point.

TEDBALD. R. s. m. Nom d'un comte français (*Theobaldum*; mais l'origine est germanique), 173, 3058, et TEDBALT, 2433, 2970. Il est appelé « T. de Reims », 173, 2433, 3058.

TEI. Pron. pers. Toi. (*Tibi*.) 1º « A toi, » avec un verbe : *Se* TEI *plaist*, 3108. TEI *ne faudrat clartet*, 2454... = 2º Avec des prépositions. *a*. « DE » : DE TEI *ait Deus mercit*, 2933. *L'anme* DE TEI *seit mise en Pareïs*, 2934. — *b*. « A » : *Quias le guant me caist... cume...* A TEI. — *c*. « APRÈS » : *Veiz Baligant ki* APRÈS TEI *chevalchet*, 2979... = 3º Régime direct : *Ki* TEI *ad mort France ad mis en exill*, 2935. = Même observation que pour TE.

TEINDRAI. Verbe actif, 1ʳᵉ p. s. du futur. (*Tingere-habeo*.) *Ma bone espée ai ceinte : — En Rencesvals jo la* TEINDRAI *vermeille*, 985. — Part. passé, s. s. m., TEINT : TEINT *fut e pers, desculuret e pers*, 1979. = Ce dernier sens est fréquent dans les textes du moyen âge, et *teindre*, au neutre, c'est « changer de couleur ».

TELS. Adj. s. s. m. Tel (*Talis*): *Carles n'est mie* TELS, 529, et TEL, 1563. Cf. 2255, 2311. — S. s. f., TEL : *Bataille averez : unches mais* TEL *ne fut*, 1044. Cf. 3842, 3904. — R. s. m., TEL : *De* TEL *barnage l'ad Deus enluminet*, 535. TEL *as ocis dunt à l' coer me regrette*, 1566. Cf. 1819 et (?) 304, TÉS : *N'at* TÉS *vassal suz la cape de l' ciel*, 545.

— R. s. f., TEL : *Ne n'ai* TEL *gent ki la sue deru[m]pet*, 19. Cf. 960, 1021, 2634. — S. p. m., TELS : *De ses parenz ensembl' od lui* TELS *trente*, 1410. — R. p. m., TELS : *De* TELS *barons... remeint deserte*, 1696. Cf. 1908 et 3009.

TEMPESTE. S. s. f. Tempête (*Tempesta*) : *Si 's acuillit e* TEMPESTE *e ored*, 689. — Une forme masculine du même mot se lit, comme r. p., au vers 2534 : *Carles veit les merveillus* TEMPEZ.

TEMPLE. R. s. Temple (*Templum*) : *Si violat le* TEMPLE *Salomon*, 1524.

TEMPLES. S. s. m. Tempe (fait sur le pluriel *Tempora* ?) : *De sun cervel rumput en est li* TEMPLES, 1786. *Rumput est li* TEMPLES, 2102. TEMPLE, 1764.

TEMPEZ. V. *Tempeste*.

TENCENDOR. S. s. m. Nom du cheval de Charlemagne (?) : TENCENDOR *li ad fait .IIII. salz*, 3342. — R. s. m., TENCENDUR : *En* TENCENDUR *sun bon cheval puis muntet*, 2993. Cf. 3622.

TENCENT. Verbe neutre, 3ᵉ p. s. de l'ind. prés. « Disputent, adressent des injures »(*Tentiant.Tencer*,« disputer », vient de *tentiare*; *tenser*, « défendre, garantir », de *tensare*) : *Ad Apolin curent...,* TENCENT *à lui, laidement le despersunent*, 2581.

TENDRE. Adj. r. s. (*Tenerum*.) *Tro[p] avez* TENDRE *coer*, 317.

TENDRE. Verbe act., inf. prés. (*Tendere*.) 1º CONJUGAISON. Inf. prés.: TENDRE, 159. — Ind. prés., 3ᵉ p. s.: TENT, 137; 3ᵉ p. p.: TENDENT, 2165. — Parf. simple, 3ᵉ p. s.: TENDIT, 2224. — Parf. comp., 3ᵉ p. s., avec un r. s. m.: AD TENDUT, 2373; 2ᵉ p. p., avec un r. s. m.: AVEZ TENDUT, 780. — Part. passé, r. s. m.: TENDUT, 780 et 2373. = 2º SENS. *a*. Le sens primitif est celui « d'étendre » : *El grant verger fait li Reis* TENDRE *un tref*, 159. *Dunez li l'arc que vos* AVEZ TENDUT, 780. = *b*. « Diriger vers, élever... »: *Li Empereres (en)* TENT *ses mains vers Deu*, 137. TENDIT *sa main, si ad pris l'olifan*, 2224. *Sun destre guant en* AD *vers Deu* TENDUT, 2373. = *c*. Au neutre et suivi d'un verbe, « avoir hâte de... »: *Envers Espaigne* TENDENT *de l'espleiter*, 2165.

TENDRUR. R. s. f. Émotion vive, douleur affectueuse (substantif formé sur *tendre*, de *tener*): *C. milie Francs pur lui unt grant* TENDRUR, 842. *Plurent des oilz de doel e de* TENDRUR, 1446. TENDRUR *en out, cumencet à plurer*, 2217.

TENEBRES. R. p. f. (*Tenebras.*) *Cuntre midi* TENEBRES *i ad granz*, 1431. = Au lieu de : *En Val* TENEBRUS, 2461, qui rompt la mesure du vers, il faut restituer TENEBRES, d'après les manuscrits de Venise IV et de Versailles (*En* VAL TENEBRES).

TENEBRUS. Adj., s. p. m. (*Tenebrosi.*) *Halt sunt li pui, (e) li val* TENEBRUS, 814. Cf. 1830. TENEBROS: *Turnez ses oilz, mult li sunt* TENEBROS, 2896.

TENIR. Verbe actif, inf. prés. (*Tenere.*) 1° CONJUGAISON. Inf. prés.: TENIR, 687, 1238, 2212, 2256, 2836, 3826. — Ind. prés., 3ᵉ p. s.: TIENT, 7, 116, 253, 470, 755, 874, 956, 2287, et TENT, 2353. De ces deux formes, c'est la première qui est la plus correcte; car ce mot ne se trouve en assonance que dans une laisse en *icr*. 1ʳᵉ p. p.: TENUM, 225; 2ᵉ p. p.: TENEZ, 649; 3ᵉ p. p.: TENENT, 2446. — Imparf. de l'ind.: TENEIT, 720, 2332, 2391, 3545. — Parf. simple, 3ᵉ p. s.: TINT, 139, 647; 3ᵉ p. p.: TINDRENT, 2113, 2707, 3113, 3663. — Parf. comp., 3ᵉ p. s., avec un r. s. f.: AD TENUE, 2310; 3ᵉ p. p., avec un r. s. m.: UNT TENUT, 2821. — Futur, 1ʳᵉ p. s.: TENDRAI, 2914, 3896; 3ᵉ p. s.: TENDRAT, 53, 190, 224, 697, 3716; 1ʳᵉ p. p.: TENDRUM, 3761. — Impér., 1ʳᵉ p. p.: NUS TENUNS, 229; 2ᵉ p. p.: TENEZ, 364, 387, 620, 629, 2856. — Subj. prés., 3ᵉ p. s.: TIENGET, 2294, 3183. — Part. prés.: TENANT, 1165. Part. passé, r. s. m.: TENUT, 2821. R. s. f.: TENUE, 2310. — 2° SENS DIVERS. *a*. « Avoir ou prendre en main »: *Li niés Marsilies* TIENT *le guant en sun poign*, 874. TIENT *l'olifan que unkes perdre ne volt*, 2287. *L'estreu li* TINDRENT, 3113. *A cuignées qu'il* TINDRENT, 3663. Cf. 620, 629, 647, 720, 2821, 3545, et au réfléchi : *Li message par les mantels se* TINDRENT, 2707. — *b*. « Garder, maintenir dans telle ou telle position »: *Li Empereres en* TINT *sun chef enclin*, 139. Cf. 2391. — *c*. « Ne pas lâcher, ne pas abandonner »: TENENT *l'enchalz*, 2446. — *d*. « Posséder », comme un roi, par exemple, possède son royaume : *Là siet li Reis ki dulce France* TIENT, 116. Cf. 7, 253, 470, 755, 956, 2353, 2914. — *e*. « Tenir », dans le sens strictement féodal : *De mei* TENDRAT *ses marches*, 190. Cf. 224, 697 et 3716. — *f*. « Observer une loi, suivre une religion » : *Receverat la lei que nus* TENUM, 225. *Pur lei* TENIR, 2256. TENIR *chrestientet (e) guarder*, 687. — *g*. « Regarder comme... »: *Lui aidez e pur seignur le* TENEZ, 364. *Ne l'orrat hume ne t'en* TIENGET *por fol*, 2294. *E Englelere que il* TENEIT *sa cambre*, 2332. D'où la locution « tenir en... »: *Paien ne l'* TINDRENT *mie en gab*, 2113. — *h*. « Tenir conseil »: *Respundent Franc: Ore en* TENDRUM *cunseill*, 3761. Et au figuré : *Respont Tierri, ja n'en* TENDRAI *cunseill*, 3896. — *i*. « Tenir une conversation »: *Ne pois à vos* TENIR *lung parlement*, 2836. — *j*. « Donner une fête » : *A seint Michel* TENDRAT *mult halte feste*, 53. — *k*. « Retenir »: TENEZ *le pas*, 2857. *Suef pas alez* TENANT, 1165. — *l*. « Soutenir »: *Ceste bataille ben la purrum* TENIR, 1238. « Se tenir contre quelqu'un, c'est lui résister » : *N'averat vertut que s'* TIENGET *cuntre nus*, 3183.

— m. « Aider quelqu'un, le défendre (?) » : *Pur prozdomes* TENIR *e cunseiller*, 2212. — n. Sens spécial. « Tenir le plait », c'est-à-dire « avoir le droit d'en faire partie » (?) : *Par anceisurs dei-jo tel plait* TENIR, 3826. — o. « S'en tenir à... » : *Laissum les fols, as sages nus* TENUNS, 229. — p. *Tenez* en est venu enfin à avoir un sens A PEU PRÈS EXPLÉTIF : *Tenez, bel sire, dist Rollanz à sun uncle : — « De trestuz reis vos present les curunes,* » 387.

TENS. S. s. (*Tempus,* dont le *p* est tombé, et a été seulement rétabli à la Renaissance.) TENS *est de l'herberger,* 2482. — R. s., TENS : *Morz est li Quens, de sun* TENS *n'i ad plus,* 1560. Cf. 3840. *Il est mult vielz, si ad sun* TENS *uset,* 523. *Vo(e)illet o non, tut i laisset sun* TENS, 1419. *N'i poedent estre à* TENS, 1841. Cf. 1858. = LUNGTENS : *Mult bon vassal vos ad* LUNG TENS *tenue,* 2310. *Nurrit vos ai* LUNG TENS, 3374. = On remarquera encore les locutions suivantes : « Être à temps » ; « user son temps ; » « laisser son temps » ; « il n'y a plus de son temps » ; pour « mourir », etc. La première seule nous est restée.

TENSER. Verbe actif, inf. prés. Défendre, soutenir (*Tensare.* V. ce mot dans Ducange) : *Jo ne vos pois* TENSER *ne guarantir,* 1864. *Cist deit marches* TENSER, 3168. — Passif. Futur, 3e p. s., avec un s. s. m., ERT TENSEZ : *Ki ço jugat... par Charlemagne n'*ERT *guariz ne* TENSEZ, 354. — Part. passé, s. s. m. : TENSEZ, 354.

TERCE. Adj. numéral, s. s. f. Troisième (*Tertia*) : *La* TERCE (*eschele*) *est de Nubles e de Blos,* 3224. Cf. 3240, 3254. — R. s. f. : TERCE, 3027.

TERE. S. s. f. (*Terra*), 600, 1784. — Voc., s. f., TERE : TERE *de France, mult estes dulz païs,* 1861. Cf. 1616. — R. s. f., TERE : *En ceste* TERE *ad asez osteiet,* 35. Cf. 3, 3995. TERRE, 199, 819, 1908. — R. p. f. : TERES 76, 394. = Nulle part, dans notre texte, ce mot ne signifie « la Terre » en général ; mais toujours « une terre », et il revêt plusieurs fois le sens féodal : TERES *e fiez,* 76. *Virent Guacuigne, la* TERRE *lur seignur,* 819. = TERE MAJOR, c'est la France La preuve en est dans ce vers TERE MAJOR *mult est loinz çà devant* (1784), qui s'applique aux Français retournant dans leur pays, et dans cet autre vers, encore plus concluant, que notre poëte met sur les lèvres des Sarrazins : TERE-MAJOR, *Mahumet te maldie,* 1616. Cf. 600.

TERE-MAJOR. S. s. f. La Grande Terre, la France (*Terra-Major*), 600, 1784. — Voc. s. f., 1616. V. le précédent.

TERREMOETE. R. s. f. Tremblement de terre (*Terra-mota*) : *E* TERREMOETE *ço i ad veirement,* 1427.

TERMES. S. s. m. (*Terminus.*) *Vendrat li jurz, si passeral li* TERMES, 54.

TERT. Verbe act., 3e p. s. de l'ind. prés. Essuie (*Tergit*) : TERT *lui le vis od ses granz pels de martre,* 3940.

TERTRE. R. s. m. (?) *En sum un* TERTRE, 708. *Muntet sur un* TERTRE, 2267. Cf. 3065, 3292. — R. p. m. : TERTRES, 805.

TÉS. R. s. m. Tel (*Talem*) : *N' at* TÉS *vassal suz la cape de l' ciel,* 545. V. *Tel.* (TES est une erreur du scribe.)

TESTE. R. s. f. Tête (*Testam.* Brachet cite avec raison un passage d'Ausone où l'on trouve *testa*) : *Se trois Rollant, n'enporterat la* TESTE, 935. *Desur le buc la* TESTE *perdre deit,* 3289. Cf. 1543, 3617, 3727. — R. p. f. : TESTES, 57, 2491. = Rem. le v. 3289, précédemment cité. Cette locution, « ôter la tête du bû, » est devenue populaire dans nos Chansons de geste..

TETCHES (pour TECHES). R. s. f.

Males teches signifie « choses déshonorantes, vices, crimes. » (Ducange dérive *teche* de *tasca*, qui est un des noms du « champart ». La raison qu'il en donne est par trop ingénieuse : *Galli nostri usurpant vocem* TASCHE *pro quavis macula aut labe, quod agri, qui hujusmodi prœstationibus gravantur, inquinati et commaculati quodammodo sint*. Et, deux lignes plus bas, Ducange est forcé d'avouer que *teche* se prend en bonne comme en mauvaise part, et qu'on trouve *bone teche*, à côté de *male teche*. Il vaut mieux avouer que l'étymologie de ce mot est inconnue. Cf. dans Diez, I, 406, l'article *tacco*.) TETCHES *ad males e mult granz felonies*, 1633.

TERVAGANT. R. s. m. Nom d'un des trois dieux des Sarrazins, d'après nos Chansons de Geste. Le premier est Mahum; le second, Apollin. (On a donné l'étymologie *ter* et *vagantem*; mais il la faudrait plus solidement justifier.) TERVAGAN, 611, 2589, 2696, 3267.

TI. Adj. ou pron. possessif de la 2ᵉ p., s. p. m. (*Tui*, ou plutôt une forme populaire analogue à *sam*, pour *suam*.) *De vasselage te conoissent* TI *per*, 3901.

TIEDEIS. R. p. m. Thiois, Allemand (sur la rac. *Deutsch*) : *Asez i ad Alemans e* TIEDEIS, 3795.

TIERRIS. S. s. m. (*Theodericus*; origin. germ. *Dieterich*. V. Pott, 113.) Il y a deux personnages de ce nom dans le Roland : 1° Thierry, duc d'Argone, dont il est question aux vers 3083 et 3534. 2° Thierri, frère de Geoffroi d'Anjou, et champion de Roland contre Pinabel (v. 3899, 3924, 3934, 3892, 3806, 3843). = Au s. s. m. : TIERRIS, 3083, 3924, 3934, et TIERRI, 3899. — V. s. m. : TIERRI, 3892. — R. s. m. : TIERRI, 3534, 3806, 3843.

TIGE. R. s. f. (*Tige* vient de *tibia*, par la consonification du second *i*. Cf. l'étymologie germanique *twig*?). *Vait s'apuier suz le pin à la* TIGE, 500.

TIMOINE. R. s. Encens. (Ducange avoue n'avoir rencontré pour la première fois le mot *antimonium* que dans Constantin l'Africain, vers 1100. Nous avons donc eu tort, ainsi que Michel, de traduire ce mot par « antimoine ». Je le crois dérivé de *thymiamen, thymyaminis*, qui existait probablement à côté de *thymiama*. Or *thymiama* signifie l'encens liturgique, composé de plusieurs parfums, et notamment de myrrhe.) TIMOINE *e mirre i firent alumer*, — *Gaillardement tuz les unt encensez*, 2958.

TIMOZEL. R. s. m. Nom d'un païen (?) : *Vunt ferir un païen*, TIMOZEL, 1382.

TINDRENT. Verbe act., 3ᵉ p. p. du parf. simple de *tenir* (*Tenuerunt*), 2113, 2707, 3113, 3663. V. *Tenir*.

TINEL. S. s. m. Massue (V., dans Ducange, *Tinellus*): *Tient sun espiet... La hanste (fut) grosse cume uns* TINEL, 3153.

TINT. Verbe act., 3ᵉ p. s. du parf. simple de *tenir* (*Tenuit*), 139, 647, V. *Tenir*.

TINT. Verbe act., 3ᵉ p. s. du subjonctif présent de *tinter*. (*Tinnitet*.) *N'i ad celoi ki mot sunt ne mot* TINT, 411.

TIRER. Verbe act., inf. prés., employé substantivement. (Néerlandais *téren* (?). Cf. l'article *tirare* dans Ducange.) Lorsqu'un païen s'approche de Roland mourant, et veut lui arracher son épée : *En cel* TIRER *li quens s'aperçut alques*, 2283. (Le Ms. porte *tireres*.) — Inf. prés., 3ᵉ p. s., TIRET : TIRET *sa barbe*, 2414 et 4001.

TIS. Adj. ou pron. possessif de la 2ᵉ p. (*Tuus*), 223, 287, 297, 3900. — R. s. : TUN, 291, 1984, 3994. — S. p. m. : TI, 3901. = Pour la rareté de ces exemples, voyez *Te*.

TOLT. Verbe act., 3ᵉ p. s. de l'ind. prés. de *toldre*, « enlever ». Le sens est partout le même (*Tollit*) : *Ço sent Rollanz que s'espée li* TOLT, 2284. 3ᵉ p. p., TOLENT : TOLENT *lur veies e les chemins plus granz*, 2464. *Puis, si li* TOLENT *ses sceptre e sa curune*, 2585. — Parf. simpl., 3ᵉ p. s., TOLIT : *Siet el' cheval qu'il* TOLIT *à Grossaille*, 1649. Cf. 2171, 3753. — Parf. comp., 2ᵉ p. p., avec un r. p. m., AVEZ TOLUZ : *Vos li* AVEZ *tuz ses castels*. TOLUZ, 236. 3ᵉ p. p., avec un r. s. f. : UNT TOLUD *la flur de France*, 2431, et avec un r. p. f., UNT TOLEITES : *A lur chevals* UNT TOLEITES *les seles*, 2490. — Fut., 1ʳᵉ p. s., TOLDRAI : *Jo li* TOLDRAI *la corune de l' chef*, 2684. 3ᵉ p. s.: TOLDRAT, 1490. — Impér., 2ᵉ p. p., TOLEZ : TOLEZ *les seles*, 2485. — Part. pass., r. s. n. : TOLUD, 2431. R. p. m. : TOLUZ, 236. R. p. f. : TOLEITES, 2490.

TOPAZES. R. p. (*Topazos*.) *Pierres i ad, amelistes e* TOPAZES, 1661.

TORLEUS. S. s. m. Nom d'un roi païen (?) : *Li reis* TORLEUS, 3216. — R. s. m., TORLEU : *Si vait ferir* TORLEU, *le rei persis*, 3354. Cf. 3204.

TORZ. S. s. m. Tort, injustice (*Tortus*, opposé à *directus*) : *Devers vos est li* TORZ, 1549. — R. s. : *Païen unt* TORT *e chrestiens unt* DREIT, 1015. *Josque li uns sun* TORT *i reconuisset*, 3588. Cf. 833, 1212, 1950, 3554. = A TORT, loc. adverbiale : *Ne à dreit ne* A TORT, 2293. A TORT *vos curuciez*, 469. *A si grant* TORT *ocis mes cumpaignuns*, 1899. = Rem., au v. 3588, l'expression « reconnaître son tort », qui nous est restée.

TOST. Adv. Rapidement (*Tostum*, de *torrere*) : *Mult* TOST, 3217. *Pur le plus* TOST *aler*, 1184.

TRABECHERENT (SE). Verbe réfléchi, 3ᵉ p. p. du parf. simple de *trabecher*. Se renversèrent, furent renversés (?? de *trans*, et d'un verbe formé sur la rac. germ. *buc*, torse. V. Brachet, au mot *Trebucher*) : *Chéent li Rei, à tere* SE TRABECHERENT, 3574. (Mü propose : *A tere se truverent*.)

TRACE. R. s. f. Thrace (*Thraciam*), 3042.

TRAIRE. Verbe actif, inf. prés. Tirer (*Trahere*) : *Ne la poi* TRAIRE, *dit Olivier, en parlant de son épée*, 1365. *Plus qu'arcbaleste ne poet* TRAIRE *un quarrel*, 2265. Et, en parlant des personnes : *Li Emperere devant sei l'ad fait* TRAIRE, 3749. (Il s'agit de Ganelon.) — Ind. prés., 3ᵉ p. s., TRAIT : TRAIT *Durendal*, 1324. *Il* TRAIT *Almace, s'espée*, 2089. TRAIT *l'olifan, fieblement le sunat*, 2104. TRAIT *ses chevels*, 2596. Et, au neutre, avec un sens spécial (Ressembler à...) : *Granz est e forz, e* TRAIT *as anceisurs*, 3177. — Parf. comp., 3ᵉ p. s., avec un r. s. f., AD TRAIT : TRAIT AD *sa bone espée*, 1367 ; 3ᵉ p. p., avec un r. p. f. : UNT TRAITES, 3402. — Impér., 2ᵉ p. p. (au réfléchi et dans le sens de « s'en venir, se retirer... ») : *Çà vus* TRAIEZ *ami*, 2131. = Passif. Subj. prés., 3ᵉ p. p., avec un s. p. f. : SEIENT TRAITES, 811. — Part. pass., r. s. n. : TRAIT, 1367. S. p. f. : TRAITES, 811. R. p. f. : TRAITES, 3402. = On voit, en résumé, que *traire* a trois sens principaux dans notre poëme : 1º A l'actif : « tirer ». 2º Au neutre : « ressembler ». 3º Au réfléchi : « se retirer, s'enfuir ».

TRAÏST. Verbe actif, 3ᵉ p. s. du parf. simple, *traïr*. (*Traïr* vient de *tradere*.) *Ki hume* TRAÏST *sei ocit e altroi*, 3959. Cf. 3974. TRAÏT : *Guenes est fels d'iço qu'il le* TRAÏT, 3829. — Parf. comp., 3ᵉ p. s., avec un r. p. m., AD TRAÏT : TRAÏT *vos* AD, 1192, 3756, et avec un r. s. m., AT TRAÏT : *Cil l'*AT TRAÏT *ki vos en roevet feindre*, 1792. — Part. pass., r. s. m. : TRAÏT, 1792. — R. s. n.: TRAÏT, 1190, 3756.

TRAÏSUN. R. s. f. Trahison (*Traditionem*), 178, 605, 844, 1208, 1523, 1636, 3748.

TRAÏTRE. S. s. m. Traître (*Traditor*), 201, et, pour l'assonance, TRAÏTUR (*Traditorem*), 1024. — S. p. m. : TRAÏTUR (*Traditores*), 942.

TRAMIST. Verbe act., 3ᵉ p. s. du parf. simple. « Transmettre, donner », en parlant des choses; « envoyer », en parlant des personnes (*Transmisit*), 90, 967, 1664, 2393. 2ᵉ p. p., TRAMESISTES : *Dous de voz cuntes à l' païen* TRAMESISTES, 207. — Parf. comp., 3ᵉ p. s., avec un r. p. m. : AD TRAMIS, 181. — Fut., 2ᵉ p. p. : TRAMETREZ, 279. — Subj. prés., 3ᵉ p. s., TRAMETTE : *Deus tut mal de* TRAMETTE, 1565. — Part. pass., r. p. m. : TRAMIS, 181.

TRAVAILLENT. Verbe act., 3ᵉ p. p. de l'ind. prés. « Faire tort, faire du mal »: *A lur seignur ki tel cunseill... dunent — Lui e altrui* TRAVAILLENT *e cunfundent*, 380. — Parf. comp., 3ᵉ p. s., avec un r. s., AD TRAVEILLET : *Par tantes teres* AD *sun cors* TRAVEILLET, 540. — Part. pass., s. s. m., TRAVEILLET : *Karles se dort cum hume* TRAVEILLET. R. s. : TRAVEILLET, 540. = Dans ces derniers vers, le sens, comme on le voit, s'est un peu étendu. = L'étymologie est très-incertaine : Ferrari et Chevallet proposent *Tribulum*, *Tribulare*; Dochez, *Arbaidjan*, anc. allem., dont les Espagnols auraient fait *trabajar*; Dubois, *Transvigilia*, *Transvigiliare*; Wachter, le kymrique *trafod*. Et, enfin, l'on a parlé de l'anglais *travel*. Brachet propose *trabaculum*, venant de *trabes*, et signifiant cette machine à quatre piliers entre lesquels les maréchaux attachent les chevaux vicieux pour les ferrer; d'où « travailler », *trabaculare*. Au point de vue philologique, cette opinion est la plus probable. Les autres ne supportent pas l'examen.

TRAVER(S) (EN). Loc. adverbiale (*In trans-verso*.) *De Val-fuit sunt venuz* EN TRAVER(S), 3239.

TRAVERSENT. Verbe act., 3ᵉ p. p. de l'ind. prés. (Sur *transversus*, on a fait *tranversare*, par un procédé fort usuel.) TRAVERSENT .IIII. *punz*, 2590.

TREF. R. s. m. Tente, pavillon (*Trabes*, au pluriel, a signifié, en bonne latinité, « maison, habitation »; mais il faut supposer une forme m. ou n. ?): *El' grant verger fait li Reis tendre un* TREF, 159. Cf. 671.

TREIS. Nom de nombre indéclinable (*Tres*), 2875, 3035, 3283. — Sans substantif : *Tuit li plusur en sunt dublez en* TREIS, 995...

TRENCHANT. Part. prés., employé adverbialement (?). *Jo l' ocirai à mun espiet* TRENCHANT, 867. Cf. 1301. — S. p. : TRENCHANT, 949. — R. p. m. : TRENCHANZ, 554, 2539, et TRENCHANT, 3378. V. le suivant.

TRE[N]CHER. Verbe act., inf. prés. (étymologie inconnue), 57. — Ind. prés., 3ᵉ p. s. : TRENCHET, 1200, 1299, 1327, 3434; 3ᵉ p. p. : TRENCHENT, 3568. — Parf. comp., 3ᵉ p. s. : TRENCHAT, 732, 1328, 1557, 2701. — Parf. comp., avec un r. s. m. : AD TRENCHET, 1871, 1903. Avec un r. s. f. : A TRENCHÉE, 1374. — Part. pass., r. s. m. ou n. : TRENCHET, 1512, 1871, 1903. R. s. f. : TRENCHÉE, 1374.

TRENTE. Nom de nombre indéclinable (*Triginta*), 1410, 2544, 3781.

TRÈS. Adv. (*Trans.*) 1º Devant un autre adverbe, auquel il donne la force d'un superlatif : *Si li truvez ki* TRÈS *bien les aiut*, 781. *Ferez, païen, car* TRÈS *ben les veintrum*, 1535. TRÈS *ben le batent à fuz e à jamelz*, 3739. = 2º Le sens du latin est mieux conservé, mais ADVERBIALEMENT, dans le vers suivant : *Mort le tresturnet*, TRÈS *en mi un guaret*, 1385. = 3º TRÈS avec QUE, signifie « jusqu'à... » a. Avec un substantif : TRESQU' *en la mer cunquist la tere altaigne*, 2. TRESQU' *en la mer*, 685. *Dès Besançun* TRESQU' *as porz* de *Guitsand*, 1429. Tres qu'à l' na-sel, 1602. Les exemples précédents se rapportent à l'espace, aux lieux ; mais tresque s'emploie aussi pour limiter le temps : *Dès l'ure que nez fus* tresqu' *à cest jur*, 2371, 2372. Il faut remarquer enfin que les deux éléments de tresque sont quelquefois séparés par un ou plusieurs mots : Très *l'un costet* qu' *à l'altre*, 1667. — *b.* Tresque avec un verbe : *La noit demurent* tresque *vint à l' jur cler*, 162.

TRESORER. R. s. m. Trésorier (*Thesaurarium*) : *Li Reis apelet Malduiz sun* tresorer, 642. = Ce mot se trouvant dans une laisse en *ier*, c'est *tresorier* qu'il faut lire.

TRESORS. R. p. m. (*Thesauros*), 602.

TRESPASSÉES (ad). Verbe actif, parf. comp., 3ᵉ p. s., avec un r. p. f. A dépassé (*Trans* avec un verbe en *are* formé sur *passus*) : *Baligant* ad *ses cumpaignes* trespassées, 3324. — Imparf. du subj., 3ᵉ p. s. Roland a juré qu'il ne mourrait pas *En estrange regnet, — Ne* trespassast *ses hume(s) e ses pers*, 2864, 2865.

TRESPRENT. Verbe act., 3ᵉ p. s. de l'ind. prés. Entreprend, saisit (*Trans et prehendit*) : *Ço sent Rollanz que la mort le* tresprent, 2355.

TRESQUE. V. le 3ᵉ sens de *très*.

TRESTUT. Adjectif, r. s. m. Tout (*Totum* avec *trans* qui lui donne plus de force) : *Ne l'amerai à* trestut *mun vivant*, 323. Cf. 291 ; avec *cors*, 1604, 2020, et avec *or*, 1637. — R. s. f. : trestute, 371, 614, 2326. — S. p. m. : trestuit, 3970 ; trestuz, 3679. — S. p. f. : trestutes, 1085. — R. p. m. : trestuz, 388, 1706, 2813, 3302.

TRESTUT. Adverbe. (V. le précédent.) Trestut *soürement*, 790. Trestut *seit fiz, n'i averat altre dreit*, 3290. Trestut *seit fel ki n'i fierget à espleit*, 3559.

TRESTURNET. Verbe actif, 3ᵉ p. s. de l'ind. prés. « Tourne, retourne » au sens actif (*Trans et tornare*) : *Pleine sa hanste el' camp mort le* tresturnet, 1287. 3ᵉ p. p., tresturnent : *Mort le* tresturnent, 1385. Cf. 2587. — Parf. comp., 3ᵉ p. s., avec un r. s. m. : ad tresturnet, 2291. — Part. pass., r. s. m. : tresturnet, 2291.

TRESSALT. Verbe actif, 3ᵉ p. s. de l'inf. prés. (*Trans et saltare*.) Tressalt *un fosset*, 3166.

TRESSUET. Part. pass. employé adjectivement, r. s. (*Trans-sudatum*.) *Le cors ad* tressuet *e mult chalt*, 2100.

TRESVAIT. Verbe neutre, 3ᵉ p. s. de l'ind. prés. (*Trans et vadit ;* va au delà, s'en va.) Tresvait *le jur, la noit est aserie*, 717. Tresvait *la noit e apert la clere albe*, 737.

TREÜD. R. s. Tribut (*Tributum*) : *Le* treüd *d'Espaigne la grant tere*, 666.

TROEVET. Verbe actif, 3ᵉ p. s. de l'ind. prés. de *truver*. Trouve (Diez, dans un long article de son *Lex. Etym.*, dernière édition, I, pp. 430, 431, en vient à proposer ?? *Turbare*), 613, 2092, 2856.

TROEVENT. Verbe actif, 3ᵉ p. p. de l'ind. prés. de *truver*. Trouvent, 3025.

TROIS. Verbe actif, 1ʳᵉ p. s. de l'ind. prés. Je trouve, 914, 935, 986. = Pour les mots précédents, voyez *Truver*.

TROP. Adverbe. (Diez, *Lex. Etym.*, I, 429, le rapporte soit au latin *troppus*, troupe, foule ; soit à des vocables celtiques, ayant le même sens, tels que le gaélique *drobh* ?? Origine douteuse.) Tro[p] *avez tendre coer*, 317. *Mei est vis que* trop *large*, 659. *De ço qui calt ? Demuret i unt* trop, 1806. *N'est gueres granz ne* trop *nen est petiz*, 3822. Cf. 1841, 2229.

TROSSER. Verbe actif, inf. prés. Charger (*Tortiare*) : *Franc des-*

herbergent, funt lur sumers TROS-SER, 701. — Part. pass., s. s. m., TRUSSET : *De sul le fer fust uns mulez* TRUSSET, 3154. R. p. m., TRUSSEZ : *D'or e d'argent .IIII. cenz muls* TRUSSEZ, 130.

TROVENT. Verbe actif, 3ᵉ p. p. de l'ind. prés. de *truver*, 3004. V. *Truver*.

TROVER. Verbe actif, inf. prés., 624. V. *Truver*.

TRUBLET. Part. pass., s. p. m. Troublés (*Turbulati*) : *Li oil li sunt* TRUBLET, 1991.

TRUNÇUN. R. s. m. Tronçon (*Truncionem*, sur *truncum*) : *Sa hansle est fraile, nen ad que un* TRUNÇUN, 1352.

TRUSSET. Part. pass., s. s. m. Chargé (*Tortiatus*), 3154. R. p. m. : TRUSSEZ, 130.

TRUVER. Verbe actif, inf. prés. Ce verbe a partout le sens du latin *invenire*. C'est ce qui rend si difficile à admettre l'étymologie de Diez, *turbare*. (Cf. l'étymologie germanique, *treffen?*, « atteindre », qui n'est pas plus probable.) TRUVER se trouve aux vers 2735, 2859, et TROVER au vers 624. — Ind. prés., 1ʳᵉ p. s. : TRUIS, 893, 902, 986; TROIS, 914, 935; 3ᵉ p. s. : TROEVET, 613, 2092, 2856; 3ᵉ p. p. : TROEVENT, 3025; TROVENT, 3004. — Parf. simpl., 3ᵉ p. s. : TRUVAT, 2186, 2187, 2188, 2189, 2871. — Parf. comp., 3ᵉ p. s., avec un r. s. m. : AD TRUVET, 2201. Avec un r. s. f. : AD TRUVÉE, 3728; 2ᵉ p. p., avec un r. s. n. : AVEZ TRUVET, 2769; 3ᵉ p. p., avec un r. p. m. : UNT TRUVET, 2953, et, avec un r. s. m. ou n. (par erreur) : UNT TRUVÉE, 3986. — Fut., 3ᵉ p. s. : TRUVERAT, 1930; 3ᵉ p. p. : TRUVERUNT, 1747. — Impér., 2ᵉ p. p. : TRUVEZ, 781. — Part. pass., r. s. m. : TRUVET, 2201, 2953. R. s. f. : TRUVÉE, 3728. R. s. n. : TRUVET, 2769.

TUCHET (AD). Verbe actif, 3ᵉ p. s. du parf. comp., avec un r. s. m. A touché (Diez, *Lex. Etym.*, 1, 416, au mot *toccare*, dérive « toucher » de l'ancien haut allemand *zuchón?*) : *Deus le guarit, qu' el' cors ne l'* AD TUCHET, 1315. — Part. prés., s. s. m. (?), TUCHANT : *Li niés Marsilie il est venus avant, — Sur un mulet od un bastun* TUCHANT, 861. — Part. pass., r. s. m. : TUCHET, 1315.

TUE. Adj. possessif, s. s. f. (*Tua*.) *Sur tute gent est la* TUE *hardie*, 1617. *La* TUE *amurs me seit hoi en present*, 3107. — R. p. f., TUES : *Vers les* TUES *vertuz*, 2369.

TUELE. R. s. f. Nom de ville. Tudela en Navarre (*Tutelam*), 200.

TUIT. Adj., s. p. m. Tous (*Toti*), 285, 636, 702, 937, 995, 1144, 1608, 1801, 1844, 2446, 2476, 3046. = On trouve une fois TUIT, au r. p. : *Sor tuit li altres*, 3962. Mais c'est une erreur évidente.

TULETE. R. s. f. Nom de ville en Espagne, Tolède (*Toletum*) : *Si l' ad ferut sur l'escut de* TULETE, 1568.

TUN. Pron. ou adj. possessif de la 2ᵉ p. s. Ton. (*Tuum*.) On le trouve une fois par erreur au cas sujet : *Par vasselage suleie estre* TUN *drut*, 2049. Mais partout ailleurs il est régime, 291, 1984, 3994. V. à *Tis*, la déclinaison complète.

TUNEIRE. R. s. Tonnerre (*Tonitru*) : *Orez i ad de* TUNEIRE *e de vent*, 1424. — R. p., TUNEIRES : *Veïl les* TUNEIRES *e les venz e les giels*, 2533.

TUR. R. s. f. Tour (*Turrim*) : *Mahumet levent en la plus halte* TUR, 853. *En sum sa* TUR, 3635. — R. p. f. : TURS, 98, 3655. *De Sarraguce Carles guarnist les* TURS, 3676.

TURCS. R. p. m. (*Turcos*), 3240, 3284, 3518. Ils forment la seconde « échelle » du second corps d'armée de Baligant, et l'émir les attache à la garde de sa personne, comme troupes d'élite.

TURGIS. S. s. m. Nom d'un païen (ce nom de fantaisie viendrait-il de *turgidus*, gras, enflé, et, par extension, laid) : *D'altre part est* Turgis *de Turteluse*, 916. — R. s. m. : Turgis, 1292.

TURGIS. R. s. m. Nom d'un païen que tue Olivier, 1358. (V. le précédent.) Ce n'est pas le même que « *Turgis* de Turteluse », puisque la mort de ce dernier est racontée aux vers 1281-1288.

TURMENT. R. s. (*Tormentum*.) *En France en ad mult merveillus* turment, 1422. *Veire paterne..., esparignas... Daniel de l' merveillus* turment, — *Enz en la fosse des leons*, 3100-3105. = Dans le premier de ces vers, *turment* a le sens de notre mot « tourmente »; dans le second, de « torture, supplice ».

TURNER (se). V. le suivant.

TURNET. Verbe actif, 3ᵉ p. s. de l'ind. prés. (*Tornat*.) A. Conjugaison. 1° A l'actif. Ind. prés., 3ᵉ p. s. : turnet, 1264; 3ᵉ p. p. : turnent, 2642. — Parf. simpl., 3ᵉ p. s. : turnat, 2360. — Parf comp., 3ᵉ p. s., avec un r. s. m. : ad turnet, 2376; avec un r. s. f. : ad turnée, 3328; 2ᵉ p. p., avec un r. s. n. (?) : avez turnet, 307. — Cond. pass., 3ᵉ p. s., avec un r. s. m. ou n. : avereit turnet, 2866. — Subj. prés., 2ᵉ p. p. : turnez, 650. — Part. prés., s. s. m. : turnant, 1156. = 2° Au passif. Ind. prés., 3ᵉ p. s., avec un s. s. m. : est turnet, 3969. Avec un s. s. f. (par erreur) : est turnet, 2890 ; 2ᵉ p. p., avec un s. p. m. : estes turnet, 1296; 3ᵉ p. p., avec un s. p. m. : sunt turnet, 3960. — Part. pass., s. s. m. : turnet, 3969. R. s. m. : turnet, 2376 et 2839. R. s. f.: turnée, 3328. R. s. n. : turnet(?), 307. S. p. m. : 1296, 3960. R. p. m. : turnez, 2890. = 3° Au réfléchi. Inf. prés. : s'en turner, 1745. — Ind. prés., 3ᵉ p. s.: se turnet, 3644; s'en turnet, 2184; 3ᵉ p. p. : s'en turnent, 3623. — Parf. simpl., 3ᵉ p. p.: s'en turnerent, 2471, 2764. — Parf.

comp., 3ᵉ p. s., avec un s. s. m. : s'en est turnet, 2839. = 4° Au neutre. Ind. prés., 3ᵉ p. s., turnet : *Passet li jurz, si* turnet *à la vesprée*, 3560; 3ᵉ p. p., turnent : *Ansdous les oilz en la teste li* turnent, 2011. *Les alves* turnent, 3881. = B. Sens divers. 1° A l'actif. a. « Diriger, tourner vers... » : turnet *sa teste vers la païene gent*, 2360. *Envers Espaigne en* ad turnet *sun vis*, 2376. *Par Sebre amunt tut lur naviries* turnent, 2642. Cf. 1156, 2866, 3328. — b. « Renverser, retourner » : *L'une meitiet (de l'escul) li* turnet *cuntreval*, 1264. — c. « Détourner » : *Guardez de nos ne* turnez *le curage*, 650. = 2° Au passif. a. « Être tourné à... » c'est « être « sur la voie de..., être entraîné à... » : *Guenes* est turnet *à perditiun grant*, 3969. Estes turnet *à perdre*, 1296. Et, en parlant des choses : *La meie honor* est turnet *à declin*, 2890. (De même qu'aujourd'hui encore, nous disons au neutre : « Ma vie tourne au malheur. ») — b. « S'en aller, se retirer » : *Puis* sunt turnet *Baiver e Aleman*, 3960. = 3° Au réfléchi. a. « S'en turner », signifie toujours : « S'en aller » : *Païen* s'en turnent : *ne voll Deus qu'il i remainent*, 3623. Cf. 1745, 2184, 2764, 2839. On va jusqu'à dire des Sarrazins qui se noient dans les eaux de l'Èbre : *Envers les funz* s'en turnerent *alquanz*, 2471. — b. « Se turner » n'a pas le même sens que « s'en turner »; il signifie : « Tourner son visage vers... » : *Quant l'ot Marsilie, vers sa pareit* se turnet, 3644. = 4° Au neutre. a. « S'incliner vers... »: *Li jurz* turnet *à la vesprée*, 3560. — b. « Tourner » à peu près dans le sens de notre expression : « La tête me tourne » : *Ansdous les oilz en la teste li* turnent, 2011. Cf. le vers 2896, où l'on trouve : « *Ses oilz* turnez. » — c. « Tourner », comme nous dirions : « Sa ceinture a tourné » : *Les alves* TURNENT, *les seles chéent à tere*, 3881.

TURPINS. S. s. m. Nom du fameux archevêque qui meurt à Roncevaux (*Turpinus, Tilpinus*), 264, 1665, 2083. TURPIN, 1124, 1562. — R. s. m. : TURPIN, 470, etc. etc.

TUROLDUS. S. s. m. (Origine germanique, ancien haut allemand, *Turhold*, Pott, p. 233; en français Théroulde, Touroude, etc.) Le dernier vers de notre Chanson parle de ce personnage en ces termes : *Ci falt la geste que* TUROLDUS *declinet*, 4002. Est-ce le scribe? Est-ce le jongleur? Est-ce l'auteur d'une Chronique poétique à laquelle serait remonté notre poëte? Est-ce le poëte lui-même? V. notre *Introduction*, p. LXV et suiv.

TURS. R. p. f. Tours (*Turres*), 98, 3655, et 3676. Cf. TUR, au r. s. f., 853, 3635.

TURTELUSE. R. s. f. Nom d'une ville païenne probablement en Espagne; Tortose sans doute (*Dertosam*), 916, 1282.

TUT. Adj., s. s. m. Tout (*Totus*) : TUT *li païs en reluist*, 2637. La vraie forme serait TUZ. On trouve bien deux fois : *Li sancs* TUZ *clers*, 1980 et 3925. Mais il est évident qu'il faut ici lire TUT, et que nous avons affaire à un adverbe. — S. s. m. ou (?), TUT : *N'unt guarnement que* TUT *ne reflambeit*, 1003. — S. s. f. : TUTE, 982, 3338... — R. s. m. et n.: TUT, 1565... — R. s. f. : TUTE, 212, 709, 1201, 1578, 1617, 1656, 1780, 2012, 2274, 2327, 3363... — S. p. m. : TUIT, 285, 636, 702, 937, 995, 1146, 1608, 1801, 1844, 2446, 2476, 3046, et TUZ (par erreur), 903, 1058, 1069, 1688, 2474, 3815... — S. p. f. : TUTES, 1757. — R. p. m. et n. ? : TUZ, 2, 823, 1000, 1147, 1553, 1858, 1882, 2387, 2927. — R. p. f. : TUTES, 394, 1378, 2196, 3493. == Rem. les expressions TUZ JURS, 1882, 2927 (Cf. TUTE JUR, 1780), et TUTE VEIE : *Uns Sarrazins* TUTE VEIE *l'esguardet*, 2274.

TUT. Adj. employé substantivement, r. s. n. Tout (*Totum*) : TUT *lur ad* ACUNTET, 1038.

TUT. Adverbe. (*Totum*.) 1° Devant un adjectif : TUT *suls*, 2184. *Un gunfanun* TUT *blanc*, 1157. TUT *premereins*, 122. Cf. 117, 1189. == 2° Devant un autre adverbe : TUT *veirement*, 3101. *Lessez gesir les morz* TUT *issi cun il sunt*, 2435. == 3° Devant une préposition : TUT *entur lui*, 410. == On trouve, par erreur, TUZ pour TUT, aux v. 1980 et 3925 : *Li sancs* TUZ *clers*. == Il y a doute au sujet des vers 115 et 1552. Y a-t-il là un adjectif, ou un adverbe?

U

Ù. Adverbe de lieu. Où. (*Ubi.*) 1° Au sens affirmatif : *Là* ù *cist furent, des altres i out bien*, 108. *L'elme li freint* ù *li carbuncle luisent*, 1326. *Tutes les rues* ù *li burgeis estunt*, 2691. == 2° Interrogatif : Ù *est vostre espée*, 1363. Ù *estes vos, bels niés*, 2402. Cf. 2403, 2404, 2405, 2409. *Demanderent* ù *est li Quens cataignes*, 2912. == On trouve la forme ò à côté de ū, qui est beaucoup plus conforme à l'étymologie et surtout à la phonétique de notre texte. Voy. ò, aux vers 2667, 2854, 3105, 3616, 3709.

U. Conjonction. Ou (*Aut*): *Qui qu'en peist* U *qui nun*, 1279. *Voelent* U *nun*, 1626. U *pris* U *mort*, 1730. *Ki qu'en plurt* U *ki' n riet*, 3364. Cf. 41, 2733, et la forme o, aux vers 2401, 2733. Le scribe attachait tellement peu d'importance à l'une ou à l'autre de ces deux formes, qu'il écrit dans le même vers : U *mort* o *recreant*, 2733.

UAN. Adverbe. En provençal, *ogan*, en roman, *oan*, *owan* ou *ouan*. « Cette année », et, par extension, « maintenant ». (*Hoc anno*) : *Vos n'irez pas* UAN *de mei si luign*, 250.

UBLI. R. s. m. Oubli (subst. verbal d'*oublier*, *oblitare*, *obliare*, fait sur *oblitus*) : *Mais lui meisme ne volt metre en* UBLI, 2384.

UBLIER. Verbe act., inf. prés. (*Obliare*.) *L'enseigne Carle n'i devum* UBLIER, 1179. Cf. 2509. — Parf. comp., 3ᵉ p. p., avec un r. p. f., UNT UBLIÉES : *Lor enseignes n'i* UNT *mie* UBLIÉES, 3563. — Subj. prés., 3ᵉ p. s., au réfléch., S'UBLIT : *Ferez, Franceis : nul de vus ne s'*UBLIT, 1259. — Part. pass., r. p. f. : UBLIÉES, 3563.

ULTRAGE. R. s. m. Ce n'est pas tout à fait le sens actuel « d'outrage », mais celui de « chose qui dépasse la mesure », etc. (*Ultraticum*.) Comme on dit à Roland que l'arrière-garde tout entière est condamnée à périr, il répond : *Ne dites tel* ULTRAGE, 1106.

ULTRE. Prép. (*Ultra*). 1º Au delà, plus loin que..., en parlant de l'espace : ULTRE *mer*, 67, 3156. ULTRE *ses cumpaignuns*, 2236. = 2º Au delà, en parlant du temps : ULTRE *cest jurn*, 1477. = ULTRE est encore employé sans régime, adverbialement: *Empeinst le bien, tut le fer li mist* ULTRE, 1286. = Enfin, il sert en quelque manière d'interjection, comme dans le vers suivant : ULTRE, *culvert, Carles n'est mie fol*, 1207.

ULTREMARIN. Adj., r. s. m. D'outremer (*Ultramarinum*) : *Si'n apelat Jangleu l'*ULTREMARIN, 3507.

ULTREMER. Composé d'*ultre* et *mer*. (*Ultra-mare*.) *Malbien d'*ULTREMER, 67. *L'estreu li tint Marcules d'*ULTRE-MER, 3156. Cf. ULTRE.

UMBRE. R. s. f. Ombre (*Umbram*) : *Alez en est en un verger suz l'*UMBRE, 11. Cf. 383. *Suz un olive est descenduz en l'*UMBRE, 2571.

UN. S. s. m. Par erreur, au lieu d'UNS (*Unus*), 627, 890, 941, 1241, 1519, 1631. La forme correcte est UNS, 369, 617, 940, 1048, 1235, 1529, 1650, 2274, 3153, 3154, 3818, 3951. — S. s. f. : UNE... — R. s. m. : UN, 11, etc. etc. etc., et UNS, par erreur, 728. — R. s. f. : UNE, 6, 203, 658. = LI UNS est opposé à L'ALTRE : LI UNS *ne volt l'*ALTRE *nient laisser*, 2069. L'UN, par erreur, est employé dans le même cas : L'UN *gist sur l'*ALTRE, 1624. Cf. 208. = L'ALTRE, d'ailleurs, peut être sous-entendu : *A dous Franceis belement en avint* : — *Li Empereres en est l'*UNS, 3500, 3501. = PAR UNS E UNS, 2190, signifie « un à un ».

UNC. Adv. Jamais (*Unquam*), 1040, 1333, 1769, 3394, 3516. Cf. 1º UNCHES ; 2º UNKES ; 3º UNQUES. V. *Unkes*.

UNCHES. Adv. Jamais (*Unquam*), 629, 640, 920, 1044, 1461, 1563, 1638, 1647, 2501, 3212, 3231. Cf. 1º UNC ; 2º UNKES ; 3º UNQUES. V. *Unkes*.

UNCLES. S. s. m. Oncle (*Avunculus*), 1914, et, par erreur, UNCLE, 348. — R. s. m. : UNCLE, 66.

UNCORE. Adv. Encore, dans le sens actuel (*Hanc-horam*) : UNCORE *purrat guarir*, 156. Cf. 1550. *Ne mès Rollant ki* UNCORE *en averat hunte*, 382. Dans ce dernier vers, le sens est plus étendu...

UNE. Adj., s. et r. s. f. (*Una, Unam*.) Au r. s. f., 6, 203, 658. V. *Un, Uns*.

UNKES. Adv. Jamais (*Unquam*), 1168, 1208, 1857, 1865, 2046, 2134, 2223, 2384, 2495, 2639, 3261, 3322, 3531, 3587, 3638. Cf. 1º UNQUES, 2888 ; 2º UNC, 1040, 1333, 1769, 3394, 3516 ; 3º UNCHES, 629, 640, 920, 1044, 1461, 1563, 1638, 1647, 2501, 3212, 3231. = De la comparaison de ces quatre formes, il nous paraît impossible de tirer un argument solide en faveur de la doctrine qui attribue le *Roland* à deux auteurs ou à deux scribes.

UNQUES. Adv. Jamais (*Unquam*), 2888. Cf. 1° UNKES; 2° UNC; 3° UNCHES. V. *Unkes*.

UNS. Adj., s. s. m. (*Unus*), 369, 617, 940, 1048, 1235, 1529, 1650, 2274, 3153, 3154, 3818, 3951, et UN, 627, 890, 941, 1241, 1519, 1631. — S. s. f. : UNE. — R. s. m. : UN, 11, etc. etc., et UNS, par erreur, 728. — R. s. f. : UNE, 6, 203, 658. = LI UNS est opposé à L'ALTRE, 2069, et L'UN, de même, 208, 1624. = L'ALTRE est quelquefois sous-entendu : *Li Empereres est l'*UNS (*des dous*), 3501. = PAR UNS E UNS, 2190, signifie « un à un ». = Aux vers 3371 et 2843, notre manuscrit porte *de* UNS *ad* ALTRES. Mü. a substitué D'URES *en altres*, d'après Venise IV et Versailles.

UNT. Verbe act., 3e p. p. de l'ind. prés. d'*aveir* (*Habent*), 99, 161, 842, 998, 1180, 1584, 1683, 3222, etc. V. *Aveir*.

URE. R. s. f. Heure (*Horam*) : *Dès l'*URE *que nez fui*, 2371, et ORE : *A itel* ORE, 3212. V. *Ore*.

URS. S. p. m. Ours (*Ursi*) : URS *e leupars les voelent puis manger*, 2582. — R. p. m., URS : *Vus li durrez* URS *e leuns e chens*, 30. Cf. 128 et 2558.

USET (AD). Verbe act., 3e p. s. du parf. comp. d'*user*. (*User* est un verbe formé sur un type latin tiré du supin *d'uti : usum, usare.*) *Si ad sun tens* USET, 523. — Part. pass., r. s. m. ou n. : USET, 523. = « Avoir usé son temps », c'est « avoir fini « sa vie, être voisin de la mort ».

UVERIR. Verbe act., inf. prés. Ouvrir. (*Aperire ?*) En parlant des cadavres de Roland, d'Olivier et de Turpin, notre poëte dit que Charlemagne : (*De*)*devant sei les ad fait tuz* UVERIR, 2964. — Parf. simpl., 3e p. s., UVERIT : UVERIT *les oilz*, 228. — Part. pass., s. s. f., UVERTE : *De Pareïs li seit la porte* UVERTE, 2258.

V

VAILLANZ. Part. prés., employé adjectivement, s. s. m. (*Valens, valentem.*) *Li altr'er fut ocis... Oliver li proz e li* VAILLANZ, 3186. VAILLANT : *Margariz est mult* VAILLANT *chevaler*, 1311. Cf. 1593. — S. s. f., VAILLANT : *Païen escrient* : « *Preciuse est* VAILLANT, » 3471. — Voc., s. m., VAILLANZ : *E ! gentilz quens*, VAILLANZ *hom, ù ies tu*, 2045. — R. s. m., VAILLANT : *Nus n'avum plus* VAILLANT *chevaler*, 1504. — S. p. m. : VAILLANT, 3515. — Voc., p. m., VAILLANT : *Ore, oiez, franc chevaler* VAILLANT, 2657. — R. p. m., VAILLANZ : *XX milie Francs retendrai ben* VAILLANZ, 789. Cf. 3020. = Il faut observer que, dans ce dernier vers, VAILLANZ est employé substantivement : *XV milies de bachelers, de nos mei'lors* VAILLANZ. = Le sens le plus ordinaire est notre sens actuel, celui de « brave ». Mais *valere* signifiait, en latin, « avoir de la va- « leur, valoir tel ou tel prix ». Ce sens se retrouve dans notre *Roland*, au v. 1168. En parlant du butin que les Français se promettent, Roland leur dit : *Nuls reis de France n'out unkes si* VAILLANT. C'est ce sens, véritablement étymologique, que nous retrouvons dans le neutre VAILLANT, qui a la force d'un adverbe dans le vers suivant : VAILLANT *à un dener*, 1962.

VAILLET. Verbe neutre, 3e p. s. du subj. prés. de *valeir*. (*Valeat.*) *Enprès sun colp ne quid que un* dener VAILLET, 1666. VAILLE : *Jamais n'ert hume ki encuntre lui* VAILLE, 376. V. *Valt.*

VAIRS. Adj., r. p. m. (*Varios.*) VAIRS *out les (oilz) e mult fier lu visage*, 283. = Le *vair* était une fourrure « COMPOSÉE » (blanche et grise). De là le nom de *varium*. Je pense que les yeux *vairs* sont des yeux gris-bleu.

VAIT. Verbe neutre ou pronominal, 3ᵉ p. s. de l'ind. prés. Va. (*Vadit.*) 1° NEUTRE. *Par le camp* VAIT *Turpin li Arcevesque*, 1562. Avec un inf. : VAIT *s'apuier suz le pin à la tige*, 500. Et avec un participe présent : *Sun espiet* VAIT *li bers palmeiant*, 1155. Cf. EN VAIT (?), au vers 618. *Vait* est encore employé au neutre, dans le sens de notre « cela va mal », mais avec un sujet sous-entendu et un adverbe : *Mult malement nus* VAIT, 2106. Cf. VAT, 1780. 3ᵉ p. p., VUNT, 1169, 2461, 2462 ; VONT, 1166. Cf. à la 1ʳᵉ p. s. : VOIS, 270, qui est pour VAIS. — 2° PRONOMINAL, ind. prés., 3ᵉ p. s., S'EN VAIT : *Li Empereres* S'EN VAIT *desuz un pin*, 168. *Si cum li cerfs* S'EN VAIT *devant les chiens*, 1874. Dans ce dernier vers, S'EN VAIT a le sens de « s'enfuir ». 3ᵉ p. p. : S'EN VUNT, 1911.

VAL. R. s. m. (*Vallem.*) *Guardet suz destre par mi un* VAL *herbus*, 1018. Cf. 1449, 2209, 3065, 3292. — S. p. m., VAL : *Halt sunt li pui (e) li* VAL *tenebrus*, 814. Cf. 2112. — R. p. m., VALS, 856, 2043, 2185, 2318, 2434, 3126. = En composition dans AVAL (2235, etc.), CUNTREVAL (2472), dans VAL-FERRÉE (1370), VAL-FUIT (3239), VAL-FUNDE (23) et VAL-FRONDE (3260), VAL-MARCHIS (3208), VAL-METAS (1663), VAL-PENUSE (3256), VAL-SEVERÉE (3313), VAL-TENEBRES (2461). Voyez chacun de ces mots. = On remarquera que, dans ces mots composés, *val* est surtout féminin...

VALDABRUNS. R. s. m. Nom du païen qui prit Jérusalem et massacra le patriarche (on ne peut admettre : *Wald*, forêt (??), et *brun ?* Étymologie inconnue), 617. VALDABRUN, 1519.

VALÉES. R. p. f. (*Vallatas.*) *Païen chevalchent par cez greignurs* VALÉES, 710. Ce mot a été ajouté en interligne au vers 3126 : *Cez* VALS *parfunz, cez destreiz unguisables.*

VALENT. Verbe neutre, 3ᵉ p. p. de l'ind. prés. (*Valent.*) *Eles* VALENT *mielz que tut l'aveir de Rume*, 639.

VALERI. R. s. Erreur évidente du scribe, pour Valence : *Ki tint* VALERI *e envers sur le Rosne*, 1583. Mü. a restitué excellemment, d'après Venise IV, Paris et Versailles : *Ki tint Valence e l'unur sur le Rosne.*

VAL-FERRÉE. R. s. f. Nom de lieu (*Vallem-Ferratam*) : *Fiert un païen, Justin de* VAL-FERRÉE, 1370.

VALENTINEIS. Adj. r. p. m. De Valence (*Valentia* a donné *Valentinus*, sur lequel on a formé un second adjectif en *ensis*) : *Escuz unt genz, espiez* VALENTINEIS, 998.

(VAL)-FRONDE. R. s. f. Nom d'un pays païen : *La disme est des barbez de* (VAL)-FRONDE, 3260. V. *Val-Funde.*

VAL-FUIT. R. s. Nom d'un pays païen (*Val* et *fuir ?*) : *De* VAL-FUIT *sun(t) venuz en traver(s)*, 3239.

VAL-FUNDE. R. s. f. Nom d'un pays païen : *Fors Blancandrin de castel de* VAL-FUNDE, 23. (Y a-t-il là un composé de *val* avec *fundus* ou avec *funda ?*) V. *Val-Fronde.* = F. Michel, à ce mot de son *Glossaire*, a cité avec raison plusieurs textes d'autres Chansons qui parlent d'une localité du même nom. C'est assez dire que ce nom est fantaisiste.

VAL-MARCHIS. R. s. (*Val* avec *marchis.*) *Dès Cheriant entresqu'en* VAL-MARCHIS, 3208.

VAL-METAS. R. s. (?) : *En* VAL-METAS *li dunat uns diables*, 1663.

VALOR. R. s. f. (*Valorem*), 534, 1362, 1877. Cf. *Valur*, au vers 1090.

VAL-PENUSE. R. s. f. Nom d'un pays païen (*Vallem-Pœnosam*) : *La quinte (eschele) est de cels de* VAL-PENUSE, 3256.

VAL-SEVRÉE. R. s. f. Nom d'un pays païen (*Vallem-Separatam*) : *Canabeus... tint la tere entresqu'en* VAL-SEVRÉE, 3313. On peut lire VAL-SEVERÉE.

VALT. Verbe neutre, 3ᵉ p. s. de l'ind. prés. de *valeir* (*Valet*), 516, 921, 1262, 1540, 1600, 1840, 3338. 3ᵉ p. p.: VALENT, 639. — Subj. prés. 3ᵉ p. s. : VAILLET, 1666, et VAILLE, 376.— Part. prés.: VAILLANZ. (V. ce mot.) = VALT est employé souvent avec un comparatif: *Tient Durendal ki* PLUS VALT *que fin or*, 1540. MIELZ *en* VALT *l'or que ne funt cinc cenz livres*, 516. PLUS VALT *Mahum que seint Pere*, 921. Cf. 639. = On le trouve souvent accompagné d'une négation explétive : *Sis bons escuz* UN DENER *ne li* VALT, 1262. Cf. 1666 et 3338. = Enfin, il se joint à la négation NIENT : *Fuir s'en voel, mais ne li* VALT NIENT, 1600. Cf. 1840. Nous disons encore aujourd'hui : « Cela ne lui vaut rien. » Au moyen âge, on supprimait volontiers le sujet.

VAL-TENEBRUS. R. s. Lieu d'Espagne, près de l'Èbre et de Saragosse : *El'* VAL-TENEBRUS *là les vunt ateignant*, 2461. Mü. a eu raison de restituer VAL-TENEBRES, qui ne rompt pas la mesure du vers et se trouve dans les textes de Venise IV et de Versailles.

VALTERNE. R. s. f. Nom de ville en Espagne (*Valtierra*; mais l'*n* de *Valterne* n'est pas expliqué), 199, 931, 1291.

VALUR. R. s. f. Prix (*Valorem*): *Ne placet Deu... que ja pur mei perdet sa* VALUR *France*, 1090. VALOR, 534, 1362, 1877. = Au vers 1877, le sens de *valor* se rapproche, par une extension naturelle, de celui de « vaillance, bravoure, valeur »: *Itel* VALOR *deit aveir chevaler — Ki armes portet e en bon cheval set*, 1877, 1778.

VANTANCE. R. s. f. Vanterie (*Vanitantiam*) : *Devant Marsilie ad faite sa* VANTANCE, 911.

VANTEIENT (SE). Verbe réfléchi ou neutre, 3ᵉ p. p. de l'imparfait de l'ind. (*Se vanitabant*, de *vanitare*, fait sur *vanitas*.) 1º Réfléchi. *Si* SE VANTE[I]ENT *mi vaillant chevaler*, 2861. — Subj. prés., 3ᵉ p. s., *s'EN* VANT : *Ki traïst altre nen est dreiz qu'il* S'EN VANT, 3974. = 2º Neutre. Futur, 2ᵉ p. s., avec EN, EN VANTERAS : *N'EN* VANTERAS *el' regne dunt tu fus*, 1961.

VASSALMENT. Adv. Courageusement (V. le suivant) : *Franceis sunt bon, si ferrunt* VASSALMENT, 1080. *Mult* VASSALMENT *unt traites les espées*, 3576.

VASSALS. Ce mot est tantôt substantif, tantôt adjectif. Il dérive de *vassalis*, fait sur *vassus*, lequel dérive lui-même du celtique *gwas*. Dès l'époque mérovingienne, certains individus nommés *vassi* se viennent recommander à d'autres plus puissants et plus riches, appelés *seniores*. L'engagement du *vassus* s'appelle *commendatio*. Dès le temps de Charlemagne, le *vassus* suit le *senior* à la guerre. Il lui doit fidélité et assistance, et, à partir de la révolution féodale, le service militaire régulièrement constitué, lequel est l'essence du fief. Tout individu qui est appelé à remplir ces devoirs est un « vassal ». S'il les remplit bien, c'est un « bon vassal », un « vrai vassal ». Et *vassal* en est venu, sans autre épithète, à signifier toutes les vertus de la vassalité, surtout le courage. Telle est l'histoire de ce mot, qui tient tant de place dans le *Roland* et dans toutes nos Chansons. 1° Substantif. S. s. m., VASSALS : VASSALS *est bons por ses armes defendre*, 3785. VASSAL : *L'altrer fut ocis le bon* VASSAL *Rollanz*, 3185. *Sempres fust mort li nobilies* VASSAL, 3442. Cf. 2088. — R. s. m., VASSAL : *Meillor* VASSAL *n'aveit en la curt nul*, 231. *N'at te(l)* VASSAL *suz la cape de l' ciel*, 545. — S. p. m., VASSALS, 3335, et VASSAL : *En cele (eschele) sunt li* VASSAL *de Bavière*, 3028. — R. p. m., VASSALS : *Il est escrit en la geste Francor — Que* VASSALS *ad li nostre Empereür*, 1443, 1444. *En tels* VASSALS *deit hom aveir fiance*, 3009. Cf. 939 et 1694. = 2° Adjectif, s. s. m., VASSALS : *Icist reis est* VASSALS, 3343. *Granz est e forz e* VASSALS *e isnel*, 3839. VASSAL : *Mult est* VASSAL *Carles de France dulce*, 3579. Cf. 1594.

VASSELAGE. R. s. m. Courage, qualités du bon vassal (*Vassalaticum*) : *Rollanz est proz e Oliver est sage;* — *Ambedui unt me(r)veillus* VASSELAGE, 1094. *N'avez baron de si grant* VASSELAGE, 744. Cf. 25 et 1639.

VAT. Verbe neutre, 3ᵉ p. s. de l'ind. prés. Va (*Vadit*) : *Pur un sul levre* VAT *tute jur cornant*, 1780. Cf. VAIT, 500, 618, 1155, 1562, 2106, et S'EN VAIT, 168, 1874.

VEANT. Part. prés. employé adverbialement, ou plutôt faisant office d'un véritable ablatif absolu (*Vidente*) : *Fait sun eslais* VEANT *cent mil(ie) humes*, 2997. Cf. VEIANT : *Desfi les en, sire, vostre* VEIANT, 326. Mais ici *veiant* est devenu un véritable substantif. V. le suivant.

VEDEIR. Verbe actif, inf. prés. Voir (*Videre*), 270, 1992, et VEEIR, 1104, 1720. — Ind. prés., 1ʳᵉ p. s. : VEI, 1021, 3843. 2ᵉ p. s. (peut-être est-ce l'impér. 2ᵉ p. s.) : VEIZ, 2979. 3ᵉ p. s. : VEIT, 303, 530, 958, 959, 1019, 1110, 1628, 2124, 2446. 2ᵉ p. p. : VEEZ, 1131, 1694 (p.-e. l'impér.) et 2743. 3ᵉ p. p. : VEIENT, 1467, 3687. — Imparf. de l'ind., 3ᵉ p. s. : VEEIT, 2558. — Parf. simple, 1ʳᵉ p. s. : VI, 682. 3ᵉ p. s. : VIT, 443, 1040, 1596, 1638, 1643, 3212, 3322. 2ᵉ p. p. : VEÏSTES, 2475. 3ᵉ p. p. : VIRENT, 819. — Parf. comp., 1ʳᵉ p. s. avec un r. s. m. : AI VEÜT, 1083. Avec un r. p. m. : AI VEÜZ, 1039. 2ᵉ p. p. avec un r. s. m. : AVUM VEÜD, 3132. — Fut., 1ʳᵉ p. s. : VERRAI, 316, 2199. 3ᵉ p. s. : VERRAT, 83, 578. 1ʳᵉ p. p. : VERRUM, 3179. 2ᵉ p. p. : VERREZ, 49, 690, 953, 1079, et, comme assonance dans deux couplets assonancés en *ei* : VERREIZ, 564, 3754. — Impér., 2ᵉ p. p. : VEEZ, 925, 1099, 2425 et 3315. — Imparf. du subj. (dans le sens du conditionnel), 3ᵉ p. s. : VEÏST, 1341, 1680, 1970, 3473. 1ʳᵉ p. p. : VEÏSSUM, 1804. 2ᵉ p. p. : VEÏSSEZ, 1622; VEÏSEZ, 349, 3388. — Parf. du subj., 2ᵉ p. s. avec un r. s. f. : AIES VEÜD, 1960. — Part. présent, neutre, en ablatif absolu : VEANT, 2997, et devenu un vrai substantif neutre : VEIANT, 326. = Passif. Futur, 3ᵉ p. s., avec un s. s. m. : ERT VEÜD, 3812. Part. passé, s. s. m. : VEÜD, 3812. R. s. m. : VEÜT, 1083, et VEÜD, 3132. R. p. m. : VEÜZ, 1039. = Ce verbe a partout le sens actuel. Rem. seulement la locution *là veïssez*, si vive, et que nous avons à peu près perdue : *Là* VEÏSSEZ *si grant dulor*, 1622. *La* VEÏSEZ *tant chevaler plurer*, 349, etc.

VEIAGE. R. s. m. Chemin (*Viaticum*) : *Guenes est munted, entret en sun* VEIAGE, 660.

VEIANT. Part. prés., r. s. n., employé substantivement. (*Vidente, videntem.*) *Desfi les en, sire, vostre* VEIANT, 326.

VEIE. R. s. f. Voie, chemin (*Viam*) : *En mi sa* VEIE *ad encuntret Rollant*, 1595. Cf. 365, 986, 2399. — R. p. f. : VEIES, 405, 2464, et, par erreur, VEIEZ, 2852. = Rem. la locution TUTE VEIE : *Uns Sarrazins* TUTE VEIE *l'esguardet*, 2274.

VEIED. Verbe actif, 3ᵉ p. s. du subj.

prés. (*Viare, viet.*) *Jo ne vos vei :* VEIED *vus damne Deu,* 2004. Ainsi parle Olivier à Roland, qui, aveuglé par son propre sang, ne voit pas son ami et le frappe d'un coup terrible, le prenant pour un païen. Notre traduction n'est, d'ailleurs, qu'une hypothèse, et nous avouons que le passage est douteux. F. Michel traduit par « voie » et dérive ainsi *veied* de *videat*.

VEIENT. Verbe act., 3ᵉ p. p. de l'ind. prés. de *vedeir* (*Vident*), 1467, 3687. V. *Vedeir*.

VEIER. R. s. m. Voyer (*Viarium*) : *Li Reis cumandet un soen* VEIER *Basbrun,* 3952. C'est ce Basbrun qui est chargé de pendre les trente parents de Ganelon : il s'agit donc d'un personnage de très-petite condition. Dans *Berte aux grands pieds,* la Reine trouve un refuge chez Simon le Voyer.

VEIES. R. p. f. (*Vias*), 405, 2464.

VEIEZ. R. p. f. Le scribe a écrit, par erreur, VEIEZ, au lieu de VEIES, 2852. V. le précédent.

VEILL. Adj., r. s. m. Vieux (*Vetulum*) : *Truvat Gerard le* VEILL *de Russillun,* 2189. Cf. 3470. — S. p. p., VEILL : *As eschecs [juent] li plus saive e li* VEILL, 112. = Ce mot s'emploie substantivement. = Il se trouve en assonance dans un couplet en *ier :* c'est donc *vieill* ou *viel* que le scribe eût dû écrire. V. *Velz, Veillz, Veilz,* et surtout *Vielz*.

VEILLANTIF. R. s. m. Nom du cheval de Roland (il faut supposer un type barbare tel que *Vigilantivus,* fait sur *Vigilans*) : *Est passez Rollanz sur* VEILLANTIF, *sun bon cheval curant,* 1153. Cf. 2032.

VEILLZ. S. s. m. Vieux (*Vetulus*) : *Vint... Anseïs li* VEILLZ, 769. V. le suivant, *Veill, Veilz,* etc.

VEILZ. S. s. m. Vieux (*Vetulus*) : *Ja estes vus* VEILZ *e fluriz e blancs,* 1771. Cf. 2409, 2807. = Même observation qu'au mot *veill,* relativement à la forme correcte de ce vocable. Lire *vielz,* ce mot ne se trouvant que dans les assonances en *ier*.

VEINTRE. Verbe act., inf. prés. Vaincre (*Vincere*), 2211. — Ind. prés., 3ᵉ p. s. : VEINT, 2567. — Parf. comp., 1ʳᵉ p. s., avec un r. p. f., AI VENCUES : *Tantes batailles* AI VENCUES, 2306. Cf. 865. 3ᵉ p. s., avec un r. s. f., AD VENCUE : *Carles* AD *sa bataille* VENCUE, 3649. Cf. 3934. Et avec un r. p. m. : AD VENCUZ, 555. 2ᵉ p. p., avec un r. p. m. : AVEZ VENCUZ, 238. 3ᵉ p. p., avec un r. s. m. : UNT VENCUT, 2042. — Fut., 3ᵉ p. s. : VEINTRAT, 735. 1ʳᵉ p. p. : VEINTRUM, 1233, 1535. = Au passif. Ind. prés., 1ʳᵉ p. s., avec un s. s. m. : SUI VENCUT, 2087. 3ᵉ p. s., avec un s. s. m. : EST VENCUT, 1394, 2271, 3930 (VENCUT EST *li esturs*), et EST VENCUD, 235. 3ᵉ p. p., avec un s. p. m. : SUNT VENCUZ, 3642. — Fut., 3ᵉ p. s., avec un s. s. m. : ERT VENCUT, 2153. — Subj. prés., 3ᵉ p. s., avec un s. s. m. : SEIT VENCUT, 3609. 1ʳᵉ p. p., avec un s. p. m. : SEIUM VENCUZ, 1046. — Part. pass., s. s. m. : VENCUT, 1394, 2087, 2153, 2271, 3609, 3930 ; VENCUD, 235. S. p. m., VENCUZ, 1046. R. s. m. : VENCUT, 2042. R. s. f. : VENCUE, 3649, 3934. R. p. m., VENCUZ, 238, 555. — R. p. f. : VENCUES, 865, 2306. = Rien à remarquer sur ce verbe, sinon que l'on disait « vaincre une ba- « taille », et « la bataille est vain- « cue... »

VEIR. Adj. (*Verus, vera.*) Voc., s. f., VEIRE : VEIRE *paterne,* 2384, 3100. — R. s. f., VEIRE : *Chrestiene est par* VEIRE *conoisance,* 3987. — S. p. m., VEIR : *Baptiset sunt...* VEIR *chrestien,* 3672. *Veir* pourrait bien ici être adverbe. = L'emploi le plus fréquent de ce mot est au neutre : *Sire, vos dites* VEIR, 2754, 3414. VEIR *dites,* 760. *Ne dient* VEIR, 1436. Dans ces quatre exemples, VEIR dérive évidemment de *verum.* Il en est de même de la locution adverbiale : PAR VEIR, qui vient de *per verum*, 87, 520, 692.

VEIREMENT. Adv. Vraiment (*Veramente*), 615, 882, 953, 1427, 1596, 3190.

VEIRS. Adj. Vraiment (*Vere*) : *Guenes respunt* : « *Jo ne sai* VEIRS *nul hume,* » 381. Je pense que l'*s* a été ici ajouté par analogie ; on ne peut l'expliquer comme celui de *volontiers*.

VEISDIE. R. s. f. Trahison (anc. haut allem. *bausi*): *Guenes... par grant veisdie cumenect à parler*, 675.

VEÏSEZ. Verbe act., 2ᵉ p. p. de l'imp. du subj. de *vedeir,* employé comme conditionnel (*Vidissetis*), 349.

VEÏSSEZ. Même mot que le précédent, mais plus étymologique, 1622. V. *Vedeir.*

VEÏSSUM. Verbe actif, 1ʳᵉ p. p. de l'imp. du subj. de *vedeir.* (*Vidissemus.*) *Se* VEÏSSUM *Rollant, einz qu'il fust mort*, 2804.

VEÏST. Verbe act., 3ᵉ p. s. de l'imp. du subj. de *vedeir,* employé comme conditionnel. (*Vidisset*). *Ki lui* VEÏST *Sarrazins desmembrer... — De bon vassal li poüst remembrer*, 1970, 1972. Cf. 1341, 1680, 3473.

VEIT. Verbe act., 3ᵉ p. s. de l'ind. prés. de *vedeir* (*Videt*), 303, 530, 958, 959, 1019, 1110, 1628, 2124, 2446.

VEÏSTES. Verbe act., 2ᵉ p. p. du parf. simpl. de *vedeir* (*Vidistis*), 2475.

VEIZ. Verbe act., 2ᵉ p. s. de l'ind. prés. (?) ou de l'impér. de *vedeir* (*Vides* ou *vide*), 2979. Pour les sept mots qui précèdent, voyez *Vedeir.*

VELTRES. S. s. m. Chien de chasse. (*Vertragus* dans Martial ; dans la loi salique, *Veltrum*, *Veltrem*, au r. s.Voyez Diez, dern. édit., I, 440): *D'enz de (la) sale uns* VELTRES *avalat*, 730. — R. p. m. : VELTRES, 128.

VELZ. Adj., s. s. m. Vieux (*Vetulus*),905, 929, 970,3050. Cf. 1º VIELZ, 523, 538 ; 2º VIEL (par erreur), 2615 ;

3º VEILZ, 1771, 2409, 2807, et 4º VEILLZ, 796. — R. s. m.: 1º VEILL, 2189, 3470 ; 2º VIELL, 2048, et par erreur, VELZ, 171. — S. p. m. : VEILL, 112. Même observation qu'au mot VEILL, relativement aux assonances en *ier.*

VEN. Verbe neut., impér., 2ᵉ p. s. Viens (*Veni*), 3594.

VENDRAT. Verbe neut., 3ᵉ p. s. du fut. de *venir.* (*Venire habet.*) VENDRAT *le jurz,* 54. *Quant Carles* VENDRAT, 1928. Cf. 2103. V. *Venir.*

VENDRE. Verbe act. et réfléchi, inf. prés. (*Vendere.*) *En Sarraguce sa maisnée alat* VENDRE, 1407. *Tel as ocis que mult cher te quid* VENDRE, 1590. Cf. 3012. — Parf. comp. au réfléchi, 1ʳᵉ p. s., ME SUI VENDUT : *Sempres murrai, mais cher me* SUI VENDUT, 2053. — Fut., 3ᵉ p. p., au réfl. : SE VENDRUNT : *Einz que il moergent,* SE VENDRUNT *mult cher*, 1690.—Subj. prés., 3ᵉ p. s., au réfl., SE VENDE, 1924. = Rem. l'expression : « Se vendre cher... »

VENDRUNT. Verbe neut., 3ᵉ p. p. du fut. de *venir.* (*Venire habent.*) *De plusurs regnes* VENDRUNT *li hume estrange*, 2911. V. *Venir.*

VENENT. Verbe neutre, 3ᵉ p. p. de l'ind. prés. de *venir* (*Veniunt*), 818, 2640, 2645. V. *Venir* et *Vienent.*

VENEZ. Verbe neutre, 2ᵉ p. p. de l'impér. de *venir* (*Venite*), 953, 2844, 3326, 3508. = Rem., à ce dernier vers, la locution : VENEZ *avant,* qui signifie « approchez ».

VENGER. Verbe act. et réfléchi, inf. prés. (*Vindicare.*) 1º ACTIF. Inf. prés. : VENGER, 1149, 1505, 1744, 2539. — Parf. comp., 1ʳᵉ p. s., avec un r. p. m.: AI VENGET, 1951.—Fut., 3ᵉ p. s.: VENGERAT, 2145. — Impér., 2ᵉ p.: VENGEZ, 213, 2428, 3411, 3627. = 2º PASSIF. Fut., 3ᵉ p. s., avec un s. s. m. : SERAT VENGET, 2808. = 3º RÉFLÉCHI. Inf. prés. : SE VENGER, 1873, et, à la 2ᵉ p. : SE VENGER, 2456.— Parf. comp., 1ʳᵉ p. s. : M'EN SUI VENGET, 3778. = Le sens est le

VENIR — VERMEILL

même partout. Notons seulement qu'on dit : 1° « Venger quelqu'un » : VENGEZ cels que li fels fist ocire, 213. VENGEZ voz fi(l)z, voz freres e voz heirs, 3411. Li Emperere nos devreit ben VENGER, 1149. Cf. 1505, 1744, 1951, 2145. — 2° « Venger quelque chose » : Pur VENGER nostre hunte, 3539. Cf. 2428, 3627, et 3° « Se venger de » : VENGER le poez de la gent criminel, 3426. = D'après les assonances, il faut lire vengier, etc.

VENIR. Verbe neutre, inf. prés. (Venire), 1019, 1021, 2124, 3081, et au pronominal : S'EN VENIR, 2974. (Dans le sens de s'en aller : VENIR S'EN volt li emperere Carles.) — Ind. prés., 3ᵉ p. s. : VIENT, 793, 2955, 2117 ; VENT, 2203. 3ᵉ p. p. : VIENENT, 2636, 3945 ; VENENT, 818, 2640, 2645. — Parf. simpl., 1ʳᵉ p. s. : VINC, 3774. 3ᵉ p. s. : VINT, 162, 627, 955 ; S'EN VINT, 2784. 1ʳᵉ p. p. : VENIMES, 197. 3ᵉ p. p. : VINDRENT, 94, 1058, 2976. — Parf. comp., 1ʳᵉ p. s. : SUI VENUT, 2675. 3ᵉ p. s., avec un s. s. m. : EST VENUZ, 17, 662, 860, 3838, 3935 ; EST VENUT, 3707, et EST VENUD, 230, 774. Avec un s. s. f. : EST VENUE, 2699, 3652. 2ᵉ p. p., avec un s. p. m. : ESTES VENUD, 3397. 3ᵉ p. p., avec un s. p. m. : SUNT VENUT, 2826, 3239, et SUNT VENUZ, 1592. — Plus-que-parf., 3ᵉ p. p., avec un s. p. m. : ERENT VENUZ, 3949. — Fut., 3ᵉ p. s. : VENDRAT, 54, 1928, 2103. 3ᵉ p. p. : VENDRUNT, 2911. — Impér., 2ᵉ p. s. : VEN, 3594. 2ᵉ p. p. : VENEZ, 953, 2844, 3326, 3508. — Subj. prés., 1ʳᵉ p. s. : VIENGE, 2939. 3ᵉ p. s. : VIENGE, 2746 ; VENGET, 1091, 1744, 2680. 3ᵉ p. p. : VENGENT, 1838. — Part. pass., s. s. m. : VENUZ, 17, 662, 860, 3838, 3935 ; VENUT, 2675, 3707 ; VENUD, 230, 774. S. s. f. : VENUE, 2699, 3652 et (?) 3708. R. s. m. : VENUT, 1550. R. s. f. (?) : VENUE, 3708. — S. p. m. : VENUT, 2826, 3239 ; VENUD, 3397 ; VENUZ, 1592, 3949.

VENJANCE. R. s. f. (Vindicantiam.) Mult grant VENJANCE en prendrat l'Emperere, 1459. Quant li Emperere ad faite sa VENJANCE, 3975. On disait donc « prendre » ou « faire sa vengeance ».

VENT. R. s. m. (Ventum.) Orez i ad de tuneire e de VENT, 1424. — R. s. m., VENZ : Veit les tuneires e les VENZ e les giels, 2533.

VENT. Verbe neutr., 3ᵉ p. s. de l'ind. prés. de venir (Venit), 2203.

VENTAILLE. R. s. f. La partie du haubert qui s'attachait sur le menton, sous le souffle même ou le vent de la respiration : De sun osberc li desrumpt la VENTAILLE, 3449.

VENTELET. Verbe neut., 3ᵉ p. s. de l'ind. prés. Flotte (Ventellat, et non ventilat) : Par la barbe ki à l' piz me VENTELET, 48.

VER. R. s. m. Sanglier (Verrem) : La destre oreille à l' premer VER trenchat, 732. Mü. a restitué urs. — S. s. m. : VERS, 727. (Même restitution.)

VERAI. R. s. Vrai (Veracum) : Deus nus ad mis à l' plus VERAI juise, 3368.

VERGE. R. s. f. Bâton (Virgam) : Plus qu'on ne lancet une VERGE pelée, 3323.

VERGER. R. s. m. (Viridarium), 11, 103, 159, 501. = Lire vergier.

VERGOIGNE. S. s. f. (Verecundia.) Dist Oliver : « VERGOIGNE sereit grant, » 1705.

VERMEILL. Adj., r. s. m. (De Vermiculum.) Jo vos plevis qu'en VERMEILL sanc (m' espée) ert mise, 968. Cf. 1576. — R. s. f. : VERMEILLE, 386, 985. — S. p. f. : VERMEILZ (sic, par erreur), 2872. — R. p. m. : VERMEILZ, 999, 3800. — R. p. f. : VERMEILLES, 950. = Il faut observer que cet adjectif s'emploie au neutre, sans substantif : Tut li trenchat le VERMEILL e le blanc, 1299. Tut li trenchat le VERMEILL e l'azur, 1557. Il s'agit des émaux ou des couleurs de l'écu. D'ailleurs le substantif *vermeil* (venant de *vermiculus*, qui, dans saint Jérôme, signifie déjà écarlate, à cause de la cochenille, du petit ver qui donne cette teinture), ce substantif, disons-nous, a pu précéder l'adjectif.

VERNES. R. p. f. Vergues (il est difficile d'admettre l'étymologie *virga*. A moins que le scribe n'ait écrit *vernes*, au lieu de VERGES, ce qui est fort possible) : *En sum ces maz e en cez haltes* VERNES, 2632.

VERRAI. Verbe act., 1re p. s. du fut. de *vedeir* (*Videre-habeo*), 316, 2199.

VERRAT. Verbe act., 3e p. s. du fut. de *vedeir* (*Videre-habet*), 83, 578.

VERREIZ. Verbe act., 2e p. p. du fut. de *vedeir* (dans deux laisses en ei), 564, 3754.

VERREZ. Verbe act. Même temps, même personne que le précédent (*Videre-habetis*), 49, 953, 1079.

VERRUM. Verbe act., 1re p. p. du fut. de *vedeir* (*Videre-habemus*), 3179.

VERS. S. s. m. Sanglier (*Verres*), 727. — R. s. m. : VER, 732. Mü. a, dans les deux cas, restitué URS.

VERS. Prép. 1° « Vers, du côté de, dans la direction de... » (*Versus*) : *Li Emperere tent ses mains* VERS *Deu*, 137. VERS *Engletere passat la mer*, 372. Cf. 702, 706, 2055, 2373, 2693. = 2° « Envers, en faveur de... » *Cele ne l'veit* VERS *lui ne s'esclargisset*, 958. Ce sens est aisément dérivé du premier.

VERSERENT. Verbe neutre ou act., 3e p. p. du parf. simpl. (D'un verbe en *are*, formé sur *versus*, part. de *vertere*, retourner. *Versârunt*.) *Rumpent cez cengles, e cez seles* VERSERENT, 3573. Même en se reportant au texte, il est bien difficile de préciser si nous avons ici affaire au neutre ou à l'actif.

VERTE. Adj., s. s. f. (*Viridis*), 3389.

— R. s. f. : VERTE, 671, 1569, 1614, 2175.

VERTUDABLE. Adj., s. s. m. Fort, vigoureux (d'un mot en *abilis*, formé sur *virtutem*) : *Vait le ferir cum hume* VERTUDABLE, 3425.

VERTUT. R. s. f. (*Virtutem*), 1045, 1246, 1508, 2229, 3111, 3602. — R. p. f. : VERTUZ, 2096, 2458, 2716. = Le sens varie. 1° C'est d'abord celui de « force, puissance physique » : *Par grant* VERTUT, *si l'est alet ferir*, 1246. Cf. 1508, 2229, 3602. = 2° « Puissance, force morale » : *Seignurs franceis, de Deu aiez* VERTUT, 1045. Et, en parlant du signe de la croix : *Seignat sun chef de la* VERTUT *poisant*, 3111. = 3° Au pluriel, VERTUZ signifie « miracles » : *Li ber Gilie por qui Deus fait* VERTUZ, 2096. Cf. le v. 2458, où peut-être le scribe aurait dû employer le singulier. Par extension, les païens y disent de leurs dieux : *En Rencesval* (*malvaises*) VERTUZ *firent*, 2716.

VERTUUS. Adj., s. s. m. Fort, courageux (*Virtuosus*) : *Grandonie fut...* VERTUUS *e vassal cumbatant*, 1593, 1594.

VERTUUSEMENT. Adv. Fortement, vigoureusement (*Virtuosamente*) : *Li quens le fiert tant* VERTUUSEMENT — *Tresqu' à l' nasel tut le helme li fent*, 1601, 1602.

VESPRÉE. R. s. f. Soir (*Vesperatam*) : *Passet li jurz, si turnet à la* VESPRÉE, 3560.

VESPRES. S. s. m. Soir (*Vesperus*, et non pas *vesper*, qui n'expliquerait point l's final) : *Bels fut li* VESPRES *e li soleilz fut cler*, 157. *Esclargiz est li* VESPRES, 1807. — R. s. m.: VESPRE, 3478 ; VESPRES, 2447, et VESPERE : *Einz le* VESPERE *ert mult gref la departie*, 1736. = Malgré ce dernier exemple, je pense que *vespere* se prononçait *vespre*. Comme écriture, d'ailleurs, *vespere* semble plus en harmonie avec la physionomie générale de notre texte.

VEST. Verbe act., 3ᵉ p. s. de l'ind. prés. (*Vestit.*) Vest *une bronie*, 3141. — Parf. simpl., 3ᵉ p. s. : vestit, 3532. — Parf. comp., 3ᵉ p. s., avec un r. s. m., ad vestut : *Si* ad vestut *sun blanc osberc saffret*, 2499. Avec un r. s. f. : ad vestue, 2988, et out vestue, 384. = Au passif. Parf., 3ᵉ p. s., avec un s. s. m. : fut vestut, 3213. — Part. pass., s. s. m. : vestut, 3213. R. s. m. : vestut, 2499. R. s. f. : vestue, 384, 2988. R. p. m., vestuz : *Halbers* vestuz (véritable incise, ou ablatif absolu), 683. Cf. 611, 1042. R. p. f. : vestues, 3079.

VESTEMENT. R. s. (*Vestimentum.*) *De l'* vestement *i ad seinte Marie*, 2348. — R. p. : vestemenz, 1613.

VEÜD (avum). Verbe act., 1ʳᵉ p. p. du parf. comp. de *vedeir*, avec un r. s. m., 3132.

VEÜD (aies). Verbe act., 2ᵉ p. s. du parf. du subj. de *vedeir*, avec un r. s. f., 1960.

VEÜD (ert). Verbe passif, 3ᵉ p. s. du fut. de *vedeir*, avec un s. s. m., 3812.

VEÜD. Part. passé de *vedeir*, au s. s. m., 3812, et au r. s. m., 3132.

VEÜE. R. s. f. La vue, le sens de la vue (sur un participe de seconde formation en *utus*, de *videre*) : *L'oïe pert e la* veüe *tute*, 2012.

VEÜT (ai). Verbe act., 1ʳᵉ p. s. du parf. comp. de *vedeir*, avec un r. s. m., 1083.

VEÜT. Part. pass. de *vedeir*, r. s. m., 1083.

VEÜZ (ai). Verbe act., 1ʳᵉ p. s. du parf. comp. de *vedeir*, avec un r. p. m., 1039.

VEÜZ. Part. pass. de *vedeir*, r. p. m., 1039. Pour les neuf mots qui précèdent, voyez *Vedeir*.

VEZCUNTES. R. p. m. Vicomtes (*Vicecomites*) : *Cuntes*, vezcuntes *e dux e almacurs*, 849. Cette énumération se rapporte aux Sarrasins.

VI. Verbe act., 1ʳᵉ p. s. du parf. simpl. de *vedeir* (*Vidi*), 682.

VIANEIS. Adj., r. s. m. De Vienne (*Viennensem*) : *Ceignent espées de l'acer* vianeis, 997. Il ne faut pas se fier à ces attributions d'origine, elles sont trop souvent motivées par l'assonance.

VICTORIE. R. s. f. Victoire (*Victoriam*) : *Nos averum la* victorie *de l' champ*, 3513.

VIE. S. s. f. (*Vita.*) *Deus! dist le Reis, si penuse est ma vie*, 4000. — R. s. f., vie : *Metez le sege à tute vostre* vie, 212. *Se de mun cors voeill aquiter la* vie, 492. *Oliver n'enporterat la* vie, 964. *Puis en perdit e sa* vie *e ses membres*, 1408. Cf. 2388. — R. p. f. : vies, 1926, 2604. = Autant de vers cités plus haut, autant de locutions à noter : « La vie de son corps... Emporter la vie... Acquitter la vie... Perdre la vie et les membres. » Il faut remarquer que cette dernière phrase se retrouve, depuis une très-haute antiquité, dans les formules liturgiques du serment des évêques et dans les premiers hommages féodaux.

VIELZ. Adj., s. s. m. (*Vetulus.*) *Il est mult* vielz, *si ad sun tens uset*, 523. *Est canuz e* vielz, 538. 2° Viel (par erreur) : *Ço est l'Amiraill, le* viel *d'antiquitet*, 2615; 3° velz, 905, 929, 970, 3050; 4° veilz, 1771, 2409, 2807; 5° veillz, 796. — R. s. m. 1° Viell, 2048; 2° veill, 2189, 3470; 3° velz (par erreur), 171. — S. p. m. : veill, 112. = La forme correcte est *vielz*, etc., ce mot ne se trouvant comme assonance que dans les laisses en *ier*.

VIENENT. Verbe neutre, 3ᵉ p. p. de l'ind. prés. de *venir* (*Veniunt*), 2636, 3945.

VIENGE. Verbe neutre, 1ʳᵉ p. s. du subj. prés. de *venir* (*Veniam*), 2939.

VIENGE. Même verbe, même temps, 3ᵉ p. s. (*Veniat*), 2746.

VIENT. Verbe neutre, 3ᵉ p. s. de l'ind. prés. de *venir* (*Venit*), 793, 2055, 2117.

VIES. R. p. f. (*Vitas*), 1926, 2604. V. *Vie*.

VIFS. Adj., s. s. f. Vivant (*Vivus*) : *Si li a dit : Vos estes* VIFS *diables*, 746. VIF : *Se il fust* VIF, *jo l'oüsse amenet*, 691. Cf. 2126. *Josqu'il seit mort o tut* VIF *recreant*, 2663. Cf. 2088. — S. p. m., VIF: *Guardez, seignurs, que il n'en algent* VIF, 2061. — R. p. m.: VIFS, 1309 (?) et 3047. — S. s. f.: VIVE, 3719. — R. s. f.: *Par* VIVE *force*, 1627. — R. p. f., VIVES : *Entresque as chars* VIVES, 1613. Partout, excepté dans le premier vers, « un vif diable », ce mot est pris au propre.

VIF. Verbe neut., 1re p. s. de l'ind. prés. de *vivre*. (*Vivo*.) *Se jo* VIF *alques*, 3459. *Dulur est que jo* VIF, 2030.

VIGUR. S. s. f. (*Vigor*), 3614. — R. s. f.: VIGUR, 1438, 1611, 3683. = Rem. les loc. : DE VIGUR, 1438, et PAR VIGUR, 3683, qui, toutes deux, signifient « vigoureusement ».

VIL. R. p. m. (*Viles*.) *Cels ki ci sunt devum aveir mult* VIL(s), 1240.

VILE. R. s. f. Ville (*Villam*), 3661.

VILTET. S. s. f. Humiliation, chose vile (*Vilitas, vililatem*) : *Mult grant* VILTET *me sembl[et]*, 3595. — R. s. f., VILTET : *Là murrez vus à hunte e à* VILTET, 437. Cf. 1064, et VILTIET : *Franceis murrunt à à doel e à* VILTIET, 904. Ce mot ne se trouve, comme assonance, que dans les laisses en *er*.

VIN. R. s. (*Vinum*.) En parlant des derniers honneurs que l'on rend aux corps d'Olivier, de Turpin et de Roland, le poëte dit : *Ben sunt lavez de piment e de* VIN, 2969.

VINC. Verbe neutre, 1re p. s. du parf. simpl. de *venir* (*Veni*), 3774.

VINDRENT. Verbe neutre, 3e p. p. du parf. simpl. de *venir* (*Venerunt*), 94, 1058, 2976. Pour les deux mots qui précèdent, voy. *Venir*.

VINT. Nom de nombre, indéclinable (*Viginti*): *U dis u* VINT, 41. VINT *milie*, 13, 3039...

VINT. Verbe neutre, 3e p. s. du parf. simpl. de *venir* (*Venit*), 627, 955. S'EN VINT, 2784. = Remarquer l'emploi de ce mot au vers suivant, où le sujet est un neutre sous-entendu, et où le verbe *venir* devient en quelque sorte un unipersonnel : *La noit demurent tresque* VINT *à l' jur cler*, 162.

VIOLAT. Verbe act., 3e p. s. du parf. simpl. (*Violavit*.) *Si* VIOLAT *le temple Salomon*, 1524. — Parf. comp., 3e p. s., avec un r. p. f., AD VIOLÉES : *Carles li magnes* AD... *les citez* VIOLÉES, 704. Cf. 2757.

VIRENT. Verbe act., 3e p. p. du parf. simpl. de *vedeir* (*Viderunt*), 2616.

VIS. R. s. m. Visage (*Visum*, de *visus*): *Cors ad mult gent e le* VIS *fier e cler*, 895. Cf. 142. *A la tere sun* VIS, 3502. Cf. 3505. — R. p. m., VIS : *Es* VIS *e es mentuns*, 626.

VIS. S. s. n. Avis (*Visum*, du part. de *videre*): *Mei est* VIS, 659. *Ço m'est* VIS, 3502.

VISAGE. R. s. m. (*Visaticum*), 1597, 1978.

VIT. 3e p. s. du parf. simple de *vedeir* (*Vidit*), 443, 1040, 1596, 1638, 1643, 3212, 3322.

VIVANT. Part. prés. de *vivre*, r. s., employé dans le sens d'un véritable substantif : *A trestut mun* VIVANT, 323, 791, 872, 2662.

VIVANT. Part. prés. de *vivre*, r. s. m. (*Viventem*.) *Ne crent hume* VIVANT, 562. Cf. 1074 et 2740. — S. p. m., VIVANT : *Ultre cest jurn ne serum plus* VIVANT, 1477.

VIVE. Adj., s. s. f. (*Vivam*.) *Après Rollant, que jo* VIVE *remaigne*, 3719. — R. s. f., VIVE : *Par* VIVE *force*, 1627. — R. p. f., VIVES : *Entresque as chars* VIVES, 1613. V. *Vifs*.

VIVERE. V. *Vivre*.

VIVIEN. R. s. m. (*Vivianum.* Origine latine. Est dans Tacite), 3996.

VIVRE. Verbe neutre, inf. prés. (*Videre*), 2936 et 3811. Cf. VIVERE, 1923, qui n'indique d'ailleurs qu'une variante d'orthographe, et non de prononciation.—Ind. prés., 1ʳᵉ p. s.: VIF, 2030, 3459. 3ᵉ p. s.: VIT, 2118. — Fut., 3ᵉ p. s. : VIVERAT, 2108 et 3951. — Subj. prés., 3ᵉ p. s.: VIVET, 497 et 544.

VODE. R. s. f. Destruction ?? (étymologie inconnue, à moins qu'on ne suppose *viduus ??*): *De chrestiens voelt faire male* VODE, 918. Il est douteux que le scribe ait bien écrit ce mot.

VOEILL. Verbe act., ind. prés., 1ʳᵉ p. s. (*Volo*), 309, 522, 651, 1027, 1091, 1701, 3283, 3593, 3907, 3909; 2° VOEIL, 492; 3° VOELL, 2180; 4° VOEL, 3836. (Par erreur, on trouve aussi VOELT, 536.)— 3ᵉ p. s.: 1° VOELT, 127, 167, 868, 918, 2109, 2361, 2523, 2748, 3140, 3271, 3340, 3522, 3625, 3666, 3674, 3980; 2° VOEL, 1600, 2738; 3° VOET, 147; 4° VOLT, 40, 440, 465, 888, 1208, 1973, 2103, 2226, 2382, 2498, 2548, 2974, 3231, 3404, 3609, 3623, 3696. 2ᵉ p. p.: 1° VULEZ, 433; 2° VOLEZ, 1672, 2801. 3ᵉ p. p.: VOELENT, 687, 2542. — Imparf. de l'ind., 3ᵉ p. s.: VULEIT, 2773. Le Ms. porte *vuolt*, par une erreur manifeste. — Fut., 3ᵉ p. s.: VULDRAT, 155, 2621 (? VULDERAT). 3ᵉ p. p.: VULDEREZ, 76. — Cond., 1ʳᵉ p. s.: 1° VOLDEREIE, 2936; 2° VULDREIE, 2859, 2929. 3ᵉ p. p.: VULDREIENT (? VULDEREIENT), 426.— Subj. prés., 3ᵉ p. s.: 1° VOEILLET, 1244, 2043; 2° VOEILLE, 3834; 3° VOEILE, 2439; 4° VOELLET, 2168; 5° VOILLET, 1419. 3ᵉ p. p.: VOELENT, 1626. — Imparf. du subj., dans le sens du conditionnel: VOLSIST, 332, 3999. = Ce verbe n'a pas, dans le *Roland*, de sens particulier qu'il soit utile de noter...

VOEIZ. R. s. f. Voix (*Vocem*), 3767. C'est une erreur manifeste du scribe. V. *Voiz*.

VOIDE. R. s. . Vide, désert (*Viduam*): *En une* VOIDE *place*, 1668. Cf. 2400 et le mot *vode?*

VOIS (au lieu de VAIS). Verbe neutre, ind. prés., 1ʳᵉ p. s. (*Vado*), 270.

VOIZ. S. s. f. Voix, son. (*Vox.*) En parlant du cor de Roland, le poëte dit: *Halt sunt li pui e la* VOIZ *est mult lunge*, 1755. — R. s. f., VOIZ: *A* VOIZ *escriet*, 1518. — S. p. f., VOIZ: *Sunent cez gresles, les* VOIZ *en sunt mult cleres*, 3309.

VOLENT. Verbe neutre, 3ᵉ p. p. de l'ind. prés. de *voler* (*Volant*), 723. V. *Volet*.

VOLENTERS. Adj., s. s. m. Volontiers (*Voluntarius*): *Jamais n'ert hume plus* VOLENTERS *li serve*, 2254. Cf. 2672. La forme correcte serait *volenticrs*.

VOLET. Verbe neutre, ind. prés., 3ᵉ p. s. (*Volat*): *Plus est isnels que n'est oisel ki volet*, 1573. Et, au figuré: *Cuntre le ciel* EN VOLET *li fous*, 3912. 3ᵉ p. p., VOLENT: *Envers le cel* EN VOLENT *les esclices*, 723.

VOLEZ. Verbe act., 2ᵉ p. p. de l'ind. prés. de *vuleir*, 1672, 2801.

VOLSIST. Verbe act., 3ᵉ p. s. de l'imparf. du subj. de *vuleir*, employé dans le sens du conditionnel. (*Voluisset.*) *Mais li quens Guenes iloec ne* VOLSIST *estre*, 332. Cf. 3999.

VOLT. Verbe act., 3ᵉ p. s. de l'ind. prés. de *vuleir* (*Vult*), 40, 440, 465, 888, 1208, 1973, 2103, 2226, 2382, 2498, 2548, 2974, 3231, 3404, 3609, 3623, 3696. Cf. trois autres formes de ce mot, au mot *voeill.*

VOLTICE. R. s. f. A voute, voûtée (*Volutitiam*): *En sa cambre* VOLTICE, 2593, 2709, 3992. Ce mot n'est appliqué qu'à *camera*, qui garde ainsi son sens antique.

VONT. Verbe neutre, 3ᵉ p. p. de l'ind. prés. (*Vadunt*), 1166. Cf. VUNT, 1169, 2461, 2463, et S'EN VUNT, 1911.

VOS. Pronom pl. de la 2ᵉ personne.

1° Venant de *vos*, au cas sujet : Vos li durrez, 30, etc. etc. — 2° Venant de *vos*, au cas régime : Là vos siurat, 136. Ne vos esmaiez, 320. — 3° Venant de *vobis* : Jo vos durrai ore argent, 75. = Comme emploi spécial, on peut signaler la loc. *as vos* : As vos poignant Malprimes de Brigant, 889. = Cf. vus, qui est la forme correcte et JUSTIFIÉE PAR TOUTE LA PHONÉTIQUE DE NOTRE MANUSCRIT, bien que *vos* s'y rencontre 189 fois, et *vus*, 33 fois seulement. Mais, alors même que le scribe écrivait *vos*, il prononçait *vus* (*vous*), comme l'atteste le mot *vos* qui figure comme assonance dans un couplet en *u* (v. 2561). Et *nus* de même (2425, 2560, 3183).

VOS au lieu de *voz* (*Vestros, vestras*), 1926. Erreur du scribe. V. le suivant.

VOSTRE. Adj. ou pr. possessif, s. s. m. (*Vester*) : Jointes ses mains iert VOSTRE comandet, 696. Mar fut VOSTRE barnage, 1983. Canabeus, VOSTRE frere, est ocis, 3499. Cf. 3841. — S. s. f. : VOSTRE. — R. s. m., VOSTRE : Perdut avez Malpramis VOSTRE filz, 3498. — R. s. f., VOSTRE : Pur venger VOSTRE hunte, 3539. Cf. 1726. — R. p. m., voz : A voz Franceis un cunseill en presistes, 205. Dunt bien purrez voz soldeiers luer, 133. Cf. 74, 154, 207, 1548, et vos (par erreur), 1926. — R. p. f., voz : Branches d'olive en voz mains porterez, 72. Clamez voz culpes, 1132, et vos (par erreur), 1926.

VOZ. V. le précédent.

VULDEREZ. Verbe act., 2ᵉ p. p. du fut. de *vuleir* (*Volere habetis*), 76.

VULDREIE (ou VULDEREIE). Verbe act., 1ʳᵉ p. s. du cond. de *vuleir* (*Volere habebam*), 2859, 2929.

VULDREIENT (ou VULDEREIENT). Verbe act., 3ᵉ p. p. du cond. de *vuleir* (*Volere habebant*), 412.

VULDRAT (ou VULDERAT). Verbe act., 3ᵉ p. s. du fut. de *vuleir* (*Volere habet*), 155, 2621.

VULEIT. V. *Vuolt*.

VULEZ. Verbe act., 2ᵉ p. p. de l'ind. prés. de *vuleir*, 433.

VUNT. Verbe neutre, 3ᵉ p. p. de l'ind. prés. (*Vadunt*), 1169, 2461, 2463 ; VONT, 1166, et S'EN VUNT, 1911.

VUOLT. Verbe act., 3ᵉ p. s. de l'ind. prés. de *vuleir*, 2773. Mais il y a ici une erreur manifeste du scribe.

VUS. Pron. pl. de la 2ᵉ p., 27, etc. etc. Cf. vos. = Ajoutons seulement ici que le scribe employait *ad libitum* l'une et l'autre de ces deux formes : *vos* et *vus*. C'est ce que prouve le vers suivant : Nus vos preium, 3808. = Müller préfère, comme nous l'avons fait, vus à vos. (V. le vers 1721 de son édition.)

W

WIGRES. R. p. m. Dards, flèches ou javelots (?) : Il lancent lor e lances e espiez, — E WIGRES e darz, 2074, 2075. Cf. 2155.

WILLALME. S. s. m. Nom d'un baron français (*Willelmus*; mot d'origine germanique, *Will* et *helm*. V. Pott, p. 161) : Geifrei d'Anjou e WILLALME de Blaive, 3938.

Y

YDELES. R. p. Idoles (*Idola*): *E tuz ses ydeles que il soelt adorer*, 2619. On prononçait YDLES, comme le prouve encore le vers suivant, où nous trouvons ce même mot au féminin : *Fruissent les ymagenes e trestutes les* YDELES, 3664.

YMAGENE. R. s. f. Image des faux dieux (*Imaginem*): *E un(e)* YMAGENE *Apolin le felun*, 3268. — R. p. f.: YMAGENES. Baligant, dans la prière qu'il adresse à Apollin, Mahumet et Tervagant, leur dit : *Tutes voz* YMAGENES *(vos re)ferai d'or fin*, 3493. Et la première chose que fait Charles, entré dans Saragosse, c'est d'y détruire les « images » des dieux païens : *Fruissent les* YMAGENES *e trestutes les ydeles*, 3664. On prononçait *Ymages*.

YVORIES. R. s. m. Nom d'un des douze Pairs. (*Ivorie* est inséparable d'Ivon : tous deux combattent et meurent ensemble, et je pense qu'on a accouplé à dessein ces deux noms, en forgeant le second sur le premier, comme peut-être on l'a fait aussi pour *Gerer* et *Gerin*.) 1895. V. *Ivorie*.

Nous préparons, d'après le présent *Glossaire*, un *Mémoire sur la langue de la Chanson de Roland* (texte d'Oxford).

TABLE GÉNÉRALE

PAR ORDRE ALPHABÉTIQUE DES MATIÈRES

Les Chiffres romains se rapportent au volume qui contient l'*Introduction*, le Texte et la Traduction du *Roland*.

Les Chiffres arabes se rapportent au volume complémentaire qui renferme les *Notes*, les *Variantes* et le *Glossaire*.

Tous nos chiffres se rapportent AUX PAGES de l'un ou de l'autre volume. C'est par exception que nous avons quelquefois renvoyé le lecteur à la note de tel ou tel vers, sans omettre d'ailleurs de lui indiquer la page où cette note est insérée. Toute méprise est impossible.

TABLE GÉNÉRALE

PAR ORDRE ALPHABÉTIQUE DES MATIÈRES

A

A. Phonétique de l'*a*. Par quelles voyelles, par quelles diphtongaisons l'*a* latin a-t-il été traduit dans le dialecte du *Roland*, 5.

ACCENT. Du rôle de l'Accent tonique dans la formation de notre langue (exemples tirés des mots *canonicus* et *monachus*, etc.), 160 et *passim* dans le Glossaire, où nous avons toujours donné les étymologies IMMÉDIATES de chaque mot français. = Du rôle de l'accent tonique dans la versification latine rhythmique et dans la versification française, LI, LII. = De son influence sur la formation des mots et des assonances en *ier*. (V. *Assonances en ier*.) = Déclinaisons des Noms qui déplacent l'accent : *emperere, empereür; sire, seignur*, 4 et 129.

ACQUIN. Résumé complet de cette Chanson de la fin du XIIe siècle, 37, 38.

ADDITIONS. Le manuscrit d'Oxford présente des lacunes considérables: nous avons essayé de les combler à l'aide du manuscrit de Venise et des Remaniements. De là des Additions importantes que nous n'avons pas osé insérer dans le texte même du *Roland* et que l'on trouvera aux notes des vers 136 (p. 56), 230 (p. 68), 319 (p. 82), 432 (p. 88), 501 (p. 91), 792 (p. 107), 814 (p. 109), 1412 (p. 139), 1439 (p. 141), 1449 (pp. 142, 143), 1483 (pp. 144 et 145), 1629 (p. 149), 1680 (pp. 152, 153), 2056 (pp. 166, 167) 2187 (p. 174), 2201 (p. 175), 2227 (p. 176), 2246 (p. 177), 2283 (p. 178), 2300 (p. 182). = Les Rajeunisseurs avaient fait d'importantes additions au texte de la version primitive. Étude sur ces additions du XIIIe siècle, *Introd.*, C et suiv. et *Notes*, 131, 132, 159, etc. Voy. *Remaniements*.

ADENÈS. Auteur des *Enfances Ogier* et de *Berte*. V. *Berte* et *Enfances Ogier*.

ADJECTIFS. Théorie des Adjectifs qui n'ont qu'une seule et même déclinaison pour le masculin et le féminin, *tel, grant,* etc., 15. = Des Adjectifs ou pronoms possessifs *mes, mis, ses, sis*, etc., 20. = De l'Adjectif *tant*, et comment il est employé au singulier avec la force du pluriel, 84, 85.

ADVERBES. Des Adverbes qui prennent

un *s* final, lequel n'a rien d'étymologique : *unches*, *alques*, etc., 21, 86, 94, 96. = Distinction entre *issi* et *ici*, 22, 23; — entre *cum* et *cume*, 16. = *Si* venant de *sic*, 95, etc.

AIMERI DE NARBONNE. Résumé de cette Chanson, qui appartient au premier tiers du xiiie siècle, 270.

AIX-LA-CHAPELLE. Description du palais de Charlemagne à « sa chapelle d'Aix », d'après les seuls textes poétiques, 22. = Importance de ce nom dans un poëme : il désigne des Chansons plus anciennes que celles où Laon d'abord, puis Saint-Denis sont considérés comme le séjour des rois de France, LV et suiv.

ALEXANDRINS. Vers de douze syllabes. On trouve dans les Remaniements des couplets entiers en alexandrins, CIII. = Comparaison entre une laisse en alexandrins et le couplet correspondant en décasyllabes, CIII, CIV. = Dans le texte même de la Bodléienne on trouve çà et là quelques dodécasyllabes, 95, 137, 195, etc.

ALFONSE X, roi de Castille et de Léon (1252-1284). Comment, dans la *Cronica general*, il écrit un *Roncevaux* à l'honneur de l'Espagne, CXLII. V. aussi *Cronica general*.

ALISCANS. Poëme qui ne nous est parvenu que sous une forme de la fin du xiie siècle, XXIII.

ALLEMAGNE. Comment la littérature française a précédé la littérature allemande, et comme quoi la légende de Roland a eu notamment, de l'autre côté du Rhin, une influence considérable, cxx. = Trois œuvres capitales attestent cette influence : 1º Le *Ruolandes Liet*, œuvre du curé Conrad, écrite vers le milieu du xiie siècle et qui est un calque de notre *Roland*, CXXI, CXXII; 2º le *Karl* du Stricker (1230), CXXII, CXXIII; 3º le *Karl Meinet*, compilation du commencement du xive siècle, CXXIII. = Étude sur les statues de Roland dans la basse Saxe ou *Rolandssaülen* : bibliographie et résumé de la question, CXXIII. = La légende de Roland en Allemagne depuis la fin du moyen âge jusqu'à nos jours, cxxv.

ALMACE, épée de Turpin, 169.

ALTABISCAR (Chant d'). Œuvre d'un faussaire, CLXXI, CLXXII.

ALVES. Ce sont les côtés de la selle, bien distincts des arçons, 148.

AMI. De l'Ami considéré comme un des types qui se rencontrent dans les Épopées primitives, XI.

AMIS ET AMILES. Résumé de ce poëme du xiie siècle, 272.

ANGLETERRE. La légende de Roland en Angleterre. Le *Roland* en vers anglais du xiiie siècle. Fragments publiés par Fr. Michel (1re édit. du *Roland*, pp. 279-284), CXXIX-CXXX. = The *Lyf of Charles the Great* (1485) n'est pas, comme on l'a cru, une œuvre originale due au fameux Caxton : ce n'est que la traduction de notre *Conqueste du grant Charlemaigne des Espaignes*, cxxx.

ANNALES IMPERII BRUNSVICENCES de Leibnitz. Leur valeur critique au point de vue de notre légende, CLIV. V. *Leibnitz*.

ANNALES PETAVIANI. Citation du passage de ces *Annales* qui se rapporte à Roncevaux, XIX.

ANSEÏS DE CARTHAGE. Résumé de ce poëme du xiiie siècle, 265. = L'auteur fait mourir Marsile longtemps après Roncevaux, en France, à la cour de Charlemagne, à la suite d'un refus obstiné du baptême, 12.

ANSEÏS LE JEUNE ou ANSEÏS DE CARTHAGE. Notice, 53.

ANSEÏS LE VIEUX. L'un des douze Pairs; notice, 53.

AOI. Exposé des différentes opinions sur le sens de ces trois lettres : Fr. Michel, Alexandre de Saint-Albin, Génin, Lehugeur, G. Paris, LVIII-LX.

ARCHÉOLOGIE. V. les mots *Armures*, *Vérone*, *Chartres*, etc.

ARÇONS. Définition et étymologies, 133.

ARÉTIN (L'). Son *Orlandino* (s. d.), CXXXVII.

ARIOSTE (L'). Son *Orlando furioso* (1516). Critique et longue citation de ce poëme, CXXXVII-CXXXVIII.

ARLES. Prise légendaire d'Arles, d'après la *Kaisercronik*, 273.

ARMOIRIES. Leur origine dans les ornements de l'écu, 124.

ARMURES. Description complète de toutes les armures dont il est question dans le *Roland* et qui sont contemporaines de l'époque où ce poëme fut écrit. Cette description est accompagnée de neuf dessins d'après les sceaux des Archives nationales, 116-127. A. ARMURE OFFENSIVE. 1º L'épée, 116-118 (Cf. 95). 2º La lance et l'espiet, 118-120. 3º Les flèches, dards, etc., 120-121. B. ARMURE DÉFENSIVE : 1º Le heaume, 121, 122. 2° Le haubert, 122, 123. 3° L'écu, 123, 124. C. Le cheval et son équipement, 125, 126 (Cf. 133). = Conclusion générale sur la date du *Roland* d'après la date de ces armures, 126, 127.

ARTICLE. L'article neutre *le*, 58. = Pour la déclinaison de l'article, voy. le *Glossaire*.

ASPREMONT. Résumé complet de cette Chanson du xiiie siècle, 29, 30 et surtout 60. = *Aspremont* considéré comme une imitation du *Roland*, 130. = Ce qu'on y trouve sur les Enfances de Roland, 60; sur Durendal, 114; sur Turpin, 75, 76, etc.

ASPROMONTE. Septième livre des *Reali*. C'est le premier de ceux qui ont été, en 1835, découverts par M. Ranke, 61. V. *Reali*.

ASSONANCES. Des regles qui gouvernent l'Assonance dans l'Épopée française du moyen âge, et en particulier dans le *Roland*, XLIX. = Distinction entre l'Assonance et la Rime, LII-LIV. = L'Assonance est faite pour l'oreille, à l'époque où l'on CHANTE nos vieux poëmes; la Rime est faite pour les yeux, à l'époque où on les LIT, LIII, et LXXXIX et suiv. = Dictionnaire des assonances du *Roland*, XLIX-LI. (Il en faut supprimer tout ce qui concerne les couplets en *ier* et en *er*, et remplacer ce qui se rapporte aux laisses en *u* masculines ou féminines, par notre note du v. 96, p. 52.) = Nous avons dans notre texte critique « scrupuleusement respecté » les formes orthographiques des mots qui terminent les vers et contiennent l'ass*on*ance », 24. = Il n'en faut pas moins RÉTABLIR PARTOUT LES ASSONANCES EN *ier*, fort distinctes de celles en *er*. Nous avons donné, à l'*errata* de notre premier volume, une liste complète des laisses qui doivent être écrites en *ier*. V. cet *Errata*. = Les mots qui servent d'assonances en ces couplets doivent être partout, MÊME DANS LE CORPS DES VERS, rétablis avec une terminaison en *ier*. Id., ibid. — Supprimer ABSOLUMENT. à ce point de vue, nos notes des vers 34, 58. 76, 133 et 136, et les lignes 6-11 de la page 52. V. l'*Errata* du second volume. = Cette distinction des couplets en *ier* et en *er* est fondée sur une loi philologique. Reçoivent l'*i* les mots qui ont en latin un *i* ATONE soit avant (*repatriare*, etc.), soit après la tonique (*primarius, caballarius, melius*). Et, aussi, d'autres mots monosyllabiques en français, tels que *bien, ies*. Id., ibid. V. aussi *Bien*, etc.

ASTRONOME LIMOUSIN. Citation du passage de la *Vita Illudovici* qui est relatif à Roncevaux, XIX. = Autres passages de la même Chronique, concernant les deux nouvelles trahisons des Gascons, en 812 et 824, et la mort des comtes Eble et Asinaire, XXIII.

AUTEUR du *Roland*. Discussion des systèmes qui attribuent notre vieux poëme à Théroulde,... à un certain « Gilie », etc... Exposé de notre système.= *Roland* peut-il être l'œuvre de deux auteurs, *Introd*. LXIV et 96, 97.

AVEIR (verbe). De la 3e personne de l'ind. *ad*, 7. = De la locution *i ad* et du régime qui la suit, 7, 8.

AVRIL (D'). Sa traduction de la *Chanson de Roland*, CLXXXV.= Son *Introduction*, CLXXIX. = Son appréciation littéraire de notre vieux poëme, LXXVIII. = Sa doctrine sur le héros « central » dans l'Épopée indo-européenne, XX. = Ses idées sur l'inspiration « romaine et pontificale » de notre épopée, XXVIII. — Son opinion sur les couplets similaires ou répétitions épiques, LI. = Son système sur le théâtre du désastre de Roncevaux, qu'il place en Cerdagne, et non pas en Navarre, 100-103.

AYE D'AVIGNON. Résumé de ce poëme, 271.

B

BALANT. Ancien poëme français, dont l'existence est avec raison supposée par M. Gastin Paris, 39.

BALIGANT. Le *Beligandus* de la Chronique de Turpin. C'est, d'après ce document, un frère de Marsile, 197.

BATAILLE DE RONCEVAUX. Œuvre populaire néerlandaise du xvie siècle, CXXVI.

BATON. Est, avec le gant, le signe d'investiture d'une charge, d'une fonction, 83, 84.

BARTSCH (Karl). Son édition du *Karl du Stricker*, en 1857, clxxxii.= Son beau travail, en 1861, sur le *Karl Meinet*, clxxxii. = Son opinion sur la date du *Roland*, lx, et sur l'origine du décasyllabe, lii. = Dans le fragment de notre poëme que l'érudit allemand a publié en sa *Chrestomathie française*, il a introduit, le premier, des vers et des couplets empruntés aux autres versions, cxc.

BASQUES. V. *Gascons*.

BEKKER (Immanuel). Il publie, dès 1829: *Der Roman von Fierabras provenzalisch*, et y donne quelques fragments d'*Aspremont*, clxvii. = Son Mémoire sur les Manuscrits français de la Bibliothèque Saint-Marc (1839), clxxvi.

BENEDICTI CHRONICON. Œuvre d'un moine du mont Soracte, mort en 968. C'est là que se trouve la falsification du texte d'Eginhard qui a donné naissance à la fable du Voyage de Charlemagne à Jérusalem et à Constantinople, 36.

BÉRENGER. Un des douze Pairs. Notice, 107.

BERNARD DEL CARPIO. C'est un rival que l'imagination espagnole a donné à Roland, 48. = Son rôle dans la *Cronica Hispaniæ* et la *Cronica general*, cxlii.

BERTE AS GRANS PIÉS. Résumé complet de la chanson d'Adenès (vers 1275), 25.= Variantes et modifications de cette légende d'après la Chronique saintongeaise (commencement du xiiie siècle), le *Charlemagne* de Venise (xiiie siècle), Philippe Mouskes (1240), le *Karl* du Stricker (1230), la *Gran conquista de Ultramar* (fin du xiiie siècle), les *Reali* (vers 1350), le roman de *Berte* en prose (première moitié du xve siècle), la Chronique de Weihenstephan (xive siècle) et la *Chronica Bremensis* de Wolter (xve siècle), 25, 26.

BIBLIOTHÈQUE BLEUE. Son origine, ses caractères. Citation d'un chapitre de *Galien*, cxvii-cxix, et d'un fragment des *Conquestes du grant Charlemaigne des Espaignes* qui donneront une idée de ces remaniements de nos remaniements, 74, 75.

BIBLIOTHÈQUE DES ROMANS de M. de Paulmy. Volumes de novembre-décembre 1777, qui renferment toute une histoire poétique de Roland. La Chanson de Roland restituée par M. de Tressan, clvii-clix.

BIEN. Théorie de ce mot et de l'*i* qui s'y trouve. Supprimer absolument la note du vers 34 et du vers 136. = Ce mot se trouvant uniquement dans les laisses en *ier*, doit partout s'écrire *bien* et non pas *ben*. V. l'*Errata* du premier volume.

BIRE (terre de). Mot obscur. D'après la *Keiser Karl Magnus's Kronike*, nous proposons *En tere de Libie*, 246.

BLIALT. Dans le *Roland*, c'est le vêtement de dessous, 174.

BODLÉIENNE (bibliothèque) à Oxford. C'est dans cette bibliothèque qu'est conservé le manuscrit du *Roland* (Digby, 23). Description de ce manuscrit, xlii et suiv.

BOIARDO. Son *Orlando innamorato* (1486), cxxxvi, cxxxvii.

BOILEAU. Combien nous a été fatale son ignorance de notre poésie du moyen âge, cl.

BOLLANDISTES. Intérêt qu'ils attachent à nos anciens poëmes, dont ils réclament la publication, cliii.

BORMANS. Son livre intitulé: *La Chanson de Roncevaux, fragments d'anciennes rédactions thioises* (1864), cxxvi et clxxxviii.

BOUCLE de l'écu. Gravures qui en font comprendre la forme, 124.

BOURDILLON (J.-L.). Ses travaux sur un remaniement de notre poëme. Son *Poëme de Roncevaux* (1840), et son *Roncisvals mis en lumière* (1841), clxxvi, clxxvii.

BRAMIDONIE, BRAMIMUNDE. Argument tiré de cette double forme en faveur de la théorie des deux scribes ou des deux auteurs du *Roland*. Réfutation de cet argument, lxx, 96, 97.

BRONIE, BRUNIE. V. *Haubert*, 122, 123.

BRUNI (fer), 149.

C

C et CH, 95, etc. Il est très-difficile de préciser une règle sur l'emploi du CH dans le dialecte du *Roland*, puisque notre scribe emploie LE MÊME MOT tantôt avec, tantôt sans le CH. Et cela parfois DANS LE MÊME VERS. D'où l'on peut conclure, ou qu'il copiait fort mal le manuscrit original placé devant ses yeux, ou qu'il n'y avait encore rien de fixe dans ce dialecte relativement à l'usage du CH et du C. V. le *Glossaire*.

CAMBRIDGE (MANUSCRIT DE) qui renferme un remaniement du *Roland* (XVIe siècle), XLV.

CANTILÈNES. Exposé des différents systèmes qui ont pour objet les Cantilènes ou Chants lyrico-épiques : 1º D'après M. Paul Meyer, les Chansons de geste ont été composées DIRECTEMENT d'après la tradition. 2º Suivant MM. Guessard, G. Paris et l'auteur du présent livre, la Légende, avant de recevoir la forme des Chansons de geste, a d'abord donné lieu à des Chants populaires, à des Cantilènes, XXXII, XXXIII et suiv. = Arguments en faveur de la préexistence des Cantilènes, tirés : 1º du chant de Saint-Faron et 2º *de la Vie de saint Guillaume* (XIe siècle). D'après ces deux textes, il a très-évidemment existé des Chants populaires, courts et vivement rhythmés, lesquels étaient chantés PAR TOUT UN PEUPLE et NON PAR DES CHANTEURS DE PROFESSION. Donc, ce n'étaient pas des Chansons de geste, mais des Cantilènes, XXXV et suiv = Caractères des Cantilènes primitives. Langue dans laquelle elles ont été chantées. Leur caractère germanique, XXXVIII. = Passage des Cantilènes aux Chansons de geste, et comment on peut dire que celles-ci dérivent de celles-là, XXXIX et suiv. = Il n'est pas vrai, LITTÉRALEMENT PARLANT, que les premières Chansons de geste aient été des assemblages, des « chapelets de Cantilènes ». Nos premiers épiques n'ont pas fondu matériellement des Cantilènes préexistantes, mais se sont seulement inspirés de ces Chants populaires, XL. = Des Cantilènes sur Roland qui existaient SANS DOUTE avant la composition de notre vieux poëme, XXXIX.

CARCASSONNE. Prise de Carcassonne par le Charlemagne de la légende, 273, et par Roland, 86.

CARLES. Des différentes formes de ce mot, 24.

CATALOGUE DE LA BIBLIOTHÈQUE DE M. AMBROISE-FIRMIN DIDOT. On y trouve tout un Traité sur les Chansons de geste, dont on propose un nouveau classement. Opinion de l'auteur sur le sens d'AOI, LX.

CAXTON. N'est pas l'auteur de *The Lyf of Charles the Great* (1485), qui est tout simplement une traduction de notre *Fierabras* de 1478, ou plutôt de notre *Conqueste du grant Charlemaigne des Espaignes*, CXXX.

CELTES. Comment ils étaient incapables de créer une Épopée, au moment où s'est formée la nôtre, XXXI.

CERDAGNE. C'est la Navarre, et non pas la Cerdagne, qui a été le théâtre de la défaite et de la mort de Roland, 100, 101. Cf. 110.

CHABAILLE (A.). Les *Épopées chevaleresques* (1837), CLXXVI.

CHALCONDYLAS (LAONICUS). Allusion à la mort de Roland dans son *De Rebus Turcicis*, CXXXI.

CHAMPIONS. Ce qu'ils sont dans le *Roland*, ce qu'ils sont dans les Lois germaines, 237.

CHANSON DE SAINT ALEXIS, LXI.

CHANSON DE ROLAND. V. *Roland.*

CHANSON DES SAISNES. Résumé complet de ce poëme des dernières années du XIIe siècle, 265, 266.

CHANSONS DE GESTE. Leur origine et leur formation, IX-XXXII. = Elles ont été précédées par les Cantilènes, XXXII-XLI. = Mais les premières Chansons de geste ne sont pas uniquement des assemblages, des « chapelets de Cantilènes ». Nos premiers épiques se sont inspirés de ces chants populaires, mais ne les ont pas servilement copiés, XL, XLI. = Quelles sont les plus anciennes Chansons de geste? Quelles sont celles notamment qui existaient avant le *Roland?* XLI, XLII, 98.

CHANT. *Roland* est fait pour être chanté,

et non pour être lu. Dès qu'on ne chante plus nos vieux poëmes, il est nécessaire de remplacer les Assonances QUI SONT POUR L'OREILLE par les Rimes QUI SONT POUR LES YEUX, LXXXIX et suiv.

CHANTS LYRICO-ÉPIQUES. V. *Cantilènes*.

CHARLEMAGNE considéré comme personnage épique, XII. = Comment, sans lui, l'Épopée française n'aurait pas ÉTÉ, XV, XVI. = Histoire poétique de Charlemagne EXPOSÉE D'APRÈS LE TEXTE DE TOUTES LES CHANSONS DE GESTE ET D'APRÈS TOUTES LES SOURCES LATINES, FRANÇAISES ET ÉTRANGÈRES, 24-51, 264-273. = Cette longue monographie est divisée en six parties: 1º Naissance, jeunesse et premiers exploits de Charlemagne, 25-28; 2º Expédition en Italie, Rome délivrée, 28-30; 3º Luttes de l'Empereur contre ses vassaux, 30-35; 4º Avant la grande expédition d'Espagne, 35-40; 5º L'Espagne, 40-49; 6º Fin du grand règne, depuis la mort de Roland jusqu'à celle de Charles, 264-270. = Épisodes de cette légende qui se trouvent dans les Chansons des autres Gestes, 270-273. Épisodes qui n'ont pas donné lieu à des Chansons de geste parvenues jusqu'à nous, 272, 273. = TABLEAU, PAR ANCIENNETÉ, DES SOURCES DE L'HISTOIRE POÉTIQUE DE CHARLEMAGNE, 49-51.

CHARLEMAGNE. Poëme de Girard d'Amiens (premier quart du XIVe siècle). Notice bibliographique, CX. = Résumé de cette compilation poétique en ce qui concerne les «Enfances» de Charlemagne, avec les variantes et les modifications de la légende, 26, 27. = Ce qu'on trouve dans le *Charlemagne* de Girart d'Amiens touchant les «Enfances» de Roland, 61; le voyage de Charles en Orient, 37; la légende de Marsile, 8; l'épée Joyeuse, 190, et enfin l'expédition d'Espagne, 47. = Si nous n'avons rien cité de cette dernière partie, c'est que Girart d'Amiens y suit très-servilement le faux Turpin, 47.

CHARLEMAGNE. Poëme conservé dans le manuscrit français XIII de la Bibliothèque Saint-Marc à Venise (fin du XIIe siècle?). Résumé de *Berte*, 25, et des *Enfances Rolant* qui forment la troisième branche du *Charlemagne*, 59, 60.

CHARLEMAGNE ET ANSEÏS. Roman en prose du XVe siècle. Notice bibliographique, CXIV. Cf. 48.

CHARTRES. Vitrail de Charlemagne. Reproduction d'un médaillon de ce vitrail qui représente Roland sonnant du cor et frappant le rocher, 67.

CHATEAUBRIAND. Heureuse influence du *Génie du christianisme* sur la réhabilitation de notre poésie du moyen âge, CLX-CLXI.

CHEVAL. Le cheval, d'après nos Chansons de geste (avec figures gravées), 125 et suiv. = Amour que lui portent les chevaliers, 125. = Portrait idéal du cheval de guerre, 125, 126. = Distinction entre le sommier et le palefroi d'une part, et, de l'autre, le destrier, 126.

CHEVALERIE OGIER DE DANEMARCHE. Résumé complet de ce poëme du XIIe siècle, attribué à Raimbert de Paris (?), 28, 29; 33, 34. = Ce qu'on y trouve relativement aux douze Pairs, 74, et à Turpin, 76.

CHIFFLART, auteur des douze eaux-fortes qui illustrent le t. I du *Roland* (ces gravures ont été achevées par Foulquier), CXCIX.

CHRISTIANISME. Origines chrétiennes et catholiques de l'Épopée française, XXVI-XXVIII.

CHRONICA HISPANIÆ. C'est l'œuvre de Rodrigue de Tolède, mort en 1247. Il y a abaissé la gloire française de Roland devant la gloire espagnole de Bernard del Carpio (le vrai titre de cette chronique est le suivant: *Rerum in Hispania gestarum Chronica*), CXLII. = Ce qu'on lit dans cette Chronique au sujet de l'expédition d'Espagne, 46, 47; de Roland en Espagne, 63; de Marsile, 11, etc.

CHRONIQUE DE JACQUES D'ACQUI. Rôle qu'y joue Roland, 62.

CHRONIQUE DE TURPIN. Les chapitres I-V sont l'œuvre d'un moine de Compostelle, écrivant vers le milieu du XIe siècle. Les autres chapitres sont dus à un moine de Saint-André de Vienne, écrivant entre les années 1109-1119, LXXXI, LXXXIII et suiv. = Traité sur cette Chronique, LXXXIII-LXXXVI. — Résumé complet de notre dissertation des *Epopées françaises*, LXXXI-LXXXIII, 75 du *De Pseudo Turpinio* de M. Gaston Paris, LXXXII-LXXXVI, 75. = Énumération des manuscrits du faux Turpin, de ses cinq éditions, de ses six ou sept traductions au moyen âge, LXXXVII-LXXXVIII. = Résumé complet, chapitre par chapitre, de la Chronique elle-même, 30, 43, 44. = C'est, avec notre *Roland*, l'une des deux sources entre lesquelles se sont partagées toutes les littératures poétiques de l'Europe au moyen âge, 44. = Pour donner une idée de ce document important, nous en avons cité *in extenso* et traduit tout un chapitre, LXXX-LXXXI. V. *Turpin*.

CHRONIQUE DE WEIHENSTEPHAN. (Le manuscrit est du xve siècle ; l'original est peut-être du xive.) Ce qu'on y trouve relativement à la grande expédition d'Espagne, 49 ; aux douze Pairs, 74, et à la fable de Berte, 26.

CHRONIQUE DU MANUSCRIT DE TOURNAI. (Commencement du xiiie siècle.) Sa version sur l'expédition d'Espagne, 45.

CHRONIQUE DU MANUSCRIT 5003. (Original remontant tout au plus au xive siècle ; manuscrit du xvie.) C'est un calque du faux Turpin, 48, 49.

CHRONIQUE SAINTONGEAISE. (Commencement du xiiie siècle.) Ce qu'on y lit sur la fable de Berte, 25 ; sur les enfances de Roland, 61 ; sur l'expédition d'Espagne, 65 et 45.

CHRONIQUES DE SAINT-DENIS. Rôle qu'elles donnent à Roland ; leur version sur l'expédition d'Espagne, 45, 47.

CICLATON. Définition, 54.

CID (POËME DU), CXL.

CIZE. Le pays de Cize. V. *Sizer*.

COMMUNION SYMBOLIQUE par l'herbe, 164, 165.

COMPARÉ (ART). « Nous nous sommes attaché (disions-nous dans notre *Introduction*), à faire ici de l'art comparé, et c'est dans ce but que nous avons voulu offrir à nos lecteurs toute une série de fragments littéraires DE TOUTES LES ÉPOQUES ET DE TOUTES LES LANGUES, dont Roland fut le héros et que l'on pût facilement comparer l'un avec l'autre, CXXXVII. » = Voici la liste de ces fragments cités et traduits : 1° Un extrait d'un des remaniements du *Roland* qui donnera l'idée de ces *rifacimenti*, CVII-CIX. 2° Un chapitre de la *Chronique de Turpin*, où l'on surprendra le clerc du xiie siècle en flagrant délit de corruption de notre légende, LXXIX-LXXX. 3° Un fragment de la Chronique de Philippe Mouskes, CXII. 4° Des passages importants du *Ruolandes Liet* qui nous montreront notre légende en Allemagne, 180-182 ; CXXI, CXXII. 5° Tout le Roncevaux de la *Keiser Karl Magnus's Kronike*, qui nous fera suivre Roland en Danemark, 252-264. 6° Nous remonterons plus haut, vers le nord, en lisant la dernière partie de cette branche de la *Karlamagnus Saga* qui est consacrée à Roncevaux, 247-252. 7° Nous comprendrons mieux ce qu'est devenue notre légende en Italie quand nous aurons lu un fragment de l'Arioste, CXXXVII, CXXXVIII, et des vers de Pulci, CXXXVIII. 8° La romance : *En Paris esta dona Alda*, nous fera voir comment notre légende a pu être espagnolisée sans cesser d'être française, CXLII. 9° Pour donner une idée de nos Romans en prose et de la Bibliothèque bleue, nous citerons un chapitre de *Galien*, CXVIII, CXIX. 10° Arrivés à la Renaissance et au xviie siècle, nous suivrons Roland sur la scène lyrique, en lisant une scène du *Roland* de Quinault, CL-CLII. 11° Nous saurons comment le xviiie siècle a compris notre légende, en étudiant la « Chanson de Roland restituée par M. de Tressan », CLVIII, CLIX. 12° Et Rouget de Lisle, dans son *Roland à Roncevaux*, nous conduira jusqu'au delà de la Révolution, CLXI, CLXII. 13° Pour la Restauration, nous citons un passage de la *Gaule poétique* de M. de Marchangy, le « Chant funèbre en l'honneur de Roland », CLXIII, CLXIV. 14° Le *Cor*, d'Alfred de Vigny (1835), CLXXIV, et 15° Une scène du *Roland à Roncevaux*, de Mermet (1865), CLXXXV, nous amènent jusqu'à nos jours. = Avec ces quinze citations, nous pouvons faire une étude comparée assez complète sur toutes les formes qu'a partout reçues notre légende.

CONFESSION au plus proche parent, 164, 165.

CONJONCTIONS. *Se* venant de *si*, 95 ; *cum* et *cume*, 16. etc.

CONQUESTE DU GRAND CHARLEMAIGNE DES ESPAIGNES. C'est le titre de cette compilation en prose qui, en 1478, s'appelait *Fierabras* à cause du roman qui en était le principal élément. Notice bibliographique, CXIV, CXV. = Persistance de ce livre, qui est un des Romans les plus populaires de la « Bibliothèque bleue », CLVII. = Il est traduit en anglais (*The Lyf of Charles the Great*), 1485, CXXX, et en espagnol : *Historia del emperador Carlomagno e de los doce Pares de Francia*, CXLII. = La traduction espagnole est elle-même traduite en portugais, et ornée de deux suites également portugaises, Id. = Ce qu'on trouve dans la *Conqueste* touchant l'expédition d'Espagne, Turpin, 48; les douze Pairs, 74, 75; Marsile, 11, etc.

CONQUESTES DE CHARLEMAGNE de David Aubert (1458). Notice bibliographique, cxiv. = Pour l'expédition d'Espagne, David Aubert suit Turpin et surtout les remaniements du *Roland*, 4. = Ce qu'on y lit sur les enfances d'Ogier, 29; sur le Voyage à Jérusalem, 37; sur Marsile, 11, etc.

CONRAD (le curé), auteur du *Ruolandes Liet.* V. ce mot.

CONTES universels qui se rencontrent dans la poésie populaire de toutes les races, xii.

CORDRES. Est-ce Cordoue? 99, 100. = De la Chanson de geste, inédite, intitulée la *Prise de Cordres*, 23.

COUPLET. Théorie complète du Couplet épique et de l'Assonance, xlix-li. = Couplets féminins et masculins, xlix, liii-liv. = Couplets similaires : théorie des répétitions épiques dans le *Roland*, liv-lx. = Travaux des remanieurs qui ont le couplet pour objet, xcii et suiv. = Couplets ajoutés par eux à la version originale. V. *Additions*. = Comparaison entre un de ces couplets et le couplet antique, cvii, cviii, etc. = Couplets dont l'ordre a été interverti par M. Th. Müller d'après les Remaniements, et que nous avons rétablis conformément au texte d'Oxford, 77. = Autres couplets dont l'ordre a été légitimement interverti par Müller, 143. = Pour les couplets en *ier* et en *er*, voy. le mot *Assonances* et *ier.* = Pour les couplets en *u* et en *e*, voy. ces deux lettres.

COURONNEMENT LOOYS. Résumé du commencement de ce poëme (deuxième partie du xiie siècle), 269. Cf. 191.

CREUZÉ DE LESSER. Son *Roland* (1839), clxxvi.

CRONICA BREMENSIS de Wolter (xve siècle). Comment elle rapporte la fable de Berte, 26.

CRONICA GENERAL. Ce que l'on trouve dans la *Cronica general* d'Alfonse X (1252-1284), touchant les enfances de Charlemagne, 27, 28; l'expédition d'Espagne et Roland, 46, 65; sur Marsile, 11; Durendal, 113; Joyeuse, 190, etc. = Roncevaux raconté à l'Espagnole, cxlii.

D

D pour *t*, 7, 55.

DAMAS-HINARD. Dans la préface de son édition du *Cid* (1858), il compare la versification du *Roland* à celle du poëme espagnol, clxxxii.

DANEMARK. Notice sur la *Keiser Karl Magnus's Kronike*, livre populaire danois qui renferme un abrégé de la *Karlamagnus Saga*, cxxix. = Traduction de toute la branche de cette chronique qui est consacrée à Roncevaux, 252-264.

DARDS, flèches, armes offensives autres que la lance et l'épée, 120, 12.

DÉCASYLLABES. Traité du Décasyllabe qui est le vers du *Roland*, xlvii et suiv. = Le décasyllabe français est né du dactylique trimètre hypercatalectique qui, de plus en plus déformé, avait été ramené, dans la poésie rhythmique latine, à un vers de dix syllabes, avec pause après la quatrième syllabe accentuée, lii. = Comparaison entre une laisse en alexandrins et le couplet correspondant en décasyllabes, ciii, cix.

DÉCLINAISON ROMANE. 1o Règles générales, 4, 5. Théorie des Neutres, 12, 13. Théorie du Vocatif, 14. = 2o Règles particulières. Troisième déclinaison, sujet singulier, 95, 3. Sujet pluriel, 16.

DE LA RUE (l'abbé). Ses *Essais historiques sur les bardes, les jongleurs et les trouvères anglo-normands*, 1834. Ses idées sur la rhythmique de *Roland*. Il s'occupe de Thérould ou Turold, qu'il considère comme un poëte normand, et cite quelques couplets du texte d'Oxford, clxxi.

DELÉCLUZE : *Roland et la Chevalerie*, 1845. Le second volume de cet ouvrage renferme une traduction du *Roland*, clxxvii.

DEMAY, archiviste aux Archives nationales. A dessiné les neuf figures qui accompagnent notre note sur les Armures, cxcix et 127.

DENIER DE SAINT PIERRE. Histoire abrégée de son origine, 85.

DIEZ. Nous nous sommes servi, pour

notre Glossaire, de la dernière édition de son Lexique étymologique (*Etymologisches Wœrterbuch der romanischen Sprachen*, 1869, chez Ad. Marcus, a Bonn).

DIGBY. C'est dans le fonds Digby (n° 23) qu'est classé à la Bodléienne le plus ancien manuscrit de notre Chanson, xlii et suiv.

DISSERTATION SUR LE ROMAN DE RONCEVAUX, par H. Morin (1832), clxviii et suiv.

DOOLIN DE MAYENCE. Roman en prose de la fin du xve siècle. Ce qu'on y trouve sur Durendal, 113, 114, etc.

DOON DE MAYENCE. Chanson de geste de la seconde moitié du xiiie siècle, 271.

DROIT. Le Droit et la Procédure exposés dans le Roland sont d'origine germanique, xxxi, 235 et suiv.

DROMONDS, 197.

DUCANGE. Cite dans son Glossaire un remaniement du *Roland*, cliv.

DUCHINSKA (Mme). V. *Pruszak*.

DUEL ou *CAMPUS*, 237. = Messe chantée pour les Champions, 238.

DUJARDIN (MM.). Ont gravé notre *fac-simile* d'après une photographie exécutée à Oxford, cxix. V. ce *fac-simile* à la p. xlii.

DURENDAL. L'épée de Roland. Notice, 113. Cf. 60, etc.

DUVAL (Amaury-). Sa Notice sur « Turold, auteur du *Roman de Roncevaux* », dans le tome XVIII de l'*Histoire littéraire*, clxxi.

E

E. Phonétique de l'*e*, 5. = Couplets en *e* ouvert, couplets en *e* fermé, 70.

ÉCARTÈLEMENT (Supplice de l'), 239, 240.

ÉCU. Notice sur l'écu d'après les sceaux (cette notice est accompagnée de figures gravées), 123, 124.

ÉDITIONS du *Roland*. V. *Roland*.= Plan détaillé de la présente édition, cxcii et suiv.

EGINHARD. Citation *in extenso* de ses deux textes relatifs à Roncevaux (*Vita Karoli*, ix, et *Annales*, à l'année 778), xviii, xix. Cf. viii, ix. = Texte des *Annales* rapportant une nouvelle trahison des Gascons, en 824, xxiii. = Un passage de la *Vita Karoli* (cap. xvi), relatif aux messages que Charles envoie en Orient, est falsifié, à la fin du xe siècle, par un moine du mont Soracte, et donne lieu à la fable du voyage à Jérusalem et à Constantinople, xiii, 36.

EHRARD. A lithographié la carte qui sert de frontispice au second volume, cxcix.

ÉLISION. Règles générales et particulières de l'Élision dans la poésie épique du moyen âge, et en particulier dans le *Roland*, xlviii et suiv.

ENFANCES CHARLEMAGNE. Deuxième branche du *Charlemagne* de Venise (commencement du xiiie ou fin du xiie siècle). Résumé complet; variantes et modifications de la légende, 26, 27. Cf. 113, 114.

ENFANCES GUILLAUME. Résumé de ce poëme du commencement du xiiie siècle, 270, 271.

ENFANCES OGIER. Remaniement par Adenès (seconde moitié du xiiie siècle), de la première partie de la *Chevalerie Ogier* (xiie siècle). Résumé, 29.

ENFANCES ROLAND. Troisième branche du *Charlemagne* de Venise (commencement du xiiie ou fin du xiie siècle). Résumé, 59, 60.

ENTRÉE EN ESPAGNE. Chanson de geste du commencement du xive siècle, renfermant certaines parties du xiiie siècle. Résumé complet, 40, 41; 62-64. = Ce qu'on trouve dans l'*Entrée en Espagne* touchant Olivier, 72; Turpin, 76; les douze Pairs, 73; Ganelon, 80; Marsile, 9, 10, etc.

ÉPÉE. Petite monographie de l'Épée, avec une gravure reproduisant neuf types d'épée d'après les sceaux des Archives nationales, 126-128.

ÉPERONS. Leur forme aux xie-xiie siècles; figures, 114, 115.

ÉPITHÈTES HOMÉRIQUES dans notre épopée du moyen âge, lxxiii. = Un certain nombre de vers sont plusieurs fois répétés dans le *Roland*. Nous en publierons la liste.

ÉPOPÉE. De l'Épopée en général.=M. Gaston Paris la définit « une narration poétique fondée sur une poésie nationale antérieure », IX, XII. = Comment naît un poëme épique? Quatre conditions sont nécessaires à cette naissance. Il faut à l'Épopée : 1º un MOMENT spécial (ce sont les époques sincèrement primitives); 2º un MILIEU particulier (l'Épopée est essentiellement nationale, et elle exige un peuple religieux, militaire, naïf et chanteur); 3º un FAIT CENTRAL (c'est surtout un événement douloureux, une défaite, une mort); 4º un HÉROS enfin, qui soit le résumé vivant de sa race et de son temps, IX, X. = Doctrine de M. Gaston Paris sur la formation de l'Épopée, qui, suivant lui, se compose essentiellement de quatre éléments : les faits, l'idée, les personnages, la forme, XII. = Quelle est la part de la Réalité, quel est le rôle de l'Imagination dans la formation de l'Épopée, X. = Des personnages typiques qui occupent une place importante dans les époques primitives : l'Ami, le Traître, le Roi, le Vengeur, etc., XI. = De certains Contes universels qui se retrouvent également dans la poésie épique de tous les peuples, XI, XII. = Résumé sur la naissance et la formation de l'Épopée, XII. = Comment toutes les conditions nécessaires à la production et au développement d'une Épopée nationale se sont trouvées réalisées dans la légende de Roland. Conclusion, XII.

ERRATA. 1º On trouve un *Errata* sommaire à la fin de chacun de nos volumes. = 2º Pour un *Errata* MOTIVE ET DÉTAILLÉ, voir nos *Notes et Variantes* 1-247. = Et enfin, nous faisons imprimer en ce moment notre texte critique AVEC TOUTES NOS CORRECTIONS ET ADDITIONS. C'est en quelque manière un *errata* vivant.

ESCUALDUNACS (Chant des). Œuvre d'un faussaire, CLXXI, CLXXII.

ESPAGNE. Histoire abrégée de notre légende en Espagne. Première période. C'est celle des Jongleurs, qui chantent cette légende avec un esprit et un cœur français, CXL. = Deuxième période. Il y a une réaction espagnole qui se fait jour très-violemment dans la *Chronica Hispaniæ*, de Rodrigue de Tolède, mort en 1247, et dans la *Cronica general* d'Alfonse X. C'est alors qu'est imaginé Bernart del Carpio, ce rival espagnol de la gloire française de Roland, CXLI. = 3º Epoque des Romances, qui sont les unes d'inspiration française, les autres d'inspiration espagnole, CXLI-CXLII. = 4º Période des livres populaires, tels que l'*Historia de Carlomagno*, laquelle est une traduction de notre *Conqueste du grand Charmaigne des Espaignes*, CXLIII. = 5º Période des poëmes italiens sur Roland, lesquels sont traduits en espagnol, etc., CXLII-CXLIV.

ESPIET. Mot synonyme de « lance » dans notre *Roland*, 118-120.

ESTHÉTIQUE. Un chapitre d'esthétique. De la beauté du *Roland*, LXXI-LXXVIII.

ÉTRIERS. 126.

EULALIE (Cantilène de sainte), XXXIV.

F

FAC-SIMILE. Le *fac-simile* du manuscrit d'Oxford (Bodléienne, Digby, 23) se trouve placé entre les pages XLII et XLIII de notre *Introduction*.

FARON (Chant de saint). Rapporté par Helgaire, en sa *Vie de saint Faron* (IXᵉ siècle).=Comment il était chanté par tout un peuple, et jusqu'à quel point il peut être regardé comme une véritable cantilène, XXXV et suiv.

FAUCHET. Son *Recueil de l'origine de la langue et de la poésie françoises* (1581), CXLVIII. = Ses *Antiquitez et histoires gauloises et françoises* (édition de 1611), CXLVIII.

FAURIEL. Ses leçons au Collége de France sur l'Épopée chevaleresque du moyen âge. Elles sont publiées dans la *Revue des Deux Mondes*. La seconde est consacrée à Roland (15 septembre 1832), CLXX. = Opinion de Fauriel sur les Couplets similaires ou répétitions épiques, LV.

FÉODALITÉ. Esquisse rapide de la société féodale, LXXI et ss.

FICHOT. A reporté sur bois les dessins de MM. Quicherat et Demay (sauf la vue d'Ibagneta), et a dessiné le médaillon du vitrail de Chartres, 127.

FIERABRAS. Chanson de geste du XIIIᵉ siècle. Notice bibliographique, CXIV.= Résumé complet, 38, 39. = Variantes et modifications de la légende, 39. = Le vrai héros de ce poëme, c'est Olivier, 72. = Le *Fierabras* incunable de 1478 est la même compilation poétique sur Charlemagne, qui prend plus tard le nom de *Conquestes du grand Charlemaigne des Espaignes*, 11, 14, etc.

FRANCE. Nation religieuse, militaire, naïve et chanteuse, la France était essentiellement épique, xiv, xv. = Dès le ixᵉ siècle, TOUT AU MOINS, la France peut être considérée comme une nationalité puissante, et capable de produire une Épopée, xiv, xv. = La France existait, la France était UNE et aimée il y a 800 ans tout autant qu'aujourd'hui, LXXVI. = Sens exact du mot « FRANCE » dans la *Chanson de Roland*, 54, 55. = Comment la littérature française a précédé toutes les autres, CXIX et suiv.

FRANCO-ITALIENS (*Romans*). La *Prise de Pampelune*, l'*Entrée en Espagne*, l'*Aspremont*, le *Roland* (manuscrit iv, de Venise), etc., CXXXII, CXXXIII.

FUNÉRAILLES. Usage de laver les corps, 210.

G

GALIEN. Roman en prose, du xvᵉ siècle, formant la suite du *Voyage à Jérusalem et à Constantinople*, 36. = Notice bibliographique, CXIII, CXIV. = Résumé d'après le manuscrit B. L. F. 226 de l'Arsenal, 36. = Ce qu'on y trouve sur Olivier, 72, 73; sur le désastre de Roncevaux, 48, etc. = *Galien* passe dans la « Bibliothèque bleue », CLVII. = Nous en citons un chapitre pour donner une idée et de la Bibliothèque bleue et des Romans en prose, CXVIII, CXIX.

GALLAND. Son *Discours sur quelques anciens poëtes et sur quelques romans gaulois* (?) *peu connus*. Il y parle de Girart d'Amiens et de sa compilation sur Charlemagne, dont il ne sait préciser ni le titre ni la valeur, CLV.

GALLO-ROMAINS. Comment ils étaient incapables de créer une Épopée, au moment où s'est formée la nôtre, XXXI.

GALNE, ou GAILNE, GELNE. Ville inconnue entre Saragosse et les Pyrénées, 98, 100.

GANELON. Origine de ce nom, 81. = Notice complète sur Ganelon, 78-81 : 1º Sa généalogie, sa famille, 78, 79. 2º Sa vie et sa mort, 79-81. = Ganelon, considéré comme « le Traître » de notre Épopée. Ce n'est pas un portrait, ce n'est pas même un souvenir de Wenilo, archevêque de Sens, XXIV, XXV. = Il n'est pas vrai que le mot « Ganelon » dérive du mot francique *gamalo* (le vieux, le loup); réfutation de M. Hugo Meyer, XXIX. = En résumé, Ganelon n'est point un type particulier, mais le type général du Traître, XXV.

GANT. Avec le bâton, le Gant est le signe spécial de l'investiture d'une charge, d'une fonction, 83, 84.

GARIN DE MONTGLANE. Résumé de cette Chanson, ou plutôt de ce Roman du commencement du xiiiᵉ siècle, 270. Cf., 113.

GASCONS. Ils sont les véritables auteurs de la catastrophe de Roncevaux en 778, et aussi de plusieurs autres surprises dont les Français ont également été les victimes (en 812 et en 824), et qu'on a confondues plus tard avec Roncevaux, XX, XXII, XXIII. = Comment et dans quelle mesure les Sarrasins ont pu être à Roncevaux les alliés des Gascons, XX.

GAUFREY. Résumé de cette Chanson du xiiiᵉ siècle, 271. = Généalogie de la race des Traîtres, 78. V. *Ganelon*.

GAULE POÉTIQUE. Œuvre de M. Marchangy (1815 et années suivantes).= Citation du « Chant funèbre en l'honneur de Roland », CLXIII et suiv.

GAYDON. Chanson de geste du commencement du xiiiᵉ siècle. Résumé complet, 264, 265. Cf. 47.

GÉNIN (F.). Son édition et traduction de la *Chanson de Roland* (1850), CLXXVIII et suiv.=Son opinion sur la date de notre vieux poëme, LX; sur le sens d'AOI, LIX, etc. = Sa théorie des Couplets similaires ou répétitions épiques, LV, LVI.

GEOFFROI D'ANJOU. Notice sur ce personnage de *Roland*, 53, etc.

GÉOGRAPHIE de la CHANSON DE ROLAND. I. *Note générale, divisée ainsi qu'il suit* : 1º Positions occupées par les deux armées au début de la Chanson ; Saragosse et Cordres, 99 , 100. = 2º Itinéraire de Charles, depuis Cordres jusqu'aux Pyrénées, 100. = 3º Le désastre de Roncevaux a eu lieu dans la Navarre, et non pas dans la Cerdagne, 100-103. = 4º Le retour de Charlemagne en France, 103 , 104. — II. Notes particulières sur les lieux suivants : *Summum Pyrenœum* (Somport), et *Imum Pyrenœum* (Saint-Jean-Pied-de-Port), 109, 110. = Les ports de Sizer, 93 , 94. = Balaguet, 23. = Cordres, 23, 24. = Valterne, Tuele, Sezilie, 66. = Galne, 98. = Puillanie, 184, et Puillain, 208, etc. etc. = Les trente « échelles » des Sarrasins : quelques souvenirs historiques, beaucoup d'imagination et de fantaisie, 217, 218. V. la Carte qui sert de frontispice au second volume.

GERER, GERIN. Deux des douze Pairs. Notice, 53 , 54.

GERMAINS, GERMANISME. De toute antiquité, les Germains ont possédé des Chants populaires ; c'est ce qui est attesté par des textes célèbres de Tacite, de Jornandès , d'Eginhard, xv. = Des origines germaniques de notre épopée. Trois écoles : l'une, celle de M. Hugo Meyer, veut que la lettre même et les traditions POSITIVES de notre poésie épique soient germaines et scandinaves. Exposé et réfutation de ce système. = La seconde école est celle de M. Paul Meyer. D'après elle, « l'Épopée française est sortie d'un milieu roman, d'où l'élément germanique n'était pas absent, mais où il ne dominait pas. » = La troisième école, qui est la nôtre, résume ses idées en cette proposition de M. Gaston Paris : « L'Épopée française du moyen âge peut être définie : L'esprit germanique dans une forme romane. » Défense de ce dernier système, xxvIII et suiv. = La Procédure et le Droit de *Roland* sont d'origine barbare, 235 et suiv.

GESTE, GESTE FRANCOR. Du vrai sens de ce mot, et, en particulier, dans le dernier vers du *Roland*, LXVI.

GILIE. *Li ber Gilie* n'est pas l'auteur de la *Chanson de Roland*, 169-171. V. le suivant.

GILLES (Saint) considéré dans ses rapports avec la légende de Charlemagne et avec la *Chanson de Roland*, 169-171.

GIRARS DE VIANE. Chanson du commencement du XIIIᵉ siècle. Résumé complet, 30, 31. = Ce qu'on y trouve concernant les enfances de Roland, 61 ; Olivier, 71, 72, et Renier de Gennes, son père, 175, 176.

GIRART DE ROUSSILLON. L'un des douze Pairs. Notice, 108.

GIRART D'AMIENS, auteur d'une compilation en vers (commencement du XIVᵉ siècle), où il se propose d'exposer toute l'histoire poétique de Charlemagne. V. *Charlemagne.*

GLOSSAIRE de notre édition annoncé CXCVII. = Il commence à la p. 275.

GONFANON. Ce qu'était le gonfanon ou l'enseigne, à l'extrémité de la lance. Figures gravées d'après les sceaux, 119, 120.

GRAMMAIRE. On pourrait composer ainsi qu'il suit une « Grammaire sommaire » de notre *Roland* : Chapitre I. PHONÉTIQUE , pages 5 et suivantes. Cf. 7, 21, 55, etc. = Chapitre II. LES NOMS ET LA DÉCLINAISON ROMANE, 3, 4, 5, 12, 13, 16, 95, etc. = Chapitre III. L'ARTICLE, 58 et suiv. = Chapitre IV. LE PRONOM, 14, 20, 58, 97, 98, 146. = Chapitre V. L'ADJECTIF, 15, 20, 84, 85, etc. = Chapitre VI. LE VERBE, 15, 20, 21, 66, 92, 97, 104, 135, 162. = Chapitre VII. LE PARTICIPE , 89, 99, 189. = Chapitre VIII. LA PRÉPOSITION, V. dans le *Glossaire* les mots *à*, *de*, etc. = Chapitre IX. LA CONJONCTION, 16, 95. = Chapitre X. L'ADVERBE, 16, 21, 22, 23, 86, 94, 95, 96, etc. etc.

GRAN CONQUISTA DE ULTRAMAR. (Fin du XIIIᵉ siècle.) Reproduit la légende de Berte, 25, et celle des Enfances de Charlemagne, 28.

GRAAL (Saint). Résumé rapide des légendes y relatives, et en particulier de *Parcéval le Gallois*, 192-194.

GRÈCE. Allusion à la mort de Roland dans le *De Rebus Turcicis*, de Laonicus Chalcondylas, CXXXI.

GRIFON D'HAUTEFEUILLE, père de Ganelon, 78, 80.

GRIMM (W.) publie en 1838 le *Ruolandes Liet* de Conrad, CLXXVI. = Nous avons emprunté à cette publication les deux planches, tirées d'un des manuscrits du vieux poëme allemand, qui se trouvent à nos pages 179 et 188.

GUERIN DE MONTGLANE. Roman en prose, ou plutôt recueil de romans, dont le type premier existe dans le manuscrit 226 de l'Arsenal, CXV. = Les *Guerin de Montglane* incunables contiennent un

« Roncevaux » extrait et traduit des textes latins, 48.
GUESSARD (F.). Dirige, depuis 1856, le *Recueil des anciens poëtes de la France*, CLXXXI. = Ses idées sur la préexistence des Cantilènes, XXXIII. = Sa polémique contre Génin; sa lettre sur les Variantes de la *Chanson de Roland* (30 avril 1851), CLXXIX.
GUI DE BOURGOGNE. Chanson de geste de la seconde moitié du XIIIe siècle; résumé complet, 42, 64. = Ce qu'on y trouve sur Turpin, 76; sur les douze Pairs, 74; sur Marsile, 11, etc.

GUI DE NANTEUIL. Résumé rapide de ce poëme de la fin du XIIe ou du commencement du XIIIe siècle, 272.
GUIGE. Courroie pour porter l'écu au cou, 124.
GUILLAUME DE GELLONE (Saint). Comment la glorieuse défaite du comte Guillaume à Villedaigne-sur-l'Orbieu, en 793, a contribué à former la légende de Roncevaux, XXII, XXIII. = La *Vie de saint Guillaume de Gellone*, document du XIe siècle, établit clairement la préexistence des Cantilènes, XXXVII.

H

H aspirée et non aspirée, 7, 21.
HALTECLERE. Notice sur l'épée d'Olivier, 136, 137.
HANSTE de la lance, 118, 119.
HAUBERT. Notice sur le vêtement de mailles : figures gravées d'après les sceaux, 122, 123.
HEAUME. Notice sur le heaume, avec figures d'après les sceaux, 121, 122.
HÉROS. Il faut à l'Épopée un Héros central, qui soit le résumé vivant d'une époque et d'un peuple, IX, X. = Le Héros de l'Épopée indo-européenne est rarement le Roi. Doctrine de M. d'Avril, XX.
HERTZ. Sa traduction allemande de la *Chanson de Roland* (1861), CLXXXIII et CXXV.
HILDEBRANDSLIED, ou Chant d'Hildebrand et d'Hadebrand (VIIIe-IXe siècle). Son caractère exclusivement germanique, XXXIV.
HISTOIRE LITTÉRAIRE, œuvre des Bénédictins. Dans le sixième volume (1744), Dom Rivet exagère l'ancienneté du *Roland*, mais estime comme il convient notre vieille littérature épique, CLVI. = Le quartorzième volume renferme une Notice sur Geoffroi, prieur de l'abbaye de Vigeois, CLXV. = On lit, dans le tome XVI, quelques pages de Daunou sur nos anciens poëmes, CLXVI. = Le tome XVIII enfin nous offre une notice détaillée d'Amaury-Duval sur « Turold, auteur du roman de Roncevaux », CLXXI, etc.
HISTORIA DEL EMPERADOR CARLOMAGNO (1528). C'est une traduction espagnole de notre *Conqueste du grand Charlemaigne des Espaignes*, CXLIII.
HOFFMANN. On annonce de lui (1870) une nouvelle édition de la *Chanson de Roland*, où le texte de Venise sera mis en regard de celui d'Oxford, CXCII.
HONGRIE. Comment Matthias Corvin aimait les Chants où était célébré Roland, CXXX.
HUGO (VICTOR). Heureuse influence des *Ballades* et surtout de *Notre-Dame de Paris*, et comment ces œuvres ont contribué à la réhabilitation de notre vieille épopée, CLXI. = La *Légende des Siècles* : *Aymerillot* et le *Mariage de Roland*, belles imitations d'*Aimeri de Narbonne* et de *Girart de Viane*, CLXXXIV.
HUON DE BORDEAUX. Chanson de geste, composée entre les années 1180-1200, 268. Cf. 113.
HUREL (ALEX.). A gravé les quinze dessins du tome II, CXCIX.

I

I. Phonétique de l'*i*, 6.
IBAGNETA. Théâtre présumé de la défaite de Roland. Dessin de M. J. Quicherat, 12.

ICONOGRAPHIE de Roland. Les statues de Roland (?) et d'Olivier à la cathédrale de Vérone (deux dessins de M. J. Quicherat), 65, 66, 67. = Un médaillon d'un vitrail de Chartres (dessin de M. Fichot), 66, 67. = Les *Rolandssaülen*, cxxiii et suiv.

IER (couplets assonances en). Les laisses en *ier* sont fort distinctes de celles en *er*. Exposé de cette théorie et rectification d'un passage de notre *Introduction*, 51, 52. = Autre note rectificative sur cette question, au vers 1500, p. 146. V. aussi l'*Errata* du premier volume. = Comment les assonances en *ier* ont leur raison d'être dans une loi philologique. Sont en *ier* un certain nombre de monosyllabes et surtout les mots français dérivés de vocables latins qui avaient un *i* atone, soit avant, soit après la tonique. V. *Assonances*. — Dans les Remaniements aussi, les couplets en *ier* sont, fort naturellement, distincts de ceux en *er*, vers 342, p. 84.

IMAGINATION. Quel est le rôle de l'imagination dans la formation d'une légende épique, x, xi. = Quel a été son rôle spécial dans la formation de la légende de Roland, xxii, xxiii.

IMPARISYLLABIQUE (Déclinaison). Nom impropre donné à la déclinaison des Substantifs qui déplacent l'accent, 4.

IMPHE. Nom géographique que personne n'a pu restituer, 246.

IRASQUETA, 109, 110.

ITALIE. Histoire de notre légende en Italie. Première époque. Les traditions orales, les Jongleurs, cxxxi. = Deuxième époque. Les Romans franco-italiens, le *Roland* de Venise (manuscrit iv), la *Prise de Pampelune*, etc. Faut-il voir un dialecte spécial dans la langue de ces poëmes? cxxxii, cxxxiv.=Troisième époque. Les traductions ou imitations italiennes en prose. Les *Reali* (1350, environ), cxxxiv–cxxxvi.= Quatrième époque. Les poëmes italiens faits sur les *Reali*, et en particulier la *Spagna istoriata*, « prototype de l'Épopée italienne », cxxxvi. = Cinquième époque. Les poëmes originaux : a. Pulci (*Morgante maggiore*, 1485); b. Boiardo (*Orlando innamorato*, 1486); c. l'Arétin (*Orlandino*); d. l'Arioste (*Orlando furioso*, 1516). Imitations de ces poëmes jusqu'au commencement de notre siècle, cxxxvi-cxxxix.

ITINÉRAIRE de Charlemagne dans la *Chanson de Roland*. V. notre Note géographique, 99-103, et la Carte qui sert de frontispice au deuxième volume, et où cet itinéraire est marqué.

ISLANDE. La légende de Roland dans la littérature islandaise : la *Karlamagnus Saga*, cxxvii et suiv. V. *Karlamagnus Saga*.

IVON et IVOIRE. Deux des douze Pairs, 161.

J

JACQUES D'ACQUI. Sa Chronique (fin du xiiie siècle); sa légende d'Ottonnel, 40.

JAZERENC. Explication de ce mot, 123. V. aussi le *Glossaire*.

JEHAN DE LANSON. Résumé complet de cette Chanson de geste (commencement du xiiie siècle), qui n'a aucun fondement historique ni traditionnel, 34, 35. = Du rôle qu'y joue Roland, 62, 114.

JONAIN. Sa traduction du *Roland* en vers de dix syllabes (1861), clxxxiii, clxxxiv.

JONGLEURS, lxxi–lxxiii. Ils chantent en Italie les exploits de Charles, de Roland et d'Olivier; texte à l'appui de ce fait, cxxxii. = Ce sont aussi des *juglares* qui popularisent notre légende en Espagne, cxl.

JORNANDÈS. Texte célèbre sur les habitudes poétiques des Germains (*De Gothis* cap. iv), xxiv.

JOSUÉ. Le miracle de Josué arrêtant le soleil a été imité par l'auteur du *Roland*, xxiv.

JOURDAIN DE BLAIVES. Chanson de geste, 273.

JOYEUSE. Notice sur l'épée de Charlemagne, 190, 191.

K

KAISERCRONIK, poëme allemand du xiie siècle. Dans ces deux mille vers on trouve quelques légendes qui ne sont pas ailleurs, cxx, cxxi. 44, 45. = La *Kaisercronik* a été publiée, en 1849, par Massmann, clxxviii.

KARL. Poëme allemand du Stricker (1230). Notice sur cette œuvre postérieure au *Ruolandes Liet*, antérieure au *Karl Meinet*, cxxii, cxxiii. =Ce qu'on y trouve sur la guerre d'Espagne, 44; sur Berte, 26; sur Marsile, 8, etc. = Le *Karl* a été publié, en 1857, par Bartsch, clxxxii.

KARL MEINET. Compilation allemande du commencement du xive siècle, analogue au *Charlemagne* de Girart d'Amiens. Notice, cxxiii. = Ce qu'on y trouve sur les enfances de Charles, 27; sur l'expédition d'Espagne, 47; sur Roland, 62, 114. = Légende d'Ospinel et de Magdalie, sœur de Marsile, 39, 40, 72. = Le *Karl Meinet*, publié par Ad. Keller en 1858, est, en 1861, l'objet d'un travail important de M. Bartsch, clxxxii.

KARLAMAGNUS SAGA. Histoire islandaise de Charlemagne (xiiie siècle). Notice bibliographique, cxxvii et suiv. = L'auteur de la *Saga* ne raconte pas les faits qui sont contenus dans le *Roland* d'Oxford du vers 2570 au vers 2844; il omet également le récit de la grande bataille de Saragosse, 196. = Mais, dans les différentes branches de la compilation islandaise, qui sont une traduction ou une imitation très-exacte de nos anciennes Chansons de geste, on trouve les détails les plus intéressants sur les enfances de Charlemagne, 27; sur le Voyage en Orient (dont la Saga nous offre deux récits différents), 37; sur les enfances d'Ogier, 29, et de Roland, 61; sur la guerre d'Espagne, 46; sur le rôle qu'y joue Roland, 65 et 209; sur Turpin, 75; les douze Pairs, 74; Marsile, 11, et la guerre des Saisnes (la cinquième branche est intitulée *Guitalin*), 266; sur l'épée Durendal, 113, et l'épée Joyeuse, 190, etc. = La *Karlamagnus Saga* a été publiée, en 1860, par M. Unger, clxxxii.=Nous avons eu lieu d'en faire usage pour éclaircir et commenter notre texte, etc., 191, 195, 196, 205, 209, 234, etc. = Traduction complète des chapitres xxxvii-xli, 247-252.

KAROLELLUS. Poëme latin en 2100 vers, traduit du faux Turpin (fin du xiie siècle). On en trouve des fragments dans Fr. Michel (première édition du *Roland*, p. 224), lxxxvii.

KAROLINUS. Poëme historique, composé par Gilles de Colonna pour l'éducation de Louis VIII : il renferme fort peu de traits légendaires, cxxxvii.

KEISER KARL MAGNUS'S KRONIKE. Livre populaire danois du xve siècle, renfermant un abrégé de la *Karlamagnus Saga*. Ce qu'on y trouve sur la légende du voyage à Jérusalem, 37, et sur les commencements de la guerre d'Espagne, 46. = Nous nous en sommes servi pour éclaircir et commenter notre texte aux pages 7, 8, 24, 84, 89, 94, 105, 111, 149, 151, 153, 166, 183, 184, 191, 205, 209, 210, 234, 246, 247. = Édition nouvelle de la *Keiser Karl Magnus's Kronike*, par Carl Elberling (Copenhague, 1867), clxxxvii. = Traduction complète du « Roncevaux » danois, 252-264.

KELLER (Ad.). Publie dans le *Romwart* (1844) quelques extraits des Manuscrits français de Venise, clxxvii.

L

LACUNES du manuscrit d'Oxford, qui ont été comblées à l'aide du texte de Venise IV et des autres manuscrits. V. *Additions*. = Utilité des Remaniements pour combler ces lacunes, cviii, cix.

LAISSE. C'est le nom du « couplet épique ». V. *Couplet*.

LANCE. Notice sur la lance dont on se servait au temps où fut écrit le *Roland* (avec figures gravées d'après les sceaux des Archives), 118-120. = Légendes sur la lance dont Jésus-Christ fut percé sur la croix, 191-194.= De la lance de Charlemagne, 194.

LATINS (poëmes). Relatifs à la légende de Roland : 1º Le *Karolellus*, traduction du faux Turpin en 2100 vers (fin du xiie siècle) ; 2º le *Karolinus*, œuvre historique, composée par Gilles de Colonna pour l'éducation de Louis VIII, lxxxvii.

LÉGENDE. 1º De la légende en général et de la place qu'elle occupe dans la formation de toute épopée, ix et suiv. V. *Épopée*. = 2º De la légende de Roncevaux. Origine, naissance et formation de cette légende, xix-xxv. = Les textes d'Eginhard et de l'Astronome limousin considérés comme le germe de la légende rolandienne, xviii-xx. = D'ailleurs, toutes les conditions nécessaires à la naissance et au développement d'une Épopée nationale se trouvaient réalisées pour la formation de notre légende, xii. = Comment elle a reçu une nouvelle force des invasions des Sarrasins en France, et notamment de la terrible invasion de 792-793, xxii, xxiii. = Nouveaux développements de la tradition. En 824, les Français sont de nouveau surpris par les Gascons dans les défilés des Pyrénées. Mort des comtes Eble et Asinaire, xxiii. = État de la légende aux ixe et xe siècles, avant qu'elle soit fixée par l'écriture, xxxii et suiv. = Les ixe et xe siècles sont, par excellence, les siècles de la légende. Exemple tiré du prétendu voyage de Charlemagne à Jérusalem. Suivant Eginhard, Charles avait envoyé des messagers au Saint-Sépulcre. Un moine de Saint-André au mont Soracte, un faussaire nommé Benoît, applique ce passage à Charles lui-même. De là la légende du voyage de l'Empereur en Orient, xiii. = Que la légende de Roland ne dérive pas du mythe du dieu scandinave Hruodo ou Roldo. Réfutation de M. Hugo Meyer, xxix, xxx. = Résumé sur les véritables éléments de notre légende. 1º Élément humain. Ce sont les types universels du Traître, de l'Ami, du Vengeur, etc. 2º Élément indo-européen. C'est l'idée de la lutte entre le Bien et le Mal, l'ébauche de la Chevalerie, le respect de la femme. 3º Élément catholique. C'est l'idée de Dieu, le monothéisme; la Foi à la Providence, au Surnaturel, à la vie future; l'amour purifié; la chevalerie. 4º Élément germanique. Ce sont les habitudes poétiques des Germains, leur caractère primitif, leur idée de la Royauté, leur Droit et leur Procédure, etc., xxviii-xxxii. = De la première forme positive qu'a reçue la légende de Roncevaux, xxxii, xxxiii. = Théorie de la préexistence des Cantilènes. Il a circulé sur Roland un certain nombre de chants lyrico-épiques, véritablement populaires et chantés, non par des chanteurs de profession, mais par tout un peuple. Ces Cantilènes sont la première forme qu'ait reçue notre légende. L'auteur de la *Chanson de Roland* n'a pas eu d'ailleurs qu'à les souder matériellement pour en composer son poëme; mais il s'est inspiré de ces chants populaires, xxxii-xli.= « Les Chansons de geste », telle est, après les Cantilènes, la seconde forme que la légende rolandienne ait revêtue, xli et suiv.=Mais si la légende se condense un jour en un chef-d'œuvre qui est notre *Chanson de Roland*, elle subit tour à tour trois outrages dont nous avons longuement parlé : 1º la « Chronique de Turpin », lxxviii et suiv.; 2º les Remaniements, lxxxix et suiv.; et 3º les Romans en prose, cix et suiv. = Voyages de la légende. Elle a été accueillie, comprise, reproduite, copiée et corrompue par tous les peuples, cxix et suiv. =Histoire de ses pérégrinations en Allemagne, cxx-cxxv; aux pays Néerlandais, cxxv-cxxvi; aux pays Scandinaves, cxxvii-cxxix; en Angleterre, cxxix-cxxx; en Pologne, en Hongrie, en Grèce, en Turquie et jusqu'en Sibérie, cxxx-cxxxi; en Italie, cxxxi-cxxxix; en Espagne et au Portugal, cxl-cxliii. = Avec le moyen âge finit la gloire de notre légende : la Renaissance la méconnaît et l'oublie, cxlvi et suiv. = Son histoire au xvie siècle, cxlvi-cxlix; au xviie, cxlix-clv; au xviiie, clv-clix; au xixe, clix et suiv. = De nos jours cette histoire peut se diviser en quatre époques bien distinctes: 1º la période de Préparation, jusqu'en 1832, clxi-clxix; 2º la période d'Invention (1832-1837), clxix-clxxiv; 3º la période de Vulgarisation (1837-1863), clxxiv-clxxxv; et enfin 4º la période de la Critique, clxxxvi-cxcii. V. *Roncevaux* et *Roland*.

LEHUGEUR. Sa traduction en vers de la *Chanson de Roland*, clxxxvii. — Son opinion sur le sens d'aoi, lix.

LEIBNITZ. Son beau travail et plein de sens critique, dans les *Annales de l'Em-*

pire (la première édition a paru en 1707), sur le faux Turpin, les Rolandssaülen, Wenilo, etc., CLIV.

LOOS (Fragments néerlandais de), publiés par M. Bormans en 1864, CXXVI et CLXXXVIII.

LOMBARDE (Langue). A-t-il existé une langue spéciale, celle des Romans franco-italiens? CXXXII-CXXXIV.

LORRAIN (Fragment) d'un Remaniement de *Roland* (XIIIe siècle), XLV.

LUDWIGSLIED ou Cantilène de Saucourt, composée en 881-882, à l'occasion de la victoire de Louis III sur les Normands envahisseurs, XXXV.

LYON (Manuscrit de). Description de ce manuscrit (n° 984), qui renferme un remaniement du *Roland*, XIVe siècle, XLV. = Où commence le manuscrit de Lyon, 133. = L'auteur de ce remaniement a omis à dessein les faits racontés dans les vers 2570-2844 de notre texte, et il a laissé également de côté tout le récit de la bataille de Saragosse, 196.

M

MACAIRE. Poëme de la fin du XIIe siècle; résumé complet, 267.

MAGNIN. Ses articles sur le *Roland* de Génin, dans le *Journal des savants* de 1852 et 1853, CLXXIX. = Son opinion sur la date de notre vieux poëme, LX.

MAILLES. Le vêtement de mailles, c'est le haubert, que nous avons décrit aux pages 122, 123.

MAIRET. Nous avons omis de signaler, en 1635, son *Roland furieux*, tragédie représentée en 1635, et publiée en 1640, à Paris, chez Sommerville.

MALA VISTEIS, FRANCESES. Romance espagnole dont une imitation, suivant Depping, SERAIT (?) chantée en Sibérie, CXXX, CXXXI.

MANUSCRITS du *Roland*. Il convient de les diviser en deux familles, suivant que nous avons affaire à la Version primitive ou à ses Rajeunissements. I. L'ANCIEN texte de *Roland* nous a été conservé par deux manuscrits : 1° par le manuscrit d'Oxford (1150-1160), que nous avons décrit fort longuement, XLI et suiv.; et 2° par celui de Venise IV (1230-1240), MAIS EN PARTIE SEULEMENT, XLIII et suiv. = II. Le texte REMANIÉ de *Roland* est reproduit, avec des variantes nombreuses et importantes, par six manuscrits que nous allons énumérer : 1° Paris, B. N., fr. 860, anc. 7225^a (deuxième moitié du XIIIe siècle). — 2° Versailles, XIIIe siècle (aujourd'hui à la bibliothèque de Châteauroux; mais il en existe une copie moderne à la B. N. fr. 15108). — 3° Venise (Bibliothèque Saint-Marc, manuscr. fr., VII), exécuté vers 1250. — 4° Lyon (n° 964), XIVe siècle. — 5° Fragments lorrains du XIIIe siècle. — 6° Manuscrit de Cambridge, XVIe siècle. = La fin du manuscrit de Venise IV est conforme aux autres *rifacimenti*, XLV. = L'utilité de ces remaniements pour combler les lacunes du manuscrit d'Oxford, CVIII-CIX.

MARCHANGY (DE). De sa *Gaule poétique* en général, et en particulier de son « Chant funèbre en l'honneur de Roland », CLXIII et suiv.

MARINE. Vers curieux pour l'histoire de la marine. Ce sont les vv. 2632-2637. V. la note de la page 198.

MARSILE. Histoire poétique de Marsile. Résumé complet de cette légende, d'après nos Chansons de geste et les sources latines et étrangères, 8-12.

MARTYROLOGES qui contiennent au 3 mai, au 31 mai, au 16 juin, la mention de la mort de notre Roland et de ses compagnons considérés comme martyrs, LXXXVIII.

MAUGIS D'AIGREMONT. Chanson de geste, 272.

MERMET. Son opéra : *Roland à Roncevaux* (1865), CLXXXV, CLXXXVI.

MEYER (HUGO). Son *Abhandlung über Roland* (1868), CXCI. = Exposé de ses doctrines sur l'origine germaine ou scandinave de la légende de Roland, XXVIII-XXX. V. *Légende*.

MEYER (PAUL). Ses *Études sur l'Épopée française* (27e et 28e années de la *Bibliothèque de l'École des Chartes*), CXC. = Son argumentation contre les origines germaines de notre Épopée, XXXI, XXXII. = Sa théorie sur les Cantilènes. Suivant lui, les Chansons de geste ont été composées directement d'après la tradition, xxxiii. = Son opinion sur la versification latine rhythmique, lii.

MICHEL (Francisque). Son *Examen critique de la Dissertation de M. H. Monin* (1832), clxix, clxx. — Son *Rapport à M. le ministre de l'Instruction publique sur les anciens monuments de l'histoire et de la littérature de la France qui sont conservés dans les Bibliothèques de l'Angleterre et de l'Écosse* (1838), clxxvi. = Sa première édition de la *Chanson de Roland* (1837), clxxiii et suiv. = Sa seconde édition, en 1869, clxxxvii. = Son opinion sur la date du vieux poëme, lx, et sur le sens d'aoi, lviii, lix.

MICHEL-DU-PÉRIL (Saint-). Histoire de ce pèlerinage, 18, 19. V. *Mont-Saint-Michel.*

MONIN (H.) Sa *Dissertation sur le Roman de Roncevaux* (1832), clxviii et clxix. = Ses *Corrections et Additions*, clxx.

MONT-SAINT-MICHEL. Histoire de ce pèlerinage, 18, 19. = Importance de Seint Michiel de l'Peril dans notre poëme. Comment on en peut inférer que l'auteur du *Roland* était Avranchin, lxviii, lxix.

MORGANTE MAGGIORE de Pulci (1485), cxiv et cxxxvi.

MORGANT LE GÉANT. Notice sur cette œuvre, dont la première édition est de 1519, cxiv.

MOUSKES (Philippe). Notice sur sa « Chronique rimée » (milieu du xiiie siècle), et sur les sources auxquelles il est remonté, cxi, cxii. = Fragment cité et traduit, cxii. = Ce qu'on y trouve sur la légende de Berte, 25; sur Marsile, 11; sur l'Espagne et Roncevaux, 46, etc.

MÜLLER (Théodore). Sa première édition de la *Chanson de Roland* (1851), clxxix. = Son édition de 1863, clxxxvii et suiv. = On annonce de lui, pour paraître prochainement, une édition nouvelle, qu'il fera sans doute précéder de son *Introduction* depuis si longtemps attendue, et d'un *Glossaire*, déjà imprimé, cxcii.

N

NAIMES, duc de Bavière, conseiller de Charlemagne. Notice, 68, 69.

NARBONNE. Prise de Narbonne, racontée par le *Philomena*, 273. = Charlemagne a-t-il passé par Narbonne en revenant de Roncevaux? 103. = Rapprochement entre Narbonne et Arbonne près de Saint-Jean-de-Luz, 233.

NASEL, partie du heaume. Figures gravées d'après les sceaux, 121, 122.

NAVARRE. L'action de Roncevaux a eu la Navarre pour théâtre, et non pas la Cerdagne. Réfutation de M. d'Avril, 100-103.

NÉERLANDAIS (Pays). Notre légende y voyage. Quatre fragments de *Roncevaux* néerlandais (xiii et xiv siècle) ont été publiés par M. Bormans: deux se rapportent au texte d'Oxford, deux autres suivent le faux Turpin, cxxvi. Cf. 11 et 47.

NEPI. Inscription de Nepi, où le nom de Ganelon est maudit, où sa trahison est rappelée (1131), cxxxi.

NEUTRES. Théorie des neutres, 12, 13.

NOBLES. Ville légendaire fort célèbre dans toute notre Épopée, 155-157.

NOMS. Théorie de la Déclinaison romane : 1° Règles générales, 4, 5. Théorie des Neutres, 12, 13, et des Vocatifs, 14. = 2° Règles particulières. Troisième déclinaison, sujet singulier, 95 et 3; sujet pluriel, 16. = Noms qui déplacent l'accent (*sire, seignur; emperere, empereür*, etc.), 4 et 129. = Noms dérivés des substantifs latins en *arius* : ils doivent prendre un *s* au s. s. m., 57.

NOMS DE NOMBRE. Théorie sur *mil* et *milie*, etc., 14. V. aussi le *Glossaire.*

NOTES ET VARIANTES de notre édition, cxcvii, cxcviii, et 1-273.

O

O. Phonétique de l'*o*, 6. Cf. 17, 21, 22, 90, 91, 117.
OE. Notation *oe*, 20.
OFFICE DE CHARLEMAGNE A GIRONE (1345). Variantes précieuses sur l'expédition d'Espagne, 47.
OGIER LE DANOIS. Notice, 105, 106. = Qu'il était véritablement du Danemark, et non point des Ardennes, 106. V. *Chevalerie Ogier*.
OI. Notation *oi*, 82, 87, 88, 97, 112, 154, 228.
OLIVIER. Notice, 71. = Sa statue à Vérone (?), 67.
OR. D'Arabe, ou *Or arabiant*, 58.
ORDALIES. Épreuves judiciaires. Le *campus* ou duel, 237. V. *Procédure*.
ORLANDINO, de l'Arétin (s. d.), CXXXVII.
ORLANDO FURIOSO, de l'Arioste (1516), CXXXVII-CXXXVIII. = Nous en avons cité un passage important.
ORLANDO INNAMORATO, de Boiardo (1486), CXXXVII.
ORTHOGRAPHE au moyen âge, CXCIV.
OTAGES (Théorie des), 239.
OTES. Un des douze Pairs, 107.
OTINEL. Résumé complet de cette Chanson du XIIIe siècle, 39. = Variantes et modification de cette légende dans le *Karl Meinet* et dans la Chronique de Jacques d'Acqui, 39, 40. = Cf. 8, 9, 62, 72, 74.

P

PAIRS. Notice sur les douze Pairs, 73-75. = Seize listes des douze Pairs, d'après autant de documents divers, 73-75.
PALIE. Étymologie de ce mot; sa signification, 198, 199.
PARCEVAL LE GALLOIS. Résumé complet de ce poëme de Chrestien de Troyes (XIIe siècle), 194, 195.
PARIS (PAULIN). *La Chanson de Roland*, Critique de l'édition de M. Génin, articles de M. P. Paris, dans la *Bibliothèque de l'École des Chartes* (C. II, pages 297 et 393), CLXXIX. = Sa théorie des Couplets similaires ou répétitions épiques, LV. = Son système sur les Romans de la Table Ronde, et en particulier sur le Graal, 193.
PARIS (GASTON). Son *Histoire poétique de Charlemagne* (1865), CLXXXVIII, CLXXXIX. = Sa définition du Poëme épique; sa doctrine sur la formation de l'Épopée, XII. = Son système sur les origines germaniques de l'Épopée française, qui, dit-il, peut être ainsi définie : « L'esprit germanique dans une forme romane », XXIX. = Ses idées sur la préexistence des Cantilènes, XXXIII, XXXIV ; — sur la versification rhythmique latine et française, et en particulier sur le rôle qu'y joue l'accent tonique, LI, LII ; — sur les Couplets similaires ou répétitions épiques, LV ; — sur le sens d'AOI, LIX ; — sur la langue des romans franco-italiens : réfutation de ce dernier système, CXXXIII, CXXXIV. = Opinion de M. Gaston Paris sur la date du *Roland*, LX ; son appréciation littéraire de notre vieux poëme, LXXVIII. = Résumé de son *De Pseudo-Turpino* (1865), LXXXIII-LXXXVI. = Ses études sur la *Karlamagnus Saga* (*Bibliothèque de l'École des Chartes*, 1863-1864), CLXXXVIII. = Il prend la *Chanson de Roland* pour objet de son Cours pendant l'année 1870-1871. = Nous lui devons un grand nombre de précieuses indications pour notre chapitre intitulé : *Les Voyages de la Légende*, CXIX et ss.
PARIS (MANUSCRIT DE). Description de ce manuscrit (XIIIe siècle. — B. N. Fr., 860, anc. 72255), où est renfermé le plus précieux remaniement de notre *Roland*, XLV. = Où commence ce manuscrit? Appréciation critique de ce texte rajeuni, 128.
PARISE LA DUCHESSE. Chanson de geste où Charlemagne n'est nommé qu'une fois, où il ne joue aucun rôle, 272.
PARTICIPES (Théorie des), 99. Lorsqu'ils sont employés avec le verbe *avoir* pour former des temps composés, tantôt ils prennent l'accord avec le régime, quelle

qu'en soit la place; tantôt ils ne prennent pas l'accord, et restent au singulier neutre, 89. = Participes de seconde formation, 189.

PAULMY D'ARGENSON (De), et la *Bibliothèque des Romans* (novembre-décembre 1777), clvii et suiv.

PAYS-BAS. V. *Néerlandais* (pays).

PELLETAN (Camille). Sa Thèse à l'École des Chartes, « sur la forme et la composition des Chansons de geste », et en particulier du *Roland*, cxc. = Son opinion sur la préexistence des Cantilènes, xxxix, et sur les Couplets similaires ou répétitions épiques, lv.

PÉRIL (Saint-Michel-du-). Histoire de ce pèlerinage, 18, 19. V. *Mont-Saint-Michel*.

PETERBOROUGH. Manuscrits du *Roland* conservés autrefois dans la cathédrale de Peterborough, xlv.

PHILOMENA, 273.

PHONÉTIQUE du *Roland* (voyelles), 5, 6.

PIERRE (Denier de Saint-), 85. V. *Denier*.

PLACITUM PALATII, plaid du Roi, 236, 237.

POEME DE RONCEVAUX (Le), par J.-L. Bourdillon (1840), clxxvii.

POETE SAXON. Il reproduit le texte des *Annales* d'Eginhard (anno 778), relatif à la catastrophe de Roncevaux, xix.

POLOGNE. Roland et sa légende y ont été peu connus. Traduction récente de notre vieux poëme, par M. Pruszak, cxxx.

PORTS. Sens exact de ce mot, 97, 98.

PORTUGAL. Roland et sa légende en Portugal. L'*Historia del imperador Carlomagna*, traduction espagnole de notre *Conqueste du grand Charlemaigne des Espaignes*, est traduite en portugais, et ornée au xviiie siècle de deux Suites, également portugaises, cxliii.

POTT. Le livre de Pott, que nous avons cité dans notre Glossaire, porte le titre suivant : *Die Personnenamen, insbesondere die Familiennamen und ihre Entstehungsarten auch unter Berücksichtigung der Ortsnamen* ; Leipzig, 1859. L'auteur cite Fœrstemann, et l'a mis à profit.

PRISE DE PAMPELUNE. Chanson de geste franco-italienne (premier quart du xive siècle.) Résumé, 64, et surtout 41, 42. Cf. 10 et 80.

PROCÉDURE. Que la procédure de nos Chansons est germanique, xxxi. = Exemple tiré du procès de Ganelon dans la *Chanson de Roland* ; longue étude, 235 et suiv.

PRONOMS. 1° Pronoms relatifs, 94. = 2° Pronoms ou adjectifs démonstratifs, 146. = 3° Pronoms ou adjectifs possessifs, 20. = Pronoms neutres : *le*, venant d'*illud*, et *que*, de *quod*, 58, etc.

PROSE. 1° Des romans en prose *in genere*, cix et suiv. = Les premiers Romans en prose ont été le plus souvent calqués sur nos derniers Romans en vers, et ils doivent un jour être reproduits par l'imprimerie sans autre modification importante que celle de leur langue, et cela jusqu'à la Bibliothèque bleue, jusqu'à nos jours, cix, cx. = Leur valeur littéraire et morale ; leurs caractères extrinsèques et intimes, cxiv-cxix. = Leur utilité pour l'érudit : ils peuvent combler certaines lacunes des Romans en vers, cxviii. = 2° Des romans en prose dans leurs rapports avec le *Roland*. Il n'a pas existé à notre connaissance de roman en prose intitulé *Roland*, ou spécialement consacré à notre héros, cxiii. = Mais six fois au moins notre vieille légende a été mise en prose dans le corps d'une autre compilation ou d'un autre roman : 1° dans *Galien* ; 2° dans les *Conquestes de Charlemagne*, de David Aubert ; 3° dans *Morgant le Geant* ; 4° dans *Charlemagne et Anséis* ; 5° dans *Fierabras* et la *Conqueste du grand Charlemaigne des Espaignes*, et 6° dans *Guerin de Montglane*. (V. chacun de ces mots.) = Et nous ne parlons pas ici des traductions de la Chronique de Turpin, ni des *Chroniques de Saint-Denis*, cxiii et suiv. = Pour donner au lecteur quelque idée de nos Romans en prose, nous avons cité un chapitre de *Galien*, cxviii, cxix.

PRUSZAK. Sa traduction polonaise de *Roland*, clxxxvii.

PULCI. Le *Morgante maggiore* (1485), cxxxvi. = Critique et citation de ce poëme. cxxxviii.

Q

QUICHERAT (J.) Dessins que nous lui devons, CXCIX. V. ces dessins aux pages 67 (statues de Roland et d'Olivier à Vérone), et 102 (vue d'Ibagneta).

QUINAULT. Son *Roland* (1185), CL et suiv. = Cinquante ans auparavant, Mairet avait fait représenter une tragédie intitulée : *Roland furieux*, dont nous avons omis de parler. = Le *Roland* de Quinault, emprunté, comme l'œuvre de Mairet, aux sources italiennes, à l'Arioste, fut représenté le 18 janvier 1685, et repris le 12 février 1705, le 15 novembre 1709, le 15 décembre 1716, le 11 novembre 1727 et le 19 novembre 1743. Il obtint les honneurs de la parodie. (*Roland*, parodie en un acte, en vers, de MM. Sticotti et Panard, représentée pour la première fois le lundi 20 janvier 1744, et au Théâtre de la foire.—*Pierrot furieux* ou *Pierrot-Roland*, parodie en un acte de M. Fuzelier, non imprimée, et représentée au Jeu-de-Paume d'Orléans, à la foire de Saint-Germain, 1717.) Nous avons également omis de placer ces détails à leur place.

R

RAIMBERT de Paris. V. *Chevalerie Ogier*.
RAYMOND (P.). Son article sur la *Question de Roncevaux*, dans la *Revue de Gascogne* (1869), CXCI. = Le « Mémoire géographique », qu'il a bien voulu nous communiquer, se trouve aux pages 66, 97, 98, 109, 110, 112, 219 et 233. = M. P. Raymond a *écrit*, dans notre carte, la portion qui comprend le pays basque, etc.

RAYNOUARD. Son examen de la *Dissertation* de M. H. Monin dans le *Journal des savants* (juillet 1832). Il y étudie notre légende, et traite la question des Cantilènes, CLXX. = Sa discussion avec l'abbé de la Rue, sur la rhythmique de la *Chanson de Roland* (*Journal des savants*, juillet 1833), CLXXI.

REALI. Notice complète sur cette œuvre italienne, qui fut composée vers le milieu du XIVe siècle, et en particulier sur le livre huitième, intitulé *la Spagna*, CXXXIV-CXXXVI, 48. = Ce qu'on trouve dans les *Reali*, touchant la légende de Berte, 25, 26; les enfances de Charles, 28, et les débuts de Roland, 61. On s'arrête spécialement à l'*Aspromonte* des *Reali*, 30. Cf. 11.

REINE SIBYLLE. Résumé de ce roman d'après le manuscrit 226 de l'Arsenal, 267, 268.

RELIGION, IDÉES RELIGIEUSES dans la *Chanson de Roland*, LXXIV, LXXV. = Roland dans les Martyrologes ; ses « reliques », LXXXVIII. V. *Communion* et *Confession*, etc.

RELIQUES de la Passion, d'après le *Voyage à Jerusalem et à Constantinople* et une légende latine anonyme de 1060-1080. Résumé de ces deux documents légendaires, 35-37. = Histoire de cette fable, sur laquelle vient encore broder Philippe Mouskes, 37. = Des reliques que les chevaliers plaçaient dans le pommeau de leurs épées, 117, 118.

REMANIEMENTS. 1° Il y a eu des Remaniements, des *rifacimenti* dans la littérature poétique de tous les peuples, LXXXIX. = 2° Origine des Remaniements en ce qui concerne particulièrement nos Chansons de geste. Ces Chansons, comme leur nom l'indique, étaient faites pour être CHANTÉES et ÉCOUTÉES. Dès qu'on ne les CHANTE plus, dès qu'on les LIT, tout change. Il faut dès lors modifier le système primitif des « assonances pour l'oreille », et le remplacer par le système des « rimes pour les yeux. » Or ce premier changement entraine tous les autres. Démonstration de cette thèse, LXXIX et suiv. = 3° Énumération complète des remaniements de Roland; description exacte des manuscrits qui nous les ont conservés (*a*. Paris, *b*. Versailles, *c*. Venise VII, *d*. Lyon, *e*. les fragments lorrains, *f*. Cambridge.—*a*, *b*, *c*, sont du XIIIe siècle; *d* est du XIVe, et *f* du xvie. Les *fragments* lorrains sont du xiiie siècle), xlv. = Ordre d'importance dans lequel il faut classer ces *rifacimenti*, xlvi. = On étudie spécialement le manuscrit de Paris, 227. Pour les autres, voyez *Lyon, Venise, Versailles, Lorrains* (fragments), 24. = 4º Résumé complet de la dernière partie des nos Remaniements, 230-233. — Exposé de toutes les différences qu'ils offrent avec la version originale, 45, 46. = 5º Le Remanieur à l'œuvre; ses différents travaux, xc et suiv. — Le premier travail du Rajeunisseur consiste à « remplacer toutes les assonances d'un couplet par un système de rimes nouvelles », xci, xcii. — Par un second travail, « il change une à une les assonances de tel ou tel vers, afin de leur donner la rime voulue, » xcii-xciv. — Troisième travail. « Remplacer, PARCE QU'ON Y EST CONTRAINT, un vers du texte original par deux ou trois vers nouveaux, » xciv-xcv. — Quatrième travail. « C'est le même que le précédent; mais SANS NÉCESSITÉ AUCUNE, ET PAR FANTAISIE PURE, » xcv-xcvi. — Cinquième travail. « Modifier un hémistiche, un mot seulement dans un vers du texte primitif, » xcvii-cxviii. — Sixième travail. « Suppressions dans la version originale, » xcix-c. — Septième travail. « Additions au vieux poëme : » *a* Vers, et : *b* Couplets ajoutés, ciii, 83, 87, 109, 111, 140, 142, 161. — Huitième travail. « Rédaction à nouveau de certaines parties, de certains épisodes plus ou moins considérables, » ciii. — Neuvième et dernier travail. « Rédaction en vers d'une autre mesure, en alexandrins, » ciii, civ. = Importance scientifique des *rifacimenti*, et comment ils servent à combler certaines lacunes du texte primitif, xlv, xlvi, xci-xcii, cvii-cix, 150, 151, 166-168, 171, 172, 227. = Leur caractère littéraire, politique, moral et religieux. Comment et en quoi ils diffèrent de la version originale, civ-cvi. = Pour donner au lecteur une idée plus nette des *rifacimenti* du *Roland*, nous en citons et traduisons un long fragment, cv-cvii. V. aussi xcix, 73, 168. = Pour les Remaniements en prose, voy. ce dernier mot.

RENAISSANCE. Jugement sur cette époque littéraire, cxlvi et suiv.

RENAUS DE MONTAUBAN. Poëme qui nous est parvenu sous une forme du xiiie siècle; mais dont il a existé des versions antérieures. Résumé complet, 31, 32, 33. = Ce qu'on y trouve sur les enfances de Charles, 27; sur celles de Roland, 61 et 114; sur Turpin, 76, et sur les douze Pairs, 74.

RENIER DE GENNES. Roman en prose du xve siècle, 176. = Notice sur le héros de ce Roman dont il a existé une version en vers, 175, 176.

RÉPÉTITIONS ÉPIQUES dans le *Roland;* théorie des Couplets similaires, liv-lx.

RICHARD DE NORMANDIE. Un des héros du *Roland*. Notice, 212, 213.

RIME. Elle est distincte de l'Assonance, et a été introduite dès que nos Romans ne furent plus chantés et écoutés, mais lus, liii, lxxxix.

RODRIGUE DE TOLÈDE, mort en 1247. Écrit à l'espagnole une relation de Roncevaux, où Roland est détrôné par Bernard del Carpio. Le vrai titre de son livre est : *Rerum in Hispania gestarum Chronica*, cxlii.

ROI. Le Roi, considéré comme un des Types qui se rencontrent dans les Épopées primitives, xi.

ROLAND. I. ROLAND, CONSIDÉRÉ COMME PERSONNAGE RÉEL. Textes historiques relatifs à sa défaite et à sa mort dans les Pyrénées : *a* et *b*, d'Eginhard et du poëte saxon ; *c*, de l'Astronome limousin ; *d*, des *Annales Petaviani*, xviii-xx. = II. ROLAND, CONSIDÉRÉ COMME PERSONNAGE LÉGENDAIRE. Histoire poëtique de Roland d'après toutes les sources latines, françaises et étrangères, et surtout d'après toutes nos Chansons de geste, 58-66. 1º Sa naissance et ses enfances, 58-62. 2º Sa vie et ses exploits jusqu'à la trahison de Ganelon, 62-64. 3º Sa mort, 64-66. = Portrait de Roland d'après nos textes épiques, et surtout d'après celui de notre vieille Chanson, xx-xxii. = Iconographie de Roland, 65-67 et cxxiii et suiv. = Sa taille gigantesque; distique de la ville de Spello; témoignage de Gryphiander; récit du prince palatin Frédéric II, xx, xxi. = Roland considéré comme Martyr; son nom dans les Martyrologes; ses « reliques », etc., lxxxviii. = Roland considéré comme le type le plus exact de la race française, xx-xxii. = Popularité de notre héros en Allemagne, cxx ; aux Pays-Bas, cxxv ; aux pays Scandinaves, cxxvii ; en Angleterre, cxxix ; en Italie, cxxxi ; en Espagne, cxl, et en France, cxliv, cxlv. = On trouvera fort longuement au mot *Légende* tout ce qui a rapport à la légende de notre héros et aux destinées de cette légende depuis le IXe siècle jusqu'à nos jours...

ROLAND ou *CHANSON DE ROLAND.* 1º Origine, formation et développements de la légende de Roland, qui, sortie d'un texte d'Éginhard, reçut une première forme dans ces Chants populaires auxquels nous avons laissé le nom de Cantilènes, IX-XXXIX. (V. notre mot *Légende*.) = 2º La seconde forme qui est donnée à la légende est précisément celle de notre Chanson de geste. Comment l'auteur de ce vieux poëme s'est inspiré des Cantilènes, mais sans les reproduire servilement, XXXIX et suiv. = 3º Résumé rapide du *Roland*, 42, 43. = 4º Des manuscrits où est conservée l'antique version de notre Épopée : *a*, Oxford (Bodléienne, Digby, 23, et *b*, Venise (Bibliothèque Saint-Marc, manusc. franç., IV), XLII et suiv. — Le manuscrit d'Oxford n'est pas l'œuvre de deux scribes. Arguments en faveur de cette thèse, LXIX, LXX. = 5º Date du *Roland*. Arguments tirés de la langue, de la versification et de l'archéologie. Nouvel argument tiré d'un passage trop peu remarqué de la Chanson, LX-LXII, et aussi 126, 127. = La Chanson que nous possédons aujourd'hui n'a pas été en réalité le plus ancien de nos poëmes épiques, XLI, XLII ; mais on peut la considérer comme le plus ancien de tous les grands monuments littéraires de l'Europe chrétienne, CXIX, CXX. = Conclusion : « Le *Roland* est CERTAINEMENT antérieur au règne de Philippe-Auguste, et PROBABLEMENT à la première croisade ; il n'est PAS IMPOSSIBLE enfin qu'il ait été écrit dans le courant du XIe siècle, » XL-LXII. = 6º L'auteur du *Roland*. Ce n'est pas *li ber Gilie*, 169-171 ; ce n'est pas Théroulde, LXIV, LXV. — Le *Roland* est, suivant nous, l'œuvre d'un poëte normand du pays d'Avranches. Développement de cette thèse, LXVIII, LXIX. = 7º Versification du *Roland*, Traité complet, XLVII et suiv. = 8º Sa beauté littéraire, LXXI-LXXVIII ; sa profonde unité, LXXIV, 96, 97. = 9º Des trois outrages qu'a reçus successivement notre vieux poëme : *a*, la Chronique de Turpin, LXXVIII et suiv. ; *b*, les Remaniements, LXXXIX et suiv. ; *c*, les Romans en prose, CIX et suiv. = 10º Voyages et popularité de notre Chanson : *a*, en Allemagne, CXX-CXXV ; *b*, aux Pays-Bas, CXXV, CXXVI ; *c*, aux pays Scandinaves, CXXVII-CXXIX ; *d*, en Angleterre, CXXIX, CXXX ; *e*, en Pologne, Turquie, Grèce, Hongrie, Sibérie, etc., CXXX, CXXXI ; *f*, en Italie, CXXXI-CXXXIX ; *g*, en Espagne et au Portugal, CXLIII. = Comment elle fut oubliée par la Renaissance, CXLVI et suiv.=Son histoire au XVIe siècle, CXLVI-CXLIX ; au XVIIe, CXLIX-CLV ; au XVIIIe, CLV-CLIX ; au XIXe, CLIX et suiv.=De nos jours, cette histoire peut se diviser en quatre époques : *a*, de Préparation (jusqu'en 1832), CLXI-CLXIX ; *b*, d'Invention (1832-1837), CLXIX-CLXXIV ; *c*, de Vulgarisation (1837-1863), CLXXIV-CLXXXVI ; *d*, de Critique, CLXXXVI-CXCII. = 11º Éditions et traductions du *Roland*, Les éditions sont celles : *a*, de F. Michel : *b*, de Génin ; *c*, de Müller. V. ces trois noms. — Les traductions sont celles : *a*, de Delécluze ; *b*, de Vitet (c'est une analyse très-développée) ; *c*, de Jónain (en vers) ; *d*, d'Avril (en vers blancs) ; *e*, d'Alexandre de Saint-Albin ; *f*, de Lehugeur (en vers). V. tous ces noms.

ROLAND anglais, du XIIIe siècle, 47. Cf. 11.

ROLAND. Opéra de Quinault (1685), CL-CLII. V. *Quinault*.

ROLAND ET LA CHEVALERIE. De Delécluze (1845). Le deuxième volume est une traduction de notre vieux poëme, CLXXVII.

ROLAND A RONCEVAUX. Chant de Rouget de Lisle, cité *in extenso*, CLXI. CLVII.

ROLAND A RONCEVAUX. Opéra de Mermet (1865), CXXXV, CXXXVI.

ROMANCES ESPAGNOLES. Notice sur celles de ces Romances qui sont consacrées à Roncevaux et à Roland, CXLII. = Les unes sont d'inspiration espagnole, les autres toutes françaises, CXLII, CXLIII. = Romance sur le roi « Marcim », 11. Romance : « C'était le dimanche des Rameaux », 48. *En Paris esta dona Alda*, CXLII, CXLIII. Cf. 65.

ROMANS DE LA TABLE RONDE. Exposé des deux systèmes de M. de la Villemarqué et de M. P. Paris, 192-194. = Analyse de *Parceval le Gallois*, 192-194, etc.

RONCEVAUX. Description de Roncevaux d'après M. P. Raymond, 112. = Pour tout ce qui concerne la légende de Roncevaux, se reporter au mot *Légende*. = D'après l'hypothèse de M. Reinaud (*Invasions des*

Sarrasins en France, p. 96), les musulmans d'Espagne auraient bien pu HISTORIQUEMENT prendre leur part à la catastrophe de Roncevaux, XVIII-XX.

RONCISVALS MIS EN LUMIÈRE, de J.-L. Bourdillon (1841), CLXXVII.

RONSARD. Son influence funeste à nos vieux poëmes; sa Franciade, CXLIX.

ROSENBERG. Travail de cet auteur danois sur la légende et la Chanson de Roland (1860), LXXXIII.

ROUGET DE LISLE. Son Roland à Roncevaux, cité in extenso, CLXI-CLXII.

ROYAUTÉ. L'idée de la Royauté et du Roi, dans le Roland, est d'origine germanique, XXXI.

RUOLANDES LIET. Poëme allemand principalement calqué sur un texte français analogue à celui d'Oxford. Époque à laquelle il a été écrit (le milieu du XIIe siècle); son auteur (le curé Conrad); son caractère littéraire (la religiosité), CXXI-CXXII. = Nous n'avons pas assez insisté sur l'originalité de certaines parties du Ruolandes Liet. Telle est « la Communion », tel est le « Miracle de la rosée », que nous avons cité, in extenso, dans notre second volume, 180-182. = Le Ruolandes Liet a été publié, en 1838, par W. Grimm, CLXXVI. = Nous en avons cité plusieurs fragments traduits par G. Paris, CXXI, CXXII, 180-182; et nous avons aussi emprunté à l'édition de Grimm la reproduction de deux miniatures du XIIe siècle, 179 et 188.

S

S. Exposé de la règle de l's et des règles de la Déclinaison romane, 3, 4, 5. = L's est souvent la caractéristique de la troisième personne du singulier des parfaits simples. V. le Glossaire.

SAINT-ALBIN (ALEXANDRE DE). Sa traduction du Roland (1865), CLXXXVI. — Son opinion sur la date de notre vieux poëme, LX, et sur le sens d'AOI, LIX.

SAINTETÉ ET MIRACLES DU BIENHEUREUX CHARLEMAGNE. Compilation latine de 1165, dédiée à l'empereur Frédéric Barberousse. V. Chronique de Turpin.

SAINT-FARON (Monument de), 234, 235.

SAINT-MAUR (FRANÇOIS). Cinq jours d'un Parisien dans la Navarre espagnole (1862), CLXXXIV. — Roncevaux et la Chanson de Roland, Simple réponse à une question de géographie historique (1870), CXCI.

SAINT-MICHEL-DU-PÉRIL. Histoire de ce pèlerinage. Large place qu'il tient dans notre Chanson. Conclusion qu'on en peut tirer pour l'histoire littéraire de notre Roland, qui a peut-être été composé au mont Saint-Michel, ou probablement près de là, 18, 19.

SAMSON. Un des douze Pairs de Charlemagne, duc de Bourgogne, père de Gui. Notice, 52, 53. = Nous avons eu tort de dire que le s. s. devait être SANSES. C'est, en effet, le nom que ce personnage porte dans les Remaniements; mais notre poëte avait tiré ce vocable de l'indéclinable Samson.

SANGLES du cheval de guerre au XIIe siècle, 126.

SARRASINS. Suivant Eginhard et l'astronome Limousin, ils n'auraient pas pris part HISTORIQUEMENT à la catastrophe de Roncevaux, XX. = Cependant, d'après l'hypothèse de M. Reinaud (Invasions des Sarrasins en France, p. 96), les musulmans d'Espagne auraient pu y jouer quelque rôle, XVII-XX. = D'ailleurs, leur terrible invasion de 792-793, et la grande bataille de Villedaigne-sur-l'Orbieu, ont quelque peu contribué à former la légende de Roncevaux et se sont confondues avec elle, XX-XXII. = Nos vieux poëtes mettent sur le compte des Sarrasins toutes les défaites qu'ont subies les Français et les chrétiens, XXIII.

SAUCOURT (Cantilène de), ou Ludwigslied, composée en 881, 882, à l'occasion de la victoire de Louis III sur les Normands envahisseurs, XXXIV, XXXV.

SCANDINAVES. D'une prétendue origine scandinave de notre épopée: réfutation de M. Hugo Meyer, XXIX, XXX. = La légende et le poëme de Roland ont voyagé aux pays scandinaves; deux ou trois œuvres considérables ont résulté de ces voyages: 1° La Karlamagnus Saga, histoire islandaise de Charlemagne (XIIIe siècle), CXXVII-CXXVIII. 2° Cette même Saga traduite en suédois, et 3º la *Keiser Karl Magnus's Kronike*, résumé populaire en danois (xvᵉ siècle). Notice sur ces différentes formes de la légende française, cxxix.

SCRIBES. La *Chanson de Roland* (texte d'Oxford) a-t-elle été écrite par un ou plusieurs scribes? 96, 97. = Comme quoi le scribe qui a copié ce manuscrit est fort négligent, et comment il nous a donné cent preuves de cette négligence, 143, etc.

SCEAUX des xıᵉ et xııᵉ siècles, conservés aux Archives nationales. MM. Demay et Fichot ont dessiné d'après eux, et M. Harel a gravé les neuf figures qui accompagnent notre Notice des Armures, 116-127.

SELLES du xııᵉ siècle; figures, 126.

SIBÉRIE. M. Depping prétend y avoir entendu chanter par des paysans un chant populaire sur Roncevaux, lequel serait calqué sur la romance espagnole : *Mala visteis, Franceses*, cxxx, cxxxi.

SIÉGE DE NARBONNE. Résumé rapide de ce poëme du xıııᵉ siècle, 271.

SIMON DE POUILLE. Poëme de la fin du xıııᵉ; résumé complet, 37. Cf. 74.

SIMROCK. Son Recueil de légendes carlovingiennes, *Kerlingisches Heldenbuch* (1855), cxxv.

SIZER. Les ports ou défilés de Sizer; note géographique, 93, 94, 101.

SOSTEGNO DI ZANOBI, auteur de la *Spagna istoriata* (xıvᵉ siècle), cxxxvi.

SPAGNA (La). Huitième livre des *Reali* (vers 1350), 48 et cxxxv.

SPAGNA ISTORIATA de Sostegno di Zanobi (xıvᵉ siècle), considérée comme le prototype de l'Épopée italienne, cxxxvi et 48.

SPELLO. Distique de la ville de Spello sur la taille gigantesque de Roland, xx, xxı.

STRICKER. Le Stricker (c'est-à-dire l'Arrangeur) auteur du *Karl* (1230), cxxıı, cxxııı. V. *Karl.*

SUBJONCTIFS. Embarras de nos pères pour distinguer nettement l'indicatif présent du subjonctif au même temps, 110, 111, 15, etc.

SUBSTANTIFS. Déclinaison romane. 1º Règles générales, 4, 5. Théorie des Neutres, 12, 13, et des Vocatifs, 14. — 2º Règles particulières. Troisième déclinaison, sujet singulier, 95 et 3; sujet pluriel, 16. — Noms qui déplacent l'accent, 4, 129. — Noms dérivés des substantifs latins en *arius;* ils prennent un *s* au s. s. m., 57.

SUÈDE. Voyage en Suède de notre légende. Les branches vııı et ıx d'une traduction suédoise de la *Karlamagnus Saga* (xıııᵉ siècle) sont parvenues jusqu'à nous. Mais tout avait été traduit, cxxıx.

T

T et d, 55.

TABLEAU, par ancienneté, des différentes sources de l'histoire poétique de Charlemagne, 49-51.

TABLE RONDE. V. *Romans de la Table ronde.*

TACITE. Texte célèbre de Tacite sur les habitudes poétiques des Germains : *Celebrant carminibus antiquis originem gentis conditoresque*, xv.

TARGE. V. *Écu.*

TEXTE CRITIQUE de notre édition; but que nous nous sommes proposé, cxcııı. = C'est au Texte critique que se rapporte la plupart des corrections de notre *Errata.*

THEROULDE, TUROLDUS n'est pas l'auteur de la *Chanson de Roland*, lxv, lxvı. = Comme quoi ce nom est commun en Angleterre et en Normandie, lxvıı.

TRADUCTION dont nous avons accompagné notre texte. Comment nous l'avons comprise, cxcvı.

TRAITRE. Le Traître est un de ces personnages-types qu'on trouve dans toutes les Épopées primitives, xı. = De Ganelon considéré comme le Traître de notre épopée nationale, xxıv, xxv. Cf. 79. = La Geste des traîtres, 78, 79.

TRESSAN (De). La *Bibliothèque des Romans* (novembre-décembre 1777). La « Chanson de Roland restituée, par M. de Tressan », clvıı-clıx.

TUROLDUS. V. *Theroulde.*

TURPIN. Notice sur Turpin, 75.

TURPIN (Faux) ou *CHRONIQUE DE TURPIN.* V. ce mot.

TURQUIE. Un ermite turc (?) montre (??) à Thevenot l'épée (???) et le tombeau (????) de Roland à Burse en Natolie, cxxxı.

TUTOIEMENT du héros dans le *Roland* et dans nos autres poëmes, 68.

TYPES. Personnages typiques qui jouent un rôle dans toutes les Épopées primitives : le Traître, l'Ami, le Vengeur, le Roi, xi. = Les Types de *Roland*, lxxvi-lxxvii.

TYRWHITT, dans les *Canterbury's tales of Choucer*, signale le manuscrit d'Oxford où est conservé notre *Roland*, xlii, xlvi, clxv.

U

U. Phonétique de l'*u*, 6. Cf. 17, 21, 22, 90, 91, 115. = De l'*u* qui se prononçait *ou*. Preuve, 136, 141. = Couplets en *u* masculin, distincts de ceux en *un*, *ur*, 106.

=Couplets en *u* féminins ; théorie rectificative, 70.

UNGER. Son édition de la *Karlamagnus Saga*, en 1860, clxxx.

V

VAL-CARLOS. Note géographique, 101, 102 ; *109*, *110*.

VEILLANTIF, cheval de Roland, 172.

VELAND. Le forgeron, 113.

VENGEUR. Le Vengeur est un de ces personnages types qu'on trouve dans toutes les Épopées primitives, xi.

VENISE. Deux manuscrits de *Roland* sont conservés à Venise : 1° Celui qui porte parmi les manuscrits français le n° iv. Il est, dans sa première partie, analogue au texte d'Oxford, et son texte est violemment italianisé, xliii, xliv. 2° Le manuscrit vii, au contraire, est un remaniement qui se rapproche beaucoup de celui de Versailles, xlv. = Pour donner une idée du premier et du plus précieux de ces deux manuscrits, nous en avons cité trente à quarante vers, xliii, xliv. = M. Hoffmann a publié le texte de Venise iv en regard du texte d'Oxford dans son édition de *Roland*, cxciii.

VENTAILLE, 123.

VERBES. Théorie des premières personnes du pluriel, 20, 21.= La première personne sing. du présent de l'indicatif ne prend pas l'*s* ni le *z*, 162.= Des imparfaits de l'indicatif en *ei* et *ou*, 66. = L'*s* intérieur caractéristique de la 3e pers. sing. des parfaits. V. le *Glossaire*. = Parfaits en *iet* à la 3e p. s. (*respundiet*, *abatiet*, *survesquiet*), 52. = Du prés. du subjonctif et de ses multiples formes, 15. = Quelques observations sur le verbe *estre*, *iert* et *ies*, 92, 97, 104.

VÉRONE. Statues prétendues de Roland et d'Olivier à la cathédrale de Vérone, cxxxi. = Dessins de M. J. Quicherat, 67.

VERSAILLES. Description du manuscrit dit de Versailles qui contient un remaniement du *Roland*. Ce manuscrit est aujourd'hui conservé à la bliblithèque de Châteauroux ; mais il en existe une copie moderne à la B. N. (Fr. 15108), clxv et 128. Voy. *Bourdillon*.

VERS épique. V. le suivant. = Le *vers* est aussi un des noms du Couplet épique, xlix. V. *Couplet*.

VERSIFICATION. I. De la versification rhythmique en général, et du rôle qu'y joue l'accent tonique. Chacun des vers latins rhythmés dérive d'un vers antique de plus en plus déformé, et nos vers français sont nés d'une imitation grossière de ces vers latins rhythmiques, li, lii. = II. De la versification du *Roland* en particulier. Traité complet, xlvii-lx.—Il faut rectifier ce que nous y avons dit : 1° des couplets en *er* et en *ier*, qui sont DISTINCTS DANS NOTRE POËME COMME DANS TOUTES LES AUTRES CHANSONS, et 2° des laisses masculines et féminines en *u*, etc. On trouvera la rectification à l'*errata* du tome I et aux pages, 51-52, 69, 70. = N'a-t-il pas existé des laisses féminines en *iée*, 222. = Vers de douze syllabes qu'on trouve çà et là dans le *Roland*, 95.

VERSION PRIMITIVE du *Roland*. Comment elle a été modifiée par les Remanieurs, xc et suiv.

VIGNY (Alfred de). Le *Cor* (1835), clxxiv, clxxv.

VILLEDAIGNE - SUR - L'ORBIEU. La grande invasion des Sarrasins en 792-793, et la bataille de Villedaigne-sur-l'Orbieu, ont contribué à former la légende de Roncevaux, xxii, xxiii.

VILLEMARQUÉ (Hersart de la). Son système sur les Romans de la Table Ronde, et en particulier sur le Graal, 192.

VITET. Son analyse de *Roland* (*Revue des Deux Mondes*, 1er juin 1852), clxxix.

VOCATIF (Théorie du) dans la déclinaison romane, 14.

VOLTAIRE. Son *Essai sur la poésie épique*, clvii. = Son influence sur le sort de notre poésie du moyen âge, clv.

VOYAGE A JERUSALEM ET A CONSTANTINOPLE. Fabliau épique de la première partie du xiie siècle. Résumé complet, 35, 36. Cf. 62, 72, 74. = Origine de cette légende. = Benoît, moine du Soracte à la fin du xe siècle, attribue à Charlemagne lui-même un passage d'Éginhard relatif aux messagers de l'Empereur. De cette falsification est née la fable du Voyage et le poëme, xi. = Version en prose du *Voyage* dans le manuscrit 226 de l'Arsenal (xve siècle), 37.

W

WENILO, archevêque de Sens, condamné au concile de Savonières, en 859. C'est à tort qu'on l'a considéré comme le type de Ganelon, xxiv, xxv.

WEY (Fr.). Ses *Révolutions du langage en France* (1848) renferment tout un essai sur le *Roland*, clxxvii, clxxviii.

WOLF (Ferd.). Ce qu'il écrit, en 1833, de la *Chanson de Roland* (*Uber die neuesten Leistungen der Franzosen für die Herausgabe ihrer national Heldengedichte*), clxxi.

Z

Z. Le Z équivaut principalement à ts et s'emploie, en certains cas déterminés, après l'*l* et l'*n*. Voy. *passim* le *Glossaire*.

ERRATA

1º Notes et Variantes. Tenir pour NULLES ET NON AVENUES les notes des vers 34, 58, 76, 133, 136, 149, 432, 3626; les trois premières lignes de la note du vers 105, et les lignes 5-11 de la page 52 (note du vers 96). LA PLUPART de ces notes se rapportent aux couplets en *ier*, que nous avons à tort confondus avec les laisses en *er*. (V. l'*Errata* du tome I.) = Quelques chiffres de notes ont été mal placés et se rapportent soit au vers suivant, soit au précédent. = A la note du vers 230 (p. 70), retrancher une unité au chiffre des couplets que nous citons. Cette remarque, toutefois, ne s'applique point aux vingt premières laisses de notre poëme. = A la note du vers 1412, lire *reis Almaris* au lieu de *li reis Marsilies*, et supprimer le vers : Reis Almaris le jur portat l'ENSEIGNE. Ce dernier mot n'est pas de nature à entrer dans un couplet féminin en *an*, *ain*. = A la note du vers 994, lire *jazerenc*; à celle du vers 3730, lire *mustier*, et *ad bien* à celle du vers 2933...

2º Glossaire. C'est à tort que nous avons affirmé (à l'article estre et à la note du vers 648) qu'on ne trouve que la forme *ies* à la 2ᵉ p. s. de l'ind. prés. du verbe *estre*. On lit *es* aux vers 2344 et 2050. Le mot *es* doit, en conséquence, avoir son article dans le *Glossaire*. (Cette rectification a déjà été faite à l'article soi. = Nous avons dit que le mot *laisser* ne se rencontrait comme assonance que dans les couplets en *ier*. On le trouve une fois (au vers 2161), dans une laisse en *er*...

.*.* Ajouter ce qui suit à l'*Errata* du t. I. La petite chapelle qui domine Roncevaux s'appelle « Ibagneta », ou plutôt « Ibañeta ». = L'auteur des *Notices et extraits de manuscrits concernant l'histoire et la littérature de la France qui sont conservés en Suède, en Danemark et en Norwége*, s'appelle Geffroy et non Geoffroy. = Lire partout (dans notre *Introduction* comme dans nos *Notes*), *rifacimento*, *rifacimenti*, au lieu de *refazimento*, *refazimenti*. = Lire partout : *Karlamagnus Saga*. = A la page cxxii de l'*Introduction*, note 1, lire : « les martyrs, » au lieu de « des martyrs », et, page cxxxvi, substituer cette phrase aux premières lignes de la note 1 : « D'après M. G. Paris, Sostegno di Zanobi a écrit d'après les poëmes franco-italiens. » = A la page cc, lire : « de l'actualité ». = Dans la page qui recouvre le *fac-simile*, deux vers ont été omis : lire *ad perdue*. = Au vers 2117, lire *averat*, et *dunez* au vers 2177. = L'auteur accueillera volontiers toutes les autres corrections qui lui seront signalées.

A la note du vers 1681, au lieu de *veïst morz*, lire *vit murir*. = Le mot *Asaillet* du *Glossaire* a été écrit à tort avec deux *ss*, et l'on a oublié de citer le 3ᵉ p. s. du parf. simple, *Asaillit*, vers 2564.

TABLE DES MATIÈRES

Préface v
Notes et Variantes 1
Glossaire 275
Table générale par ordre alphabétique des matières . . 479
Errata 509

www.ingramcontent.com/pod-product-compliance
Lightning Source LLC
Chambersburg PA
CBHW072212240426

43670CB00038B/821